BIEDERMEIERZEIT

BAND I

FRIEDRICH SENGLE

Biedermeierzeit

DEUTSCHE LITERATUR

IM SPANNUNGSFELD ZWISCHEN RESTAURATION

UND REVOLUTION 1815–1848

BAND I

Allgemeine

Voraussetzungen

Richtungen

Darstellungsmittel

J. B. METZLER STUTTGART

MCMLXXI

ISBN 3 476 00182 2

©

J. B. Metzlersche Verlagsbuchhandlung und Carl Ernst Poeschel Verlag GmbH
in Stuttgart 1971. Druck: H. Laupp jr Tübingen
Printed in Germany

MEINER FRAU

VORWORT

Diese Epochendarstellung ist der erste Versuch, das Zeitalter der Metternichschen Restauration (1815–48) in sich selbst, als eine relativ selbständige Größe, nicht nur als Übergangs- oder Epigonenzeit zu begreifen und aus den verschiedensten Perspektiven literarhistorisch zu erkunden – auch an Stellen, die bisher noch keines Forschers Fuß betrat. Die Biedermeierzeit gleicht einem fremden, ziemlich weit entfernten Land, dessen Höhen öfters, zur Zeit sogar immer häufiger, angeflogen werden, das aber in seiner gesamten Ausdehnung noch nicht vermessen und für den Verkehr erschlossen wurde. Der Verfasser sieht sich als Pionier, der viele Wege – auch durch die unbekannten Täler und scheinbar unfruchtbaren Ebenen – anlegte, der zahlreiche Vermessungen durchführte und eine vorläufige Landkarte anfertigte. Er widmete dieser Aufgabe in zwanzig Jahren jede Zeit, die er zu Hause, als geplagter Massenfachprofessor, abkömmlich war, bemerkte aber, daß er sich etwas vorgenommen hatte, was, trotz mancher Hilfe, fast über die Kraft eines einzelnen Mannes ging. Ein Forscher der jüngeren Generation hätte ein derartiges Unternehmen wahrscheinlich nur in Gemeinschaft mit andern, in einem Expeditionskorps mit einer Reihe von Spezialisten begonnen.

Ohne Gleichnis gesagt: Diese Epochendarstellung ist keine im Teamwork erarbeitete Enzyklopädie, sondern ein persönliches Werk. Ich denke aber, daß sie eben damit die mit Skepsis betrachtete und daher so oft durch Essay oder Interpretation oder durch Interpretationssammlungen ersetzte Literaturgeschichtsschreibung wieder aufnimmt und weiterführt, – ähnlich wie mein *Wieland* nach dem zweiten Weltkrieg, in einer erbaulichen oder kunstschmusenden Zeit, die in Verruf geratene Dichterbiographie rehabilitieren wollte.

Die heute herrschende Vorstellung, die Literaturgeschichte und die ihr zuzuordnende akademische Vorlesung lasse sich durch Nachschlagewerke ersetzen, ignoriert naiv die Tatsache, daß die Geisteswissenschaft ohne das Subjekt unfruchtbar wird, daß sich geschichtliche Strukturen, ähnlich wie Werkstrukturen, nur durch Interpretation erschließen lassen. Diese historische Interpretation kann der Wahrheit nahekommen, ja, wie ich hoffe, stellenweise beweiskräftig sein, aber nie im Sinne der klassischen Naturwissenschaft Objektivität beanspruchen. Eine Kollektivarbeit könnte im positivistischen Sinne sicherlich manchen Vorzug vor diesem Buch haben; aber sie wäre viel stärker der Gefahr ausgesetzt, ein strukturloses Sammelsurium von Stoffen und Ideen zu bieten und so die Möglichkeit einer klaren Anschauung der Epoche, wie auch einer entsprechend klaren Auseinandersetzung mit dem entworfenen Bilde zu versäumen.

Die heutige Tendenz zur Enzyklopädie, zur Dokumentation, zur Edition verschollener Texte u. dgl. hat auch nach meiner Auffassung einen guten Sinn, insofern, als die bisherige Literaturgeschichte *auf einer viel zu schmalen, jede Deutungswillkür gestattenden Materialbasis aufgebaut war.* Dies gilt bei uns in Deutschland vor allem für die Geschichte der Poetik und Rhetorik, die im Zeichen des Geniebegriffs und anderer poetologischer Luftschlösser mißachtet und vergessen wurde, obwohl die Literaturgeschichte ohne diese Grundlage der Spekulation oder, wie neuerdings üblich, der schrankenlosen Modernisierung anheimfallen muß. Ich habe der heutigen enzyklopädischen Tendenz aus diesem Grund mit einem sehr guten Gewissen nachgegeben. Diese Epochendarstellung enthält mehr Zitate, überhaupt mehr Material, als der literarhistorischen Tradition entspricht. Sie basiert sogar auf der ketzerischen Vorstellung, daß die übliche Methode, mehr oder weniger zufällige Einzelheiten zu betonen und damit zum Symbol zu erhöhen, über eine geistreiche, vielleicht halb und halb künstlerische Essayistik nie hinausführen kann. Auch in der Geisteswissenschaft lassen sich, wie mir scheint, *ohne methodische »Reihenbildung« keine verläßlichen Ergebnisse erzielen;* denn geschichtliche Strukturen sind nie vollkommen eindeutig, sondern immer nur Dominanten innerhalb zahlreicher widersprüchlicher Tendenzen und Traditionen. Da es für jedes Einzelzitat ein Gegenzitat gibt, bleibt man ohne eine quantitative Erfassung der historischen Tendenzen im Vorhof der Geschichte. Aber zu einem lebendigen Bilde gelangt man durch die bloße Entfaltung der Stoffmassen, ohne aktive, dem Irrtum ausgesetzte *Rekonstruktion* nicht. *Mein Ziel war es jedenfalls, einen möglichst breiten historischen Stoff möglichst tief, d.h. konstruktiv zu erfassen.*

Man mag schon dem Ziel der Rekonstruktion mißtrauen. Es ist in der heutigen Literaturgeschichte eine gebräuchliche, wenn nicht die herrschende Methode, den Epochen, die uns vermeintlich naheliegen, und so auch der Biedermeierzeit, in der Weise zu begegnen, daß man nach dem Modernen in ihnen Ausschau hält und es daher überall findet. Das nächstliegende Beispiel dafür ist Walter Höllerers Buch *Zwischen Klassik und Moderne* (¹1958), das über die ursprüngliche Absicht einer Spezialarbeit (»Lachen und Weinen in der Dichtung einer Übergangszeit«) durch geistreiche Interpretation und kühne Modernisierung weit hinausgewachsen ist. Der Zweck dieses essayistischen, um nicht zu sagen didaktischen Verfahrens ist es wohl, uns die Vergangenheit »nahezubringen« und dadurch interessanter zu machen. Höllerer hat denn auch ein dankbares Publikum für sein Buch gefunden, vor allem in der ausländischen Germanistik, für die der Zugang zur deutschen Literatur naturgemäß schwieriger ist. *Wozu aber überhaupt Geschichte, wenn wir nicht bereit sind, den magischen Kreis des Modernen zu durchbrechen,* zu relativieren und, ohne Angst vor der nötigen Umstellung, in ein anderes, fremdes Land zu gehen?

Ich sagte schon, daß ich die Biedermeierzeit für ein »ziemlich weit entferntes Land« halte. Vielleicht war zu Beginn unseres Jahrhunderts, als das Interesse am Biedermeier erwachte – in der Zeit des Jugendstils und der Wandervögel! –, diese vordemokratische, wirtschaftlich höchst bescheidene und im wesentlichen vortechnische Epoche noch durch eine starke Tradition gegenwärtig. Heute ist die »gute alte Zeit« in Deutschland selbst aus den guten Familien, aus den Lesebüchern und aus der Literatursprache verschwunden. Und die Antiquitätenfachleute machen es wie die erwähnten Literarhistoriker. Sie bauen aus einem Stückchen Biedermeierkommode ein ganzes, altaussehendes, in Wirklichkeit aber modernes Möbelstück. Wir sind, zum mindesten in Deutschland, von Heines Lorelei so weit entfernt wie unsere modernen Flugzeuge von der ersten Eisenbahn. Man sollte sich also endlich gestehen, daß wir mit der Biedermeierzeit keine direkte Verbindung mehr haben, daß sie endgültig historisch geworden ist. Wenn wir dies nicht tun, verhalten wir uns wie der Neureiche, der vornehme Ahnen durch gefälschte Antiquitäten vortäuschen will, oder gar wie der bekannte deutsche Italienreisende, der sich darüber ärgert, daß die Leute in Florenz nicht einmal deutsch können. Nein, *die Biedermeierzeit spricht nicht unsere Sprache; man muß sie übersetzen.* Aber soll sie deshalb schon uninteressant für uns sein?

Winckelmann hat in Homer nicht die Aufklärung und Herder in Shakespeare nicht das Rokoko gesucht; sondern sie bemühten sich, die fremden Dichter, so gut sie konnten, zu begreifen und durch sie die Möglichkeiten der Dichtung, – des Menschen besser zu verstehen. Wenn ich versuche, die Biedermeierzeit, so gut ich kann, wiederherzustellen – wie der Archäologe eine antike Stadt in der Wüste – so bekenne ich mich damit nicht zu einem absoluten Historismus, sondern ich glaube, eben dadurch auch der Gegenwart den besten Dienst zu erweisen. Oder meint man, daß unserem herrlichen Jahrhundert die Konfrontation mit anderen Epochen weniger nottut als dem achtzehnten? Vielleicht denkt man auch nur, die Biedermeierzeit speziell sei solcher Aufmerksamkeit nicht wert. Doch eben diese traditionelle Lehrmeinung will mein Buch berichtigen. Nicht nur der einzelne Dichter, den der Heine-, Büchner-, Grillparzer- und Mörikeverehrer in seiner Modernität oder Überzeitlichkeit zu würdigen versucht, sondern die ganze Epoche, eine äußerlich wenig glorreiche Nachkriegszeit wie die unsrige, ist ohne den absterbenden Mythos von der »zweiten deutschen Blütezeit« besser als ihr Ruf. Ihr Anblick wird manchen, der sich über unseren eigenen historischen Standort keine Illusionen macht, vielleicht doch ein wenig nachdenklich stimmen. Überdies ist ja zur Genüge bekannt, daß auch eine Geschichtsschreibung, die sich jede bewußt verfälschende Modernisierung versagt, deutliche Spuren der Zeit trägt, in welcher der Verfasser lebte.

Eine Voraussetzung meiner Epochendarstellung – das sei nicht verschwiegen – ist die Erfahrung der Adenauerschen Restauration, die sich dem etwa vierzigjährigen Verfasser nach der Wielandbiographie aufdrängte. Diese hatte er, in der Hoffnung auf eine maßvollere Zukunft, etwas pathetisch »einem anspruchsvollen, von seinen Leidenschaften oder Meinungen besessenen Zeitalter« entgegengesetzt (Vorwort), ohne noch zu wissen, wieviel falscher Anspruch, wieviel aggressive Leidenschaft und wieviel Dogmatismus die Zukunft in sich barg, nicht nur in fernen Kontinenten, sondern gerade auch in seiner akademischen Umwelt, von der man Geduld und

Augenmaß erwarten durfte. Was ihn sogleich beschäftigte, war das gegen seine Erwartung auftauchende Phänomen der Restauration. Ihm glaubte er durch eine Interpretation der von Metternich geführten Restaurationszeit näher zu kommen. Daß das Jahr 1848 (Metternichs Sturz) ein Einschnitt von großer geschichtlicher Tiefe war, wurde ihm aus dem Studium der Quellen rasch deutlich. So gab er die nach dem ersten deutschen Revolutionsversuch einsetzende Epoche an Fritz Martini ab (*Deutsche Literatur im bürgerlichen Realismus 1848–1898*, 1962).

Der für meine Epochendarstellung gewählte schlichte Obertitel Biedermeierzeit meint *alle* Richtungen der Restaurationsperiode. Ich kenne außer dem konservativen Biedermeier und dem liberalistischen Jungen Deutschland noch eine ganze Reihe anderer Richtungen oder Traditionen (vgl. I. Band, 3. Kapitel). Ich entspreche konsequent der früher von mir begründeten Einsicht in die (höchstens formal zu begrenzende) *Verschiedenheit des Gleichzeitigen.* Die Beschreibung der Biedermeier-Richtung, in Fortführung und Abwandlung der älteren Biedermeierforschung, war also nur eine von vielen Aufgaben, die ich mir stellte. Der Leser muß, um den Titel zu verstehen, Biedermeier*zeit*, als den umfassenderen Begriff, von dem engeren Begriff des Biedermeiers streng unterscheiden. Biedermeierzeit ist nichts weiter als ein Sammelbegriff, dessen Inhalt erst geklärt werden muß (vgl. I. Band, 1. und 2. Kapitel). Ich wählte das Wort statt des zunächst von mir benützten, scheinbar schärferen Begriffs Restaurationszeit (DVjs 1956) vor allem deshalb, weil ich, nach eingehender Prüfung des Phänomens, nicht mehr leugnen konnte, *daß Restauration so gut wie Revolution ein allgemeiner geschichtsphilosophischer Begriff ist.* Restaurationen hat es oft gegeben und wird es immer wieder geben, während der Kulturhistoriker auch in tausend Jahren noch ohne Zusatz wissen wird, daß mit der Biedermeierzeit die Epoche der *Metternichschen* Restauration gemeint ist. Der Leser sollte sich an diesem relativ gleichgültigen Begriff – es ist eigentlich nur ein Name! – nicht stoßen, auch wenn dies im Augenblick noch der herrschenden Mode in unserer Wissenschaft widersprechen mag. Mir ging es nie um die zeitgemäße Verpackung, sondern um den dauerhaften Inhalt meiner Publikationen. Der vorurteilslose Leser wird zunächst fragen, was der Verfasser unter der Biedermeierzeit versteht und wie etwa seine verschiedenen Thesen in der Einzelforschung anzuwenden oder fortzuentwickeln wären.

Die Biedermeierzeit ist bekanntlich eine Epoche, die äußerlich friedlich, sonst aber ziemlich zerstritten, ja schließlich explosiv war und aus deren Arsenal die Parteien leider immer noch ihr Pulver holen. Da es immer ehrlicher ist, Voraussetzungen, die nicht ohne weiteres beweisbar sind, offenzulegen, gestehe ich, daß ich als ein Gegner der Restaurationen von 1815 und 1945 an meine Aufgabe herangegangen bin. Indem ich die Restauration zu einem Gegenstand meines Nachdenkens machte und prinzipiell zu verstehen versuchte, entfernte ich mich zwar von denen, die sich einbilden, eine Progression ohne Rückschläge sei bei gutem Willen möglich. Ich erkannte die Restauration als die gesetzmäßige Folge jeder Revolution. Als kritischer Literarhistoriker konnte ich auch nicht leugnen, daß dem seit 1815 zurückgewonnenen konservativen Terrain beachtliche Dichter entsprossen, denen die Fortschrittspartei auf manchem Gebiet – man denke an die Erzählprosa! – nichts gegenüberzustellen hatte. Aber persönlich stand ich eher auf der Seite der Metternichgegner, und dies hatte möglicherweise zur Folge, daß ich das konservative Biedermeier nicht mehr so innig liebte wie die Biedermeierforschung von 1910 oder 1930.

Trotzdem gehöre ich nicht zu denen, die behaupten, der ungemein komplizierte Heine sei ein strammer Demokrat gewesen oder Weerth ein genialerer Dichter als Stifter oder Mörike habe sich aus Protest gegen Metternich in die Idylle zurückgezogen. Ich weiß, daß ich einfach als ein Historiker, der die Parteilichkeit ablehnt, also wissentlich nichts Falsches sagt, die sogenannten Linksintellektuellen genauso enttäusche wie diejenigen, die glauben, es lasse sich im Zeitalter der *einen* Welt die Politik, die ganze Kultur am Christentum orientieren – wie vielleicht (gerade noch!) in Metternichs Mitteleuropa. Wenn die Links- und Rechtsideologen, die gerade diese Epoche gerne ausbeuten, unzufrieden sind, habe ich das beste Gewissen; denn auch dieser Gegensatz geht nicht zuletzt auf Metternichs Zeit zurück und ist, genau besehen, so fern wie diese, ein Nachhall des dogmatischen, in jeder Weise absolutistischen Abendlands, das schon im Zeitalter des Realismus tödlich getroffen wurde und dessen Untergang bis heute mehrere Parteien in Ost und West noch nicht bemerkt haben.

Soviel zur Klärung meiner Voraussetzungen und meines Ausgangspunktes, um keine unmögliche Art von Objektivität zu beanspruchen. Der Leser wird im übrigen gut daran tun, sich auf ein Werk einzustellen, das von Anfang an im bewußten Widerspruch gegen das Zeitalter der Interpretationssammlungen, Vortragsreisen und Taschenbücher geschrieben wurde, das also den Vorwurf altmodischer Gelehrsamkeit nicht scheut. Besonders die ersten beiden Bände richten sich an die Fachwelt. *Sie wollen die literarhistorische Grundlage für die Stil-, Werk- und Personalinterpretationen schaffen.* Diese Grundlage gibt es, nach der Meinung des Verfassers, für die Biedermeierzeit noch nirgends, weshalb denn auch die Einzelinterpretationen so oft die individuelle Leistung ihres Dichters an der falschen Stelle suchen und überhaupt verkehrte oder schiefe Akzente setzen. Dies gilt auch für die kritischen Akzente, die ohne Kenntnis der Epochenstruktur willkürlich bleiben müssen.

Buchhändlerisch gesehen war das Buch schon vor zehn Jahren, nach der Niederschrift einer kulturgeschichtlichen Einleitung und der Dichteressays (in erster Fassung), jetzt Band III, abgeschlossen. Aber ich mußte mir in diesem Stadium zu meinem Leidwesen gestehen, daß die wichtigsten Punkte meiner Disposition noch fehlten. Konnte der Leser dieses Buchs – etwa ein Student, der *Atta Troll* interpretieren wollte – nicht erwarten, einen Abschnitt über das komische Epos zu finden? Mußte dem Gotthelfdoktoranden nicht nachgewiesen werden, daß die Erzählprosa damals noch tief in der Rhetoriktradition steckte, daß er es also nicht nötig hatte, den Pfarrerdichter wegen der Predigteinlagen zu entschuldigen? Verlangte der Student, der Büchners Stil (mit den nachdrücklichen kurzen Sätzen) interpretierte, zu viel, wenn er sich in diesem Buch einen Abschnitt über die Theorie und Praxis der Syntax während der Biedermeierzeit erwartete? Und konnte der Immermann-Doktorand nicht hoffen, eine geschichtliche Erklärung für das merkwürdige Ineinander von Dorfgeschichte und satirischem Roman im *Münchhausen* vorzufinden? Ich mußte alle vier Fragen und tausend andere dieser Art als berechtigt anerkennen und daraus, aus dem *legitimen modernen Anspruch an die Literaturgeschichte* ergab sich der große Umfang des Werks. Man hätte ihn natürlich bedeutend kleiner halten können, wenn es auf die Schulung von linken oder rechten Orthodoxen angekommen wäre. Sobald ich aber der speziell literarhistorischen, das heißt der stil- und gattungsgeschichtlichen Seite meiner Aufgabe genauso gerecht werden wollte wie der sozial-, personal- und religionsgeschichtlichen, war eine große Vermehrung des Umfangs nicht zu vermeiden.

Ich leugne gewiß nicht, daß man dies und jenes hätte anders machen können. Es gibt in der Geisteswissenschaft immer einen gewissen individuellen Spielraum. Trotzdem bin ich davon überzeugt, *daß jeder, der die Gattung der literarhistorischen Epochendarstellung an die moderne, m.E. unausweichliche Methodenvielfalt und Methodenkombination anpassen will, ähnliche Wege gehen muß.* Wenn meine Generation viele Aufgaben, deren Lösung die Jüngeren von ihr erwarten durften, z.B. die notwendigen Erneuerungen der Barock- und Romantikdarstellungen, nicht in Angriff nahm, wenn sie das Werk der Günther Müller und Korff kaum fortführte, so lag dies wohl auch daran, daß man vor der konsequenten Verfolgung des beschriebenen, gewiß nicht leichten Weges zurückschreckte. *Mein Bestreben war es jedenfalls, die Tradition der deutschen Literaturgeschichtsschreibung,* die noch im Zeitalter der Weimarer Republik, als ich studierte, bemerkenswert war, *fortzuführen und das Beispiel einer neuen Art von Epochendarstellung zur Diskussion zu stellen.*

Mein Buch hat gewiß manche Nachteile einer Pionierarbeit. Trotzdem wird es in der Zukunft kaum als erratischer Block erscheinen – als Unikum, wie man mir sagte –; sondern man wird es in unserer literaturwissenschaftlichen und literarischen Landschaft ebenso selbstverständlich finden wie meine *Vorschläge zur Reform der literarischen Formenlehre,* die nicht wenige akzeptierten. Die kleine Schrift war ein Nebenzweig der großen, und beide Schriften beanspruchen, wie dies der Wissenschaft entspricht, nur, an der Zeit, vielen hilfreich und notwendig, nicht etwa einzigartig zu sein.

Meine *Biedermeierzeit* ist, zusammen mit Martinis Realismusdarstellung, äußerlich ein Ersatz für Hugo Biebers *Kampf um die Tradition* (Epochen der deutschen Literatur, Bd. 5, 1928). Dieses Werk, dem es gewiß an Geist nicht fehlte, fand ich unpraktisch und nicht so wirksam, wie es zu sein verdiente. Ich bemühte mich daher, mein Buch auch für diejenigen zugänglich zu machen, die es nicht ganz lesen wollen. Damit meine ich nicht, daß diese Epochendarstellung in erster Linie als Nachschlagewerk gedacht ist. Sie hat zwar ein Register, will aber, wie gesagt, keine Enzyklopädie sein. Wichtig dagegen erscheint mir ihre Kleinteiligkeit, die starke Gliederung und Untergliederung des Buches. Diese vor allem soll die Teillektüre ermöglichen. So werden z.B. die einleitenden, überwiegend theoriegeschichtlichen Abschnitte in den Gattungskapiteln des zweiten Bandes und die entsprechenden Teile im Kapitel Literatursprache (I. Band) gewiß auch solche Benützer interessieren, die in den angrenzenden Epochen arbeiten; denn ich greife fortlaufend auf die Romantik oder das 18. Jahrhundert zurück und führe die Probleme, über den Einschnitt von 1848, bis in die durch den programmatischen Realismus heraufgeführte Epoche weiter. Das von mir vorgelegte Material zur Rhetorik-, Poetik- und Stilgeschichte ist zum größeren Teil unbekannt. Die Notwendigkeit, auf die Quellen selbst zurückzugreifen, wurde im Lauf der Arbeit immer größer; denn für Band I und II ließ mich die Fachliteratur auf weiten Strecken im Stich. Um so fleißiger zog ich die Theorie, Kritik und Publizistik der Biedermeierzeit heran. Diese bietet nämlich sogar an den Punkten, die relativ gut erforscht sind, für die erwähnte Rekonstruktion manchmal bessere Hilfe als moderne Interpretationen, die historisch schlecht fundiert sind.

Die Freunde meiner Wielandbiographie bitte ich bei der Prüfung dieses Werks zu bedenken, daß ich nicht nur älter und ein strengerer Forscher geworden bin, sondern auch einer ganz anderen wissenschaftlichen Gattung entsprechen mußte. Der Stil der Epochendarstellung fordert, im Vergleich zu dem der Biographie, eine viel größere Entsagung. Ich hielt es jedenfalls für meine Pflicht, die etwa vorhandenen essayistischen Möglichkeiten meiner Feder in die Randschicht des Werks abzudrängen; denn für ein immer erneut der Essayistik und der Gegenwart verfallendes Fach – ich meine die Geschichte der neueren deutschen Literatur – sind Rationalisten unentbehrlicher als Belletristen. Die Gefahr einer dichtungsfremden Soziologisierung unseres Faches mag heute die traditionelle ästhetisierende Essayistik als die gediegenere Alternative erscheinen lassen. Trotzdem sollte das noch recht ferne Ziel, die neuere Germanistik zu einer unumstrittenen und stetigen Wissenschaft zu entwickeln, nicht mehr aus den Augen gelassen werden. Man kann sicherlich, nach wie vor, über Nutzen und Nachteil der Historie streiten; die verstärkte Berücksichtigung der literatursystematischen Fragen, die jedem Benützer dieser Epochendarstellung auffallen wird, versucht der Historismuskritik, soweit sie berechtigt war, zu entsprechen. Auch die Anmerkungen unter dem Text haben öfters den Zweck, die historische Deutung systematisch zu unterbauen. Ich bemühe mich, die längst in Gang gekommene Wiedervereinigung von Literaturgeschichte und Literaturtheorie weiterzuführen. Aber die aktualisierende Pseudohistorie, die den Antihistorismus abzulösen scheint, ist keine diskutable Entwicklungsmöglichkeit.

Ich gestehe, daß mich trotz des klaren Ziels, das mir vor Augen stand, während des langen Weges und auch an seinem Ende manchmal das Gefühl des Mannes, der über den Bodensee ritt, heimsuchte: Warum sind die Straßen, die mir so selbstverständlich erscheinen, nicht beschildert und befahren? Warum sind gerade die Wege, die zu den wissenschaftlich wichtigsten Zielen führen, so menschenleer?

Das soll nicht heißen, daß ich ganz allein unterwegs war. Im Gegenteil, ich habe sehr viel für Hilfe zu danken. Ohne diese hätte die Epochendarstellung nicht in der vorliegenden Gestalt fertiggestellt und veröffentlicht werden können. An erster Stelle danke ich dem Verleger Hermann Leins dafür, daß er das sozusagen *gegen* den Buchhandel geschriebene Buch zu verlegen wagte. Offenbar wollte er am sogenannten »schwäbischen Eigensinn« seines alten Verlagsautors und Landsmanns teilhaben. An zweiter Stelle danke ich, obwohl dies nicht üblich ist, meinen Kollegen in den Philosophischen Fakultäten Marburgs, Heidelbergs und Münchens dafür, daß sie es mir durch eine gewisse Dispensierung von der akademischen Selbstverwaltung ermöglicht haben, entschiedener, als dies in Massenfächern heute noch Usus ist, der Lehre und Forschung den Vorzug zu geben. Ich hoffe, mit meiner Arbeit, wie sie, gegen den drohenden Untergang der wissenschaftlichen Universität in Deutschland Widerstand geleistet zu haben. An dritter Stelle danke ich der Deutschen Forschungsgemeinschaft und ihren Fachreferenten dafür, daß sie mich, durch die Bewilligung einer Forschungshilfskraft, jahrelang und bis zur Schlußredaktion entlastet und dadurch die Konzentration auf die wichtigsten Arbeiten, besonders auf die Quellenlektüre, ermöglicht haben. Die Namen meiner Mitarbeiter sind in der Reihenfolge ihrer Tätigkeit: Rolf Schröder, Udo Kretzschmar, Werner Weiland, Georg Jäger und Jutta Bus. Vergessen darf ich auch nicht die zahlreichen Doktoranden, Staatsexamens- und Magisterkandidaten, die auf dem Felde der Biedermeierzeit – manchmal sehr eng! – mit mir zusammengearbeitet haben. Besonders die Dissertationen sind eine unentbehrliche Ergänzung dieser Epochendarstellung. Ich widme ihnen am Schluß des Gesamtwerks eine besondere Seite. Die ungedruckten Magister- und Staatsexamensarbeiten, denen ich Dank schulde, nenne ich in den Quellennachweisen. Hinweisen möchte ich auch auf die mir gewidmete Festschrift *Zur Literatur der Restaurationsepoche 1815–1848*, die Jost Hermand und Manfred Windfuhr 1970 herausgaben und die außer interessanten Einzelaufsätzen entsagungsvolle Forschungsberichte zur Biedermeierzeit enthält. Für besonders wertvolle kritische Hilfe bei der Redaktion und Kontrolle des Rohmanuskripts – diese war nach langjähriger Arbeit nicht immer leicht – habe ich schließlich Herrn Manfred Windfuhr und seinem linguistischen Kollegen Georg Stötzel in Düsseldorf, dem Doktorandenkreis Windfuhrs, Herrn Günter Häntzschel, Frau Marlies Schindler, München, und noch einmal meinen Forschungsassistenten Georg Jäger und Jutta Bus zu danken.

München, im September 1970   FRIEDRICH SENGLE

INHALTSVERZEICHNIS

Inhaltsverzeichnis

3. Kapitel

DIE LITERARISCHEN RICHTUNGEN 110

Das Wiederaufleben vorromantischer Traditionen 110

Die Formen des Biedermeiers und die militante geistliche Restauration 118

Die militante geistliche Restauration 144

Die Opposition: Jungdeutsche, Vormärzdichter, Junghegelianer 155

Das junge Deutschland 155

Inhaltsverzeichnis

4. Kapitel

SYMBOL. BEGRIFFSALLEGORIE. NATURPERSONIFIKATION. MYTHOLOGIE 292

5. Kapitel

DIE LITERATURSPRACHE 368

Gesteigertes Sprachbewußtsein. Funktionen, Breite und Abstufung des Wortschatzes 370

Inhaltsverzeichnis

Inhaltsverzeichnis

1. KAPITEL

GRUNDSTIMMUNG. FUNDAMENTALGESCHICHTLICHE SITUATION. DIE FORM DER WELTDEUTUNG

Der Weltschmerz und seine Hintergründe

Wenn man wissen möchte, was die verschiedenen Ideologien, Handlungen und Gestaltungen eines Zeitraums miteinander verbindet, so wird man zunächst nach der Grundstimmung der Menschen, die in ihm leben, fragen müssen und nach der geschichtlichen Situation, die ihr entspricht. Damit ist nicht gesagt, daß Lage und Stimmung wichtiger sind als das, was man daraus macht; denn der Rang einer Generation hängt weniger von ihrer Situation als von der Bewältigung ihrer inneren und äußeren Probleme ab. Erst indem man denkend, darstellend, handelnd reagiert und sich entscheidet, wird man zum Vorbild oder Schreckbild, zur positiven oder negativen Erbschaft für die Nachwelt. Aber das geschichtliche Verständnis einer Epoche ist ohne den Vorstoß zu ihren geheimeren und oft unbewußten »Gründen« nur sehr unvollkommen möglich. So würde man z.B. kaum die für die Dichtung der Restaurationszeit zentrale Tiefenschicht erreichen, wenn man von der Philosophie Hegels ausgehen wollte, obwohl sie natürlich auf die hier zu beschreibende Lage bezogen ist und als systematischer Versuch vielleicht überzeitliche Bedeutung hat.

In P. A. Pfizers *Briefwechsel zweier Deutschen* (Stuttgart und Tübingen: Cotta 1831), der in der geistigen Vorgeschichte der preußischen Reichsgründung eine so bedeutende Rolle spielt, erwartet der provinzielle Schreiber des ersten Briefs von der Philosophie alles Heil für die politische Zukunft Deutschlands [1]. Der weitgereiste Schreiber des zweiten Briefs hält von der Religion und Poesie, vom »Gemüt« mehr und lehnt insbesondere die Vorstellung von einem Mittler und Heiland Hegel ab [2]. Nicht nur Österreicher wie Grillparzer, sondern auch praktische Württemberger durchschauen also schon die problematische Rolle, die dem anspruchsvollen Landsmann von seinen Jüngern zugewiesen wird.

Mehr noch als bei der Betrachtung der Aufklärung, der Klassik und der Frühromantik ist im beginnenden 19. Jahrhundert der traditionellen Vorstellung, die Philosophie bilde das Fundament einer Geschichtsperiode, zu mißtrauen; denn es zeigt sich damals bereits eine grundsätzliche Philosophiemüdigkeit. Die Lehre vom ideologischen Überbau ist nicht zufällig in dieser Zeit vorbereitet worden. Man wird behaupten dürfen, daß von dem um 1800 geborenen Restaurationsgeschlecht, das der Hegel-Schelling-Generation folgt, sich fast nur noch Geister zweiten Ranges der Philosophie widmen. »Das 19. Jahrhundert war weit davon entfernt, ein philosophisches zu sein«, sagt Wilhelm Windelband [3], womit, das füge ich hinzu, noch nicht gesagt ist, daß es ein minderwertiges war.

Die landläufige Meinung, wonach sich im Auslaufen der »großen deutschen Philo-

1

sophie« der Niedergang des »deutschen Geistes« überhaupt spiegelt, ist nach den literarischen Entdeckungen der letzten Jahrzehnte zweifelhaft geworden. *Gleichzeitig mit der modernen Idealismuskritik, im inneren Zusammenhang mit ihr, veränderte sich unser Bild von der Dichtung des Zeitraums wesentlich,* und zwar zu ihren Gunsten. Auch aus diesem Grunde empfiehlt es sich, von den seelischen Potenzen auszugehen, die bei der Dichtung in einer innigeren Verbindung mit dem Geiste stehen als bei der Philosophie.

Die weite Verbreitung des Weltschmerzes

Der Anblick freilich, der sich bei einer derartigen Betrachtung bietet, ist zunächst alles andere als einladend. Er könnte die Vorstellung von einer Verfallsperiode bestätigen; denn der beherrschende Zug im Gesichte der Restaurationsgeneration ist die Unruhe, die Zwiespältigkeit, die Schwermut. Es ist nicht nur die »Angst«, die nach neueren Theorien überhaupt im Hintergrunde der menschlichen Existenz lauert. Abgesehen davon, daß solche modernen Lehren manchmal durch direkte Tradition mit unserer Epoche verbunden sind (Kierkegaard), liegt der Unterschied vor allem darin, daß die Schwermut der Restaurationszeit, zumal in ihrer ersten Hälfte, offener, leichter erkennbar zutage tritt: als dämonische Zerrissenheit und sentimentaler Weltschmerz. Man braucht dabei nicht nur an Extremfälle wie Lenau zu denken. Die Melancholie ist zunächst überall rein empirisch festzustellen, bei Rückert und Raimund so gut wie bei Heine, Grabbe und Büchner, und nicht nur bei den Dichtern persönlich, sondern auch bei den Gestalten, die sie darstellen. Hamlet, Ahasver, Faust, Don Juan, Kain erscheinen in immer erneuter Gestalt, auch wenn sie andere Namen tragen; und viele Zeugnisse bestätigen uns, daß nicht nur die Dichter und die dichterischen Figuren, sondern auch die gewöhnlichen Gesellschaftsmenschen dämonisch und zerrissen waren oder wenigstens der herrschenden Mode folgend, sich so zu geben versuchten. Wenn Gotthelf in *Anne Bäbi Jowäger* (1843/44) den Weltschmerz als »die allerneuste Krankheit« verspottet [4], so ist er nicht auf der Höhe der Zeit; er bestätigt damit aber die anhaltende Kraft und die weite Verbreitung der Stimmung.

Besonders wertvoll sind uns die Zeugnisse Immermanns; denn wenn er auch kein großer Denker oder Gestalter war, so ist er doch, und vielleicht eben deshalb, ein unbefangener und unbestechlicher Beobachter seiner Zeit gewesen. Er hat den geschichtlichen Charakter dieser Schwermut immer wieder hervorgehoben. So sagt etwa Wilhelmi in den *Epigonen* zu dem Helden des Romans: »Unglücks haben die Menschen zu allen Zeiten genug gehabt, der Fluch des gegenwärtigen Geschlechts ist aber, sich auch ohne alles besondere Leid unselig zu fühlen« [5]. In dem Aufsatz *Die Jugend vor 25 Jahren,* den Immermann ein Jahr vor seinem Tode für seine *Memorabilien* schrieb, wird das besondere Leiden seiner Generation zu einem Hauptmotiv. Wir sehen vorläufig von Immermanns Deutungen ab und stellen nur fest, daß er die Generation, die zwischen 1806 und 1813 jung war, für unruhiger hält als die

2

vorangehende und folgende, für besonders unausgeglichen und gespalten. Er meint nicht nur die großen oder sonst gefährdeten Ausnahmen, sondern gerade auch die Träger der gesellschaftlichen Urverhältnisse. Eine merkwürdige Sicht in den intimsten Bereich der Biedermeierkultur eröffnet sich, wenn er behauptet, daß »die Stifter der neueren deutschen Familie sämtlich entwickeltere oder unentwickeltere Hamlete« sind [6]. In den verschiedensten Zusammenhängen ist von der »heimlichen Unruhe«, dem »gestörten Gleichgewicht«, den »Quälereien der Seele« in dieser Zeit die Rede.

Als Berthold Auerbach, der schon etwas jünger ist (geb. 1812), im Jahre 1862 einen Vortrag über den *Weltschmerz mit besonderer Beziehung auf Lenau* [7] hält, da beginnt er mit folgenden Worten: »Weltschmerz und Zerrissenheit! Ein eigentümliches Lächeln zieht sich über die Miene eines jeden, der diese Bezeichnung hört. Es spricht sich darin aus, daß die Stimmung, die mit jenen Worten angerufen wird, eine vergangene oder, wie man lieber sagt, eine überwundene ist, und daß man jetzt wohl erkennt, wie auch viel Grillenhaftigkeit und Affektation dabei war«. Er gibt zu, daß sich die nachmärzliche Zeit, in der er redet, »von der Gesamtstimmung des Weltschmerzes frei weiß« [8], aber er hält es nicht für überflüssig, sich über die Periode, für welche diese Stimmung beherrschend war, historisch Rechenschaft zu geben. Es ist geradezu der Sinn seines Vortrags zu zeigen, wie tief begründet der Weltschmerz in der geschichtlichen Lage der nachidealistischen Generation war. Daher kommt er erst gegen Ende auf Lenau als den reinsten Vertreter dieser gefährlichen Stimmung, als den »Märtyrer des Weltschmerzes« zu sprechen. *Der Orientierungspunkt ist jetzt die Heiterkeit der Klassik.* »Goethe-reif« zu sein ist nun der Wunsch der Dichter und des ihnen zugehörigen Publikums. Was Goethe als einzelner im Laufe seines Lebens leistete, die Entwicklung von *Werthers Leiden* zu Dichtungen wie *Hermann und Dorothea,* das muß die europäische Menschheit im Laufe des Jahrhunderts leisten. So gesehen hatte die Weltschmerzperiode ihren guten geschichtlichen Sinn: »eben weil Goethe den Weltschmerz nur individuell abschloß, mag als notwendig erscheinen, daß er in neuen, gewaltsam erregten Individuen mehr im allgemeinen welt- und zeitgeschichtlichen Charakter zum Austrag kommen mußte« [9]. Auerbach wagt es »nicht geradezu«, die Zeit nach 1848 antithetisch eine Periode der Weltfreudigkeit zu nennen. »Aber es lebt doch in uns die Zuversicht, daß wir zur Heilung gelangen«. Auch Hebbel sieht 1858 im europäischen »Hamletfieber« der Byroniden eine Fortsetzung des Wertherfiebers und bestätigt, daß diese »Weltschmerzperiode« abgeschlossen ist [10]. Sogar Ungern-Sternberg, dessen Novelle *Die Zerrissenen* (1832) großes Aufsehen erregt hatte, betont 1855 in seinen *Erinnerungsblättern,* er habe sich später die »größte Mühe gegeben«, die Zerrissenheit »auf alle Weise zu bekämpfen« [11].

Es ist heute an der Zeit, sich an diese vorsichtige Zuversicht der frühen Bismarckzeit wieder zu erinnern. Allzu häufig wurde die Tatsache erwähnt, daß Schopenhauers Lehre in der *Welt als Wille und Vorstellung* (Leipzig 1819) erst in der zweiten Jahrhunderthälfte Beifall und allgemeine Nachfolge fand. Richtig ist, daß die Restaurationsgeneration im allgemeinen keineswegs geneigt war, Schopenhauers *meta-*

physischen Ausdeutungen zu folgen. Darin mag sein Mißerfolg begründet sein. *Aber durch seine Grundstimmung, durch den überwiegenden Pessimismus Schopenhauers ist dies Werk zutiefst mit seiner Entstehungszeit verbunden;* ja, es ist sehr sinnvoll, daß es im chronologischen Sinne die Restaurationsepoche *eröffnet.* Auch die vielgerügten Mängel Schopenhauers, seine Denkfehler, die Widersprüche von Lehre und Leben, seine unakademisch-belletristische Art sind bezeichnend für eine Periode, die sich von der Vorherrschaft einer komplizierten Philosophie befreien will und dafür in um so stärkere Abhängigkeit von einem komplizierten Gemütsleben mit allerlei möglichen Konsequenzen gerät.

Walter Weiss behauptet, der Pessimismusbegriff sei »kein Strukturbegriff«, weil es auch einen theistischen Pessimismus gebe und Schopenhauer dürfe man in keinen Zusammenhang mit den zur Verneinung neigenden Dichtern bringen, weil er ein Philosoph sei [12]. Ich bin der Meinung, daß der Pessimismus ein säkularisiertes Christentum darstellt, dem späten Christentum zuzuordnen ist und deshalb in den Restaurationszeiten von der Gegenreformation bis zur Zeit nach 1945 besondere Stärke gewinnt. Ein nachchristlicher Humanismus, der keinen Vatergott und keine geordnete Schöpfung kennt, sondern nur die Aufgabe des Menschen in einer an sich weder guten noch bösen Welt, ist der metaphysischen Enttäuschung, die der Weltschmerz als prinzipieller Pessimismus darstellt, nicht ausgesetzt. Laut Register erwähnt Weiss Hegel neunzehnmal, Feuerbach nie. Das befremdet in einer Abhandlung, die doch auch religionsgeschichtlichen Anspruch erhebt.

Die Konsequenz des Wahnsinns, auf die Lenaus Ausgang hindeuten könnte, erscheint, wenn ich richtig sehe, noch nicht allzu häufig, – obwohl die Geisteskrankheit als literarisches Motiv beliebt ist, – vielleicht gerade deshalb, weil der Weltschmerz eingestanden, ausgesprochen und nur ausnahmsweise durch heroische Masken ins Innere abgedrängt wird. Die Helden Jean Pauls, die sich nie ihrer Tränen schämen, waren die Lieblinge der Zeit und fanden im Leben und Dichten reiche Nachfolge. Bei H. Clauren (Carl Heun), dem beliebtesten Erzähler der beginnenden Biedermeierzeit, fällt heute die Sentimentalität viel stärker auf als seine »Sinnlichkeit«, die zu *seiner* Zeit getadelt wurde und seither in den Literaturgeschichten ein Gemeinplatz ist. Eine Clauren-Dissertation widmet seiner »Tränenseligkeit« mit Recht einen ganzen Abschnitt [13]. Claurens berüchtigte Mimili kann z.B. sagen: »Seht, ich kann jetzt wieder weinen – o mir ist wohl, unaussprechlich wohl«. Als Doralice von ihrem Geliebten, dem Göttinger Studenten Stern, beim Abschiednehmen gefragt wird, wo, wann und wie sie sich wiedersehen würden, da schlägt sie »den dunkeln Blick zu den Wolken, und schneller flossen ihre Tränen«. »In dem fiebernden Zucken des tränenschweren Atemholens« liest der Claurensche Held bei seinem Mädchen das Geständnis der Liebe und die »stillen Tränen« der Eltern bestätigen, als »die heilige Sprache des wahren Gefühls«, die für das ganze Leben bindende Verlobung. Statt der stereotypen Verspottung solcher Szenen empfiehlt es sich für den Historiker, sie zunächst zu sehen und zu verstehen als den Ausdruck einer weichen und schmerzlichen Grundstimmung. Der unerhörte Erfolg Claurens, der für alle Schichten der Bevölkerung bezeugt ist, gibt einen Begriff von ihrer Macht und Verbreitung. Die (kitschige) Stilisierung der Szenen ist nicht so stark, wie man heute glaubt; Clauren gibt auch viele Details. Dies naturalistische Moment (s. u.) hat gewiß zur Beliebtheit seiner und ähnlicher Romane beigetragen. Doch wenn man diese Tränenseligkeit auch nur als Leitbild versteht, als ein erstrebtes Ideal, weil Tränen, wie es eben hieß, »die heilige Sprache des wahren Gefühls« sind, so bezeichnen die beliebten Tränen doch die ursprüngliche Gefühlsbetontheit und seelische Erregbarkeit der Restaurationsgeneration. Diese »Subjektivität« der Zeit wird oft erwähnt und, etwa im Kreise Hegels, heftig bekämpft; aber noch in der Leidenschaft dieser Abwehr offenbart sie sich als eine beherrschende Macht der Epoche.

Schon Auerbach bemerkt (s. o.), daß »viel Grillenhaftigkeit und Affektation dabei war«, aber dies beweist nichts gegen die ernsten Folgen solcher Gemütserregung und -verwirrung; denn die wehleidige und ästhetenhafte Selbstbespiegelung, das Narzistische in solchen Gefühlszuständen konnte auch zu ihrer Verfestigung und Übersteigerung führen. Wenn in der vorrevolutionären Epoche einzelne Leser von *Werthers Leiden* ihrem Helden in den Tod folgten, so bedarf es jetzt zu diesem Schritt keines überwältigenden Vorbilds mehr. Die verschiedensten und absonderlichsten Motive können zum Selbstmord führen; er ist aus einem tragischen Einzelfall zu einer Massenerscheinung geworden. Hermann Marggraff beschreibt 1839 in seinem Buche *Deutschlands jüngste Literatur- und Culturepoche* diese Selbstmordepidemie in drastischer Form, aber mit bezeugten Beispielen: »Bei uns war die Pistole eine Zeitlang an der Tagesordnung, jetzt ist man bereits raffinierter, man ist nicht zufrieden mit dem Erschießen, Erhängen, Ersäufen, Vergiften, man weiß exquisitere Todesarten in Anwendung zu bringen. Es ist gar keine Norm mehr, es herrscht, wie in der Literatur, die vollste Willkür. Einige Mystiker schlugen sich selbst ans Kreuz, unglücklich Liebende oder junge Dichter, die mit ihren Melodramen nicht reüssierten, ersticken sich in unserer Zeit der Dampfanwendung mit Kohlendampf, Napoleonisten stürzen sich von der Vendomesäule, ein Mädchen verschluckt Nähnadeln in Honigkuchen, bis ihre Eingeweide in unheilbare Geschwüre übergehen, ein Mann in Birmingham kriecht in einen glühenden Ofen und verkohlt sich darin, andere kauen und verschlingen Glas, ein genialer Selbstmörder stürzt sich unter die zermalmenden Räder eines schwer belasteten Wagens, eine ganz neue Erfindung, die ihre Nachahmer fand; ein Engländer erhängt sich, indem er sich mit Lichtern bespickt und der eingeladenen Gesellschaft als Kronleuchter dient – man sieht, daß es uns nicht an Erfindungsgabe fehlte und daß der Humor selbst bei dieser schrecklichen Angelegenheit keine untergeordnete Rolle spielt. Wenn sich Sappho, die glühende Liebende, vom leukadischen Felsen herab in die Wogen des Meeres stürzt, so ist darin eine Art Poesie, man sieht ihr begeistertes, gerötetes Antlitz« – der Verfasser beschreibt ihren *schönen* Tod selbst mit viel Begeisterung oder wenigstens mit großem stilistischem Aufwand –, »wenn aber Luise Brachmann, die keine so liebeflammenden Lieder gesungen hat wie Sappho, bei Nacht und Nebel an das niedrige Ufer des unberühmten Flusses hinausgeht, im modernen Nachtgewande, einen Stein mit berechnender Kunst um den Hals geschlungen, so überfällt uns etwas wie ein ganz gemeiner moderner Schauder, etwas Unheimliches, was sich nicht gut bezeichnen, aus dem sich aber kein Fünkchen Poesie entwickeln läßt« [14]. Man sieht: auch dieser Kritiker des Selbstmords liebäugelt mit ihm, wenn er an berühmter Stätte geschieht und überhaupt in seiner Erscheinungsweise hinreichend poetisch ist.

Über einen besonders berühmten Fall der Zeit, den Selbstmord der Charlotte Stieglitz, bemerkt er ohne Ironie, daß er »mit einer Art Heiligenschein über die Heerschar der gewöhnlichen Selbstvernichtungen« hinwegragt [15]; doch eben dieses Beispiel finden wir heute peinlich, wenn auch für das Gefühlsleben des damaligen Menschen besonders symptomatisch. Charlotte Stieglitz, die Frau eines kränklichen Lehrers und schwächlichen Dichters, tötete sich in der Meinung, sie könne ihrem Gatten durch das erschütternde Erlebnis ihres Todes in gesundheitlicher und produktiver Hinsicht helfen. Wir fragen nicht nach einer stichhaltigen psychologischen Begründung der Tat, sondern fügen nur noch hinzu, daß sie ihrem Gatten nicht so sehr ein erhabenes als ein schmerzliches Erlebnis schenken wollte. Da seit Novalis mit dem Schmerz eine Art Kult getrieben wurde, lag diese Begründung nahe. Der Schmerz als Heil- und Belebungsmittel! Die Zeitgenossen, denen eine psychoanalytische Untersuchung des Falles fern lag, betrachteten mit Scheu das literarische *Denkmal*, das der Jungdeutsche Theodor Mundt der von ihm verehrten Frau setzte (Berlin 1835). Der führende klassische Philologe Boeckh verglich diesen Selbstmord mit dem Opfertod Alcestes. Wolfgang Menzel, der Goethefeind, sagte natürlich, der Wertherdichter sei an diesem unchristlichen Tode schuldig; aber auch er traf nicht den Kern der Tat, nämlich den unerhörten Gefühlsegoismus, der von der Heldin wenn nicht praktiziert, so doch jedenfalls bei ihrem Gatten vorausgesetzt und legitimiert wurde.

In der Literatur der Zeit wird der Selbstmord gelegentlich mit religiösen Motiven in Verbindung gebracht, so in Gutzkows *Wally* und in Mundts *Madonna*. Handelt es sich in diesem Fall auch um jungdeutsch-revolutionäre Schriftsteller, so ist doch nicht daraus zu schließen, daß die konservativen Kreise von der Gefühlsverwirrung verschont wurden. Auch wenn man den neu erwachten Heiligen- und Reliquienkult, der oft seltsame Formen annahm, beseite läßt, so bleibt doch die Kreuzigung der Margarete Peter im schweizerisch-reformierten Wildisbuch ein grauenvolles Symptom für den Seelenzustand der Restaurationsepoche. Oder man denke an die Mukker, die im entgegengesetzten Teil des deutschen Sprachgebiets (Königsberg) ihr Wesen trieben und mit dem Restaurationskreise um Fr. Wilhelm IV. in Verbindung standen. Sie entkleideten sich während ihrer Religionsübungen und bestimmten schließlich die Gattin eines Grafen zu dem Berufe, Mutter des neuen Messias zu werden. Erst in dieser kritischen Situation, nach langen Jahren, kam der Unfug, an dem sich auch Geistliche beteiligt hatten, durch eine Anzeige des Gatten ans Tageslicht; denn wie hätte die Polizei, so streng sie auch war, alle die erregten Sekten und Grüppchen der damaligen Zeit überwachen können. Uraltes Schwärmertum entstieg im Schatten der Restauration den Tiefen der Seele und verband sich eigenartig mit den vitalistischen, fortschrittsgläubigen oder gar prophetischen Neigungen der revolutionären Jugend.

Die Restaurationsepoche ist eine »mythische« Zeit, in dem Sinne, daß sie fast unwillkürlich übermenschliche Gestalten in ihrer Phantasie produziert oder doch reproduziert. Während die Frühromantiker das »Wunderbare« in einem bewußten, womöglich artistischen Experimente hervorbringen wollen, drängt es sich dem Restaurationsmenschen, oft in beänstigender Weise, auf. Eine Neigung zur Halluzination ist weit verbreitet, und sie gilt, selbst wenn sie als Krankheitssymptom erkannt wird, zugleich als (schmerzhafte) Begnadung, als eine noch immer lebendige oder durch gehorsames Schauen neu zu erschließende Quelle göttlicher Offenbarung. Justinus Kerner jammert darüber, daß er eine somnambule Patientin »zum *gewöhnl.* [ichen] Menschen *herabbringen*« muß: »Ich muß dies tun, so schwer es mir fällt – ich muß ihren somnambülen Zustand so bald als möglich endigen... Mein Geschäft ist erbärmlich – aber ich muß sie dahin bringen – daß sie bald einen Kalbsschlegel fressen« kann [16].

Clemens Brentano verkaufte nach einem Besuch bei der Nonne Anna Katharina Emmerick (1818) seine reichen Sammlungen und zeichnete fünf Jahre lang in Dülmen ihre Visionen auf, während er sich seiner Dichtung in Zukunft als eines weltlichen Spiels schämte. Solche Umbrüche, solche Umwertungen zugunsten des kunstlos Mythischen zeigen sich öfters, auch wenn sie keinen christlichen Akzent tragen. Denn was eigentlich gilt, ist das Unbewußte. Nur in ihm wird die höhere Welt zum Besitz des Menschen. Charakteristisch ist dabei, daß man mit vermeintlicher Exaktheit an die höheren Erscheinungen herangeht. Der schon erwähnte Geisterseher Justinus Kerner in Weinsberg fühlt sich keineswegs als Enthusiast, sondern als Arzt und Naturwissenschaftler, der die Geister wie irgendeine Naturerscheinung beobachtet und beschreibt. *Die naive Vergegenständlichung, die Materialisierung des Seelischen ist ein bezeichnender Zug der Zeit, im Gegensatz zur Frühromantik, die sehr viel reflektierter war.*

Soll man in dem naiven Kerner eine Ausnahme erblicken? Dem hochgeistigen Friedrich Schlegel, dem Programmatiker der Frühromantik, geht es kaum anders, als sich die Spekulationen der Jugend in eine handfeste Restauration der mittelalterlichen Einrichtungen verwandelt haben. »Da eigentlich mystische Erlebnisse bei ihm ausblieben, findet F. Schlegel in diesen okkultistischen Anschauungen und Beschäftigungen eine Kompensation«, – so deutet ein Kenner seine spätere Vorliebe für Hellsehen, Traumvisionen und Magnetismus*. Gotthilf Heinrich Schubert, der auch zur romantischen Generation gehört (geb. 1780), ist eine wichtige Autorität der Biedermeierzeit, und zwar, wie Kerner, vor allem deshalb, weil er die wunderbaren Phänomene des Seelenlebens medizinisch interpretiert. In seiner *Symbolik des Traumes* (1814, weitere Auflagen 1821, 1822, 1837, 1840) lehrt er, daß die Seele im vegetativen Nervensystem, im »Gangliensystem«, das vom »Zerebralsystem« zu unterscheiden

---

* Jean-Jacques *Anstett*, Mystisches und Okkultisches in Friedrich Schlegels spätem Denken und Glauben, in: ZfdPh, Bd. 88 (1969), Sonderheft S. 148. Die hoffnungslose Lage, in die F. Schlegel durch seinen Bund mit der katholischen Restauration geriet, kommt auch bei Eduard *Winter* (Romantismus, Restauration und Frühliberalismus im österreichischen Vormärz, Wien 1968) gut heraus. Er beschäftigte sich schließlich besonders gerne mit dem Antichrist und errechnete als den wahrscheinlichsten Termin für den Weltuntergang das Jahr 1832 (S. 135).

ist, ihren Sitz hat. Er kennt die Zweideutigkeit dieses vom Willen kaum erreichbaren Bereichs genau und schildert etwa die Abhängigkeit eines Mörders von seinem Gangliensystem so eindringlich, daß man sich schon an Büchners *Woyzeck* erinnert fühlt. Trotzdem sucht er in dieser so gefährdeten Seele, und nur in ihr, das Heil, den Sieg der »göttlichen Liebe«. Die von Aberglauben strotzenden Traumbücher benützt er allen Ernstes als Interpretationshilfe. Entsprechend verwandelt sich auch sein eigenes Traumbuch mehr und mehr zu einer Erbauungs- und Bekehrungsschrift. Durch die Konversion – gleichgültig wozu – werden die Selbstsucht, der Hochmut, die Leidenschaften, die alle im Gangliensystem wurzeln, »zerstört und das verdorbene Organ zu seiner ursprünglichen Bestimmung zurückgeführt« [17]. Die bevorstehende Restauration erscheint hier als psycho-physischer »Prozeß der Wiedererneuerung« [18]. Wie die massive Konstruktion des Hegelschen Idealismus den Umschlag zum Marxismus erleichtert hat, so steht auch dieser massive Irrationalismus schon in einer unterirdischen Verbindung mit der materialistischen »Emanzipation des Fleisches«. Wo die Erkenntniskritik versagt oder gar bewußt vernachlässigt wird, wo Gefühle und sophistische Scheinargumente so ernstgenommen werden wie in dieser Zeit, da sind die entgegengesetztesten Konsequenzen sittlicher und metaphysischer Art möglich.

In der Seele des Restaurationsmenschen beginnt die Zerrissenheit, die sich in der gesamten Kultur der Epoche auffallend und greifbar entfaltet. Die Schwermut, die man für eine Charaktereigenschaft einzelner Dichter zu halten pflegt, finden wir, mehr oder weniger heimlich, fast in jedem Antlitz. Immermann beobachtet, daß »viele gegenwärtig die Falte des Mißmuts noch vor der Runzel des Alters an der Stirne zeigen«, daß sie im übertragenen Sinne »Opiumesser« sind [19]. Es müssen gewaltige Spannungen gewesen sein, welche die Kinder dieser Nachkriegszeit in sich trugen. Sie erschienen oft unerträglich. Daher erlahmten und verstummten viele frühzeitig, oder sie starben gar in jungen Jahren! Man denke an Waiblinger, Hauff, Büchner, Grabbe, Strachwitz. Die Reihe ließe sich innerhalb der zweitrangigen Schriftsteller leicht fortsetzen (Friedrich von Sallet, Alexander von Württemberg, Luise Brachmann, Daniel Lessmann, vgl. u. S. 227 f.). Wieviel Opfer der Weltschmerz in dieser Epoche forderte, ist noch nicht untersucht. Massenpsychosen erscheinen denen, die in ihren Bann geraten, als unausweichlich. *Das eigene Leiden erscheint als Leiden der Welt.* Kein Wunder, daß die Zeit die metaphysische Metapher vom »Weltriß« gerne benützte, wenn nicht erfand [20]. Auch Heine, der ja in mancher Hinsicht ein streitbarer Dichter war, führte den sogenannten Weltschmerz auf die angeblich objektive Tatsache eines Weltrisses zurück.

Geschichtliche Hintergründe des Weltschmerzes

Es fragt sich nun, wie diese Seelenproblematik auf die überpersönliche Situation zu beziehen ist; denn daß es um eine, wenn auch sehr tiefe, *geschichtliche* Krise geht, wurde in unserem Seelenbild der Epoche hoffentlich bereits deutlich.

Zunächst bieten sich politisch-historische Gedankengänge ziemlich zwanglos an. Schon bei Immermann stehen sie im Vordergrund. Die »Hamlet-Stimmung« ist für ihn in erster Linie eine Folge der nationalen Enttäuschung. Er beschreibt aus eigenem Erleben die Bestürzung, welche die Jugend von 1806 beim Zusammenbruch des preußischen Staates ergriff. Noch 1805 hatte man den Sieg der Österreicher ganz im Stil der fridericianischen Politik gefürchtet. Nun aber blieb der Jugend nichts mehr als das Vertrauen auf die deutsche Nation und ihre geistigen Führer. »Es ist wahr und muß immer wiederholt werden: die Deutschen hatten in jenen Leidensjahren nur in ihrer großen Dichtung das Evangelium, welches sie zur Gemeine machte, sie über der materiellen Not, über dem Verlieren in eine wüste Verzweiflung emporhielt« [21]. Das so gewonnene nationale Denken und Fühlen gab der Jugend etwas Wildes und Ungestümes. Wie man den gehaßten Napoleon töten könnte, war nach Immermann eins ihrer beliebtesten Gesprächsthemen. Eine politische und militärische Jugend entstand auf diese Weise; aber der Gedanke an ihr nationales Recht gab ihr einen höheren Schwung und ein begründetes Selbstbewußtsein. Sie erwartete eine »volle und große Nationalität«, der die Schmach von 1806 nicht mehr widerfahren könnte. Doch als der Freiheitskrieg vorüber war, erlebte sie die Wiederherstellung eines geteilten und schwächlichen Vaterlands. »Deutschland hatte seine Waffen bis in das Herz des feindlichen Landes getragen, und wenige Jahre später stand der besiegte Feind wieder tonangebend in den großen Angelegenheiten da, während Deutschland abermals bestimmt schien, in diesen Dingen die Rolle des Zuschauers oder wenigstens des zuletzt Befragten zu spielen« [22]. Auch von den Einrichtungen der französischen Revolution erhielt sich manches, so besonders auf dem Gebiete des Rechtswesens. Von einem vollkommnen Sieg der »germanischen Freiheit« konnte also nach Immermann nicht die Rede sein, noch weniger als in England, wo die alten Rechte durch das merkantilistische Wesen bedroht wurden. Daher das »Zittern der Nerven, die Schwäche, die Unsicherheit des ganzen Befindens«. Immermann erkennt noch andere Gründe der Hamletstimmung, wie wir sehen werden. Aber die nationale Enttäuschung, das Bewußtsein der »unreinen Natur« des Sieges ist ihm »der Hauptgrund«. Und in einer sehr modernen Argumentation schiebt er den Einwand, daß viele Deutsche die »fremden Nachwirkungen« oder die politische Schwäche der Nation kaum empfinden, beiseite: »Die unbewußten Eindrücke sind im gesellschaftlichen Körper oft die mächtigsten, und er hat ein noch zärteres Gemeingefühl als der Organismus des Leibes« [23]. Traumata des kollektiven Unterbewußten wären also der wichtigste Grund für die allgemeine Depression gewesen.

Der Begriff einer nationalen Reinheit hat schon damals zu grotesken Folgerungen geführt. So wenn etwa Jahn in seiner späteren Zeit nicht nur die Abschaffung der Fremdwörter, sondern auch der üblichen Kleider und Häuser fordert, damit man zur germanischen Kultur zurückkehren könne, wenn er den Unterricht im Französischen bei Mädchen mit einer Belehrung in der Hurerei vergleicht, das Verbot der Auslandsreisen fordert und zwischen die Länder eine mit Raubtieren besetzte Wüste legen will. Er brachte durch seine Übertreibungen das Nationalgefühl nur in Mißkredit; denn noch war das Bewußtsein einer europäischen Kulturgemeinschaft in der Breite des geistigen Lebens unerschüttert. Immermann z.B. spricht mit Abscheu von den »langhaarigen Altdeutschen« [24]. Jahn wurde als Apostel, als Sonderling, als Bauer oder sehr treffend als »Korporal des Deutschtums« verspottet [25]. Damit war gesagt, man müsse zwischen den Führern und den Unterführern des geistigen Deutschland unterscheiden. Doch der wachsende Radikalismus Jahns und die Tatsache, daß der Turnvater, wie immer umstritten, bei der Jugend einen gewissen Erfolg hatte, spricht eher für als gegen die Interpretation Immermanns. Indem die *natürliche Entwicklung zur deutschen Einheit* durch die Regierungen abgebrochen wurde, entstand bei den jungen Trägern des Nationalgefühls eine Verkrampfung, die bald in Melancholie, bald in wildem Burschentum sich äußerte, und nicht selten wechselten die Gefühle vom einen Extrem zum andern*.

Zur dialektischen Einheit von Kulturpessimismus und Neubarbarentum, von Überfeinerung und Primitivismus ließen sich vom 18. bis zum 20. Jahrhundert viele Beobachtungen machen, die zur Vertiefung unseres Geschichtsbildes in diesem Zeitraum geeignet wären. Josef Nadler ist von solchen Einsichten noch weit entfernt, wenn er die Rassenmischung und zwar besonders das Eindringen der Juden für die düsteren Stimmungen und Stimmen im Vormärz verantwortlich macht. In dem Abschnitt über die Wiener Literatur des Zeitraums sagt er z.B.: »Dieser österreichische Weltschmerz war also Seelenlage von Volkszwittern und Kulturmischlingen« [26]. Tatsache ist, daß durch die Wiederaufrichtung des christlich-universalistischen Systems auch die Juden ihre »nationale Enttäuschung« erlebt hatten, und zwar ebenfalls im Widerspruch zu der natürlichen Entwicklung, die seit der Aufklärung und seit den kulturellen Leistungen der Juden einem Ausgleich mit dem Wirtsvolk zustrebte. Die Wiedereinrichtung des Ghettos in Frankfurt/Main, am Sitz der Bundesversammlung also, war ein symbolischer Akt, der viele Deutsche, nicht nur solche jüdischer Herkunft, empörte. Der Übertritt zum Christentum, zu dem sich während der Biedermeierzeit – häufiger als danach – viele Israeliten entschlossen, konnte die seelischen Spannungen kaum vermindern, da er meistens nur gesellschaftliche Gründe hatte. Überdies schützte er gegen die Schmähungen der deutschen Patrioten keineswegs immer. Lebte man vollends in einer fremden Sprachwelt – und nach einem Zeugnis Ruges sollen 1843 allein in Paris 80000 Deutsche gelebt haben [27] –, so war wahrhaftig genug Grund zur Zerrissenheit da. Daß Heine in seinen späteren Jahren zum Glauben der Väter zurückkehrte, ist, psychologisch gesehen, nicht im geringsten befremdend. *Solche Umschläglichkeit gehört ganz allgemein zum Seelenbild der Zeit.* Schon Berthold Auerbach hat Heine in seinem genannten Vortrag zu einem Hauptvertre-

---

* Im Widerspruch zu der modischen Nationalismuskritik erinnert die politische Geschichte mit Recht daran, daß Liberalismus und Nationalismus im 19. Jahrhundert eng miteinander verbunden sind. Nach Werner *Conze* (Das Spannungsfeld von Staat und Gesellschaft im Vormärz, in: Staat und Gesellschaft im deutschen Vormärz 1815–1848, hg. v. *Conze*, 1962, S. 268) gibt es selbst bei den Verfassern des Kommunistischen Manifests die gesamtdeutsche Argumentation.

ter der Weltschmerzperiode gemacht. Aber neben ihm steht der angesehene Graf Platen, und der europäische Chorführer des Weltschmerzes ist Lord Byron. Wenn diese Zerrissenen von allen Zeitgenossen, sogar von den Führern der deutschen Restauration, Metternich und Gentz, gelesen [28] und wenigstens heimlich geliebt wurden, so ist anzunehmen, daß sie nur allzusehr aus der herrschenden Stimmung der damaligen Deutschen heraus redeten und dichteten. Selbst wenn man annehmen wollte, daß die »entwurzelten« jüdischen Schriftsteller am leichtesten zum Ausdruck der Zerrissenheit gelangten, so zeigt ihr Erfolg, daß die christlichen Deutschen keineswegs mehr so verwurzelt waren, wie man in den konservativen Kreisen annahm, als man das Experiment der Restauration begann. Die jüdische Zerrissenheit, wie übrigens auch die ihr entsprechende jüdische Kritik, fügt sich, ohne besonders aufzufallen, in das allgemeine Zeitbild ein und gibt ihm höchstens schärfere Konturen. Trotz dieser repräsentativen Zeitgemäßheit wurden Heine, Börne u. a. schon damals als Juden kritisiert und beschimpft [29].

Der deutsche Patriotismus des Vormärz hat sich durch seine mystische, jeder logischen Konsequenz widersprechende Verachtung des »französischen« oder »jüdischen« Freiheitsbegriffs so stark kompromittiert, daß aufrichtige Revolutionäre wie Arnold Ruge schließlich den Stab über ihn brachen. In seinem Aufsatz *Der Patriotismus* bemerkt er mit Recht: die Patrioten wollten eine »illusorische, nämlich eine spezifisch *germanische* Freiheit erzeugen«. Und er fährt fort: »Selbst die Revolutionärs unter den Patrioten wollen und kennen die Freiheit nicht, sie sind deutsch und knechtisch gesinnt, Feinde der deutschen Philosophie aus Ignoranz und der französischen Revolution aus Biederkeit« [30].

Dem Begriff der germanischen Freiheit war das Bündnis mit den Engländern zugute gekommen. Man hatte den Kaiser der Revolution gemeinsam besiegt. Die englische Verfassung erschien als das Beispiel einer Freiheit, die »organisch«, d. h. ohne Revolution, zustande gekommen war. Die englische Revolution von 1688 wurde verharmlost. Diese von Herder entwickelte organologische Methode des Denkens, die sich auch in dem System Hegels auswirkte, hat in Deutschland wesentlich zur Lähmung der nationalrevolutionären Tatkraft und zum Scheitern der Revolution von 1848 beigetragen*.

Trotzdem werden wir die Begriffe Nation und Freiheit prinzipiell auseinanderhalten und die besondere Frage stellen müssen, ob und wie die Zwiespältigkeit der Restaurationsgeneration mit der fehlenden Freiheit zusammenhing.

---

* *Conze* (Vormärz, S. 257) hält den »organischen Liberalismus« für einen romantischen »Rückgriff«. Aber schon der Hinweis auf die Germanisten, den er an der gleichen Stelle gibt, bringt zum Bewußtsein, daß die Romantiktradition ein integrierender Bestandteil (mindestens) des ganzen 19. Jahrhunderts war (s. u. S. 243 ff.).

Unfreiheit

Sicher ist, daß die Unfreiheit auf *die* Geister, die dem Grundzug der Restauration in ihrem ganzen Wesen widerstrebten, oft verheerend wirkte. Sie steigerten sich häufig in einen Kampf hinein, der ihnen gar nicht lag und die ruhige Entfaltung ihres literarischen Schaffens hemmte. Noch häufiger erhielten diese Widerspruchsgeister durch die Kampfsituation eine Vorrangstellung, die sie selbst und andere über die Bedeutung ihres Schaffens hinwegtäuschte. Ich denke in erster Linie an Gutzkow' Mundt und Laube. Es entstand ein Zwiespalt zwischen ihrem Ruhm und ihrem Wert, der insgeheim höchst beunruhigend wirken mußte. Den Konservativen umgekehrt, auch wenn sie aufrichtig waren, machte der Vorwurf zu schaffen, sie redeten nur nach dem Munde der Machthaber. Es ist bezeichnend, daß sich unter den großen Schriftstellern der deutschen Länder kein so feuriger Anwalt der alten Ordnung findet wie Gotthelf in der republikanischen Schweiz. Dort durfte man frei und unverdächtigt den Bannfluch gegen die ungebundenen Geister schleudern, hier in Deutschland empfahl sich Zurückhaltung, der Rückzug auf das innere Reich der Kunst, der Wissenschaft und der häuslichen Sitte, so wie das etwa bei Stifter, Ranke und Ludwig Richter zu beobachten ist. Offene Unruhe und Betriebsamkeit bei den Fortschrittlichen, forcierte, d. h. nervöse Ruhe bei den Loyalen, – das ist das gewöhnliche Bild. Die meisten waren wegen der zwiespältigen Informationen gar nicht in der Lage, sich entscheiden zu können; die Restauration aber forderte eine Entscheidung heraus. Daher das mühsame Lavieren, der plötzliche und verächtliche Wechsel der Fronten oder das nicht weniger gefährliche Sich-Versteifen auf der einmal eingeschlagenen Bahn. In unfreien Verhältnissen ist es immer schwer, wahr zu sein, ohne Maske auszukommen. So trug die Unfreiheit zweifellos zur Gespaltenheit bei, auch da, wo die Menschen wußten, was sie wollten.

Man konnte freilich schon im Zeitalter des Frühliberalismus erkennen, daß die Freiheit als ein bloß formales Prinzip nicht die Lösung aller Konflikte mit sich bringen konnte. Erschreckend war es für viele Protestanten zu sehen, wie sich eben damals in und nach dem Kölner Kirchenstreit die katholische Kirche im Namen der Freiheit zu neuer Größe und Macht erhob oder doch den Grund zu einem neuen Aufstieg legte. Da ahnte man etwas von der Dialektik der Freiheit! Man betont heute die Leistung, welche die katholische Kirche auf dem Wege zur Adaption des politischen Liberalismus vollbrachte [31]. Die fortschrittlichen Geister jener Zeit sahen im Katholizismus vor allem die Mittelalter-Tradition und bedauerten ihre Erneuerung zutiefst. Noch erschreckender war eine Beobachtung, die man besonders in Frankreich und England aber auch schon in Deutschland, zum Beispiel anläßlich der Revolte der schlesischen Weber, machen konnte, daß es nämlich eine Schicht der Gesellschaft gab, die sich im Namen der Freiheit bereicherte und eine andere Schicht in eine Armut verwies, wie man sie bis dahin noch nicht gekannt hatte. Wenn man die Unruhe der Restaurationsgeneration verstehen will, darf auch die *akute soziale und wirtschaftliche Krise der Zeit* nicht außer acht gelassen werden; ja, dieser Faktor ist von den bisher genannten wohl der wichtigste.

Ein Mythos, der auf diesem Gebiet ebensoviel Verwirrung gestiftet hat wie der von der »germanischen Freiheit« auf dem verfassungsrechtlichen und politischen, ist die Vorstellung von einer vorgegebenen und somit eigentlich unwandelbaren »bürgerlichen« Gesinnung und Wirtschaftsauffassung. Besonders bei der Beschreibung der Biedermeierzeit wird, auch von den Kunst- und Literarhistorikern, immer wieder mit diesem ungeschichtlichen Begriff gearbeitet. Dagegen hat der Wirtschaftswissenschaftler Werner Sombart schon zu Beginn dieses Jahrhunderts den modernen Inhalt dieses Begriffs dargetan, indem er feststellte, daß sich das, was wir »Bourgeoisie« nennen, *gleichzeitig* mit dem Proletariat entwickelte und daß die Anwendung beider Begriffe in dem Deutschland vor 1850 irreführend ist [32]. Ich kann auf Grund eigener Beobachtungen diese Warnungen nur unterstützen. Die Biedermeierzeit kennt zwar auch in Deutschland schon technische und industrielle Experimente. Die ersten Eisenbahnen und Dampfschiffe fahren in ihrer zweiten Hälfte, und die Handwerksbetriebe beginnen da und dort schon sich auf die Maschine umzustellen. Besonders in Sachsen und im Ruhrgebiet macht sich das bemerkbar. Phantasiebegabte Menschen, Publizisten und Erzähler wurden durch diese Vorboten der Zukunft natürlich mächtig erregt. *Aber die gesellschaftlichen Auswirkungen sind noch gering.*

So setzt z.B. die Großstadtbildung, die das Gesicht der modernen Welt so stark bestimmt, erst nach dem Ablauf unseres Zeitalters mit voller Energie ein. Goethe, der mit hellem Blick in die Zukunft schaute, kann in den *Wanderjahren* von dem Problem der Großstadt und von dem damit verbundenen Problem der technisch-industriellen Entwicklung noch so ziemlich absehen; denn die überwältigende Zahl der Deutschen lebt noch auf dem Land oder in kleineren Städten. Eine mächtige, alte Residenz wie Wien ist natürlich auch nach unseren heutigen Begriffen schon Großstadt. Aber die Wirtschaftsgroßstädte stehen trotz Hamburg, Leipzig und Köln noch in ihren Anfängen; sie sind mehr Handelsplätze mit einer fluktuierenden Menschenmenge als Lebensraum der neuen, kapitalistisch-proletarischen Industrieklassen. Für Immermann gehört Dortmund zu den »kleineren Städten«; daher fügt er die geographische Bezeichnung »in Westfalen« hinzu. Man muß sich eine auch in wirtschaftlichem Sinne weiterstreute, dezentralisierte Gesellschaft vorstellen, die man wie Wilhelm Meister tatsächlich nur durch »Wandern« in ihrer bunten Fülle kennenlernen konnte. Ein einheitliches deutsches Wirtschaftsgebiet entstand trotz des allgemeinen deutschen Zollvereins von 1833/34 praktisch erst durch den Ausbau des deutschen Eisenbahnnetzes in den fünfziger und sechziger Jahren [33]. Oder anders ausgedrückt: der durchschnittliche Mensch war noch bodenständig, blieb da, wo er geboren war, während in der zweiten Jahrhunderthälfte der Wohnsitzwechsel aus wirtschaftlichen Gründen zu einer Massenerscheinung wurde. Dieser Seßhaftigkeit entsprach der gemächliche Verkehr. Die Postkutsche des Biedermeiers ist bekannt. *Sie behielt im ganzen Zeitraum ihre Bedeutung;* denn 1845 betrug die Länge der Eisenbahnen in Deutschland erst 2000 km gegenüber 50000 im Jahre 1900. Zur Zeit der Märzrevolution gab es noch kein zusammenhängendes deutsches Eisenbahnnetz, sondern vier voneinander getrennte Netzsysteme mit den Mittelpunkten Berlin, Leipzig, Köln und München [34].

Der Ausdehnung des Verkehrs entspricht der Produktionszuwachs in den Statistiken der Wirtschaft ziemlich genau. 1824 werden 1,2 Millionen Tonnen Kohlen gefördert, 1843 sind es 3,1, 1900 dagegen 101. Die Produktion der Landwirtschaft kann in der zweiten Hälfte des Jahrhunderts mit solchen Zahlen natürlich nicht Schritt halten, trotz Liebigs Initiative (*Die organische Chemie in ihrer Anwendung auf Agricultur und Physiologie,* Braunschweig 1840). Auch die Kurve der Buchproduktion ist nicht so steil, trotz aller Anpassungen an die neue Massengesellschaft (vgl. u. S. 268). Aber im ganzen entspricht der wirtschaftliche Aufschwung in der zweiten Hälfte des 19. Jahrhunderts den genannten Zahlen. Expansiv ist vor allem die Produktion der industriellen Rohstoffe und der materiellen Konsumgüter, *und damit erst wird Deutschland ein reiches und um eine gerechte Verteilung des Reichtums kämpfendes Land.*

Ein gewisses Luxusbedürfnis hatte schon die Nachkriegsgeneration von damals [35]. Aber sie mußte es durch den Import, besonders aus England, decken und dem waren naturgemäß enge Grenzen gesetzt, da die deutsche Volkswirtschaft, die noch auf agrarischer und handwerklicher Basis verharrte, zu wenig abwarf. *Man mußte bescheiden sein, wenn man der Situation gewachsen bleiben wollte.* Und dieses Gesetz galt für Adelige so gut wie für Beamte, Handwerker und Bauern. Das Gefühl des wirtschaftlichen Schicksalszusammenhangs war noch stärker als das Klassenbewußtsein. Wie nach dem zweiten Weltkrieg mußte sich fast jeder einschränken, wenn die deutsche Volkswirtschaft eine Chance für die Zukunft haben wollte. Die Agrarkrisis, mit der die Restaurationsperiode einsetzte, bekamen wohl fast alle Schichten der Bevölkerung zu spüren, ebenso die Hungersnöte, die infolge der fehlenden Transportmittel einzelne, besonders gebirgige Landschaften, nicht viel anders als im Mittelalter, heimsuchten. Natürlich traf die Armen die allgemeine Not am schwersten. Da aber in vielen Bereichen, auch in dem handwerklichen, noch das Prinzip des Familienbetriebs herrschte, waren krasse Ungleichheiten im gleichen Lebensraum, bei einem normalen sittlichen Empfinden, nicht die Regel.

Ein anständiger Handwerksmeister, so etwa lehrt Gotthelf in dem Roman *Jakobs, des Handwerksgesellen Wanderungen durch die Schweiz* (Zwickau 1846/47), verköstigt seine Gesellen selbst. Er mutet ihnen nicht zu, in den neumodischen und teuern Gesellenhäusern zu logieren. Wenn das Geschäft des Meisters schlecht geht, haben die Gesellen bei ihren Lohnforderungen ein Einsehen. Sie erdulden unter Umständen sogar eine magere Verköstigung, wenn die Meistersfrau ein neues Kleid gekauft hat. Umgekehrt fühlt sich die Familie des Meisters, falls sie der Sitte gehorcht, unbedingt für den Gesellen verantwortlich, nicht nur in geistiger und geistlicher Hinsicht, sondern auch in wirtschaftlicher, wenn er z. B. erkrankt oder sonst auf fremde Hilfe angewiesen ist. Es ist höchst bezeichnend, daß Gotthelf, der sehr viel praktischen Sinn hat, gerade das Vernünftige, das Rationelle der kleinen Wirtschaftsgemeinschaft empfindet, während er den neu entstehenden abstrakteren Formen des Zusammenlebens zutiefst mißtraut. Ganz abgesehen von der religiösen und politischen Verführung in den Gesellenhäusern, – die jungen Leute kommen wirtschaftlich herunter, wenn sie sich aus dem Familienzusammenhang lösen. Sie gehen in die Wirtschaften, sie geraten in teure Liebschaften und dann behaupten sie, es gehe ihnen schlecht. Das Luxusbedürfnis jener Zeit, auch das der Unterschicht, kommt bei Gotthelf überzeugend heraus. Die Proletarisierung erscheint ihm als eine Folge der wachsenden Ansprüche, der um sich greifenden Unbescheidenheit, des Egoismus. Gotthelf kann diese Mißstände noch rein moralisch, als vorübergehende Irrtümer der neuen Zeit, der neuen Jugend betrachten, und er spricht damit nur die Norm der Biedermeierzeit aus. Die Zunfteinrichtungen, die, wenn auch in erstarrter Form, da und dort noch vorhanden waren, sicherten tatsächlich jedem Glied ein bescheidenes Einkommen [36]. Und es lag gerade im Sinne des erwachenden sozialen Empfindens sehr nahe, die überlieferte Wirtschaftsordnung in irgendeiner Form festzuhalten. *Sogar sozialistische Theoretiker des französischen Vormärz erkannten noch nicht, daß die Aufrechterhaltung des idyllischen Kleinbetriebs nicht mehr möglich war*.

Gotthelf schrieb seinen antikommunistischen Roman für den Verlag eines sächsischen Volksbildungsvereins. Nur für einzelne deutsche Landschaften beginnt das soziale Problem brennend zu werden. Die sozialen Gegensätze im eigenen Lande und innerhalb der Agrarwirtschaft, die ihm durch den Augenschein bekannt waren, nimmt Gotthelf weniger ernst, was besonders *Käthi die Großmutter* (Berlin 1847) zeigt. In diesem Roman wird ohne jedes Ressentiment, ja geradezu mit fröhlicher Gottergebenheit gehungert und im Notfall gebettelt. Auch wenn wir berücksichtigen, daß es sich in solchen Fällen nicht um einen »realistischen Roman«, sondern um eine pädagogische Vorbilddichtung handelt, welche die alte bescheidene gegen die junge unbescheidene Generation ausspielt, ist das hier entwickelte Ethos für den heutigen Menschen so unglaublich, daß er ohne geschichtliches Denken sogleich mit Empörung reagieren muß. Es ist jedoch unmöglich, wie besonders Ernst Troeltsch bewiesen hat, bei der Betrachtung der Wirtschaftsgeschichte von dem jeweiligen religiösen System abzusehen. Wenn, wie wir sehen werden, die Hauptmasse der Zeitgenossen noch in der Hoffnung auf ein jenseitiges Glück lebte, können sich unmöglich schon die kollektiven Energien entwickeln, durch welche die moderne Technik und Wirtschaft entstanden ist.

Dadurch, daß Deutschlands industrielle Entwicklung hinter der Frankreichs und Englands zurückgeblieben war, ergab sich später in sozialer Hinsicht ein sanfterer Übergang zur modernen Wirtschaftsform. Der junge Kapitalismus konnte bei uns von den sozialen Erfahrungen der westlichen Länder bereits lernen. Aber da diese mehr von außen kommende Technik und Kapitalwirtschaft das noch halbwegs intakte Gefüge der patriarchalischen Wirtschaftsform in Deutschland zunächst überlagerte, entstand die sittliche Konfliktsituation, die Gotthelf in *Jakob* darstellt. Für Jakob heißt die Frage: Darf ich so flott leben, wie es jetzt in Paris und London Mode wird, oder verliere ich darüber jenseits die Seligkeit und diesseits mein bescheidenes

---

* Proudhon u. a., vgl. Werner *Hofmann,* Ideengeschichte der sozialen Bewegung, ²1968, S. 61; dagegen Marx, aber erst nach 1848 ebd., S. 86 ff.

Auskommen? Auch wenn wir von dem religiösen Konflikt ganz absehen, so bleibt der sittliche zwischen westeuropäischem Lebensanspruch und deutsch-biedermeierlicher Wirtschaftsrealität. Wo man auch in die Briefe und Tagebücher hineinsieht, überall fehlt es, schlicht gesagt, an Geld, und die ewige Moralpaukerei Gotthelfs, z.B. in bezug auf die heimlich kaffeetrinkenden Hausfrauen, entpuppt sich als bittere Notwendigkeit.

Schließlich hatten ja nur ganz wenige einen reichen Onkel, den man zur Bestreitung seiner eleganten Bedürfnisse mit mehr oder weniger Erfolg anpumpen konnte. Das war bekanntlich bei Heine der Fall, während die von ihm verspotteten Schwabenjünglinge wohl oder übel kleinlich waren, der revolutionäre D.F.Strauss so gut wie Karl Mayer. Oder sollte man das kavaliersmäßige Verhalten des Fürsten Metternich zum Vorbild nehmen, der einmal neun Jahresgehälter vom Hause Rothschild entlieh und nach der Zurückzahlung noch einmal fünf [37]? Das war ein Fürst mit Grundbesitz, der es sich vielleicht leisten konnte, bei gesteigerten Ansprüchen (der internationalen Repräsentation!) mit dem Gehalt seiner Vorgänger nicht auszukommen. Und doch mußte er nach seiner Absetzung manchen finanziellen Klagebrief schreiben. Wenn er die Publizisten für käuflich hielt, so hatte er wohl seine Erfahrungen gemacht. Sein Mitarbeiter Gentz, der noch innigere Beziehungen zum Hause Rothschild unterhielt, war gleich ein krasses Beispiel dafür. Wenn es so an der Spitze der restaurativen Gesellschaft aussah, was sollte man von Männern erwarten, die infolge burschenschaftlicher Umtriebe oder revolutionärer Lehrmeinungen ihr Amt oder jede Aussicht auf ein Amt verloren hatten und oft gegen ihre Absicht Literaten geworden waren wie Strauss und Ruge? Die in der liberalistischen Literaturgeschichtsschreibung des 19. Jahrhunderts vielgenannte Zensur war zwar unangenehm, auch loyale Staatsbürger wie Grillparzer hatten über sie zu klagen. Aber sie war so wenig konsequent, daß selbst revolutionäre Geister wie die Jungdeutschen ihre Bücher über kurz oder lang doch irgendwo zum Druck brachten, und dann oft mit doppeltem Erfolg. Die berufliche Entwurzelung dagegen, der Übergang zum Literatentum selbst, hatte tiefgreifende, schicksalhafte Folgen für die Gesamterscheinung des Schriftstellers.

Man stelle sich einmal vor, was aus Heine geworden wäre, wenn er die Professur in München, die er wünschte, erhalten hätte, und was aus Mörike, wenn er zu dem Berufsschriftstellertum, das er nach einem kurzen jugendlichen Versuch in Stuttgart wieder entsetzt aufgegeben hatte, durch irgendeine Tücke des Geschicks auf Lebenszeit verdammt gewesen wäre. In jeder Gesellschaft gibt es für den produktiven Menschen solche Vorentscheidungen objektiver oder subjektiver Art. Freilich waren diese Entscheidungen noch nicht so folgenreich wie heute. Wie man in der Frage der Zensur das Metternichsche System nicht mit dem modernen totalitären Staat verwechseln darf, so ist auch hinsichtlich des bürgerlichen Berufs der Abstand von der modernen Wirtschaftssituation gewaltig. In unserer Zeit muß zwischen einer voll beanspruchenden Tätigkeit in den »Betrieben« und einem bohemehaften Existieren außerhalb der Betriebe fast ausnahmslos gewählt werden. In der Biedermeierzeit gab es manche Zwischenstellung zwischen dem neben- und hauptberuflichen Schriftsteller – so hatte z. B. Mörike in seiner späteren Zeit fast eine Sinekure –, und vor allem waren die Betriebe und Institutionen selbst noch nicht so stark rationalisiert. Man denke etwa daran, welche gewaltige literarische Produktion Carus als Klinikdirektor entfalten konnte oder Grillparzer als Beamter oder Gotthelf als Pfarrer. Die »Behäbigkeit« des Biedermeiers ist nicht nur ideengeschichtlich zu deuten, sondern entspricht einer Organisations- und Wirtschaftsform, *die wenig wirksam und ertragreich, aber auf der Höhe der Gesellschaft auch wenig aufreibend war.* Außerdem konnten die geistigen Menschen nicht selten noch in irgendeiner Form des »Familienbetriebs« unterkommen, als Hauslehrer, als Reisebegleiter, als Pensionäre des Hofes oder auch einfach als Familienmitglieder, wie Annette von Droste-Hülshoff. Die Verführungen des Berufsliteratentums, besonders des Berufsdichtertums waren andrerseits noch nicht groß, da die Honorare für die normale, nicht sensationelle (z. B. unpolitische) Belletristik gering und überhaupt die Autorenrechte wenig entwickelt waren. Aber auf dem Hintergrund der politischen Unfreiheit und der nur noch in Resten erhaltenen religiösen Askese (»Entsagung«) war die wirtschaftliche Existenz doch schon ein Bereich, der zur Unruhe bedeutend beitrug.

Lenaus Zusammenbruch fällt in eine Zeit, da er sich wegen einer beabsichtigten Heirat die größten finanziellen Sorgen machte. Nicht einmal im billigen Schwaben war mit den zu erwartenden Einnahmen auszukommen [38]. In welchem Geiste er sich Sorgen machte, das verrät etwa die folgende uns überlieferte Gesprächsäußerung: »Wenn ich nicht mehr genug hätte, um meine geringen Lebensbedürfnisse zu bestreiten, würd' ich mir eine Kugel vor den Kopf geben. Das ist eine längst beschlossene Sache. Das Leben ist mir ja bei weitem nicht interessant und wichtig genug, um es mit Opfern und Qualen zu erkaufen« [39]. Genau besehen beweist der Ausspruch nichts anderes als die frommen Sprüche Käthis, der Großmutter, daß es nämlich letzten Endes *nicht* die wirtschaftlichen Verhältnisse sind, die zur Fröhlichkeit oder Verzweiflung führen. *Aber verschärfend, entlarvend wirkte die allgemeine deutsche Armut schon.* Man konnte sich nicht so leicht über düstere Stimmungen persönlicher oder auch sittlich-sozialer Art hinweghelfen wie dann im Taumel des wirtschaftlichen Aufstiegs, der seit 1850 die Deutschen zu einem wohlhabenden Volk machte. Ein magerer Tisch machte die Menschen geneigt, an ihre natürliche Abhängigkeit zu glauben. Auch auf die Genies wirkte das überzeugend. Und Heine gab nur der allgemeinen, zwiespältigen Stimmung Ausdruck, wenn er mit Beziehung auf den so erhaben sich gebärdenden Grafen Platen sagte: »die Poesie, die Himmelstochter, die Hochgeborene, hat selbst nie Geld und wendet sich bei solchem Bedürfnis immer an Cotta« [40].

Restauration des Adels

Heines Platenkritik, die nicht immer fein war, hat dem Kritiker sehr geschadet; denn ein Graf hatte im Unterschied zu einem Juden einen gewaltigen gesellschaftlichen Nimbus. Beide haben im Ausland gelebt, beide Deutschland geschmäht, beide verstießen in ihrem Lebenswandel gegen die sittliche Norm, beide waren auch in ihrem Künstlerbewußtsein alles andre als bescheiden. Aber der Graf konnte sich das alles leisten. Wie das mittelalterliche Vorurteil gegen die Juden weiterbestand, so hatte der Adel noch viel von seinem mittelalterlichen Glanz. Wenn Fürst Pückler-Muskau oder Graf Auersperg (Anastasius Grün) über die herrschenden Zustände spotteten oder schimpften, so war das etwas anderes, als wenn es die bürgerlichen Literaten Laube oder Gutzkow taten; denn schließlich war es die Sache des ersten Standes, sozusagen eine Familienangelegenheit, den Kaiser oder König bei seiner gottgegebenen Aufgabe mit Ratschlägen zu unterstützen. Man wußte bei den Mitgliedern einer so ehrwürdigen vaterländischen Institution sicher, daß ihre Besserungsvorschläge »organisch« waren. Wenn Bettina, die in das angesehene Geschlecht der Herren von Arnim hineingeheiratet hatte, den König an seine soziale Pflicht mahnte (*Dies Buch gehört dem König*, 2 Bde., Berlin 1843), so war dies etwas anderes, als wenn der Schneider Wilhelm Weitling auf die Armut des Volkes hinwies. Der Schneider wurde verhaftet, sogar in der freieren Schweiz, die lästige Bettina nur auf ihre Verantwortung als Frau eines Edelmanns hingewiesen. Das Selbstgefühl und die Geltung des Adels hatten sich seit der Romantik, den Stein-Hardenbergschen Reformen und den Freiheitskriegen in jeder Beziehung erneuert. Die Junker erschienen, besonders in Preußen, wieder als die bewährten Leiter der Nation. Sie konnten ihre politische und gesellschaftliche Stellung zwischen 1815 und 1848 nicht nur zurückgewinnen, sondern zum Teil noch erweitern [41]. Eine Reihe glänzender Namen zeigte seit Friedrich von Hardenberg (Novalis), H. v. Kleist und den Brüdern von Humboldt, daß man nicht nur im Heer und im Staat, sondern auch auf künstlerischem und wissenschaftlichem Gebiet den hohen Ansprüchen der Zeit gewachsen war.

Sogar der österreichische Adel, dem die Romantik nicht in gleicher Weise zu Hilfe kam, erhob seit Joseph von Hormayr, dem Verfasser des *Österreichischen Plutarch* (Wien 1807–14), und den hochangesehenen Brüdern von Collin wieder mit Macht seine Stimme. Der einflußreiche Hofbauer-Kreis, dem die geistreichsten deutschen Konvertiten angehörten, schenkte der Erziehung der adeligen Jugend besondere Aufmerksamkeit. Die offizielle Leitung des Burgtheaters, das in der Restaurationsepoche seine Blüte erlebte, lag in den Händen Adeliger. In Württemberg und in Sachsen sah man Mitglieder des Herrscherhauses, die sich mit Erfolg der Dichtung und Philologie widmeten. Es ist kein Zufall, daß eben damals der westfälische Adel einen unvergeßlichen Beitrag zur deutschen Dichtung leistete, daß adelige Maler wie Schwind und Theaterdichter wie der Reichsfreiherr von Münch-Bellinghausen (Ps. Friedrich Halm) lebhaften Widerhall fanden. Wenn Joseph von Eichendorff am Ende unserer Periode den Richterstuhl bestieg und in seinen literarhistorischen Darstellungen das Urteil über das aufgeklärte 18. Jahrhundert und die Goethezeit sprach, so war dies nicht so anachronistisch, wie der denkt, der nichts als den bürgerlichen Klassenkampf vor Augen hat. Durch das eigentümliche Widerspruchsbedürfnis, in dem sich die Geschichte des menschlichen, zumal des deutschen Geistes bewegt, gewann der Adel in der Biedermeierzeit fast ein größeres Ansehen, als er vor der französischen Revolution besessen hatte.

Wir haben schon angedeutet, daß an dieser Wiedergeburt die Romantik wesentlichen Anteil hatte, und so ergibt sich die mögliche Interpretation, daß die Adelsrestauration, wie so vieles bei dieser geistigen Bewegung, bloßes Programm und Illusion war. Allein dagegen sprechen die Leistungen des Adels. Allerdings wurde diese geistige Regeneration nur dadurch möglich, daß der Adel seit den Tagen der Empfindsamkeit die Grenzen der Stände nicht mehr so stark betont und reiche Anregungen vom übrigen Volk empfangen hatte. Das Verhältnis zwischen Klopstock und den Grafen Stolberg ist dafür symbolisch. Auch der Hof der Landgräfin Karoline in Darmstadt hatte die Verschmelzung der Stände gefördert und erst recht die Kultur von Weimar, die, wie Wielands *Alceste* und Goethes »Seelendramen« *(Iphigenie, Tasso)* zeigen, in ihren Anfängen noch der Empfindsamkeit nahestand. Von hier aus war es, sozialgeschichtlich gesehen, nicht mehr allzu weit zu den frühen romantischen Kreisen, in denen die Stände innig verschmolzen. Der gesellschaftliche Prozeß steht natürlich in einem ständigen Wechselverhältnis zu der Idee der Gleichheit und Brüderlichkeit. Die Humanitätsidee konkretisiert sich auf diese Weise, und der *gesellschaftliche Verschmelzungsprozeß, der schon seit der Entstehung des Absolutismus ein politisches Bedürfnis war, gewinnt durch die Idee Sinn und höhere Weihe.* An diesem Ergebnis des 18. Jahrhunderts konnte die aus der Romantik hervorgegangene Restauration nichts Wesentliches ändern, – so wenig wie die Nationalidee und die Erneuerung der katholischen Kirche die Entwicklung zu der *einen* übernationalen und überkonfessionellen Menschheit, die die Aufklärung ins Auge gefaßt hatte, hindern konnte. Aber eine gewisse Aufmerksamkeit auf die besonderen Möglichkeiten des Adels unterscheidet die nachromantische Zeit doch von der vorromantischen. Das Bürgertum behandelt den Adel wie der heranwachsende Sohn seinen Vater, es überläßt ihm den Vortritt, obwohl ihm die väterlichen Schwächen nur allzu gut bekannt sind. Die prinzipielle Gleichberechtigung kann im Ernste nicht mehr geleugnet werden, aber es herrscht noch eine Scheu vor dem ruhmreichen Stande, und das Studium der Geschichte, zumal des Mittelalters, fördert sie von neuem. Man denkt: Wer weiß, wozu es gut ist? Hätten die Franzosen auf den Grafen Mirabeau gehört, so wären Europa vielleicht die Napoleonischen Kriege erspart geblieben. Natürlich gibt es auch in der Biedermeierzeit sehr häufig unmutige Äußerungen über den Adel, besonders da, wo es um die persönliche Geltung eines irgendwie verdienstlichen Bürgerlichen geht; aber im großen ganzen haben selbst liberale Akademiker und Kaufleute noch diese Scheu. Und das war die Basis der Metternichschen Kultur- und Sozialpolitik.

Der Klassenkampfgedanke ist schon vor dem *Kommunistischen Manifest* entstanden; *aber er ist, wie die industrielle und technische Organisation, noch nicht ausschlaggebend für die Restaurationsperiode.* Die Betonung des Klassenkampfs muß zu einem falschen Bilde dieser Zeit führen. Die alte Ständeordnung hatte sich erheblich abgeschwächt durch die immer konsequenter durchgeführte Handwerker- und Bauernbefreiung. Die Armut vergrößerte sich infolge des Untergangs vieler bäuerlicher und handwerklicher Existenzen. Das war die Kehrseite der Befreiung. *Der sogenannte Pauperismus ist mit dem Biedermeier eng verbunden.* Aber er erscheint noch kaum als Sozialismus; denn der neue Klassengegensatz zwischen Proletariat und Großbürgertum bahnt sich erst an und wird noch nicht so ernst genommen wie später. Diese Hypothese wird bei denen, für welche die Geschichte ein Drama der Klassengegensätze ist, wenig Verständnis finden; aber sie sollte im Hinblick auf die vorangehende Humanitätsepoche wenigstens geprüft werden*.

Natürlich soll nicht behauptet werden, daß die Forscher, die von der Bürgerlichkeit des Zeitalters, von der Verbürgerlichung der gesamten Kultur sprachen, es ohne Kenntnis der Sache taten. Sie beobachteten ganz bestimmte auffallende Erscheinungen und versuchten, sie mit dem vagen Begriff bürgerlich zu erfassen. Unter der groben Oberfläche der restaurativen, liberalen und schließlich sozialistischen Ideologien, die sich bekämpften, ging im gesellschaftlichen Körper der Zeit eine große Krise vor sich. Aber worin bestand sie eigentlich? Wir können auch in dieser Hinsicht von dem unbefangenen Augenzeugen Immermann vieles erfahren, das zum Verständnis der tatsächlichen Zeitprobleme und -nöte förderlich ist.

Der verstärkte Kollektivismus

Wir haben schon gehört, daß nach seiner Meinung die jüngeren Familienväter alle mehr oder weniger »Hamlete« sind. Das ist für Immermann bestürzend, denn eigentlich ist doch die Familie in Deutschland der Hort des Friedens, der Liebe und der Menschlichkeit. Um diese harmonische Beseelung des Lebens durch häusliche Freuden zu vergegenwärtigen, greift er höchst bezeichnend bis auf Klopstock und Meta zurück. In Deutschland hat sich die Familie, meint er, »zur höchsten Gestalt« durchgebildet; »denn eine geraume Zeit hindurch war sie das einzige, was die Nation besaß, und noch zur Zeit ist sie wenigstens das einzige, was einer abgerundeten Bildung am nächsten blieb, während alles andere sich erst bei uns im Werden befindet«. Die Basis der deutschen Familie – das versteht sich in der Frühzeit der Germanistik von selbst – ist das »Urgefühl der Germanen«, wonach das Weib etwas Heiliges ist. Auch auf das Kind strahlt davon etwas aus [42]. Soweit Immermanns Idealvorstellung, nach der die Familie eigentlich ein »Himmelreich« auf Erden sein sollte.

Wie kommt es nun, daß die Deutschen das »altväterische Genügen« in der Familie nicht mehr finden, daß die Ehepartner meinen, sich »verstehen« zu müssen, statt mit- und ineinander zu leben, daß die Gattenliebe »eine leise Schattierung von der Freundschaft angenommen« und auf diese Weise die Ehe, die Familie »etwas von ihrem universellen Gehalte eingebüßt« hat? Eigentlich sollte man doch meinen, daß die Familie jetzt nach dem Kriege erst recht zusammenhalten und in sich ruhen würde. Immermann findet eine Erklärung, die tatsächlich die Störung des empfindsamromantischen Seelentums und damit den Grund der seelischen Konflikte, soweit er

---

* Nach Frolinde *Balser*, Sozial-Demokratie 1848/49–1863 (1962), trug noch die »Allgemeine deutsche Arbeiterverbrüderung« ihren humanen Namen zu Recht. Sie erhob konkrete Forderungen, distanzierte sich von der marxistischen Diktaturidee und gab den Gedanken einer sozialen Versöhnung nicht auf.

soziologischer Art ist, scharf erfaßt: »Der Charakter des Friedens, in dem wir seit fünfundzwanzig Jahren leben, ist mehr, als es je in Friedenszeiten vorkam, der des Vermittelns, des Verschlingens des einzelnen in ein Weltganzes. Es gelingt sogar keinem, der aus früherer Zeit herübergekommen ist, mehr, sich rund für sich mit den Seinigen hinzustellen, sich zu isolieren, den Kontakt mit den wirkenden Potenzen abzuwehren; den hartnäckigsten Widerstand bricht endlich doch die Macht der Umstände. Wieviel mehr muß dies in Familien jüngeren Datums der Fall sein! Jene Macht der Umstände ist aus unzähligen Agentien zusammengesetzt. Einige der bedeutendsten müssen wir angeben« [43].

Ohne das Problem »Technik« direkt anzusteuern, beginnt Immermann mit zwei Erscheinungen, in denen der technische Fortschritt zum mindesten seine Schatten vorauswirft. Die Schnellpresse hat zu einer unglaublichen Expansion der Journale geführt. Jedermann liest sie, auch wer über sie spottet. Sie sind eine »neue Art von Gas«, in dem jeder wie in der Luft atmen muß. Die Folge davon ist, daß jeder »über alles eine Meinung haben soll und bei Gelegenheit auch genötigt ist, sie zu äußern«. Wer nicht geradezu den Heroismus der Ignoranz aufbringt – und der Heroismus ist immer Ausnahmeerscheinung –, der muß, um gebildet zu heißen, mehr wissen, oder doch zu wissen scheinen, als früher ein Gelehrter. Eine merkwürdige Art von Polyhistorie ist so entstanden. Immermann ist der Meinung, daß Journale »immer nur Surrogate der Wahrheit, des Erkennens, Erfahrens« bringen können, auch dann, wenn sie zunächst redliche Absichten haben; denn es ist einfach unmöglich, »das Schwere mundrecht zu machen«. Er weiß genau, daß es sinnlos ist, die Journale zu schelten, »denn sie haben sich nicht selbst gemacht«. Ihre Entstehung lag im Zug der Zeit. Trotzdem ist durch sie jeder strebende Mensch, jeder aufrichtige Wahrheitssucher in eine mißliche Lage geraten. Indem er, statt selbst zu schwimmen, sich des Korkgürtels bedient, entsteht ein ganz eigenes ödes Gefühl, welches »die Unruhe in der Seele vermehrt«. An dieser Stelle begegnet die Metapher des Opiumessers, die früher erwähnt wurde. Man ist einmal im Rausch, dann in einem ernüchterten Elend. Es fehlt die Möglichkeit, »den Dingen selbst in das Antlitz zu schauen«. Die Erinnerung an Goethes so ganz anders geartete geistige Möglichkeiten klingt an, wenn »Ordnung und Zusammenhang« in den Vorstellungen gefordert wird [44]. Der Horizont erweitert sich, aber eben dadurch gerät man in die Gefahr, den Überblick zu verlieren. Wer die damals noch nicht erloschene Wahrheitsleidenschaft des Aufklärungsjahrhunderts und der Goethezeit kennt, wird diesen Grund der Beunruhigung anerkennen. Es beginnt die Zeit, in der man durch Autopsie, durch unmittelbare Anschauung zu keinem Bild der Welt mehr gelangen kann, sondern der Vermittlung durch irgendwelche Einrichtungen und Instanzen vertrauen muß. *Die Welt wird indirekter, abstrakter, und zwar gerade in dem scheinbar allen zugänglichen Bereiche der empirischen Beobachtung und weltlichen Wahrheit.* Vielleicht ist die neuerdings geäußerte Meinung, der Beginn des technischen Zeitalters, das 19. Jahrhundert, sei der größte Einschnitt in der Geschichte der Menschheit gewesen, nicht übertrieben [45]. Die Zeitgenossen des späten Goethe spüren schon das Ungeheure, das sich anbahnt, manchmal mit Frohlocken, häufiger mit Grauen.

Das zweite, was Immermann beobachtet, ist die neuerdings aufgekommene »Reisemode«. Früher reisten nur wenige, durch besondere Verhältnisse dazu bestimmte Deutsche, und sie hatten stets einen bestimmten Zweck dabei im Auge, weshalb sie auch nach der Erfüllung ihrer Aufgaben »die Ruhe der Häuslichkeit« um so mehr genossen. Jetzt ist »die Figur des reinen Reisenden oder des Reisenden schlechthin« nach dem Vorbilde der Engländer immer häufiger zu finden. »Sie reisen, um zu reisen. Sie wollen der Qual des Einerlei entfliehen, Neues sehen, gleichviel was, sich zerstreuen, obgleich sie eigentlich nicht gesammelt waren«. Von solchen Reisenden kann man nicht behaupten, daß ihnen in der Fremde das Heimische »doppelt teuer« werde; denn das allzu häufige Verändern des Orts bewirkt »die in steigender Progression fortschreitende Neigung zum Wechsel«. Diese neue Mobilität ist kein sittlicher Fortschritt: »Der Reisende ist durchaus Egoist«. Er betrachtet die Gegenden, die er durchreist wie ein einziges großes Theater, auch wenn er Herzlichkeit heuchelt. Er ist zu nichts verpflichtet, wodurch er häufig Anlaß zur Verwirrung in den fremden Verhältnissen gibt. Auch die eigenen Verstimmungen sind durch dies »Reizmittel« auf die Dauer nicht zu heilen; ja, sie führen meistens zu »einer nur um so tieferen Erschöpfung der Kräfte«. »Reisen erweitern wohl den Sinn, aber sie erkälten ihn auch« [46]. Wie durch die Journale entsteht also ein Mißverhältnis zwischen der Erweiterung des Blickfeldes und dem tieferen Bedürfnis des Menschen. Selbstverständlich sind es, im Vergleich zu heute, immer noch wenige Deutsche, die sich eine Reise leisten können. Aber schon die Vorboten der modernen Mobilität und Anonymität wirken erschreckend.

Auch die *Vereine*, die jetzt überall sich bilden und denen man sich kaum entziehen kann, sind für die Mehrheit beunruhigend. Denn es ist immer so, daß nur wenige Vereinsmitglieder mit der zur Frage stehenden Sache, der Kunst, der Literatur, dem Gefängnis oder den Aktien vertraut sind. Die meisten Vereinsmitglieder wissen nicht genau, was sie eigentlich fördern. Alle »Assoziationen« dieser Art haben zwar eine große Bedeutung; aber wie die Journale ein Surrogat für die Wahrheit sind, so sind die Vereine ein »Surrogat des eigentlichen Handelns«. Die persönliche Anteilnahme, die herzliche »Entschließungsfähigkeit« wird durch sie abgetötet. Daher widerspricht die allgemeine Klage über den Egoismus dem Vereinswesen nicht. Man kann nicht behaupten, daß das gegenwärtige Geschlecht entnervt und verwahrlost wäre. Im Gegenteil, die Sitten sind »viel reiner als sonst«. Aber die gegenwärtigen *Verhältnisse* gestatten kein unmittelbares energisches Eingreifen mehr. So gigantisch die modernen Kollektivbildungen aussehen, – die einzelnen Menschen, aus denen sie bestehen, sind »lauter Zwerglein« geworden [47]. In Immermanns Epos *Tulifäntchen,* das den modernen Zwergmenschen, die »Zeit der Kleinen« parodistisch darstellt, wird dieses Menschenbild in einem ausdrücklichen Zusammenhang mit den technischen Möglichkeiten des Zeitalters gesehen. Tulifäntchen tötet mit einem technischen Trick den Riesen, der Schwächling den Helden, der Listige den Starken.

Besonders charakteristisch erscheint es dem Diagnostiker Immermann, daß sogar die *Frauen* in der Familie kein völliges Genügen mehr finden können, im Gegensatz zum früheren deutschen Ideal. Er denkt dabei nicht an erotische Verfehlungen, an

Ehescheidungen und dergleichen romantische Probleme. »Skandalöse Geschichten hört man seltener als sonst; noch seltener sind die tiefeinschneidenden Zwiespalte der Pflicht und Neigung, die poetischen Irrsale des Herzens, an welchen eine abgewichene Periode reich war«. Fast mit Sehnsucht denkt dieser nüchterne Norddeutsche an die gute alte Zeit der genialischen Liederlichkeit zurück. Jetzt ist man besser, aber auch herber und phantasieloser geworden; denn man hat unendlich viel für die größere Gesellschaft zu tun. Man unterhält nach französischem und englischem Vorbild große Salons zur Förderung des literarischen Lebens, mit wenig Sinn und Erfolg: »Die Literatur treibt ihre Wurzel anderwärts«. Man erhebt leider nicht mehr den Anspruch, nur mit »wahlverwandten Naturen« zu verkehren. Daher herrscht in diesen Versammlungen eine unbehagliche Stimmung und eine vornehme Langeweile. Natürlich wirkt sich diese Ausweitung der Familie auf ihren Charakter aus. Die Familie nähert sich einem Vertragsverhältnis. Die Eltern werden zu älteren Freunden der Kinder und sorgen vor allem für die Entwicklung ihrer Talente. Jede Familie will ihr Talent, zum Angeben. Übersehen wird dabei, daß es nichts »Unglückseligeres gibt als mühsam gepflegte Halbtalente« [48].

Auch die Frauenvereine sind ein Symptom dafür, daß der Frau »das Haus zu leer oder zu kalt geworden ist«. Bei Nonnen oder in der Not des Krieges hat Immermann volles Verständnis für weibliche Vereinigungen, nicht aber unter normalen Verhältnissen. Im Biedermeier erlebten die karitativen Institutionen einen gewaltigen Aufschwung*. Man glaubte, die Armut, deren ökonomische Gründe man nicht erkannte, durch tätige Liebe überwinden zu können. Die größten Anstrengungen wurden gemacht, um die gesamte Gesellschaft zur Familie umzubilden. Es ist durchaus symptomatisch, wenn der alte, bekehrte Brentano seine genialen Gaben in den Dienst einer derartigen Vereinigung stellt. Aber eben dieses organisierte Helfen, diese kollektive Liebe der Frauen, ist einem Kritiker wie Immermann unheimlich, obwohl er, nach damaligen Begriffen, keineswegs besonders individualistisch war. Man betreibt da, meint er, die Liebe als »Geschäft«. Das tut keine Frau ohne »gestörtes Gleichgewicht«, auch wenn ihr die »Anomalie« gar nicht zum Bewußtsein kommt. Die normale Frau ist kein Kollektivwesen. »Vielmehr wird die Frau, in deren Gemüte wirklich alles an der rechten Stelle ist, in deren Seele ein vollkommen ungetrübter Friede wohnt, Werke der Mildtätigkeit in der unscheinbarsten, verborgensten und vor allem in der personellsten Art verrichten, ohne Abkältung durch fremde Medien, weil sie auch solchen Werken ein mit der Liebesfähigkeit wenigstens verwandtes Mitleid, eine individuelle Teilnahme an dem Gegenstande der Fürsorge schenken zu müssen glaubt, weil die rechten Werke bei ihr nur aus solchen Empfindungen aufblühen« [49].

Wir haben Immermanns Wertungen mitgegeben, weil sie – schon in der Sprache wird es deutlich – den zwiespältigen Charakter des biedermeierlichen Verhältnisses zu der in Gang befindlichen Kollektivierung in vollkommener Treue widerspiegeln. Der Begriff, der für das neue Welt- und Gesellschaftsverhältnis gebraucht wird, ist

---

* *Conze* (Vormärz, S. 261) sieht in der Modernisierung der Krankenpflege – Krankenschwester als weiblicher Beruf – den »wohl wichtigsten sozialen Beitrag«, den die damalige christliche Welt leistete.

wiederholt das Wort »kalt«. *Die neue Gesellschaft ist kalt, weil sie »vermittelt«, unpersönlich, abstrakt wird* und daher den individualistischen Errungenschaften der vergangenen Epoche, die unmöglich ein völliger Irrweg sein können, widerspricht.

Die Romantik hatte die überpersönlichen Formen des Lebens mißachtet oder sich in glühendem Enthusiasmus angeeignet – das ist das Verbindende zwischen romantischem Individualismus und Kollektivismus. Nach Novalis hat man selbst seine Steuern wie ein Liebender zu bezahlen, vom Kriegsdienst, vom Familienleben und von der Verehrung des Königshauses ganz zu schweigen. Jetzt zeigen sich die Kollektivbildungen, im direkten Anschluß an die alten vorromantischen, wieder in »herber«, »kalter« Gestalt. Ja, ihre Kälte hat sich noch gesteigert! Eine Kollektivierung, wie man sie noch nie erlebt hatte, bedroht das Herz; denn was früher die Aufgabe einzelner Gruppen, z.B. der kirchlichen Orden war, wird jetzt zu einer allgemeinen Erscheinung im Volke. *Diese Kollektivierung, diese Nivellierung* – ich vermeide den wertenden Ausdruck ›Vermassung‹ – *ist der wesentlichste Vorgang in der Gesellschaft der Biedermeierzeit.* Ob er als Verbürgerung, Demokratisierung, Technisierung oder Industrialisierung, als karitatives Vereinswesen oder frühsozialistische Selbsthilfe erscheint, ist, aus unserem geschichtlichen Abstande gesehen, nicht mehr das Wesentliche. Die gegensätzlichen Fronten des Kapitalismus (Liberalismus) und Marxismus (Kollektivismus), die sich innerhalb dieses Vorgangs bildeten, waren in der Zeit der Restauration erst keimhaft zu erkennen, und ihre Entfaltung in den letzten hundert Jahren hat das eigentliche Problem eher verwirrt als geklärt; denn, wie schon hier zu erkennen ist, besteht dieses *nicht in einer Entscheidung zwischen Kollektivismus und Individualismus, sondern in der Frage, wie der in einer großen Kulturepoche zu sich selbst gekommene Mensch, die Persönlichkeit im Stile Goethes, mit den gleichzeitig – durch den gleichen Privatisierungsvorgang – abstrakt und kalt gewordenen Gesellschaftsformen seelisch fertig werden kann.* Dieses Problem, das die Romantik durch Aufwand von viel Spekulation und Poesie umgangen hatte, stellte sich dem Biedermeier mit einer unausweichlichen Gewalt. Es zeigte sich, daß die Kollektivierung um so stärker wird, je mehr man dazu neigt, sich auf sein Privatleben zurückzuziehen. Der sich aufdrängende, widerwärtige Staat, auch wenn er vorläufig restaurativ sein wollte, bildete nur das offenkundigste Beispiel innerhalb dieser Konflikte. Die Menschen jener Zeit machten, wie wir noch sehen werden, manchen Versuch, sie zu lösen, und vielleicht ist gerade die Unschuld, das gewissermaßen Archaische dieser Versuche für unser voll entwickeltes technisches Zeitalter anziehend. Aber es ist kein Wunder, daß man, aus den romantischen Illusionen und Privatismen erwachend, unsicher, unruhig, verquält war. *Die geschichtliche Wucht des Vorgangs warf, auch da, wo man die Veränderung nur unbewußt empfand, düstere Ahnungen in die Seelen.*

Daß die moderne Individualisierung und Kollektivierung eine dialektische Einheit bilden, beweist besonders greifbar die Großstadt, wie sie im Laufe des 19. Jahrhunderts entstand. Wir haben gesehen, daß das Biedermeier noch keine vollentwickelte Großstadtkultur war; aber dies besagt nicht, daß keine innere Disposition für sie bestand. Man kann aus Börnes Feuilletons ersehen, wie Paris seinen Neigungen zutiefst entsprach. Das Unpersönliche, ich möchte sagen das Kosmische einer gewaltigen Stadt entspricht dem abgesonderten, nur aus der eigenen Existenz naturhaft lebenden Menschen, während ihn die mannigfach abgestuften, komplizierteren Verhältnisse in einer kleineren Stadt verwirren. Es gibt schon damals Menschen, welche die Ruhe beunruhigt. Bei Lenau, einem der empfindlichsten und nervösesten Menschen jener Zeit, lesen wir folgendes: »Man kann eigentlich in Stuttgart viel weniger allein sein als in unserm geräuschvollen Wien. In Stuttgart, dem Neste, hör' ich nur zwitschern und piepen, doch stört mich dies mehr, und es ist mir lästiger als das lärmende Toben einer großen Stadt, denn ein solches nähert sich in seiner tumultuarischen Verworrenheit dem wilden Geräusche der Natur« [50]. Der vereinsamte Mensch sehnt sich mit einer Art horror vacui nach der Masse trotz ihres »tumultuarischen«, bloß naturhaften Wesens. Diese *unwillkürliche, heimliche Einsamkeit* müssen wir schon im Biedermeier mitdenken, wenn wir von der Tanzbesessenheit Wiens, vom Walzerrausch hören oder von der fanatischen Theaterliebe in allen Schichten des Volks. Begeisterte Volksfeste wurden in den verschiedensten Formen gefeiert als Turnerfeste, Sängerfeste, Denkmaleinweihungen und Maifeiern. Im Mai 1832 strömten 30000 Männer zum Hambacher Feste zusammen [51]. Wie man das Meer als Stoff der Dichtung damals entdeckt und in der Oper die Instrumentalmusik die menschliche Stimme übertönt, wie der barocke Militärdrill seit der allgemeinen Wehrpflicht auf breitester Basis weitergeht und sich zugleich nach Sombarts Wort »als industriefördernder Faktor erweist« [52], wie Massenszenen von einer ganz neuen Wucht im Drama Grabbes, Büchners erscheinen und Napoleon, das Genie der Massenschlachten, sogar von seinen ehemaligen Opfern in zahllosen Liedern und Schriften beweihräuchert wird, wie man, da nun einmal Frieden ist, Stars aller Art, Sängerinnen, Schauspielerinnen, Wunderkindern oder gar dressierten Hunden frenetischen Beifall spendet, so verstärkt sich überall das kosmisch-quantitative Element, der kalte Rausch, die organisierte Begeisterung. Aber dieser ganze Aufwand ist nur die Folie der einsamen menschlichen Stimme, die inmitten der Massenszenen unüberhörbar erklingt, sogar, wie es Büchner in *Dantons Tod* darstellt, bei einem Robespierre. Den Menschen, der nichts als Masse wäre, gibt es eben nicht. Man kann, von solchen Beobachtungen herkommend, nur zustimmen, wenn Karl Löwith erklärt, es sei »evident, daß Marxens ökonomische Analyse und Kierkegaards experimentierende Psychologie begrifflich wie geschichtlich zusammengehören« [53]. Der Marxismus und der Existentialismus, die Sozialismen und Individualismen aller Art sind nur feindliche Geschwister, und ihrer aller Mutter ist die schmerzlich zerrissene Epoche, von der wir reden.

Der religionsgeschichtliche Grund des Weltschmerzes

Im Durchgang durch verschiedene Erklärungsmöglichkeiten politischer und gesellschaftlicher Art dürfte wohl klar geworden sein, daß wir den tiefsten Grund des Weltschmerzes in der Unsicherheit bezüglich letzter Wert- und Sinnfragen zu suchen haben. Es fehlt in dieser Zeit Klarheit darüber, was Individuum und Gemeinschaft, Mensch und Sache, Seele und Welt zusammenhalten und in Ordnung bringen soll. Berthold Auerbach hat sich in dem erwähnten Vortrag über den Weltschmerz natürlich auch schon Gedanken gemacht, wie man ihn erklären könne. Unter drei »Quellen«, die er findet, ist die gesellschaftliche nur die dritte: Der Mensch der Weltschmerzperiode, sagt er, erkannte die »soziale Gebundenheit« als ein Moment, das seine persönliche Kraftentfaltung stets bedingt. Aber die beiden ersten Quellen, die sich ihm aufdrängen, weisen in die von uns zuletzt bezeichnete Richtung. Die philosophische Bemühung der vorausgegangenen Zeit, sagt er, hat die »Schranken der Erkenntnis« unübersehbar aufgewiesen und die Steigerung des geschichtlichen Denkens hat zu der Frage geführt: »Wohin mit dieser endlosen Arbeit der Kultur?« [54] Das Wesen und der Sinn der Welt sind also, wenigstens in den Augen vieler, durch die idealistische Philosophie und den Historismus nicht deutlicher, sondern undeutlicher geworden. Der Weltschmerz wäre demnach die seelische Reaktion auf eine Skepsis, die sich nicht nur, wie es Immermann schien, auf das empirische Beobachten und Wissen bezieht, sondern auf die verschiedensten Formen der Wahrheit, die damit allumfassend, metaphysischer und religiöser Art ist.

Wenn diese Deutung richtig ist, dann muß der Weltschmerz Wurzeln haben, die weit hinter die Restaurationsepoche zurückreichen; denn die religiöse Skepsis ist, auch innerhalb der christlichen Kultur, viel älter als die Restaurationsperiode. Man könnte bis in die Renaissance zurückgehen, auf deren Skeptizismus die schwermütige Vergänglichkeitsstimmung der barocken Kultur zu beziehen ist. Schon damals führen Skepsis und Pessimismus viele Schriftsteller, auch solche protestantischer Herkunft, zu dem Versuch, die katholische Kirche zu restaurieren (Gegenreformation) oder wenigstens durch die Erneuerung der Mystik zu einem vertieften Verständnis der alten Religion zu gelangen. Durch den Aufstieg einer neuen Schicht und durch das neue Vertrauen zur Vernunft ist das 18. Jahrhundert, damit verglichen, heiter, tätig, progressiv. Der Entwurf einer neuen Welt wird durch die Aufklärung mit Energie gefördert bis hin zur französischen Revolution. Wenn man nicht so weit geht, wie in Deutschland, so scheint doch wenigstens ein Kompromiß zwischen der alten christlichen und der neuen weltlichen Kultur möglich zu sein. Auf dem Gebiete des Denkens ist dieser Ansatz von der deutschen Aufklärungsphilosophie (Leibniz, Wolff) bis zu den idealistischen Systemen Hegels und Schellings wesentlich.

Noch bezeichnender, aussichtsreicher erscheint der Versuch, Christentum und moderne Welthaltung, die alte Ordnung und die neue Persönlichkeit durch das Gefühl, das Gemüt zu vermitteln. Von Klopstocks *Messias* über F.H. Jacobis empfindsame Philosophie bis zu Schleiermachers und Sailers Gefühlstheologie gibt es eine mächtige Welle dieser empfindsam-romantischen Frömmigkeit. Sie wird aus der pietistischen Tradition in Deutschland und England ständig gespeist, ohne in strengem Sinne selbst pietistisch zu sein, und eben *durch diese religiöse Unbestimmtheit hat sie eine kaum zu überschätzende Wirkung auf allen Gebieten der Kultur,* auf dem kirchlichen so gut wie auf dem engeren gesellschaftlichen und wissenschaftlich-künstlerischen. Aber in dieser gesamten Bewegung lag eine Unwahrhaftigkeit, die auf die Dauer nicht verborgen bleiben konnte*; und schon von vornherein sieht der aufmerksame Beobachter eine Parallelbewegung, die als skeptisch, wenn nicht als nihilistisch zu bezeichnen ist. Das, was wir Rokoko nennen, ist in diesem Zusammenhang vor allem zu erwähnen. Hier begnügt man sich ganz offensichtlich mit kleinen Erkenntnissen (Lichtenberg) oder Darstellungen, welche die gesamte Welt und damit die Religion nicht mehr einschließen, vielmehr sich selbst genügen sollen (Anakreontik, komische Dramen, komische Epen, komische Erzählungen etc.).

Wie etwa das Beispiel Wielands beweist, gibt es mannigfache Beziehungen zwischen der skeptischen und der empfindsamen Bewegung, und wenn es auch in der Hauptsache antithetische wären. Der oft betonte Gegensatz zwischen »Verstand« und »Herz« kann die ontologische Verwandtschaft der beiden Strömungen nicht widerlegen. Die konkrete christliche Ordnung, in ihrer überlieferten Form, ist der Empfindsamkeit ebenso zweifelhaft geworden wie dem Rokokoskeptizismus; aber auch die Skeptiker bewahren sich noch die Vorstellung einer gewissen »Freude« und »Harmonie«. Denn wenn sie auch jeder »Schwärmerei«, jedem Enthusiasmus gründlich mißtrauen, so finden sie doch eine gewisse »Heiterkeit«, indem sie den Kreis des geselligen Witzes und der epikuräischen »Lebenskunst« mit Ängstlichkeit innehalten und die metaphysischen Fragen vermeiden (vgl. den *Musarion*-Schluß).

In dem Augenblick aber, in dem wieder mit Entschiedenheit und Genauigkeit nach dem Wesen und Sinn des Ganzen gefragt wird, da wird die empfindsame Weltenharmonie ebenso problematisch wie die Heiterkeit des Rokoko. Dieser Augenblick ist schon in *Werthers Leiden* erreicht, hier begegnen sich die empfindsame und die skeptische Richtung und heben sich gegenseitig auf. Wenn auch beide Richtungen in neuen Modifikationen sich zu behaupten versuchten, in Klassik, Spätaufklärung, Romantik und Biedermeier, so waren doch eigentlich seit dem sensationell wirkenden Roman des jungen Goethe Skepsis und Gefühlskultur gleichermaßen problematisch geworden. *Die Bodenlosigkeit, die beliebige, auch katastrophale Bestimmbarkeit des Gefühls war überzeugend aufgewiesen worden.* Wenn man auch, da das Dogma entschwand und die Bemühungen des weltlichen Logos selbst die Skepsis in sich aufnahmen (Kant) oder immer unglaubwürdiger wurden (Schelling), leidenschaftlich an dem Gefühl *als dem letzten Rettungsanker der christlichen Kultur* festhielt, so hatte doch strenggenommen schon in *Werthers Leiden* das scheinbar vom

---

* Nachträglich bemerke ich, daß Ludwig Feuerbach im empfindsamen und unbestimmten Charakter des nachrationalistischen Christentums einen besonders deutlichen Hinweis auf den bereits erfolgten Untergang des alten Glaubens, im Sinne einer richtig definierten Religion, gesehen hat. Den Philosophen wirft er bewußte Rücksicht auf die polizeilich geschützte Religion vor.

Logos erlöste und zunächst hymnisch jubelnde Gefühl in die Erscheinung umgeschlagen, die wir Weltschmerz nennen. Indem die Sicherungen, die der Logos-Begriff der christlich-humanistischen Kultur verliehen hatte, verschwanden oder sich in idealistische Spekulationen verflüchtigten, war, so scheint es, in seelischer Beziehung der Abgrund des Weltschmerzes nicht mehr zu vermeiden.

So erklärt sich das Wiederauftauchen der Werthergefühle inmitten einer oberflächlichen Herrschaft der idealistischen Systeme. Daß Goethe selbst Werther neu begrüßt *(Trilogie der Leidenschaft)*, sei hier nur nebenbei erwähnt; denn für ihn, der schon eine neue Welt erblickte, tiefer gründend als der Idealismus, war Werther doch eine überwundene Stufe. »Goethereif« zu sein, wie es Berthold Auerbach in der folgenden (realistischen) Epoche forderte, lag der Biedermeierzeit in der Hauptsache noch fern. Anders wäre die unglaublich verständnislose, später wohl nie wieder erreichte Goethekritik eines Menzel und Börne kaum zu verstehen. Goethe erscheint hier nicht nur als volksfremd, was oft wiederholt worden ist, sondern als sittenloser Höfling oder als seelenloser Artist und Genußmensch. Der Goethekult einer Bettina ist kein Gegenbeweis gegen die fehlende »Goethereife«, sondern bestätigt sie nur von der anderen Seite; denn ein großes menschliches Vorbild ist noch kein Gegenstand der Anbetung. Wie Immermann durch die Abkühlung der deutschen Familie, der deutschen Mutter tief erschreckt und beunruhigt wird (s. o.), so empfindet man auch ein Grauen vor der Kühle und Objektivität des klassischen und alten Goethe, oder man übersieht sie geflissentlich. Auch da, wo man nicht in den Vorwurf gegen den heidnischen Goethe einstimmt, erscheint bei Goethes Kritikern ein Seelentum, das noch mehr oder weniger bewußt christlich ist. Oder vorsichtiger ausgedrückt: *im seelischen Bereich ist die Bindung an das Christentum noch überaus stark.*

Und wie die Empfindsamkeit überhaupt ein Versuch war, das religiös, hinsichtlich seiner metaphysischen Wahrheit, entschwindende Christentum mit Hilfe des Gefühls doch noch festzuhalten, so ist der Weltschmerz die Klage darüber, daß die Religion nicht einmal mehr seelisch trägt und bindet. Aber, das ist wichtig zu bemerken, *noch diese Klage selbst setzt die Orientierung an dem alten Weltbild voraus,* und da sie damals so allgemein ist, könnte man den Weltschmerz geradezu die Götterdämmerung des Christentums nennen – unter der Voraussetzung, daß man diese Religion nicht schon als individuelle »Weltanschauung« unter andern, sondern als die prägende, absolute Kraft der alten europäischen Weltordnung versteht.

Für diese Interpretation spricht die Tatsache, daß der Weltschmerz nach *Werthers Leiden* gerade in der Strömung auftaucht, die sich sonst am wenigsten vom Christentum emanzipiert, in der Romantik. Auch wenn man Hölderlins Göttertrauer tatsächlich auf die antiken Götter beziehen will, obwohl auch Christus unter ihnen erscheint, so findet man doch um 1800 so ausgesprochen weltschmerzliche Verlautbarungen wie Tiecks *William Lovell* und die *Nachtwachen des Bonaventura*. Solche Erscheinungen, zu denen noch manches bei Jean Paul, Kleist und beim jungen Brentano hinzutritt, beweisen, daß es längst eine »nihilistische« Unterströmung gab. Wenn diese in der Restaurationsperiode, etwa bei Grabbe und Heine, offener, bei Büchner schon fast programmatisch zutage tritt, so darf auch hier ihr eigentlicher Sinn nicht mißverstanden werden. Sie fügt sich durchaus in den christlichen Horizont der Biedermeierzeit, insofern, als der Nihilismus oder Weltschmerz immer voraussetzt, daß man einen deutlichen Sinn, womöglich eine väterliche Regierung in der Welt erwartet und plötzlich nicht mehr finden kann. Es sind nicht nur die genannten Dichter, deren Äußerungen mehr oder weniger konsequent nihilistisch sind. Überall finden wir in dieser Weltschmerzperiode Bekenntnisse, die zeigen, daß der Nihilismus oder jedenfalls der Zweifel geradezu eines ihrer Strukturelemente ist*.

Worte eines völlig bodenlosen Weltschmerzes haben wir schon bei Lenau kennengelernt. Wenn Grillparzer die Barock-Tradition verläßt, etwa in *Des Meeres und der Liebe Wellen,* weht uns in der Katastrophe sogleich ein Zug völliger Vernichtung und Verzweiflung an, sehr im Unterschied etwa zu *Ottokars Glück und Ende.* In den frühen Dramen Immermanns spukt der Nihilismus allerorten und sein erster Roman *Die Papierfenster eines Eremiten* ist ein Über-Werther, insofern nicht nur *eine* Liebe, sondern alle Liebe hoffnungslos ist: »So ist die Liebe, so ist das Leben ein lügender Spiegel. Schöne freundliche Gestalten strahlen Dir daraus entgegen, mit Rosenketten verwunden. Du bist entzückt, Du siehst Dich um – und schauderst vor Teufelsfratzen zurück, die durch Distelgestrüppe grinsen« [55]. Und noch eine Stufe weiter kommt der Schritt vom immer noch gefühligen Grauen zum scheinbar objektiveren Nichts: »In der ganzen Schöpfung kein Licht, kein Halt, überall Tod und Verwesung... Ich habe mich selbst verloren und damit verliert man jetzt alles. Nicht einmal den bittern Honig der Wehmut schmecke ich rein«. So beginnt *der* Erzähler, der später in so freundlichen Farben den Oberhof, das bäuerliche Idyll in Westfalen, beschreibt oder vielmehr beschwört. Die Bauernwelt ist auch im ersten Roman Immermanns schon vorhanden, aber den Helden rettet sie nicht! Von seiner eigenen Hamletstimmung schweigt Immermann in seinen Erinnerungen so ziemlich; aber sein Werk verrät sie unmißverständlich.

Sogar bei der Droste können wir lesen:

> Ich bin zerstört,
> Ich bin vernichtet
> Und langsam abgekehrt
> Ins Nichts mein Blick sich richtet [56].

Oder mit Beziehung auf das Gefühl und die Worte, die man gefühlvoll macht:

> Wenn Nervenspiel mir einmal möchte hellen
> Der dumpfen Stirne fieberisch Umgeben,
> Aufsprudeln möchten alter Wunden Quellen
> Und stoßen vor der Worte sengend Leben:

---

* Man kann diese These sogar durch eine Äußerung des alten Friedrich *Schlegel* stützen. In den Vorlesungen zur »Philosophie des Lebens«, die er 1827 in Wien hielt, erklärt er: »So zehrt unser Zeitalter für das innere, höhere Leben nur noch an dem äußern Zierat der Kunst, während das große Kapitel des alten Glaubens, welchem unter so vielen andern guten Früchten auch jener Schmuck und jene Schönheit ihr Dasein verdanken, für die große Mehrzahl des Zeitgeistes längst aufgegeben ist« (Kritische Ausgabe, hg. v. Ernst *Behler,* 1. Abt., Bd. 10, München u. a. 1969, S. 239).

Wie zittert meine Hand, wie bricht zusammen
Die Körperkraft in solchem Augenblick!
Und eine harte Faust stößt mich zurück,
Ein nutzlos Opfer, in die eignen Flammen [57].

Die Stellen stammen aus dem *Geistlichen Jahr.* Wir mußten sie isolieren, um das nihilistische Strukturelement in diesem religiösen Werk überhaupt aufzeigen zu können; denn der Sinn des ganzen Zyklus ist ja entgegengesetzter Art. Die Droste wirft sich trotz ihres Zweifels der Religion in die Arme und sucht ganz im Sinne der Restaurationszeit den Fehler bei sich selbst. Es wird in diesem Zusammenhang nützlich sein, sich von neuem daran zu erinnern, daß es schon im Barock eine Art Nihilismus gab. Wenn es auch nur ein »Lebensnihilismus« war (Hankamer), kein absoluter, so ist doch die religiöse Situation der beiden Zeitalter nicht völlig unvergleichbar. Religionen leben lang und sterben langsam. Man kann nicht einfach sagen, jetzt um 1830 sei der Nihilismus endgültig zum Durchbruch gekommen als ein absoluter und moderner, vielmehr ist das Nichts auf die vorgegebenen Inhalte der alten Ordnung zu beziehen. Im 20. Jahrhundert wird es nicht anders sein. Eben die Adenauersche Restauration erweckte, weil sie ihr Ziel unmöglich erreichen konnte, in der Jugend von 1950 und 1960 erneut die Tendenz zum Nihilismus.

Das Wesentlichste ist in unserm Zusammenhang noch nicht, wie man mit dem Nihilismus fertig wird, sondern daß man überhaupt mit ihm fertig werden muß, daß er in einem gewissen Maße die Situation aller ist und zwar deshalb, weil das Bild der alten christlichen Ordnung im Unterbewußtsein der Menschen immer noch sehr stark ist und daher das *Versagen* dieser Ordnung im Glauben, Fühlen und Denken der insgeheim Gebundenen sehr leicht zu einem Entweder-Oder, zum verzweifelten Glauben jenseits aller Vernunft oder zu einem grundsätzlichen Zweifel am Sinn der Welt und damit zum erklärten Nihilismus und Atheismus führen kann.

Der Zwang zur Entscheidung wurde verschärft durch das historische Denken, das immer Epochen gegeneinander absetzt und ausspielt, und, auf die Gegenwart bezogen, *diese mehr als billig dramatisiert, das ruhige Selbstverständnis, das noch für Goethe eigentümlich war, fast zur Unmöglichkeit macht.* Vor lauter Entscheidung mißversteht man sich fortwährend in seiner eigentlichen Tiefe, die nicht dem Willen untersteht. Das Gefühl der Krise ist für die meisten Angehörigen der Biedermeiergeneration unausweichlich, auch dann, wenn man die Überzeugung vertritt, daß die alte Ordnung nur vorübergehend gestört werden kann. Selbst für den frommen Gotthelf ist die Zeit, der Zeitgeist ein Gigant, der alles überschattet, alles bedroht und nur in einem dramatischen Ringen von der »Ewigkeit« zerschmettert werden kann. Gotthelf wäre nicht so leidenschaftlich erregt, sein Ruf zur christlichen Entscheidung nicht so heftig und laut, wenn nicht auch in ihm das Grauen vor einer alles in Frage stellenden, alles umstürzenden Krisis lauerte. Auch er wird durch den Zwang der Tatsachen manchmal zu höchst paradoxen Vorstellungen von »Ordnung« gezwungen, so wenn er etwa angesichts von Proletarisierungsvorgängen in Basel fragt: »Ist's wohl von Gott geordnet, daß allenthalben auf Erden das Solide dem Modernen, der Fels dem Sande weichen soll?« [58] Kein Wunder, daß in anderen, empfindlicheren Seelen wie Büchner, die nicht mehr zu leugnende Tatsache unaufhörlicher geschichtlicher Veränderung und Bewegung zum Zweifel an ihrem Sinn und zu einer *nihilistischen Gegenmythologie* führte. Man kann, wie wir noch sehen werden, in der metaphysischen Dimension des Zeitalters seine eigentliche Größe erkennen; aber die latenten religiösen Widersprüche und Zweifel, die quer durch alle Entscheidungen und Parteiungen liefen, wirkten dadurch nur um so stärker in den Seelen. Sie vor allem erklären die Unruhe, die Zerrissenheit, die Hamletstimmung des Restaurationsmenschen.

Die Romantik und die junge Generation

Meine bisherigen Ausführungen wären ganz mißverstanden worden, wenn der Leser den Eindruck hätte, ich wollte die Biedermeierkultur psychologisieren oder existentialisieren. Keineswegs soll bestritten werden, daß es ein großer Unterschied ist, ob man während einer arktischen Expedition umkehrt oder sein Ziel weiterverfolgt oder sich verzweifelt seiner Erschöpfung überläßt und aufgibt. Es sollte nur deutlich werden, daß bei allen geistigen Reaktionen die Situation, in unserem Gleichnis also die arktische, fühlbar bleibt, und die verschiedenen Möglichkeiten der Situationsbewältigung nur in ihrem geschichtlichen und seelischen Zusammenhang richtig verstanden werden können. Die großen Widersprüche in der Erforschung der Restaurationsepoche sind vor allem dadurch entstanden, daß man entweder die Situation begatellisierte und damit zu dem allzu harmlosen Bild von einer noch geschlossenen Kultur gelangte oder daß man zu wenig mit der Kraft des menschlichen Geistes, der echten Tradition, der Renaissancefähigkeit der Religion usw. rechnete und so eine Dämonisierung dieser Kultur betrieb. Ob man die Stifter- oder Droste- oder Mörike- oder Grillparzer- oder Heineforschung näher ins Auge faßt, überall findet man die Neigung, entweder ins Dämonisch-Dunkle oder ins Klassisch-Helle zu stilisieren, während es doch gerade wichtig wäre, das eigentümliche Helldunkel der Zeit zu erfassen und näher zu deuten.

Im ganzen muß festgestellt werden, daß die Zeit zwar sehr stark von irrationalen Kräften bewegt wird, daß sie keineswegs so nüchtern ist, wie sie sich oft gibt, daß sie sich aber in ihrem Bewußtsein verhältnismäßig selten den katastrophalen Möglichkeiten der Lage überläßt. Sie ist eine Nachkriegs- und Nachrevolutionsepoche. Sie hat von der menschlichen Freiheit, vom Heldentum, vom Genie, auch vom »Charakteristischen« und »Originalen« der Romantik, von Boheme und privater Unordnung nur allzuviel gesehen, sie ist so sehr an den Rand des Chaos und des Wahnsinns geraten, daß sie die Ordnung und die Vernunft normalerweise wieder zu schätzen gelernt hat, – so sehr auch die Meinungen über das, was vernünftig ist, auseinandergehen. Während man im »Sturm und Drang« des ancien régime höchst vernünftig, sehr gesellschaftlich, wohlerzogen war – wie Goethe in Straßburg und Sesenheim – und eben deshalb nach Unabhängigkeit, Heldengröße, genialer Eingebung schrie, ist man jetzt so mitgenommen, so verworren und von der Unordnung so bedroht, daß man sich idyllisch oder genießerisch-ironisch, sittlich oder politisch-organisatorisch gibt und nur selten noch nach wahnsinnigen Exzessen oder nach der Tragödie lechzt. Man hat auf dem großen Theater der Weltgeschichte, aber auch in der nächsten Umgebung genug davon erlebt. Bei den Jüngeren, die ganz in der Friedenszeit groß geworden sind, liegen die Dinge etwas anders. Hier kommt es zu Erscheinungen, die mit dem Sturm und Drang vergleichbar sind. Aber selbst bei ihnen ist ein stärkerer Sinn für eine rationale Situationsbewältigung und für die unaufhebbare »soziale Gebundenheit« (Berthold Auerbach s. o.) nicht zu verkennen.

Noch weniger als der Sturm und Drang, der trotz aller Mystik etwas Handfestes hat, liegt dieser Zeit die Frühromantik. An die weltschaffende Funktion des »absoluten Ich«, der »produktiven Einbildungskraft«, »des magischen Idealismus« glaubt man nicht mehr. Man hat den Unterschied zwischen Poesie und Wirklichkeit, Ich und Welt in der Not der Fremdherrschaft und in der Ernüchterung der Friedenszeit vor Augen geführt bekommen. Man fürchtet, auch da, wo man ein einheitliches Weltbild festhält, nichts mehr als vorschnelle Synthesen. Das »Überfliegende«, »Schwebende« der frühen Romantik wird selbst vom reif gewordenen Romantiker Eichendorff entschieden, ja scharf verurteilt. Besonders verhaßt ist ihm das Durcheinandermischen von Poesie und Religion. »Objektiv« ist eines seiner Lieblingsworte, wenn er auch etwas ganz anderes darunter versteht als Hegel oder gar die moderne Wissenschaft. Während man immerhin Vergleiche zwischen Grabbe und Lenz, Heine und Heinse, Büchner und dem jungen Goethe anstellen kann, gibt es in der ganzen Restaurationszeit keinen Geist, der mit Novalis irgendwie vergleichbar wäre. Selbst da, wo seine genialen geistigen Ansätze weitergeführt werden, geschieht es in einem wesentlich anderen Geist und Stil. Wie Goethe damals in seiner Gesamterscheinung kaum verstanden wird, so erst recht Novalis. Daß es in der Goethezeit einen bedeutenden geistigen Bereich gibt, der vom 19. Jahrhundert übergangen, ja, wenn man will, bewußt in die Isolierstation versetzt wurde – denn die äußere Kenntnis der Erscheinungen ist in diesem »historischen Jahrhundert« durchaus vorhanden! –, das hat uns in den letzten Jahrzehnten die Wiederentdeckung Kleists und Hölderlins vor Augen geführt. Dem geistesstolzen Hegel kommt bei seiner Abrechnung mit dem frühverstorbenen Solger dessen weltschmerzliche Berufung auf Kleist und Hölderlin gerade recht; denn diese allein erscheint ihm schon entlarvend. Die Formulierungen, die er gibt, dürften für das ganze 19. Jahrhundert so ziemlich gültig geblieben sein. Kleist: »Energie der Zerrissenheit«. Novalis: »Schwindsucht des Geistes« [59].

Bei den neuentdeckten, in *unserm* Jahrhundert enthusiastisch gerühmten Dichtern handelt es sich durchweg um geistige Erscheinungen von großer »Einzigartigkeit«, von größerer, als z.B. Lessing, Herder, Schiller und Tieck besitzen. Die starke Wirkung bestätigt nur die allgemeine, epochale Bedeutung der zuletzt genannten Schriftsteller. Novalis, Hölderlin und Kleist sind ohne die entfesselnde Revolutionsepoche, die viel *mehr* als ein politisches Ereignis war, in ihrem gesamten Stil, Schicksal und Weltentwurf ganz unmöglich zu denken, so einzigartig auch die von ihnen begangenen Wege sein mögen. Wenn man sie plötzlich kaum mehr sieht oder sogar nicht mehr sehen will, so bedeutet dies doch, *daß das 19. Jahrhundert, besonders in seiner ersten Hälfte und besonders in Deutschland, viel stärker an die vorrevolutionäre*

Epoche anknüpft, als uns dies wegen des fehlenden Abstands bisher bewußt gewor-den ist*. So versteht man dann auch, daß – grob gesprochen – um 1900 in Deutsch-land eine neue Revolutionsepoche mit den dazugehörigen irrationalen Reaktionen steht. Ich meine den Expressionismus, den ersten Weltkrieg und die politischen Re-volutionen in Deutschland. Dieser zum Extremismus neigenden Epoche waren Er-scheinungen wie Kleist, Hölderlin und Novalis wahlverwandt, ja wieder zutiefst vertraut und gegenwärtig.

---

* Die Hinweise der Biedermeierforschung um 1930 wurden nicht ausreichend ernst ge-nommen, vielleicht deshalb, weil sie mehr positivistischen als strukturanalytischen Charak-ter hatten.

Wir haben schon bei der Interpretation des Weltschmerzes auf die vorrevolutionäre Zeit zurückgreifen müssen. Dies ist nun zu ergänzen; denn das 18. Jahrhundert war nicht nur ein Zeitalter der Empfindsamkeit. Neben der von Leibniz erdachten, dann enthusiastisch empfundenen Harmonie der Welt, steht eine sehr scharfe Erfassung der Einzelheiten. Diese beiden Haltungen bedingen sich gegenseitig; denn wenn man Einzelbeobachtung oder gar Einzelforschung betreibt, bleibt von dem Ganzen nur ein abstraktes oder vages Stimmungsbild. Empfindsamkeit und »Empirismus« sind Verhaltensweisen, die beide aus England gekommen sind und auch später miteinander aufzutreten pflegen. In der Biedermeierzeit ist das der Fall; und wenn zu dieser Zeit die Engländer besonders beliebt und in vielfacher Hinsicht ein Vorbild waren, so bedeutet dies, *daß die englische Kultur nun tatsächlich besser verstanden wurde.* Nach dem Scheitern des idealistisch-deutschen Weltentwurfes beobachtet man aufmerksam, wie das »glücklichere Volk« der Engländer mit der modernen Situation fertig geworden ist. Zu denken ist dabei nicht nur an die zögernde und oft kritisierte Übernahme englischer Technik oder Industrie (Eisenbahnen und andere Dampfmaschinen), sondern an die empirische Einstellung überhaupt, an die Sachlichkeit, Nüchternheit und Beobachtung des *Nächstliegenden.*

Wo man von der »Andacht zum Unbedeutenden« spricht, hat man eigentlich den romantisch-idealistischen Bereich schon hinter sich gelassen; denn wenn auch ursprünglich der Begriff »bedeutend« nur der symbolischen Sehweise Goethes entsprach und keineswegs ein Überfliegen des einzelnen in sich schloß, so hatte er doch durch die Frühromantik – man denke vor allem an F. Schlegel – einen Sinn gewonnen, welcher der folgenden Generation zuwider war, nämlich eben den der anspruchsvollen, vorschnellen »Synthese«, des allzuweiten Blickfeldes. Man braucht nur an den alten Brockes (*Irdisches Vergnügen in Gott,* Hamburg 1721–48) zurückzudenken, um zu wissen, daß die »Andacht zum Unbedeutenden« die Erneuerung eines viel älteren Wirklichkeitsverhältnisses war. Man kann noch weiter zurückgehen und daran erinnern, daß dem 17. Jahrhundert das Interesse für einzelne, nun allerdings isolierte »kuriose« Gegenstände keineswegs fremd war, daß die früheren christlichen Jahrhunderte überhaupt nicht so »unrealistisch« waren, wie dies aus der Perspektive eines konsequenteren, *metaphysisch* gewordenen Realismus erschien. Man hat zur Kennzeichnung barocker Stilerscheinungen, etwa bei Beer und Grimmelshausen, unwillkürlich immer wieder zu dem modernen Begriff »Naturalismus« gegriffen, und obwohl diese Terminologie, als mißverständlich, wenig empfehlenswert ist, so zeigt sie doch, daß für die vorrevolutionäre Zeit, und zwar bis hin zu Wieland eine deutliche, ja eine desillusionierende Wirklichkeitserfassung keineswegs ferne lag, und zwar deshalb, weil man von der Unzulänglichkeit der irdischen Welt überzeugt war. Ich nenne diese Erscheinung im Anschluß an Erich Auerbach, der freilich von »christlichem Realismus« spricht, *christlichen Naturalismus**.

Wesentlich für diesen christlichen Naturalismus ist, daß er auch dann weiterwirkt, wenn der Glaube an die der Natur entgegengesetzte, von der Natur erlösende Gnade verschwunden oder zu dem vagen, rein formalen Begriff des »Unendlichen« säkularisiert ist. So vor allem erklärt es sich, *daß im 18. Jahrhundert, auch ohne bewußte Opposition zum Christentum, die empirische Weltkenntnis in einem Maße erweitert werden konnte, das uns nicht bewußt zu sein pflegt.* Wenn man z.B. vom psychologischen Denken des 18. Jahrhunderts einige Kenntnis hat, so weiß man, wie nahe dieses Jahrhundert der Psychologie des 19. und selbst des 20. Jahrhunderts schon gekommen ist. Durch die idealistische Wendung der »Goethezeit« werden diese Entdeckungen wieder *verdeckt*. Auch die Geschichtsforschung, die man so gerne mit Herder beginnen läßt, z.B. die Shakespeare-Forschung, war schon sehr weit gediehen, und Herder, der überhaupt zu einem essayistischen Verfahren neigte, mußte manche Tatsache, die der Aufklärung bereits bekannt war, so die theatralische Tätigkeit Shakespeares, *beiseite schieben, um zu seinem mythischen Shakespeare-Bild zu gelangen.* Die Fülle des Wissens hatte um 1770 schon etwas so Bedrängendes, daß die gewaltsamen Vereinfachungen bei der Jugend des Sturm und Drang in psychologischer und metaphysischer Hinsicht bereits etwas Notwendiges an sich hatten und die Gestalt einer elementaren *Reaktion* gegen das enzyklopädische Wissen annahmen. Man denke an die Kritik der gleichzeitig umfassenden und spezialistischen Ästhetik Johann Georg Sulzers. Der gleiche Vorgang wiederholt sich, bei einer gesteigerten Fähigkeit zur Spekulation, in der Frühromantik und, bei immer größerer Verfeinerung, in den idealistischen Systemen.

Aber daneben ging die empirische Forschung weiter, in der uns allzuwenig bekannten Strömung der Spätaufklärung. Sie bewahrte das empirische Wissen und die empirische Methode mit Treue und Energie, bis sich die Deutschen erneut darauf verwiesen sahen. Und das war in unserer Periode ganz allgemein der Fall, bei den Konservativen so gut wie bei den Revolutionären, und bei den Neutralen erst recht, bei den Künstlern kaum weniger als bei den Philologen und Historikern. Sogar von der Naturkunde wollte jeder wieder etwas erfahren; ja, dieses Wissen erschien als das verläßlichste und allgemeinste, da es der Deutung am wenigsten unterworfen war und das neuerwachte Bedürfnis nach Anschauung und Anwendung am leichtesten zu befriedigen schien. Wenn Brentano, der reiche Kaufmannssohn, vor allem Handschriften, Bilder und alte Bücher gesammelt hatte, so sammelte man jetzt darüberhinaus Steine, Pflanzen, Insekten. Auch ein so eingesponnener Lyriker wie Mörike

---

* *Auerbach* verbindet in seiner »Mimesis« Realismus und mittleren Stil, was sicher richtig ist. Das Christentum wird aber, wo es sich der Welt zuwendet, als Jenseitsreligion, meist dem niederen Stil zuneigen, vgl. eben die erwähnten Dichter von Schelmenromanen (Beer u. Grimmelshausen).

betätigt sich als Sammler. Es ist nicht nur ein Spleen, sondern ein leidenschaftliches Bedürfnis, ein notwendiger Zugang zur Welt. Für die Kunstgegenstände gibt es schon die Museen; auch die Bibliotheken wachsen. Leihbibliotheken entstehen sogar für die Unterschicht. Der Kunst- und Literaturbetrieb erreicht die vorläufig größte Ausdehnung; aber er ist kein Ersatz für die faszinierende Welt der »Dinge«. Die Natur gewährt noch, im Gegensatz zur heutigen Naturwissenschaft, ein handfestes Verhältnis zur Wirklichkeit*.

Garten, Alpinismus, Körperkultur, Psychologie, Hygiene

Unentbehrlich ist für die Restaurationsgeneration das Anschauen der Naturgegenstände in einem noch tieferen Sinn. *Es ist tröstlich, etwas zu sehen, das mehr als Hirngespinst ist.* Die Natur ist beruhigend und gibt wenigstens in einem begrenzten Bereich das Gefühl der Sicherheit. Sie gibt die Gewißheit, daß die Reinheit und Ursprünglichkeit der Welt auch in einer so zwielichtigen und schillernden Epoche, wie es das Biedermeier ohne Zweifel ist, von dem gefunden werden kann, der ruhig genug betrachtet und sich nicht an ihre geschichtliche Oberfläche hält. Der Rousseauismus taucht erneut auf, freilich in einer schon modernen Form. Man ist durch Schaden klug geworden und weiß, daß die Gesellschaft nicht zum Naturzustand zurückkehren kann. Aber man versucht, *die Natur in die gesellschaftlichen Verhältnisse hineinzunehmen,* und in dieser Beziehung ist die Biedermeierzeit höchst erfindungsreich gewesen. Der Garten, etwa in der Art, wie ihn der Fürst Pückler-Muskau in Weiterführung des englischen Parks geschaffen hat, verliert die Begrenzung gegenüber der ihn umgebenden Landschaft, er läuft in sie aus. Dadurch entsteht eine vollkommen organische Abstufung vom Haus zum näheren Garten, von dort zum ferneren und schließlich zum ganzen, natürlich auch kultivierten Land. Die Städte werden noch stärker als im 18. Jahrhundert mit einem Kranz von Gärten und Gartenhäusern umgeben, in denen man lange weilt, da das Arbeitstempo noch nicht scharf ist und solche »unschuldigen Freuden« die einzigen sind, die man sich normalerweise leisten kann. Die Blume spielt in der Biedermeierzeit eine große Rolle. Eben weil sie so ruhig ist, im Raume haftet, ist sie eine Erquickung für die nervösen, vom »Zeitgeist« bedrängten Menschen. Blumen haben alle Dichter der Restaurationsepoche besungen oder wenigstens als Gleichnis unschuldiger Schönheit verwendet. Sie werden in die Zimmer mitgenommen und bilden so ein neues Bindeglied zwischen Mensch und Natur. Der Wald, der von der Romantik als Inbegriff der Dämonie und des Zaubers entdeckt worden war, wird von dieser Zeit humanisiert. Die Dämonen werden harm-

---

* Die starke Nachwirkung der älteren Naturkunde, die Josefine *Nettesheim* (Die geistige Welt der Dichterin Annette Droste zu Hülshoff, 1967) in einem einzelnen Fall einwandfrei nachgewiesen hat, dürfte für die ganze Restaurationsepoche charakteristisch sein. Als Beispiel nenne ich noch – wegen der Nachbarschaft zu Stifter – den »Kalender für alle Stände«, den Carl *von Littrow,* der Direktor der K.K. Sternwarte in Wien, seit 1843 herausgab und der in astronomischer Hinsicht dem wissenschaftlichen Laien erstaunlich viel Interesse zutraute.

lose Zwerglein für den Bedarf der Kinderstube und Familie. Man denke an die Heinzelmännchen von Kopisch. Selbst die Nixen kommen in das Haus, so in Mörikes *Historie von der schönen Lau,* und sogar der grimmige Alpenkönig wird bei Raimund ein guter Mann.

Die *Gebirge* erregen bei der Restaurationsgeneration nicht mehr die Ekstase, die aus Goethes *Harzreise im Winter* spricht. Natürlich geht man auch nicht im Winter, sondern vernünftigerweise im Sommer ins Gebirge, und zwar schon, wie Heines *Harzreise* beweist, in hellen Haufen. Man bewundert gemeinsam den Sonnenuntergang, auch dann, wenn man, wie Heine, über die empfindsamen Formen der Naturverehrung spottet; denn »unentbehrlich« im oben bezeichneten Sinn ist auch die Sonne, als Inbegriff eines immer verläßlichen und reinen Lichts. Der eigentliche Alpinismus beginnt zu entstehen, was aus den zahlreichen »Landschaften« der Malerei und der Reisebeschreibung, aber auch aus Stifter zu ersehen ist. Man schwärmt nicht nur wie Albrecht von Haller für das unschuldige Glück der Alpenbevölkerung, sondern man wagt sich, wenn auch mit Grauen, in das von den Menschen nicht mehr bewohnte Gebiet. *Man fühlt sich der Spannung zwischen Mensch und Natur gewachsen, weil man sich keinen Illusionen über ihre »Identität« mehr hingibt* und die »Sommerfrische« vom gewöhnlichen Leben zu unterscheiden gelernt hat. Der Pantheismus ist auch Dichtern, die wenig christlich sind wie Heine, Lenau und Immermann, zweifelhaft geworden [60].

Häufig verbindet sich der Alpinismus mit den schon erwähnten naturkundlichen Bemühungen, wodurch er auch etwas Nüchternes bekommt. Zwar klagt Gotthelf bereits, die Berge seien »leider die modernen Wallfahrtsstätten der modernen Welt« [61]; aber als Zeugen von Gottes Allmacht sind sie auch diesem Dichter heilig, und eben dort in den Bergen, wo sogar die Veteranen Napoleons fromm sind, beginnt Jakobs Abwendung vom Zeitgeist. Die mächtige Strömung des Rheins bei Basel ist dem Theologen Gotthelf kein Hinweis auf die Veränderlichkeit, sondern auf die Stetigkeit aller Ordnungen. Die Anwesenheit einer übermenschlichen Kraft erzieht den Menschen zur Demut. In Mörikes Gedicht *Die schöne Buche* führt »ein freundlicher Geist, des Hains auflauschende Gottheit« den Dichter zu dem stillen Baum, und doch wird dieser in seiner sinnlichen Erscheinung sorgfältig vergegenwärtigt. Das eben macht die Natur bei allen Richtungen der Restaurationsepoche so beliebt, daß sie in ihren Phänomenen objektiv »beschrieben« und gleichwohl in bestimmte Ordnungszusammenhänge einbezogen werden kann. Die »Ideale« dagegen schätzen gerade die Konservativen wenig. In Immermanns Erzählung *Der neue Pygmalion* sagt eine Tante zu dem Baron Werner, welcher bei der von ihr vorgeschlagenen Braut »die Unbeschreiblichkeit«, »das sogenannte Ideal« vermißt: »Mit Eurem Ideale! ... Das Wort gehört zu den verderblichsten, die je erfunden worden sind«*.

---

* Es handelt sich eher um einen Topos der nachromantischen Konversation als um eine vereinzelte Pointe. Man versteht, daß die Idealismuskritik der Praktiker, auch die der Künstler, früher und schärfer einsetzte als die der Philosophen. Auch in *Heines* Reisebildern (Buch Le Grand) wird der Begriff Ideal kritisiert (Hinweis von Manfred Windfuhr). Eine Spezialuntersuchung wäre wohl ergiebig.

Daß in dieser Zeit eine Turnerbewegung entsteht und eine bedeutende Verbreitung gewinnt, ist höchst charakteristisch; denn alles *Körperliche* wird von dieser Generation ernst genommen. Immermann hat den primitiven »Jargon« der Turner um Jahn scharf verurteilt; aber er hat das Turnen als solches gutgeheißen, und zwar unter ausdrücklicher Berufung auf seine vernünftigen Vorkämpfer in der Aufklärung: »Was lag näher, als den Körper des Menschen auch einmal ins Auge zu fassen, nachdem so viele an Leib und Seele dadurch vermüfft worden waren, daß sie nie erfahren hatten, sie besäßen Arme, Füße, Schenkeln, Muskeln, Sehnen? Hatten die Alten nicht Recht gehabt mit ihrer Gymnastik, und war das nicht längst von allen Gescheiten eingesehen worden? Wieder also lag vor Jahn eine Aufgabe, vorbereitet, überschaulich, greifbar, schon hin und her von Basedow, Gutsmuths, Salzmann und andern gewendet. Sein guter Stern wollte, daß der Stoff ihm appretiert genug und doch auch noch roh genug unter die derb zugreifende Faust geriet. Er hätte daraus viel machen können. Er aber verdarb auch diesen Stoff wie den des ›Volkstums‹« [62]. Man liest in der Literatur der Zeit öfters bedauernde Worte darüber, daß das Turnen aus politischen Gründen in Mißkredit geriet.

Die »Emanzipation des Fleisches« in der saint-simonistischen und jungdeutschen Form ist nur eine besondere, heidnische Zuspitzung des allgemeinen, geschichtlichen Vorgangs. In der Nordsee badete nicht nur Heine. Wenn sich die Wiener in der »Schwimmschul«, die es im Prater gab, tummelten [63], fühlten sie sich nicht als Unchristen. Wie schon das beliebte Spazierengehen und der Alpinismus zeigen kann, waren diese körperlichen Gegengewichte, diese *Betätigung* der menschlichen Natur für den Restaurationsmenschen ebenso unentbehrlich wie das Betrachten und Studieren der Natur. Gotthelf stellt etwa Betrachtungen darüber an, welche Vorteile die Fußwanderung gegenüber dem Eisenbahnfahren hat oder wie viel mehr der körperliche Arbeiter seine Ruhe genießt als der geistige. Das innige Behagen, das aus Mörikes Gedichten *Mein Fluß* und *Fußreise* spricht, ließe sich oft belegen. Auch Mörikes Wort vom »alten Adam« *(Fußreise)* ist nicht vereinzelt und höchst bezeichnend für das damalige Bestreben, den Rousseauismus mit der Tradition zu versöhnen. Im gleichen Zusammenhang ist Mörikes körperliche Betätigung als Töpfer zu sehen. Man hält an einer wie immer differenzierten Lebensganzheit fest. In Ernst von Feuchterslebens Schrift *Zur Diätetik der Seele* (Wien 1838), deren besondere Bedeutung für die Biedermeierzeit von Wilhelm Bietak [64] herausgestellt worden ist, fällt die starke Betonung des Körperlichen auf. Man ist vom Materialismus weit entfernt; die Seele ist, christlicher Tradition gemäß, die Hauptsache, das, was man vor allem heil erhalten möchte. Aber daß die Betätigung des Körpers dazu beitragen kann, weiß man schon. Die schwierige psychologische Situation, die wir früher geschildert haben, gab zu einer sehr aufmerksamen Beobachtung der seelischen Phänomene Anlaß. Es ist der Hinweis auf eine ernste Sorge der Zeit, wenn sich die Psychologie als eigene Disziplin konstituiert. 1824/25 erschien J. F. Herbarts *Psychologie als Wissenschaft,* 1846 Hermann Lotzes *Seele und Seelenleben.* Die »psychologische Kunst« Grillparzers, Heines und Büchners, ja selbst Gotthelfs und Stifters, findet im psychologischen Interesse des Zeitalters eine mächtige Basis und Anregung; denn eben das noch nicht ganz zur »Fach-Wissenschaft« relativierte Wissen wirkt oft am stärksten auf andere Kulturgebiete.

Wie zwiespältig die Psychologie und Psychiatrie der Zeit noch immer waren, veranschaulicht der vieldiskutierte Fall Woyzeck. Für die Biedermeierzeit ist der Soldat Johann Christian Woyzeck, der Stimmen hört und durch sie zum Mord veranlaßt wird, noch keineswegs ein eindeutiger klinischer Fall. Der Physikus der Stadt Leipzig verweist auf die »unordentliche Lebensweise« des Delinquenten. Er muß zwar zugeben, daß die Gesundheit Woyzecks nicht ganz in Ordnung und daß er andrerseits nicht eigentlich unfromm war. Noch zwei Tage vor der Tat besuchte er die Kirche. Aber was soll man sagen, wenn Woyzeck dazu bemerkte: »Was hat's mir denn geholfen?« Woyzeck muß doch ein gefühlloser Schädling gewesen sein. Auch die medizinische Fakultät der Universität Leipzig bestätigte diese Entscheidung, und so wurde Woyzeck hingerichtet. Aber nach der Hinrichtung protestierte der Bamberger Physikus Marc und behauptete, Woyzeck sei krank, wohl auch gemütskrank und keineswegs zurechnungsfähig gewesen [65]. Man sieht: die sittlich-religiösen Normen werden noch festgehalten, aber die psychologische Betrachtungsweise fordert auch ihr Recht und kann nicht mehr übersehen werden. Daß sich in solcher Lage die Dichter aufgerufen fühlten, darstellend an der Klärung der Streitfragen mitzuwirken, leuchtet ein. Das Schicksal Woyzecks würde, wenn es Gotthelf in die Hand bekommen hätte, ganz anders aussehen als bei Büchner. Der Pfarrer hätte nicht das Verständnis des Mediziners. Aber auch Gotthelf mußte schon die sich aufdrängenden seelischen Phänomene in seiner Weise ernst nehmen und interpretieren.

Gerade wenn man davon überzeugt ist, daß das Christentum seine kulturprägende Macht behaupten wird – und das meint ja die Restauration –, muß man alle Erscheinungen des körperlich-seelischen Lebens im Auge behalten. So schreibt Gotthelf ein Buch gegen die Quacksalberei (*Wie Anne Bäbi Jowäger haushaltet und wie es ihm mit dem Doktern geht*, 2 Bände, Solothurn 1843/44); er befaßt sich überhaupt öfters mit medizinischen Fragen. Dabei zeigt sich die gleiche Einstellung, die wir gegenüber dem Alpinismus gesehen haben. In *Zeitgeist und Berner Geist* (2 Bde., Berlin 1852) schildert er einen Aufenthalt im Bade einigermaßen zurückhaltend, aber doch mit Wohlwollen. Wenn der freisinnige Gatte die schwerkranke Frau nicht ins Bad schickt, so ist das nach Gotthelf bezeichnend für den Liberalen, der immer von Fortschritt redet und damit nur sein eigenes Wohlbehagen meint. Die Bäder erschienen besonders dazu geeignet, die Heilkräfte der Natur für die Gesellschaft zugänglich zu machen, und so erfuhren sie in jener Zeit einen starken Ausbau. Schon erschien ein *Jahrbuch für Deutschlands Heilquellen,* und allein in Württemberg gab es eine umfangreiche Literatur über Heilquellen und Kurorte. Wenn unter diesen Autoren auch Justinus Kerner vertreten ist, so erscheint dies als Hinweis auf romantische Anregungen. Wie die Geologie bei Novalis romantisch erlebt wird, so wurden es gewiß auch die warmen und mineralischen Quellen: Sie vermitteln geheimnisvolle Kräfte. Aber der Stil dieser Badeliteratur ist jetzt nicht mehr mystisch und »poetisch«, sondern belehrend und beschreibend. Auch dabei konnte man direkt an die Spätaufklärung anknüpfen, etwa an Valerian Wilhelm Neubecks Hexameter-Lehrgedicht *Die Ge-*

sundbrunnen (1796) [66]. Nur ist jetzt die gesamte Einstellung noch wissenschaftlicher geworden oder wenigstens das, was man damals so nannte. Die Therapie scheint oft schon ebenso kühl wie der Stil derartiger Schriften gewesen zu sein. Laube berichtet in seinen Reisenovellen über die Kaltwasserkuren, die Priessnitz hoch oben im Riesengebirge mit großem Zulauf vornahm. Die Grundlage bildete das Wasserbuch eines Professors Oertel [67]. Auch wenn die Lust zur grotesken Darstellung bei diesem Bericht unverkennbar ist, so bleibt doch der Eindruck einer radikalen Heilmethode. Die Hypochondrie, überhaupt die Ängstlichkeit der Zeit machte wohl solche Gegenmittel nötig.

Die Cholera von 1831 forderte relativ wenige Opfer; aber die Panik der Bevölkerung muß unbeschreiblich gewesen sein. Noch wirkte die verstärkte Verbreitung medizinischer Kenntnisse, die Einsicht in natürliche Zusammenhänge mehr erschreckend als beruhigend. Ein Zeitgenosse macht den Aufklärungs- und Vorbeugungseifer eines auf königlichen Befehl gebildeten »Gesundheits-Komitees« für die bis zum Wahnsinn sich steigernde Erregung der Berliner verantwortlich. Erst die »Gassenbuben« und »der alte Berliner Witz« führten wieder zu einer Normalisierung des Lebens [68]. Man muß hinzufügen, daß die Reinlichkeit in jener Zeit noch sehr wenig entwickelt war, auch in Landschaften, die heute auf ihre Sauberkeit besonders stolz sind. Im Schrifttum der Zeit liest man deshalb so viel von reinlichen Kindern, reinlichen Häusern, Straßen usw., weil sie sich ganz und gar nicht von selbst verstanden. Jeder, der die Geschichte seiner Stadt kennt, weiß davon zu erzählen. Daß Rahel, die gescheite Frau des Diplomaten Varnhagen-Ense, der Mittelpunkt eines berühmten Berliner Salons, in ihren Forderungen noch über die behördlichen Maßnahmen hinausgeht, kann man sich denken. Sie wünscht nämlich, es möchte auch später, »in gesunden Tagen«, »richtig und streng auf die Reinlichkeit, Lüftung und Bekleidung der armen Klasse gesehen« werden [69]. Bedeutsamer ist, daß die Aufklärung *in diesem empirischen Bereich* von allen, auch von den restaurativen Kreisen, betrieben wurde. Dies führte mit logischer Konsequenz zu der prinzipielleren Aufklärung der zweiten Jahrhunderthälfte, und zwar, da die Belehrung bereits auf breiter gesellschaftlicher Basis erfolgte, in fast allen Schichten des Volkes.

Die wissenschaftliche Spezialisierung und ihre Grenze

Wenn Lorenz Oken, der die naturwissenschaftliche Leuchte der neugegründeten Universität Zürich war, eine *Allgemeine Naturgeschichte für alle Stände* (1833–41) schrieb, so bahnte er damit der naturwissenschaftlichen Aufklärung einen Weg, obwohl er zwischen der empiristischen Naturwissenschaft und Schellings Naturphilosophie zu vermitteln versuchte. Oken habilitierte den Dichter Georg Büchner, der sich bei längerem Leben gewiß nicht in dem von Schelling und Oken gezogenen metaphysischen Horizont bewegt hätte. Die Wissenschaft war, wie bei diesem Beispiel Lehrer und Schüler zeigen, noch nicht so esoterisch, daß sie sich mit der Popularisierung und mit verwandten Kulturbetätigungen nicht vertragen hätte; ja, die

Besten fühlten sich noch zu einer gewissen Vielseitigkeit verpflichtet. Über die möglichen Folgen der Spezialisierung besteht schon vollkommene Klarheit. So meint z.B. Wienbarg von einer künftigen Geschichtswissenschaft, der »eine Professor verstände sich auf das Jahr 2000, der andere auf das Jahr 1999«. Schon jetzt ist nach seiner Meinung durch die überhandnehmende Spezialisierung ein »Wirrwarr« entstanden. Er fügt ein für diese Zeit bezeichnendes Wort hinzu: »lächerlich«. Ein »lächerlicher Wirrwarr« ist es, ein komischer, nicht, wie wir heute alle sagen könnten, ein tragischer. Es ist ein Wirrwarr für die kleinen Geister, während sich die großen einen weiteren Horizont zu wahren wissen [70]. Hegels grundsätzliche Verachtung der »Empiristen« mag bei einer solchen Wissenschaftsauffassung mitbestimmend gewesen sein. Sie konnte sich aber zugleich auf bedeutende Vertreter der empirischen Wissenschaften berufen; denn diese bewahrten zwischen Spezialisierung und Universalität eine gewisse Mitte.

Ein besonderes interessantes Beispiel ist Herbart. Wir erwähnten ihn als Bahnbrecher der Psychologie (s. o. S. 38). Wir werden ihm als dem bedeutenden antiidealistischen Ästhetiker wieder begegnen (s. u. S. 86 ff.). Sein Denken und seine Sprache haben einen so nüchternen Stil, daß eine Modernisierung naheliegt. Es ist aber nur der aufgeklärte Universalismus statt des romantischen, welcher diesen Generationsgenossen der Romantiker prägte (geb. 1776). Vor einer Spezialisierung ohne philosophische Grundlage warnt er: »Es kann nicht ausbleiben, daß die Vernachlässigung der Philosophie eine leichtsinnige oder verschrobene Behandlung der Grundbegriffe aller Wissenschaften zur Folge habe« [71]. Sein nüchterner Stil erklärt sich wohl aus dem Bedürfnis, die Physiker, Physiologen, Theologen und Politiker zu erreichen. Diese Beispiele gibt er selbst [72]. Auch die Bücher »für alle Stände«, auf die man damals so stolz war und die heute, meist geringschätzig, populärwissenschaftlich genannt werden, hatten im überkommenen Universalismus ihren tieferen Grund. Man denke etwa an Alexander von Humboldt, der nicht nur Forscher, sondern ein gefeierter Schriftsteller war. Welchen Illusionen man sich hingeben konnte, das zeigt am deutlichsten Eichendorff, wenn er die Aufklärung gegen die Romantik *verteidigt* und meint, beide Parteien hätten in gewissem Sinne recht. Natürlich bekämpft er die »falsche Aufklärung«, aber die richtige hält er für »natürlich, edel«, ja für »christlich«, selbst dann, wenn sie »ursprünglich verneinend erscheinen muß« [73]. Er meint, man könne die Aufklärung in der christlichen Ordnung integrieren!

Nur unter diesen Voraussetzungen wird es verständlich, daß die Restaurationsepoche ein bedeutendes Zeitalter der *Geschichtsschreibung* war und daß diese zugleich eine Popularität gewann, einen echten ungekünstelten Enthusiasmus erregte, der alle Stände und fast alle Kulturgebiete durchdrang. Für diese Zeit ist die »Historie« nicht nur eine empirische Wissenschaft, auch nicht nur ein Gegenstand humaner Allgemeinbildung; sie hat, wie wir schon angedeutet haben und noch weiter zeigen werden, strukturelle, ja konstituierende Bedeutung. Aber daß, wie bei der Naturkunde, auch der einfache, lange zurückgedämmte Welthunger, das Bedürfnis, Tatsachen zu finden, zu sammeln, Gegenstände statt unsicherer Ideen zu ergreifen, große Bedeutung hatte, das beweisen Quellensammlungen wie die Monumenta Germaniae Historica, die verschiedenen Unternehmungen der Gebrüder Grimm, Lachmanns Editionen usw. Der Unterschied, der sich hier im Vergleich mit der früheren Romantik, etwa mit Tiecks Sammlungen oder mit Arnims und Brentanos Umdichtungen in *Des Knaben Wunderhorn* ergibt, ist sattsam bekannt. Das spätere 19. Jahrhundert fand hier den eigentlichen Beginn mehrerer historischer Wissenschaften. A. W. Schlegels musische und ausgreifende Literaturbehandlung gegenüber Lachmanns massiver Philologie zu verteidigen, blieb der Gegenwart vorbehalten [74]; denn eine Art Materialbesessenheit und die im engeren Sinn philologische Einstellung verbindet die Geisteswissenschaft der Restaurationszeit mit der des Positivismus, – wenn auch unter anderen Voraussetzungen und daher mit recht verschiedenen Ergebnissen. Erich Rothacker hat in verschiedenen Schriften [75] auf die philosophisch-metaphysischen Grundlagen der »Historischen Schule« hingewiesen und damit sogar auf dem Gebiete der Philosophiegeschichte eine Entthronung Hegels angebahnt. Er muß jedoch davon ausgehen, daß die Wendung gegen die »Abstraktion« und gegen das »Absolute«, das Bedürfnis nach »Anschauung« und die Ehrfurcht vor dem Gegebenen schon für diesen frühen Historismus ein wesentliches Motiv war. Friedrich Meinecke meint, die Generation, die nach 1815 einsetzt, habe »nicht mehr in erster Linie Dichtung und Philosophie, sondern Politik und Wissenschaft« als ihre Aufgabe betrachtet [76]. Wir mögen diese Zusammenstellung von Dichtung und Philosophie heute befremdlich finden. Unter dem Gesichtspunkt des idealistischen »Geistes« erscheint sie verständlich. Richtig ist, daß alle Kulturgebiete, auch wenn es ihr Untergang war, in den Sog des Empirismus gerieten.

Wir haben uns bereits gegen die Vorstellung gewandt, in der Restaurationsepoche sei die moderne Geschichtswissenschaft überhaupt erst geschaffen worden. Dieser Ruhm gebührt der europäischen Aufklärung. Denn wenn man alle Geschichtsschreibung mit »Voraussetzungen« unwissenschaftlich nennen wollte, dann wäre auch Ranke aus dem Tempel der Geschichte zu vertreiben. Sein vielzitiertes Bekenntnis zur Objektivität ist typisch für die Restaurationszeit, ebenso typisch aber die religiöse Grundlage seines Geschichtsbildes. Keinem Leser seiner großartigen Darstellungen entgeht sie heute [77]. Wesentlich für die Geschichte als Wissenschaft ist *nicht die konsequente Voraussetzungslosigkeit, sondern der Abbruch der Tradition, die Jahrhunderte hindurch herrschte:* durch die Quellenkritik und durch die aus ihr folgenden Verurteilungen oder Rettungen vergangener Zeiten und Menschen. Daß schon die Aufklärung ein Zeitalter der Quellenkritik war und, nur in anderer Richtung als die Romantik, die Vergangenheitsperspektiven mannigfach verschoben hat, ist bekannt, in Deutschland etwa aus der Lessing-Philologie. Lessings Auseinandersetzung mit dem Dogma der Verbalinspiration wurde durch staatliche Verbote abgebrochen, hinter denen, wie man etwa in Weimar sehen kann, freilich auch schon vorromantische Synthesevorstellungen standen (Herder). Der neuerweckte Empirismus gab der philologischen Kritik des Offenbarungsbegriffs neue Nahrung. D. F. Strauss im *Leben Jesu* und Wilhelm Vatke in der *Religion des Alten Testaments,* beide 1835, holten nur nach, was während der Aufklärung versäumt worden war*. Dies *Fortführen steckengebliebener Ansätze* dürfte auf weniger verfänglichen Gebieten noch viel häufiger gewesen sein. Die Geschichtswissenschaft des 18. Jahrhunderts war so wenig vergessen wie heute die des 19. Indem *unsere* eingehenderen Kenntnisse erst in der »Goethezeit« zu beginnen pflegen, ergibt sich ein falsches Bild. Das gilt schon für die Romantik, die überall auf den Quellenforschungen der empiristischen Aufklärung fußt, erst recht für die Biedermeierzeit, in der selbst die Reaktionäre sich alles bisher erschlossene Wissen anzueignen versuchen, – wenn auch nur um es »richtig« einzuordnen und somit die »Waffe der Verneinung« (Eichendorff) unschädlich zu machen. Nur Revolutionäre trennen in dieser Epoche Wissen und Glauben mit Entschiedenheit, so D. F. Strauss in der Vorrede zum *Leben Jesu:* »Mögen die Theologen diese Voraussetzungslosigkeit seines [d. i. des Autors] Werkes unchristlich finden: er findet die gläubigen Voraussetzungen der ihrigen unwissenschaftlich« [78].

Das ist die Sprache eines abgesetzten Theologen, der nichts mehr zu fürchten hat. Dozenten in Amt und Würden hätten eine solche Voraussetzungslosigkeit kaum zu vertreten gewagt; denn – das muß betont werden, – auch die Universitäten waren, trotz der Burschenschaften und der Göttinger Sieben, alles andere als ungebunden. Wienbarg hat sie sogar »Widerstände der Bewegung« genannt: Das unterscheide, sagt er, die jetzige Zeit schroff von der der Reformation [79]. Und wie spottet Heine schon in den 20er Jahren über die Universität Göttingen *(Harzreise)! Im allgemeinen ist die Tradition so stark, daß die tödlichen Gefahren, die der Empirismus für jede Art von System und Ordnung bedeutet, noch nicht erkannt werden* und daß insbesondere die Geschichte, die es ja scheinbar mit der Tradition zu tun hat, fast ungehindert unter ihrem Schutz sich entfalten und gedeihen kann. Ihre Aufgabe ist es, uns die Gegenwart vertrauter zu machen, indem sie uns die Vergangenheit, die ihre Mutter war, »näher« bringt. So wie wir in der Sprache der Vorfahren uns selbst wiedererkennen, so sollen wir es überall tun, etwa in der *Geschichte der Hohenstaufen,* der Friedrich von Raumer ein vielgelesenes Buch gewidmet hat (6 Bde., 1823–25). Das bedeutet nicht unbedingt, daß man den Stoff *bewußt* einer Idee unterordnet. Gervinus, der heute als Prototyp des engagierten Literarhistorikers erscheint, leidet unter dem Vorwurf, daß man ihn »von der Materie beherrscht geglaubt hat«. Das ist der schlimmste Vorwurf, den es damals geben kann. Gegen den Vorwurf allzu großer Stofflichkeit verteidigt er sich mit folgenden Worten: »Wo uns der Stoff an sich schon, das Geschehene als solches, seiner vaterländischen Beziehung wegen, interessiert, da gerät man schwer zu dem Entschlusse, auf das bloß Essentielle, auf die reine Gestalt des Geschehenen zurückzugehen; das hat nicht allein jeder Schreiber deutscher Geschichte, sondern auch jeder Dichter vaterländischer Poesie erfahren« [80]. Er glaubt also, den »Stoff an sich« zu vermitteln, während heute jedermann sieht, daß er ihn ständig auf seine liberal-nationale Ideologie bezieht.

---

* Vatke wirkte im engeren wissenschaftlichen Bereich ebenfalls stark. Die wissenschaftliche Leistung beider ist unwiderleglich, so der Theologe Heinrich *Hermelinck,* Das Christentum in der Menschheitsgeschichte von der französischen Revolution bis zur Gegenwart, Bd. 2, 1953, S. 9–14.

Das gleiche gilt natürlich für einen Stoff mit einer konfessionellen »Beziehung« (z.B. Ranke, *Deutsche Geschichte im Zeitalter der Reformation*, 6 Bde., 1839–47) oder mit einer humanistischen (Niebuhr, *Römische Geschichte*, 3 Bde., 1811–32). Ein schroffer Gegensatz zwischen uns und der Vergangenheit wird – das meint man – im allgemeinen nicht entstehen, da ja alles dies ein Stück unserer nationalen oder christlich-humanistischen Familiengeschichte ist. Man stärkt sich durch den Anblick der Ahnen, man gewinnt durch sie den Eindruck, daß die Zeit, die heimlich so bedrängt, die schon als unausweichlich erscheinen kann, doch nichts so Entscheidendes ist. Ob man sich nun, wie die Konservativen, auf das Mittelalter oder, wie die Göttinger Sieben, auf die germanische Freiheit beruft oder, wie die Jungdeutschen und Junghegelianer, auf die Reformation, *eine Art von Ahnenkult betreibt man immer*. Die Bestätigung durch die Geschichte ist so unentbehrlich wie der Trost der Natur.

Historienmalerei und Historiendichtung

Auf dieser Grundlage ist leicht zu verstehen, daß die *Historienmalerei und die Historiendichtung jetzt ihren Höhepunkt erreichen*. Denn wenn die »Beziehung« zur Vergangenheit (s. o.) so dicht zu sein scheint, so ist nicht einzusehen, warum gegenwärtige Stoffe vor den vergangenen einen Vorrang haben sollen. Überdies war ja schon lange die Meinung vertreten worden, nur die Vergangenheit – je älter, um so besser – schaffe die notwendige ästhetische Distanz und Würde. *Der Vergangenheitskult Klopstocks, Herders u.a.* – Lessing hatte ihn bekämpft! – *wurde ein Allgemeinbesitz.* Die Vergangenheit lockt nicht so sehr durch ihren geheimnisvollen Zauber, sie bleibt nicht mehr so unbestimmt wie im *Heinrich von Ofterdingen* oder in den *Kronenwächtern;* auch interessieren, wenn man von den Jungdeutschen und Junghegelianern absieht, nicht so sehr die Ideen, die man aus ihr heraus- oder in sie hineinlesen kann. Sie wird vielmehr mit Hilfe genauer »Studien« im eigentlichen Sinn »vergegenwärtigt«: durch Kostümnachahmung, Zitate, Anekdotisches und Humoristisches, Anknüpfung an lebende Personen der gleichen Familie oder Dynastie, durch Nachbildung der Stammescharaktere, Landschaften, Städte usw. Die klassizistische Betonung des Allgemeinmenschlichen, aber auch die Nachahmung »romantischer« Stilformen, z.B. der Raffael-Zeit bei den Nazarenern und des Shakespeare-Stils im Historiendrama der Restauration, die Wahl bekannter Stoffe aus Landesgeschichte, lokaler Sage, Bibel, Legende, antiker Mythologie – alles dient dem Bedürfnis, *das Kunst- oder Dichtwerk an unmittelbar Vertrautes oder bereits Gebildetes anzuschließen und so den Abgrund zwischen Vergangenheit und Gegenwart zu überbrücken.*

In der Vorrede zu *Ivanhoe* erklärt Walter Scott, der gewählte Gegenstand müsse in die Sitten und in die Sprache der Zeit, worin wir leben, übersetzt werden. Das bedeutet, wie er ebenfalls betont, keine völlige Freiheit gegenüber der Geschichte. *Wohl aber liegt der Akzent nicht so sehr auf dem Andersartigen als auf dem Gemeinsamen von Vergangenheit und Gegenwart.* Auf dieser Grundhaltung beruht auch die Popularität der damaligen künstlerischen Geschichtsdarstellung. Wenn die Geschichte nur das andere, das Fremdartige, das Gegenbild ist, wird sie, wie man später bei Felix Dahn und selbst bei C.F.Meyer beobachten kann, leicht zu einem Reizmittel. Immer mehr ausgefallene, womöglich perverse Gegenstände werden gewählt, um der an sich langweilig werdenden Vergangenheit doch noch irgendwelche Effekte abzugewinnen. Die Historienkunst wird dann zu einer Art Exotik. Die »Schriftsteller der nachachtundvierziger Periode haben nicht mehr gesellschaftlich-unmittelbar das Erlebnis ihrer kontinuierlichen Verbindung mit der Vorgeschichte der Gesellschaft, in der sie leben und wirken«, sagt Lukács in seinem Buche *Der Historische Roman* [81]. Er gelangt, wie ich selbst in meiner Geschichte des historischen Dramas [82], zu der Vorstellung, daß die Restaurationsepoche das klassische Zeitalter der historischen Dichtung gewesen ist; ja, es ergibt sich die merkwürdige Tatsache, daß der kommunistische Gelehrte den Engländer Walter Scott, d.h. also einen Dichter konservativer Gesinnung, leidenschaftlich gegen den »Vulgärsozialismus« verteidigt, und zwar eben mit Berufung auf seine Geschichtsunmittelbarkeit. Durch diese sei Walter Scott fähig gewesen, trotz seiner konservativen Ideologie, eine Fülle volkstümlicher Figuren zu gestalten, überhaupt die Menschen auf einem historisch-sozialen Hintergrund zu sehen. Diese Anknüpfung des kommunistischen Gesellschafts- und Ordnungsdenkens an das restaurative ist hochinteressant; sie wäre auch bei den deutschen Scott-Nachahmern, etwa bei Alexis, möglich. Aber sie besagt natürlich auch, daß die klassische Historienkunst ohne einen konstruktiven Willen nicht denkbar war und daß sie insofern dem Empirismus bedeutende Widerstände entgegensetzte. Der Kunsthistoriker Richard Hamann, der von einer impressionistischen Grundlage ausgeht, vergleicht die malerische Technik des Nazareners Peter von Cornelius abwertend mit Hegels Systematik [83]. Auch bei Grillparzer, etwa in *Ottokars Glück und Ende*, könnte man von einem konstruktiven, vor der Schematisierung nicht zurückschreckenden Gestaltungswillen sprechen, obwohl er seinen geschichtlichen Stoff sehr genau studiert, in vielen Details berücksichtigt und sich von Hegels Methode stets distanziert, ja sie gelegentlich scharf abgelehnt hat. So starke Unterschiede auch sonst bestehen mögen, die klassische Geschichtskunst hat mit der klassischen Geschichtsphilosophie gemeinsam, daß sie den Unterschied zwischen Vergangenheit und Gegenwart nicht absolut nehmen kann, sondern mit einer heute in die Augen fallenden Formung überwinden muß. Selbst die Geschichtsschreibung der Zeit verrät diesen mehr oder weniger bewußt wirkenden Formungswillen auf Schritt und Tritt, und das eben unterscheidet einen Ranke von einem Mommsen. Ranke ist, obwohl er sehr viel Material verwertet, der unvergleichlich »schönere«, kunstvollere Schriftsteller. Immermann meint sogar: »Es gibt keine barbarischen Archäologen, Historiker, Philologen mehr wie sonst; deshalb wird die Forschung der Zeit von einem Elemente des Schönen durchdrungen«. Diese Äußerung bezeichnet die *Grenze des damaligen Empirismus* mit großer Deutlichkeit. Zwar darf man die Stelle nicht durch gewisse Vorstellungen von moderner Schönheit mißverstehen. Man muß bei dem Begriff »schön« mithören, was noch Stifter, dem er wohl vertraut war, gelegentlich betonen konnte: »Ich lege nur einen sittlichen, keineswegs aber künstlerischen Wert auf meine Arbeiten« [84]. Das Schöne wurde noch genauso auf bestimmte Voraussetzungen bezogen wie das Wahre. Daher eben konnten Geschichtsschreibung und historische Kunst friedlich nebeneinander herschreiten. Trotzdem mußte sich, durch den geschilderten Sog des Empirismus, immer erneut ein gewisses Mißbehagen bei historischen Gegenständen einstellen und sich die Frage erheben, ob man Wirklichkeit nicht noch reiner darstellen könne als in dem doch irgendwie »vermittelten« Bild der Vergangenheit.

Von der Historie zur Alltagsmalerei und -dichtung

Dieser Drang ist wirksam, wenn Grillparzer zwischen Geschichts- und Leidenschaftstragödien unterscheidet *(Selbstbiographie)* und auch in seiner Produktion diese doppelte Linie zu erkennen ist, wenn er sich immer wieder auf die Natur und den Menschen beruft, die bleibender und primärer seien als die gedanklichen Konstruktionen. Besonderes Gewicht bekommt dieses Streben nach Unmittelbarkeit dadurch, daß es sich auf dramatischem Gebiet äußert, wo ihm die Gattungsgesetzlichkeit stets enge Grenzen ziehen muß und wo die Tradition des Vergangenheitsdramas besonders mächtig war. Auch auf dem Gebiet der Versepik hat die Wahl eines Gegenwartsstoffes mit starken Hemmungen zu rechnen; denn zu einer ehrwürdigalten Gattung, wie es das Epos ist, paßte der historische Ahnenkult besonders gut, wobei freilich wiederum *revolutionäre* Ahnen keineswegs ausgeschlossen waren. Trotzdem ist auch in dieser Gattung gegen das Ende der Biedermeierzeit eine gewisse Krise der Historienkunst zu erkennen. Nach der Vollendung der *Albigenser* (Stuttgart und Tübingen 1842), die auf Kosten der katholischen Kirche eine Verherrlichung des Ketzertums darstellen, äußert sich Lenau im Gespräch unzufrieden: »Künftig soll mir auch all der bisherige Kram von Theologie aus meinen Gedichten wegbleiben. Am Ende sind doch nur die Natur und die echt menschlichen Empfindungen die ewig giltigen Vorwürfe der wahren Poesie. Und doch glaubt die erbärmliche heutige Kritik, diese sogenannte subjektive Poesie nicht genug verachten zu können« [85]. Es ist natürlich die Stimme des Lyrikers, darüber hinaus die des zerrissenen Weltschmerzlers; denn noch im *Savonarola* hatte er sich für das Christentum zu entscheiden versucht, in den *Albigensern* eher für das Gegenteil. Die Geschichte und die mit ihr gegebenen Traditionen führen die »Theologie« mit sich, das systematische Denken, gleichgültig welcher Art. Dagegen wird die Natur und das Subjekt gesetzt, ähnlich wie von Grillparzer. Es ist zugleich ein Protest gegen die Hegelianer, die noch zu dieser Zeit, um dem Prinzip des »Allgemeinen«, der »Objektivität« zu genügen, historische Dichtung forderten. Der sich verstärkende Sinn für das Konkrete, Natürliche, ja Alltägliche erklärt, zum mindesten von *einer* Seite, die erstaunliche Tatsache, daß bedeutende Dichter wie Mörike und Hebbel, die ganz anders, nämlich schauerromantisch und tragisch angesetzt hatten, in ihrer späteren Zeit mit dem idyllischen Epos experimentierten.

Daß die Darstellung des unmittelbar Gegenwärtigen, ja des Dinglichen ein zentrales Bedürfnis der Restaurationszeit und zwar gerade auch ihrer nicht revolutionären Majorität war, das zeigt am besten die Erzähl*prosa* und die Malerei. In der erzählenden Kunst sei vorläufig nur an die geradezu »folkloristischen« Sittenschilderungen in den Bauernromanen und Novellen und an die überall sich findenden, oft sehr »treuen« Charakter-, Landschafts- und Dingbeschreibungen erinnert. Wenn man hier nicht erkennt, daß die Wahrheit oft rücksichtslos, veristisch, d. h. ohne Rücksicht auf eine irgendwie zu isolierende Schönheit, angesteuert wird, muß man das besondere Wesen dieser Kunst verkennen und sie stilistisch überinterpretieren. Auf dem Gebiet der Malerei kommt der empiristische Zug der Zeit womöglich noch reiner und stärker zur Geltung. Er führt zu einer Vorliebe für das Genrebild, das Porträt, für Tier-, Pflanzen- und Landschaftsbilder. Die Eigenart dieser Biedermeiermalerei, die »gelehrte Gründlichkeit«, »das mikroskopische Durchmalen des Äußeren«, das »anekdotisch Kleinmeisterliche«, die Bevorzugung des kleinen Formats, das »absolute Geltenlassen des in der Natur Angetroffenen«, auch die »spießbürgerliche Befangenheit« dieser Kunst ist von Richard Hamann, einem Bahnbrecher des Biedermeierbegriffs, scharf und kundig charakterisiert worden [86], und es wäre nur zu fragen, ob der hier vorausgesetzte »Naturalismus« und die ihm entsprechende, von Hamann gerühmte »Technik« nicht doch noch in einem anderen Zusammenhang steht als fünfzig Jahre später, und zwar nicht nur in dem negativen eines unübertrefflichen »Spießbürgertums«. Wie das Wort »Gemütlichkeit« noch eine andere Bedeutung hatte als heute, nämlich die des ursprünglichen Wortsinns, so stand auch diese »gelehrte Gründlichkeit« der Darstellung, diese »Technik« noch in ganz anderen Zusammenhängen, als es diese Worte erraten lassen. Setzt man dafür Wahrheitsliebe und handwerkliche Gewissenhaftigkeit, so wird schon deutlicher, worum es ging. Noch war man der Meinung, durch Wahrheit und Gewissenhaftigkeit komme man den Dingen *und* dem, was hinter ihnen steht, auf die Spur. Büchner, der kaum ein Spießbürger war, ist diesen veristischen Weg mit der gleichen Hingebung gegangen wie Stifter und die Droste, – wenn auch auf einer ganz anderen weltanschaulichen Basis und mit einem ganz anderen stilistischen Ergebnis.

Die Neigung zum Kleinen, Nahen und Konkreten hat sich nicht nur bei den künstlerischen, sondern auch bei den soziologischen Formen ausgewirkt; und da die Biedermeierzeit auf diesem Gebiet vielleicht die stärksten Gegengewichte gegen Weltschmerz und Zerrissenheit fand, müssen wir ihm noch besondere Aufmerksamkeit zuwenden. Wir haben anläßlich von Immermanns Kulturkritik die Angst vor den »kalten« Organisationsformen kennengelernt. Der zur Persönlichkeit differenzierte Mensch fand hier oft keine innere Verbindung mehr, – wodurch die Organisationen noch kälter wurden. Das gilt natürlich in erster Linie für den *Staat,* der sich durch die Revolution *und* Restauration stark in den Vordergrund des Denkens gedrängt hatte. Des Denkens, aber nicht unbedingt des Fühlens! Insofern ist auch die Staatslehre Hegels kein Gegenbeweis gegen die noch immer vorherrschende Staatsfremdheit der kulturtragenden Schicht in Biedermeierdeutschland. Zwar gab es im Südwesten Deutschlands, ähnlich wie in der Schweiz, politische Kulturträger. Uhland war das berühmteste Beispiel, und auch Hegel stammte nicht zufällig aus diesem vom Absolutismus am wenigsten beeinflußten Teile des ehemaligen Reiches. Aber die Übertragung dieser kleinstaatlichen und, wie Uhlands Beispiel zeigt, ständischen, halb mittelalterlichen Staatsgesinnung auf die Großstaaten des 19. Jahrhunderts war nicht ohne »Abstraktion« möglich. Und dafür eben gibt die Staatslehre Hegels ein Beispiel. So wirksam sie in der Zukunft – bei Kommunisten *und* Faschisten – gerade durch diesen abstrakten und konstruktiven Charakter geworden sein mag, so wenig entsprach sie der damaligen Majorität. Der Umschlag in den Junghegelianismus, will sagen in eine revolutionäre Ideologie, mußte das Mißbehagen der Majorität noch verstärken. Verlassen wir im Vormärz den Bereich der höheren Journalistik, in der Hegels Lehre, mehr oder weniger verstanden, vorherrschte, so finden wir überall verächtliche oder mißtrauische Äußerungen über die Hegelsche »Sekte«. Eine Sekte bilden die Hegelianer auch innerhalb der Bildungsschicht, die weithin an der Philosophie des 18. Jahrhunderts (besonders an Kant und F. H. Jacobi) und dementsprechend an einem unpolitischen Begriff der Menschheit festhielt.

Diese Feststellung wird durch den nationalen Enthusiasmus der Zeit eher bestätigt als widerlegt. Denn wie sich das deutsche Nationalgefühl seit Klopstock und Herder im irrational-poetischen Bereich entfaltet hatte, so bewahrte es auch jetzt gegenüber dem organisatorisch-rationalen Charakter des modernen Staates einen deutlichen Abstand. Diese Herder-Klopstock-Basis erklärt das Scheitern der Revolution von 1848, ja, man könnte fast sagen, noch der von 1918 und 1933. Wo die enthusiastische Erinnerung an die germanische Freiheit oder an das Heilige Römische Reich Deutscher Nation die Gefühle beherrscht, wird es immer unmöglich sein, sich denkend und dementsprechend handelnd in die moderne Staatenwelt einzufügen. Der deutsche Irrationalismus und Historismus, nicht einfach Tatsachen der Macht, geben den Schlüssel für die bekannte Erscheinung, daß die Regierungen der deutschen Großstaaten das politische Schicksal der deutschen Nation im 19. Jahrhundert entschieden, zuerst, in der Hauptsache, die österreichische (Metternich), dann die preußische (Bismarck). Einzelne Staatsmänner, einzelne Dynastien beherrschen das Feld der staatlichen Entscheidungen im Deutschland des 19. Jahrhunderts. Man wird zugeben müssen, daß dieser *Personalismus* der deutschen Tradition zutiefst entsprach*. Dagegen gab es wenig Beispiele einer sachlich-rationalen Gemeinschaftsarbeit. Man schwärmt begeistert miteinander für irgendwelche Ideale, von den pietistischen Kreisen bis zur Burschenschaft, von den Empfindsamen bis zu den jungdeutschen Liberalen. Aber wenn es an die Arbeit geht, vollbringt jeder am liebsten sein persönliches Werk, auch dann, wenn er mit Freunden in Verbindung zu bleiben versteht. Diese personalistische Tradition der Deutschen erklärt die Anhänglichkeit an die *Monarchie,* die im 19. Jahrhundert bei der überwiegenden Mehrheit und selbst bei Revolutionären festzustellen ist. Bismarck hat gesagt, er wisse nicht genau, ob der Sozialist Lassalle einer Dynastie Hohenzollern oder einer Dynastie Lassalle den Vorzug gebe, aber Monarchist sei er auf alle Fälle.

Die Dichter fühlen sich als produktive Persönlichkeiten, dem politischen Personalismus ganz besonders verbunden. Immermann und Grillparzer z. B. bekennen sich eindeutig zur Monarchie. Auch den liberalen Schriftstellern in Südwestdeutschland liegt die Ablehnung der Monarchie fern. Ja, selbst Heine mißtraut der konsequenten Republik. Nicht der Patriotismus, so kann er etwa sagen, gibt den Staaten ihre Stärke, sondern die »Geistesmacht der großen Individualitäten, die ihn lenken«. Die Republik macht »ausgezeichnete Individualitäten« unmöglich! »Durch dieses Grundübel ihrer Natur müssen jene Republiken notwendigerweise zu Grunde gehen, sobald sie mit energischen und von großen Individuen vertretenen Oligarchien oder Aristokratien in einen entscheidenden Kampf geraten«**. Nur eine ganz kleine Gruppe huldigt schon konsequenten demokratischen Idealen. Wenn Heine Börnes »finsteren« Republikanismus angriff, so sprach er in diesem Punkte für die überwältigende Mehrheit der Deutschen. Und wie sich hier der Dichter gegen den Schicksalsgenossen, der nichts als Journalist war, wandte, so fühlten sich gerade die bedeutenden Geister, bei allem Freiheitsbedürfnis, von der kalten, nivellierenden Form des heraufsteigen-

---

* Ich verstehe unter *Personalismus* das Prinzip, *allgemeine* (gesellschaftliche oder geistige) Bereiche persönlich zu repräsentieren. Dieses hat es immer gegeben, während das Ideal eines naturgegebenen *Individualismus* moderneren Ursprungs und vom Personalismus zu unterscheiden ist.
** Die Beiworte zu »Individualitäten« (ausgezeichnet, energisch und zweimal groß) verraten, daß an Personen im Sinne meiner Definition gedacht ist. Auch Heine selbst will ein repräsentativer Dichter sein und interessiert sich für Genies ohne solche Wirkung kaum (vgl. »Die romantische Schule«).

den demokratischen Staates bedroht. Heine, der sich oft widerspricht, kann auch sagen: »der Streit um die Form der Regierung ist ein leerer Streit« [87]. Doch zeigt diese Äußerung den gleichen Glauben an die Persönlichkeiten, die sich gut oder schlecht der verschiedenen politischen Formen bedienen. Der Napoleonkult Heines und vieler anderer Liberaler beruht auf diesem Glauben an die repräsentative, geschichtsmächtige Person*.

Noch in der Biedermeierzeit erwartet man fieberhaft den Regierungsantritt eines Monarchen. Und, in der Tat, er kann das gesamte politische Klima in einem Staate verändern, was die Ära Friedrich Wilhelms IV. von Preußen am Ende unserer Epoche mit besonderer Eindringlichkeit beweist. Metternich ringt um die Seele des Zaren Alexander I. wie um die eines Sohnes. Friedrich Wilhelms III. Abneigung gegen den Verfassungsstaat hat ganz wesentlich zur Restauration des Absolutismus und zur Verwässerung der Reformen in Preußen beigetragen. Frauen haben nicht anders als in der Zeit Ludwigs XIV. allergrößte Bedeutung, so etwa die Fürstin Lieven, welche die Vertraute Metternichs, Cannings und noch anderer Staatsmänner war, oder Frau von Krüdener, die pietistische Progagandistin der Heiligen Allianz. Die französische Diplomatie kann noch daran denken, für den König von Sachsen, der sein Land an Preußen abgeben soll, ein Königreich Austrasien am Rheine zu gründen [88]. Ja, ein deutscher Prinz wird mit Einwilligung Englands, Rußlands und Frankreichs König von Griechenland (Otto I.) und erst 1862 durch einen Aufstand vertrieben. An derartige »phantastische«, mittelalterliche Möglichkeiten der damaligen Politik sollte man sich, zur Vermeidung falscher Maßstäbe, erinnern.

Der Heimatstaat

Es ist, geschichtlich gesehen, vollkommen natürlich, daß der Deutsche der Restaurationszeit an seinem König hängt und ihm oft selbst in zentralen politischen Fragen persönlich vertraut. Dies war um so eher möglich, als bekanntlich ein großer Teil der Deutschen noch in Kleinstaaten lebte. Die gröbste Zersplitterung war in der Napoleonischen Zeit aufgehoben worden, der Wiener Friedenskongreß hatte diese Entscheidung trotz manchen restaurativen Widerstandes gutgeheißen. *Es lag also sehr nahe, sich in diesen vergrößerten Staaten überhaupt erst einzurichten, sie gemütlich in Besitz zu nehmen, sie historisch-geographisch zu durchdringen und so zu beseelen.* Dieser Aufgabe kam die schon erwähnte Freude am Nahen und Konkreten entgegen. Man kann natürlich versuchen, das Verhältnis umzudrehen und zu beweisen, daß der seit dem späten Mittelalter in Deutschland herrschende Partikularismus

---

* Jost *Hermand* macht mit Recht darauf aufmerksam, daß Napoleon auch für die Konservativen ein wichtiger Bezugspunkt war, daß diese Napoleonkritik aber von der späteren Literaturgeschichte zu wenig beachtet wurde, weil sie sich »versteckt-symbolischer Ausdrucksformen« bediente (Napoleon im Biedermeier, in: *Hermand,* Von Mainz nach Weimar, 1969, S. 115). Zu Hermands Deutung der »Schwarzen Spinne« s. u. S. 367 Fußnote.

die Beschränkung des Horizonts erzeugte. Wechselbeziehungen zwischen politischer und geistiger Entwicklung sollen nicht geleugnet werden. Tatsache ist aber, daß erst die Biedermeierzeit, in der Fortsetzung von Bemühungen, an denen Aufklärung und Romantik gleichermaßen Anteil hatten, den modernen *Heimatbegriff* und damit eine wirksame Kraft gegen die Allmacht abstrakter Großorganisation geschaffen hat. Die Bedeutung dieser Leistung wird dadurch nicht geringer, daß die Heimat, oder, wie man meistens noch sagt, das »Vaterland« nicht selten zugleich einen dynastisch-staatlichen Charakter hat und sich insofern von dem naturalistischen Begriff der Heimatbewegung um 1900 unterscheidet. Ein bestimmter Raum wurde, wie etwa Mörikes Geschichte vom *Stuttgarter Hutzelmännlein* beispielhaft zeigt, in jeder Weise durchdrungen, geschichtlich, geographisch, sprachlich, und gleichzeitig durch sagenhafte Erfindungen mythisiert. Meistens fand man für diesen Raum einen klangvollen historischen Namen: Schwaben, Westfalen, Böhmen usw. Wichtig waren aber nicht die stammlichen Grenzen oder – wie das Beispiel Böhmen zeigt – die Sprachgrenze, sondern nur die Tatsache eines irgendwie abgegrenzten Raumes selbst. Ihn eroberte man sich geistig und seelisch mit allen Mitteln der Wissenschaft, Dichtung und Kunst.

Der Ausgangspunkt konnte, wie Auerbachs *Schwarzwälder Dorfgeschichten* oder Defreggers Alpenlandschaften beweisen, schon der reine Naturraum sein. Am wichtigsten waren aber immer die Humana des betreffenden Raumes, von den Taten seiner ruhmreichen Geschlechter bis zu den Sitten seiner Bevölkerung, von seinen Sagen oder hinzugedichteten Mythen bis zu den kleinsten Details der Landes- und Städtegeschichte. Diesen begrenzten Raum lernte man immer genauer kennen und immer inniger lieben. Man verließ ihn meistens nur, um bald in ihn zurückzukehren. Hochzeitsreisen, Sommerfrischen, Bildungsreisen, Verwandtenbesuche sind im eigentlichen Biedermeier weit häufiger als dauernde Ortsveränderungen. Darin liegt ein bezeichnender Unterschied zur Romantik. Es ist undenkbar, daß Grillparzer, Mörike, Droste-Hülshoff, Immermann, Stifter, Gotthelf irgendwo in der Ferne sich zusammenfinden, wie gleichzeitig die Romantiker in München und Wien Festungen der geistigen Restauration ausbauen; denn die ursprüngliche Heimat bindet die Biedermeierdichter allzu fest. Ja, selbst Heine zieht nicht sein ganzes Leben herum, wie es Brentano getan hat, sondern er richtet sich in Paris verhältnismäßig frühzeitig ein und bleibt dort für sein ganzes Leben, so daß ihn die Pariser mit Recht zu den ihrigen rechnen. Die Literaturgeschichte unterscheidet in dieser Zeit häufig landschaftlich gebundene Kreise, die Österreicher, die Schweizer, die Schwäbische Schule, den Dresdner Kreis, die westfälische Dichtung usw. In der Malerei fällt die Bildung landschaftlicher oder städtischer Kreise noch deutlicher in die Augen. *Angesichts der andrängenden Macht der Zeit,* so ist wohl zu interpretieren, *findet man im liebevoll ergriffenen und innerlich angeeigneten Raum ein heilsames Gegengewicht.* In dem Augenblick, da sich der moderne Verkehr anschickt, diese Räume zu vereinheitlichen, wird man sich erst ihres Sonderwerts bewußt. Hier scheint man etwas zu »besitzen«, das trägt, umfängt und hält.

Der kirchliche Partikularismus

Bei solcher Anhänglichkeit ist nicht zu vergessen, daß ihr innerhalb des Protestantismus die kirchlichen Institutionen zu Hilfe kamen. Sie hatten sich ja auf der Grundlage des Territorialstaates gebildet und waren mit ihm eng verwachsen. Durch die Einbeziehung katholischer Gebiete war zwar die Bildung besonderer Institutionen, der jetzt so genannten »Landeskirchen«, die nur noch durch den Monarchen mit dem Staat verbunden waren, notwendig geworden [89]; aber um so größer war die gefühlsmäßige Bedeutung dieser Kirchen. Wir befinden uns ja in der Zeit der Schleiermacherschen Gefühlstheologie, die, wie mir scheint, für das Bewußtsein der Zeit charakteristischer ist als die Philosophie Hegels, und zwar deshalb, weil hier keine Einheit von Christentum und moderner Kultur abstrakt erstrebt, gewaltsam konstruiert und so (durch den Junghegelianismus) ad absurdum geführt, sondern ganz einfach, »pietätvoll«, »ehrfürchtig«, »bescheiden« vorausgesetzt und geglaubt wird. Selbst Karl Barth, dessen Theologie in unserm Jahrhundert zu scharfen Abrechnungen mit Schleiermacher Anlaß gegeben hat, anerkennt seinen Verzicht auf eine ausdrückliche »Synthese« von Christentum und modernem Geist. Schellings und Hegels Behauptung, das Christentum sei denknotwendig, lehnt Schleiermacher entschieden ab. Im Widerspruch zu Philosophen, die alles denken können, wenn sie nur wollen, sagt dieser aufrichtige Theologe: »Niemals werde ich mich dazu bekennen können, daß mein Glaube an Christum von dem Wissen oder der Philosophie her sei, sei es nun diese oder eine andere«*. Dem Restaurationsmenschen scheint auch seine Christlichkeit im Durchschnitt einfach eine »Erfahrung« zu sein. Wenn man sie in ihrer eigentümlichen Unbestimmtheit kennt, findet man sie treffend in der Charakterisierung wieder, die Barth von Schleiermachers Verhältnis zum Christentum gibt: »Ohne jene höchste *Einheit von Anschauung und Gefühl,* wie er in den Reden gesagt hat, oder ohne das Gefühl schlechthinniger Abhängigkeit, wie sie in der Glaubenslehre heißt, wäre das Kulturbewußtsein ein Torso und unter den verschiedenen geschichtlichen *Gestalten* dieses Gefühls ist die *christliche,* ist der christliche Glaube – nicht die absolute, nicht die einzig wahre, wohl aber unter vielen relativ auch wahren, die höchste und vollkommenste« [90]. Was an dieser Haltung wesentlich ist, dürfte einmal das Gerade-noch- und Kulturchristentum sein, das überall, auch bei den Gebildeten, hinter ihren Zweifeln oder ihren neuscholastischen Rechtfertigungsversuchen durchzufühlen ist, zum andern, und das interessiert uns in unserm soziologischen Zusammenhang, das pietistische Bedürfnis nach einem intimen, sehr persönlichen Christentum. Auf dieser Grundlage bildet sich so wenig eine feste Form der Kirche, wie ein fester Nationalstaat auf Grund vager Nationalgefühle. Kierkegaard, der zu dieser Zeit das Christentum neu zu begründen versuchte, steht noch deutlicher auf einer pietistischen Basis. Er glaubt nicht, daß die

---

* Im Widerspruch zum Pietismus hat er sich in anderen Zusammenhängen doch wieder zum Glauben an eine letzte Einheit von Religion und Wissenschaft bekannt (s. u. S. 68), aber mehr im Sinne einer prästabilierten als philosophisch zu schaffenden Harmonie.

Religion von der Institution der Kirche abhängig ist. Diese Meinung teilte er mit vielen konservativen Zeitgenossen.

Die Landeskirche des Biedermeier hat nichts von der wehrhaften Geschlossenheit des modernen Kirchentums. Sie braucht noch kaum vor der weltlichen Bildung auf der Hut zu sein, und den Staat hat sie noch weniger zu fürchten, es sei denn, sie fürchtet die Einheit von Thron und Altar. Es wäre gewiß zu viel, wenn wir sie einfach eine Staats- und Honoratiorenkirche nennen wollten. Sie ist auch Volkskirche, besonders in dem Sinn, den Uhland in seinem *Lied eines Armen* hervorhebt. Die Kirche versucht, jedem zu helfen. Aber man fühlt sich bei ihrem Anblick doch häufig an Kierkegaards Spott erinnert: »Einst war das Christentum den Juden ein Ärgernis und den Griechen eine Torheit und nun ist es – Bildung«. *Es gehört zum guten Ton, sich wenigstens prinzipiell, mit Hilfe aller möglichen Abstraktionen, zur Religion zu bekennen.* Man darf sich, zur Verdeutlichung dieser Situation, getrost an die ersten Jahre der Adenauerschen Restauration erinnern.

Der Unterschied zur katholischen Kirche wird von konservativen Protestanten wenig betont. Die Zeit, da der Universalismus und der kulturelle Glanz der katholischen Kirche Intellektuelle und Künstler bezauberten, ragt, wie überhaupt die Romantik, noch in die Restaurationsepoche hinein. Aber man ist, wie selbst das Beispiel der katholisierenden Nazarener zeigen kann, nüchterner geworden. *Geborene* Katholiken wie Cornelius, Grillparzer, Stifter, Nestroy, Droste-Hülshoff tragen zur Entromantisierung des Katholizismus bei, und ein Dichter wie Achim von Arnim, der einst selbst am »Katholisieren« starken Anteil hatte, kann jetzt den Helden der Erzählung *Metamorphosen der Gesellschaft* sagen lassen: »Wir müssen für den nächsten Sonntag schon eine protestantische Messe einstudiert haben, die unsere jungen Leute abhält wegen der Musik katholisch zu werden«. Der so spricht wird Minister für geistliche Angelegenheiten, eben deshalb, weil er kein »Frömmler« ist. Mit Vorsicht, aber keineswegs mit Entrüstung wird in der gleichen Erzählung ein »Sinnspruch« zitiert, der zeittypisch ist: »Im Ernst ist niemand Heide mehr noch Christ / Will man's zu Lust, so ist man Poetist«. In einem solchen Lichte erscheint jetzt dem Verfasser von *Halle und Jerusalem* die schwärmerische Vermischung von Religion und Poesie! Zwar ist zu beachten, daß sich Arnims Erzählung gegen die ultrakonservative Clique richtete, die sich an dem Berner Konvertiten Karl Ludwig von Haller, dem Namensgeber der Restauration, orientierte (*Restauration der Staatswissenschaft*, 6 Bde., 1816–1834). Diese Geister gab es nicht nur in Wien (F. Schlegel, Z. Werner usw.) und München (Görres, Brentano), sondern auch in Berlin. Aber die bedeutenderen Köpfe Norddeutschlands (Savigny, die Brüder Grimm, Schleiermacher usw.) denken jetzt historisch; sie halten die Reformation für unwiderruflich und den Protestantismus für geeigneter zur Weiterentwicklung*. Man ist und bleibt ein Protestant, womit noch nicht gesagt sein soll, daß man wirklich christlich ist.

---

* Wie klein die Zahl der von Haller umfunktionierten Romantiker war, ergibt sich aus einem gründlichen Aufsatz von Herbert R. *Liedke,* The German Romanticists and Karl Ludwig von Haller's Doctrines of European Restoration, in: Journal of English and Germanic Philology, Bd. 57 (1958), S. 371–393.

Das überläßt man den Pietisten, die den romantischen Poetisten zum Verwechseln ähnlich sind.

Der Jesuitenorden ist, wie es schon Novalis in *Christenheit und Europa* gefordert hatte, 1814 wiederhergestellt worden. Das gab natürlich, wie von alters her, bei der protestantischen Bevölkerung zu allerlei Befürchtungen Anlaß; aber der reformierte Pfarrer Gotthelf, der diese Aufregung bei seinem Kirchenvolk beobachtet, spottet immer erneut darüber, – ungefähr so wie über den Volksaberglauben. Sein eigener kriegerischer Sinn macht ihm offenbar die geistlichen Soldaten der katholischen Kirche sympathisch. Auch ihr Liebäugeln mit einzelnen modernen Errungenschaften scheint er nachzuahmen (Christianisierung des Romans und der Wissenschaft, Detailrealismus). Jedenfalls kennt er Feinde, die viel gefährlicher sind. Gotthelf hätte den erwähnten Sinnspruch von den Poetisten ohne eine lange Predigt nicht durchgelassen; denn für ihn fängt der homo sapiens erst beim Christen an. Um so wichtiger ist es zu sehen, daß auch bei ihm das Christentum generell, nicht eine bestimmte Kirche, im Vordergrund des Denkens steht. Das Wort Christentum, das heute von der protestantischen Richtung der Barthianer abgelehnt und bei jeder Gelegenheit durch ein bestimmteres ersetzt wird (Christus, der Heiland, der Herr, Evangelium usw.), dürfte damals *den* Sinn gewonnen haben, der seither herrscht und trotz aller Kritik stetige Renaissancen erlebt. Dies ist eine natürliche Folge des Antichristentums, gegen das es zusammenzuhalten gilt, wie auch der zunehmenden Entfernung von den dogmatischen Streitfragen der Reformationszeit.

Wolfgang Menzel, der einflußreiche Stuttgarter Kritiker, spielt Eichendorff, den Katholiken, genauso wie den Protestanten Gotthelf gegen das Heidentum Goethes und der Jungdeutschen aus. Er tritt auch wiederholt für Eichendorffs Literaturbetrachtung ein, obwohl sie doch ziemlich eindeutig anti-protestantisch ist. Der strenge religiöse Objektivitätsbegriff des Schlesiers verstimmte den Protestanten nicht; denn schon Hegel u. a. hatten ja die Romantik vor allem wegen ihres Subjektivismus abgelehnt [91]. Selbst Hengstenberg, der vielgenannte, militante Herausgeber der *Evangelischen Kirchenzeitung* konzentriert seine Angriffe auf die Ungläubigen. In der Literaturgeschichte ist er vor allem durch seine vernichtende Kritik der *Wahlverwandtschaften* bekanntgeworden. Man kann im Vergleich mit dem 18. Jahrhundert vielleicht von gesteigerter Christlichkeit sprechen, aber kaum von gesteigerter Kirchlichkeit, wie es Heinrich Hermelinck tut [92]. Gewiß, es wurde im Rahmen der immer noch halbstaatlichen Kirche mancher Druck ausgeübt, aber Hengstenberg klagt 1838: »Das kirchliche Bewußtsein war in den achtzehn Jahrhunderten des Bestehens der christlichen Kirche in keiner Zeit so erschüttert wie in der unsrigen … auch die mehr oder weniger christlich Angeregten sind meist dem kirchlichen Bewußtsein entfremdet« [93]. Anders als in »offener« oder kleiner Organisationsform konnte das protestantische Gefühls- und Kulturchristentum der Restaurationszeit seinem Wesen nach nicht erscheinen*.

---

* Werner *Conze* (Vormärz, S. 261) macht darauf aufmerksam, daß die christliche Liebestätigkeit des Vormärz der »soziale Beitrag weniger der Kirchen als vielmehr kleiner christlicher Kreise und kirchlicher Orden war«.

Etwas anders liegen die Dinge bei der katholischen Kirche. Ihr Selbstbewußtsein hatte durch die Romantik eine bedeutende Steigerung erfahren, eben deshalb, weil diese zunächst protestantischen Ursprungs war. Diese Dialektik der Restauration wäre einer genauen Betrachtung wert. Vorläufig sei nur betont, daß der Kölner Kirchenstreit (1837/38) in solchem Zusammenhang zu sehen ist. Er fällt in eine Zeit, da der preußische Staat vom Liberalismus innerlich schon stark bedroht war. Eben in dieser Situation bahnt sich der Wiederaufstieg der streng organisierten Papstkirche an! Man hat allerdings betont, daß den Kölner Erzbischof Klemens August von Droste andere Motive leiteten als die Kurie, daß er ein engherziger Fideist, im Grunde ein Häretiker war, insofern er die natürliche Theologie verwarf und den Papst nicht gerne über sich wußte [94]. Die Bischöfe treten in dieser Zeit überhaupt noch stark und eigenmächtig hervor. Es gibt manches Anzeichen dafür, daß auch in der katholischen Kirche eine gewisse Neigung zur offenen Organisationsform und zur sektiererischen Gruppenbildung bestand. Der Freiherr Ignaz Heinrich von Wessenberg war seit 1802 Generalvikar des Bistums Konstanz, seit 1817 Bistumsverweser, wurde aber vom Papst wegen seiner liberalen Programmschriften und Dichtungen nie anerkannt. Dagegen machte ihn die theologische Fakultät der Universität Freiburg zu ihrem Ehrendoktor. Schließlich war er Abgeordneter der ersten Kammer im badischen Landtag. In der katholisch-theologischen Fakultät in Tübingen, die 1818 mit Rücksicht auf den neuen paritätischen Staat Württemberg begründet worden war, entwickelte sich eine ausgesprochene Vermittlungstheologie, ganz parallel zu dem Gefühls- und Kulturchristentum protestantischer Prägung. Diese episkopale und akademische Opposition wirkt noch in den Auseinandersetzungen um das Infallibilitätsdogma mächtig nach (Altkatholiken).

Im Grunde freilich war innerhalb der katholischen Kirche kein Widerstand gegen die zentralistische Kirchenverfassung mehr möglich, seitdem die Bischöfe durch die Säkularisation ihre lokale Machtbasis verloren hatten [95]. So »schloß« sich die Organisationsform der katholischen Kirche vollkommen, etwa gleichzeitig mit der Bildung der deutschen Einheit, überhaupt in Analogie zu der Herausbildung des durchorganisierten modernen Staats. Auf dieser Grundlage entstand notwendigerweise überall in Mitteleuropa, und zwar gerade auch in den katholischen Staaten, der sogenannte Kulturkampf [96]. In der Restaurationsepoche finden sich Vorboten dieser Auseinandersetzung, wie es die Vorboten der technisch-industriellen Großorganisationen gegeben hat. Aber ein Ausbruch des Kampfes war unmöglich, weil sich beide, Staat und Kirche, noch als christlich wußten, weil sie dementsprechend zusammenhielten und zusammenarbeiteten, vor allem aber, weil die Träger der Kultur in ihrer Mehrzahl noch nicht nach den großen, »bergenden«, »mächtigen« Organisationen blickten, eher sie mißachteten und im kleineren Kreis ihr Genüge fanden.

Die Biedermeierzeit ist eine Epoche des religiösen »Mystizismus« und Pietismus, – bis hinauf zu den Königen. Man denke an den Zaren Alexander I. und an den Kreis um Friedrich Wilhelm IV. Es gab eine unübersehbare Zahl von mehr oder weniger religiösen Sekten; denn wenn man nicht eigentlich kirchlich war, so wollte man um so mehr eine »Weltanschauung« bewahren. Man mußte sich irgendwie entscheiden, bekennen, einordnen. Jakob Burckhardt, der humanistische Realist, hatte guten Grund, wenn er über die »aner und iten aller Art« seufzte [97]. In einer Zeit, in der die Opposition nicht zuletzt von abtrünnigen Theologen getragen wurde, ist es selbstverständlich, daß es auch schon freigeistige Gruppenbildungen gab. Der Schlesier Leopold Schefer fühlte sich als Panpriester und gab 1834 ein Buch mit dem bezeichnenden Titel *Laienbrevier* heraus. 1841 mußte man in Magdeburg gegen einen Pfarrer (Sintenis) einschreiten, der die Anbetung Christi abgelehnt hatte. Auch eine Laienbewegung unter der Führung des Ullrich von Hengstenberg fand Zuspruch und mußte von Staat und Kirche verfolgt werden. Man tat es ungern und war schließlich froh, wenn man wenigstens die Kirche selbst vor der Entchristlichung gesichert wußte. Durch ein preußisch-königliches Toleranzpatent wurde *am Ende unserer Epoche* (30.3.47) verfügt, daß nichtchristliche Geistliche zwar aus der Kirche austreten mußten, aber eigene Gemeinden bilden konnten. Auch hier also schließt sich eine religiöse Bewegung, der Pantheismus, am Ende in sich selbst ab. 1850 hatten die »Freien Gemeinden« schon etwa 150 000 Mitglieder. Wichtig zu wissen ist aber, daß während der Restaurationsepoche selbst diese Gruppen sich noch innerhalb der protestantischen Kirche betätigt hatten, und zwar keineswegs immer unfreiwillig; *denn sie hätten die protestantische Kirche gerne noch einmal reformiert.* D. F. Strauss wäre gerne Ordinarius für Theologie geworden, wenn dies möglich gewesen wäre! Dies Verhalten entspricht der Neigung zu universalen Lösungen, die wir noch kennenlernen werden, und widerspricht der Zersplitterung und »Offenheit« der einzelnen Gruppen nicht unbedingt.

Der unheimliche Eros und die heilige Familie

Die Freundeskreise sind, auch abgesehen von religiösen Zielsetzungen, für diese Zeit ebenso charakteristisch wie für das 18. Jahrhundert und die Romantik; denn nur im kleinen geselligen Kreise kann sich sachliche Arbeit, sachliches Interesse mit den Bedürfnissen des Gemüts verbinden. Die Liebe zwischen Mann und Frau freilich spielt in diesen Kreisen keine so große Rolle mehr, weder die platonische der Empfindsamkeit noch die »synthetische« der Romantik. Die Erotik verbindet sich jetzt überhaupt nicht mehr so leicht mit der geistigen Geselligkeit. Entweder zeigt sich eine übergroße Scheu vor diesem gesamten Bereich, wie etwa aus Mörikes, Grillparzers, Annettes und Stifters Biographie zu ersehen ist: eine Befangenheit, eine Sensibilität, eine Tiefgründigkeit, die Erotik auf der geselligen Ebene nicht erlaubt. Oder die heimliche Lebensgier bricht aus und führt zu Exzessen, die unterhalb der damaligen geselligen Ebene liegen. Schopenhauer kennt eine »Metaphysik der Geschlechtsliebe« [98], Lenau kann in seinem *Don Juan* von dem »Gott der Zeugung« als dem »Herrn der Welt« sprechen [99]. Grabbe stellt Don Juan neben und über den »deutschen Professor« Faust. Heines »Religion der Freude« hat einen ähnlichen Sinn. Das Don-Juan-Motiv, die Anknüpfung an den sagenhaften Barockhelden, hat einen guten Sinn. Don Juan bedeutet ja, daß man den Bereich des Geschlechts im negativen oder positiven Sinn mythisch und keineswegs naturalistisch erlebt. Dafür sprechen auch die oben erwähnten Wortprägungen. Sogar bei Gotthelf hören wir die Idealmutter Änneli zu ihrer Tochter folgendes sagen: »wie es dir mit der Liebe noch geht, weißt du nicht, das ist eine Sache, die nicht zu ergründen ist, und vor der niemand sicher ist ... gwüßni Stunde sinds, wo sie einen ankommt, als ob man einem einen Stein anwürfe, ich könnte auch etwas davon erzählen« [100]. Man ist ganz unfrei auf diesem Gebiet. Ob man nun durch einen Korb für sein ganzes Leben vernichtet wird – ein oft gelebter und dargestellter Fall der Zeit – oder das Evangelium der freien Liebe praktiziert, die Liebe führt in beiden Fällen in »schlechthinnige Abhängigkeit«, was doch nach Schleiermacher nur die Religion soll; und, im Unterschied zur frühen Romantik, weiß man das auch. Dem alten Brentano sind selbst seine frommen *Romanzen vom Rosenkranz* wegen ihrer erotischen Schwüle unheimlich geworden.

Dieser mehr oder weniger offenbare erotische Dämonismus erklärt den Kult, der in der Biedermeierzeit mit der *Familie* getrieben wird; denn hier ist der Bereich, wo die Liebe in unzweifelhaft menschlicher Form erscheint, hier ist das Asyl, die Idylle, in dem der erotische Fluch seine Kraft verliert. Zwar haben wir gehört, daß auch die Familienväter eine »Hamletstimmung« haben. Das Vorstehende bestätigt diese Tatsache nur von einer neuen Seite. Trotzdem darf das, was die Familie in dieser Zeit bedeutet und tatsächlich leistet, nicht als »Kompensation« abgetan werden, auch nicht nur als Therapie: es ist eine geistige und soziale Raumbildung, die das bestätigt und unterbaut, was wir von der heimatlichen Landschaft gehört haben. Aus diesem Grund bildet die Familie auch für die Freundeskreise die wichtigste Basis. Und wenn Immermann darüber klagt, daß die Familie zum »Salon« geworden ist, daß auch die Frauen sich mit der Erfüllung ihrer Gatten- und Mutterpflichten nicht mehr begnügen, so kann man dieser Entwicklung jetzt unter kultursoziologischen Gesichtspunkten auch eine positive Wendung geben. *In der erweiterten Familie liegt die seelisch-geistige Grundlage der Biedermeierkultur.* Diese Familie ist natürlich, als Familie, begrenzt, aber keineswegs eng beschränkt, vielmehr nach allen Seiten gegenüber den anschließenden Bereichen offen*.

Immer wieder hören wir in den Biographien und Erzählungen der Zeit von dem Oheim, der für seinen Neffen sorgt, von dem Tantchen, das im Hause selbstlos hilft, von Verwandten, die zu besuchen der einzige Zweck der Reise ist. Überall hören wir von der herzlichen Liebe zu einer Cousine. Auch heiraten kann man sie. Das Gesetz kennt noch keine biologischen Bedenken, und dem Gefühl erscheint die Familienhaftigkeit der Liebe, die auf diese Weise von Anfang an gegeben ist, als ein Triumph der Humanität. Was in sozialer Hinsicht durch das Verantwortungsgefühl gegenüber Verwandten geleistet wird, erscheint nach heutigen Maßstäben ganz erstaunlich. Daß auf der anderen Seite, durch das mangelnde Verantwortungsbewußtsein

---

* »Die Mischung der Stände« erkennt auch Renate *Böschenstein-Schäfer* in den Berliner Salons (Das literarische Leben, 1800–1850, in: Berlin und die Provinz Brandenburg im 19. und 20. Jahrhundert, hg. v. Hans *Herzfeld*, 1968, S. 671). Neben den jüdischen Salons der Sarah Levy, Henriette Herz, Rahel u. a. gibt es in Berlin den Salon der Herzogin von Kurland.

gegenüber den großen Organisationen, das Familienethos zu einer Vetternwirtschaft in Staat und Kirche führte, ist selbstverständlich. Die personalistische Struktur der monarchisch-feudalistischen Gesellschaft führte dazu, daß die »Sachlichkeit« auf öffentlichem Gebiet noch in den Anfängen steckte. Wenn die Throne vererbt wurden, warum nicht auch die Staatsämter, Pfarreien und Schulmeisterstellen? Gewiß, es gab schon starke Gegenbestrebungen, besonders auf der Grundlage des neuen Bildungsbegriffs. Das Prüfungswesen erlebte in dieser Zeit unter preußischer Führung eine starke Entwicklung und eine gewisse Versachlichung. Aber Ausnahmen wurden immer gemacht. Das war schon deshalb notwendig, weil noch eine Abneigung gegen öffentliche Schulen bestand und die am besten gebildeten jungen Leute oft nur durch die Hand von Hofmeistern gegangen waren. Auch Geistliche widerstrebten der Einführung von Lehrerprüfungen [101], wahrscheinlich deshalb, weil dadurch die kirchliche Schulaufsicht eingeschränkt wurde.

Die Kulturleistungen der Familien waren natürlich sehr verschiedener Art. Sie reichten von den höchsten Funktionen in Kunst, Wissenschaft und Staat über dilettantisches Sammeln, »Forschen«, Organisieren, Zeichnen, Dichten, Musizieren bis zu den »Handarbeiten«, – an die wir zuerst zu denken pflegen. Bei Stifter, also gegen Ende der Periode, ertönt schon die Klage über die geistlosen Nadelarbeiten: »Die Nachwelt wird einmal staunen, daß die Töchter der ausgezeichnetsten Geschlechter drei Vierteile ihrer Jugend auf so geistloses Tun verwenden konnten, wodurch ein Zwitterding von Kunstwerk und Luxusstück zustande kommt. Das Verdienst daran war eine Million Stiche« [102]. Sein Ideal ist die »wissenschaftlich« gebildete Angela, die nicht strickt und stickt. Sie ist es auch, die sich gegen die oberflächlichere Tradition der Geselligkeit wendet: »Der Gedanke, daß wir statt des gebräuchlichen unersprießlichen Visitenwesens einen geistigen Umgang eröffnen sollen mit den größten Menschen, lebenden und toten, daß wir an ihnen uns erheben und vor uns selber liebenswerter werden mögen, ging von Angela aus, der jedes Leere fremd ist« [103]. Man liest zusammen in der Familie und von dieser Lektüre wird wie von einem Gottesdienst gesprochen. Ein besonders stilvoller Raum, das »Prytaneum« ist in den *Feldblumen* ihr gewidmet. Mit solchen Forderungen war Stifter vielleicht in Österreich revolutionär. Anderwärts, besonders im gebildeten Mitteldeutschland, war das Leben der Familie längst so kultiviert. Wir sahen, daß Immermann umgekehrt einen gewissen Horror vor so viel Bildung und Talent empfindet. Von den literarischen Damen im besonderen sagt er schon zu Beginn unserer Periode: »die Weiber ziehen ihr literarisches Küchenkraut emsig am Fuße des Parnasses, auf dessen Gipfel nichts mehr gedeihen will, da die Petersilie den Berg entsetzlich ausmergelt« [104].

Daß nicht nur die Emanzipierten romantischer und jungdeutscher Richtung, sondern familiengebundene Fräulein dichten, zeigt beispielhaft Annette von Droste-Hülshoff. Und wenn sie die »größte deutsche Dichterin« geworden ist, so könnte man darin einen Triumph der biedermeierlichen Familienbindung erblicken. *Das geistliche Jahr* hat die Droste höchst bezeichnend der Großmutter zuliebe in Angriff genommen. Auch sonst gewährt ihr Schaffen und ihr Briefwechsel charakteristische Einblicke in die geistige Atmosphäre der Restaurationsfamilie. Das Auftauchen dieser Dichterin ist um so interessanter, als Westfalen, ähnlich wie Schwaben, Bayern und Österreich im 18. Jahrhundert ein Randgebiet der literarischen Kultur gewesen war.

Daß die Bahnbrecher der Germanistik, Jacob und Wilhelm Grimm, innig zusammenarbeitende, unzertrennliche Brüder, das reinste Ehepaar, gewesen sind, paßt zum Stil der Epoche. Man denke, zur Verdeutlichung des Unterschieds, an die sehr auseinandergehenden Wege der romantischen Brüder A. W. und F. Schlegel. Für Mörike war die Schwester von größerer Bedeutung als die Frau, die er heiratete, und für Lenau bedeutete die ihm vertraute Familie Löwenthal geradezu den Ersatz einer Ehe. Viëtor weist mit Recht darauf hin, daß Büchner in der Beziehung zu seiner Braut Minna Jaegle ein überzeugendes Gegengewicht gegen seine Weltschmerzstimmungen besaß und auch aus diesem Grunde nicht nur als »Nihilist« zu sehen ist. Bis in die höchsten und gefährdetsten Positionen der Gesellschaft bewährt sich der geistig ausgreifende und humane Familiensinn der Zeit. So lesen wir über die Ehe Metternichs, der auch sein Stück Hamlet und Don Juan hatte, bei Srbik folgendes Zeugnis: »Die niemals eifersüchtige, ihrem Manne mit rührender Herzenshingabe zugewandte Lori wird dann oftmals die Aufgabe geheimster politischer und vermögensrechtlicher Sondermissionen durch Metternich erhalten, sein unstetes Herz bleibt dieser ersten Gattin stets in Liebe zugetan und der Sinn für Familienleben und Kinder, Häuslichkeit und Gemütsruhe ist ihm nie verlorengegangen« [105]. Der letzte Grund einer derartigen Unantastbarkeit von Ehe und Familie liegt sicherlich – besonders hier im katholisch-österreichischen Bereich – im alten sakramentalen Ehebegriff. Liebe und Ehe werden noch immer prinzipiell voneinander getrennt. Der natürlichen Leidenschaft steht die übernatürliche Institution gegenüber. Wie die Monarchie, selbst für Grillparzer, »Heiligkeit« besitzt, so auch die Ehe. Sogar Arnold Ruge, der radikale junghegelianische Revolutionär, dem die alte Begründung ganz fernliegt, macht Vorbehalte gegenüber der Eheauffassung George Sands und meint: »An und für sich ist die Ehe ein Verhältnis fürs ganze Leben, dessen Auflösung vor der reellen Auflösung der Familie immer ein Übelstand bleibt« [106].

Es liegt im Wesen einer restaurativen Kultur, daß die ältere und älteste Generation besondere Bedeutung gewinnt. Die Großväter und Großmütter sind die pädagogischen Leitbilder der Zeit, oft im ausdrücklichen Widerspruch zur Professoren- und Doktorenweisheit. Die Professoren verkörpern die Philosophie, die abstrakt und ach so vergänglich ist, die Alten erprobte und gültige Lebensweisheit. Das Alter, denkt man, verbindet Verstand und Gemüt, Erfahrung und Glauben; so sieht es tiefer als eine noch so begabte Jugend, und wenn die Jugend wohlgesittet ist, so weiß sie das, wie Gotthelfs und Stifters Romane zeigen, von Anfang an.

Der Mutterkult

Bei den revolutionären Gruppen tritt natürlich die Jugend in den Vordergrund, aber sie betonen ihre Jugendlichkeit nicht so selbstbewußt wie das später und auch schon im Sturm und Drang der Fall gewesen ist; denn als das eigentliche Ideal der

Zeit ist doch wohl *das innigste Zusammenleben aller Generationen zu betrachten.* Das ergibt sich schon aus dem Familiensinn. Der Vater hat zwar eine hohe Autorität, nicht nur als »Ernährer« der Familie, sondern als ein Ausdruck jener höchsten Macht, die weiterhin im »Landesvater« und schließlich im Gottvater selbst zu finden ist. Doch werden Liebe und Gefühl letzten Endes noch höher gewertet als Autorität und Leistung. So beginnt, eben in dieser Zeit, der Mutterkult, der inzwischen eine öffentliche Einrichtung geworden ist*. War die Mutter bei Gotthelf noch diejenige, die dem der »Zeit« verfallenden Mann nicht folgt *(Zeitgeist und Bernergeist)* oder welche Familienverwirrungen, die durch finanzielle Fehler des Mannes entstanden sind, mit Hilfe der Religion heilt *(Geld und Geist),* so steigt sie bei Leopold Schefer, dem Freigeist, den wir als Verfasser des *Laienbreviers* kennengelernt haben, auf die höchste Stufe:

> Die Mutter ist die Höchstepriesterin,
> Die *Mutterliebe* ist die heilige,
> Die göttliche Erzieherin der Menschen;
> Nie eine bess're, keine ohne sie;
> Und alle Schulen sind nur Nothbehelfe
> Für Menschen-Wissen und für Lebens-Kram,
> Und alle Kirchen sind Nachflickereien
> *Der* Menschen, die die Mutter nicht gelehrt [107].

Die sektiererische Heftigkeit des Tons ist an diesem Lehrgedicht ebenso bezeichnend wie seine formale Nachlässigkeit. »Hausreden« brauchen, auch wenn sie in Verse gebracht werden, keine Kunstwerke zu sein, wenn sie nur wahr sind und das Familiengefühl stärken. Die Jugend muß lernen, »hören«, nur die sparsamsten und unschuldigsten Freuden werden ihr gegönnt. Das Problem des reifenden Geschlechts übergeht man mit Unbehagen. Dagegen finden die kleineren Kinder die ganze Liebe und, auch in ihren Unarten, das volle Verständnis der Zeit. Die Heiligkeit der Mutter und die Reinheit der Kinder spiegeln sich gegenseitig und führen zu jenem Entzücken, das uns durch die Malerei der Zeit und hier wieder besonders durch Ludwig Richter erhalten und nacherlebbar geblieben ist. Der beherrschte Spieltrieb, der gedämpfte Humor, das herzliche Erziehertum der Epoche finden auf diesem Gebiet ihren schönsten Ausdruck. Schriftsteller, die zunächst romantisch oder pseudoromantisch ansetzen, gelangen zu anspruchsloser aber reinerer Gestaltung, wenn sie über oder für Kinder schreiben, so Justinus Kerner in seinem schönen *Bilderbuch aus meiner Knabenzeit* (1849) oder der berüchtigte Ernst von Houwald, der »Schicksalsdramatiker«, in seinem *Buch für Kinder* (1819–24). Daß dieser Enthusiasmus auch mißbraucht wird, indem man Kinder besonders gern auf die Bühne stellt, sei nicht verschwiegen. Auch das entspricht der »Kulturleistung« der damaligen Familie. Die Naivität gehörte zu den höchsten Werten der Zeit. Indem man sie aber bewußt erstrebte und zur Schau stellte, ergab sich mancher Widerspruch.

---

* Die Verehrung der Mutter scheint schon in dieser Zeit eine internationale Erscheinung gewesen zu sein und darf vielleicht als vermittelnde Korrektur der Frauenemanzipation verstanden werden. Belege bei Johannes Schütze, Dickens' Frauenideal und das Biedermeier, Diss. Erlangen 1947 [Masch.].

Die Biedermeierfamilie ist nicht naturfern. Sie weilt im Garten, und an festlichen Tagen verläßt man gemeinsam sogar die Stadt. »Sonntags ist hierorts der Tag der Landpartien, und was in der Woche am Webstuhl des Lebens keuchte, gibt sich am Sonntag der Freude und wo möglich dem Lande hin ... aus den expansis portis strömt Wien hinaus« [108]. Von den »Wanderungen« der Stürmer und Dränger, Romantiker und Neuromantiker unterscheiden sich diese Landpartien freilich beträchtlich. Die meisten kennen die schöne Umgebung doch nicht ganz, »weil sie nicht weit von den Spazierwegen abgehen, die man ihnen überall nett bahnet« [109]. Es sind immer die gleichen Wege, die man macht, die gleichen Plätze, an denen man spielt, die gleichen, nicht zu fernen Wirtshäuser, in denen man einkehrt. Fast in jeder Stadt gibt es noch den Spaziergang zu diesen mehr oder weniger ländlich gebliebenen Familienwirtschaften. Wie der Garten zum Haus gehört, so sind die »Spazierwege« nur eine offener gewordene Stadt. Von einem strengen Naturalismus oder Primitivismus kann auch in dieser Beziehung noch keine Rede sein. In Berthold Auerbachs Roman *Die Professorin* weilt der Maler Reinwald wochenlang auf dem Lande; aber auch dort hat er seinen Lieblingsplatz, sein Naturheiligtum, und vor allem lebt er mit der Landbevölkerung nahe zusammen. Er singt mit ihr Lieder, erzählt Witze, geht in die Kirche, und sein Freund, der Kollaborator, unterstützt die Dorf-Armen, macht dem Pfarrer wegen der Not im Dorfe Vorwürfe und schlägt ihm die Gründung eines Wöchnerinnenvereins zur gegenseitigen Hilfeleistung vor. Das human–gesellschaftliche Interesse überwiegt.

Lob des Hauses

Die Natur als solche wird mit dem Göttlichen oder Dämonischen zusammengesehen, das trotz aller Annäherungsversuche letzten Endes unnahbar, unheimlich ist. Dagegen ist »das Haus« der eigentlich menschliche Raum. Christen und Pantheisten vereinigen sich in der Biedermeierzeit zu seinem Preis. Leopold Schefer sakralisiert es in den *Hausreden* vollkommen:

> Drum ist das Haus der heiligste der Orte!
> Der Liebe Altar und des Himmels Tempel
> Zur schönsten Feier aller seiner Wunder,
> Zum seligsten Genuß all seiner Zauber,
> Und sei das Haus die ärmste kleinste Hütte [110].

Gotthelf predigt in *Geld und Geist*:

laßt euch nicht irren durch ödes Geschwätz unseliger Toren, es ist nicht der Staat, nicht die Schule, nicht irgend etwas anderes des Lebens Fundament, sondern das Haus ist es. Nicht die Regenten regieren das Land, nicht die Lehrer bilden das Leben, sondern Hausväter und Hausmütter tun es, nicht das öffentliche Leben in einem Lande ist die Hauptsache, sondern das häusliche Leben ist die Wurzel von allem, und je nachdem die Wurzel ist, gestaltet sich das andere... Seid ihr euch bewußt, daß, was ihr auch seid unter den Menschen, euer höchst Amt und Beruf eben das Priesteramt, eben das Warten von Gottes heiligem Dienst ist im Tempel, den ihr euer nennt, im Tempel, in dem ihr mit euerer Familie wohnt, im Tempel, wo ihr selbst die heiligen Opfer sein sollt? [111]

Das sagt ein Pfarrer, Sprachrohr des Dichterpfarrers Gotthelf, und wenn er behauptet, »nicht irgend etwas anderes« sei des Lebens Fundament, so schließt er dabei offensichtlich die Kirche ein; denn woran sollte er nach Staat und Schule sonst denken*?

Man wird auch hier sogleich von »Verbürgerlichung des Lebensgefühles« sprechen. Allein der Pfarrer predigt den Bauern, und ist nicht tatsächlich das Haus im Leben des Landadeligen und Bauern so wichtig wie in dem des Bürgers? *Der Kult von Haus und Familie entspricht ganz allgemein der früher erwähnten Seßhaftigkeit des Restaurationsmenschen,* genauer gesagt, der Möglichkeit, sie zu verlieren, – welche durch die Eisenbahnen und die Industrialisierung bereits am Horizonte auftaucht. Man richtet sich jetzt erst recht, mit vollem Bewußtsein, im Hause ein; aber das bedeutet nicht, daß man sich spießbürgerlich anklammert; jedenfalls braucht es das nicht zu bedeuten. Kinder – und wie viele hatte man in der Regel! – verbinden stets mit der Außenwelt. Sie gestatten kein exklusives Leben. Vor allem aber ist hier an die familienwirtschaftlichen Grundlagen der Biedermeierzeit zu erinnern. Jede »gute Familie«, auch wenn sie nicht zum Landadel oder zur Geistlichkeit auf dem Lande gehörte, hatte mit den unteren Ständen unmittelbare, persönliche Verbindung, und insofern war die Biedermeierkultur volkstümlicher, als es die heutige – abgesehen von einzelnen Landschaften – zu sein pflegt. Gewiß, das Verhältnis zur Unterschicht war »patriarchalisch«, bei Bürgern und großen Bauern so gut wie beim Landesvater und beim Adel; aber die Ehren schlossen auch viele Pflichten in sich. Man haftet in einem bestimmten Raum, in einer Nachbarschaft, und man ist für ihren Zustand um so mehr verantwortlich, je »besser« die Familie ist. Das ist zum mindesten »die Ordnung«, und man wird schwerlich beweisen können, daß dieser Ordnung nicht nachgelebt wurde, auch unter Opfern. Die überall festzustellende Armut ist kein Beweis, da auch die guten Familien äußerst bescheiden leben mußten, aus den erwähnten volkswirtschaftlichen Gründen.

In dem Begriff »gute Familie« steckt natürlich eine Verallgemeinerung der alten Adelsvorstellungen. Wesentlich ist dabei, daß die Ehre jedem der damaligen Berufe zuteil wird. Der Handwerker, der ein wahrer »Meister« in Beruf und Leben ist, genießt die gleiche Achtung wie die Meister des Geisteslebens. Dies kann man in E. T. A. Hoffmanns Meistererzählungen, die bezeichnenderweise in seine spätere Zeit (nach 1815) fallen, ebenso sehen wie in Tiecks *Jungem Tischlermeister* oder in Arnims später Erzählung *Die drei Schwestern und der glückliche Färber.* Es gibt damals einen *Meisterkult,* der sich nicht auf Kunst oder Wissenschaft bezieht, und

---

* Aus einer neuen Veröffentlichung ergibt sich, daß sogar im Mittelpunkt des Bolzanokreises, der vor allem aus katholischen Priestern bestand, ein Haus, nämlich das der Frau Anna Hoffmann in Prag stand. Die Kleriker waren ihre geistlichen Söhne, etwa so wie Heine ein geistiger Sohn der Rahel und des von ihr verehrten Goethe war. In beiden Fällen leisten die Frauen Widerstand gegen die Restauration (Eduard und Maria *Winter,* Der Bolzanokreis 1824–33, In Briefen von Anna Hoffmann, Michael Josef Fesl, Franz Schneider und Franz Prihonsky, Wien 1970, Österr. Akad. d. Wissenschaften, Sitzungsberichte der Phil.-Hist. Klasse, Bd. 266/1).

man kann sogar von der Gattung der Meistererzählung sprechen. In den meisten dieser Erzählungen wird der Handwerker mit Adeligen oder sogar mit Königen ehrenvoll in Verbindung gebracht, und das ist nicht nur literarisches Schönfärben, sondern entspricht der Wirklichkeit. *Der erste Stand suchte die Verbindung mit den guten Familien der anderen Stände.* Man findet sie nicht zuletzt auch beim Bauerntum. Da die Kultur noch auf agrarischer Basis stand, bedurfte es dazu keiner besonderen Romantik. Zwar liegt auch in der jetzt erwachenden Bauerndichtung ein Moment der Sehnsucht. Es geht nicht nur um eine realistische Korrektur der Schäferdichtung. Aber das so entworfene Idealbild vom schlichten Bauern bezieht sich mehr auf die beginnende Verbildung und Industrialisierung als auf ein soziales Abstandsgefühl. Das beweist die Tatsache, daß in Bauerndichtung und Bauernmalerei die *gute* Familie mit einem wohlgegründeten Haus im Mittelpunkt der Darstellung zu stehen pflegt. Der Großbauer kann sich neben dem Gutsbesitzer sehen lassen, besonders in den alten Bauernländern des deutschen Sprachgebiets. Das gesteigerte Familiengefühl trug zu dem früher beschriebenen Ausgleich der Stände nicht unwesentlich bei. Und dieser innere Friede, im Zusammenklang mit dem äußeren, bestärkte wiederum die Restaurationsgeneration in der Vorstellung, daß auch das ganze Volk und die christliche Staatenwelt eine einzige große Familie unter der Obhut der Landesväter und des himmlischen Vaters sei oder doch sein sollte, sein könnte.

Immer erneut stoßen wir bei der Betrachtung der Restaurationsepoche auf diesen alles umgreifenden *Ordnungsgedanken.* Die Abneigung gegen die großen Organisationen, die Vorliebe für das Nahe und Nächste in Wissenschaft, Kunst und gesellschaftlichem Leben mag, wie schon im Rokoko, bedeuten, daß er zu verblassen beginnt. Trotzdem ist die Restaurationskultur in allen ihren Richtungen ohne den alten oder einen neuen Ordnungsbegriff nicht zu denken. Darauf sollen zum Schluß unseres Einführungskapitels noch einige Hinweise gegeben werden.

So wenig das Hegelianische System seinem Inhalt nach für diese gemütvolle und zur Empirie neigende Periode repräsentativ ist, so gewinnt es aus diesem formalen Gesichtspunkt doch seinen Zusammenhang mit der Zeit. Nach den Wirren der Revolutionsepoche und der Napoleonischen Kriege besteht allenthalben das Bedürfnis, die Welt wieder in Ordnung zu bringen. Das kann der Empirismus und der ihm zuzuordnende Pragmatismus nicht. *Daß überhaupt noch ein System gebildet, daß das Bestehen oder die Möglichkeit einer universalen Ordnung vorausgesetzt wird, das ist charakteristisch,* – auch für die revolutionären Strömungen der Zeit, auch für die Irrationalisten und Empiristen, abgesehen etwa von Außenseitern wie Max Stirner, die aber noch überhört oder wenigstens nicht ernst genommen wurden. Ordnung in dem hier gemeinten Sinn ist ein von der Theologie geschaffener Begriff, und die hier vorgetragene Hypothese besagt also, daß das *theologische Denken auch in den Säkularisationen und Negationen des Christentums, die zu dieser Zeit schon in den mannigfachsten Gestalten erscheinen, strukturbildend bleibt.* Wenn Nietzsche die traditionelle und damit auch die idealistische Philosophie eine »hinterlistige Theologie« nannte [112], so war dieser Vorwurf keineswegs neu; denn die Tatsache, daß Hegel Gott und das Denken mit Hilfe seiner dialektischen Methode in ein so enges Verhältnis zueinander brachte, daß er auch das Christentum selbst, samt seinen dogmatischen Besonderheiten wie der Trinität, mit seiner Philosophie versöhnte, das erweckte sogleich den Eindruck, es werde hier eine Art Scholastik in verwegener und kaum möglicher Weise erneuert. Nicht nur Schleiermacher, sondern, und zwar mit Berufung auf ihn, Feuerbach hat Hegels theologischen Rationalismus abgelehnt. Ob aber Feuerbachs Irrationalismus weniger theologisch war? Hegel behauptet, Gott sei »wesentlich im Denken«, weil »der Gegenstand der Religion, wie der Philosophie, ... die ewige Wahrheit in ihrer Objektivität selbst« ist [113]. Feuerbach findet, »daß objektiv Gott selbst nichts anderes ist als das Wesen des Gefühls« [114]. Schon die Sprache zeigt, daß hier ein ähnliches Denkschema herrscht, und Stirner schoß nicht ganz daneben, wenn er dem antichristlichen Philosophen einen *frommen* Atheismus vorwarf. Ähnlich beurteilte Bruno Bauer David Friedrich Straussens Kampf gegen die Theologie als selbst theologisch. Und er sagt: »Die Geschichte wird nach der Krisis nicht mehr religiös, nicht mehr christlich sein; aber gegen diejenigen, die am Saume der zivilisierten Welt stehen bleiben und ihre Götter behalten wollen, wird sie die Milde der Verachtung ausüben« [115]. Das scheint die Negation jeder Art von Religion zu sein. Aber verrät nicht der dogmatische Begriff einer neuen »zivilisierten

Welt«, d. h. doch Weltordnung, und der prophetische Ton, daß hier der christliche Absolutheitsanspruch nur auf den Kopf gestellt wird und daß Arnold Ruge, einer der hellsichtigsten Junghegelianer, Recht hatte, wenn er eben in bezug auf Bruno Bauer behauptete: »Mit Deutschland sich beschäftigen heißt, sich mit der Theologie beschäftigen« [116]. Daß der gleiche Kritiker Schelling für keinen ehrlichen Philosophen hält, versteht sich. Schon taucht ein ähnliches Bild von Schelling auf, wie es Karl Jaspers zur Zeit Adenauers in seiner kaum zu widerlegenden Schelling-Kritik gezeichnet hat [117]. Korff, der ein höchst gründlicher, aber wenig distanzierter Kenner des damaligen Geisteslebens ist, stellt Schopenhauer in einen Gegensatz zu Hegel und deutet an, er sei eher ein religiöser als ein philosophischer Denker [118]. Doch könnte man nicht von der gesamten »Philosophie« zwischen Kant und dem Neukantianismus – trotz der Überanstrengung der Logik und des »Bewußtseins« – das gleiche sagen? Es entsprach durchaus der deutschen Situation, *wenn sich die Junghegelianer in religiöser Hinsicht der westeuropäischen Freiheitsbewegung überlegen glaubten* und wenn Karl Marx an betonter Stelle mit Genugtuung äußerte: »Für Deutschland ist die *Kritik der Religion* im wesentlichen beendigt und die Kritik der Religion ist die Voraussetzung aller Kritik« [119]. Damit war bereits auch entschieden, daß der Marxismus eine religionsähnliche Gestalt annehmen werde, wofern er zum Siege kam.

Dies ist während des gesamten 19. Jahrhunderts nicht geschehen, und zwar nicht zuletzt deshalb, *weil nach 1848 die einzelnen Kulturgebiete eine gewisse Eigengesetzlichkeit gewannen,* was nur auf Kosten des universalen Denkanspruchs und der »theologischen« Konsequenz möglich war. Dafür einige Beispiele. Der Katholizismus verband sich auf eigentümliche Weise mit dem Demokratismus. Oder: Man konnte zugleich gläubiger Christ bleiben und auf wirtschaftlichem Gebiet materialistischen Ideen kapitalistischer Art huldigen. Oder: Man verehrte als gebildeter Deutscher Goethe, ohne deshalb weniger in die Kirche zu gehen. Oder: Man war Liberaler, womöglich Sozialist, und wollte es doch nicht mit den Hohenzollern verderben. *Derartige »realistische Lösungen auf rein individueller Basis gab es in der Restaurationsepoche noch kaum. Man dachte und lebte systematisch.* Ob man eine solche Haltung, wie in der zweiten Hälfte des 19. Jahrhunderts, als kleinlich und pedantisch verurteilt oder, wie so oft im 20. Jahrhundert, als großartig und konsequent bewundert, das ist, geschichtlich gesehen, nicht so wichtig. Wichtig ist nur, daß man diese Struktur erkennt. Ehe man die einzelnen Persönlichkeiten und Richtungen vor 1848 bewertet, muß man das allgemein herrschende Ordnungsbedürfnis, den Zwang zu einer klaren Entscheidung, den fast jeder empfand, als eine geschichtliche Grundbedingung der Zeit vor Augen haben.

Daß diese Zeit die *gedanklichen* Systeme zuerst zögernd und dann immer entschiedener verwirft, bis Arnold Ruge schließlich erklärt, es sei »die Zeit der Systeme überhaupt« vorüber [120], das ließe sich aus vielen Äußerungen belegen, und es gilt natürlich auch für die »theologischen« Gedankenbauten. Doch wäre es ein großer Irrtum, wenn man glauben wollte, die Kritiker des systematischen Denkens, die Praktiker, Mystiker, Publizisten u. dgl. seien Empiriker. Sie sind nur in einem etwas indirekteren Sinne Repräsentanten des Ordnungsbegriffs. Man zitiert Solger: »Die beste Philosophie ist die, welche am wenigsten den Charakter eines besonderen Systems annimmt«. Das hört sich realistisch an und mag ja auch wirklich gegen Hegel gerichtet sein. Aber das Jahr 1819, in dem Solger seine Vorlesungen über Ästhetik hielt, war zur Aufhebung des Ordnungsdenkens alles andere als geeignet. Tatsächlich lesen wir auf derselben Seite: »Wir dürfen bei unserer Darstellung von der Strenge der Wahrheit nichts nachlassen und uns nicht auf das Empirische beschränken; wir müssen vielmehr auf das innere Wesen ausgehen und dieses nicht stillschweigend voraussetzen. Die Idee selbst muß bestimmt und deutlich ausgesprochen, die innersten Prinzipien müssen zum Bewußtsein, zur Einsicht gebracht werden« [121]. Man sieht: es ist nur eine andere Art von Idealismus, ein mystischeres System. Mit solchen Widersprüchen ist in der gesamten vorrealistischen Zeit zu rechnen. In Wienbargs *Aesthetischen Feldzügen* kommt die Abneigung gegen die spekulative Geistesreligion etwa in folgender Prognose zum Ausdruck: »Es wird eine Zeit kommen, wo man des faulen geistigen Luxus, des ewigen Wiederkäuens schimmeliger, theologischer und philosophischer Streitpunkte satt und überdrüssig sein wird, wo ein jeder, reich oder arm, groß oder klein, sich freuen und Glück wünschen wird, durch kunstreich geübte Hand Unterhaltung in ein Leben zu wirken, das durch geistige Überladung vergangener Jahrtausende erschöpft und aufgerieben worden ist« [122]. Die »kunstreich geübte Hand«, die hier erwähnt wird, könnte Erwartungen im Sinne der modernen Werkästhetik erwecken, aber was finden wir in Wienbargs Buch? Alles Mögliche, z. B. eine modern anmutende Mythologisierung des klassischen Lebensbegriffs, aber bestimmte ästhetische Aussagen finden wir kaum. Schon die Äußerung selbst, ihre ausgreifende Rhetorik, ihr prophetischer Ton, ihre soziale Ausrichtung, läßt bei aller Vagheit das umgreifende Ordnungsdenken und das Versagen hinsichtlich der speziellen Frage ahnen. *Diesen Widerstand gegen eine konsequente Spezialisierung finden wir, ob nun zu unserer Freude oder zu unserem Leidwesen, überall im Denken der Zeit, und das verstärkte publizistische (»populäre«) Interesse, das für die Zeit bezeichnend ist, gab ihm einen gewaltigen Auftrieb.* Wie schon im 18. Jahrhundert waren die Universitäten mit ihren »pedantischen Gelehrten« das Hauptangriffsziel dieses expansiven Universalismus.

Man kennt das auch aus dem 20. Jahrhundert. Während aber jetzt, nach den wissenschaftlichen Leistungen des 19. Jahrhunderts, die Notwendigkeit der Universitäten kaum mehr geleugnet werden kann und sich die Angriffe auf politische oder andere außerwissenschaftliche Forderungen beschränken, konnte den damaligen Systematikern aller Art die Universität als geradezu überflüssig erscheinen. Wienbarg fordert in dem erwähnten Buch über Ästhetik die totale Vernichtung der Universität, weil sie ein Hemmnis des Fortschritts sei. In ähnlicher Weise unterscheidet Ludwig Feuerbach streng zwischen der offiziellen Wissenschaft und der eigentlichen, notwendigen Wahrheit der Zeit. Etwas vorsichtiger, aber in der Hauptsache nicht weniger entschieden, äußert sich der kluge Ruge: »in der Tat, die *offizielle Wissenschaft* und ihre Pflegeschulen, die Universitäten, sind charakterlos geworden. Wie zur Zeit Lessings fällt der Schwerpunkt des neuen Weltsystems [!] außer ihrer beschränkten

Sphäre. Von ihnen und ihren bisherigen Formen kann der Fortschritt zu neuen Prinzipien nicht gemacht werden. Denn dieser Fortschritt ist die Erneuerung der ganzen alten Welt selber geworden« [123]. Das steht in der gleichen Schrift, in der behauptet wird, die Zeit der Systeme überhaupt sei vorüber! Im Unterbewußtsein ist, trotz aller theoretischen Einsichten, *die Idee der Gegen-Ordnung, der neuen »Welt« allbeherrschend,* und man versteht von solchen Verlautbarungen her Gotthelfs Refrain, wonach die modernen Sekten noch viel intoleranter sind als die Jesuiten. Nicht auf den Fortschritt der Wissenschaft kommt es den Neuerern an, vielmehr soll die Unfruchtbarkeit der sogenannten Wissenschaft durch Demokratisierung überwunden und die »hohle« Bildung zur »wahren Geistesfreiheit« erhoben werden. Schon hört man das an Nietzsche gemahnende Wort, es sei »ein spezifisches Kennzeichen eines Philosophen, kein Professor der Philosophie zu sein« (Feuerbach). Auch die »kritische Historie«, die sich natürlich besonders an den Universitäten entwickelte, wird schon, ganz im Sinne Nietzsches, mit Berufung auf das »Leben« *abgelehnt* [124].

Daß die »Religion« die Grundlage für alle Politik bildet, hört man nicht nur von restaurativen Dunkelmännern, sondern auch von dem angeblich so modernen Heine, und seine Lehre wird von den anderen Jungdeutschen tausendfach variiert: »sie urteilen sehr richtig: wer sich frevelhaft seiner Vernunft bedient und die Vorrechte der adeligen Geburt leugnet, der zweifelt am Ende auch an den heiligsten Lehren der Religion« [125]. Wenn Sealsfield (Postl), der ehemalige Priester, das Land seiner Wahl gegen seinen österreichischen Heimatstaat ausspielt, so beschränkt er sich nicht auf politische Fragen. Er gibt ein Totalbild mit dem Titel: *Die Vereinigten Staaten von Nordamerika, nach ihren politischen, religiösen und gesellschaftlichen Verhältnissen betrachtet* (Stuttgart und Tübingen 1827). Über Moral doziert Heine wie ein Theologe: »Die Moral ist nur eine in die Sitten übergegangene Religion... Wir wollen eine gesunde Religion, damit die Sitten wieder gesunden, damit sie besser basiert werden als jetzt, wo sie nur Unglauben und abgestandene Heuchelei zur Basis haben« [126]. Der Vorwurf gegen die bloß »formelle« Moral ist ein Topos der Zeit, und darin unterscheidet sie sich von der Aufklärung, die von der Möglichkeit einer religionslosen, ausschließlich sozial begründeten Moral und Staatslehre auszugehen pflegte. Wienbarg erkennt die Gefahren des moralischen Formalismus schärfer als die des ästhetischen; wir werden aber sehen, daß auch der ästhetische Formalismus mannigfach erkannt und bekämpft wird. Eben Heine bietet in seiner Auseinandersetzung mit Platen ein Beispiel dafür.

Was demnach im Laufe der Biedermeierzeit vor sich ging, war höchstens die Entlarvung der metaphysischen »Systeme« im *theoretischen* Sinn des Worts. Man sah sich, philosophisch gesehen, auf Kant oder gar auf Hume zurückgeworfen; aber das bedeutete nicht, daß man das gefühlsmäßige, künstlerische und praktische »Setzen« von Ordnungen aufgegeben hatte. Selbst der Nihilismus der Zeit ist, wie wir an anderer Stelle bereits andeuteten (s. o. S. 28 f.), in diesem Sinne als systematische Antwort zu interpretieren und mit dem theologischen Denken in Zusammenhang zu bringen. Philosophisch gesehen blieb, angesichts des Scheiterns der idealistischen Systeme, auch für christliche Theologen im Grunde nichts anderes übrig als sich wieder mit einer Art Kulturnihilismus abzufinden und den Rückzug auf den persönlichen Glauben anzutreten. Daß Kierkegaard diese Konsequenz aufbrachte, bedeutet heute seinen Ruhm. Aber die Kulturtradition, nicht zuletzt die kirchliche Tradition, war am Ende doch stärker, als daß dieser christliche »Existentialismus« schon irgendwelche Aussicht gehabt hätte.

Wie der »Kirchenvater des 19. Jahrhunderts«, Schleiermacher, das Problem sah oder besser fühlte, wie er die Einheit von Wissen und Glauben mit verzweifelter Liebe zur universalen Ordnung festzuhalten versuchte, das verrät wohl am ergreifendsten sein *Sendschreiben an Lücke*. Trotz aufrichtiger Ablehnung der restaurativen Scholastik bleibt er von einer höheren Einheit des Glaubens und Wissens überzeugt, und wenn er das Wort »fest« hinzusetzt, so spricht er auch damit für die Mehrzahl der zeitgenössischen Protestanten: »Wenn die Reformation, aus deren ersten Anfängen unsere Kirche hervorgegangen ist, nicht das Ziel hat, einen ewigen Vertrag zu stiften zwischen dem lebendigen christlichen Glauben und der nach allen Seiten freigelassenen, unabhängig für sich arbeitenden wissenschaftlichen Forschung, so daß jener nicht diese hindert und diese nicht jenen ausschließt: so leistet sie den Bedürfnissen unserer Zeit nicht Genüge und wir bedürfen noch einer andern, wie und aus was für Kämpfen sie sich auch gestalten möge. Meine feste Überzeugung aber ist, der Grund zu diesem Vertrage sei schon damals gelegt, und es tue nur not, daß wir zum bestimmteren Bewußtsein der Aufgabe kommen, um sie auch zu lösen« [127]. Es ist heute nicht schwer, die tragische Auswegslosigkeit solcher Gedanken zu erkennen, wenn Schleiermacher auf der einen Seite die idealistischen Lösungen ablehnt und auf der anderen doch wieder zu einem »bestimmteren Bewußtsein« der synthetischen Aufgabe gelangen möchte. Man kann ihm, wie Jaspers dies bei Schelling tut [128], vorwerfen, er habe vom Spezifischen der Religion und Kirche keine Ahnung gehabt. Wichtiger erscheint mir die Erkenntnis, *daß der wenig entwickelten Kirchlichkeit der Restaurationszeit das leidenschaftliche Bekenntnis zu einer umfassenden Ordnung zugrunde lag, zu einer umfassenderen, als irgendeine Kirche bieten oder neu hervorbringen kann.* Ein einzelnes Kulturgebiet, ob es nun der Staat oder die Kirche, die Philosophie oder die empirische Wissenschaft, die Kunst oder die Wirtschaft war, kam als *letzte* Basis jener Ordnung unmöglich in Betracht*.

Ablehnung des konsequenten Individualismus

Dem entspricht, daß auch die Isolierung des naturhaften Einzelmenschen, der konsequente Individualismus zu dieser Zeit noch kaum vertreten wurde, ja, daß in dieser Beziehung gegenüber der Goethezeit eher eine rückläufige Bewegung festzu-

---

* Insofern weist die Biedermeierzeit nicht nur über die Zeit des sich absolut setzenden Nationalstaats, sondern auch über die von Conze betonte und ernstgenommene Kirchenerneuerung nach 1848 hinaus. Die politische Geschichtsschreibung scheint mir überhaupt noch zu sehr an der zweiten Hälfte des 19. Jahrhunderts orientiert zu sein, dem inneren Zusammenhang von Partikularismus und Universalismus und damit auch dem Deutschen Bund und allen anderen österreichischen Lösungen oder Problemen nicht ganz gerecht zu werden.

stellen ist. Anders wäre die starke Reserve gegenüber Gothe und der Frühromantik, das Zurückgreifen auf den mehr quantitativen Individualismus der Aufklärung oder gar auf den Seelenbegriff der Barockkultur kaum zu erklären. Es versteht sich nach dem, was zu Anfang des Kapitels gesagt wurde, daß man in der Praxis des Lebens recht individuell zu sein pflegt, daß *die Individualisierung genauso wie die Sozialisierung fortschreitet.* Während aber das soziale Denken in der damaligen Geistesstruktur starke Stützen findet, wird ein Individualismus qualitativer Art meist mit dem »Zufälligen«, dem bloß Empirischen und deshalb mit dem Chaos gleichgesetzt und verurteilt.

Die »modernen«, heute im Grunde historischen Strömungen des Liberalismus und Sozialismus bestätigen das hier Gesagte eher, als daß sie es widerlegen; denn der Liberalismus fundiert ja seinen Freiheitsbegriff auf der Idee der *Gleichheit,* und der Sozialismus zieht daraus nur die praktischen Konsequenzen auf dem Gebiet der Wirtschaft. *Hegel betreibt einen folgenschweren Kult des »Allgemeinen«:* Weil die Philosophie den heute allein gültigen *allgemeinen* Gesetzen näher kommen kann, hat sie die Kunst überholt. Nicht nur die ästhetische Individualisierung, die dem Sturm und Drang und der Frühromantik so wichtig war, sondern das Individuelle überhaupt gewinnt ein archaisches, in der Gegenwart jedenfalls verbotenes Aussehen. »Das Wahre der Persönlichkeit ist eben dies, sie durch das Versenken, Versenktsein in das andere zu gewinnen« [129]. Das Individuelle als solches ist also unwahr, etwas sehr Vorläufiges. Von der »Gattung« des Menschen ist fortwährend die Rede, wie schon im 18. Jahrhundert. Auch Ludwig Feuerbach stimmt in diesem Punkte noch vollkommen mit Hegel überein: Das Individuelle ist das, was den Menschen mit dem Tier verbindet. Erst durch das *Bewußtsein des Allgemeinen entsteht der Mensch im eigentlichen Sinne.* Auf die Gattung Mensch beruft man sich, ob nun die Privilegien des Adels, der Reichen, der Genies oder die Gottheit Christi widerlegt werden sollen. Worte wie Selbstsinn, »Selbstheit« (Grillparzer) oder gar Leidenschaft werden fast immer negativ verwendet. Ob man, wie Grillparzer, einen Kaiser sagen läßt »nicht ich, nur Gott« oder ob man die Gleichheit vor dem Gesetz betont, der Individualismus, und sei es auch nur seine Tragik, kann sich nicht voll entwickeln.

Man wird im Gegensatz dazu an Grabbes Helden erinnern. Aber sind nicht auch sie quantitative Personen, die sich gewaltig in die Geschichte ausdehnen, die erst die Welt beherrschen müssen, ehe sie Grabbe seiner Beachtung würdigt? Vielleicht sind es auch absolute Individuen, die die Welt und Geschichte in ihrer sonst sinnlosen Kraftentfaltung, selber scheiternd, repräsentieren. Jedenfalls fehlt ihnen jede zarte Entfaltung, etwa in der Art der Goetheschen Helden. Daher ihre dramatische Großartigkeit, daher auch ihre barocke Wildheit, die jetzt nur ganz anders bewertet wird. Und wie weit ist Heines literarisches Ich mit den Masken des Tribunen, des Hanswursts, des Aristophanes, des Hellenen, des Artisten und schließlich noch des Lazarus und bekehrten Schelms vom organischen und stetigen Individualismus Goethes wie auch von seinem eigenen empirischen Ich entfernt (Sammons)! Selbst Büchner, den die »Paradegäule der Geschichte« enttäuschen und der so unwillkürlich schon zu Szenen von moderner Intimität gelangt, behauptet in der *Lenz*-Erzählung ganz zeitgerecht: man »muß die Menschheit lieben, um in das eigentümliche Wesen jedes einzudringen« [130]. Auch da also, wo ein individualistisch-realistischer Sinn und Griff dominiert, schenkt der Individualismus dem damaligen Menschen noch keine weltanschauliche Basis. Der Einzelmensch erscheint als Einsamer und Verlorener. So muß man an Begriffe sich klammern, die nicht mehr tragen und damit den »Nihilismus« nur bestätigen.

Noch in *Ruhe ist die erste Bürgerpflicht* (Berlin 1852), einem späten Roman des Alexis, fällt es auf, daß immer die Verbrecher sich zum strengen Individualismus bekennen; sie berufen sich auf Napoleon, der in der Zeit, da der Roman spielt, mit Hilfe solcher Grundsätze Weltgeschichte macht. Napoleons Vorbild erscheint, ohne daß zugleich Genievorstellungen auftauchen. Das ist die offizielle Lesart der Restauration. Wenn nun andere Zeitgenossen, besonders die Liberalen Westdeutschlands (s. o.), umgekehrt einen flotten Napoleon-Kult betreiben, so bedeutet dies nicht, daß man zur Genieauffassung Herders und des jungen Goethe oder gar zum Individualitätsbegriff der Frühromantik zurückgekehrt ist. Eher könnte man damit den Kult prominenter Personen und allbekannter Stars vergleichen, der in allen Epochen mit gesteigerter Gesellschaftlichkeit festzustellen ist. Sein Wesen besteht darin, daß er sich nicht primär auf die Einmaligkeit des Erwählten richtet, sondern daß eine ganze Gesellschaft in der prominenten Person ihre eigene Macht, ihr eigenes Können, die Höhe ihrer Zivilisation, unter Umständen auch nur ihren eigenen Enthusiasmus, ihre »kosmische Ineinsfühlung« (Max Scheler), also erotischen Zauber genießt. Sängerinnen wie Henriette Sontag oder Karoline Unger hat man mit fanatischer Inbrunst beklatscht und schon mehr gefeiert als Fürstinnen. Ballettänzerinnen wie die Taglioni oder die Elßler lebten so glanzvoll wie die königlichen Mätressen von einst. Aber die produktiven Künstler, die man z. T. auch zu Stars machen wollte, klagten nur; denn sie empfanden, daß dieser Betrieb nicht ihnen selber galt. Lenau seufzt anläßlich einer vorgesehenen Ehrung in München: »Ich bitte nur um ein bißchen Privatleben. Weil die Deutschen kein politisch öffentliches Leben haben, machen sie ihr Privatleben zu einer Karikatur des öffentlichen« [131]. Auch wenn der Starkult der Zeit noch tiefere Gründe hatte, so bestätigt er jedenfalls nur von einer anderen Seite, daß man nicht individuelle Personen, sondern Überpersonen wollte. Auf dem »Welttheater« – der Begriff ist wieder sehr beliebt – agieren wie auf dem Theater keine Individuen, sondern prominente Helden. Ob Maskenträger oder »Träger des Weltgeistes« (Hegel), *man ist nicht, wie man ist, sondern man spielt hingebend eine Rolle.*

Man ist auch »aufopferungssüchtig«. Heine stellt es mit Erstaunen fest und gerät darüber in einen Zwiespalt, denn eigentlich ist die Aufopferungssucht doch unvernünftig. Er hilft sich nach der Weise des 18. Jahrhunderts mit einer eudämonistischen Erklärung, und es ist geradezu unvermeidlich, daß dabei ein Seitenhieb auf Goethe unterläuft. Verherrlicht wird Goethe vom gleichen Heine, wenn er als Träger eines Systems, des »Hellenismus« z. B., Verwendung finden kann; *Goethe als Goethe interessiert nicht.* Das eben ist unerträglich an Goethe, daß ihn der Gedanke der neuen Ordnung nicht fortwährend bewegt und beglückt und zur Aufopferung zwingt: »es ist noch die große Frage, ob der Schwärmer, der selbst sein Leben für die Idee hingibt, nicht in einem Momente mehr und glücklicher lebt, als Herr von Goethe während seines ganzen 76jährigen, egoistisch behaglichen Lebens« [132]. Individualismus ist also selbst dann Egoismus, wenn er als Wurzel genialer Leistungen betrachtet werden kann. *Es gibt nichts, was den Individualismus entschuldigen kann.* Ich unterdrücke die geradezu schmutzigen Äußerungen rabiater Goethekritiker, weil es nur darauf ankommt zu sehen, wie massiv, selbst bei musischen Geistern, der (in diesem Fall sittliche und soziale) Ordnungswille hervortritt.

Wenn der für Preußen philosophierende Hegel Maßnahmen des englischen Parlamentarismus, z.B. die Reform Bill, zugunsten der preußischen Ordnung ablehnt, so wundert uns das nicht. Wenn aber Heine die englischen Reformen, weil sie situationsgebunden sind und damit vereinzelt bleiben, kritisiert, so gibt das zu denken: »Nie aus einem Prinzip [!], sondern aus der faktischen Notwendigkeit sind alle modernen Verbesserungen hervorgegangen, und sie alle tragen den Fluch der Halbheit« (*Englische Fragmente* 1828/30). Zwar warnt er als Künstler vor den Folgen des abstrakten Gleichheitsprinzips, er entwirft unter diesem Gesichtspunkt ein düsteres Bild von der modernen Einheitsgesellschaft, in der es nur »einen Hirten und eine Herde«, »eine gleichgeschorene gleichblökende Menschenherde« geben wird [133]. Auch sein Verhältnis zur Märzrevolution ist nicht so positiv, wie man erwarten könnte. Aber diese individuelle Antipathie gegen die vor sich gehende Kollektivierung führt höchstens an seinem Lebensende zur Aufgabe des revolutionären »Prinzips« (s.o.). Die ganz schlichte, gar nicht missionarische Rückkehr zum Glauben der Väter muß wohl paradoxerweise als schließlicher Durchbruch zu einem konsequenteren Individualismus interpretiert werden. Jetzt könnte Heine vielleicht mit Kierkegaard sagen: »In dem Satz, die Innerlichkeit ist die Wahrheit, ist die sokratische Weisheit enthalten« [134]. Für das in dieser Generation oft herrschende Gegeneinander von revolutionärem Bewußtsein und konservativem Unterbewußtsein ist diese überraschende »Bekehrung« Heines wohl das aufschlußreichste Symptom.

Der Individualismus konnte sich auf der Basis einer traditionellen Einordnung fast zwangloser entfalten als im Herrschaftsbereich der Ideologien, durch die Entscheidungen, Parteibekenntnisse *fixiert* wurden! Ein Beispiel: Grillparzer hält von dem liberalen Rechtsbegriff herzlich wenig, ja, er verwirft ihn oft direkt. Der Ordnungsbegriff ist, wie Benno von Wiese in seiner *Geschichte der deutschen Tragödie* dargetan hat, bei diesem Katholiken dominierend. Und doch gewinnt die Individualität im Inhalt und im Stil seiner Dramen eine gewisse Bedeutung. Es ist eine unwillkürliche Individualität. Wo sie ins Bewußtsein tritt, gerät sie sogleich in eine tragische Beleuchtung. Aber auch die tragische Sicht hat ein Ernstnehmen der Individualität, eine bedingte Goethenähe zur Voraussetzung, während wir sie in den rhetorischen Freiheitstiraden der Jungdeutschen vermissen. Das gleiche gilt für Annette von Droste-Hülshoff. Man denke etwa an den aufrichtigen Ausdruck ihrer Glaubenszweifel, der nicht ihr letztes Wort ist, aber eine ganz persönliche, differenzierte Stimmung und Situation widerspiegelt. Man frage sich, ob sie wie Alexandrine, Sealsfields Idealheldin im *Kajütenbuch,* sagen könnte: »Wir haben sie einmal, diese Sklaverei, und selbst wenn sie ein Übel wäre, würde ich eher zu versöhnen, zu vermitteln, als dagegen zu kämpfen suchen«. Um zu einem solchen Zugeständnis zu kommen, muß man, wie der Liberale Sealsfield, einen ganz vordergründigen, rein gesellschaftlichen Ordnungsbegriff haben. Wenn die freien Amerikaner, das Ideal dieses Erzählers, Sklaven haben, so kann er die Sklaverei nicht unbedingt ablehnen. Die Droste, Stifter, Mörike, ja selbst Gotthelf könnten auf Grund ihrer christlichen Seelenhaltung den Individualismus kaum so radikal ablehnen wie der Junghegelianer A.Ruge, wenn er sagt: »Der Hochmut, als wäre der einzelne etwas für sich, ist eine *theoretische* Täuschung« [135]. *Ein bißchen schwieriger erschiene ihnen das Problem der Individualität doch.*

Das übernationale Ordnungsdenken

Bei der Frage der kollektiven Individualität ergibt sich auf Grund des herrschenden Ordnungsstrebens ein ähnlich negatives Bild, und zwar gerade im Kreise der Modernen. Daß der Liberalismus und Sozialismus zu dieser Zeit noch kein volles Verständnis für Nationalunterschiede aufbringen, ist aus der Geschichte der Parteien bekannt. Ein nationaler Liberalismus oder ein nationaler Sozialismus kann sich noch nicht entfalten; denn die neue Ordnung, die dialektisch auf die christliche bezogen bleibt, versteht man als eine universale. Natürlich wird damit zugleich die Aufklärung fortgesetzt, die noch entschiedener als die Kirchen an der Menschheit orientiert war. In manchen Landschaften war diese so stark geblieben, daß nicht einmal die Freiheitskriege zu einer nennenswerten Erweckung des Nationalbewußtseins geführt hatten [136]. Daß selbst bei den Verfechtern des Nationalitätenprinzips der »Gattungsbegriff« unentbehrlich ist, verrät die bereits erwähnte Tatsache, daß man nicht einfach deutsch, sondern germanisch sein will. In diesen Begriff des Germanischen wurde alles mögliche hineingestopft. Und die groteske Gestalt, in der das Deutschtum bei Jahn erscheint, bestätigt nur die *Unfähigkeit zu einem geläuterten Individualitätsdenken* auf dem umstrittenen Felde der Nationalität. Der beginnende Nationalismus kann sehr wohl als ein pervertiertes Ordnungsdenken verstanden werden, als eine besonders gefährliche Form der Gegen-Theologie.

Sauberer, plastischer treten die Landschaftsindividualitäten hervor, und es ist wieder sehr bezeichnend, daß dies eher bei den Konservativen als bei den Revolutionären geschieht. Jedermann weiß, aus welcher Landschaft Stifter, Mörike, Gotthelf, Droste-Hülshoff stammen. Wer weiß es bei Mundt, Gutzkow und Laube? Selbstverständlich sind Nationen und Länder auch nach konservativer Meinung keine metaphysischen Realitäten. Sie haben sich in die umgreifendere Ordnung einzufügen, wie der einzelne Mensch in die Familie. Nur ein törichter junger Mann wie Jakob kann bei Gotthelf der Meinung sein, die Schweiz sei etwas ganz Besonderes. Und am Ende erkennt er selbst seinen Irrtum: »Jetzt wußte er, daß die Schweiz nicht wie eine große Bratwurst oder ein dicker Eiszapfen vom Himmel hängt, daß sie ein schönes Land ist, voll der Herrlichkeit Gottes, aber auch mit dem Stempel der Sünde gezeichnet, voll Aufbegehrens statt voll Demut, voll Ungenügens statt voll Dankes, voll Streit um nichts statt voll Frieden um Gottes und des Heilands willen, ein Land wie ein anderes, daß man darin des Teufels oder ein Kind Gottes werden kann, je nachdem die Geister sind, unter die man fällt« [137]. Daß unter dieser Voraussetzung auch eine gewisse Einfügung in die deutsche Kultur bei Gotthelf möglich war, sei nicht verschwiegen. Wenn man die Tatsache bedauert, daß er nicht ganz im Schweizer Dialekt geschrieben, sondern sich in immer erneuten Ansätzen um die deutsche Schriftsprache *bemüht* hat, so mutet man ihm zu viel Schweizertum zu. Immer wieder läßt der Schweizer die »Helvetik« in einem düsteren Licht erscheinen: Man darf nicht vergessen, daß die Schweiz vom revolutionären Frankreich besetzt worden war. Auch dort gab es den Gegensatz zwischen liberalen und restaurativen Kräften und damit den Kampf um die europäische Ordnung. Auch dort bildet das Jahr 1848 einen wichtigen Einschnitt.

Metternich hatte auf ganz Europa, besonders auf Mitteleuropa, ein wachsames Auge. Aus diesem Grund war auch Grillparzer noch viel stärker mit Deutschland verbunden, als man oft wahrhaben will. Österreich gehörte dem von Metternich geführten Deutschen Bund mit dem Sitz in Frankfurt/M. an. Es war noch weit davon entfernt, sich aus Deutschland zurückzuziehen. Im Gegenteil, es hatte als Präsidialmacht den mächtigsten Einfluß (s. u. S. 110, 112 ff.). Freilich wirkte dabei die übernationale Ordnung des alten Reiches nach, wie *Ottokars Glück und Ende* zeigen kann. Gegen dieses Drama empörten sich nicht etwa die Tschechen, sondern die »Böhmen«, was beide Nationalitäten in sich schloß. Noch 1848 muß man sich auf dem Prager Slawenkongreß des Deutschen bedienen. Das Deutsche hat also noch eine gewisse Ordnungsfunktion; es zu benützen, bedeutet auf dem Boden des ehemaligen Heiligen Römischen Reiches Deutscher Nation kein nationales Bekenntnis. Die in solchen Verhältnissen mögliche Tragik wurde noch weniger erkannt als die Problematik der Einzelpersönlichkeit.

Im Verhältnis zu Frankreich liegen wegen des längst entwickelten Nationalunterschieds die Dinge natürlich anders. Immerhin muß man bedenken, daß das Französische in der höheren deutschen Gesellschaft fast überall noch als Umgangssprache gebraucht wurde, daß sich die Befreiung in dieser Hinsicht erst langsam durchsetzte. Wenn z. B. Metternich an Alexander von Humboldt, der am preußischen Hofe Einfluß hatte, schreibt, so bedient er sich des Französischen. Das Französische hatte noch eine universale Funktion, weshalb eine Übersiedlung nach Paris nicht so viel bedeutete wie 50 Jahre später*. Auch in dieser Beziehung wirken die *übernationalen Ordnungsprinzipien des ancien régime* bei »Revolutionären« wie Heine, trotz aller Umdeutung, nach.

So viel als Hinweis auf das überindividuelle und übernationale Ordnungsdenken der Zeit. Wenn man sich konkreter nach dem direkten Weiterwirken der alten christlichen Dogmatik umsieht, so wird, auch abgesehen von der heftigen Auseinander-

---

* Es gab dort sogar eine deutsche Verlagsniederlassung: Heideloff und Campe.

setzung um den Begriff Gottes (Theismus, Pantheismus, Atheismus), die Sache natürlich schwieriger; denn die Vorherrschaft des Ordnungsdenkens bedeutet ja gerade,
daß nicht einzelne Dogmen oder, wie man seit D. F. Strauss zu sagen pflegt, der christliche Mythos, sondern ein *allgemeiner* Zusammenhang im Vordergrund des Denkens steht. Die vage Vorstellung, daß die einzelnen Erscheinungen irgendwie *zusammenhängen,* herrscht überall. So sagt etwa Immermann mit deutlicher Beziehung
auf die analytische Methode der modernen Wissenschaft folgendes: »Wahrhaft
glücklich habe ich mich immer nur gefühlt in der Betrachtung, zu der ich mit dem
Vorahnen eines ewigen und göttlichen Zusammenhangs kam, weshalb ich sie auch
um so schärfer und scheinbar chemischer anstellen durfte. Ich wußte ja, daß diese
Scheidekünste mir das Wirkliche nur klar machen, nicht aber es auflösen würden« [138]. Man erkennt, wie wir schon sahen, die tiefere Problematik der modernen
Spezialisierung noch nicht. Auch die Technik wird von Immermann, obwohl er das
Negative ihrer *ersten* Wirkung sehr wohl sieht, in dieser Weise »gläubig« eingeordnet [139], und damit ist er repräsentativ für das damalige Verhältnis zu den empirischen Wissenschaften. Die theoretische Wahrheit, *die Analyse und die Anwendung
der wissenschaftlichen Erkenntnisse muß irgendwie auch den Sinn des Ganzen klarer
machen* oder ihn wenigstens »ahnen« lassen. Das ist die unbestimmte Form der Ordnung, die überall festgehalten wird.

Weitverbreitetes Festhalten am Unsterblichkeitsglauben

Wie aber steht es mit den bestimmteren Lehren des Christentums, mit der Unsterblichkeit etwa, oder dem Jüngsten Gericht? Man hört und liest die Auffassung,
erst Feuerbach habe mit der Lehre von der Unsterblichkeit, die, wahrscheinlich infolge der antiken Autorität (Plato), noch ein Dogma des Deismus war, gebrochen.
Danach wäre die Biedermeierzeit im ganzen noch von der Unsterblichkeitsidee beherrscht, was nicht im Widerspruch zu der Abneigung gegen den qualitativen Individualismus stünde; denn die »Seelen« sind ja nach dem Tod erlöst oder gerichtet,
nicht einzigartig. Im rein ideengeschichtlichen Sinne ist diese Vorstellung nicht richtig; denn schon um 1800 haben sich Geister wie Wieland, Schiller, Schleiermacher
und damit die verschiedensten Richtungen der Goethezeit ausdrücklich gegen die
dogmatische, d. h. postmortale Unsterblichkeit ausgesprochen. Dazu bedurfte es
nicht des »Materialismus« der Jahrhundertmitte, auf den sich die Theologen so gerne
beziehen. Schon der Humanitätsbegriff der Goethezeit konnte zum Abbau dieses
antiken und christlichen Mythos führen. Trotzdem hat die erwähnte Vorstellung
eine gewisse Berechtigung, sofern man die *Breite* der Biedermeierkultur im Auge hat.
Überwiegend wird noch an die Unsterblichkeit geglaubt. Auch in dieser Beziehung
beherrscht die Tradition des 18. Jahrhunderts das Feld, nicht so sehr der Deismus
als theoretische Lehre, sondern die Empfindsamkeit, die seit Klopstock in Unsterlichkeitsgefühlen geschwelgt und dabei ein *persönliches* Wiedersehen verheißen hatte.
Indem der Individualitätsbegriff, soweit er wenigstens entwickelt war, in den Unsterb-

lichkeitsbegriff hineingenommen wird, erscheint die Unsterblichkeit begehrenswerter, unentbehrlicher, »notwendiger« als die alte Lehre von der Auferstehung der Seelen.

Beim alten Goethe verbindet sich der Gedanke an das Fortleben sogar höchst merkwürdig mit dem Geniebegriff. Man darf vielleicht sagen, daß die Unsterblichkeit bei den meisten Gebildeten zu einer Art Kunstmythos wird. Er war nicht lebensfähig; *aber noch bedurfte man seiner, wenn nicht als Gewißheit, so doch als »Ahnung«,* als Heilmittel der tiefverwirrten, vor den »kalten« Konsequenzen des Immanentismus scheu zurückschreckenden Seelen: »Recht deutlich ward mir heute wieder, daß im Schwellen und Sinken des Auges die Seele atmet. In einem so schönen Auge wie das deinige [sic!] zeigt sich uns der Stoff, aus welchem einst unser ewiger Leib gemacht sein wird, wie in einer prophetischen Hieroglyphe«, so Lenau an Sophie Löwenthal [140]. Herders Meinung, daß wir einen Engel in uns ausbilden, in den wir dann nach dem Tode hinübergleiten [141], wirkt wie alle derartigen empfindsamen Vorstellungen an vielen Stellen weiter. Die Engel werden, sehr zum Verdrusse der heutigen Theologen, oft als Kinder aufgefaßt. Auch hierin folgt man dem 18. Jahrhundert, das aus den himmlischen Heerschaaren in seinen Kirchen lieblich schwebende und spielende Kinder gemacht hatte.

Auch Frauen sind dem Himmel und damit der Unsterblichkeit näher. Goethe verfuhr ganz im Sinne der Zeit, als er Fausts »Unsterbliches« einem überwiegend weiblichen Himmel anvertraute. Sogar für Don Juan gehört es sich bei einer Frau, daß sie an die Unsterblichkeit glaubt und somit etwas vom Himmel in sich trägt:

> Sie träumte süß, ich ließ es gar geschehen,
> Wenn sie mir sprach vom Jenseitswiedersehen,
> Denn was den Reiz der Schönen noch erhebt,
> Was sie zu tieferen Genüssen weiht,
> Ist solcher Wahn, ein Duft von Ewigkeit,
> Der über einem Frauenherzen schwebt [142].

Die Verse stammen aus Lenaus Nachlaß; aber sie hätten gerade in dem Schweben, in dem Anklingen des Religiösen, ja selbst in der leisen Ironie die Zeitgenossen zutiefst bezaubert. In der frühen Biedermeierzeit hört man leidenschaftlichere Bekenntnisse zur Unsterblichkeit, sogar bei Immermann, der sich wenig zum Eiferer eignet; aber der Grund dafür ist der schon bekannte, das Wiedersehen mit denen, die man liebte. »O Ihr herzlosen Schänder des Heiligtums! Ihr armen Zerstörer des Tempels! Keine Persönlichkeit soll fortbestehen, kein Wiederfinden hier verbundener Seelen zu hoffen sein? Es kann so etwas nur von denen gesprochen werden, die das Geheimnis der Individualität nicht ahnen« [143]. So in Immermanns *Papierfenstern,* die von einem verzweifelten Nihilismus Kunde geben, – auch deshalb, weil ein Kunstmythos, der so viel Rhetorik benötigt, schließlich nur um so tiefer enttäuschen muß. Zwar sagt Büchners Danton sehr treffend: »Ja, wer an Vernichtung glauben könnte! dem wäre geholfen«. Aber man glaubt nicht *ganz* daran, und so quält man sich im Widerstreit der alten und der neuen Lehren verzweifelt.

Nach meinen Beobachtungen fällt es »progressiven« Forschern, selbst wenn sie gute Historiker sind, schwer, die religiöse Unentschiedenheit und gerade auch den halben Unsterblichkeitsglauben der Biedermeierzeit ernst zu nehmen. *Sie verkennen das, was die politische und gesellschaftliche Restauration innerlich ermöglichte und erwarten von einem zerrissenen Geschlecht die klare weltliche Aktivität, den vollentwickelten Realismus, der erst durch eine entschiedenere Abwendung von Jenseitsvorstellungen möglich wird.* Es sei daher auf den denkwürdigen Fall des aufgeklärten Theologen und Philosophen Bernhard Bolzano (1781–1848) hingewiesen. Der Leibnizianer, Professor in Prag, wurde 1820, im Zuge der Restauration, abgesetzt. Trotzdem veröffentlichte er liberale Schriften wie *Ansichten eines freisinnigen Theologen über das Verhältnis von Kirche und Staat* und *Religionsbekenntnisse zweier Vernunftfreunde.* Das Erscheinungsjahr der beiden Schriften (1834) verrät, daß er die publizistische Tauwetterperiode vor dem Verbot der Jungdeutschen (1835) benutzen wollte. Wir sehen, daß er nach wie vor für den Liberalismus Partei nimmt. Um so erstaunter sind wir, wenn wir sein Buch *Athanasia oder Gründe für die Unsterblichkeit* prüfen (1. Aufl. Sulzbach: J.E.v.Seidel 1827; 2. Aufl. 1838, mit einem Anhang, der eine kritische Übersicht der Literatur über Unsterblichkeit seit 1827 enthält). Bolzanos Untersuchung und Literaturbericht darf vielleicht als gründliche Widerlegung von Wielands essayistischer Schrift *Euthanasia* (1805), welche die Unsterblichkeit geleugnet hatte, aufgefaßt werden; denn das Andenken dieses Dichters war in Österreich und Böhmen noch höchst lebendig.

Der Philosoph glaubt allen Ernstes »Forschungen« zu betreiben. Er bittet den Leser, diese doch nicht »für etwas Überflüssiges« zu erachten! *Ausdrücklich lehnt er Kants Auffassung, wonach übersinnliche Gegenstände der Wissenschaft nicht zugänglich sind, ab.* Zwar läßt er dem Glauben auch sein Recht, die »Aufstellung eines strengwissenschaftlichen [!] Systemes« über Gott, Unsterblichkeit usw. beabsichtigt er nicht. Er geht aber davon aus, daß er mithilft, »die Frage vom künftigen Leben ... nicht bloß mit Wahrscheinlichkeit, sondern mit völliger [!] Gewißheit entscheiden zu können« [144]. Daß hier nicht nur das in einer katholischen Landschaft besonders naheliegende Erbe der Scholastik, sondern auch die »deutsche« Empfindsamkeitstradition nachwirkt, vergegenwärtigen die Motti. Dem Buch selbst sind Verse von Klopstock, dem Anhang Reflexionen von Jean Paul vorangestellt. Von seinem gebildeten Publikum sagt Bolzano nicht etwa, daß es nichts glaubt, sondern *daß in dieser »Klasse« »nur wenige«* von der Unsterblichkeit *»vollkommen überzeugt«* sind. »Nichts hört man ... häufiger, als die Klage, daß die Beweise, die der Mensch für die Unsterblichkeit seines Geistes hat, nicht sicher genug sind« [145]. Diese Äußerung bestätigt noch einmal die Zwiespältigkeit, die bei den Gebildeten herrscht. Eben deshalb faßt der Philosoph die Frage mit solcher Gründlichkeit an; er will sie endlich »entscheiden« (s.o.). Ich glaube nicht, daß es bei einiger Kenntnis von Bolzanos Persönlichkeit möglich ist, die Bestätigung der christlich-platonischen Tradition als bloße Anpassung zu verstehen.

Es ist bekannt, daß es auch die umgekehrte Entscheidung wieder gab (Feuerbach, *Das Wesen des Christentums* 1841) und daß diese manchen Dichtern des *Realismus* (Keller, Storm) zur Klarheit im Leben und im Werk verhalf. Bezeichnender für die *Biedermeierzeit* ist das breite Mittelfeld, das zwischen den Extremen vermittelt und die Unsterblichkeit wenigstens als »Ahnung« oder »Hoffnung« festhalten will. Die Säkularisation der Unsterblichkeit zur abstrakten »Hoffnung« hatte schon eine lange Tradition und konnte sich wie beim alten Goethe mit mythischen Resten des Unsterblichkeitsglaubens seltsam verbinden. Diese verwickelten Zwischenlösungen wurden von den folgenden Epochen kaum mehr akzeptiert, da man mit der ausgeprägteren Form des Individualismus auch klarere persönliche Entscheidungen forderte.

Das Nachwirken der christlichen Eschatologie

Dagegen hat, wie Karl Löwith überzeugend nachwies [146], die Säkularisation des christlich-eschatologischen Denkens auf überpersönlichem Gebiet eine gewaltige und folgenreiche Wirkung ausgeübt. Die Grundlagen der Säkularisation waren auch hier sehr alt, ja wahrscheinlich noch älter als beim Unsterblichkeitsbegriff; denn indem das Christentum, im Unterschied zu anderen Religionen, das Heilsgeschehen als ein geschichtliches sah, lag es schon frühzeitig nahe, dies Schema auf die irdische Geschichte zu übertragen und so zur Geschichtsphilosophie zu säkularisieren. Wesentlich ist dabei, daß die Menschengeschichte nicht zyklisch sich wiederholt (Antike) oder einfach in einzelne Epochen, Nationen und ihre Repräsentanten zerfällt, die »unmittelbar zu Gott« sind (Ranke), daß sie vielmehr in irgendeiner Hinsicht »gerichtet« ist und bestimmte Schwerpunkte hat, die erst ihren Sinn enthüllen. Ein solcher Schwerpunkt kann das Ur- und Naturparadies sein, zu dem man rousseauistisch zurückblickt, oder Griechenland, das man verabsolutiert, oder die mythische Uroffenbarung, aus der nach Görres die Himmelspflanze der Geschichte sich allmählich entfaltet hat. Seltener wird die Gegenwart als Ziel- und Schwerpunkt der Menschheitsgeschichte gesehen; denn dieser Glaube war immer rasch widerlegt worden. Um so aussichtsreicher war es, die Zukunft zum Paradies der Menschheit zu deklarieren, denn diese Meinung war weder durch gegenwärtige Erfahrung noch durch geschichtliche Forschung zu widerlegen; sie wurde überdies *durch die im Unterbewußtsein weiterwirkende christliche Himmelserwartung zu einer geradezu unausweichlichen Mythologie,* wie man heute noch im östlichen und westlichen Bereich der christlichen Kultur – und vielleicht nur hier – beobachten kann.

An allen diesen Formen geschichtlicher Ordnung hatte die Restaurationsepoche starken Anteil. Wenn Hegel den Schwerpunkt in die Gegenwart, in seine eigene Philosophie natürlich, legte, so trug ihm dies sogleich den Vorwurf der »Hybris« ein. Um so erfolgreicher war der Zukunfts-, der Fortschrittsglaube seiner sozialistischen Schüler und der Liberalen aller Spielarten. Auch den Traum einer schöneren Vergangenheit träumten viele Gruppen: Romantiker der verschiedenen Formen, Anhänger des restaurativen Systems, die Antike-Verehrer in der Art Platens und Waiblingers, die Empfindsamen im Gefolge Rousseaus, Germanenschwärmer in der Tradition Klopstocks.

Allen diesen Richtungen nun war die Vorstellung einer *harmonischen* Welt, die bei gutem Willen nach einem alten Vorbild oder nach einem neuen Programm mehr oder weniger vollkommen verwirklicht werden könnte, gemeinsam. Daher die fortwährenden Verketzerungen der widerstrebenden Richtungen. *Je mehr man in dem hier gemeinten Sinn ordnungsgläubig, harmonistisch, unrealistisch war, um so notwendiger erschien der Kampf gegen die Verfechter anderer Ordnungen.* Daß Fourier, der »Vater des Sozialismus«, das Prinzip einer »harmonischen, naturgemäßen Assoziation aller Arbeit« vertrat [147], ist selbstverständlich. Potenzierter Harmonismus war die Erwartung der Liberalen, die sich einbildeten, die Beseitigung der alten Ordnung werde ganz von selbst zu einer neuen, besseren führen. Daß man dabei ausdrücklich, im Gegensatz zur »evangelischen Anarchie« mit dem katholischen Organisationsprinzip liebäugeln konnte, zeigt die Philosophie Comtes. Das heilsgeschichtliche Denken wird hier zur Idee einer naturgesetzlichen Entwicklung. Zutiefst problematisch war das in derartigen Richtungen herrschende Harmonieprinzip eben deshalb, weil es sich eindeutiger auf die irdische Geschichte bezog, als dies der alte christliche Ordnungsbegriff je tun konnte. Das Wissen um die menschliche Unvollkommenheit und Tragik drohte ganz verlorenzugehen.

Der prinzipielle »Harmonismus« und die objektive Duplizität

Schon zu Beginn des realistischen Zeitalters hat Rudolf Haym den treffenden Begriff des »Harmonismus« zur Kennzeichnung der hegelianischen Philosophie geprägt und ihr eine Mißachtung des Individuellen vorgeworfen [148]. Hegel war kein Kritiker der Restauration, sondern neigte eher dazu, sie mit Hilfe seiner raffinierten Sophistik zu rechtfertigen und salonfähig zu machen. Trotzdem wird man ausdrücklich die Frage stellen müssen, ob denn die Restauration in ihrer Breite tatsächlich als harmonistisch anzusprechen und damit unter den gleichen geschichtlichen Aspekt wie ihre Gegner zu rücken ist. Man könnte doch annehmen, daß sie durch das Festhalten am Christentum, besonders an seinem Sündenbegriff, gegen jede Harmonisierung gefeit war. Wir haben durch den Hinweis auf den christlichen Naturalismus, der bei den bedeutendsten Dichtern der Zeit festzustellen ist, bereits eine Antwort gegeben, die eine Überschätzung des Harmonismus bei dieser Richtung unmöglich macht. Aber wie tief reicht das Christentum dieser Zeit? Ist es noch ursprünglich und redlich? Oder lebt es von Gnaden des Metternichschen Systems, das man kaum ursprünglich, ungezwungen und redlich nennen darf?

Es ist wohl nicht möglich, diese für die Interpretation und Beurteilung der Restaurationskultur entscheidende Frage eindeutig mit Ja oder Nein zu beantworten. Sicher aber ist, daß der Einsatz der politischen Macht für Wesen und Geist der Restaurationskultur nicht ganz gleichgültig war, vielmehr manche Spuren in ihr hinterlassen hat, und diese deuten in *der* Richtung, die auch für ihre Gegner kennzeichnend ist. Wenn man überhaupt eine so *stabile* Ordnung auf Erden einrichten will, so muß man, ob ihr Inhalt christlich sein soll oder nicht, eine Harmonie voraussetzen, die unrealistisch sein dürfte. Gerade Gotthelf, dessen Realismus man immer wieder gerühmt hat, ging von einem Harmonieideal aus, von dem man träumen und für das man agitieren konnte, das aber unmöglich zu verwirklichen war. Andere werden durch ihr Harmoniebedürfnis noch entschiedener in irgendeine Form der Weltlosigkeit geführt: in die Idylle, ins Märchen, in die Vergangenheit, in die Vision. Die Tragödie, der sich die Barockkultur offen stellte, in der Form der Märtyrertragödie, kann von der eigentlich restaurativen Richtung so wenig geleistet werden wie von der revolutionären, und gedeiht nur ausnahmsweise *zwischen* den Fronten.

Daß freilich der Restaurationsgeist als solcher nicht erst durch die Politik der »Heiligen Allianz« geschaffen wurde, daß diese sich vielmehr auf eine weitverbreitete restaurative Ideenwelt stützen konnte, weiß jeder Kenner der Romantik. Troeltsch hat schon zu Beginn dieses Jahrhunderts mit Nachdruck auf diese Tatsache hingewiesen, um die Restauration gegen die Vorwürfe des Liberalismus zu verteidigen [149]. Nicht dem Christentum, aber der christlichen Restauration kann nach Robespierre und Napoleon eine gewisse »Denknotwendigkeit« (s. o.) zugesprochen werden. Trotzdem ist nicht zu leugnen, daß manche geistigen Vertreter der Restauration vom politischen System beeinflußt wurden. Unter diesem Gesichtswinkel ist *besonders den akademischen Philosophen zu mißtrauen.* Darin haben die Kritiker recht. Wer in Schellings Briefwechsel liest, wie er nach Königen, Prinzen und nach Metternich persönlich schielt (z. B. Brief vom 28.9.43 an Dorfmüller) [150], wird leicht die Aufrichtigkeit in ihm vermissen und Ruge verstehen, der spottete: »was ist unphilosophischer als Bayern, Preußen und Schelling« [151]. Durch den Abstand eines Jahrhunderts ist das Urteil von Jaspers nachdenklicher geworden, aber in der Sache stimmt es mit dem von Ruge noch sehr genau überein: »Es bleibt denkwürdig, wie tiefsinnige Spekulation zur Rechtfertigung einer bodenlosen Faktizität der Gewalt dienen konnte, in der Absicht, sie aus dem Grund der Dinge zu legitimieren« [152]. Auch die Entwicklung von Hegels System zeigt auffallende Parallelen zur politischen Geschichte; nur wird man, seinem ganzen Charakter nach, eher an eine unbewußte Wechselwirkung zwischen den Kulturgebieten Politik und Philosophie glauben. Der eiserne Denker hat, wie mir scheint, mehr von Don Quichote, als man zunächst vermutet.

Bei den Künstlern, die ohnehin stärker gefühlsmäßig verfahren, ist das erst recht der Fall. *Viele wissen nicht, was sie tun.* Sie wachsen im Geiste der Metternichschen Restauration auf, ohne ihre höchst komplizierten romantischen Grundlagen immer zu kennen. Es ist die Welt, in der sie leben, und gegen die sie sich, gerade wenn sie als echte Künstler produktiv sind und in erster Linie schaffen wollen, nicht so leicht entscheiden. Mörike z.B. kann man sich kaum als einen Verteidiger oder Kritiker des Metternichschen Systems vorstellen, ganz einfach deshalb, weil es ihm an dem philosophischen und soziologischen Bewußtsein fehlt, das dazu nötig wäre. Die Folge dieser Naivität ist, daß er von dem gemäßigten, keineswegs revolutionären schwäbischen Milieu, in dem er lebt, unmittelbar umfangen und einigermaßen getragen wird. Und dem Österreicher Grillparzer, der im Josephinismus wurzelt, ist die alte Volksreligion immer noch eher akzeptabel als die arrogante spekulative

Philosophie*. Ähnlich ist es bei Stifter, Annette von Droste-Hülshoff und bei den meisten Malern, Musikern, Philologen und Historikern der Zeit. Sie sind einfach Produkte der Restauration, Kinder ihrer Epoche. Obwohl also in der Breite der Biedermeierkultur *keine bewußte Anpassung und Verstellung* vorliegt, *so folgt doch aus der schlichten Tatsache, daß die meisten Menschen moderner als die geistigen Voraussetzungen des reaktionären Systems waren, eine gewisse Doppelbödigkeit, eine objektive Duplizität der Restaurationsgeneration.*

Schon F. Th. Vischer, der als Junghegelianer konsequenter war, hat in Mörikes *Maler Nolten* eine »doppelte Motivierung« festgestellt. Neben der Vorstellung des Schicksals, als eines übernatürlichen Ordnungszusammenhangs, stehen Beschreibungen natürlicher Phänomene, etwa des Wahnsinns, die von einer fast klinischen Exaktheit sind. Das Natürliche wird dem Übernatürlichen, gewissermaßen als Basis, unterschoben, ohne daß irgendein Widerspruch erkannt oder auch nur empfunden würde; denn die Voraussetzung der Restauration ist eben, etwa im Sinn der »natürlichen Theologie«, die für den führenden katholischen Volksteil verbindlich ist, *daß die Natur auf das Übernatürliche hin angelegt ist und erst in ihm seine volle Erfüllung finden kann.* Die Liebe kann letzlich nur Ehe bedeuten, die Heimat den Staat des gottbegnadeten Monarchen, die Humanität ist die Basis des Christentums, die Geschichte nur eine andere Form der Offenbarung. Eines der beliebtesten Komödien- und Novellenmotive, mit dem selbst Büchner in *Leonce und Lena* arbeitet, ist die Inkognito-Liebe adeliger oder fürstlicher Personen. Indem gerade diese beiden Adeligen sich finden, am liebsten in einem ganz niedrigen Milieu, erweist sich, daß die ständische Ordnung kein leerer Wahn ist, daß eine prästabilierte Harmonie zwischen Natur und Tradition besteht. Solche Fabeln dienen nicht immer einer lustspielhaften Auflösung scheinbarer Konflikte, sondern können auch ganz ernsthaft Rührung und erbauliche Bestätigung einer höheren Ordnung erstreben.

Wenn die Romantik den deutschen Wald in die Gotik hineininterpretierte oder, in der Malerei, Kreuze und Dome auf wilden Gebirgshöhen erscheinen ließ, so hatte das einen ähnlichen Sinn. Noch in dem Epos *Amaranth* (von Oscar von Redwitz), das 1849 erschien und während des ganzen Jahrhunderts neue Auflagen erlebte, wird, zur Vorbereitung von Amaranths Abendmahlsempfang, die Natur in dieser Weise bemüht, ja geradezu mit dogmatischen Feststellungen verbunden:

> Natur! Dein tiefstes Herz sie sieht!
> Sie spürt es, wie beim Glockentone
> Geheim ein Schauer dich durchzieht!
> Sie ahnt vom Vater, Geist und Sohne,

---

* »Was machst du, Freund, so viel Spektakel,
Kehrst uns den Glauben um nach neuer Regel?
Ich mindstens glaube lieber zehn Mirakel,
Als einen Hegel«
(1842, Sämtliche Werke, hg. v. Peter *Frank* und Karl *Pörnbacher*, Bd. 1, München 1960, S. 454).

Der, ewig Einer in der Dreiheit,
Dich schuf in gnadenvoller Freiheit,
Als seines Glanzes Widerschein,
Durchhaucht dein innersttiefes Sein! [153]

Wenn uns eine derartige Verbindung des Natürlichen und Übernatürlichen »kitschig« erscheint, so liegt das an der besonders krassen Art, mit der hier im Trivialbiedermeier die Methode verwendet wird. Wenn aber in dem gleichen Epos die freigeistige Italienerin Ghismonda zugleich liederlich ist, so erinnern wir uns an Gotthelf, bei dem die Unchristen nicht nur schlecht leben, sondern auch schlecht wirtschaften und durch den höheren Zusammenhang der Welt notwendig in Armut und Untergang hineintaumeln. Umgekehrt kommen die Dinge dieser Welt dem Christen ganz von selbst entgegen. Stifters Witiko wird groß und mächtig, ganz einfach dadurch, daß er fromm, gut und gerecht ist. Die Vorsehung läßt die Gläubigen niemals im Stich. Wie weit wir uns hier von der barocken Märtyrertragödie entfernt haben, ist klar; doch gibt es auch innerhalb des Christentums diese harmonistische Tradition, und ihr entspricht das hier geschilderte Ordnungsschema letzten Endes.

Manchmal erscheint es in einer sehr feinen Gestalt, z.B. in Stifters *Narrenburg*. Wie hier überhaupt die patriarchalische, d.h. natürliche, volksmäßige Wiederherstellung der Ordnung in einem bis dahin zerrütteten Bezirk das eigentliche Thema ist, so zeigt sich die Duplizität des biedermeierlichen Ordnungsdenkens auch in der Geschichte Chelions, welche die verwirrte Vergangenheit repräsentiert. Warum stirbt die Ehebrecherin Chelion? Zunächst könnte es so erscheinen, als ob sie nicht mehr leben kann, weil sie ihrem Gatten die Mordgedanken nach der Entdeckung ihrer Treulosigkeit von den Augen ablas. Man erinnert sich aber, daß die Inderin schon früher als hinfällig geschildert wurde, weil sie die Verpflanzung unter einen nördlichen Himmel nicht ertrug. Die Unordnung begann also schon mit dieser naturwidrigen Ehe, und die sittlichen Verfehlungen beider Gatten setzten das Begonnene nur fort. Durch die doppelte Motivierung wird das Geheimnis, das »Wunderbare« ihres Todes nicht aufgehoben, aber echt biedermeierlich abgeschwächt.

Auch die Neigung, alles zu versöhnen und zu vermitteln, die an dieser Zeit so oft getadelt wird, ist also nicht einfach mit Spießbürgerlichkeit gleichzusetzen, sondern läßt immer wieder diesen höheren, »universalen« Sinn erkennen. Sie zeigt sich in der Tragödientheorie Hegels und des alten Goethe, die letzten Endes »Versöhnung« fordert, so gut wie in der von der früheren Biedermeierforschung so stark betonten »Entsagung«, für die man positiver auch Versöhnungsbereitschaft, *Einordnung* sagen könnte. Schon die Kindermädchen, spottet Alexis, träumen von der Abschaffung der Kriege [154]. Wichtiger ist, daß Friedrich Wilhelm III. von Preußen, der König des Erzählers, keine Großmachtpolitik trieb, sondern sich der Konzeption Metternichs unterordnete. Diese bestand, wie Srbik zeigt, nicht nur in der Vermeidung innerer Unruhen, sondern genauso in der *Aufrechterhaltung des äußeren Friedens*. Daß »ganz Europa zusammenkrachen« könnte, erscheint dem Staatsmann als die Alternative zu seinem System [155]. Auch Schnabel betont diese Friedenspolitik. Man kann diesen Frieden, überhaupt den biedermeierlichen Harmonismus trügerisch nennen, doppelbödig, zwiespältig, unaufrichtig; aber wer dem Metternichschen System gerecht werden will, muß es zunächst aus dieser umfassenden Perspektive sehen. Denn die Fixierung einer einseitigen Perspektive, die gewöhnliche »Masche« des Publizisten, ist dem Historiker nicht erlaubt.

Die zweite Hälfte des 19. Jahrhunderts hat im allgemeinen auf universale Ordnungsprinzipien Verzicht geleistet. Sie ist durch eine Anerkennung aller individuellen und kollektiven Substanzen gekennzeichnet. Auf dieser Grundlage wurde der Ausbruch der in der Restaurationszeit sich anbahnenden Systemkämpfe vermieden. Das Jahrhundert blieb aufs ganze gesehen in Europa relativ friedlich. Der realistische Individualismus, die Koexistenz der Einzelpersonen, Nationen, Kirchen und Klassen führte zu einer ungeordneten Welt mit sehr vielen Schattenseiten, immerhin zu einer *ganzen* und entwicklungsfähigen. Der erste Weltkrieg bewirkte, nach manchen geistigen Vorbereitungen, den Abbruch dieser maßvollen, realistischen Tradition. Ein neuer Ruf nach einer »entschiedenen« Revolution (oder konservativen Revolution) erhob sich. Der »Dezisionismus« erschien von neuem. Damit war ein Anknüpfen an die Systemkämpfe der Restaurationszeit gegeben. Christliche und antichristliche Parteien traten hervor. Ob das richtig und »notwendig« war, soll hier nicht beurteilt werden. Aber es ist wichtig zu sehen, daß die Anziehungskraft der Restaurationszeit, die zum mindesten in Deutschland überall zu beobachten ist, letzten Endes auf ihrem leidenschaftlichen Ordnungsdenken und -fühlen, auf ihrer großartigen Entschlossenheit, den »Zusammenhang aller Dinge« festzuhalten, beruht. Wenn die Epoche trotz und wegen ihres Ordnungs- oder Harmoniebedürfnisses, in Parteien, die sich ingrimmig befehdeten, zerrissen war, ja wenn der Riß, oft heimlich, auch durch die einzelnen Menschen hindurchging, so wird sie einem immer noch streitenden und zerrissenen Geschlecht dadurch nur um so verständlicher und interessanter.

2. KAPITEL

AUFFASSUNG UND GEBRAUCH DER DICHTUNG

Mit gutem Sinn beschließt H. A. Korff sein vierbändiges Werk *Geist der Goethezeit* mit einem Kapitel über »Die Vollendung der Kunstphilosophie«. Während nämlich die Kunst und die Dichtung der Goethezeit alles andere als einheitlich sind und jeder ideengeschichtlichen Systematisierung einen unüberwindlichen Widerstand entgegensetzen, kann auf dem Gebiet der Ästhetik der Nachweis einer zusammenhängenden, »organisch« sich vollendenden Entwicklung einigermaßen gelingen. Von den Kunstphilosophien der Goethezeit darf mit einem gewissen Recht behauptet werden, daß sie in dem »Menschenalter zwischen 1790 und 1820« trotz aller Unterschiede im einzelnen »im wesentlichen zu sehr ähnlichen Ergebnissen« geführt haben und daß die Unterschiede »kein lebendiges Interesse mehr« haben [1]. In allen diesen Theorien ist die Schönheit die irdische Erscheinung des Göttlichen. Ob nun die »Mythologie« (Schelling) oder die von der »Zuchthausarbeit des Willens« erlöste Anschauung des Weltgrundes (Schopenhauer) oder die sinnlich dargestellte Vernünftigkeit des Weltprozesses (Hegel) betont wird, immer erscheint die Kunst als eine Manifestation des Absoluten. Sie widerspricht der Religion, der Sittlichkeit, der philosophischen Wahrheit in keiner Weise, doch entspricht es ihrem Wesen, daß sie die letzte Wirklichkeit nicht in begrifflicher, sondern in anschaulicher Gestalt widerspiegelt, wozu es einer besonderen Genialität bedarf. Die Kunst ist keineswegs phantastische Subjektivität, willkürliches Spiel mit den Gegenständen, vielmehr zeigt sie die Natur in ihrem wahren Wesen; darum ist sie aber auch etwas ganz anderes als Naturnachahmung. Eben darin besteht ihre Würde, daß sie das Subjektive und das Objektive, das Unendliche und das Endliche zur vollkommenen Versöhnung bringt.

Bei Hegel meldet sich schon ein Zweifel, ob »die schlechthin angemessene Einheit von Inhalt und Form« in der neueren Zeit zu verwirklichen sei. Indem er die Romantik mit ihrer »höheren Ironie«, mit ihrer formsprengenden Gedanklichkeit als eine geschichtliche Gegebenheit anerkennt und sie in die christlichen Jahrhunderte zurückverfolgt, gelangt er zu der Vermutung, die »Reflexion« habe »die schöne Kunst überflügelt«, die vollkommene, die klassische Kunst der Antike sei nicht mehr zu erreichen und daher die Philosophie die legitime moderne Erscheinungsform des Absoluten. Die Romantikkritik, die in der Zeit von Hegels Vorlesungen über Ästhetik (1818) überall an der Tagesordnung war, wird also hier zu einer Kritik an der modernen Dichtung überhaupt. Durch die gesamte Hegelsche Ästhetik, auch durch die Gattungspoetik, geht dieser Widerspruch zwischen klassischen Maßstäben, die heute unerfüllbar sind, und dem offenen Blick für die gegenwärtige Kunst- und Dichtungsrealität. Dieser Widerspruch war um so fühlbarer, als ja das Hegelianische System die geschichtliche Dimension ausdrücklich in sich aufgenommen hat. Allein an dieser Stelle zeigt sich nur wieder die Tatsache, die wir schon im ersten Kapitel betonen mußten: das Hegelianische System ist für die Restaurationsepoche nicht repräsentativ.

Man mißtraut der Ästhetik

Jede Ästhetik nach 1820 – soweit wir überhaupt diesen Namen für die theoretisch oft recht unzulänglichen Verlautbarungen der Restaurationszeit verwenden wollen – setzt sich mit Hegel wie auch mit Kant, Schelling und Solger auseinander, keine glaubt die goethezeitliche Denkleistung durch eine ebenbürtige ersetzen zu können. Auf theoretischem Gebiet ist der Abbruch der »Blütezeit« unverkennbar; denn die neuen Gedanken erscheinen meistens sporadisch, aphoristisch und oft in Widerspruch zu den überlieferten Ideen, die in ihrer Geschlossenheit eine gewisse Kraft bewahren. Aber hinter diesem Flicken und Stammeln steht meistens die Überzeugung, *daß die neue Zeit auch ohne ein ebenbürtiges System der Ästhetik ihren Eigenwert besitzt* und daß die Kunst nicht einfach der Zersetzung, sondern nur einer Wandlung in ihren Inhalten und Formen entgegengeht. »Jeder ausübende Künstler«, sagt etwa Ludolf Wienbarg, »jeder handelnde und fühlende Mensch trägt seine Ästhetik in sich, bewußt und unbewußt fällen wir täglich Hunderte von ästhetischen Urteilen, aus denen gerade das Eigentümlichste unserer Gesinnungs- und Denkweise unmittelbar hervorbricht« [2]. In seinen *Aesthetischen Feldzügen* finden wir statt der Definitionen eine grundsätzliche Polemik gegen die Definitionen. Die Hauptabsicht seines respektlosen Vorstoßes ist es, dem »Leben«, dem »Historisch-Subjektiven« gegenüber allen ästhetischen Theorien zum Siege zu verhelfen. Den gleichen Primat der Praxis finden wir bei Grillparzer, obwohl er noch in der klassizistischen Tradition steht und mit den Jungdeutschen nichts zu tun hat: »Man kann richtig denken ohne Logik, rechtschaffen handeln ohne Moral und das Schöne empfinden, ja hervorbringen ohne Ästhetik« [3]. Der Widerspruch gegen den kritischen Hochmut der Hegelianer führt bei ihm später zu Epigrammen, in denen die Ästhetik völlig abgelehnt wird [4].

Auch Theodor Mundt, der ein Buch mit dem Titel *Aesthetik* (1845) geschrieben, höheren theoretischen Ehrgeiz hat und Hegel kennt, erfährt nur die Unmöglichkeit einer systematischen Kunstlehre. Bei ihm hört man etwa, das Schöne sei »die ideale Form der jedesmaligen Lebensunmittelbarkeit«, »Idealismus der Unmittelbarkeit«, »die wahre, aus dem Inhalt selbst sich erzeugende Formgebung des Lebens« [5]. Daneben stehen bei Mundt Äußerungen, die an die idealistische Ästhetik erinnern: »das Darstellen wird das eigentlich höhere *Erkennen* des Gegenstandes« [6]; »das Bild ist die Einheit von Wesen und Form« [7]. Das Kunstwerk ist die »Naturwerdung des Geistes« [8]. Die Poesie ist das »nie abreißende, innerste, göttliche Menschheitsleben« [9]. Deutlicher als solche Definitionen, in denen die idealistischen Begriffe mannigfach zersetzt, umgedeutet und vereinfacht werden, sind auch bei Theodor Mundt die Hinweise darauf, was die Kunst *nicht* ist, und sie führen uns in das vor aller Parteiung liegende Zentrum der in der Restaurationszeit herrschenden Kunstauffassung.

Die Kunst ist nicht autonom

Man ist sich trotz der traditionellen Phrasen von der »Poesie des Lebens«, von der »Göttlichkeit der Kunst« usw. keineswegs darüber einig, daß das Schöne mit dem Absoluten identisch ist. Vielmehr streitet man darüber, ob die Religion oder die Politik, die Geschichte oder die Natur, die Persönlichkeit oder die Gesellschaft der eigentliche Träger des Schönen ist. Eben deshalb, weil der spekulative Begriff des allesumfassenden Absoluten fragwürdig und zur Metapher wird, will man die »positiven« Inhalte der Kunst und Dichtung irgendwo in der natürlichen und geschichtlichen Welt vorgegeben finden. *Aber daß der Kunst überhaupt etwas vorgegeben ist, daß sie mehr als Spiel und formales Virtuosentum sein muß, darin ist man sich einig.* Zur Begründung dieser Auffassung stützt man sich gern auf die idealistischen Philosophen. Noch lieber geht man in die Zeit zurück, in welcher die Einheit aller Kulturäußerungen selbstverständlich war. Kant erscheint unter diesem Gesichtspunkt schon als der fragwürdige Begründer einer Formalästhetik, die einer Isolierung der Kunst und dem Virtuosentum Vorschub leistete. Auch der Spielbegriff, den Schiller in den *Briefen über ästhetische Erziehung* entwickelte, findet kaum eine Fortsetzung in der Kunstauffassung dieser Zeit. Dagegen wird Schillers heute vergessene Schrift *Über die notwendigen Grenzen beim Gebrauch schöner Formen* von Wienbarg ausdrücklich hervorgehoben. Als größter Ästhetiker erscheint immer wieder Jean Paul, weil er jeder »Entzweiung« von Kunst und Leben, Kunst und Moral widerstand und von der analysierenden akademischen Ästhetik unberührt blieb. Daß dieses Einheitsbekenntnis auch bei den politisch revolutionären Denkern (in formaler Hinsicht) eine Restauration der älteren Kulturform bedeutet, entspricht der bereits aufgewiesenen Dialektik der Restaurationsepoche. Man erkennt mit einer neuen Nüchternheit, wieviel Virtuosentum in der angeblich religiösen Poesie der Romantiker steckte, ja, man betont das Spielerische in ihr fast mehr als billig. Auch weiß man, daß die frühe Biedermeierzeit, das Jahrzehnt vor der Julirevolution, durch einen höchst gefährlichen Einbruch des »Virtuosentums«, des ästhetischen Formalismus also, gekennzeichnet war. Mundt beschreibt diese »faule, nichtsnutzige ästhetische Zeit« voller Hohn; er glaubt ihre Entstehung aus der politischen Unfreiheit erklären zu können [10]. In einer freien Welt wird sich die Lebendigkeit und Gesundheit der Poesie wieder ganz von selbst ergeben. Der »Begriff der Schönheit«, meint Wienbarg, ist durch den Ästhetizismus »zusammengeschrumpft« [11]. »Unsere Ästhetiker, wenn sie die Frage, was ist die Schönheit, aufwerfen, haben dabei fast nur die Proportionen des Gesichts und der menschlichen Gestalt vor Augen, und wenn sie diese besondere Schönheit in eine Definition gezwängt haben, so glauben sie die Weihe der Ästhetik damit erteilt zu haben« [12].

Herbarts antiidealistische Ästhetik

Wienbargs Vorwurf verdient besondere Aufmerksamkeit; denn er kann nicht gegen die idealistische Ästhetik gerichtet sein, verrät vielmehr, daß man im Kreise der Jungdeutschen *den Boden einer »höheren«, spekulativen Ästhetik noch nicht ganz verlassen hat**. Das Angriffsziel ist hier die alte Lehre von den »Verhältnissen«, welche die Schönheit bewirken soll, so der goldene Schnitt in der bildenden Kunst, die Zahlenverhältnisse, welche der musikalischen Harmonie zugrunde liegen, und das Streben nach einem symmetrischen Aufbau in der Poesie und Redekunst. Johann Friedrich Herbart hatte sich mit großer Entschiedenheit gegen die metaphysische Verfälschung der Ästhetik, welche die idealistischen Philosophen betrieben, gewandt; er hatte die »harmonischen und disharmonischen Verhältnisse« als »die einzigen mit beinahe vollkommener Sicherheit seit Jahrhunderten bestimmten und anerkannten ästhetischen Elemente« wieder hervorgehoben. Die idealistische Kritik dieser Elementarästhetik, so wetterte Herbart, verriete nur ihre »Dreistigkeit«: *»So muß also wohl gar die Harmonie sich aus dem Gebiete der Ästhetik vertreiben lassen!* So muß der Choral, der freilich beinahe einzig auf der Harmonie beruht, wenigstens durch sie erst *schön* wird, samt der darauf gewendeten Kunst eines *Sebastian Bach* und seiner Geistesverwandten, wohl dem Vorwurfe lästiger Einförmigkeit unterliegen! Und weil der *Rhythmus* ebenfalls das Unglück hat, durch Zahlen bestimmt zu sein, muß er vermutlich mit der Harmonie in die gleiche Verbannung gehn! – In der Tat, derjenige darf vom schaffenden Geiste des Künstlers reden, der so die Elemente der Kunst mißhandelt!« [13]

Die Verhältnisästhetik Herbarts war für die Jungdeutschen nicht anspruchsvoll genug. Dagegen scheint sie den schlichteren handwerklichen Sinn des Biedermeiers angesprochen zu haben. So schließen z.B. Eduard Bobriks *Freie Vorträge über Aesthetik* (Zürich 1834), die für die Stilgeschichte ergiebig sind, aber das neue Mißtrauen gegen die spekulative Ästhetik bestätigen, an Herbart an**.

Auf den ersten Blick scheint die Proportions- oder Verhältnisästhetik dem universalistischen Zug der Epoche zu widersprechen. Man darf aber nicht vergessen, daß die Proportionen für Herbart nur die »ästhetischen Elemente« sind. Wie diese Zeit überhaupt ein neues Verhältnis zum Empirischen sucht und Herbart selbst als Führer auf dem Weg zur psychologischen Analyse bekannt ist (vgl. o. S. 38), so fordert er auch ganz schlicht »analytische Betrachtungen über das bekannte Schöne« [14].

---

* Die Spätromantik und die Jungdeutschen stimmen im Kampf gegen den Ästhetizismus überein, obwohl der Bezugspunkt der Heteronomie verschieden ist. Nach F. Schlegel z.B. (1827) betrachtet »eine sehr große Anzahl von Menschen aus der gebildeten Klasse« das Schöne »als das eigentliche Palladium des höhern und innern Lebens ..., was es, so isoliert genommen, doch in keiner Weise sein kann« (Kritische Ausgabe, hg. v. Ernst *Behler*, 1. Abt., Bd. 10, München u. a. 1969, S. 239).

** Nicht nur dem Künstler, gesteht *Bobrik,* »auch dem geübten Kenner der Kunst wird sie [die Ästhetik] weniges zu bieten haben ... So wendet sich die Ästhetik zuvörderst nur an den Kunstliebhaber, und verspricht ihm das Kennerurteil wenigstens verständlich zu machen« (S. 16).

Er besteht wie die biedermeierliche Kunst auf dem Detail. Sobald er sich aber zu Aussagen über das Kunstwerk im ganzen genötigt sieht, verschwindet der ästhetische Formalismus. Dafür sorgt schon der Psychologe und Pädagoge in ihm. Die folgende Überlegung Herbarts macht manche Tugend und Untugend der nachidealistischen Literatur verständlicher: »wenn der Verfertiger bloß in der Absicht ein Kunstwerk zu liefern, an die Arbeit ging, so bedarf die Willkür dieses Entschlusses (wofern nicht vom bloßen Zeitvertreibe die Rede ist) einer Gunst, welche selten durch das Schöne allein, und den darauf gelegten Wert, kann erreicht werden. Wenigstens wo uns zur Betrachtung des Werkes eine länger anhaltende Aufmerksamkeit angemutet wird, da fordern wir, im Aufmerken unterstützt zu werden durch Abwechselung; wir fordern *Unterhaltung*. Deshalb mischt sich in allen größern Kunstwerken das Unterhaltende als ein beträchtlicher Zusatz zum Schönen« [15].

Handfeste Beobachtungen solcher Art waren geeignet, die seit der Schicksalstragödie und E. T. A. Hoffmann beliebte *Einbeziehung trivialliterarischer Elemente in Dichtungen höherer Art zu rechtfertigen*. Sie führten aber im Grunde nicht nur aus der idealistischen Philosophie, sondern überhaupt aus dem systematischen Denken heraus und machen den fragmentarischen Charakter von Herbarts Ästhetik verständlich. Der neue praktische Sinn bewirkte keine absolute Neuschöpfung, sondern er gab, wie so oft in der Restaurationszeit, *zugleich der alten Wirkungsästhetik und Tönerhetorik** wieder Geltung: »Aber nicht bloß Unterhaltendes, sondern auch Reizendes, Teilnahme Weckendes, Imponierendes, – Lächerliches wird dem Schönen beigemischt, um dem Werke Gunst und Interesse zu schaffen. So erlangt das Schöne gleichsam verschiedene Farben [!]; es wird anmutig, prächtig, tragisch, komisch, – und es *kann* alles dieses werden, denn das für sich ruhige ästhetische Urteil erträgt gleichwohl die Begleitung mancher, ihm fremdartiger Aufregungen des Gemütes« [16]. Herbart warnt vor dem »Mißbrauch der genannten Zusätze«, etwa vor »weichlicher Sentimentalität«, »grausiger Phantasmagorie« oder »Sinnenkitzel«; denn auch nach seiner Meinung soll das Kunstwerk einen bleibenden Eindruck machen und flüchtige Reize verschmähen. Dagegen gibt es für gewichtige Inhalte, die den Kunstcharakter des Werkes gefährden, kaum eine Grenze: »Soll einmal irgendein anderes Interesse, als das rein ästhetische, vorwiegen, so muß dies ein historisches, weltbürgerliches, religiöses, kurz ein bleibendes und kein zufälliges sein« [17]. Man sieht: auch bei Herbart herrscht die Vorstellung einer umgreifenderen Ganzheit, als die reine Ästhetik verleihen kann; ja, er insistiert, sehr im Unterschied zur realistischen Programmatik, auf den außerästhetischen Elementen der Kunst, so wie sie nun einmal empirisch ist: »*Die Einheit eines Kunstwerks [!] ist nur selten eine ästhetische Einheit; und man würde in sehr falsche Spekulationen geraten, wenn man sie allgemein dafür halten wollte*« [18]. Der universalistische Hintergrund von Herbarts Lehre erscheint auch dann, wenn er wie Schiller dem

---

* Das im folgenden Zitat erscheinende Wort Farben wird in der Rhetorik synonym mit dem Wort Töne verwendet. Nach einem Hinweis von Manfred Windfuhr benützt man es in der Rhetorik des 17. Jahrhunderts noch *überwiegend* zur Bezeichnung der Stillagen. Vgl. unser Wort Stilfärbung.

Ästhetischen umgekehrt eine so weite Ausdehnung gibt, daß es zur Basis der Ethik wird. Diese Abweichung von Kant, an dessen Lehre von der praktischen Vernunft er sonst anschließt, ist von seinen Kritikern oft getadelt worden. Man versteht sie jedoch, wenn man wieder an den Psychologen und Pädagogen denkt, dem die Übergänge zwischen den Wertbereichen, die *Konkretisierungen der Werte* im Menschen wichtiger sind als die theoretischen Abgrenzungen.

Die neue Naivität

Herbart mit seiner unzulänglichen Theorie und seinem gesunden Menschenverstande *ist ein repräsentativer Erbe und Erneuerer der Tradition, die unterhalb der idealistischen Systeme die Biedermeierzeit mit dem 18. Jahrhundert verbindet**. Hatte schon Jean Paul in der Vorrede zur 2. Ausgabe der *Vorschule der Ästhetik* (1812) sehnsüchtig in die Zeit Wielands, Lessings, Herders, Goethes zurückgeblickt und gemeint, eine »Sammlung von Wielands Rezensionen im ›Teutschen Merkur‹ schlüge dem Künstler besser zu als eine neueste Ästhetik«, so steigerte sich jetzt noch das Mißtrauen gegen die Theorien der Nichtkünstler, auch der geistesmächtigsten. Der tonangebende, derbe Menzel verrät in seinem »*Rückblick auf die Restaurationsperiode und ihre Literatur*« (*Literatur-Blatt zum Morgenblatt* 1831) – man versteht darunter zunächst ihre erste Hälfte vor 1830 – wenig Verständnis für die Zeit; aber er sieht in dem »Untergange des Theorienschwindels« einen Gewinn [19]: »die moderne Scholastik des Herrn Hegel wandelt allein noch als Gespenst über Gräbern« [20]. Fichte, meint Menzel, hat die Erfahrung so wenig geachtet wie Robespierre. Während aber Frankreich durch die Erfahrung rasch belehrt wurde, »schwärmte man in Deutschland noch in Systemen fort« [21]. Diese »Phantasterei« ist nun vorüber. »In allen Fächern der Literatur ist das theoretisierende Verfahren durch ein empirisches und historisches verdrängt worden« [22].

Mörike hat den Goethe-Schiller-Briefwechsel wiederholt gelesen. Kann man sich vorstellen, daß er sich dem Studium der Hegelschen Ästhetik ebenso intensiv gewidmet hätte? Mußte Hegel einem so sensiblen Landschafter und Psychologen nicht tatsächlich gespenstisch erscheinen, wenn er in den Vorlesungen über Ästhetik lehrte, »diese ganze Sphäre der empirischen inneren und äußeren Welt« sei »in strengerem Sinne als die Kunst ein bloßer Schein und eine härtere Täuschung zu nennen« [23]? Wenn schon der Tübinger Stiftler – das verrät der Briefwechsel mit Vischer – keinen rechten Zugang zur akademischen Ästhetik fand, was sollten dann handfeste Praktiker der Literatur wie die Droste, Gotthelf, Raimund, Nestroy damit anfangen?

---

* Mit Recht stellt Robert *Zimmermann* nachträglich fest, Herbart (geb. 1776) habe »allein in einer vom Taumel eines romantischen Historismus berauschten Zeit« die einfachen ästhetischen Elemente, welche auch den Künstler interessieren, festgehalten. Die Entfremdung zwischen dem Künstler und der Ästhetik wäre nicht so groß geworden, wenn er seine flüchtig skizzierte Ästhetik weiter ausgebaut hätte (Geschichte der Aesthetik, Bd. 1, Wien 1858, S. 786f.).

Überall wagen es die Dichter wieder, ohne Seitenblicke auf Philosophie und Ästhetik, aus der Fülle der »Anschauung« oder des »Herzens« zu dichten; aber diese Emanzipation bedeutet keineswegs, daß sie einem Nur-Künstlertum verfallen. Vielmehr wird eben dadurch die *vorklassische und vorromantische Naivität der Produktion bis zu einem gewissen Grade wiederhergestellt*, und das bedeutet, daß ein unvermitteltes Verhältnis zwischen der Kunst und den sie tragenden Inhalten neu ersteht.

Absage an den Kultus der Form

Alexander Jung, der gegen Ende unserer Periode *Vorlesungen über die moderne Literatur der Deutschen* hält, bemerkt mit Bedauern, »wie fast alle deutschen Schriftsteller, die besonders *Meister in der Form* waren, mehr oder weniger gewisse Antipathien sich zuzogen; so Platen von Hallermünde, so August Wilhelm, so Friedrich von Schlegel, so selbst Wolfgang von Goethe..., wo er vorzugsweise der *Form* in seinen Schöpfungen huldigt«. Er bittet zu bedenken, »daß die wahrhaft *schöne* Form bereits in der *Schönheit* auch den *Inhalt* darlegt« [24]. Aber diese Mahnung soll vor allem der Würdigung Varnhagen von Enses, d.h. eines Zweckschriftstellers, zugute kommen. Neben ihm stellt er Schriftsteller wie Pückler-Muskau, die Rahel, Gutzkow, Heine, Laube, Sternberg in den Vordergrund. Die Krone bietet er Sealsfield dar, dessen starke Seite nach unseren Begriffen gerade *nicht* die Form ist. Auch da also, wo man sehr wohl weiß, wie wichtig die formale Meisterschaft ist, wird man unwillkürlich zu Schriftstellern hingezogen, die unmittelbar ins Leben eingreifen und »populär« sind. Nicht umsonst steht am Eingang der Periode ein Dramatiker, der die Bühne buchstäblich mit der Kanzel vertauschte und die Gebildeten Wiens damit fast mehr bezauberte als mit seinen Theaterstücken: Zacharias Werner. *Die Predigt der Theologen und Ex- oder Antitheologen, die Rhetorik in allen Formen, alt oder neu, gewinnt wieder einen Sieg über die »Poesie«*, und wenn es auch kein vollständiger war, so ist doch dieser Vorgang der Schlüssel für viele Erscheinungen der Restaurationsperiode, die uns fremd, ja unbegreiflich erscheinen.

Selbst Heine, der gewiß ein Künstler war, betont wiederholt die Heteronomie der Dichtung und die unzertrennbare Einheit seines Werkes, das nach früheren und späteren Begriffen so viel »unkünstlerische«, polemische Bestandteile in sich aufgenommen hat: »Bemerken muß ich jedoch, daß meine poetischen, ebensogut wie meine politischen, theologischen und philosophischen Schriften einem und demselben Gedanken entsprossen sind und daß man die einen nicht verdammen darf, ohne den andern allen Beifall zu entziehen« [25]. »Die Poesie ist am Ende doch nur eine schöne Nebensache«, schreibt Heine an Immermann (24.12.1822) [26]. »Die Poesie, wie sehr ich sie auch liebte, war mir immer nur ein heiliges Spielzeug oder geweihtes Mittel für himmlische Zwecke«. Heine berührt sich hier – natürlich nur in einem formalen Sinne – mit dem alten Eichendorff, der in der Kunst ein »Gefäß himmlischer Wahrheiten« sieht [27]. Wenn sich Heine in *Atta Troll* und in vielen späteren Äußerungen auf die Zwecklosigkeit seiner Poesie zurückziehen will, so gelingt ihm dies niemals vollständig, – wie eben *Atta Troll* im Widerspruch zu der dort vorgetragenen Theorie am besten vergegenwärtigen kann.

Für den weiten Bereich der zweitrangigen Biedermeierpoesie formuliert Rückert repräsentativ die zeitgemäße Absage an den Kultus der Kunst. In der Idylle *Rodach* lobt er den Superintendenten des Städtchens, weil er die Künste in seinen Dienst nahm und sich nicht von ihnen beherrschen ließ:

> Denn die Kunst ist zu arm, ein ganzes geopfertes Leben
> Zu bezahlen durch Ruhm, oder den Stolz des Gefühls.
> Als Beigabe des Lebens, als äußerer Zierat, erfreut sie;
> Aber des Lebens Kern bleibet das Leben allein [28].

Das hört sich sehr trivial an. Doch erträgt auch Grillparzers Sappho ein ganzes, der Kunst geopfertes Leben nicht. Die tragische Lösung des Wertekonflikts läßt erkennen, daß das Zierat-Prinzip für große Künstler keinen Ausweg bietet. Bei Grillparzer behielt die Kunst etwas von ihrem absoluten Anspruch. Er folgte erst nach dem Verzicht auf die Dichtung (als Epigrammatiker) dem zeitgemäßen Trend zur Gebrauchsliteratur. Deshalb gelang ihm auch am ehesten unter den nachidealistischen Theoretikern die Lösung des schwierigen Form-Inhalt-Problems, so wenn er etwa sagt: »Allerdings ist es falsch, daß die Form das Höchste in der Kunst sei; aber das *Höchste* ist in der Kunst nur insofern *etwas,* als es in der Form erscheint, d. h. insofern es der Künstler nicht bloß gedacht und empfunden, sondern auch adäquat dargestellt hat«. Schon in der genau abgewogenen Formulierung unterscheidet sich diese Äußerung von den zuvor zitierten Aussprüchen, die mehr rhetorischer oder metaphorischer Art waren. Aber zeittypisch ist die Besonnenheit des »letzten Klassikers« (August Sauer) kaum!

Das Vorbild Aristophanes

Grillparzer orientiert sich an den bewährten Tragikern der Weltliteratur von Sophokles bis Schiller. Mit Recht findet er selbst bei Calderon die »Klassizität«, will sagen die mustergültige, in sich geschlossene Gestalt des Sprachkunstwerks. Ein wichtiges Vorbild Heines ist der noch nicht lange rehabilitierte Aristophanes mit seiner politischen Tendenz. Daß man auch diesen Dichter, trotz der Fülle seiner satirischen Anspielungen, trotz seines aufdringlichen Zeit- und Gesellschaftsbezuges als Klassiker betrachten kann, beleuchtet die Größe von Heines Anspruch, den Ernst, mit dem hier die Theorie des »interesselosen Wohlgefallens« *aufgegeben* wird. Heine kann sich mit Hilfe eines solchen Vorbilds ebensogut als Wiederhersteller einer ursprünglichen Einheit (von Leben und Dichtung) wie als Neuerer fühlen. *Aristophanes statt Sophokles! Man muß den Vorbildwechsel ernst nehmen, wenn man den revolutionären und restaurativen Kämpen der Zeit gerecht werden will.* Die geschichtliche Bedeutung des neuen griechischen Beispiels wird durch die Tatsache bestätigt, daß auch Platen, Heines Feind, als neuer Aristophanes aufgetreten ist, hier sogar unter ausdrücklicher Anknüpfung an die alte Komödie. Platens *Romantischer Ödipus* ist kein lässiges Nebenwerk des Artisten, sondern eine satirische

Komödie mit höchstem Kunstanspruch. Die Frage des Gelingens kann hier, wo es um die Kunstauffassung geht, beiseite gelassen werden. Wenn wir diese Seite des sogenannten l'art-pour-l'art-Vorläufers erkannt haben, dann entdecken wir auch sonst Züge in Platens Werk, die es von der »Kunstperiode« (Heine) unterscheiden und einen Rückgriff auf die vorgoethesche Literatur bedeuten. Auffallend sind z.B. seine panegyrischen Oden und Festgesänge *An den König von Rom, An König Ludwig, Dem Kronprinzen von Bayern, Auf den Tod des Kaisers, Der Herzogin von Leuchtenberg.* Sie kontrastieren eigenartig mit polemischen Oden wie *An Napoleon, An Karl den Zehnten,* bestätigen aber insgesamt die *Wiedergeburt einer anspruchsvollen Zweckliteratur**. Daß Gotthelf nicht nur Erzähler, sondern Prediger ist, in der direkten Bedeutung des Wortes, ist jedermann bekannt. Es ist vollkommen sinnlos, ihn wegen seiner Predigteinlagen entschuldigen zu wollen; denn diese gehören nicht nur zur Substanz, sondern geradezu zum Konstruktionsprinzip seiner großartigen, die alte parabolische Seelsorgeliteratur erneuernden Romane. An einer derartigen Erscheinung ist besonders klar zu erkennen, worum es der Restaurationsliteratur geht: nicht um die Schaffung autonomer Kunstwerke, auch nicht um die Wiedergabe autonomer Wirklichkeit, sondern um die Entscheidung in den letzten Ordnungsfragen, die der Kunst und Wirklichkeit erst ihre Stelle anweisen.

Auch unbestrittene Meister des Worts verkündigen die Heteronomie der Dichtung, so Stifter in zahlreichen Äußerungen. Neben die sittlich-pädagogische Ausrichtung der Kunst tritt bei ihm die wissenschaftliche. In seinem Aufsatz *Über Stand und Würde des Schriftstellers* (1848) fordert er vom Dichter nicht nur Begabung und Reinheit des Charakters, sondern, daß er »in jeder Wissenschaft bestmöglich erfahren« sei. Er denkt dabei besonders an Geschichte, Philosophie und Naturwissenschaft. Ohne Wissen und Charakter ist die Ausübung der Sprachkunst, wie virtuos sie auch sei, der Mißbrauch einer Himmelsgabe. Die Einbeziehung der Wissenschaft – das ist für diese Zeit überhaupt zu beachten! – bedeutet keine Minderung des dichterischen Ranges. Der Dichter kann nach Stifter immer noch »Priester des Höchsten« sein. Aber er wird es, wie man sieht, nicht durch die Sprachkunst allein.

Dichtung und empirische Wissenschaft

Wissenschaft und Dichtung gehen zu dieser Zeit, wie schon im ersten Kapitel angedeutet wurde, überaus enge Verbindungen miteinander ein. Auch diese später befremdende Tatsache ist nur eine Wiederherstellung von Aufklärungstraditionen (Haller bis Goethe) und entspricht letzten Endes dem noch älteren Ideal des »poeta

---

* Dem Idealismus entsprach die Degradierung der Rhetorik (= Zweckliteratur). *Hegel:* »Das poetische Kunstwerk bezweckt nichts anderes als das Hervorbringen und den Genuß des Schönen ... In der Beredsamkeit aber erhält die Kunst nur die Stellung eines zur Hilfe herangerufenen Beiwerks; der eigentliche Zweck dagegen geht die Kunst als solche nichts an, sondern ist praktischer Art, Belehrung, Erbauung, Entscheidung von Rechtsangelegenheiten« (Ästhetik, hg. v. Friedrich *Bassenge,* Bd. 2, Frankfurt ²o.J., S. 357f.). Noch der alte

doctus«, ja des Lehrdichters mittelalterlicher Prägung*. Während nach 1848 jeder Dichter historischer Romane sein Künstlertum betont, ist Alexis stolz darauf, Dichter *und* Historiker zu sein [29]. Wie aus genauen Quellenuntersuchungen zu Schillers und Grillparzers Dramen bekannt ist, waren die wissenschaftlichen Ansprüche mancher Dichter in der Frühzeit der modernen Geschichtsschreibung wohlbegründet. Die langwierigen Studien, die viele Verfasser historischer Dramen und Romane betrieben, waren nicht nur ein Weg zum »Realismus«, sondern sie dienten zugleich zu einer konkreteren Vergegenwärtigung des jeweiligen Ordnungsbildes und verstärkten die Neigung mancher Dichter, sich der formalen Aufgabe zu entziehen. Selbst Grillparzer, der in *Ottokars Glück und Ende* ähnlich wie Schiller im *Wallenstein* einen hartnäckigen Kampf um die Form führte, hielt das historische Drama für eine besondere Gattung. Diese Vorstellung, genährt durch Shakespeares Historien, behauptete sich während der gesamten Restaurationsperiode, und erst Hettner und Hebbel begannen wieder mit ihr aufzuräumen [30].

Der Vorgang darf als Modell für das allgemeine Verhältnis von Wissenschaft und Dichtung während eines großen Teils des 19. Jahrhunderts aufgefaßt werden. Noch die realistischen Programmatiker, welche die Spezialisierung der Wissenschaft, besonders der Naturwissenschaft, nicht mehr übersehen können und die ästhetische Einheit des Kunstwerks wieder stark betonen, beziehen die Kunst *indirekt* auf die Wissenschaft. In der Restaurationsperiode hat der Dichter manchmal selbst zur Naturwissenschaft *unmittelbare* Beziehungen. Stifter und Büchner treten unter diesem Gesichtspunkt nebeneinander, so verschieden auch die weltanschaulichen Konsequenzen sind, die sie aus ihrem Studium der Natur ziehen. Nicht alle Dichter – das ergibt sich schon aus dem starken Nachwirken des 18. Jahrhunderts – orientieren sich an der modernsten Naturwissenschaft. Die Droste z.B. ist noch von der *Naturgeschichte* Bertuchs, der zur Goethegeneration gehörte (geb. 1747), abhängig [31]. Aber ohne naturkundliche Kenntnisse wäre die Dichterin kaum zu einer so detailfreudigen Naturlyrik gelangt. Große Naturwissenschaftler wie Justus Liebig bemühen sich umgekehrt noch um »rhetorische Einkleidung« und Popularisierung ihrer Wissenschaft, z.B. in Briefform (vgl. 2. Band, Kapitel Zweckformen).

Daß unter solchen Voraussetzungen *Philologie* und Dichtung ganz eng verknüpft erscheinen, versteht sich von selbst. Unentwirrbar sind die Fäden, die damals die beiden Bereiche miteinander verbanden. Will man diese Tatsache geschichtlich verstehen, so darf man nicht an die »Oberlehrerdichtung« des späteren 19. Jahrhunderts denken; denn dort ist die Philologie meistens ebenso schlecht wie die Dichtung. Rückert dagegen, um gleich das wichtigste Beispiel zu nennen, ist ein bedeutender

---

F. Schlegel, selbst ein rhetorischer Zauberkünstler, trennt die Rhetorik von der Poesie, die symbolisch sein muß, weit schärfer, als der Restauration sonst entspricht (vgl. z.B. Krit. Ausgabe, hg. v. *Behler*, 1. Abt., Bd. 10, S. 232).

* Der modernisierende Historiker würde diese Erscheinung umgekehrt auf die moderne Literatur beziehen (Thomas Mann, Hermann Broch usw.). Es ist aber zu beachten, daß der radikale Ästhetisierungsprozeß um 1900 (l'art pour l'art) die mimetische Tradition *abbrach*, während der ästhetische Spielbegriff um 1800 geringe Wirkung hatte.

Orientalist, der von seinen Fachgenossen noch immer benützt und geschätzt wird. Freilich geht sein Anspruch sehr viel weiter, und damit beginnt für uns ein schwieriges Wertungsproblem. Rückert will nicht nur übersetzen, auch nicht nur kunstvoll übertragen. Vor allem will er der deutschen Dichtung neue Formen erschließen und mit ihnen den »Geist«, »der eben nur in dieser Form sichtbar werden konnte«. Ohne jeden Skrupel kann er sagen: »Wie Poesie und Philologie einander zu fördern und zu ergänzen vermag, hat mein Hariri gezeigt« [32]. Die Äußerung bezieht sich auf *Die Verwandlungen des Abu Seid von Serug oder Die Makamen des Hariri,* deren erste Ausgabe 1826 erschien.

Zum Epigonenproblem

Zunächst fühlt man sich bei Rückert an die Dichter des ersten Humanismus erinnert. Wie bei Opitz und noch bei Wieland kann bei diesem Biedermeierdichter *keine klare Grenze zwischen der Übertragung, die immer frei ist, und der eigenen Dichtung, die bewußt bescheiden ist, gezogen werden.* Seine Philologie hat immer etwas Dichterisches, und seine Dichtung behält stets etwas Philologisches. Selbst da, wo Rückert »Erlebnisdichtung« zu schreiben scheint, übersetzt er; denn auch diese »Form« mit dem dazugehörigen »Geiste« liegt ihm bereits in glänzenden Beispielen vor. Man braucht dabei nicht einmal an seine Nachdichtungen zu Goethes *Westöstlichem Divan* zu denken (*Östliche Rosen* 1822). Auch Dichtungen mit selbständigen, biedermeierlichen Motiven (Familie, Haus, Garten usw.) schreibt er rasch, geläufig, gefällig, ohne die produktive Unruhe eines Hölderlin, Kleist und Brentano. Damit ist noch kein Werturteil ausgesprochen, sondern vorläufig nur die historische Stelle bezeichnet, an der er steht.

Nun fragt sich freilich, ob solches Dichten im 19. Jahrhundert noch legitim ist und zu gültiger Gestaltung führen kann. Auch bei Wieland gibt es schon diese Empfindlichkeit für das Fremde. Wiederholt klingt ein Stil bei Wieland an, der unmöglich als sein eigener betrachtet werden kann, etwa der Klopstocks, Racines oder des jungen Goethe. Im ganzen aber behauptet sich in seinem Werk *der* Ton, den wir mit dem Wort Rokoko zu erfassen pflegen, vielleicht nicht so sehr wegen seines festen Charakters (so Goethe) als wegen des Fortbestehens der Gesellschaft, der er sich verpflichtet weiß. Bei A. W. Schlegel, der geschichtlich zwischen Wieland und Rückert steht, der, auch als Dichter, stärker gewirkt hat, als man heute zu wissen pflegt, ist die Stilfrage und Stilbewertung schon viel schwieriger. Es liegt nahe, in Rückerts Dichtung die vollkommene Manifestation *der* Lage zu erkennen, die Hans Sedlmayr »Stilpluralismus« genannt hat [33]. Das bloße Epigonentum, das es immer gegeben hat und das nicht stilsprengend zu sein braucht, scheint sich hier mit Hilfe einer alles berührenden Philologie, eines konsequenten literarischen Historismus zum *universalen Epigonentum* weiterentwickelt zu haben, das eben dadurch, daß es alle Traditionen aufgreift, jede bestimmte Tradition und Stilprägung unmöglich macht.

An Dichter wie Rückert denken Wienbarg und Mundt, wenn sie das Virtuosen-

tum der zwanziger Jahre tadeln und (nicht ohne Grund!) in die eigentliche Goethezeit zurückverfolgen: »man möchte die größten Dichter derselben poetische Chamäleons nennen, die bald im reichen orientalischen Talar, bald im spanischen Mantel,
bald als eiserne Ritter in Helm und Panzer, bald als Moderne im Pariser Frack auftraten und die Poesie fremder Völker und Zeiten auf die täuschendste Weise nachzuahmen verstanden, dadurch ward die Poesie allerdings immer poetischer und die
Zahl der Poeten in *einem* Poeten nahm mit den Jahren immer zu; allein auf der andern Seite ward das Leben immer prosaischer, immer fader, immer mehr platt wirklich« [34]. Bouterwek und die Schlegel, die den Leuten »die halbe Welt durchzu-
schmecken« geben, werden genannt. Doch denkt Wienbarg wahrscheinlich auch an
Goethes Weg vom *Götz* bis zum *Westöstlichen Divan*. Aus der Überfülle der Vorbilder, das erkennt schon die nachromantische Generation ganz klar, ist »mehr Ekel
als Genuß und Bildung« und »allmählig Widerwille gegen alles Ästhetische« hervorgegangen [35].

Diese hellsichtige Äußerung widerlegt das herrschende literarhistorische Schema,
wonach einer intakten Goethezeit eine erbärmliche, unproduktive oder nur halb-
produktive Epigonenperiode folgte. *Der Stilpluralismus, der Historismus und damit
die Epigonenproblematik reicht in die gepriesene Goethezeit und selbst in Goethes
Werk hinein,* woraus nur zu schließen ist, daß äußerste Vorsicht gegenüber den traditionellen Abwertungen angemessen erscheint. Goethe hat unter dem damals sehr
beliebten poetologischen Gesichtspunkt der Mannigfaltigkeit die »Vorteile..., welche ein durch ein paar tausend Jahre erweiterter Gesichtskreis darbieten mag«, ausdrücklich hervorgehoben, und ein Forscher hat die Stelle noch 1879 zum besseren
Verständnis der Romantik ohne Tadel zitiert [36]. Offenbar kann man auch im
Zeichen des Stilpluralismus Höchstleistungen vollbringen!

Andrerseits wird man behaupten dürfen, daß die Zeit nach 1830, die zu einem
gewissen Abbau des Stilpluralismus und zu größerer Unmittelbarkeit zurückführt,
sicher nicht unfruchtbarer war als die ausgehende Goethezeit. In die zwanziger Jahre
gehören, von klassizistischen und romantischen Nachzüglern abgesehen, die frühen
Dramen Immermanns, die noch keinen Verteidiger gefunden haben, der Erfolg
Fouqués, Rückerts, Hauffs und zum Teil das fragwürdige Werk Platens. In einer derartigen literarischen Umgebung ließen die Anfänge Heines viele Leser und Kritiker
aufhorchen; aber die eigentliche Leistung seiner Generation kam erst zur vollen
Entfaltung, als die Julirevolution das komplizierte und allzu kultivierte Bildungs-
gehäuse der frühen Restaurationszeit aufbrach und eine heilsame Vereinfachung
bewirkte, eine neue Lebendigkeit, dadurch, daß sie zur Entscheidung, zur Besinnung
auf die letzten Ordnungsprinzipien anregte. Jetzt wurde von Immermann, mit großer
Wirkung, die Gefahr des Epigonentums erkannt und beschworen. Wieder, wie am
Ende des Rokoko, versuchte man sich mit Hilfe der »Natur«, des »Lebens« von der
immer komplizierter werdenden Zivilisation zu befreien. Auch die Konservativen
begnügten sich nicht mehr mit dem schönen Schatten der überlieferten Kultur, sondern bemühten sich, sie in ihrer Substanz zu erneuern und gleichzeitig mit den Errungenschaften einer neuen Zeit zu versöhnen (Stifter, Gottheff u.a.). Freilich war

auch nach dieser Bereinigung der Kampf um die Tradition noch nicht ausgetragen. Das Epigonentum blieb während des ganzen 19. Jahrhunderts in mancherlei Spielarten ein zentrales Problem unserer literarischen Kultur.

Wir haben bei Rückert gehört, daß mit der Form ein bestimmter Geist wieder zum Leben erweckt werden soll. Es wäre also, trotz der wechselnden Dominanz von formalistischen und bloß inhaltlichen Bestrebungen, falsch, wenn man in diesen einen absoluten Gegensatz sehen wollte. Eichendorff, den wir als Vertreter der Gehaltsästhetik genannt haben, bewundert Rückert in seiner *Geschichte der poetischen Literatur Deutschlands,* und zwar eben deshalb, weil seine Poesie »die ganze Skala der Dichtkunst« durchläuft, weil sie universal ist. Er zitiert zustimmend Verse Rückerts:

> Daß über ihrer Bildung Gang
> Die Menschheit sich verständ'ge,
> Dazu wirkt jeder Urweltsklang,
> Den ich verdeutschend bänd'ge [37].

Aufschlußreich ist besonders das Wort »Urweltsklang«. Rückert scheint zu empfinden, daß sein Tun gegenüber der Produktion der übersetzten Dichter spät, sekundär ist; aber eben das Hegen, Aneignen und Sammeln, die »Synthese« der übereinander gelagerten historischen Schichten wird im Namen der Bildung und als Beitrag zur Menschheitsentwicklung gerechtfertigt. Wie will man die Formenwelt der Goetheschen Dramatik, bis hin zu *Faust II,* ohne eine Anerkennung des Stilpluralismus verstehen? Auch Grillparzer nimmt sich ohne Skrupel die verschiedensten Dramatiker der Weltliteratur zum Vorbild, und Schreyvogel ist stolz darauf, sie zum erstenmal im Repertoire des Burgtheaters zu versammeln. Dieses Nebeneinander aller Formen und Weltanschauungen, das uns schon aus der Goethezeit vertraut ist, ist das eigentliche Problem. Ihm gegenüber verschwindet das bloß auf Klassik und Romantik bezogene Epigonentum, an das die bisherige Literaturgeschichte meistens dachte, weil sie aus nationalen Gründen die »deutsche Blütezeit« nicht selbst relativieren wollte.

Am meisten kompliziert sich unsere Frage dadurch, daß es auch schon eine Tradition des Sturm und Drang, überhaupt der revolutionären Formen und Inhalte gibt. Der von H. H. Houben gewählte Buchtitel, *Jungdeutscher Sturm und Drang,* erweckt falsche Vorstellungen; denn es ist ein Unterschied, ob man selbst mit der Rebellion beginnt oder ob man nur an sie anknüpft. Die eigentümliche Schwäche und Halbheit mancher Jungdeutschen erklärt sich eben daraus, daß bei ihnen das revolutionäre Wesen – ich meine natürlich auch die umstrittene französische Revolution – schon zu einer Bildungssache geworden ist, daß ihnen die Unbedingtheit fehlt. Auch Grabbe würde man mißverstehen, wenn man ihn ohne Beziehung zum Epigonentum sehen würde. Abgesehen von der Tatsache, daß er in seinen mittelalterlichen Dramen und im *Don Juan und Faust* direkt an die Goethezeit anknüpft, beweist gerade die Übersteigerung der Motive, des kriegerischen Heldentums etwa, daß er im Banne der Tradition steht. Er sagt: »Die Muse der Tragödie ist zur Gassenhure geworden, denn jeder deutsche Schlingel notzüchtigt sie nach Belieben und zeugt mit ihr fünfbeinige

Mondkälber« *(Scherz, Satire, Ironie und tiefere Bedeutung).* Aber ist nicht auch *sein* Verhältnis zur Tragödie ein forciertes? So sehr sein angeblicher Naturalismus und Platens granitene Formkunst sich zu widersprechen scheinen, – die Werke beider Dichter verraten, daß die fraglose Einheit von Inhalt und Form, die selbstverständliche Gegebenheit der Werte und Ausdrucksformen und damit das »organische Gestalten«, das man bei Shakespeare bewunderte, zutiefst bedroht ist. *Die Möglichkeiten des Formalismus und die ihm bewußt entgegengesetzte Inhaltsästhetik sind nur die zwei Seiten der modernen Kunstproblematik, die sich im 18. Jahrhundert herausgebildet hat.*

Fast zweihundert Jahre lang, von Bodmer und Klopstock bis zu Rosenberg und Gerhard Fricke, versuchte man der sich steigernden Unsicherheit, die nicht zuletzt eine Unsicherheit der Tradition war, dadurch zu begegnen, daß man auf die heimische germanisch-deutsche Tradition verwies. Nibelungenlied statt Voltaires *Henriade,* Nibelungenvers statt Ottaverime oder Hexameter, altdeutsch statt lateinisch, griechisch und französisch, mittelalterliche Archaisierung statt der antikisierenden des Homerübersetzers Voss – das sollte der Literatur und der ganzen Kultur die Sicherheit und Geborgenheit zurückgeben. Man darf behaupten, daß auch dies Experiment im Zeitalter der Metternichschen Restauration die verführerischsten Akzente erhielt. So glaubte man z.B. allen Ernstes, durch die Rückkehr zum einfachen Satz, den Jacob Grimm im syntaktischen Teil seiner *Deutschen Grammatik* (4 Bände, 1819–37) allein der Betrachtung gewürdigt hatte, die Überfremdung überwinden und zum angestammten »markigen« Deutsch zurückkehren zu können. Gewiß, es war so gut wie bei Rückert der Spleen eines Philologen und Historikers, der die Gegenwart nicht annehmen konnte. Das moderne Deutsch erschien dem von den vollen Vokalen des Altdeutschen berauschten Gelehrten schwächlich und schal. Der sprachstarke Jean Paul, der zugleich der bessere Denker war, durchschaute sofort die schwache Position des naiven Altertumssammlers. Schon im Jahr 1819, da die *Deutsche Grammatik* zu erscheinen begann, protestierte er gegen den Kulturdefaitismus Jacob Grimms: »Und warum soll denn ein frisches, fortlebendes, gleich den Naturfrühlingen fortgebärendes Volk wie das deutsche sich in seiner Schöpferkraft aufhalten lassen, bloß weil einige Genien ein halbes Jahrhundert lang geschaffen haben? Weiß denn ein Sterblicher, wie weit hinaus die Erdenzukunft fortwächst und wie viele Jahrtausende mit allen ihren Genien und deren Fruchtkörben und Füllhörnern noch nachkommen?« [38]

Nach dem Epigonengewimmer zweier Jahrhunderte nehmen wir von Jean Pauls Zukunftsglauben mit Freude Kenntnis. Der Satz steht aber in einem sprachwissenschaftlichen Versuch Jean Pauls, welcher der linguistischen Kritik allerlei Blößen bot und Grimms Autorität nicht antastete (vgl. u. S. 461, 478 ff.). Der Gelehrte mußte es besser wissen. Heute ist es üblich, seinen Germanismus oder sagen wir ruhig seine Germanistik zu verdammen; aber das führt, wie unser Zusammenhang lehrt, nicht weiter. Denn die Deutschtümelei jeder Art – von den Gebrüdern Grimm bis Arndt und Jahn – war nur *einer von den vielen Rettungsankern,* nach denen man griff, in der irrigen Meinung, es müsse doch irgendeine bestimmte Hilfe geben, eine geheime Erlösung aus aller Not, – statt der totalen und öffentlichen Neuorientierung, die in Wahrheit schon seit der Aufklärung notwendig war*.

Es ist wieder Immermann, der die Lage am schärfsten analysiert: »Die alten Jahrhunderte haben uns ihre Röcke hinterlassen, in die steckt sich die jetzige Generation. Abwechselnd kriecht sie in den frommen Rock, in den patriotischen Rock, in den historischen Rock, in den Kunstrock und wie viel Röcke sonst noch! ... Es ist aber immer nur eine Faschingsmummerei, und man muß um des Himmels willen hinter jenen würdigen Gewändern ebensowenig den Ernst suchen, als man hinter den Tiroler- und Zigeunermasken wirkliche Tiroler und Zigeuner erwarten soll«. Der Ausspruch klingt an eine früher zitierte Äußerung Wienbargs über die »poetischen Chamäleons« an. Aber Immermann dringt tiefer, insofern als er erkennt, daß es sich nicht nur um eine Maskerade der Form, sondern um ein Theater in den letzten Seinsfragen handelt. Bemerkenswert ist dabei besonders, daß er auch die Maske der Kunst durchschaut; denn vor allem mit Hilfe dieses Wertes glaubte man ja immer wieder, die Kultur verjüngen und retten zu können. Aristokratische Geister, die in der Vermassung die Gefahr sehen, flüchten in die Kunst. Nicht nur Platen, auch sein Standesgenosse Lenau hofft, durch »Strenge und Würdigkeit der *Form*« einen »festen Schuppenpanzer« zu gewinnen und sich so »gegen den Schwall zu behaupten« [39]. Grillparzer, der die Gefahren der Demokratie und des Nationalismus so klar durchschaut, kommt hinsichtlich des Theaters doch zu höchst fragwürdigen Hoffnungen: »Seit man nicht mehr in die Kirche geht, ist das Theater der einzige öffentliche Gottesdienst«. Immermann erspürte in *allem* das Theater, aber auch dieses selbst konnte, wie man sieht, wieder zum höchsten Werte werden. Zwar erreichte diese Theatralisierung der Kultur, wie der gesamte Formalismus, erst um 1900 den Höhepunkt; aber die Grundlagen dazu wurden im 18. Jahrhundert, wenn nicht schon im Barock, gelegt.

Wienbarg verachtet, wie wir sahen, die Schöngeister. Der Junghegelianer Ruge spricht sogar von »verkäuflicher Schöngeisterei«; er behauptet, solche Schriftsteller würden nur deshalb »Stilisten, um sich dann, welcher Sache es auch sei, möglichst teuer zu verkaufen« [40]. Der Ästhetizismus soll – es ist die übliche Interpretation der Progressiven – eine Folge des alten Systems sein, die mit dem Sieg der Freiheit und des Volkes verschwindet. Aber selbst Wienbarg, der immer wieder den Rettungsanker »Nation« hervorholt, kann sich der richtigeren Einsicht nicht ganz verschließen, so wenn er, der Revolutionär, bekennt: »wir selbst sind die Träger der abgestorbenen Zeit, wir selbst sind verhüllt vom Kopf bis zu Füßen, sprechen und handeln im Charakter unserer Maske, bewußtlos wie die Menge, mit Bewußtsein wie viele. ... Es ist eine drückende Zeit. Man ist unwohl in seiner eigenen Haut, und doch lügt man sich die Haut voll ... täglich, stündlich können wir uns unsere moralischen,

---

* Die Beziehung zwischen Germanistik und Dichtung enthält noch viele Aspekte, die ich in unserm Zusammenhang vernachlässige, um Wiederholungen, soweit möglich, zu vermeiden. In andern Zusammenhängen, besonders im Kapitel Literatursprache, komme ich auf das Problem zurück (vgl. u.a. die Abschnitte über Wortbildung, Syntax, Archaisierung, Fremdwörter).

religiösen, politischen Lügen aus dem Auge herauslesen« [41]. Die »unnachahmliche Liebenswürdigkeit in der Lüge« erkennt Sealsfield bei Metternich [42]. Umgekehrt geißeln die Konservativen immer wieder die Verlogenheit Heines, des begabtesten Jungdeutschen. In Gotthelfs Romanen erscheint das Reden und Schreiben der Liberalen als ein leeres Geschwätz, als ein einziges großes Theater, das nur die wahren Absichten verbirgt. Wahrscheinlich sahen beide Parteien etwas Richtiges. Und Immermann bemerkt entsprechend, ohne parteiische Seitenblicke, ganz grundsätzlich: »Der Mangel an Wahrhaftigkeit ist der böse Schaden eines großen Teils des heutigen Schrifttums. An Talent fehlt es durchaus nicht, an Wahrhaftigkeit vielen. Und dadurch ist der Stand weit tiefer gesunken als durch den Umstand, daß kein deutscher Fürst jetzt die Schriftsteller beschützt, kein Mächtiger sie fördert« [43].

Schon die Rokokokultur kennt ein in tausend Verdünnungen sich ausbreitendes Schrifttum, in Vers und Prosa, – ähnlich wie die Biedermeierzeit. Trotzdem darf vielleicht festgestellt werden, daß im gesamten 18. Jahrhundert Spiel und Ernst, Kunst und Leben, Schein und Wahrheit noch stärker getrennt wurden als im 19. Das Rokoko spricht offen von der »Täuschung«, auf der das Schöne beruht. Inzwischen war die Kunst immer »bedeutender«, immer »gehaltvoller«, immer »umfassender« geworden, aber eben damit geriet die Wahrheit selbst in Gefahr, nur noch ein Spiel wechselnder Bekenntnisse und eine Funktion des Stils zu werden. Schon in der Restaurationsepoche erkennen hellsichtige Geister die Gefahr; aber das kann nicht hindern, daß in der Masse ihres Schrifttums die »Lüge« einen ersten Kulminationspunkt erreicht.

Die gedruckte Dilettantenliteratur

Die Statistiker sagen uns, daß heute trotz des Aufkommens neuer technischer Wortträger noch mehr Belletristik fabriziert wird als damals. Wenn man aber bedenkt, daß die Bevölkerung und der Wohlstand kleiner waren und noch viel in Gesellschaft gelesen wurde, so erscheint die schöngeistige Literaturproduktion doch erstaunlich. Mit Verwunderung hören wir, daß Alexis, der sehr viel geschrieben hat, nach Levin Schückings Meinung ein langsamer Arbeiter war [44]. Andere trieben es eben noch weit schlimmer. In Immermanns erstem Roman *Die Papierfenster eines Eremiten* (Hamm 1822) spottet der Held über das »Tintenfieber« und ruft: »Mehr Menschen, mein Lieber, und weniger Schriften! Menschen! Menschen!« Bezeichnend aber, daß er trotzdem schreibt und sich lediglich vornimmt, kein »wohlgebildetes Kunstwerk« aus seinen Skizzen und Bekenntnissen zu machen. Goethe, der noch andere Zeiten erlebt hat, gibt in den großartig zeitgemäßen *Wanderjahren* von der allgemeinen Schreibseligkeit eine Schilderung, die man beim Blick in die Epoche allenthalben bestätigt findet: »Wie viel die Menschen schreiben, davon hat man gar keinen Begriff. Von dem, was davon gedruckt wird, will ich gar nicht reden, ob es gleich schon genug ist. Was aber an Briefen und Nachrichten und Geschichten, Anekdoten, Beschreibungen von gegenwärtigen Zuständen einzelner Menschen in

Briefen und größeren Aufsätzen in der Stille zirkuliert, davon kann man sich nur eine Vorstellung machen, wenn man in gebildeten Familien eine Zeitlang lebt, wie es mir jetzt geht. In der Sphäre, in der ich mich gegenwärtig befinde, bringt man beinahe soviel Zeit zu, seinen Verwandten und Freunden dasjenige mitzuteilen, womit man sich beschäftigt, als man Zeit sich zu beschäftigen selbst hatte« [45]. Auch dann also, wenn man keine öffentlichen Ambitionen hat, schreibt man, weil es zwischen Literatur und Leben überhaupt keine Grenze mehr gibt. Natürlich »beschäftigt« man sich schon so, daß sich eine hübsche Beschreibung davon machen läßt, und was man dazu erfindet oder bei andern liest, wirkt wieder auf das Leben zurück.

In den eigentlichen Literaturlandschaften der Zeit, etwa in Schwaben, wollte überdies jedermann publizieren. Man kann Heines Spott über die Schwaben nicht verstehen, wenn man nur an Uhland und Mörike denkt. Ein ganzer Schwarm von Poeten machte sich dort breit. Lenau ist bei Gustav Schwab zu Tisch. Eine Verachtung dieses drittrangigen Dichters liegt ihm fern. Auch Uhland und Pfizer sind ihm willkommen. Aber damit ist es nicht genug: »Kaum waren diese und in ihrem Gefolge ein interessantes Gespräch eingetreten, so behelligten auch schon mehrere junge Poetasterle mit ihrem Besuche. Es füllte sich das Zimmer mit Stümpern. ... So kann man also nirgends entrinnen diesem furchtbaren Geschlechte junger Missetäter in Versen« (an Sophie Löwenthal 12.4.44) [46]. Auch wenn es nicht gelingt, einen Gedichtband bei Cotta anzubringen, so gibt es hundert Taschenbücher und Almanache, die jedes Weihnachten erscheinen, die angesichts der großen Konkurrenz nehmen müssen, was angeboten wird. Besonders diese Publikationsform öffnet dem Dilettantismus Tür und Tor. Auch gute Schriftsteller verschmähen die Taschenbücher nicht, aber in ihrem Gefolge erscheinen Schreiber dritten und vierten Ranges. Das Qualitätsgefühl des Lesepublikums ist gering, nicht nur wegen des wachsenden Zustroms wenig gebildeter, kleinbürgerlicher Leser, sondern auch *weil das Halbfertige, das »Ungekünstelte«, das Lebensnahe prinzipiell geschätzt wird.* Jacob Grimms Lehre von einer unbewußt entstehenden Volks- und Naturpoesie, überhaupt das gesamte organologische Denken seit Herder, verfestigt sich jetzt zu einer Doktrin und zerstört in einem immer weiteren Bereich der literarischen Welt die Maßstäbe und das künstlerische Ethos.

Die »Improvisation« gilt als der Gipfel der Dichtung; denn sie verbürgt Gefühlswärme und eine unmittelbare Wirkung im geselligen Kreise. Lenau berichtet voller Stolz von Nächten, in denen er »sich leicht bis zur Improvisation steigern« kann (an Sophie Löwenthal 16.11.40) [47]. Selbst Mörike und die Droste feilen ungern. Es ist ganz allgemein üblich, die Durchsicht seiner Gedichtsammlungen Freunden zu überlassen. Man ist großzügig, was die »Kleinigkeiten« betrifft. Wenn aber ein Dichter von vornherein so flüssig und geschickt wie Rückert dichten kann, dann bewundert man ihn mehr als billig. Auch in der Vielschreiberei kommt also die heimliche Verwandtschaft von Virtuosentum und formaler Gleichgültigkeit zum Ausdruck. Gemeinsam ist beiden Haltungen, die uns schon bekannte restaurierte Wirkungsästhetik, daß man also nur den Effekt bei einem wenig kritischen Publikum im Auge hat und den entsagungsvollen, womöglich tödlichen Dienst am Werk verschmäht.

Es ist bekannt, daß es auch den Dilettantismus schon in der Goethezeit gibt. Ein Kenner des Problems hat kürzlich sogar versucht, einen Zusammenhang zwischen dem Dilettantismus und den »großen Mustern«, welche die Klassik hervorbrachte, herzustellen; denn Goethe und Schiller machten sich viele Gedanken über das Phänomen, und Goethe, der Dilettant auf so manchem Gebiet, betrachtete es sogar mit einem gewissen Wohlwollen [48]. Man sollte sich also davor hüten, im Dilettantismus, nach dem alten naiven Epigonenschema, das Kennzeichen einer besonders minderwertigen *Epoche* zu erblicken. Trotzdem darf man wohl feststellen, daß auch der literarische Dilettantismus erst in der Biedermeierzeit kulminierte; denn die Hochschätzung, die Überbewertung der Literatur und ihrer Wirkung behauptete sich bis zur Märzrevolution, auch, ja gerade bei den revolutionären Gruppen, und die beginnende Verbürgerung der Kultur, die rasch steigenden Produktionsziffern des Buchmarktes führten dem Dilettantismus immer neue Opfer zu. Da die Zahl der erstrangigen Dichter und Schriftsteller, die eigentlich unentbehrliche Literatur, zu allen Zeiten ähnlich begrenzt zu sein pflegt, feierte der *gedruckte* literarische Dilettantismus zum erstenmal seine Triumphe, *und diese neue, erschreckende Erfahrung ist wohl der Hauptgrund für den langanhaltenden schlechten Ruf der Biedermeierzeit gewesen.* Schon damals konnte sich der Leser mit Grund fragen, ob er die bedeutenderen Schriftsteller überhaupt kenne, ob die Masse der gedruckten Dilettanten die Meister nicht überlagere und unsichtbar mache. Tatsächlich kannten die meisten Leser Clauren, Gustav Schwab und Gutzkow eher als die Droste, Mörike und Büchner. »Die Aristokratie der Künstler stirbt aus, die Demokratie der Dilettanten tritt an ihre Stelle«, meint der vielschreibende Levin Schücking [49], der selbst mehr Lesern bekannt war als seine alte Freundin Annette. Sogar einem Menzel, der den alten Hegel und den alten Goethe in die »servile« Restaurationsperiode schonungslos mit einbezieht, geht die literarische Demokratie auf die Nerven: »Die großen Geister haben sich vermindert, die kleinen zum Erschrecken vermehrt« [50].

Wilhelm Müller, der anspruchsvoller als sein Name ist, klagt in einem Reisebericht über die literarische Verhunzung der Landschaft bei Wunsiedel und Alexandersbad: »da ist an manchen Stellen die Natur vor Naturbewunderung gar nicht zu sehen. Alle Felsenwände mit Täfelchen behängt oder mit Buchstaben zerhauen, überall, wo man hinsieht, ein Moosbänkchen, ein Steintischchen und daneben haben die Leutchen ihre sentimentale Notdurft in Prosa und Versen verrichtet« [51]. Im Prinzip ähnelt diese Art von Naturverehrung der in den Parks von Weimar und Tiefurt geübten Mode, nur ist eben inzwischen der Dilettantismus zur Massenerscheinung geworden. Er ist nicht nur die liebe Gewohnheit der Baronessen, Komtessen und Hoffräulein, sondern der ganzen sich schnell ausbreitenden Bildungsschicht. Wilhelm Müllers Kommentierung des literarischen Dilettantismus hört sich streng an; aber in seinen Epigrammen und zwar in Nr. 100 des ersten Hunderts, will sagen an hervorgehobener Stelle, warnt er selbst vor allzu großer Strenge:

Schreiber und Leser.
Schreiber, was bemühst du dich, immer gut zu schreiben?
Liest dich denn ein jeder gut? Treib's, wie's alle treiben! [52]

Auch die forcierte »Tiefe« (obscuritas) tadelt der Vorläufer Heines in einer Reihe von Epigrammen.

Die Dichtung ist nicht mehr die strenge Lehrerin oder die erhabene Prophetin, sondern die Freundin, mit der man zu seiner Freude lebt. Wilhelm Gerhard, der aus Weimar stammt und die Kultur von Weimar nach Leipzig, die Hauptstadt des Buchhandels, verpflanzen will, hat einen durchaus dilettantischen Begriff von seiner Aufgabe:

> Was das Schönste mir sey? Es ist die Lieb' und die Dichtkunst:
> Beide verwandeln die Welt uns in arkadische Flur [53].

Der alte Goethe selbst läßt sich von der Behaglichkeit der Nachkriegszeit auch ein bißchen anstecken. Dies bemerkt jeder unbefangene Goetheforscher, der von den *Römischen Elegien* zum *West-östlichen Divan* oder von den *Wahlverwandtschaften* zu den *Wanderjahren* weiterschreitet. Selbst für ihn ist es das Zeichen der Unproduktivität, wenn man »so ins Kleinliche des Technischen geht« [54]. Auch er benützt den problematischen Begriff des »Naturdichters«. Weniger erstaunlich ist, daß das Wort im Damen-Conversations-Lexicon vorkommt. Es war üblich, auf diese kostbare Spezies von Poeten Jagd zu machen, was zu einer raschen Abnützung des romantischen Begriffs führte. 1843 finden wir schon eine Wiener Posse, welche die Mode zum komischen Motiv macht (Friedrich Kaiser, *Der Schneider als Naturdichter*). Trotz dieses bewußten Spiels mit dem Unvollkommenen wird sein positiver Sinn, nämlich *das Wissen um die Unaussprechlichkeit des Höchsten,* nicht vergessen. Tieck spricht ihn in seinem Roman *Der Tod des Dichters* aus: »Es ist auch nicht ohne, daß eine reine Entzückung, ein göttliches Schauen in Wort und Rede gefesselt, sich in irdischen Banden nur qualvoll bewegt und in der Mensur nun büßt, daß es zum menschlichen Gedichte geworden. Damit es sich in Worten faßt, muß es oft seinen himmlischen Ursprung verleugnen« [55]. Man beachte, wie ungeniert der Erzähler zu Beginn des wichtigen Ausspruchs von dem angestammten Berliner Jargon Gebrauch macht! Nach der Meinung dieser demütigen Epoche ist letzten Endes jeder Künstler, der Gott spielen will, wie Grillparzers Held ein armer Spielmann.

Schließlich darf man bei der Beurteilung des Dilettantismus nicht vergessen, daß wir uns in einem Zeitalter befinden, welches die Unausweichlichkeit des Spezialistentums noch nicht wahrhaben wollte und daher auf *allen* Kulturgebieten ein Heer von Dilettanten erzeugte. Hegel deutet in der Einleitung zu seinen Vorlesungen über Ästhetik diesen Sachverhalt ohne viel Kritik an: »Und wie heutzutage jeder, wenn er sich auch der Physik nicht widmet, dennoch mit den wesentlichsten physikalischen Kenntnissen ausgerüstet sein will, so hat es sich mehr oder weniger zum Erfordernis eines gebildeten Mannes gemacht, einige Kunstkenntnis zu besitzen, und ziemlich allgemein ist die Prätention, sich als Dilettant und Kunstkenner zu erweisen« [56]. Dilettant meint in diesem Zitat den Gebildeten, der sich in der Ausübung der Kunst versucht. Das bedeutet, daß der Dichter dieser Zeit mit Lesern rechnet, die das Schreiben selbst probiert haben und denen er imponieren will.

Die Nachbarschaft von Virtuosentum und Dilettantismus haben wir bereits berührt. Auch das Improvisationsideal, das die gesellige Biedermeierkultur beherrscht, widerspricht diesem Zusammenhang nicht. Wilhelm Müller erzählt von Improvisatoren in Rom, die humanistisch hochgebildet waren und mit Versatzstücken aus der antiken Poesie arbeiteten. Er weiß, daß es Betrüger unter dieser Art von Dichtern gibt. Doch die wahren Improvisatoren nimmt er vollkommen ernst. Die deutschen Italienreisenden der Zeit wetteifern mit den Römern, und zwar nicht nur die Dilettanten. Bezeichnenderweise wird gerade auch von Platen berichtet, daß er mit seinen Bekannten »Wettkämpfe in Sonetten nach aufgegebenen Endreimen« ausficht [57]. Da das Anschauen der absoluten Schönheit nach dem bekannten Gedicht von Platen den Tod bedeutet, empfiehlt es sich, sie nach Möglichkeit zu relativieren, mit ihren weniger absoluten Erscheinungsformen vorliebzunehmen, sein Spiel zu treiben, und so, wenn dies möglich ist, doch noch am Leben zu bleiben. Die Universalpoesie der Romantik wirkt in der ganzen Biedermeierzeit nach. Besonders die Liebe tritt fortwährend neben die Dichtung, um die Welt zu verschönern. So ist noch Michael Enks Novelle *Poesie des Lebens* (*Aurora* für 1841) gemeint. *»Poesie« als die universalere Größe wird oft der »Kunst« entgegengesetzt. Diese steht – nicht nur als »Redekunst« – niedriger.* Aber die Dichter wissen schon, in dieser Novelle und sonst, daß die Universalpoesie weder in der Gestalt des Eros noch in der der Kunst *trägt,* und so bemühen sie sich darum, beide Bereiche nicht zu überschätzen, sondern der ewigen Wahrheit und Liebe unterzuordnen.

500 Schriftstellerinnen

Die Humanitätsidee, die politische Revolution und nicht zuletzt der romantische Gefühlskult hatten schon zu Beginn des Jahrhunderts dazu geführt, daß sich die Frauen, rezeptiv und produktiv, immer stärker am literarischen Leben beteiligten. Dieser Emanzipationsvorgang veränderte die gesellschaftsgeschichtlichen Voraussetzungen der Literatur nicht wenig. Da die Schriftstellerinnen meistens in der Familie blieben und die zeitgemäßen pädagogischen Neigungen nicht verleugneten, kam es – sehr im Unterschied zur humanistischen Tradition – zu dem Phänomen *dichtender Familien.* Auch diese Art von Kollektivismus führte zur Senkung der literarischen Maßstäbe und damit zur Vielschreiberei. Von der strengen literarischen Zucht der damaligen Lateinschule (Unterricht in Poesie mit praktischen Übungen) waren die Frauen ausgeschlossen. Wer brachte es fertig, dichtende »Engel« so zu ermahnen wie Voss, der Homerübersetzer, seine Freunde?* Es ist auch zu bedenken, daß die Frauen und »Jungfrauen« im höheren Bürgertum noch wenig im Hause arbeiteten und so der von Goethe geschilderten Literarisierung des Lebens am leichtesten anheimfielen. Die weltmännische Haltung, die im höfischen oder patrizischen Rokoko und noch in Weimar für ein ungestörtes Gleichgewicht von Leben und Kunst

---

* »Aber, mein Lieber, schreib langsam und wenig – für die Enkel unsrer Enkel« (Voss an Miller 6. 10. 1776). Zitiert nach Alain *Faures* Nachwort zur Neuausgabe von *Millers* »Siegwart« (Deutsche Neudrucke). Es ist die traditionelle humanistische Warnung.

gesorgt hatte, fand man im biedermeierlichen Bürgertum selten. Der Kunstbetrieb drohte das Leben zu überwuchern. In dem Roman *Ruhe ist die erste Bürgerpflicht* von Alexis will ein wirklicher Geheimerrat sich nicht wiederverheiraten, da er keine Frau zu finden hofft, die für ihn sorgt: »Alles will jetzt ästhetisch sein« [58].

Die Masse der Schrifstellerinnen war nicht mehr zu übersehen, so daß ein Speziallexikon zum Bedürfnis wurde [59]; es nennt über 500 Namen. Nicht immer ging es bloß um die Erhöhung des Haushaltungsgeldes. Der Dämon der Kunst treibt öfters auch mit Dilettanten sein grausames Spiel. Immermann plante ein Lustpiel *(La femme libre oder das Bürgerhaus)*, in dem eine Frau durch einen fingierten Todesfall von ihrer literarischen Wut geheilt werden sollte. »Die Muße des Friedens«, so sagt er zur Begründung, »treibt lebhafte Gemüter, besonders in der Frauenwelt, sich über das Maß ihrer inneren Befähigung hinaus zu versetzen. Sie zerstören dadurch ihre nächsten und besten Verhältnisse und können oft nur durch ein starkes Korrektiv geheilt werden« [60].

Bekanntlich hat es auch schon in früheren Zeiten eine »Trivialliteratur« gegeben; jetzt aber wirkt sie mächtig auf die höhere Literatur zurück und gefährdet sie. Die Belletristik wurde also nicht erst von den liberalen Literaten verdorben! Eher darf man annehmen, daß die Expansion der Belletristik im frühen Biedermeier Schriftsteller wie Gutzkow, Mundt und Laube dazu veranlaßte, *die von Börne noch so ziemlich eingehaltene Grenze der Zweckliteratur zu überschreiten* und der Belletristik wenigstens einen nützlichen liberalen Inhalt einzuverleiben. Während die Jungdeutschen bei der späteren Dichtungskritik kein großes Ansehen besaßen, rühmten in der Biedermeierzeit selbst die Zensoren das Talent der jungen Revolutionäre. Wahrscheinlich lasen sie die gefährlichen Jungdeutschen lieber als die Schriften von oder über die fromme Frau von Krüdener, der das erwähnte Lexikon nicht weniger als 17 Seiten widmete. Wenn man mit den literarischen Damen konkurrieren und ihr Publikum beeinflussen wollte, durfte man nicht so anspruchsvoll wie Graf Platen schreiben!

Die Meister und der Dilettantismus

Daß diese Zwanglosigkeit der Produktion auch ihre guten Seiten hatte, zeigt das Beispiel Gotthelfs, der sich einer strengen Schule des Schreibens nie unterworfen hätte. Sogar Stifters Dichtung ist, wie er in der Vorrede zu den *Studien* berichtet, aus der üblichen literarischen »Liebhaberei«, die seine »Lieblingsspielerei« war, hervorgegangen: »so liebte ich es, an gegönnten Stunden mich in Bildern und Vorstellungen zu ergehen wie sie eben der Gemütslage zusagten und solche Dinge zu Papier zu bringen«. Die Publikation seiner Arbeiten rechtfertigt er damit, daß der Verfasser selbst nie wisse, ob seine Arbeiten gut oder schlecht seien. Man kann sich bei Lessing, Schiller und noch in der frühromantischen Kritik eine derartige Argumentation kaum vorstellen. Wenn die Meister selbst, im Stil eines dogmatischen Irrationalismus, die Möglichkeit einer Selbstkritik leugneten, so mußte sich jedermann eingeladen fühlen, es auch einmal als Dichter zu probieren. Eine sittliche Hemmung konnte es dafür nicht geben. G. G. Gervinus spricht später kurz und bündig von einem »Zeitalter der allgemeinen Sudelei« [61].

Es hat bei jedem seiner Dichter Flecken hinterlassen, auch bei der Droste, Sealsfield, Gotthelf, Heine, Rückert und selbst Platen. Und ist es ein Zufall, wenn Mörike den *Maler Nolten* so schrieb, daß er sich gleich zu einer zweiten Fassung entschließen mußte? Ist es wirklich unbegründet, wie neuerdings behauptet wird, daß Stifter mit der ersten Fassung seiner Novellen unzufrieden war? Hatte Grillparzer keinen Grund, nach *Ahnfrau* und *Sappho* langsamer zu arbeiten? Der Zeitgeist forderte zum »Improvisieren« heraus. *Um ihm zu widerstehen, bedurfte es besonderer Reife,* während der moderne Kult des »Sprachkunstwerks« umgekehrt das Streben nach Perfektion so übersteigert, daß es auf Dichter mit Anspruch beengend, ja lähmend wirken kann. *Zwischen der Zeit des gediegenen literarischen Handwerks und der perfekten literarischen Technik bildete die erste Hälfte des 19. Jahrhunderts eine Art Vakuum.* Wenn es auch Vorläufer der literarischen Technik und Nachläufer des literarischen Handwerks gab, so herrscht doch auf weiten Strecken die Unsicherheit einer Zeit, die vor lauter Vorbildern und Experimenten nicht recht weiß, wie es weitergehen soll.

Die prinzipielle Hochschätzung der Dichtung erhält sich

Die Bewertung der Dichtung ist wie die gesamte Wertewelt der Zeit höchst zwiespältig. Die Steigerung des belletristischen Betriebs setzt natürlich voraus, daß man Dichtung für eine hohe, ja womöglich für die höchste Betätigung des menschlichen Geistes hält. Erst jetzt beginnt sie in einem Maße, das soziologisch ins Gewicht fällt, Religionsersatz zu werden*. Die Abneigung gegen die großen Organisationen, die Entfaltung der Kulturfamilie, des bürgerlichen Salons fördert den Säkularisationsvorgang, und dieser andächtige Kunstbetrieb wirkt auch bereits auf die Öffentlichkeit zurück, was der Bau würdiger Theater und Museen, etwa im »griechischen« Stil, bezeugen kann. Auch die Verlage gewinnen eine imposante Gestalt. Dies vergegenwärtigen wohl am anschaulichsten die Berichte über Cotta in Stuttgart. Lenau ist stark davon beeindruckt, wie »der gewaltige König der Lettern« durch das Sprachrohr seine Befehle ins Büro donnert [62]. Cotta und sein Sohn fühlen sich nicht nur als Geschäftsleute, sondern wie die Dichter, Künstler und selbst Schauspieler als Diener in der neu entstehenden Kirche der Kultur. Zwar ist ein Experiment wie das von Bayreuth (Richard Wagner) noch ganz ausgeschlossen, weil man sich das Heiligtum nicht exklusiv, sondern nur universal oder doch »populär« – in dem patriarchalischen Sinn der Zeit – vorstellen kann. Aber die Voraussetzungen für die spätere Entwicklung wurden geschaffen. Denn bald zeigte es sich, daß eine unerträgliche Verflachung eintrat, wenn sich jedermann in den Tempel der Kunst drängte oder sich gar als Priester fühlte und betätigte.

---

* Vgl. o. S. 86 Anmerkung: Friedrich Schlegel sieht »eine sehr große Anzahl von Menschen«, die in diesem Sinne pseudoreligiös sind.

Auch innerhalb der Künste bewahrt die Poesie ihren bevorzugten Rang. Wenn Jean Paul seine Poetik eine *Vorschule der Ästhetik* nennt, so läßt sich diese Auffassung auch in der folgenden Zeit mannigfach beobachten. Die Dichtung ist noch der Inbegriff des Schönen. Wenn auch die romantische Universalpoesie, die der Urgrund alles Lebens und Schaffens zu sein beanspruchte, mehr und mehr als Spuk und gefährliche Fiktion durchschaut wird, so versuchen doch wohl alle Ästhetiker dieser Zeit zu beweisen, daß die Dichtung durch ihren weniger »mechanischen« Charakter tiefer, synthetischer als die anderen Künste ist. *Die Abneigung gegen das Technische fördert also die Vorrangstellung der Dichtung.* Der Schriftsteller glaubt, er sei für alles zuständig. So gibt er z.B. der Neigung zu »Beschreibungen«, »Genrebildern« und »Skizzen« in dieser Zeit wieder hemmungslos nach. Die Kritiker verweisen umsonst auf Lessings *Laokoon*. Warum soll es für die höchste Kunst irgendeine Einschränkung geben? Und wie soll irgendeine theoretische Erkenntnis für einen Autor maßgebend sein, da sein »Herz«, sein »Gemüt« unbewußt das Richtige trifft, sofern er »Charakter«, »Bildung« und »Pietät« besitzt.

Hegels Versuch, die Legitimität der neueren Dichtung zugunsten der Philosophie anzuzweifeln, hatte wenig Erfolg. Zwar ergab sich bei den Junghegelianern daraus die Forderung, die Dichtung streng auf »Prinzipien« zu beziehen und an ihnen zu messen; *aber die so verbesserte Dichtung galt dann doch wieder mehr als die sie begründende Philosophie.* So ist z.B. Hebbels Selbstbewußtsein nicht kleiner, sondern größer als das der Biedermeierdichter. Auch F.Th.Vischer hat sich nie von der traditionellen deutschen Hochschätzung (oder Überbewertung) der Dichtung gelöst. Die Hegelkritik der Jüngsten führte sogar zu neuen Triumphen der Dichtung. 1847 spielt der dreißigjährige Ästhetiker Hermann Lotze die Dichtung erneut mit irrationaler Begründung gegen die Wissenschaft aus: »die Rätsel der Welt zu lösen, wird dem reinen, bedürftigen und entblößten Gedanken nie gelingen; da, wo die Wissenschaft verzagen müßte, den tiefen Gehalt des Lebens zu deutlicher Erkenntnis zu bringen, hat die Dichtung zu allen Zeiten eingegriffen und auf dem wärmeren Boden des fühlenden Gemüts das zu lebendigen Blüten emporgetrieben, was im Lande der Erkenntnis immer ein trockener, gestaltloser Keim geblieben wäre« [63]. Man mag bemerken, daß die Sprache des Zitats so wenig original ist wie der Gedanke und daß der akademische Ästhetiker nicht auf der Höhe der Zeit stand. Es soll nur, im Widerspruch zu der üblichen Dramatisierung der dreißiger Jahre, die Macht der irrationalistischen Tradition nachgewiesen werden. Gewiß, die Politik forderte ihr Recht und, was in Deutschland noch deutlicher war, die neue Aufklärung erschütterte die religiösen Grundlagen der restaurativen Kultur. Der üppig wuchernde Dilettantismus und das charakterlose Lavieren derer, welche die ältere Dichtergeneration repräsentierten, war gewiß keine Werbung für die nationale poetische Tradition. Laube fand sogar in dem berühmtesten und virtuosesten Träger des alten Geistes, dem alten Tieck, mehr »dilettantisches Wesen« als »zeugende Kraft« [64]. Es läßt sich kaum leugnen, daß sich im Laufe der Biedermeierzeit ein ausgesprochenes Mißbehagen gegenüber dem Kunst- und Bildungsbetrieb verbreitet, ja daß mit großer Leidenschaft das Ende der »Kunstperiode« verkündet wird. Die Goethefeindschaft der Zeit nährt sich nicht zuletzt aus der Meinung, Goethe sei der Stifter dieser ästhetischen Periode gewesen. Nicht nur die politisch-liberalen, sondern auch die christlich-religiösen Schriftsteller (vgl. u. S. 137 ff.) beteiligen sich an diesem Aufstand gegen die Kunst; *aber meistens tritt die zum Tempel hinausgeworfene Göttin unversehens wieder ein, in einem nationalen, demokratischen oder religiösen Gewand.* Wie oft redet Heine von »dem toten Scheinwesen der alten Kunst«, wie sehr fühlt er sich als »Tambour« der Revolution, als Herold einer neuen Ordnung, ja als Priester einer neuen Religion. Aber am Ende hat er doch wieder nur das »zwecklose« Lied, die »autonome« Kunst, die reine Poesie. In diesem uns wohl vertrauten modernen Zirkel bewegt sich schon die Biedermeierzeit.

Die falsche Genialität und ihre Kritiker

Ähnlich zwiespältig ist die Genieauffassung der Zeit. Wenn das Genie, ohne sich Rechenschaft zu geben, unbewußt, mit souveräner Verachtung der Technik und des Fleißes schafft, so ergeben sich verschiedene Möglichkeiten, je nach Art und Einsicht des Dichters. Man kann behaupten, daß alles das, was man in der Begeisterung, womöglich im Alkoholrausch geschaffen hat, genial und notwendig ist. Man überläßt es den Mechanikern der Dichtung, den »Talenten«, ihre Werke auszufeilen, d.h. also z.B. auf eine untadelige Versifikation oder auf Aufführbarkeit bedacht zu sein. Grabbe etwa und Waiblinger repräsentieren diesen Dichtertypus. Bei einem Vergleich der genannten Dichter mit Kleist und Hölderlin würde sich vor allem der Verfall des »genialen Fleißes«, des Werkethos, der Einbruch von vitalistischen Neigungen und Boheme-Idealen herausstellen. Schon wird es zum Kennzeichen des Genies, sich auszuleben und ein bißchen verrückt zu scheinen, – was Schlauheit und literatenhafte Berechnung nicht ausschließt. Faust genügt nicht, Don Juan und Faust muß es sein. Goethe will man nicht mehr sein, eher schon Napoleon, ein Napoleon der Literatur. Während die quantitativen Werte – Macht, Effekt, Ruhm und Räusche aller Art – eine große Bedeutung gewinnen, sinkt der Sinn und die Verantwortung für das Qualitative entschieden. Grabbe sieht Napoleon als eine Art Märchenheld, der alles kann, und ein solcher Wundermann möchte er auch sein. Daß er dem dichterischen Genieideal der Zeit so ziemlich entsprach, verraten die vielen schmeichelhaften Äußerungen über Grabbe*.

---

* Die falsche Genialität ließe sich wohl in allen Künsten feststellen. *Laube* findet sie sogar bei den Schauspielern: »Unsere Schauspieler nehmen durchschnittlich den Standpunkt von Genies ein. Sie nennen sich zwar vorzugsweise Künstler, aber die ganze Technik des Künstlertums ist ihnen zuwider, Vorbereiten und Arbeiten ist ihnen lästig, ja, sie geben es wohl für verdächtig aus, und halten es für eigentliche Genialität, sich Stück und Rollen nicht durch öftere Vorbereitung zu verleiden, sondern Stück und Rollen dem abendlichen Genius anheimzugeben. Allerdings wird allmählich [1845] dieser Unsinn, den Fleiß und Genius wie Gegensätze zu betrachten, altmodisch, aber er übt doch noch eine verderbliche Macht bei unserm Theater«. (Dramatische Werke, Bd. 2, Leipzig 1846, S. 43).

Wenn das Genie so aussah, dann gab es für gewissenhafte Künstler nur die Möglichkeit, sich auf ihr Talent zurückzuziehen und auf den Titel des Genies zu verzichten. Wo ein Gutzkow das Talent gegenüber dem Genie herausstreicht, mag man darin die Ausrede eines zweitrangigen Schriftstellers erblicken [65]. Man sollte aber nicht verallgemeinern und sagen: »Es sind Selbstrechtfertigungsversuche einer Zeit [!], der es an ›Genie‹ entschieden gebrach« [66]. Sobald Dichter wie Grillparzer und Heine sich vom Geniebegriff distanzieren, wird deutlich, *daß sie die Meisterschaft gegen die geniale Schlamperei ausspielen.* Heine schreibt schon am 11. Januar 1825 seinem Freund M. Moser: »Mit der Genialität in der Poesie ist es auch so eine ganz zweideutige Sache. Das Talent ist mehr wert. Zu jeder Vollbringung gehört das Talent« [67]. Besonders scharf wendet sich Grillparzer gegen den entarteten deutschen Geniebegriff: »Das heutige [!] Deutschland ist die Heimat der Genialen und Talentlosen«. Wie dieses Urteil gemeint ist, zeigt eine andere Äußerung von ihm. Der bloße Originalitäts- und Geniebegriff, sagt er, genügt nicht, weil »Genialität ohne Talent ... keinen anderen Wert als einen höchst persönlichen« gibt. Das Genie ist, wie man sieht, nach dieser Auffassung nicht mehr ein Weltschöpfer, ein zweiter Gott, sondern nichts als eine *originale Individualität, und diese ist,* wie wir nachgewiesen haben (s. o. S. 68 ff.), *für die Biedermeierzeit mit ihrem Ordnungsdenken noch kein hinreichender Wert.* Grillparzer (geb. 1791) ist noch so stark am Geniebegriff orientiert, daß er sich nicht ohne Bitterkeit unter die Talente einreihen läßt. Sein häufig zum Ausdruck kommendes Unzulänglichkeitsgefühl ist wohl nicht nur aus seiner psychischen Natur, sondern auch aus dieser seiner geistesgeschichtlichen Zwischenstellung zu erklären. Er möchte eigentlich wie Goethe »Genie« und »Talent« vereinigen. Den jüngeren Dichtern dagegen liegt es schon fern, in die anrüchig gewordene Klasse der Genies zu gehören. Sie treten wieder ganz bewußt in den Dienst der Gesellschaft oder auch einer höheren Ordnung zurück, sie verbergen ihre Größe. Ihre Selbsteinschätzung ist oft von verblüffender Bescheidenheit. Dem genialen Mörike liegt es fern, sich neben Uhland zu stellen, – dem Goethe selbst schon seine Bescheidenheit vorwarf! Stifter hat eine hohe Meinung vom Dichter, aber ein Anspruch in der Art Platens ist bei ihm undenkbar. Man übt womöglich einen Beruf aus und dichtet in der Freizeit, und zwar ohne jeden Vorwurf gegen die Gesellschaft, die einen dazu zwingt. Man fühlt sich als Mensch wie ein anderer auch. Platen befiehlt zwar, um den Juristen Immermann, einen berufstätigen Mann, lächerlich zu machen:

> Keiner gehe, wenn er einen Lorbeer tragen will, davon
> Morgens zur Kanzlei mit Akten, Abends auf den Helicon.

Aber war diese Auffassung damals noch zeitgemäß?
Es ist nicht unwichtig zu sehen, daß sich Platen als Berufsschriftsteller mit den Journalisten, mit den Literaten berührt. Ganz abgesehen davon, daß Platen eine Menge satirischer Dichtungen geschrieben hat, – die scheinbaren Extreme berühren sich einfach deshalb, weil das Berufsschriftstellertum besonders leicht zu einer Störung des seelischen Gleichgewichts, zur Überbewertung des Geschriebenen und zur finanziellen Abhängigkeit führen kann. Der Rhythmus von Reden und Schweigen,

der eine Voraussetzung großer Dichtung sein dürfte, geht durch den Zwang zur Lohnschreiberei verloren. Zum mindesten in der Frühzeit des Journalismus, von der wir reden, treten alle Berufsschriftsteller mit einem Anspruch auf, der an Platen erinnert; und bis zum heutigen Tage, trotz der Entdeckung originaler Dichter, läßt sich die Literaturgeschichte noch immer von halben Talenten wie Gutzkow blenden. Die Literaten haben ihre Sache auf die Feder gestellt, sie bedeutet ihre einzige Existenzberechtigung. Der Gedanke, man bringe das Opfer eines so ausgesetzten Lebens umsonst, wäre tödlich für das Selbstgefühl, während Stifter schon als »Wissenschaftler« und Schulmann seinen Wert kennt. Was man schreibt, ist bei Literaten die einzige Leistung. Also muß sie höchst bedeutend und unersetzlich sein. »*Genialität*« *ist vor allem deshalb eine zweifelhafte Sache geworden, weil sie zum Anspruch der Literaten und Virtuosen abgesunken ist.*

Schon Arnold Ruge hat diese Klasse ohne Rücksicht auf die Ideologie, zu der sich ihre Angehörigen bekennen, als eine Einheit erfaßt und ziemlich zutreffend charakterisiert, in dem Aufsatz *Die abstracten Literaten unserer Zeit* (1840): »Diese literarischen Raubritter, die wir abstrakte Literaten nennen, haben alle Unarten ihrer Vorfahren im Reich. Sie verachten das Eigentum, aber sie halten auf den Besitz und Gebrauch des Geldes aus dem Beutel ihrer Mitmenschen, besonders der Buchhändler und ihrer begüterten Freunde, – aus Genialität; sie können sich unmöglich einem bürgerlichen Geschäft oder Beruf ergeben, – aus Genialität; sie werden sich nicht leicht verheiraten, es müßte denn sein um einer reichen Mitgift willen, – aus Genialität; sie binden sich nicht gern an einen bestimmten Ort, es müßte denn sein, daß er besonders ergiebig an Buchhändlerwild wäre, ihre Heimat ist daher vornehmlich Leipzig, Stuttgart und Berlin, – aus Genialität; sie haben wegen dieser ihrer Grundsätze und Lebensart viel Unannehmlichkeit mit der Polizei und viel Streit mit den Buchhändlern, beiden trauen sie auf hundert Meilen nichts Gutes zu, – aus Genialität; die abstrakten Literaten schreiben mit gleicher Bereitwilligkeit für den Liberalismus und für den Servilismus, für den Teufel, für Gentz, für Talleyrand und seine Großmutter, – aus Genialität: denn ihr Geschäft ist nicht ›Kritik‹ und gewissenhafter Dienst der Wahrheit, sondern ›Produktion‹, – aus Genialität. Dieses Geschlecht, ein weit verbreitetes, in Kartell und Bündnis verbrüdertes und in prinziplose Feindschaften gespaltenes, erkennt sich an dem Freimaurergruß: ›Produzieren Sie‹?« [68] Ruge macht nicht ganz zu Unrecht die »romantische Tradition« für die Stiftung des »neuen Ritterordens« verantwortlich; denn dies Mißverhältnis von Anspruch und Leistung erscheint schon bei Schriftstellern wie Klinger, A. W. Schlegel, Fouqué usw. Für Alexis besteht die Krankheit der Zeit, »das Siechtum unserer Halbwollenden« darin, »daß sie den großen Männern ihre großen Endziele abstehlen wollen«. Er prägt das scharfe Wort »Pseudotitanengeschlecht« [69].

Solche Einsichten hinderten freilich nicht, daß das Publikum und die Kritik, einschließlich der jungen Literaturgeschichte, die Selbsteinschätzung der Literaten teilten. *Wer sich nicht wie ein Raubritter gebärdete, wurde als harmlos beiseite geschoben.* Mörike z. B. war nicht so bekannt wie Mundt oder Prutz! Eben deshalb gab es in dieser Periode nachträglich viel mehr zu »entdecken« als im 18. Jahrhundert! Der

Erfolg der Literaten ist mit dem Ruhm der Schauspieler und Sänger, mit dem Star-wesen der Zeit, das wir früher geschildert haben, zusammen zu sehen. Die neuent-standene Kunstgemeinde wollte keine Genies, die immer ein wenig unheimlich sind, sondern solche Könner bewundern, die sich substantiell wenig vom Durchschnitt unterschieden und nur noch viel geschickter als die Liebhaber sangen, schrieben und »improvisierten«. Es bedurfte schon der pathologischen Distanz eines Lenau, um diese Verhältnisse nicht nur zu kritisieren, sondern zu interpretieren und sich so der modernen Auffassung vom Genie zu nähern: »Wir sprachen von der menschheit-entwürdigenden Abgötterei, die heutzutage mit den Musikvirtuosen getrieben wird, während von einem Beethoven nur so wenige Notiz nehmen. Das ist natürlich, sagte Niembsch. Das Genie hat immer für den großen Haufen etwas Fremdes und Zurück-scheuchendes« [70].

3. KAPITEL

DIE LITERARISCHEN RICHTUNGEN

Das Wiederaufleben vorromantischer Traditionen

Während wir bisher nach den allgemeinen Voraussetzungen für die Dichtung und Literatur der Biedermeierzeit fragten und dabei natürlicherweise auch nur allgemeine, mehr oder weniger formale Antworten erhielten, gilt es nun, nach einer sinnvollen inhaltlichen Gliederung der nachidealistischen Literatur Ausschau zu halten; denn wichtiger noch als die Stimmungen, Situationen und Probleme, die eine Zeit beherrschen oder beschäftigen, sind die verschiedenen Versuche, mit ihnen fertig zu werden.

Einteilung nach literaturgeographischen Gesichtspunkten?

In den ausländischen Literaturgeschichten findet man zum 19. Jahrhundert öfters Abschnitte über die einzelnen deutschsprachigen Länder. Wenn man schon, wie üblich, dazu neigt, die einzelnen Dichter des 19. Jahrhunderts zu isolieren, so möchte man wenigstens einige Literaturlandschaften als mehr oder weniger geschlossene Einheiten hervorheben und damit dem Partikularismus der deutschen Literatur entsprechen. Doch liegt der Grund für diese Einteilung nicht in der systematischen literaturgeographischen Verarbeitung der damaligen Literatur, sondern meistens in der Vorliebe für das weniger militante Süddeutschland (Deutschschweiz, Österreich, »Schwaben«, d.h. Württemberg). So sympathisch dem schwäbischen Verfasser dieser Epochendarstellung eine solche Zuneigung unserer Nachbarn ist, so kann er sie doch als Historiker nur bedingt rechtfertigen; denn sein Hauptwiderstand richtet sich ja stets gegen die beliebte Modernisierung seines Gegenstands. Die Großmacht Österreich-Ungarn ist nach dem Siege von 1815 noch immer achtunggebietend und schreckenerregend. Sie führt nicht nur in den angrenzenden außerdeutschen Ländern ein strammes Regiment*. *Sie lenkt auch, freundlicher, aber sehr bestimmt, als Präsidialmacht die Geschicke des Deutschen Bundes.* Es ist ganz schlicht ein historischer Fehler, wenn man die Großmacht von 1815 und 1848 mit dem Österreich-Ungarn in

---

* Mit gutem Grund kommt der entschiedenste, wenn auch übertriebene Protest gegen den Österreich-Mythos aus Italien: Claudio *Magris,* Il mito absburgico nella letteratura austriaca moderna, Turin 1963. Dazu vergleiche die österreichische Erwiderung von Walter *Weiss,* Österreichische Literatur – eine Gefangene des habsburgischen Mythos?, in: DVjs, Bd. 43 (1969), S. 333–45. Der Lösung dieser Streitfrage kann man m.E. nur näherkommen, wenn man sie auf der Grundlage der *überall* starken innerdeutschen Spannungen vor 1866 untersucht.

der Zeit des deutschen Kaiserreiches oder gar mit Deutsch-Österreich zusammensieht und so verharmlost.

Auch die Grenzen zwischen der deutschen Schweiz und dem späteren Reichsgebiet sind während der Biedermeierzeit noch offen. Es besteht ein überaus enger und freundschaftlicher Verkehr zwischen den Eidgenossen und den angrenzenden deutschen Ländern; denn diese haben noch kein politisches Übergewicht und stellen erst recht keine militärische Bedrohung dar. Sie sind auch der inneren Verfassung nach nicht so fremd, da sie bereits Landtage haben und, wie die Schweiz, einem maßvollen, möglichst noch christlich fundierten Liberalismus zuneigen. Sogar zwischen dem protestantischen Norddeutschland und der Schweiz bestehen traditionsgemäß rege Beziehungen. Der Schweizer studiert oft in Göttingen oder Berlin und weiß sehr wohl, daß er ohne die Auseinandersetzung mit den geistigen Strömungen in Deutschland und ohne die Unterstützung des deutschen Markts dem Provinzialismus leichter verfallen kann.

Im nachnapoleonischen Mitteleuropa gibt es keine vollkommen abgedichteten Grenzen und zunächst auch keine schweren politischen Spannungen. Die Erinnerung an den furchtbaren »Weltkrieg« – man gebraucht schon dies Wort – ist der älteren, in der Verantwortung stehenden Generation stets gegenwärtig und macht sie friedfertig. Ich erhebe die Restaurationszeit nicht eschatologisch zur »letzten noch einigermaßen einheitlichen deutschen Kulturepoche«, wie dies die ältere Biedermeierforschung in einer erschreckenden Gegenwart tat [1]; aber ich bestehe mit Überzeugung auf einer relativen Einheit und Ruhe der Epoche, im Widerspruch zu der älteren, in letzter Zeit wieder erneuerten Meinung, die Restaurationsepoche sei eine durch und durch negative, ungemütliche, despotische Epoche, womöglich das reinste Zuchthaus gewesen. Es gab auch die innere Einheit, die man Biedermeier genannt hat. Aus diesem Grund werden wir den literaturgeographischen Gesichtspunkt nicht zum Einteilungsprinzip machen, sondern ihm jeweils an der gegebenen Stelle Geltung verschaffen – überall, nicht nur in der süddeutschen Literatur.

Die ältere Forschung hat das mit dem Wort Biedermeier gegebene Substrat der Epoche gespürt. Sie hat darüber hinaus darauf aufmerksam gemacht, daß es beinahe bei allen Dichtern, auch bei den progressiven, »biedermeierliche Züge« gibt. Ich füge hinzu, daß es umgekehrt nicht leicht wäre, bei Biedermeierdichtern jungdeutsche oder gar junghegelianische Züge zu finden. Heine hatte vor allem wegen seiner empfindsam-biedermeierlichen Elemente *(Du bist wie eine Blume)* beim breiteren Publikum Erfolg*. »Idyllische Züge« gibt es nicht nur bei den Österreichern und Schwaben, sondern auch bei Laube, Glassbrenner und Immermann. Die Tatsache, daß sich Büchner in *Leonce und Lena* dem biedermeierlichen Lustspiel nähert, war einer der Gründe für Majuts verfehlten Versuch, dem Biedermeierbegriff eine übertrieben weite Ausdehnung zu geben [2]. Idyllen gibt es nicht nur bei Usteri und Mö-

---

* Norbert *Fuerst* behauptet, die Heinekenntnis beschränke sich im Ausland bis zum heutigen Tag praktisch so ziemlich auf das »Buch der Lieder« und den ersten Band der »Reisebilder« (The Victorian Age of German Literature, London 1966, S. 75). Man erträgt die Sentimentalität in einer fremden Sprache leichter.

rike, sondern auch bei dem scheinbar so erhabenen Platen, und der untröstliche Lenau versucht sich manchmal mit Hilfe idyllischer Lieder zu beruhigen. Nestroy, der gewiß die Kehrseite der Gemütlichkeit sah, versäumt es nicht, sich mit Hilfe biedermeierlicher Rahmenhandlungen an den herrschenden Geist anzupassen. Offenbar geht es über Menschenkraft, fortgesetzt unzeitgemäß zu sein. Den allgegenwärtigen, bei den kleineren Dichtern noch stärker hervortretenden Sog der Idylle, »Gemütlichkeit« und »Bescheidenheit« beobachtete die ältere Forschung, und sie zog daraus den Schluß, *das Biedermeier müsse die vorherrschende Strömung sein.* Aber sie gab dafür keine Gründe.

Das Übergewicht Österreich-Ungarns

Einen neuen geschichtlichen Ansatz gibt vielleicht das Übergewicht Österreich-Ungarns, von dem wir sprachen*. So schwer es ist, Österreich aus dem österreichisch geführten Mitteleuropa herauszulösen, so leicht ist es, seine wachsende Bedeutung in der deutschen Politik und Geisteswelt nach 1815 nachzuweisen. König Friedrich Wilhelm III. von Preußen fürchtet die reformerischen Genies. Er betreut seine Ballettdamen eifriger als die deutschen Denker und Dichter. Er liebt die bombastische Musik Spontinis und schämt sich des dramatischen Rhetorikers Raupach nicht [3]. Er ist frömmer als die Fürsten des 18. Jahrhunderts, er ersetzt den aufgeklärten Absolutismus durch den patriarchalisch-christlichen; aber er hat der überlegenen Macht- und Ideenpolitik Metternichs keine eigenen Konzeptionen entgegenzusetzen (Srbik). Nach dem Tode Hardenbergs (1822) besetzt der preußische König die Stelle des Premierministers nicht mehr, was, wie immer gemeint, praktisch den Einfluß Metternichs verstärkte. Auch sonst treibt der Zeitgeist längst schon das Wasser auf Österreichs Mühlen.

Man pflegt in Österreich zu behaupten, die deutsche Romantik habe auf ein Land, das so tief in der Barocktradition und im Josephinismus steckte, keine Wirkung ausgeübt. Richtig ist, daß die subjektivistische und im Grunde schon anarchistische Welle vom Sturm und Drang bis zur Frühromantik in Österreich, wie auch in Bayern, in der Schweiz und selbst in Württemberg nicht akzeptabel war. In allen diesen Ländern gab es einen *tiefen Widerwillen gegen einen hybriden, womöglich »magischen« Idealismus* und gegen die ihm entspringende pseudogeniale Exklusivität. Dagegen konnte sich Österreich durch die romantischen Konversionen wie auch durch die prinzipielle Wiederentdeckung des Mittelalters und des Barock nur bestä-

---

* Durch diese Hypothese wird auch die beliebte Theorie, das Biedermeier sei eine rein österreichische Angelegenheit, und die *»österreichische Klassik«* (= »Grillparzerzeit«) von der modernisierenden Verfälschung befreit und auf das vernünftige historische Maß zurückgeführt. Zu diesem modernen Mythos vgl. u.a. Hermann *Lechner,* Literaturgeschichte des deutschen Sprachraumes, Innsbruck 1956, S. 221. Ernst *Görlich,* Das österreichische Biedermeier, in: Schönleitners Monatshefte, Bd. 1 (1946), Heft 2, S. 53–55. *Fuerst,* Victorian Age. Richtig ist die Aufwertung, falsch die Isolierung Österreich-Ungarns!

tigt finden. Der Romantikerkreis in Wien und in München war die lebendige Widerlegung des modernen Subjektivismus und des Protestantismus, in dem die »Anarchie« nach einer weitverbreiteten Meinung letzten Endes wurzelte. *Die Überlegenheit einer überpersönlichen, in der Tradition begründeten Ordnung war durch die romantischen Protestanten selbst dargetan worden.* Der Publizist Friedrich von Gentz, den man sich schon als eine Art Propagandaminister vorstellen darf, förderte an der Seite Metternichs die katholische Ideenpolitik mit großem Geschick. Auch Schriftsteller, die ursprünglich eher dem Liberalismus zuneigten, wurden durch den Einsatz staatlicher Mittel gewonnen. So unterlag z.B. der gewaltige, von Napoleon gefürchtete Görres der Verführung durch eine Münchner Professur. Menzel war nur der Wortführer der protestantischen Welt, wenn er den Abfall dieses starken Romantikers mit harten Worten kommentierte: »Der demagogischen Schwärmerei folgte die servile auf dem Fuße, dem altgermanischen Unsinn der mittelalterliche, der republikanischen Karikatur die hierarchische. Am deutlichsten bezeichnet Görres diesen Übergang. Der wackre Görres, einst von Napoleon eine europäische Macht genannt, fiel ein paar Jahre nachher in den Wahn einer Restauration des Mittelalters, und die öffentliche Meinung, deren Diktator er gewesen, warf ihn schonungslos in die Klasse der ihr verhaßten Jesuiten« [4]. Auch Friedrich Schlegel und Adam Müller stellten sich ganz offensichtlich in den Dienst der von Gentz geleiteten Propaganda. In dieser ganz konkreten, imperialkatholischen Politik, nicht in einem übergeschichtlichen Sonderwesen Österreichs liegen die Gründe für die von Roger Bauer nachgewiesene »Austrianisierung der Romantik« [5].

Als ein Hauptkennzeichen der frühen Restaurationsperiode erkennt Menzel den *Untergang des ursprünglichen protestantischen Überlegenheitsgefühls* und ein »entschiedenes Hinneigen zum Katholizismus, teils durch vornehme Proselyten, teils durch eine Menge sehr geistreiche oder sehr gelehrte Werke, teils durch das Hervortreten eines katholischen Elementes im Protestantismus selbst [!]« [6]. Auch die Trennung von Staat und Kirche, zu der König Friedrich II. und Kaiser Joseph II. geneigt hatten, war von der Romantik bekämpft und durch die universale Konzeption einer Einheit von Kirche und Staat, von »Christenheit oder Europa«, ersetzt worden. Die französische Revolution hatte erwiesen, daß gleichzeitig mit dem alten Staat die alte Kirche bedroht war, daß also fortan »Thron und Altar« treulich zusammenzustehen hatten. *Der gegebene Vorkämpfer dieser umfassenden Restauration und inneren Befriedung war Österreich-Ungarn.*

Grillparzer hat selbst bezeugt, daß *König Ottokars Glück und Ende* (1825) an der Stelle einer Napoleon-Tragödie geschrieben wurde. Wenn man den *deutschen* Anspruch, den der Ahnherr des Habsburgerhauses in dieser Tragödie erhebt, nicht sehen will, vertuscht man das Imperiale und Missionarische, das in dieser frühen Biedermeierdichtung noch ungebrochen zum Ausdruck kommt und das die österreichische Vorherrschaft während der Biedermeierzeit begründet hat. Man lächelt über den Österreicher, welcher der Goethezeit eine »Grillparzerzeit« folgen läßt [7]. Man ist verstimmt, wenn die Österreicher von ihren Klassikern sprechen (Grillparzer, Stifter). Solche Ansprüche sind aber nicht unsinniger als die Hervorhebung einzelner deutscher Dichter und die (ebenso unsinnige) Benennung einer ganzen, hundertstimmigen Epoche nach einem einzelnen deutschen Dichter (Goethezeit). Mit Haydn und Mozart führten die Österreicher schon im 18. Jahrhundert. Beethoven suchte als junger Mann sein Glück in der Kaiserstadt. Sogar Romantiker wie Hoffmann bewunderten die österreichische Musik überschwänglich. Die österreichische Dichtung jedoch kam mit der »Phasenverschiebung«, die für die katholische Literatur in Deutschland überhaupt charakteristisch ist. Noch in der Hofmannsthal-Kritik wirkte es sich lange störend aus, *daß man dieses sehr kräftige katholische Nachstoßen mit Epigonentum verwechselte.* Die anarchische und exklusive Tendenz der Frühromantik bedeutete für Süddeutschland eine Herausforderung und führte hier eher zur Verstärkung des Volkstümlichkeitsprinzips und der Didaktik. Dies gilt auch für ursprünglich protestantische Landschaften Süddeutschlands. Hebel, der evangelische Pfarrer aus dem badischen Schwarzwald, wurde für alle Volksschriftsteller des deutschen Sprachgebiets das Vorbild im Erzählen.

Erneuerung der Barock- und Aufklärungstradition

Die Tradition der populären und empiristischen Aufklärung bestand in allen Landschaften und dürfte die Romantik schon auf ihrem Wege zu einer »jüngeren«, südwestdeutschen Form (Heidelberg, Württemberg, Hessen) beeinflußt haben. So war z. B. der Märker Achim von Arnim, der in Heidelberg sein romantisches Erlebnis hatte, viel nüchterner als Novalis, und er gab auch dem »Hinneigen zum Katholizismus« viel konkreter Ausdruck als der mystische Frühromantiker. Arnim konnte in der Restaurationszeit seine Dichtung ohne einen wesentlichen inneren Bruch weiterführen. Gegen diese Parallelisierung von jüngerer und österreich-bayerischer Romantik wird man vielleicht einwenden, daß die Barock- und Rokokotradition, die in Österreich nachgewiesen wurde und dort als ein wichtiger Träger der Biedermeierkultur erscheint [8], in Norddeutschland nicht bestand und somit auch unter österreichischem Einfluß nicht wiedererweckt werden konnte. Allein hier stoßen wir wieder auf ungeschichtliche, mythische Vorstellungen der Deutschösterreicher. Hans Tintelnot, der Kunsthistoriker, hat nachdrücklich davor gewarnt, den Barock in der bildenden Kunst als eine bayerisch-österreichische Angelegenheit anzusehen und die Norddeutschen auszuschließen [9]. Das gleiche gilt für die Literatur, nicht nur für die katholische, wie sie etwa bei Eichendorff und bei der Droste erscheint, sondern auch für den Bereich, der unter dem Einfluß des preußischen Staates und Heeres steht (Berliner Hoftheater, Universität, kriegerische Epen, Balladen usw.). Wie soll man sich vorstellen, daß ein Militärstaat, der sich im Barock festigte und im Zeitalter des Rokoko zur Großmacht aufstieg, *nicht* in der Barocktradition stand? Wenn Hegel »das Allgemeine« überhaupt, und den Staat im besonderen, so hoch über »das Subjektive« erhob, beteiligte er sich an der Restauration der Barocktradition in Preußen und in ganz Deutschland. Die modernen, von den Junghegelianern weiterentwickelten Elemente in Hegels Denken widerlegen diese erste Wirkung in einer restaurativen,

z. T. bewußt mißverstehenden Umwelt nicht. In Österreich gab es mehr personalistische Gegengewichte gegen diese Verallgemeinerungstendenz als in Preußen. Dementsprechend ist Grillparzer nicht so pathetisch wie Raupach und andere Größen des Berliner Hoftheaters, sondern psychologischer und, was damit zusammenhängt, humaner. Pyrker ist in seinem Rudolf-Epos nicht so bombastisch wie Scherenberg noch dreißig Jahre später in seinen preußischen Schlachtenepen. Man kann an dem modernen Anspruch des vorrealistischen Preußens mit Grund zweifeln. Jedenfalls gibt es die Barocktradition in Preußen so gut wie in Österreich; sie ist von der Literaturgeschichte nur noch nicht untersucht worden*.

Möglicherweise ist sie stärker dem Protest ausgesetzt als in Österreich. Wenn Grabbe ein Napoleon-Drama schreibt, konkurriert er nicht mit Grillparzer und mit Raupach, sondern er schreibt ein Drama gegen die Heilige Allianz, das in Berlin und Wien unmöglich aufgeführt werden kann. Auch in der Form beugt er sich nicht den Bedingungen des damaligen Theaters. Doch ist auch Grabbes Drama noch von einem mächtigen Pathos bewegt. Nicht umsonst erhebt er Schiller zum Vorbild der deutschen Dramatiker. Es paßt zur biedermeierlichen Barocktradition, daß Schiller in der Restaurationszeit fast überall mehr gilt als der subjektivere Goethe. Meistens übersah man, daß Goethe in den *Wanderjahren* selbst die Entsagung und die Einordnung in eine größere, wenn auch nicht total geschlossene Gesellschaft lehrte. Goethes Kritik an dem allzu bescheidenen und daher in der Politik sich verbrauchenden Uhland markiert zwar den nicht ganz zu überbrückenden Unterschied zwischen der genialisch sich gebärdenden älteren Generation und der eher zu anspruchslosen Generation des Biedermeier, zu deren gefeierten Vorbildern der etwas ältere Uhland (geb. 1787) gehörte. Man darf aber bei solchen Urteilen Goethes nicht übersehen, daß auch er nach 1815 die Meister höher schätzte als die bloß »Originalen« und daß er in seinen Rezensionen eine erstaunliche Toleranz für Kleinmeister aller Art bewahrte.

Die Württemberger, die besonders in der frühen Biedermeierzeit durch den Cotta-Verlag eine einflußreiche Stellung auf dem Büchermarkt besaßen, hielten gute Verbindung mit den Österreichern. Sie waren, mit Ausnahmen, noch großdeutsch gesinnt, konnten sich also ein Deutschland ohne »die Kaiserstadt« nicht vorstellen. Auch manche Vermittlungsfunktion zwischen dem protestantischen Norden und dem katholischen Süden fiel den protestantischen Schwaben zu. So war man z. B. mit dem Verbot der jungdeutschen, d. h. meist norddeutschen Literatur (s. u.), das Metternich forderte, in Stuttgart nicht einverstanden. Aber wenn es hart auf hart ging, wie bei der Auseinandersetzung mit Heine und Gutzkow, stand man doch eher auf der konservativen Seite. Alle Süddeutschen verband mit Österreich die Abneigung gegen intellektuelle Arroganz und übersteigerte Betriebsamkeit.

---

* Auf die Ähnlichkeit von Preußen und Österreich *im Vormärz* hat Ralph *Tymms* in einem kenntnisreichen Aufsatz hingewiesen (Cultural Affinities between Berlin and Vienna in the »Vormärz«, in: German Life and Letters, N. F. Bd. 4 (1950/51), S. 153–61). Allerdings bewertet er diese Gemeinsamkeit – sie wird öfters Biedermeier genannt – unter liberalistischen Voraussetzungen völlig negativ.

Auch in Norddeutschland genoß Österreich manche Sympathie, an die wir heute nicht mehr denken. So gab es z. B. schon lange einen regen Austausch zwischen dem Hamburger und Wiener Theater. Noch in dem Kriege um Schleswig-Holstein (1864), in dem sich zeigte, daß die Hansestädte keine selbständige Politik treiben konnten, wollten sich viele Hamburger lieber mit Österreich als mit Preußen arrangieren [10]. Diese flüchtigen Hinweise genügen vielleicht, um zu belegen, daß Österreich nicht nur durch seine geschickte Diplomatie, sondern auch durch seine Beliebtheit und durch seine kulturellen Leistungen über reichliche Einflußmöglichkeiten in Deutschland verfügte. *Die lockere Einheit, die der Deutsche Bund besaß, war den österreichischen Möglichkeiten genau angemessen.* Sie erleichterte gerade auch die *geistige* Ausstrahlung, will sagen, die Verdrängung des »leidenschaftlichen«, subjektivistischen Denkens, das mit der Revolutionsidee in Deutschland so eng und so langanhaltend verknüpft war. Sie machte die Wiederherstellung der auf die überpersönlichen Werte gerichteten Barock- und Aufklärungstradition halbwegs möglich. Von den vierzehn Dichtern, die wir im dritten Bande dieser Epochendarstellung hervorheben, sind sechs Österreicher: Grillparzer, Nestroy, Raimund, Stifter, Sealsfield, Lenau. Diese Auswahl wurde nach bestem Wissen und Gewissen getroffen. Es ist hoffentlich deutlich geworden, daß der Verfasser dem alten Österreich nicht in hergebrachter Weise schmeicheln, sondern es nur geschichtlich richtig interpretieren möchte. Aber auch nach *dieser* Rechnung, ohne übermäßige Betonung der »Klassiker« Grillparzer und Stifter, erkennt man das große österreichische Gewicht in dieser Zeit.

Das österreichische Volkstheater, dessen Blüte in unsere Zeit fällt, erinnert uns daran, daß nicht nur der hohe, pathetische, sondern auch der »niedere« Stil zur Barock- und Rokokotradition gehört. Wiederum ist es so, daß diese Witz- und Spaßkultur nicht auf Österreich beschränkt bleibt, *sondern in ganz Deutschland wiederauflebt.* Eilhard Erich Pauls, der seinen Biedermeierbegriff nicht aus Stifters *Nachsommer,* sondern aus der allgemeinen Kultur der Zeit ableitet, beginnt seine Plaudereien nicht übel mit einem Abschnitt über den »geistreichen Witz« [11]. In dem Rückblick auf die erste Hälfte der Restaurationsperiode, den Menzel 1831 gibt, erscheint schon die Neigung zu Satire und Ironie als ein beherrschender Zug: »Noch niemals hat es auf Deutschland so viel bittre Sarkasmen geregnet als in der letzten Friedensepoche« [12]. Die Satire wird auf die allgemein verbreitete »Unbehaglichkeit«, ja »Schwermut« zurückgeführt und bis zu einem gewissen Grade gerechtfertigt: »Man sieht, die Spötter haben nicht ganz Unrecht, und man liebt sie darum« [13]. Diese Feststellung gilt auch für die Zeit nach 1830. Es ist natürlich ein Unterschied, ob man seine witzigen Einfälle in der behaglichen Art Raimunds oder im aggressiven Tempo Heines vorbringt; aber überall in der deutschen Literatur dieser Zeit muß wieder gelacht und gespielt werden, in neuen anakreontischen Formen der Lyrik, in Reisebildern, Komödien, komischen Epen und Epigrammen. Kotzebue wurde zu Beginn der Restaurationsepoche ermordet, aber sein leichter, öfters auch leichtsinniger Geist lebt in seinen vielgespielten Lustspielen und in der Kotzebue-Schule, zu welcher der Österreicher Bauernfeld gehört, weiter. Ungern-Sternberg, der noch gegen Ende unserer Zeit das frivole Rokoko-Märchen nach Wielands Vorbild zu erneuern versucht, gesteht, daß er Kotzebue, dem Freund seines Vaters, »die Leichtigkeit und Fügsamkeit« seiner Feder verdankt [14]. Im Hinblick auf Ungern-Sternbergs Neurokoko sagt sogar der liberale Laube: »wer sähe gern jene geistreiche Zeit [das Rokoko] mit ihren Reizen des Spieles verlorengehen!« [15]

Es gibt eine Rokokomode, wie es heute eine Jugendstilmode gibt. Man träumt sich in eine scheinbar geschlossenere, weniger zerrissene Zeit zurück und glaubt, auf irgendeine Weise noch immer Rokoko spielen zu können. Die »Goethezeit« hat die Bildung damals nicht so tief beeinflußt, wie man gewöhnlich annimmt. Man lernt noch immer in den Schulbüchern, was unter einem »scherzhaften Ton« oder einem »komischen Heldengedicht« zu verstehen ist. Wenn der Österreicher Moriz Enzinger [16] den Unterricht, der dem jungen Stifter in Kremsmünster geboten wurde, beschreibt, so staunt man darüber, wie altmodisch dieser österreichische Unterricht war. Die Rhetorik und die Poetik waren noch Hauptfächer, und Stifter lernte nicht nur ihre Lehrsätze, sondern er lernte auch (praktisch!) das Schreiben und das Dichten. Statt zu staunen, sollte man lieber fragen, wie der Unterricht in den andern deutschen Ländern aussah. *Es gibt eine ganze Bibliothek, die dem Lehrbuch Stifters ähnelt, und die Erscheinungsorte solcher Lehrbücher verraten, daß die Tradition der vorromantischen Poetik und der Rhetorik in ganz Deutschland noch nicht abgebrochen war* [17]. Man darf im Gegenteil annehmen, daß diese Tradition sich in dem Augenblick wieder verfestigte, da die »subjektive Romantik« unter dem Einfluß der Restauration, wie überhaupt des neuen kollektivistischen Denkens, allenthalben in Mißkredit, ja in Verruf geriet.

Das weltliche Biedermeier. Allgemeine Kennzeichen

Paul Kluckhohn war also im Recht, als er die traditionelle Vorstellung von einer Übergangszeit zwischen Romantik und Realismus ablehnte [18]. Die Basis, auf der die Biedermeierzeit steht, ist gesellschaftlich viel breiter und zeitlich tiefer als die der Klassik und Romantik. Selbstverständlich ragt die Romantik auf eine noch näher zu bestimmende Weise in die Biedermeierzeit hinein, und der programmatische Realismus findet manchen Vorläufer (s. u. S. 243 ff., S. 260 ff.). Aber viele bedeutende Erscheinungen der Zeit lassen sich nach dem Schema »Zwischen Romantik und Realismus« nicht interpretieren. So wurzelt z. B. der Predigtroman, der im Biedermeier eine Erneuerung erfährt, in einer sehr viel älteren Schicht. *Das geistliche Jahr* der Droste und die Renaissance des Kirchenlieds sind als Barocktradition eher zu verstehen denn als direkte Folge der Romantik. Doch wenn wir auch von den literarischen Erscheinungen eines geistlichen Biedermeiers (s. u. S. 137 ff.) vorläufig absehen, – schon die kleinen und geselligen Formen der Dichtung, auf die Kluckhohn hingewiesen hat, erinnern an die vorromantische Zeit, an das Rokoko und an die ihm folgenden Jahrzehnte, da sich Rokoko und Empfindsamkeit mannigfach vermischten. Die Eigenständigkeit des *Biedermeiers* als einer Richtung innerhalb der Restaurationszeit (= Biedermeier*zeit*) ergibt sich vor allem aus diesem Zurückgreifen in das 18. Jahrhundert. Mit dem politischen ancien régime ist auch das literarische wieder da, mannigfach angereichert durch einzelne Elemente der Goethezeit, aber nicht eigentlich »vertieft«, sondern naiv wie eh und je, geistig anspruchslos, aber in viel höherem Grade gesellschaftlich als Hochklassik und Frühromantik, unmittelbar wirksam, nicht erst auf einem Umweg über die mystische Verinnerlichung oder die ästhetische Bildung. Die Nähe zur Trivialliteratur wird eher gesucht als stolz vermieden; denn das »Volk« (der Kleinbürger, womöglich der Bauer) und die Kinder werden in die Lesegesellschaft ausdrücklich einbezogen. Die »Bildungsvoraussetzungen« für das Biedermeier würde ich daher nicht ganz so stark betonen, wie dies Kluckhohn getan hat. Auch Kluckhohns vielzitiertes Wort vom Biedermeier als der »bürgerlich gewordenen deutschen Bewegung« ist mißverständlich; denn die Literatur der Aufklärung und des Rokoko entstand ja schon zu einem guten Teil in großen Zentren des Bürgertums wie Leipzig und Hamburg. Gellert, der Dichter der Fabeln, Verserzählungen und Kirchenlieder, wie auch Matthias Claudius mit dem *Wandsbecker Boten* sind hohe Vorbilder des Biedermeiers. Das Biedermeier erschöpft sich nicht in dieser vorromantischen Tradition; aber von einer Erneuerung und Verbreiterung der bürgerlichen Literatur des 18. Jahrhunderts darf zum mindesten im Trivial- und Kinderbiedermeier gesprochen werden.

Zur These vom »bürgerlichen Biedermeier«

Die Offenheit gegenüber dem Sozialen und Pädagogischen erklärt die Lebendigkeit und starke Weiterwirkung des Biedermeiers; aber sie hat seinem Ansehen in Deutschland schwer geschadet. Die gestrengen, an Novalis und Hölderlin orientierten Literarhistoriker folgerten aus der Herablassung des Biedermeiers manchmal gleich, man beschränke den Begriff am besten auf die Trivialliteratur. Auch die österreichische Dichtung passe vielleicht zu diesem mittelmäßigen Biedermeier. Mit genialer Dichtung jedoch vertrage sich der auf Entsagung, Maß und Heiterkeit angelegte Biedermeierbegriff unmöglich. Gegenüber dieser Auffassung ist zu betonen, *daß die Biedermeiergesellschaft, obwohl sie sich volkstümlich gibt, eine Standeskultur ist,* daß es nicht nur ein bürgerliches oder kleinbürgerliches, sondern auch ein adeliges oder höfisches und ein geistliches Biedermeier gibt. Die Stände bemühen sich, die Unterschiede im Geiste des biedermeierlich-christlichen Liebesevangeliums zu überwinden. Der Bürger will dem Adeligen die »schuldige Achtung« nicht versagen. Der Adel, vom Landesfürsten bis zum Großgrundbesitzer, betrachtet es als eine seiner vornehmsten Pflichten, dem Volk in seinen Nöten beizustehen, und die Geistlichkeit unterstützt ihn dabei. *Ohne dieses soziale Harmonieprinzip wären die deutschen Revolutionsversuche des 19. Jahrhunderts gewiß erfolgreicher gewesen.* Diese positive Leistung pflegt die am Klassenkampfprinzip orientierte Geschichtsschreibung nicht zu würdigen. Aber die alte Sozialstruktur – das ist richtig – wird durch den guten Willen nicht beseitigt. Es entspricht auch nicht dem Geiste des Biedermeiers, Traditionen zu beseitigen. Man mag vom »bürgerlichen Realismus« (Martini) mit einem gewissen Recht sprechen (vgl. u. S. 264 ff.). Dagegen enthält die Vorstellung von einem »bürgerlichen Biedermeier« eine Vereinfachung, vor der zu warnen ist.

Die ältere, geistesgeschichtlich orientierte Biedermeierforschung [19] sah in der Entsagung, die sich aus dem Zwiespalt von Ideal und Leben ergibt, einen Grundbegriff des Biedermeiers, mit Recht, wenn man nicht vergißt, daß die Entsagung eine Voraussetzung für den höchsten Wert des Biedermeiers, die Liebe, mit dem Akzent auf ihren »höheren Stufen«, der Mutterliebe und der Karitas, war. Ist die Entsagung eine bürgerliche Tugend? Wenn man schon bei der Interpretation von Goethes *Wanderjahren* auf die tieferen christlich-asketischen Grundlagen des Entsagungsbegriffs zurückgeführt wird [20], so darf bei einer Strömung, die im Zeitalter der christlichen Restauration entstand, der religiöse Hintergrund noch weniger übersehen werden. Eilhard Erich Pauls tut in seinem Buche *Der Beginn der bürgerlichen Zeit* (1924) alles, um im Biedermeier die gute alte Zeit und die Vorform der eigenen Lebensepoche, die er für bürgerlich hält, wiederzufinden. Er interpretiert das Bürgertum sogar in die höfische Welt hinein. Aber ist es schon bürgerlich, wenn sich anläßlich einer fürstlichen Hochzeit die Massen drängen und den Hochzeitszug bestaunen oder wenn in Berlin nach einem langen Kriege das Opernhaus ohne Glanz neugebaut wird oder wenn Prinz Wilhelm, der spätere Kaiser, der seine geliebte Elise Radziwill aus Standesgründen nicht heiraten darf, am 29. Juli 1826 einem Vertrauten einen entsagungsvollen Brief schreibt? »Gott bedient sich der Menschen auf Erden als seiner Werkzeuge, durch die er unsere Schicksale leiten läßt nach seinem Willen. Da ist also auch nur frommes und geduldiges Unterwerfen unter höhere Beschlüsse angebracht; der, der so schwer prüft, gibt uns auch die Wege des Trostes und der Stärke an, die wir in solchen Zeiten einzuschlagen haben!« [21] Diese Unterwerfung unter den königlichen Vater und unter den Willen Gottes, dessen Werkzeug er ist, erscheint gewiß gut biedermeierlich. Aber wenn ein Prinz solche Worte gebraucht, so sollte dies doch ein Hinweis darauf sein, daß die Biedermeierentsagung in älteren, religiösen Schichten wurzelt und mit dem Begriff bürgerlich nicht zu erschöpfen ist.

Die Tendenz der älteren Biedermeierforschung

Wie soll man die heftigen Reaktionen gegen die ältere Biedermeierforschung verstehen? Am nächsten liegt die Vermutung, daß ihr die Nachbarschaft zum Jahre 1933 schadete [22]. Auch wenn man nicht schon im »Statuieren des ›Biedermeier‹« die »Faschisierung der deutschen Literaturgeschichte« erkannte [23], so nahm man der Biedermeierforschung doch übel, daß sie sich vor und nach der Machtergreifung Hitlers ausgerechnet mit Stifter beschäftigte. Das Geleitwort zu der Anthologie *Schweizer Biedermeier* (hg. v. Eduard Korrodi, Berlin und Zürich 1936) stellt sich schon dieser Frage: »Just in diesen bewegten Zeiten muten Sie uns Schriften und Geschichten aus der Zeit des ›Biedermeier‹ zu?« Der geistvolle Herausgeber antwortet in der Hauptsache mit der Interpretation von Usteris Lied *Freut euch des Lebens* (1793). Er sieht es als Konkurrenzlied zur *Marseillaise* (1791). Das bescheidene Lied ist trotz seiner Unzeitgemäßheit zum »Schlager eines Jahrhunderts« geworden. Korrodi betont den dunklen Hintergrund des Liedes, wie er der Barocktradition entspricht (Carpe-diem-Motiv). Von Sorg' und Müh', dräuendem Chaos, Neid und Mißgunst, Geschick und Plage, Tränen und Grab hört man in Usteris Lied. Trotzdem besteht der Imperativ »Freut euch« zurecht; denn der Mensch ist nicht zur beständigen Angst und Sorge geboren. Unbekümmert knüpft also der Schweizer Publizist zwischen der Machtergreifung und dem Kriege Hitlers an den »trefflichen Kluckhohn« an und beruhigt oder tröstet sein Lesepublikum mit Biedermeiergedichten und -geschichten. Ähnlich muß man sich die Lage an den Universitäten des Deutschen Reiches vorstellen. Faschistisch war die ältere Biedermeierforschung bestimmt nicht. Dafür kann sich der Verfasser, der sie als – nicht unmittelbar beteiligter – Augenzeuge miterlebte, verbürgen.

Als eine Schwäche darf man es natürlich ansehen, daß sie sich so stark mit einer Kultur zu identifizieren versuchte, die im 20. Jahrhundert unwiederbringlich verloren war. Kluckhohn entwickelte den Begriff des literarischen Biedermeiers in Wien, wo er unter dem Einfluß des Hofmannsthalkreises, mit seinem Ideal der »konservativen Revolution«, stand. Er glaubte, das Biedermeier aus den konkreten geschichtlichen Verhältnissen der Restaurationszeit herauslösen und, nach dem Muster der Klassik, sozusagen verewigen zu können. Hier lag der Differenzpunkt zu dem Verfasser dieser Epochendarstellung, seinem Schüler. Mir erschien die ältere Biedermeierforschung zu idealistisch, zu abstrakt und in diesem Sinne trotz vieler richtiger Einsichten nicht geschichtlich genug. Kluckhohn ging immer davon aus, daß das Biedermeier mit der Metternichschen Restauration nichts zu tun habe, und als ich an seinem 70. Geburtstag (1956), nach langer Vorbereitung, die Biedermeierzeit endlich auf ihre politisch-historischen Füße stellte, war er enttäuscht [24].

Die Entstehung des Biedermeierbegriffs

Der geschichtliche Ort der älteren Biedermeierforschung liegt eher in der Zeit vor 1914, in der Paul Kluckhohn die entscheidenden Jugendeindrücke hatte, als in der Epoche des Faschismus. Das möge die Entstehungsgeschichte des Biedermeierbegriffs kurz vor Augen führen. Das *Wort* bieder (vgl. u. S. 446 f.) ist ursprünglich ein heroisches Wort, ganz und gar kein Synonym zu kleinbürgerlich. Es meint die offene Tapferkeit, die unbedingte Ehrlichkeit, auch wenn diese nicht opportun ist. Das Wort ziert den Adeligen so gut wie den Geistlichen und den Bürger. Jedermann wollte nach den Napoleonischen Kriegen bieder sein. Es entstand ein förmlicher Kult der »Biederkeit«, eine Mode. So wurde das Wort rasch abgenutzt und trivialisiert. Unmittelbar nach dem Ende der Restaurationszeit (1853) verband sich das Wort bieder mit dem oft gebrauchten, ironischen Allerweltswort – maier zur parodistischen Figur eines Biedermaier. Der Erfinder der Figur war der Mediziner Adolf Kußmaul [25]. Er teilte den Einfall seinem Freunde Ludwig Eichrodt mit. Unter Benützung einer Gedichtsammlung, die der Dorflehrer Samuel Friedrich Sauter auf eigene Kosten hatte drucken lassen, stellte man eine Sammlung teils unabsichtlich, teils absichtlich komischer (parodistischer) Verse zusammen: *Die Gedichte des schwäbischen Schulmeisters Gottlieb Biedermaier und seines Freundes Horatius Treuherz.* Kußmaul und Eichrodt hatten durch die Kneipzeitung in ihrem Heidelberger Korps die Kunst des ironischen Verseschmiedens erlernt. Wahrscheinlich wäre ihr Werk so gut wie andere Bierzeitungsprodukte rasch vergessen worden, wenn es nicht die *Fliegenden Blätter* in München (ab 1855) veröffentlicht hätten.

Man hat bisher angenommen, daß diese erste Veröffentlichung keine sonderliche Wirkung ausübte. Sie scheint aber doch Neubildungen mit dem Worte bieder- und damit das Nachdenken über das traditionelle Biedermannsideal angeregt zu haben. Im *Morgenblatt* des Jahre 1865 findet man einen guten Beweis dafür: »Die Offenheit und Redlichkeit, welche sich zunächst durch den aufrichtigen, wohlwollenden Blick kundgibt, wird zum Typus des *Biedermannes,* der aber nach oben hin zur aufopfernden Generosität sich veredeln, nach unten zur unangenehmen, zudringlichen und selbstbewußten wohlfeilen Gemütlichkeit sich verschlechtern kann. Die populäre Sprache hat dafür eine ganze Skala im Ausdruck in den Worten Biedermajor, Biedermann, Biedermeier; wozu noch die tiefste Stufe, Biederknüppel, hinzukommt« [26]. Interessant ist, daß man noch 1865 *zwischen der hohen und der niederen Möglichkeit des Biedermanns unterscheiden kann.* Es ist gerade *die* Spannung in der Biedermeierkultur, für die ich Verständnis zu erwecken versuche. Wenn die »populäre

Sprache« Wortbildungen mit Bieder- liebte, läßt sich nicht ausschließen, daß schon Kußmaul und Eichrodt aus der Alltagssprache schöpften. Jedenfalls darf man annehmen, daß es nicht nur in den späteren Publikationen Eichrodts (1869, 1890), sondern auch in der Umgangssprache das Wort Biedermeier gab. Die sprachliche Verarbeitung des Begriffes »bieder« in den Landschaften und in den verschiedenen geistigen Strömungen des späteren 19. Jahrhunderts wäre wahrscheinlich eine ergiebigere Quelle als die dünne literarische Tradition.

Wenn man versucht, Kußmauls und Eichrodts Biedermeier-Parodie in einen geschichtlichen Zusammenhang zu stellen, so fällt zunächst die Tatsache auf, daß die Badener Akademiker den Badener Dorflehrer zum »schwäbischen Schulmeister« machten. Ist es ein nachbarlicher Spaß im Stil der alten Schwabensatire? Die Möglichkeit mindestens besteht, daß die Parodie des schwäbischen Schulmeisters Biedermaier zugleich als Spott auf Biedermeier-Schwaben aufzufassen ist; denn dieses hatte vor 1848 immer noch eine repräsentative Rolle gespielt, war nun aber im Begriff, im Dilettantismus zu ertrinken. Schon Heine hatte die schwäbischen Dichter wegen ihrer Kleinlichkeit verspottet. Diese Kritik wurde von den Badenern im großzügigen Geiste des heraufkommenden Realismus, an dem die Schwaben wenig Anteil hatten, wiederaufgenommen. Man könnte hinzufügen, daß Kußmaul und Eichrodt Freunde Scheffels waren, der zur gleichen Zeit, ebenfalls im Gefolge Heines, einen Bestseller publizierte (*Der Trompeter von Säckingen,* Stuttgart 1854). Bemerkenswert erscheint allerdings, daß in der Vorrede zu den Schulmeister-Gedichten nicht nur dem unabsichtlich erheiternden, naiven Biedermaier, sondern auch dem absichtlich erheiternden, d.h. parodistischen Präzeptor Schartenmaier der Untergang prophezeit wird: »Beide aber, Biedermaier wie Schartenmaier, werden bald zu den fossilen Überresten jener vormärzündflutlichen Zeiten gehören, wo Teutschland noch im Schatten kühler Sauerkrautköpfe gemütlich aß, trank, dichtete und verdaute, und das übrige Gott und dem Bundestage anheimstellte. Sie [Biedermaier, Schartenmaier] künftigen Zeiten zu erhalten, ist eine Pflicht, der wir uns hiemit entledigt haben« [27]. Der Ton ist nicht mehr so scharf wie bei Heine; und *der gewaltige Abstand, der nach dem Gefühl der Verfasser den Nachmärz vom Vormärz trennt, ist nicht zu übersehen.*

Die zwei Phasen der älteren Biedermeierforschung

Die Biedermeierrenaissance ließ nur ein halbes Jahrhundert auf sich warten. Sie begann im Bereich des Kunstgewerbes und in der unmittelbaren Nachbarschaft des Jugendstils. Ein Kenner der Materie, M. Müller-Jabusch, gibt der Zeitschrift *Jugend* (hg. v. Fritz von Ostini) das Hauptverdienst bei der Benennung der »bescheidenen Epoche nach dem Empire« [28]. Wie es auch mit dieser Behauptung stehe, sicher ist, *daß im ersten Jahrzehnt des 20. Jahrhunderts allenthalben das simultane Interesse für die bisher unterbewertete Periode erwacht, das das Kennzeichen von Renaissancen ist.* Joseph August Lux (*Von der Empire- zur Biedermeierzeit,* 1906) macht gleichzeitig mit der Jahrhundertausstellung auf die Biedermeiermalerei aufmerksam. 1911 veröffentlicht Max von Boehn schon eine große kulturgeschichtliche Darstellung *Biedermeier, Deutschland von 1815–47,* die fast unerschöpfliche Materialien enthält (3. Aufl. 1922). Im gleichen Jahr erscheinen die Gedichte des Schulmeisters Biedermaier erstmals in einer gesonderten Publikation und mit den wertvollen Illustrationen aus den *Fliegenden Blättern: Das Buch Biedermaier, Gedichte von Ludwig Eichrodt und Adolf Kußmaul sowie von ihrem Vorbild, dem »alten Dorfschulmeister« Samuel Friedrich Sauter, gesammelt und herausgegeben von Ludwig Eichrodt, Neue von Friedrich Eichrodt besorgte und von Eduard Ille illustrierte Ausgabe,* Stuttgart 1911. Einen gewissen Abschluß der ersten Phase dieser Biedermeierrenaissance bildete, noch vor dem ersten Weltkrieg, die von Georg Hermann (Pseud. für G.H.Borchardt) sorgfältig zusammengestellte und kenntnisreich eingeleitete Anthologie: *Das Biedermeier im Spiegel seiner Zeit* (1913).

»Daß alle diese kulturhistorisch eingestellten Schriften bereits Ansätze zur Erforschung des Literarischen Biedermeiers enthalten«, hat bereits Majut, einer der Biedermeierforscher um 1930, bescheiden festgestellt [29]. Die literarhistorische Biedermeierforschung wurde spezialistischer und im Stil der neuen »Geistesgeschichte« abstrakter, sie löste sich fast mehr als wünschenswert von der stilgeschichtlichen Anschauung, welche die Kunstgeschichte bot. Aber ein neues Abstandsgefühl zu der damals schon 100 Jahre entfernten Epoche scheint sich durch die Revolution von 1918 nicht ergeben zu haben. Die Tradition, welche sich als »konservative Revolution« aktualisierte, trug die Erinnerung an die gute alte Zeit weiter. Daß dies Heimweh jedoch kein spezielles Kennzeichen des deutschen oder gar faschistischen Geistes war, lehrt – noch deutlicher als unser Schweizer Beispiel – ein Blick nach England. Austin Wright leitet seine Essaysammlung zur Victorianischen Literatur (1961) mit dem folgenden Satz ein: »In the last thirty years or so, English literature of the Victorian period has received increasingly widespread and respectful study« [30]. Der älteste Essay, den der Herausgeber abdruckt, stammt aus dem Jahre 1928. Das ist genau das Jahr, in dem Paul Kluckhohn mit einem programmatischen Beitrag zur *Zeitschrift für deutsche Bildung* die Erforschung des literarischen Biedermeiers eröffnete [31].

Biedermeier als nichtprogrammatische Richtung

B.Emrich, ein Biedermeierforscher und Schüler Paul Kluckhohns, sagt gegen Ende seines Artikels Biedermeier im Reallexikon: »das Bleibende schaffen die einzelnen Dichterpersönlichkeiten ohne gegenseitige Übereinkunft und ohne Programme in bewußter Beschränkung« [32]. Richtig ist, daß die Biedermeierdichter nicht bewußt Biedermeierdichtung schufen; aber sie beschränkten sich auch nicht bewußt. Es kam ihnen gar nicht in den Sinn, ein anspruchsvolles Programm aufzustellen, wie es vorher die Romantiker und nachher die Realisten getan haben. Die Schwierigkeit des Biedermeierbegriffs liegt also zunächst darin, daß das Biedermeier keine programmatische Bewegung mit bestimmten Kampfschriften und programmatischen Zeitschriften ist, aus denen man zitieren und nachweisen kann, was die Gruppe wollte.

Das Biedermeier teilt diesen Mangel mit dem Barock und Rokoko. Das Rokoko brauchte etwa hundert Jahre, bis aus dem Schimpfwort ein wertfreier Begriff wurde [33]. Das Biedermeier scheint länger zu brauchen; denn dieser Begriff fungiert in unserm konstant militanten und unbescheidenen Jahrhundert da und dort immer noch als Schimpfwort. Aber dieses Bewertungsproblem berührt den, der die literarischen Biedermeiermeister kennt, nicht so stark wie die Frage, was denn eigentlich Biedermeier und biedermeierlich heißen soll. Aus Programmen entsteht leicht ein Mißverhältnis zwischen Wollen und Vollbringen. Besonders die Romantik beweist es. Diesen Nachteil gibt es für das Biedermeier nicht. Seine Dichter arbeiten naiver als programmatische Autoren; aber um so schwerer ist es auch zu sagen, was die Dichter jenseits ihrer Individualität – diese muß immer vorausgesetzt werden! – gemeinsam haben und was sie zu einer wie immer lockeren Richtung zusammenschließt.

Die landschaftliche Ausprägung der Biedermeierkultur

Wir wollen nicht auf das Taschenbuch- und Musenalmanach-Biedermeier zurückkommen, das relativ einheitlich ist und das, wie wir sahen, schon Kluckhohn beschrieben hat. Diese harmlose gesellige Literatur in kleinen Formen und in heiterem Geiste – auf dunklem Hintergrund – entfaltet sich schon in der frühen Biedermeierzeit und kann psychologisch als eine Kompensation für die schweren Kriegsjahre, vielleicht auch als ein Ausweichen vor den anstehenden schwierigen Aufgaben aufgefaßt werden. Hauffs Märchen und Wilhelm Müllers Lyrik, besonders seine *Müllerlieder*, repräsentieren dieses unterhaltsame und volkstümliche Biedermeier in der glücklichsten Weise. Schwieriger wird die Frage nach dem Biedermeier, wenn wir seine großen Meister ins Auge fassen. Hier geraten wir nämlich in der Hauptsache schon in jene Zeit, die auf das Verbot der Jungdeutschen (1835) folgt, und zu Dichtern, die stark landschaftlich bestimmt sind. Die Landschaftsgebundenheit kennt das Rokoko noch kaum; sie erschwert die Biedermeierforschung. Was sollen Gotthelf, Mörike, Stifter und die Droste noch gemeinsam haben, wenn man von der schweizerischen, schwäbischen, österreichischen und westfälischen Stammesfärbung absieht? Nun, man wird von dieser Landschaftsgebundenheit nicht absehen, *sondern in ihr selbst ein zentrales Biedermeierzeichen erblicken*. Wenn so viele Dichter landschaftsgebunden sind – man könnte aus jedem Stamm eine Reihe von Namen hinzufügen –, so ist dies nicht als ein individuelles Bekenntnis, sondern als eine historische Erscheinung zu verstehen. Man hat auf die Grenzen dieses Provinzialismus aufmerksam gemacht [34]. Auch in unserem eigenen Zusammenhang ergibt sich die Frage, wie sich die Landschaftsgebundenheit mit dem im ersten Kapitel nachgewiesenen Ordnungsdenken, mit dem Universalismus der Zeit vertragen soll.

Wir haben es im Biedermeier ganz allgemein mit einem *begrenzten* Erfahrungs-denken zu tun (vgl. o. S. 40 ff.). Wenn die Droste vom Brederholz spricht, so meint sie zugleich das Satanische, das sich in seinem Dunkel verbirgt. Für Mörike ist der Be-zirk, in dem die schöne Buche steht, ein magischer Bezirk, und der Bodensee ist nicht bloß eine bestimmte Landschaft, sondern der Inbegriff der ländlichen Freude. Die Alpen und der Rhein predigen Gotthelfs jungem Jakob, wie wir schon sahen, die Ehrfurcht. Auch für Stifter, der die Alpen genauer beschreibt, sind sie nicht nur eine Naturerscheinung. Man kann aus Stifters Erzählung *Der heilige Abend* – der Titel der Urfassung ist wichtig – entnehmen, daß der Dichter eine sehr genaue Kenntnis von den Alpen, auch während des Winters, hatte; aber die furchtbare Welt des Hoch-gebirgseises wird nur beschrieben, um in ihr das Heilige, die wunderbare Errettung der unschuldigen Kinder, um so stärker zur Geltung zu bringen und so die Erzählung, die wie ein naturkundlicher Aufsatz begann, in eine Art Legende zu verwandeln. *Die Dinge machen im Biedermeier ihre Körperlichkeit mit besonderer Eindringlich-keit geltend, sie sind nicht gleich ästhetisch (symbolisch) relativiert, sondern zunächst außerordentlich dicht, ja oft dumpf und drückend. Doch die Aufgabe, die sich der echte Biedermeierdichter immer stellt, ist, sie transparent zu machen.* Das höhere Licht, das Geheimnis, das Wunder, die Vorsehung scheinen überall durch, auch wenn die Naturerscheinungen und der Alltag ohne Beschönigung dargestellt werden. Ge-rade der Jenseitsglaube erlaubt es, die Menschen in ihrer ungeschminkten Kreatür-lichkeit vorzustellen, den idyllischen Waldarbeiter etwa mit Mordgedanken *(Der beschriebene Tännling),* während der Realist, der nichts als diese Welt kennt, sich gezwungen sieht, sie letzten Endes zu entschuldigen und zu verklären.

Auch die Heimat nun gehört zu den Erscheinungen, aus denen dem Biedermeier-dichter der höhere Sinn und die höhere Ordnung *durch*scheint; aber es wäre ver-kehrt, wenn man glauben wollte, sie und alle andern Dinge dieser Welt bedeuteten dem Dichter nichts. Da die Natur und die Geschichte, die ihren Niederschlag auch im »Vaterland« (Heimatstaat) gefunden haben, ähnlich wie die Bibel ein Buch Got-tes sind, leiten sie den Menschen ein Stück auf seinen Wegen. Schließlich aber bedarf er der Gnade und einer höheren Führung. Dies Gradualismus-Schema ist bei den beiden Katholiken (Stifter, Annette) leichter zu sehen als bei den Protestanten (Mö-rike, Gotthelf). Doch führt sie der von Österreich inspirierte Biedermeiergeist in der gleichen Richtung. Man darf an das von Menzel festgestellte »Hervortreten eines katholischen Elementes im Protestantismus selbst« (s. o. S. 113) erinnern. Mörike liebte Mozart und auch die Österreicher liebten von jeher Mörike wegen seiner leich-ten, die Dinge nicht beschwerenden Hand. So lebensnah etwa die Studierstube des Pfarrers von Cleversulzbach ist *(Der alte Turmhahn),* – durch den »Sternenlüfte-schwall« verliert sie ihre Enge. Noch näher steht Gotthelf jenem katholischen Den-ken, das die Kreatürlichkeit und die natürliche Offenbarung ebenso betont wie die Theologie und die jenseitige Dimension. Man rechnet ihn zu den Verfassern von Dorfgeschichten, und es ist auch wahr, daß er vom Boden, vom Boden des Kantons

Bern ausgeht. Er nimmt den Alltag und seine Arbeit außerordentlich ernst; aber erst am Sonntag erstrahlt das Dorf in seinem höheren Glanze, erst die Gnade des Herrn macht den Menschen ganz. Die gewaltige Erscheinung Gotthelfs veranschaulicht den fließenden Übergang zwischen dem weltlichen und geistlichen Biedermeier (s. u. S. 137 ff.) besonders klar. Unter den dichtenden Pfarrern gibt es manchen, den man am besten *zwischen* diesen beiden Richtungen einordnet.

Die Spannung von Alltag und Festlichkeit

Die Romantik hatte die Arbeit mißachtet und geglaubt, das von Träumern, Bohemiens und Taugenichtsen gelebte Leben sei das am meisten poetische. In der Not der Kriegs- und Nachkriegszeit sieht man sich erneut auf das wenig romantische Existenzminimum verwiesen. Ohne »saure Wochen« sind in der Biedermeierzeit nach dem bekannten Gedicht Goethes »frohe Feste« nicht zu verwirklichen, und eine junge, bescheidenere Generation ist auch bereit, durch eine nach heutigen Begriffen unerhört harte Arbeit die Voraussetzungen für eine freundlichere Zukunft zu schaffen. Auch das ist eine positive Seite der biedermeierlichen Entsagung, die man gerne vergißt. In unzulänglichen Betriebsformen, mit unzulänglichen, womöglich noch hölzernen Werkzeugen wird von frühmorgens bis spätabends gearbeitet, gewiß nicht pausenlos, aber doch so lang, daß das Leben eines Bauern, Handwerkers und Kaufmanns noch immer als eine einzige Qual erscheinen kann. Um so wichtiger ist in diesem trübseligen Erdentale das Fest. Das Biedermeier erscheint in allen seinen Künsten und Lebensbereichen als ein Zeitalter, das die Feste überschwänglich liebt. Auch das ist ein Stück Barocktradition [35].

Die Funktion des Festes hat sich aber seit dem Zeitalter der höfischen Kultur wesentlich geändert. Noch immer gibt es natürlich, wie wir schon hörten, die fürstlichen Hochzeiten, bei denen sich das Volk so drängt, daß es kaum einen Blick auf das hohe Brautpaar erhaschen kann. Aber das ist nicht alles. Es gibt jetzt Feierlichkeiten, die schon als »Volksfeste« angesprochen werden und die als solche von der Obrigkeit ausdrücklich angeregt und ausgestaltet werden. Auf einer Abbildung des Münchner Oktoberfests von 1820 erkennt man das stattliche Königszelt [36]. Etwas wie Demokratie gibt es vorläufig nur bei diesen Festen. Ich erinnere an den Eingang von Grillparzers Erzählung *Der arme Spielmann*, die schon das vollentwickelte Festtreiben zu Ende der Biedermeierepoche beschreibt: »In Wien ist der Sonntag nach dem Vollmonde im Monat Juli jedes Jahres samt dem darauf folgenden Tage ein eigentliches Volksfest, wenn je ein Fest diesen Namen verdient hat. Das Volk besucht es und gibt es selbst; und wenn Vornehmere dabei erscheinen, so können sie es nur in ihrer Eigenschaft als Glieder des Volks... An diesem Tage feiert die mit dem Augarten, der Leopoldstadt, dem Prater in ununterbrochener Lustreihe zusammenhängende Brigittenau ihre Kirchweihe. Von Brigittenkirchtag zu Brigittenkirchtag zählt seine guten Tage das arbeitende Volk. Lange erwartet erscheint endlich das saturnalische Fest. Da entsteht Aufruhr in der gutmütig ruhigen Stadt. Eine wogende Menge erfüllt die Straßen. Geräusch von Fußtritten, Gemurmel von Sprechenden, das hie und da ein lauter Ausruf durchzuckt. Der Unterschied der Stände ist verschwunden… Ein neu Hinzugekommener fände die Zeichen bedenklich. Es ist aber der Aufruhr der Freude, die Losgebundenheit der Lust«. Die Verbindung zwischen Volksfest und Revolution, die der Erzähler selbst herstellt, legt es nahe, die Volksfeste als Ventile der Demokratisierung oder Kollektivierung, die, wie wir schon sahen, insgeheim weitergeht, zu verstehen. Aber diese sozialgeschichtliche Interpretation erschöpft den Sinn der Biedermeierfestlichkeit noch nicht. Der Anlaß (Kirchweihe) gibt einen Hinweis darauf, daß es wieder darum geht, die äußere Wirklichkeit, die hier als Arbeitsalltag erscheint, zu überschreiten und so in die höhere Ordnung der Welt einzufügen. Im Volksfeste hat noch der Ärmste Anteil an der »Freude«, die den positiven Sinn des Lebens verbürgt. »Das arbeitende Volk« (s. o.), von dem man meinen sollte, daß es von den Qualen des Lebens am stärksten beeindruckt wird, leidet nicht unter Weltschmerz, da es sich in stetigen Rhythmen naiv der gemeinsamen Festesfreude überläßt und in diesen Augenblicken, so selten sie sind, schon einer höheren Weltdimension teilhaftig wird. Diese Naivität als religiöse Möglichkeit meint auch die Novelle von dem armen Spielmann, der im Sinne der Welt nicht spielen kann und doch den lieben Gott spielt.

Der Biedermeierdichter betrachtet das Selbstbewußtsein, das zur Absonderung vom Volke, zur Einsamkeit und Unzufriedenheit führt, als Sündenfall. Besonders geistliche Erzähler wie Gotthelf und Christoph von Schmid werden nicht müde, den schlichten Glauben des Volkes zu rühmen. Die sonntägliche Familie, ja sogar die sonntägliche Natur ist schöner als die werktägliche. Die Weihe des Festes liegt an Sonn- und Feiertagen über jedem Dorf, über jedem Haus und ganz besonders natürlich über dem Gotteshaus. Der mehr oder weniger verweltlichte Städter – Gotthelf spottet gerne über ihn – weiß nicht mehr, wie geheiligt das Leben im Schoße des frommen Volkes ist. Die zahllosen Genrebilder von Tauf- und Hochzeitsfesten, von Kirchgängen und Kirchfesten, die es im literarischen und bildkünstlerischen Biedermeier gibt, haben natürlich auch einen folkloristischen Zweck. Sie sollen dem gebildeten Städter ein buntes Bild vom Landleben vermitteln, damit er nie vergißt, wo der Kern des Volkes ist, von dem er nur ein bedenklich abgesplittertes Teilchen ist. Noch wichtiger ist die religiöse Funktion solcher Bilder. Sie sollen den verirrten Bürger und Intellektuellen in die christliche Gemeinde zurückführen. Die Welt kann nach einer weitverbreiteten Meinung so geordnet sein wie eh und je, wenn der Gebildete sein bißchen Verstand aufgibt und sich demütig einordnet. Der Irrationalismus kommt der damaligen Stimmung entgegen. Der Preis des volkstümlichen Festes und jeder Art von Naivität ist in den meisten Fällen ehrlich gemeint. Der Biedermeiermensch versucht auf diese Weise, die Schwermut, die auf ihm lastet, zu überwinden, und man wird kaum leugnen können, daß ihm dies manchmal gelingt. So ist die paradoxe Tatsache zu verstehen, daß das konservative Biedermeier dem Ideal einer Volksliteratur näher kommt als das fortschrittliche Junge Deutschland. Es ist volkstümlicher, weil es demütiger ist.

Naturalismus und Supranaturalismus

Wenn man die christliche Komponente in der weltanschaulichen Struktur des Biedermeiers ernst nimmt und Verwechslungen mit der stärker verweltlichten, ja nachchristlichen Struktur des Realismus vermeidet, so lösen sich manche Rätsel, die *der Stil* des Biedermeiers *bisher* aufgab, von selbst. Der Biedermeierdichter gibt der empirischen Wirklichkeit unmittelbare Präsenz, da sie nicht erst durch die Kunst, sondern in sich selbst etwas bedeutet, als »Schöpfung«, Geschichte und beobachtete oder erlebte Umwelt. Er will aufrichtig (naiv) die Moorlandschaft in Westfalen oder das Bauernleben im Berner Oberland oder eine Aussicht auf die Alpen oder einen schönen Gegenstand oder eine menschliche Gestalt abbilden. Er beschreibt hingebend, ohne zu fragen, ob Beschreibungen in der Dichtung erlaubt sind. Er scheut vor einem »naturalistischen Milieu« nicht zurück. Friedrich Mergel in verkommenen häuslichen Verhältnissen *(Judenbuche),* die fünf Mädchen im Branntwein (Gotthelf), die wahnsinnige Agnes *(Maler Nolten),* die absolute Korruption in einem Dorf (Zschokke, *Goldmacherdorf),* Pest, Ehebruch, Geiz, Mordabsichten (Stifter) – *es gibt nichts, was der Biedermeierdichter grundsätzlich ausschließen müßte; im Gegenteil, die Welt ist so darzustellen, daß das Transzendieren der Wirklichkeit natürlich, ja unausweichlich erscheint.* Dies Transzendieren hat, literarisch gesehen, die Folge, daß *ohne ästhetische Kleinlichkeit* über die empirische Erscheinung reflektiert, dialogisiert oder gepredigt wird. Der programmatische Realismus verbietet die Reflexion und Predigt, weil dies die Gegenständlichkeit und das kunstvolle (sinnliche, anschauliche) Erscheinen des Gegenstands stören muß. Der Biedermeierdichter dagegen kennt die autonome Kunst so wenig wie die autonome Wirklichkeit. *So wichtig Kunst und Wirklichkeit sind, – letzten Endes erscheinen sie doch nur als Hinweise auf das, was eigentlich ist und sein soll.* Friedrich Mergel ist zu bedauern. Verständlich erscheint es schon, daß er, so ausgesetzt und verführt, zum Verbrecher wurde. Aber dies Verständnis darf nicht dazu führen, daß die übernatürliche Ordnung und Vorsehung, die in den Dingen dieser Welt herrscht, außer acht gelassen wird. Die Dichte der Erscheinungswelt, die im Biedermeier oft drückend und kleinlich erscheint, darf nicht im Gegensatz zu der allgegenwärtigen, ausgesprochenen oder nicht ausgesprochenen Transzendenz gesehen werden. In die dumpfe Stube, in der die Familie traulich beisammen sitzt, kann jederzeit der Blitz einschlagen (Gustav Schwab). Wer diese Spannung übersieht, verkennt das Biedermeier.

Keine autonome Idylle

Auch die idyllische Neigung des Biedermeiers wird mißverstanden, wenn man die Idylle für autonom hält. Die Ehrfurcht vor den übermenschlichen Kräften – vielleicht auch nur das Erschrecken vor ihnen – ist es, was zur Ausbildung der bergenden Idylle, so vergänglich sie sein mag, führt. Die Liebe unter den Familienmitgliedern wäre nicht so groß, wenn diese nicht ständig damit rechnen müßten, einander

durch den Tod zu verlieren. In den Bildern der Zeit blicken sie manchmal übereinander weg. Das Haus wäre nicht so behäbig, wenn das Land nicht stets durch ein
Wiederauftreten der Schwarzen Spinne bedroht wäre. Man schätzt die Inseln, weil
man in den geschichtlichen und physischen Katastrophen ständig erfährt, was Schiffbruch ist. In einem Gemälde Karl Blechens, Der Wasserfall, bildet den Vordergrund
ein sorgfältig ausgemaltes Plätzchen mit Bank, Geländer, Sträuchern und einem
überhängenden Baum, dessen einzelne Blätter sich von dem weißen Hintergrund
abheben. Aber dieser Hintergrund selbst ist nichts anderes als eine einzige unför-
mige, übermächtige Masse Wasser, der Wasserfall. Es kann auch umgekehrt sein.
In dem Bilde Adolf Dresslers, Rothwassertal im Riesengebirge, bildet ein Talboden
mit sehr genau wiedergegebenen dunklen Steinen und düsteren Tannen den Vordergrund. Im Hintergrund dagegen sieht man eine weibliche Gestalt und einen Überfluß an Licht, der mehr als natürlich erscheint. Ob die Bedrohung oder die Erlösung
im Hintergrund erscheint, vorläufig ist die dichte Welt der Dinge in jedem Fall.
Wenn man diese ständige Transparenz des empirischen Vordergrunds verstanden
hat, wundert man sich nicht mehr über die Engel, Schutzgeister und die ins Über-
irdische gesteigerten menschlichen Figuren, welche die Dichtung und Kunst des Biedermeiers beleben. Auf festgegründeter, sicher zu überschauender, in sich selbst
ruhender Erde wohnt erst der Realist.

Stilistische Diskontinuität (Rhetorik)

Mit der ungesicherten Stellung des Menschen in der Welt (Okkasionalismus) hängt
der Wechsel der Stillage, der schon im einzelnen Werk häufig vorkommt, zusammen.
Diese stilistische Diskontinuität kennzeichnet auch die Jungdeutschen, muß aber
vielleicht beim Biedermeier besonders nachgewiesen werden, da sich die ältere Biedermeierforschung an Stifters späten Romanen orientierte und die Vorstellung vom
Biedermeierstil verfälschte. Man kann eine einzelne Stelle von Fontane oder Keller
herausnehmen, um daran den Keller- oder Fontaneton aufzuweisen. Bei Grillparzer,
Mörike, Droste-Hülshoff, Gotthelf und selbst beim Stifter der Frühfassungen könnte
diese Methode leicht in die Irre führen; denn der Biedermeierdichter versteht, im
Unterschied zum Realisten, sein Subjekt noch nicht als autonomes Medium der Welterfahrung. Er geht vielmehr von der älteren (rhetorischen) Vorstellung aus, daß der
Stil jeweils einem Zweck entsprechen und mit den wechselnden Zwecken selbst
wechseln darf und muß. Diese Neigung zum Wechsel des Tons haben wir schon bei
der Erwähnung des Nebeneinanders von Erzählung und Reflexion berührt. Auch da,
wo das Empirische nicht mehr von vornherein als exemplum aufgefaßt, sondern in
seinem Eigenwerte respektiert wird, *erschiene das Verbot einer Kommentierung oder
einer Ausschmückung mit rhetorischem Pomp oder einer Ironisierung mit satirischen
Mitteln unmöglich und absurd.* Als sich gegen Ende von Stifters *Brigitta* (Urfassung)
die Gatten wiedergefunden haben und das Weib am Halse des Mannes weint, da
wird dieser große Augenblick durch eine rhetorische Bemerkung über »das Verzei-

hen« gefeiert. Der einmalige Hinweis auf diese »herrliche und göttliche« Tugend genügt nicht. Eine Seite weiter unten lesen wir: »Und wieder stürzten sie sich in die Arme, als könnten sie sich nicht ersättigen, als könnten sie nicht glauben an das gewonnene Glück – wie zwei Menschen waren sie, von denen eine große Last genommen – die Welt stand wieder offen, eine Freude, wie man sie nur an Kindern findet, war an ihnen – in dem Augenblicke waren sie auch unschuldig wie die Kinder; denn die reinigendste, die allerschönste Blume der Liebe, aber nur der höchsten Liebe, ist das Verzeihen, darum wird es auch nur *immer* an Gott gefunden, und an Müttern. Schöne Herzen tun es öfter, gemeine nie. Die Gatten hatten mich wieder vergessen und wandten sich ins Krankenzimmer, wo Gustav, der das Ganze dunkel ahnte, wie eine glühende, blühende Rose lag und ihnen atemlos entgegen harrte! Ich aber ging in den Garten hinaus und dachte: O wie heilig, wie heilig muß die Gattenliebe sein und wie arm bist du, der du bisher höchstens die trübe Lohe der Leidenschaft kanntest«. Wenn man diesen rhetorisch überhöhenden und sittlich-religiös kommentierenden Stil mit den Anaphern, Metaphern und Superlativen im Geist einer kälteren Zeit verabscheut, sollte man sich erst gar nicht mit dem Biedermeier befassen.

So rhetorisch wie Stifter an der zitierten Stelle arbeiten auch die andern Meister des Biedermeiers; denn das reine Artefakt ist noch nicht das Ziel. Rhetorik übersetzt man noch immer mit »Kunst der Prosa«, sie findet an Höhepunkten von Erzählungen und anderen Prosastücken Verwendung; aber sie schmückt, wie von alters her, auch die Versdichtung, die Lyrik, das Epos und nicht zuletzt die Tragödie. Daß das biedermeierliche Tragödienpathos keine leere Tradition, sondern immer noch ein Ausdruck für die Präsenz des Ewigen im Irdischen ist, möge eine Stelle aus dem III. Aufzug von *Ottokars Glück und Ende* andeuten. Ottokar droht, während der Unterredung mit Kaiser Rudolf, das Gespräch an der Spitze seines Heeres fortzuführen. Rudolf antwortet nicht mit einer Gegendrohung, sondern die Situation wird im Pathos des Kaisers plötzlich transparent für die höhere Dimension der Geschichte:

> Ich bin nicht der, den Ihr voreinst gekannt!
> Nicht Habsburg bin ich, selber Rudolf nicht.
> In diesen Adern rollet Deutschlands Blut.
> Und Deutschlands Pulsschlag klopft in diesem Herzen.
> Was sterblich war, ich hab es ausgezogen,
> Und bin der Kaiser nur, der niemals stirbt.
> Als mich die Stimme der Erhöhung traf,
> Als mir, dem nie von solchem Glück geträumt,
> Der Herr der Welten auf mein niedrig Haupt
> Mit eins gesetzt die Krone seines Reichs,
> Als mir das Salböl von der Stirne troff,
> Da ward ich tief des Wunders mir bewußt,
> Und hab gelernt auf Wunder zu vertraun!

Man mag ruhig zugeben, daß die Mystik der Heiligen Allianz in Grillparzers pathetischen Versen ihren Niederschlag gefunden hat. Weiten Kreisen erschien der Sieg über den scheinbar unbesiegbaren Weltbeherrscher Napoleon wie ein Wunder. Dem

Biedermeierdichter war dieser Glaube eine Gottesgabe, an der er Anteil nehmen durfte.

Auch die Biedermeierlyrik befreit sich nur in Ausnahmefällen von der Rhetorik. Man muß ihr die Anaphern, Alliterationen, Interjektionen und Imperative lassen, wenn man sie nicht anachronistisch beurteilen will:

> Laß, o Welt, o laß mich sein!
> Locket nicht mit Liebesgaben,
> Laßt dies Herz alleine haben,
> Seine Wonne, seine Pein!

Am ehesten gelingt es noch, die Empfindsamkeit durch Spaß und Spiel auszutreiben; aber auch da schreckt man vor der Verwendung sehr naiver Stilmittel nicht zurück. Als vorläufiges Beispiel für den biedermeierlichen Scherzstil diene Rückerts

Zurückgezogenheit.

> Das hab' ich in meinem
> Gemüt nun entdeckt:
> Mein Süßestes hab' ich
> Verborgen geschmeckt.
> Viel seltner, von Wolken
> Des Kummers bedeckt,
> Ward ich von den Frohen
> Zur Freude geweckt;
> Viel öfter, im Winkel
> Des Friedens versteckt,
> Umsonst daraus ward ich
> Von Störern geneckt;
> Fühlhörner, die zart ich
> Entgegen gestreckt,
> Zurück von unzarter
> Berührung geschreckt.
> Und wo mich die Hand
> Zu liebkosen bezweckt
> Da hat sie mich täppisch
> Danieder gestreckt.
> Drum sei, wie im Kelche
> Der Ros' ein Insekt,
> Versenkt in dich selber,
> Und bleib unbefleckt! [37]

Der durchgehende Reim auf -eckt gibt dem Gedicht einen ghaselartigen, mechanischen und damit auch komischen Ton. Besonders das drastische Fremdwort Insekt bewirkt eine scherzhafte Schlußpointe. Diese muß allerdings noch durch einen moralischen Imperativ ergänzt werden, damit man die Zurückgezogenheit nicht mit dem unerlaubten Egoismus verwechseln kann.

So starke Kontraste und so grelle Effekte wie die jungdeutsche Rhetorik kennt der Biedermeierstil kaum; aber auch er ist nicht stetig, sondern eher unruhig und jedenfalls reich an Wechsel. Er überschreitet die Grenze des mittleren (realistischen) Stils gerne nach oben oder unten; denn was der Biedermeierdichter in erster Linie erfährt, ist nicht die Einheit der Welt und auch nicht die seiner Person, sondern der ständige Wechsel der Situationen wie auch der eigenen Stimmung und die kaum aufzulösende Spannung, die in dieser Welt zwischen dem Trivialen (oder Bösen) und dem Heiligen besteht.

Die Formenwelt der Biedermeierliteratur

Die Frage nach der biedermeierlichen Formenwelt ist nicht so leicht zu beantworten, wie die ältere Biedermeierforschung meinte. Wenn man z. B. behauptete, die *Tragödie* vertrage sich mit dem Biedermeier unmöglich, so simplifizierte und verbürgerlichte man diese Literaturrichtung. Das christliche Ordnungsdenken, in dessen Rahmen sich auch die Tragiker des Biedermeiers zu bewegen haben, gestattet natürlich nicht die absolute Tragödie, die Tragödie der Verzweiflung. Ihr nähert sich Grillparzers Hero-Tragödie, die mit dem Blick auf Goethe geschrieben wurde, in ihrem dumpfen Ausgang und der blasphemischen Schlußpointe, – wenn auch der Vorwurf nur dem antiken Gotte Amor gilt. Die Unmöglichkeit von Heros Entschluß, sich dem Heiligen zu weihen, erscheint als bewiesen. In einer biedermeierlichen Tragödie müßte Hero, wie immer zaghaft, den Rückweg zur heiligen Ordnung des Tempels antreten. Durch diese Versöhnung nach der Katastrophe würde die Tragödie legitim. Sappho hatte in solcher Weise ihren Frieden mit den Göttern wiederhergestellt. In *Ottokars Glück und Ende* erfüllte die schließliche Reue des Gewalthabers diese Versöhnungsfunktion. *Mit Störungen der Ordnung rechnet der Biedermeierdichter von vornherein, sie dürfen nur nicht absolut erscheinen, sondern müssen am Ende zurückgenommen werden.* Es besteht keinerlei Anlaß, Grillparzer mit Haut und Haaren dem Biedermeier zuzuweisen. Abgesehen davon, daß Literaturrichtungen nie den Sinn haben können, die Dichter säuberlich nach ihnen aufzuteilen, macht schon Grillparzers Geburtsjahr (1791) diese Einordnung fraglich. Er wurzelt weit stärker in der Josephinischen und klassizistischen Epoche als Stifter (geb. 1805), den der Geist der Restaurationszeit schon in der klösterlichen Schule prägte. Aber so eng und bürgerlich sollte der Begriff der Biedermeiertragödie nicht gefaßt werden, daß nur *Der Traum, ein Leben,* in dem die Tragödie ein lehrreicher Traum ist, als biedermeierlich anerkannt wird. An solchen Stellen, wie sie etwa durch Grillparzers Rudolfdramen bezeichnet werden, ist der Begriff eines höfischen Biedermeier hilfreich (s. u.).

Das Biedermeier steht historisch jenseits von Klassizismus *und* Romantik; aber seine Nüchternheit läßt es leichter Verbindungen mit klassizistischen Formen eingehen. Daher gibt es vom Anfang bis zum Ende der Epoche zahlreiche *Hexameterepen,* meist mit historischen und idyllischen Stoffen. Auf diesem Gebiet ist für den unvoreingenommenen, historisch denkenden Forscher manche Entdeckung zu machen. Auch Erzählungen mit kurzen Reimversen findet man öfters; gerade diese erfreuten sich großer Beliebtheit. In den *episch-lyrischen Kurzformen,* vom Kleinepos mit drei oder vier Gesängen bis zur Ballade und zum humoristischen Erzählgedicht, liegt ein Schwerpunkt des Almanachbiedermeiers. Doch verschmähte auch die Droste diese episch-lyrische Formenwelt nicht.

Didaktisch-lyrische Dichtungen liest man fast ebenso gern. Übergangsformen sind überhaupt sehr beliebt. Sie verraten die poetologische Unbekümmertheit, die praktische und gesellschaftliche Art der Biedermeierdichter. *Aus der Universalpoesie wird oft genug die leichter zu realisierende und wirksamere Mischpoesie.* Auf die Vorliebe für lyrische Zyklen hat schon Kluckhohn hingewiesen. In dieser nicht eben tiefen, aber freundlichen und manchmal erfrischenden, auch anmutigen Almanachpoesie glaubte man den Kern des Biedermeiers in Händen zu haben.

Dem widerspricht die Tatsache, daß es eine reiche biedermeierliche *Romanliteratur* gibt und daß diese in Gotthelf einen kaum umstrittenen Höhepunkt erreicht. Man wird dem Biedermeier nicht gerecht, wenn man nicht sieht, daß es aus der Fülle der Welt zu schöpfen verstand und die »epische Breite« in seinen Romanen ohne Zwang erreichte. Wieder ist nicht zuerst an Stifters Romane zu denken, denn diese, besonders *Witiko,* sind auf »Epos« stilisiert und insofern eine klassizistisch forcierte Ausprägung des Romans.

Die einseitige Kultivierung der *Novelle* ist für das Biedermeier noch nicht charakteristisch. Sie ergibt sich erst im Realismus, aus der programmatischen Ästhetisierung der Erzählprosa und aus der Annäherung an das Drama, die ebenfalls ästhetisch begründet ist. Es ist unmöglich, sich von Gotthelfs homerischer Erzählkraft (G. Keller) ein Bild zu machen, wenn man nicht bereit ist, eine Reihe seiner Romane zu lesen. Auch Alexis ist in erster Linie Romanschriftsteller. Desgleichen der mächtige Sealsfield. Seine »Volksromane« wird man allerdings nicht ohne weiteres ins Biedermeier einordnen, sondern ähnlich wie Immermanns *Epigonen* und *Münchhausen* in dem fruchtbaren Niemandslande *zwischen* dem Biedermeier und dem Jungen Deutschland belassen.

Auf dem Felde der *Publizistik* führen die Jungdeutschen und die Junghegelianer, nicht die Schriftsteller des Biedermeiers. Selbstverständlich gibt es auch konservative Zweckschriftsteller; aber der Schwerpunkt des Biedermeiers liegt auf der Belletristik. Man muß sich nur klarmachen, daß diese, besonders in der Form der Erzählprosa, eine große Breitenwirkung hatte. Wer viele Biedermeierromane liest, wird so gut wie in alle Probleme, die das Zeitalter beschäftigten und bewegten, eingeführt. Ästhetische Exklusivität gab es in dieser Erzählwelt noch nicht! Wie der Geschichtsroman und die frühe Geschichtsschreibung ineinander übergehen, so lassen sich auch der Gegenwartsroman und die Publizistik, bzw. die Predigt, nicht säuberlich voneinander trennen. Alle diese Formen gehören noch zum Bereich der Rhetorik, zur »Kunst der Prosa«. Als der programmatische Realismus der Rhetorik den Todesstoß versetzte, versank diese gewaltige Literaturmasse in Vergessenheit. Heute mag man, eben in der Annäherung an die Zweckliteratur, die besondere Lebenskraft der biedermeierlichen Erzählprosa erkennen. Sie widerspricht jedenfalls völlig dem Klischee, nach dem sich Romanisten und Marxisten, ohne die Sache zu kennen, den »deutschen Roman« vorstellen.

Wie wenig die Kleinformen oder gar Kleinstformen allein das Bedürfnis der Biedermeiergesellschaft befriedigen, verrät am besten ein Blick auf *die idyllischen Gattungen*. Man ist sich wohl darin einig, daß eine besondere Affinität des Biedermeiers zur Idylle besteht. Der Sinn für das einfache, naturnähere Leben des Volkes, die bewußte Kultivierung der Naivität, die Entsagungsbereitschaft auf religiöser Grundlage, überhaupt der Versuch, eine ältere Stufe der Kultur zu restaurieren, macht dem Biedermeier das Idyllische teuer. Betrachtet man aber die literarische Auswirkung des idyllischen Geistes, so erkennt man, daß die aus dem 18. Jahrhundert herkommende, bürgerlich-humanistische Tradition, welche dem 19. den Sinn für die Idylle vermittelte, nach der Romantik einem Umformungsprozeß unterworfen war. Man sollte doch eigentlich meinen, der Geist des Biedermeiers und die Publikationsform des Almanachs habe zu einer unabsehbaren Menge von Idyllen in der klassischen Form der Kleinidylle geführt, und man erinnert sich auch gleich berühmter Beispiele (Mörike, *Der alte Turmhahn*, Droste-Hülshoff, *Des alten Pfarrers Woche*). Trotzdem hat Renate Böschenstein-Schäfer recht, wenn sie meint, im 19. Jahrhundert scheine es der »legitime Weg der Idylle« zu sein, sich als literarische Form aufzugeben und in eine Existenz als Idee überzugehen, die sich in mannigfacher Gestalt poetisch niederschlagen kann [38]. Mit schlichten Worten: *Nicht so sehr die Idylle als das Idyllische liebt die nachromantische Zeit. Es kommt während des Biedermeiers zu einer idyllischen Überformung aller Gattungen,* der Lyrik, des Kleindramas und ganz besonders der epischen Formen.

Den Anknüpfungspunkt im 18. Jahrhundert bot das idyllische (bürgerliche) Epos, eine heiß umstrittene literarrevolutionäre Form, wie fünfzig Jahre früher das bürgerliche Trauerspiel. Im Biedermeier, das von gesellschaftlichen Bedürfnissen stärker bestimmt wurde als von der klassizistischen Theorie und Leistung Goethes, setzte sich vor allem das Vorbild von Vossens *Luise* (1795) durch. Das idyllische Pfarrerepos bot glänzende Gelegenheit, die Oberschicht auf dem Lande, den Pfarrer und den Gutsherrn, bei festlichen Anlässen vorzuführen, ihre segensreiche gemeinsame Tätigkeit nachzuweisen und durch eine Predigt zu vertiefen. Es gehörte schon eine gewisse Unabhängigkeit dazu, anstelle derartiger ländlicher Honoratiorenepen eine volkstümlich-idyllische Dichtung (Mörike, *Idylle vom Bodensee*) oder eine Erzählung vom Landpfarrer mit einem tieferen sittlichen Hintergrund zu schreiben (Stifter, *Der arme Wohltäter*). Näher lag es im katholischen Deutschland, die überall übliche Klosterromantik biedermeierlich zu überformen, detailrealistisch zu konkretisieren und mehr oder weniger geistlich vertiefte Klosteridyllen zu schreiben (vgl. II. Band, Kapitel: Die Idylle und das Idyllische). Die legitimste Fortbildung der Idylle dürfte im 19. Jahrhundert die »Dorfgeschichte«, der Bauernroman gewesen sein. Dieser Erzähltypus war im Biedermeier meist didaktisch. Er zeigte die Vorteile eines einfachen, gemeinschaftlichen Lebens und die Möglichkeit, die Mißstände ohne Revolution, durch eine besondere moralische Anstrengung und unter kirchlicher Führung zu überwinden. Auch andere wenig erforschte Formen der idyllischen Novelle und des idyllischen Romans bildete das Biedermeier aus [39]. Hegel hat sich in seinen Vorlesungen über die Ästhetik grundsätzlich gegen die Idylle gewandt. Das wirkt heute, auch in der nichtmarxistischen Welt, nach. Doch beginnt man wieder zu erkennen, daß das Idyllische zu den Urphänomenen des Geistes (und der Gesellschaft!) gehört und gerade als »subjektive« Utopie durch keinen Kollektivierungsprozeß zu widerlegen ist [40].

Zu den optimalen Leistungen des Biedermeiers gehört auch das *Lustspiel*. Der ausgeprägte Ordnungssinn, der die extremeren Bereiche der Tragödie unzugänglich macht, stört bei einer Gattung, die von vornherein nur leichtere Ordnungsstörungen einbezieht, nicht. Man denkt zunächst an die Komödie des Wiener Volkstheaters mit den »Großen Drei« Rommels (Bäuerle, Gleich, Meisl), mit Raimund, mit Nestroy. Hier ist möglicherweise das Kleinbürgertum wirklich der sozialgeschichtliche Träger, was Peter Hacks bei allen Arten des biedermeierlichen »Theaterstücks« annimmt [41]. Die »Anerkennung der Ordnung« soll nach Hacks den Kleinbürger im Gegensatz zum gebildeten Großbürger kennzeichnen, weil es ja nach marxistischer Auffassung keine Eigenbewegung des Geistes, die zur Ordnung zurückführt, geben darf. Schon in der Volkskomödie Alt-Wiens ist mehr komödiantisches Spiel mit der Naivität als Rücksicht auf den Kleinbürger zu finden. Der biedermeierliche Ruhm des Volkstheaters ist eher dem »Überbau«, dem Kult der Naivität, als dem soziologisch sehr gemischten »Unterbau« zu verdanken. Noch zweifelhafter wird es, wenn Theaterstücke, die in Hoftheatern gespielt wurden, nach dem Geschmack von Handwerkern und Krämern geschrieben sein sollen. Zugegeben: diese Stücke sind naiv, bescheiden und im Aufbau der Fabel ohne den Vorsehungsglauben der Zeit (vgl. o. S. 77 f.) nicht zu denken. Religiös wie auch dramaturgisch sind sie handfester gemacht, als man *heute* dem gebildeten Bürger zumuten kann. Aber so wollte sie das Biedermeierpublikum, auch das vornehmere, und so war in einer Zeit, die sonst eher zur Sentimentalität neigte, das Lustspiel möglich und quicklebendig. Wie man noch immer den Alexandriner erträgt, so stört auch im Aufbau und im Dialog »das Mechanische« noch kaum. Die Lustspiele sind zum Verwechseln ähnlich, und unserer snobistischen Zeit fehlt oft das Sensorium, das zur Bewertung einer überwiegend handwerklichen Kunst nötig ist. Nur die Österreicher lieben, soviel ich weiß, ihren Salondramatiker Bauernfeld so gut wie ihren Bäuerle oder Raimund. Der neue Sinn für die komischen Formen, der sich seit einiger Zeit in Deutschland entwickelt, wird voraussichtlich zu größerer Gerechtigkeit gegenüber Lustspieldichtern wie Julius von Voss, Karl von Holtei und Roderich Benedix führen. Es gibt auch in dieser Hoftheatersphäre kecke und anmutige Sachen, die neben Büchners *Leonce und Lena* und Grillparzers *Weh dem, der lügt* einigermaßen bestehen können und nicht ohne weiteres zum Trivialbiedermeier gerechnet werden müssen.

Höfisches Biedermeier?

Eine Literaturwissenschaft, die nicht soziologisch und dogmatisch, sondern sozialgeschichtlich und konkret an ihre Gegenstände herangeht, wird die Standeskultur des Biedermeiers nicht nur auf dem Gebiet des Lustpiels widergespiegelt sehen. Überall findet man den Unterschied von hoher und niedriger, derber und feiner Aus-

135

gestaltung der Dichtungsgattungen. So ist es z. B. selbstverständlich, daß der Preuße Raupach, der im Bilde der Hohenstaufen die Hohenzollern feiert, sich in dem Berlin des altmodischen Friedrich Wilhelms III. einer prunkhaften Sprache bedienen muß. Das Geschichtsdrama, überhaupt die Geschichtsdichtung ist oft nur Vorwand, um, in einem etwas indirekteren Stil, das vaterländische Herrscherhaus verherrlichen zu können. Gerade die hohen Gattungen haben noch häufig panegyrische Funktion. Wenn Platen in einer Ode *An König Ludwig* (1825) seinen Landesvater höchstpersönlich feiert und diese Dichtung gesondert in Quart erscheinen läßt, so mag dies schon ein wenig seltsam (barock) erscheinen. Biedermeierlicher ist es, wenn im gleichen Jahr Grillparzer die Burgtheatertragödie *Ottokars Glück und Ende* und Johann Pyrker das Hexameterepos *Rudolph von Habsburg* zu Ehren des ganzen Habsburgerhauses veröffentlichen. Den hohen Ahnherrn, Kaiser Rudolf I., schmücken in beiden Fällen Tugenden, die dem Biedermeier besonders teuer sind: Vertrauen in die Vorsehung, christliche Demut, väterliche Fürsorge für das Volk. Es wäre wohl möglich, diese *indirekt panegyrischen Dichtungen* und alles was sonst an die alten Gattungen des Fürstenpreises und des Fürstenspiegels erinnert, *unter dem Begriff »höfisches Biedermeier« zusammenzufassen.* Man muß sich daran gewöhnen, bei dem Worte »bieder« die überkommene und zeitgenössische Bedeutung tapfer oder edel mitzuhören, um das höfische Biedermeier nicht als Oxymoron zu empfinden. Man mag darüber streiten, ob es sich lohnen würde, die teils antikisierende, teils neugotische Dichtung von Habsburgern, Hohenzollern, Wittelsbachern und Württembergern in Tragödie, Epos, Balladenzyklus und Roman zusammenzustellen und zu erforschen; aber man sollte doch wenigstens von diesem versunkenen Kontinent eine Ahnung haben, um ihn da zu erkennen, wo man auf seine Reste stößt, und um den außer- oder überbürgerlichen Hintergrund der Biedermeierkultur richtiger zu sehen.

Wir verfolgen diese Linie nicht weiter, schon deshalb, weil uns die »französische« Salonkultur, die sich zwischen Bürgertum, Adel und Hof entfaltet, lebendiger und produktiver zu sein scheint als die panegyrisch-historische Richtung klassizistischer oder »altdeutscher« Art. Das Hoftheaterlustspiel, das wir hervorhoben, ist nicht nur Familienstück ifflandischer Prägung, sondern gewinnt durch den Anteil an der im »Konversationston« geführten Salondiskussion schon manchen geistreichen Akzent. Hinzuzufügen ist allerdings, daß die Salonkultur, welche die Familie mit der großen Welt vermittelt, an der Grenze des Biedermeiers steht und daher zugleich ein Nährboden der Jungdeutschen ist. In den *Reisebildern* Heines, in den *Reisenovellen* Laubes und besonders in den Lustspielen Gutzkows entstand eine Salonliteratur, welche die Brücke zum Biedermeier schlug und so im Lager der Konservativen wirksam wurde. Für das Biedermeier, das konservativ und damit nach Ständen abgestuft war, bildete der Salonschriftsteller kein Problem; denn neben ihm stand der Familienlieferant und der »Volksschriftsteller«. Für die Jungdeutschen dagegen war der Salonstil programmwidrig, eine ernste Gefahr. Darüber wird noch zu sprechen sein.

Das geistliche Biedermeier

Auf die Existenz eines geistlichen Biedermeiers ist die Forschung gelegentlich gestoßen*. Doch standen dabei konfessionelle oder lokalpatriotische Interessen im Vordergrund. Im quantitativen Sinn muß man sich diese geistliche Literaturströmung als ein weitverzweigtes und kaum überschaubares Gebilde vorstellen. Das Publikum des geistlichen Biedermeiers war noch größer als das des patriotisch-höfischen. Uns interessiert die Erneuerung der christlichen Literatur in einem universalen Sinn, als weitere Bestätigung und als Veranschaulichung der restaurativen Epochenstruktur, die wir bereits nachzuweisen versuchten. Sie macht, wie wir hoffen, die »Barocktradition«, welche skeptischen Literarhistorikern etwas geisterhaft erscheinen könnte, verständlicher; denn die Macht der *religiösen* Tradition ist uns

---

* Bezeichnenderweise ist es die religiös engagierte Liebhaberforschung. Für die zünftige Forschung gibt es die geistliche Dichtung nach der Aufklärung kaum mehr. Das ist ein geschichtsphilosophischer Irrtum, der daraus entstand, daß man die auf alle Säkularisierungsvorgänge antwortenden *Vergeistlichungstendenzen* nicht erkannte oder in ihrer Kraft unterschätzte. Die Metternichsche Restauration äußert sich nicht zuletzt als Restauration des *christlichen* Kultur- und Herrschaftsanspruchs. Zur Zeit der Adenauerschen Restauration wurden deutsche Katholiken darauf aufmerksam. Clemens *Heselhaus* (Melchior Diepenbrock und der Geist der nazarenischen Literatur, in: Westfalen, Bd. 31 (1953), S. 75–88) stellte in Analogie zur bildenden Kunst die Existenz einer »nazarenischen Literatur« aus dem »Geist der religiösen Wiederherstellung« fest. Es ist »die anerkannte (›förderungswürdige‹) Literatur der Restaurationszeit« zwischen Romantik und Realismus. Sie erscheint dem Biedermeier verwandt, hat aber »ganz bestimmte Eigenzüge in der willentlichen und programmatischen Anstrengung, den Geist und Ton der Literatur vom Religiösen her zu erneuern«. Die geistige Basis bilden die spanische Mystik und der deutsche Pietismus, der besonders durch katholische Randfiguren wie Joh. M. Sailer und Konvertiten wie Luise Hensel auf die katholische Kirche der Restauration wirkt. Eine Mittelpunktsfigur ist der Sailer-Schüler und spätere Fürstbischof Melchior Diepenbrock. In seinen Bekanntenkreis gehören so bedeutende Repräsentanten des Geistes wie Kierkegaard, Brentano und die Droste. Ungefähr die gleiche religiöse Welt erfaßt Peter *Hamann* unter dem Begriff des »Geistlichen Biedermeier« (Geistliches Biedermeier im altbayrischen Raum, 1954). Das liebenswürdige Buch ist selbst ein Stück Biedermeiertradition. Der Verfasser sehnt sich mit Kluckhohn in die »letzte geschlossene deutsche Kulturepoche« zurück, verfolgt aber eben damit zugleich ein katholisches Ziel seines eigenen Jahrhunderts, nämlich die Korrektur des Unfehlbarkeitsdogmas. Die Grenze zwischen dem milden »kirchlichen Vormärz« und dem neu aufsteigenden »militanten Katholizismus« (S. 167) erkennt er in ihrer vollen Schärfe. Bei den Biedermeier-Geistlichen aus der Schule Sailers findet er den »wahren Sinn für Pietät« (S. 174), bei den streitbaren Priestern die Bemühung um »institutionelle Äußerlichkeiten« (S. 167). Er glaubt also, im Gegensatz zu andern Theologen, noch an die Lebenskraft der freien, offenen Kirche. Bei einem umfassenden Studium des katholisch-geistlichen Biedermeiers sind natürlich auch die Spezialarbeiten zu einzelnen Dichtern heranzuziehen. Diese hat man, auch als geistliche Dichter, in ihrem ursprünglichen Lebenskreise noch nicht vergessen. Beispiele: Christoph von Schmid und seine Zeit, hg. v. Hans *Pörnbacher*, 1968, Joseph *Bernhart*, Christoph von Schmid (Lebensbilder aus dem Bayerischen Schwaben, 1957); Schlüter und die Droste, Dokumente einer Freundschaft, hg. v. Josefine *Nettesheim*, Münster 1956; Luise Hensel und Christoph Bernhard Schlüter, 1962. Briefe, hg. v. Josefine *Nettesheim*, Münster 1962.

durch die jahrhundertealte Arbeit der Theologen vertraut, *während die Literatur-geschichte, gerade in Deutschland, von den Naivitäten des jungen, spekulativen Historismus, der nur in Epochen denken kann, noch stark bestimmt wird.* Wie kommt es, historisch gesehen, zu dieser Renaissance einer entschieden christlichen Literatur?

Der totale Poetisierungsversuch der Romantik (»Universalpoesie«) hatte auf religiösem Gebiet so gut wie auf allen andern versagt. Mit ästhetischer oder historischer Religiosität war die Praxis der Gegenwart nicht zu bewältigen. In der Not und in den Enttäuschungen der Kriegs- und Nachkriegszeit sahen sich viele auf den asketisch-pietistischen Geist der voridealistischen Zeit zurückgeworfen. Die spanische Barock-mystik erschien plötzlich wieder interessanter als die Neuscholastik des Idealismus, und besser als die Hymnen des Novalis tröstete Tersteegens *Geistliches Blumengärt-lein inniger Seelen* (1727, ¹⁸1868) [42]. Die bekannte Bekehrung Clemens Brentanos, die in die ersten Nachkriegsjahre fällt, darf als durchaus symptomatisch angesprochen werden. *Das ganze ästhetische Wesen trägt nicht mehr.* Das »Ende der Kunst-periode«, an das man in Deutschland so viele modernistische Spekulationen ange-knüpft hat, findet auch in diesem traditionellen Bereich statt. Eine begnadete Nonne ist wichtiger als ein großer Dichter. Die geringste Entfaltung der Karitas bedeutet mehr als die tiefsinnigste Gedankenarbeit. Auch Melchior Diepenbrock, der spätere katholische Fürstbischof von Breslau, und Albert Knapp, die Zentralfigur des geist-lichen Biedermeiers im protestantischen Württemberg, haben in dieser Zeit des ent-täuschten Idealismus die Erweckung zu einem entschiedenen Christentum erlebt. Die ganze Luft ist, ähnlich wie nach 1945, plötzlich wieder christlich. Man glaubt, die Aufklärung und die ihr folgende Revolutionszeit, ja die Entzweiung der christ-lichen Kirche und der sie begleitende Religionskrieg seien nichts als ein böser Traum gewesen. Nun gelte es nur, die neue Gnadenzeit wahrzunehmen und das »Christen-tum« in seiner allumfassenden Größe und Einheit erneut zum Herzen Deutschlands zu machen; denn daß die Aufklärung, der Teufel und Frankreich, der mächtige Dreibund der verflossenen Epoche, endgültig besiegt sind, scheint im ersten christ-lich-germanischen Siegesrausche ausgemacht zu sein. Als der Teufel der Aufklärung, die scheinbar eingeschlossene Schwarze Spinne, 1830 plötzlich wieder im vollen Glanz der Waffen dasteht, ist man tief enttäuscht. Man nimmt jedoch den Kampf gefaßt auf, als miles christianus, und der Kriegsschauplatz ist jetzt die Literatur. Zunächst – das muß ausdrücklich betont werden – liegt eine Eigenbewegung des durch die französische Revolution enttäuschten deutschen Geistes und des durch die Fremdherrschaft gekränkten »kollektiven Unterbewußten« vor. Die Metternichsche Restauration war deshalb so mächtig und so dauerhaft, weil sie, ganz anders als die Adenauersche, aus der in Mitteleuropa noch ungebrochenen Kraft der christlichen Religion genährt wurde*.

---

* Es mag in den folgenden Abschnitten über das geistliche Biedermeier, über die mili-tante christliche Restauration und über das auf die Reaktion seinerseits reagierende Junge Deutschland zunächst befremden, daß diese Richtungen detaillierter beschrieben werden als das weltliche Biedermeier. Dieses Verfahren ergibt sich aber notwendigerweise aus dem Aufbau des Gesamtwerks. Biedermeierdichter wie Stifter, Mörike, Gotthelf und die Droste

Die Legitimität dieser christlichen Renaissance geht für den Literarhistoriker vor allem daraus hervor, daß sie bis in den zentralsten Bereich der christlichen oder doch der protestantischen Kultur hinein wirksam wird: durch die Erneuerung des Kirchenlieds. Führend sind dabei noch immer die Dichter des Protestantismus; aber die katholischen Geistlichen haben den Nachholbedarf ihrer Kirche auf diesem Gebiete erkannt und stehen nicht weit zurück. Der erfolgreichste und wohl auch beste Kirchenlieddichter der Zeit dürfte Karl Johann Philipp Spitta gewesen sein. Er studierte gleichzeitig mit Gotthelf Theologie in Göttingen (seit 1821) und kannte Heine, den Antipoden der Erweckten. Schon 1823 erschien Spittas *Sangbüchlein der Liebe für Handwerksburschen.* Seit 1826 gab er mit einem anderen protestantischen Theologen eine *Christliche Monatsschrift zur häuslichen Erbauung für alle Stände* heraus. Mit 32 Jahren veröffentlichte er die berühmteste Sammlung geistlicher Lieder, die es wohl im 19. Jahrhundert gegeben hat: *Psalter und Harfe* (1833, [51]1885). Später war Spitta Superintendent. Wenn man sich die ebenso auffallende Karriere Melchior Diepenbrocks vor Augen hält, gelangt man zu der Vermutung, daß die Vorgesetzten die Leistung ihrer geistlichen Dichter zu schätzen wußten.

Spitta besitzt eine hohe Formbegabung. Seine Stärke liegt wie bei Heine im Rhythmischen, im Schmelz der Verse, in der Vollkommenheit des Klanglichen. Spittas Gedichte besitzen, sofern das bei geistlicher Poesie zu sagen erlaubt ist, etwas Verführerisches. Sie verlocken den Leser dazu, seine Zweifel aufzugeben und sich dem süßen Wiegen des vom Dichter gesteuerten Himmelsschiffes willenlos anzuvertrauen. Der störrische »Eigenwille« geht in Musik unter. Man fühlt sich an den barocken Jesuiten Spee erinnert. Die letzte Strophe von Spittas bekanntem Kirchenlied *Kehre wieder!* lautet:

> Kehre wieder, endlich kehre
> In der Liebe Heimath ein,
> In die Fülle aus der Leere,
> In das Wesen aus dem Schein!
> Aus der Lüge in die Wahrheit,
> Aus dem Dunkel in die Klarheit,
> Aus dem Tode in das Leben,
> Aus der Welt in's Himmelreich!
> Doch was Gott dir heut will geben,
> Nimm auch heute – kehre gleich! [43]

Propaganda fidei! Ohne die besonderen Qualitäten des Gedichts könnte aus der aufdringlichen Häufung der Anaphern, Antithesen und Chiasmen ein leerer Nachhall der barocken Rhetorik geworden sein. Doch man beachte, wie die »mechanischen« Mittel der alten Dichtung durch die Innigkeit des Biedermeiers überformt worden sind. Es heißt nicht, wie in der ersten Strophe: »kehre wieder, kehre wieder«, sondern: »kehre wieder, endlich kehre«. Aus der Predigt wird eine herzliche Bitte,

---

werden in den gattungsgeschichtlichen Zusammenhängen des II. Bandes öfters angeschnitten und erhalten im III. Bande besondere Kapitel, während die überwiegend religionsgeschichtlich oder politisch-historisch interessierenden Autoren schon in Band I ihren Schwerpunkt haben.

und die Berufung auf »der Liebe Heimat« verbindet den Glauben, der als Dogma gleichgültig zu werden beginnt, mit den tiefsten Erlebnissen der Epoche. Aus der Bekehrung wird Einkehr. So war schon in der zweiten Strophe der »Zerstreuung« die »Einsamkeit« entgegengesetzt worden, »wo sich bald die Stürme legen«. Auf dem substantiellen Untergrund der heimatlichen Einkehr darf das Spiel der Antithesen beginnen. Indem die Seele die große Vereinfachung sechsmal vollzieht, gewinnt diese Entscheidung den Charakter des Unausweichlichen; wie ein Posaunenstoß erscheint am Ende dieser rhetorischen Partie das Wort Himmelreich. Nun aber hält der dichtende Seelsorger inne, als ob er fürchte, schon zu viel Gewalt angewandt zu haben. Mit einer erneuten Wendung an den Leser schließt er ganz schlicht, fast neckisch pointierend, als ob es sich um ein carpe-diem-Gedicht handeln würde. Bezeichnend ist dabei besonders das alltäglich-familiäre Wort »gleich«.

Die Gedichte dürfen im allgemeinen nicht zu kurz sein, wenn diese innigen Klang- und Überredungskünste ihr Ziel erreichen sollen. Man betrachte unter diesem rhetorischen Gesichtspunkt etwa Spittas Lied *Wie wird uns sein!*, in dem jede der acht Strophen, mit den Titelworten beginnend, die Jenseitsfreuden beschwört. Eine Flut verlockender Verse vergegenwärtigt dem Gläubigen die Himmelswonne. Aus solchen Gedichten mag sich Spittas großer Erfolg erklären. Doch ist der virtuose Dichter den kleineren Formen der Lyrik und dem Ausdruck schlichter Herzlichkeit, etwa im Tone des Claudius, ebenso gewachsen:

Am Grabe.

Am Grabe stehn wir stille
Und säen Thränensaat
Des lieben Pilgers Hülle,
Der ausgepilgert hat.

Er ist nun angekommen,
Wir pilgern noch dahin,
Er ist nun angenommen,
Der Tod war ihm Gewinn.

Er schaut nun, was wir glauben,
Er hat nun, was uns fehlt,
Ihm kann der Feind nichts rauben,
Der uns versucht und quält.

Ihn hat nun als den Seinen
Der Herr dem Leid entrückt,
Und während wir hier weinen,
Ist er so hoch beglückt.

Er trägt die Lebenskrone
Und hebt die Palm' empor
Und singt vor Gottes Throne
Ein Lied im höhern Chor.

Wir armen Pilger gehen
Hier noch im Tal umher,
Bis wir ihn wiedersehen
Und selig sind, wie er [44].

Das Gedicht ist ein typisches Kirchenlied, insofern es von der Trauergemeinde ausgeht und am Ende wieder zu ihr zurückkehrt. Dazwischen liegt die Vergegenwärtigung des seligen Toten unter ständigen Blicken auf die beklagenswerte Lage der Lebenden. Doch ist dieser mit dem Charakter des geistlichen Gedichts gegebene Dualismus abgemildert, einmal so, daß der »liebe« Tote in seinem jenseitigen Glück naiv dargestellt wird, dann aber auch dadurch, daß der Dichter die Härte des Sterbens im ganzen Gedicht sorgfältig ausspart. Der Tote hat »ausgepilgert«. Es ist wie die Rückkehr von einer Wallfahrt. Auch das Diesseits erfaßt eine bewußt alltägliche Wortprägung: »Wir armen Pilger gehen / Hier noch im Tal umher«. Ja, diese Nüchternheit überträgt sich auf die Kennzeichnung des Unterschieds zwischen uns und dem Toten: »Er hat nun, was uns fehlt«. Wer die idealistische Dichtung zum Maßstab nimmt, wird von völliger Trivialisierung sprechen. Richtiger ist es, die Naivität der Sprache als ein mit voller Absicht eingesetztes Kunstmittel zu betrachten. Spitta ist wie Heine ein Meister des Volkstons, nur eben des geistlichen.

Wir wissen schon, daß das Biedermeier in allem, was die Naivität betraf, außerordentlich anspruchsvoll gewesen ist. Die *Evangelische Kirchenzeitung,* die vielleicht der bezeichnendste Ausdruck des neuen Pietismus war, beklagt in einem Artikel ausdrücklich »Die Gesangbuchnot« [45]. Sie versteht darunter die Gesangbücher, welche durch die »Opitzsche Kunstpoesie«, durch die »weinerliche Sentimentalität« Klopstocks und durch Gellerts »dürre spezielle Moral« entstanden sind. *Sehr konsequent wird auf das gesamte Liedgut verzichtet, das durch die Anpassung des Christentums an die neuere deutsche Literatur entstanden war:* »Die ächte Liederpoesie starb in der ersten Hälfte des siebzehnten Jahrhunderts allgemach ab«. Eine Ausnahme macht man bei Paul Gerhardt. Der Rezensent von *Psalter und Harfe* [46] besteht darauf, daß Spittas Lieder nur für »häusliche Kreise« bestimmt sind. Gerade das, was sie noch möglich machte, wird als ihre Grenze empfunden! Mit welchen Illusionen die Restauration lebte, verrät in der gleichen Rezension die Prophezeiung, »eine Wiedergeburt der Deutschen christlichen Sangkunst« sei »erst mit einer Wiedergeburt der Deutschen Christenheit« zu erwarten.

Die *Evangelische Kirchenzeitung* erschien in Berlin, unterhielt aber enge Beziehungen zu Süddeutschland, weil dort die Naivität noch eher zu Hause war als in Norddeutschland. Sie machte diese Beobachtung bei der Besprechung der christlichen Kinderliteratur. Eine Hochburg des lyrisch-geistlichen Biedermeiers war Württemberg. Wie schon der Bauer Michael Hahn († 1819), der Begründer einer noch bestehenden pietistischen Gemeinschaft, unverdrossen geistliche Verse geschmiedet hatte, so gab es im Biedermeier erst recht geistliche »Poetasterle« in allen Teilen und Ständen des Landes. Eine führende Rolle in diesem Württemberg und darüber hinaus spielte Albert Knapp. Nach der Verbrennung seiner weltlichen Poesien betätigte er sich als geistlicher Dichter und als Herausgeber älterer christlicher Liedsammlungen, z.B. der des Grafen Zinzendorf. Mit seiner *Christoterpe,* einem »Taschenbuch für christliche Leser« (1833–1853), gab er der geistlichen Poesie einen wichtigen Mittelpunkt. Während D.F.Strauss in einer seiner biographischen Arbeiten auf den Humanisten Frischlin zurückgriff, holte der Protestant Knapp mit seinen Freunden

den Jesuitendichter Jacob Balde wieder hervor. Trotzdem wurde er Dekan in der Hauptstadt und Mitglied der Kommission, welche das neue *Gesangbuch für die evangelische Kirche in Württemberg* (1839) besorgte. In der Einleitung zu den *Stimmen aus dem Reiche Gottes,* einer fast gleichzeitigen Sammlung »evangelischer Kernlieder« (hg. v. Conrad Kocher, Stuttgart 1838), distanziert sich Knapp zunächst auch vom Kirchenlied der Aufklärung und der Empfindsamkeit: »Als man aber das alte Lebensfundament des biblischen Glaubens verlassen hatte, da drang teils eine trockene, poetisch sein sollende Prosa, teils ein geschraubter Odenwulst in die kirchliche Dichtkunst ein, und zu diesen hieraus entstandenen Liedern paßten dann gewöhnlich die alten, biederen Choralmelodien gar schlimm... Es ist jedoch nunmehr an der Zeit, daß der alte protestantische Kirchengesang seine von einer verirrten Zeit ihm angeschmiedete Fesseln abwerfe«. Trotz dieses deutlich restaurativen Programms will der Württemberger nicht romantisch dem »Altväterischen« verfallen, vielmehr »mit sorgsamer Hand und mit vorurteilsfreiem, praktischen [sic] Blick auf die echten Bedürfnisse der Kirche und der Nationalbildung« verfahren. *Die Bindung an die Gemeinde bewahrt ihn vor dem Historismus:* »auch der größere Teil des Volks liebt das eigentlich Veraltete, dem neueren schlichten Ausdruck Entfremdete nicht mehr«.

Mit Hilfe solcher Grundsätze konnte dem Biedermeier das Kirchenlied, das Klopstock vergeblich umworben hatte, tatsächlich gelingen. Zwar verraten viele Gedichte von Knapp, daß das Christentum in dem Württemberg der D.F.Strauss und F.Th.Vischer nicht mehr selbstverständlich war. In dem Gedicht *Irrlehrer* z.B. ersehnt er das Gericht des Herrn über die, welche die Menschheit verführen, und *Der Verlor'ne* (Titel eines Gedichts) wird von dem Bußprediger mit Hilfe schneidender Metaphern beinahe erschlagen, bis es ihm am Ende einfällt, das Gericht doch besser der »ewigtreuen Liebe« Gottes zu überlassen [47]. Meistens setzt sich bei Knapp der sanfte Ton durch, und eben damit wird er zu einem Repräsentanten des geistlichen Biedermeiers oder, wie man gerade hier mit Heselhaus sagen könnte, der nazarenischen Poesie (vgl. o. S. 137 Anmerkung). Doch hört man noch in den stillsten Liedern etwas von der Schlacht, die um das Christentum entbrannt ist:

Um ein stilles Herz.

Sohn des Vaters, Herr der Ehren,
Eines wollst du mir gewähren,
Eins; das mir vor Allem fehlt:
Daß aus deiner Gnadenfülle
Milde Ruhe, sanfte Stille
In das laute Herz mir quille,
Das sich stets mit Eitelm quält.

Du ja trachtest aller Orten
Uns mit deinen Liebesworten
Überschwänglich zu erfreu'n;
Aber vor dem lauten Toben,
Das von unten sich erhoben,
Kann der milde Laut von oben
Nicht in unsre Herzen ein.

Wie Maria Dir zu Füßen,
Will ich sitzen und genießen,
Was dein Mund von Liebe spricht;
Eitelkeit und Eigenwille,
Leib und Seele, schweiget stille!
Komm, o Seelenfreund, erfülle
Mich mit deinem heil'gen Licht! [48]

Das »laute Toben« des Religionskampfes macht sich offensichtlich im Herzen des Dichters selbst bemerkbar. Doch darf es nur in der Mitte des Gedichts als eine störende Dissonanz vorübergehend erscheinen. Die Gefahr wird schnell wieder abgeriegelt oder eingekapselt, wie dies dem Wesen des Biedermeiers entspricht.

Das geistliche Biedermeier der Katholiken orientiert sich noch zwangloser an der Barocktradition. Melchior Diepenbrocks *Geistlicher Blumenstrauß aus spanischen und deutschen Dichtergärten* (Sulzbach 1829), der von den katholischen Entdeckern des geistlichen Biedermeiers mit Recht hervorgehoben wird, enthält Übersetzungen von Gesängen des Johannes vom Kreuz, gibt überhaupt eine gute Vorstellung von der mystischen Glut der Barockdichtung. Brentano hätte lieber ein geistliches Wunderhorn, eine aus alten deutschen Volksliedern zusammengestellte Sammlung gesehen [49]. Wenn der Geistliche diesem Rat des historisierenden Freundes *nicht* folgte, so entsprach er damit dem rhetorischen Geist der Restaurationsepoche. Auch Angelus Silesius mit seiner *Heiligen Seelenlust* wurde im Biedermeier wiederentdeckt. Möglich ist es, daß man bei den barocken Dichtern die Süße und Kindlichkeit noch besser verstand als ihre fromme Glut. Blumen aus dem Paradiesgärtchen sollen die geistlichen Gedichte sein; aber durch den Geist der Zeit wird daraus manchmal ein Hausgärtchen. So nennt der Münchner Domkapitular Franz Seraph Mayr die Liedersammlung *Fromme Sagen von unserm Herrn, seiner seligsten Mutter und seinen lieben Heiligen* (München 1851) in seiner Einleitung, ohne jede Furcht vor dem Vorwurf eines bürgerlichen Christentums: »ein Ruhegärtlein und einige Topfblümlein sind dem christlichen Pilger eben auch wohl zu gönnen«. Der Sinn dieser geistlichen Idyllik *ist* auch nicht bürgerlich, sondern asketisch! In seiner Gedichtsammlung *Blumen und Lieder* (Landshut: Thomann 1838) huldigt er dem heiligen Franziskus und überhaupt dem Ideal kindlich-frommer Fröhlichkeit:

Willst du ein froh Gemüth,
Sing' oft das schöne Lied:
Mein ist der Herr,
Was will ich mehr? [50]

Es ist der gleiche Geist, der seinen Amtsbruder Christoph von Schmid das bekannte Weihnachtslied *Ihr Kinderlein kommet* dichten ließ. Man würde sich allerdings täuschen, wenn man dieses geistliche Biedermeier in Bayern allzu weit von dem höfischen entfernt sehen wollte. Auch der konvertierte Minister Eduard von Schenk veröffentlicht *Christliche Palmblumen oder religiöse Dichtungen* (Regensburg 1831) und bemüht sich um einen innigen Ton. In seinem Almanach *Charitas* findet man nicht nur Gedichte, die er selbst oder Diepenbrock oder andere geistliche Freunde geschrieben haben. Manche Bände eröffnet Ludwig I., der Musenkönig von Bayern, höchstpersönlich mit einem Gedicht.

DIE MILITANTE GEISTLICHE RESTAURATION

Je weiter wir uns von der Zeit der Erweckungen entfernen und je lauter die Schlacht um das Christentum tobt, desto deutlicher wird aus dem geistlichen Biedermeier die *geistliche Restauration,* im Sinne eines offiziell geförderten, ausdrücklich propagierten und wohlorganisierten Abwehrkampfes gegen die neuerstandene und mit verstärkter Wucht angreifende Aufklärung. Die Regierungen und, vielleicht noch mehr, die Höfe verleihen der Religion jede erdenkliche Hilfe, in der richtigen Erkenntnis, daß mit dem Glauben an Gott auch die Ehrfurcht vor denen, die ihre Macht »von Gottes Gnaden« ableiten, dahinschwinden muß. In diesem geistlichen Bereich wäre es nicht ganz unmöglich, das unpolitische Biedermeier von der militanten Restauration zu unterscheiden, so wie sich Kluckhohn den Unterschied vorgestellt haben mag. Durchführen wollen wir diese Gruppierung nicht ausdrücklich; denn die aktiven und die passiven Konservativen unterscheiden sich in solchen Fällen mehr durch ihr Temperament als durch ihr Wesen. Notwendig erscheint es jedoch, von dieser aktiven und organisierten Restauration noch eine konkretere Vorstellung zu vermitteln; denn ohne diese kann man auch manche Züge Stifters, der Droste und vor allem Gotthelfs historisch nicht richtig verstehen und einschätzen.

Man würde den Geist der Restauration völlig verkennen, wenn man davon ausgehen wollte, die Christen dieser Zeit hätten sich auf die Polizei verlassen. Sie hatten hinsichtlich der Staatsgewalt selbst manche Sorgen. Am 28.10.1838 schreibt die fromme Luise Hensel an ihren Freund Christoph Bernhard Schlüter: »Wenn es mir auch nicht einfällt, gefährliche Mitteilungen zu machen, und wenn ich es auch für eine große Sünde halten würde, den Staat zu verraten, so ist es doch ein äußerst unangenehmes Gefühl, seinen Freunden kein vertrautes Wort mehr schreiben zu können« [51]. Hensel und Schlüter machen sich auch Sorgen um den westfälischen Poeten Wilhelm Junkmann (vgl. Band II, Kapitel Lyrik), der wegen seiner burschenschaftlichen Vergangenheit Anstellungsschwierigkeiten hat. Man überlegt miteinander, wie man mit Hilfe seiner konservativen Beziehungen ihm helfen könnte. Die nicht gerade glaubensstarke Droste – Schlüter nennt sie einmal sogar einen »weiblichen Byron« – schreibt an Diepenbrock (Ende Mai 1845): »Gottlob ist unser gutes Westfalen noch um 100 Jahre zurück – möge es nie nacheilen auf dem Wege des Verderbens«. Und dann gegen Ende des Briefes: »so müssen wir alle zusammenhalten, hoch und gering, und wer nur eines Scherfleins Herr ist, soll es hergeben zum Baue des Dammes gegen Sittenlosigkeit und Unnatur, der die Irreligiosität so sicher folgt wie der Sünde der Tod« [52]. Offenbar erwartet sie, daß der Bischof solche Loyalitätserklärungen zu schätzen weiß. Er hat tatsächlich während der Revolution von 1848 die Einheit von Thron und Altar wacker verteidigt.

Leicht war es nicht immer, den Werkzeugen Gottes und derer von Gottes Gnaden zu genügen. Der wackere Professor Schlüter schrieb eine Schrift gegen Spinoza, den Kirchenvater der Neuheiden (*Die Lehre des Spinosa in ihren Hauptmomenten geprüft und dargestellt,* Münster 1836). Das war, ein Jahr nach dem Verbot der Jungdeutschen, gewiß ein gutes Werk. Aber was sagt der Major Josef von Radowitz dazu, das Haupt der katholischen Restaurateure? Ihm genügt Schlüters Beteiligung am christlichen Dammbau noch nicht ganz. Luise Hensel übermittelt die Manöverkritik des Stabsoffiziers dem professoralen Rekruten am 9. März 1836: »Er läßt Sie grüßen und Ihnen sagen, daß er sich Ihrer Arbeit freue, daß er aber wünschte, Sie hätten Ihren Standpunkt noch entschiedener auf dem Gebiet der katholischen Theologie gewählt und zu dem Behuf die Werke der neuern Jesuiten mehr berücksichtigt« [53].

So sieht es rechts von Professor Schlüter aus, und links wollen es die unverbesserlichen Idealisten immer noch nicht glauben, daß die Zeiten der »Privaterleuchtung« vorüber sind, daß es nur noch darum geht, ob der Damm bricht oder nicht. Baader enttäuscht, indem er eine Position jenseits der Konfessionen einnimmt. Über ihn beklagt sich Schlüter: »Ohne Zweifel haben wohl auch Sie von seinem unbegreiflichen Aufsatze über die Trenn- oder Untrennbarkeit des Papismus vom Katholizismus in der Evangelischen Kirchenzeitung gehört, in welchem er den Primat angreift und sich außerhalb der sichtbaren Kirche und ihres Regiments stellen zu wollen scheint, so daß Tradition, Concilium und Papst gegen Schrift und Privaterleuchtung wenigstens tief in den Hintergrund gedrängt zu werden scheinen, ein Ereignis, welches mir in hohem Grade rätselhaft ist und mich wie meine und Baaders Freunde hier tief bekümmert. Soll denn dieser große und schöne Stern auch vom Himmel fallen und sein Licht aus dem Heiligtum gestoßen werden?« [54] Das aufgeklärte Beamtentum, das in Preußen noch regiert, »der Reigen hochgebildeter Schulmänner, Konsistorialräte, Prediger und Herren von der hohen Regierung« – Schlüter mißtraut ihnen – sind für das Maß. Sie machen zwischen den Propheten der Revolution und der Gegenrevolution so wenig Unterschiede, daß ein ehrlicher Mann am besten kein Buch mehr schreibt: »Liebe Luise, ich fange an, bei aller Liebe zu ihnen, doch gegen die Bücher sehr mißtrauisch zu werden, da ich an allen Ecken mit tiefem Seelenschmerz sehe, wie eine dumme, ungeschlachte Rede mächtiger wirkt als ein kluges und feines Buch; – aber woher uns die apostolischen Zungen den Afterpropheten gegenüber! Sicher würde es an solchen nicht fehlen, aber wehe sie sind polizeiwidrig!« [55] Ja, die Arbeit am Damm gegen die Revolution war nicht so leicht für Katholiken!

Sogar das protestantische Hetzblatt, die *Evangelische Kirchenzeitung,* eine Konkurrenz der gemäßigten *Allgemeinen Kirchenzeitung,* hätte der Kultusminister Altenstein, der noch aus der Reformzeit stammte, lieber unterdrückt. Aber die Kräfte der Reaktion im Staat und am Hofe waren so stark, daß sich die Aufheizung der religiösen Gegensätze nicht vermeiden ließ. »Wir sind im Wachsen begriffen«, verkündet die *EKZ* im Vorwort zum Jahrgang 1833 triumphierend. Es gibt »fast kein Gebiet in der Zeitschriftstellerei mehr, welches die christliche Betriebsamkeit nicht angebaut hätte«. Die Christen verstehen es, für das Volk zu schreiben, so daß die Auflagen »zum Teil ungeheuer« sind. Das *Barmer Missionsblatt,* dessen Redaktion vorbildlich ist, überschreitet schon die Auflagenhöhe 10 000, und es darf damit gerechnet werden, daß auf jedes Exemplar zehn Leser fallen. Ein christliches »Volksblatt«, lehrt die *EKZ,* muß sich ganz besonders vor der Abstraktion hüten, sein Augenmerk muß auf den Erscheinungsort und die ihn umgebende Landschaft gerichtet sein. Es muß den »Predigtton sorgfältig vermeiden, nicht durch jedes Wort bekehren wollen, sondern soviel als möglich alle Gegenstände des Lebens umfassen und oft nur mit einer kurzen christlichen Hindeutung zufrieden sein, kurz denen, zu welchen es spricht, in allem gleich werden, außer der Sünde«. Claudius ist ein Vorbild; aber er ist schwer zu erreichen. Gut ist nach dem Urteil der *EKZ* der *Bergedorfer Bote* in Hamburg, befriedigend, wenn auch vielleicht ein wenig zu literarisch, Albert Knapps *Christoterpe* in Stuttgart. Die Expansion der christlichen Publizistik ist so gewaltig, »daß Zeitschriften, die nur der Finsternis offen sind … fast schon zu den Ausnahmen gehören«. *Man beachte wohl, daß die christlichen Zeitschriften schon ausgreifen, ehe sich die jungdeutsche Journalistik voll entfaltet hat!* Gutzkows großer Zeitschriftenplan, den der Bundestagsbeschluß gegen die Jungdeutschen vereitelte, darf bereits als Abwehr dieser »christlichen Betriebsamkeit« (s. o.) verstanden werden.

Das Vorwort zum Jahrgang 1836 blickt stolz auf die Vorkämpferrolle der *EKZ* im Kampf gegen die Jungdeutschen zurück und bestätigt damit die alte These, daß Wolfgang Menzels »Denunziation« nicht die einzige Ursache des Verbots der Jungdeutschen war [56]. Die Jungdeutschen sind »eitel Ehebrecher und ein frecher Haufe«, meint die *EKZ.* Doch ehe die Obrigkeit »als Gottes Dienerin« zur Rache schritt, geschah »auf dem Gebiete des Geistes« nichts gegen sie. Im Gegenteil, »einflußreiche Lehrer« verbündeten sich mit ihnen. »Kein Wort des sittlichen Abscheus, kein Laut über die Schmach, welche dem deutschen Namen widerfahren… Unter den zahllosen Zeitschriften Deutschlands hat außer der Ev. K. Z. und dem politischen Wochenblatte, unseres Wissens nur das Literaturblatt zum Morgenblatte eine kräftige Stimme gegen dies Unwesen laut werden lassen, und wahrlich, Dr. Menzel hätte schon Grund genug, sein Wagnis schmerzlich zu bereuen« [57]. Man sieht: die Restauratoren tun sich leid, als ob *sie* die Märtyrer wären. Sie haben die Meinung der Intelligenz nicht auf ihrer Seite.

Um so wichtiger ist es, sich des breiteren Publikums zu vergewissern, und dies geschieht nach der Meinung der *EKZ* am leichtesten mit Hilfe der »Novelle«, einem Wort, das im heutigen Deutsch etwa mit Erzählprosa wiederzugeben ist [58]. Die Novelle ist beim gebildeten und ungebildeten Leser die beliebteste Form der Belletristik. Aber leider haben die »asketischen Vorstellungen älterer religiöser Schulen« diese Gattung in Mißkredit gebracht. Gewiß, die Romane haben oft eine »verderbliche Wirkung« gehabt, man hat nicht umsonst gegen die »schädliche Romanleserei« geeifert. Aber heute gebietet die »christliche Freiheit nicht nur die Idee der christlichen Kunst im allgemeinen, sondern auch insbesondere die Idee der christlichen Novelle zu rechtfertigen«. Wenn man bedenkt, daß es schon in der Bibel »eine Art von historisch-religiösen Novellen«, nämlich das Buch Judith und das Buch Tobias, gab, dürfte diese Rechtfertigung, mahnt die *EKZ*, nicht allzu schwer fallen. Falsch wäre es freilich, wenn man die christliche Novelle, wie die übliche Novellistik, als »wirklichkeitsdarstellende« Gattung verstehen wollte*. Sie muß als ein Gefäß des Christentums *Gleichnischarakter* haben. Alle traditionellen Bedenken verschwinden, »wenn man *die Novelle auffaßt als eine erweiterte Parabel*«: »In der Parabel haben wir ein künstlerisch ausgebildetes oder wenigstens ein entwickeltes, mannichfaltige Momente einer Lehre oder eines Lebensgebietes einheitlich darstellendes Gleichnis. In der Novelle bildet sich die Parabel künstlerisch aus und breitet sich aus nach dem Bedürfnis literarischer, schreibgeübter, leselustiger, hochgebildeter Zeiten. Die Unschuld des Gleichnisses geht also durch die Parabel über auf die Novelle an sich, und letztere erweist sich ebensowohl als ein Bedürfnis, wie die Parabel durch ihr Erscheinen in der Heiligen Schrift als Bedürfnis erwiesen ist« [59]. Die Umständlichkeit der Beweisführung erinnert daran, daß das Programm der christlichen Novellistik in einer Zeit, da der gotteslästerliche *Werther*-Roman und die ehebrecherischen *Wahlverwandtschaften* noch in böser Erinnerung waren, nur mit preußischem Schneid vorgebracht und durchgesetzt werden konnte. Christliche Soldaten wie Gotthelf wurden dadurch im ganzen deutschen Sprachgebiet angesprochen, während der Schweizer Pfarrer A. E. Fröhlich, um nur ein Beispiel zu nennen, traditionsgemäß in Fabeln, Liedern, Satiren und versepischen Dichtungen (*Ulrich Zwingli* 1840) seinem christlichen Auftrag genügte.

Der Theologe J. F. W. Pustkuchen hatte schon zu Beginn der Restaurationszeit eine bessere, d. h. christlichere Fassung von *Wilhelm Meisters Wanderjahren* herausgegeben (5 Bände, 1821–28). Auch in *Wilhelm Meisters Tagebuch* (1822, ²1824) brachte er den Goetheschen Romanhelden auf Vordermann. Er schrieb überdies, wie es sich für einen Theologen gehörte, *Grundzüge des Christenthums* (1824); aber wenn man Goethe, den Oberpriester der Heiden, in die Korrekturanstalt nahm, gelangte man beim Konsistorium noch leichter in den förderlichen Geruch des Gottesstreiters. Die *EKZ* weiß, daß das Christentum es schwer hat, sich in der Literatur, die normalerweise zur Aufklärung neigt, zu behaupten; »aber in den letzten Jahren«, konstatiert sie 1837, »haben sich die poetischen Produkte dieser Gattung gehäuft« [60]. *In die Marktlücke, die durch das Verbot der Jungdeutschen entstand, scheint also die christliche Belletristik gestoßen zu sein.* Besonders gerühmt werden in der *EKZ* die Romane von Heinrich Steffens (1773–1845), der sich als ehemaliger Adjutant Blüchers zum geistlichen Soldaten hervorragend eignete und zeitenweise sogar den Restaurationstheoretiker Karl Ludwig von Haller gestützt zu haben scheint [61].

Da Steffens noch zur Generation der Romantiker gehört, demonstrieren wir an einem Romane J. Chr. Biernatzkis (1795–1840), den die *EKZ* auch hervorhebt, den

---

* Das ist die herrschende Meinung (vgl. o. Rolf *Schröder*, Novelle und Novellentheorie in der frühen Biedermeierzeit, 1970, und Band II, Kap. Erzählprosa a).

Geist dieser »christlichen Novellistik«. Wegen eines etwas mißglückten Examens mußte dieser Theologe eine Predigerstelle auf der Hallig Nordstrandischmoor annehmen. Nach wenigen Jahren seiner Amtstätigkeit verschlang ihm die Sturmflut Kirche und Haus; aber sich und seine Familie rettete er. Wenn jemand eine so großartige Erfahrung gemacht hat, muß er sie, nach den Begriffen der Zeit, literarisch verwerten. Biernatzki tut dies zunächst ganz traditionell in einem beschreibenden Gedicht *Die Überschwemmung* (1825). Herkömmlich sind auch das geistliche Lehrgedicht *Der Glaube* (Schleswig 1826), ein Festgedicht für den König und eine gedruckte Predigt, in der er nach der Julirevolution an *Die Pflichten des Bürgers in einer unruhigen Zeit* erinnert. Erst jetzt traf ihn, wie es scheint, der Ruf nach einer erzählenden und damit wirksameren Literatur aus christlichem Geiste. 1835, in dem Jahr also, da die Jungdeutschen verboten wurden, veröffentlichte er die Erzählungen *Wege zum Glauben, oder die Liebe aus der Kindheit* (Altona), die er im Untertitel selbst überdeutlich »Wanderungen auf dem Gebiete der Theologie im Modekleide der Novelle« nannte, und 1836, gleichzeitig mit Gotthelfs erstem Erzählwerk, erschien der kleine Roman *Die Hallig oder Die Schiffbrüchigen auf dem Eilande der Nordsee* (Altona). Er erlebte mehrere Auflagen und wurde sogar in fremde Sprachen übersetzt [62], darf also als repräsentativ angesprochen werden.

Schon der Doppeltitel, der zu dieser Zeit nicht mehr üblich ist, deutet auf das Anknüpfen an ältere Traditionen. Es ist kaum zuviel gesagt, wenn man behauptet, daß dieser Roman der *Corinna* (1660) des Hamburger Pastors Johann Balthasar Schupp näher steht als dem *Grünen Heinrich* (1854/55). Zwar sind, wie es sich für das Biedermeier gehört, die Gegensätze zwischen den ehrenwerten und den schandbaren Menschen etwas »vertieft«, will sagen psychologisch glaubhaft gemacht; aber genau besehen ist auch Idalia, die verwöhnte Kaufmannstochter, die Modedame aus Hamburg, eine »ehrbare und scheinheilige Hure«, obgleich es nicht schon im Untertitel steht und sie nach der Katastrophe keines Wortes gewürdigt wird. Gewiß, sie glaubt, den Steuermann Godber, dessen Heimat die Hallig ist, zu lieben, als sie schiffbrüchig die Tracht der Halligbewohner angezogen hat. Wie sie dieses ihr neuartige Kleid reizend trägt, so findet sie auch Gefallen an dem einfachen Seemann, meint sogar in Augenblicken, sie könne ihn heiraten. Man ist ja großzügig in sozialer Hinsicht, der Vater und Bruder haben nichts dagegen. Es ist ihr zwar unbehaglich, das Lebensglück von Godbers erster Braut Maria zerstören zu müssen; aber soll sie ihren Lebensretter auf dieser unkultivierten Insel zurücklassen? Erst als sie bemerkt, daß Godber seine Heimat und im Stillen vielleicht auch seine erste Braut nicht verlassen will, ist ihr die Sache klar. Sie beendet mit einem »von einem feuchten Tau umflorten Blick« auf das Eiland den interessanten Badeaufenthalt. Dem Gedanken, die große Welt um Godbers willen aufzugeben, tritt sie in keinem Augenblick nahe; denn sie ist selbstsüchtig und ihre sogenannte Liebe bloßer Schein. In einer Welt, welche die Ordnung noch kennt, genügt freilich Godbers Untreue, um sein und Marias Lebensglück für immer zu zerstören, und es ist noch eine Gnade Gottes, daß die Sturmflut das durch Idalias Leichtsinn getrennte Paar verschlingt und es wenigstens im Tode wieder zusammenführt. Gott läßt seiner nicht spotten.

»Der Gott, dem wir dienen«, doziert die *EKZ* an einer verräterischen Stelle, »kann nicht der lebendige, heilige und gerechte sein, ohne sich als solchen zu äußern. Ohne diesseitige Vergeltung keine jenseitige … zeige mir deinen Glauben aus deinem Ergehen« [63]. Diese schlichte alttestamentarische oder kalvinistische Frömmigkeit kennzeichnet auch den Ausgang des Romans. Idalia wird in liebloser Ehe niemals Mutter werden. Schlimmeres kann einer Frau des Biedermeiers nicht widerfahren. Ihr Bruder, der Freigeist Oswald, bekommt in Seenot weiße Haare und bekehrt sich. Sogar der Vater der Weltkinder, der reiche Kaufmann, der sein Heil lange in der Philosophie gesucht hatte, findet auf der Hallig, nach langen Gesprächen mit dem Pastor, den Glauben wieder. Wunderbar bewährt sich Gottes Hilfe während der Sturmflut. Ein verlorengegangenes Kind legen die Elemente der Mutter lebendig vor die Füße. Zwar wird die Macht des Meeres wiederholt vergegenwärtigt. Schon das erste Kapitel enthält nichts anderes als eine sehr »realistische« Beschreibung des Lebens und der Gefahren auf der Hallig. Es ist ganz undenkbar, daß der Verfasser so erzählen könnte, wenn er nicht selbst dabeigewesen wäre. Immer wieder erinnert er an seine »Erfahrung«. Aber letzten Endes kommt es ihm einzig darauf an, Gottes Ordnungsmacht zu bezeugen. Die Macht der Elemente wird vergegenwärtigt, um Gottes Überlegenheit um so überzeugender dartun zu können. Das Motiv des Meeres, das damals in der Dichtung wichtig und bei Heine (*Nordsee*-Zyklus) mit mythologischen Späßen umspielt wird, kann vom christlichen Biedermeier nur im Sinn der alten Lebensschiffahrt verwendet werden. Gott ist der Steuermann, und der eigentliche Held des Romans ist der Prediger. Er predigt bei jeder Gelegenheit, auch dann, wenn man schon bis zum Halse im Wasser steht. *Es ist eben kein realistischer, sondern, ganz wie es die EKZ fordert, ein parabolischer Roman.*

Die Predigten werden Wort für Wort wiedergegeben, durch den ganzen Roman hindurch, bis zum Schluß, der natürlich wieder eine Predigt ist. Wenn man die langen seelsorgerlichen Gespräche dazurechnet, ergibt sich ein Verhältnis von Lehre und Erzählung, das sich von der *Corinna* nicht wesentlich unterscheiden dürfte. Die Häufung der Wunder verrät, daß der Priestertrug bei derartigen Erzählungen nicht ganz abzustreiten ist. Doch kommt die psychologische Berechnung, trotz der Bemühung um »Spannung«, noch nicht einmal an die Methoden der Gegenreformation heran. Die katholischen Schelmenromane des 17. Jahrhunderts waren schon dichter erzählt, obwohl sie ebenso aus der Erbauungsliteratur hervorgegangen sind! Auch Biernatzki will zwar seinen Leser unterhalten, erschüttern und so zur Bekehrung geneigt machen. Aber er rechnet zugleich mit einer Empfänglichkeit für die direkte, in gemütvoller Rhetorik vorgetragene Lehre und für die Bereitschaft zum Gespräch. Ohne den deutlich zur Schau getragenen geistlichen Zweck würde dem protestantischen Pastor wahrscheinlich das Abfassen von Romanen verübelt.

Das Merkwürdige ist die Entstehung einer Erbauungsliteratur, die in der Hauptsache nicht für die Gläubigen, sondern gegen die Indifferentisten, Atheisten und Pantheisten geschrieben erscheint [64]. Mit dem Schreiben solcher Bücher ist es natürlich nicht getan. Man muß für ihre Verbreitung ganz anders sorgen, als dies noch im 18. Jahrhundert nötig gewesen war. Statt eines Verfassers findet man manchmal das

Signum des »Vereins zur Verbreitung guter katholischer Bücher«. Wenn der Borromäus-Verein ein Buch Schlüters »auf die Liste der Bücher gesetzt hat, die er zuerst verbreiten will«, so meldet es Luise Hensel dem Freund mit Genugtuung [65]. Manche Erzähler werden von den Vereinen aufgefordert, ein Buch mit einer bestimmten Tendenz zu schreiben, und es macht sich gut, in solchen Fällen kein Honorar zu verlangen. Mit großem Eifer wird am Damm gegen den Atheismus gebaut; doch das Gefühl, gerade in der Literatur auf verlorenem Posten zu stehen, erscheint häufig in den Programmen einer christlichen Literatur. Albert Knapp, den die *Evangelische Kirchenzeitung* als Bundesgenossen betrachtet, ist nicht so siegesbewußt wie die geistlichen Preußen. Typisch sind larmoyante Äußerungen wie die folgende: Wir »freuen uns um so mehr, wenn die Gläubigen und die Katholiken, die begabt sind, sich auf dem Felde der Poesie versuchen, je mehr die ganze negierende und destruierende Richtung unserer Zeit besonders von den Dichtern getragen und unter die Massen verbreitet wird« [66]. Neun Jahre früher (1834), vor Feuerbachs Erfolg, hat auch Knapp noch geglaubt, mit Einschüchterungen etwas zu erreichen: »Für solche, die Christo nach Seinem Worte leben, bedarf es der Schreckmittel aus der Geisterwelt nur selten oder gar nicht; die Kinder dieser Welt aber müssen's, weil sie Mose, den Propheten und dem Sohne Gottes nicht glauben, durch besondere, göttlich treugemeinte Veranstaltungen oder Zulassungen Dessen, der die Schlüssel des Todes und der Hölle hat, oft anderswoher erfahren, was ihrer wartet, so sie nicht Buße tun« [67]. 1846 findet man im gleichen Taschenbuch ein Gedicht von Wolfgang Menzel mit dem Titel *Die einfallende Kirche*.

Die Droste verzagt nicht. Ihre Gedichte von 1844 eröffnet sie mit *Zeitbildern,* die einen richterlichen Ton gegen den Liberalismus anschlagen. Am schlimmsten sind *Die Schulen* (Titel eines Gedichts). Den unheimlichen Universitäten stellt die Dichterin die Lehre von Gottes Schöpfung entgegen. Noch deutlicher belehrt ein weibliches Gemüt in Württemberg die Herren Strauss, Vischer und Konsorten. Wilhelmine Canz schreibt den anonymen Roman *Eritis sicut Deus* (3 Bde., Hamburg 1854), in dem der freigeistige Philosoph Robert Schärtel als Opfer der Schlange erscheint. Schon auf der Erde muß, der Forderung der *Evangelischen Kirchenzeitung* entsprechend, einem solchen Teufelsbraten das Leben zur Hölle werden. Die Erzählerin bewerkstelligt dies vor allem dadurch, daß Schärtels Frau, die dem Gatten zuliebe dem Glauben abschwört, in Wahnsinn verfällt. In einer besonderen, ebenfalls anonymen Schrift (*Aufschlüsse über Eritis sicut Deus,* Bremen und Leipzig: Müller 1860) trat die Canz der Meinung entgegen, ihr Roman sei ein Pasquill [68]. Die Entstehungsgeschichte des Romans, die sie dabei ausführlich erzählt, läßt erkennen, daß eine Wiedervergeistlichung des Geniebegriffs zu dem ungeheuerlichen Anspruch führte, den sie erhob und der von manchen Zeitgenossen ernst genommen wurde. Gott ist ihr, der ganz »ungeübten« Schriftstellerin, zu Beginn der vierziger Jahre persönlich erschienen und hat ihr befohlen, das Werk zu schreiben. Ihr Bruder, ein Theologe, stärkte sie in dem Vorsatz, ihren Auftrag durchzuführen; aber sie brach gesundheitlich zusammen, so daß das Werk 1844–51 ruhte. Eine neue Erscheinung des Herrn führte zu einer Wiederaufnahme der Arbeit. Nun ging es wie von selbst, »und die

Bilder strömten« [69]. Sie selbst wäre ganz unfähig gewesen, ein solches Werk zu schreiben: »der wunderbar durchsichtige Zusammenhang des Buchs ist absolut über und außer mir vom Meister gewirkt worden« [70]. So sagt sie; aber unter der Hand bietet sie uns selbst das Material zu einer sehr nüchternen Interpretation dieser Entstehungsgeschichte. In den Anfängen ihrer Arbeit las sie, wie wir erfahren, einen Aufsatz über den christlichen Roman in der *Evangelischen Kirchenzeitung*. Was dort als »wohl ganz illusorisch bleibende Aufgabe angekündigt war« [71], konnte sie erfüllen. Als sie nach dem mißglückten Aufstand des Zeitgeistes (1848) ihr Werk vollendet hatte, sandte sie dem Verfasser jenes *EKZ*-Aufsatzes das Manuskript »zu letzter Feile«, und er hat auch »bei Herausgabe desselben wesentliche Dienste geleistet« [72]. Wir wissen bereits, was es heißt, von dieser Zeitung angeregt und unterstützt zu sein!

Wenn eine solche Schwarmgeisterei noch im Jahre 1860 möglich war, wundert man sich kaum darüber, daß Menzel das *Literatur-Blatt* Cottas in dem erregten Jahr 1835 der geistlichen Restauration zur Verfügung stellte. Er tat nur das, was alle Frommen in Deutschland und zumal in Stuttgart von ihm erwarteten. Er löste die flüchtige Verbindung mit den Liberalen und trat wieder als der christlich-deutsche Kritiker hervor, welcher der alte Burschenschaftler im Grunde stets gewesen war. Den Konjunkturritter läßt auch diese jähe Abwendung von seinem früheren Gefolge erkennen. Doch sei zu seiner Ehre noch gesagt, daß er im allgemeinen nicht Leute wie die hysterische Canz, sondern ernstzunehmende Konservative förderte. Schon kurze Zeit nach Gotthelfs Auftreten begann Menzel die Werbung für ihn, fast als einziger, wie es scheint. Auch die Bedeutung der Droste erkannte er schon [73]. Man wird dem umstrittenen Publizisten nur gerecht, wenn man ihn auf dem Hintergrunde der geistlichen Restauration und des pietistischen Württemberg sieht.

Zum publizistischen Kampf gegen Jungdeutsche und Junghegelianer

Der größere Fuchs, ein protestantischer Jesuit, dürfte der Professor Hengstenberg in Berlin gewesen sein. Tholuck, bedeutender als Theologe und offenbar einer seiner alten Freunde, schreibt ihm über seine Publizistik sehr treffend: »Deine Rhetorik ist vortrefflich. Du bist zum Advokaten gemacht..., aber bei mir erweckt das Mißtrauen in die Ehrlichkeit der Argumentation« [74]. Wir wollen, ehe wir zu den Jungdeutschen weitergehen, ihm noch genauer auf die Finger sehen und an diesem Beispiel deutlich machen, wie die preußische Restauration sie und die Junghegelianer bekämpfte. »Die Preßfrechheit der Ultras«, sagt Menzel vor seinem Parteiwechsel, »ist der Ruhe und dem Frieden so gefährlich, als irgend die Preßfrechheit der Liberalen« [75].

Dem aufmerksamen Leser wird es bereits aufgefallen sein, daß die christliche Restauration in den Jahren nach 1830 ausführlicher gewürdigt wird als in der ersten Hälfte der Biedermeierzeit, und er mag, auf dem traditionellen literarhistorischen Einschnitt von 1830 insistierend, mich beschuldigen, daß ich die Gewichte zugunsten der Tradition verschiebe. *Aber es ist wirklich so, daß das geistliche Biedermeier nach 1830 mächtiger ist als vorher,* und Hengstenberg selbst nennt dafür den religionsgeschichtlichen Grund. Auch er meint zwar: »das Jahr 1830 [bildet] einen großen Abschnitt«. Doch sieht er die Bedeutung des Jahres vor allem darin, *daß seither die antichristliche Bewegung stärker hervorgetreten ist und so die Christenheit endlich vor die notwendige Entscheidung gestellt hat.* Bis 1830 – diese Feststellung Hengstenbergs entspricht wohl der historischen Wahrheit – »hatte der Zeitgeist noch immer das sichtbare Streben, christliche Elemente in sich aufzunehmen; selbst die exaltierten Freunde bürgerlicher Umwälzung waren von diesem Bestreben beseelt, sowenig es auch zu ihrer Grundrichtung paßte... Dem Rationalismus selbst drangen sich diese Zeichen der Zeit auf. Er suchte sich mit christlichem Schein zu umgeben«. Hengstenberg meint hier ganz offensichtlich die Wirkung, welche die Romantik auf die Aufklärungstradition in Theologie und Philosophie ausgeübt hatte. Die romantische »Synthesis« oder die idealistische »Dialektik« zwang alle Gelehrten dazu, eine wie immer brüchige Einheit von Christentum und Moderne aufrechtzuerhalten. Aber mit »dem Jahr 1830 wurde die zum Heile Deutschlands eine Zeitlang unterbrochene geistige Verbindung mit Frankreich wieder eröffnet« [76]. Deutschland – dieser Mythos beherrschte schon die Freiheitskrieger – ist der Hort des Christentums. Wenn es Frankreich bekämpft, entsagt es zugleich dem Antichristentum; der Krieg war ein Kreuzzug. Nun aber erhebt sich »auf einmal ein jüngeres Geschlecht von Theologen« (v. Bohlen, Vatke, Strauss), dem der bisherige Rationalismus noch nicht weit genug geht, das vielmehr mit »Voltairescher Frivolität« die Bibel betrachtet und erklärt, diese sei pure, z. T. sogar anstößige Dichtung. Besonders D. F. Strauss läßt sich nicht mehr »durch irgendeinen Rest von Pietät an der konsequenten Durchführung seiner Grundsätze hindern« [77]. Durch seinen Angriff ist aber, nach der Meinung der *EKZ*, nicht das Christentum, sondern die rationalistische Vermittlungstheologie getroffen worden: »In dem Straußschen Werke findet sich eine radikale Reform der Theologie, das juste milieu des Rationalismus ist in seiner Nichtigkeit dargetan«. Insofern ist *Das Leben Jesu* »eine der erfreulichsten Erscheinungen auf dem Gebiete der neueren theologischen Literatur«. Es scheint, »daß die Periode nahe sei, wo die Kirche Christi und das Reich der Finsternis sich völliger sondern und einander gegenübertreten werden, als es bisher noch jemals der Fall gewesen« [78].

Hengstenberg erkennt die dialektische Bewegung der Religionsgeschichte nach 1830 richtig. Der Radikalismus der Junghegelianer kommt nicht nur der Säkularisation, sondern auch dem Christentum zugute. Indem sich die rationalistische Theologie und die idealistischen Kompromisse als illusorisch erweisen, verliert die Kirche in der Peripherie, verfestigt sich aber in dem Kern, der von jeher auf dem Glauben beruhte. Hengstenberg weiß, daß die protestantische Kirche das Band zwischen Wissen und Glauben leichter zerreißen kann als die auf der »natürlichen Theologie« aufgebaute katholische; ja, er hält es für möglich, daß der erneuerte Rationalismus nicht nur zu einem »neuen Heidentum«, sondern zu einem »neukatholischen Heidentum« führt [79]. Die eigene, protestantische Kirche jedoch soll »ihren Sieg nicht erwarten von feinverschlungenen Argumenten und gewandter Rede, sondern von dem auf das

Wort der Verheißung gestützten Gebote des Glaubens« [80]. Hengstenberg vertraut
auf einen geistigen Sieg. Dies erkennt man daran, daß er sich dem von Neander er-
stellten Gutachten für das preußische Ministerium der geistlichen Angelegenheiten
anschließt und *kein Verbot für die Schriften der abtrünnigen Theologen fordert*. Es
erscheine, entschuldigt er sich, vielleicht etwas merkwürdig, wenn man die Schriften
von »Zotenreißern« – gemeint sind die Jungdeutschen – verbiete und eine so gefährliche wissenschaftliche Literatur nicht; aber dies ergebe sich aus dem Nebeneinander
von Kirche und Staat. Wie er dies Nebeneinander versteht, verrät die etwas geheim-
rätlich verschlüsselte Feststellung, »daß die Kirche ihren Beruf, auf dem Wege des
Geistes den Staat zu durchdringen und von seinem und ihrem Haupte wahrhaft abhängig zu machen, als noch zu lösende Aufgabe wieder ins Auge fassen kann« [81].
Was Hengstenberg von Strauss und seinen Anhängern fordert, ist nur das Ausschei-
den aus der Kirche. Er hält es nicht für ehrlich, wenn Strauss eine Theologieprofessur
in Zürich annehmen will. »Sie [die neuen Heiden] könnten eine eigene Kirche bilden.
Ich würde ihnen vorschlagen, sich ›die Kirche der Idee‹ zu nennen«; sie könnte »vielleicht in Zürich ihren ersten Tempel bauen« [82]. Was den streitbaren Theologen zu
so großzügigen Zugeständnissen gegenüber den Neuheiden veranlaßt, ist wohl kaum
ein prinzipielles Bekenntnis zur Toleranz. Eher dürfte ihn die lebhafte Resonanz, die
der Ruf nach einer christlichen Restauration überall fand, in seiner Siegesgewißheit
bestärkt haben. Beim Rückblick auf das Jahr 1835, in dem *Das Leben Jesu* erschien
und die Jungdeutschen verboten wurden, kann er feststellen: »die Bewegung zu
Christo ist, wenn nicht lebhafter, doch ausgedehnter wie zu irgendeiner andern Zeit
seit Gründung des Christentums« [83]. Der Historiker sollte dieser stolzen Feststellung wenigstens das entnehmen, *daß er nach 1830 in Deutschland nicht nur von einem
verstärkten Liberalismus, sondern auch von einem verstärkten Konservativismus
ausgehen muß.*

Die *Evangelische Kirchenzeitung* kritisiert die Liberalen aller Spielarten; aber im
Mittelpunkt steht immer der theologische Gedanke, daß der Abfall vom Christentum zu einer neuen Art von Religiosität, zu einem Religionsersatz und Götzendienst
führen muß. So berichtet sie z.B. triumphierend, daß Strauss die religiöse Interpretation des Geniekultus, welche die *EKZ* gab, bestätigt hat. Sie zitiert Strauss, der in
der Zeitschrift *Der Freihafen* schrieb: »Der einzige Kultus – mag man es nun bekla-
gen oder loben, aber leugnen wird man es nicht können, – der einzige Kultus, welcher den Gebildeten dieser Zeit ... übriggeblieben ist, ist der Kultus des Genius« [84].
Vor allem an den Götzendienst, der mit Goethe und Napoleon getrieben wurde, ist
gedacht. Die *Evangelische Kirchenzeitung* nennt Goethe selbst das »glänzende Zentrum des modernen Weltlebens« [85]. Seine »Schlichtheit und Natureinfalt«, sein
»starker, natürlicher Wahrheitssinn« werden gerühmt. Hengstenberg möchte dem
Christen, im Gegensatz zu Menzel, den Weg zu einer so bedeutenden Erscheinung
wie Goethe lieber erschließen als verbauen [86]. Ein christlicher Goethe wäre ihm
willkommener als die beflissenen Schriftsteller, die aus seiner christlichen Literatur-
fabrik hervorgehen! Schlimm ist es aber, wenn die Bettina Goethe zum Zwecke der
»Weltvergötterung« mißbraucht, den Weihrauch für einen Menschen dampfen läßt

und Goethe mit Gott verwechselt. Der Theologe beobachtet mit Genugtuung, daß Bettina »an dem Altare, den sie Goethe erbaut hat, keinen Frieden« findet. Doch sieht er in dem Goethekult ganz allgemein ein »schlimmes Vorzeichen«. Die »Welt- und Menschenvergötterung« wird vielleicht noch einmal überhandnehmen! [87] Auch für kleine Propheten war es im Zeitalter eines sich verfälschenden Geniebe- griffs nicht mehr schwer, Nietzsche und seine Folgen vorherzusagen.

Hengstenberg erkennt die Überlegenheit des alten Glaubens nicht zuletzt darin, daß der Christ Verständnis für das Unvollkommene hat. Daher macht er gegen die Jungdeutschen kaum moralische Gesichtspunkte geltend; ja, er tadelt sogar Men- zel, weil er in der moralischen Kritik stecken bleibt [88]. Ein geschickter Schachzug ist es zunächst, wenn er auf die Volksfremdheit der Jungdeutschen hinweist und ihre Isolierung innerhalb der breiten Massen richtig feststellt. Eine Verachtung der Ehe ist nicht populär, sondern »ganz aristokratisch, hochadelich« [89]; besonders die Frauen werden diesen Rückfall ins ancien régime entrüstet ablehnen. Auf das Mä- tressenwesen, das im Biedermeier überwunden erschien, wird also angespielt. Auch zu einem Zusammenstoß mit der Polizei muß die geplante Abschaffung der Ehe füh- ren. Am wichtigsten ist dem Theologen wieder der Nachweis, daß es sich bei den Saint-Simonisten und Jungdeutschen nicht einfach um Don Juans, sondern um eine religiöse Sekte, um »eine Gemeinde von rehabilitiertem Fleisch« handelt. Er sieht sie als moderne Wiedertäufer: »St. Simon ist der Th. Münzer, Heine ist der Knipperdolling unserer Tage«. Hengstenbergs Hauptvorwurf ist nicht die Sinnlichkeit, die an sich unschuldig ist, auch nicht der sündige Mißbrauch der Sinne, sondern die Sakralisie- rung der Unzucht. »Darauf läuft es mit dieser Rehabilitation des Fleisches am Ende hinaus: man will verführen dürfen ohne Scham, ohne Scheu, ja mit dem Heiligen- schein, etwas Gottesdienstliches zu verrichten« [90]. Mundts *Madonna* ist in diesem Sinn die gefährlichste aller jungdeutschen Schriften. Hier herrscht eine »verwegene gottlose Identifizierung der Wollust und der mystischen Gottinnigkeit« [91]. Es ist immer der Kultus weltlicher Werte, über den sich Hengstenberg empört. Er entdeckt diese neue Religion sogar in der Verherrlichung der Industrie und Technik, welche die Saint-Simonisten betreiben. Wenn eine Eisenbahn eingeweiht wird, so geschieht dies in Formen, die einem Gottesdienst ähneln.

Die heutige Kritik neigt gerne dazu, in der religiösen Begründung, die dem Verbot der Jungdeutschen gegeben wurde, nur einen Vorwand zu erblicken. Nach dem Stu- dium der *Evangelischen Kirchenzeitung* wird man eher den Eindruck haben, daß die christliche Reaktion der breiten Öffentlichkeit, die auf den Vorstoß der Jungdeut- schen folgte, den ersten Anstoß gab. *Eine enge Verflechtung der sittlich-religiösen und der politischen Motive läßt sich jedenfalls nicht leugnen.* Sie vor allem erklärt die Tatsache, daß die Reaktion auf den Geist von 1830 sich nicht in einer Polizei- aktion erschöpfte, sondern zu *der* Produktivität führte, welcher wir die Dichtung des Spät-Biedermeier verdanken.

Das junge Deutschland[*]

Die Erforschung der jungdeutschen Literatur setzte ungefähr eine Generation vor der Wiederentdeckung des Biedermeiers, um 1880, energisch ein und erreichte noch im Kaiserreich ihren Höhepunkt. Sie darf im Zusammenhang mit dem naturalistischen Protest gegen alles Klassizistische und, wenn man weiter ausgreifen will, als Vorspiel der Revolution von 1918 gesehen werden. Die Demokratisierungsbestrebungen in der gegenwärtigen Germanistik haben dem »Jungen Deutschland« seit etwa 1966 wieder einen neuen Akzent verliehen. Die akademische Nachkriegsgeneration des Adenauerschen Deutschland scheint für die oppositionelle akademische Jugend des Metternichschen Deutschland einige Sympathien zu empfinden. Ohne politisches Engagement interessiert man sich kaum für die Jungdeutschen in ihrer Gesamtheit! Es fragt sich nur, ob die akademische Renaissance einer ephemeren akademischen Literaturrevolution mehr als ephemer sein kann. Der *literarische* Qualitätsnachweis steht noch aus. Zehn Jahre nach dem Verbot der Jungdeutschen fragte ein Franzose schon: »Qui se soucie, à l'heure qu'il est, des bizarres productions de 1835? Qui lit, encore Wally, ou Madonna? Personne assurément« [92].

Immermann bemüht sich einige Jahre nach dem Verbot der Jungdeutschen, um ein ausgeglichenes Urteil[**]; aber es geht ihm schon ganz ähnlich wie allen, die seither die Jungdeutschen ohne politisches Engagement, einfach als Schriftsteller, beurteilt haben: »Ich finde in den Sachen der besten unter ihnen viel Gutes, selbst Großes angedeutet, aber nichts wird mit Ruhe ausgeführt... Ich fürchte, daß bei allem Talent, was sie unleugbar besitzen, doch nur eine ephemere Wirkung von ihnen ausgehen wird« [93]. Solche Einsichten führten im 20. Jahrhundert zu der Frage, ob denn die Epoche wirklich keine besseren Schriftsteller hervorgebracht habe, und nun schoben sich allmählich vor die Gutzkow, Laube etc. wirkliche Dichter wie Büchner, Mörike und Stifter. Diese Entwicklung ist keine politische Bosheit, die sich widerrufen läßt. Aber sie enthebt uns nicht der Verpflichtung, ausdrücklich nach den revolutionären Schriftstellern zu fragen, und da fällt unser Blick, wie immer schon, zuerst auf diejenigen, welche die Reaktion zu drucken verbot oder wenigstens

---

[*] Die von dem Metzler-Verlag, Stuttgart, angekündigte Schrift Helmut *Koopmanns*, »Das junge Deutschland. Analyse seines Selbstverständnisses«, 1970, war mir nicht mehr zugänglich.

[**] Immermanns Verhältnis zu den Jungdeutschen ist sehr kompliziert und wechselt natürlich auch je nach der jungdeutschen Kritik seiner Schriften (vgl. Manfred *Windfuhr,* Immermanns erzählerisches Werk, 1957, S. 172 ff.); aber sein Bekenntnis zu ewigen Werten (s. ebd., S. 175) macht das folgende Zitat zu einer bezeichnenden Äußerung des Kulturkritikers.

zu verbieten *versuchte*. So einfach wie in den Zeiten der Napoleonischen Diktatur war es nämlich nach 1830 nicht, den Buchmarkt zu überwachen. Das Bundestagsverbot ist zunächst eine effektvolle Demonstration der uns bekannten Macht Österreich-Ungarns gewesen. Niemand widersprach. Aber wer gehorchte?

Die weltanschaulichen und literaturgeographischen Voraussetzungen

Es ist eine alte, wenig glückliche Gewohnheit der deutschen Literaturgeschichte, zu fragen, was denn der Düsseldorfer Heine (geb. 1797), Wienbarg (geb. in Altona 1802), der Schlesier Laube (geb. 1806), Mundt (geb. in Potsdam 1808) und der Berliner Gutzkow (geb. 1811) miteinander gemeinsam haben sollen, außer der Tatsache, daß der Bundestag in Frankfurt 1835 ein Verbot ihrer Bücher aussprach. Darauf ist zunächst zu erwidern, daß alle diese Schriftsteller nördlich des Mains geboren sind und mit Preußen etwas zu tun hatten, ja daß der Mann, der das »Haupt des jungen Deutschlands« sein wollte [94], Gutzkow, ein typischer Berliner war. Der Schriftsteller mit dem großen Schneid und der noch größeren Schnauze fiel den Süddeutschen, auch den ernsthaften Revolutionären unter ihnen, gleich auf die Nerven. Varnhagen scheint also den österreichischen Staatskanzler aufs Eis geführt zu haben, als er in seiner Denkschrift über die Jungdeutschen dem »südwestlichen Deutschland« die Verantwortung für die Entgleisung des Jahres 1835 aufbürdete: »Seit Jahren wird in dem Stuttgarter Literaturblatt ein frecher und gemeiner Liberalismus gepredigt«. Wolfgang Menzel ist gemeint: »zu persönlicher Ungebühr und frechem Hohn wurde namentlich Gutzkow als Mitarbeiter jenes Literaturblatts erzogen« [95].

Menzel stammt ebenfalls aus Preußen (Schlesien). Viele konservative Württemberger, mit dem König an der Spitze, freuten sich über die Züchtigung des »Denunzianten«, will sagen über den Streit der ehemaligen Freunde. Trotz derartiger lokaler und persönlicher Modifizierungen der Fronten geht aus den Worten Varnhagens klar hervor, daß der eigentliche Gegner Metternichs der erneuerte Liberalismus war. Er hatte – wir werden es noch deutlicher sehen – in den süd- und westdeutschen, vor allem in den »südwestlichen« Verfassungsstaaten tatsächlich einen guten, wenn nicht seinen besten Stützpunkt. Cotta, der Besitzer des erwähnten Stuttgarter *Literatur-Blatts* und der *Allgemeinen Zeitung* in Augsburg, fragte wie jeder gute Verleger nicht nach der Herkunft, sondern nach dem publizistischen Können seiner Autoren. Er nützte die Möglichkeiten der württembergischen und bayerischen Verfassung zielbewußt aus. Er gab den Preußen Asyl in Stuttgart oder wenigstens in seinen Blättern. Man behauptete in Wien, die württembergische Regierung sei von den Buchfabriken in Stuttgart finanziell abhängig. Wenn man bedenkt, daß die Buchproduktion gegenüber der Herstellung anderer Konsumgüter in der Biedermeierzeit überentwickelt war, erscheint diese Erklärung der »südwestlichen« Freiheit nicht ganz unglaublich. Cotta jedenfalls förderte selbst Heine mit großer Hartnäckigkeit. Der Staatskanzler mußte ihn in einem persönlichen Schreiben zur Ordnung rufen. Der König von Württemberg tat es offenbar nicht!

Wer nicht verstehen kann, daß die liberalistische Ideologie, ohne jede Verschwörerpraxis, die Jungdeutschen zu einer Einheit machte, versteht die Restaurationsepoche schlecht*. Der Liberalismus trieb sie aus der preußischen Heimat, der konsequenter werdende Liberalismus trennte sie von dem christlich-teutschen Menzel, der Liberalismus ließ den Berliner Gutzkow mit dem Württemberg, das ihn nicht mochte und das er nicht mochte, zunächst vorliebnehmen. Später war es die freie Stadt Frankfurt/M., die ihm und Wienbarg Asyl bot. Dort sollte mit Hilfe einer großen Zeitschrift *(Deutsche Revue)* sozusagen die Hauptstadt des Liberalismus errichtet werden. Es zeigte sich aber bald, daß Frankfurt die Hauptstadt des restaurativen Deutschen Bundes war. Später war die freie Stadt Hamburg mit dem Hoffmann und Campe-Verlag Gutzkows Zuflucht. Es muß betont werden, daß die Emigranten in Paris und Zürich nach den vornationalistischen und partikularistischen Begriffen der Zeit nicht die einzigen Schriftsteller ohne »Vaterland« (= Heimatstaat) waren. Die meisten Jungdeutschen waren emigrierte Preußen, und daher waren sie auch den Ressentiments ausgesetzt, die eine fast naturgesetzliche Folge der enttäuschten Heimatliebe zu sein scheinen.

Der Verlust der Heimat und die Orientierung am abstrakten Begriff der Freiheit führte auch zu einer *Verachtung der »Provinz«,* die für das Biedermeier umgekehrt so wichtig war. Der Abstand zu den Schwaben ergibt sich schon aus dieser Einstellung. Gutzkow kritisiert sehr herablassend die zwecklose schwäbische Lyrik: »Diese Dichtkunst ist so beschränkt auf ihre Täler, so einheimisch, ruhig und glückselig« [96]. Heines Spott trifft die idyllischen Schwaben noch härter, und er verachtet die fromme, dumme Provinz prinzipiell: »Unter Frankreich verstehe ich Paris, nicht die Provinz; denn was die Provinz denkt, ist eine ebenso gleichgültige Sache, als was unsere Beine denken; der Kopf ist der Sitz unserer Gedanken« [97]. Der Ausspruch belegt die literaturgeographischen Konsequenzen der liberalistischen Abstraktion besonders klar. Man lebt – das ist die Hauptsache – in irgendeiner großen Stadt.

Varnhagens Denkschrift als Interpretationshilfe

Der selbst liberale Varnhagen wollte schlau den Zorn des Staatskanzlers auf die südwestdeutschen Staaten ablenken, die trotz ihrer Ohnmacht schlechter parierten als Preußen unter dem christlichen König Friedrich Wilhelm III. Doch dies war nur ein Schachzug des Goetheverehrers, der Menzel wegen seiner Goethefeindschaft verabscheute und ihn, durch eine Intervention Metternichs, gerne aus der Schlüsselstellung in Cottas Stuttgart vertrieben hätte. Schwerer wiegen die sachlichen Argu-

---

* Das Junge Deutschland ist daher, wie das konservative Biedermeier, keine programmatische Richtung. Wenn im Reallexikon der dt. Literaturgeschichte (Bd. 1, ²1958, S. 786) *Wienbargs* »Ästhetische Feldzüge« (1834) »das Programmbuch der neuen Richtung« genannt werden, so überschätzen die Verfasser des Artikels die Bedeutung dieser sehr vagen Schrift. Gutzkow ist wichtiger. Noch wichtiger *Heine.* Seine Schrift »Zur Geschichte der Religion und Philosophie in Deutschland« (Januar 1835) fungierte am ehesten als »Programmbuch«.

mente, mit denen er Metternichs Politik bekämpfte. Der ehemalige Diplomat vermischte sie natürlich mit Beteuerungen der »unbegrenzten Verehrung«; denn er wußte wohl, daß er in Wien selbst zu den angeklagten Liberalen gehörte und zugleich eine Verteidigungsschrift schreiben mußte. Nach den personalistischen Vorstellungen der Zeit war Varnhagens Apologie nicht nur eine private, sondern eine offizielle Äußerung. Metternich gab den an ihn gerichteten Brief an seine Beamten weiter. Als später ein Zensor das Schreiben analysierte, kam er zu dem Ergebnis, Varnhagen habe den Vorwurf, er sei »das schlaueste und gefährlichste Element jener gefährlichen Richtung, der eigentliche Altvater und Stammhalter derselben« nicht widerlegt [98]. Das bedeutet, daß er in eine Reihe mit Heine gestellt wurde! Auffallend ist auch, daß die Wiener Behörden den Geheimen Rat von Goethe, den Varnhagen gegen die Jungliberalen ausspielte, wenig schätzten. Man war christlich-restaurativ, und gerade auch Varnhagens Goetheverehrung erschien verdächtig. Die Verteidigung des Altliberalen bewies schlagend, daß die ideenpolitische Aktion gegen die liberale Jugend auf einer überaus brüchigen ideologischen Basis beruhte und besser durch positive pädagogische Maßnahmen ersetzt worden wäre.

Da das Spätbiedermeier diesen Weg der jugend- und volkspädagogischen Aktion gegangen ist, gewähren Varnhagens Argumente der Literaturgeschichte eine Interpretationshilfe ersten Ranges, – auch abgesehen von der Frage, ob sie den Anwalt des ancien régime beeindruckt haben. Varnhagen weist den Staatskanzler ebenso vorsichtig wie bestimmt darauf hin, daß er hinter dem aufgeklärten ancien régime zurückbleibt und – in unsere historische Sprache übersetzt – wieder auf den nicht aufgeklärten barocken Absolutismus zurückgreift. Kann man die Jungdeutschen verbieten, ohne die aufgeklärten und romantischen Schriftsteller ebenfalls zu verbieten? »Des ganzen klassischen Altertums hier nicht zu erwähnen und bloß einiger neueren Schriftsteller zu gedenken, so möchte die Wirksamkeit Voltaires, Byrons, Wielands und so vieler andern, welche man den Sitten, dem Staat und der Religion für gefährlich hält, wohl durch keine Macht mehr zu beschränken sein, und andre Schriftsteller, denen man die gleiche Beschuldigung gemacht, wie Friedrich Schlegel, Fichte, Schleiermacher, Tieck, sind allmählich in ein ehrenfestes, ich möchte sagen durch den Staat sanktioniertes Ansehen getreten, und man hat vergessen, daß sie einst als Frevler gegen die Sitten, den Gottesglauben, die Regierungen verhaßt und verfolgt waren!« [99] Man mag darüber streiten, ob Varnhagen den historischen Tatsachen gerecht wird, wenn er im folgenden behauptet, »die neuesten Angriffe auf das Christentum« hätten »bei weitem nicht die Haltung und das Gewicht und noch weniger die Wirksamkeit, welche zum Beispiel die von Lessing herausgegebenen sogenannten Wolfenbüttelschen Fragmente noch jetzt ausüben« [100]. Sicher ist, daß die Beispiele, die er gibt, *die unwiderstehliche Macht des liberalen Schrifttums vergegenwärtigen und die ephemere Bedeutung des Bücherverbots vorausverkünden*, – in dem liberalen Jahrhundert, in dem man trotz aller Rückfälle lebte! Nicht nur dem Briefschreiber, sondern auch dem mächtigen Briefempfänger gereicht es ja zur Ehre, daß dieser Brief auf diesem bedeutenden Reflexionsniveau überhaupt geschrieben werden konnte.

Noch interessanter für den Literarhistoriker, der die Restaurationsepoche interpretieren und nicht nur verurteilen will, ist eine Behauptung Varnhagens hinsichtlich der Zahl der oppositionellen Schriftsteller. Er meint, daß die »Zeitstimmung«, die »in diesen jungen Köpfen gemeinsam herrscht«, so verbreitet ist, »daß man neben jenen Namen [Heine, Wienbarg, Laube, Mundt und Gutzkow] noch dreißig oder vierzig andre nennen könnte, ohne die Reihe zu erschöpfen« [101]. Mit dieser Hypothese ist die wirkliche Schwierigkeit bezeichnet, mit der die Literaturgeschichtsschreibung bei der Behandlung der literarischen Opposition konfrontiert wird. Die Frage heißt vernünftigerweise nicht, was die Jungdeutschen gemeinsam hatten, sondern ob sie ihren Liberalismus nicht mit vielen anderen Schriftstellern teilten, ob es also nicht nötig ist, die jungdeutsche Richtung beträchtlich über die verbotenen Schriftsteller hinaus zu erweitern*.

Die bisherige Forschung hat schon manchen Vorstoß in dieser Richtung unternommen. Zunächst konnte man daran erinnern, daß die Verbotsliste im Anfang Heine nicht enthielt, was noch einmal die generationsbedingte Entrüstung über die jüngsten, etwas puerilen Liberalen bestätigt. Gutzkow war im Jahr des Verbotes noch kaum so alt wie die bekannteren studentischen Wortführer von heute, vierundzwanzigjährig. Der achtunddreißigjährige Heine mußte als Lehrer und Verführer der Jugend auch auf die Liste gesetzt werden. Der neunundvierzigjährige Börne fehlte, obwohl er der radikalere Demokrat war und deshalb von manchen Jugendlichen höher bewertet wurde als der elegante und naturgemäß ein wenig labile Künstler, der Heine zu sein schien; Gutzkow z.B. hält Börne für den »Sauerteig« der Restaurationsperiode, der das frische »Gebäck« nach 1830 »möglich machte« [102]. Auffallend war auch, daß Gustav Kühne auf der Liste fehlte. Er gehörte zu den Jüngsten (geb. 1806) und wurde von seinen liberalen Altersgenossen als mindestens ebenso radikal wie sie selbst angesprochen. Ein Jahr älter als Gutzkow war Ernst Willkomm (geb. 1810). Er begann zwar als Dramatiker, aber seit 1837 schrieb er Novellen und Romane, die ein typisch jungdeutsches Gepräge haben [103] und die neuerdings ebenso ausgegraben werden, wie Werke von Gutzkow und Mundt: *Die Europamüden,* 1838 (DN, Reihe 19. Jahrhundert, 1968). Gutzkow distanzierte sich von diesem bombastischen Romane Willkomms, mit der treffenden Bemerkung: »Wer auf Stelzen geht, ist kein Riese« [104].

Aber traf dies Urteil nicht genau mit der Gutzkow-Kritik der besseren Dichter und Kritiker zusammen? Wirklich an Gewicht gewönne das Junge Deutschland, wenn

---

* So verfährt der Artikel im Reallexikon der dt. Literaturgeschichte Bd. 1, ²1958. Nachdem zunächst Börne, Kühne, Willkomm, Prutz miterwähnt wurden (S. 781), geraten (S. 793) noch die Vormärzlyriker in den jungdeutschen »Zusammenhang«. Ja, Grabbe und Büchner erscheinen als »geniale Geistesverwandte« (S. 789), obwohl sie das Junge Deutschland kritisierten. Der eigentliche Grund für diese Vorstellung einer mehr oder weniger geschlossenen liberalen Opposition liegt in der Tatsache, daß die Junghegelianer vergessen werden. Dieser Artikel fehlt! Wer die vernichtende Jungdeutschenkritik der Junghegelianer kennt, wird zu weiteren Differenzierungen bereit sein.

man ihm Adolf Glassbrenner (geb. 1810), den erfolgreichen Berliner Satiriker, zuzählen wollte, wie dies vorgeschlagen worden ist [105]. Auch Varnhagens Gattin, die große Briefschreiberin Rahel, und die Bettina, die den preußischen König an seine Fürsorgepflicht erinnerte (*Dies Buch gehört dem König*, Berlin 1843), werden heute oft in einem Atemzug mit den Jungdeutschen genannt. Pückler-Muskau, der Salon-Reiseschriftsteller, hat sich selbst zu den Schülern Heines gerechnet. Sogar Georg Büchner soll manchmal, nach dem Willen unserer akademischen Revolutionäre, dem noch immer bedrohten Ansehen der Jungdeutschen aufhelfen, wozu ein Aufsatz von Hans Mayer den Anstoß gegeben haben mag*. Ich nehme an, daß das wachsende Interesse für die oppositionellen Schriftsteller der Restaurationsepoche noch zu einer gründlichen Diskussion der Einteilungsfrage führen wird. Daher begnüge ich mich mit einer kurzen Mitteilung meiner Ansichten und meines praktischen Verfahrens in diesem Werke.

Ich meine nach gründlicher Überlegung doch, daß man bei der Abgrenzung der jungdeutschen Richtung von dem Bundestagsbeschluß ausgehen sollte. Kleine Korrekturen mag man vornehmen, wie dies schon bisher üblich war (Hinzufügung von Börne, Kühne). Aber den Ehrenplatz, der durch das Verbot entstand, sollte man den literarischen Pionieren des deutschen Liberalismus nicht nehmen; denn den meisten von ihnen – ich denke an die Jüngeren – kann nur die unklare Situation vor 1835 und ihre eigene Unreife als Rechtfertigung dienen. Sie waren in einer ideologischen Trance, die schon einem Dichter wie Büchner unbegreiflich erschien. Er hatte etwas mehr direkte Erfahrung auf dem Gebiet der revolutionären Praxis, und er hatte vor allem die intuitive Tiefenerfahrung des berufenen Dichters, das, was Goethe das »Präzipieren« nennt. Er war in keinem gedanklichen und rhetorischen Rausch, sondern er sah die Lage, wie sie wirklich war. In den vierziger Jahren erkannten auch weniger begabte Schriftsteller wie Willkomm und Glassbrenner, die zunächst im Kiel der Jungdeutschen geschwommen waren, die Problematik einer papierenen Revolution. Ich meine also, daß man die jungdeutsche Richtung nicht durch solche Schriftsteller erweitern sollte, die erst in den vierziger Jahren zu entschiedenen und eigentümlichen Leistungen gelangten.

Außerdem bedeuten in so bewegten Zeiten wenige Jahre Altersunterschied viel. Büchner ist zwei, Herwegh sechs Jahre jünger als Gutzkow, der Benjamin der Jungdeutschen. Die etwas Jüngeren pflegen sofort auf die Erfolge und Mißerfolge der etwas Älteren und auf die so entstandene Situation zu reagieren. Die Revolutionäre der vierziger Jahre – das ist ein wichtiger Unterschied – haben weniger Vorurteile gegen die traditionellen Dichtungsgattungen, weil sie weniger universal denken und die Wirkung ihrer Werke beim angesprochenen Publikum besser berechnen. Nun wird mehr als ideologische Vorarbeit für die Revolution geleistet (vgl. u. S. 201 ff.). Aber das ist noch nicht der ganze Unterschied: auch die Ideologie selbst verändert

---

* Georg Büchners ästhetische Anschauungen, in: ZfDPh, Bd. 73 (1954), S. 129–160. *Mayer* trennt Büchner von den Jungdeutschen, aber erst nachdem er in mißverständlicher Weise eine Brücke zwischen Gutzkow und Büchner geschlagen hat.

sich, dadurch vor allem, *daß die Unzulänglichkeit des Liberalismus, etwa am Beispiel der Bauern- und Handwerkerbefreiung, von vielen erkannt wird.* Ernst Willkomm z. B., der weltschmerzliche Verfasser der *Europamüden* (Leipzig 1838) und des *Lord Byron* (Leipzig 1839), fordert in den vierziger Jahren sehr klar und energisch die Beseitigung der »Hungerfreiheit« und das Eingreifen der staatlichen Gesetzgebung in das zu wenig beaufsichtigte Fabrikwesen (*Weiße Sclaven oder die Leiden des Volks,* Leipzig 1845).

Ich will hier nicht entscheiden, ob es sinnvoll ist, eine *frühsozialistische Richtung,* an deren literarischer Spitze, neben Büchner, etwa der spätere Freiligrath, Ernst Dronke und Georg Weerth stehen könnten, von den liberalistischen Strömungen der dreißiger und vierziger Jahre zu unterscheiden. Dies Problem ist schwierig; denn der Frühsozialismus ist, literarhistorisch gesehen, wenig erforscht und vom Marxismus weit entfernt. Weltanschaulich steht er in manchen Erscheinungen näher beim christlich-karitativen Biedermeier als bei den vernunftstolzen Jungdeutschen. Möglicherweise wurde Börne nicht mitverboten, weil er in den entscheidenden Jahren Lamennais' *Paroles d'un croyant* hervorhob und übersetzte (*Worte des Glaubens,* Paris 1834); die Schrift bekennt sich leidenschaftlich zu einem sozialen Katholizismus. Pfarrer wie Weidig spielten eine vorbildliche, tätige Rolle in diesem Sozialismus und imponierten dem genialen Büchner weit mehr als die bildungsgläubigen Jungdeutschen. Ich glaube, obwohl ich in dieser Hinsicht kein Vorurteil habe, immer weniger, daß die christliche Ausdrucksweise in den Werken und Briefen Büchners rein verbal ist. Auch sein ungewöhnlicher Sinn für das Kreatürliche zeigt christliche Reste, die seiner nihilistischen Ideologie widersprechen. Möglicherweise wird der soziale Aufbruch in der Bundesrepublik auch der Erforschung dieses mehr oder weniger christlichen, für die Marxisten nur am Rande interessanten Frühsozialismus zugute kommen. Ich selbst begnüge mich damit, dem sozialen Roman und dem sozialen Drama, wie auch der sozialen und politischen Lyrik in den entsprechenden Kapiteln des Bandes »Formenwelt« gerecht zu werden. Grundsätzlich schließe ich die Möglichkeit nicht aus, daß die künftige Forschung dazu gelangen wird, der jungdeutschen Richtung nicht nur die Vormärzpoeten und die Junghegelianer, von denen unten die Rede sein wird, sondern weitere oppositionelle Strömungen anzugliedern. *Die frühe revolutionäre Bewegung hat sehr viele Gestalten!* Vielleicht werden die Neuentdeckungen und Umwertungen, die z. T. von der DDR-Forschung angeregt, in Gang kommen, zu dieser Konsequenz führen*. Nur vor einer übermäßigen Ausweitung des Begriffes Junges Deutschland muß ich ausdrücklich warnen; denn dann wäre es nicht mehr möglich, die verhältnismäßig einheitliche Physiognomie dieser früh-

---

* In der DDR heißt die entscheidende Frage meistens, ob man einen Autor von der »liberal bürgerlichen Vormärzbewegung« abtrennen kann. So versucht z. B. Oskar *Kosta* (Literarische Verbindungen revolutionär-demokratischer Dichter des Vormärz: Leipzig–Prag, in: Wiss. Zs. d. Univ. Leipzig, Gesellschafts- u. Sprachwissenschaftl. Reihe, Bd. 9 (1959/60), S. 737) Karl Herloßsohn aus der Gruppe der liberalen Böhmen (Karl Egon Ebert, Moritz Hartmann, Alfred Meissner usw.) herauszulösen und ihm eine radikalere wie auch beständigere Haltung als Revolutionär zu bescheinigen. Auf diese Weise sind noch viele »Dichter« zu entdecken!

liberalistischen Richtung in ideen-, stil- und gattungsgeschichtlicher Beziehung einigermaßen klar zu beschreiben. In Krisenzeiten macht die Geschichte sehr rasche Schritte.

Konsequenzen der jungdeutschen Berufsschriftstellerei

Viele Züge der Jungdeutschen, welche die Literaturgeschichte beklagt, ergeben sich aus ihrer bedenklichen wirtschaftlichen Lage. Diese Unsicherheit ist nicht erst eine Folge der staatlichen Verbote, sondern schon in der Tatsache begründet, daß die Jungdeutschen den Status eines Berufsschriftstellers anstrebten. Sie verschmähten die »kleinliche« Entsagung, zu welcher die meisten Biedermeierdichter bereit waren und ohne welche die Leistung eines Mörike, Grillparzer oder Stifter nicht möglich gewesen wäre. Entsagung bedeutet in einer wirtschaftlich unterentwickelten Gesellschaft, daß man eine nützliche Funktion ausübt als Lehrer oder Pfarrer oder Bibliothekar. Solche Beschränkungen verschmähen die »abstrakten Literaten«, wie wir bereits von Ruge wissen, »aus Genialität«. Eine andere Möglichkeit der Entsagung wäre die äußerste Bescheidenheit in der Lebensführung gewesen. Aber auch diese ist einem anspruchsvollen Genie und Anhänger der neuen Religion nicht möglich. Die folgende Erklärung Heines in dem programmatischen Buch *Zur Geschichte der Religion und Philosophie in Deutschland,* das im Januar 1835 erschien, war gewiß allen Jungdeutschen aus dem Herzen gesprochen: »Wir kämpfen nicht für die Menschenrechte des Volkes, sondern für die Gottesrechte des Menschen. Hierin und in noch manchen andern Dingen unterscheiden wir uns von den Männern der Revolution. Wir wollen keine Sansculotten sein, keine frugale Bürger, keine wohlfeile Präsidenten: wir stiften eine Demokratie gleichherrlicher, gleichheiliger, gleichbeseligter Götter. Ihr verlangt einfache Trachten, enthaltsame Sitten und ungewürzte Genüsse; wir hingegen verlangen Nektar und Ambrosia, Purpurmäntel, kostbare Wohlgerüche, Wollust und Pracht, lachenden Nymphentanz, Musik und Komödien – Seid deshalb nicht ungehalten, ihr tugendhaften Republikaner!« [106] Man wäre ein schlechter Kenner der Jungdeutschen, wenn man diesen revolutionären Ideologen unterstellen wollte, sie versuchten durch das Bild dieser paradiesischen Demokratie lediglich, die Massen zur Revolution zu verführen. Wie Heine am Ende des gleichen Buches die unglaubliche Kraft, welche die von ihren Philosophen verführten, zum Barbarentum zurückgekehrten Germanen dereinst entwickeln werden, den Franzosen richtig voraussagt, so träumt er auch an dieser Stelle von einem Paradiese, zu dem die fortschreitende, dem »Spiritualismus« entwachsene Menschheit irgendeinmal gelangen wird und muß. Der Hinweis auf die reale Lage in einem unterentwickelten Land hätte den Propheten der Wollust kaum berührt. Überdies lebt er ja in Frankreich. Er hat Louis Philippe's »enrichissez vous« vernommen.

Daß seine Schüler in Deutschland, die von der Not der Kriegszeit noch weniger mitbekommen hatten und erst die eigentliche Nachkriegsgeneration waren, von der »Entsagung« mehr verstanden, ist nach allem, was wir vom Phänomen der Nachkriegsgenerationen wissen, nicht anzunehmen. Dem weltklugen Heine selbst entging diese Entwicklung nicht. Am 7.4.1835 glaubt er sich von seinem Verleger Campe vernachlässigt, weil die Schrift *Zur Geschichte der Religion und Philosophie*... verstümmelt erschienen ist, und er stellt ihm bei dieser Gelegenheit vor Augen, wie hoch sein buchhändlerischer Kurswert seit der Julirevolution gestiegen ist: »Sie haben keinen Begriff davon, wie groß ich geworden bin... Es ist wahr, ganz kleine Jungen von Schriftstellern erhalten jetzt so viel Honorar wie ich; aber das sollte Sie doch nicht verleiten, meine reelle Größe [nicht] in Anschlag zu bringen« [107]. Er ist, was die Ansprüche betrifft, von den Jungen überflügelt worden und vergleicht sich mit einer alten Magd, die auf gute Behandlung mehr Wert legt als auf eine Lohnerhöhung.

Dazu paßt der in den Zensurakten ständig wiederkehrende Vorwurf, die Buchhändler wollten sich mit Hilfe der »gefährlichen«, will sagen sensationellen Bücher bereichern; denn höhere Honorare lassen sich nur bei besserem Absatz verkraften. Auch Tieck, ein Löwe des biedermeierlichen Buchmarktes, läßt im *Jahrmarkt* einen Verleger ein tendenziöses Buch fordern: Der politische Klatsch sei beliebt [108]. Das Bundestagsverbot wird ausdrücklich damit begründet, daß die »Spekulation« mit dem staatsfeindlichen Schrifttum nicht mehr rentabel sein darf; aber wir wissen auch schon, daß aus dem gleichen Grund arme Staaten wie Württemberg nicht gewillt sind, den durch das Verbot entstehenden Steuerausfall hinzunehmen. *Wirtschaftliche Notwendigkeiten kommen also dem freien Schrifttum zu Hilfe,* und diese haben dann auch nach 1848, unter der Führung des mächtig aufstrebenden und populären Leipziger Buchhandels, trotz der neuen Reaktion zu einer fast vollständigen Abschaffung der Zensur weitergeführt [109]. Vorläufig ist die deutsche Wirtschaft trotz kleiner Fortschritte noch so schwach, daß die erhöhten Honorare den Aufbau einer Existenz als Berufsschriftsteller nur dann gestatten, wenn die Schriftsteller zu einem radikalen Abbau der traditionellen ästhetischen Maßstäbe bereit sind und so fleißig arbeiten wie die schlesischen Weber oder einen Rückfall in das Mäzenatentum, das Börne am Beispiel Goethes so schonungslos verurteilt hatte, in Kauf nehmen. Heine ist als ehrgeiziger Künstler bereit, eine französische Pension entgegenzunehmen und den reichen Onkel in Hamburg hartnäckig anzubetteln. Laube läßt sich von dem splendiden Fürsten Pückler-Muskau aushalten und später schließt er mit den Hoftheatern, ja sogar mit Österreich Frieden, um Burgtheaterdirektor zu werden. Aber solche Verstöße gegen das abstrakte Freiheitsprinzip trugen den Sündern nicht nur bei den andern Jungdeutschen, sondern auch bei zahmeren Ideologen des Liberalismus den Vorwurf der Charakterlosigkeit ein. Man muß sich den normgerechten Jungdeutschen demnach als einen Schriftsteller vorstellen, der es fertigbringt, den hybridesten Geistesaristokratismus (als Genie, ja als Prophet!) mit einer ärmlichen, womöglich proletarischen Existenz in Einklang zu bringen.

Schon vor dem Bundestagsverbot entließ Duller, dem der *Phönix* gehörte, den grünen Gutzkow wieder, der im Literaturblatt des Phönix den Menzel spielen wollte, aber überall Empörung erntete. Gutzkow schrieb Tag und Nacht – *Wally, die Zweiflerin* war nur *eines* seiner verzweifelten Produkte –; aber was half das? Diese weltfremden deutschen Jünglinge konnte man in aller Bequemlichkeit abschießen. Dazu brauchte man keine Polizei. Das besorgten schon Konkurrenten wie Hengstenberg und Menzel, unter dem Jubel des christlichen Publikums. Varnhagen hatte Recht: Die politischen Machthaber waren falsch beraten, als sie aus den Knaben Märtyrer der Staatsgewalt machten.

Man wird es, im Widerspruch zum Hochloben der Jungdeutschen, in dem sich unsere eigene Nachkriegsgeneration manchmal gefällt, offen aussprechen müssen, daß einem jungen Berufsschriftsteller ganz einfach oft die Erfahrung fehlt, die zum Erkennen und Verändern der gesellschaftlichen Verhältnisse nötig ist. Der Mann auf der Straße weiß mehr von den Nöten des Volkes als ein hochbegabter Student, der schriftstellert, hungert und über seine finanziellen Verhältnisse jammert. In seinem ersten völlig unrealistischen Sozialroman über die angeblich moderne Dreieinigkeit *Eisen, Gold und Geist* (Leipzig 1843) – er endet mit der Zerstörung der dämonischen Maschinen! – legt Ernst Willkomm dem typisch jungdeutschen Schriftsteller Theobald, der keinen Erfolg hat, aber sich dafür unter »die geborenen Aristokraten des Geistes« zählt, das folgende Lamento in den Mund: »Seit vier Jahren erbiete ich mich zu den verschiedensten wissenschaftlich-literarischen Arbeiten, man findet sie aber immer nicht ›gemeinnützig‹. Ich legte mich auf die Beobachtung der Menschen, der Staatseinrichtungen und auf die Kunst, mitten im Mangel ein anständiger Mensch zu bleiben. Edle Freundin, glauben Sie meiner Versicherung: Es ist unbeschreiblich schmerzlich zu sehen, wie die gemeinste Handarbeit täglich bereitwillig und besser bezahlt wird als ein Gedanke, der, von Geist zu Geist wandernd, Tausende erleuchtet! Es ist fürchterlich zu fühlen, wie Menschen, die vermöge ihrer geistigen Anlagen befugt werden [wären?], Hand in Hand mit den Höchstgeborenen zu gehen, wie solche geborenen Aristokraten des Geistes ihrer Lebensstellung nach auf einer Stufe mit dem Auswurfe des gedankenlosesten Pöbels stehen! Es ist erniedrigend und eine Schmach für die gesamte Nation, daß sie aus staatsökonomischen Gründen die Verbesserung der Handarbeiter votiert, für eine würdige Stellung ihrer Arbeiter im Geist aber keinen Groschen verausgabt« [110]. Ein derartiger Ausfall gegen die kümmerlichen zeitgenössischen Versuche, dem Fabrik- und Landarbeiter zu helfen, ist bei einem biedermeierlichen Dichter nicht denkbar, weil er praktisch genug ist, um den Vorrang der nützlichen Arbeit bei einem armen Volke zu begreifen, und sehr wohl weiß, daß es dem Gebildeten doch gelingt, »Hand in Hand mit den Höchstgeborenen zu gehen«, wenn er der Hungerfreiheit satt ist. Auch der verräterische Romantitel *Ritter vom Geiste,* den Gutzkow noch nach der Märzrevolution wählte, wäre bei den Biedermeierdichtern nicht möglich gewesen und erst recht nicht bei den programmatischen Realisten vom Schlage Freytags; denn diese betonten ihr Bürgertum eher, als daß sie es verleugneten.

Von Gutzkows Fehde mit den bürgerlichen Realisten, die nur ein Rückzugsgefecht des Jungen Deutschland ist, und von den literarischen Auswirkungen des jungdeutschen Aristokratismus wird später die Rede sein. Vorläufig ist noch eine prinzipielle Frage zu klären, deren unentschiedene Beantwortung in der Literaturgeschichte viel Verwirrung gestiftet hat. Sind diese weltfremden Bildungsaristokraten wirklich die ersten Realisten, wie die traditionelle Literaturgeschichte ständig postuliert, ohne es zu beweisen. Bei unbefangenen Publizisten liest man: »Es ist nicht leicht, in diese schönklingenden Allgemeinheiten einen Sinn hineinzulesen«. Oder: »Alle diese Ergüsse zeigen deutlich, wie nahe diese Generation im Grunde der Romantik stand« [111]. Der Literarhistoriker, der gelernt hat, daß mit dem Tode des alten Goethe eine neue Epoche entstand, pflegt einen scharfen Einschnitt zwischen der »Kunstperiode« und dem Jungen Deutschland anzubringen, – auch wenn er sich hinterher hundertfach widerspricht.

Sind die Jungdeutschen realistisch?

Um diese Legende zu widerlegen, wird man zunächst fragen, ob Goethe wirklich so unrealistisch war? Sind *Madonna* oder *Wally* realistischer als die *Lehrjahre* und *Wahlverwandtschaften*? Wo ist der jungdeutsche Roman, der die Notwendigkeit der Arbeitsteilung so klar erfaßt wie Goethes *Wanderjahre*? Wie kommt es, daß Börne, der Ahnherr der Jungdeutschen, Goethes Anpassung an die gesellschaftliche Welt und sein künstlerisches Objektivitätsideal am schärfsten ablehnte, während der vorher so genannte Höfling Goethe in der zweiten, vom Realismus beherrschten Hälfte des 19. Jahrhunderts zum allerseits anerkannten Klassiker emporstieg. Varnhagen erkennt, wie wir hörten, in Voltaire, Wieland, Byron und den Frühromantikern die Vorläufer der Jungdeutschen. Hinzuzufügen wäre Jean Paul, der die Hochklassik mit ihrem Ästhetizismus bekämpfte und von Börne gegen Goethe ausgespielt wurde. Es war wirklich keine Kunst mehr, die Jünger Winckelmanns zu entlarven, nachdem seit Wieland eine ganze Schar von »Modernen« nachgewiesen hatte, daß die Griechen kein unbedingtes Vorbild waren. *Der Kampf gegen den Klassizismus ist 1830 wenig aufregend und wird schon in den 1840er Jahren von einer neuen klassizistischen Welle und damit auch von einem neuen Kunstenthusiasmus abgelöst.*

Wo der Wollust- und Prachtkult, der sogenannte Sensualismus, herkommt, verraten die jungdeutschen Neudrucke der Schriften, die der Wielandschüler Heinse geschrieben, und der *Vertrauten Briefe*, in denen sich Schleiermacher zu F. Schlegels *Lucinde* bekannt hatte. Es ist die schwärmerische Wollust des deutschen Irrationalismus, nicht viel mehr als eine Traumwelt, was hier »Emanzipation des Fleisches« genannt wird. Heine betont in der erwähnten Programmschrift ausdrücklich, daß ihm der materialistische Saint-Simonismus der Franzosen *nicht* genügt, daß dieser durch den Pantheismus der Deutschen zur neuen Religion hinaufgesteigert werden muß. Zu denken gibt auch, daß Gutzkow im *Phönix* genötigt war, sich auf die besten Jünger des Sturm und Drang, Grabbe und Büchner, zu stützen. Er hatte bei der Übernahme des Literaturteils (im *Phönix*) verkündet, die kritische Phase sei nun vorüber. Mit den Partien aus *Dantons Tod* und *Hannibal* veröffentlichte er zwei überzeugende Beweise für die dichterische Fruchtbarkeit des antiklassizistischen Trends. Ein guter Kritiker war Gutzkow schon. Aber beide Tragödien stammten von Dramatikern, welche tiefer sahen und die Jungdeutschen entschieden ablehnten! Dem vorlauten Berliner Jungen blieben doch nur die kritischen Stelzen, um sich über alle andern Dichter zu erheben, und so ergab sich die Tragikomödie von Gutzkows Glück und Ende.

Zu den Dichtungen, die dem angeblichen Pionier des Realismus nicht genügen, gehören natürlich die Romane des zeitgenössischen England. Eine Dissertation über den Kritiker Gutzkow entschuldigt diese Weltfremdheit mit einem Satz, der eine Seite vor Gutzkows »Übergang zum Realismus« zu finden ist: »Wertvollem, die Entwicklung der Menschheit förderndem Geistesgut würde Gutzkow niemals den Zugang verwehren, gleich von welcher Nation es stamme; doch die Erzeugnisse der Nachfahren Walter Scotts in England, der Cooper, Irving und Dickens (Boz) glaubt er vom deutschen Büchermarkt fernhalten zu sollen« [112]. Man hat verschiedentlich versucht, die jungdeutsche Abneigung gegen England zu widerlegen; aber wie weit führt die prinzipielle Anerkennung des englischen Republikanismus, wenn seine konkrete Basis, der englische Empirismus und Industrialismus unverstanden bleibt? Heine verehrt britische Dichter wie Byron, er hält sie aber für »isolierte Märtyrer ihrer nationalen Verhältnisse«. »Die Masse, die Stockengländer – Gott verzeih' mir die Sünde! – sind mir in tiefster Seele zuwider, und manchmal betrachte ich sie gar nicht als meine Mitmenschen, sondern ich halte sie für leidige Automaten, für Maschinen, deren inwendige Triebfeder der Egoismus. Es will mich dann bedünken, als hörte ich das schnurrende Räderwerk, womit sie denken, fühlen, rechnen, verdauen und beten« [113].

Das ist natürlich bewußt übertrieben, wie immer, wenn Heine seine Bilderketten konstruiert. Aber übertreibt der Realist so passioniert, wie Heine dies tut? Sogar in der erwähnten Programmschrift, in der Heine mit dem Materialismus liebäugelt, gefällt er sich in den gröbsten Simplifikationen, weil dies nun einmal zur erstrebten »Popularität« oder, wie ich literaturwissenschaftlich präzisieren möchte, zur Rhetorik gehört: »John Bull ist ein geborener Materialist ... Deutschland hat von jeher eine Abneigung gegen den Materialismus bekundet und wurde deshalb während anderthalb Jahrhunderte der eigentliche Schauplatz des Idealismus« [114]. Die Jungdeutschen ersetzen Hegels Mißtrauen gegen die gesamte nachantike Poesie durch eine vordergründige Kritik an der deutschen Kunstperiode. Aber so viel haben sie in den Hörsälen mitbekommen, *daß der Empirismus etwas prinzipiell Minderwertiges ist.* Gedanken haben für sie noch immer mehr Existenz als Beobachtungen. »Wer will überhaupt den Empirikern in irgendeinem Stücke trauen« [115]; sie erfassen nichts im Mittelpunkt. Der Mittelpunkt ist natürlich die Idee, die aktive Tendenz. Auf dieser Basis kämpfen unentwegte Jungdeutsche noch in den fünfziger Jahren gegen die »schmutzigen« deutschen Realisten und gegen Dickens, der das Vorbild der Realisten war.

Der Leser hat gegen die These von den unrealistischen Jungdeutschen längst einen gewichtigen Einwand auf den Lippen: Es läßt sich doch nicht leugnen, daß die Jungdeutschen Politik und Literatur in viel eindeutigerer Weise vermischten, als dies Wieland, der Sturm und Drang oder die Frühromantiker getan hatten. Sie erstrebten doch ganz bewußt eine Politisierung der Literatur, nicht nur der Zweckliteratur, sondern auch der Dichtung. Diese Feststellung ist richtig. Es fragt sich nur, ob die Vermischung von Politik und Dichtung als realistisch angesprochen werden kann, ob nicht zum Wesen des Realismus die stärkere Trennung der Kulturgebiete gehört, wie sie sich in der zweiten Hälfte des 19. Jahrhunderts durchgesetzt hat. Bezeichnenderweise hat einer jener verdächtigen »materialistischen« Engländer die unpraktische Art der Jungdeutschen am deutlichsten beschrieben. C.P.Magill warnt ausdrücklich vor einem politischen Ansatz (approach) bei der Interpretation der jungdeutschen Richtung. Der Engländer kann sich eine politische Tätigkeit nur praktisch vorstellen, etwa in der Art, wie Disraeli das junge England in einer Gruppe von Parlamentariern erblickte und diese mit einem konkreten politischen Programm zur Macht führte. Aus der ideologischen Begründung, mit welcher der Staat an das Verbot der Jungdeutschen heranging, schließt er richtig, daß es nichts als diese Ideologie zu bekämpfen gab: »These writers were remote from the centres of power in their time and therefore at loggerheads with authority, but more than that cannot be said. A contemporary, Ludwig Wihl, discussing the effect upon the writers of the day of an abstract academic education, observes: ›Dieses dilettantische Herumtasten des jungen Schriftstellers am Bestehenden hat ihn in eine oppositive Stellung zur Staatsgewalt gebracht‹ (Über die Zurechnungsfähigkeit der neuesten Literatur, Hamburg 1839, S. 133). The term ›Herumtasten‹ describes precisely the situation of the Young Germans, astray in an impenetrable ideological fog and mistaking the misty shapes around them for the substance of reality« [116]. Zum Schluß seines Aufsatzes zitiert der Engländer einen Satz Gutzkows, der nach seiner Meinung beweist, daß die Jungdeutschen mehr zufällig als notwendig auf die Literatur verfielen: »Wir müssen etwas tun, was Ersatz ist für das, was wir tun könnten. Es muß wenigstens ebenso groß sein wie unsre Vorstellung. Wir ergreifen die Feder« [117].

Nur Heine war, meint Magill, berufen zur Dichtung. Auch die Machthaber wußten genau, daß Heine am besten schrieb. Nach der Lektüre der erwähnten Programmschrift *Zur Geschichte der Religion und Philosophie in Deutschland* erkannte Metternich sofort, daß er mit dem Buch »die Quintessenz« des Jungen Deutschlands in Händen hatte. »Zugleich«, fährt er fort, »ist das Heinesche Produkt ein wahres Meisterstück in Beziehung auf Stil und Darstellung. Heine ist der größte Kopf unter den Verschworenen«. Der preußische Minister bestätigt und ergänzt Metternichs Meinung: »Auch H. Minister Ancillon hält die Heinische Produkten für die gefährlichsten, eben weil sie in Beziehung auf Stil und Darstellung ein wahres Meisterstück sind« [118]. Während man heute ein anstößiges Buch zu entschuldigen pflegt, wenn es ein Meisterstück zu sein scheint, ist die Meisterschaft für die Staatsmänner der Restauration nur ein weiterer Grund, den Dichter zu verbieten. Sie sind alles andere als Banausen, *aber genauso wie die Jungdeutschen der Meinung, daß die Kunst keine autonome Größe ist,* sondern höheren Zwecken untergeordnet werden muß.

Der religionsgeschichtliche Hintergrund

Ein erstaunliches Eingeständnis macht Menzel in seiner Rezension von Heines großer Programmschrift. Er weiß, daß Heine selbst, weil er Dichter und immer wieder Dichter ist, den Kampf nicht so ernst nimmt. Tatsächlich hat Heine in einer ironischen Vorrede zur zweiten Auflage (1852) sein Antichristentum ausdrücklich widerrufen, – ohne die gekonnte Schrift selbst zu verändern! Interessant ist aber, was Menzel von Heines Lesern zu berichten weiß. Seine Mitteilung bestätigt das, was Varnhagen dem Staatskanzler über die »Zeitstimmung« berichtet. Im *Literatur-Blatt* zum *Morgenblatt* (23. u. 25. März 1836) gibt der Stuttgarter Kritiker ein düsteres Bild von der religiösen Situation: »Das Mißtrauen in die Religion, ja ein offenbarer Haß gegen die Religion wagt sich nur darum in jüngster Zeit hie und da so offen auszusprechen, weil es wirklich im geheim sehr weit verbreitet ist. Und es handelt sich jetzt nicht mehr, wie wohl ehedem, um bange Zweifel und Bekümmernisse in den Gemütern, die nach Wahrheit und innerer Befriedung ringen, sondern um eine entschiedene Abneigung, um eine feindselige Stimmung gegen alles, was noch mit der Religion zusammenhängt. Es handelt sich nicht mehr, wie wohl ehedem, um Priesterhaß, wobei die Ehrfurcht vor Gott bestehen könnte, sondern um Religionshaß, den viele Priester selber teilen« [119]. Wenn diese Diagnose Menzels zutreffend ist, *dann bildet nicht so sehr die Julirevolution als die religionsgeschichtliche Veränderung, die gleichzeitig durch »Das Leben Jesu« von Strauss bezeichnet wird, den Hintergrund des jungdeutschen Vorstoßes.* Auch wenn man die europäischen Zusammenhänge und den universalen Charakter des damaligen Liberalismus nicht leugnet, so scheint der *deutsche* Beitrag doch vor allem in einer *Forcierung des religiösen Liberalismus* bestanden zu haben*. Nicht praktische Kaufleute und gewiegte Politiker, sondern Philosophen und Theologen, womöglich Philosophie- und Theologiestudenten, tragen im damaligen Deutschland die Freiheitsbewegung weiter. Sie werden nicht verboten, weil sie eine reale Macht bilden, sondern aus prophylaktischen Gründen. Wenn der Altar wankt, könnte auch der Thron ins Wanken geraten. Die Formel, die man dafür in den Zensurakten zu finden pflegt, lautet: »sittenverderblich und also mittelbar auch politisch« [120].

Wenn man die politische Tendenz des Jungen Deutschland erwähnt, dann sollte man jedenfalls immer hinzufügen, *daß wir uns in einem Zeitalter metapolitischer Auseinandersetzungen befinden.* Gutzkow liebt die Predigt genauso wie die Vertreter des geistlichen Biedermeiers; nur predigt er, in genauer Umkehrung der Richtung, den »Pfaffen«. Er schimpft und droht und prophezeit in einem Ton, der dem pfäffischen eines Biernatzki oder Hengstenberg auffallend ähnlich ist. Ich gebe ein Beispiel:

Laßt einen Augenblick eure Katechismen: hebt diese scheinheiligen Augenwimpern auf: werft eure Talare und Vorhemdchen weg, diese geistliche Koketterie: vergeßt einmal die Beweisstellen für die Gottheit eines von euch noch immer gekreuzigten Menschen: und hört,

---

* Ich befinde mich hinsichtlich der Religion in einem freundschaftlichen Streit mit jüngeren Kollegen und Freunden, die im Sinne unserer Gegenwart dazu neigen, den Angriff auf den konservativen Staat in den Vordergrund zu rücken und der religiösen Auseinandersetzung eine nur sekundäre Bedeutung beizumessen. Für das Deutschland der Biedermeierzeit gibt es diesen inzwischen aus den angelsächsischen Ländern importierten Pragmatismus noch nicht, und man fragt sich, auf Grund des religionsgeschichtlichen Ergebnisses, das die Adenauersche Restauration erbrachte, ob dieser Pragmatismus zum »Wiederaufbau« ausreicht. Die Preisgabe des systematischen Denkens, das die Stärke der Deutschen in der vorrealistischen Zeit ist, wäre gerade heute eine große Gefahr.

was in andern Gebieten, im Reiche der Freiheit, Jugend und Phantasie sich vor Jahren begeben hat. Diese Worte haben etwas an sich, das euch zwingt, euch bald auf sie zu besinnen. Seht nur in den Sakristeien die Konterfeis eurer beleibten und beliebten Vorgänger: ihr Mund sprützt ja noch ganz über von den zelotischen Predigten, die sie gegen Idealismus, Genie und neue Schule hielten. Es sind ja dieselben Kanzeln, auf welche die Götze und Woltersdorf mit ihren verketzernden Fäusten schlugen und welche ihr jetzt ziert: es kann euch nicht so fremd klingen, was ich in herzlicher Verachtung eurer himmlischen Handlangerdienste, im Ignorieren eurer dogmatischen Grimasse und in der Hoffnung, daß doch endlich einmal der Tag kommen wird, an welchem eure Altäre, Bilder und Systeme zusammenstürzen, jetzt sagen will von den Ahnungen jenes neuen Glaubens, welchem sich die von eurer Offenbarung gemißhandelte Menschheit hinzugeben sehnt [121].

Diese Stelle aus der Vorrede zu Gutzkows Neuausgabe von Schleiermachers *Vertrauten Briefen über die Lucinde* (1800, Gutzkows Neudruck, Hamburg: Hoffmann und Campe 1835) ist typisch für Geist, Stil und Taktik der Jungdeutschen vor dem allgemeinen Verbot. Der Witz, der beim frühen Heine und Börne immer noch etwas Zweideutiges hatte, steigert sich zum Hohn, die Stichelei zur offenen Provokation. Der Anlaß (Schleiermachers jugendliche Bekenntnisse) bezeichnet die günstigen Voraussetzungen der jungdeutschen Taktik. Man kann nicht nur die Aufklärung, sondern sogar die Frühromantik gegen die Restauration ausspielen und auf diese Weise den Gesinnungswandel des angesehenen biedermeierlichen Kirchenvaters verdächtigen. Wenn heute, wie es an anderer Stelle heißt, die Liebe nicht mehr ein »großer Kultus«, sondern der »einheizende Ofen der Familienstube« ist, so bedeutet das einen Abfall vom »Idealismus« und von den »ewigen« Werten. Gutzkow scheint nur das Vermächtnis der Goethezeit zu erfüllen, wenn er gegen Ende seines Aufrufs erklärt: »Schämt euch der Leidenschaft nicht, und nehmt das Sittliche nicht wie eine Institution des Staates! ... Der einzige Priester, der die Herzen traue, sei ein entzückender Augenblick, nicht die Kirche mit ihrer Zeremonie und ihren gescheitelten Dienern!« [122]

»Universaler Protestantismus«

Das erste Angriffsziel der Jungdeutschen ist die Kirche; denn es geht ja nicht um eine neue materielle Ordnung der Dinge – vor dem »Materialismus« bekreuzigt man sich fortwährend –, sondern um eine neue Weltanschauung oder, wie es hier und an vielen andern Stellen heißt, um einen »neuen Glauben«. Nun muß man allerdings zu jener Zeit geistige Ahnen haben. Noch darf man nicht im Stile Nietzsches auftreten. Die Ahnen müssen sogar möglichst alt sein, und daraus ist es zu erklären, daß man über das revolutionäre 18. Jahrhundert hinausgreift und sich fortwährend auf die *Reformation* beruft. »Reformation« hat im Unterschied zu »Revolution« bereits einen legitimistischen Klang, wenigstens innerhalb des protestantischen Bereichs, dem die Jungdeutschen entstammen. Wenn es gelingt, die Restauration mit dem Katholizismus gleichzusetzen – und das liegt, wie wir bereits wissen, nahe –, dann ist sie endgültig entlarvt und widerlegt. Es gehört zu den bezeichnenden Paradoxien der Restaurationsepoche, daß die konservativen Kreise sich um einen Ausgleich der

Konfessionen bemühen, während sich die Jungdeutschen und z.T. auch noch die Junghegelianer als konsequente Protestanten gebärden. Eine umfangreiche Literatur in allen Formen, dient dem Zweck, *diese Kontinuität des Protestantismus festzuhalten*. Noch bei Ferdinand Lassalle ist »die Rückwendung auf jene Periode unseres größesten und entscheidendsten geschichtlichen Wendepunktes dem gegenwärtigen Geiste« natürlich und notwendig [123]. Selbstverständlich wird der eigene »Glaube« in die Reformation hineininterpretiert. Ihr Grundprinzip war, wie man behauptet, die Freiheit, nicht etwa der Glaube oder die Bibel. Man beobachtet, daß die Romantik mit ihrer Schwärmerei für den Katholizismus zugleich eine restaurative Wendung nahm, daß die Katholiken in der modernen revolutionären Bewegung eine Konsequenz des protestantischen Geistes erblicken, daß der Widerstand gegen die Restauration im protestantischen Deutschland entschiedener ist als im katholischen. Heine z.B., von dem man keine konfessionelle Voreingenommenheit erwarten sollte, benutzt das Wort »katholisch« geradezu als Schimpfwort. Er liebt es, romantische Protestanten des »Katholizismus« zu verdächtigen. Er kann sagen: »Wahrlich, ohne alle Parteilichkeit habe ich Geistesfreiheit und Protestantismus zusammen genannt« [124]. Sogar die protestantischen Orthodoxen lobt er, weil sie sich gegen »die Restauratoren des Katholizismus« erhoben [125].

Börne liebäugelt gelegentlich mit der Naivität und Sinnlichkeit des Katholizismus. So sagt er etwa: »Ach, Luther, wie unglücklich hat der uns gemacht! Er nahm uns das Herz und gab uns Logik; er nahm uns den Glauben und gab uns das Wissen«. Die Interpretation ist, historisch gesehen, Unsinn; aber der Inhalt der Klage ist bezeichnend. Auch für die anderen Jungdeutschen ist der Katholizismus die Religion des Glaubens, der Protestantismus die Religion des Wissens [126]. Die Säkularisationserscheinungen im katholischen Bereich werden für den Protestantismus in Anspruch genommen: »Das blühende Fleisch auf den Gemälden des Tizian, das ist alles Protestantismus« [127]. Der Protestantismus wird also nicht mehr als eine Form der christlichen Religion verstanden, sondern als ein allgemeines, ideengeschichtliches Prinzip. Mundt spricht ausdrücklich von einem »universalen Protestantismus« [128]. Man sieht, wie hier, *ganz im Geiste des Idealismus,* die geschichtlichen Erscheinungen ihres bestimmten und damit verbindlichen Charakters entkleidet und zur bloßen Vorstufe des »neuen Glaubens« gemacht werden.

Trotzdem ist der Ton, den Gutzkow in der Vorrede zu Schleiermachers *Vertrauten Briefen* anschlägt, neu, denn er richtet sich ja ganz eindeutig gegen die Institution der Kirche, die man während der Goethezeit, unter dem Einfluß Herders u.a., vornehm aus dem Spiele gelassen hatte: Die Altäre, sagt Gutzkow, sollen zusammenstürzen, die kirchliche Ehe ist überflüssig. Wenn man bedenkt, daß es noch keine Zivilehe gab, daß die Kirche überhaupt noch durch manches Band mit dem Staat verbunden war, so muß man die hier waltende Tendenz doch als politisch in einem weiteren Sinn verstehen. Der Vorwurf der Anarchie, der oft erhoben wurde, ist nicht ganz unberechtigt; denn die Jungdeutschen waren viel zu ideologisch, als daß das ihnen vorschwebende Bild der *neuen* Ordnung irgendeine Bestimmtheit hätte gewinnen können. Daß man mit einer weltfremden, knabenhaften Überheblichkeit

auf die Macht des geschriebenen Wortes vertraute, zeigt die Briefäußerung Gutzkows, mit der er das Verbot der *Vertrauten Briefe* quittierte: »Mir ist es [sic!] daran
gelegen, die Kirche aufzulösen und nebenbei an der Verflüchtigung des Staates zu
arbeiten... Jetzt geb' ich die Wolfenbütteler Fragmente nebst Vorrede heraus zu dem
Zweck« [129]. Man vergleiche damit die klare Einsicht Büchners! Hier spricht nicht
die Stimme eines Revolutionärs, sondern eines Schwarmgeistes, eines wildgeworde-
nen Theologiekandidaten, der nach dem Martyrium lechzt, von dem er freilich weiß,
daß es, wie alles in dieser Zeit, »kleinlich« sein wird. Die Inquisition ist nicht mehr
möglich, nur noch ein Inquisitiönchen.

Die frühe Produktion Laubes, Mundts und Gutzkows

Ehe wir über die Bundestagsaktion und ihre Folgen berichten, sollen einige Beispiele aus der frühen Produktion der Börne- und Heine-Schüler kurz beschrieben
werden. Es sei nicht verschwiegen, daß die Lektüre dieser Schriften fast immer ent-
täuschend und manchmal sogar quälend ist. H. H. Houbens Buchtitel *Jungdeutscher
Sturm und Drang* (1911) erscheint, wegen der überzeugenderen Sturm-und-Drang-
Tradition bei Grabbe und Büchner, nicht nur historisch problematisch, sondern er
erweckt auch wegen der Erinnerung an Goethes und Schillers Jugend falsche Quali-
tätsvorstellungen. Außerdem paßt der Titel für Börne und Heine überhaupt nicht,
da sie in den dreißiger Jahren, jeder auf seine eigene Weise, schon Meister sind. Am
besten dürften noch Arbeiten *Heinrich Laubes* wie die *Reisenovellen* und der Roman
Das junge Europa sein, vielleicht deshalb, weil der Schlesier von Philosophie am
wenigsten versteht und mit einer gewissen Frische, mit Lebenslust und nicht nur mit
einer sensualistischen Ideologie vor das Publikum tritt. Hinsichtlich seines Kunst-
verstandes und seines Esprits mag er Gutzkow ebenso unterlegen sein wie in der phi-
losophisch-theologischen Theorie und Kritik; aber, da auch Gutzkow zu viel schreibt,
um gut zu schreiben, gelangt Laube mit seinem empirischen Griff, seinem liebens-
würdigen Charakter und seinem angeborenen Humor eher noch zu einer gewissen
Lesbarkeit der Darstellung. Sein burschenschaftlicher Ausgangspunkt läßt ihn manche Gefahren der Salonschriftstellerei vermeiden. Der Instinkt des späteren Bühnen-
leiters zeigt sich zunächst in einer gewissen, wenn auch begrenzten Fähigkeit zu in-
haltsreicher und allgemeinverständlicher Erzählung. Laubes *Reisenovellen* (6 Bde.,
Mannheim 1834–37) sind nicht so witzig wie Heines *Reisebilder*. Aber sie haben ihre
eigenen Verdienste. Die Fröhlichkeit und Naivität von Laubes Landsmann Eichendorff klingt gelegentlich in ihnen an. Wenn er z. B. Wien schildert, so muß er natürlich das reaktionäre politische System und die altmodische, am Klassizismus orientierte Literatur Österreichs bespötteln. Auch die biedermeierliche Vorliebe für den
Dialekt ist dem Jungdeutschen zutiefst verdächtig. Trotzdem imponiert ihm die
lebenslustige Bevölkerung Wiens gewaltig. Hier unter der Herrschaft eines »heiteren
Katholizismus«, einer Sinnlichkeit, die »nie gemein« wird, einer Musik, die das ganze
Leben durchdringt, zeigt sich die erträumte Rehabilitation des Fleisches wirklich

und ganz unwillkürlich. »Was den Franzosen die Napoleonischen Siege waren, das sind den Wienern die Straußschen Walzer«. Man kommt vor lauter Lebenslust gar nicht dazu, Napoleon, wie sonst in Deutschland, zu hassen, und das ist für den Jungdeutschen ein unbestreitbarer Vorzug. In ähnlicher Weise erlebt er Italien.

Ein Wissen um die Problematik des eigenen Radikalismus ist überall durchzufühlen, besonders in den späteren Teilen, die nach dem Verbot der Jungdeutschen geschrieben wurden. Idyllische Sehnsüchte kommen immer erneut zum Ausdruck, etwa in der Schilderung seiner Heimatstadt Sprottau. Unter dem Begriff »Reisenovellen« ist das Unsystematische, Ausschnittsmäßige, Episodische, das die Reise als solche mit sich bringt, zu verstehen, erst in zweiter Linie sind damit die eingelegten Erzählungen, besonders erotischen Inhalts, etwa Schicksalsberichte von Reisebekanntschaften, gemeint. Das Reisen ist nach dem vagen Dichtungs- und Gattungsbegriff der Zeit schon von sich aus novellistisch. Leben und Literatur durchdringen sich so eng, daß eine kurzfristige Liebschaft etwa »aphoristisch« genannt werden kann. Die Vorliebe für das Kavaliersideal oder sagen wir besser für die Frische des Junkertums ist auch bei diesem relativ bürgerlichen Jungdeutschen nicht zu übersehen. Wiederholt äußert er Abneigung gegen die Langeweile der heraufziehenden kaufmännisch-industriellen Lebensform, etwa so: »ich reise nach Karlsbad, um dreisten Adel zu sehen, der nach fröhlichem Genuß trachtet, um dem beginnenden trostlos vernünftigen Nordamerika, das sich zu bilden anfängt, zu entrinnen« [130]. Es ist kein Zufall, daß ihn die Fürstin Pückler-Muskau aus dem öffentlichen Gewahrsam befreit und zu sich in eine sehr freie Haushaft genommen hat. Laube bringt als rollenbewußter Revolutionär in seinen Reisenovellen vielleicht mehr tendenziöse Spitzen an als der hocharistokratische Reiseschriftsteller Pückler-Muskau; aber der Unterschied ist nicht allzu groß. Die Bemühung um Versöhnlichkeit, um einen Humor, der allen Erscheinungen gerecht wird, ist bei beiden Schriftstellern zu bemerken. Die »Objektivität«, die ihm mit dem Klassischen identisch ist, lehnt Laube zwar ausdrücklich ab. Das zeigt besonders das Kapitel über das neue München. Indem aber die witzige Stilhaltung ihre ursprüngliche Spannung verliert, indem der Reisebericht gemächlicher wird, in größeren Rhythmen verläuft, entfernt sich Laube doch von Heine, und so ergibt sich von selbst ein Hinübergleiten zur eigentlichen erzählenden Dichtungsgattung.

Dieser Vorgang ist in dem Roman *Das junge Europa* (5 Bde., Leipzig 1833–37) noch deutlicher zu verfolgen. Er beginnt fast so feuilletonistisch wie Heines *Reisebilder* und erreicht im Laufe der Zeit eine Stilform, die etwa der von Immermanns *Epigonen* entspricht. Der erste Teil »Poeten« spielt bezeichnenderweise auf einem Schloß, dessen Herr den Anschluß an die neue Ordnung der Dinge nicht versäumen will. Man ist revolutionstrunken und unterhält sich sehr frei über alle Fragen, doch steht die Liebe im Vordergrund. Die jungen Leute, die sich auf dem Schloß versammeln oder dorthin schreiben, fühlen sich nicht nur als Freie, sondern auch als Ritter des Geistes und der Revolution, weshalb sie auch nie vor einem Duell zurückschrecken und überhaupt alles andere als sachliche Demokraten oder nüchterne Bürger sind. Wenn einer dieser Jünglinge (Hippolyt) einer Julia begegnet, so ist er vollständig davon in Anspruch genommen und scheidet als Pariser Revolutionär aus. Kein Wunder, daß die Beteiligung am polnischen Aufstand (im 2. Teile »Die Krieger«) selbst dem besonnensten dieser Jünglinge, Valerius, nur eine bittere Enttäuschung bedeutet. Das polnische Volk, der Krieg mit dem langen Warten und dem ewigen Hin- und Herziehen, die anderen Freiheitskämpfer, überhaupt die Menschen und Dinge dieser Welt, sind nicht so, wie sie der Jüngling erträumte. Selbst auf die Fürstin Konstantie, die dem Krieg eine kurzweilige Note gab, die wegen ihrer völligen Bindungslosigkeit zunächst als starkes, edles Weib gefeiert wurde, fällt mit der Zeit ein düsteres Licht. Dementsprechend resigniert Valerius (im 3. Teil »Die Bürger«) gründlich. Er tritt in eine konventionelle Ehe, wird Landbesitzer und begnügt sich mit der Hoffnung, daß die Geschichte durch »kleine Schritte«, durch organisches Wachstum also, schließlich von selbst das erträumte Ziel erreichen wird.

Benno von Wiese hat mit Recht darauf hingewiesen, daß der Jungdeutsche in diesem Roman schließlich auf eine biedermeierliche Lösung verfallen ist [131]. Vielleicht muß einschränkend betont werden, daß sich in der Gestalt des Valerius Stimmungen spiegeln, die aus den vorübergehenden Verhältnissen des Dichters (Gefängnis) zu erklären sind, daß sich ferner der feurige Hippolyt nicht an die Restauration anpaßt und in Amerika zugrundegeht. Indem Laubes Bildungsroman mehrere Helden hat, gewinnt er, wie die jungdeutsche Haltung überhaupt, etwas Schillerndes, etwas Zwei- und Mehrdeutiges. Was hier versucht wird, dürfte ein ganz bewußtes Spiel mit den verschiedenen Charaktertypen und Entscheidungsmöglichkeiten der Zeit sein. Laube experimentiert sie als relativ objektiver Erzähler durch, nicht nur weil er die lauernden Zensoren täuschen will, sondern weil er selbst zutiefst zerrissen und nicht der klare Revolutionär ist, als der er sich gelegentlich gebärdet. Ob man sich anpassen oder bis zum Untergang seinen Ideen treu bleiben soll, das erscheint ihm als ein Problem, das sich nicht eindeutig lösen läßt. Daß dagegen die andern Typen des Freundeskreises, obwohl sie auch häufig genug in der Zeit erscheinen, zu verwerfen sind, das dürfte im Sinne Laubes ziemlich klar sein: Leopold, der »Narr«, für den das ganze Leben nur Spiel und Vergnügen ist, Williams, der krasse Pedant, der von Natur zum Konservativen bestimmt ist und vor allem Konstantin, der sich im revolutionären Paris zum Reaktionär entwickelt und seinen Freund Valerius ins Gefängnis bringt. Obwohl der Roman mit episodischen oder an bestimmten Wendepunkten eingelegten Liebschaften reichlich durchsetzt und diese Sphäre nicht völlig integriert ist, so stellt er doch eigentlich das *politische* Schicksal der jungen Generation in seinen verschiedenen Abarten und im weiten Raume der europäischen Auseinandersetzungen diskutierend und erzählend dar.

Eine ähnliche Absicht verfolgt *Theodor Mundt* in dem Roman *Moderne Lebenswirren* (Leipzig: Reichenbach 1834). Auch hier werden die verschiedenen Möglichkeiten, welche die Zeit darbietet, diskutiert und zu einem etwas schillernden Ergebnis gebracht. Allerdings bedient sich der Verfasser, der trotz seiner ausdrücklichen Ablehnung des Hegelschen Systems stärker zur Abstraktion neigt, einer Darstellungsform, die zu einer beträchtlichen Verringerung der Figuren sowie der räumlichen

Ausdehnung führt und eine Art Lehrdichtung in Prosa entstehen läßt. Durch allegorische Zentralgestalten, durch die durchgehende Form des Briefromans, überhaupt durch eine Mittelbarkeit, die die ständige Wahrung eines Abstands von dem ohnehin geringfügigen Geschehen des Romans sichert, erreicht der Verfasser, der sich nicht umsonst auch als Ästhetiker betätigt hat, die größte Abrundung für sein Werk, und es liegt in diesem Fall gewiß nicht an dem fehlenden Kunstverstand, wenn uns die *Modernen Lebenswirren* gleichwohl »tendenziös«, d. h. mehr gedacht als eigentlich gestaltet erscheinen.

Der Salzschreiber Seeliger in Kleinweltwinkel, den man als den deutschen Biedermann, als den Zeitgenossen überhaupt verstehen muß, berichtet seiner geliebten Esperance von seinem Leben oder, wenn man dieses Wort parodistisch verstehen will, von seiner Bildung. Diese besteht in der Hauptsache aus Begegnungen und Gesprächen mit einem großen vornehmen Herrn, namens Zodiacus, der zur Zeit in Kleinweltwinkel weilt und sich ausgerechnet für Seeliger interessiert. Zunächst überredet Herr Zodiacus den Salzschreiber, der bisher ganz unpolitisch war, dazu, ein Liberaler zu werden. Seeliger bestellt also Zeitungen, obwohl er dafür hungern muß, und träumt von der Freiheit. Der liberale Theologiekandidat Flitzbogen freilich, der ihm dabei Gesellschaft leistet, ist ihm nicht sympathisch, zumal da er gleich in ein Duell verwickelt wird und den Kopisten Mundus tötet. Offenbar hatte Herr Zodiacus dabei seine Hand im Spiele, doch der erklärt dem enttäuschten Salzschreiber plötzlich, er habe ganz recht, die Freiheit sei ein großer Unsinn. Mit sehr gewichtigen Gründen, unter Berufung auf Chateaubriand, belehrt er ihn über die Vorteile des Legitimismus. Der Liberalismus ist ein Feind der Kunst, der Wissenschaft, des Lebensgenusses. Der Salzschreiber ist natürlich gebildet und will sein Leben genießen. Daher bestellt er die Zeitungen ab, gönnt sich wieder das Frühstück und macht sogar einen Ausflug mit Olympia, der Magd des Herrn Zodiacus. Er fühlt sich so recht als Aristokrat und Legitimist. Allein Herr Zodiacus erklärt plötzlich, er sei noch nicht ganz auf dem rechten Wege. Die höchste Form der Weisheit sei das Bekenntnis zur Mitte, zum juste milieu.

Nun kennt sich der Salzschreiber überhaupt nicht mehr aus. Als »Juste-Milieu-Mann« kommt er sich völlig gealtert und vernichtet vor, und so gelangt der »politische Werther« [132] in der Einlage »Zeitlosen« schließlich zu folgendem Ergebnis: »Ich bin nichts! Ich bin nichts! Die Ebbe meiner Bestrebungen ist gekommen. Da sitze ich am öden Ufer und sehe, wie der hohe Strom meiner politischen Meinungskämpfe endlich gefallen und ganz unter sein Niveau hinabgesunken ist! Ich bin nichts! Ich bin gar nichts! Alle Zeitrichtungen habe ich jetzt in mir durchgelebt und bin nun zu guter Letzt *nichts* geworden. Auch das Nichts des Juste-Milieu bin ich nicht mehr. Ich will jetzt gar nichts sein. Arm Tom friert und er hüllt sich in die Tugend seines Nichts. Vivat Nichts!« [133] Herr Zodiacus ist, meint nun Seeliger, der Leibhaftige selbst, denn der »Teufel sagt viel Wahres, aber er ist nicht die Wahrheit« [134]. Herr Zodiacus selbst, der sich vor seiner Großmutter, der »Altmutter der Zeit« [135] rechtfertigen muß, gibt seiner mythischen Existenz eine geschichtsphilosophische Erklärung: »Ich bin der Zodiacus, der Tierkreis der Zeit, und die Sonne

174

der Wahrheit muß bekanntlich durch die Zeichen des Tierkreises laufen, wenn sie ihre Bahn vollenden will« [136]. Auch die Magd des Zodiacus entpuppt sich als allegorische Person: sie ist die »gestürzte Aristokratie« [137], mit welcher der deutsche Michel so gerne liebäugelt. Der Verfasser gibt dem Roman, vielleicht zur Tarnung, ein biedermeierliches Notdach: Seeliger bekommt Esperance, er wird, wie sie, kleine Ursulinerinnen unterrichten. Außerdem will er »historisch-komische Novellen« schreiben. »So endet deutsche Politik! Sie zieht sich ins Privatleben, dies heimliche Rettungsplätzchen vor der Geschichte, in dem immer noch ein Asyl für jeden Schiffbrüchigen übrig ist, zurück. Sie begibt sich in eine glückliche Häuslichkeit, macht die Stubentür hinter sich zu und läßt die Zeit draußen in Wind und Wetter sich vertoben« [138]. Auch die Vermählung mit der »Hoffnung« wird also ironisch gesehen. Die politische Tendenz des Buches ist keineswegs klar. Deutlich ist nur die Verzweiflung dieses »politischen Werther«. Sobald das revolutionäre Pathos aus äußeren oder inneren Gründen verstummen muß, tritt der Nihilismus, wie bei Büchner, Grabbe und Lenau, unverkennbar hervor. Eben dadurch freilich wird auch eine gewisse Einheitlichkeit und »Objektivität« der Darstellung möglich.

Keineswegs besser, aber berühmter ist Mundts *Madonna, oder: Unterhaltungen mit einer Heiligen* (Leipzig 1835), vermutlich deshalb, weil sie den Hauptanlaß zu Mundts Einbeziehung unter die zu verbietenden Schriftsteller gegeben hat. Das Buch bedeutet schon rein stofflich den Versuch, sich über die Weltlosigkeit der jungdeutschen Theologiekandidaten zu erheben und das Bild einer »Weltheiligen« aufzustellen. Maria, die für einen wollüstigen Grafen erzogen wurde, rettet sich in der entscheidenden Nacht in das Zimmer ihres jungen theologischen Lehrers, den sie liebt. Während der Theologiekandidat, aus Reue über seinen Sündenfall, am nächsten Tag ins Wasser geht, bekennt sich die jungdeutsche Madonna zu ihrer Tat. Nach dem Tode ihres streng katholischen Vaters beginnt sie ein neues freieres Leben in München und tritt zum Protestantismus über. Man hat darauf aufmerksam gemacht, daß die hier erträumte Lebensmeisterschaft in einem merkwürdigen Gegensatz steht zu dem Schicksal der Charlotte Stieglitz, als deren Hausfreund Mundt das Werk geschrieben hat [139]. Ein ähnlicher Widerspruch besteht zwischen dem weltanschaulichen Programm und der tatsächlichen Gestaltung des Romans. Mundt will den Gegensatz von Fleisch und Geist, durch die Wiederherstellung der ursprünglichen Einheit, durch die »Wiedereinsetzung des Bildes« überwinden. Eine einseitige Entscheidung lehnt er ab. Der Hegelianer überträgt, wie es scheint, seine ästhetischen Kenntnisse auf das Gebiet der Anthropologie. Aber unter diesem abstrakten Eintreten für das Bild leidet die Bildhaftigkeit der Romanhandlung. Die theoretischen Bestandteile des Buches trennen sich stellenweise völlig von der Erzählung, und zwar vor allem deshalb, weil der Verfasser in diesem Werk die ironische Stilebene verläßt und etwas Positives ernsthaft darstellen, vielmehr verkünden will. Immer wieder ist es so, daß die ästhetische Realisierung der Ideale diesen zerrissenen Revolutionären am wenigsten gelingt. Der Begriff Tendenzdichtung bedeutet oft nichts anderes, als daß der Erzähler zur ästhetischen Verwirklichung des Gedachten unfähig ist. Heute würde Mundt höchstwahrscheinlich als Journalist sein Brot verdienen. Heine hat mit sicherem künstlerischen Takt seinen Versuch auf dem Gebiet der revolutionären Vorbilddichtung *(Rabbi von Bacherach)* niemals vollendet.

Gutzkow hatte seine Fähigkeit zur geschlossenen Darstellung schon nachgewiesen *(Der Sadduzäer von Amsterdam* 1834, s. u. S. 183 f.), als er in dem Roman *Wally, die Zweiflerin* (Mannheim 1835, DN 1965), ein ästhetisch schwaches und inhaltlich provozierendes Werk nach hastiger Arbeit veröffentlichte. Bei etwas größerer Welterfahrung hätte er gewußt, daß er an dieser Stelle die klargezogene Grenze der damaligen Freiheit überschritt, dadurch vor allem, daß er die erotischen und religiösen Motive in einer Weise kombinierte, die für fast alle Zeitgenossen erschreckend war. Anstoß erregt hat sicherlich auch die puerile Szene, in der sich die unglücklich verheiratete Wally unbekleidet ihrem geliebten Cäsar zeigt. In der zweiten Auflage hat Gutzkow diese Szene selbst als ein Produkt der »Jugendphantasie« preisgegeben, ja verspottet. Es ging, so sagt er da, ganz im Geist »einer absoluten Schönheitswerbung, wie sie gleichzeitig in der Düsseldorfer Malerschule stattfand«, um die »Symbolik einer im Geist vollzogenen Ehe«. »Diese Abälardphantasie hat etwas komisch Lateinisches und scheint geradezu aus dem Kloster zu kommen! Die Kritik hätte den Autor nicht anklagen, sondern höchstens im Vollgefühl ihrer kälteren Vernunft auslachen sollen«. Gutzkow karikiert jetzt, im Geiste des Realismus von 1851, die Erotik seines Machwerks und zugleich so manchen andern jungdeutschen Romans treffend und gültig; aber er vergißt, daß um 1835 kein Mensch »kalt« war, daß vielmehr jedermann sich so gebärdete, als ob das Heil der Menschheit von zufällig geäußerten Ideen und Einfällen abhinge. Aufregend an Gutzkows Roman mußte es auch sein, daß Wally mit einer geradezu naturgesetzlichen Konsequenz in den Selbstmord getrieben wird und daß damit ihr Schicksal den zeitgemäßen Nihilismus zu bestätigen scheint. Man erkannte sogleich, daß in diesem Roman *Werthers Leiden* in einer radikalisierten Gestalt wieder auftauchten. Wally erlebt eine schlimme Enttäuschung in der Ehe, eine noch schlimmere in der Liebe; denn der Geliebte, von dem sie alles erwartete, verheiratet sich mit einer andern, einer schönen Jüdin. Das Schlimmste ist aber, daß sie auch in der Religion, der sie sich nun hingeben möchte, keinen Trost finden kann. Die Lektüre eines antichristlichen Aufsatzes von Cäsar raubt ihr den letzten Halt. Daß Gutzkow ausdrücklich einen *religiösen* Werther schreiben wollte, beweist der Untertitel »die Zweiflerin«, vor allem aber die ausführliche Wiedergabe jener antichristlichen Reflexionen und Tiraden. *Die Religionsdiskussion bildet ganz ähnlich wie im christlichen Roman der Zeit den eigentlichen Mittelpunkt,* und Gutzkow gibt es in dem erwähnten Vorwort zur 2. Auflage der *Wally* selber zu: »diese Goliaths, die das kleine Büchlein massakrierten, hatten vollkommen recht, wenn sie die romantische Einkleidung des ganzen für eine Bagatelle erklärten, die dem Autor nur in zweiter Instanz Wert haben konnte, während ihm die polemische Tendenz gegen die Ansprüche des Theologen- und Kirchentums die Hauptsache war!«

Am meisten interessierten sich die christlichen Kritiker und die Zensoren gewiß für jenen Aufsatz, Cäsars »Geständnisse über Religion und Christentum«, und zwar deshalb, weil hier nicht nur, wie im *Sadduzäer von Amsterdam,* für die Freiheit des

Gewissens und der Lehre gekämpft, vielmehr das Christentum selbst angegriffen und bewußt beleidigt wurde. Wenn der Kirche vorgeworfen wird, sie stelle sich überall der politischen Emanzipation entgegen, so war kaum eine Entgegnung darauf möglich. Auch die sozialistischen Töne des jungen Theologen waren in diesem Zusammenhang vielleicht verständlich, so wenn etwa vom Saint-Simonismus gesagt wird: »Man hat hier die Unverschämtheit vermieden, welche die hungernden Arbeiter auf das himmlische Brot des ewigen Lebens anweist«. Der derbe Ton freilich (»Unverschämtheit«) mußte an solchen Stellen schon bedenklich stimmen, selbst wenn man den Inhalt der Aussage bejahte. Wenn vollends von den »kriminalisch strafbaren Dogmen von der Offenbarung und Inspiration« die Rede war, so konnte dies, zusammen mit ähnlichen Stellen, nur als freche Herausforderung aller Christen verstanden werden. Und wenn dann alle diese Lehren noch mit dem Anspruch des »Heiligen Geistes« vorgetragen wurden, so erschien das auch dem liberal denkenden Deutschen als eine Ungeheuerlichkeit. Mit seinem schlechten und in jeder Weise taktlosen Roman gab Gutzkow den Hütern der Ordnung einen vorzüglichen Anlaß zum Einschreiten. Da sogar Wolfgang Menzel, der als alter Burschenschaftler, ehemaliger Freund Gutzkows und mannhafter Kritiker Metternichs selbst etwas verdächtig war, sich durch eine heftige Rezension der *Wally* von diesen Unchristen trennte, so gab es keine Bedenken mehr gegen ein allgemeines Verbot der jungdeutschen Clique.

Das Verbot der jungdeutschen Literatur

Der eigentliche Grund für den berüchtigten Bundestagsbeschluß vom 20. Dezember 1835 lag natürlich im Metternichschen »System« selbst. Die Zensur hatte längst begonnen, die Bücher der Jungdeutschen zu verbieten. Auch die journalistischen Ketzerrichter hatten, wie wir bereits wissen, längst ihren Kreuzzug eingeleitet [140]. Wenn man schon unter ihnen einen Sündenbock suchen wollte, so wäre wohl in erster Linie der uns schon bekannte Herausgeber der *Evangelischen Kirchenzeitung* zu nennen, Hengstenberg, in dessen Hand viele Fäden zusammenliefen. Er stellte nicht nur seine Zeitschrift, sondern auch seine Beziehungen zum *Berliner Hofe* in den Dienst des Krieges, der gegen die Jungdeutschen zu führen war. Weitere Berliner Theologen wie der Hofprediger Friedrich Strauß und der bedeutende Kirchenhistoriker August Neander schlossen sich dem Kampf gegen die Ungläubigen an. Sie machten sich damit bei dem christlichen König beliebt und stärkten gleichzeitig die Kirche. *Das Verbot der revolutionären Literatur ist wohl mit den positiven Maßnahmen, die zur Stärkung der christlichen Literatur getroffen wurden, zusammenzusehen. Zum letzten Mal wurde der Versuch gemacht, das Gebiet der Literatur, auf dem die Emanzipation und Säkularisation besonders erfolgreich fortgeschritten war, in die christlich-universalistische Ordnung mit Hilfe publizistischer, politischer und wirtschaftlicher Maßnahmen zurückzuführen.* Die Hypothese von Johannes Proelß [141], wonach der Bundestag das literarische Junge Deutschland mit der Geheimorganisation »Junges Deutschland«, einer Schwesterorganisation von Mazzinis

»Jungem Europa«, verwechseln mußte, um zu seinem Verbot zu gelangen, ist nicht nur aus den Akten zu widerlegen, was längst geschehen ist [142], sondern verfehlt schon strukturell den Geist der restaurativen Abwehr, die genauso wie der jungdeutsche Angriff metapolitischen Charakter trug.

Metternich selbst hat die Initiative zu dem Bundestagsbeschluß gegeben, und sein entscheidendes Schreiben (vom 31. 10. 35) an den österreichischen Gesandten Münch in Frankfurt beginnt mit Sätzen, die den »systematischen« Charakter seiner Maßnahmen eindeutig dartun: »Unsere Aufmerksamkeit ist seit einiger Zeit in hohem Grade auf das Treiben der unter dem Namen des *jungen Deutschlands* sich ankündigenden, nach dem Vorbilde von Heine und Börne arbeitenden literarischen Schule in Anspruch genommen. Ihre Richtung geht, wie E. E. ohne Zweifel bekannt ist, dahin, im Wege des Romanes und des Gedichtes sich auf die große Lesewelt in Deutschland Einfluß zu verschaffen und diesen Einfluß zur Untergrabung aller und jeder, geoffenbarten wie natürlichen Religion und zur Vergötterung der rohesten Sinnlichkeit anzuwenden. Sind einmal, so denken ohne Zweifel die Leiter und Lenker dieser gottlosen Sekte, die Bande des religiösen und moralischen Lebens in Deutschland durchschnitten, so werden jene, welche das politische Gebäude der Staaten desselben zusammenhielten, sicher sich schnell von selbst lösen. Von einzelnen deutschen Regierungen ist, soviel wir ersehen haben, den Fortschritten dieser neuen, überaus gefährlichen Art von Literatur schon Einhalt zu tun versucht worden. *Ausgiebigen, dauernden* Erfolg können solche Maßregeln aber in der Tat nur dann haben, wenn sie *auf gesamtem deutschem Gebiete gleichzeitig und in gleicher Ausdehnung ergriffen werden.* Die deutschen Fürsten sind es sicher den heiligsten Interessen der ihrer Fürsorge anvertrauten Völker, ihrer eigenen Ehre, auch jener der ganzen deutschen Nation schuldig, nicht zu dulden, daß das bis itzt mit so vielem Ruhme bebaute Feld der deutschen Literatur durch das ungestörte Fortwuchern jener Giftpflanzen verwildert und unserem Volke seine sittliche Würde und die höchsten Güter der denkenden Menschen planmäßig und mutwillig geraubt werden. Sie werden, hievon bin ich innig überzeugt, bei diesem Streben durch die öffentliche Meinung der ungeheuren Mehrzahl in Deutschland, welches auch die Spaltungen derselben in politischer Hinsicht sein mögen, unterstützt werden, denn noch ist in dieser Mehrzahl der alte Charakter des deutschen Volkes, jener einer *ernsten, sittlichen* Bildung und eines tiefreligiösen Gefühles nicht verwischt« [143].

Schon im Stil ähneln diese Worte mehr einer Enzyklika als einem diplomatischen Schreiben von heute. Das sittlich-religiöse Pathos der alten Kultur wirkt nicht nur in der Literatur, sondern auch in der Politik jener Zeit nach. Bemerkenswert ist dabei die breite Basis, die gegen die Jungdeutschen geschaffen wird. Nicht nur die geoffenbarte, auch die natürliche Religion und die »Spaltungen ... in politischer Hinsicht« werden anerkannt. Nur der Nihilismus, die roheste Sinnlichkeit und die daraus folgende Anarchie werden, das ist die Behauptung, nicht geduldet. Auch die Rede, die Münch am 10. 12. 35 vor dem Bundestag hielt, beweist, daß man von den Jungdeutschen keine unmittelbare revolutionäre Aktion erwartete und sie doch für überaus gefährlich hielt, weil sie durch die »Abolition des Glaubens an Gott« die Werte überhaupt und damit »die öffentliche Ordnung in ihren Fundamenten« bedrohten. Hier wird der Vorwurf, die Jungdeutschen bemühen sich, »eine Anarchie zu verbreiten«, ausdrücklich erhoben. Man wird im Widerspruch zu der liberalen Geschichtsschreibung eines Proelß zugeben müssen, daß die von den Ordnungshütern erhobenen Vorwürfe nicht aus der Luft gegriffen waren. Und die Behauptung Metternichs, daß die »ungeheure Mehrzahl in Deutschland« den Lehren der Jungdeutschen widerstrebte, entspricht vollends der Wahrheit. Selbst Menzel macht in der sehr ängstlichen Diagnose der religiösen Lage, aus der wir zitierten, die Einschränkung, »daß der größere Teil der Zeitgenossen noch außerhalb dieser bedenklichen Gärung steht« [144].

Wenn Metternich im weiteren Verlauf seines Schreibens an Münch vermutet, »neben und *vor* der schlechten Gesinnung« liege die Wurzel des Übels »in der Gewinn- und Habsucht der Schriftsteller und Verleger«, so können wir auch dies halbwegs bestätigen. Offenbar gab es doch ein Publikum für die jungdeutschen Schriften. Man muß, um dies zu verstehen, das literarische Sensationsbedürfnis einer papierenen Zeit, die Neigung zu einem unverbindlichen Spiel mit dem Feuer bedenken! Man kaufte die jungdeutschen Produkte schon, um darüber reden und schimpfen zu können. Aber nach wenigen Jahren waren sie vergessen.

Zur literarischen Bewertung der Jungdeutschen

Magill stellt die Frage, wie es denn überhaupt dazu kam, daß diese ephemere Gruppe von Schriftstellern, die niemand mehr liest, eine Zuflucht in der deutschen Literaturgeschichte fand. Zu dieser Frage besteht Anlaß, da schon die Junghegelianer (seit dem Ende der dreißiger Jahre) und die programmatischen Realisten (seit 1848) die Jungdeutschen mit einer vernichtenden Kritik bedachten (s. u. S. 209 ff. und S. 289 f.) Magill meint, Georg Brandes (*Das junge Deutschland*, 1891) trage die Hauptverantwortung dafür. Er vor allem habe die Jungdeutschen als liberale Pioniere und Märtyrer vorgestellt und damit aufgewertet [145]. Richtig ist, daß der Naturalismus mit der Erforschung der Jungdeutschen begann und daß es in dieser Zeit besonders nahelag, das Junge Deutschland gegen die strenge ästhetische Kritik der Klassizisten und Realisten zu verteidigen. Wir wollen also auf Brandes, unter dem Gesichtspunkt der literarischen Wertung, einen kurzen Blick werfen.

Er weiß, wie man gleich sieht, sehr genau, daß die Jungdeutschen, mit der Ausnahme Heines, keine großen Dichter sind, und er gibt selbst Heine nicht die Ehre, die ihm heute fast überall erwiesen wird. Auch bei Brandes ist allenthalben ein ästhetisches Mißbehagen zu spüren; ja, er erklärt von vornherein unmißverständlich: »Diese Literaturgruppe nun besitzt kein Dichtergenie allererersten Ranges und auch nur ein einziges von sehr hoher Bedeutung: Heine. Etwas wirklich Großes hat sie nicht hinterlassen« [146]. Man fragt sich, warum er der jungdeutschen »Literaturgruppe« überhaupt ein Buch gewidmet hat, und gelangt bei näherer Prüfung zu dem Ergebnis, daß er es nur deshalb tat, weil er die eigentlichen Dichter der Biedermeierzeit, die inzwischen entdeckt worden sind, noch nicht kannte oder weil er seiner

Sympathie für sie noch nicht nachzugeben wagte. Büchner und Gotthelf werden überhaupt nicht genannt, obwohl man sie im Naturalismus schon schätzte. Mörike wird unter die »wirklichen Dichter« gerechnet [147], aber inkonsequenterweise gleichwohl mit einem einzigen Satz erledigt. Man darf deshalb behaupten, daß für Brandes ganz einfach noch nicht die *Voraussetzungen* für eine gerechte Behandlung der Epoche bestanden.

Wenn Mörike und Büchner, nicht aber Gutzkow und Laube im dritten Bande dieser Epochendarstellung (»Die Dichter«) besondere Kapitel erhalten, so ziehen wir nur die Konsequenz aus den Erkenntnissen, welche die Literaturgeschichte seit Brandes gewonnen hat. Wie wenig sinnvoll es ist, ein dichterisches Lebenswerk nach seinen progressiven Tendenzen zu bewerten, verrät der bekannte Lapsus von Lukács. Er meint, Mörike sei nur ein »Zwerg« im Vergleich mit Heine [148]. Wir werden nachweisen, daß schon die zeitgenössische französische Kritik, die in dieser Frage bestimmt nicht befangen war, Heine und Mörike als zwei große deutsche Dichter nebeneinanderstellte (III. Band, Mörike-Kapitel). Wie kommt es, daß der Historiker hinter der Tageskritik zurückbleibt? Wahrscheinlich hat sich Lukács wie Brandes einfach nicht die Mühe gemacht, den konservativen Mörike gründlich zu studieren. Das sind Gepflogenheiten, die man sich leisten konnte, solange die Parteien des Vormärz noch eine gewisse Aktualität besaßen. Wer heute jedoch wissenschaftlich ernst genommen werden will, kann, auch in der kommunistischen Welt, nicht wie ein Schulungsleiter verfahren; denn die Biedermeierzeit ist wirklich ein Stück Geschichte geworden, dem man fair gegenübertreten muß! Der Literarhistoriker, der von der literarischen Leistung nicht grundsätzlich absieht, wird zugeben, daß auch Stifter und Gotthelf im dritten Band eher besondere Kapitel verdienen als Mundt und Wienbarg. Doch soll, an der Stelle personalgeschichtlicher Würdigungen, im folgenden noch ein etwas abstrahierter Überblick über die weitere Entwicklung und überpersönliche Struktur der jungdeutschen Richtung gegeben werden.

Die Lage nach dem Verbot

Wie wenig die jungdeutsche Gruppe den Ruhm des Martyriums verdient, das könnte schon ein Vergleich mit Strauss, Ruge, Marx, Feuerbach und anderen Vertretern der tatsächlichen geistigen Revolution lehren. Der Anblick, der sich nach dem Bundestagsverbot bietet, ist erbärmlich. Daß sich keiner zu seinen früheren Behauptungen stellen konnte, ist bei deren Unreife verständlich. Aber daß man den Schicksalsgenossen die Schuld gibt, statt zu schweigen, bestätigt erneut die literatenhafte Geschwätzigkeit dieser Jugend. Selbst Proelß, der seine Helden sonst bei jeder Gelegenheit herausstreicht, spricht von »gegenseitigen Befehdungen der unerquicklichsten Art« [149]. Laube polemisiert gegen Mundt, der unter dem Druck der Zensur ohnehin am meisten zu leiden hatte. Er erklärt in der *Augsburger Allgemeinen*, er gehöre nicht zu den Jungdeutschen. Kühne belastet er, um auf die ungleiche Behandlung der Liberalen hinzuweisen. Gutzkow gerät in Fehde mit Laube. Heine schreibt ein Pamphlet gegen Börne, – wenn auch erst nach einer Reihe von Jahren. Gutzkow tritt zwar für Börne ein, aber er hält es für opportun, zwischen sich und Heine einen scharfen Trennungsstrich zu ziehen. Knapp vier Jahre nach dem Verbot hält er dem »Vater der Jungdeutschen« eine Moralpredigt, die einem Verlassen des sinkenden Schiffes gleichkommt und in ihrer Ernstlosigkeit den Konjunkturritter eindeutig kennzeichnet. In dieser sagt er u. a.: »Sie gehören doch einmal den Deutschen an und werden die Deutschen nie anders machen, als sie sind. Die Deutschen sind aber gute Hausväter, gute Ehemänner, Pedanten und, was ihr Bestes ist, Idealisten. Ich spreche hier meinen eigenen literarischen Erfahrungen nach; ich weiß, wie hoch man in Deutschland die Saiten spannen darf, aus dem Erfolge meiner eigenen Schriften; Sie waren schon in Paris, als plötzlich die Anklage auf *Unsittlichkeit* ertönte; Sie konnten sich nicht selbst überzeugen, wie vernichtend dieser Vorwurf wirkte. ...Welcher deutsche Autor aufhört, in die Höhe zu blicken, *wer in seinen Augen den himmlischen Glanz* verliert, der verliert auch seine Stellung im Volke« [150].

Man blickt also in die Höhe, und damit es glaubhaft erscheint, wird man selbst einer der »guten Hausväter«. Es ist sicher kein Zufall, daß Laube, Gutzkow, Wienbarg und Mundt in den Jahren nach dem Verbot geheiratet haben. Bei ihrer grundsätzlichen Skepsis gegenüber der Ehe lag bereits darin ein bewußter Akt der Resignation und Einordnung. Man bemüht sich natürlich auch, dem Vorwurf des Literatentums, der schon damals nahelag, zu begegnen. Dadurch z. B., daß man wie Gutzkow Gedichte macht und gegen Mundts Prosa-Programm (vgl. u. S. 182) polemisiert. Laube, der während seiner Festungshaft in Muskau mit seiner Familie ein ganzes Stockwerk bewohnte und wie ein Kavalier lebte, bemüht sich auch dementsprechend zu dichten. Uralter Tradition gemäß schreibt er ein *Jagdbrevier* in Versen. Als ein Akt der Resignation darf auch die Zuflucht zu historischen Arbeiten (z. B. Laubes *Geschichte der deutschen Literatur*, 4 Bde., Stuttgart 1839/40) gedeutet werden. Man trennt nun überhaupt schärfer zwischen poetischen und nichtpoetischen Arbeiten. Zwar sind – immer mit der Ausnahme Heines – die Jungdeutschen auch dadurch nicht zu Dichtern geworden. Sie mußten, sobald wie möglich, zu irgendeiner Form der Tendenzdichtung zurückkehren, *um überhaupt Interesse zu erregen*. Doch ist nicht zu leugnen, daß die durch das Verbot erzwungene Ruhe zu einer gewissen Abklärung ihres Schaffens führte. Die später ausgeführten Teile von Laubes *Jungem Europa* haben uns dafür bereits ein Beispiel gegeben.

Während Laube vorübergehend nach Paris ging, fanden Gutzkow, Mundt und Wienbarg in der freien Stadt Hamburg eine Zufluchtstätte. Campes *Telegraph für Deutschland*, den Gutzkow 1837–42 leitete, darf als die Ausführung des großangelegten Frankfurter Zeitschriftenplanes (s. o. S. 157) gelten. So rasch wurde der Bundestagsbeschluß durchbrochen! Schon im Jahrgang 1840 konnte Gutzkow erklären, sein Blatt sei kein Vorposten mehr, sondern eine Schlachtlinie. Bezeichnend freilich, daß keiner der jungdeutschen Genossen in Gutzkows Blatt zu Wort kommt. Er pflegt jetzt mit gemäßigteren oder noch wenig bekannten Schriftstellern zu arbeiten (Immermann, Auerbach, Levin Schücking, H. v. Chézy, Hebbel, Dingelstedt, Herwegh, Kuranda). In bewußter Anknüpfung an Lessings männliches Vorbild versucht er nun, seiner kritischen Leidenschaft mit mehr Sachlichkeit zu genügen, und man darf vielleicht feststellen, daß ihm sein Vorhaben gelang. Der gereifte Gutzkow, ein Dreißiger, scheint auf diese Weise eine legitime kritische Autorität geworden zu sein. Ein Beispiel bieten seine ausführlichen Rezensionen von Hebbels ersten Dramen. Gutzkow ist, wie wir sehen werden, damals bereits auf dem Weg zum Hoftheater, und so tadelt er gerade das Moderne in Hebbels Erstling, die Erotisierung von Judiths Tat; diese sei, meint er, wie in der Bibel nur aus religiösen und nationalen Gründen möglich. Er kritisiert überhaupt die unangepaßte, »aparte«, »hypochondrische« Art Hebbels. Er erkennt, daß dieser Dramatiker geistvoll, überlegen und selbständig, aber kein eigentlicher Bühnendichter ist. Gutzkow sagt nichts Falsches, und er verliert, ähnlich wie Lessing bei Klopstock, die Dimension, in der man sich bei der Kritik eines solchen Dichters bewegen muß, nicht aus den Augen. Er stellt ihn neben Kleist und rechnet ihn »zu den vorzüglichen Hoffnungen unserer Literatur« [151]. Charakteristisch freilich, daß er Hebbels Eintreten für ein zeitechtes Drama (in der Vorrede zur *Genoveva*) mißversteht und sich, in vornehmer Anpassung an die neue klassizistische Welle (vgl. u. S. 252 ff.), zur Abwechslung als Gegner des Tendenzdramas gebärdet: »Dank den Musen, sie treten in diesem Drama nicht mit Zeitungsblättern auf«.

Die gattungsgeschichtliche Bedeutung des Jungen Deutschland

Um die gattungsgeschichtliche Bedeutung der Jungdeutschen ganz zu verstehen, müssen wir noch einmal auf die dreißiger Jahre zurückblicken; denn ihr Verdienst besteht zunächst darin, daß sie für die Prosa eintreten. Die überwiegende publizistische Begabung, die bewußt »moderne«, über die romantische Modernität hinausführende Einstellung, die Bekämpfung des ästhetischen Formalismus verwies sie auf die verschiedenen Formen der Prosa. Wienbarg macht darauf aufmerksam, daß die Landstände in Prosa sprechen, daß man seine Rechte nachdrücklicher in Prosa verteidigen kann. Die Gleichungen Aristokratie – Vers, Demokratie – Prosa, werden überhaupt beliebt, so daß Mundt die »Emanzipation der Prosa« fordern kann. So radikal wie seine *Kunst der deutschen Prosa* (Berlin 1837, Neudruck 1969) betreibt freilich kein zweites jungdeutsches Programm die Umwertung. Da die Rhetoriktradition noch nicht gebrochen ist, versteht man damals unter Prosa in erster Linie Zweckliteratur. Mundt will sagen, daß die Zweckliteratur die Dichtung ablösen wird und soll. Diesem Programm widerspricht die alte Vorstellung einer Redekunst oder Kunst der Prosa keineswegs. Wenn Heine damals so überschwänglich als Meister der Prosa gefeiert wird, so entspricht dies durchaus der Rhetoriktradition. Neu ist nur, daß diese Kunst der Prosa jetzt so stark betont und gegen die Versdichtung ausgespielt wird. Besonders von der Lyrik hält man wenig; denn man kann, behauptet Gutzkow, nicht »durch Verse ausdrücken..., was der Zeit nottut« [152]. Für die »Subjektivität« der Lyrik hat man nicht das geringste Verständnis: »Ein Jüngling, der Liebeslieder dichtet, ist ein Narr« [153]. In der Vorrede zur zweiten Auflage des

Buches der Lieder, die gleichzeitig mit Mundts *Kunst der deutschen Prosa* erschien, distanziert sich sogar Heine, der einzige Lyriker unter den Jungdeutschen, von der Verskunst: »Seit einiger Zeit sträubt sich etwas in mir gegen alle gebundene Rede, und, wie ich höre, regt sich bei manchen Zeitgenossen eine ähnliche Abneigung. Es will mich bedünken, als sei in schönen Versen allzuviel gelogen worden, und die Wahrheit scheue sich, in metrischen Gewanden zu erscheinen«. Man mißverstehe solche Äußerungen nicht als realistische Programmatik! Sie bezeugen nur die neue Freude an der (stets zweckbestimmten) Redekunst. Heine hat seine Diagnose später selbst ad absurdum geführt, insofern er mit Betonung zur Versdichtung zurückkehrte. Die Vorstellung, man könne die Nöte der Zeit nicht in Versen ausdrücken, war schon in den Freiheitskriegen widerlegt worden. Dementsprechend griff man in den vierziger Jahren auf die Tradition der politischen Lyrik zurück. *Man kann also nur von einer jungdeutschen Vorliebe für die Prosa, nicht vom endgültigen Durchbruch der Prosa in den dreißiger Jahren sprechen. Der Abstand vom Realismus ergibt sich schon daraus, daß Heine das größte Vorbild der Prosakunst ist, daß man also, im Unterschied zur zweiten Jahrhunderthälfte, noch nicht in erster Linie an die Erzählkunst denkt.* Über diese Generalfrage, wie auch speziell über Mundts Programmschrift, wird im II. Band (»Formenwelt«) ausführlicher zu sprechen sein.

Die Folgen, die der neue Kult der Redekunst für die Erzählkunst haben konnte, verdeutlichten wir schon am Beispiel der *Wally.* Man wird jetzt hinzufügen müssen, *daß die gattungsästhetische Unreinheit, die für unsere Begriffe durch die Vermischung von Publizistik und Erzählung entsteht, in der Restaurationsepoche noch kaum als negatives Wertungskriterium angesprochen werden kann.* Die Trennung von »Reflexion« und Erzählung ist eine Forderung der programmatischen Realisten. Es ist aber deutlich, daß umgekehrt keine Pflicht zu theoretischen Kommentaren bestand und daß die Jungdeutschen selbst dichter erzählen konnten, wenn sie wollten. Den realistischen Maßstäben entsprach, im Gegensatz zur *Wally,* Gutzkows Erzählung *Sadduzäer von Amsterdam* (1834). Das ergibt sich schon daraus, daß sie von Paul Heyse in den *Deutschen Novellenschatz* aufgenommen und hochgerühmt wurde. Uns interessiert sie hier vor allem als die verhältnismäßig objektive Selbstanalyse eines Jungdeutschen in der Gestalt eines historischen Beispiels. Während Auerbach einen *Spinoza*-Roman (1837) schreibt, wählt Gutzkow Spinozas Lehrer und Vorläufer Uriel Acosta zum Helden. Dieser widerlegt zwar die orthodoxen Lehren der Synagoge, kann sich aber menschlich von der jüdischen Gemeinde nicht lösen, so daß er in einen unversöhnlichen seelischen Zwiespalt gerät. Es entspricht genau der religiösen Situation der Restaurationsepoche, wenn Judith dem Helden in jeder Beziehung folgen will, nur nicht in dem Verzicht auf ein Wiedersehen im Jenseits, und wenn auch dem Erzähler eine Ehe ohne Einigung in den letzten Fragen kaum vorstellbar ist. Diese Braut Uriels erscheint nie als Emanzipierte, sondern stets in der Bindung an Gemeinde, Familie und Haus. Auch Uriels erotische Leidenschaft wird zurückhaltend behandelt. Die Novelle ist insofern tendenziös, als die Macht und die Kirchenpolitik der Rabbiner klar und eindrucksvoll dargestellt wird. Entscheidend ist freilich Uriels Bindung an seine Braut, an seine Familie und an seinen Freund. Seine Zerrissenheit führt ihn zum Widerruf und schließlich, da ihm auch diese schmähliche Kapitulation die Seinigen innerlich nicht wiedergeben kann, in Verbrechen und Tod. Man hat später viel über die »larmoyanten« Helden der Jungdeutschen geschimpft. Sie entsprachen gewiß nicht dem realistischen Ideal einer objektiven oder humoristischen Volksliteratur. Heute mag man gerade im sentimentalischen Charakter dieser Schriften, in der Aufrichtigkeit der Selbstdarstellung, das Moderne sehen.

Gutzkows erzählerische Analysen sind ebenso interessant wie seine publizistischen Arbeiten. Nur tritt eben im Roman seine dichterische Schwäche unzweideutiger in die Augen. Ein interessantes, zeitechtes Charakter- und Schicksalsbild ohne historische Verkleidung gibt sein kleiner Roman *Seraphine* (Hamburg 1837). Der Name soll wohl an seraphisch erinnern und auf das Leben einer Empfindsamen vorbereiten. Man hört von Tiedges *Urania,* die immer neu gedruckt wurde und ein Hauptwerk der hartnäckigen Empfindsamkeitstradition war (vgl. u. S. 238 ff.). Seraphine gehört, wie Mörikes Peregrina, zu den bizarren, abenteuerlichen Wesen, die für die jungen Akademiker als Heiratsobjekte nicht ganz in Betracht kommen, aber verbraucht und weitergegeben werden, vielleicht auf diese Weise sogar mit einem Minister eine Nacht verbringen dürfen, im übrigen jedoch einen beliebigen Mann, hier einen derben Forstmann, heiraten müssen, in enger Ehe verkümmern und schließlich zugrunde gehen. Was den Erzähler interessiert, ist nicht so sehr Seraphines soziales Schicksal als ihr schillernder Charakter. Er konzentriert sich wieder auf die Psychologie der Hauptfigur. Die Erzähltechnik ist aus diesem Grund für damalige Verhältnisse raffiniert. Die Erzähler sind Arthur und Edmund, die Liebhaber des Mädchens, und Seraphine selbst, so daß die Perspektiven wechseln. Selbstverständlich reflektieren alle Erzähler; aber der Grundcharakter der Erzählung ist, wie im *Sadduzäer von Amsterdam,* mehr weltschmerzlich als doktrinär. Auf die Dorfgeschichte, an die Gutzkow, um zeitgemäßer zu erscheinen, in einem späteren Nachwort erinnert, führt *Seraphine* allein durch die kaum ausgeführte Gestalt des Forstmanns Philipp zu. Der Horizont dieser Geschichte umfaßt nicht nur das Dorf, sondern die ganze Gesellschaft, und zwar überwiegend die höhere. Wir befinden uns noch in der Werthertradition, wie so oft in dieser Zeit. Doch ist die psychologische und gesellschaftliche Analyse, um die sich Gutzkow bemüht, abstrakter, komplizierter und in diesem Sinne moderner geworden.

Die erfolgreichen Theaterschriftsteller Gutzkow und Laube

Was führte Laube und Gutzkow zum Theater? Es ist wohl nicht nur die neue, bewußte Mäßigung, die es ihnen gestattete, in eine Verbindung mit dieser öffentlichen, damals noch sehr wichtigen Einrichtung zu treten, sondern auch die Erkenntnis, daß mittelmäßige, aber handfeste Dichter auf dem Gebiet des Theaterschrifttums manches vor Dichtern wie Kleist und Hebbel voraushaben. Wie wenig sinnvoll das Drama ohne die Bühne, als bloße Dichtung oder Universalpoesie, erscheint, war besonders durch die Romantik Tiecks, Brentanos und Arnims eindrucksvoll vor Augen geführt worden. Noch in Grabbes *Hohenstaufen* (1829), in Immermanns *Merlin* (1832) und – man verzeihe dem Historiker die Zusammenstellung! – im endlich vollendeten *Faust* Goethes (1833), hatte das im Sturm und Drang entstandene Buchdrama gespukt! *Gutzkow konnte sich wieder einmal als Fortsetzer Lessings fühlen, wenn er klare, aufführbare Stücke schrieb.* Die Lage war auch insofern mit der Mitte des 18. Jahrhunderts vergleichbar, als die Bühne von sauber gearbeiteten französischen Stücken, wie sie z.B. Scribe lieferte, beherrscht wurde. Gutzkow, der sich laut von Heines Vorbild losgesagt hatte, benützte geschickt das nationale Selbständigkeitsgefühl und das Bedürfnis nach einer praktikablen Nationalliteratur für das Theater. Der Ruf nach einem modernen deutschen Drama war um 1840 überall zu hören [154]. Auch Hebbels Ohr hat er ja zu dieser Zeit erreicht. Indem Gutzkow das Drama auf einem gewissen geistigen Niveau zur Gesellschaft zurückführte, leistete er in den Augen der progressiven Zeitgenossen das, was Grabbe und Immermann nur versucht hatten. Herwegh schrieb ihm über den *Richard Savage,* mit dem er die jungdeutsche Eroberung des Theaters begann: »Ihr Versuch ist der erste unserer jungen Literatur, dem Verständnis der Nation sich zu nähern und ein anderes Publikum sich zu schaffen als das bloßer Literaten« [155]. Das Stück wurde in einer Reihe von Städten gegeben (Uraufführung in Frankfurt am 15.7.39). Anläßlich der Berliner Aufführung erlangte der vor kurzem noch verbotene Jungdeutsche schon etwas wie die Hoftheaterreife; denn man feierte ihn bis in die höchsten Kreise hinein. Merkwürdig erscheint nur, daß der Held dieses Dramas wieder nichts anderes ist als ein Literat, der den Jungdeutschen auf ein Haar gleicht, ein solcher natürlich, der durch die Schuld der Gesellschaft, vor allem seiner hochgestellten Mutter, zugrunde geht. Der geschichtliche Stoff aus dem frühen 18. Jahrhundert ist nicht so sehr Symbolsphäre als Maske. Gutzkow benützt die große Mode des »historischen Dramas« zur Abmilderung der Tendenz. Es ist nun eine Tendenz mit Maß. Daran konnte sich das biedermeierliche Publikum allmählich gewöhnen.

Von jeher höher gestellt wurde die Dramatisierung seiner Uriel-Acosta-Erzählung (*Uriel Acosta,* Leipzig 1847). Die Rückkehr zum religiösen Stoff bedeutete ein Wiederanknüpfen an Gutzkows zentralste Problematik. Man nennt das Werk mit einem gewissen Recht den »Nathan« dieser Epoche. Gutzkow geht bewußt auf Lessings Spur weiter. Aber er bleibt seinem ursprünglichen Ansatz insofern treu, als Uriel Acosta durch seinen Widerruf den Typus des zerrissenen Helden darstellt. Sein Rückfall wird hier zur tragischen Schuld, die es ihm im Sinne Schillers nicht gestattet weiterzuleben. Damit dieser Schluß etwas romantischer werde, begleitet Judith den Bräutigam in den Tod. Die Mäßigung der Tendenz wird also vor allem durch den Rückgriff auf klassische und romantische Motive bewirkt! Die Hauptfiguren, die Sprache und der Schluß – alles ist idealer geworden. Der Anschluß an die Tradition ist da, das biedermeierliche Harmoniebedürfnis befriedigt. Ganz zum Schluß erscheint sogar die obligate idealistische »Versöhnung«. Nach der Katastrophe eröffnet sich der Ausblick auf Spinoza und ein Zeitalter der Toleranz. Das Stück ist tüchtig, auch gesinnungstüchtig. Man konnte das Wort in diesem ideologischen Zeitalter noch ohne Ironie aussprechen.

Fragt man sich, ohne Rücksicht auf die Ideologie, welche Dramen Gutzkows am besten gedichtet oder doch gemacht sind, so verfällt man am ehesten auf die Lustspiele *Zopf und Schwert* (1844) und *Das Urbild des Tartuffe* (1844). Gutzkow bleibt eben doch der Schüler Heines. Sein Sinn für Witz, seine Berliner Schlagfertigkeit und seine immer virtuoser werdende Beherrschung der theatralischen Technik kamen ihm in dieser Gattung sehr zustatten. Nicht umsonst hielten sich diese Stücke, besonders *Zopf und Schwert,* sehr lange auf der Bühne. Natürlich ist die Historie auch hier zunächst ein Mittel, um allerlei boshafte Anspielungen ungestraft anzubringen. Wenn der König (Ludwig XIV.) französisch ist, so darf man ihn in Deutschland schon ein wenig lächerlich machen. Gutzkow versichert im Vorwort, die Franzosen hätten sich gar sehr geärgert, zumal da die Emigranten in Paris, besonders Heine, stets gegen ihn, Gutzkow, zu hetzen pflegten. Im Grunde freilich geht es im *Urbild des Tartuffe* um die Zensur, deren Zufälligkeit, Torheit und Bösartigkeit mit Hilfe intriganter Figuren und eines lüsternen Königs entlarvt wird. Gutzkow versteht es, die Pointen geschickt zu setzen und mit Hilfe der Situationskomik auch während ganzer Szenen ein flottes Spiel in Gang zu halten. Vor effekthaschenden Wendungen schreckt er nie zurück.

Im Vorwort zu *Zopf und Schwert* beteuert Gutzkow seine Vaterlandsliebe; auch allerlei Stiche gegen die Österreicher sollen das Lustspiel preußischer machen. Der König dieses Stücks, Friedrich Wilhelm I. von Preußen, eignet sich zur Komödienfigur, doch wird die Satire pflichtgemäß durch deutsche Treuherzigkeit und possenhaften Übermut gemildert. Ekhof etwa, der große Schauspieler, wird vom König aus der Armee ausgeschlossen und »zur Strafe« zu den Komödianten geschickt. Auch das Ziel der Lustspielintrige, das sich der Dramatiker aus der Geschichte wählt, ist vorsichtig. Der Mann, der gegen den ursprünglichen Willen des Königs sein Schwiegersohn wird, ist der Erbprinz von Bayreuth. Es muß genügen, daß er der ärmste der in Frage kommenden Prinzen ist und die Prinzessin Wilhelmine so aufrichtig liebt, wie sich dies für einen deutschen Jüngling ziemt. Der König wird als »erster Bürger« des Staates, als Biedermann charakterisiert. Gutzkows Anpassung ging nicht zu weit, – immer unter der Voraussetzung des Theatererfolgs, auf den er nicht verzichten wollte. Dies verrät die Tatsache, daß das Lustspiel gelegentlich doch verboten wurde. Mit Grund, wie mir scheint. Was in beiden Komödien versucht wird, ist nämlich nichts Geringeres als *die lustspielhafte Relativierung der Königswürde und des monarchischen Systems.* Daher muß jedesmal der König selbst zur Lustspielfigur werden. Er steht nicht nur wie im Lustspiel der Renaissance, des Barock und noch in *Minna von Barnhelm* im Hintergrund, über dem Spiel, um den ordnungsgemäßen Ausgang des Stückes zu sichern, sondern er ist, fast mehr als die andern Figuren, ins Spiel verwickelt. Gutzkows Behauptung, daß die einzelnen tendenziösen Spitzen gegen die Reaktion nachträgliche Zutaten sind und nicht die Hauptabsicht treffen, ist glaubhaft; denn die Tendenz besteht vor allem darin, mit Einrichtungen, die das Biedermeier noch verehrt, ein übermütiges Spiel zu treiben. Hier am ehesten ist es diesem Berliner gelungen, den Aristophanes, der Heine mit Hilfe anderer Gattungen sein wollte, auf dem Theater des deutschen Vormärz zu spielen. Das jungdeutsche Lustspiel verdient so gut wie das biedermeierliche besondere Beachtung.

Eine kurze Bemerkung verdient noch *Die Schule der Reichen;* denn Gutzkow behauptet, er habe das Lustspiel »im Jahre 1841 gegen die junge Hamburger Plutokratie geschrieben« [156]. Sicher ist, daß das Stück im Hamburger Stadttheater durchfiel, während es im Wiener Burgtheater mit Erfolg gegeben werden konnte [157]. Der Grund für diese verschiedene Aufnahme liegt aber wohl einfach darin, daß man in Wien an die Satire und an das ihr zugeordnete *Besserungsstück* noch eher gewöhnt war als im fortschrittlichen Hamburg. Der Adel wird nämlich in Gutzkows historischem Lustspiel – es spielt in der Zeit nach Cromwell – noch stärker belastet als das reiche Bürgertum, das im Puritanismus wurzelt und daher, im Gegensatz zum Adel, sich von Grund auf bessern kann. Harry, der Sohn des neureichen Thomson, der als splendider Geldgeber in liederlichen Adelskreisen eine große Rolle spielte und die Schwester eines Lords heiraten wollte, nimmt zum Schluß die Gärtnerstochter Jenny, und auch der reiche Vater verspricht, seinen Reichtum künftig besser zu verwenden. Den Anlaß zu Harrys Gärtnerarbeit und -glück gibt nicht die barocke Fortuna, sondern ein, vom puritanischen Vater inszenierter, scheinbarer Glückswechsel, der nach der moralischen Besserung widerrufen werden kann. Trotz dieser Abwandlung des Schemas zum Intrigenstück erinnert das Besserungsstück an Volkstheaterpossen wie *Der Bauer als Millionär* oder *Zu ebener Erde und im ersten Stock.* Gutzkow gibt dieses Vorbild indirekt an, wenn er meint: »Auf einem Volkstheater aufgeführt, in einer Vorstadt, ist es am besten Platze« [158]. Für einen Jungdeutschen ist das freilich nicht so einfach, wie Gutzkow denkt. Er bleibt selbst hier noch zu fein. So ruht man z.B. in der Gärtnersfamilie allen Ernstes »am Busen der Natur«. Schade, daß Nestroy die Szene nicht parodiert hat. Vom Frühsozialismus ist zwar der eine oder andere Spritzer, z.B. ein flüchtiger Zweifel am Erbrecht, in den Dialog gelangt. Die Grundstruktur jedoch ist eindeutig moralisch. Dem Mißbrauch des Reichtums, nicht der ungleichen Verteilung des Volkseinkommens gilt die Satire. Für Wien ein wenig auffallendes Hoftheaterstück!

Die jungdeutsche Eroberung des Theaters wird dadurch vervollständigt, daß sich ihm Heinrich *Laube* mit womöglich noch größerem Erfolg zuwendet. Ihm gelingt es, gröberes Geschütz aufzufahren, da er dazu befähigt ist, das Herz des Biedermannes in die Gewalt zu bekommen. Einem frischen Theatraliker glaubte man seine nationale Gesinnung ohne besondere Beteuerungen. Auch im Erotischen ist er suggestiver, und er versteht es glänzend, seine Liebeshelden auf dem abenteuerlichen Hintergrunde der Höfe und des Spiels um die Macht in Szene zu setzen. Immer wieder bedient er sich des erotisch-politischen Intrigenschemas (*Monaldeschi* 1845, *Struensee* 1847, *Graf Essex* 1856). Das Auftauchen oder Wiederauftauchen höfischer Stoffe ist auch hier kein Zufall; denn es geht nicht um die direkte Darstellung der eigenen politischen Ideale, sondern um die Negation des Absolutismus in seiner eigenen Sphäre. Im *Struensee* gestaltet Laube die Tragödie eines deutschen Bürgers, der, vom dänischen König geadelt, zum Minister erhoben worden ist und viele Reformen eingeführt hat, aber bei all seiner Leistung ein Mann des Herzens geblieben ist. Er liebt die Königin und verschmäht eine glänzende politische Heirat. Zwar ist er um seines Amtes willen fähig, seiner Liebe zu entsagen. Aber die mächtige Gräfin von Gallen kann er nicht heiraten. Er muß ihr sogar die Wahrheit sagen. Und so geht er zugrunde. Das Werk ist weder das erste noch das letzte Struensee-Drama. Laube bekennt sich ganz im Sinne der Tradition ausdrücklich zu Stoffen, die sich auf dem Theater bereits bewährt haben. Auch den strengen Aufbau des alten Intrigendramas benützt er gerne, bis zur Einhaltung der drei Einheiten. Als man ihm vorwarf, er dichte französisch, leugnete er nicht die Möglichkeit der losen Form. Aber er fügt sehr aufrichtig hinzu: »Ich traue mir diese Kraft nicht zu ... Ich nehme also die volle Hilfe der Form in Anspruch und verzichte lieber auf manche mir erreichbare Ausbreitung des Inhalts als auf ein festes Hilfsmittel der Form. Ich schreibe eben für das wirkliche Theater, was man unter unsern Genies gern für etwas Untergeordnetes ausgibt« (Einleitung zu *Struensee*).

In der Einleitung zu seinem wohl erfolgreichsten Stücke *Die Karlsschüler* (1846) stellt Laube mit großem Stolz fest, man habe es im Spieljahr 46/47 »dahin gebracht, daß zum erstenmale lauter Originaldramen das Repertoire bilden«. *Das Eingreifen der Jungdeutschen ermöglichte demnach den Verzicht auf französische Stücke. Die Karlsschüler* betreffen, wie Laube sagt, einen großen Augenblick in der deutschen Literatur- und Nationalgeschichte. Er hat um die Darstellung dieses Stoffes sehr gerungen. Schiller genießt, wegen seines festen Charakters, in der ganzen Biedermeierzeit besondere Achtung. Obwohl, bei der starken Hervorhebung des Herzogs, auch dies Stück eigentlich in höfischer Umwelt spielt, tritt die Intrige zurück. Um so mehr wird das Herz bedacht, nicht nur durch Schillers empfindsame Liebe zu Laura, sondern auch durch seine Mutproben in der Auseinandersetzung mit dem Herzog und durch die wiederholte Anrufung des Vaterlandes, des Weltgeistes oder der Zukunft. Das Restaurationsproblem wird in den vorrevolutionären Stoff hineingetragen. Der Herzog ahnt den Zerfall der alten Welt, aber eben deshalb glaubt er, sie durch energische Maßnahmen sichern zu müssen. Nach dem Vorbild Marquis Posas unterhält sich Laubes Schiller ausführlich mit seinem Monarchen, aber nicht eigentlich über die Freiheit, sondern über ein zu bauendes Theater, über den Wert der deutschen Dichtung, über Dichtung überhaupt, und natürlich protestiert er gegen die Zensur. Sehr differenzierte Regiebemerkungen geben durch das ganze Stück hindurch dem Schauspieler Anweisungen. Handfestes Zeittheater also! Mehr wollte Laube selber nicht. Er entwaffnete jede Kritik, wenn er sich in der Einleitung unter die »kleinen Schöpferlinge« rechnete und die »Zeit und Stunde der Triarier noch nicht gekommen« sah*.

---

* Eine ungewöhnlich tüchtige, ganz aus den Quellen gearbeitete, auch die zeitgenössische Kritik gebührend berücksichtigende Studie von Horst *Denkler* (Revolutionäre Dramaturgie und revolutionäres Drama in Vormärz und Märzrevolution, in: Gestaltungsgeschichte und Gesellschaftsgeschichte, S. 306–37) kommt nach der Berücksichtigung der ganzen von Gutzkow und Laube ausgelösten Welle des zeitnahen Dramas zu dem *resigniert* klingenden Ergebnis, daß die Dramatiker ebenso zu »Halbheiten« neigten wie die Politiker von 1848

Durch diese Bescheidenheit gelangte Laube nach der Revolution an die Stelle, die für die nicht unmittelbar zur Dichtung berufenen, aber zur Vermittlung und Organisation begabten Jungdeutschen die bestmögliche war. Er wurde 1849 Direktor des Wiener Burgtheaters und blieb es bis zum Jahre 1867. Für Grillparzer hatte er Verständnis, er holte seine Dramen auf die Bühne zurück. Doch die große Theatertradition des Vormärz konnte er nicht aufrechterhalten, und es war gut, daß er es nicht ängstlich versuchte. Praktisch, wie er immer war, paßte er das Burgtheater dem Stil und der Organisationsform des realistischen Zeitalters an und bewahrte es wenigstens vor dem Niedergang. Neben dieser Leistung verschwindet das literarische Werk seiner Spätzeit. Seine erstaunliche Frische beweist jedoch die Tatsache, daß er während seiner Amtstätigkeit nicht nur Dramen geschrieben, sondern zur Erzählung und zum Roman zurückgekehrt ist.

Auch Gutzkows Spätdramen waren wenig erfolgreich. 1848 hatte er seine Rolle als Dramatiker so ziemlich ausgespielt. In der Publizistik, die seine größte Stärke war, blieb er erfolgreich (vgl. u. die Zeitschrift *Unterhaltungen am häuslichen Herd*). Auch seine Experimente auf dem Gebiete des Romans sind als Experimente interessant, besonders *Die Ritter vom Geiste* (9 Bde., Leipzig 1850/51). Sie interessieren den heutigen Literarhistoriker. So sollen sie auch in dieser Epochendarstellung an passender Stelle gewürdigt werden (II. Band, Kapitel Erzählprosa). Das Sprachniveau, das von den großen Erzählern des 19. Jahrhunderts im Roman verwirklicht wurde, erreichte er nicht*. Deshalb werden, wie ich meine, alle Aufwertungsversuche, auch seiner späteren und bemühteren Romane, Gutzkow nicht aus der verdienten Vergessenheit herausholen.

Mundt ließ seiner *Kunst der deutschen Prosa* eine *Dramaturgie* folgen (2 Bde., Berlin 1847/48), wie dies dem Trend der vierziger Jahre entsprach. Außerdem hat er Romane geschrieben, wenn auch nicht so viele wie seine Gattin Luise Mühlbach, die vierzig Jahre lang eine Fabrik historischer Romane mit gutem Absatz betrieb. Mundt stellte sich auf diese ergiebigere Produktionsform um und schrieb in immer schnellerer Folge. Wienbarg, der seine *Aesthetischen Feldzüge* »Dem jungen Deutschland«

(S. 335) und daß »das Revolutionsdrama des Vormärz, März und Nachmärz« mit der Revolution starb (S. 337). Ich akzeptiere die Antwort, überlege nur, ob die Frage richtig war. Kann man bei der Bescheidenheit, die aus Laubes oben zitierter Äußerung spricht, Großtaten der Kunst und Tapferkeit erwarten? Darf man diese Schauspieler oder Publizisten neben die Politiker stellen, da sie doch vor allem *für das Theater, wie es war, schreiben wollten* – Kalisch, Nestroy, Bauernfeld noch entschiedener als Gutzkow und Laube?

* Peter *Demetz* (Karl Gutzkow »Die Ritter vom Geiste«, in: Monatshefte, Bd. 61 (1969), S. 230) widerlegt Julian Schmidt, wenn er sagt, die Vorliebe für die »Konversation« im Roman sei kein *negatives* Wertkriterium, da es Gesprächsromane der ersten Qualität gebe; aber eine formale Parallele zwischen Gutzkow und Fontane erlaubt auch kein *positives* Qualitätsurteil. Nicht zu halten ist die Behauptung, das Mißvergnügen an Gutzkow entspreche einer summarischen »politischen Vorentscheidung« gegen das Junge Deutschland (S. 226). *Gutzkow* interessierte fast immer nur unter politischen Gesichtspunkten. Das gilt auch für seine heutigen Apologeten. Ich bin nicht konservativ; aber mein ästhetisches Gewissen erlaubt es mir nicht, Gutzkow gegen Stifter auszuspielen. Auch der liberale Brandes teilte mein Mißvergnügen (s. o. S. 179 f.).

gewidmet und als Kulturkritiker zunächst Bedeutung erlangt hatte, begann um 1840 auch, sich für das Drama zu interessieren (*Die Dramatiker der Jetztzeit,* Altona 1839). Später tat er das, was bei zweitrangigen Poeten immer das beste ist. Er nahm Abschied von der Poesie. Er findet sein Schweigen »poetischer als euer ewiges Gezirpe« [159].

Der stilgeschichtliche Ort der Jungdeutschen

Wie modern sind die Jungdeutschen? Die Frage nach ihrem historischen Ort ist schwer zu beantworten und wird von der Forschung noch manche Spezialuntersuchung fordern. Sicher ist, daß die Biedermeierdichter nicht nach Modernität, sondern nach Gediegenheit, nach Gültigkeit streben, daß sie aber unversehens oft modern wirken oder wenigstens »realistisch«, – was damals einer Zukunftshoffnung entspricht. Sicher ist auch, daß die Jungdeutschen stets modern sein wollen. Aber sind sie es wirklich und in welchem Sinn? Ich will zum Schluß dieses Abschnittes noch versuchen, diese komplizierte Frage so gut wie möglich zu beantworten. Dabei wird es sich empfehlen, vom Sprachstil auszugehen; denn in ihm erscheint ja die Existenz von Schriftstellern reiner als in ihrem Programm. Man beachte in der folgenden, vielzitierten Stelle aus Wienbargs *Aesthetischen Feldzügen* (Hamburg: Hoffmann und Campe 1834) diesmal nicht den Inhalt, sondern den Ton: »die Dichter und ästhetischen Prosaisten stehen nicht mehr, wie vormals, allein im Dienst der Musen, sondern auch im Dienst des Vaterlandes, und allen mächtigen Zeitbestrebungen sind sie Verbündete. Ja, sie finden sich nicht selten im Streit mit jenem schönen Dienst, dem ihre Vorgänger huldigten, sie können die Natur nicht über die Kunst vergessen machen, sie können nicht mehr so zart und ätherisch dahinschweben, die Wahrheit und Wirklichkeit hat sich ihnen zu gewaltig aufgedrungen, und mit dieser, das ist ihre Schicksalsaufgabe, mit dieser muß ihre Kraft so lange wirken, bis das Wirkliche nicht mehr das Gemeine, das dem Ideellen feindlich Entgegengesetzte ist« [160]. Man wird zugeben, daß Wienbargs Sprache mehr rhetorisch überhöhend als genau und »treffend« ist. Es ist zwar von »Wahrheit und Wirklichkeit« die Rede; aber schon die Alliteration und die Synonymik verhindern, daß das Gemeinte deutlich wird. Es bleibt im Dunst. Der Ausdruck »Schicksalsaufgabe« verrät, daß diese Frühliberalen ohne jenseitige, wenn auch geschichtlich verkleidete Instanz nicht auskommen. Eine Anapher sorgt für eine Intensivierung des großartigen Wortes. Deutlich ist auch, daß sich der Programmatiker nicht dem »Wirklichen« hingeben, sondern dieses mit dem »Idealen« versöhnen will. Der Rest- oder Schwundidealismus ist es gerade, der Wienbargs programmatischer Rede einen enthusiastischen Schwung verleiht.

Der Idealismus, der Enthusiasmus ist für die Jungdeutschen nicht ohne Problematik, ähnlich wie für die Rokokodichter und Frühromantiker. Man spottet gerne über Klopstock und die ganze Empfindsamkeit. Man greift zum »Witz«, zur Satire oder zur Ironie, wenn man den Enthusiasmus korrigieren will. Man entwickelt, wie die andern Schriftsteller der Zeit und im Unterschied zum Realismus, noch nicht den einen, mittleren Stil, sondern man schwankt dualistisch hin und her zwischen dem hohen und dem niederen. Der niedere Stil ist aber ebenso schematisiert, ebensowenig realistisch wie der hohe. Er war von jeher nur die andere Seite der Rhetorik. Bezeichnenderweise verteidigt Wienbarg, im Widerspruch zur Empfindsamkeit und zum akademischen Idealismus, die alte »Witzkultur« (Böckmann) ausdrücklich: »Die deutschen Gelehrten mieden die witzigen Leute, als wären sie Aussätzige, und wirklich nannte der Schweizer Bodmer den Witz eine Krätze des Geistes... Allmählich aber sind den Deutschen die Augen über viele Dinge, so auch über den Witz aufgegangen. Die Notwendigkeit deutscher witziger Kultur verteidigt Jean Paul« [161]. Jean Paul ist für Wienbarg wie für Börne ein Vorbild und wird ausführlich zitiert. Der Rückgriff ist deutlich. Jean Paul, sagt Wienbarg, hat zur »geistigen Emanzipation der Deutschen« durch seinen Witz mehr beigetragen als irgendein anderer Schriftsteller der Zeit. Er meint mit den andern gewiß auch Schiller und Goethe. Den phantastischen und wirren Humor Jean Pauls liebt Wienbarg freilich nicht: Heine hat Jean Paul durch seinen gezielteren und klareren Witz übertroffen. Wienbarg denkt hier vielleicht auch an Heines Kritik von Jean Pauls Stil in der *Romantischen Schule*. Dem neuen Willen zur Klarheit entspricht die Rückkehr zum französischen Vorbild. Im Widerspruch zur gängigen Meinung jedoch ist der Witz nach Wienbarg keine französische Nationaleigenschaft, sondern ein Instrument der Freiheit, unentbehrlich für jedes Volk, das unter einer absolutistischen Herrschaft schmachtet. Wenn wir annehmen, daß es wirklich so ist, daß also eine strukturelle Beziehung zwischen der Witzkultur und dem Absolutismus besteht, *versteht man die Restauration der Witzkultur vor 1848 so gut wie ihren plötzlichen Untergang nach 1848.*

Varnhagen rechnet Voltaire und Wieland zu den Vorläufern der Jungdeutschen (vgl. o. S. 158). Wienbarg beruft sich mit Rücksicht auf die biedermeierliche Gegenseite vorsichtig auf den harmloseren Jean Paul. In der früheren Literaturgeschichte versuchte man entsprechend, Heine immer wieder dadurch zu retten, daß man ihn zum »Humoristen« machte [162]. Heute hat es Heine nicht mehr nötig, dem realistischen Humor- und Verklärungsprinzip angepaßt zu werden. Der Witz und die Satire sind unentbehrlich, solange man von bestimmten Normen ausgeht, und das tun die Jungdeutschen fast immer, – weil sie noch nicht aufgehört haben an Ideale, besonders an das der Freiheit, zu glauben. Der »freie Geist« (Gryphius) der vorrevolutionären Zeit erscheint nicht nur in der Gestalt des Pathos, sondern auch als Witz, Satire und Groteske. Schon in der *Harzreise* vergleicht sich Heine mit einer zentralen Figur des Barock und der Barocktradition, dem Harlekin. Es ist ein »buntscheckiger« *und* ein wehrhafter Harlekin, den er da im Traume beschwört: er treibt die Gespenster mit klatschender Peitsche vor sich her. Mit den Gespenstern ist bei Heine alles das gemeint, was an Mittelalter, christliches Abendland und Restauration erinnert. Heine bekennt sich ausdrücklich zum Witz. »Ritter vom Geist« war ihm wohl zu pathetisch, aber Ritter vom Witz hätte er sich nennen können; denn er sagt: »Mag immerhin der Witz zu den niedrigsten Seelenkräften gehören, so glauben wir doch, daß er sein Gutes hat. Wir wenigstens möchten ihn nicht entbehren. Seitdem es nicht mehr Sitte ist, einen Degen an der Seite zu tragen, ist es durchaus nötig, daß man Witz im Kopfe habe«. Diese Stelle zitiert Wienbarg in den *Aesthetischen Feldzügen* [163]. Heine hat also nicht nur den Stil, sondern auch die Stilprinzipien der jüngeren Jungdeutschen beeinflußt. Wenn er die Ironie und den Witz ausdrücklich zur Waffe erhebt, ist es historisch sinnlos, von den Jungdeutschen zu sagen: »sie kommen über Ironie, Witz und satirische Komik nicht hinaus« [164]. Realistische Klischees dieser Art sollten aus der Literaturgeschichte, die der Biedermeierzeit gilt, verschwinden.

Eine andere Frage ist, ob die Jungdeutschen über die Spielerei hinauskommen, ob sie nicht in der Rokokotradition stecken bleiben. Schon Arnold Ruge, der Junghegelianer, hat gemeint, Heine vertrete »das radikal Kritische, die Freiheit des 18. Jahrhunderts, nur noch tiefer begründet«, sein Witz habe »die Freiheit zur formellen inhaltsleeren Bewegung« ausgehöhlt: »Heines Späße sind genial; daß er den Spaß zum Prinzip erhebt, ist verkehrt« [165]. Immer ist es die Willkür, der Leichtsinn und die Negation, die den Jungdeutschen vorgeworfen wird. Ruge weiß noch, daß die Witzkultur ebenso genial sein kann wie die humoristische oder pathetische, daß es, rein literarisch gesehen, nicht auf die Art, sondern auf die Gekonntheit des Tons ankommt; aber unerbittlich fordert er »Prinzipien«, die der Wortkunst, sogar der genialen Wortkunst übergeordnet sind. Das mag in einem letzten, systematischen Sinne richtig sein. Es fragt sich jedoch, ob für den Feind der Restauration, die damals innerlich und äußerlich Deutschland prägte, eine »positive« Produktion überhaupt möglich war. Da die Jungdeutschen das Ziel einer neuen aufgeklärten Welt hatten und ihnen die Möglichkeit des idyllischen Humors (in der Art Jean Pauls) versagt blieb, so *mußte* ihr Witz so gut wie der Voltaires zur Waffe werden, und die »Interesselosigkeit« der Kunst kam nur im Spiel des Witzes, in der Überlegenheit der Waffenführung zum Vorschein. Es ist richtig, daß sich dieses Spiel mit Worten öfters verselbständigte und daß Heine gelegentlich sogar prinzipiell auf der Zwecklosigkeit seiner Kunst bestand (*Atta Troll* u. a.). Trotzdem muß die Gesamterscheinung des Jungen Deutschland aus einer inhaltlich bestimmten Opposition zur Metternichschen Restauration begriffen werden. Auch die Junghegelianer, die so prinzipienstolz waren, bewährten ihre Prinzipien vor allem in einer radikalen Kritik. Auch ihnen kann man den Vorwurf machen, daß sie in der »Negation« steckenblieben. Den Feinden des Metternichschen Systems blieb, wie es scheint, kein anderer Weg.

Sozialgeschichtliche Konsequenzen

Die jungdeutsche Ironie- und Witzkultur gibt den besten Ansatz für eine sozialgeschichtliche Interpretation der Richtung. Man kann m. E. unmöglich leugnen, daß die Jungdeutschen keine Volksschriftsteller, sondern weit eher Salonschriftsteller waren. Sie schimpfen auf die Gelehrtensprache, und unsere heutige akademische

Jugend, welche die Verbindung mit dem Volke verloren hat, meint deshalb, Heines *Romantische Schule* sei populär; aber das ist sie doch nur im Sinne einer immer noch reichlich exklusiven Publizistik. Aus den einleitenden Partien der Programmschrift *Zur Geschichte der Religion und Philosophie in Deutschland* geht hervor, daß Heine über die Witzkultur Voltaires hinauskommen wollte. Voltaires »Witze über Dogmatik und Kultus, über die Bibel..., über die Jungfrau Maria..., das ganze Diktionär philosophischer Pfeile, das er gegen Klerus und Priester losschoß«, haben, sagt Heine, »nur den sterblichen Leib des Christentums« verletzt. Jetzt muß die Idee des Christentums zerstört werden. Das soll nicht in gelehrter Weise geschehen, sondern in populärer, meint Heine; ja er behauptet: »ich selber bin Volk« [166].

Man höre aber nur wieder auf den Ton, in dem er seine Lehren vorträgt und frage sich, ob das Volkstümlichkeitsprogramm erfüllt wurde: »Indem ich nun mit Besprechung der Religion beginne, bitte ich im voraus alle frommen Seelen, sich beileibe nicht zu ängstigen. Fürchtet nichts, fromme Seelen! Keine profanierende Scherze sollen euer Ohr verletzen. Diese sind allenfalls noch nützlich in Deutschland, wo es gilt, die Macht der Religion für den Augenblick zu neutralisieren« [167]. Das Buch erschien zuerst französisch. Aus dieser ersten Ausgabe hat sich das Zitat erhalten. Es beweist zunächst inhaltlich, daß Heine sehr wohl weiß, wie wichtig die Witzkultur im vorrevolutionären Deutschland immer noch ist. Und was besagt die Form? Der Ton ist durch eine fiktive Anrede der frommen Leser ironisch gemacht. Heine weiß natürlich, daß er keine frommen Leser, sondern nur ein gebildetes Publikum hat. Deshalb kann er sich einen Spaß mit den Frommen machen. Ungeniert benützt er Fremdwörter wie »profanierend« und »neutralisieren«. Der Volksschriftsteller würde sie vermeiden. Auf der übernächsten Seite, um nur ein Beispiel herauszugreifen, findet man die Wörter Sophistik, Rechtskasuistik, Logos, Investitur. Der Wortschatz unterscheidet sich kaum vom wissenschaftlichen, nur der Ton ist leichter und eleganter. Engels, Junghegelianer wie Ruge, meint von den Jungdeutschen: »Jeder machte den Anspruch, exklusiver Literaturgott zu sein« [168].

Aus dieser Exklusivität erklärt er sich die jungdeutsche Neigung zu Skandal und Klatsch und das »infame« Buch, das Heine über Börne, den Schicksalsgenossen, schrieb. Man darf hinzufügen, daß die demokratischen Ansätze in Börnes Stil nicht so weitergeführt werden, wie man dies nach 1830 erwarten könnte. Heine tadelt Börne ausdrücklich wegen seiner »pöbelhaften Töne«, wegen seines »ultraradikalen Tons« [169]. Heine verzichtet auf das Gleichheitsprinzip, sobald dieses auch Gleichheit des Stils bedeutet. Sein künstlerischer Anspruch läßt ihn nur ausnahmsweise zu einer volkstümlichen Ausdrucksweise gelangen. Wenn Heine eine Rettung des konsequenten Aufklärers Nicolai versucht, der wie Heine von allen verfolgt wurde, obwohl er »in der Hauptsache ... immer Recht hatte«, wenn er ihn als »Märtyrer der Vernunft« feiert, so kompensiert er diesen ungewöhnlichen Enthusiasmus für den Ausgestoßenen gleich mit der folgenden Schlußpointe: »Wir werden auf deinem [sic!] Sarg die anständigste Lorbeerkrone legen, und wir werden uns alle mögliche Mühe geben, nicht dabei zu lachen«. Es herrscht stets der kühle, überlegene Ton, der in der höheren Gesellschaft verbindlich ist und den in sich abgeschlossenen Kreis des einzelnen Dichter- oder Geld- oder Gelehrtengottes vor der schwärmerischen Auflösung ins Allgemeine schützt.

Die *Evangelische Kirchenzeitung* prophezeite richtig, daß auch die Verachtung der bürgerlichen Ehe, der Kult der Wollust und der Anspruch absoluter Freiheit die Jungdeutschen vom Volke isolieren werde. Gutzkow versuchte daher, sich moralisch besser anzupassen und Heine zur gleichen Einordnung zu bewegen. Er warnte ihn vor einer Veröffentlichung der *Neuen Gedichte,* in denen sich manches Gewagte fand. Heine antwortete ihm am 23. August 1838 völlig im Stil des von Engels gerügten »exklusiven Literaturgottes«: »Ich glaube..., bei späterer Herausgabe kein einziges dieser Gedichte verwerfen zu müssen, und ich werde sie mit gutem Gewissen drucken, wie ich auch den Satirikon des Petron und die römischen Elegien des Goethe drucken würde, wenn ich diese Meisterwerke geschrieben hätte. Wie letztere sind auch meine angefochtenen Gedichte kein Futter für die rohe Menge. Sie sind in dieser Beziehung auf dem Holzwege. Nur vornehme Geister, denen die künstlerische Behandlung eines frevelhaften oder allzu natürlichen Stoffes ein geistreiches Vergnügen gewährt, können an jenen Gedichten Gefallen finden... Nicht die Moralbedürfnisse..., sondern die Autonomie der Kunst [!] kommt hier in Frage« [170]. Man sieht: Nicht einmal auf dem Gebiet der Lyrik, trotz der bekannten Volksliedexperimente, fühlt sich der Dichter zur Vermeidung des »geistreichen Vergnügens« verpflichtet! *Dies bedeutet für uns, daß das vielzitierte Wort von der überholten* »*Kunstperiode« nicht überbetont werden darf.* Wenn Heine ernstlich vor die Entscheidung gestellt wird, führt der persönliche Anspruch als Dichter doch wieder zum Ideal einer autonomen und aristokratischen Kunst zurück. Immer wieder parallelisieren die jüdischen Pioniere des Liberalismus die Kunst und die Aristokratie. Während aber Börne durch diese Gleichung zum puritanischen Jakobiner wird, hält sie Heine immer erneut von einer Solidarität mit den Demokraten ab. In *Atta Troll* (1847) verspottet er die Tendenzpoeten des Vormärz, weil sie die »rohe Menge« (s.o.) ansprechen und mehr Charakter als Talent haben. Mit diesen plumpen »Tendenzbären« haben »vornehme Geister« (s.o.) nichts zu tun. Auch über Uhland und die schwäbische Schule erhebt er sich vor allem mit dem Argument, diese Dichter dichteten alle gleich, nämlich mittelalterlich [171].

Es wäre kaum richtig, wenn man aus der Warnung Gutzkows einen konsequenteren Republikanismus der jüngeren Jungdeutschen ableiten wollte; denn auch er und Laube gehen nicht mit den zielbewußten Republikanern des Vormärz, sondern passen sich, soweit nötig, an die politischen und moralischen Normen des Hoftheaters und damit der Konservativen an. Sie schlagen eine Brücke zum Biedermeier, – mit Hilfe der Salonkultur, an der, wie wir schon sahen (s.o. S. 136), beide Richtungen teilhaben. Die Jungdeutschen waren alle bürgerlicher Herkunft. Aber die Zugehörigkeit zum Bürgertum hat noch nie einen Schriftsteller vor genie- oder bildungsaristokratischen Ansprüchen geschützt; im Gegenteil: Kleine Leute scheinen eine solche Kompensation besonders nötig zu haben. Trotz der Verachtung des Adels, orientiert man sich schließlich doch wieder am Denk- und Schreibstil des Herrn von Varnhagen, des englischen Lords Byron und des Fürsten Pückler-Muskau.

In der Jungdeutschen-Kritik der *Grenzboten* wird mit diesem ganzen »Hochmut« Schluß gemacht. Die programmatischen Realisten lehnen mit Entschiedenheit die Neuauflage des witzigen Rokoko und der Intrigenstücke ab. Erst nach 1848 setzt sich die realistische Bürgerlichkeit im Denk- und Schreibstil durch [172], – frühestens; denn auch in dieser Zeit fehlen die Rückschläge nicht (Münchner Dichterkreis, Nietzsche, Wagner usw.).

Liberale glauben an die Idee der Freiheit, sie sind Idealisten. Das wußten auch die Regierungen. In einem Konfidentenbericht aus Frankfurt/M. vom 15. November 1835 wird die Volksferne der Jungdeutschen sehr deutlich ausgesprochen: »Die junge deutsche Literatur, oder besser gesagt, das junge (geistige) Deutschland hat sich die Reformation der sozialen Frage zum Glauben, zur Hoffnung gesetzt... Es wäre aber allerdings der Wahrheit nicht das Wort gesprochen, wollte man behaupten, das junge Deutschland habe sich mit den materiellen Kräften, mit dem *Volke* in direkte Verbindung gesetzt. Man muß einen Unterschied machen zwischen jener Literaturclique, welche vor einigen Jahren hier ihr Wesen trieb und zu welcher Sauerwein, Freyeisen und Funk usw. gehörten. Diese versuchte allerdings mit Wort und Tat auf die Volksmasse zu wirken und eine materielle Revolution, die aber wiederum die geistige nicht ausschließt, vorzubereiten. Die junge deutsche Literatur oder das jetzige junge Deutschland hat nie um Volksgunst gebuhlt, ihm gilt die *geistige Revolution,* die aber wieder die materielle (politische) nicht ausschließt. Diese junge Literatur sucht ihr Publikum, ihre Freunde, Anhänger und Helfershelfer im Kreise der Gebildeten. Das *gebildete Deutschland* solle ihm gehorchen und zur Fahne des ›jungen Deutschland‹ schwören« [173].

Die württembergische Regierung beurteilte die Jungdeutschen noch nüchterner. Sie war der richtigen Meinung, Idealisten bekämpfe man am besten mit Hilfe von Ideen. Ich zitiere aus der Instruktion, die sie am 26. November 1835 ihrem Gesandten am Frankfurter Bundestag gab: »Soweit man diesseits von der Tätigkeit und Tendenz jener Schriftsteller im allgemeinen Kenntnis hat, ergibt sich, daß dieselben zunächst auf dem Gebiet der Ästhetik und Philosophie sich bewegen und nur indirekt das der Politik berühren, sowie daß ihre Schriften nicht auf die Volksmasse, sondern auf das literarische Publikum berechnet sind. Wenn daher dieselben auch wirklich sittliche und religiöse Begriffe antasten, die zu den Grundpfeilern der sittlichen Ordnung gehören, so geschieht dies doch auf einem Felde, auf welchem durch die öffentliche Stimme des literarischen Publikums einem solchen Treiben zweckmäßiger als durch Maßregeln der Regierungen entgegengewirkt wird« [174]. Die württembergische Regierung behielt Recht. Die öffentliche Stimme des literarischen Publikums, die in der Gestalt des Spätbiedermeiers, zumal des geistlichen, sich hören ließ, war wirksamer als die Maßregeln der Regierung.

In Württemberg kannte man die Literaten aller Spielarten. Man wußte, wie sie sich gegenseitig befehdeten und wieviel buchhandelförderndes Papier mit Hilfe ihrer streitlustigen und geistreichen Schreiberei bedruckt werden konnte. Dagegen scheint die österreichische Regierung von einer vagen Angst vor ultraprotestantischen und damit österreichfeindlichen Intellektuellen zum Mißbrauch ihrer Hegemonie veranlaßt worden zu sein. Geiger vermutet, daß die jungdeutschen Schriften im Wiener Buchhandel schon vor dem Verbot nicht zu finden waren. Metternich bestellte sich diese nämlich am 28. Oktober 1835 aus Leipzig [175].

Die eingebürgerten Begriffe Biedermeier und Junges Deutschland genügen nicht

Es ist allmählich üblich geworden, das Biedermeier als eine Richtung der Metternichschen Ära unter allen möglichen Vorbehalten zu akzeptieren. Sogar im westlichen Ausland verhält man sich heute meistens so; denn die Behauptung, der wissenschaftliche Biedermeierbegriff sei faschistisch, muß schon aus chronologischen Gründen, wegen seiner Entstehung im Kaiserreich (vgl. o. S. 122 f.), allzu töricht erscheinen. Es ist ein durchgängiger marxistischer Trick, die Konservativen mit den Faschisten zusammenzuwerfen. Auf diesen Leim geht eine ernsthafte Geschichtsschreibung heute nicht mehr so leicht, – selbst dann, wenn es sich um die verdächtigen Deutschen handelt*. Auch die Einsicht, daß die Biedermeierzeit d.h. die Metternichsche Restaurationsepoche, wie fast alle Epochen der Geschichte, keine geschlossene Einheit ist, daß neben dem mehr oder weniger konservativen Biedermeier die liberal revolutionäre Opposition der Jungdeutschen steht, bereitet heute keine Schwierigkeiten mehr. So folgt z.B. in H.A. und E.Frenzels gründlich gearbeiteten *Daten deutscher Dichtung* dem Biedermeierabschnitt ein solcher über »Das Junge Deutschland und die politische Dichtung des Vormärz«. Man äußert zwar Zweifel hinsichtlich der *Dominanz* des Biedermeiers, die nach der Meinung der älteren Biedermeierforschung die Verwendung des Wortes als Oberbegriff rechtfertigen soll [176]; doch diese Skepsis beweist nur, daß man die Epoche in ihrer Breite, die

---

* Ich denke in erster Linie an das repräsentative Werk der australischen Germanistik: Periods in German Literature, hg. v. James Macpherson *Ritchie*, London 1966, das, soviel ich sehe, in Deutschland trotz seiner hervorragenden Eignung für die Studenten noch nicht bekannt genug ist. Seine wissenschaftsgeschichtliche Bedeutung liegt darin, daß der Herausgeber *(Ritchie)* und der Verfasser der programmatischen Einführung (R.B.*Farrell*) bewußt einen Mittelweg gehen zwischen der allzu stark vereinzelnden angelsächsischen Tradition (vgl. heute noch die liebenswürdige Kraut-und-Rüben-Literaturgeschichte von J.G.*Robertson* und Edna *Purdie,* deutsch 1968) und der traditionellen deutschen, letztlich von Herder und Hegel abstammenden Epochenspekulation. Die Epochen werden in diesem Werk nicht historisch entfaltet, sondern über die Epochen*begriffe* wird gründlich referiert und reflektiert. Auch die deutschen Autoren werden sorgfältig aufgeführt und überprüft, was seit dem Kriege nicht mehr überall im Ausland üblich ist. Die Verfasserin des kenntnisreichen und leidenschaftslos abwägenden Abschnitts »Biedermeier« ist M.J.*Norst*. Fast noch besser erscheint das Realismus-Kapitel von *Ritchie*. Nicht auf der gleichen Höhe steht der Abschnitt »Literarische Begriffe« in Claude *David,* Zwischen Romantik Symbolismus 1820–1885, 1966. Hier werden die Begriffe Biedermeier und Realismus nicht geklärt, sondern durcheinander geworfen und zerspielt. Die höchste Autorität ist für David immer noch Lukács. Auch die starke Betonung des einzelnen Dichters gestattet diesem Autor keine gründliche Diskussion der Epochenbegriffe. Um so erstaunlicher ist die schließliche Feststellung, der Biedermeierbegriff habe »Bürgerrecht erlangt« (S. 49).

Lokal- und Almanachschriftsteller noch nicht genügend kennt* und daß man überhaupt keine klare Vorstellung hat von der äußeren und *inneren* Macht, über welche die nachnapoleonische Restauration in den einzelnen Staaten, besonders in den süddeutschen, aber auch im höfischen und kirchlichen Preußen verfügte. Man erinnere sich in diesem Zusammenhang noch einmal daran, daß das Metternichsche Deutschland, sehr im Unterschied zum Adenauerschen, in der Hauptsache ein Agrarstaat war und daß die rebellischen Literaten in den (seltenen) größeren Städten einer überwältigenden religiös gesinnten und hierarchisch geordneten Mehrheit gegenüberstanden.

Das Wort Biedermeierzeit setzt sich auch deshalb durch, weil diese Zeitbezeichnung ähnlich wie das Wort Rokoko oder Expressionismus *unverwechselbar* ist (im Gegensatz zu so vagen Begriffen wie Klassizismus, Realismus, Romantik, Neuromantik). Selbst der Begriff »Restaurationszeit«, den ich in meinem ersten Aufsatz über die Epoche gebrauchte [177] und der mir danach von manchen befreundeten Kollegen als Titel für dies Werk empfohlen wurde, erscheint mir nicht mehr eindeutig genug; denn Restauration ist wie Revolution ein universales geschichtliches Phänomen. Man hätte den Namen Metternichs oder gar das Wort biedermeierlich doch hinzusetzen müssen**. Schließlich spricht auch einfach der Respekt vor redlichen Vorgängern, das Bedürfnis, endlich eine Kontinuität in unserer Wissenschaft sicherzustellen, für die Beibehaltung des halb und halb eingebürgerten Begriffs. Strenggenommen kommt es doch nicht auf die Wörter, sondern auf die Weiterentwicklung ihrer Bedeutung an***.

Um es kurz zu sagen: bis an diese Stelle des Kapitels konnte ich mich auf die reichhaltige Forschung zum Biedermeier und auf die ebenso gründlichen Arbeiten zum Jungen Deutschland stützen. Ich versuchte zwar, die beiden Richtungen – Gruppen wäre irreführend – stärker aufeinander zu beziehen, ihre durch den Gegensatz von Restauration und Revolution gegebene *dialektische Einheit* nachzuweisen, den konkreten politisch-historischen und sozialgeschichtlichen Hintergrund der feindlichen

---

* *Ritchie* nennt selbst ein quantitatives Argument, wenn er meint, der Biedermeierbegriff passe am besten für die kleinen Schriftsteller (Periods, S. 165). Es gibt auch qualitative Argumente, besonders hinsichtlich der großen Erzähler.

** Norbert *Fuerst* (The Victorian Age of German Literature), der, wie der Titel schon zeigt, mehr essayistisch vorgeht und Reiz-Titel wie »The Age of Grillparzer«, »The Age of Heine?«, »The Age of Keller«, »The Age of Wagner?« für seine Kapitel oder Teile wählt, entspricht doch dem dialektischen Charakter der Epoche, indem nicht nur Heine und Grillparzer, sondern »Young Germany« und »Old Germany« in Kapiteln einander gegenübergestellt werden. »Old Germany« ist eine hübsche Analogiebildung. Aber übersetzt ergibt das Wort eine falsche Assoziation. Unter den Altdeutschen versteht man damals nicht das, was wir Biedermeier nennen, sondern die Burschenschaftler, Turner und die besonders einseitigen Germanisten.

*** Die totale Ablehnung der früheren Wissenschaftsstufen, die man seit einiger Zeit erneut in der deutschen Germanistik feststellen kann, ist kein Hinweis auf wissenschaftliche Fortschritte, sondern ein sicheres Symptom für eine erneute Bedrohung durch außerwissenschaftliche Kräfte. Diese orthodoxe Besserwisserei kann leicht zu neuen wissenschaftlichen Standgerichten und damit zur Verewigung der Diskontinuität in unserem Fache führen.

Richtungen stärker zu differenzieren und vom »bürgerlichen Realismus« abzuheben; aber bei allen diesen Modifizierungen stand ich auf einer einigermaßen verläßlichen Forschungsbasis. Dagegen sind wir jetzt an einem Punkt angelangt, da neue Hypothesen unerläßlich sind und deshalb die eigentlichen Schwierigkeiten einer genaueren Epochenanalyse erst beginnen. Die Aufstellung weiterer Richtungen ist aus einem schlichten, von der Kritik am Biedermeierbegriff immer wieder geltend gemachten Grunde notwendig. *Das Biedermeier und das Junge Deutschland erfassen nur einen Teil der Literatur, die uns in der Biedermeierzeit dichterisch wertvoll oder historisch interessant erscheint.* Nicht nur nach dem naiven Schubladenprinzip, nach dem man beispielsweise Mörike und Stifter nicht in die gleiche Richtung »einordnen« will, einfach weil Zeitgenossen immer auch individuell verschieden sind, sondern selbst nach dem geschichtsphilosophisch reflektierteren Prinzip der *Annäherung an bestimmte Idealtypen* können viele interessante Schriftsteller dieser Zeit dem Biedermeier oder den Jungdeutschen *nicht* zugewiesen werden*.

Jost Hermands zeitliche Gliederung der Biedermeierzeit

Den Ausgangspunkt unserer Überlegung mögen die Thesen bilden, die Jost Hermand in den Nachworten seiner weitverbreiteten Textsammlungen (Reclam) zum *Jungen Deutschland* (1966) und *Deutschen Vormärz* (1967) aufgestellt hat. Dieser Gelehrte bringt von seinen Dezennienbänden zur modernen Kulturgeschichte die Neigung zur Isolierung der Kleinperiode, der einzelnen Phase mit; aber er ist ein berufener Historiker und ein guter Kenner der Biedermeierzeit, so daß eine Ausein-

---

* Zu dem Prinzip der Annäherung an historische Idealtypen, das ich in einem besonderen Aufsatz für die Geschichte der neueren deutschen Literatur noch zu erläutern gedenke, sei an dieser Stelle nur eine kurze Begründung gegeben. Wohin es führt, wenn man sich auf Richtungen nicht einlassen will, zeigt beispielhaft das auf S. 196, Anmerkung erwähnte Buch von Claude *David.* Das 19. Jahrhundert zersplittert hier in die einzelnen Dichter. Das mag dem Essayisten reizvoll sein! Aber die Aufgabe der Geschichtswissenschaft wird damit nicht geleistet. Es gibt keine Wissenschaft, die ohne Abstraktionen auskommt. Man muß diese nur als solche erkennen und anwenden, damit aus Begriffen keine Schubladen werden! Wir dürfen uns die verschiedenen Richtungen einer Epoche vergleichsweise als ein Koordinatensystem vorstellen, das es dem Historiker gestattet, den geschichtlichen Ort des einzelnen Schriftstellers herzu bestimmen. Grundsätzlich gibt es beliebig viele Richtungen! Wenn kein einziger Dichter genau auf den gezogenen Linien (= Richtungen) liegt, wenn nicht *einer* die Richtung vollkommen repräsentiert, so ist damit noch nichts gegen die Richtigkeit des historischen Koordinatensystems gesagt. Nicht nur ausnahmsweise, sondern fast immer wird der einzelne Schriftsteller in dem freien Feld *zwischen* den Linien stehen. Man wird zwar normalerweise sagen können, daß er der einen Richtung näher steht als der andern; aber nicht einmal diese Entscheidung kann bei allen Schriftstellern gefällt werden. So steht z. B. der liberale, aber heimatliebende und detailrealistische Alexis ziemlich genau in der Mitte zwischen Biedermeier und Jungem Deutschland. Wer die *unaufhebbare* Spannung zwischen Individuum und Richtung (Partei, Gruppe, Stand usw.) zugunsten der einen oder anderen Größe aufhebt, verfährt nicht als kompetenter Historiker.

andersetzung mit ihm sogleich in das Zentrum unserer Probleme hineinführt. Hermand findet in der Zeit von 1815 bis 1848 fünf Phasen:

1. 1815–1820: diese Zeit wird durch die Agitation der enttäuschten Befreiungskrieger und Burschenschaftler bestimmt, durch die Karlsbader Beschlüsse (1819) und Wiener Schlußakte (1820) beendet: »Die nationalen Gefühle starben daher nach 1820 allmählich ab« [178].

2. 1820–1830: »eine relativ ruhige Zeit, das heißt ein Jahrzehnt strenger Zensur, das zu einer ersten Ausbildung biedermeierlichen Geistes führte« [179].

3. 1830–1835: die »jungdeutsche Periode«, »ausgelöst durch die Pariser Julirevolution«, nun herrscht »ein wesentlich liberalerer Ton«, der aber 1835 durch das Verbot der Jungdeutschen »wieder auf ein Minimum reduziert wird« [180].

4. 1835–40: die Jahre wirken »– rein äußerlich betrachtet – ebenso biedermeierlich wie die zwanziger Jahre« [181].

5. 1840–48: »Vormärz«, »die unmittelbare Vorbereitung der Märzrevolution«. Auslösende Momente sind 1840 der Hoffnung erweckende Regierungsantritt Friedrich Wilhelms IV., die Rheinkrise, die erneut zu heftigen nationalen Reaktionen führte, und das Auftreten der Links- oder Junghegelianer. »Wohl das einzige, was alle Vormärzler in diesem Kampf vereinte, war ihre konsequente Ablehnung der Jungdeutschen«. Ein Unterschied scheint zwischen den oft reichlich naiven Vormärzdichtern und den Hegelianern, die noch reflektierter sind als die Jungdeutschen, zu bestehen. Trotzdem insistiert Hermand auf der Einheit dieser Phase: »Man sollte sie ... gar nicht auseinanderreißen. Denn hier wie dort herrschen die Programme und Bekenntnisse« [182].

Wenn mit diesen Phasen die jeweils dominante Richtung gemeint wäre, könnte ich zustimmen. Hermand erkennt die verschiedenen Zäsuren richtig und korrigiert damit die Überbetonung des Einschnitts von 1830 – von der ahnungslosen Historie mit dem Einschnitt des Jahres 1832 gar nicht zu reden! Aber erstens übersieht er den *regelmäßigen Wechsel von liberal-revolutionären und restaurativen Stößen, welcher die dialektische Epocheneinheit aller dieser Phasen belegt.* Zweitens neigt er dazu, das Neben- oder Übereinander mehrerer Richtungen in den verschiedenen Phasen zu leugnen oder abzuschwächen. Die Abneigung gegen die nationale Gruppe führt den jungen Verfasser dazu, daß er ihren strukturellen Zusammenhang mit der liberalen nicht ausreichend erkennt. Gewiß, in der siegesstolzen Richtung, die sich seit 1813 herausbildete, steckt schon allerlei, was der imperialistische Nationalismus ausgraben wird. Die Gruppe der Turner, Burschenschaftler und sonstigen Patrioten ist die Richtung, für welche sich die präfaschistische Literaturgeschichte interessierte. Diese Gruppe dichtet *Deutschland, Deutschland über alles,* nicht Mörike oder die Droste oder sonst ein Biedermeierdichter. Trotzdem ist zu beachten, daß sie zunächst national*liberal* ist und daß es der Nationalliberalismus war, welcher gegenüber dem erneut siegreichen preußischen Militärstaat die konstitutionelle Monarchie, den Reichstag sicherte. Offenbar wissen die Jüngeren nichts mehr von den Nervenzusammenbrüchen, die Bismarck im Kampf gegen die Liberalen des Reichstags erlitt. Der Nationalliberalismus ist im ganzen 19. Jahrhundert eine machtvolle Bewegung. Die nationalen Gefühle sterben nach 1820 nicht ab (Hermand s. o.), sondern sie wachsen im Hintergrund der andern Phasen, in der Opposition sozusagen, weiter und treten in der Rheinkrise von 1840 verstärkt in den Vordergrund.

Auch die jungdeutsche Richtung wird unterschätzt, wenn man sie als bloße Auswirkung der Julirevolution versteht. Sie ist in der Gestalt mutiger und hochbegabter jüdischer Publizisten schon in den zwanziger Jahren, als Antwort auf die rigoros durchgesetzte Restauration, erfolgreich tätig. Börne begründete schon 1818 seine Zeitschrift *Die Waage*. Man mag zwischen Börne und Heine einen Abstand lassen; denn Börne wurde 1835 nicht in das Verbot einbezogen und ist erheblich älter als Heine. Es verfälscht aber das historische Bild, wenn die unmittelbaren literarischen Vorbilder der jüngeren Jungdeutschen, Börne und Heine, die 1830–1835 noch in voller Kampfkraft, Dreißiger und Vierziger waren, in die Ahnengalerie neben Lessing und Jean Paul geraten. Selbstverständlich verbreiterte und verstärkte die Julirevolution die Resonanz der jungdeutsch-liberalen Publizisten; trotzdem konnte man später die publizistischen Pioniere der zwanziger Jahre sogar höher achten als ihr Gefolge nach 1830 (vgl. u. S. 212). Es ist auch eine starke Vereinfachung, wenn Hermand im Eifer des Gefechts (gegen die ästhetizistische Germanistik) von den Jungdeutschen sagt: »Man wollte ja gar nicht dichterisch sein« [183]. Wer Lieder, Balladen und Epen schreibt wie Heine oder Dramen, sogar Tragödien, wie Laube und Gutzkow, erhebt dichterischen Anspruch. Darin liegt der Unterschied zu Börne, welcher der konsequentere Publizist war. Was man den Jungdeutschen sogleich und später vorwarf und bis heute vorwirft, ist ja gerade der Umstand, daß sie zwischen Dichtung und Zweckliteratur nicht unterschieden und die Poesie als Waffe mißbrauchten. Problematisch ist auch das von Hermand angesetzte Ende der jungdeutschen Phase. Richtig ist, daß die Jungdeutschen später zahmer wurden; die in Deutschland wohnenden suchten z. T. sogar Anschluß an die nationalliberale Bewegung. Aber ist es möglich, den Begriff jungdeutsch auf die Zeit vor 1835 zu beschränken? Gutzkow war zur Zeit des Verbots 24 Jahre alt, Laube 29. Es ist entwicklungspsychologisch normal, daß sie maßvoller wurden. Schon vor 1835 ist die größere Reife Laubes klar zu erkennen. Sie stellten aber auch später ihren Mann und führten gegen die reaktionären wie auch gegen die neuen, angeblich »materialistischen« Richtungen einen tapferen Zweifrontenkrieg. Dies gilt besonders für Gutzkow. Daß man Herwegh und die anderen jüngeren Schrifsteller, die nach 1840 auftraten, von den Jungdeutschen unterscheiden sollte, ist richtig; denn sonst verliert der Begriff »Junges Deutschland« jeden bestimmteren Inhalt.

Heines Kampf gegen die Vormärzdichter (*Atta Troll,* 1843 und 1847) markiert den Unterschied zwischen den Radikalen der vierziger Jahre und den (anspruchsvolleren!) Jungdeutschen zur Genüge. Nur erscheint es mir unmöglich, die Junghegelianer und die übrigen Vormärzschriftsteller der gleichen Richtung zuzuordnen, was Hermand vorschlägt; denn die universale junghegelianische Bewegung beginnt schon mit Straussens *Leben Jesu* (Tübingen 1835), d. h. gleichzeitig mit dem Verbot der Jungdeutschen und gleichzeitig mit der besonders fruchtbaren zweiten Biedermeierphase (Stifter, Gotthelf, die Droste u. a.). Auch die Ausbreitung der Bewegung beginnt vor 1840 (*Hallische Jahrbücher* 1838), ein Hinweis darauf, daß diese Richtung umfassender und tiefer begründet ist, *daß in ihr der weltgeschichtliche Gegner der alten Ordnung sich zu entfalten beginnt.* Dagegen läßt sich die radikalnationale und radikalliberale Richtung der vierziger Jahre, die in der Gestalt der politischen Tendenz*lyrik* am stärksten wirkt, vielleicht tatsächlich auf den Anstoß von 1840 zurückführen. Man darf sie als Fortführung der jungdeutsch-liberalen Literatur und als gezielte (rhetorische) Vorbereitung der politischen Revolution verstehen. Fontane sieht in dieser Lyrik die Journalistik des Vormärz [184]. Sie war Heines Hauptärgernis, weil er die Mitverantwortung, wenn nicht die Vaterschaft, für diese Richtung unmöglich leugnen konnte. Er empfand das Anachronistische, das *literarisch* Bedenkliche in dieser massenhaften Wiedergeburt des lyrischen Pathos. Hermand betont mit Recht, daß die Vormärz-Lyrik in der Hauptsache als populäre Zweckliteratur zu verstehen ist. Trotzdem fällt es schwer, die lyrischen Intellektuellenpredigten der Vormärzpoeten mit der akademischen Rhetorik der Paulskirche *nicht* zusammenzusehen. Gewiß, diese Lyriker waren nicht alle »professoral« (wie Hoffmann von Fallersleben), sondern zu einem Teil rührend naiv, zum andern Teil erschreckend primitiv (»Und wollen endlich hassen«!). Auch wird man zugeben müssen, daß sich die Lyrik im Zeitalter der frühen Gesangvereine – wie heute wieder– durchaus zum *Massenkommunikationsmittel* eignete. Der individualistische Lyrikbegriff herrschte noch nicht (vgl. II. Band, Kapitel Lyrik a). Vielleicht wurde das Volk durch diese Kampfgedichte tatsächlich auf die Revolution von 1848 vorbereitet. Besonders die antichristliche Bewegung der vierziger Jahre führte dazu, daß die Tendenzlyrik große Resonanz fand. Börne und Heine hatten, im Gegensatz dazu, während der zwanziger Jahre nur schriftstellernde Studenten auf die Julirevolution vorbereiten können. Wer die Massenwirkung für das Wichtigste hält, kann die Vormärzdichter zu einer vollwertigen Richtung erheben.

Man muß dann allerdings auch die Lyrik der Freiheitskriege aufwerten; denn diese ist der gattungsgeschichtliche Ausgangspunkt der Vormärzpoeten. Ruge beruft sich in den *Deutschen Jahrbüchern* von 1842 ausdrücklich auf diese Parallele: »Als Körner, Arndt, Schenkendorf, Uhland Freiheits-, Vaterlands- und Oppositionslieder sangen, taten sie dies nicht auf ihre eigne Faust; ihre Lyrik war vielmehr das erwachende Volksgefühl selbst, sie war die Religion der Zeit, ja, sie war es, die ›der Tyrannei den Kopf zertrat‹, und was die Taktik unsrer Generale verdarb, das machte dieser Sturm des Geistes wieder gut... Solange die Welt hoffnungslos daniederliegt, ist keine Lyrik möglich [!]... Wenn wir also jetzt neue Freiheitslieder haben, so ist das ein Symptom unsrer Wiedergeburt und beweist unwiderleglich, daß wir im Begriff stehen, ein neues Leben anzutreten, und bereits die innerste Gewißheit der geistigen und politischen Wiedergeburt gewonnen haben« [185]. Der rhetorische Publizist rechtfertigt, wie man sieht, die Tendenzpoesie; ja, er erhebt diese Art von Versdichtung zur einzigen legitimen Lyrik. Man mag darin eine Korrektur der jungdeutschen Poetik erblicken; denn zum mindesten Mundt, Wienbarg und Gutzkow hatten die »Kunst der deutschen Prosa« überbetont. Aber, genau besehen, erinnerte Ruge nur daran, daß auch die Lyrik rhetorisch stilisiert und zu Propagandazwecken gebraucht werden kann. Die Lyrik als solche interessierte diese Ideologen sowenig wie die Erzählprosa als solche. Vischer freilich bewährt seine Berufung als Ästhetiker, wenn er erkennt, daß die Vormärzlyriker, so gut wie die Jungdeutschen, Ideen ohne Körper produzieren und schon als Propheten einer unbekannten Zukunft in der Abstraktion steckenbleiben [186].

Die Überlegenheit der Vormärzlyriker über die Jungdeutschen ergibt sich dem Publizisten Ruge ganz schlicht aus ihrem größeren Erfolg: »wenn es anfangs für den Ungläubigen in Sachen der Geistesregung den Anschein haben mochte, als sei die neue Richtung nur in der Poesie zu Hause und auch in der Poesie nur als eine Kaprice, weshalb man denn auch die unberufnen Neuerer, wie sich's gehöre und gebühre, in den Bann getan habe, so ist es nun doch, seit die neue Dichtungsart ein großes, ja das größte Publikum gefunden, ziemlich klar geworden, daß die neue Richtung im Nationalgeiste überhaupt eingetreten sei« [187]. Ruges Behauptung soll durch einige Zahlen verdeutlicht werden. Von Heines *Börne*-Buch (Hamburg 1840), das alle Vorzüge der jungdeutschen Salon- und Klatschliteratur hatte, wurden in einem Jahr nur 30 bis 40 Exemplare verkauft, während von den *Unpolitischen Liedern* (2 Bde., Hamburg 1840/41) Hoffmann von Fallerslebens in der gleichen Zeit 12000 abgesetzt wurden [188]. Das ist in der Biedermeierzeit tatsächlich »das größte Publikum« (Ruge s.o.). Windfuhr erklärt aus dem unerwarteten Erfolg der Vormärzpoeten die wichtige Tatsache, daß Heine, der in den dreißiger Jahren mit dem Prosakult der Jüngeren geliebäugelt hatte (vgl. o. S. 182 f.), zu Beginn der vierziger Jahre wieder energisch auf Versdichtung umschaltete [189]. Heine war gewiß nicht der einzige Schriftsteller, den der Erfolg des beredten Germanistikprofessors beeindruckte. *Die Vormärzlyrik löst demnach, ähnlich wie das sogenannte »moderne Drama« seit 1840, die überwiegend feuilletonistische Prosaperiode der dreißiger Jahre ab.* Auch die gattungsgeschichtliche Bedeutung der Vormärzlyrik ist demnach unbestreitbar. Trotzdem wird man frei nach Vischer fragen, ob diese abstrakte, idealistische, pathetische Lyrik zwischen dem ironischen Jungen Deutschland und dem humoristischen Realismus kein Anachronismus war. Selbst die kommunistische Forschung pflegt, in Anschluß an Marx, die sprachliche Konkretisierung des revolutionären Ideengehalts in der Vormärzlyrik zu bezweifeln.

Man kann sich heute, zur Abwehr einer derartigen Kritik, nicht nur auf die Verkaufserfolge, sondern auch auf das Programm der vorrevolutionären Dichter berufen. Herwegh, der mit Hoffmann von Fallersleben als Pionier der Gruppe zu gelten hat, distanziert sich eindeutig von der exklusiven Dichtung: »Ich schreibe einzig und allein für mein Volk, für mein deutsches Volks! Was seine besten Genien in stillen Nächten geträumt und gesungen, was sie Tiefes herausgefördert aus den Schachten der Kunst und Wissenschaft, das will ich meinem Volke zeigen, ich will es ihm zu deuten und zu erklären versuchen« [190]. Er nennt die Namen Schiller, Goethe, Herder, Lessing, Tieck und Novalis ohne Verachtung. Er distanziert sich demnach, als anspruchsvoller Dichter, ausdrücklich von den Verächtern der »Kunstperiode«; ja, er pointiert diesen Gedanken scharf, wenn er meint: »Unsere Kritik kann Goethe und Börne nacheinander ans Herz drücken« [191]. Man muß bei dieser Zusammenstellung wohl an die populäre Seite Goethes, an den Volkslied-, Götz- und Romandichter denken. Für Herwegh ist Heine, ganz im Sinne unserer früheren Ausführungen, der volksfremde Artist. Den Republikaner Börne spielt der Vormärzpoet nicht mehr gegen Goethe, sondern gegen Heine, die aktuelle Konkurrenz, aus, indem er feststellt, »daß es Börne zeit seines Lebens mit jeder Silbe Ernst, fürchterlicher Ernst gewesen, bei Heine dagegen alles Spiel, wenn auch genialisches Spiel, ist; daß Börne als unerbittlicher Sansculotte gestorben und Heinrich Heine allem Anschein nach als Adjunkt des Fürsten Pückler enden wird« [192]. Wiederum ist es so, daß der Zeitgenosse die Genialität von Heines Witzstil nicht übersieht und doch zugleich ohne Beschönigung den aristokratischen Charakter seiner geistreich-verspielten Sprache erkennt.

Dem Programm entspricht die Praxis. Nach einer statistischen Untersuchung gibt es bei Heine in jedem 20. Vers eine witzig-rhetorische Figur, bei Hoffmann von Fallersleben in jedem 74. und bei Herwegh in jedem 115. Vers. Freiligrath, der die Parteilichkeit zunächst ablehnte, dann aber unter dem Einfluß des Londoner Exils und der Bekanntschaft mit Marx einer der radikalsten Tendenzpoeten wurde, vermeidet den Witzstil ganz [193]. Die pathetische Rhetorik steigert sich allerdings nicht in dem Maße, in dem die witzige abgebaut wird. Der Einfluß des Volkslieds auf die Vormärzpoeten läßt sich vielmehr klar erkennen. Die Lieder sind öfters sogar nach alten Volksmelodien gedichtet, konnten also gesungen werden. Kompliziertere Formen auf metrischem und syntaktischem Gebiet werden nach Möglichkeit vermieden. Auch der Wortschatz ist oft volkstümlich. Anleihen bei der Umgangssprache sind gebräuchlich. *Deutschland, Deutschland über alles* ist eines der überschwänglichsten Lieder, die Hoffmann von Fallersleben gedichtet hat.

Hyperbolische Gedichte wie das *Deutschlandlied* beweisen freilich auch, daß das Pathos im Zeitalter der Märzrevolution ein Bedürfnis war und nicht ohne weiteres als anachronistisch gekennzeichnet werden darf. Wir befinden uns in einer Zeit, welche die verschiedensten Stillagen erlaubte (vgl. u. S. 594 ff.). So wenig die Ironie der Jungdeutschen die im frühen Biedermeier erneuerte Empfindsamkeitstradition vernichtet hatte, so wenig widersprach in der geistigen Struktur der Vormärzpoeten das Pathos dem vielberufenen, aber begrenzten Realismus der Zeit. Diese Jünglinge konnten sich die nüchterne Rede und die »sachliche«, unpathetische Tat im Stile Bismarcks noch nicht einmal vorstellen. Der humoristische Realismus, der sich nach der mißglückten Revolution einstellte, war erst als ein Ausdruck der Ernüchterung, der Resignation, des politischen Quietismus möglich. Man wird alle diese »Töne« in ihrer *Situationsbedingtheit* erkennen und dem prinzipiellen Mißtrauen gegen jede Art von Pathos, auch für das »realistische 19. Jahrhundert«, widersprechen müssen. Dazu paßt, daß selbst Heine da, wo es ihm wirklich ernst mit der Revolution war – und dieser Ernst fehlte nicht immer –, sich ohne Scheu des pathetischen Tons bediente.

Schwierig ist die Frage, ob man die Vormärzlyriker trotz ihres Radikalismus und trotz ihrer bewußten Bejahung des Radikalismus noch liberal nennen kann. Man wird sich zunächst daran erinnern, daß der liberale Theodor Heuss diese politische Lyrik hochschätzte, während die DDR-Germanistik sie eher abschätzig behandelt [194]; aber möglicherweise ist die kommunistische Wertung in diesem Fall gar nicht so orthodox-marxistisch, sondern ganz »bürgerlich« am Rang der Dichter orientiert. Sobald nämlich ein Mann wie Heine in das Blickfeld der DDR-Forschung tritt, versucht man, ihn so rot wie möglich zu machen. Was im Vergleich mit der Tendenzlyrik der Freiheitskriege zunächst auffällt und was der naive Kritiker heute für kommunistisch zu halten pflegt, ist die Abneigung gegen die christliche Einkleidung und die Vorliebe für die Blasphemie.

> Arndt: »Der Gott der Eisen wachsen ließ,
> Der wollte keine Knechte«.

> Herwegh: »Reißt die Kreuze aus der Erden!
> Alle sollen Schwerter werden,
> Gott im Himmel wird's verzeihn«.

Der letzte abdämpfende Vers des Zitats beweist, daß dem Atheismus immer noch Grenzen gezogen waren, wenn man, wie die Vormärzpoeten, wirklich das Volk erreichen wollte. Seinen unchristlichen Haß (*Das Lied vom Hasse*) – das sei betont! – hat Herwegh von Arndt (*Ueber Volkshaß...*, Leipzig 1813), nicht von Feuerbach bezogen, wobei freilich wieder an das vermeintliche Gesetz einer übertreibenden populären Rhetorik und Propaganda zu denken ist. Der demagogischen Lyrik sind differenziertere Gedanken und dialektische Finessen kaum zugänglich. Im Vergleich dazu wirkt die Publizistik der vierziger Jahre oft akademisch. Schon dieser stil- und sozialgeschichtliche Grund macht eine Unterscheidung zwischen den Junghegelianern, die vor allem durch Argumentation überzeugen wollten, und den Vormärzlyrikern empfehlenswert. Manchmal versuchten auch die Junghegelianer in grob vereinfachenden Pamphleten und Manifesten das Volk zu erreichen; aber, soviel ich sehe, ist ihnen dies um 1848 nicht so gut gelungen wie den Tendenzpoeten, die sich mit Grund als Nachfolger Körners, Arndts, Uhlands aufspielten und so an eine bereits volkstümliche Tradition anknüpfen konnten.

Man darf auch nicht vergessen, daß sich die Ablösung vom »alten Glauben« nach 1840 im liberalen Lager so gut als im sozialistischen zu vollziehen begann. Wie es im Laufe der Geschichte immer neu geschieht, hatten die Kirchen jetzt für ihre Hörigkeit gegenüber dem Staate zu büßen. Moses Hess hält 1845 »eine Scheidung des alten, nationalen, christlich-germanischen Liberalismus und eines neuen, atheistischen Humanismus« für unausweichlich. Er betrachtet schon die Denunziation Menzels und das Verbot der Jungdeutschen als Hinweis auf diese notwendige Spaltung. »Der Zusammenhang des alten, nationalen, frommen Liberalismus mit der Reaktion wurde von Tage zu Tage klarer. Die öffentliche Meinung schwankte nicht länger. Der philosophische Radikalismus bekam das Übergewicht« [195]. Die Analyse ist etwas zu grob und nicht frei von Zweckoptimismus. Sie erfaßt aber einigermaßen richtig die weitverbreitete Auflehnung gegen die Kirchen und die teutsch-christlichen Kreise, die das Volk nach 1815 verraten hatten. Diese Situation erst erklärt die gewaltige Wirkung, welche Feuerbachs revolutionär-religiöses Programm (*Das Wesen des Christentums*, Leipzig 1841) auf die Literatur ausübte. Auch die Vormärzpoeten konnten sich der Rebellion gegen die christliche oder zum mindesten »katholische« Religion nicht entziehen, und gerade das verschiedene Maß an religiöser Freiheit, das traditionellerweise der Oberschicht und dem Volk eingeräumt wurde, erwies sich jetzt als ein ergiebiges Thema. *Der Minister* (Titel eines Gedichts von Robert Prutz) spricht:

> Alles um des Volkes willen!
> Seht, ich lache selbst im stillen
> Dieser Bibeln und Postillen
> Und daß man so gläubig ist:
> Ich für mich bin Atheist!
> Doch das Volk, das Volk muß glauben!
> Glauben heißt der Talismann,
> Dem die Erde untertan.
> Wir die Adler, sie die Tauben!
> Und das Volk, das Volk muß glauben,
> Glauben – oder doch so tun [196].

Der Verfasser, der Hegels Ästhetik kennt und sonst wenig volkstümlich dichtet, z.B. historisch oder aristophanisch aufgemachte Dramen, spricht einigermaßen die Sprache des Volkes, wenn er sich um Tendenzgedichte bemüht. Verstanden wurde auch Hoffmann von Fallersleben, wenn er in einem Gedicht (*Die monarchischen Frommen*) die Heuchelei der Machthaber so entlarvte: »Ihr habt die Bibel in den Händen,/ Das Bajonett auf dem Gewehr«.

Die Gedichte des maßvollen Rudolf Gottschall unterscheiden sich im Vormärz wenig von denen des abgesetzten Germanisten von Fallersleben. Auch er gibt eine antikirchliche *Mahnung* (Titel des Gedichts):

> O trau nicht dem Orakelspruch der Pfaffen!
> Du selber mußt dir deine Zukunft schaffen,
> Aus Elementen, die chaotisch gären,
> Mit Schöpferkraft die neue Welt gebären.
>
> Sei frei, so wirst du bald auch einig werden!
> Sonst hilft dir nichts im Himmel und auf Erden:
> Kein Frankenhaß in kühnen Liederfehden,
> Kein Kölner Dom und keines Königs Reden [197].

Der Gedanke, den Kölner Dom, das berüchtigte Mittelalter also, *weiterzubauen,* statt dem Volk eine Verfassung und Brot zu geben, wurde nicht nur von Heine als Herausforderung empfunden. Diese Art von Neugotik lieferte den lyrischen Rhetorikern ein prächtiges Symbol für die kirchliche Verbrämung der Tyrannei. Zur Freude der Schweizer, die meine Gotthelfdeutung bemängeln, weil es in der Eidgenossenschaft die Restauration nicht gegeben haben soll, zitiere ich noch ein volkstümliches Hetzlied des großen Gottfried Keller, der in jungen Jahren bekanntlich auch zu den Vormärzlyrikern gehörte:

Loyolas wilde verwegene Jagd

Hussa! Hussa! die Hatz geht los!
Es kommt geritten Klein und Groß:
Der springt und purzelt gar behend,
Der kreischt und zetert ohne End,
    Sie kommen, die Jesuiten!

Da reiten sie auf Schlängelein
Und hinten nach auf Drach und Schwein:
Was das für muntre Bursche sind!
Wohl graut im Mutterleib dem Kind,
    Sie kommen, die Jesuiten!

Hui, wie das krabbelt, kneipt und kriecht!
Pfui, wie's so infernalisch riecht!
Jetzt fahre hin, du gute Ruh!
Geh, Grete, mach die Fenster zu:
    Sie kommen, die Jesuiten!

Von Kreuz und Fahne angeführt,
Den Giftsack hinten aufgeschnürt,
Der Fanatismus als Profos,
Die Dummheit folgt als Betteltroß:
    So kommen die Jesuiten!

O Schweizerland, du schöne Braut,
Du wirst dem Teufel angetraut!
Ja, weine nur, du armes Kind!
Vom Gotthard weht ein schlimmer Wind:
    Sie kommen, die Jesuiten! [198]

Das Gedicht kann eine gute Vorstellung davon geben, wie sich der Vormärzlyriker bemüht, den biedermeierlichen Volkslied- und Balladenton aufzunehmen und ihm eine revolutionäre Wendung zu geben. Das Jagdmotiv, die tierischen oder dämonischen Embleme, die Interjektionen, die Anreden der Hausgenossin und des Schweizerlandes, die Begriffspersonifikationen und Teufelsmotive – alles dies sind traditionelle Mittel des Volkstons, die mit rhetorischer Absicht benützt und umfunktioniert werden. Die Jesuitenpolemik des Schweizers blieb freilich noch im Vorfeld der antichristlichen Bewegung. Um so stolzer beanspruchten die deutschen Wortführer, *in der Religionskritik die Franzosen übertroffen und damit gewissermaßen das Zentrum der Restauration gestürmt zu haben.* Herwegh, der das Maul am weitesten aufmachte und den Marquis Posa Friedrich Wilhelms IV. zu spielen versuchte, war nicht anders als das »Haupt« der Jungdeutschen, Gutzkow, ein junger Theologe – ein Tübinger Stiftler. Von Hölderlin bis Herwegh, es ist immer wieder eine Revolution der Theologen, der Prediger und Poeten.

Es läßt sich nicht leugnen, daß durch den immer entschiedeneren Abbau der Jenseitsreligion eine breite weltanschauliche Basis für den politischen, technischen und ökonomischen Realismus geschaffen wurde und daß bei den Vormärzpoeten die Übergänge zum Frühsozialismus noch fließender waren als bei den Jungdeutschen. Was am Rande des Jungen Deutschlands in Schriftstellern wie Willkomm und Glassbrenner sozialistische Gestalt annahm, das radikalisiert sich jetzt in Vormärzdichtern wie Freiligrath, Georg Weerth, Ludwig Pfau und Karl Beck. Die Lyriker freilich, die den weitesten Widerhall finden, Hoffmann von Fallersleben und Herwegh, trennen sich vom Absolutismus auch da, wo dieser kommunistische Gestalt annimmt; und Heine – es läßt sich nicht vertuschen! – verfolgt eine ähnliche Linie, sobald sich die Fronten zwischen dem sozialen Liberalismus und dem neuen sozialistischen Kollektivismus zu klären beginnen. Wieviel die lyrischen Rhetoriker der vierziger Jahre zur rhetorisch-bürgerlichen Revolution von 1848 beigetragen haben, könnte mit Hilfe der Korrespondenzen, der ungedruckten Kommersbücher, Erinnerungsalba usw. vielleicht etwas näher bestimmt werden.

Die Vormärz*dramatiker* unterscheiden sich von den frühverfolgten, schon etwas angepaßten Theaterdichtern des Jungen Deutschland spürbar durch einen schärferen Ton und durch einen aktuelleren Aufbau der Handlung. Es lag nahe, das erfolgreiche »moderne Drama« zielbewußter in den Dienst der politischen Aktion zu stellen. Wenn ausgereifte, theatererfahrene Autoren wie Bauernfeld (geb. 1802) diesen Versuch unternahmen, so war er erfolgreich (*Großjährig*, o. O. 1846). Auch dem Humoristen Heinrich Hoffmann (geb. 1809), dem späteren *Struwwelpeter*-Verfasser, wird man zutrauen, daß er die strenggezogene Grenze der Witz- und Spaßkultur vorsichtig überschritt und damit einen wirksamen Beitrag zur Realisierung größerer Freiheit leistete. Seine *Mondzügler* (Frankfurt/M. 1843) sind die bitter notwendige Abrechnung mit den Luftgespinsten der deutschen »Begriffsritter«, die den Weg zum deutschen Realismus in immer neuen Gestalten versperrten. Sobald aber Schriftsteller wie Robert Prutz (geb. 1816), die selbst philosophischen Anspruch erhoben, die Jungdeutschen übertreffen wollten, war der Zusammenstoß mit der Zensur und das Verbot der Dramen unvermeidlich. Es lag in der Struktur der Restaurationsepoche, daß die Zugänge zum beliebten Theater streng überwacht wurden. Dagegen konnten Kampflieder in tausend Abschriften verbreitet und im engsten Freundeskreise gesungen werden; sie waren praktisch nicht zu kontrollieren.

Wenn sich die Vormärzdramatiker emblematischer Motive (z.B. Bauernfeld, *Die Republik der Thiere*, Wien 1848) und allegorischer Helden (z.B. der Germania oder des Volks) bedienten, so sollte diese Bildlichkeit – wie in der Lyrik – die Volkstümlichkeit der Dichtungen verstärken und verstärkte sie wohl auch; denn man lebte in einem Zeitalter, dem diese alten Formen noch geläufig waren (vgl. u. S. 323 ff.). Jedenfalls wäre sehr genau zu untersuchen, wo die ältere Bildlichkeit eine verdunkelnde (tarnende) Funktion hatte und wo sie, wie schon immer, bekannte Begriffe veranschaulichen sollte. Realistische Maßstäbe führen auch an dieser Stelle nicht weiter*. Selbst die Wahl der aristophanischen Komödienform erscheint in einer Zeit des wiedererwachenden Klassizismus (s. u. S. 251 ff.) und auf dem Hintergrund der junghegelianischen Ästhetik nicht so verwunderlich, daß man sie ohne besondere Begründung als Tarnung verstehen darf [199]. Es gibt auch um 1848 einen Revolutionsklassizismus, und speziell Aristophanes, der politische Grieche, interessierte in der Restaurationsepoche von Anfang an (s. o. S. 90). Dies Problem ist freilich nur im gattungsgeschichtlichen Zusammenhange weiter zu klären (II. Band, Kap. Drama). Dagegen kann mit einiger Sicherheit schon an dieser Stelle festgestellt werden, daß die publizistische Wirkung der Vormärzlyrik vom Drama und den andern Formen der Vormärzdichtung nicht erreicht wurde. Auch die eigentlichen Zweckformen waren leichter zu kontrollieren als »Volkslieder«. Sogar das Flugblatt dürfte die Kampfkraft der Tendenzgedichte nicht übertroffen haben, da das Volk durch Kirche, Schule und Gesangverein an das Auswendiglernen und Singen leichtverständlicher Verse gewöhnt war. Alles in allem spiegelt die Vormärzdichtung die enthusiastische und tatenfreudige Atmosphäre der Märzrevolution direkt wider, während die hegelianischen »Begriffsritter« erst im ruhigen und kühleren Klima des realistischen Zeitalters einen gewissen, immer noch begrenzten Einfluß auf die Politik gewannen.

DIE JUNGHEGELIANER

Die junghegelianische Richtung habe ich schon in meinem Buch über *Das historische Drama in Deutschland* von der jungdeutschen klar unterschieden. Seither hatte ich manche Gelegenheit, die Junghegelianer und ihren Einfluß in der späten Restaurationszeit genauer kennenzulernen. Sie haben wie die Vormärzpoeten keinen großen Dichter hervorgebracht, wenn man nicht Hebbel zu der Richtung rechnen will, was, trotz des Protestes mehrerer Hebbelforscher, im Sinne der oben beschriebenen Annäherung an den Idealtypus m. E. durchaus möglich ist. Dieser abstrakte Dichter wurzelt in der vorrealistischen »Reflexion« und kann aus dem Gesichtspunkt des »bürgerlichen Realismus« nicht so gut verstanden und gewertet werden wie aus dem des Junghegelianismus. Wenn Hebbel in einem Brief vom 21.9.1857 versichert,

---

* Horst *Denkler,* dem die Erforschung dieses Bereichs in der letzten Zeit vor allem zu danken ist, erkennt diesen Strukturzusammenhang verständlicherweise noch nicht. So hebt er z.B. die Bedeutung des Saphir-Schützlings Leopold Feldmann, geb. 1802, hervor und tadelt doch die »hausbacken motivierte Allegorie« in *Feldmanns* Familienlustspiel »Der deutsche Michel, oder Familien-Unruhen«, 1849 (Revolutionäre Dramaturgie, S. 333).

er sei ein Mann »der alten, nicht der neuen Schule« [200], so meint er doch wohl, daß er mit den programmatischen Realisten vom Schlage eines J.Schmidt nichts zu tun haben will. Er hat ihn, wie wir noch sehen werden, öffentlich einen »ästhetischen Kannegießer« genannt.

Ob man Junghegelianer wie Mosen und Griepenkerl Dichter nennen will, bleibe hier unentschieden. Sicher ist dagegen, daß die *Kritik,* welche die Hegelinge übten, das Klima der Restaurationsepoche erheblich veränderte. Sie hat, obwohl die Junghegelianer selbst nicht zum Sieg gelangten, zur Abwertung der älteren Richtungen und damit indirekt viel zur Diffamierung der gesamten irrationalistischen Tradition in Deutschland beigetragen. Da in diesem Buch nicht nur die Literatur, sondern auch die Literatur- und Kulturkritik der Biedermeierzeit fortlaufend vergegenwärtigt werden soll, wollen wir bei der stark reflektierenden Richtung der Junghegelianer etwas länger verweilen als bei der sehr direkten, einigermaßen populären, aber auch reichlich naiven »Dichtung« der Vormärzrhetoriker. Dies gebietet uns schon die anhaltende Nachwirkung der hegelianischen Ideologie.

Die Hegelianer saßen in der Paulskirche auf dem linken Flügel, sie haben sich in der Revolution stark exponiert, so daß sie in den fünfziger Jahren auf die Polizeilisten als des Hochverrats verdächtige Personen gerieten. Sogar der maßvolle F.Th. Vischer verließ sein geliebtes Württemberg und verzog sich in die Schweiz, wo er es leichter hatte. Es war in dieser Zeit üblich, sich vom kompromittierten Hegelianismus zu distanzieren, – aus politischen Gründen, was von den Literarhistorikern oft nicht beachtet worden ist. Spannungen innerhalb der junghegelianischen Gruppe gab es auch schon im Vormärz. Die universalistische Haltung war in der Theorie leichter als in der Praxis einer gegenstandsbezogenen Kritik zu bewähren. Der »abstrakte« Radikalismus der Norddeutschen gefiel den Süddeutschen, die sich vom klassischen Ideal der Naivität und Anschaulichkeit nicht lösen wollten, immer weniger. Umgekehrt wurden die Schwaben von den Norddeutschen als kleinstädtisch und schwunglos angesehen. Große Spannungen entstanden auch zwischen den soziologisch und den ästhetisch orientierten Junghegelianern. So war es z.B. für Vischer und Hebbel unmöglich, Goethe wegen seines Individualismus und wegen seines Geniebewußtseins geringzuschätzen. Goethe ist der große Gegenspieler Hegels. Er hat sich im Alter heftig gegen Hegels Verherrlichung des Staates gewandt. Man empfand im 19. Jahrhundert das Gemeinsame der später erfundenen Goethezeit noch kaum. Goethe gewann, je weiter man von Hegels geschichtsphilosophischen Konstruktionen abrückte, um so größere Bedeutung. Doch in *einem* Punkte waren sich alle Junghegelianer einig: in der Ablehnung, ja Verachtung der Jungdeutschen.

Die Polemik gegen die Jungdeutschen

Da es uns vorläufig darauf ankommt, die außerliterarische Position der Junghegelianer näher kennenzulernen, betrachten wir nicht Vischers oder Hebbels Kritik an den Jungdeutschen, sondern die von Engels [201]. Interessant ist, daß Börne in

Engels' Kritik von den Jungdeutschen getrennt und gegen sie ausgespielt wird. Heines Buch gegen Börne ist in Engels' Augen ein Beweis dafür, daß man diesen »Bannerträger deutscher Freiheit«, diesen »Johannes Baptista der neuen Zeit« im jungdeutschen Lager nicht zu würdigen weiß. Nicht die Jungdeutschen, sondern die Junghegelianer sind die wahren Söhne Börnes. Engels nennt seine Richtung an dieser Stelle die »neuen, philosophischen [!] Liberalen«. Er erhebt also mit seiner Lehre schon einen wissenschaftlichen Anspruch, wie wir dies auch von modernen Sozialisten kennen. Engels warnt den von ihm einigermaßen geschätzten Gutzkow davor, sich weiterhin mit der »entarteten Belletristerei« zu befassen. Er sei doch ein begabter Publizist. *Auf die Publizistik kommt es also an,* und das große Wort Philosophie ist ein Vorwand. Dementsprechend wird der unphilosophische Börne unmittelbar neben Hegel gestellt! Er habe Hegels Lehre nur konkreter ausgesprochen. Und ihre Haupttendenz sei es, dem *Staate* sein Recht zu geben. Nicht auf die subjektive Freiheit, sondern auf »Gedanken« kommt es dem Junghegelianer an, auf die »Prinzipien«. Immer wieder fallen diese Worte. Die Prinzipienlosigkeit ist die eigentliche Sünde der Jungdeutschen; sie wird mit der »Inhaltslosigkeit«, dem Nihilismus also, gleichgesetzt. Hegel, sagt Engels, hat nicht die »subjektive Autonomie« gelehrt, wie A. Jung, der Lobredner der Jungdeutschen, meint. Hegel hatte im Gegenteil »einen ungeheuren Respekt vor der Objektivität«. Hegel forderte *die Unterwerfung des Subjekts unter die allgemeine Vernunft«* [202]. Die Jungdeutschen haben mit Hegel herzlich wenig gemeinsam; denn ihr Wesen ist ja »eben die subjektive Willkür, die Marotte, das Kuriosum«.

Engels leugnet nicht »das glänzende Exterieur der jungdeutschen Schriften, die geistreiche, pikante, lebendige Schreibart derselben«. Aber ein solches »Spiel der Phantasie« ist wertlos, wenn die Köpfe verworren, die Prinzipien unklar und die Ansprüche dieser Herren undemokratisch sind. Zunächst zwar lagen die Jungdeutschen an der Spitze der Entwicklung; aber als sie erfolgreiche Schriftsteller geworden waren, kam ihre tatsächliche Inhaltslosigkeit zum Vorschein: »Die Prinzipien verschwanden, es handelte sich nur noch um Persönlichkeiten. Gutzkow oder Mundt, das war die Frage. Cliquenwesen, Häkeleien, Streitigkeiten um nichts und wieder nichts«. In diesem Zusammenhang fällt das bereits erwähnte Wort vom »exklusiven Literaturgott«. Die Jungdeutschen erheben den Anspruch, modern zu sein. Aber dieses geheimnisvolle exklusive Wesen, diese phantastische Mystik, mit der sie sich ein höheres Ansehen geben, *ist* nicht modern. »Welcher Abstand von dem ›Modernen‹ Heinrich Laubes, das nach aristokratischen Salons riecht und sich nur in Gestalt eines Dandy verkörpert, bis zu der ›modernen Wissenschaft‹ auf dem Titel der Straußschen Glaubenslehre!« Bedeutet diese Ablehnung des Geistreichen, der Willkür, des Subjektivismus und Aristokratismus, daß man sich im Kreise der Junghegelianer um Sachlichkeit und Toleranz bemüht? Dies wäre eine grobe Verkennung von Engels. Was ihm an Börne gefällt, ist sein Fanatismus, seine kompromißlose Prinzipientreue; und was er am meisten verachtet sind die »Allerweltsmännchen«, die behutsam, angeblich historisch, die »Extreme« ablehnen, ohne zu erkennen, daß die Extreme »die bloßen Konsequenzen« sind, die sich aus klaren Prinzipien ergeben.

Die neue »Philosophie« wird mit bemerkenswertem Enthusiasmus vorgetragen. Stilistisch stehen die Junghegelianer noch ganz im Banne einer Zeit, die zwischen Ironie und Empfindsamkeit, Pathos und Groteske gespannt war und nur ausnahmsweise zu einem sachlicheren Stil gelangte. Wenn Engels Börne mit Johannes dem Täufer vergleicht, so fragt man sich, wer der moderne Christus ist, Engels selbst oder Karl Marx? Jedenfalls ist dieser mythologische Vergleich nicht nur eine Stilfigur. Auch D. F. Strauss begnügt sich nicht damit, den »alten Glauben« zu entmythologisieren – bei ihm liegt ja die Wurzel der von der späteren protestantischen Theologie (Bultmann u. a.) umfunktionierten Methode! –, sondern er erhebt den Anspruch, zum Aufbau eines »neuen Glaubens« beizutragen. Sogar der gemäßigte Vischer näherte sich zeitenweise der junghegelianischen Tendenz, die Kirche im Staat aufgehen zu lassen und so diese übermächtige, von der älteren Aufklärung mit Mißtrauen betrachtete Konzentrierung politischer Macht zu stärken, ja zu sakralisieren. Ob man solche Träume als Fortsetzung des protestantischen Thron-und-Altar-Prinzips oder – wegen der Beteiligung der Schwaben – als einen zur Macht greifenden Pietismus neuer Art verstehen will, ist nicht so wichtig wie die Erkenntnis, daß die Junghegelianer, im Unterschied zu den stärker lavierenden Jungdeutschen, ernstlich mit Religionsstiftungsplänen umgingen. Trotzdem waren sie in ihrem Selbstverständnis keine Mythologen, sondern, wie gesagt, Wissenschaftler, Rationalisten, die eigentlichen Anwälte des objektiven Weltgeistes. Stets haben sie die Tendenz, den früheren Richtungen, mit Ausnahme der auch nicht ganz unumstrittenen Klassik von Weimar, Anteil an der verderblichen deutschen Innerlichkeit und Irrationalität nachzuweisen.

Prinzipielle Ablehnung des Weltschmerzes und der Witzkultur

Gutzkow ist für Engels »der Klarste, Verständigste« unter den Jungdeutschen. Doch muß dieser Schriftsteller, wenn er auf dem dramatischen Gebiet bleiben will, »ideenvollere Stoffe« wählen: »Wir verlangen mehr Gedankengehalt als die liberalen Phrasen des Patkul oder die weiche Empfindsamkeit des Werner«. Engels denkt wohl kaum an die historische Empfindsamkeit. Doch wir wissen, allein schon durch Heine, daß sie für die Jungdeutschen tatsächlich noch ein Problem war. Robert Prutz und Johannes Scherr vergleichen das Junge Deutschland mit dem Sturm und Drang [203]. Wir werden zunächst finden, daß die Sturm-und-Drang-Tradition bei Grabbe und Büchner, die nicht zu den Jungdeutschen gehören, klarer zu erkennen ist. Denken wir jedoch an die tiefen Spuren, die *Werthers Leiden* in der jungdeutschen Erzählprosa (in der *Wally,* in *Eine Quarantäne im Irrenhause* usw.) hinterließ, so verstehen wir den Vergleich einigermaßen. *Die prinzipielle Ablehnung des Weltschmerzes führte die Junghegelianer am entschiedensten aus der Biedermeierzeit heraus.* Die Verurteilung von jeder Art der »Negation«, der christlichen Weltfeindschaft sowohl wie des nachchristlichen Zerfallsprodukts Nihilismus, war eine Voraussetzung des programmatischen Realismus, ja, wie mir scheint, *eine darüber hinaus gültige und bleibende Leistung.* In dieser Beziehung kam der junghegelianische Objektivitätsbegriff tatsächlich zum Tragen.

Der Weltschmerz wird richtig als ein Zeichen der Krise, des weltgeschichtlichen Übergangs verstanden und kann daher – ich nenne nur ein Beispiel – in Hebbels *Herodes und Mariamne* (1850) nicht mehr so naiv ausgespielt werden wie in *Genoveva* (1843). Robert Prutz sagt: »Das Junge Deutschland ist der letzte Ausläufer der Genieperiode. Wie ehemals die Stürmer und Dränger, wie zu Ende des Jahrhunderts die romantische Genossenschaft des Athenäums usw., so traten auch sie gewaltsam lärmend in die Literatur, so begannen auch sie damit, die Vergangenheit über Bord zu werfen« [204]. Dieser Kritiker – er ist auch Literarhistoriker – bemerkt, daß das Junge Deutschland nicht so traditionslos ist, wie es zu sein vorgibt. Trotzdem gesteht er ihm »während der zwanziger Jahre« (s. o. Dauer der jungdeutschen Phase!) eine anregende Wirkung zu. Die »studentische Keckheit«, ja der »Terrorismus« war zu Beginn der zahmen Restaurationsepoche ein »Heilmittel«, ein »Zugpflaster«. »Aber über diese Anregung sind die Schriftsteller des Jungen Deutschland auch nicht hinausgekommen, wenigstens so lange nicht, als sie selbst sich noch dazu zählten« [205], d.h. vor 1835. Prutz mag an das Skizzenhafte, Fragmentarische des jungdeutschen Stils denken, und, im Gegensatz dazu, an die Formverfestigung, die schon am Ende der dreißiger Jahre beginnt, die nicht nur von Grabbe zu Hebbel, sondern auch von Büchner zu dem Dramatiker Gutzkow weiterführt. Man kann verstehen, daß diese historische Interpretation von der späteren Literaturgeschichte aufgenommen worden ist (H.H.Houben, *Jungdeutscher Sturm und Drang*, 1911). Strenggenommen bleiben jedoch solche Begriffsübertragungen eine Spielerei und sind historisch verwirrend; denn irgendwelche Anknüpfungspunkte gibt es immer, und diese beschränken sich im Fall der außerordentlich rezeptiven Jungdeutschen nicht auf die Genieperiode von *Werthers Leiden* bis *Lucinde*.

Die Junghegelianer haben den Subjektivismus der Jungdeutschen nicht nur in der Gestalt des Weltschmerzes, sondern auch in der des Geistreichen und Witzigen abgelehnt. Sie verstanden den bewußten Fragmentarismus, zu dem die ironische Stilhaltung führt, nicht mehr und warfen ihn mit der irrationalistischen »Formlosigkeit« zusammen. Sie fühlten, auch wenn sie nicht historisch argumentierten, instinktiv, daß die Tradition der Witzkultur, auch in der Erneuerung durch die Jungdeutschen, in dem heraufkommenden demokratischen Zeitalter kein Lebensrecht mehr besaß. Der Angriffspunkt in dieser Hinsicht war besonders Heine. Ruge hat sich mit diesem Vorkämpfer der Jungdeutschen in einer ausführlichen Rezension auseinandergesetzt. Auch er verkannte Heines gewaltiges Können nicht; aber im »Prinzip« mußte er ihn ablehnen. Manche der jüngeren Jungdeutschen traten an die Seite des Meisters und versuchten nachzuweisen, Heines Subjektivismus sei nur scheinbar; indem sich Heine selbst zum Objekt seiner Ironie mache, sei seine Dichtung objektiver als die des klassischen Goethe. Bedeutende Grundfragen der neueren Dichtung werden in diesem Kampf um Heine diskutiert. Die Auseinandersetzung liegt auf wesentlich höherem Niveau als der größte Teil der späteren Heinekritik. *Um so deutlicher wird, daß diese ganze jüngere Generation der Witzkultur entwachsen und auf dem Wege zu einem neuen Pathos ist.* Deutschland begnügt sich nicht mehr damit, der Hanswurst, der Hofnarr zu sein. Es will die Narrenkappe der verflossenen feudalistischen Jahrhunderte endgültig loswerden. Man muß endlich Schluß damit machen, die alte Ordnung zu zerspielen. Jetzt geht es darum, ein neues Deutschland aufzubauen. Das ist der allgemeine Tenor. Die ästhetisch orientierten Junghegelianer teilen diese Ablehnung der »Ernstlosigkeit«, der »inhaltslosen Witzelei« durchaus, und selbst Gutzkow blickt mit Neid auf diese Wendung zum Positiven: »Bauen dürft Ihr, statt zerstören«, ruft er in seinem Gedicht *Der jüngere Nachwuchs* den Junghegelianern zu [206]. Ich nehme an: er meint die Schüler Hegels; denn zu den Vormärzlyrikern, z.B. zu den Haßtiraden Herweghs, paßt die Metapher des Bauens in keiner Weise!

Amusische Prinzipienreiterei

Trotz dieses nicht zu leugnenden Fortschrittes entgehen auch die Junghegelianer nicht dem Schicksal der Restaurationsepoche. Man hat mit Recht betont, daß die Abhängigkeit Marxens von Feuerbach oft übertrieben wurde, daß das System des Karl Marx kein Positivismus im philosophischen Sinne des Wortes war [207]. Die Konzentrierung auf die Ideologie verbindet diese revolutionären Geister am Ende doch wieder mit antiliberalen Predigern vom Schlage Gotthelfs und Sebastian Brunners. Der literarische Erfolg der Junghegelianer scheint zwar in dieser geistbesessenen und erlösungssüchtigen Vormärzphase gewaltig gewesen zu sein. G. Keller meinte sogar, Ruge habe mit den Jahrbüchern das Jahr 1848 gemacht. Aber eben der Gedanke an den Freigeist Keller läßt uns den historischen Ort der Hegelinge genauer erkennen. Sie sind traditionsgebunden, obwohl sie behaupten, den Idealismus vom Kopf auf die Füße gestellt zu haben.

War es um die Mitte des 19. Jahrhunderts modern, Prinzipien gegen die Erfahrung, Gedanken gegen die Sinnlichkeit auszuspielen und sich dem Enthusiasmus, womöglich einem »neuen Glauben« hinzugeben? Ein Hauptanklagepunkt gegen die Jungdeutschen bildet die Feststellung, daß sie »sittlich« nicht auf der Höhe standen, daß sie sich dem »Libertinismus«, der moralischen »Frivolität« ausgeliefert haben. Ob Wally oder Lucinde – das sei kein großer sittlicher Unterschied. Die Junghegelianer neigen also einem gewissen Puritanismus, einer oft unbewußten Kunstfeindschaft und damit eher der Lebenshaltung Robespierres als der Dantons zu. War dies ein Fortschritt? Man beobachte, wie der Junghegelianer Julius Mosen den Grafen Joseph, ein Werkzeug Metternichs, sich vorstellt: »Joseph liebte, wie alle Feingebildete, welche durch beharrliche Abstumpfung der Empfänglichkeit für den Enthusiasmus [!] irgendeiner in die Menschenbrust tretenden großen Idee [!] sich das Leben leicht gemacht haben, Musik und Malerei, weil diese Künste auf die Sinne und die Sinnlichkeit, nicht aber auf den Gedanken [!] wirken wie die Poesie« [208]. Da wir uns in späteren Zusammenhängen (vgl. die Kapitel Literatursprache und Zweckformen) noch speziell mit dem junghegelianischen Jargon befassen müssen, beachte man vorläufig nur das amusische Menschenbild und den problematischen Dichtungsbegriff, der hinter einer solchen Bewertung der Künste und des »feingebildeten« Aristokraten steht. Man erinnert sich an eine Äußerung des Junghegelianers Vischer, die gut schwäbisch, stiftsschwäbisch, aber ganz unkatholisch und unösterreichisch ist; er meint, die Musik sei die gedankenloseste aller Künste. Solche Äußerungen erhellen blitzartig die bekannte Tatsache, daß sich die Österreicher und die Hegelianer nicht ausstehen konnten. »Phäaken« und Puritaner essen nicht gern am gleichen Tisch. Vischer selbst blieb freilich doch zu sehr Süddeutscher, zu sehr Künstler, als daß ihn die hegelianischen Hirngespinste auf die Dauer hätten fesseln können. In den *Kritischen Gängen* ist ein Urteil über die deutschen 1840er Jahre zu lesen, das m.E. der historischen Nachprüfung standhält: »Wir haben die Herrschaft der Hegelschen Philosophie, der politischen Tendenzkunst, wir haben eine große politische Bewegung mit dem guten Teil Ideologie, welche eine Hauptursache ihres Untergangs war, seit kurzem hinter uns« [209].

Abhängigkeit von der klassizistischen Ästhetik Hegels

Auch der Dichtungsbegriff der Junghegelianer ist in seinem Kern durch den Objektivitätsanspruch geprägt. Wir hörten schon, daß die empfindsame und ironische Stilhaltung als subjektivistisch verurteilt wird. Wir stießen auch auf die Tatsache, daß die Klassik am ehesten Gnade bei den Junghegelianern fand, dieselbe Richtung also, welche die Jungdeutschen als »Kunstperiode« mit großer Skepsis betrachtet hatten und welche der realistische Programmatiker Julian Schmidt wegen ihres ästhetischen Idealismus für eine Vorstufe der mißachteten Romantik halten wird (vgl. u. S. 266). Wie kam es zu diesem bei revolutionären Denkern gewiß nicht selbstverständlichen Geschichtsbild*?

Zunächst ist zu bedenken, daß der Meister der Junghegelianer *in seinen ästhetischen Vorlesungen eine in der Hauptsache klassizistische Ästhetik vorgetragen hatte.* Damit wurde eine konservative Literaturtheorie in das junghegelianische, ja in das radikal-revolutionäre Denksystem von Marx und Engels hineingetragen! Vor dem wesentlichsten *literar*revolutionären Maßstab, nämlich vor der Frage, ob eine literarische Richtung dem Aufstieg der Prosa gerecht wird, versagt die junghegelianische Poetik so ziemlich. Es gibt für sie keinen Primat der Prosa. Von Mundts *Kunst der deutschen Prosa* aus gesehen, *befördert die junghegelianische Poetik eine Literaturrestauration!* Der junge Hebbel beginnt mit dem Prosadrama, ungefähr auf der Stufe Grabbes, schreitet aber in der Folge zur klassizistischen Jambentragödie – zurück. Ich denke kaum, daß Hegels Wirkung für den neuen Klassizismus der vierziger und fünfziger Jahre *allein* verantwortlich ist; denn die klassizistische Tradition war durch die Romantik nicht überall abgebrochen worden (vgl. u. S. 251 ff.), und das neue

---

* Im folgenden stütze ich mich in erster Linie auf Else *von Eck*, Die Literaturkritik in den Hallischen und Deutschen Jahrbüchern (1838–1842), 1926, daneben auf Georg *Lukács*, Karl Marx und Friedrich Engels als Literarhistoriker, 1952, und Peter *Demetz*, Marx, Engels und die Dichter, 1959.

Bedürfnis nach Formverfestigung, nach endgültiger »Überwindung der Romantik« war allen neuen Richtungen um 1840 und 1850 gemeinsam. Trotzdem bleibt es sehr charakteristisch, daß die Junghegelianer die Prosabewegung »prinzipiell« nicht förderten und in der dichterischen Praxis sogar hinter dem konservativen Biedermeier zurückblieben, – wieder ein Hinweis darauf, *wie wenig revolutionäre Globalideologien gegen eine Regression in concreto schützen.*

Der Hauptgrund für den enthusiastischen Lessing- und Schillerkult und die begrenzte Hochachtung für den halbromantischen, vom Verdacht des Egoismus, Libertinismus, Mystizismus nicht ganz freizusprechenden Goethe ist die achristliche, womöglich antichristliche Weltanschauung der Klassiker. Sie haben den Kampf Luthers gegen die katholische Welt weitergeführt und einen moderneren Protestantismus geschaffen. Auf diesen gilt es zurückzugreifen, wenn man die neue Romantik (vgl. u. S. 243 ff.), die mit der Restauration des Katholizismus identisch ist, liquidieren will. Im Pathos Schillers fühlen sich die hochgemuten Junghegelianer zu Hause. Sie halten diesen Klassiker für demokratisch, während ihnen Heines Ironie aristokratisch erscheint. Man wird hinzufügen dürfen, daß dem unter der Restauration und unter der neuen Reaktion von 1849 leidenden Bürgertum dieses Pathos vielleicht wirklich angemessen war und daß daher die überschwängliche Schillerverehrung, die das Jubiläumsjahr 1859 kennzeichnet, nicht nur aus dem Gesichtspunkt des unpathetischen, humoristisch orientierten Realismus gesehen und beurteilt werden sollte. Die *Kunst*poesie der Klassik stört die Junghegelianer nicht; denn sie sind davon überzeugt, daß man das im 18. Jahrhundert erlangte »höhere Bewußtsein« nicht durch eine künstliche Naivität drosseln darf. Vor einer Forcierung der Volkspoesie wird ausdrücklich gewarnt. Mörike, der solche Naivität im bewußten Widerspruch zu Heine in seinen Volksliedern und Märchen mit großer Kunst restaurierte, bekam von seinen hegelianischen Landsleuten Strauss und Vischer manchen Rat zu hören, obwohl der Biedermeierdichter doch gar keine Lust hatte »etwas Großes«, d.h. quantitativ Großes, Welterschütterndes zu schreiben.

Auch die Abneigung gegen die Dunkelheit, gegen den Mystizismus, der den Junghegelianern dicht neben dem verhaßten Obskurantismus lag und den sie nicht ganz zu Unrecht selbst in dem romantisch beeinflußten *Faust II* witterten, machte ihnen so klare Dichter wie Lessing und Schiller zum Vorbild. Hier fanden sie die ausgreifende Charakterstärke und Männlichkeit, die sie bei den jungdeutschen Dramatikern vermißten. Unter den Romanschriftstellern der Zeit ist der pioniermäßig sich gebärdende, an Amerika orientierte Sealsfield das einzige deutsche Vorbild. Schon als abtrünniger Theologe war er sympathisch und wahlverwandt. In Frankreich fällt ihnen vor allem die George Sand in die Augen. Balzac, hätten sie ihn gelesen, wäre ihnen gewiß unsympathisch gewesen, als Romantiker sowohl wie als Positivist. *Für das Detail haben »philosophische« Revolutionäre keinen Sinn.* Immerhin wird Dickens in zahlreichen Rezensionen gerühmt und neben Cervantes gestellt, womit ein Schritt in die Richtung des programmatischen Realismus getan war (s. u. S. 260).

Es ist also nicht so, daß die Junghegelianer von der modernen Literatur nichts erwarten. Im Gegenteil. Lessing und Schiller haben zwar, gemessen an den Verhältnissen, in denen sie lebten, viel geleistet; aber der deutsche Shakespeare wird erst erscheinen, wenn sich die Verhältnisse gebessert und eine »Volksbasis« für eine höhere Klassik gelegt worden ist. An dieser Stelle trennen sich die Junghegelianer entschieden von Hegel, der die moderne Kunst prinzipiell *unter* die klassische, d.h. antike, gestellt hatte. *Die deutschen Neuklassiker haben nach der Meinung der Junghegelianer bewiesen, daß die moderne Dichtung der antiken ebenbürtig sein kann,* obwohl sie nicht so naiv wie die griechische ist. Auch bei diesen Gedankengängen konnte man sich auf Schiller eher als auf Goethe stützen (historische Widerlegung von Goethes naivem Antike-Mythos, Rechtfertigung der sentimentalischen Dichtung).

Gervinus, der erfolgreichste Literarhistoriker der Zeit, mit dem man hinsichtlich der klassizistischen Maßstäbe und der Hochachtung Schillers übereinstimmt, wird kritisiert, weil er dazu neigt, der deutschen Literatur die Zukunft »abzuschneiden«. Er hat zwar recht, wenn er von der derzeitigen deutschen Literatur nicht viel hält, aber von der Zukunft nichts zu erwarten, ist ein gefährlicher Pessimismus. Auch in dieser speziellen Hinsicht wird die Verzagtheit, der Epigonenjammer der nachidealistischen Ära ausdrücklich widerlegt. Immermann hat wegen seines Epigonenbegriffs und wegen der zu großen Abhängigkeit von Goethe, die Ursache seiner Mutlosigkeit ist, eine schlechte Presse. Der Verfasser der *Epigonen* verkennt, daß die Klassiker der ersten Aufklärung nur Vorstufe der kommenden klassischen Dichtung sein konnten; denn sie lebten in einem Übergangszeitalter. Die Junghegelianer selbst stehen auch noch an der Schwelle der neuen Zeit; aber die Literatur kann dazu beitragen, diese heraufzuführen. Man darf sicher sein, daß solche Theorien Dichter wie Hebbel und Keller stark ermuntert, überhaupt *zur Auflösung des Weltschmerzes und Epigonenbewußtseins entscheidend beigetragen haben.*

Die Orientierung an der klassischen Objektivität hatte zur Folge, daß die Tendenzdichtung mehr und mehr in Mißkredit geriet und nach 1850 so ziemlich verschwand. Die direkte Tendenz oder Satire, welche die Jungdeutschen kultivierten, ist, meinen die Junghegelianer, nur eine andere Seite des ungebändigten Subjektivismus, der die Sünde der Heine, Gutzkow usw. war. *Zwar muß jede Dichtung zeitgemäß sein; aber die Ästhetik gebietet, daß sie es in einem indirekten, dialektischen Sinne ist und nicht in einem so plumpen wie die Literatur der Jungdeutschen.* Das Wort historisch, das in solchen Reflexionszusammenhängen zu erscheinen pflegt, meint, wenn es auf die Gegenwart bezogen wird, diese *indirekte objektive Zeitgemäßheit.* Ganz konsequent verfährt man bei der Anwendung dieses Prinzips nicht. Um die politische Vormärzlyrik wenigstens in ihren Spitzen rechtfertigen zu können, unterscheidet man zwischen einer schlechten und einer objektiven, d.h. politischen Tendenzdichtung. Aus politischen und moralischen Gründen muß die Lyrik des weltschmerzlichen Lenau schlecht, subjektiv und die des kämpferischen Herwegh objektiv und gut sein. Auch die Parteilichkeit in der politischen Erzählprosa, z.B. in Mosens schon erwähntem Roman gegen die Restauration (*Der Congress von Verona*), ist natürlich objektiv. Man kann mit dialektischen Tricks schon in der Frühzeit dieser »wissenschaftlichen« Richtung alles, was man will, »völlig objektiv« beweisen.

Die vorindividualistische und vorrealistische Weltanschauung der Junghegelianer läßt sich daran erkennen, daß sie ausdrücklich am Typusbegriff der klassizistischen Ästhetik festhält. Die Spannung zwischen dem »sozialistischen Realismus«, in den sich ein Brecht einordnen läßt, und dem, was sich im 19. Jahrhundert als Realismus versteht, beruht vor allem auf der entgegengesetzten Einstellung zur Forderung des typisch Schönen. Es mag sein, daß sich die Vorstellung einer konsequent individualisierenden Dichtung theoretisch kaum rechtfertigen läßt, da im Wesen jeder Kunst ein Moment der Abstraktion, der »Objektivierung« zu liegen scheint. In der Praxis aber ist es von größter Bedeutung, ob der Künstler sich um Individualisierung oder Typisierung seiner Gestalten und seiner Sprache bemüht. Die Realisten lieben die Individualisierung, den einmaligen »Charakter«, die einmalige Erscheinung. *Damit steigt Goethe in der zweiten Hälfte des 19. Jahrhunderts allmählich zum höchsten Vorbild der Dichtung empor,* nicht das klassizistische Programm, das ihn mit Schiller verbindet, sondern gerade das, was ihn von Schiller trennt: der Romanschriftsteller, der frühe Dramatiker, der Dichter »unvergeßlicher Gestalten« wie Philine, Gretchen, Klärchen, Egmont und Tasso, der Sänger einmaliger Lieder wie *Mailied* oder *An den Mond.* Der junghegelianische Kampf gegen das Romantische jeder Art will nicht zuletzt dieser individualisierenden Dichtung vorbeugen oder, wo sie sich schon entfaltet hat, den Garaus machen.

Die Gültigkeit der sogenannten klassischen Dichtung, z. B. Goethes, in der Nachwelt ist, nach unserer heutigen Erkenntnis, ohne die individuelle Qualität des »großen Dichters«, nicht zu verstehen; denn was an ihm historisch war, z. B. das Bekenntnis zum Klassizismus, hätte ihn vor der Vergessenheit nicht retten können. Die Junghegelianer nun bekämpfen gerade dieses »bloß Subjektive« bis zur ausdrücklichen und konsequenten Ablehnung des Geniebegriffs. Es kommt in erster, zweiter und dritter Linie darauf an, »historisch«, d. h. indirekt zeitgemäß zu sein und so den weltgeschichtlichen Prozeß zu fördern. Das muß, wie wir bei Engels sahen, zu einem Mißtrauen gegen die »Belletristerei« führen, die ohne Genie oder wenigstens Talent wenig sinnvoll erscheint.

Gerade derartige unwillkürliche Abweichungen von der Hegelschen Ästhetik lassen eine *latente Kunstfeindschaft und die publizistische Grundeinstellung* der Hegelianer erkennen. Der Begriff des »Welthistorischen«, des quantitativen Effekts, des gesellschaftlichen Ausgreifens, der genaugenommen nur der Zweckliteratur angemessen ist, liegt noch der Kritik des Marxisten Lukács zugrunde, wenn er, wie schon erwähnt, den Riesen Heine gegen den Zwerg Mörike auszuspielen versucht. Man kann sicher sein, daß Mörike in den junghegelianischen Jahrbüchern genauso schlecht weggekommen wäre wie der alte Goethe, wie Lenau, Grabbe, Rückert, Büchner, Grillparzer, wenn seine schwäbischen Freunde nicht für ihn eingetreten wären. Der einzige Unterschied war freilich, daß sie ihm privatim sagten, er dichte nicht »historisch« genug. Der tiefste Grund für die Tatsache, daß die Junghegelianer keine großen Dichter hatten oder im Falle der Annäherung (Heine, Hebbel) sie wieder verscheuchten, liegt einfach darin, daß man (in einem individuellen Sinne) »prinzipiell« keine großen Dichter kannte und wollte. Es ist betrüblich zu sehen, wie sich damals Dichter vom Range eines Sallet und Mosen ungestraft spreizen durften, nur weil auch sie Hegels Schüler waren. Die schwäbischen Junghegelianer standen in einer so starken Literaturtradition und waren persönlich so musisch, daß sie Ausnahmen zu machen wagten. Strauss z.B. nannte Goethe 1846 seinen großen Schutzheiligen, wenn es auch ein persönliches Bekenntnis war und er sich, im Unterschied zu Otto Ludwig, dagegen wandte, Goethe gegen Schiller auszuspielen [210]. Auch Vischer spürte, lange ehe er sich von den Junghegelianern distanzierte, daß der historische Fortschritt der Dichtung, die ihre eigenen Lebensbedingungen hat, nicht unbedingt zugute kommen muß. Seinem Freund Mörike machte er ein derartiges Geständnis: »das ist freilich wahr, daß eine solche Zeit kritischer, *scheinbar* negativer Tendenzen schwerlich geeignet ist, den Dichter zu produzieren, der dies wahrhaft schön darstellt. Vorderhand bleibt der Faust das Höchste in dieser Art« [211].

Mit derartigen goethefreundlichen Äußerungen gelangen wir schon in das äußerst fruchtbare Feld *zwischen* den Junghegelianern und Realisten, dem schließlich Vischers folgenreiche Symboltheorie, überhaupt die letzte Stufe seiner Ästhetik entwuchs. Typischer für die junghegelianische und marxistische Ästhetik ist die folgende Feststellung von Robert Prutz, der selbst zu den anspruchsvollen zweitrangigen Dramatikern im Gefolge Hegels gehörte: »in der geschichtlichen Betrachtung der Literatur ... ist das spezifische Maß des Talentes, die besondere Gabe poetischen Vermögens nur ein untergeordnetes Moment; die Hauptsache bleibt immer, wie weit ein Mann und ein Werk sich zum Organ seiner Zeit zu machen verstanden hat und wie viel oder wenig Geist seines Jahrhunderts sich in ihnen offenbart« [212]. Man sieht: die Hegelianer waren schon damals gegen eine individuelle Leistungsprüfung! Da sie sich vor allem für das Drama interessierten, wurden sie durch diese Haltung, so paradox das erscheinen mag, zu Pionieren *der* dramatischen Expansion, die wir unter dem Begriff der Oberlehrer- oder Epigonentragödie historisch einzuordnen pflegen.

Zur junghegelianischen Gattungspoetik

Durch Hebbels arrogante Stifterkritik ist bekannt, wie hoch sich die junghegelianischen Dramatiker über alle Prosaisten, Lyriker und Didaktiker erhaben fühlten. Dieser *Dramatikerhochmut* wurzelt nicht nur in der Tradition (Lessing, Schiller), sondern auch in der Ästhetik Hegels. So wie in der Dichtung die drei Künste kulminieren, so stellt das Drama nach Hegels Lehre die Vereinigung der Lyrik und Epik und damit die Spitze aller Kunst dar. Dieses einem rücksichtslosen Systematisieren entstammende Hirngespinst ist ein Hauptgrund für die bekannte Tatsache, daß sich die Emanzipation der Prosa, ihre vollkommene Anerkennung nicht so vollziehen konnte, wie man dies nach den jungdeutschen Vorstößen zugunsten der Prosa erwarten durfte, ja daß sich in Deutschland die Erzählprosa sogar an der »Schwester des Dramas« (Novelle) orientieren mußte, um einigermaßen Anerkennung zu finden. Seit dem Untergang des Deutschen Reichs will uns eine ganze Reihe von Kritikern glauben machen, unser literarischer Realismus habe so wenig getaugt wie der politische des deutschen Reichsgründers Bismarck. Solche Interpreten sind keine Pioniere der Zukunft; denn die gleiche hegelianische (marxistische) Ideologie, welche das Versagen der deutschen Romanciers am lautesten beklagt, war eine Hauptvoraussetzung für die angebliche Verkümmerung der deutschen Erzählprosa. Die Schweizer Entwicklung von Gotthelf über G. Keller zu C. F. Meyer, der zunehmende Verlust an Welt, an Gesellschaftlichkeit, hat bekanntlich viel mit Vischer, dem Professor in Zürich, zu tun. Dagegen ist es eine Prüfungsfrage für orthodoxe Marxisten, was sie mit der rückständigen gesellschaftlichen Entwicklung *Deutschlands* zu tun hat. Der Schweizer Kraft und Freiheit G. Kellers mag es zuzuschreiben sein, daß er dem dramaturgischen Mythos der Deutschen *nicht* verfiel. Sicher ist nur, daß der von Hegel erneuerte Kult des Dramas die größte Gefahr für den Schweizer war. Aus einem Hegelianer Keller, will sagen ohne das realistische Programm (s. u.), hätte statt des großen Erzählers leicht ein halber Dramatiker, ein Prutz oder Mosen, entstehen können!

Da sich das *Versepos* in Hegels Ästhetik mit dem Drama rangmäßig nicht vergleichen konnte, scheint es von den Junghegelianern nicht so stark forciert worden zu sein. Es war auch nicht so leicht mit der hegelianischen Dialektik und Historizität zu verbinden wie die Tragödie (vgl. Bd. II, Formenwelt, Kapitel Drama). Wenn Mörike sich in der großen Zeit der Junghegelianer mehr und mehr klassizistisch orientiert und sogar ein idyllisches Epos (*Idylle vom Bodensee,* 1846) schreibt, so mag dies eine gewisse Annäherung an seine hegelianischen Freunde, wenigstens an den Goethegeist in ihnen, gewesen sein; denn E. T. A. Hoffmann, der Vater des *Maler Nolten,* war der junghegelianischen Kritik ein Greuel, ein Inbegriff der verderblichen weltflüchtigen Romantik. Der Roman als empiristische Gattung (Dickens, Sealsfield) imponierte den Junghegelianern einigermaßen, wie wir schon sahen. In diesem Punkt wurden die hegelianischen Prinzipien etwas aufgelockert. Es fällt auf, daß Julius Mosen nach 1840 vom Versepos zum Roman übergeht und Zustimmung findet. Wahrscheinlich wollte er damit der mehr oder weniger latenten, publizistischen Neigung der Gruppe entgegenkommen und um so mehr auf sein Hauptgeschäft, auf sein Ringen um die Tragödie aufmerksam machen. Nach den klassizistischen Maßstäben war der Aufstieg des Romans ein Zeichen für den Niedergang der Dichtung. Die junghegelianische Ästhetik, vor allem die Vischers, gewann unter dem Einfluß der lebendigen Dichtung ein wenig Abstand vom Versdogma. *Die Autorität Hegels verhinderte aber eine konsequente Überwindung des Klassizismus.*

Typisch junghegelianische Kurzschlüsse findet man in ihrer Beurteilung der *Lyrik.* Wir hörten schon, daß diese Gruppe die politische Lyrik bevorzugt. Der Grund dafür liegt in der dogmatischen Verurteilung des Individualismus. Während es einem wirklichen dialektischen Denken doch möglich gewesen wäre, zu erkennen, daß auf die wachsende Prosa, auf die unwiderrufliche Rationalisierung seit der Aufklärung eine um so subjektivere Lyrik antwortet (Klopstock, Genieperiode) und antworten wird, schlägt das Objektivitätsideal in der Kritik der Hegelschüler leicht in öden Kollektivismus um. Bei Hegel selbst ist die Lyrik eine vollwertige Gattung, sie steht jedenfalls im gleichen Rang wie die Epik. In den junghegelianischen Jahrbüchern dagegen erhebt sich immer wieder die Frage, ob diese Gattung in einem objektiveren Zeitalter überhaupt noch Existenzberechtigung hat. Hegel war dem Sturm und Drang, den Romantikern und dem Divan-Goethe in der Anerkennung der dritten Gattung gefolgt, weil er wußte, daß das Moderne, das Subjektive als das Romantische unwiderruflich und höchstens dialektisch »aufzuheben« war. Die Junghegelianer, welche den endgültigen Verlust der klassisch-antiken Objektivität nicht gelten lassen wollen und von einer dritten Klassik träumen, neigen dazu, die Lyrik gleichzeitig mit der Romantik zu liquidieren. Wie die Musik die gedankenloseste der Künste ist, so ist die normale »subjektive« Lyrik die prinzipienloseste aller Dichtungsgattungen. In diesem Geiste fragen uns die Marx-Epigonen noch heute im Seminar, welchen »Zweck« Mörikes *Septembermorgen* oder Goethes *An den Mond* besitze. Selbst Vischer, Mörikes Freund, ist von derartigen amusischen Gedankengängen nicht freizusprechen. Schlawe erzählt in seiner Vischer-Biographie, daß schon der junge Ästhetiker in seinen Tübinger Stilübungen das Lyrische, das noch zehn Jahre früher bei Uhland im Vordergrund gestanden hatte, ausschloß und nur die Darstellung konkreter Gegenstände zuließ, Episches und vor allem Dramatisches. Das war ein derber Schlag ins Gesicht der älteren Schwaben, welche die Lyrik inniger als jede andere Dichtungsgattung liebten. Anläßlich der schon erwähnten Ermahnung Mörikes, die von dem Dichter »etwas Großes« fordert, sagt Vischer klipp und klar, was er unter den »höheren Produkten« der Dichtung versteht: »das moderne Epos (der Roman) und das Drama« [213]. Erstaunlich in diesem Brief vom 1.4.1838, wahrscheinlich noch eine Folge von Mundts Vorstoß (1837), ist die Wertschätzung des Romans; aber die Lyrik fehlt.

Die Romantik endet weder 1815 noch 1830

Wir haben gesehen, daß die Junghegelianer die Romantik in allen ihren Gestalten für ihren Hauptfeind halten. Das gleiche gilt für die realistischen Programmatiker der *Grenzboten*. Kann man etwas bekämpfen, was nach den traditionellen Lehren der Literaturgeschichte nicht mehr vorhanden ist? *Offenbar muß die Literaturgeschichte selbst umlernen.* Wenn auch zu bedenken ist, daß der damalige Begriff der Romantik sehr viel weiter ist als der heutige (s. u.), ergibt sich für eine erneuerte, differenziertere Literaturforschung doch die Aufgabe, die Romantiktradition, die bis ins 20. Jahrhundert ein Faktor und ein ernstes Problem bleibt, in allen Perioden des 19. Jahrhunderts gegenwärtig zu halten und die Romantik nicht naiv um 1815 oder 1830 aufhören zu lassen. Claude David fragt im Hinblick auf Heines bekannte Äußerung in *Atta Troll* (»das letzte Waldlied der Romantik«): »was kann 1844 noch ›romantisch‹ heißen?« [214] Diese Frage widerspricht völlig dem Selbstverständnis der späten Biedermeierzeit. Heine, der selbst die Romantik überwinden wollte, trumpft jetzt gegen die amusische junghegelianische Kritik auf und sagt: Dann *bin* ich eben ein Romantiker. Zu ergänzen ist: Deshalb bleibe ich doch der bessere Dichter. Der »Tendenzbär« rühmt sich bekanntlich, »kein Talent, doch ein Charakter« zu sein. Er kann nichts, er ist nur gesinnungstüchtig. Auch diese Äußerung verstehen wir besser, nachdem wir die prüfungsunwilligen Junghegelianer kennengelernt haben.

Claude David korrigiert sich insofern selbst, als er später auf den verschiedenen Romantikbegriff in Deutschland und Westeuropa hinweist: »Die Dichter der neuen Generation nennen sich nicht mehr Romantiker. Indem sie sich aber von der deutschen Romantik entfernen, nähern sie sich der Bewegung, die sonst in Europa ›Romantisme‹ genannt wird« (Byron, Vigny, Hugo, Musset) [215]. Hinzuzufügen wäre, daß doch gerade für den Pariser Heine die westeuropäische Romantik nahelag, *daß überhaupt in der ersten Hälfte des 19. Jahrhunderts die Einheit der europäischen Literatur unvergleichlich größer war, als in der Zeit, da der Begriff einer aparten deutschen Romantik entstand.* Ich denke dabei nicht nur an die fortdauernde Abhängigkeit Deutschlands von Westeuropa (z.B. auf dem Gebiet des Romans), sondern auch an die starke Wirkung, welche die deutsche Literatur damals zuerst auf Westeuropa ausübte. Wir wollen nicht in den üblichen Fehler verfallen, daß wir alles umdrehen und den neuromantischen Begriff einer positiven, vorbildlichen deutschen Romantik verdammen; denn dieser kann die Entstehung des Biedermeiers (Volkspoesie, Naivität usw.), überhaupt die Tradition der konservativen Kultur in Deutschland verständlicher machen. Aber wir müssen die ältere deutsche Romantikforschung, insofern sie selbst naiv oder, im Stil des 20. Jahrhunderts, mit Bewußtsein neoprimitiv war, überprüfen und den deutschen Romantikbegriff mit dem europäischen vermitteln.

Es wäre nicht ganz unmöglich, die Biedermeierzeit als eine deutsche Sonderform der späten europäischen Romantik zu interpretieren. Wenn es bisher in der deutschen Literaturgeschichte üblich war, das biedermeierliche (oder auch jungdeutsche) Abrücken von der Romantik eher zu sehen und zu betonen als das Abrücken der Realisten von allen Richtungen der Biedermeierzeit, so muß ich nach langjährigen und hartnäckigen Abgrenzungsversuchen erklären, *daß die realistische Kritik der Biedermeierzeit der reinste »Kahlschlag« und daher einwandfrei festzustellen ist, während die Romantik* nicht nur durch das Weiterleben mehrerer, höchst produktiver Romantiker (Geburtsdaten bis etwa 1788: Eichendorff), sondern vor allem auch durch ihre Anziehungskraft auf die Jüngeren (z.B. Mörike, geb. 1804) *mit großer Mächtigkeit in die Biedermeierzeit hineinragt**. Damit soll nicht behauptet werden, daß nicht auch das Biedermeier im Realismus weiterwirkt. Es ist sogar möglich, daß die Biedermeiertradition eine Voraussetzung für die vielgetadelte idyllische Neigung des *deutschen* Realismus ist. *Aber es gibt im 19. Jahrhundert vor 1848 nirgends einen so deutlichen Klima- und Generationswechsel wie den, den der erste deutsche Revolutionsversuch bewirkte.* Während sich die romantische Generation in der Restaurationsepoche ziemlich wohlfühlte oder sogar neu aufblühte (Tieck!), war Stifter in der 1848 beginnenden ordnungs- und »ehrfurchtslosen« Zeit tief bekümmert. Weniger widerstandsfähige Dichter wie Mörike und Grillparzer, die beide noch das Bismarck-Reich erlebten, verloren den Mut zu dichten, d.h. sich der realistischen Kritik zu stellen. Diese trifft denn auch den im Vormärz hochberühmten Erzähler Stifter vernichtend: »mit dem Jahre 1848 schien Stifters Zeit vorbei«, sagt Moriz Enzinger, der beste Kenner der Materie [216].

Byronismus in Deutschland

Es ist immer wieder aufgefallen, daß man Dichter wie Lenau, Platen, Grabbe, Büchner – relativ bedeutende Dichter also – mit den bisherigen Begriffen der deutschen Literaturgeschichte nicht einordnen kann. Für das Biedermeier sind sie zu

---

* Noch die Biedermeiertheoretikerin in »Periods in German Literature«, M. J. *Norst,* hat starke Bedenken, den Einschnitt von 1848 anzuerkennen, obwohl ihr *Martinis* Epochendarstellung und meine Aufsätze zur Biedermeierzeit schon vorlagen. Auch Claude *David,* der sich unserer Auffassung anschließt (Zwischen Romantik und Symbolismus, S. 14), kann Norst nicht überzeugen. Bei der Abgrenzung der Biedermeierzeit von der Romantik dagegen hat sie keine Mühe. Der Grund für diesen Auffassungsunterschied liegt darin, daß Norst, im Widerspruch zur modernen Realismusforschung, die *Gegenständlichkeit in einem rein empirischen Sinn* für das Kennzeichen des Realismus hält. Diese ist im Detailrealismus des Biedermeier (z.B. bei Gotthelf) offenkundiger als im Realismus, der immer deutlicher zur symbolischen Integrierung des Details neigt.

wenig beherrscht, zu wenig ehrfürchtig und bescheiden, vom Jungen Deutschland distanzieren sie sich selbst. Büchner z.b. erkennt sehr früh, daß die jungdeutschen Literaten die Verhältnisse nicht verändern werden. Von den Junghegelianern, deren große Zeit nur Lenau erlebt – Platen, Grabbe, Büchner sterben jung in den Jahren 1835, 1836, 1837 – unterscheiden sie sich durch ihren »Pessimismus«; sie werden auch, da man dort auf »Gedanken« und »Charakter« mehr Wert legt als auf Talente, in den junghegelianischen »Jahrbüchern« mehr oder weniger radikal verurteilt. Man kann die Weltschmerz-Gruppe, die bei Einschluß der kleinen Schriftsteller (s. u.) eine nicht unbedeutende Ausdehnung besitzt, natürlich medizinisch betrachten. Es gibt auch, abgesehen von Poeten, die durch »Selbsttrunk« (Heine über Grabbe) oder andere Ausschweifungen starben, solche, die im Wahnsinn (Lenau) oder durch Freitod (s. u.) endeten. Es ist eine durch Gemüt und Schicksal unglückselige Richtung. Die Frage ist nur, ob sie nach Feuerbach, der den positiven Sinn des Unglaubens erkannte, ebenso unglückselig gewesen wären. Jedenfalls enthebt der medizinische Befund den Geisteswissenschaftler nicht der historischen Interpretation. Die Selbstmordstatistik reagiert außerordentlich lebhaft auf überpersönliche Lagen, Stimmungen und Vorstellungen. Es kommt darauf an, ob eine labile Natur in ein ermutigendes, aufbauendes oder in ein entmutigendes, heilloses Milieu gerät. Wer G.Keller kennt, wird nicht leugnen, daß er zwanzig Jahre früher, ohne Feuerbach und 1848, ein anderer, sehr viel »negativerer« Held der Literaturgeschichte hätte werden können. Und wieviel solider, gesunder Menschenverstand liegt andererseits in Büchner verborgen, der sich so früh verzehrte!

Wenn wir solche Gedankenspiele um das historisch Mögliche, die nur fixe biologische Vorstellungen vom Menschen auflockern sollen, beiseite lassen, so ergibt sich zunächst ganz zwanglos die Beziehung zwischen unserer deutschen Pessimistengruppe und der westeuropäischen Romantik; denn die gebräuchliche Bezeichnung für diese negative Romantik heißt Byronismus. Lawrence Marsden Price hat in seinem gründlichen und interessanten Buch über *Die Aufnahme englischer Literatur in Deutschland* (engl. 1953, dt. 1961) den starken Eindruck, den Lord Byron auf die verschiedensten Richtungen der deutschen Literatur machte, nachgewiesen. Es ist nicht selbstverständlich, daß Goethe die »kranken« Werther- und Tassogefühle, die er mühsam zu überwinden versuchte und daher in der deutschen Romantik ablehnte, in Lord Byron gelten ließ, ja sogar in der Gestalt Euphorions verklärte. Selbstverständlich ist dagegen, daß die Jungdeutschen, in ihrer unbestimmten Lage zwischen Aristokratismus und Liberalismus (s. o. S. 192 ff.), den Lord bewunderten: »Byron war ihr Held, weil er aristokratisch-revolutionär, freiheitsbegeistert und ichsüchtig, glücklich-unglücklich, fanatisch und spleenig zugleich war oder ihnen wenigstens so aussah. Und nicht zuletzt lebte er sich unbekümmert vor den Philistern aus, was die meisten Jungdeutschen samt Publikum nur zu träumen wagten« [217]. Die repräsentative Bedeutung, welche Lord Byron für seine Zeit hatte, kommentierte schon der realistische Programmatiker Julian Schmidt auf seine unerbittliche Weise: »ein großer Teil des Ruhmes, der ihm zuteil geworden ist, [gehört] seinen Schwächen [an] ..., welche zugleich die Schwächen seines Zeitalters waren« [218]. J.Schmidt betont, daß Byron einen besonders starken Einfluß auf die *deutsche* Poesie hatte [219]. Wie ist er zu erklären?

Wir haben im einleitenden ersten Kapitel schon gesehen, daß der Weltschmerz im nachidealistischen Deutschland die Grundstimmung war. Das Volk, das den heiteren Himmel der europäischen Aufklärung zuerst durch *Werthers Leiden* verfinstert und danach das Zeitalter der französischen Revolution, der französischen Kriege mit *William Lovell*, mit den *Nachtwachen Bonaventuras*, mit dem finstern »Schicksalsdrama« von Karl von Berneck und der *Braut von Messina* bis zu Z.Werners und Müllners Schauertragödien, nicht zuletzt auch mit E.T.A.Hoffmanns gespenstischer *fiction* begleitet hatte, bedurfte nur der entsprechenden Enttäuschungen und eines kleinen Anstoßes von außen, um erneut der Schwermut zu verfallen. Ich möchte diese traurige Priorität der Deutschen dadurch berücksichtigen, daß ich die Richtung, von der wir sprechen, mit einem deutschen, aber als Fremdwort im Ausland immer häufiger benützten Wort bezeichne. Es ist die Richtung der *Weltschmerzpoeten**.

---

* Ronald *Grimsley* (Romantic Melancholy in Chateaubriand and Kierkegaard, in: Comparative Literature, Bd. 8 (1956), S. 227–44) sieht die Melancholie als ein typisches romantisches Phänomen. Die beiden christlichen Apologeten Chateaubriand und Kierkegaard begrüßen die Melancholie als Korrektur der bürgerlichen Zufriedenheit, wollen sie aber grundsätzlich – mit zweifelhaftem Erfolg – überwinden, vgl. auch Friedrich *Engel-Janossi* (Four Studies in French Romantic Historical Writing, Baltimore 1955), den Chateaubriands Schritt von dem nihilistischen »Essai sur les Révolutions« zum »Génie du Christianisme« nicht überzeugt. Helmut *Kuhn* (Begegnung mit dem Nichts, 1950) sieht in Heideggers nihilistischem Existentialismus die Karikatur des christlichen Glaubens. Auch dieser christliche Philosoph will den Nihilismus überwinden. Überzeugender ist mir in allen diesen Fällen *die Faszination, welche der Nihilismus immer erneut auf christlich sein wollende Denker und Zeiten ausübt.* Die enge Beziehung zwischen der nihilistischen Strömung und dem Idealismus Fichtes, auf dessen Schultern die Frühromantik steht, erkannte schon F.H. Jacobi (Theobald *Süß*, Der Nihilismus bei F.H. Jacobi, in: ThLZ, Bd. 76 (1951), S. 194–99; nach Dieter *Arendt*, Nihilismus – Ursprung und Geschichte im Spiegel der Forschungs-Literatur seit 1945, in: DVjs, Bd. 43 (1969), S. 355).

Kurz nach der Niederschrift des folgenden Abschnitts erschien Walter *Hof*, Pessimistisch-nihilistische Strömungen in der deutschen Literatur vom Sturm und Drang bis zum Jungen Deutschland, 1970. Ich finde die Unterscheidung einer »aristokratisch-kategorischen« und »bürgerlich-hypothetischen« Welt, auf der Hofs Buch beruht, nicht glücklich; denn es gibt auch demokratisch-kategorische Positionen. Während Hof den Idealismus sehr ernst nimmt, wird er dem anti-nihilistischen Vorstoß des programmatischen Realismus (nach 1848) nicht gerecht. Trotzdem sehe ich in dem Buch eine Bestätigung dafür, daß der Nihilismus zur historischen Relativierung und Entmythologisierung reif ist.Der *religionsgeschichtliche* Vorgang, den die beginnende Nihilismusforschung weiter klären wird, sollte freilich mit der politischen und sozialen Geschichte nicht so eng verbunden werden; denn die Erfahrung lehrt, daß der nachchristliche Wiederaufbau der Welt auf verschiedenen Fundamenten errichtet werden kann. Die heilsame historische Relativierung des Problems fördert auch Gert *Mattenklott*, Melancholie in der Dramatik des Sturm und Drang, 1968. Der seelengeschichtliche Hintergrund der Werther-Zeit tritt in dieser Schrift klarer zutage. Karl S. *Guthke*, Die Mythologie der entgötterten Welt, Ein literarisches Thema von der Aufklärung bis zur Gegenwart (1970) war mir nicht mehr zugänglich.

Den Weltschmerz hat spätestens Goethe zum Ausdruck gebracht, Jean Paul, der originale Wortschöpfer, beim Namen genannt. Das Wort »Weltriß«, das Heine dem psychologischen oder moralischen Vorwurf der »Zerrissenheit« entgegensetzt, hat eine ähnliche Bedeutung. Gemeint ist immer, daß das Leiden, die Zerrissenheit nicht nur den einzelnen Leidenden oder Zerrissenen zeichnet, sondern die Welt als ganzes, und daher als metaphysisches Phänomen anerkannt werden muß. Dem modernen »skeptischen Humanismus« (Th. Mann) ist die Welt weder schön noch häßlich, weder gut noch böse, sondern nichts weiter als Welt, nämlich das Verschiedenste gleichzeitig. Aber die Generationen, die mit einer christlichen Erwartung an die Welt herantreten – und das sind seit der Aufklärung vor allem die Restaurationsgenerationen! – suchen in dieser nur kosmischen oder geschichtlichen Welt den alles ordnenden, alliebenden oder allrichtenden Vater, finden ihn nicht und bedenken nun diese vieldeutige, unschuldige Welt, die weder Mutter Natur noch Vater Gott sein kann, mit den schlimmsten Vorwürfen, statt sie geduldig hinzunehmen und, nach Möglichkeit, »menschlich« zu machen. Daß der Weltschmerz nicht nur »enttäuschter Pantheismus« (Walter Weiss) oder enttäuschter Idealismus, sondern eine Begleiterscheinung des späten Christentums ist, verrät *seine immer neue Präsenz in den Zeitaltern, die großen, aber enttäuschenden Veränderungsversuchen folgten* und denen wieder Gehör verschafften, welche die Macht Gottes und die Ohnmacht des Menschen predigten. Von der zweiten Hälfte des 17. Jahrhunderts bis in unsere Tage folgen den universalen Machtkämpfen mit ihren Kriegen und äußeren Leiden *Zeiten, in denen die Menschen, infolge illusionärer Erwartungen, seelisch leiden,* ihrem geschichtlichen Auftrag nicht gewachsen sind und zerbrechen.

Den Weltschmerz haben so gut wie alle Schriftsteller der Biedermeierzeit erlebt, besonders die älteren, die unmittelbar von Byron (Produktionszeit 1812–22) angesteckt wurden; z. B. Raimund (geb. 1790), Grillparzer (geb. 1791), Immermann (geb. 1796), Heine und die Droste (beide geb. 1797), Alexis (geb. 1798). Das Frühwerk trägt bei allen diesen Dichtern mehr oder weniger tiefe Spuren des Weltschmerzes; aber sie versuchten, mit ihm fertig zu werden: mit Hilfe des versöhnenden Humors oder der aggressiven Ironie, im Vertrauen auf die christliche oder klassizistische Tradition, durch die Beschwörung vergangener besserer Zeiten oder gegenwärtiger Idyllen oder durch die Hoffnung auf eine sinnvolle Zukunft. Ob man diese Versuche als »Ausweichen« oder als Leistung versteht, – *sie überlassen sich nicht der Verzweiflung, während in den Weltschmerzpoeten die nihilistische Grundstimmung der Nachkriegszeit unverhüllt zutage tritt.* Sie sind die Untröstlichen, wobei natürlich die Frage offen bleibt, ob sie bei längerem Leben nicht noch Hilfe gefunden hätten. Als Pubertätserscheinung *allein* läßt sich der Weltschmerz nicht deuten; denn insgeheim und mittelbar beeinflußt er die ganze Dichtung der Biedermeierzeit, auch da, wo er erfolgreich verdrängt wird.

Für den menschlichen und dichterischen Rang dürfte es kein schlechtes Zeichen sein, wenn sich ein Dichter der Möglichkeit des Nihilismus so offen stellt wie Büchner. Etwas von der persönlichen, wie immer wilden Tapferkeit, von der unerschrokkenen Wahrheitsliebe Byrons haben sie alle. Sie wollen sich um keinen Preis von süßen Illusionen täuschen lassen. Sie wollen lieber die bitterste Einsamkeit im äußeren oder inneren Exil ertragen, als sich die Gesellschaft durch verlogene Zugeständnisse erkaufen. Es liegt mir fern, ihre Haltung prinzipiell zu heroisieren. Ich will nur sagen, daß sie eine Größe haben, die beispielsweise gute Erfolgsautoren wie Hauff oder Laube nie erreichen. Die Hingabe an das »Ewig-Leere« – im Schluß von *Faust II* der Gegenpol zum »Ewig-Weiblichen« – muß vielleicht mit dem Glück und dem Leben bezahlt werden; aber die Kunst, die weder gut noch wahr ist, pflegt solche Menschenopfer anzunehmen. Selbst wenn man den immer noch mit der Tradition liebäugelnden Grabbe mit Büchner vergleicht, der radikal die »Paradegäule« der Geschichte ablehnt, glaubt man zu erkennen, daß sich die Untröstlichkeit bis in den Stil des Dichters auswirkt, insofern die Traditionsreste (der Vers, das falsche Pathos usw.) ausgeschieden sind und die Sprache rein wie Kristall geworden ist.

Eine eigene Aufgabe wäre es, den Zusammenhang zwischen der scheinbar positiven und der negativen Romantik aufzuweisen. Julian Schmidt meint in seiner *Geschichte der Romantik in dem Zeitalter der Reformation und der Revolution* (2 Bde., Leipzig 1848) – es ist eine Kampfschrift *gegen* die Romantik –, der Nihilismus ergebe sich schon aus der Hybris des »magischen Idealismus«, aus der illusionären Vorstellung also, die »produktive Einbildungskraft« schaffe und verändere die Welt. Eine derartige Idee könne über die totale Weltlosigkeit nur zur totalen Verzweiflung führen. Diese realistische Kritik mag letzten Endes wahr sein, vereinfacht aber das Problem, das die Romantik dem Historiker stellt. Sie sieht vor allem die Stellen nicht, wo es der Romantik tatsächlich gelingt, eine neue naive Welt durch »divinatorischen« Anschluß an die Vergangenheit zu produzieren, zunächst in der Poesie (*Grimms Märchen* und die Folgen, *Des Knaben Wunderhorn* und das Volkslied im ganzen 19. Jahrhundert), vielleicht aber doch auch in der politisch-religiösen Restauration, die nicht nur von raffinierten Jongleuren wie Tieck, F. Schlegel, Gentz und Metternich, sondern z. T. auch von einer neuen Naivität, von einer jungen, *unphilosophischen, noch einmal halbwegs christlichen Generation* getragen wurde (Mörike, die Droste, Stifter, Gotthelf u. a.). Die positiven und negativen Möglichkeiten der Romantik verkörpern sich (mit großer poetischer Ernte!) in den beiden Richtungen der Biedermeier- und Weltschmerzpoeten, während die Jungdeutschen und die Junghegelianer mehr in der Zukunft leben und daher seltener, nur im Widerstand gegen die eigene Partei (Heine, Hebbel), zur dichterischen Erfüllung in der Gegenwart gelangen. Wie wenig die philosophiegeschichtlichen Veränderungen allein den Charakter einer Richtung bestimmen, versuchten wir schon in dem scheinbar eindeutigen Fall der Hegelianer nachzuweisen. Der tiefere Grund war selbst dort die religiöse Wende, welche zu einer neuen Weltbejahung führte. Wenn man dies erkennt, wird man an der seelen- und religionsgeschichtlichen Konstituierung einer literarischen Richtung, die ich vorschlage, keinen Anstoß nehmen*.

---

* Man sollte meinen, Hermann *Boeschenstein,* der ein Buch über das interessante Thema »Deutsche Gefühlskultur, Studien zu ihrer dichterischen Erscheinung« geschrieben hat,

Gervinus hat die deutsche Weltschmerztradition bereits erkannt. Er spricht in seiner *Geschichte der poetischen National-Literatur der Deutschen* von der »ewigen Wiederholung jener starkgeistigen Selbstpeinigungen seit nun schon 70 Jahren« und lehnt sie unter Berufung auf Goethe ab [220]. In der Zeit, da *Dantons Tod* und Grabbes Spätwerk erscheint, interpretiert er die Erscheinung sogar als »Modemisanthropie« [221]. Dieser Begriff trifft die zwanziger Jahre, den unmittelbaren Einflußbereich Byrons, besser als die dreißiger Jahre, bestätigt aber die weite Verbreitung des Pessimismus. Feuchtersleben kommt zu einer freundlicheren Deutung, bezeugt aber auch die Allgegenwart des Phänomens: »Auch wird etwas Elegisches allen guten [!] neueren Gedichten beigemischt sein. Das Elegische liegt nicht in den Dichtern, sondern in der Zeit« [222]. Seine Feststellung gilt auch für viele Gedichte Annettes, Heines und Mörikes. Direkter an die Richtung der Weltschmerzpoeten denkt er, wenn er in seinen Rezensionen immer wieder von düsteren »Phaetons« spricht, welche zu der Ausgeglichenheit Wielands und der klassischen Zeit nicht mehr fähig sind.

Phaethon ist der Jüngling, den Jupiter vom Sonnenwagen herunterschlägt. Phaethons Glück und Ende ist ein treffendes Symbol für den Glanz und das Elend der Weltschmerzpoeten. Man bediente sich der klassischen Mythen in der Biedermeierzeit ganz allgemein, sogar in der Konversationssprache (s. u. S. 353 ff.). Vielleicht denkt Feuchtersleben aber auch an *Phaëton* (Stuttgart 1823), den Roman Wilhelm Waiblingers, des Mörikefreundes, der sich an dem Bilde des wahnsinnigen Hölderlin berauschte und nicht, wie Mörike, in der schwäbischen Heimat blieb, sondern, wie Platen, das gefährliche italienische Exil wählte und so das typische Schicksal des untröstlichen Weltschmerzpoeten erlitt. Er starb 1830, ehe Mörikes *Maler Nolten* erschien, der Schauerroman, welcher untröstlicher als *Die Elixiere des Teufels,* nämlich ohne christlichen Abschluß, endet und für Mörike noch den Weg des Weltschmerzpoeten offenließ. Man darf ja nicht glauben, daß in der späteren Biedermeierzeit der Weg Waiblingers an Anziehungskraft verlor. Ernst Wilhelm Ackermann z.B., auch ein Hölderlinianer, starb 1846, erst 25 Jahre alt, in Neapel, nachdem er kurz zuvor in den Schneestürmen des Ätna todesbegierig wie Empedokles das Schicksal versucht hatte [223]. Auch das Jahr 1830 war für weltschmerzliche Phaethons kein Trost. 1831 verübte in Italien der bereits erwähnte Daniel Lessmann

werde spätestens im 2. Band (1830–1930), Bern 1966, auf die deutsche Weltschmerztradition stoßen und einen Interpretationsversuch unternehmen. Aber man findet bei ihm keine Interpretationshilfe. Er hält »Werthers Leiden« und »Tasso« für »Krankheitsfälle« (Bd. 2, S. 15), die »Nachtwachen« für einen unerwarteten »Zufall« (Bd. 2, S. 27). Grabbe und Lenau kommen überhaupt nicht vor. Büchner ist nicht zu übersehen, berührt aber peinlich und wird mit ein paar, meist abfälligen, Bemerkungen abgetan. Immerhin erscheint im Schopenhauer–Büchner-Zusammenhang einmal die Erkenntnis, daß hier der Nihilismus noch als »Ableger der Gefühlskultur gelten konnte« (Bd. 2, S. 146). Der eigentliche Grund für Boeschensteins mangelhafte Vergegenwärtigung und Interpretation der Weltschmerzrichtung liegt darin, daß er die Gefühlskultur mit der Humanität verknüpft. Es entgeht ihm, daß eine »Gefühlskultur« leichter zu Aggressionen verleitet wird als eine Zivilisation, in der Programme und Aktionen rational begründet werden müssen. Jedenfalls ist das Gefühl sowenig vor Irrtum und Mißbrauch geschützt wie der Verstand. Entscheidend ist immer der gute oder böse Wille, der sich dieser menschlichen Kräfte bedient.

Selbstmord. Er wurde wie Hölderlin und Büchner eine Gestalt der deutschen Weltschmerztradition; denn Hermann Conradi, der radikale Naturalist, gab sein *Wan-
derbuch eines Schwermütigen* wieder heraus (Berlin 1885).

Eine denkwürdige Gestalt im Schatten des Hainbundes, des Novalis und Schillers
ist Louise Brachmann (1777–1822) *. Schon in dem Gedicht *Die Gaben der Götter,*
das Schiller lobte, stehen die Verse:

> Glücklich warst du, o Sappho; obgleich unglückliche Liebe
> Dich in den Wogen begrub, lebte dein Name nach dir.

Wenige Jahre nachdem Grillparzers *Sappho* erschienen war, ertränkte sie sich in der
Saale, in der Nähe eines Felsens, der nach Hölty benannt war. Hölty ist, wie für so
viele Dichter der Biedermeierzeit, der wichtigste dichterische Ausgangspunkt Louise
Brachmanns. Doch steigert sie die sanfte, wiewohl manchmal schon todessüchtige
Elegik des Hainbündlers zu einer schrofferen Untröstlichkeit. Ihre Dichtung ist nicht
so ergeben wie die des Theologiestudenten. Die exzentrische Erotikerin, welche die
wirre Zeit der Napoleonischen Kriege in einem bewegten Leben mitmachte, ist bei
aller empfindsamen Dämpfung manchmal durchzufühlen. Sie nennt ihre Gedichte
»Leichensteine, dem Andenken der lieben Verlorenen gesetzt« [224]. Sie sucht den
Trost der Liebe in dieser Schwermuts- und Grabeslyrik, aber schließlich findet sie
doch immer nur die Enttäuschung:

> Zerstreu' die Perlen, und zerreiß die Kränze!
> Ich *will* nicht hold, nicht liebenswerth mehr seyn! [225]

Müllner, der als Schicksalsdramatiker den Weltschmerz kennen mußte, glaubte nicht
an die medizinische Erklärung ihres Schicksals: »Ich habe die Sängerin ein Viertel-
jahrhundert lang gekannt und wohl des *Irrtums* viel, doch niemals *Irrsinn* an ihr
gefunden«. »Nicht eine unglückliche Liebe«, sagt Müllner, »sondern die unglückliche
Liebe *überhaupt,* ich meine das Mißverhältnis zwischen den Ansprüchen einer *Dichter*phantasie an die Liebe und den kargen Gaben der wirklichen Welt, war das Übel,
an welchem sie fortdauernd litt« [226].

Weltschmerz und Ästhetizismus

Wo in der Biedermeierzeit von der »Liebe überhaupt« (s. o.), von der »ewigen
Liebe« (Allerweltswort), vom »Ewig-Weiblichen« (verrätselnde Neubildung) gesprochen wird, befinden wir uns im Bereich der religiösen Problematik; denn die
Liebesreligion ist die Schwund- oder Ersatzstufe des Christentums, welche nicht nur
die konfessionelle Spaltung, sondern auch den Gegensatz zwischen der christlichen

---

* Ein anderes, mir nicht ganz deutliches Beispiel aus der frühen Biedermeierzeit ist der
ehemalige Lützower Jäger Theodor Heinrich Friedrich, der überwiegend satirisch auf die
Restauration reagierte, aber im Jahr der Karlsbader Beschlüsse (1819) sich in der Elbe das
Leben nahm. Vgl. auch Band II, Kap. Zweckformen, e) Satire.

Kultur und der heraufkommenden demokratisch-sozialen Welt zu überbrücken geeignet erscheint. Wo der Zugang zur »Liebe überhaupt« abgeschnitten ist, wie bei der unglückseligen Brachmann, beginnt das »Ewig-Leere«, zu dem sich Mephistopheles bekennt, der Nihilismus. Trotz dieses religionsgeschichtlichen Aspektes kann diese Dichterin auch ohne Widerspruch als Opfer der Literatur gesehen werden, ähnlich wie Charlotte Stieglitz. Wo nämlich nichts mehr gilt als die Literatur, wo der konsequente Ästhetizismus beginnt, herrscht so gut wie in der religiösen Verzweiflung die Kälte und das Nichts. *Es ist leicht einzusehen, wie gesetzmäßig in der Gruppe der Weltschmerzpoeten der Prototyp des modernen Ästheten, nämlich Platen, auftauchen konnte.* Nicht nur George, sondern auch Thomas Mann *(Der Tod in Venedig)* haben sich intensiv mit diesem Dichter, der in das schöne Nichts emigrierte, beschäftigt. Platens Verse »Wer die Schönheit angeschaut mit Augen...« stärkten ganzen Generationen die Lust am Tod und an der Zerstörung.

Platens Weltschmerz, der weniger bekannt ist als der Büchners, sei durch ein Ghasel aus dem Frühjahr 1821 belegt. Während Goethe aus der romantisch orientalisierenden Dichtung oft den Ton gläubigen Vertrauens herausholt (»Gottes ist der Orient...«) und Rückert sich mit biedermeierlichem Behagen in ihr einrichtet, gibt sie dem Weltschmerzpoeten Anlaß zur verzweifelten Weltklage:

> Bist du geboren eine kalte Büste?
> Wo ist das Auge, das nicht weinen müßte?
> Die Rose welkt, da kaum der Sommervogel
> Zum erstenmal den üpp'gen Busen küßte;
> Kaum hat sein Werk der Spinne Fleiß vollendet,
> Zerstört ein Tritt das sinnige Gerüste;
> Als eben kommt heran die Karawane,
> Vertrocknet ganz der letzte Quell der Wüste;
> Und wenn das Schiff im Sturme sucht zu landen,
> Zerschmettert es ein Felsen an der Küste;
> Nur stundenlang geflügelt, büßt die Larve
> Der Ephemer' ein mondenlang Gelüste;
> Den Wein der Sonne schlürft das Meer am Abend,
> Wie auch der Pilger sich darob entrüste;
> Es klagt das All: ein Messer hat durchstochen
> Des Lebens ew'ge Jungfrau-Mutter-Brüste [227].

»Jungfrau, Mutter, Königin, Göttin sei uns gnädig!« heißt es in dem synkretistischen Gebet, das die Liebesreligion des Faustschlusses mysteriös zum Ausdruck bringt. Bei Platen erscheint die Erinnerung an die katholische Jungfrau Mutter, der das Schwert durch die Seele ging; aber sie hat nur die Funktion einer Zerrissenheitsmetapher. Was in der Kunst des barock-christlichen Naturalismus das vorübergehende irdische Leiden der Gottesmutter war, wird zum Leiden des »Lebens« überhaupt, des »Alls« und damit »ewig«, endgültig. Es gibt keine Liebe, überhaupt keine Instanz, die aus dem Leiden erlöst.

Daß der Detailrealismus, der schon für die frühe Biedermeierzeit bezeichnend ist, die negative oder positive Metaphysik nicht zu behindern braucht, beweist Platens Ghasel wieder besonders einprägsam. Während das Biedermeier in seiner Naturlyrik nach der Weise des Brockes die Erscheinungen auswählt, welche die Schönheit der Welt und die Liebe Gottes belegen – die blühende Rose oder das schöne Muster des Spinnennetzes, das Labsal des Wassers, selbst in der Oase der Wüste, die Geburt des Schmetterlings aus der Larve als Unsterblichkeitssymbol usw., – besteht der Weltschmerzler auf den Schattenseiten der Welt. Die Rose welkt, in der Oase vertrocknet der Quell, das sinnige Spinnennetz zerstört ein Tritt. Das Schiff zerschmettert am Felsen, statt zu landen. So fällt es dem negativen Romantiker leicht, in den beiden Schlußzeilen ein negatives Fazit zu ziehen. Das Ergebnis stand von vornherein fest; doch der Dichter der Biedermeierzeit hat stets das Bedürfnis, die Metaphysik scheinbar organisch aus der Physis hervorgehen zu lassen. Dem Literaturhistoriker verrät schon das alte »Summationsschema« (E.R.Curtius), daß hier (wie immer neue) naturwissenschaftliche Beobachtungen konstruktiv dem metaphysischen Satz untergeordnet werden.

Zwiespältige Beurteilung des Weltschmerzes

Was die biedermeierlichen Gemütsmenschen – es gibt sie trotz Hermands politischer Warnung! – an den Weltschmerzpoeten so schockiert, ist ihre Kälte. Das kalte Herz ist bei Hauff nicht umsonst ein Teufelssymbol. Wenn Grabbes Übermenschen, Gothland, aber auch noch Heinrich der Löwe, verzweifelt und rücksichtslos morden, so gibt es noch keinen Professor, der dem Dichter dafür die ästhetische Absolution erteilt. Grabbe ist einfach unmöglich. Sogar Tieck, der mit Goethe der Hauptentdecker des Weltschmerzes ist, erschrickt über Grabbes *Gothland* und warnt den jungen Dichter, auf diesem Wege fortzuschreiten. Grabbe hat tatsächlich versucht, die krassesten Zynismen und Blasphemien in seinen späteren Tragödien zu vermeiden. Trotzdem blieb er nach der herrschenden Meinung, die das Unmenschliche aus der Dichtung ausschloß, undiskutabel. Sogar Gutzkow, der zu den kältesten Schriftstellern der Zeit gehört und bekanntlich für Büchner eintrat, wirft Grabbes Werken noch 1840 Herzlosigkeit vor [228].

Es ist die Zeit, da Hebbel als Dramatiker auftritt und die literarische Welt erschreckt. *Judith* ist eine weltschmerzliche Kontrafaktur des biblischen Stoffes; denn hier wird ja darauf insistiert, daß es keine absolute Selbstlosigkeit gibt und die heiligen Gestalten, wie Büchner sagt, nur die feinsten Epikuräer sind. Besonders interessant ist die Übersetzung des christlich-romantischen Stoffes von der heiligen Genoveva (Tieck) in eine nihilistische Tragödie (1. Fassung). Hebbels Golo ist ja der Welt- und »Gottesmörder«, eine byronsche Gestalt. Noch dem Trauerspiel *Maria Magdalene* fehlt die vom Idealismus geforderte Versöhnung nach der Katastrophe vollkommen. Hebbels Einschwenken auf die »positivere« und minder leidenschaftliche Linie der Hegelianer verrät, daß es in der Mitte des 19. Jahrhunderts doch wieder etwas wie eine gemeinsame Front gegen den Nihilismus gab.

Daß Freiligrath, der später einer der entschiedensten sozial-revolutionären Lyriker war, mit weltschmerzlich-elegischen Gedichten begann, wird den nicht wundern, der den berühmten exotisch-lyrischen Ausbruchsversuch seiner mittleren Jahre kennt. Ob Italien oder Afrika, immer droht die Flucht in das schöne Nichts. Erstaunlicher ist, daß F. Th. Vischer, der die süddeutsche »Naivität« gerne gegen die norddeutsche Reflexion ausspielte und der später die hegelianische Linie verließ, um sich unmittelbarer der naiven Antike zuwenden zu können, in seiner Jugend vom Weltschmerz tief bedroht war. Seine Erzählung *Ein Traum,* die er in den Studentenjahren verfaßt und in den Vikarjahren überarbeitet hat, ist ein besonders aufschlußreiches Dokument der »Weltschmerzperiode« [229]. Der Herr (Gott) will von einem Selbstmörder wissen, warum er sich umgebracht hat; denn er war weder arm, noch krank, noch unglücklich verliebt, noch sonst aus einem bestimmten Grunde unglücklich. Der Tote: »weil nichts ist, weil nichts existiert«, »weil ich verzweifelt bin«. Er wurde in der »Gefühlsfrömmigkeit« erzogen, die sonst nur zum »halben Zweifel« führt; bei ihm wurde eine »unglaubliche Melancholie« daraus. »Der namenlose Gedanke des Nichts« ergriff ihn. Er wurde »ein Mensch ohne Hoffnung: Nichts! reines farbloses Nichts«. Der Verfasser, der frühzeitig von christlichen Erwartungen Abstand gewann, versucht schon am Ende dieser Erzählung den Herrn, der den Selbstmörder verdammt, durch ein tröstliches Natursymbol zu ersetzen. Interessanter in unserem Zusammenhang ist der Rahmen mit der Mitteilung, daß ein Theologe die Erzählung schrieb. Auf seinem Tisch liegen zwar Voltaire und der *Faust,* – aber ebenso die Bibel. Der Nihilismus erscheint hier besonders deutlich als ein Abfallprodukt der Theologie, als die pervertierte Leidensreligion. Der Herausgeber der Erzählung hat Recht, wenn er behauptet, »daß jene Blätter mit dem Herzblute eines im Grunde der Seele tief religiösen Menschen geschrieben sind«. Mörike jedoch lehnte die Erzählung, nach der Lektüre des Manuskripts, entschieden ab. Er besaß die Naivität in den letzten Fragen, die dem Hegelianer höchstens als künstlerische Haltung verständlich war. Auch das Gedicht *Das graue Lied* stellt den tüchtigen jungen Schwaben Vischer zunächst neben Lenau.

Vischer bittet in seiner Selbstmördererzählung den Leser um Milde. Den Mord kann man verurteilen; aber ist der Selbstmord ein Verbrechen? Die Reaktion auf *Werthers Leiden* und die von ihm ausgelöste Selbstmordwelle war noch überaus heftig gewesen; denn die Leibnizianer und die aufgeklärten Christen waren sich darin einig, daß die Welt in bester Ordnung ist und daß es daher den Selbstmord aus Verzweiflung sozusagen gar nicht geben kann. Die klassische Tragödie hatte die Gebildeten an den Gedanken gewöhnt, daß der Selbstmord in bestimmten Lagen unausweichlich, ja sogar eine Art der Sühne sein kann *(Braut von Messina).* Besonders die Schicksalstragödie, die populären Erfolg hatte, ist ein Ausdruck des um sich greifenden Fatalismus und trägt zu dessen weiterer Verbreitung bei. Wir werden im zweiten Bande (Kapitel Drama) zu zeigen versuchen, daß auch in dieser Modegattung die Barocktradition wiedererwacht. Die Fortuna-Mechanik, welche nach allgemeiner Meinung das fatalistische Drama von der Romantik trennt, entspricht dieser Tradition. Aber man darf dabei nicht übersehen, daß die romantische Stimmungskunst den Ausdruck des Fortunaglaubens verstärkt und daß überhaupt der Abbau des rationalistischen Selbstbewußtseins, den die geistige Entwicklung seit Kant bewirkt, in den Menschen ein Gefühl erzeugt, welches sie dazu geneigt macht, sich den »finstern Mächten« *(Ahnfrau) ohne Widerstand auszuliefern.* Erst der neue Rationalismus der Hegelianer bricht diese Tradition ab.

Unter diesen Umständen kann es nicht wundernehmen, daß die Biedermeierzeit großes Verständnis für den Selbstmord hatte oder sogar mit ihm kokettierte. Es verrät womöglich einen besonderen Rang des Menschen, wenn er sich mit der sinnlosen Wirklichkeit, die uns umgibt, nicht abfinden kann. Der Ästhetizismus verbindet sich mit dem Selbstmord ebensogut wie mit dem Nihilismus. Die Diskussion über den Selbstmord der Charlotte Stieglitz füllt eine halbe Bibliothek und verrät häufig die Tendenz, diese für den Verstand exaltierte, ja groteske Tat ästhetisch-sittlich zu verschleiern oder gar christlich zu bemänteln. Die äußere Auflösung der alten Ordnung verhinderte die Polizei, ihre innere Auflösung durch Passivität und Verzweiflung konnte sie nicht verhindern; denn sie vollzog sich fast unmerklich im Schoße der Biedermeierkultur selbst.

Maler Nolten ist das Werk eines württembergischen Theologen. Der gleiche schwäbische Dichterkreis, der so harmlos erscheint, hatte schon vor Mörike einen Dichter hervorgebracht, den uns ein psychologisch versierter Amerikaner vor einiger Zeit unter dem Symbol des »aufgespießten Schmetterlings« als einen depressiven Dichter vorgestellt hat, der sich selbst als »ausgebrannt«, »leer« und »öde« empfand, sich mit den Verstorbenen tiefer verbunden fühlte als mit den Lebenden: Justinus Kerner [230]. Er verherrlicht in seiner Erzählung *Die Heimatlosen,* zu Uhlands Befremden, rückhaltlos den Tod, er glaubt, an der Schwelle der Geisteskrankheit zu stehen wie Hölderlin. Er baut sich auf dieser brüchigen Grundlage das Idyll von Weinsberg, in dem freilich nicht nur humoristische Geister hausen, sondern auch böse. Lenau paßt sehr gut in das Kernerhaus. Er wird von den scheinbar naiven Schwaben überhaupt mit überraschendem Verständnis aufgenommen. Auch in Österreich selbst forderte der Weltschmerz so manches Opfer. Wir denken an Raimund und an Johann Mayrhofer, den Schubert schätzte und vertonte. Man ahnt etwas von der Hintergründigkeit des scheinbar so heiteren Alt-Österreichs, wenn man bemerkt, daß sogar der gediegene Schriftsteller Michael Enk, Geistlicher im Benediktinerstift Melk, Förderer so manchen jüngeren Dichters, 1843 im Orden der Selbstmörder endete.

»Der aufgespießte Schmetterling«! Kerners Weltschmerzsymbol erinnert an die biedermeierlichen Sammlungen, in denen sich alle Naturerscheinungen ein scheinbar interessantes, dann nur noch ein lehrreiches und schließlich ein unheimliches Stelldichein gaben. Der Detailrealismus führte nicht zur Freude am Kosmos, zu einem neuen Ordnungsbewußtsein, sondern zurück in die barocken Kuriositätenkabinette, diesmal in einer bürgerlich-akademischen Form, und zur Erneuerung der Vanitasgefühle. In diesen historischen Zusammenhang ist der essayistisch isolierende, aber im Ergebnis überzeugende Aufsatz von Emil Staiger über *Schellings Schwermut* einzuordnen [231]. Staiger findet bei Schelling, nach der hochgemuten Zeit der Identitätsphilosophie, »eine immer unheimlichere Verdüsterung« [232]. Es erinnert ganz an Kerner, wenn Staiger den Philosophen zitiert: »Auch das Tiefste der Natur ist

Schwermut« [233]. Es soll die besonders hoffnungslose Situation des Philosophen in einem immer positivistischeren Zeitalter gewesen sein: »Die naturwissenschaftliche Forschung, die er von jeher nachlässig verarbeitet hatte, schritt weiter und gab ihm nicht mehr recht« [234]. An die Stelle der universalen Harmonie soll auf diesem Wege die »universale Gereiztheit« getreten sein. Staiger erinnert sich an Kerner, Mörike, Annette, Brentano u. a.; an Lenau, Grabbe, Büchner, Platen, Raimund denkt er nicht. So kommt er an das die verschiedensten Kulturgebiete gleichmäßig beeinflussende, *religionsgeschichtliche* Phänomen des Weltschmerzes nicht heran. Die Vernunft und Wissenschaft soll traditionsgemäß für den Verfall verantwortlich gewesen sein. Im Widerspruch zu Staiger wird man feststellen müssen, daß die dichterische Gefühlskultur, seit *Werthers Leiden,* mit der Destruktion voranging und daß die Philosophen (Theologen) eher dazu neigten, die Löcher wieder zu stopfen.

Kierkegaard wurde durch Grabbes *Don Juan und Faust,* wie auch durch H. L. Martensens Abhandlung über Lenaus Faust (dt. 1836, dänisch 1837) tief beeindruckt [235]. Der Weltschmerz der deutschen Dichter bildet eine der wichtigsten Voraussetzungen für Kierkegaards Nachdenken über den ästhetischen Menschen und dessen in der »Inhaltslosigkeit« wurzelnde Angst, Langeweile usw. Auch hier stoßen wir wieder auf eine traurige Priorität der Deutschen in bezug auf den Nihilismus. Unter den Philosophen lieferte wohl der unzünftige, »belletristische« Schopenhauer die erste Weltschmerzlehre. Seine *Welt als Wille und Vorstellung* erschien just 1819, in einem Schwerpunktsjahr für Bekehrungen und Selbstmorde. Ob die Literaten ihn tatsächlich ebensowenig berücksichtigten wie die akademischen Philosophen, wäre genauer zu erforschen. Möglicherweise wirkte sein Pessimismus stärker als der Rat, sich über die schlimme Welt zu erheben. In Carl Friedrich Stäudlins Buch über *Geschichte der Vorstellungen und Lehren vom Selbstmorde* (Göttingen 1824) finde ich die begrenzte Rechtfertigung des Selbstmords, welche *Die Welt als Wille und Vorstellung* (IV. Buch, § 69) lehrt, ausführlich zitiert. Man kann sicher sein, daß Stäudlins Werk, das sich mit einem so aktuellen Thema beschäftigte, großes Interesse fand. Auch diese historische Betrachtung des Selbstmordproblems trug natürlich zur Relativierung der christlichen Grundsätze an einer heiklen Stelle der Ethik bei.

Die biedermeierliche Auseinandersetzung mit dem Weltschmerz und der Selbstmordneigung verkennt selten den von uns aufgewiesenen Zusammenhang zwischen Nihilismus und Ästhetizismus; denn daß es etwas gibt, das der Dichtung vorgeordnet ist, bleibt den Konservativen selbstverständlich. Karoline Pichler, das Zentrum eines Wiener Salons und damit eine Repräsentantin des frühen Biedermeiers, kommentiert den aufregenden Selbstmord der Louise Brachmann ganz in dieser sittlich-religiösen Weise: »Warum sie [die Vorsehung] dies schwache, verletzbare Wesen durch Umstände und innere Anlagen zuerst also werden und dann schutzlos der rauhen Wirklichkeit ausgesetzt ließ? Wer vermag in dem Dunkel des Erdenwallens hierüber, wie über so viele Rätsel des menschlichen Geschickes, Auflösung zu finden? Wir müssen uns unterwerfen und glauben, daß es *recht* war, weil es *war*. Aber Mütter und Erzieherinnen, denen Gott die Bildung weiblicher Gemüter anvertraut, könnten durch dies, wie durch so manches ähnliche Beispiel sich belehren lassen, jene jugendlichen Seelen, in denen sich eine vorherrschende Anlage zur Poesie oder ähnliche Fähigkeiten finden, ja nicht zu bloßen Dichterinnen, sondern vor allen [sic] zu praktischen Menschen und Frauen zu bilden« [236]. Der pädagogische Rat ist klar; aber die Deutung »der vielen Rätsel des menschlichen Geschickes« bringt auch diese Christin in Verlegenheit, so daß sie nur noch Unterwerfung unter die Vorsehung fordern kann.

Verschiedene Folgen der Zerrissenheit

Die weiblichen Byroniden, die sogenannten Faustinen, repräsentierte 1835–48 die Gräfin Ida Hahn-Hahn. Man nennt sie eine Vorkämpferin der Frauenemanzipation, und sie hat in ihren Romanen dies Problem öfters berührt; aber sie verdient den Ehrentitel kaum. Man muß sie sich eher als eine melancholische Kreuzung von Kurtisane und Klosterschwester vorstellen. Sie stammt aus einem Komödiantengeschlecht, versuchte durch die übliche Heirat mit einem respektablen Vetter Boden unter die Füße zu bekommen, ließ sich aber bald wieder scheiden und reiste durch viele Länder. Im Prolog zu ihrem Epos *Venezianische Nächte* (Leipzig: Brockhaus 1836) erkennt sie schon den Zusammenhang zwischen dem Weltschmerz und dem Italienkult der Waiblinger, Platen, Lessmann usw.:

> Dahin entflieht, ist Euch geraubet
> Die Liebe, Eures Busens Ruh',
> Das was Ihr einst so stolz geglaubet:
> Der Mensch geh' der Vollendung zu –
> Dort seht in *einem* Sarkophage
> Ihr tausend Aschenkrüg' vereint,
> Und leicht verstummt die eigne Klage,
> Wenn um den Weltenschmerz Ihr weint [237].

Das Eingangsgedicht der Sammlung *Neue Gedichte* (Leipzig 1836) mit dem Titel *Mein Postillon* ist trauriger als Lenaus *Lieblich war die Maiennacht...*; denn dieser Postillon ist der Tod. Das Leben ist in erster Linie eine Fahrt, die mit absoluter Sicherheit zum Tode führt. In ihren *Gedichten* von 1835 (Leipzig: Brockhaus) steht eine christlich gefärbte *Entsagung* (Titel des Gedichts) neben dem Versuch, den weiblichen Nachholbedarf an Titanismus zu befriedigen (vgl. das Gedicht *Prometheus*):

> Nage denn, du grimmer Geier,
> Nage bis das Herz mir bricht.
> Süße Liebe, traute Leier,
> Ach, warum schützt ihr mich nicht! [238]

Unglücklich war sie gewiß; aber es gibt Zeiten, in denen das Unglück nicht bescheiden, sondern nur um so anspruchsvoller macht. In den letzten Sätzen ihres Romans *Gräfin Faustine* (Berlin: Duncker 1841) warnt sie selbst vor diesen Geschöpfen des Weltschmerzes: »Nehmt Euch vor den Faustinen in acht! Es ist nicht mit ihnen auf gleichem Fuß zu leben! Es ist immer die Geschichte vom Gott und der Semele –

Nein! nicht vom Gott – vom Dämon«. Es ist ein Titanismus, der heute, noch mehr als der Grabbes, oft ein wenig grotesk anmutet. Man glaubt der christlichen Droste, die manches mit den Weltschmerzpoeten verbindet, ihren Zweifel im *Geistlichen Jahr* eher als der tollen Gräfin ihre faustische Verzweiflung. Diese Biedermeier-Faustinen wissen so wenig, was sie eigentlich wollen und sollen wie die revolutionären Theologiestudenten. Nach der Revolution (1850) konvertierte sie zum Katholizismus. Einige Jahre später wurde sie Gast eines Klosters. Für ihre Bücher interessierte man sich nach wie vor, – besonders in Mädchenpensionaten; denn die Erwachsenen lasen doch lieber die Übersetzungen der George Sand, ihres Vorbilds. Man möchte sie gerne als Schlußlicht und Karikatur der Weltschmerzrichtung sehen. Aber sie ist nur ein Beispiel für die Weltschmerzexpansion, die sich trotz aller Warnungen der »Positiven« in der zweiten Hälfte der Biedermeierzeit vollzieht.

Gleichzeitig mit dem Beginn der *Hallischen Jahrbücher* erschien Ernst Willkomms Roman *Die Europamüden* (Leipzig: J. Wunder 1838), der nicht nur ein Dokument der Europamüdigkeit, sondern ausdrücklich auch der »Weltmüdigkeit« ist [239]; denn die richtigen Weltschmerzler wurden auch drüben nicht gesund, was besonders Lenaus mißglückter Ausbruchsversuch nach Amerika ad oculos demonstrierte. »Nichtgeboren sein, ist jetzt das einzige Glück, was sich ereignen kann in Europa«, liest man in Willkomms Roman [240]. Stolz spricht Bardeloh, eine der Hauptfiguren von dem »Orden des Weltschmerzes«, den die Edlen in der Brust tragen. Die Äußerung bezieht sich auf das »Wallraffsche Museum« in Köln, das nur etwas für »Kunstenthusiasten« sei: »Zu Altertümlern sind wir Modernen verdorben« [241]. Die historischen Sammlungen führen also zu den gleichen Weltschmerzreaktionen wie die gespießten Schmetterlinge. *Nachdem man von der Naturkunde und Historie das Heil erwartet hatte, mußten diese Wissenschaften enttäuschen.* Man kann zu den Erfahrungswissenschaften noch keine ausgeglichene Haltung finden. Angeekelt von Wissenschaft und Bildung lechzt Willkomm wie Grabbe und andere Verehrer Napoleons nach der Tat: »Eine Tat, ach eine Tat, die ganze Welt für eine Tat« [242]. Man wird sagen: es blieb alles Literatur. Dies ist nicht ganz richtig. Der Nihilismus führt nicht nur zum l'art-pour-l'art-Kult, sondern auch zu der noch gefährlicheren l'action-pour-l'action-Ideologie weiter. Beide Ideologien entsteigen in Deutschland schon der Weltschmerzperiode, über die wir berichten. Doch werden sie durch humanere Ideen vorläufig noch in Schach gehalten.

Der dichtungsgeschichtliche Ort der Weltschmerzpoeten

Der dichtungsgeschichtliche Ort der Weltschmerzpoeten ist nicht leicht zu bestimmen. Während sich die Jungdeutschen, die Junghegelianer und die Realisten in bestimmten Zeitschriften oder wenigstens in einzelnen Verlagen konzentrieren und kritisch betätigen oder Programme entwerfen, ist der Weltschmerz in der Biedermeierzeit allgegenwärtig. Die Anknüpfung beim Göttinger Hain haben manche Weltschmerzler mit dem Biedermeier gemein; denn im Hainbund gab es die elegische Dichtung so gut wie die idyllische. Die Steigerung der elegischen Klage führt bei den Weltschmerzpoeten zu einem rauheren, männlicheren Ton der Lyrik. Dies ist besonders bei Platen, aber auch in der Spätlyrik Lenaus, der als Österreicher zunächst stärker der Tradition verpflichtet blieb, zu beobachten. *Auf diesen spröderen elegischen Ton kommt es an,* während die Metrik zwischen orientalischen, antiken und Renaissanceformen beliebig wechseln kann. Lenaus Konservativismus verrät sich wieder darin, daß er weniger metrische Experimente macht als Platen; doch bewahrt ihn dies auch vor Mißgriffen (vgl. Band III, Kapitel Platen).

Bei Grabbe und Büchner ist die Anknüpfung beim Sturm und Drang offenkundig, doch darf man nicht vergessen, daß auch Byron dramatische Vorbilder bot. Die Weltschmerztragödie dieser Dichter ist nicht so glatt und mechanisch wie die sogenannte Schicksalstragödie von Schiller bis Müllner. Der Anschluß an die offene Form des Sturm und Drang ermöglicht eine stärkere Berücksichtigung des Details. Der geschichtliche Stoff verleiht der Weltklage größere heroische Würde und Tiefe. Trotzdem kann sich auch hier die Frage erheben, ob wir es nicht eher mit elegischen Trauerspielen als mit Tragödien zu tun haben. Grabbe baut heroische Figuren auf, obwohl er nicht mehr unbedingt an ihre Größe glaubt (vgl. Band III, Kapitel Grabbe), um noch die schulgerechte »Fallhöhe« zu erzielen. Doch kann man bei ihm so gut wie bei Büchner, der traditionelle Kunstgriffe verschmäht, behaupten, daß es den »Wertekonflikt«, den die Tragödientheorie (Max Scheler) fordert, nicht mehr gibt. Woher soll er kommen, wenn alle Werte zweifelhaft sind? Da auch in der barocken Märtyrertragödie der *Wertekonflikt* zweifelhaft ist, kann man vielleicht von Vor- und Spätstufen der Tragödie sprechen und die Weltschmerztragödie als Spät- und Schwundstufe verstehen. Bei Grillparzer läßt sich bei beflissener Interpretation ein Wertekonflikt erkennen, bei *Sappho* etwa der zwischen Liebe und Kunst, in *Des Meeres und der Liebe Wellen* der zwischen Liebe und klösterlicher »Sammlung«, im *Bruderzwist* der zwischen Humanität und politischer Geschichte; aber in den Monologen der Hauptfiguren klingt auch bei Grillparzer der unvermeidliche Weltschmerzton an. Selbst in den hegelianisch überformten Geschichtstragödien Hebbels gibt es noch weltschmerzliche Figuren, z.B. Herodes und Demetrius. Man wird im Blick auf alle diese Dramatiker, trotz gewisser Einschränkungen, die Legitimität der damaligen Tragödie kaum bezweifeln.

Die Weltschmerzdichtung kann auch lyrisch-epische Gestalt annehmen. Das zeigen Lenaus Versepen und vor allem die starke Werthernachfolge. Diese ist zwar eher im Randwerk anders gerichteter Erzähler (Immermanns *Papierfenster...,* Stifters erste *Mappe...,* Gutzkows *Wally,* Kühnes *Quarantäne...* usw.) und in der Trivialliteratur zu finden. Doch beweist Büchners *Lenz*-Novelle, daß der Weg vom Drama zu episch-lyrischen Wertheriaden auch in der Sturm-und-Drang-Tradition offenliegt. Normalerweise sind die bedeutenderen Byroniden zu stolz, als daß sie sich zu der Erzählprosa, deren ästhetischer Wert immer noch umstritten ist, herablassen könnten. Aus diesem Grund wählte ich den Begriff Weltschmerzpoeten.

Da der Nihilismus leicht in Aggression umschlägt, haben alle Weltschmerzdichter eine satirische Ader. Bei Lenau ist an den oft recht höhnischen Kampf zu denken, den er in den *Albigensern* gegen die alleinseligmachende, die Freien verketzernde Kirche führt. Platen versucht in satirischen Komödien den Aristophanes gegen seine literarischen Feinde zu spielen. Bei Grabbe gibt es *Scherz, Satire, Ironie und tiefere Bedeutung,* außerdem in allen Tragödien Einzelszenen, in denen der Übermensch auf Kosten der gewöhnlichen Leute glorifiziert wird. Büchners Witz richtet sich überall satirisch gegen die traditionelle Gesellschaft und ihre Moral. Unter den Dichtern, die *zwischen* den Richtungen stehen, ist Heine hinsichtlich der Satire ein besonders instruktives Beispiel. Ohne das Bewußtsein des metaphysischen Ungenügens, »des Weltrisses« hätte seine Polemik nicht das grandiose Format. Schon bei Busch wird die Satire, trotz der Schopenhauer-Jüngerschaft, humoristischer und damit ein wenig gutmütiger. Der metaphysische Hintergrund macht auch verständlicher, warum die Stoßrichtungen von Heines Satire wechseln. Er nimmt ja nicht nur die Kirche und den Staat der Restauration oder den genialisch sich gebärdenden Grafen Platen, sondern auch seinen Schicksalsgenossen Börne und die Vormärzpoeten aufs Korn. Was er an politischem »Charakter« und sozialistischem Prestige bei den Linkshegelianern verlor und immer noch verliert, gewann und gewinnt er an metaphysischer Würde und damit wohl auch an poetischer Tiefe.

Noch näher bei der metaphysisch begründeten Satire des alten Europa steht der politisch passivere Österreicher Nestroy. Auch seine Tiefe ist aus der Vanitas-Stimmung gespeist, auch er fand in der hochgemuteren, realistischen Epoche keinen ebenbürtigen satirischen Nachfolger. Man wird sich freilich bei dem Theater- und Gesellschaftsmenschen Nestroy, der den Weltschmerz höchst erfolgreich verdrängte, fragen müssen, ob man ihn überhaupt in eine Richtung seiner Zeit einordnen kann oder nicht einfach in der so stark nachwirkenden Barocktradition belassen muß. Jedenfalls steht er dieser im Koordinatensystem der Richtungen näher als den Weltschmerzpoeten. Gebrochener und anspruchsvoller, romantischer und »humoristischer« ist Ferdinand Raimund. Er gehört zu denen, die der Humor nicht vor Verzweiflung und Selbstmord retten konnte. Auch seine mißlungenen Trauerspiele gewinnen in diesem Zusammenhang einen gewissen Sinn. Man darf ihn, wenn auch mit Abstand, zu den Weltschmerzpoeten stellen.

Am leichtesten kann man die Weltschmerzpoeten unter stilgeschichtlichen Gesichtspunkten zusammensehen. Der männliche, spröde oder heroische Ton, von dem ich schon sprach, entsteht vor allem durch die sogenannte Kürze des Ausdrucks. Der ursprüngliche Lehrmeister dieses Ausdrucksmittels innerhalb der Gefühlskultur war Klopstock. Herder bestätigte in seinem Eintreten für das Volkslied und die Ballade den besonderen Wert des kurzen, »abgebrochenen« Tons. Von der heroischen Ballade zur heroischen Weltschmerzlyrik und zur Tragödie war es nicht weit. Während die idealistischen Dichter – man denke an Schiller, Hölderlin und besonders Jean Paul – zur weitausschwingenden, harmonischen (ciceronianischen) Syntax neigten, griffen die nachidealistischen Poeten auch in stilistischer Hinsicht auf den Sturm und Drang zurück. Einer enttäuschten Jugend, die immer noch von Napoleon träumte, lag sowohl die militärische wie die vernichtende Kürze nahe. Der jungdeutsche Mundt erhob den taciteischen Stil zum Vorbild, Börne und Heine handhabten ihn meisterlich. Die übrigen Jungdeutschen, vielleicht mit der Ausnahme Gutzkows, und erst recht die Junghegelianer, waren zu akademisch, um diesem Stilideal zu genügen. Den stolzen und spröden Weltschmerzpoeten dagegen war die Kürze vollkommen angemessen, am meisten Büchner und Platen. Auch Nestroy war ein Meister der Kürze. In dieser Hinsicht tritt er eindeutig neben die Weltschmerzpoeten. Sogar die herbe Kürze und Dunkelheit von Annettes Stil begründet sich eher in ihren Zweifeln und in ihrer Melancholie als in ihrem nordischen Sehertum. Kurze, geschliffene oder abgebrochene Sätze, Ellipsen, starke Metaphern und Vorsicht gegenüber der rhetorischen amplificatio – wenn sie nicht parodistisch verwendet wird –, dieser Stil kennzeichnet alle desillusionierten und wortkargen Dichter der Biedermeierzeit. Da von der brevitas und dem brevitas-Programm später ausführlicher gesprochen werden muß (vgl. besonders unten S. 619 ff.), begnüge ich mich hier mit dieser Andeutung.

Ich hoffe, es ist deutlich geworden, daß sich bei den Weltschmerzpoeten die verschiedenen Traditionen der deutschen Gefühlskultur abkühlen und modernisieren, in poetisch imposanter, sonst freilich gefährlicher Weise. Man wird der Richtung, im Gegensatz zu manchen späteren Erscheinungen des »sauren Kitsches« (Hans Egon Holthusen) eine gewisse Ursprünglichkeit und Kraft nicht absprechen können. Unsere nächste Aufgabe ist es, einen Blick auf *die* Empfindsamkeits- und Romantiktradition zu werfen, die nicht in Weltschmerz umschlug.

DIE EMPFINDSAMKEITSTRADITION

Wer der Biedermeierzeit gerecht werden will, muß sich deutlicher als bisher vor Augen halten, daß die Empfindsamkeitstradition in ihr noch recht lebendig ist. Die Versuche der Stürmer und Dränger, die Empfindsamkeit zu überwinden, waren nicht erfolgreich gewesen. Abgesehen davon, daß der Göttinger Hain, der sich zu Klopstock bekannte, eine stärkere Nachwirkung als die südwestdeutsche Gruppe hatte, muß man sich daran erinnern, daß Goethe und Schiller selbst, nach ihrer Genieperiode, wieder in die Strömung des empfindsamen Klassizismus (Winckelmann) geraten waren. Während Goethe Wielands *Alceste* im Sturm und Drang verspottet *(Götter, Helden und Wieland),* ahmt er die süße Harmonie ihrer Verse in der *Iphigenie* nach, und Schiller wird schon durch seine Neigung zur Rhetorik in die pathetisch-empfindsame Tradition zurückgeführt (»Freude schöner Götterfunken...« u. dgl.).

Die Romantiker jammern oder spotten über die Empfindsamkeit. So klagt A. W. Schlegel in den Berliner Vorlesungen über die »Überschwemmung von empfindsamen Romanen« [243]. Sie wollen die Sentimentalität durch Ironie und Satire zerstören; aber die Empfindsamkeitstradition ist mächtiger als ihre Kritik. Sie wirkt im eigenen Lager, z. B. bei E. T. A. Hoffmann und bei Tieck, weiter. Jean Paul sorgt mit seinen anspruchsvollen Romanen und Theorien dafür, daß die Empfindsamkeit poetisch und gesellschaftlich nicht absinkt. Während Goethe als kalt verschrien und Schiller zu einseitig von seiner idealistisch-pathetischen Seite her interpretiert wird, bewahrt Jean Paul, im konservativen wie im liberalen Lager, bis in die vierziger Jahre sein sittliches und poetisches Ansehen. Der rationalistische Bouterwek stellt im 11. Bande (Göttingen: J. F. Röwer 1819) seiner *Geschichte der Poesie und Beredsamkeit* fest, daß die »zwei Geisteskrankheiten« »Genieaffektation« und »Empfindelei« immer noch herrschen; ja, er fügt hinzu: »übrigens war die neumodische Ziererei, die noch dauert, nicht sehr verschieden von der veralteten« [244]. August Langen fand entsprechend für sein Buch *Der Wortschatz des deutschen Pietismus* (1954) noch im Vormärz ergiebige Quellen. Millers *Siegwart*, ein extrem empfindsamer Roman, wurde bis 1844 aufgelegt [245]. Menzels Behauptung, die »Leiden und Taten der Völker« hätten die Privatleiden »vergessen gemacht« [246], war einer der kollektivistischen Kurzschlüsse, zu denen diese Zeit neigte. Man braucht nur an die Einflußsphäre des Königs Friedrich Wilhelm IV. von Preußen zu denken, um zu wissen, daß die »Schwärmerei« bis an das Ende der Biedermeierzeit noch kein sozial gesunkenes Kulturgut war. Erst der programmatische Realismus drängt, nach der Vorbereitung durch die hegelianischen Kritiker, *mit einigem Erfolg die »sentimentale Schreibweise« ins Kleinbürgertum ab* (Zeitschrift *Gartenlaube*). Doch verraten Erscheinungen wie Louise von François, Storm und Ferdinand von Saar, daß auch manche Meister der zweiten Jahrhunderthälfte noch Mühe hatten, dem realistischen Programm einer humoristischen oder jedenfalls unpathetischen Dichtung praktisch zu entsprechen.

Wie man die Empfindsamkeit, ohne sie zu zerstören, durch andere Stilschichten erträglicher machen kann, hatte schon Jean Paul, das hochgeachtete Vorbild, gelehrt. In der ganzen Biedermeierzeit ist davon auszugehen, daß eine *Spannung zwischen der Empfindsamkeitstradition und entgegengesetzten, stilsenkenden Tendenzen* besteht. Doch ist dabei nicht nur an die humoristische Kompensation im Gefolge Jean Pauls und an die Parodie der Empfindsamkeit nach dem Beispiel Wielands oder Heines zu denken. Auch der Detailrealismus Platens, Gotthelfs, Stifters, Mörikes, der Droste und vieler anderer Dichter bewirkt, daß die Empfindsamkeit in Schach gehalten wird, nicht etwa das ganze Werk überwuchern, sondern nur an einzelnen Höhepunkten offen hervortreten darf. Es wäre gewiß unhistorisch, das empfindsame Element, das mit großer Mächtigkeit im gesamten vorrealistischen Jahrhundert (1750–1850) gegenwärtig ist, an jeder Stelle, wo es erscheint, als Symptom des Epigonentums zu verstehen. Damit würde man der immer ferner rückenden, aber großen Epoche der deutschen und europäischen Gefühlskultur kaum gerecht. Dagegen darf wohl behauptet werden, daß die *Auseinandersetzung* mit der Empfindsamkeit, und ihre Einschränkung, alle bedeutenden Dichter von Wieland und Lessing bis Stifter, Gotthelf und Mörike beschäftigt hat. Es ist zugleich die Auseinandersetzung mit dem hohen Stil, der in Deutschland durch Klopstock seine Wiedergeburt erlebt hatte, durch immer neue idealistische Vorstellungen gestärkt, aber seit der Rokokoskepsis auch immer wieder empiristisch in Frage gestellt worden war. *Der Weg zum mittleren, realistischen Stil war weit.* Sogar sein größter, vielbewunderter Pionier, Goethe, beweist bis in den Makarienbereich der *Wanderjahre* hinein, daß es ungerecht wäre, von der ein ganzes Jahrhundert fundierenden Spannung zwischen Enthusiasmus und Empirismus nicht auszugehen. Man darf behaupten, daß die Stilschichtung für die überwiegende Zahl der nachromantischen Autoren charakteristisch ist, und, neben der mangelhaften »Komposition«, das Hauptärgernis für die realistischen Einheitskrieger war (s. u. S. 276 ff.).

Schwierig ist die Bestimmung der Toleranzgrenze da, wo die Empfindsamkeitstradition ungebrochen oder fast ungebrochen in Erscheinung tritt. Georg Hermann nahm in seine frühe Anthologie *Das Biedermeier* (Berlin u. a. 1913) ein Gedicht von Karl Herloßsohn mit dem Titel *Die Träne* (um 1840) auf. Offenbar hielt er diese Verse für biedermeierlich, obwohl sie heute parodistisch wirken, – mit Recht; denn das »gemütvolle« Biedermeier läßt sich auf weiten Strecken vom empfindsamen nicht unterscheiden. Das Gedicht beginnt mit der folgenden Strophe:

> Zerdrück die Träne nicht in deinem Auge,
> Du hast die Träne ja um mich geweint!
> Vergönn mir, daß ich diese Perle sauge,
> Daß sie mit meinen Lippen sich vereint!
> Wie macht die Träne dich so wunderschön –
> Ich möcht' dich ewig, ewig weinen sehn! [247]

Die Imperative und Ausrufe, die Anaphern, die alten Metaphern und Hyperbeln verweisen das Gedicht in die Tradition der empfindsamen Rhetorik. Doch führt es im Sinne der Zeit schon von der falschen, »abstrakten« Empfindsamkeit ab, wenn das Gedicht mit einem klaren Eheversprechen schließt:

> O weine nicht, an Gottes Traualtar
> Flecht ich dir bald die Myrte in das Haar.

Nicht so konkret ist unser nächstes Tränengedicht:

> Lehn deine Wang' an meine Wang',
> Dann fließen die Thränen zusammen!
> Und an mein Herz drück fest dein Herz,
> Dann schlagen zusammen die Flammen!
>
> Und wenn in die große Flamme fließt
> Der Strom von unsern Tränen,
> Und wenn dich mein Arm gewaltig umschließt –
> Sterb' ich vor Liebessehnen!

Auch hier die Imperative und die Ausrufe. Die alte Wasser- und Flammenmetaphorik und der unverbindliche petrarkistische Schluß machen das Gedicht fast noch traditioneller. Es trägt aber einige Spuren von der Geschicklichkeit seines Dichters Heine *(Lyrisches Intermezzo 6)*.

Im nächsten Gedicht – es ist von Rückert – weint der Dichter allein; aber wieder sind die Tränen Perlen. Auch die Ergänzung der rhetorischen Ausrufe durch rhetorische Fragen verändert den Stil des Gedichts nicht entscheidend.

Liebesopfer.

Kommt der Paradiesesvogel
    Noch einmal zum alten Baume,
    Daß sich die verblühte Jugend
    Ihm erneu’ im Liebestraume?

Schöner Blicke Wetterleuchten
    Sei in Wolken mir gesegnet!
    Wieder steht mein Aug’ im Feuchten,
    Lange hat mir’s nicht geregnet.

Diese Perlen gabst du mir;
    Sollt’ ich wohl mich scheuen,
    Vor die Füße, Liebe! dir
    Meinen Schatz zu streuen? [248]

Der höhere ornatus, der in den Fragen und in der aufdringlicheren Metaphorik zu erkennen ist, wird durch eine zarte Schalkhaftigkeit kompensiert. Die Empfindsamkeitstradition erscheint in den drei Gedichten überhaupt immer wieder ein wenig anders; *aber es wurde wohl deutlich, daß sie noch lebendig und auch den besseren Dichtern ein Bedürfnis ist.* Gedichte dieser Art gehören in die Peripherie der Biedermeierdichtung, haben alle etwas von hausgemachter Gelegenheitslyrik. Trotzdem wird man ihnen als Kleinigkeiten von begrenztem Wert ein gewisses Lebensrecht in ihrer Zeit zubilligen dürfen. Auch bei Mörike, der in der Überwindung der Empfindsamkeit weiter kommt als die meisten seiner Zeitgenossen, gibt es die sentimentale Rhetorik. Man beachte in seinem Gedichtchen *Lebe wohl* die Anapher, Hyperbel, Interjektion und petrarkistische Klimax:

›Lebewohl‹ – Du fühlest nicht,
Was es heißt, dies Wort der Schmerzen;
Mit getrostem Angesicht
Sagtest du’s und leichtem Herzen.

Lebewohl! – Ach tausendmal
Hab ich mir es vorgesprochen,
Und in nimmersatter Qual
Mir das Herz damit gebrochen!

Die (nach unserm heutigen Verständnis!) besten Gedichte Mörikes, Heines und der Droste haben keine so ungebrochene Empfindsamkeit. Aber die Zeitgenossen liebten oft gerade die *süßen* Speisen. Daher war Heines *Buch der Lieder* erfolgreicher als seine späten, etwas spröderen Gedichtsammlungen, und Lenau, der heute umstritten ist, war der Star unter den lyrischen Künstlern, nicht nur wegen seiner weltschmerzlichen Orgien, sondern auch wegen schlichter sinniger Gelegenheitsgedichte:

Lebewohl an Eugenie.

Lebewohl! ach, jene Abendstunde,
Und mein Glück ist schnell verrauscht,
Wie das holde Wort aus deinem Munde,
Dem mein zitternd Herz gelauscht;

241

Wie der Wellen dunkle Sprachen,
Die umbrausten unsern Nachen.

Lebewohl! kein räuberisch Geschicke
Meinem Herzen rauben kann,
Wie in deinem seelentiefen Blicke
Auf mein Glück der Himmel sann.
Stund' und Welle rauschten nieder,
Und wir sehen uns nicht wieder! [249]

Man kann verstehen, daß man Lenau den Vorzug gab, wenn man schon die Gedichtsammlungen um der süßen Rührung willen aufschlug. Die Symbolisierung der Vergänglichkeit mit Hilfe des rauschenden Wassers und das Festhalten eines verewigten Liebesaugenblicks inmitten der Vergänglichkeit macht Lenaus Gedicht raffinierter, artistischer als das Mörikes, trotz der äußeren Ähnlichkeit.

Neben der Lyrik waren es vor allem der Roman, die Novelle, das Reisebild oder wenigstens Teile dieser Prosawerke, in denen die Empfindsamkeit weiterwirkte. Der tränenselige Clauren ist kein besonders extremes Beispiel. Mit der Idylle stand die harmonische Empfindung seit Gessner in einem engen Bezug. Diese beraubte auch die idyllischen Hexameterepen oft der klassizistischen »Plastik«; denn die kalte Schönheit liebte das Biedermeier nicht. »Seelentiefe Blicke« spendeten auch die Verliebten der lyrischen Verserzählungen, die in Musenalmanache und Taschenbücher gerne aufgenommen wurden. Auf dem Theater, etwa in den beliebten Schauspielen Friedrich Kinds und Karl von Holteis, hatte die Empfindsamkeit erst recht noch ihr Bürgerrecht. Der larmoyante Stil von Ifflands Familienstücken wurde oft als besonders deutsch gerühmt und nachgeahmt. Das mächtige Wien spielte gern die Kaiserstadt mit Herz und gab der Empfindsamkeit auch nach 1830 noch in allen möglichen Formen der Literatur ein Asyl. In Norddeutschland brachte schon die Julirevolution eine gewisse Abkühlung. So wenig die Jungdeutschen die Empfindsamkeit »überwunden« haben – dies war ein begründeter Vorwurf der Realisten –, so entschlossen setzten sie sich ironisch oder parodistisch mit ihr auseinander. Auch spätbiedermeierliche Dichter wie Stifter oder die Droste bemühten sich intensiv darum, sie wenigstens spröder, »verhaltener« zu machen. Der Österreicher Sealsfield, der von Hause aus stark zur Empfindsamkeit neigte, versuchte in seinen Romanen diese Stillage durch Detailtreue und einen rauhen Männerton zu kompensieren. Der Höhepunkt der restaurierten Empfindsamkeit waren gewiß die zwanziger Jahre, die Nachkriegsjahre. Sie werden schon in den dreißiger Jahren gerne »weichlich« genannt; aber *die oft erstrebte Kühle setzte sich auch in den dreißiger und vierziger Jahren noch nicht so durch, wie dies dann dem realistischen Geschmack entsprach*. So kann z.B. Büchner ohne große Schwierigkeiten an den empfindsamen Ton von Oberlins Bericht über Lenz, trotz mancher Änderung, anschließen, und Gotthelf versäumt sowenig wie Sealsfield, seine handfesten Romane an bestimmten Höhepunkten durch empfindsame Rhetorik im Sinne der biedermeierlichen Gemütskultur zu »vertiefen«. Ich kann, im Falle solcher Stilmischungen, vor einer unreflektierten Anwendung des modernen antisentimentalen Wertmaßstabs nur warnen und werde in anderen Zusammenhängen immer wieder diesen heikeln Punkt der vorrealistischen Literatur diskutieren.

DIE ROMANTIKTRADITION

Die Erforschung der Romantiktradition leidet zunächst darunter, daß der ältere Begriff der Romantik, der mindestens bis in die Mitte des 19. Jahrhunderts herrscht, kaum bekannt ist. Romantisch ist für die Biedermeierzeit ein genauso vager Begriff wie klassisch. *Er meint nichts weiter als die Literatur* (seit dem Mittelalter!), *die nicht an der Antike orientiert ist.* Die alten Romantiker reichen von der *Edda* über Dante, Petrarca und Ariost bis zu dem Wieland, der wie Ariost in Ottaverime dichtete und sich an die »Modernen«, d. h. Nichtklassizisten, in Frankreich anschloß (Feenmärchen). Das, was wir heute Romantik nennen, die literarische Richtung seit den 1790er Jahren, muß infolge dieser Grundkonzeption neue Romantik oder Neuromantik genannt werden*; doch schließt die gewaltige geschichtliche Tiefe des damaligen Romantikbegriffs keineswegs aus, daß es nicht auch noch eine neueste und allerneueste Romantik geben wird. Eichendorff, der sie fördert, geht von dieser Möglichkeit ebenso aus wie die jungdeutschen, junghegelianischen und realistischen Programmatiker, welche die Romantiktradition bekämpfen und sie nach Möglichkeit zerstören wollen. Die *Geschichte der Romantik* (1848), die der realistische Programmatiker Julian Schmidt schrieb, beginnt mit einer Einleitung über »Das Christentum«. Das Christentum ist für ihn, genauso wie für Eichendorff, die Wurzel der Romantik, und die Frage, ob die Romantik gut oder schlecht ist, reduziert sich immer wieder auf die Frage, ob das katholische, »mittelalterliche« und barocke Christentum gut oder schlecht ist, ob es noch ein Lebens- und Herrschaftsrecht besitzt. Der Protestantismus wird entsprechend zur Vorform der Aufklärung und Revolution umgedeutet.

Da wir heute, im Unterschied zur Mitte des 19. Jahrhunderts, wissen, daß die Geschichte des Christentums mit Strauss, Feuerbach und Marx noch nicht abgeschlossen war, können wir den wahren Kern in der älteren Romantikkonzeption erkennen. Die Aufspaltung in eine historische Romantik nach 1800 und in eine angeblich zeitlose, »typologische Romantik«, die in Amerika vorgeschlagen wurde [250], verstellt den Blick auf die Tatsache, *daß durch die Romantik nach 1800 tatsächlich die christliche oder jedenfalls die katholische Kultur restauriert wurde und damit auch die Möglichkeit einer noch jüngeren Romantik sich herausbildete.* Wir werden gewiß die Richtung um 1800 nach wie vor die Romantik nennen; aber die geschichtsphilosophische Möglichkeit einer Romantik*tradition* und damit auch einer Neuromantik läßt sich nicht leugnen, und diese geschichtliche Größe ist im 19. oder

---

* Reinhold *Grimm* stößt in seinem Aufsatz »Zur Vorgeschichte des Begriffs ›Neuromantik‹« (in: Das Nachleben der Romantik in der modernen deutschen Literatur, hg. v. Wolfgang *Paulsen*, 1969, S. 32–50) auf diesen Wortgebrauch, ohne seinen Grund klar zu erkennen.

20. Jahrhundert etwas ganz anderes als eine typologische Romantik um 1000 oder 3000. Historische Größen, die geistig so fruchtbar sind und von den überkommenen Mächten so gefördert werden wie die Romantik, sind keine literarischen Eintagsfliegen*.

Mir scheint, daß man alle Literaturperioden zwischen 1815 und 1945 ohne die mehr oder weniger untergründige Romantiknachfolge nur halb versteht. Sicher aber ist, daß man von der Biedermeierzeit eine völlig falsche Vorstellung bekommt, *wenn man die ständige Präsenz der Romantiktradition und den heftigen Kampf um die Romantik nicht beachtet*. Alle Romantiker, welche die Restaurationszeit noch erleben, beteiligen sich an dem Versuch, die alte und älteste Ordnung des christlichen Abendlands wiederherzustellen, am offenkundigsten F. Schlegel, Z. Werner, A. Müller, Clemens Brentano durch ihre Bekehrungen zum entschiedenen Katholizismus. Die Forschung, welche bei dieser Entwicklung nur innerseelische Vorgänge sieht, ist nicht geschichtlich. Man kann den Vorgang natürlich auch so beschreiben, *daß dieser Romantikerkreis durch seine katholischen Tendenzen die Restauration geistig vorbereitet und anhaltend fördert*. Im Widerspruch zu dem Mythos, Österreich sei von der Romantik kaum berührt worden, stellt eine nüchterne Wiener Dissertation, die wirklich ins Detail geht, fest, die Kaiserstadt bilde um 1813 den »Mittelpunkt der romantischen Bestrebungen«**. Selbstverständlich neigte Österreich dazu, die Romantik alsbald der Barocktradition zu unterwerfen, die in ihm mächtig nachwirkte. Aber eine Barocktradition, welche von der Romantik erneuert und bestätigt wird, ist nicht mehr die alte. Sie ist vom Original fast ebensoweit entfernt, wie *Halle und Jerusalem* von *Cardenio und Celinde,* wie Brentanos geistliche Dichtung von der Friedrich von Spees und wie die Calderon-Übersetzungen Eichendorffs von Calderons spanischen Texten. Wie groß ist selbst der Abstand der glühenden Spätdramen Z. Werners von der Tragödie der alten Spanier oder der des Volkstheaters vom Lustspiel Lopes und Gozzis!

Die Romantiker passen sich auch formengeschichtlich an die Restaurationszeit an, Brentano durch Übergang zur Erbauungsliteratur, Adam Müller durch die prinzipielle Betonung der »Beredsamkeit« (*Zwölf Reden über die Beredsamkeit...,*

---

* Der älteren literarhistorischen Biedermeierforschung war, in ihren Anfängen, die enge Beziehung zwischen Romantik und Biedermeier noch vollkommen gegenwärtig. Paul *Kluckhohn* beginnt damit, das Wort Biedermeier für »die erste Generation der Nachromantiker« vorzuschlagen: »Denn die Romantik geht in das Biedermeier über ... Und in dieser Umformung erhält die Romantik sich lange über 1830, ja auch noch über 1848 hinaus« (Die Fortwirkung der deutschen Romantik in der Kultur des 19. und 20. Jahrhunderts, in: Zs. für deutsche Bildung, Bd. 4 (1928), S. 62).

** Gertrude *Prohaska*, Der literarische Salon der Karoline Pichler, Diss. Wien 1946, S. 117. Auch die politische Geschichtsschreibung in Österreich kennt die Fortdauer der Romantik nach 1815 und ihre Konflikte mit dem restaurativen Regime. Sehr gute Österreicher sahen sich genötigt, nach andern deutschen Ländern, etwa Bayern, auszuwandern. »Der deutschromantische Nationalismus, der in diesen Jahren [1808 bis 1815] auch in Österreich zuhöchst entflammt worden war, konnte nicht mehr gelöscht werden« (Eduard *Winter*, Romantismus, Restauration und Frühliberalismus im österreichischen Vormärz, Wien 1968, S. 197).

Leipzig 1817), die Brüder Schlegel durch Abbau ihres poetischen Anspruchs und stärkere Konzentration auf die wissenschaftliche oder publizistische Zweckliteratur, Eichendorff durch seine rege Tätigkeit als Literarhistoriker und Übersetzer, die Erzähler Arnim und Hoffmann durch die Aufnahme biedermeierlich-idyllischer Elemente in ihre Werke. Aber eben durch diese begrenzte Anpassung verstärkte sich der Einfluß der »grandiosen« (Modewort) napoleonischen Generation auf das bescheidenere und praktischere Nachkriegsgeschlecht. Wie mühsam gelangt Immermann von dem *Trauerspiel in Tyrol* (1828) mit seinen romantischen Wundern auf »die ehrlichen historischen Füße« seines *Andreas Hofer, Sandwirt von Passeyer* (1833) [251]! Wie weit ist Mörikes Weg von dem hoffmanneksen Künstlerroman *Maler Nolten* (1832) zum »naiven« *Stuttgarter Hutzelmännlein* (1853). Wieviel Vorurteile muß Grillparzer ablegen, bis er zum Biedermeierklassizismus der *Ottokar*-Tragödie gelangt [252]. Man wird behaupten dürfen, *daß die Wirkung der Romantiker auf die jüngere Generation um so stärker war, je besser sie sich an die Nachkriegszeit anzupassen verstanden.* Eichendorff († 1857), welcher der Romantik treuer blieb, hat die Biedermeierdichter nicht so stark beeinflußt wie Tieck († 1853). Der früheren Forschung erschien der alte Novellen- und Salon-Tieck im Kreise der »deutschen Romantik« immer ein wenig verdächtig. Dazu paßt unsere heutige Erkenntnis, daß er sich im Alter zu einem der repräsentativen Dichter der nüchterneren und europanäheren Biedermeierzeit entwickelte. Wir werden ihn in der ganzen Epochendarstellung (besonders im II. Band, Kapitel Erzählprosa) im Auge behalten müssen. Hier nur einige Hinweise auf die Art, wie der alte Romantiker (geb. 1773) in der Restaurationszeit die Romantiktradition repräsentierte.

Zu einer vorsichtigen Behandlung des äußerst verwickelten Problems zwingt nicht nur die Begriffsverwirrung in unserer Literaturgeschichte, an der wir ja selbst schuldig sein könnten*, sondern auch eine Feststellung, die F. Schlegel in den Wiener Vorlesungen machte und die ich immer wieder bestätigt fand: »Der Sektengeist selbst, so tief er auch eingewurzelt ist in Deutschland, hat offenbar abgenommen während der letzten Zeit« [253]. Schlegel verbindet diese Meinung mit der Hoffnung auf die »neue Generation«, die das 19. Jahrhundert besser machen wird als das 18. [254].

---

* Wilhelm *Gößmann* will in »Hochland« (Bd. 54 (1961/62), S. 45–59) eine christliche »Nachromantik« mit Eichendorff, Annette, Mörike u. a. von der »Spätromantik« trennen. Exakter, im Sinne einer Einordnung der Biedermeierzeit in die europäische Romantik, wäre dann noch Bruno *Markwardts* Begriff »biedermeierliche Nachromantik« (Geschichte der Poetik, Bd. 4, 1959, S. 20), der freilich leider durch den Ausdruck »nachromantischer Biedermeier« wieder verwirrt wird. Mit Recht stellt auch B. *Tecchi* (Romantici Tedeschi, 1959) enge Beziehungen zwischen der Romantik und dem, was wir Biedermeier nennen, her, während Henri *Plard* die Türe der Romantik 1826 mit dem »Taugenichts« und der »Harzreise« einfach zuschlägt (»Littérature allemande«, hg. v. Fernand *Mossé*, Paris 1959, S. 502). Ob man in Zukunft nicht wenigstens solche Simplifizierungen vermeiden könnte? Daß es eine gediegene *Romantiknachfolge* gibt, die man nicht als Epigonentum diffamieren sollte, wurde auch für England in der letzten Zeit betont: Christian *Enzensberger*, Die Fortentwicklung der Romantik am englischen Beispiel: Thomas Hood, in: DVjs, Bd. 38 (1964), S. 534–60; W. D. *Robson-Scott*, German Life and Letters, Bd. 14 (1961), S. 226, gegen

Er überschätzte also die Romantik und wußte noch nicht, wie bald die Kämpfe zwischen der christlichen Tradition und der erneuerten Aufklärung wieder aufflammen würden. *Recht hat er aber hinsichtlich des Abflauens der älteren Richtungskämpfe um 1815. Man muß sich nach dem Versagen der hochklassischen und frühromantischen Ideologie die überholten Richtungen gesprächsbereit und übergänglich vorstellen.* Meistens war es nur noch eine Frage des Gegenstandes, ob man klassisch oder romantisch stilisierte. Wie Schinkel in Paretz bei Potsdam die Kirche gotisch, das Schloß klassizistisch baute [255], so pflegten auch die Dichter den alten Dogmatismus durch einen anschmiegsamen *Eklektizismus* zu ersetzen. In diese Situation paßt nun die Konversations- oder Salonnovelle des alten Tieck ausgezeichnet. Er ist, als er sich den neuen Ruhm eines großen alten Mannes zu erwerben beginnt, annähernd fünfzigjährig. Damit ist für den Historiker, der etwas von Generationskämpfen versteht, schon klar, daß Tieck mit den *späteren* »Sekten« nichts mehr zu tun haben wird. An der Jagd auf die Jungdeutschen beteiligt er sich noch einigermaßen. Die junghegelianischen und realistischen Programmatiker dürften ihn kaum mehr interessiert haben. Der alte Romantiker endet ganz konsequent als Geheimer Hofrat Friedrich Wilhelms IV. Die ältere, längst widerlegte These von »Tiecks Abwendung von der Romantik« braucht nicht mehr diskutiert zu werden; aber die Frage, wie die dichterische Entwicklung aussah, die zu so groben Mißverständnissen führte, verdient immer noch eine klärende Antwort*.

Der literarhistorische Ort des alten Tieck

Tieck kehrt aus der unbestimmten Welt der Universalpoesie, der magischen Landschaft eines *Blonden Eckbert* und *Runenberg* ganz bewußt in den Alltag zurück. Er läßt in seinen Novellen die Barone, Kaufleute, Künstler, Gelehrten, Hofräte, Geistlichen usw. die gängigen Zeitprobleme diskutieren. Er wird in höherem Maße ein Gesellschaftsschriftsteller, als es Goethe jemals gewesen ist, und bildet damit eine

---

Eudo C. *Mason* (Deutsche und englische Romantik, 1959), der die englische Romantik nicht ausgreifend und schwungvoll genug findet. Für den Abbau des einseitig irrationalen Romantikbegriffs spricht auch der Umstand, daß der erfolgreichste Mythologe der Frühromantik, F. Schlegel, später zu den publizistischen Stiftern der nazarenischen Schule gehörte (Richard *Samuel* in seiner Besprechung der historisch-kritischen F. Schlegel-Ausgabe, in: GRM, N.F. Bd. 10, 1960, S. 459), für die ja die altdeutsche »Biederkeit« ein Ideal war. Wie jung der verengte Romantikbegriff selbst in Deutschland ist, belegt u. a. das Kapitel »Die jüngere Romantik« in Ludwig *Geigers,* Berlin 1688–1840, Bd. 2, 1895, S. 414–436. Geiger rechnet die Dramatiker Michael Beer und Friedrich von Uechtritz, die beide 1800 geboren sind und beide seit 1823 publizierten, noch zur Romantik.

* Rudolf *Lieske,* Tiecks Abwendung von der Romantik, 1933, ist schon von Josef *Körner* abgelehnt worden. In neuerer Zeit versuchen vor allem junge Forscher wie Jörg *Hienger* (Romantik und Realismus im Spätwerk Ludwig Tiecks, Diss. Köln 1955) und Jürgen *Heinichen* (Das späte Novellenwerk Ludwig Tiecks, Diss. Heidelberg 1963) ein differenzierteres Bild von dem überaus komplizierten alten Dichter zu geben. Ich stütze mich im folgenden auf sie. Demnächst Ralf *Stamm,* Tiecks Behandlung des Wunderbaren, Diss. München.

Brücke zwischen der Welt Nicolais, in der er jung war, und den jungen Literaten der Biedermeierzeit. Er muß freilich die alte Erfahrung machen, daß die Jungen gerade die Brücken, die sie benützten, hinter sich abzubrechen geneigt sind.

Der alte Tieck ist wie die Besten unter den Nachwuchsschriftstellern der Zeit literarisch verhältnismäßig bescheiden. Er schreibt keine mysteriöse Supertragödie wie der alte Goethe oder der richtungslose Immermann, sondern immer nur »Novellen«, d.h. Romane und Erzählungen, die als Prosa in der Poetik noch grundsätzlich umstritten sind. Er verfaßt auch historische Romane und macht dazu ausführliche Quellenstudien, wie dies seit Walter Scotts Auftreten üblich geworden ist. Es scheint also leicht zu sein, ihn neben Hauff, Alexis oder Stifter zu stellen und, wenn nicht in den Realismus, so doch ins Biedermeier einzuordnen. Das ist tatsächlich die einzige Richtung, der sich der liberalkonservative Dichter nach 1815 nähern kann; aber eben an dieser Stelle zieht er auch selbst eine scharfe Grenze zwischen der »grandiosen«, napoleonischen und der bescheideneren Nachkriegsgeneration. Mit eindeutiger Spitze gegen Walter Scott und sein deutsches Gefolge verspottet er die neumodische Beschreibungssucht: »Ein großes, reiches Talent, welches seine Kunst der Darstellung oft gemißbraucht hat, hat alle seine Nachahmer in schreibende Schneider oder zuschneidende Schreiber verwandelt« [256]. Der Romantiker setzt sich damit unmißverständlich von dem Detailrealismus ab, den die Biedermeierdichter bis hin zu Stifters *Witiko* begierig weiterentwickelten. Tieck, der die Ironie nach wir vor für unentbehrlich hält, will keine Objektivität oder gar Naivität wie Hauff, Mörike, Stifter usw. fingieren, sondern mit einer womöglich noch offeneren Reflexion als im *Phantasus* erzählen. Dem entspricht, daß er sich weder in den historischen noch in den Gegenwartsromanen dem Stoffgebiet nähert, das dem Biedermeier am liebsten ist, nämlich der heimatlichen Geschichte, »Sitte« und Landschaft (historischer Heimatroman, Dorfgeschichte).

Er hat erlebt, wie furchtbar in der Wirklichkeit die von der Restauration verklärte Geschichte ist, und er wählt jedesmal solche historische Stoffe, in welcher das schlichteste Ideal der Sitte, der Menschlichkeit, ja Gesetzlichkeit bedroht ist. Es scheint der alte Schauerromantiker in ihm zu sein, der von Ketzerausrottungen *(Der Aufruhr in den Cevennen),* von grausamster Inquisition *(Der Hexensabbath)* und von blutigen Bürgerzwisten *(Vittoria Accorombona)* erzählt; aber die Perspektive, aus der er jetzt das Grauen der Welt vergegenwärtigt, ist nicht mehr die weltschmerzliche, sondern, mehr oder minder deutlich, die humanitäre. Er macht unbekümmert Anleihen bei der Aufklärung, bei Lessing, bei Goethe, um der Welt nicht mehr hoffnungslos gegenüberzustehen und aus dem Runenberg-Fatalismus herauszukommen. Durch diese Überwindung oder doch Auflichtung seines ursprünglichen Weltschmerzes hat er sich neben den Faustdichter, für das Bewußtsein vieler Zeitgenossen sogar über ihn gestellt; denn den seltenen Dichtungen des alten Goethe haftete etwas Entrücktes und Rätselhaftes an, während Tiecks Konversationsnovellen, die Jahr für Jahr in den Taschenbüchern erschienen, den Dichter immer mehr als überlegenen Weisen, ja als Ratgeber in allen Lebensfragen erscheinen ließen. So machte er z.B. in dem Entwicklungsroman *Der junge Tischlermeister* aus dem zerstörenden Runenberg die wohldosierte Ferienausschweifung eines verheirateten jungen Handwerkers bei zwei »Zauberinnen« in Schloß und Dorf.

Man mag diese entdämonisierte Romantik, etwa im Sinne der *Lehrjahre* (Philine), klassisch nennen. Biedermeierlich ist eine so »unsittliche« Lösung der erotischen Probleme jedenfalls nicht. Die Biedermeiererzähler schwanken zwar in der Frage, ob so ungeheuerliche Dinge wie Ehebruch überhaupt dargestellt werden dürfen. Einig sind sie sich aber in der sittlichen Auffassung, daß das Laster zu verurteilen ist. Tieck ist immer noch der alte Magier, der Rattenfänger, wenn er auch weiß, daß man die Kinder der Restauration anders locken muß als die der Revolution. Dem Biedermeier ist das Ungeheure in vorsichtigen, kleinen Dosen aufregend genug, und Tieck, empfänglich wie er ist, hat von Novalis und Solger gelernt, daß die wahre romantische Meisterschaft darin besteht, Alltägliches zu verzaubern. Er spielt gelegentlich auch mit dem Wunder; aber der Salonschriftsteller tut es so raffiniert, daß der gebildete Leser (oder vielmehr Hörer!) am Ende nicht mehr weiß, wo ihm der Kopf steht. Den Gespenster-Hoffmann, will sagen die trivialere romantische Konkurrenz, bekämpft er noch grimmiger als den Detailrealismus. Man durfte sich bei ihm immer in »höherer Gesellschaft« fühlen. Diese *mondäne Equilibristik zwischen Wunder und Alltag* hat dem reifer werdenden Mörike, wie es scheint, mehr imponiert als Hoffmanns Schauertechnik; denn er versucht, auch sie (in dem Märchen *Der Schatz*) nachzubilden, und erst nach diesem virtuosen Experiment arbeitet er mit dem biedermeierlichen Naivitätsideal. Mörikes *Schatz* ist nur ein besonders naheliegendes Beispiel. An hundert Stellen wirkte Tieck in ähnlicher Weise auf die Produktion der jüngeren Erzähler. Auch bei Hoffmann hatten die Dichtungen, die das Wunder und den Alltag (wie z.B. *Der goldene Topf*) vermischten, die stärkste Wirkung. *Tiecks und Hoffmanns mächtiger Einfluß ist wohl eine Hauptursache für die Tatsache, daß sich die Biedermeiergeneration nur zaghaft von der Romantik ablöste und daß eine reinere Ausprägung des Biedermeiergeistes zunächst nur selten zu finden war.* Soweit die jüngere Generation den revolutionären Richtungen zuneigte, durchschaute sie Tiecks virtuos-konservative Maskerade bald. Sie war zwar noch nicht so orthodox an der objektivistischen Werkästhetik orientiert, daß sie sein künstlerisches Talent leugnete. Dieses war, wie das Heines, so gut wie unumstritten. Aber sie vermißte den »Charakter«, und Gotthelf oder Stifter hätten sich diesem Vorwurf gewiß anschließen können; denn die Zeit trieb auf neue Entscheidungen zu.

Abgrenzung Eichendorffs vom Biedermeier

Die Parteinahme gegen die »fratzenhafte«, »phantastische«, »haarsträubende« Romantik bei einem gleichzeitigen Bekenntnis zu dem »rein Wunderbaren« findet man auch bei Franz Horn [257]. Tiecks Methode, alles bei der »Ahnung« zu belassen und sich weder empiristisch noch supranaturalistisch festzulegen, entsprach einem weitverbreiteten Bedürfnis in Biedermeier-Deutschland. Selbst Berthold Auerbach, einer der wenigen älteren Schriftsteller, welche die realistischen Programmatiker dann noch einigermaßen gelten ließen, beschwor den »poetischen Hauch« der Romantik gegen den »schmutzigen Naturalismus der Nachbarvölker«. Unter diesen Umständen ist es nicht so erstaunlich, daß Eichendorff bis zu seinem Tode (1857) der Romantik treu blieb und sie nicht nur in theoretischen Schriften verteidigte, sondern auch dichterisch in Romanen, Gedichten und Versepen immer neu praktizierte. Walther Rehm hat den unerwarteten Nachweis geführt, daß noch der nüchterne Schweizer Jacob Burckhardt von Eichendorffs Romantik berührt wurde [258]. Auch eine Beziehung zwischen *Heinrich von Ofterdingen* und dem *Nachsommer* ist nicht so unmöglich, wie man zunächst vermutet (vgl. III. Band, Kapitel Stifter). Der Schatten der Romantik liegt über dem ganzen Jahrhundert. Eichendorff selbst ist schon durch sein entschieden christliches Dichten und Denken Männern wie Stifter verbunden. Wenn man gesagt hat, sein bekanntes Gedicht *Die zwei Gesellen* verrate bereits die Gefahr, in bürgerlicher Trivialität oder in einer besonders traditionellen Form der Religion zu versinken [259], so ist dies ein Urteil im Geist einer besonders traditionellen Romantikforschung, das man nach dem zweiten Weltkrieg nicht mehr für möglich halten sollte. Dem Freiherrn geht es doch nicht um Bürgerlichkeit und Kirchlichkeit, sondern um die Errettung vom Dämonischen, das er nach den Erfahrungen der Napoleonischen Zeit nicht mehr poetisch verklären und damit verharmlosen kann. Noch in den Epen der 1850er Jahre (vgl. Band II, Kapitel Versepik) hat er in diesem christlichen Geist mit dem Dämon der Revolution und jeder Art von weltlicher Freiheit gestritten. Sein Tragödienbegriff unterscheidet sich von dem christlich-pantheistischen der Frühromantik dadurch, daß ihm eine Versöhnung zwischen der dämonischen Ichhaftigkeit und der heiligen Ordnung der Welt nicht mehr möglich erscheint [260].

Dieser christlich begründete Dualismus verbindet ihn mit dem Biedermeier der Droste, Gotthelfs und Stifters und hat gelegentlich eine ähnliche Folge für die Dichtung. Man muß z.B., wie beim *Geistlichen Jahr* der Droste wissen, was geistliche Lyrik ist, wenn man einem bestimmten Teil von Eichendorffs späten Gedichten gerecht werden will. Trotzdem ist Eichendorffs Treue zur Romantik jedem fühlbar, der etwa seinen Roman *Dichter und ihre Gesellen* mit Gotthelfs *Bauernspiegel*, der ungefähr gleichzeitig erschien, vergleicht. Für Eichendorff ist die detailfreudige Dorfgeschichte ein Abfall in die poesielose Trivialität, im besten Fall eine »Hungerkur« gegen falsche Romantik. Bei ihm muß die Sprache, bis in die kleinste stilistische Einheit, vom musikalisch-poetischen Geiste durchdrungen sein, sie muß noch singen und klingen, so gut wie bei Novalis, und darf nicht bis zur Rhetorik absinken, wie dies Gotthelfs didaktischer und beschreibender Erzählstil ungeniert tut. Es liegt vollkommen in der Konsequenz seiner romantischen Haltung, wenn Eichendorff noch auf die neue Abkühlung, welche die Märzrevolution und das realistische Programm bewirkten, mit glühenden, hochpoetischen Verserzählungen antwortete. An diesem Punkte traten Stifter und Eichendorff, Spätbiedermeier und Spätromantik klar auseinander; denn der große Österreicher reagierte auf die unchristliche Kältewelle mit einer noch forcierteren Verhaltenheit und Sprödigkeit, um seine Glut und Andacht zu verbergen.

»Die schwäbische Romantik«

Anders liegen die Dinge in der sogenannten »Schwäbischen Romantik«. Offenbar war J. Nadler doch auf einer richtigen Spur, als er die Romantik in Nordostdeutschland ansiedelte. Nicht nur mit Österreich, was man allgemein zugibt, sondern mit ganz Süddeutschland steht das Biedermeier in einer Art Natur- und Wahlverwandtschaft. Dort ist auch, bis zum heutigen Tag, die Biedermeiertradition am stärksten*. Der besondere Reiz des Buches, das Gerhard Storz über die *Schwäbische Romantik* (1967) geschrieben hat, besteht für den Fachmann darin, daß Storz ganz unschuldig und unbewußt, ohne die Biedermeierforschung zu kennen, in dieser süddeutschen Romantik starke Biedermeierzüge findet. Die Dichter und Dilettanten finden sich im Biedermeier überall freundschaftlich zusammen, nicht nur die schwäbischen [261]. Desgleichen orientieren sich fast alle Biedermeierdichter an der Landschaft und Geschichte ihrer Heimat [262]. Es erscheint naiv, wenn Storz meint, sein Landsmann Hauff hätte auch ohne Scott zum schwäbisch-historischen Roman gefunden [263]. Diese Äußerung unterschätzt die Bedeutung literarischer Entdeckungen. Richtig aber ist, daß die Umsetzung des Historischen ins anschaulich Württembergische, die dem Schwaben gelingt, wenig romantisch ist und daß eine weite Kluft zwischen dem Waiblingen des Ostdeutschen A. v. Arnim (*Die Kronenwächter,* Berlin 1817) und dem *Lichtenstein* (3 Bde., Stuttgart 1826) des Stuttgarters klafft.

Ganz wie in der Schweiz und in Österreich geht es auch zu, wenn Norddeutsche den Schwäbischen Dichterkreis, oder die Württemberger überhaupt, schlecht machen. Da steht sogleich der revolutionäre Schwabe Vischer in der Front seiner konservativen Landsleute, um sie gegen den revolutionären Berliner Gutzkow zu verteidigen [264]. Schon die Konzentration der »schwäbischen Romantiker« in der Heimat – Wieland und Schiller lebten in der Ferne! – entspricht dem Geist der partikularistischen Biedermeierkultur. Uhland bahnt der Heimatliebe, ähnlich wie der Badener Hebel, schon mitten in der Romantik einen vielbetretenen literarischen Weg. Biedermeierlich ist auch die klassizistische Überformung der Romantik. Die Beziehung zum

---

* Auch die »Rheinromantik« mag dem Biedermeier näher stehen als der eigentlichen Romantik, obwohl neben Hölderlin frühe Romantiker wie die Brüder Schlegel, Brentano und Arnim Mitschöpfer des historisch-geographischen Mythos vom Vater Rhein waren. Ursprünglich ist die Rheinromantik nämlich ein Nebenprodukt der englischen Neugotik (Gothic Revival) und damit von vornherein stärker mit der Touristik und mit der westeuropäischen Romantik verbunden als mit der transzendentalen Romantik und dem provinzialistischen Biedermeier der Deutschen. Die größte Breitenwirkung hatte die Rheinromantik nach dem englisch-deutschen Sieg bei Waterloo. Auf dieser Grundlage entfaltete sich dann allmählich auch die nationalistische Rheinromantik unter den zunächst recht widerspenstigen Neupreußen. Daß dieser Richtung, trotz Brentanos und Heines Liedern von der Lorelei, genau besehen, kein bedeutender Dichter zugerechnet werden kann, gibt man auch im Rheinland zu, vgl. Horst-Johs *Tümmers,* Rheinromantik, 1968 (dort auch die ältere Literatur). Über rheinische Kleinmeister wie Gottfried Kinkel, Wolfgang Müller von Königswinter, Karl Simrock wird im gattungsgeschichtlichen Zusammenhang, besonders im Kapitel über die Versepik (Band II), berichtet werden. Die Realisten spotten über die Rheinromantik, vgl. besonders *Thackeray,* Legend of the Rhine (1845).

klassizistischen Cotta-Verlag, für den Gustav Schwab Lektorenarbeit leistete, ist nur der äußere Anlaß für das Bekenntnis zur Klarheit und Simplizität. Das Wort »einfach« bedeutet in Württemberg so gut wie im Wiener Salon der Karoline Pichler ein hohes Lob. Goethes Abneigung gegen Uhlands »Bettlermantel« – »nur die Lumpe sind bescheiden« – trifft sehr scharf das Ideal einer (natürlich patriarchalischen) Volkskultur im biedermeierlichen Württemberg. Weder der höfische Hochmut noch der persönliche Geniestolz waren am Neckar beliebt oder auch nur erlaubt. Der arme Spielmann durfte auch dort ungestört »Gott spielen«. Daß Goethe nicht bloß den schwäbischen Dilettantismus meint – dieser stört den musischen Storz am meisten –, verrät sein Tadel des »sittig-religiösen« Wesens in Württemberg. Das ganze biedermeierliche Schwaben war ihm von Grund auf zuwider.

Wir lassen in der Schwebe, ob man auch Justinus Kerner († 1862) dem schwäbischen Biedermeier zuordnen kann. Die *Reiseschatten,* seine Neigung zum satirischen Humor und zum Weltschmerz stellen ihn in die europäische Linie, die von Sterne zu Heine führt. Umgekehrt zeigt ihn die Neigung zum Somnambulismus und zum Geisterwesen in der Nähe des nordostdeutschen Hoffmann und der populären Romantik- oder Barocktradition. Das Beispiel Kerner bezeugt noch einmal einprägsam, wie mißlich es wäre, wenn man jeden Dichter dieser vielgestaltigen und vielstimmigen Zeit säuberlich einordnen wollte. Sein Ort ist im Koordinatensystem der Richtungen irgendwo zwischen Weltschmerzpoeten, schwäbischem Biedermeier und der sich veräußerlichenden Romantiktradition. Mörike steht ihm zunächst gar nicht so fern, wie man denken sollte. Auch er neigt zu Aberglauben, psychischer Labilität, amorpher Innerlichkeit. Doch führt ihn seine klassizistische Wende später zu einer festeren und helleren Form der Dichtung.

DIE KLASSIZISTISCHE TRADITION

Die klassizistische Tradition ist wie die Romantik in der Biedermeierzeit *als eine feste typologische Größe und nicht einfach als Nachhall der Klassik von Weimar* zu betrachten. Wie die Dichtungstheorie überall einen klaren Unterschied zwischen dem klassischen Epos in Hexametern und dem romantischen (z.B. im Gefolge des *Nibelungenliedes* oder Wielands) macht (vgl. II. Band, Kapitel Versepik), so sind in dieser Zeit Klassizismus und Romantik überhaupt einander *nebengeordnet.* Man darf zwischen diesen beiden Möglichkeiten wählen und kann, da sie nicht mehr als unversöhnlich betrachtet werden, auch diese Wahl korrigieren oder sich in romantisch-klassischen Synthesen versuchen. Wer diese Vorstellungen nicht kennt, wird verwirrt, wenn er Mörike nach mythischen Balladen und Liedern, nach einem Schauerroman und einem an Tieck orientierten Märchen zu Hexametern und Distichen, ja sogar zu einem Hexameterepos übergehen sieht. Der Mörikeforscher, der die unerhörte metrische Vielfalt seines Dichters isoliert beobachtet, wird leicht dazu neigen, ihn einen Spätling oder Impressionisten zu nennen. Aber derartige geschichtsphilosophische Spekulationen sind fragwürdig. Es handelt sich um nichts weiter, als um die *Abschwächung des klassizistischen und romantischen Dogmatismus, der um 1800 herrschte. Wenn ein Hirngespinst dieser Art sich auflöst, ist die historische Substanz nicht verschlechtert, sondern verbessert.* Mit dem gleichen Recht könnte man die Ablösung des frühklassizistischen Alexandrinerdramas (durch das Jambendrama seit Christian Felix Weisse und Wieland) als einen Abfall von der barocken »Mitte« oder die Überwindung von Bodmers prinzipieller Reimfeindschaft im Sturm und Drang als den Anfang vom Ende sehen. Schon der Reichtum der frühen Goethezeit steht in einem Zusammenhang mit ihrer metrischen Freiheit, und der klassisch-romantische Kampf für oder gegen antike Vorbilder und Formen war kaum etwas anderes als ein Rückfall in den literarischen Dogmatismus des früheren 18. Jahrhunderts. Die metrische und gattungsgeschichtliche Vielfalt der Biedermeierzeit ist eine Chance für ihre Produktivität.

Falsch wäre es auch, wenn man glauben wollte, Mörike nehme willkürlich die Hexameter und Distichen wieder auf. Der Grund dafür liegt in der Strukturveränderung, die vom Weltschmerzpoeten zum Idylliker, überhaupt zum heiteren Meister des Spätbiedermeiers führte. Der innere Zusammenhang zwischen Weltschmerzdichtung und Romantik wird an dieser Stelle erneut einsichtig. In dem Augenblick nämlich, da Mörike gegen Heine Front macht und sich bemüht, die Zerrissenheit, auf welcher der Jungdeutsche besteht, hinter sich zu lassen, erweisen sich die antiken Maße und Gattungen als hilfreich. Goethes Vorstellung vom Gesunden der Klassik und vom Kranken der Romantik ist in der Weltschmerzperiode weit verbreitet. So nennt z. B. Vischer die schwäbischen Dichter »eine zweite, gesunde Gruppe in der romantischen Schule« [265]. Aus solchen Gedankengängen konnte sich ein Übergang zur noch gesünderen klassizistischen Tradition leicht ergeben. Man wird einwenden, Mörike bleibe nach wie vor der Mythenschöpfer und der Märchendichter. Das ist richtig. Aber er trägt auch in die selbsterfundenen Märchenmythen den Humor und die idyllische Heiterkeit des Biedermeiers hinein. Es ist keine Äußerlichkeit, wenn das berühmte *Märchen vom sichern Mann* in freien und sehr behaglichen Hexametern erzählt wird. Mit der Wiederaufnahme der Künstlerdichtung in der letzten Novelle *(Mozart auf der Reise nach Prag)* distanziert sich der Dichter wieder ein wenig vom Objektivitäts- und Naivitätsideal der mittleren Jahre; doch verhindert auch hier der Stoff und seine Behandlung den Rückfall in kranken Weltschmerz. *Insgesamt verrät Mörikes Dichtung recht einprägsam, wie die romantische und klassische Tradition nebeneinander herlaufen und biedermeierlich überformt werden.*

Eine gewisse Parallelität zu Mörikes klassizistischer Wende kann man in der Entwicklung Platens erkennen, besonders wenn man bedenkt, daß diese durch den Tod (1835) vorzeitig abgebrochen wurde. Am Anfang seiner Werke stehen »romantische« Formen (Lieder, Ghaselen, Sonette), in der Mitte dramatische Versuche, die z. T. schon an der Antike (Aristophanes) orientiert sind. Die volle Ausbildung zum Klassizisten (Oden, Festgesänge, Idyllen, Epigramme) bringt die Spätzeit. Abstriche sind auch hier zu machen. Die nach endlosen epischen und metrischen Versuchen vollendete versepische Dichtung *(Die Abassiden,* Stuttgart und Tübingen 1835) ist nach den Begriffen der Zeit ein romantisches Epos (Märchenstoff, wechselnde Versmaße);

sie schließt sich eher an Wieland als an Voss und Goethe an. Doch ist schon Platens konsequentes Bekenntnis zur Versdichtung in der Zeit der jungdeutschen Feuilletonistik und Prosapropaganda *ein Protest gegen die um sich greifende »Unkunst« und das Vorspiel einer neuen klassizistischen Welle.* Sein Bekenntnis zum Klassizismus und zur Fortsetzung der angeblich überholten Kunstperiode darf freilich nicht isoliert werden, sondern ist im Zusammenhang mit dem ungebrochenen süddeutschen (hier Münchner) Klassizismus zu sehen. Schon Platens Ode an Ludwig I., ursprünglich ein Separatdruck, der die Thronbesteigung des bayerischen Musenkönigs feierte (Erlangen 1825), feierte auch seinen Klassizismus:

> Und nicht vergeblich sogst du mit Emsigkeit
> Das tiefste Mark altgriechischer Bildung ein:
> Wofür, als für's Vollkommne, schlüge
> Solch ein erhabenes Herz, wie deines?

Leo von Klenze, der Baumeister Ludwigs I., übersendet schon kurz nach Ludwigs Regierungsantritt dem »Heros der teutschen Literatur«, Goethe, ein Huldigungsschreiben (27. November 1825) und, »aus Auftrag Sr. Majestät des Königs«, einen Gipsabguß des Rondaninischen Medusenhaupts, und wenig später folgt die persönliche Einladung des Königs: »Mit offenen Armen soll der Erhabene in München empfangen werden« (1. Februar 1826) [266]. Ludwig I. stellt sich durch diese Ehrung ausdrücklich in die Tradition des Weimarer Klassizismus.

Friedrich Schlegel machte sich also falsche Hoffnungen, wenn er in den Wiener Vorlesungen (1812) den endgültigen Sieg der Romantik kommen sah: »In der Kunst und Poesie hat das falsche antikische Wesen, das handwerksmäßige Nachdrechseln der alten Kunst- und Sprachformen sich zu verlieren angefangen« [267]. Der Essayist unterschätzte die Kraft der Institutionen (Schule, Universität, Hof), und er unterschätzte den klassizistischen Nachholbedarf, der in Süddeutschland, gerade im katholischen Südosten, in Bayern und Österreich, bestand. Er übersah das, was wir heute die stilgeschichtliche Phasenverschiebung nennen. Trotzdem dürfen wir vielleicht F. Schlegels triumphierende Feststellung mit der Frühzeit Mörikes und Platens zusammensehen und vermuten, *daß in den ersten beiden Jahrzehnten der Biedermeierzeit die Romantik übermächtig nachwirkte* und noch keine Chance für eine *allgemeine* deutsche Wiederbelebung des Klassizismus bestand. Die Jungdeutschen bestätigten ja zunächst nur, mit neuer Begründung, den romantischen Kampf gegen die Kunstprinzipien der Klassik*. Vor 1840 ist ein Epos Heines kaum denkbar. Auch die Gattungen der Lyrik und des Dramas erscheinen den meisten Jungdeutschen in ihrer Frühzeit verdächtig. Man schwört auf die »Prosa« in der doppelten Bedeutung des Worts und verwandelt damit auch die Erzählprosa so gut wie möglich in Publizistik. Als Höhe- und Endpunkt dieses antiklassizistischen Prosakultes darf vielleicht die erste Auflage von Theodor Mundts *Kunst der deutschen Prosa* (1837) gesehen werden. Das Buch erschien in Berlin, einem früheren Vorort der Romantik.

---

* Die jungdeutsche Klassikerkritik und ihre »Überwindung« durch Engels stellt Walter *Dietze* in einer verdienstlichen Untersuchung dar: Junges Deutschland und deutsche Klassik, ³1962.

In diese klassizismusfeindliche Bewegung mag man den Aufstieg der Erzählprosa einordnen, etwa die Tatsache, daß Hauff, trotz seiner Nähe zu Cotta, den Roman, die Novelle und das Märchen bevorzugt und insofern neben die Romantiker Tieck, Hoffmann und A. v. Arnim tritt, daß überhaupt die Volks-, Trivial- und Kinderliteratur (z. B. Zschokke, *Ausgewählte Schriften*, 40 Bände, Aarau 1825–28; Christoph von Schmid, *Erzählungen für Kinder und Kinderfreunde*, 4 Bände, Landshut 1821–1829; Carl Spindler, *Sämtliche Werke*, 102 Bände, Stuttgart 1831–1854) einen gewaltigen Absatz findet. Die Jungdeutschen wußten sehr wohl, was sie taten, als sie diese Prosa-Bewegung unter ihre Kontrolle bringen wollten. Man wird, wenn man diesen Antiklassizismus bedenkt, auch die großen Erfolge des Wiener Volkstheaters *vor* Raimund und Nestroy verstehen (Bäuerle, Gleich, Meisl). Man wird verzeihen, daß der junge ehrgeizige Grillparzer sich diesen Auftrieb des Volkstheaters zunutze machte und durch ein Schauerdrama (*Ahnfrau* 1817) berühmt wurde. Weiter wird man Verständnis dafür haben, daß Grillparzer trotz schwerer klassizistischer Bedenken seinen Frieden mit den Verfechtern eines patriotischen Geschichtsdramas schloß und nach dem Rezepte A. W. Schlegels [268] die Habsburger feierte (*König Ottokars Glück und Ende* 1825), daß er ferner, nach den ersten Enttäuschungen mit dem Burgtheater, zu dem in der *Ahnfrau* bewährten Typus des »spanischen« Trochäendramas zurückkehrte (*Der Traum, ein Leben* 1834) und damit einen größeren Erfolg als je mit einem seiner klassizistischen Stücke erzielte. Wichtiger als solche, mit mehr oder weniger Gewissensbissen eingeräumte Zugeständnisse bleibt freilich die Tatsache, daß Grillparzer im Gefolge von Goethes *Tasso* Burgtheaterlorbeeren erntete (*Sappho* 1819) und noch bei seinen späteren Griechendramen auf Goethes Urteil begierig war. Er blieb den klassizistischen Prinzipien so treu, daß er Zeit seines Lebens kein einziges Prosadrama verfaßte. Noch treuer in der Klassizismustradition steht der ungarische Erzbischof Pyrker mit seinen breiten aber immer kultivierten epischen Hexameterdichtungen. Als sie 1855 bei Cotta in einer zweiten Gesamtausgabe erschienen, konnte sich der Dichter als Vorkämpfer des inzwischen restaurierten Klassizismus fühlen.

Wir können nur einzelne symbolische Punkte für die nie unterbrochene und dann wieder erfolgreiche Klassizismustradition anführen*. Diese gibt nicht nur Biedermeierinhalten, wie z. B. dem patriarchalischen Kaiserbild Rudolfs I. (Grillparzer und Pyrker), sondern auch der Rebarockisierung die formale Stütze. Der Begriff Biedermeierklassizismus kann manche literarische Erscheinung der Zeit leichter verständlich machen [269]. Man wird aber, besonders bei Hoftheaterdichtungen zugleich

---

* Es ist nicht ganz richtig, wenn es in der Literaturgeschichte von Friedrich G. *Hoffmann* und Herbert *Rösch* (Grundlagen, Stile, Gestalten der deutschen Literatur, 1966, S. 204) heißt: »Die Klassik aus Weimar bekommt ... im Werk Grillparzers eine spezifisch österreichische Färbung, sie wird weicher, feiner, musikalischer und konservativer«. Einmal begann die Adaption des Klassizismus schon im Österreich Josephs II., zum andern wird der Klassizismus in Österreich – wenn man von der direkt nachgeahmten Künstlertragödie (»Sappho«) absieht – nicht weicher, sondern barocker, d. h. strenger (historische Tragödien). Es ist die übliche Verkennung Altösterreichs!

beobachten, daß der Barockklassizismus in ihm nachwirkt und ihm einen repräsentativen, weniger bürgerlichen Charakter verleiht. Dies gilt für den strammen Preußen Raupach und seine Tragödien fast noch mehr als für den Österreicher Grillparzer; denn was ist der »Militarismus« sonst als ein Rest des Barock- und Rokokoabsolutismus, welcher der Entwicklung im Geiste der Aufklärung (und des Josephinismus) widerstand? Anachronistische Barocktradition verraten noch die bombastischen Schlachtenepen des Preußen Scherenberg (1849 ff.). Sie sollen die Schmach Preußens im März 1848 und den Vorstoß des bürgerlichen Realismus in der Literatur kompensieren. Die »Heldengedichte« und -tragödien solcher Art tragen noch immer einen offiziösen Charakter, in dem sich der Hof, das Militär und die Literatur der Residenzstädte gegeneinander ausgeglichen haben. Die Landpfarrer dichten indessen nach dem Vorbild von Goethe, noch lieber nach dem von Voss, idyllische Hexameterepen, und zwar nicht nur in Österreich, Bayern und Schwaben, sondern auch in Norddeutschland (vgl. II. Band, Kapitel Das Idyllische und die Idylle).

Das idyllische oder bürgerliche Epos widerspricht äußerlich der klassizistischen Tradition des Heldengedichts und ist daher in der Poetik nicht überall anerkannt. *Aber nicht zuletzt durch derartige modernisierte Formen erhält sich der Klassizismus am Leben.* Auch einer der Gründe für Schillers Unverwüstlichkeit liegt darin, daß er die klassizistische Tragödie überlegen modernisierte. Dieser Klassiker hat ja, anders als Goethe in der *Iphigenie,* Elemente von Shakespeares Drama, so die offenere Form und den geschichtlichen Stoff, in seiner Dramatik integriert. Die Tragödie sowohl wie das Epos gewinnen auch dadurch höhere Aktualität oder jedenfalls Lebenskraft, daß sie jeweils die historischen Stoffe des *eigenen* Landes in sich aufnehmen. Was für Pyrker Kaiser Rudolf I. bedeutet, ist für Gotthelfs Amtsbruder A. E. Fröhlich Zwingli und für die Droste die Rettung des westfälischen Katholizismus durch Tilly *(Die Schlacht im Loener Bruch).* Sogar die stärkere Akzentuierung der komisch-satirischen Formen in Drama, Epos und Lyrik ist geeignet, den alleinseligmachenden Anspruch der Prosa zu brechen und dem klassizistischen Versprinzip in einer zeitgemäßen Form wieder Geltung zu verschaffen. Man fragt sich: wie kann Heine in *Atta Troll* behaupten, *über* den Tendenzpoeten zu stehen, da doch dies Werk selbst in höchstem Maße streitlustig, ja aggressiv ist? Des Rätsels Lösung heißt wohl, daß er sich der legitimen klassizistischen Form des komischen Epos bediente. Sogar das »Wunderbare«, das nach einer alten Forderung zu jedem Epos gehört, gibt es in *Atta Troll.* Als die komische Dichtung erschien (Zeitschriftfassung 1843, Buchfassung 1847), *hatten die Junghegelianer längst damit begonnen, die jungdeutsche Klassizismuskritik zu widerlegen.* Ausgerechnet diese dem Inhalt nach revolutionäre Richtung verhalf also den deutschen Klassikern und der gesamten, niemals ganz unterbrochenen Klassizismustradition zu einem neuen Leben. Der stramme Liberalist Gervinus, der ungefähr in der gleichen Zeit einsetzte und sich ein großes Ansehen erwarb, zog in derselben Richtung. So konservierte er vor allem das klassizistische Mißtrauen gegenüber der Erzählprosa. Er wurde ihrem großartigen Aufstieg in keiner Weise, der Lyrik nur bedingt gerecht [270].

Eine Folge dieser kritischen Arbeit, welche die Theoretiker gewiß nicht beabsichtigt hatten, war, daß der Münchner Dichterkreis Maximilians II. (König seit 1848) eine ungleich stärkere Resonanz in Deutschland fand als der Ludwigs I. (König seit 1825). Der bürgerliche Realismus, der in der Mitte *unseres* Blickfelds steht, wurde durch den neuen Klassizismus, bald auch durch ein neues Anschwellen der Romantiktradition *verdeckt oder jedenfalls überschattet.* Jedermann kannte Geibel und Heyse. Wer aber kannte G. Keller oder Raabe? 1864 berief König Ludwig II. von Bayern Richard Wagner zu sich. Er eröffnete damit die Bahn, die zur deutschen Neuromantik mit ihren bekannten Folgen führte. *An diese offizielle, weiten Einfluß ausübende Seite der zweiten Jahrhunderthälfte sollte man denken, ehe man den deutschen Realismus verurteilt.* Die Existenz und der spätere Durchbruch dieser bürgerlichen Literaturrichtung waren in Wagners, Bismarcks und Nietzsches Deutschland so wenig selbstverständlich wie die Anfänge des Parlamentarismus.

Da ich in der zweiten Hälfte des ersten Bandes und im ganzen zweiten Bande die einzelnen literarischen Gebiete der Biedermeierzeit (Symbolik, Sprache, Gattungen) fortlaufend von den entsprechenden Gebieten des Realismus abgrenzen muß, gebe ich an dieser Stelle den *allgemeinen, programmatischen Meinungsäußerungen und Urteilen der Realisten* den Vorzug. Auf diese kommt es mir fast ausschließlich an; denn die heute in der Realismusforschung herrschende, oft beklagte Verwirrung hat nicht der Realismus, sondern unsere eigene Zeit verursacht. Wer den Realismus zur Basis der marxistischen Ästhetik macht (Lukács) oder ihn ästhetizistisch abwertet (Wellek) oder umgekehrt Kafka und Joyce mit seiner Hilfe rechtfertigen will (Adorno), der hat ihn entgrenzt oder verallgemeinert und damit schon verfälscht. So aktuell Rückgriffe dieser Art für die Gegenwartsliteratur sein mögen, so wenig geben sie Antwort auf die Frage, wie es eigentlich gewesen ist.

Der zweite Schritt, der mir eine Voraussetzung für einen glücklichen Fortgang der *historischen* Realismusforschung zu sein scheint, ergibt sich aus der Forschungslage eigentlich von selbst. Solange man den Realismus mit dem Empirismus, der überall und immer die Künste beeinflussen kann, verwechselte, konnte man ihn bei den verschiedensten literarischen Erscheinungen vom späten Mittelalter bis zur Neuen Sachlichkeit entdecken. Besonders das 19. Jahrhundert von Kleist bis Hauptmann konnte man mit seiner Hilfe zu einem unbeschreiblichen Durcheinander machen. Heute weiß man, daß Begriffe wie Naturtreue, Wirklichkeitsnähe, Lebendigkeit oder Abspiegelung keinen bestimmten Inhalt haben, weil sich durch den Fortschritt der Wissenschaft, überhaupt durch die Veränderung unseres Horizontes, unseres Weltbildes, *der Natur- und Wirklichkeitsbegriff selbst fortwährend wandelt.* Zu einem geschichtlich begründeten und begrenzten Realismusbegriff kommt man am ehesten, wenn man sich *an die sehr klaren und dezidierten Theoretiker der realistischen Bewegung anschließt.* Der Realismus hat – im Gegensatz zum Rokoko oder Biedermeier – den unschätzbaren Vorzug, eine programmatische Richtung zu sein. Er gleicht in dieser Beziehung der Romantik und den späteren Ismen. Übersieht man den programmatischen Charakter des Realismus – und dies ist im überwiegenden Teil der Fachliteratur der Fall –, dann ersetzt man eine differenzierte historische Tatsache, die sich unmittelbar beschreiben läßt, durch eigene Spekulationen, die zwar mehr oder minder die Sache »treffen«, aber nie die volle Beweiskraft erlangen können. Man stelle sich die Romantikforschung ohne die Kritik der Gebrüder Schlegel und die Fragmente des Novalis vor! In dieser Lage verharrt die Realismusforschung noch auf weiten Strecken*.

Man mag ruhig behaupten, daß die *Grenzboten,* die Julian Schmidt und Gustav Freytag seit 1848 herausgaben, keine geniale Zeitschrift waren; aber sie hatten einen unvergleichlich größeren und anhaltenderen Erfolg als das *Athenäum,* weil sie auf eine Zeit stießen, die der Metternichschen Epoche in allen ihren Spielarten überdrüssig und zu einem entschiedenen Neuansatz reif war. Zu beachten ist auch, daß Leipzig, die Stadt, in der die *Grenzboten* erschienen, um 1850 zum eindeutigen Führungszentrum des deutschen Buchhandels aufgestiegen war [271]. Die realistische Programmatik und die aus ihr abgeleitete Kritik veränderte das literarische Klima rasch. So fällt z.B. auf, daß die zweite Fassung von Storms *Immensee* (1851) schon weniger empfindsam, weniger dämonisch und rhetorisch ist als die erste (1849). Vergleicht man gar Ludwig Bechsteins *Deutsches Märchenbuch* (Leipzig 1846) mit der 12. Auflage (1853), so ist der Abstand überaus eindrucksvoll. Der Verfasser sagt in der Vorrede von 1853 selbst, er wolle die »künstliche, eigenmächtige Ausschmükkung«, die »emphatische Ausdrucksweise«, die »phantastischen Zutaten« vermeiden. Weitschweifige Stellen werden entsprechend gestrichen oder zusammengezogen. Die von der älteren Generation viel beklagte »Kühle« beginnt sich auszubreiten. Das Reich der Don Juan und Faust habe sich aufgelöst, triumphiert Julian Schmidt 1858 [272].

Schon drei Jahre früher war es seinem Grenzbotenkollegen Freytag gelungen, das Programm in die literarische Wirklichkeit umzusetzen und mit dem handfesten Roman *Soll und Haben* (Leipzig 1855) dem Realismus zum endgültigen Durchbruch zu verhelfen. Bis 1867 waren 13 Auflagen verkauft [273]. Ungefähr gleichzeitig erschienen Gottfried Kellers *Grüner Heinrich* (4 Bde., Braunschweig 1854/5) und seine *Leute von Seldwyla* (I. Bd., Braunschweig 1856), Otto Ludwigs Roman *Zwischen Himmel Und Erde* (Frankfurt 1856), Raabes *Chronik der Sperlingsgasse* (Berlin 1857) und ein Roman von Hermann Kurz, der sehr viel weniger »ausgeschmückt« und »emphatisch« war als *Schillers Heimatjahre* (Stuttgart 1843), nämlich *Der Sonnenwirt* (Frankfurt 1854). Fontane, der diese Jahre miterlebt hat und es daher doch eigentlich besser wissen muß als der spekulierende Literaturwissenschaftler, sieht in diesem Umschwung den Sieg des Realismus: »mit dem Erscheinen von Freytags Soll und Haben, welcher Roman so recht eigentlich den ›Griff ins volle Menschenleben‹ für uns bedeutete, war der entscheidende Schritt getan. Man wollte Gegenwart, nicht Vergangenheit, Wirklichkeit, nicht Schein, Prosa, nicht Vers. Am wenigsten aber wollte man Rhetorik. Eine Zeit brach an, in der nach jahrzehntelanger lyrischer und lyrisch-epischer Überproduktion, im ganzen genommen wenig Verse geschrieben und noch weniger gekauft und gelesen wurden. Mit anderen Worten, es vollzog sich der große Umschwung, der dem Realismus zum Siege verhalf« [274].

---

* Es ist leicht, aus den »Grenzboten«, aus den Programmschriften J.*Schmidts* und Otto *Ludwigs,* aus der »Aesthetik«, den »Kritischen Gängen« F. Th. *Vischers* usw. eine »Begriffsbestimmung des literarischen Realismus« zusammenzustellen, die sehr viel klarer und einheitlicher wäre als die Anthologie *moderner* Autoren, die unter diesem Titel erschien (hg. v. Richard *Brinkmann,* 1969).

Fontane sagt: »für uns«. Er spricht wie alle Realisten ganz subjektiv, aber eben darum auch recht sachlich von seiner Generation. Die meistgenannten Realisten sind 1813 bis 1831 geboren, mit dem Schwerpunkt um 1819. Sie waren also am Ende der achtundvierziger Revolution im Durchschnitt dreißigjährig und konnten sich auf den Zustand jenseits von Revolution und Restauration, der für die Reichsgründungszeit charakteristisch ist, noch mit voller Anpassungsfähigkeit einstellen. Möglicherweise bahnte sich die Abneigung gegen die »Uniformen« der Gesinnung und Partei bei dieser Jugend schon im Vormärz an, – wie dies für Fontane bezeugt ist [275]. Jedenfalls war die Spannung der Restaurationszeit, das ideologische Entweder-Oder, der weltanschauliche Absolutismus auch denen, welche die Zeit noch mit vollem Bewußtsein miterlebt hatten, wie ein Jugendtraum verflogen. »Bei dieser Generation ist das Junge Deutschland vergessen und wirkungslos; sie sind keine Kampfhähne, aber solide geistige Arbeiter... Zugleich gewinnt die positive Lebenshaltung an Raum« [276]. Unser Gewährsmann könnte auch sagen: Diese Erzähler sind tüchtige, heitere Meister. Aber man nimmt das Maul nicht mehr so voll wie die Kämpfer der Restaurationszeit. Fontane hat schon recht: »Am wenigsten ... wollte man Rhetorik«.

Das Vorbild Frankreichs und Englands

Dies widersprach der nationalen Tradition. Es ist daher unwahrscheinlich, daß der deutsche Realismus ohne die Nachhilfe Westeuropas zur Herrschaft gelangte. Der Romanist Hanns Heiss sagt von Frankreich: »Die Etikette Realismus kommt um 1850 in Mode« [277]. Wie bei den späteren Ismen scheinen die bildenden Künstler mit dem gleichen Schlagwort operiert zu haben. Volkstümlich wurde der Begriff in Paris durch den Maler Gustave Courbet, der mit erheblicher Lautstärke sein Programm verkündete. Als seine Bilder für den offiziellen Salon nicht akzeptiert wurden, eröffnete er einen eigenen Ausstellungspavillion mit der Inschrift »Le Réalisme« (1855). Edmond Durant gründete 1856 die Zeitschrift *Réalisme*. Champfleury veröffentlichte 1857 eine Streitschrift mit dem gleichen Titel [278]. Der »Umschwung« scheint sich also in Frankreich und Deutschland ungefähr gleichzeitig vollzogen zu haben, wieder eine Warnung vor einer zu starken Isolierung der einzelnen europäischen Literaturen. Flaubert kritisierte, ästhetisch argumentierend, Balzac. Ähnlich beurteilt G. Keller seinen Landsmann Gotthelf; der Realist ist bei aller Bewunderung mit der *Kunst* des älteren konservativen Dichters nicht zufrieden. Einflüsse des Erbfeindes waren im damaligen Deutschland nicht opportun. Die heutige Forschung wird sie gewiß näher bestimmen können. Während in der universal orientierten Restaurationsepoche die französischen Romanciers ein großes Publikum gehabt hatten [279] und, wie ihre deutschen Kollegen, bei der Kritik als Prosaisten, als »Empiriker« umstritten gewesen waren, scheint der mächtige Julian Schmidt in den fünfziger Jahren gegen den sich verstärkenden nationalistischen Strom geschwommen zu sein. Ein Amerikaner rechnet ihn zu den wenigen wirklich hervorragenden und bisher unterschätzten Interpreten des französischen Realismus [280]. Möglicherweise ist die Zahl der Kritiker, welche den französischen Realismus bewunderten, doch nicht so klein. Der deutsche Realismus war in der Wirklichkeit nicht so eng, wie er in den Köpfen der ausländischen Forscher heute oft erscheint.

Wahrscheinlich bleibt es jedoch, daß der Mitgermane und Mitsieger, das tiefbewunderte England, am Abbau der *Spekulativen Ästhetik* – so nannte Hettner in einem Buchtitel (1845) die Hirngespinste der idealistischen Ästhetik – praktisch noch mehr beteiligt war als Frankreich. »Unsere Leihbibliotheken enthalten gewiß mehr englische als deutsche Romane«, vermutet der realistische Vorkämpfer 1850 [281]. Freytag und Julian Schmidt bewunderten nach wie vor Scott wegen des untadeligen Aufbaus seiner Romane, Dickens aber, den Humoristen, priesen sie enthusiastisch [282]. Andere Grenzboten-Redakteure betätigten sich als Dickens-Übersetzer. Die Jungdeutschen hatten die englischen Romanciers genauso verspottet wie ihre idyllischen und provinziellen Landsleute. Die Engländer standen den deutschen Biedermeiererzählern gar nicht so fern, wie dies der Mythos vom rückschrittlichen Deutschland vermuten läßt. Auch dort gab es die Dorfgeschichte. Julian Schmidt erhob den englischen Roman im Gegensatz zu den Jungdeutschen rührend und schwärmerisch zum Muster der Dichtung und Dickens, wodurch er noch musterhafter wurde, zum Deutschen: Dickens »ist auch viel deutscher als unsre gesamte romantische Literatur von Tieck und Schlegel herunter bis auf Hebbel und Gutzkow« [283].

Der geschichtliche Einschnitt, der durch den *Zweifel an der deutschen Tradition* entsteht, wird im Programm der Realisten nicht so deutlich wie in der Praxis der Übersetzungsliteratur. Man sollte also, trotz des aufsteigenden Nationalismus, die Wirkung, die England durch seine Romanliteratur wieder einmal auf Deutschland ausübte, bei der historischen Interpretation des deutschen Realismus nicht übersehen. Dies gilt besonders für die erste, betont bürgerliche Phase des Realismus. An diese denkt der Engländer Stromberg wohl, wenn er sagt: »Realism can be said to have lasted from 1848 to 1871« [284]. In dieser Zeit dürfte England kräftiger als das Frankreich Napoleons III. die Verbürgerung der Literatur vorangetrieben haben! Raabe ist nicht an Jean Paul anzuschließen, sondern an Dickens. Den *deutschen* Humoristen las Raabe erst, als man nicht aufhörte, ihn mit Jean Paul zu vergleichen.

Zur Vorgeschichte des Realismus-Begriffs

Selbstverständlich hat jedes Programm und jeder »Umschwung« seine Vorgeschichte. Wie man aber den Sturm und Drang nicht zur Romantik rechnet, so sollte man auch die Vorgeschichte des Realismus von diesem selbst trennen; denn sonst übersieht man die Tiefe des Einschnitts um 1850. Der erwähnte englische Historiker schließt England ein, wenn er sagt: »The revolutions of 1848 are a turning point; after them nothing could be the same« [285]. Für Deutschland, das jetzt erst zu einer deutlichen Liberalisierung (Abschaffung der Zensur, Verfassung in Preußen), und zur Industrialisierung in einem umfassenderen Sinne gelangt, ist der Einschnitt nach

1848 kaum zu überschätzen. Aber wie sich die industrielle und politische Wende vor 1848 anbahnte, so entsprang natürlich auch der poetische Realismus nicht aus dem Nichts. Die *Vorgeschichte des Realismus* versteht sich schon aus der Tatsache, daß die Restaurationsepoche die literarhistorischen Ergebnisse des 18. Jahrhunderts nicht anerkennen, sondern mit Hilfe älterer, normativer Traditionen wieder verdrängen oder wenigstens idealistisch überprüfen und nur in Auswahl akzeptieren wollte. So sagt z.B. der Herausgeber von Louise Brachmanns *Auserlesenen Dichtungen* (1824), die Dichterin habe sich vorzüglich an Klopstock, Schiller und Matthisson angeschlossen: »Minder sagten ihr *Wieland und Goethe,* als zwei dem Realismus ... zu sehr ergebene Dichter zu« [286]. Man hat richtig bemerkt, daß sich der Realismusbegriff als ästhetische Kategorie schon im Goethe-Schiller-Briefwechsel herausgebildet hat [287]. Wichtiger wäre es in unserem Zusammenhang, zu wissen, wann der Realismus erstmals als Wunschbild und programmatisches Ziel erscheint. Die idealistische Tradition war nämlich so stark, daß sich noch der einflußreiche Vischer in seiner *Aesthetik* (§ 603) damit begnügte, dem Realismus nur als einem zweiten Typus der Kunst Geltung zu verschaffen. Zwar ist diese Toleranz, diese Relativierung der Kunstideale selbst realistisch (s.u.); Realismus und Historie stehen in einem engen Entwicklungszusammenhang. Aber bezeichnend bleibt die Methode, mit deren Hilfe Vischer unser altes englisches Vorbild, Shakespeare, neben die antiken Klassiker zu stellen wagt: Shakespeare bedient sich nicht der »direkten Idealisierung«, sondern der indirekten. *Ohne irgendeine Form der Idealisierung geht es also immer noch nicht!* Die literarischen Produkte der Biedermeierzeit hat Vischer wegen ihrer mangelnden ästhetischen Perfektion in keinem Fall voll anerkannt. Bei jedem Dichter, auch bei Mörike, fand er ein »Haar in der Suppe«. Man darf behaupten, daß diesem Ästhetiker, trotz seiner Nähe zum junghegelianischen Klassizismus, der Realismus mehr und mehr zum Wunschbild wurde. Aber er blieb ihm, solange die Biedermeierzeit dauerte, etwas Zukünftiges. Ja, er erkannte wohl sogar, daß seine Generation – er ist 1807, wenige Jahre nach Mörike und Stifter, geboren – zur Vollendung des Realismus nicht berufen war. Am 27.V.1838 schreibt er an seinen Altersgenossen Strauss, er fühle sich als »Amphibium zwischen Idealismus und Realismus«. Erst in Gottfried Keller (geb. 1819) sah er später sein realistisches Wunschbild verwirklicht*.

Man muß sich klarmachen, daß der Naturalismus, sowohl der christliche (Gotthelf, die Droste) wie der nihilistische (Grabbe, Büchner) den vorrealistischen Theoretikern stets als eine Gefahr vor Augen stand, ja, daß dieser Begriff – als Gegenbegriff zum Realismus – schon in der realistischen Programmatik zu finden ist. Der ständige Kampf gegen die »Negation«, der von den Junghegelianern begonnen, von den Realisten weitergeführt wurde, meint weltanschaulich den »Supranaturalismus«, den christlichen Zweifel an der Welt, und seine säkularistische Kehrseite, den Welt-

---

* Über diese wichtige Beziehung vgl. Fritz *Schlawes* F.Th.Vischer-Biographie, 1959. Hinzuweisen ist vor allem auf die ausführliche Besprechung des »Grünen Heinrich« in der »Allgemeinen Zeitung« 1874.

schmerz, stilistisch den trivialen Empirismus, die Unfähigkeit, die »gemeine Wirklichkeit« mit der Idee zu versöhnen und zu verklären. *Wer vom deutschen Realismus naturalistische Gesellschaftskritik erwartet, wer ihn nicht von vornherein als die bewußte Synthese von Idealismus und Naturalismus begreift, verfehlt sein Wesen.* Selbstverständlich darf man die realistische Verklärungstendenz auch als Mißtrauen gegenüber dem sozialen und politischen Fortschritt begreifen. Doch ergibt sich die Verklärung primär aus dem *religiösen* Realismus der Deutschen, nämlich aus der Ablehnung des christlichen »Supranaturalismus«. Wer die Welt mit Feuerbach als einzige Instanz betrachtet, wird immer dazu neigen, sie in ihrem letzten Grunde, wie der alte Goethe »schön« oder »gut« zu finden, auch dann, wenn ihm die Misere im gesellschaftlichen Vordergrunde der Welt voll bewußt ist. *Raabe, Fontane und Keller haben ein sehr scharfes Auge für soziale und politische Mißstände, weigern sich aber, immer nur auf diesen einen Punkt zu starren, – wie es der weltschmerzliche Büchner tat. Dieser »Positivismus« ist in der Mitte des 19. Jahrhunderts eine große geistige Leistung, die Voraussetzung jeden praktischen Fortschritts,* und unsere Zeit des sauren Kitsches, des brutalen Verismus und der ziellosen Negation beweist gewiß nicht, daß das Programm falsch war. Immermann setzt in einem Brief an Amalie von Sybel (Mai 1838) »Realismus und Positivismus (neues Wort)« gleich. Um diese Zeit gewinnt das Wort immer häufiger einen guten, ja einen idealen Ton.

Aber man behauptet nicht, man lebe schon im Zeitalter des Realismus; sondern man vermißt allenthalben den Positivismus, die Zuversicht, die Hoffnung, die Tugenden also, die allein die neue Zeit heraufführen können. Typisch für diese Haltung ist die Ermahnung, die A. Ruge dem skeptischen Heine und seinen Anhängern gibt – Julian Schmidt wird sich öfters auf Ruges Rezensionen beziehen! –: »Nicht die gemeine Wirklichkeit und ihre Verzweiflung müßte er dem hohlen Enthusiasmus, der auch nicht weiterkommt, entgegensetzen, sondern die wahre Verwirklichung der Menschenwelt. Für ihre Möglichkeit ist dem wahren Realisten die jetzige Wirklichkeit und seine eigne Erkenntnis derselben Bürge. Diesem Realismus hängen wir an, und wenn man ihn Idealismus nennt, so ist es nicht falsch, denn die zweite Natur in der gemeinen Natur, die der Mensch im Verein mit Menschen schafft, ist ein Geistesprodukt« [288]. Ruge hat zwar Verständnis für die Funktion, welche Ironie und Satire in einer unfreien Zeit haben: *aber er will endlich die Negation überwinden.*

Ähnlich läßt Immermann Börnes Polemik nur im Hinblick auf die Zeit »als notwendiges Übel« gelten (Brief vom 13.1.1832 an Michael Beer). Die Äußerungen über den eigenen zwiespältigen *Münchhausen* verraten, daß sich auch der Mann mit dem Epigonenkomplex noch als Amphibium zwischen Idealismus und Realismus versteht. Der Realismus liegt in der Zukunft. Noch am 11.3.1840 schreibt Devrient, vor dreißig Jahren habe man nur die Phantasie gelten lassen: »Gegenwärtig strebt [!] alle Poesie zum Realismus«. Auch er erwartet keine Weiterführung der realistischen Ansätze in Satire und Gesellschaftskritik, keinen Naturalismus, sondern Leistungen, die durch eine Synthese der entgegengesetzten Richtungen gültig sein werden: »Unsere Literatur scheint jetzt, nachdem sie lange seit dem Zurückziehen der großen Geister des 18. Jahrhunderts und seit dem Schwächerwerden ihrer unmittelbaren positiven Wirkungen sich in negativem Haß und Hader abgearbeitet hatte, wieder zu versöhnenden, abschließenden Resultaten hinzustreben« [289]. Solche Äußerungen gegen die Tendenzdichtung und den Weltschmerz verraten den wachsenden Einfluß der Klassizismustradition. Sie wurden später *gegen* die Biedermeierzeit ausgespielt, treffen aber nach unserm heutigen Urteil nur schwächliche Schriftsteller, nicht die geborenen Satiriker des jungdeutschen und konservativen Lagers (Heine, Gotthelf usw.)*.

Die Personal- und Datierungsfrage

Es ist hier nicht meine Aufgabe, den Realismus personell abzugrenzen. Ich möchte nur der Meinung entgegentreten, daß sich ein historischer Gruppenbegriff mit einem Wertbegriff verbinden läßt**. *In der gleichen »Richtung« stehen immer große und kleine Geister.* Und die Schriftsteller, die andere ausrichten, pflegen nicht groß, sondern nichts als stark (im Sinne des Hühnerhofs) zu sein. Programmatiker wie Julian Schmidt und die Brüder Schlegel brauchen keine Genies und erst recht keine Dichter zu sein. Schmidt und Freytag schätzten vor allem O. Ludwig, da er selbst Publizist war und sie im programmatischen Kampf unterstützte. Keller hört aber eher auf Vischer und Heyse, welche in der Klassizismustradition stehen, als auf die Grenzbotenpublizisten. Dementsprechend erlangt der größte Meister unter den deutschsprachlichen Realisten – das ist, meine ich, Keller – erst in den siebziger Jahren, da nach Stromberg der europäische Realismus schon vorüber ist, seinen Ruhm. Storm entfernt sich durch seine Orientierung an Mörike, Raabe durch seinen Sinn für triviale Effekte von den realistischen Programmatikern. *Trotzdem sind diese der harte Keil, welcher der realistischen Bewegung die Bahn eröffnete.* Ähnlich hatte der handfeste Voss mehr zur Durchsetzung eines neuen Klassizismus getan als Goethe. Er war es, der zuerst das Wagnis unternahm, das Epos zu verbürgern und damit zu modernisieren. Schon die Vorarbeit, welche die junghegelianischen Theoretiker für die Durchsetzung des Realismus leisteten, macht es unmöglich, die Pioniere und die Meister miteinander zu vertauschen. Doch dies bedeutet nicht, daß die Genies der Pioniere nicht bedürfen! Als die publizistische Vorarbeit zur Durchsetzung eines

---

* Die Anwendung realistischer Maßstäbe behindert eine gerechte Beurteilung der Biedermeierdichter, besonders der christlichen, immer noch. Wenn Heselhaus bei der Droste auf allegorische Züge stößt, tadelt er sie, statt sie aus der Restaurationszeit zu verstehen (vgl. u. S. 323 ff.). Ähnlich will man in der Schweiz die restaurative und rhetorische Struktur Gotthelfs nicht wahrhaben. Man müßte endlich verstehen, daß ein Christ im Sinne des realistischen Programms (s. o. Verklärung) kein Realist sein *kann*. Aus diesen religiösen Voraussetzungen lassen sich auch die »barocken« Züge C. F. Meyers verstehen (vgl. Louis *Wiesmann*, Conrad Ferdinand Meyer, Der Dichter des Todes und der Maske, Bern 1958), dgl. die nachrealistischen, symbolistischen.
** Gerhard *Kaiser* (Um eine Neubegründung des Realismusbegriffs, in: Begriffsbestimmung, S. 254 ff.) wird durch die Analogie zum Klassikbegriff dazu verführt. Der von mir erarbeitete Realismusbegriff entspricht nicht dem mystischen Klassikerbegriff der Deutschen und Franzosen, sondern dem wertneutralen Begriff des Klassizismus.

künstlerischen und »verklärenden« Realismus geleistet wird, schreibt Keller noch Tendenzgedichte.

Zusammenfassend läßt sich zur Datierungsfrage sagen, daß der Realismus, in dem bestimmten Sinne einer literarischen Richtung, durch die theoretische Vorarbeit des Vormärz, durch den programmatischen Vorstoß der Grenzboten-Kritiker seit 1848 und durch die großen Erzählleistungen, welche die um 1820 geborene Generation in den fünfziger Jahren vollbrachte, zur Herrschaft oder wenigstens zu starker Geltung gelangt ist[*]. Nachdem es sich in der Biedermeierzeit als notwendig erwiesen hat, mehrere einander ablösende oder sich überschichtende Richtungen herauszupräparieren, wird man, hoffe ich, auch bereit sein, auf den alten *Allerweltsbegriff* Realismus zu verzichten. Der Hinweis auf die strengere Klassizismustradition des Münchner Kreises (Geibel) und auf den fortwuchernden romantischen Germanismus und Aristokratismus (Wagner, Nietzsche) erinnerte uns schon daran, daß es auch in der deutschen Literatur nach 1848 nicht nur eine einzige Richtung gibt. Schon der Weiterbestand der Monarchie, der noch nicht gebrochene Einfluß der Kirche, die starke Stellung des Adels im Heer und des Heers im Staate, kurz die äußerlich noch einmal restaurierte alte Ordnung verhindert die Alleinherrschaft und die konsequente Weiterentwicklung der 1848 entstandenen realistischen Richtung.

Der programmatische Realismus will bürgerlich sein

Es ist verlockend, auf den ersten deutschen Revolutionsversuch, in dem der Bürger dominierte, das »Zeitalter des bürgerlichen Realismus« (Martini) folgen zu lassen. Wie verhält sich unser programmatischer Realismus zu dem bürgerlichen? Die öfters geäußerten Zweifel am bürgerlichen Charakter des Realismus beziehen sich wohl auf den weiteren Verlauf der Bewegung. Wie die Achtundvierziger nicht nur verfolgt, sondern durch die Reichsgründung des Fürsten Bismarck und durch die Siege der stolzen preußischen Armee in der öffentlichen Meinung des historischen Irrtums überführt werden, so verliert der Realismus mehr und mehr seine volkstümliche (bürgerliche) Kraft. Heyse, der Salonerzähler vom Münchner Dichterkreis, gewinnt Einfluß auf einzelne Realisten. Adelige tauchen hinter den bürgerlichen Pionieren auf (Louise von François, Marie von Ebner-Eschenbach, Ferdinand von Saar). Neben den demokratischen Kleinbürger Keller tritt (seit 1871) C. F. Meyer, der Patrizier, mit imposanten Geschichtserzählungen. Man bleibt überhaupt der von Fontane anläßlich des Gegenwartsromans *Soll und Haben* erwähnten Devise »Nicht

---

[*] Um Mißverständnisse zu vermeiden, sei vermerkt, daß nicht nur die ältere Biedermeierforschung den Einschnitt von 1848 bzw. 1855 akzentuierte, sondern daß auch ein Teil der heutigen Realismusforscher (F. *Martini,* J. M. *Ritchie,* Claude *David* u. a.) den Realismus 1848 beginnen läßt. Es ist wohl noch eine Minderheit! Die vorstehenden Ausführungen richten sich gegen den älteren vagen Realismusbegriff, der von naiven Vorstellungen ausgeht (Realismus = Naturtreue, Realismus seit Goethes Tod usw.) und sich nicht abklären läßt, da er spekulativen Ursprungs ist.

Vergangenheit, sondern Gegenwart« keineswegs treu. Freytag schreibt 1873–81 *Die Ahnen,* zu denen nun selbstverständlich auch die Fürsten und Adeligen gehören. Die industrielle Gründerzeit der siebziger Jahre ist keine Propaganda für die Bourgeoisie. Dagegen gewinnt die akademische Ästhetik des Professors Vischer immer mehr Einfluß. Der Symbolbegriff, dem Julian Schmidt in Erinnerung an die Goethezeit mißtrauisch gegenüberstand, wird von ihm und andern akademischen Lehrern in den siebziger Jahren erneuert (vgl. u. S. 307 f.) – womit schon der Übergang zum Symbolismus eingeleitet ist.

Wie die Aufklärung mit Gottsched beginnt und mit den Hof- oder Geheimräten Wieland und Goethe endet, so endet der Realismus mit der Exzellenz Freytag, mit dem Halbsymbolisten C. F. Meyer und mit den Adelsromanen Fontanes. Aber die Anfänge der Aufklärung und des Realismus sind auffallend bürgerlich. In beiden Fällen kommt ein ostpreußischer Schulmeister, eine derbe Pioniersnatur, in die fortschrittliche Kaufmannsstadt Leipzig, um eine vernünftige, klare und betont weltliche Literatur durchzusetzen. Gottsched zerschmettert die Barockliteratur, Julian Schmidt raubt der Literatur der Biedermeierzeit für lange Jahrzehnte ihr Ansehen. Beide machen den Weg für eine junge, »gesündere«, von Traditionen weniger belastete Generation frei. Daß der Realschullehrer J. Schmidt nicht auf dem Gesellschafts- und Bildungsniveau der feinen Leute an den Universitäten und Höfen stand, ist sicher einer der Gründe für die Tatsache, daß er bald die Führung der so energisch eingeleiteten Bewegung verlor.

Es gab schon in der Biedermeierzeit Kulturkritiker, welche erkannten, daß der deutschen Literatur die Verbindung zum bürgerlichen Unterbau fehlte. Hermann Marggraff, der zunächst sicher auch von Hegel beeinflußt wurde, griff »die Hegelianer zweiter und dritter Generation« wegen ihres oberflächlichen Abstrahierens und anmaßenden Rubrizierens mit großer Heftigkeit an und meinte sogar, ihre Kritik bedeute das Ende der Poesie [290]. Er wußte schon, daß die Macht der bürgerlichen Wirtschaftskreise größer ist als die der unpraktischen Intellektuellen: »Das Interesse des Kaufmannsstandes ist es, nicht die sogenannten liberalen und konstitutionellen Ideen, wodurch die Staaten, welche den Absolutismus festhalten wollen, gefährdet werden« [291]. Man denkt an die Leipziger Verleger, die der neuen Reaktion in den fünfziger Jahren die Aufrechterhaltung der Zensurfreiheit von 1848 ziemlich vollständig abtrotzten [292]! Aber wenn Marggraff trotz dieser Einsicht vor dem »nackten prosaischen Gerippe« unserer Zivilisation erschrickt und große Mühe hat, in der Benützung »einer geheimnisvollen Naturkraft, des Dampfes, eine Art Poesie« [293] zu finden, so mutet dieses Zusammenwerfen von Wirklichkeit und Dichtung doch wieder sehr romantisch an. Vom Adel allerdings, der für die Romantik auch ein Stück Universalpoesie gewesen war, sagt er ausdrücklich, er habe seinen »poetischen Glanz« verloren [294].

Während der Revolutionszeit selbst (1848/49) ist oft die Meinung zu finden, nun sei die Zeit zur endgültigen Abrechnung mit der Feudaltradition gekommen. Franz Schuselka z. B. scheint die gesamte patriarchalische Volksliteratur seit Claudius und Hebel nicht ernst zu nehmen, wenn er 1849 behauptet: »Überhaupt ist die Poesie aller neuen Völker mehr oder weniger eine Hofpoesie und trägt selbst der freieste Teil derselben irgendein Stück der Hoflivrei an sich. Eine wahrhafte Volkspoesie fehlt noch in der Kulturgeschichte der neuen Zeit« [295]. Diese radikal bürgerliche Einstellung vertritt auch Julian Schmidt. Die Romantik lehnt er schon wegen ihrer monarchistischen und adelsfreundlichen Politik ab. Für diese ist der König die Sonne. »Der Adel reiht sich als Sternenhimmel um diese Sonne. Neben ihm findet der Künstler, der Genius seinen Platz. Er gehört zu dieser Aristokratie der Faulheit, deren einziges Ziel es ist, den eignen Sinn zu bilden« [296]. Da Goethe dieses Ziel mit dem Adel teilte, verfällt auch er der Kritik des realistischen Gottsched. Durch Goethe verlor die Poesie, nach der Deutung von J. Schmidt, die Beziehung zum Volk [297]. Goethes Italienreise ist der Inbegriff eines von der Wirklichkeit abgespaltenen schönen Lebens. Die Dichtkunst wird in der Italienreise zu »einer Vergötterung des sinnlichen Seins« [298]. Die künstliche Wärme dieses Lebens muß zur elegischen Haltung und zur Schwermut führen. Der *Tasso* beweist es. Der Dichter wird zur »Parasitenpflanze«. Diese höfische Freiheit bringt ihn in ein gefährliches Verhältnis zur sittlichen Ordnung. »Es liegt in der freien Dichtung etwas Dämonisches« [299]. Goethe hatte in der klassischen Zeit »für das große Leben der Zeit kein Herz«. Der Bund, dem Wilhelm Meister angehört, sorgt für den einzelnen. Der Rückzug in die Mystifikation (Makarie, *Faust II* usw.) ergab sich durch diese Beschränkung auf den engsten individuellen Kreis beim alten Goethe von selbst.

Faust war freilich nur ein halber Romantiker und hatte dadurch noch Qualen auszustehen. Der ganze Romantiker ist über die Qual hinaus, da sich ihm das Wirkliche völlig verflüchtigt hat. »Er vertieft sich in den Genuß des Nichts und hat an ihm seine Göttlichkeit« [300]. »Von der Welt geschieden, thront das Ich auf unermeßlicher Höhe und betet sich selber an«. *J. Schmidt erkennt die Stadien genialer Egoismus, Nihilismus* (Weltlosigkeit), *Aristokratismus als die notwendige Entwicklung dessen, der sich vom Volke gelöst hat*. »Die Aristokratie der Geistreichen und der Seelenvollen genießt sich in ihrer Trennung von der trivialen Masse des gesunden Menschenverstandes« [301]. »Nur das Bewußtsein der exklusiven Genialität bleibt und der Neid gegen alles Objektive, gegen Verstand, Geschmack und Sitte, eben weil es Gemeingut ist... Wenn eine Wahrheit nicht etwas Apartes bleibt, so gilt sie der Eitelkeit des Romantikers nichts« [302]. Besonders das unbürgerliche Ironieprinzip, das keine Wirklichkeit und keine Bindung anerkennt, verurteilt der realistische Programmatiker. Durch seine absolute Ironie empört sich der Romantiker »gegen die allgemeinen Bande der Sittlichkeit, das gemeinsame bedingte Wirken der Gesellschaft, ihre Arbeit und ihre Beschränktheit« [303]. Da die Gesellschaft von der Romantik mißachtet wird, wird auch jeder Versuch, sie zu revolutionieren oder zu reformieren, verachtet und als Zeichen der Borniertheit diffamiert. »Zu geschichtlichen Bewegungen gehört die Masse, und wie sollte sich die Aristokratie des Geistes mit dieser einlassen, die in Blusen geht und schmutzige Hände hat!« [304] Wenn man nicht nur die falsche Genialität verurteilt, sondern wie J. Schmidt den genialen Anspruch überhaupt als Egoismus, Exklusivität und Aristokratie versteht, dann können natürlich nur wenige Dichter der Biedermeierzeit dem tödlichen Vorwurf, romantisch zu sein, entgehen. Nicht nur die adeligen Dichter, sondern auch die ironisch-genialen Jungdeutschen und die genial-egoistischen Weltschmerzpoeten verfallen der kritischen Guillotine dieses Robespierre, und wenn einige weniger aristokratisch zu sein scheinen wie Immermann oder Stifter, dann stellt sich bei genauerer Untersuchung heraus, daß der Adel vom ersten Dichter heimlich, vom zweiten ganz offen verehrt wurde.

Ablehnung des Provinzialismus

Für die Heimat- und Volksliteratur der Restaurationszeit haben die realistischen Programmatiker nur ein begrenztes Verständnis; denn sie sind im Unterschied zu den Biedermeierdichtern keine Partikularisten; ja, *sie verwerfen den Provinzialismus ausdrücklich. Man muß als Realist das ganze Volk, die ganze Welt im Auge haben.* Diesem Programm entspricht eine sparsame Verwendung des Dialekts. Sogar in der Schweiz ist das Abrücken vom biedermeierlichen Partikularismus zu beobachten. Vergleicht man Gotthelf mit Keller, so fällt der Abbau der Dialektpartien sogleich in die Augen. Man wird sich an das große Gegenbeispiel Fritz Reuter (geb. 1810) erinnern. Aber einmal steht er der Biedermeier-Generation altersmäßig näher als der realistischen, zum andern erkennt man in seinen Romanen, wie sich die Dialektdichtung zur *Spezialität* entwickelt, während Gotthelf durchaus noch einen allgemeinen Anspruch erhob und fast wider Willen, einfach durch den partikularistischen und empiristischen Trend, vom Hochdeutschen in den vertrauteren Dialekt abgetrieben wurde.

Aus der Idee einer allgemeinen Volksliteratur folgt auch, daß, nach der Auffassung der Realisten, nicht von oben nach unten, für das Volk im Sinne von Unterschicht geschrieben werden soll, wie dies ja im Biedermeier normalerweise der Fall war, sondern für das Volk in allen seinen Ständen. Man darf behaupten, daß diese programmatische Forderung in der Frühzeit der realistischen Bewegung, z.B. in *Soll und Haben,* erfüllt wurde, eher jedenfalls als von Mörike in *Mozart auf der Reise nach Prag* oder von Stifter in seinen späten Romanen oder gar von Hebbel in seinen späten Tragödien. Die unvergleichliche Frische der *Leute von Seldwyla,* der *Heiterethei,* des *Sonnenwirts* beglückt den Leser noch heute*. *Aber diese verliert sich im Laufe der realistischen Epoche wieder.* Der aristokratische Anspruch setzt sich erneut durch. Der alte Fontane z.B. trennt sich diesbezüglich in einem Brief an seine Frau (30.8.83) ganz eindeutig von dem derb-realistischen Programm Julian Schmidts: »Ich fühle, daß nur ein feines, vielleicht nur ein ganz feines Publikum ... der Sache gerecht werden kann, aber ich kann, um dem großen Haufen zu genügen, nicht Räubergeschichten und Aventürenblech schreiben« [305]. Hermann Kurz hatte

---

* Als ich Erich Auerbach wegen seiner schlechten Beurteilung der deutschen Realisten nach einem Vortrag in Köln 1951 Vorwürfe machte, gestand er: wenn es ihm in den USA übel zumute sei, erfrische er sich durch Kellerlektüre. Man sollte die heute so beliebte Gesellschaftskritik nicht auf Kosten dieser unmittelbaren Volksnähe überschätzen.

noch eine Räubergeschichte und der frühe Raabe einiges Aventürenblech geschrieben! Wir wollen festhalten, daß das realistische Programm, mindestens auf dem Gebiete des »Volksromans«, um 1850 und 1860 einigermaßen erfüllt wurde. Die Frage war nur, ob diese edle Volksliteratur Leser finden werde.

Der Bürger kauft die »Gartenlaube«, nicht Keller

Wie wenig sich die Geistesgeschichte materialistisch auf die Wirtschaftsgeschichte zurückführen läßt, beweist die Tatsache, daß der »bürgerliche Realismus« im *Buchhandel* zunächst nicht stattfand. Der große Aufschwung der deutschen Industrie in der ersten Gründerzeit (fünfziger Jahre) wirkt sich auf den Buchhandel nicht aus. Im Gegenteil, die Absatzzahlen gehen leicht zurück. Während 1843 ungefähr sechsmal soviel Bücher verkauft wurden wie 1813 – die genauen Zahlen sind 2233 und 13664 –, blieben die Absatzzahlen 1848–1866 ungefähr bei der Ziffer von 1838 (9000) stehen, und erst ab 1867 setzte wieder eine starke Progression ein [306]. Wir werden noch in einem anderen Zusammenhang (II. Bd., Einführungskapitel) darauf stoßen, daß die *literarische* Gründerzeit mit dem Zeitalter der Metternichschen Restauration zusammenfällt. Ich sprach einst, anläßlich von Auffenbergs monströser Geschichtsdramatik, von einem papierenen Zeitalter [307]. Ohne Bewertung wird man sagen dürfen, daß auch diese Zahlen den Nachweis dafür geben, daß die idealistische Epoche, und in diesem Sinne die Romantik, bis 1848 dauerte. Der Materialismus der ersten Gründerzeit führte dazu, daß der Prozentsatz, den man öffentlich oder privat für Bücher ausgab, beträchtlich zurückging. Zum Teil lassen sich die Ziffern gewiß aus der im Vormärz systematisch betriebenen Propaganda oder Didaktik amtlicher Stellen und konservativer Vereine erklären. Aber auch so verrät das viele Papier ein ungebrochenes Vertrauen zum Geist. Man hätte das knappe Geld ebensogut zur Aufstellung einer Hilfspolizei verwenden können! Der sächsische Volksschriftenverein Zwickau hatte 1845 schon über 10000 Mitglieder und vertrieb (oder verschenkte) gewaltige Büchermengen [308]. Uns interessiert in diesem Zusammenhang nur die Frage, ob die Realisten gelesen wurden.

Wie groß das bürgerliche Publikum nach wir vor war, läßt sich etwa daran ablesen, daß die *Unterhaltungen am häuslichen Herd,* die der literarisch abgesetzte Gutzkow, in bewußter Anpassung an den bürgerlichen Geschmack, nach der erneuten Reaktion (1852–62) bei Brockhaus herausgab, die für eine damalige Zeitschrift ganz ungewöhnliche Abonnentenzahl 7000 erreichte [309]. Wahrscheinlich war infolgedessen der erbitterte Kampf, den Gutzkow in dieser Zeitschrift gegen die programmatischen Realisten führte (s. u. S. 290 f.), einigermaßen erfolgreich – nicht in literarischen Kreisen, aber beim weiteren Lesepublikum. Noch größeren Erfolg hatte die *Gartenlaube,* die im allgemeinen mittelmäßige Schriftsteller bevorzugte. Raabe konnte sich als Berufsschriftsteller einigermaßen durchbringen, weil er Zugeständnisse an den Räuber- und Aventürengeschmack machte. Auch Fontane berücksichtigte die verschiedensten Zeitschriften, die *Gartenlaube* nicht ausgenommen, obwohl es dem »feinen« Wortkünstler (s. o.) weh tat, wenn sein Werk »sehr gekürzt und hier und da auch wohl verunstaltet« wurde [310]. Schon in der Stoffwahl paßte er sich an, indem er etwa für die *Gartenlaube* Kriminalgeschichten, für die Berliner Zeitungen seine Berliner Gesellschaftsromane schrieb [311]. Zu beachten ist allerdings, daß der Romancier Fontane schon in die Spätzeit des Realismus führt.

In seiner Frühzeit war Fontane Publizist, und das Ideal der realistischen Ästhetik, Gottfried Keller, mußte ein Amt übernehmen, weil seine ersten Erzählwerke nicht verkauft wurden [312]. Man sieht, daß Anschaulichkeit und demokratische Gesinnung noch keine Garantie für die Popularität eines Dichters sind. Kellers Erfolg kam in der zweiten Gründerzeit (siebziger Jahre) nach; doch wird man, hoffe ich, verstehen, warum ich angesichts seines Mißerfolges (bei einem nachweislich schon vorhandenen bürgerlichen Publikum) für die Zeit nach 1848, die uns angeht, den Begriff »programmatischer Realismus« bevorzuge*. Er ist auch im Hinblick auf das hohe Alter der bürgerlichen und empiristischen Tendenzen präziser.

Wir hörten, daß die Realisten mit dem tiefsten Mißtrauen der Volksliteratur, im Sinne eines für die Unterschicht geschriebenen Schrifttums, gegenüberstanden. Gerade G. Keller wehrt sich ausdrücklich dagegen, in eine Reihe mit Berthold Auerbach gestellt zu werden. Dieser hatte sich in einer Programmschrift (*Schrift und Volk*, Leipzig 1846) als Volksschriftsteller dem Publikum vorgestellt. Den neuen illustrierten Zeitschriften, den Volkskalendern und sonstigen Unterhaltungsblättern gibt Keller keine Manuskripte. Bei dem Vorabdruck in Zeitschriften, der große finanzielle Bedeutung hatte, berücksichtigte er, genauso wie sein vornehmer Landsmann Meyer, nur die wählerische *Deutsche Rundschau* [313]. Diese Haltung steht in keinem Widerspruch zu Kellers religiösem und politischem Liberalismus; denn unter den Gründen, die Julian Schmidt 1858 anführt, um den Beginn einer neuen Epoche wahrscheinlich zu machen, findet man auch einen Hinweis auf die konservative Wendung des Bürgertums: »An die Stelle des revolutionären Geistes hat sich jetzt der konservative Trieb der Menge [!] bemächtigt« [314]. Für das konservativ gewordene Bürgertum wollte Keller offenbar nicht schreiben. Wenn man ihn so liberal und unchristlich, wie er war, nicht brauchen konnte, so hörte er eben bis auf weiteres auf, ein Schriftsteller zu sein.

Vermittlung zwischen Konservativismus und Massenherrschaft

»Konservativer Trieb« (J. Schmidt s. o.) ist wahrscheinlich übertrieben. *Es war einfach so, daß man der Revolution, des extremen Liberalismus ebenso müde geworden war wie der Restauration.* Unsere Zeit vergißt bei der Beurteilung des Nach-

---

* Die Klassenideologie führt auch an dieser Stelle nicht an das Grundproblem heran. Dieses besteht doch in der Frage, ob die künstlerische Spezialisierung, welche den Realisten als unausweichliche Aufgabe erscheint (s. u.), sich mit dem Ideal einer »allgemeinen« (also klassenlosen) Volksliteratur verträgt. Ist die moderne Kluft zwischen dem Spezialisten und

märz meistens, daß eines der Hauptziele der Revolution, nämlich die Beseitigung des Metternichschen Systems mit seiner Zensur u. dgl., durch den endgültigen Abgang des Staatskanzlers (1848) erreicht worden war. Aus der Sybelschen Historiographie der fünfziger Jahre schließt ein politischer Historiker, daß das Hauptanliegen dieser Zeit die »kritische Entthronung frühliberalistischer wie auch ultrakonservativer Autoritäten« war [315]. Dem entspricht die gleichzeitige publizistische Verurteilung der Restauration *und* des Jungen Deutschland in den *Grenzboten*. Auch die vorsichtige Haltung, die der philosophisch-theologisch interessierte Julian Schmidt gegenüber dem Christentum und jeder Art von Tradition einnimmt, dürfte sich aus der Entspannung des Nachmärz erklären lassen. Er bekennt sich zur Aufklärungstradition, versucht aber zugleich den Irrationalismus und die von ihm geheiligte Überlieferung in vorsichtiger Dosierung gelten zu lassen, und eben *dieses Ausgleichsstreben dürfte die Hauptursache seines publizistischen Erfolges gewesen sein*. Der literarische Realismus vermittelt wie die konstitutionelle Monarchie zwischen der personalistischen Tradition (s. o. S. 49 f.) und der Mehrheitsdemokratie. »In ihren Angriffen auf den Mechanismus des gemeinen Lebens verkennt die Romantik, daß eine gewisse Hingebung an das Überlieferte, daß eine Selbstbeschränkung zur bestimmten Tätigkeit teils für den allgemeinen Fortschritt des Lebens notwendig ist, teils das Leben nicht ganz ausfüllt, sondern anderen Seiten des Geistes, z.B. dem Gemüt, vollkommen freien Spielraum läßt, daß selbst die Höhe der Genialität nicht gedacht werden kann, ohne die breite Grundlage der Masse« [316]. Genialität, aber nur auf Massenbasis! »Eine gewisse Hingebung an das Überlieferte« und zugleich »Fortschritte«! Keine totale Restauration und keine totale Revolution, sondern »Selbstbeschränkung zur bestimmten Tätigkeit« – mit Gemütsspielraum.

Literarische Spezialisierung

Die programmatischen Realisten üben die »bestimmte Tätigkeit« des literarischen Schaffens aus, so wie sich gleichzeitig ihre Landsleute auf die Wirtschaft oder die Wissenschaft oder die Politik spezialisieren. Dies unterscheidet sie von der Biedermeierzeit, die in allen ihren Richtungen einen überliterarischen Grund oder ein außerliterarisches Ziel hatte. Man sieht den Realismus gerne im Gegensatz zur l'art pour l'art. Der programmatische Realismus ist aber unübersehbar ein erster Schritt in dieser Richtung, insofern er vom Dichter ein spezialistisches Können verlangt. Man mag auch sagen, er ist nach dem Rokoko und der Hochklassik, die sich beide zum Begriff des ästhetischen Spiels bekennen, der zweite Schritt zu einer Kunst, die nicht unmittelbar, sondern höchstens indirekt engagiert ist. Die Anknüpfung an die

---

dem Laien in der Kunst zu überbrücken? Ansätze zur Lösung dieser Frage dürfte der Realismus, trotz des vorläufig fehlenden Massenerfolgs, dadurch gegeben haben, daß er die Artistik niemals eitel zur Schau stellte, sondern unauffällig ausübte. Er kann mehr oder weniger gut verstanden werden, weist aber den Laien und das Volk nicht prinzipiell aus dem Kreise der Eingeweihten hinaus.

Klassik ist zu Beginn des programmatischen Realismus noch keineswegs entschieden; aber sie ergibt sich im Laufe der Zeit mit Notwendigkeit, – infolge dieser Verwandtschaft.

Wieder darf man sich die Entwicklung nicht so vorstellen, als ob der *deutsche* Realismus besonders ästhetisch und »eskapistisch« gewesen wäre. In Frankreich ist der Zusammenhang zwischen l'art pour l'art und Realismus noch deutlicher (Flaubert, Gautier). Stromberg versucht den Widerspruch durch den Hinweis auf die unbürgerliche und weltfeindliche Haltung der Realisten aufzulösen [317]. Den unbürgerlichen Charakter des Realismus betonen natürlich auch die Programmatiker des sozialistischen Realismus. In Sowjetrußland ist der Realismus (Tolstoi, Gorkij usw.) die »Klassik«: »wir schätzen sie als wertvolles Erbe« [318]. Vom Käufer her gesehen ist, wie uns das Beispiel Gottfried Kellers verriet, auch der deutsche Realismus anspruchsvoll und insofern unbürgerlich.

Interessant ist, daß Julian Schmidt das, was er Romantik nennt, fortgesetzt mit dem Nihilismus zusammensieht. Er erkennt ihn richtig als die Grundgefahr der Moderne – auch in der ästhetisch restaurierten Religion –, hofft ihn aber durch sein grundsätzliches Bekenntnis zum Positivismus und durch den Anschluß an die endliche Welt abwehren zu können. *Die Dichtung soll ganz Dichtung sein und doch aus der Welt den Inhalt nehmen.* Schon für das damalige Bewußtsein in Deutschland ist dieses Sowohl-Als-auch ein außerordentlich schwieriger Balanceakt. Ritchie erkennt zu Recht, daß der deutsche Realismus »nicht naiv mimetisch« war [319]. Er hätte auch sagen können, daß er moderner war, als jener westeuropäische Frührealismus (Balzac, Dickens), der uns Deutschen von den Marxisten in Ost und West so oft als Vorbild vor Augen gestellt wird. Die fragmentarischen Theorien der Büchner, Gotthelf, Droste-Hülshoff, Sealsfield, Grabbe usw. *sind naiv mimetisch; aber eben dadurch sind sie vom Dichtungsbegriff der programmatischen Realisten scharf geschieden.* »Realistisch verfahren, heißt kühn, voll und stark hineingreifen in die Bestimmtheiten, welche jedes individuelle Gebilde hat, auch die Sitten und Kostüme der Menschen schildern so, wie sie nun einmal sind, und dabei ohne Scheu Mißformen, Dissonanzen aufnehmen, dennoch aber dafür sorgen, daß ein harmonischer Gesamteindruck entsteht«, so F. Th. Vischer. In diesem Programm scheint ein großer Schritt über Heine hinaus getan zu sein, der die detailrealistische Kostümtreue des Berliner Hoftheaters unter der Intendanz von Brühl (1815–1828) in der *Harzreise* verspottete [320]. Doch hat man den Ästhetiker nicht verstanden, wenn man ihn für konsequent empiristisch hält. Das Wichtigste an seiner Definition ist »der harmonische Gesamteindruck«. Ihn findet man bei dem Satiriker Heine nicht.

Alles, was die unaufgelöste Disharmonie der politischen und gesellschaftlichen Welt in die Dichtung hineinträgt, ist Naturalismus und damit ein »Krankheitssymptom« (Paul Heyse). Die Ablehnung des Weltschmerzes und jeder Art von Schwarzmalerei geht also so weit, daß unaufgelöste »Dissonanzen« dem Künstler verboten werden. Da die Welt, die letzte Instanz des Realismus, in ihrem Grunde gut sein muß, ist jede Ironie, jeder Witz, jede Satire eine bedenkliche Störung der kosmischen und ästhetischen Harmonie. Der Realist übersieht die Mängel nicht; aber die Toleranz,

271

die gerade von dem realistischen, d.h. unparteiischen Dichter zu fordern ist, gestattet keine scharfe Kritik, sondern nur den versöhnenden Humor und, da es nicht anders geht, die letzten Endes auch verklärende Tragik. »Der eigentliche Realist in seiner reinsten Erscheinung [!] wird nur selten satirisch, das heißt, er geht nur selten von der Absicht aus, durch seine Darstellung auf bestimmte Schäden der Gesellschaft aufmerksam zu machen und zur Abhilfe derselben beizutragen, weil in diesem Vorhaben wieder etwas Dogmatisches, wieder eine Auflehnung gegen das Recht der Natur liegen würde« [321]. Der Realist meint keine Natur jenseits von Gut und Böse, der zu entsprechen wäre; er ist durchaus Moralist. Aber die direkte moralische Kritik ist nach seiner Erkenntnis keine Aufgabe der Dichtung.

Die dichterische Subjektivität ist an den »Zusammenhang des Ganzen« gebunden

J. Schmidt wendet sich fortwährend gegen die *Subjektivität* der vorrealistischen Epoche; doch fordert er die Objektivität nicht so naiv wie manche Klassizisten und Junghegelianer. Seine Formulierungen verraten die Einsicht, daß jede Art von Kunst ohne das Element des Subjektiven unmöglich ist. Um so verbissener hält er daran fest, *daß die Subjektivität des Künstlers nicht absolut werden darf**. Man analysiere unter diesem Gesichtspunkt die folgenden beiden Sätze aus Schmidts Abrechnung mit der Romantik. »In der Aufnahme der Eindrücke, Vorstellungen und Empfindungen waltet keine geistige Notwendigkeit, und so trägt auch die Welt, die aus dem Ich heraus konstruiert wird [!], den Stempel dieser Willkür und Zufälligkeit«. »Ob die poetisch konzipierten Begriffe objektive Wahrheiten enthalten [!] oder Illusionen sind, ist ihr [der Romantik] gleichgültig, da sie auf alle Fälle über ihren Stoff hinaus ist. Sie gibt sich also der Illusion hin, mit dem Bewußtsein, daß sie Illusion sei, denn nicht die Wahrheit, sondern der Selbstgenuß ist ihr Streben« [322]. Julian Schmidt bestreitet in diesen Äußerungen nicht die ästhetische Illusion und die konstruktive Veränderung der Welt durch den Künstler. Aber er hält daran fest, daß diese ästhetische Konstruktion und Illusion *nicht absolut frei ist,* sondern – diese Worte fallen kurz vor dem zweiten Zitat – auf »den gesetzlichen Zusammenhang des Ganzen« bezogen bleibt**. Auch das zweimal benützte und damit betonte Wort »Wahrheit«

---

* Wo man diese Tatsache nicht beachtet, wird der Realismus modernisiert. Gerhard *Kaiser* ist also im Recht, wenn er, ohne das realistische Programm zu kennen (!), in seinen Rezensionen von Brinkmanns und Ohls Büchern auf diesem Punkt insistiert (ZfdPh, Bd. 77 (1958), S. 161–176; DVjs, Bd. 43 (1969), S. 147–160).

** »Zusammenhang« ist ein immer wiederkehrender Begriff der Realisten, worauf auch *Martini* in seiner Epochendarstellung wiederholt aufmerksam gemacht hat. Die Aktualität des Problems ergibt sich etwa daraus, daß auch der Arbeitskreis um Jauß über die naive Alternative von Mimesis und Illusion hinauskommen will. Dieter *Henrich* formuliert im Anschluß an den objektiven Idealismus: »Kunst ist weder Darstellung nur von Welt, noch auch Darstellung nur von Subjektivität, sondern Darstellung von Subjektivität in Welt«

bezeugt, daß sich J. Schmidt durch seinen strengen Dichtungsbegriff noch nicht zur Isolierung des Schönen verführen läßt. Er steht der Wissenschaft freundlich gegenüber; sie hat, wie die realistische Kunst, die Aufgabe, den Dogmatismus endgültig zu überwinden und den Menschen aus der Metaphysik in die inhaltgebende Endlichkeit zu führen.

Gesunder Menschenverstand und Gemüt stehen bei J. Schmidt wie bei den großen realistischen Erzählern friedlich nebeneinander. Er ist der Meinung, daß ausgefallene Stoffe, die Effekte erzeugen (Wahnsinn, dekadente Laster, Verbrechen), von der Welt, so wie sie in ihrem Grunde ist, ablenken. Während sich die Dichter der Biedermeierzeit, gerade auch die christlichen (Mörike, die Droste, Gotthelf), für die Nachtseite des Lebens interessierten, verstößt der realistische Programmatiker alle »grellen Effekte« in die Trivialliteratur. Diese *vornehme* Vorstellung von realistischer Dichtung hat in der späteren exklusiven Ästhetik besonders stark weitergewirkt und verstellt noch heute den Zugang zur Biedermeierzeit. Schmidt meint nicht ganz zu Unrecht, daß sogar der von den Junghegelianern hochgepriesene Sealsfield kein Realist ist. Seine Naturschilderungen sind teils grandios, teils fratzenhaft. Seine Spannung, meint Schmidt, ist oft zu hoch getrieben, seine Motive arbeiten mit ungesunden Reizen (Exotik). Sogar Gotthelf zeigt eine »unerfreuliche Neigung für düstere Farben« [323]. Die Dorfgeschichte ist als solche ein Symptom für die bevorstehende Gesundung. Aber sie genügt nach der Meinung der realistischen Programmatiker nicht, da es leicht ist, die Harmonie abseits, im Dorfe, darzustellen. J. Schmidt lehnt die biedermeierliche Neigung zur Idylle ab, weil der Dichter die Kraft haben muß, die Harmonie in der ganzen Nation und in der ganzen Wirklichkeit zu finden. Daß dem zum Teil satirischen *Münchhausen* Immermanns »der verklärende Sonnenglanz« in den Augen des Realisten fehlt, ist klar. Stifters Dichtertum übersieht er nicht, was doch für einen gewissen kritischen Rang Julian Schmidts spricht. Aber da er wie alle programmatischen Realisten ein erbitterter Feind des Detailrealismus ist, verfällt auch Stifter dem Gericht. Ähnlich tadelt er die Mosaikarbeit des Alexis. *Die »Dichter des Detail« sind ein fester Begriff des Programmatikers. Wer zu dieser Gruppe gehört, ist verurteilt.* Wenn moderne Realismusforscher den Zusammenhang zwischen der Vereinzelung der Person und der Vereinzelung der Objekte erkennen*, so ist damit gewiß eine der wesentlichen Gefahren der Moderne erkannt. *Nur daß eben der programmatische Realist gerade diesem Zerfall mit der größten Schärfe entgegentritt.* Er erkennt, wie sich unter dem universalistischen Mantel der Metternichschen Restaurationsepoche der Subjektivismus *und* der Detailrealismus insgeheim breitgemacht haben, und die tödlichen Stöße seiner Kritik bezwecken, die Ganzheit, wenigstens im Kunstwerk, wiederherzustellen.

(in: Nachahmung und Illusion, hg. v. Hans Robert *Jauß*, 1964, S. 225). Die Mitglieder des Arbeitskreises differieren nur insofern, als sie innerhalb der dialektischen Einheit, welche die Kunst bildet, das Subjekt oder Objekt stärker betonen. *Die im 19. Jahrhundert zutage getretene ästhetische Problematik wurde durch die moderne Kunst nicht erledigt.*

* Ich denke vor allem an Richard *Brinkmann,* Wirklichkeit und Illusion, ²1966.

Das einzelne Ding und der einzelne Charakter muß ästhetisch integriert werden

Man darf behaupten, daß es den realistischen Dichtern im Sinne dieses Programms immer besser gelungen ist, das Detail auf den Handlungszusammenhang oder, mit Hilfe der Symbolik, auf den zentralen Gehalt oder die Figuren zu beziehen. Ein Vergleich zwischen Alexis und Fontane hat ergeben, daß sich der jüngere Dichter immer weiter von seinem zunächst hochverehrten Landsmann, einem typischen Dichter des Detail, entfernt [324]. Meine »Force ist die Schilderung«, schreibt der junge Fontane an Storm (14.2.1854) [325]. Er möchte zu dieser Zeit wie Alexis oder Sealsfield nicht zuletzt Landschafter sein. In *Vor dem Sturm* hat sich mit dem historischen Roman noch etwas von dieser naiven empiristischen Biedermeiertradition erhalten. In den Gegenwartsromanen, etwa in *Irrungen, Wirrungen* oder im *Stechlin*, gibt es dagegen kaum eine Örtlichkeit, die nicht symbolisch ist. Noch deutlicher erscheint der Fortschritt in der »epischen Integration« (Hermann Meyer) des Details, wenn man von Gotthelf zu seinem Landsmann C. F. Meyer weitergeht. Schwerer fällt dem Realisten, des »Subjektivismus« Herr zu werden; denn die »Charakterisierung«, d. h. die psychologische Menschendarstellung gehört ja zu den zentralen Zielen des Realismus. Ich habe schon in meinem Buch über das historische Drama darauf aufmerksam gemacht, daß der Dramatiker vor eine fast unlösbare Aufgabe gestellt wurde, als Hettner in seinem Buch über *Das moderne Drama* (Braunschweig 1852) forderte, das Geschichtsdrama müsse zugleich eine »psychologische Charaktertragödie« sein [326]. Zwar ist schon das wissenschaftliche Wort Psychologie eine Bestätigung dafür, daß der Realist auf subjektivem Wege, durch Analyse und »Einfühlung« *etwas Wirkliches erschließt*. Aber wie diese verschiedenen so erschlossenen Individuen sich dem Werkganzen unterordnen sollen, bereitet unendliche Schwierigkeiten, besonders bei der konstruktiven Form des Dramas. Die Einheit von Psychologie und epischer Integration ist leichter zu erreichen.

Leidenschaft, Größe, Tragik werden nicht abgelehnt

Die Vorstellung von einem idyllischen Charakter des deutschsprachigen Realismus verfehlt schon deshalb seine Wirklichkeit, weil der realistische Programmatiker – und hier geht Otto Ludwig voran – sehr im Unterschied zum Biedermeier die Leidenschaft nicht nur duldet, sondern für die Poesie, besonders für die tragische, ausdrücklich fordert. Zwar wird der launische, maskenhafte Subjektivismus im Stil des ançien régime und des ihm nacheifernden Großbürgertums klar abgelehnt. So fühlt sich z. B. G. Keller bei der Lektüre von Rahels Briefen an Varnhagen merkwürdigerweise an die Biedermeierjungfrau Züs Bünzlin in den *Gerechten Kammachern* erinnert. Die in den Briefen »wuchernde Eitelkeit ... in allen Nuancen«, der »Geistesaufwand« der Dame ist ihm unsympathisch (an Emil Kuh 9.6.75) [327]. Wo aber die Subjektivität in großer Form erscheint, ist der Realist in seinem Element. *Romeo und Julia auf dem Dorfe* stellt die Umkehrung der biedermeierlichen Dorfgeschichte dar.

O.Ludwig verzehrt sich als dramatischer Experimentator in dem Versuch, der psychologischen *und* der dramatischen Aufgabe gleichzeitig zu genügen. Aber die lange Reihe tragischer Novellen und Romane, die der deutsche Realismus hervorgebracht hat, bezeugt, daß die Ablehnung der Satire und der Tendenz keine kleinliche Flucht vor jeder Art von Konflikten bedeutet und daß der Wille zur Harmonie die Darstellung großer Individuen und ihres Schicksals nicht verhindert. »Kleinlichkeit« ist im Gegenteil einer der Hauptvorwürfe, den der Realismus gegen die geistreichelnde oder idyllische Biedermeierzeit erhebt. C.F.Meyers Novellistik beweist sogar, daß kein unversöhnlicher Widerspruch zwischen dem Realismus und den monumentalen Tendenzen der Zeit besteht.

Die tragische Gestaltung vom Typus *Jürg Jenatsch* oder *Schimmelreiter* ist ein Versuch, die objektiven Mächte (der Natur, des Volkes usw.) gegen das Versinken in einer bloß subjektiven Trauer aufzurufen. Storm hat während seines Lebens in dieser Beziehung große Fortschritte gemacht. Doch beweist dieser Dichter zugleich durch seine unüberwindliche Neigung zu »Stimmung«, Lied und Märchen, daß die Romantik nicht so leicht zu besiegen war, wie sich dies der Gottsched des Realismus vorgestellt hatte, sondern auch in den Realisten selbst heimlich fortwirkte. Vischer spricht es schließlich ganz klar aus, daß nicht nur die Klassik mit ihrer Gegenständlichkeit, sondern auch die Romantik durch ihren im Subjektivismus begründeten Sinn für das Charakteristische einen Bezug zum Realismus hat, ja daß sich die Klassiker selbst schon mit dem Subjektivismus auseinandersetzen mußten. Den »krankhaften« Versuch, das Mittelalter zu erneuern, nimmt Vischer der Romantik nach wie vor übel [328]. Aber er erkennt, daß der moderne Subjektivismus nicht ausgerottet, sondern nur eingeschränkt, mit der Wirklichkeit vermittelt werden kann. Die Definition von Walter Silz bestätigt treffend den synthetischen Charakter des Realismus: »a compromise between pure ›Romantik‹ at the one extreme and ›Naturalismus‹ at the other« [329].

Strenge Einheit der »Komposition«

Der ästhetische Einheitskrieg, den die Realisten gegen den literarischen Partikularismus der Biedermeierzeit geführt haben, war so erfolgreich, daß es eine der schwierigsten Aufgaben in diesem Buche sein wird, den Sinn und Wert der »Kleinteiligkeit« (der Reflexion, der Episode, des Genrebilds usw.) im Widerspruch zu modernen Begriffen wie epische Integration, ästhetische Ganzheit oder einheitliche Struktur verständlich zu machen. Das wichtigste Schlagwort der Realisten heißt in dieser Hinsicht Komposition. Auch die Organismus-Metapher der Goethezeit wirkt stark nach und konkurriert mit dem Wort Technik (vgl. z.B. Freytag, *Die Technik des Dramas*), das der Zeit wahrscheinlich schon angemessener war. Da uns dieses Problem im zweiten Bande (»Formenwelt«) noch wiederholt beschäftigen wird, belege ich diese überall zu findende künstlerische Einheitsideologie an dieser Stelle nur durch ein typisches Lehrbuchzitat und durch eine Äußerung von Otto Ludwig: »Die künstlerische Darstellung irgendeines Ereignisses beruht zunächst und vor allen Dingen [!] auf der Komposition; das Ganze muß zu einem organischen Gebilde abgerundet werden, jede mitwirkende Person muß einen bestimmten Teil an der Handlung zugewiesen erhalten«. So entsteht eine »organisch gruppierte und organisch gegliederte Phantasieschöpfung« [330]. Nach Otto Ludwig hat sogar der Romanschriftsteller die Aufgabe, »eine Fabel zu entwerfen, in der alle Figuren eigentlich bloß Hilfslinien an einer geometrischen Figur, Gerüste an einem Baue sind, und dann diese Figuren so auszuführen, daß sie vollkommen selbständig [!] und mit eignem Kerne versehen erscheinen und doch bei allem Reichtum ihres Details nicht aufhören, jene bloßen Hilfslinien zu sein« [331]. Ludwigs Äußerung läßt hinter die Kulissen sehen und erkennen, *wie kompliziert die Mache schon für das Bewußtsein der Realisten wird.* Was hätten Gotthelf oder die Droste zu dieser Reißbrett-Poetik gesagt! Es ist bedauerlich, aber verständlich, daß bei einer so intensiven Spezialisierung nur noch eine *begrenzte Einheit* zu schaffen ist. Lukács beklagt den Verfall der zunächst großartig progressiven bürgerlichen Kultur nach 1848: die Ideologie des Liberalismus sei zur Klassenideologie geworden [332]. Doch gilt dies nicht ebenso für die Ideologie des Sozialismus (Arbeiterpartei), der Kirche (Unfehlbarkeitsdogma), der Wissenschaft (Spezialisierung), der Nation (Bismarcks kleindeutsche Lösung) und schließlich für die Ideologie der Künstler? *Der Realismus führt auf allen Gebieten zu begrenzten, ja geschlossenen Einheiten,* die für universale Tendenzen ebenso schwer zugänglich sind wie für partikularistische und deren Charakter daher eher technisch als organisch, eher abschließend als weiterführend ist. Heute fühlt jedermann diese Grenze. Daher das neue Interesse für die Zeit vor 1848! Doch wäre es im Bereich der Dichtung sicher problematisch, wenn man diese in zäher kritischer und produktiver Bemühung erarbeitete Einheitlichkeit und Vollendung des Einzelwerkes nicht zu schätzen wüßte.

Der mittlere Stil setzt sich gegen die rhetorischen genera dicendi durch

Nach den großartigen, nicht immer gelungenen Experimenten der Biedermeierzeit, wird auch auf dem Gebiet des *Sprachstils* Einheitlichkeit gefordert. Wir hörten schon, daß der Realismus nach Fontanes Worten am wenigsten die Rhetorik wollte. *Der literarhistorische Einschnitt von 1848 ergibt sich nicht zuletzt daraus, daß die Tradition der klassizistischen Rhetorik erst durch das realistische Programm vernichtend getroffen wurde.* Tieck kann in einer seiner späten Novellen noch Glucks »edle Rhetorik« rühmen [333]. Der Begriff entspricht seiner Abwehr der »falschen Empfindsamkeit«. Edle Rhetorik, wahre Empfindsamkeit sind in der Biedermeierzeit erlaubt. Der Abbau der Rhetorik im Zeitalter des Realismus bedeutet zunächst die Ächtung des hohen, des pathetischen Stils, dann aber auch die Überwindung der niederen, witzigen, »zynischen« Schreibart. Die Dämpfung des Pathos, die in der Literaturgeschichte meist gerühmt wird, ist nur die eine Seite der vor sich gehenden Stilentwicklung. Das zentrale Ereignis ist die stilistische *Vereinheitlichung;* denn zur

Rhetorik gehörte die Vorstellung *verschiedener* Stillagen. Chamisso kann während der Arbeit am *Schlemihl* noch folgende Absicht haben: Er »besteht doch und soll bestehen aus a + b, Ideal und Karikatur, das tragische und komische Element« [334]. Die Stilmischung ist zwar schon ein Fortschritt gegenüber der schulmäßigen Trennung von hohem und niederem Stil; aber sie genügt dem Realismus nicht. Man muß davon ausgehen, daß in der vorrealistischen Zeit, die zum Dualismus neigte, zum Teil noch die Stiltrennung, mindestens aber die Stilspannung das Normale war. Selbst Fontane, später Meister des mittleren Stils, bedient sich im Vormärz des Witzstils [335]. Der mittlere Stil, wenn er wirklich erreicht, in der Poesie erreicht wurde (Goethe!), hatte in der vorrealistischen Zeit für das Gefühl der Mehrzahl etwas unheimlich Monotones und Fremdartiges, etwas Kaltes.

Jean Paul, der bekanntlich ein ausgeprägter Stildualist war, bezeichnet die Majorität der damaligen Dichter sicher treffend, wenn er sagte: »Die Tiefe ist als die umgekehrte Höhe (altitudo), beides den Flügeln gleich brauchbar und wegsam, nur die Mitte, die Ebene nicht, welche Flug und Lauf zugleich begehrt; so wie Hauptstadt und Dorf, König und Bauer sich leichter der romantischen Darstellung bequemen als der in der Mitte liegende Marktflecken und Honoratior« [336]. In dem sozialen Vergleich, den der Dichter gebraucht, wirkt die alte ständische Begründung der Stilebenen nach, und das am wenigsten Romantische (Poetische) wäre nach diesem Zitat die mittlere, bürgerliche Stilebene. Es ist eine stehende Feststellung in der realistischen Kritik, dem Erzähler Jean Paul gelinge nur die »pathetische Kunst«. Noch unmöglicher erschien dieser Generation der diabolische Humor eines Schoppe oder Leibgeber; denn der Humor hat für den Realisten die umgekehrte positiv-metaphysische Aufgabe, die Risse in der Weltordnung auszufüllen, alle Dissonanzen des Endlichen zu versöhnen. Es ist nicht leicht, die Bedeutung, die der Humor für die Realisten hat, zu überschätzen*.

Wenn Julian Schmidt bei Gotthelf den Humor entdeckt, so ist er mit dem Detailrealismus und Provinzialismus des Schweizer Erzählers schon halb versöhnt. Umgekehrt nimmt er einem Stifter seine Romane wegen ihres »magischen Tons« und ihrer Humorlosigkeit nicht ab. Auch der junge empfindsame Storm bekommt gelegentlich etwas ab [337], und dieser Dichter gewinnt auch in der Folge Abstand vom biedermeierlichen »Resignationsstil« [338]. Keller ist vor allem als humoristischer Künstler der große Dichter, vor dem sich jeder, selbst der anspruchsvolle und viel erfolgreichere Heyse beugt. Der Humor ist aus einer sehr verschieden ausgefüllten Stilebene – bei Goethe gibt es noch einen »negativen Humor« – zum positivsten weltanschaulichen und künstlerischen Prinzip geworden. Ein feiner, allgegenwärtiger, stetiger, »gesunder« Humor muß es sein. Über das groteske Element in Dickens Humor ist man verschiedener Meinung. O. Ludwig lehnt es ab. *Tatsächlich widerspricht ja jede entschiedene Verzerrung dem Prinzip der Realisten. Jeder jähe Wech-*

---

* Mit großer geistesgeschichtlicher Tiefe hat Wolfgang *Preisendanz* (Humor als Erfindungsgabe des Dichters, Studien zur Erzählkunst des poetischen Realismus, 1963) diese Dimension des Realismus erschlossen. Zur weiteren Differenzierung vgl. u. S. 279 f. Anm.

sel des Tons wird hart getadelt. Das ließe sich aus den Einleitungen des von Heyse und Kurz herausgegebenen *Deutschen Novellenschatzes* reichlich belegen. So heißt es z.B. von Brentanos *Geschichte vom braven Kasperl und schönen Annerl:* »Der Volkston zeigt mitunter etwas Gesuchtes und wird gelegentlich von einer nicht sehr volksmäßigen Sprache unterbrochen [!]« [339]. Dagegen erfüllt August Wolfs *Der Stern der Schönheit* Heyses Forderung durch den gleichmäßigen »kunstvollen Ton höchster Natürlichkeit [!]« [340]. Die Natürlichkeit muß auch bei Heyse auf dem Reißbrett konstruiert werden.

G. Keller hat von Goethe gelernt, daß das »Überschwängliche nicht poetisch ist« [341]. Jonas Fränkel zeigt im Anhang zum Text der kritischen Ausgabe [342], wie Keller den Ausdruck mildert, Übertreibungen abschwächt, verallgemeinernde (idealistische) Wendungen beseitigt und etwa von zwei Adjektiven das grellere streicht. Auch Fontane kann nach 1848 das »blümerante Pathos« des Vormärz nicht mehr ertragen [343]. Wenn von Friedrich dem Großen in *Cabanis* (1832), dem historischen Roman des Preußen Alexis, gesprochen wird, dann werden Wörter wie Ehre oder Held ohne jedes Bedenken gebraucht. Fontane hat ein ganz anderes Prinzip: »Treff ich wirklich mal auf Großes, so bin ich ganz kurz«. Es wäre in der Biedermeierzeit völlig unmöglich, von einem Großen der Zeit zu sagen: »Hier unten liegt Bismarck irgendwo«, wie Fontane in dem bekannten Gedicht. Aus dem Aufsatz, den Fontane über *Unsere lyrische und epische Poesie seit 1848* geschrieben hat, genügt, zur Kennzeichnung der stilistischen Prinzipien, ein einziger Satz: »der Realismus ist der geschworene Feind aller Phrase« [344]. Wenn Hebbel die Phrase, d.h. die ciceronianische Rhetorik mit Einschränkung verteidigt (s. u. S. 560) und sogar hinsichtlich des Schauertons seiner Erzählungen gegen Julian Schmidt recht behalten will, so verrät dem Kundigen schon dies allein einen beträchtlichen Abstand vom Realismus.

Nach Julian Schmidt ist Alexis nicht nur ein Dichter des Detail, sondern er hat auch zuviel Stimmung und Deklamation. Dementsprechend hat sich Alexis (geb. 1798) für seinen Generationsgenossen Sealsfield (Postl, geb. 1793), der auch gerne deklamierte, begeistert: »Alles in seiner Schilderung lebt und atmet, Erde, Luft und Wasser. Die feuchtwarmen Dünste der Moorgründe hauchen uns an, wir spüren die Schauer des gelben Fiebers, wir hören das Gewitter, den Orkan heranziehen, den er mit neuen Worten und Ausdrücken schildert und müssen uns festhalten, so mächtig ist die Darstellung«. Der gleiche Erzähler bekommt von Karl Frenzel (geb. 1827), dem Kritiker an der Berliner *Nationalzeitung*, 1864 die folgende Beurteilung: »Einen künstlerischen Eindruck, den eines vollendeten Inhaltes in vollendeter Form, empfangen wir von Sealsfields Schöpfungen nicht... Sein Ausdruck hat eine wunderliche, schwer verständliche Form erhalten. Dieser Stil gleicht einem galoppierenden Pferde, einem Wassersturz: ist Atemlosigkeit darin... So entbehrt auch Sealsfields Darstellung der vermittelnden Übergänge [!] ... sein Stil des harmonischen Klanges [!]. Nicht in Perioden, in abgerissenen Sätzen schreibt er« [345]. Sealsfield hatte im *Kajütenbuch* den Anspruch erhoben, »faktische Poesie« zu liefern. Unter einem naiv mimetischen Gesichtspunkt hatte man ihm im Vormärz diesen Anspruch meistens abgenommen. Die wirkungsästhetische, selbst rhetorische Bewertung durch Alexis erinnert stark an Büchners programmatische Briefäußerungen. Nach dem Siege der realistischen Stilprinzipien ist – für den zweiten Kritiker – eine Wertung Sealsfields nach dem ästhetischen Prinzip der Einheitlichkeit, Gleichmäßigkeit und des »harmonischen Klangs« unvermeidlich, und da wird der Stab über dem einst so hochberühmten Erzähler gebrochen. *Eine ähnliche Umwertung trifft so gut wie alle Dichter der Biedermeierzeit.*

Es läßt sich nicht leugnen, daß bei solchen Wertungskriterien die unauffälligen, durchschnittlichen Dichter manchmal zu gut wegkommen. In der »encyklopädischen Darstellung der neueren Zeitgeschichte für alle Stände«, die Brockhaus in Leipzig 1853–1857 unter dem Haupttitel *Die Gegenwart* drucken ließ, finden sich viele realistische Noten für die Literatur der Biedermeierzeit. Von der dämonischen *Faustine* (Gräfin Hahn-Hahn) hören wir: »Die gefrorenen Blumen dieser Dichterin sind die französierenden Wendungen ihres Stils, diese steife, harlekinartige Tournüre, die mit solchen gespreizten Ausdrücken oft die Sprache des Affekts und der Empfindung in lächerlicher Weise unterbricht [!]. Die Sprache der Hahn-Hahn ist ein bunter Nipptisch [!], wo neben geschmackvollen, sinnig gearbeiteten Kunstsächelchen ebensoviel barocke Purzelmännchen und wackelnde Pagoden sich breitmachen« [346]. Heinrich Koenig, der anspruchslose Verfasser schlicht erzählter historischer Romane, bekommt eine gute Note: »Sein Stil ist der gleichmäßige [!], epische Wellenschlag, nirgend lyrisch aufgestürmt, nirgends durch dramatische Wendungen fremdartig gefärbt« [347]. Überall wo man nach 1848 Erstfassungen mit Zweitfassungen vergleichen kann, beobachtet man den Abbau der hohen und niederen Stilelemente, die Entwicklung zu einer unrhetorischen, flüssigen und möglichst wenig sprunghaften Sprache. Wo dies nicht der Fall ist, wie bei den Neuromantikern (R. Wagner, *Also sprach Zarathustra* usw.) oder den Schillerepigonen, kann man nicht von Realismus sprechen*. Dagegen braucht die Zunahme der gesellschaftskritischen Nüchternheit (*Martin Salander, Der Stechlin* usw.) noch nicht zum Naturalismus weiterzuführen. *Entscheidend ist das Vermeiden der stilistischen Extreme***.

Auswirkungen auf die Gattungspoetik. Bevorzugung der Erzählprosa

Bekannter als die stilgeschichtliche Einheitsbewegung nach 1850 ist die Auswirkung des realistischen Programms auf die Gattungspoetik. Auch hier kann man von dem wiederholt zitierten Fontanewort ausgehen: »Am wenigsten aber wollte man Rhetorik«. Aus äußeren Gründen (königliche Pension) will Fontane 1851 ein *Bar-*

---

* Nach Joachim *Goth,* Nietzsche und die Rhetorik, 1970, S. 27, hat sich Nietzsche ausdrücklich gegen die Verachtung der Rhetorik in Deutschland gewandt. Er wird das Vorbild der »Neopathetiker« seit Stefan George, Dehmel und den Expressionisten.

** Fritz *Martini* hat in einem Aufsatz, dessen einzige Schwäche der mißverständliche Titel ist (Ironischer Realismus, in: Ironie und Dichtung, hg. v. Albert *Schaefer,* 1970, S. 113–141) mit überlegener dichtungsgeschichtlicher Argumentation darauf aufmerksam gemacht, daß, obwohl der Humor »als der dominante epische Kunstgeist im Erzählen der *barossa*-Epos schreiben; doch schreibt er 1853, ehrlich wie er ist, Novellen für die *Argo (Tuch und Locke, James Monmouth)* [348]. Die realistische Programmatik hatte eine viel größere Breitenwirkung als die romantische. Während die Romantiker von der politischen und literarischen Revolution, zu der auch die Negierung der alten Formen auf den Gebieten der Poetik und Rhetorik gehört hatte, gleich wieder erschrocken abgerückt waren und die Metternichsche Restauration den Sieg der alten Ordnung sogar in literarischer Hinsicht ohne nennenswerten Widerstand durchsetzen konnte, blieb die Generation der achtundvierziger Revolution ihren Idealen halbwegs treu, so daß die Vertreter der alten Ordnung mit ihr paktieren mußten. Dies gilt, trotz der national-liberalen Partei, für den Staat und das Heer am wenigsten. Auf allen andern Gebieten (Wirtschaft, Religion, Wissenschaft, Literatur) wurde die alte Ordnung allmählich durch neue Prinzipien und Systeme ersetzt, – die freilich auch ihre Problematik hatten. Diese tritt heute in der Gattungspoetik besonders klar zutage. In meinen *Vorschlägen zur Reform der literarischen Formenlehre* habe ich selbst darauf aufmerksam gemacht, daß zwischen der Stilistik als der Schwundform der Rhetorik und der damals dogmatisch werdenden triadischen Poetik (Epik, Lyrik, Dramatik) durch die Geringschätzung und das Ausklammern der rhetorischen Formen (Geschichtsschreibung, Biographie, Predigt, Rede, publizistische Formen usw.) eine bedenkliche Lücke im System unserer Literatur, und zwar besonders der deutschen, entstand. Die spekulative Erhöhung der drei »wesentlichen« poetischen Gattungen, der »Naturformen« durch die Romantik, Goethe und Hegel hatte, trotz gegenteiliger Bemühungen, die Folge, daß sich die Literaturtheorie mehr und mehr vom Leben entfernte.

Der Realismus behandelt die drei Dichtungsgattungen nicht mehr spekulativ und dialektisch; aber die Verengung der Formenlehre war auch ihm (wegen seiner strengen ästhetischen Maßstäbe!) willkommen. Am liebsten hätte man die Formenlehre noch stärker vereinheitlicht (s. u.); aber der Radikalismus war verpönt. So übernahm man eben das faßliche und bequeme Dreierschema, als eine Art Kompromiß zwischen der älteren Literarästhetik und einer konsequent realistischen, von den Hegelianern. Dies erklärt den großen Erfolg des Ästhetikers F. Th. Vischer, der Hegels »Kunstphilosophie« weiterentwickelte. Im Grunde war man in diesem Zeitalter des Historismus systematisch uninteressiert, da man um keinen Preis »dogmatisch« sein wollte. In einer Schulpoetik aus dem Jahre 1870 lesen wir: »es mag hier ein für allemal darauf hingewiesen werden, daß jede Gliederung der Poesie in Gattungen und Arten als ungenügend erscheinen muß, wenn sie über den allgemeinsten Grund-

---

realistischen Generation anerkannt werden« muß, doch, »eingebettet in das Poetische des Humors« (ebd.), eine begrenzte – Martini sagt gedämpfte – Ironie im Realismus zu finden ist, vor allem mit gesellschaftskritischer und formenparodistischer Funktion. Die gleiche Beobachtung ließe sich – auch abgesehen von dem zu wenig erforschten tragischen oder elegischen Realismus – bei der Integrierung pathetischer Stilelemente machen. Der realistische Stil ist, trotz des Abbaus *starker* Stilspannungen, nicht einförmig. Aber er vermeidet jähe »Übergänge« (vgl. u. S. 641 ff.). Fontanes Ablehnung des »Kleinhumors« meint eben diese umgreifende, alles integrierende Kraft des *realistischen* Humors.

charakter derselben hinausgeht ... die Mischformen entziehen sich jeder Einteilung, sobald man versucht, in das Besondere und Einzelne einzugehen« [349]. Bei solcher Skepsis pflegte man die Dreiteilung ohne aktive Stellungnahme hinzunehmen, weil man den Schülern irgend etwas sagen mußte.

Dem triadischen Schema entsprach, daß die »Kunst der Prosa«, welche die Rhetorik auf den verschiedensten Gebieten gefordert und gelehrt hatte und deren meisterhafte Ausübung noch einem Heine von Metternich selbst bestätigt worden war, nur noch von der *Erzählprosa* erwartet wurde. Während es in der Biedermeierzeit keine scharfen Unterschiede zwischen der Erzählprosa und der Zweckprosa gegeben hatte, wird die Sachliteratur nach 1850 in der Theorie und oft auch in der Praxis künstlerisch uninteressant und nur noch inhaltlich beurteilt. *Die Erzählprosa dagegen unterliegt fast mehr als billig einem konsequenten Ästhetisierungsprozeß.* In der Geschichtschreibung behält die »Kunst der Darstellung« noch ein gewisses Ansehen – man denke an Mommsens nicht nur gelehrten Ruhm –; die Publizistik dagegen, die im Vormärz höchstes Ansehen genossen hatte, wird mehr als in anderen Ländern verachtet und von den meisten Genies gemieden. In der Biedermeierzeit kann man eine ganze Reihe von Autoren nennen, die den Roman neben anderen Formen der Prosa kultivieren: Hauff (Artikel im *Morgenblatt*), Sealsfield (Amerika-Sachbuch), Gotthelf (Predigten), Gutzkow (Journalistik), Laube (Journalistik) usw. Bei Keller und Fontane zögert man, die Bettagsmandate und die *Wanderungen* in einem Atem mit der Erzählprosa zu nennen. Bei Raabe, Storm und C.F.Meyer denkt man überhaupt nur noch an die Romane oder Novellen*.

Die Ästhetisierung der Prosa führte mit Notwendigkeit zur Bevorzugung der Novelle, die leichter auszufeilen ist, und, unter dem übersteigerten Begriff der »künstlerischen Einheit«, zu der Vorstellung, die Novelle sei die nächste Verwandte des Dramas. In der Biedermeierzeit war die Novelle noch kaum vom Roman unterschieden worden [350]. Für Gustav Freytag, der zu den Pionieren des Realismus gehörte, gilt diese Spaltung von Sach- und Erzählprosa am wenigsten. Doch die Folge des selbstgeschaffenen Programms war, daß er (wie die Jungdeutschen!) immer weniger zu den »Dichtern« gerechnet wurde. Sein Bestreben, die Erzählprosa »künstlerisch« zu heben, fand große Nachfolge, *führte aber über ihn hinaus*. Am besten beweist dies innerhalb des deutschen Realismus die Entwicklung Fontanes, der die Publizistik ganz im Sinne des Ästhetisierungsprozesses weit hinter sich zurückließ und so zum Anknüpfungspunkt für den anspruchsvollen modernen Sprachkünstler Thomas Mann werden konnte. Vom realistischen Ideal eines Volksromans war zur Zeit des *Stechlin* nicht mehr viel übrig**.

---

* H.U.*Forest*, L'Esthétique du Roman Balzacien, Paris 1950, sagt S. 235, im Grund stehe Balzac noch ganz in der Tradition des Romans, den Huet 1670 beschrieben habe. Das gleiche gilt für Gotthelf, Alexis, Sealsfield, *nicht* für Keller, C.F.Meyer, Fontane.

** An dieser Entwicklung ist nicht die historisch durchaus legitime Schaffung eines (begrenzten) deutschen Nationalstaats, sondern die gleichzeitige *entwicklungswidrige* Aufspaltung in gesellschaftspolitischer Hinsicht schuldig. An die Stelle der konzilianten liberaldemokratischen Arbeiterpartei tritt Ende der sechziger Jahre die *marxistische* SPD mit dem

Die Lehre, der Roman habe ein modernes Epos zu sein – sie stammt aus dem klassizistischen 18. Jahrhundert –, wirkte sich nicht so stark aus, wie die immer wieder berührte Hinneigung zur klassizistischen Poetik befürchten läßt. Bezeichnenderweise nahm Stifter, ein Jahr nach Mörike geboren, unter den Romanciers der zweiten Jahrhunderthälfte diese alte Lehre am eigensinnigsten auf (*Witiko*, 3. Bde., 1865–1867). Die realistischen Meister selbst entwickelten den Roman ohne ständige Seitenblicke auf das Epos, gegenwartsbewußt und unbefangen weiter. Auch der übersteigerte Objektivitätsbegriff Spielhagens, dessen Brüchigkeit in letzter Zeit klar durchschaut worden ist [351], darf nicht als repräsentativ betrachtet werden. Fontane lehnte ihn rundweg ab. Er, wie auch Raabe, waren zu stark am außerdeutschen Roman orientiert, als daß diese einseitige Theorie Macht über sie hätte gewinnen können. Die Bevorzugung der Novelle und ihre Ausrichtung auf das Drama mag heute klassizistisch anmuten; doch wirkte auch diese einer übermäßigen Episierung der Erzählprosa im Stil des *Witiko* entgegen. Daß es die Novelle nur mit einem »Ausschnitt«, nicht mit der Breite oder Totalität der Wirklichkeit zu tun hat, war schon in der Biedermeierzeit betont worden. Überdies hatte man das Drama in der spekulativen Trinitätslehre des Idealismus stets als Synthese von subjektiver und objektiver Gestaltung interpretiert. Eine Annäherung der Novellistik an das Drama widersprach also einem allzu strengen Begriff »epischer Objektivität«.

Das *Drama* selbst war unter dem Einfluß der Hegelianer zum klassischen Vorbild zurückgekehrt. Interessante Experimente in der Art Grabbes und Büchners oder des von Vischer verspotteten II. Teils von *Faust* findet man vor dem Naturalismus kaum wieder, wenn man, wie billig, Richard Wagner beiseite läßt. Aber der Einfluß Shakespeares, der als Realist interpretiert wurde (Hettner, O. Ludwig), verhinderte eine Rückkehr zum streng klassizistischen Typus *(Iphigenie, Tasso)*. Der zwischen Shakespeare und Sophokles vermittelnde, theaterfähig bleibende Typus des Schillerschen Dramas setzte sich durch. Er vertrieb die monströse Form des romantischen Groß- und Buchdramas. Die »dramatische Technik« sank kaum mehr unter das formale Existenzminimum ab. Auch in diesem Punkt siegten die Einheitskrieger. Es war freilich ein Sieg ohne produktive Folgen; denn *die Entspannung, die den Realismus zur Erde zurückführte und zur Erzählprosa befähigte, gefährdete das Drama in seiner Wurzel.* Die Tragödie galt nach wie vor als eine besonders hohe Form. Aber der programmatische Realismus, der die Experimente der ersten Jahrhunderthälfte kritisch betrachtet hatte, bewahrte die bedeutenderen Realisten (Keller, Fontane, Raabe) doch vor Mißgriffen und gab ihnen Mut zur ehrlichen Erzählprosa. Das Ideal des mittleren Stils bewirkte bei den Realisten einen deutlichen Abstand von den Bedingungen der reinen Tragödie oder Komödie. Geschickte Techniker wie Freytag fanden immer einen Kompromiß; doch die berufenen Dichter von Otto Ludwig an auf-

---

Programm einer proletarischen Diktatur (Werner *Conze*, Der Beginn der deutschen Arbeiterbewegung, in: Geschichte und Gegenwartsbewußtsein, Festschrift für Hans Rothfels zum 70. Geburtstag, hg. v. Waldemar *Besson* und Friedrich *Frhr. Hiller v. Gaertringen*, 1963, S. 338). Darauf reagierten die meisten Bürger *neoaristokratisch,* statt die versäumte Verwirklichung einer sozialen Republik energischer nachzuholen (Nietzsche, George usw.).

wärts rettete ihr Stilbewußtsein oder ihr Stilgefühl vor dem dramatischen Epigonentum. Die Abkühlung, welche die Jahrhundertmitte brachte und die zu einer wesentlichen Klimaveränderung führte, hielt sogar Grillparzer von der Fortsetzung seines dramatischen Schaffens ab. Er meinte, als einzelner die für das tragische Drama notwendige »Empfindung« verloren zu haben, – während doch die ganze Zeit nüchterner und ausgeglichener geworden war. Was dem Drama des Realismus noch am ehesten möglich war, sind wohl die Scherz und Ernst vermittelnden Weltanschauungsdramen Anzengrubers gewesen.

Die realistischen Programmatiker übernehmen von den extremen Jungdeutschen und Junghegelianern das Mißtrauen gegenüber der *Lyrik,* und da sie, politisch kompromißbereit wie sie sind, nicht in die politische Lyrik als angeblich objektive Dichtart ausweichen können, neigen sie dazu, die Lyrik als abgestorbene Gattung zu betrachten und ihre gegenwärtige Bedeutung ganz zu leugnen. Natürlich war es falsch, wenn sie meinten, dies Absterben der lyrischen Dichtung sei endgültig, aber eine gewisse Berechtigung des Urteils wird man *für das Zeitalter des Realismus selbst* zugeben. Storm, der Mörikefreund, steht in der Tradition der Empfindsamkeit und des Biedermeiers. C.F.Meyer wurzelt in der gleichen historischen Schicht, entspricht aber nach französischem Vorbild in seinen späteren Fassungen dem Abkühlungsprozeß entschiedener als Storm und wird so zum Pionier der symbolistischen Dichtung. Noch deutlicher am Rande des Realismus, und wieder unter dem Einfluß der avantgardistischen Franzosen (Gautier), steht der Münchner Dichterkreis. Man mag aus der Fortdauer des lyrischen Schaffens während der realistischen Zeit die systematische Folgerung ziehen, daß die Lyrik zu den unvergänglichen Ur- und Naturformen gehört. Aber der Widerspruch zwischen Lyrik und Realismus, der in den Programmen zutage tritt und sich auch praktisch auswirkt, ist eine geschichtliche Tatsache. Die Abneigung gegen jede Art von Mystik und mystischer Symbolik, die Vorliebe für die Klarheit und das daraus resultierende Mißtrauen gegen die Metaphysik, der Anspruch, mit der Dichtung auf dem Boden der Aufklärung, der »Wissenschaft« zu stehen, die Abneigung gegen die musikalische Irrationalität der empfindsamen und romantischen Dichtung, – dies alles führt zum Abbau der Lyrik. Die Biedermeierzeit dagegen hatte eine Reihe bedeutender Lyriker (Mörike, Heine, die Droste, Platen, Lenau) hervorgebracht, und auch die Lyriker, die vielleicht zweitrangig sind (Rückert, Grün, Freiligrath usw.) waren von höchster geschichtlicher Bedeutung für die Restaurationszeit gewesen.

Auch diese gattungsgeschichtliche Beobachtung könnte die Hypothese bestätigen, daß die Biedermeierzeit näher bei der Romantik als beim Realismus zu sehen ist. Dem mittleren Stilideal des Realismus widersprach der Gattungsstil der Lyrik entschiedener als der von Komödie und Tragödie; denn eine nüchterne Überformung der Gattung war bei der »subjektiven« lyrischen Dichtung noch unmöglicher. Manchen Realisten muß das Organ für das Lyrische ganz gefehlt haben. So denkt Julian Schmidt bei der romantischen Lyrik zuerst an Tieck und gelangt insgesamt zu dem Ergebnis, daß die Romantik auch auf diesem Gebiet zu keiner Objektivierung gelangen konnte [352]. Wer wie die Romantiker auf Stimmungen versessen sei, müsse notwendigerweise bei der Resignation und beim Aberglauben oder bei »gezierter Naivität« enden [353]. Bei dem hochgebildeten und musischen Vischer stießen wir auf eine ähnliche Abneigung gegen die Lyrik. Bei Gottfried Keller darf man vielleicht behaupten, daß auf dem Wege vom Vormärz zum Realismus nicht nur die politische Lyrik, sondern die Lyrik überhaupt abstirbt. Bei Fontane schätzen wir die immer auch epischen Balladen höher als die lyrischen Gedichte, und bei Raabe pflegen wir überhaupt nur die Erzählprosa zu kennen. Man mag, wenn man Martinis Epochendarstellung [354] liest, zunächst darüber enttäuscht sein, daß der Verfasser sich so stark auf die Erzählprosa konzentriert. Bei näherer Prüfung wird man erkennen, daß die seelische Abkühlung, die humorvolle Entspannung und der Einheitskrieg zugunsten eines gleichmäßigen, stetigen Stils den Realismus tatsächlich zu einer einseitigen Bevorzugung der Erzählprosa und auf diesem Gebiet zu den unvergänglichsten Leistungen geführt hat. Auch die heute da und dort spürbaren Neigungen zu einer Realismus-Renaissance stehen ausschließlich unter dem Eindruck der großen realistischen Erzählkunst.

Das Vorbild Goethes, das sich immer mehr festigte, die Erinnerung an die Poeten des Vormärz, die im Zeitalter des Realismus nicht zu ersetzen waren, und die Wiedergewinnung des Verständnisses für Symbolik und Metaphysik führten im weiteren Verlauf des Realismus zu einer Abschwächung der prosaischen Einseitigkeit. Aber einen Rest des Mißtrauens gegenüber der subjektiven, »schwülstigen« Gattung findet man allenthalben, selbst bei Heyse, welcher der Tradition am stärksten verhaftet blieb und für den die realistische Programmatik deswegen nur bedingt verbindlich war. Er tadelt z.B. die in der Romantiktradition stehenden »unverständlichen« Synästhesien des sonst geschätzten Mörike, er nimmt dem kunstreichen Heine die Vorliebe für Komposita, die er mit der vorrealistischen Zeit teilt (s. u. S. 476 ff.), übel. Er gesteht der Lyrik eine »breite Skala von Stimmungen« zu und schätzt daher Eichendorff und Storm so gut wie Mörike und Goethe. Aber wenn er meint, jede lyrische Stimmung müsse ein »Allgemeingefühl« sein [355], so erkennt man auch bei ihm die klassizistische Objektivitätsidee, die sich in einem ebenso individualistischen wie realistischen Zeitalter, genau besehen, nicht mehr aufrechterhalten ließ. Schon der Impressionismus lehrte wenig später, daß die Lyrik nicht tot war, und machte den abgesetzten Subjektivismus wieder einmal zum König.

DIE BEURTEILUNG DER EINZELNEN VORREALISTISCHEN RICHTUNGEN

Ich konnte im Vorstehenden die Wende von 1848 nur dadurch begründen, daß ich den programmatischen Realismus aus seinem eigenen neuen Kern entfaltete. Man wird Verständnis dafür haben, wenn ich meine, daß die Neuinterpretation der Biedermeierzeit auch zu einer weiteren Klärung des Realismusbegriffs führen wird.

Weitere, speziellere Abgrenzungen sind in den anderen Teilen meiner Epochendarstellung nötig. An dieser Stelle mache ich – mit Rücksicht auf die zentrale literarhistorische Bedeutung des Realismusproblems – noch den Versuch, meine Ergebnisse zu verdeutlichen und zusammenzufassen, und zwar mit Hilfe der Frage, welche Auswirkung das realistische Programm auf die Beurteilung der einzelnen vor 1848 herrschenden Richtungen gehabt hat.

Zur schwierigen Abgrenzung von den Junghegelianern

Unter den Richtungen, die in der Biedermeierzeit beginnen, stehen die realistischen Programmatiker den Junghegelianern am nächsten. Julian Schmidt, der streitbarste Anführer, kennt seinen Hegel so gut wie Gottsched seinen Wolff. Er vertritt wie dieser die klassizistischen Prinzipien der Klarheit, der Anschaulichkeit, des Maßhaltens im Gebrauch der künstlerischen Mittel (Symbolik, Metaphorik, Klangwirkungen, Stillage) und der scharfen Trennung von Kunst und Unkunst. *Das Grundübel der Vergangenheit ist auch ihm die »Reflexion«.* Diese führt, nach der Meinung der Grenzbotenprogrammatiker, in allen möglichen Gestalten (Tendenz, Rhetorik, lyrische Selbstbespiegelung, mysteriöse Abstraktion) aus der Dichtkunst heraus. Ein gewisser Abstand zu den Junghegelianern ergibt sich daraus, daß man auf die gescheiterte Revolution von 1848 mit jugendlicher Beweglichkeit reagiert und dem Radikalismus jeder Art eine Absage erteilt. Man versucht, in den religiösen und politischen Grundfragen eine »undogmatische«, will sagen pragmatische Haltung zwischen den Extremen einzunehmen und allen Nachdruck auf das *literarische* Programm zu legen. Dieses selbst steht, trotz der allgemeinen Orientierung am klassizistischen Anschaulichkeits- und Klarheitsprinzip, der rhetorischen und poetologischen Tradition der Antike unabhängiger als die hegelianische Poetik gegenüber. So wird die alte Vorstellung, es gäbe mehrere legitime »Töne« (Stillagen), von J. Schmidt, wie wir schon wissen, nicht mehr anerkannt. Hebbel, der den Junghegelianern nahesteht, gerät bei Julian Schmidt wegen seiner Schauererzählungen unter die Romantiker. Der Versuch, seine Tragödien klassizistisch abzuklären, kann Hebbel nicht retten; denn die streng verpönte Schwermut und Düsterkeit erscheint auch in ihnen. Überdies ergibt sich unter dem direkten Einfluß des englischen Romans ein gewisses *Abrücken von der dominierenden tragischen Tradition der Deutschen.* Nicht mehr Sophokles oder wenigstens Shakespeare, sondern Dickens und der humoristische Roman erscheinen als höchstes Vorbild der neuen Literatur.

Der Roman, der für Hegel noch am Rande der Poetik stand, rückt nach 1848 deutlicher als in der junghegelianischen Kritik in die Mitte. Mit dieser Wende wird die Bahn eröffnet, die zu den realistischen Gipfeln (G. Keller, Raabe, Fontane) führte. In der Breite der Literatur bewirkte freilich gerade der Sieg des realistischen Programms eine Einschränkung seiner Einseitigkeit. Indem sich nämlich Theoretiker und Organisatoren wie Vischer *(Aesthetik),* Heyse *(Deutscher Novellenschatz),* O. Ludwig *(Shakespeare-Studien),* H. Hettner *(Das moderne Drama)* dem Realismus anschließen, verwischen sich allmählich die Grenzen zwischen dem junghegelianischen Klassizismus und dem Realismus. Der Einfluß der deutschen Vergangenheit verstärkt sich wieder; dies gilt besonders für die akademischen Traditionen (Vischer, Hettner) und für die höfischen (Geibel, Heyse). *Der puritanische, amusische und in diesem Sinne bürgerliche Charakter der Revolutionszeit,* der in den Anfängen J. Schmidts zur Ablehnung der Hochklassik – nicht nur der Romantik! – und zu einem grundsätzlichen Mißtrauen gegenüber der Lyrik geführt hatte, *verliert sich mehr und mehr.* Der in der Biedermeierzeit und noch um 1850 heiß umstrittene Goethe erscheint immer uneingeschränkter als Vorbild. Er tritt gleichwertig neben Schiller, den die Junghegelianer in der Regel bevorzugt hatten; ja er wird durch die allgemeine nachrevolutionäre Tendenz zur Ästhetisierung und wortkünstlerischen Spezialisierung immer höher getragen.

Scharfe Kritik der Romantik und des christlichen Naturalismus

Die eigentliche Stoßkraft der realistischen Kritik richtet sich, wenn man sie selber hört, gegen die »Romantik«; doch wird dieser Begriff mit einem gewissen Recht sehr viel weiter gefaßt als in der heutigen Germanistik. Eine bewußte Kriegslist ist es vielleicht, wenn J. Schmidt in seiner Streitschrift *Geschichte der Romantik* (2 Bde., 1848) gleichwohl vom Programm des jungen F. Schlegel ausgeht, um mit treffenden Zitaten den absoluten Subjektivismus und »genialen« Aristokratismus der Romantik darzutun. Julian Schmidt weiß zwar, daß ein begrenzter Subjektivismus zum Dichter gehört. Die Sünde der Romantik jedoch liegt in ihrer Grenzenlosigkeit. Die Übersteigerung der »produktiven Einbildungskraft« zum exklusiven Genieanspruch und zum Ästhetizismus führt nach J. Schmidt mit absoluter Notwendigkeit zur objektiven Weltlosigkeit und, über die elegische Reflexion und Schwermut, zum Nihilismus. Aus diesem schließlich rettet nur noch die Rückkehr zur alten, nun aber völlig reflektiert, völlig künstlich gewordenen Naivität des Katholizismus.

Die *Weltschmerzpoeten* können keine Gnade finden, weil ihnen der Humor, der »Positivismus« fehlt. J. Schmidt würdigt sie kaum eines Blicks. Wichtiger ist es ihm, die »Negation« in allen möglichen Verkleidungen zu finden, auch in dem, was wir in diesem Buche *christlichen Naturalismus* (s. o. S. 35) nennen. Es mag seltsam erscheinen, daß ihm Gotthelf düster vorkommt. Aber richtig ist ja, daß sich in der *Schwarzen Spinne* und in dergleichen Dichtungen die Kraft des Göttlichen im Widerspruch zum Diabolischen entfaltet und der Mensch in einer ständigen Gefährdung gesehen wird. Die Ablehnung des christlichen Dualismus, das Bedürfnis, die diesseitige Welt in ihrem letzten Grund »positiv«, »gesund« zu finden, veranlaßt den programmatischen Realismus zur Ablehnung aller außergewöhnlichen Motive wie Verbrechen und Wahnsinn. Das Abnorme zu betonen, ist krank. Werke wie *Maler Nolten, Die Judenbuche, Ruhe ist die erste Bürgerpflicht* widersprechen also völlig dem realistischen Programm. Nicht abseitige, sondern allgemeinmenschliche, alle angehende Stoffe und Probleme werden verlangt. Das ergibt sich aus der soweit bejahten, klassizistischen Tradition, aus den Idealen der Sittlichkeit, Klarheit und »Heiterkeit«, und ist nicht einfach bürgerlich. Ich erinnere an den frühen Mißerfolg des vorbildlich gesunden Dichters der *Leute von Seldwyla* (1. Teil) beim bürgerlichen Lesepublikum! Man darf nicht vergessen, daß gerade das, was an der Front des Geistes scheinbar überwunden wird, in quantitativer Hinsicht, als »gesunkenes Kulturgut«, erst seine größte Wirkung auszuüben pflegt*.

Die bürgerlich, ja kleinbürgerlich gewordene Romantiktradition, die im 20. Jahrhundert noch soviel Unheil anrichten sollte, erkennt J. Schmidt schon 1853, wenn er bemerkt, um 1800 habe der Widerspruch gegen den Philister (die Aufklärung) noch eine gewisse Berechtigung gehabt: »heutzutage ist aber das spezifische Spießbürgertum gefühlvoll und romantisch geworden, jeder Philister muß wenigstens irgendeinen Sparren haben, und der Verstand in höherem Sinn ist es, der, in seine Rechte eingesetzt, die Weltordnung, soweit sie aus den Fugen gerückt ist, einrichten soll« [356]. Die Aufklärungstradition und der Anspruch, mit ihrer Hilfe die Ordnung wiederherzustellen, ist deutlich. Es heißt aber gut hegelianisch »Verstand in höherem Sinn«, und der Verfasser beeilt sich hinzuzufügen, daß diese verständige Ordnung auch die Voraussetzung für die Entfaltung des wahren Enthusiasmus ist. Der Realismus versucht also, mit beträchtlichem Erfolg, die deutsche Verstandes- und Gefühlskultur ins Gleichgewicht zu setzen. Er versteht sich als eine neue, herzhaftere Stufe der Aufklärung.

Klare Abgrenzung von den biedermeierlichen »Dichtern des Detail«

Mit der »kleinlichen«, engherzigen Verstandeskultur lehnt der realistische Programmatiker auch den naiven, ebenfalls aus dem 18. Jahrhundert übernommenen Empirismus ab. In dieser Beziehung besteht volle Übereinstimmung mit dem Hegelianismus. Das sich isolierende »Detail« oder »Genrebild« wird ebenso abgelehnt wie die Reflexion; denn alles, was sich verselbständigt, widerspricht dem strengen Begriff der ästhetischen »Ganzheit« oder »Einheit«, welchen die Realisten aus der klassizistischen Poetik (Epos, Tragödie) übernehmen und auch für die Form der Erzählprosa verbindlich machen. Die ideologisch forcierte Einheitsforderung der realistischen Programmatiker ergibt eine klare Grenze zwischen *Biedermeier* und Realismus. Die Biedermeierdichter erscheinen in der realistischen Kritik meist als »Dichter des Detail«. Der Ausdruck bestätigt unsern Begriff des biedermeierlichen Detailrealismus. Auch metaphorische Prägungen wie Mosaikkünstler und Genremaler begründen die Unzulänglichkeit der Biedermeierdichtung.

Schmidt läßt die grundsätzliche Einheit von Wissenschaft und Dichtung, die für Stifter so wichtig ist, gelten. Trotzdem erlaubt er dem Dichter keine »Studien« in

---

* Ich denke an die posthume Auswirkung des Biologismus oder Rassismus in der Hitlerzeit und an die anachronistische Marx-Renaissance in der sich immer stärker nivellierenden Gesellschaft der Bundesrepublik Deutschland. Das gesunkene Kulturgut nach 1850 ist der Irrationalismus.

der Dichtkunst: »Im Organismus des Universums mag jedes Atom gleich wichtig sein, der Organismus des Kunstwerks hat einen beschränkten Rahmen, und in ihm ist nur dasjenige wichtig, was zur Sache gehört« [357]. Humoristen wie Gotthelf und Alexis läßt Schmidt trotz ihres Detailrealismus eher gelten als den monotonen Dichter des *Nachsommer*. Aber diese Toleranz gegenüber dem humoristischen Detail erfährt im Laufe der Zeit Einschränkungen. Fontane rügt den »Kleinhumor« des Alexis; denn ein alles verklärender Welthumor wird verlangt. Gotthelf, obwohl auch Humorist, ist durch den christlichen Blick für das Böse und Düstere nicht auf dieser metaphysischen Höhe. Entsprechend fehlt den Realisten meistens das Verständnis für die Deformationen des Groteskhumors, so daß nicht nur E.T.A.Hoffmann, sondern sogar das Wiener Volkstheater, besonders Nestroy, abgelehnt wird. Die Dorfgeschichte, wie überhaupt alles Idyllische, läßt man, als Heilmittel gegen Negation, Reflexion und Rhetorik, einigermaßen gelten; aber, strenggenommen, widerspricht auch die idyllische Neigung der realistischen Metaphysik. Man muß die Heiterkeit und das Positive im *Ganzen* finden, nicht nur in der Abgeschiedenheit des Dorfes. *Im Kampf gegen den Partikularismus und Provinzialismus sind sich die ästhetischen und die politischen Einheitskrieger im Zeitalter des Realismus einig. Auch die soziale Einheit ist verbindlich.* Der biedermeierliche »Volksschriftsteller«, der für die Unterschicht statt für das ganze Volk schreibt, wird mit demokratischer Begründung als indirekt höfisch entlarvt.

Die Abgrenzung der Richtungen Biedermeier und Realismus, die in Deutschland nach der Meinung vieler Forscher so leicht zu verwechseln sind, macht also keine Schwierigkeiten, wenn man gewillt ist, nicht von den eigenen Vorurteilen, sondern von den Urteilen und Forderungen der deutschen Realisten auszugehen, was eigentlich doch selbstverständlich sein sollte. Man mag sagen, daß ich den ungenialen Julian Schmidt zu stark betone. Gewiß, es gibt in den fünfziger Jahren auch publizistische Gegner des realistischen Gottsched. So rügt ihn z.B. ein Rezensent mit dem Pseudonym »vom Neckar« – vielleicht ein Schwabe – in der einflußreichen *Allgemeinen Zeitung* 1856 wegen seiner Kritik der *Bunten Steine;* aber selbst dieser Stifterverteidiger bescheinigt dem streitbaren Publizisten, daß er auf literarischem Gebiet »das große Wort bei uns führt« [358]. Auch in der Literatur machen eben oft genug die Lautstarken Geschichte, die Goliaths, nicht die Davids, – zunächst wenigstens.

Sogar dann, wenn man von den Grenzbotenrealisten absieht und die Gotthelfkritik Kellers oder die Alexiskritik Fontanes oder Heyses Kritik an der biedermeierlichen Novellistik (im *Deutschen Novellenschatz*) als zuständiger betrachten und höher bewerten will, ergibt sich unmißverständlich die erwähnte Grenze zwischen der naiven detailrealistischen Methode des Biedermeiers und dem bewußten ästhetischen Einheitsprinzip der Realisten. Keller und Fontane nehmen zwar begreiflicherweise auf ihre Landsleute mehr Rücksicht als die Leipziger Publizisten; aber diese landsmannschaftliche Pietät gibt nur einen Unterschied im Ton, nicht im Inhalt der Kritik. Selbstverständlich hört das Biedermeier nicht mit einem Schlage auf. Es gibt im Realismus eine Biedermeiertradition, genauso wie es im Naturalismus eine Realismustradition gibt; wenn man aber hartnäckig die Tradition akzentuiert und die Unterschiede, die Neuansätze verwischt, weil der *deutsche* Realismus nicht realistisch sein darf oder weil die mathematische Einheit des »19. Jahrhunderts« eine historische Einheit sein muß, so hat dies mit Wissenschaft nichts zu tun.

Das realistische Programm fordert, wie wir gesehen haben, nicht nur die Werkeinheit, die damals so beliebte »künstlerische Komposition«, sondern auch die Einheit und Ausgeglichenheit des Sprachstils. Jean Paul wird abgelehnt, weil das Schwanken zwischen Enthusiasmus und Humor unkünstlerisch sein soll; ja sogar geringe Stilspannungen werden sogleich notiert und bemängelt. Diese erscheinen bei so gut wie jedem Dichter der Biedermeierzeit, sogar beim frühen Stifter, der schon zur »epischen Stetigkeit« neigte und es daher leicht hatte, bei den Umarbeitungen dem realistischen Stilprinzip in diesem Punkte näher zu kommen. Schwerer haben es Erzähler wie Sealsfield und Gotthelf, denen das rhetorische Prinzip des zweck- oder inhaltsbestimmten Stils auf Grund ihrer theologischen Ausbildung noch selbstverständlich ist, die also mit dem besten Gewissen verschiedene Register ziehen und z.B. zwischen detailrealistischer Beschreibung, pathetischer Rede und komischer Inszenierung ganz bewußt abwechseln. Schriftsteller dieser Art werden nie als volle Künstler anerkannt; aber man gesteht ihnen wenigstens einen gesunden Kern zu, und diesen präsentieren die Verlagslektoren, nach zahllosen Streichungen, auch in der zweiten Hälfte des Jahrhunderts dem Lesepublikum.

Die schärfste Kritik trifft die Jungdeutschen

Am schärfsten getroffen werden vom Prinzip des gleichmäßig mittleren, womöglich humoristisch sanft verklärenden Stils die Jungdeutschen. Mit der absoluten Einbildungskraft verurteilen die Realisten die transzendentale Ironie der Romantik, die bei den Jungdeutschen, trotz stärkerer satirischer Akzente, mannigfach nachwirkt. Wie die Grenzbotenkritiker den Schauerton nicht mehr anerkennen, sondern als unnatürlich verwerfen, so verstehen sie auch die konsequente Ironie der Jungdeutschen nicht mehr als wertneutralen »Ton«, sondern mißverstehen sie als puren »Subjektivismus«. Die Heineforschung hat bis zum heutigen Tag gegen dies grobe Mißverständnis zu kämpfen. Die Umschläglichkeit, welche dem ironischen Stil gesetzmäßig eigen ist, wird nach den verschiedensten Aspekten verurteilt, als Stilbruch, als Beeinträchtigung der Werkeinheit, als aristokratische Geistreichelei, als nihilistisches Zerspielen der gegenständlichen Welt, als Verstoß gegen die metaphysische Harmonie des Ganzen, dem nur die am Gesetz der Welt orientierte und daher versöhnende Tragik oder ein ebenso universaler, daher verklärender Humor gerecht werden kann. Die Kritik der *Tendenzdichtung* ist den Realisten nicht mehr so wichtig; denn die Problematik dieser Naivitäten hatten schon die dialektischen Junghegelianer erkannt und trotz mancher Zugeständnisse an die revolutionären Schriftsteller mehr oder weniger deutlich kritisiert. Die Kritik an der Tendenzdichtung ergab sich schon aus der wiedererstarkenden Klassizismustradition.

Um so wichtiger wird es, die vermeintliche Tiefe der pseudophilosophischen Jung-deutschen, zumal des gefährlichen Kritikers Gutzkow zu entlarven; denn »das Publikum«, so interpretiert Otto Ludwig schon 1840, »hat einen Geschmack daran gefunden, sich auf diesen Oberflächen zu wiegen, in der Meinung, es denke, und wer weiß wie tief, und die produktiven Autoren über die Achsel anzusehen und sich zu freuen, wenn sie recht gemein heruntergerissen werden. Das ist das junge Deutsch-land« [359]. *Die publizistische Macht etablierter zweitrangiger Autoren erscheint den jungen Dichtern und Theoretikern des Realismus als die eigentliche Gefahr.* Auch Keller empört sich, vor allem über die Kritik des selbst unfähigen Gutzkow. Vischer tritt an seine Seite. Der Affekt gegen den anspruchsvollen Berliner, den Preußen Gutzkow, spielt eine bedeutende Rolle in diesem Streit. Wenn man an den schweren Stand denkt, den die Österreicher Grillparzer, Stifter und Nestroy gegen-über der norddeutschen Kritik hatten, wird die unverdächtige Meinung des Mittel-deutschen Ludwig noch verständlicher. »*Die produktiven Autoren« waren tatsächlich in Gefahr, von überheblichen Publizisten ausgeschaltet zu werden.* Aus diesem Grund traf die Kritik der jungen realistischen Generation die Jungdeutschen am härtesten.

Die Biedermeierdichter wurden mit Vorsicht behandelt, weil zuviel Naivität wün-schenswerter erschien als zuviel Reflexion. Während die abstrakteren Kritiker – auch Hebbel gehört zu ihnen – an Stifter kein gutes Haar ließen, tadelt Julian Schmidt zwar Stifters übertriebene Detailfreudigkeit; aber er respektiert ihn durchaus als »Dichter« und hofft auf die Abklärung seiner Kunst. Die Jungdeutschen dagegen sind für Schmidt Jean-Paul-Epigonen, verspätete Romantiker und damit ein Nichts, »reine Leere, das blöde Stammeln der Impotenz«. Ein »schamloses System des jour-nalistischen Lobhudelns und der Kameraderie«, ergänzt Grenzbotenkollege Frey-tag [360]. Otto Ludwig sieht in der jungdeutschen Clique sogar eine »Tigergrube« [361]. Im *Zauberer von Rom* (Leipzig 1858–61) erkennt J. Schmidt zwar mit Recht einen Fortschritt zum Realismus. Aber in der Hauptsache bleibt auch dieser Roman »wüste Unordnung, ein Gemisch von unreifem Hochmut und Verschrobenheit«. Es kommt über diesen Beleidigungen zum Prozeß.

Gutzkows Antikritik: »Nüchternster Zigarrenrealismus«

Um die Grenze noch schärfer zu ziehen, um zu zeigen, daß es nicht um persönliche Differenzen, sondern um einen Gruppen- oder Generationsunterschied geht, wechsle ich die Perspektive und füge noch eine kurze Skizze von *Gutzkows Realismus-Kritik* hinzu; denn der Gewaltige blieb die Antwort nicht schuldig [362]. Die *Heiterethei*, spottet Gutzkow, »macht Beethoven zur Schenkenmusik, zur Kirchweih«. Auch in *Zwischen Himmel und Erde* findet Gutzkow eine unmögliche Mischung von Meta-physik und »Kleinheit«. Gerade das realistische Mittestreben also ist dem Jungdeut-schen zuwider. Die erstrebte »Einheit« kann er in *Soll und Haben* nicht finden; denn diese muß doch, meint er, in einer Idee begründet sein. Ihm begegnet bei Freytag nichts als »unendliche Nüchternheit«, »trostloseste Leere des Gemüts«. Es ist schon völlig unpoetisch, einen Kaufmann zum Helden eines Romans zu machen; das wäre nur unter bestimmten Bedingungen, z.B. in exotischer Umwelt, möglich. Noch unpoetischer – völlig abwegig ist es, die bürgerliche Arbeit zu verherrlichen. Man bemerkt an dieser Stelle die Romantik in Gutzkow klar genug. Der vielgerühmte Keller hat, nach der Meinung des Jungdeutschen, wie Freytag keinen »Aufschwung«, keine »wallende Regung des Herzens«, sondern nur »Phlegma und Apathie«. Ähnlich sieht Gutzkow Raabes Behaglichkeit und Humor. Bei keinem dieser Realisten ist etwas von Schillers »rauschender Flut der Seele«. Mit einem Wort: Gutzkow vermißt im Realismus die Rhetorik.

Die Tendenz verteidigt Gutzkow zunächst ausdrücklich; aber da sie nichts mehr gilt, erweitert er den Begriff mehr und mehr, so daß nur noch die vage »Idee« übrigbleibt. Diese allerdings bejaht er noch 1859 ohne jede Einschränkung: »*Es bleibt immer wahr, reine Lebenswahrheit erscheint nicht im Staube des Realismus, sondern doch nur im Lichte des Ideals*« [363]. Gutzkow rechtfertigt die Idee in jeder Form als »Geistesreichtum«, »Gedankentiefe«, »Begeisterung«, »Witz«, »Poesie des Gedankens« usw. Er will den Kern der realistischen Position zerstören, wenn er feststellt: »Unsere Epoche steht auf dem Standpunkte der Reflexion« [364]. Die klassische Objektivität, die antike Naivität und die aus diesen Begriffen abgeleitete Einheit des Kunstwerks oder des Sprachstils sind nach Gutzkow eine Illusion. Noch 1862 unterstützt er daher das alte Vorbild der Jungdeutschen, den von den Realisten entthronten Jean Paul, gegen den »fast maniakal gewordenen Goethe- und Schiller-Kultus«. Schon darin verrät sich die Romantiktradition, in der Gutzkow steht, daß er seine Argumente gegen das realistische Natur- und Ganzheitsprinzip immer wieder der idealistischen Philosophie, etwa Schelling oder F.H. Jacobi entnimmt.

Er verteidigt konsequenterweise sogar das Pathologische und Dämonische gegen die »rotwangige Nüchternheit der Realisten«. Durch die ständige Wiederholung der Worte Gleichgültigkeit, absolute Kälte, Nüchternheit, Gemütslosigkeit und die entsprechenden Metaphern (»Dampfphilosophie«, »nüchternster Zigarrenrealismus«, »Lüneburger Heide der Interesselosigkeit«) verrät er sich als Erbe der deutschen Gefühlskultur. Ja, es ereignet sich das, was immer geschieht, wenn eine Generation von einer jüngeren angegriffen wird. Dann ist die Gegenpartei der Alten – in unserm Fall das Biedermeier – der abgehenden Generation immer noch lieber als die junge, und zwar deshalb, *weil sich nun herausstellt, was die Generation, jenseits der Differenzen, gemeinsam hatte.* Gotthelf, der streitbarste unter den konservativen Biedermeierdichtern, bekommt von dem liberalen Pionier Gutzkow ein Lob, weil er der »absoluten, sich selbst gewidmeten Realität« nicht verfiel; er wird sogar gerühmt, weil er seinen »polemischen oder komischen Zweck« immer fest im Auge behielt [365]. Der liberale Tendenzdichter preist den konservativen Tendenzdichter! Ja, die *romantische* Dichtung ist ihm am Ende lieber als die realistische. Er spielt Brentanos *Geschichte vom braven Kasperl und schönen Annerl* gegen die *Heiterethei* Otto Ludwigs aus. Es scheint demnach, daß die realistischen Programmatiker nicht so ganz im Unrecht waren, wenn sie die Romantik in den verschiedensten Formen noch gegenwärtig fanden und als ihren Hauptgegner betrachteten.

4. KAPITEL

SYMBOL · BEGRIFFSALLEGORIE · NATURPERSONIFIKATION MYTHOLOGIE

Die Frage nach den großen Formen der Bildlichkeit, die heute wohl mit Recht von der eigentlichen Sprachbildlichkeit (Metapher, Vergleich usw.) abgegrenzt werden, berührt in der romantischen und nachromantischen Zeit die Grundprobleme der Kultur so tief, auch herrscht in diesem Bereich, nicht nur aus terminologischen Gründen, ein solches Durcheinander der Begriffe und Vorstellungen, daß der moderne Literarhistoriker dazu neigt, sich sogleich auf einzelne Texte zurückzuziehen und die Erörterung der schwierigeren, womöglich letzten Fragen den Philosophie- und Kirchenhistorikern zu überlassen. Es ist aber der Zweck dieses Einführungsbandes, *den* Gegebenheiten der Biedermeierzeit nachzuspüren, welche hinter den einzelnen Dichtern und den einzelnen literarischen Formen stehen und mehr oder weniger ihre besondere Ausprägung bestimmen. So muß wenigstens der fragmentarische Versuch gemacht werden, strukturelle Beziehungen zwischen der Restauration (oder ihren Gegnern) und den in dieser Zeit erkennbaren Erscheinungsformen der Bildlichkeit herauszufinden*.

Bilderkult

Leicht zu verstehen ist zunächst die Tatsache, daß der ganze große Bereich der überlieferten Symbole, die mehr oder weniger archaische und mythische »Bilderwelt« bei den Konservativen höchstes Ansehen genoß; denn der »Fortschritt« zur »Freiheit«, »Gerechtigkeit« und »Menschlichkeit«, auch die Herstellung einer einheitlichen »Nation« oder »Gesellschaft« ohne Verletzung der »natürlichen Menschenrechte« war ja von der Verwirklichung bestimmter »Ideen«, welche die Konservativen »abstrakt« nannten, abhängig. Wer Begriffe, die ursprünglich von Philosophen geschaffen waren, unbedingt anerkannte, wurde notwendigerweise zum »Bilderstürmer«. Wenn der literarisch Gebildete von heute das Wort Symbol hört, so denkt er an ein

---

* Die Abtrennung dieses Kapitels vom folgenden Kapitel über den Sprachstil, ergab sich vor allem aus der Tatsache, daß die idealistische Ästhetik, die in der Biedermeierzeit nachwirkt, sich wenig mit der Sprache beschäftigt. In den Rhetoriklehrbüchern steht die Sprache im Vordergrund. In der Praxis lassen sich große und kleine Bildlichkeit kaum voneinander trennen. Als unmittelbare Fortsetzung dieses Kapitels ist aus diesem Grund der Abschnitt über die Sprachbildlichkeit (s. u. S. 487 ff.) zu betrachten.

Darstellungsmittel der Ästhetik; und wenn er von der Geschichte des ästhetischen Symbols etwas weiß, so denkt er an die Entstehung des Begriffs bei Moritz, Herder und Goethe, an F. Th. Vischer, der diese Tradition aufgriff und symbolischen Realisten wie C. F. Meyer weitergab. In der Biedermeierzeit war das ästhetische Symbol noch ein rares, wenig bekanntes und selten zu findendes Pflänzchen. Um so mehr hörte man von der religiösen oder mythologischen Symbolik, die sich der ästhetischen ebenso entschieden überordnete wie die Kirche der Kunst, und deren eigentlicher Erfinder oder Neufinder neben F. Schlegel der Philosoph oder vielmehr Theologe Schelling gewesen ist. Was zunächst als neue Mythologie gedacht war, wurde unter dem Einfluß der politischen Restauration, aber auch einfach als Mythologie, als Belebung einer wesensmäßig archaischen Form der Symbolik, zu einer machtvollen Stütze der Religion. Was bei Hölderlin, der ja in diesen Kreis theologischer Symboliker gehörte, wie eine Wiederbelebung der griechischen Götter ausgesehen hatte, führte schon bei ihm *(Brot und Wein)* und in den späteren Jahrzehnten erst recht zu einem neuen Verständnis der christlichen Sakramente, der christlichen Symbole und damit zur Wiederherstellung einer Kultur, in der das religiöse Symbol dem ästhetischen Symbol ebenso übergeordnet war wie dem philosophischen Begriff. Friedrich Schlegel baute in seiner *Philosophie des Lebens* (1827) alle Kulturgebiete auf dem religiös fundierten Symbolprinzip auf, wodurch praktisch die *Begriffe, die zu einer Sonderung von Kunst, Staat, Wissenschaft usw. geführt hatten, widerlegt erschienen.* Aus dieser Universalsymbolik folgt nach Schlegel unter anderm, daß beim Untergang der Religion »auch alle höhere *Kunst* ... wieder verschwinden« würde [1].

Man darf behaupten, daß die Kunst, ihrem irrationaleren Wesen entsprechend, gegen die ihr zugedachte Unterordnung weniger Widerstand zu leisten vermochte als die Philosophie (s. u.). Dies gilt sogar für Goethe, dem Börne vorwarf, um eines Bildes willen stets zum Verrat an der Freiheit bereit zu sein. Goethe spottet zwar gelegentlich über die »symbolisch-mystischen Ungeheuer«, in denen das rechte Verhältnis von »Wort und Bild« verfehlt ist [2]; aber da er immer das, was gerade an der Zeit war, zu seinem Ausgangspunkt nahm, schreckte er im Schluß seiner Faustdichtung vor einem Experiment in der beliebten mythologischen Symbolik nicht zurück, mit dem Erfolg, daß Eichendorff, als Sprecher der christlichen Kultur, diesen Anpassungsversuch streng zurückwies. Der Faustschluß, meinte dieser, sei der »völlig verunglückte Versuch«, Goethes »wesentlich antike Naturreligion romantisch-allegorisch christianisieren zu wollen« [3].

Man wird heute erwidern, daß Goethe durch seinen mystischen Symbolbegriff einen guten Zugang zur vereinigten antikisch-christlichen Mythologie (»Jungfrau, Mutter, Königin, Göttin«) besaß und vielleicht hinzufügen, daß der tiefe Solger zu jener Zeit die ins Eine führende Mystik und die besondere Gestalten ausprägende Mythologie zwar als »entgegengesetzte« Richtungen erkannt, aber trotzdem ihr Zusammenwirken ausdrücklich als »zur eigentlichen Religion« gehörig bezeichnet hatte [4]. Goethe fand in jeder historischen Lage einen möglichen Weg. Was geschah aber, wenn mehr zur Abbildung als zum Sinnbild neigende, von Grund auf nüchterne Schriftsteller wie Immermann gleichzeitig mit Goethe der mythologischen Mode zu entsprechen versuchten (*Merlin,* Düsseldorf 1832)? Mußten da nicht doch »symbolisch-mystische Ungeheuer« entstehen? Am wenigsten problematisch war die mythologische Symbolik für überzeugte Christen wie Eichendorff oder auch (s. u.) Gotthelf und die Droste. Es leuchtet ein, wenn Eichendorff in seinen literarhistorischen Arbeiten Klopstock an Dante, oder Tieck – gemeint ist der frühromantische Dramendichter – an Calderon mißt und die modernen Dichtungen »abstrakt« findet, wenn er ganz im Sinne von Schellings Kunstmythologie fordert, daß »die poetischen Gestalten nicht bloß *bedeuten,* sondern wirkliche, individuelle, leibhaftige Personen sind« [5]. Eichendorff sagt: »Alle echte Poesie ist ... schon ihrer Natur nach eigentlich symbolisch oder mit andern Worten eine Allegorie im weitesten Sinn« [6]. Aber er meint, wie der Kontext an derartigen Stellen stets ergibt, nicht das Besondere, in dem sich das Allgemeine spiegelt, d. h. also das ästhetische Symbol, sondern es geht ihm wie dem späten Friedrich Schlegel um die »lebendige« oder »höhere« Allegorie, in der sich Ewiges und Irdisches durchdringen müssen, weil das Ewige, das Göttliche nur sinnbildlich dargestellt und aufgenommen werden kann. Noch immer, oder wieder wie vor alter Zeit, ist die Dichtung verborgene Theologie [7].

Die Autorität dieser Konservativen war weniger der zweideutige Goethe als Herder, wieder ein mystischer Theologe, der gesagt hatte: »Dichtkunst, sie ist ursprünglich Theologie gewesen, und die edelste, höchste Dichtkunst wird wie die Tonkunst ihrem Wesen nach immer Theologie bleiben« [8]. Es ist auch kaum zu leugnen, daß auf dieser religiösen Basis die »mythologischen« Symbole die geforderte Natürlichkeit oder Selbstverständlichkeit erlangten. Eichendorffs Lyrik, Novellistik und vor allem auch seine zu wenig beachtete Versepik der 50er Jahre geben reiche Beispiele dafür: die Madonna im Walde, die heidnische Venus im Schloßgarten oder den Himmelsknaben inmitten geschichtlicher Ereignisse*. Kein Wunder, wenn der streitbare Wolfgang Menzel noch die zweite Restauration (nach 1848) mit schweren Waffen gegen die öden »Begriffsphilosophen« – Schimpfwort der Konservativen –, auszustatten versuchte (*Christliche Symbolik,* 2 Bände, Regensburg: G. J. Manz 1854). Der einst so eifrige Literaturkritiker und Literarhistoriker hatte schon 1842 *Mythologische Forschungen und Sammlungen* (Stuttgart und Tübingen) veröffentlicht. Jetzt war es der ausschließliche Zweck seiner alphabetisch geordneten Symbol-Enzyklopädie, den Gläubigen und der Kirche zu dienen. Da selbst die Priester, meint er im Vorwort, die christlichen Sinnbilder vergessen haben, ist ein neuer Columbus nötig, der den gewaltigen Bilderschatz der Kirche wiedererweckt und so der christlichen Religion ihre verläßlichste Grundlage zurückgibt: »Das Bild ist heilig wie das Wort ... Das Bild ist mächtig wie das Wort, dem Volke vielfach eindringlicher« [9]. Der

---

* Mit Alexander *von Bormann* (Natura loquitur, Naturpoesie und emblematische Form bei Joseph von Eichendorff, 1968) bin ich der Meinung, daß man Eichendorffs Dichtung scharf von der Stimmungspoesie der eigentlichen Romantik abgrenzen muß. Ob sich aber Emblematik und Allegorie an irgendeiner Stelle der Restaurationsepoche voneinander trennen lassen?

konservative Charakter von Menzels Vorstoß wird durch die Streiche, die er gegen den liberalkatholischen Bischof von Wessenberg austeilt, besonders einprägsam. Den Entmythologisierungstendenzen der Aufklärung und Aufklärungstradition, die in D. F. Strauss einen besonders entschiedenen Vorkämpfer gefunden hatten, antwortet hier ein Schriftsteller mit Thesen, die dem Vorschlag gleichkommen, *sich auf die christliche Mythologie und Symbolik zurückzuziehen, da diese die Auseinandersetzung mit der Philosophie überflüssig machen.* Menzels Buch markiert die im Realismus sich vollziehende Trennung von weltlicher und kirchlicher Kultur, die doch wohl endgültig war, aus dem Gesichtspunkt der Symbolik. Man versteht, daß das bloß ästhetische Symbol dem Begriff und dem Inhalt nach noch die Ausnahme war, solange nicht nur Theologen wie Franz von Baader und gelehrte Mythologen wie Friedrich Creuzer, sondern Literaturkritiker, Spezialisten der Literatur, solche Bücher schrieben.

Die mythologisch-symbolische Bewegung dürfte durch die Restauration in Mitteleuropa eine besondere Forcierung und Verhärtung erfahren haben. Doch scheint sie eine allgemeine Erscheinung der europäischen Romantik, gerade auch der späteren, auf ihrem Übergang zum Realismus, gewesen zu sein. Die Aufklärung, die prinzipiell nicht eben bildfeindlich gewesen (s. u.), aber im Grunde doch der bloßen Deskription oder der begrifflichen Aussage geneigter war, hatte ein Bedürfnis unbefriedigt gelassen, das gerade auf dem Gebiet der Künste, im Widerspruch zu aller Abstraktion moderner Zivilisation, immer neu lebendig zu werden pflegt. Ich denke an Blakes und Shelleys Mythenschöpfung, die ja auch die Aufmerksamkeit der modernen Kritik erregt hat. Ein amerikanischer Forscher datiert den Beginn von Shelleys »mythmaking« auf das Jahr 1816 [10]. Etwa um dieselbe Zeit verkennt der deutsche Literarhistoriker Franz Horn nicht die Zeichen des Manierismus; aber er tröstet sich mit der Meinung, die Abweichungen vom gesunden Geschmack seien »meistens Krankheiten von Überkraft, die gute Hoffnung für die Zukunft erlauben. Nur Nüchternheit und Zahmheit – und diese sind jetzt *viel seltener* als sonst – geben keinen Raum zur Hoffnung« [11]. In der Tat, *Nüchternheit und in diesem Sinne »Realismus« ist, auch von der Bildlichkeit her gesehen, ganz und gar nicht das Kennzeichen der Restaurationsepoche.* Selbst bei Balzac findet ein Forscher eine Gruppe von Monomanen, die als Personifikationen einzelner Tugenden und Laster anzusprechen sind [12]. Ähnliche Beobachtungen liegen bei Dickens nahe.

Das bewegte Zeitalter der Revolution und Revolutionskriege hat die Erfahrung der übergeordneten Werte oder Mächte verstärkt und das Individualitätsprinzip in den Hintergrund treten lassen. Man denke an die Rückkehr zur mythischen Personifikation, die sich bei Goethe schon im *Pandora*-Fragment vollzieht. Auch die Dämonisierung liegt auf dieser Grundlage sehr nahe. Der alte Tieck sieht den Radikalismus und die Barbarei der Zeit mit dem Abbau des Individualismus zusammen; aber auch er verfällt im konkreten Personalurteil der Neigung zur Generalisierung und Mythisierung, wenn er sagt: »Daß der sogenannte Börne kein Individuum ist, ist ja klar: denn könnte ein solches in seiner Wut so blödsinnig werden?« [13]. *Die Parteilichkeit, die der Restaurationsepoche so lieb war, legt, wie man sieht, die Erstellung von*

Begriffspersonen nahe! In der Prosa gibt es die Freude an lebhafter Bildlichkeit so gut wie in der Versdichtung; denn *sie durchdringt auch das ganze Denken.* Bei Kierkegaard ist die häufige »Verdichtung abstrakter Ideen in konkreten Gestalten« aufgefallen [14]. Sein Antipode Ludwig Feuerbach überträgt die Bilderstürmerei nicht auf seinen Stil, sondern mythisiert ihn auch, so weit seine Sprachkraft reicht. Jean Paul verteidigt in der *Vorschule der Ästhetik* die »Bildliche Sinnlichkeit« (§ 81) mit Hilfe von Bildern, und es ist natürlich wieder Herder, dessen Phantasie »gleich dem Kolibri gern auf die Blume und Blüte fliegt« [15], und der so als Lehrmeister der Bildlichkeit erscheint. In der Polemik gegen das klassizistische Prinzip einer sparsamen Bildlichkeit versteigt sich Jean Paul bis zu der Empfehlung, die barocke Bildlichkeit mit Hilfe der neuen Stimmungskunst zu erneuern; denn das besagt doch wohl der folgende Satz: »Nur wo die Bildlichkeit bloßer Anputz ist, sei sie sparsam; aber wenn der Schmuck Angesicht wird, die Rosen Wangen, die Juwelen Augen: dann ist es einem Gesichte erlaubt, so schön zu sein, als es kann« [16]. Man denkt an den kurz zuvor geäußerten Grundsatz: »Und dies ist die Probe, das jedesmalige Umbilden eines alten Bildes«. Jean Pauls Vorbild war für die Sprachbildlichkeit der Biedermeierzeit wichtiger als für die Auffassung des Symbols, der Allegorie usw. Aber wo an die Bildphantasie und an die Bilderlust des frühen 19. Jahrhunderts im allgemeinen gedacht wird, da muß das überaus fruchtbare und geradezu ansteckende Beispiel Jean Paul schon hervorgehoben werden. Es ist auch geeignet, die Vorstellung zu widerlegen, als ob nur die absolut originale Bildlichkeit zur Dichtung führen könne. *Mit so individualistischen Prinzipien verstellt man sich den Weg zur Symbolik (oder Allegorie!), wie sie in der Restaurationsepoche erscheint.* Man kann sicher sein, daß gerade Jean Pauls Wort vom »jedesmaligen Umbilden eines alten Bildes« der jüngeren, nicht weniger begabten, aber bescheideneren Generation aus dem Herzen gesprochen war. »Wenigstens helfe man einem abgelebten Bilde durch einen Zusatz auf, der nicht dessen müde Fortsetzung, sondern mehr eine reizende Entgegensetzung ist«. Solche Ratschläge, im schlichten Geist der alten Rhetorik gegeben, sagten manchem Dichter der Biedermeiergeneration genug. Aber auch sie künden noch von dem hohen Ansehen, das die Bildlichkeit zu Beginn des 19. Jahrhunderts genoß.

Die Vorstellung, daß die Poesie bildlich sein muß, findet man überall, auch außerhalb der mythologischen Poetik. So hört man z. B. von Albert Knapp, er habe »schon selber erkannt, daß ihm an gestaltender Dichterkraft fehlte [sic] und daß Bilder, die er aus eigener Erfindung gab, halbverwischt und trübe« waren [17]. Mörike entsprach nicht nur dem Prinzip der mythologischen Symbolik – durch Erfindung seines Landes Orplid u. dgl. –, sondern er achtete auch im Kleinen auf die Bildlichkeit. In einem Brief an Adolf Stahr (14. 11. 1847) meint er, ein von diesem in einem Liebeslied »gebrauchtes Gleichnis (von dem zusammengebogenen Rosenzweig)« sei »eines eigenen Gedichtes wert« [18]. Die Bildlichkeit erscheint hier als Hauptkriterium und Quelle der Poesie. Bei Dichtern wie Mörike herrscht nicht der »Pansymbolismus«, den ein moderner philosophischer Kritiker mit Recht zu widerlegen versucht [19]; denn die einfache Reflexion, der gesunde Menschenverstand behält im ganzen konservativen

Biedermeier neben dem Bilderprinzip sein Recht. Man versteht aber, daß *Hegel und seine Schüler* mit der romantischen Mythologie und Symbolik nicht einverstanden waren, sondern sie in ihre Schranken zurückzuweisen versuchten.

Bilderstürmer

Es geschah durch Anwendung historischer Argumente. Wie die Dichtungsformen außerhalb des Dreierschemas (Fabel, Parabel, Epigramm usw.) so gehört in Hegels ästhetischem System auch die Symbolik zu den vorklassischen, vorwiegend orientalischen Formen der Kunst, nicht etwa nur die Allegorie, die Personifikation, obwohl deren Unwert als »*leere Form* der Subjektivität« besonders klar zu erkennen ist, sondern auch »die eigentliche Symbolik«. Aus der Perspektive der Bildlichkeit erscheint dieser Philosoph als ein radikaler Gegner der irrationalistischen Tradition seit Herder und Moritz. Schon die unerhörte Fähigkeit zur Abstraktion und zur konstruktiven Systematik, die Hegel besaß, mußte ihn zum heimlichen Bilderstürmer, zum Lehrer von D. F. Strauss und zum Ausgangspunkt moderner Ideologien machen. Die Mythenfeindschaft schlug bei ihm bereits in quasi-mythische Begriffskonstruktionen um. Was ihm am Symbol orientalisch und archaisch vorkommt, das ist bezeichnenderweise vor allem die Tatsache, daß es »seinem eigenen Begriff nach wesentlich zweideutig bleibt« [20]. Ein Löwe, der nicht nur allegorisch, sondern symbolisch sein soll, muß auch für sich etwas sein. »Zweifelhaftigkeit« gehört zum eigentlichen Symbol, wobei der Zweifel für Außenstehende wächst. So können z. B. Nichtchristen das Symbol des Dreiecks in einer Kirche nicht ohne weiteres verstehen. Aus solchen Beispielen ergibt sich für Hegel die *mangelnde Allgemeingültigkeit der symbolischen Kunst.*

Schwierigkeiten macht dem weitgebildeten Philosophen die Einsicht, daß es nicht nur in der orientalischen, sondern auch noch in der klassisch-antiken Kunst Zweideutigkeiten geben kann, obwohl diese ja den Höhepunkt der gesamten künstlerischen Entwicklung darstellen soll. Aber von solchen Realitäten läßt sich der Symboltheoretiker so wenig imponieren wie der Gattungspoetiker Hegel: »Selbst bei dem klassischen Kunstgebiete tritt noch hin und wieder eine ähnliche Ungewißheit ein, obschon das Klassische der Kunst darin besteht, seiner Natur nach nicht symbolisch[!], sondern in sich selber durchweg deutlich und klar zu sein« [21]. In unserm Zusammenhang mag man an *Hermann und Dorothea* denken; denn dies Epos spielt bei Hegel in anderer Hinsicht eine bedeutende Rolle. Es ist selbstverständlich, daß der Philosoph unter diesen Voraussetzungen die romantischen Beiträge zum Pansymbolismus ablehnt. Er hat zwar volles Verständnis für Creuzers mythologische Symbolik, da sie einen vergangenen Zustand interpretiert. Es ist durchaus richtig, daß die ursprüngliche Mythologie nicht nur willkürliches Phantasiespiel, wie die Aufklärung meinte, sondern sinnvolle Symbolik war, »indem die Völker zu der Zeit, als sie ihre Mythen dichteten, in selbst poetischen Zuständen lebten und deshalb ihr Innerstes und Tiefstes sich nicht in Form des Gedankens, sondern in Gestalten der

Phantasie zum Bewußtsein brachten, ohne die allgemeinen abstrakten Vorstellungen von den konkreten Bildern zu trennen« [22]. Die Äußerung läßt erkennen, wie innig Hegel das »Innerste und Tiefste« mit dem »Gedanken« verbindet, und so ist es klar, daß es ihm zweifelhaft erscheint »ob denn *alle* Mythologie und Kunst *symbolisch* zu fassen sei – wie Friedrich von Schlegel z.B. behauptete, daß in jeder Kunstdarstellung eine Allegorie zu suchen sei« [23].

Wer die moderne Entwicklung vom symbolischen Realismus über den Symbolismus zu neuen Formen der Allegorie und Parabolik überblickt, mag sagen, Hegel erkenne schon ganz richtig, wie schwer es sich verhindern läßt, daß die *bewußte* Symbolik, die um 1800 aufkam, in Allegorie übergeht. Aber verrät nicht gerade diese Überspitzung des Symbolbegriffs den heimlichen Bilderstürmer? Durch seine Abneigung gegen die Natursymbolik, durch sein Insistieren auf der Selbstentfaltung und Selbstverständlichkeit des Geistes verteidigt er ein Ideal, das in der Praxis zu der bekannten, ihm häufig vorgeworfenen Negierung der modernen Kunst und Dichtung führen mußte. Welcher begriffliche Seiltanz bei diesem Kampf gegen Allegorie *und* Symbol von dem Philosophen aufgeführt wurde, mag folgende Stelle aus dem Kapitel über »Die klassische Kunstform« vergegenwärtigen: »die klassische Schönheit hat zu ihrem Inneren die freie, *selbständige* Bedeutung, d.i. nicht eine Bedeutung von irgend etwas, sondern das *sich selbst Bedeutende* und damit auch *sich selber Deutende.* Dies ist das *Geistige,* welches überhaupt sich selbst zum Gegenstande seiner macht. An dieser Gegenständlichkeit *seiner selbst* hat es dann die Form der Äußerlichkeit, welche, als mit ihrem Inneren identisch, dadurch auch ihrerseits unmittelbar die Bedeutung ihrer selbst ist und, indem sie sich weiß, sich weist. Wir gingen zwar auch beim Symbolischen von der Einheit der Bedeutung und deren durch die Kunst hervorgebrachten sinnlichen Erscheinungsweise aus, aber diese Einheit war *nur unmittelbar* und dadurch unangemessen. Denn der eigentliche Inhalt blieb entweder das Natürliche selber, seiner *Substanz* und abstrakten *Allgemeinheit* nach; weshalb die *vereinzelte* Naturexistenz, obschon sie als das wirkliche Dasein jener Allgemeinheit angesehen wurde, dieselbe entsprechend darzustellen nicht imstande war; oder das nur Innere und vom Geist allein Ergreifbare, wenn es zum Inhalt gemacht wurde, erhielt an dem ihm selber Fremdartigen, dem unmittelbar Einzelnen und Sinnlichen, seine damit ebenso unangemessene Erscheinung« [24]. Man versteht, daß F.Th.Vischer, der weniger abstrakt, aber sehr viel musischer als sein Meister war, schließlich doch wieder beim Symbolbegriff landete und sogar, wie Jean Paul, die Personifikation, die Hegel eine »oberflächliche Form« genannt hatte [25], *hochschätzte* (s.u.). Man darf freilich Hegels Einfluß bei Jungdeutschen, Junghegelianern und Realisten deshalb nicht unterschätzen. *In der Zeit zwischen 1830 und 1860 stößt man fortgesetzt auf symbolfeindliche Äußerungen.* Sie sind angesichts der »mystisch-symbolischen Ungeheuer«, welche die mythische Symbolik der Romantik gezeugt hatte, verständlich und entsprechen der Aufklärungtradition, die in diesen Jahrzehnten wieder stärker wurde, ebenso wie dem klassizistischen Stilideal, das ungefähr seit 1840 erneut Anhänger fand und auch den deutschen Realismus beeinflußte. Man wird kaum behaupten dürfen, daß diese bildfeindliche Richtung durch F.Th.Vischer und den Symbolismus oder gar durch die Antaios-Beiträger und andere moderne Symbolschwärmer endgültig überwunden wurde. Als *eine* Möglichkeit der Kunst wurde die nichtsymbolische Dichtung wahrscheinlich mit Recht hervorgehoben. Während Friedrich Schlegel die Einheit von Religion und Poesie überbetonte, hielt der Philosoph die Verbindung zwischen Dichtung und *Wissenschaft* offen.

Infolge des deutschen Irrationalismus kennen wir die Geschichte der Symbolik sehr viel besser als die der Antisymbolik. Ich muß mich daher auf einige Indizien beschränken, die das Bestehen einer Opposition gegen den romantischen und biedermeierlichen Bilderkult belegen. In *Blasedow und seine Söhne* (Stuttgart: Verlag der Classiker 1838) möchte sich Gutzkow, um nicht wieder mit der Polizei zusammenzustoßen, auf den harmlosen Wegen Jean Pauls bewegen und einen humoristischen Roman schreiben. Aber diese Anpassung an die biedermeierliche Spaßkultur bedeutet nicht, daß er zugleich dem Bilderkult der Zeit huldigt. Nach dem Vorlesen eines banalen Textes aus dem *Brandenburgischen Kinderfreund* lachen die jungen Leute über den Unsinn, und nur von »dem Alten« heißt es: Er »hielt ihn für tiefere Allegorie und wischte seufzend die nassen Augen« [26]. An einer andern Stelle rezitiert ein »Volksdichter«, der von Beruf Schäfer ist, eine Ode auf eine Frostsalbe, worauf der Oberzeremonienmeister des Dichterklubs die Leistung zeitgemäß interpretiert: »Sie scheinen also ... hauptsächlich mit der poetischen Mystik sich zu beschäftigen? In ihrem Gedichte liegt in der Tat eine tiefsinnige Allegorie verborgen« [27]. Die höhere oder tiefere Allegorie gehört zu den festen Begriffen der romantischen und nachromantischen Literaturkritik (s. u.). Manchmal werden in Gutzkows Roman die »Bilder und Allegorienkostüme« [28] auch direkt abgelehnt. Der gute Dichter heißt es, ganz im Sinne Hegels, nenne ein Bett ein Bett, der schlechte Dichter spreche von »des Schlummers Lagerstätte«. »Im Ausdruck, Theobald, Einfachheit! Der Gedanke gibt den Ausdruck. Das Wort, mit Schmuck überladen, erdrückt oft den Sinn«. Das ist ein klares Programm, was freilich nicht ausschließt, daß es schon im folgenden Satz vollkommen zeitgemäß kostümiert wird: »Der Sinn muß der schmucke, stattliche Bannerträger eines Gedichtes sein« [29].

Auch Robert Prutz wendet sich gegen die Allegorie und Metaphorik, da sie nur zu »gesuchter Originalität« führen und »völlig unzulänglich für eine fortgeschrittene Bildung« sind [30]. Solche Feststellungen hindern ihn freilich nicht, einem seiner Tendenzdramen ein reichlich gesuchtes Gleichnis zugrunde zu legen (*Die politische Wochenstube*, Zürich und Winterthur 1845). Germania ist die politische Wöchnerin. Ein seltsamer Zwiespalt geht durch Theodor Mundts *Ästhetik* (1845, Deutsche Neudrucke 1966). Auf der einen Seite aktualisiert er Hegels historische Festlegung der Bildlichkeit, ihre Verweisung in die Frühzeit der menschlichen Kultur, indem er dies Prinzip nach der Erfahrung der Restaurationsepoche modifiziert. Es ist, erkennt Mundt, leider nicht so, daß der »Völkergeist« auf dem höheren Zustande [der Aufklärung], den er erreicht hat, beharrt, sondern er fällt »oft wieder zurück in das *Symbol,* und die symbolische Weltansicht, mit ihrem so grell sich ausdrückenden Widerspruch zwischen der Gestalt und ihrer Bedeutung, dringt immer wieder verwirrend und mit Nacht umdämmernd in die beginnende Freiheit des Geistes ein« [31].

Wenn ein »kalter Fetisch« – gemeint ist wohl das Kreuz – statt des »lebendigen Gottes« verehrt wird, so ist dies das Weiterwirken der uralten heidnischen Macht. Die höfischen Symbole – er denkt wohl an Krone, Thron usw. – sind »politischer Fetischismus«. Und das Madonnenbild verrät die unerschöpflich fließende Urquelle des Polytheismus, es ist ein »Götzenbild«. Um keine Zensurschwierigkeiten zu bekommen, distanziert sich der Jungdeutsche vom »schlechten Pantheismus«; denn dieser ist mit dem Materialismus gleichzusetzen und – man merke sich die Feststellung! – »gewissermaßen zu einer polizeilichen Kategorie gestempelt worden« [32]. Nachdem er in solcher Weise die philosophische Basis einer weltlichen Symbolkultur preisgegeben hat, bleibt ihm nur noch die Kunst: »die Kunst selbst [!] zeichnet den Weg vor, um hinwegzukommen von dieser bloßen willkürlichen Vergötterung der Materie« [33]. Das reduzierte Symbol, das auf diese Weise zurückbleibt, nennt Mundt »Bild«. Er trennt es scharf vom »bloßen Naturbild« [34] (Symbol, Mythos) ab und glaubt damit wohl, der Warnung Hegels zu entsprechen. Indem er aber auf der neuen Basis die Bildlichkeit feiert und einen Kult mit dem »wahren Bild« [35] treibt, landet er wieder bei dem aus der Kunst gewonnenen Irrationalismus, den Hegel bekämpfte. Er spielt wie eh und je diese bildliche Kunst gegen »die apriorische Begriffsphilosophie« aus [36], und damit man seinen Purzelbaum ja nicht übersehe, beruft er sich noch auf die »positive Philosophie« Schellings [37], – 1845: es ist eine linkische Verbeugung vor dem Berlin Friedrich Wilhelms IV., in das Schelling mit großen Erwartungen gegangen war.

Ja, komische Revolutionäre hatte Deutschland auch hinsichtlich der Bildlichkeit. Wenn später Nietzsche in *Also sprach Zarathustra* (Kapitel »Von den Dichtern«) tönte: »Und alles das ›Unvergängliche‹ – das ist auch nur ein Gleichnis ... alle Götter sind Dichter-Gleichnis, Dichter-Erschleichnis!«, so hinderte ihn diese Erkenntnis nicht daran, Deutschland durch neue mythische Bilder zu berauschen und zu verwirren und so vom Wege der Vernunft abzulocken.

Zu den treuesten Antisymbolikern gehörten im Biedermeierdeutschland wohl die Schriftsteller, die in der Tradition der empiristischen, »beschreibenden« Literatur des 18. Jahrhunderts standen. Heine parodierte sie in seinen *Reisebildern* gern. Jean Paul hatte dies Brockes-Gefolge mit großem Ernst auf die symbolische Aufgabe des Dichters hingewiesen: »jedes Laubblatt wird eine Welt, aber doch will der Fehl-Dichter uns durch eine Laubholzwaldung durchzerren« [38]. Die bescheiden beschreibende Literatur entsprach zu sehr dem biedermeierlichen Geist, als daß die Warnung des angesehenen Dichters überall gehört worden wäre. Im II. Bande (»Formenwelt«) wird davon öfters die Rede sein. Besonders die Österreicher hielten das Darstellungsmittel der descriptio, das vor Lessing und der symbolischen Welle vollkommen legitim gewesen war, mit Zähigkeit fest. Daß dies nicht der schlechteste Weg war, daß eben auf so empirischer Basis die symbolischen Ungeheuer zu vermeiden und eine besonders überzeugende Form der Symbolik zu erreichen war, beweist das unvergängliche Beispiel Stifters.

Die Koexistenz von Symbol und Allegorie

Im Vergleich zu dem Fundamentalproblem (Bilderkult oder nicht) ist die *speziellere Frage Allegorie oder Symbolik von sekundärer Bedeutung* und kann den Interpreten der vorrealistischen Dichtung leicht in die Irre führen. Die Vorgeschichte der Symboldichtung ist verhältnismäßig gut erforscht [39]. Man weiß, daß Lessing die Allegorie, die nach Winckelmann unbedingt zur bildenden Kunst gehörte, aus der Dichtung, welche die Abstrakta benennen kann, vertreiben wollte, daß Herder, bestätigt von Heinse, auf der Grundlage seines pantheistischen und organologischen Denkens zu einer noch prinzipielleren Ablehnung der Allegorie gelangte und an ihre Stelle das organische, transparente Symbol setzte, daß Moritz diese Symbolik bereits mit der Autonomie des Kunstwerks verband, daß Kant diese Form des intuitiven Symbols gegen die Logiker verteidigte und damit für die Ästhetik sicherte. Die Symboltheorie Goethes, die am meisten bekanntwurde, beruht also, ähnlich wie der Geniebegriff, auf der Denkleistung des 18. Jahrhunderts. Bekannt ist auch, daß der Goethesche Symbolbegriff in der zweiten Hälfte des 19. Jahrhunderts mächtig weiterwirkte (bei Vischer, Volkelt u. a.) und schließlich zur Herrschaft in der Literaturkritik und -geschichte gelangte.

Gänzlich unhistorisch wäre freilich die Vorstellung, mit dem Entstehen des Symbolbegriffs und einiger großer Beispiele symbolischer Dichtung *sei der Allegoriebegriff und die allegorische Dichtung plötzlich in der Versenkung verschwunden*, und dies ausgerechnet in einer Zeit, da mächtige geistige und materielle Kräfte darauf hinarbeiteten, das Alte zu erneuern. Selbstverständlich gibt es in der ganzen ersten Hälfte des 19. Jahrhunderts unmutige Äußerungen über die Allegorie. Man darf vielleicht sogar sagen, daß es zum guten Ton gehörte, über die Allegorie zu schimpfen. Arnim lehnt in der Rezension von Z. Werners *Attila* die kalte, zu wenig individuelle und »zeitfreie Allegorie« ab. E. T. A. Hoffmann versichert: »Es ist kein leeres Bild, keine Allegorie, wenn der Musiker sagt, daß ihm Farbe, Düfte, Strahlen als Töne erscheinen« [40]. Goethe bringt einmal das, was ihn von Schiller trennt, auf den Unterschied von Symbol und Allegorie, worin gewiß eine stille Schillerkritik sich verbirgt. Hebbel bekämpfte bei jeder Gelegenheit das »allegorische Herausputzen der Idee«. Sogar der Hofdichter und Minister Eduard von Schenk macht gehorsamst den bayerischen König Ludwig I. darauf aufmerksam, daß ihm der geschichtliche Gegenstand eines bestimmten Dramas und seine »historische Treue« geboten erscheine und im historischen Drama »an allegorische oder mystische Ausschmückung« nicht zu denken sei [41]. Keiner ist mit Stolz allegorisch; aber gibt es einen unter den genannten Schriftstellern, dem die Allegorie fremd war, der sie vollkommen entbehren könnte? *So schnell setzen sich revolutionäre Dichtungstheorien nicht in die Praxis um;* denn die Gesellschaft, ob nun als Hof, Schule oder Publikum ihren Einfluß ausübend, hält am Gewohnten fest, wirkt auf den Schriftsteller zurück, und auch im Dichter selbst sitzt die Tradition, zumal in einer Zeit, da sie pietätvoll gepflegt wird*.

---

* Man denke zur Verdeutlichung an die starke Realismustradition im 20. Jahrhundert.

Statt also so zu tun, als ob von 1800 an überall der Symbolbegriff herrsche, ist es unsere Aufgabe, die Faktoren, die eine allgemeine Gültigkeit des Goetheschen Symbolbegriffs verhinderten, zu kennzeichnen und so das nicht zu leugnende *Weiterwirken der Allegorie* verständlicher zu machen. Schon das *eine* Beispiel des alten Goethe sollte verhindern, daß man diese Erscheinung mit der leider üblichen Bequemlichkeit als Epigonentum abtut.

Beim Begriff der Allegorie denken wir heute zuerst an die Dichtung, die vor dem 18. Jahrhundert liegt. Es ist aber zu bedenken, *daß die dem Begriff so stark verpflichtete Aufklärung keinen Anlaß hatte, die allegorische Kunstform abzuschaffen.* Das ist einer der Gründe für die Stärke der literarischen Barocktradition und zwar gerade auch in den Randlandschaften, die sich der Romantik wenig geneigt zeigten (Österreich, Schweiz, Westfalen usw.). Gottsched und die Schweizer waren sich in der Anerkennung der Allegorie einig. Wenn sie Breitinger mit dem Wunderbaren verband und so zu einer besonderen Hervorhebung der Tierfabel gelangte, so entsprach dies einer alten Tradition. Wir hörten, daß Eduard von Schenk, obwohl Hofdichter, die Allegorie bei historischen Stoffen nicht gebrauchte. Über diese Frage hatte man schon in der italienischen Renaissance diskutiert, wie überhaupt der Streit um die Allegorie nichts Neues und zum mindesten ihre *partielle* Ablehnung schon Allgemeingut war [42], – was natürlich bedeutet, daß sie längst als ein überaus überlegt gebrauchtes Kunstmittel fungierte. Das führt dann etwa dazu, daß in den Handbüchern des 18. und frühen 19. Jahrhunderts ein Unterschied gemacht wird, ob man die »allegorischen Maschinen« im komischen Epos gebraucht, wogegen keine Bedenken bestehen, oder im ernsten Epos, was schon Klopstock, im Widerspruch zu Milton, vermieden hatte.

Es ist überhaupt so, daß sich die Allegorie in den niederen Formen der Literatur besser erhält als in den hohen. In der Lehrdichtung, besonders in der geistlichen, bleibt sie lange beliebt. Unglaublich viel Allegorie gibt es auch noch in der politischen Lyrik und Dramatik des Vormärz. In der Prosa las man nicht so ausschließlich die *Lehrjahre,* wie kanonfromme Literarhistoriker anzunehmen belieben, sondern man interessierte sich z. B. für *Gullivers Reisen,* in denen es genaue allegorische Entsprechungen gibt und welche die allegorische Methode für den ganzen Bereich der Satire empfehlenswert erscheinen ließen. Die Publizistik, die nicht uneingeschränkt polemisch sein durfte und sich daher als *Satire* tarnte, machte regen Gebrauch von den allegorischen Formen. Saphirs lahme Witzpublizistik wimmelt von Personifikationen und allen möglichen Einkleidungen, die nicht »zweideutig« wie die Symbolik bleiben. Auch Börne und Heine schämen sich keineswegs allegorischer Mittel. Gerade den handfesten Schriftstellern sind sie unentbehrlich. Menzels Freude an wirksamer und volkstümlicher Bildlichkeit wurzelt ursprünglich wohl eher in der Aufklärungstradition als in der Romantik. Unter Poesie versteht er, wie seine eigenen Dichtungen verraten, vor allem Einkleidung, und als Kritiker jammert er noch im Jahre 1838 darüber, daß die Romanschriftsteller zu wenig »poetische Mittel« verwenden; unter anderm nennt er »Parabeln, Allegorien« [43]. Laube, der wie Gutzkow zur Bildfeindschaft neigt, unterscheidet die plastisch-goethesche Dichtungsauffassung von der allegorisch-rhetorischen Menzels [44]. Er nimmt für Goethe – gemeint ist natürlich der klassische! – Partei; aber die Majorität, auch der Schriftsteller, steht auf der Seite Menzels. Daß Schopenhauer für die Allegorie eintrat [45], sei nur wegen des Gegensatzes zu Hegel und wegen seines heutigen Ansehens vermerkt; denn er hatte ja zunächst wenig Wirkung. Seine Hochschätzung der Allegorie paßt zu der Trennung von Geist und Welt, die er vertrat und die dem künstlerischen Spielbegriff des ebenfalls pessimistischen Rokoko nicht allzu ferne steht.

Natürlich muß die von der Aufklärung anerkannte Allegorie vollkommen klar sein. Das ist ein Topos in den Handbüchern des 18. Jahrhunderts und in denen des frühen 19. Jahrhunderts, die ihm verpflichtet sind, d.h. in den weitaus meisten. Emblematische Rätselhaftigkeit wird abgelehnt. *Es ist ja gerade der Vorzug der Allegorie, daß sie nicht dunkel, »zweideutig«, sondern klar und damit wirksam ist.* Der Artikel *Allegorie,* den der repräsentative Literarhistoriker und Literaturtheoretiker Friedrich Bouterwek in die *Allgemeine Encyclopädie der Wissenschaften und Künste* (hg. v. J.S.Ersch und J.G.Gruber, Bd. 3, Leipzig: J.F.Gleditsch 1819) lieferte, trennt Allegorie und Symbol noch nicht klar, sondern versteht das Symbol als eine Art der Allegorie. So selbstverständlich erscheint ihm noch die Berechtigung der Allegorie. »Künstliche Symbole« dagegen, die man »Sinnbilder oder Embleme« nennt, lehnt er entschieden ab. Auch das »religiöse Symbol« ist ihm verdächtig: »der Schwärmer vertieft sich in Symbolen; verliert den Begriff über dem Bilde«. Das erinnert an Hegels Position; aber für das »natürliche Symbol« hat Bouterwek schon Verständnis. Er erkennt seine antirhetorische Funktion: »Ein schönes Symbol kann dem Gefühle mehr sagen als eine lange Rede« [46]. In Jeitteles' *Ästhetischem Lexikon,* das in Wien erschien (1. Band 1835), ist man noch nicht so weit. Allegorie ist dort nicht nur die »Versinnlichung allgemeiner Begriffe«, sondern zugleich noch »im weitesten Sinne *jede absichtliche Andeutung [!] einer Sache durch eine andere ihr ähnliche«.* Auch die Allegorie als »selbständiges Kunstwerk«, will sagen als Gattung, gibt es für den Verfasser noch. »Leichtigkeit des Verständnisses« gehört hier wie in der Aufklärung zu jeder Art von Allegorie. Bei dem Begriff »Symbol« jedoch denkt der konservative Wiener nur an den Ölzweig, der den Frieden bedeutet, u.dgl., will sagen an das emblematische Bild, es ist ihm daher *»ein lebloses Zeichen,* welches einen Begriff vorstellt in seiner Einheit, *absolut ohne Handlung und Leben«* [47]. Der letzte Satzteil läßt erkennen, daß die Uhr dieses Artikelschreibers bei Lessing stehengeblieben ist.

Anders war es natürlich, wenn ein Sohn oder Enkel der Aufklärung in *Weimar* einen Artikel über die Allegorie schrieb. Im *Wörterbuch zum Behuf der Ästhetik, der schönen Künste, deren Theorie und Geschichte, und Archäologie* (Weimar: Landes-Industrie-Comptoir 1810) erschien ein solcher. Der Verfasser war der Wielandianer und erste Wielandbiograph J.G.Gruber. Trotz des vollkommen unpolemischen, hochgelehrten Charakters, den dieser Wörterbuchbeitrag besitzt, darf man wohl von einer entschiedenen Verteidigung der Allegorie sprechen. Sie ist sehr geschickt, denn alle möglichen Arten frostiger Allegorie werden abgelehnt, literarische und bildkünstlerische Allegorie werden scharf unterschieden, Lessing und Herder mit ihrer begrenzten Anerkennung der Allegorie fungieren als Autoritäten, und Wieland, Herder, Jean Paul liefern die dichterischen Vorbilder für die Allegorie. Der Verfasser macht Zugeständnisse an den begrenzten Irrationalismus, dem die Symbolik Goethes ihren Ursprung verdankt. In der Dichtung, meint er, verschmelzen Bewußtsein und Gefühl »in eins«: »Wir werden daher wohl tun, eine doppelte Art der Allegorie festzustellen, eine, die es bloß mit dem Erkenntnisvermögen zu tun hat, und eine andre, die zugleich auf das Gefühl wirkt. Niemand glaube, daß die letzteren bloß auf das Gebiet des Lyrischen beschränkt seien, denn auch im Epischen und Dramatischen gibt es deren« [48]. Weiter unten gibt er sogar zu verstehen, daß, was nur den Verstand anspricht, »in ästhetischer Hinsicht« *keine* Allegorie ist. Gruber kann bei dieser Verstärkung des Gefühlsfaktors mit einem gewissen Recht beim »Affekt« der Rhetorik anknüpfen. »Daß die Allegorie als rhetorische Figur ihren Ursprung in der Sprache der Empfindung habe« [49] und nicht immer nur durch den Verstand veranlaßt sei, war keine revolutionäre These, sondern nur eine Aktualisierung der Affektenlehre in der Rhetorik. Geschickt ist auch, wie die *philosophische* Funktion der Allegorie, die Vereinigung des Philosophischen und Ästhetischen, das sie erfordert, betont wird oder wie die ursprünglich so innige Beziehung zwischen Mythologie und Allegorie nicht vergessen wird. Gruber hält eine sichere Linie zwischen den »frommen und nur mystischen« Allegorien (der Romantik) und den »Wochenblatts-Allegorien« (der Trivialaufklärung). Er glaubt mit seinem Artikel den »Zwist über die Bestimmung der Allegorie« geschlichtet zu haben: »es ergibt sich, daß sie, als Werk schöner Kunst betrachtet, keineswegs bloß dahin ziele, daß wir die in Bildern dargestellten Ideen anerkennen, sondern daß sie durch solche unser Gefühl überhaupt und durch die Schönheit der versinnlichten Formen das Schönheitsgefühl insbesondere in Anspruch zu nehmen zum Zwecke habe« [50].

Es sieht fast so aus, als habe die begrenzte Anerkennung der Allegorie dem Geist von Weimar überhaupt entsprochen. Rüdiger führte vor kurzem den Nachweis, daß die Göttin Gelegenheit, der Goethe in Rom huldigte, einen alten Stammbaum besitzt [51]. Über Hebel sagt Goethe, ganz im Stile der Zeit (und Grubers), er wisse »durch glückliche Personifikationen seine Darstellungen auf eine höhere [!] Stufe der Kunst heraufzuheben« [52]. Der Artikel Grubers gehört ungefähr in die Zeit, da sich im *Pandora*-Fragment der allegorisch-mythologische Geist des alten Goethe schon mächtig regt. Der Klassiker hatte nicht so viel Angst vor der unfeinen Allegorie wie die Goethephilologen. In *Faust II* nennt er das Kind gelassen, vielleicht auch ein wenig ironisch, aber jedenfalls deutlich beim Namen. Knabe Wagenlenker sagt:

> Denn wir sind Allegorien
> Und so solltest du uns kennen.

Auch die drei schlachtentscheidenden »Gewaltigen« werden von Mephistopheles ohne Angst vor dem altmodischen Begriff eingeführt:

> Und, allegorisch wie die Lumpe sind,
> Sie werden nur um desto mehr behagen.

Man muß bedenken, daß durch die bildende Kunst des *Klassizismus* die Allegorie noch überall gegenwärtig war, besonders an den ohnehin traditionellen Höfen mit ihren Kunstsammlungen, Festspielen, Maskenzügen usw. Aufklärung und Klassizismus waren im ganzen 18. Jahrhundert in einem engen Zusammenhang gestanden, und dazu war noch die besondere Tatsache gekommen, *daß Winckelmann, die höchste Autorität dieses Klassizismus, ausdrücklich an der Allegorie festgehalten hatte.* Werner Kohlschmidt erklärt sich dieses Faktum aus dem Stoizismus Winckelmanns, auch als Ausfluß seines Platonismus. Der Kunsthistoriker hatte »zeitlebens das Bedürfnis«, »in der Bestimmung der Kunst über die sinnliche Seite sowohl des Gegenstandes wie des Schaffensprozesses hinauszugehen, ja sie zu krönen durch eine geistig ideale« [53]. Es versteht sich, daß im gesamten Zeitalter des *Idealismus,* so oft auch dieser seine Gestalt verändern mochte, eine ähnliche Verlockung zur Allegorie bestand; denn *wo die Idee stets über die Erscheinung hinausweist, womöglich als die eigentliche Realität betrachtet wird, besteht noch eine echte Beziehung zu dem älteren Begriffsrealismus,* in dem die Allegorie ihre weltanschauliche Basis hatte. Wo es keine zwanglose Begegnung zwischen Natur und Geist gibt – das lehrt am besten das Beispiel Schillers –, kann die reine Symbolik nicht entstehen.

Man wird kaum leugnen können, daß auch die *Romantik* aus dieser Perspektive zu sehen ist. Novalis sagt: »Was helfen uns Beschreibungen, die Geist und Herz kalt lassen, leblose Beschreibungen der leblosen Natur – sie müssen wenigstens symbolisch sein wie die Natur selber« [54]. *Wenigstens* symbolisch! Damit scheint doch gemeint zu sein, daß das Goethesche Symbol nur eine Vorstufe ist zu dem »Bild«, von dem der Romantiker träumt, ähnlich wie die halbpoetischen *Lehrjahre* nur eine Vorstufe zur wahren Poesie des *Heinrich von Ofterdingen* sind. Wenn Novalis immer wieder von »Allegorie« spricht, so ist dies kaum ein terminologischer Zufall. Natürlich muß es eine neue höhere Art von Allegorie sein. »Rechter Gebrauch der Allegorie« ist wesentlich [55]; aber das Symbol genügt unmöglich, wo die Erscheinungswelt so entschieden transzendiert wird. *Das reine Symbol wird ebenso zurückgenommen wie der reine Pantheismus.* F. Schlegel unterscheidet gelegentlich die »symbolische Schönheit« des Romantischen von dem »Christlich-Allegorischen« [56]; aber es ist gerade bei diesem Denker klar, wohin die Reise geht. Für die Romantik wird es im Laufe ihrer Entwicklung immer unmöglicher, sich dem gewaltigen Vorbild der christlichen Allegorie zu entziehen. *Wo Dante und Calderon die höchsten Vorbilder sind, kann man nur die flache Allegorie ablehnen, nicht die Allegorie überhaupt.* Von besonderer Bedeutung ist es, daß nicht allein überzeugte Katholiken wie Eichendorff und Brentano um die Erneuerung der Allegorie ringen. Der alte Tieck, ein Repräsentant der Biedermeierzeit, der nur bei oberflächlicher Betrachtung realistisch erscheint, rechtfertigt immer wieder das alte Stilmittel. So verteidigt er z.B. in der Novelle *Der Tod des Dichters* die Allegorien der *Lusiade* mit folgenden Worten: »Wie wahr und poetisch: Ruhm, Ehre, Heldengefühl sind sie denn greifliche, roh irdische Wesen? Entzückende Gedanken sind sie, Geister, die sich nur dem Begeisterten wie körperlich darstellen und auch diesem wieder verschwinden. Und doch sind diese unsichtbaren Gedanken und Gefühle für den Edlen das Herrlichste und Belohnendste, ihm in der Unsichtbarkeit das Nächste und Genügendste: die Göttinnen sind es, um deren Gunst er wagt, handelt, leidet und stirbt« [57]. In Tiecks *Gesellschaft auf dem Lande* gibt es eine parodistische Rede über Mythologie und Allegorie. Die Darstellung von Begriffen, so heißt es hier, habe die antike und germanische Mythologie ersetzt, die uns nichts mehr sage. »Deshalb ist zu befürchten, daß ... wir schon mit Begriffen Götzendienst treiben« [58]. Der alte Tieck ist wirklich von dieser Gefahr bedroht. *Er versteckt zwar die Allegorien sorgfältig und planmäßig hinter der alltäglichsten Wirklichkeit;* aber höhere Bedeutung gewinnen solche Dichtungen nur, weil die »Allegorie im letzten Hintergrunde als Halt dem Ganzen dient und ebendarum sind auch Dantes Allegorien so überzeugend, weil sie sich bis zur greiflichsten Wirklichkeit durchgearbeitet haben« [59].

Man muß bedenken, daß die meisten jüngeren Erzähler der Biedermeierzeit durch Tiecks Schule gegangen sind und sich von dieser versteckten allegorischen Darstellung oft etwas abgesehen haben. Für Solger, Tiecks Freund, ist es ganz selbstverständlich, daß Allegorie und Symbol nebeneinander bestehen können. Er nähert die beiden Kunstmittel als »bewußte und unbewußte Mystik« einander an, bewertet sie beide gleich, gibt aber auch jeweils einen Bewertungsmaßstab: »beide haben eine Grenze, wo die Allegorie in bloßes Verstandesspiel und die Symbolik in Nachahmung der Natur übergeht« (an Tieck 1.1.1819) [60]. In den *Vorlesungen über Ästhetik* (Leipzig 1829) hält er an dieser toleranten Einstellung fest. So unterscheidet er z.B. »eine streng symbolische und zwei allegorische Arten des Epos« [61]. Die Idylle, die von Hegel als geistlos abgetan wird, interpretiert Solger auf dieser Grundlage treffend als eine Art von allegorischer Epik, »welche von der Wirklichkeit ausgeht« und zwar die Wirklichkeit »als von der Idee angefüllt« darstellt [62]. Man bemerkt an diesem Beispiel, *daß der richtig verstandene Allegoriebegriff Fehldeutungen und falsche Bewertungen der Biedermeierliteratur verhindern kann!*

Ein anderer Aspekt eröffnet sich, wenn man daran denkt, daß die Allegorie einem heteronomen Weltbild und damit auch einem heteronomen Dichtwerk zugeordnet zu sein pflegt, während, wie schon gesagt, das Symbol seit Moritz mit der ästhetischen Autonomie zu tun hat. In der *Gräfin Dolores,* deren Ende die christliche Buße beherrscht, liegen die Allegorie und allegorieähnliche Formen wie die Lichtsymbolik näher als in den *Wahlverwandtschaften.* Für die Schicksalstragödie *Der 24. Februar* hat Lee B. Jennings die überzeugendste Interpretation gegeben, weil er jeden autonomen bzw. realistischen Gesichtspunkt vermeidet und sie als emblematisches Spiel versteht, »akin to the morality play and parable« [63]. Oder, um noch ein letztes Beispiel zu geben, wie weit ist E. T. A. Hoffmann in den *Elixieren des Teufels* (Berlin 1815/16) von dem organologischen und pantheistischen Denken abgerückt, dem die reine Symbolik zu verdanken ist. Auch er ist ein wichtiger Lehrmeister der Jüngeren. Einer der immer wiederkehrenden Vorwürfe gegen Romantik und Nachromantik, die in der realistischen Kritik um 1850 erscheinen, richtet sich gegen den Rückfall in die Allegorie. Auch die hartnäckige Mißachtung, mit der man *Faust II* betrachtet, ist in diesem Zusammenhang zu sehen. Zusammenfassend ist festzustellen, *daß man der Biedermeierzeit nicht gerecht wird, wenn man das Nebeneinander von Symbol*

*und Allegorie und die ständigen Übergänge zwischen beiden Darstellungsmitteln
übersieht.*

Ausblick auf die Zeit nach 1848

Wir wissen schon, daß sich die realistische Kritik in ihren Anfängen nicht auf die
Ablehnung der Allegorie beschränkte, sondern gegen jede Art von Bildlichkeit mißtrauisch war. Julian Schmidt tadelt Auerbachs *Barfüßele* unter diesem Gesichtspunkt (*Die Grenzboten,* 1857, 1. Semester). Man konnte nicht einmal mehr den relativ nüchternen Stil dieses sonst gepriesenen und um 1860 über Gotthelf gestellten
Erzählers ertragen. »Das Bild«, doziert der realistische Programmatiker bei dieser
Gelegenheit, »darf nicht Zweck sein, sondern es muß sinnlicher und verständlicher
als die Abstraktion das Wesen der Sache erschöpfen« [64]. Daß dieser eiserne Programmatiker geradezu als Bilderstürmer anzusprechen ist, verrät die Kritik des
Grünen Heinrich (*Die Grenzboten* 1854), dessen erste Fassung wegen seiner noch
weithin unbewußten Bildlichkeit wohl zu den reinsten Werken eines symbolischen
Realismus gerechnet werden darf. Für Julian Schmidt ist die (doch begrenzte) Hintergründigkeit des Romans schon verdächtig: »Die einfache Betrachtung genügt
ihm niemals. In seiner Phantasie bewegt sich neben der wirklichen immer eine symbolische Welt, auf welche sich die endliche bezieht [!], und daraus geht ein doppelter
Fehler hervor, teils eine Verkleidung des Unbedeutenden in paradoxe Wendungen,
teils jene Verkettung unvermittelter Begriffe, die immer auf eine Halbwahrheit herauskommen« [65]. Selbst G. Keller ist dem Kahlschlag-Literaten nicht »endlich« genug!

Jean Pauls Stil erregt nur noch Grauen. Nicht einmal der Lyrik gestattet man das
alte Bilderspiel. Hebbel wendet sich in seiner Rezension von Tiecks *Kritischen
Schriften* (2 Bde., Leipzig 1849) gegen »das leere, wurzellose Spielen mit Bildern und
Gleichnissen, auf dem die klägliche Zelebrität einiger unserer neuern Lyriker fast
allein beruht« [66]. Vergleicht man Mörikes Gedichte mit denen seines Freundes
Storm, so bemerkt man sogleich den Verlust an symbolischer und metaphorischer
Qualität, den die Lyrik des Jüngeren erlitten hat. Storm hat sich zu dieser Frage
ähnlich wie Hebbel geäußert. Zu einem gleichartigen Ergebnis kommt man, wenn
man Busch mit seinem Lehrer Heine vergleicht. Buschs Bildlichkeit ist auffallend
sparsam, während Heines Stil, besonders seine Prosa, oft etwas wie konzentrierter
Jean-Paul-Stil ist.

Erst um 1870 scheint sich der Symbolbegriff durchgesetzt zu haben. Die Grundlage bildete Vischers Aufsatz *Das Symbol.* Mit Entschiedenheit betont dieser
Ästhetiker die pantheistische Grundlage des Symbols, – ohne freilich der Allegorie
entsprechende weltanschauliche Grundlagen zuzuweisen. *Er nimmt Partei für den
Pantheismus und das Symbol.* Eingeteilt wird die Symbolik nach Graden der Klarheit (dunkel, zwielichtig, hell). Das Zwielicht erregt ihm kein so großes Mißbehagen
mehr wie seinem Lehrer Hegel.

Johannes Volkelt sichert im weltanschaulichen und wissenschaftlichen Anschluß
an Vischer den Sieg des Symbols: »Im Mittelpunkt der Entwicklung der neuesten

Ästhetik steht der Symbolbegriff« [67], heißt es jetzt lapidar. Volkelt zitiert Vischers Tübinger Antrittsrede aus dem Jahr 1844, in der sich dieser, tapferer als Mundt, zu dem damals »verrufenen« Pantheismus bekennt. Inzwischen ist der Pantheismus Mode geworden und mit ihm die Symbolik. In dieser Atmosphäre entstehen die letzten Fassungen von C.F.Meyers Gedichten, die durch ihre überaus bewußte Symbolik, wahrscheinlich auch durch ihre Weltanschauung, das Ideal des symbolischen Realismus bereits wieder in Frage stellen, in dieser Beziehung über ihre Zeit, vorwärts und rückwärts, hinausweisen und uns heute mit besonderer Klarheit zeigen können, daß es nicht rätlich ist, Allegorie und Symbol gegeneinander auszuspielen. In der einseitigen Parteinahme für das Symbol liegt die Grenze der damaligen Symboltheorien. Interessant bleibt aber, daß Vischer die »Personifikation«, die Hegel ebenso gering wie die Allegorie bewertet hatte, bereits wieder aufwertet. In § 851 seiner Ästhetik finden sich Sätze, die an Jean Pauls Begeisterung für dies Stilmittel erinnern und vor dem Schulgeschmack, den dies Wort bereits gehabt haben mag, nicht zurückschrecken. Die Personifikation ist nach Vischer der »Gipfel der belebenden Veranschaulichung«: »Alle Mittel der Veranschaulichung drängen als beseelend wesentlich zur *Personifikation* hin« [68]. Auch in diesem Buch soll der rhetorische Begriff wieder ohne Vorurteil benutzt werden. Er ist für die Biedermeierzeit unentbehrlich.

Wenn ich mich im folgenden den Details der Literatur und den einzelnen Darstellungsmitteln Symbol, Allegorie, Personifikation und Mythologie zuwende, so ist damit, den von mir genannten Prinzipien entsprechend, *keine kleinliche Absonderung der Bildformen, sondern eine Betrachtung der Bildlichkeit mit wechselnden Schwerpunkten und an konkreten Beispielen gemeint.* Man wird verstehen, daß ich dabei das Symbol nicht eigens hervorhebe; denn dies tut ja unsere Fachliteratur mehr als billig, während beim Thema Allegorie und Personifikation ein Nachholbedarf besteht und auch die Mythologie, die oft selbst mythisch betrachtet wurde und ja wirklich schwer zu greifen ist, vielleicht doch eine strengere wissenschaftliche Behandlung erfordert.

Ausgedeutete Symbole

Beim Symbol wird es empfehlenswert sein, *nicht* nach modern aussehenden symbolischen Dichtungen zu suchen; denn das Biedermeier hat »die Moderne« nicht so nötig. Besser ist es wohl zu fragen, wo der Unterschied liegt, und da ist zunächst zu betonen, daß vollkommen in sich abgeschlossene Symboldichtungen (Beispiel: C.F. Meyer, *Der römische Brunnen*) noch recht selten sind. Der Normalfall ist das Symbol mit Deutung, mit klarer Deutung, auch wenn diese durch die moderne Interpretation wieder verunklärt werden mag wie der Schlußvers in Mörikes Gedicht *Auf eine Lampe*. Man darf vielleicht diese Symbole mit Deutung als eine Zwischenstufe zwischen Emblem und reinem Symbol verstehen. Wenn auch, wie wir bereits wissen, in einigen esoterischen Dichtungen mit der mystischen Bedeutung und mit dem dunkeln Stil gespielt wird, so fehlt doch im allgemeinen die Rätselhaftigkeit des Emblems; denn der nachromantische Dichter hat ja meist die Aufgabe, verständlich, ja womöglich volkstümlich zu sein. Die in- oder subscriptio ist aus pädagogischen Gründen häufig sogar überdeutlich. In Ludwig Bechsteins frühen *Mährchenbildern und Erzählungen* (Leipzig: Magazin für Industrie und Literatur 1829), die noch der »reiferen Jugend geweiht« sind, gibt es eine »Sage der Vorzeit« mit dem Titel *Die Kinder von Erfurt*. Anael, ein geheimnisvoller Jüngling – der Himmelsknabe, den wir schon bei Eichendorff kennengelernt haben –, erscheint Erfurter Kindern und zerbricht die Macht Uriels, der die Kinder mit seiner Flöte zur Nachfolge verlockt hatte. Man sollte meinen, den Sinn der Geschichte verstehe jedes Kind; aber der pädagogische Autor gibt noch eine über zwei Seiten lange Erklärung, die so beginnt: »Hier ist die Geschichte von den Kindern von Erfurt zu Ende. Sähen wir nun ein recht liebes, frommes und verständiges Kind noch still bei dem Buche sitzen und nachdenken über das, was es soeben gelesen, so würden wir uns freundlich zu ihm setzen und sagen: ›Siehe, liebes Mädchen oder lieber Knabe, wenn Du vielleicht in dieser Erzählung noch einen *tieferen Sinn* ahnest, der Deinem kindlichen Verstande nicht recht klar werden will, so hat Deine Ahnung Dich nicht betrogen, und wir wollen Dir gern noch auf eine andere Art *die Bilder deuten,* die wir Dir vor Augen gestellt in dieser Geschichte‹« [69]. Der breite Stil erweckt den Verdacht, daß dem Erzähler noch mehr die Liebe zum »naiven Ton« (s. u.) als der pädagogische Trieb die Feder führte.

Knapper kommentiert der erfahrene Kinderautor Christoph von Schmid. In seiner Erzählung *Der Kuchen* läßt sich der kleine Jägersohn Fritz durch ein Eichhörnchen vom rechten Weg ablocken, so daß er sich verirrt. Der Vater deutet ihm diesen schlichten Vorgang aus, mit Hilfe des alten geistlichen Wegsymbols: »Dem Wege durch einen gefährlichen Wald gleicht unser Weg durchs Leben; auch da gaukelt uns, gleich jenem verführerischen Tierchen, manche Lust vor den Augen und sucht uns von dem Pfade der Tugend abzulenken. Wie ich dir, lieber Fritz, den rechten Weg durch jenen Wald getreulich beschrieben habe, so zeichnet Gott uns durch seine Gebote den richtigen Weg für die Pilgerreise durch das Leben vor. Laß dich keine Erdenlust verführen, zur Rechten oder zur Linken, davon abzuweichen« [70]. Auch große Erzähler der Zeit schrecken vor solchen Erklärungen nicht zurück; denn das Parabolische hat, wie auch Goethes *Divan* zeigen kann, allgemeines Ansehen und noch nicht den Schulgeschmack wie im Zeitalter des Realismus und Naturalismus. In Gotthelfs Idylle *Der Sonntag des Großvaters* wird nach dem Kirchgang das Sonntagsmahl im Bauernhause beschrieben. Es gibt Suppe, Fleisch, Gemüse, unter Umständen Milch, aber keinen Wein; denn neben dem Hause steht ja der Brunnen. Der nächste Satz leitet bereits ins Geistliche über: »Was das Fleisch erzeugt, wird bewältigt mit der Milch ..., mit dem Wasser«. Das klingt noch ein wenig geheimnisvoll. Dann aber redet der Pfarrerdichter unzweideutig, unter Zuhilfenahme traditioneller geistlicher Wortprägungen: »Daran nimmt der Christ ein Exempel, wie er des Fleisches Lust zu meistern habe, nämlich mit der Milch des Evangeliums, mit dem Tranke des ewigen Lebens, der den Durst löscht für immerdar« [71]. Die Predigt geht noch weiter; sie wird vor allem durch das Schreckbild der »fleischlich Gesinnten« und durch ein satirisches Spiel mit dem immer derber verwendeten Wort Fleisch ergänzt.

Berthold Auerbach galt der folgenden Literaturperiode oft als Vorbild, weil er die rhetorischen Mittel nicht so wie Gotthelf verschwendete. In der Dorfgeschichte *Sträflinge* (1845) findet er ein hochmodernes und wirksames Schlußsymbol: Aus dem vom Schicksal verfolgten Paar wird eine Bahnwärterfamilie. Die Idylle soll ein wenig aufgerauht werden, indem ihr ein Platz neben der Eisenbahn zugewiesen wird. Spricht das Bahnwärtersymbol nicht für sich selbst? Der Erzähler hat das unwiderstehliche Bedürfnis nach einer Ausdeutung, die für die damalige Zeit außerordentlich knapp ist, die aber dem späteren Geschmack sicherlich zu laut, zu rhetorisch erschien: »Das selig stille Glück stirbt nicht aus, es siedelt sich hart neben den unbeugsam eisernen Geleisen der neuen Zeit an« [72]. Wollte Hauptmann diese Pointe im *Bahnwärter Thiel* widerlegen?

Man sollte meinen, daß der Regenbogen als Bogen des Friedens für sich selber spricht; aber A. Grün, der dies Symbol liebt, pflegt es durch ein Abstraktum zu verdeutlichen, etwa indem er schlicht »Vom Regenbogen unsrer [der Untertanen] Liebe« zum Kaiser von Österreich spricht. Rhetorischer klingt der Vers noch, wenn er Naturerscheinung und Begriff so zusammenbringt:

> Wenn der heil'ge Regenbogen stolz sich wölbt durch Wettergrauen,
> Strahlt aus ihm herab das große, schöne, ew'ge Wort: Vertrauen! [73]

Derbe alltägliche Gleichnisse sind beliebt, weil sie noch nicht abgegriffen erscheinen und dem humorigen Geschmack entgegenkommen. So vergleicht z. B. Hermann Kurz in dem Gedicht *Die Lieb ist kein Handschuh* die Liebe durchgehend mit Handschuhen: Man wechselt sie nicht so geschwind, aber sie können zerreissen [74]. Traditioneller ist es, die einzelnen Teile des Körpers oder eines Hauses oder eines Baumes mit bestimmten Begriffen in einen Zusammenhang zu bringen. Ein Beispiel für diese Ausdeutungsmethode ist Justinus Kerners spätes Gedicht *Der Traum vom Blüthenbaum*. Gewisse Männer wollten einem mächtigen Blütenbaum (Biedermeierdeutschland) mit Hilfe von Feuer (Revolution) die Frucht (einen deutschen Nationalstaat) entlocken; aber eben damit machten sie »Deutschlands schönen Traum« zunichte [75]. Man sieht, daß das organologische Denken keineswegs zur organischen Symbolik zu führen braucht, sondern, wie es den Konservatismus stützt, sich auch gerne überdeutlicher konservativer Darstellungsmittel bedient.

Der starke Einfluß der orientalischen Poesie, der nicht nur vom *West-östlichen Divan,* auch nicht nur von der Dichtung des Orientalisten Rückert, sondern von allen möglichen Sammlungen ausging, dürfte die Neigung zum Parabolischen noch gesteigert und legitimiert haben. Guido Görres gibt z. B. kurz vor der Märzrevolution, im Jahrgang 1847 seines *Deutschen Hausbuches,* eine Probe der *Blütensammlung aus der morgenländischen Lyrik* (Berlin 1825), die Tholuck übersetzt hatte. Das Kernergedicht verriet uns schon, daß noch die Dichtung der Revolutionszeit vom parabolischen Geist durchdrungen war. Wir begnügen uns hier mit diesen Hinweisen auf das Gleichnisgedicht, da es im Kapitel Lyrik (Bd. II) noch deutlicher vergegenwärtigt werden muß. Diese Art von Dichtung fand schon die Kritik Lenaus, der, als Star seiner Zeit, sich über sie erhaben fühlte. In seinem Gedicht *Irrtum* heißt es:

> Was ihr Bild nennt unverständig
> Ist nur Gleichnis, kalt und hohl,
> Wo der Geist nicht ein Symbol
> Mit der Sprache zeugt lebendig [76].

Auch A. Grün propagiert in seinem Epos *Der Pfaffe vom Kahlenberg* (Abschnitt »Die neue Fahne«) das Symbol [77]. Vielleicht war dies eine Wirkung der symbolfreundlichen Verlautbarungen des beliebten österreichischen Publizisten und Goetheaners Ernst von Feuchtersleben, die Hebbel später, gleichen Geistes, herausgab. Es fragt sich nur, ob diese Österreicher dem neuen Programm genügen konnten. Auch bei Lenau, der größer ist als A. Grün, findet man häufig die aufgewiesene Zweiteilung, den Unterschied von Bild und Deutung sogar in ganz kleinen Gedichten, wo diese Struktur besonders auffällt, z. B. in den folgenden zwei Strophen *(Abendbilder 1)*:

> Friedlicher Abend senkt sich auf's Gefilde
> Sanft entschlummert Natur, um ihre Züge
> Schwebt der Dämmrung zarte Verhüllung, und sie
> Lächelt, die holde;

> Lächelt, ein schlummernd Kind in Vaters Armen,
> Der voll Liebe zu ihr sich neigt; sein göttlich
> Auge weilt auf ihr, und es weht sein Odem
> Über ihr Antlitz [78].

Uns interessiert hier noch nicht die Frage nach Personifikation und Mythologie, obwohl sie in die gleiche Richtung führen würde, sondern nur die Zweiteilung. Der Sinn der zweiten Strophe ist es doch, dem abendlichen Frieden der Natur eine »supranaturalistische« christliche Deutung zu geben. *Erneut wird deutlich, daß auf theistischer Grundlage das reine Natursymbol mit seinen pantheistischen Voraussetzungen kaum möglich ist.* Doch gerade die personale Wärme, die das Gedicht ausstrahlt und die bei dem Weltschmerzler Lenau nicht selbstverständlich ist, macht die Verse zu typisch biedermeierlichen. Es ist sinnlos, die Bildautonomie und Kälte des reinen Symbolismus von ihnen zu fordern.

Traditionelle Symbolik

Wir sind in unseren bisherigen Überlegungen wiederholt auf die damalige Vorliebe für traditionelle Symbole gestoßen. Sie ergab sich aus der restaurativen Atmosphäre und aus der Pflicht, verständlich zu schreiben. Sogar die revolutionären Schriftsteller bevorzugen Bilder, die faßlich und wirksam sind und schließen daher oft an die Tradition an. Auch neu geschaffene Bilder werden gerne so oft wiederholt, daß sie bald auch ohne Ausdeutung verständlich sind. So weiß ich z. B. nicht, ob das Bild vom schlafenden, d. h. ruhigen, nicht revolutionären Deutschland schon vor der Restaurationsepoche erfunden wurde. In dieser Zeit wird es jedenfalls fortwährend verwendet, wie H. Plard festgestellt hat [79]. Wenn Wortprägungen und Bilder der Klassiker abgewandelt werden, so entspricht dies keinem würdelosen Epigonentum, sondern der schlichten Tatsache, daß das Originalitätsprinzip nach den Erfahrungen der Revolutionszeit nicht mehr verbindlich ist.

Man hat gezeigt, daß die *Lichtsymbolik* in Arnims erzählender Dichtung mit der »Hingabe an eine ... das Individuelle übergreifende Instanz« zu tun hat [80], und diese Art von religiöser Symbolik ist ja so alt, daß es zu ihrer Wiederaufnahme wahrhaftig keiner Klassik bedurfte. Man darf wohl behaupten, daß sich in der Biedermeierzeit keine anderen Bilder so schnell einstellen und so häufig abgewandelt werden wie die der Lichtsymbolik. Wenn A. Grün, der übrigens zu den Liberalen des Vormärz gehörte, auf die Kaiserwürde zu sprechen kommt, dann braucht er, um dem Anspruch des Gottesgnadentums recht poetisch zu entsprechen, natürlich das Licht:

> Es glänzt ein Stern, ein Lichtmal an jeder Fürstenstirne,
> Ein Gottesmal! Verwischen darf nicht die Staubhand Lichtgestirne [81].

Im idyllischen Epos kann auch zur Verklärung eines sehr alten, demnächst sterbenden Pfarrers die Sonne zur rechten Zeit untergehen und dafür sorgen, daß Licht-, Kreuz- und Turmsymbolik sich vereinigen:

> Eben sinket die Sonne: So geht ein Edler zur Ruhe,
> Wenn er des Segens viel gestreut hat über die Erde,
> Auch im Scheiden noch groß! – Die Gräber liegen in Nacht schon
> Aber das goldene Kreuz des Turmes strahlet noch leuchtend,
> Weiset zum Himmel hinan, wo die Nächte der Erde verschwinden [82].

Für den Dichter dieser Zeit kommt es nicht darauf an, neue Symbole zu erfinden, *sondern sie so mit anschaulicher Realität anzufüllen, daß die alte Struktur bewahrt und doch erneuert ist*. Wenn Friedrich von Sallet in seinem Sonett *Trost* berichtet, wie nach einem furchtbaren Gewitter wieder »ein Strahl auf schimmernder Kapelle« spielt und dem Dichter beweist, »daß sich des Gottes Licht noch nicht versprühte« [83], so ist das ganz traditionell. Wenn er aber im nächsten Sonett im finstern Wald fern von jeder Kirche das mystische Licht aufschimmern ließ, so nannte man diese Erfindung gewiß mit Bewunderung sinnig:

> *Sternenspiegel*
>
> Ich schaute froh in heitre Wiesenquelle,
> Die ganz von Himmelsblau sich vollgesogen,
> Drin abgespiegelt lose Wölkchen flogen,
> Und Blumenbilder tanzten bunt und helle.
>
> Doch weiter über dunkle Waldesschwelle
> Ward ich von tiefrem Drange fortgezogen.
> Bis ich, umwölbt von schwarzer Zweige Bogen,
> Mich abgeschlossen fand in nächt'ger Zelle.

Dort sprang ein Born, so tief, dem Licht so ferne,
Daß drin zu Schwarz ward helle Himmelsbläue;
Doch tief im Schooße trug er heil'ge Sterne.

Willkommen! finstren Grames tiefe Treue!
Für fröhlich lichtes Spiel tausch' ich dich gerne,
Nach deinen Sternen spähend stets aufs Neue [84].

Unter den bedeutenden Dichtern der Zeit verwendet wohl die Droste das Lichtsymbol am häufigsten, in den geistlichen Gedichten oft recht konventionell, oder
wenigstens in verschiedenen Originalitätsgraden, in der weltlichen Lyrik dagegen
sehr erfindungsreich, ganz in dem Geiste sinniger Neueinkleidung, den wir erwähnten. Sogar die *Heidebilder*, die schon die Anerkennung der originalistischen Literaturkritik fanden, sind ohne die christliche Lichtsymbolik – einfach als realistische
Dichtung – fehlinterpretiert. Wenn wir sehen, wie über dem *Haus in der Heide*
(Titel eines Gedichts) der Abendstern aufgeht und »grade ober der Hütte Dach«
»sich mild zu neigen« scheint, wenn in der letzten Strophe diesem Lichtsymbol
expressis verbis eine christlich-figurative Bedeutung untergeschoben wird – »Ist
etwa hier im Stall vielleicht Christkindlein heut geboren?« –, so dürfen wir vermuten,
daß auch in der berühmt gewordenen Ballade, die an der Spitze des Zyklus steht
(Der Knabe im Moor), die »heimatliche« Lampe, die dem verängstigten Knaben ent-
gegenleuchtet, nicht nur ein irdisches und häusliches Licht ist. Wer die alles durchdringende biedermeierliche Lichtsymbolik kennt, müßte so interpretieren, selbst
dann, wenn das vorangehende Wort »Schutzengel« keinen ausdrücklichen Hinweis
auf die Transparenz des scheinbar so »bürgerlichen« Bildes gäbe [85].

Wer die dialektische Einheit der Restaurationsepoche kennt, wird sich nicht
darüber wundern, daß das höhere Licht auch dem Lyriker Heine zur Aufgipfelung
mancher Gedichte dienen muß:

Kluge Sterne (Zur Ollea 9)

Die Blumen erreicht der Fuß so leicht,
Auch werden zertreten die meisten;
Man geht vorbei und tritt entzwei
Die blöden wie die dreisten.

Die Perlen ruhn in Meerestruhn,
Doch weiß man sie aufzuspüren;
Man bohrt ein Loch und spannt sie ins Joch
Ins Joch von seidenen Schnüren.

Die Sterne sind klug, sie halten mit Fug
Von unserer Erde sich ferne;
Am Himmelszelt, als Lichter der Welt
Stehn ewig sicher die Sterne.

Dies scheint ein vollkommen symbolisches Gedicht zu sein, mit der Zweideutigkeit,
die zu ihm gehört. Empfiehlt sich eine gesellschaftskritische Deutung (Blumen =
Arme, Perlen = Reiche, Sterne = Fürsten)? Spott über die Nutzlosigkeit der erha-

benen Monarchen? Nein, die Sterne sind nachweisbar ein religiöses Symbol, was den Sekundärbezug auf die von Gottesgnaden nicht ausschließt. Denn das folgende Gedicht des Zyklus *Die Engel* enthält die übliche Ausdeutung:

> Freilich ein ungläub'ger Thomas
> Glaub' ich an den Himmel nicht,
> Den die Kirchenlehre Romas
> Und Jerusalems verspricht.

Die Sterne entsprechen also dem von Heine auch sonst beschriebenen bankrotten Gott, der dem Welttheater gelangweilt zusieht, weil er nichts an ihm ändern kann. Sie sind überflüssig, ein Nichts. Das denkt Heine. Allein noch in der Blasphemie bestätigt sich die dichterische Allgegenwart des alten Lichtsymbols.

Wir wollen, um der Konzentration willen, das Nachwirken anderer christlicher Symbole nicht mehr belegen. Doch sei wenigstens angedeutet, daß es ein einziges großes Geflecht traditioneller Symbolik gibt, das im Zusammenhang zu untersuchen wäre. In einem unserer Beispiele wurde das Turmkreuz vom abendlichen Licht erleuchtet. Kreuze in hoher Position sind überhaupt beliebt. C. D. Friedrichs bekanntes Bergkreuz ist in der Literatur ähnlich zu finden, wobei hinzuzufügen ist, daß auch Berg und Tal ohne Kreuz häufig christlich-symbolische Bedeutung haben. Die alpinistische Lyrik – ich glaube der Begriff ist berechtigt – erscheint im ganzen 19. Jahrhundert als Bergpredigt, wenn auch mehr und mehr in säkularisierter Gestalt. Die Sterne spiegelten sich in einem unserer Belege im Born. Der gesamte Bereich der geistlichen Strom- und Wassermetaphorik lebt wie die Lichtsymbolik weiter, nicht nur bei Eichendorff. Man muß mehr als bisher daran denken, daß in der ersten Hälfte des 19. Jahrhunderts der Katholizismus in die deutsche Literatur zurückkehrte und daß sich über die katholischen Dichter Schlesiens, Westfalens, Österreichs und der Rheinlande die uralten Symbolschätze der Kirche für die Literatur neu öffneten.

Der Anschluß an die barocke Kreuzesmystik ist überall zu spüren, nicht nur in der neubelebten Kreuzzugsepik, sondern auch in der Lyrik, die sich des altchristlichen Sinnbilds nicht mehr schämt. Die volkstümliche und historische Orientierung der Dichtung erleichtert die Wiederaufnahme des Kreuzsymbols im Protestantismus – sogar bei den Reformierten (Gotthelf). Gedichte wie Chamissos bekannte Parabel von der durch Gott erlaubten freien Suche nach einem beliebigen Kreuz, die zur Wiederwahl des eigenen Kreuzes führt *(Die Kreuzschau)*, sind zeittypisch. Sogar in Dichtbereichen, wo man es nicht erwarten sollte, wie in Mörikes Lyrik, findet man wiederholt das Kreuz. Ein Beispiel für die fleißige Kultivierung neuer Symbole gibt das aus der Romantik stammende Bild des Walddomes, überhaupt die Verwandlung von Gärten und Naturlandschaften in stimmungsvolle Kirchen. Die Vögel sind gerne kirchliche Sänger oder symbolisieren in anderer Weise die Himmelsmusik. Die Blumen gehören wegen ihrer Anmut und Vergänglichkeit überall zu den beliebtesten Symbolen der Zeit. Daß aber eines der schönsten Gedichte Mörikes, des Biedermeiers überhaupt, *Auf eine Christblume* gedichtet ist, erscheint besonders bezeichnend.

Auch die Himmelschlüssel – so nennt man die Schlüsselblumen da und dort – läßt man sich nicht entgehen (vgl. Rückerts Gedicht *Himmelschlüsselchen ist genannt ein goldnes*, in *Haus und Jahr*). Die rosa mystica findet man nicht nur in Brentanos Versepik *(Romanzen vom Rosenkranz)*, sondern auch in den Epen des begabten protestantischen Dichters Ernst Schulze und bis hinein in die Taschenbücher des frühen Biedermeiers. Alban Stolz, der durch seine Legenden so stark in der katholischen Welt gewirkt hat, hält Jean Paul für einen »gekünstelten Gleichnismacher« [86]; er selbst beschäftigt sich mikroskopisch mit der Natur. Aber hinter diesen detailrealistischen Schilderungen steht, ähnlich wie bei der Droste und, noch verborgener, bei Stifter, die christliche Symbolik. So ist ihm der Baum ein Sinnbild des Menschen und die Entwicklung der Puppe zum Schmetterling ein Symbol der Auferstehung. Wie Stifter betont Stolz die kleinen Dinge, die, so gut wie die großen, über sich selbst hinausweisen. Die religiöse Natursymbolik ist nicht nur ein Anliegen der Meister, sondern ein allgemeines Kennzeichen der Biedermeierdichtung. Das schlimme Fehlurteil, das Hebbel über den Österreicher Stifter gefällt hat, beruht wohl vor allem darauf, daß der norddeutsche Protestant für diese versteckte Symbolik, die letzten Endes aus der katholischen Mystik stammt, wenig aufgeschlossen war[*].

Traditionell ist auch die in der Biedermeierzeit sehr beliebte *Tiersymbolik* oder -allegorie. Man findet sie, wie von alters her, vor allem in komischen und satirischen Dichtungen; aber man kann nicht behaupten, daß die großen Dichter der Zeit diese naive Tradition verschmähen. Vielleicht wird man sich darüber wundern, wenn ich in diesem Zusammenhang Mörikes *Turmhahn* erwähne; denn das Tiersymbol ist in der Idylle neu. Neu ist aber auch eine Idylle mit derart kräftigem Humor. Die scherzhafte, ja z. T. völlig komische Inszenierung des pfarrherrlichen Lebens – kein Sonnenuntergang und lichtverklärtes Turmkreuz! – wäre ohne die Tierperspektive, aus der erzählt wird, nicht möglich gewesen. Das Tiersymbol wird hier zum Träger einer kreatürlichen Behaglichkeit, in der man sich »sauwohl« fühlt, so wie dies Hegel, unter Berufung auf Aristophanes, von der Komödie fordert. Man mag im *Turmhahn* einen gründlich ins Biedermeierlich-Schwäbische übersetzten aristophanischen Vogel erblicken.

Sehr viel konventioneller ist es natürlich, wenn der Freiherr Gotthilf August v. Maltitz in seinen *Pfefferkörnern* (Hamburg 1831) einen »Hofbericht aus den Tierstaaten« gibt: der Ochse als Polizeiminister, der Bückling als Ober-Zeremonienmeister, der Hase als Kriegsminister, der Mistkäfer als Hoftheaterrezensent usw. [87].

---

[*] Wilhelm *Bietak* macht darauf aufmerksam, daß neben dem verständnislosen Epigramm »Die alten Naturdichter und die neuen« ein anderes (»Idee und Gestalt«) steht, das Stifter zu rechtfertigen scheint: »Blumen nur hätt' ich gemalt und Bäume und Kräuter nichts weiter? / Lieber Tadler, nur so wird die Sonne gemalt!« (Der »Wiener« Friedrich Hebbel, in: Jb. des Wiener Goethe-Vereins, Bd. 72, 1968, S. 52). Der hinter dem Zitat stehende pantheistische Symbolbegriff gestattete wohl nur ein partielles Verständnis von Stifter. Doch könnte der Hinweis Anlaß zu einer schärferen Abgrenzung der biedermeierlichen Symbolik (oder Emblematik?) geben.

Auch solche Späßlein druckte Heines Verleger (Hoffmann und Campe) in der Verlegenheit, oder um sich ein biederes Ansehen zu geben. Erstaunlicher ist, daß Heine selbst an die alte Tiersymbolik anknüpft. Zwar spielt *Atta Troll* (1847) im Unterschied zum alten Tierepos nicht nur in der Tierwelt, sondern auch unter Menschen. Aber die Hauptperson ist doch die Titelfigur, der »Tendenzbär«. Die Übergänglichkeit zwischen Symbol und Allegorie, von der man in der Biedermeierzeit ausgehen muß, ist in diesem repräsentativen und anspruchsvollen Epos besonders leicht zu greifen. Das satirische Symbol erweckt bei jedem Leser die Frage nach seiner Entschlüsselung. Aber man kann nicht sagen, der Bär bedeute teutsch-christliche Gesinnung oder amusischen Demokratismus oder rabiaten Sozialismus. Er bedeutet alles dies zusammen. Trotzdem wird man kaum von einer irrationalen Vieldeutigkeit des Symbols sprechen dürfen; denn die genannten Tendenzen lassen sich in Heines Ausdeutungen, im Text selbst, klar erkennen[*]. Man kann sie aufzählen, so daß ein additives Symbol entsteht, das sich nur in einem Abstraktionsprozeß zusammensehen läßt: als Tendenz in allen Spielarten, als die Welt der Prosa und der Masse, welche die alte aristokratische und poetische Welt, in der Heine stärker wurzelt als er ursprünglich wahrhaben wollte, zu zerstören droht. Der Konservatismus wider Willen, den die Tendenzen der Vormärzpoeten in Heine erweckten, hat den Dichter nicht nur zum Epos, sondern zur alten Tiereinkleidung, die der tendenziösen Dichtung gegen die Tendenz einen märchenhaften Schimmer gibt oder geben soll, zurückgeführt. Im Zusammenhang mit dieser höchst bewußten poetischen Operation ist auch die ernste, ja enthusiastische Gegenwelt der »wilden Jagd« zu sehen. Der Dichter transzendiert die durch das satirische Tiersymbol aufgebaute Erzählwelt durch Beschwörung mythologischer Gestalten, der Göttin Diana, der Fee Abunde und schließlich der Jüdin Herodias, die er am heißesten verehrt und liebt. Heines Rückkehr zum Ursprung, die Flucht aus der prosaischen Moderne ist an dieser Stelle besonders spürbar.

Den gleichen innigen Funktionszusammenhang zwischen Form und Inhalt gibt es in Glassbrenners Satire *Neuer Reineke Fuchs* (Leipzig 1846) nicht. Die alten, scheinbar biederen satirischen Symbole tarnen hier einen radikalen Angriff auf die gesamte überlieferte Gesellschaftswelt. Dieser will weder vornehm noch poetisch, sondern vor allem wirksam sein. Statt der Flucht in Märchen und schönere Vergangenheit nichts als literarische Vorbereitung der Revolution. Auch in dem Bereich der Tieremblematik oder -symbolik ist es so, daß klassische oder romantische Bildprägungen vielfach abgewandelt werden, ohne daß man deshalb gleich von einer Epigonenzeit sprechen darf: Der gewaltige, historische Abstand zwischen Goethes *Reineke Fuchs* und Glassbrenners *Neuem Reineke Fuchs* ist nicht zu übersehen. Die

---

[*] Man kann daher auch von einer Allegorie sprechen. Wilfried *Maier* kommt bei der Interpretation eines anderen Textes zu einem ähnlichen Ergebnis: »Es entsteht ein Geflecht von Beziehungen, das eine Vielzahl von Kombinationen und Ausdeutungen erlaubt ... Will man dieses Verfahren auf einen Begriff bringen, so bietet sich der einer entdogmatisierten Allegorie an«. (Leben, Tat und Reflexion, Untersuchungen zu Heinrich Heines Ästhetik, 1969, S. 93).

Nachwirkung von Tiecks *Gestiefeltem Kater* ist lange zu spüren, nicht nur in Hoffmanns *Kater Murr* (Berlin 1820–22), sondern während der ganzen Biedermeierzeit; ich nenne Holteis wohlgelungenes Stück *Die beschuhte Katze* aus dem Jahre 1843. Bauernfeld benützt das alte Darstellungsmittel für ein satirisches Revolutionsdrama (*Die Republik der Tiere,* Wien 1848). Man verachtete diese Abwandlungen der bekannten symbolischen (oder emblematischen!) Einkleidungen noch nicht, sondern freute sich naiv über sie. Auch Heines *Atta Troll* hat Weiterbildungen solcher Art erfahren.

Geschichtssymbolik

Die Geschichtssymbolik ist eine verhältnismäßig unkomplizierte Sphäre, da, wie wir schon berichteten, die allegorischen Figuren bei historischen Stoffen besonders frühzeitig verpönt oder doch umstritten waren. Man kann sich nicht mehr vorstellen, daß in Grillparzers *Ottokar*-Tragödie allegorische Personen erscheinen, obwohl ja die Abstrahierung des Kaisers Rudolf als eines durch und durch guten Herrschers noch beinahe so weit wie im Barock geht. Es ist gewiß kein Zufall, daß damals neben den historischen Dramen und Epen so viele Sagen-Dramen und -Epen stehen, die nach traditioneller Meinung allegorische Figuren eher gestatten. Man denke an Immermanns *Merlin,* an *Faust II* oder Mosens etwa gleichzeitiges weltanschauliches Epos *Das Lied vom Ritter Wahn* (Leipzig 1831). Auch Dichter, die eifrige Geschichtsdramatiker waren wie Grillparzer und Grabbe versuchten sich gelegentlich in Sagendramen, die eine noch schärfere Herausarbeitung bestimmter Begriffe und weltanschaulicher Thesen gestatteten (*Don Juan und Faust, Libussa*). Die folgende Zeit hat in dieser Abstraktionsfreudigkeit einen Mangel an Anschauung erblickt; ja, schon Grillparzer selbst hatte Skrupel solcher Art. Man wird aber mit F. Th. Vischer heute zu bedenken geben, daß selbst zum Symbol, im Vergleich zur empirischen Erscheinung, immer eine begrenzte Abstraktion gehört, wenn es nicht in vollkommene Vieldeutigkeit zerfließen soll. Als die Dichter noch stärker von der Geschichte abhängig wurden (Positivismus), begann das Geschichtsdrama verlogen oder, wie bei Otto Ludwig, unmöglich zu werden. Wenn, wie ich in meinem Buch über das Geschichtsdrama zu zeigen versuchte, diese Gattung in der Restaurationsepoche kulminierte, so liegt dies wohl daran, daß die Vergangenheit zwar schon einen gewissen Eigenwert gewonnen hatte, daß aber, infolge des Traditionalismus oder eines sonst normativen Denkens, die symbolische Funktion der geschichtlichen Stoffe noch kaum bedroht war. Die Jungdeutschen haben sich in ihren revolutionären Stücken der historischen Symbolik noch bedenkenloser bedient als die aufrichtigen konservativen Verehrer der Vergangenheit. Freilich begannen damit die geschichtlichen Gestalten zu bloß ästhetischen, d. h. willkürlichen Zeichen abzusinken und so die überzeugende Symbolmächtigkeit, die z. B. Grillparzers Habsburgerdramen bei all ihrer Gedanklichkeit besitzen, zu verlieren. Die Nähe zur Allegorie gewinnt aus dieser Perspektive, auch innerliterarisch, durchaus positive Bedeutung.

317

Landschaftssymbolik

In der Landschaftssymbolik ist die Spannung zwischen empiristischer Beschreibung und symbolischer Überhöhung stärker zu spüren als in der Geschichtsdichtung. Der biedermeierliche Sinn für Zeitunterschiede war relativ schwach entwickelt. Das historische Beobachten ging immer noch leicht in einem allgemeinen mythischen Vergangenheitsbilde unter. Man denke an den Nationalmythos der Brüder Grimm u. a. Germanisten. Dagegen gestattete der Raum auch einer handfesten, relativ naiven Epoche manche genauere Beobachtung und Unterscheidung. Sicherlich war die Brockes-Kritik Jean Pauls in § 80 der *Vorschule der Ästhetik* (»Poetische Landschaftsmalerei«) nicht vergessen. Jede Landschaft, lehrt dieser idealistische Dichter, »muß ihren eignen einzigen Ton der Empfindung haben, welchen der Held oder die Heldin angibt, nicht der Autor. Wir sehen die ganze Natur nur mit den Augen der epischen Spieler« [88]. Die Landschaft wird hier also grundsätzlich als Symbol für bestimmte Stimmungen betrachtet, und in dieser Funktion erscheint sie tatsächlich bei Jean Paul. Ähnlich bei den Romantikern. Auch in der Biedermeierzeit hat sie häufig, vielleicht meistens, symbolische Bedeutung; das ergibt sich aus dem Personalismus dieser Zeit. Die folgende Naturschilderung mit ihrem Anklang an die christliche Symbolik erkennen wir sogleich als typisch biedermeierlich: »Der Ostertag war dieses Mal ein überaus schöner Frühlingstag – ein wahrer Auferstehungstag der Natur. Die Sonne schien so schön und warm, der Himmel war so rein und blau, daß es eine Lust war und alles neues Leben fühlte. Die Wiesen im Tale waren bereits schön grün und hie und da schon bunt von Blumen. Jedermann freute sich, und man sah überall nur fröhliche Gesichter« (aus Christoph von Schmid, *Die Ostereier*) [89]. Wie hier das kirchliche Fest der Ausgangspunkt für die Sakralisierung der Natur ist, so kann auch umgekehrt die Naturerscheinung mythisch oder allegorisch »vertieft« werden. So verbirgt sich im Regenbogen nicht nur der Frieden in verschiedenen Gestalten (Bogen des Friedens), sondern er kann auch ein Engel sein, der sanft aus dem Himmel herabschwebt [90]. Die religiöse Symbolik durchdringt die gesamte Biedermeierliteratur so stark, daß ein ganz gewöhnlicher Natur-Regenbogen eher das Zeichen von Selbständigkeit als von mangelnder Originalität ist.

Daß im Umkreis des Idyllischen, das ja nach Solger immer einen allegorischen Grundzug hat, sich die Seelenlandschaft besonders leicht erhält, versteht man. In Eduard Heinels idyllischem Epos *Das Pfingstfest* (Königsberg: A. W. Unzer 1833) betrachtet der sympathische Guthserr sogar seinen Park mit »heiliger Rührung«:

> Anbetend zum ewigen Vater der Liebe
> Hob sich die Seel'; ein Tempel erschien ihm der Garten; die hohen
> Stämme der Buchen umher, wie Säulen des Tempels; und leise,
> Nicht zu stören das Lied der gefiederten Sänger, begann er
> Deinen erhebenden Morgengesang, ergreifender Dichter
> Unvergleichlicher du, Paul Gerhard: ›Wache mein Herz auf‹ [91].

Das Beispiel zeigt besonders deutlich, wie in die klassizistische Voss- und Goethetradition des idyllischen Epos die anthropomorphe, womöglich theistische Natursymbolik der älteren Zeit wieder eindringt und auch romantische Symbole überformt. Der Schweizer Wyss (der Jüngere) parallelisiert in seinem Idyll *Der Kirchgang* den Buchenwald mit dem hohen Kirchenschiff, den Vogelsang mit dem Kirchenchor usw. Auch Gotthelfs Landschaften, ja die ganze Umwelt, in die er seine Menschen stellt, sind anthropomorph und theistisch. Die Dinge leben nur aus dem symbolischen Bezug, den sie zu Gott und den Menschen haben. Wenn man in die Kirche geht, feiert auch bei diesem Erzähler die Sonne und die ganze Natur Gott, den Schöpfer. Gewitter, Feuersbrünste und Überschwemmungen sind symbolisch für Gott, den Richter. Der kundige Gotthelfleser, der mit dem Erzähler ein Bauernhaus betritt und einen unordentlichen Misthaufen bemerkt, weiß sogleich, daß in diesem Hause Leute wohnen, welche die Ordnung Gottes und der Menschen nicht achten. Altmodische Kleidung dagegen zeigt die Treue zum alten Glauben. Die Symbolik grenzt also auch hier an Emblematik und Allegorie. G. Keller hat an dieser Erzählweise Anstoß genommen, und man wird auch fragen dürfen, wieviel davon auf das Konto des sich herablassenden und anpassenden Volksschriftstellers zu setzen ist. Trotzdem möchte ich einen naiven, religiös begründeten Restbestand annehmen. Gotthelfs Symbolmächtigkeit ist vor allem da überzeugend, wo, wie in der *Schwarzen Spinne,* die christliche Mythologie die Naturbilder stützt und ohne volkspädagogische Ausdeutung eindeutig macht (s. u.). Jedenfalls ist eine Symbolik nicht deshalb minderwertig, weil sie sich auf überpersönliche Mächte, statt, wie bei Keller und anderen Realisten, auf die Individualcharaktere bezieht. Wenn im Fluß die frische Judith badet, statt daß sich in ihm die ewigen Sterne spiegeln, so ist dies ein Unterschied der Weltanschauung, nicht des künstlerischen Werts.

Neben Dichtern, die Innen- und Außenwelt fest miteinander verknüpfen – auch der Heine der *Harzreise* gehört dazu –, gibt es schon in der Biedermeierzeit solche, die der Landschaft größere Selbständigkeit verleihen. Die bildkünstlerische »Landschaft«, die sich im 19. Jahrhundert immer entschiedener von anthropomorphen Elementen (Staffagefiguren) befreit, mag einen Einfluß ausgeübt haben; denn der Autor macht gerne selbst darauf aufmerksam, daß es sich um ein abgeschlossenes »Bild« handelt. Sealsfield wurde von jeher wegen seiner Landschaften gerühmt[*]; man müßte ganze Seiten zitieren, um diese monumentalen Landschaften vorzustellen. Ich gebe ein einziges Beispiel aus Alexis' Roman *Isegrimm* (1854), das aber durchaus typisch ist, nicht nur für Alexis, sondern für eine ganze Gruppe von Dichtern, die von der Seelenlandschaft abgerückt sind: »Aus dem grau dunstenden Horizont schoß ein mattgelber Lichtstrahl auf das Torfmoor. Es lebte, und es war doch kein lebendiges Wesen da, so weit das Auge trug. Auch der Wind bewegte nicht die ent-

---

[*] Eine Abgrenzung von Wielands, Goethes, Jean Pauls und Eichendorffs Landschaftsschilderung versucht jetzt: Alexander *Ritter,* Darstellung und Funktion der Landschaft in den Amerika-Romanen von Charles Sealsfield, Diss. Kiel 1969. Auch die Grenzen gegenüber dem Realismus, der als »subjektive Aussage einer dichtungsimmanent gewordenen Objektivität« gesehen wird (S. 315) und der Zusammenhang mit der älteren »im Ordo objektivierten Welt« (ebd.) werden erkannt.

blätterten Gesträuche. Grau in grau umspannte Himmel und Erde. Und doch hätte es einen Maler entzücken können, das weite Fernbild einer ersterbenden Natur« [92]. Obwohl alles »grau in grau« sein soll, bemerkt man Farbnuancen, die in Christoph von Schmids christlicher Sonntagslandschaft unmöglich gewesen wären (»grau dunstend«, »mattgelb«). Eine Landschaft dieser Art braucht nicht symbolisch zu sein. Sie kann auch dem Bemühen entspringen, einen bestimmten Landschaftstypus, z.B. den der Mark Brandenburg, beobachtend abzubilden; man entdeckt ja erst die einzelnen Landschaften und die eigene Heimat. Während Jean Paul vor Brockes warnt, kehrt das Biedermeier unbekümmert, mit verstärktem Empirismus zu ihm zurück. Sogar Mörike, der kein vorwiegend deskriptives Talent ist, hat Brockes ausdrücklich in einem Epigramm gehuldigt und sich im Gefolge Gustav Schwabs an der literarischen Entdeckung der Heimat beteiligt.

Der Symbolfanatismus, der heute dazu führt, daß solche literarische Landschaften fast regelmäßig überinterpretiert werden, so als ob es die nichtsymbolische Dichtung gar nicht gäbe, meldete sich schon damals in Ernst von Feuchtersleben zu Wort: »Es ist mir völlig einerlei, ob der Romanschriftsteller seine Dekorationen aus dem Hochland oder aus Berlin verschreibt, – wenn er mir nur in einer wahrhaft symbolischen Geschichte menschliches Leben und Weben zu schauen gibt« [93]. Dem Detailrealismus des Biedermeiers kam es nicht mehr oder jedenfalls nicht mehr bei jeder Landschaftsbeschreibung auf Dekorationen, auf Stimmungskulissen, sondern auf »treue Abbildungen« an. *Im Abbau der Kulissen sah man den Fortschritt!* Die detaillierte Wiedergabe der Wirklichkeit wurde um 1840 und 1850 naiv genossen und bewundert. Dagegen kehrten die Spätrealisten auf der Grundlage des Symbolbegriffs allmählich wieder zu einer neuen Art von Seelenlandschaft zurück, besonders offensichtlich C.F. Meyer, aber auch Theodor Fontane. Man wird bemerken, daß in der folgenden Passage aus *Vor dem Sturm* Mensch und Natur wieder viel inniger verbunden sind als in jener märkischen Landschaft des Alexis: »Der Wind schwieg und jedes Wort, auch wenn leise gesprochen, klang laut im Widerhall. Ein warmer Harzduft war in der Luft und steigerte das Gefühl des Behagens« [94].

Fontane hat getadelt, daß im *Roland von Berlin* (1840) das Symbol des steinernen Roland vom Erzähler (Alexis) nicht stärker betont, zum »Mittelpunkt« gemacht wurde: man müsse dieses Zentralsymbol »erst suchen«. Im Roland sieht Alexis den »Hochmut«, »Stolz«, den »eitlen Trotz« des Konservativen; aber der Zeit von 1840 lag es fern, ein derartiges Bild kunstvoll zum allgegenwärtigen Sinnbild auszubilden. Alexis möchte vor allem im Detail stark sein. Noch Julian Schmidt hat die von Fontane gelobte durchgehendere Hosensymbolik in dem Alexis-Roman *Die Hosen des Herrn von Bredow* (1846–48) als ausgefallen und grotesk getadelt [95]. Die Symbolik war um 1850 nicht die Regel. Auch die Mode der literarischen Genremalerei, die im Biedermeier kulminiert, führt oft zur nichtsymbolischen Darstellung. Da über diese abgeschlossenen Landschafts- und Genrebilder und über die ihnen zugrundeliegende Neigung zur Kleinteiligkeit im Kapitel »Erzählprosa« (Bd. II) ausführlicher zu berichten ist, breche ich hier ab und bemerke nur noch, daß auch in dieser mehr additiven als »organischen« Art der Darstellung ältere Traditionen nachwirken.

Selbst da, wo wir eine ganz reine Symbolik vor uns zu haben scheinen, tauchen bei näherer Betrachtung manchmal Zweifel auf. So hat z. B. Carl Borromäus von Miltitz eine Erzählung im anspruchsvollen Maß der Ottaverime (*Amida's Thränen, Urania*, Taschenbuch auf das Jahr 1820) auch hinsichtlich der Symbolik anspruchsvoll ausgestaltet, was wahrscheinlich einer der Gründe dafür war, daß ihn die Kunstrichter des Brockhaus-Preisausschreibens, für das die Arbeit bestimmt war, besser beurteilten, als er es verdiente; denn das Ding ist reichlich kavaliersmäßig zusammengereimt. Am Ende dieser traurig-schönen Geschichte bringt der Schutzgeist seinem Schützling Amida die Tränen, die sie geweint hat, in der Form von Perlen wieder. Das war ein schöner Schluß, der dem Titel der Erzählung eine sinnige Wendung ins Praktische gab. Aber ist eine solche Symbolik mehr als eine Schlußpointe und damit mehr als eine rhetorische »Erfindung«? Es gibt Schlußsymbole, die sorgfältig vorbereitet sind und in denen der Sinn der ganzen Dichtung aufleuchtet. Von dieser Art ist die Schlußwendung in *Amida's Thränen* nicht. Auch bei den Meistern der Zeit findet man die Neigung zu sinnigen, ein wenig heiteren Schlußsymbolen, die keinen organischen Abschluß bilden. Mörikes Distichengedicht *Am Rheinfall*, das die Naturerscheinung mythisch verlebendigt, endet nicht mit einem abrundenden, überhöhenden Bild, sondern, wenn ich richtig verstehe, mit einem katastrophalen Pflatsch, der sich auf den schwärmenden Dichter ergießt. Solche Scherzgedichte, die in neuerer Zeit wohl kaum jemand beachtete, waren Mörikes Freunden so lieb wie *Auf eine Lampe*; ja, sie sind strukturell verwandt durch die Zweiteiligkeit, nur daß jetzt an die Stelle der Sentenz ein kleiner Spaß tritt.

Sogar der marmorne Graf Platen läßt sich aus diesem Gesichtspunkt als Zeitgenosse erkennen. Man beachte in dem folgenden Ghasel (Nr. XV) aus dem Jahre 1821 die Schlußwendung, die ein späterer Symbolist vermeiden würde:

> Mir vor allen schön erschien die Tulpe;
> Meine Seele nahm dahin die Tulpe;
> Überbeut den Saphir doch an Farbe,
> Doch an Farbe den Rubin die Tulpe!
> Eher pflück' ich, wenn auch nie sie duftet,
> Als Jasmin und Rosmarin, die Tulpe;
> Lieblicher, als alle Sterne leuchtet
> Unterm Sternenbaldachin die Tulpe;
> ...
> Schenke! Tulpen sind wie Kelche Weines,
> Gib den Freunden, gib sie hin, die Tulpe.

Die Tulpe zeigt die Nähe zum kühlen Bilde des Symbolismus. Sie war insofern ein revolutionäres Symbol, ganz und gar kein biedermeierliches wie Himmelschlüssel, Veilchen, Vergißmeinnicht oder Christblume. Die Tulpe hat auch die echte Zweideutigkeit des Symbols; denn ob damit eine kühle erotische Schönheit oder die stolze Kunst oder alle kalte Schönheit gemeint ist, läßt sich nicht ohne weiteres entscheiden. Georges »Spange« ist in dieser Beziehung eindeutiger. Selbst Platen, dieser kühle Dichteraristokrat, hat jedoch das zeitgerechte Bedürfnis, am Ende die sinnige Anspielung auf die Ähnlichkeit von Tulpe und Weinkelch anzubringen und damit den Übergang zur heiter-geselligen Schlußpointe zu finden.

Die vollkommene Geschlossenheit, die das Wesen der späteren Symbolkunst ausmacht, und sich aus der totalen Autonomie der Kunst ergibt, fehlt noch durchaus, wie ja auch das Gesamtwerk Platens noch viel offener ist (parodistische Dichtung, Panegyrik, liberale Tendenz usw.). Der strengen Symbolprogrammatik Feuchterslebens entspricht wohl allein das Werk Stifters. Man mag zunächst bei ihm an einen Dualismus von Beschreibung und Symbolik denken. Und es ist auch keine Frage, daß sich bei diesem starken Dichter empirische Beobachtung und symbolische Überformung nicht ohne gewaltige künstlerische Anstrengung zusammenfanden. Erst die Zweitfassungen haben den geschlossenen Charakter des symbolischen Kunstwerks, während die Erstfassungen noch genug offene Stellen und damit noch eher einen dem Leser zugewandten, halb rhetorischen Charakter hatten. Merkwürdig ist Stifters Entwicklung vor allem deshalb, weil Dingbeschreibung und Symbolik sich gleichzeitig verstärkten [96] und damit die Zufälligkeit der symbolistischen Zeichen, anders als bei C. F. Meyer, noch vermieden wurde. Obwohl also Stifters umgearbeitete Novellen als einheitliche Symboldichtungen über das Biedermeier hinausführen und meistens ja auch chronologisch außerhalb der Zeit liegen, weisen sie durch die Ehrfurcht vor der Schöpfung, durch die mystische Aufwertung der kleinen Dinge, auch durch verborgene sakrale Bezüge dahin zurück.

Abgrenzung von der Symbolik des Realismus

Martini ist im Recht, wenn er feststellt, daß das Symbol im bürgerlichen Realismus »an generellem und humanem Verweisungsgewicht« einbüßte und eine vorwiegend erzähltechnische Funktion erhielt [97]. Es erhielt auch in den andern Gattungen vor allem die Funktion, der »Einheit« des Dichtwerks zu dienen. Der Realismus ist nicht als Gegensatz, sondern als Übergang zum Symbolismus zu verstehen; denn er bewirkte in Deutschland, im Anschluß an die Klassik, eine viel stärkere Betonung der Wortkunst. Die umstrittene Erscheinung C. F. Meyers und die regen Beziehungen zwischen den Münchner Klassizisten und den Realisten, z. B. bei Keller, sind nicht nur äußerlich. Die viel getadelte Schrumpfung der Erzählkunst zur Novellistik – wenn man sie auch nicht übertreiben sollte! – scheint mit dem immer stärker werdenden Ansehen der Symbolik zusammenzuhängen, denn »in der begrenzten Form war eine reziproke Erhellung des Außen und Innen durch ein symbolisierendes Erzählen am ehesten erreichbar« [98]. Man bemühte sich um Leitmotive und um zentrale, die ganze Dichtung überschattende Symbole, während die reine Symbolik in der Biedermeierzeit, soweit es sie überhaupt gab, *oft einen punktuellen Charakter behielt*. So ist es z. B. nicht richtig, daß die Judenbuche das Zentralsymbol der nach ihr genannten Novelle ist. Die Dichterin hat den Titel nicht selbst gewählt, sondern das klassizistische *Morgenblatt*. Falsch wäre es noch, in Mörikes *Mozart*-Novelle das Pomeranzensymbol, so schön es ist, zu stark zu betonen; denn es taucht auf, um später vollständig zu verschwinden. Das Symbol des verlorenen Lachens in Kellers so betitelter Novelle darf, im Unterschied dazu, nicht wieder verschwinden. Und wenn im Eingang von Fontanes *Stine* ein schöner rührender Sonnenuntergang vorkommt, so kann der Fontaneleser damit rechnen, daß er als elegisches Sinnbild für den Untergang des jungen Grafen, der Stine liebt, wieder erscheint (vgl. Abschiedsbrief). Es ist dann eines der schon erwähnten gut vorbereiteten, die ganze Dichtung zusammenfassenden Schlußsymbole, die man im späten 19. Jahrhundert so hoch schätzt. Mit bloßer Pointensymbolik, wie wir sie kennenlernten, wäre man nicht zufrieden. Zwar zeigt sich in Fontanes *Stechlin,* in den Romanen Kellers und Raabes, noch genug von der substantiellen Kraft der vorangehenden Epoche, aber die Tendenz zur Entwertung des Menschen und der Außenwelt, zur Technisierung auch der Dichtung wird schon spürbar, bis schließlich der Symbolismus die Naturerscheinungen, die man als Schöpfung oder selbstschaffende Natur so innig verehrt hatte, zu willkürlichen Chiffren einer sich selbst befriedigenden Kunst degradiert.

Die Stärke der allegorischen Tradition

Man kann von der Symbolik der Biedermeierzeit nicht sprechen, ohne die Allegorie zu berühren. Vielleicht liegen gerade die wertvolleren Dichtungen in einem Zwischenbereich. Wenn im folgenden die Tradition der Allegorie noch klarer belegt werden soll, so ist zunächst an das Wort in seiner engsten Bedeutung gedacht, nämlich an die Versinnlichung von abstrakten Begriffen. Selbstverständlich lassen sich Begriffspersonifikation und Naturpersonifikation nicht streng voneinander trennen. So werden z. B. in Brentanos Gedicht *Wenn der Sturm das Meer umschlingt* nicht nur die Naturerscheinungen Sturm, Meer, Felsen, Frühling, Blumen, sondern auch Liebe und Tod vermenschlicht. Man mag sagen, daß auch Liebe und Tod des Menschen Naturerscheinungen sind; aber es ist selbstverständlich, daß die traditionsreichen Allegorien von Tod und Liebe oder gar von Glaube, Hoffnung, Freude usw. literarisch anders wirkten, als wenn in dem erwähnten Brentano-Gedicht vom Meer gesagt wird:

> Küsset ihn [den Sturm] mit wilden Wellen,
> Blitze blicken seine Augen,
> Donner seine Seufzer hauchen,
> Und das Schifflein muß zerschellen.

In einem Zeitalter, welches das Schimpfwort Begriffsphilosophie prägte, das also das mystisch-symbolische Denken bereits als Salon- und Journalistenmode kannte, war das Festhalten an der Begriffsallegorie gewagter als die Naturpersonifikation; oder sie war ein Hinweis auf die Verwurzelung in einer konservativen Literatursphäre. Typisch für den tiefen Widerspruch, der durch diese Zeit geht, ist es freilich, daß noch der modische Irrationalismus keine Scheu hat, sich althergebrachter Allegorien zu bedienen. In Franz von Gaudys scherzhaftem Gedicht *Der Besuch* sind Weisheit, Sparsamkeit und selbst Freiheit nicht so willkommen, wie die zum Dichten benötigte Torheit [99]. In einem andern Gedicht hält der Freiherr ein satirisches Gericht über die Menschen, die immer noch lieber Zachariä lesen als Schwab, denen die Verfassung von Marokko lieber ist als die von den Liberalen geforderte, die in England nichts als Anarchie erblicken und die Eisenbahn für eine teuflische Erfindung halten. Sehr schön gedacht, aber die Frage für den damaligen Dichter ist: Wie kleidet man so etwas ein, damit es poetisch oder wenigstens rhetorisch wirkt? Der (sic) »Rococo« tritt persönlich auf und klagt die Zeit auf diese reaktionäre Weise durch fünf Strophen an, um schließlich zu erkennen, daß den »mächtigen Zeitgeist« niemand aufhält (Titel des Gedichts: *Rococo*) [100].

Man kann in solchen Fällen von dem Weiterleben der Allegorie als Gattung sprechen. Natürlich setzt man diesen altmodischen Titel nicht über das Gedicht, außer wenn man ein bescheidener Wiener ist. In I. F. Castellis *Orientalischen Granaten* (Dresden: R. Schäfer 1852) gibt es noch ein Gedicht mit dem Titel *Eine Allegorie*. Es enthält zunächst eine Erzählung, was ja ursprünglich zu dieser Gattung gehörte [101]. Es ist die Geschichte von einem Menschen, der auf einer Insel als König aufgenommen, dann aber wieder ins Meer gestoßen wird. Er hat sich aber inzwischen eine andere Insel ausbauen lassen, die ihn aufnimmt. Es folgt die Deutung: erste Insel = Erde, Aufenthaltszeit (Jahr) = irdisches Leben, zweite Insel = ewiges Leben [102]. Das Bild wird bis in alle Einzelheiten ausgedeutet. Ein übler Barockepigone, »lohensteinsche Nachgeburten« wird man mit Hebbel sagen. Es gibt aber auch bei der Droste Dichtungen, die man vielleicht zur Gattung der Allegorie rechnen muß, obwohl sie nicht als solche gekennzeichnet sind. So enthält z.B. ein Gedicht des *Geistlichen Jahrs (Am zweiten Sonntag nach Pfingsten)* ein außerordentlich wichtiges Bekenntnis zu ihrem Dichterberuf in allegorischer Gestalt:

> Ein Haus hab ich gekauft, ein Weib hab ich genommen,
> Drum, Herr, kann ich nicht kommen.
> Das Haus, mein Erdenleib,
> Des ich in Ruh muß pflegen;
> Die Poesie, das Weib,
> Dem ich zu Füßen legen
> Will meiner Muße Frommen
> Zu süßem Zeitvertreib.

Man erkennt die alte Methode der allegorischen Ausdeutung biblischer Texte. Erdenleib und Poesie werden *ohne Angst vor Abstraktion beim Namen genannt*. Im weiteren Verlauf des Gedichts dringen erlebnispoetische, irrationale Elemente in das Gedicht, die dem Interpreten erlauben, seinen historischen Ort näher zu bestimmen. Doch darf er sich nicht darum drücken, *zunächst von der allegorischen Grundstruktur auszugehen*. Sonst verfehlt er die Wahrheit*.

---

* Nur als ein typisches Beispiel für die übliche Hilflosigkeit, der biedermeierlichen Bildlichkeit im Rahmen der (wie immer erneuerten!) *allegorischen Tradition* gerecht zu werden, erwähne ich die Interpretation des Gedichtes »Gemüt« (1847) – ist der Titel nicht deutlich genug? – durch Eberhard Wilhelm *Schulz*. Das allegorische Gedicht – Gemüt gehört zu den höchsten Begriffen der Zeit! – gehört nach Schulz zu den Annette-Gedichten, »deren Tech-

Über allegorische Märchen und didaktische Beispielerzählungen wird im Bande Formenwelt (Bd. II) besonders zu berichten sein. Doch muß auch in diesem Zusammenhang darauf hingewiesen werden, daß sie sich mit der Gattung Allegorie nahe berühren; denn die Begriffe, besonders die moralischen, sind in ihnen strukturbildend. Man wird zuerst an die restaurativ-volkstümliche Literatur denken. So sind z.B. zwei gleichzeitig veröffentlichte Erzählungen Gotthelfs *Hans Joggeli, der Erbvetter* und *Harzer Hans, auch ein Erbvetter* eindeutig Erzählungen von einem guten und von einem bösen Menschen. Nach alter christlicher Lehrmethode soll das vielleicht langweiligere Vorbild durch ein interessantes, dämonisches Schreckbild ergänzt werden. Das kalte Herz in Hauffs so betitelter Märchennovelle ist natürlich eine volkstümliche Versinnlichung der Kaltherzigkeit, wobei man sich fragen darf, ob die Versinnlichung nicht allzu mechanisch ins Werk gesetzt wurde. Mir scheint: der frische naive Gesamtton der Dichtung macht auch die primitive Machart dieser Einkleidung möglich. Der volkstümliche Erzähler glaubt mit einem gewissen Recht, grob arbeiten zu können.

Allerdings scheuen auch die Jungdeutschen vor dieser artistischen Grobheit nicht zurück. Wenn Gutzkow in einer Taschenbucherzählung *(Die Selbsttaufe)* [103] sein Spielchen mit dem Buchstaben G treibt, fragt er so wenig wie der Erfinder der heutigen »Subliteratur«, ob es geschmackvoll ist. Agathe, d.h. also die Gute, wird von dem Theologiekandidaten Gottfried, der sich, seit der Promotion zum Dr. phil., Ottfried nannte, verschmäht und zugrunde gerichtet. Das einzige, was ihr von Gottfried bleibt, das G, läßt sie sich auf ihr frühes Grab setzen. Heine liebt nicht nur Bilder, die an die Allegorie streifen, sondern auch Begriffsallegorien. Auf seiner satirischen Reise durch Deutschland z.B. (*Deutschland, Ein Wintermärchen*, Hamburg 1844) folgt ihm die Tat, schattenhaft wie ein Liktor, und Deutschlands Dummheit erscheint ihm in seinen Speisen: Bückling, Gans und Schweinskopf. Europa andrerseits verlobt sich zwei Strophen lang mit der Freiheit usw. Heine weiß, im Unterschied zu manchem heutigen Literaturhistoriker, daß der alte Tieck kein Realist ist. Aber wie drückt er den Sachverhalt in der *Romantischen Schule* aus? Es bestehe, meint er, eine »kuriose Ehe«, »ein sonderbares Mißverhältnis zwischen dem Verstande und der Phantasie dieses Schriftstellers«: »Es ist manchmal betrübsam zu schauen, wie das arme hochadelige Weib dem trockenen bürgerlichen Gatten in seiner Wirtschaft ... behilflich sein soll. Manchmal aber, des Nachts, wenn der Herr Gemahl mit seiner baumwollenen Mütze über dem Kopfe ruhig schnarcht, erhebt die edle Dame sich von dem ehelichen Zwangslager und besteigt ihr weißes Roß und jagt immer wieder lustig, wie sonst, im romantischen Zauberwald« [104]. Man mag sagen, daß Heine, nicht nur in seiner Gesamtstruktur, sondern schon in dieser Stelle die Spannung, die er bei Tieck findet, selbst widerspiegelt. Ein durchaus abstraktes, mit Hilfe einer allegorischen Antithese errichtetes Gerüst wird sehr phan-

---

nik ›symbolisch‹ anmutet und die eine stilistische Fortschrittlichkeit erkennen lassen, die um so überraschender ist, da es in ihrem Werk wieder andere von bestürzender Epigonalität gibt« (»Gemüt«, in: *Schulz*, Wort und Zeit, 1968, S. 50). Statt einer original-konservativen Struktur erscheint eine Mixtur von Epigonentum und Symbolismus!

tasievoll verkleidet und damit überhaupt erst ästhetisch möglich. Ob dies Zusammenwirken von Verstand und Phantasie wirklich eine Zwangsehe ist, läßt sich bezweifeln.
Ausdrücklich sei betont, daß das allegorische Wesen durch das berühmte Jahr 1830
in keiner Weise abgebaut wird. Eher ist zu vermuten, daß es sich in der späteren
Restaurationsepoche infolge der wachsenden Ideologisierung der Literatur (vor der
Märzrevolution) noch verstärkte, wobei wiederum an die literarhistorische Ähnlichkeit der miteinander kämpfenden Schriftsteller zu denken ist. Typisch für den allegorischen Überschwang der konservativen Polemik ist z.B. Sebastian Brunners *Die
Welt ein Epos.* Da wird in einem ganzen Abschnitt, sechs Seiten lang, »Die Träne«
personifiziert und als ein heiliges Vermächtnis des Paradieses gefeiert [105]. Oder
es wird die Verzweiflung als riesige Pflanze gesehen: ihr Same ist die eigene Schuld,
ihre Blätter decken den »Hoffnungsstern«, und ihre Wurzel spaltet das Herz in zwei
Hälften, – womit die zeitgemäße »Zerrissenheit« gemeint ist [106]. Oder die alte
superbia erscheint als Zwingherr der modernen Liberalen:

> Die Hoffart ist ein Zwingherr ohne Gleichen,
> Sie raubt dem Geist die angestammten Rechte,
> Drückt ihm der Lüste Brandmal auf zum Zeichen
> Und macht den freien Herrn zum feilen Knechte;
> Sie peitscht und geißelt ihn nun sonder Frieden,
> Im Frohndienst muß er seine Kraft vergeuden
> Und keine Ruhe gönnet sie dem Müden –
> Vergessen soll er seiner Schmach und Leiden!
> Sie hält ihn enge in des Kerkers Haften –
> Im Sklavendienste muß er dort verrichten
> Das niedre Werk erlogner Wissenschaften
> Und Jubellieder unter Thränen dichten! [107]

Der Reaktionär versucht ebenso intensiv wie Heine, seiner Allegorie neues Leben
einzuhauchen; nur daß ihm eben dabei »die Phantasie« nicht hilft. Noch Max Waldau
(Pseud. für Richard v. Hauenschild), der zu den jüngsten Jahrgängen gehört, die in
der Biedermeierzeit dichteten (1825), schickt seinem *Elfenmärchen* (Heidelberg 1846)
ein Widmungsgedicht für seine Schwester voraus, in dem »das Glück« durch acht
Strophen sehr bemüht versinnlicht wird. Fortuna ist noch nicht gestorben. Vergleicht
man Sealsfields *Lebensbilder aus beiden Hemisphären* (Zürich 1835–1837) mit späteren Romanen, so bemerkt man, daß der Stil enthusiastischer wird *und mit dieser
Anhebung des Stils auch die allegorische Darstellungsweise sich wieder verstärkt.
Die Vorstellung einer kontinuierlichen Zunahme des Realismus erweist sich gerade
auch von der Bildlichkeit her gesehen als irrig.*

Erweiterung des allegorischen Begriffsbereichs

Wenn das allegorische Denken und Darstellen für diese Zeit noch immer ein
lebendiges Kunstmittel war, muß es seinen Begriffsbereich seit dem Barock gewaltig
erweitert haben; denn seit der Aufklärung waren ja eine Menge neuer Begriffe entstanden. Ob freilich Originalität ein sicheres Wertkriterium ist, dürfte auch hinsicht-

lich der neuen allegorischen Begriffe zweifelhaft sein. F.Th.Vischer hat in einem seiner Jugendgedichte keine Scheu, sich von der alten Reue in seiner Hütte besuchen zu lassen und die Dichtung, in die diese Verse eingelegt sind *(Ein Traum),* an Freund Mörike zu schicken [108]. In seinem Aufsatz über einen anderen Mörikefreund, Ludwig Bauer, zitiert D.F.Strauss aus Bauers Werken »die klassische Stelle über den Ruhm« [109]. Diese unterscheidet den Ruhm, der schon als Jüngling dahinwelkt, vom langsam reifenden, den schließlich die Götter selbst mit dem Lorbeer bekränzen. In Gustav Schwabs *Sonetten aus dem Bade* (1835) erscheint der »Zufall« (Kairos) als lockiger Knabe, der sich aber durch bewußtes sittliches Tun zur »Schickung« wandelt [110]. Mörike bringt es fertig, sogar ein Genrebild – dieses ist normalerweise ein ungedeuteter Wirklichkeitsausschnitt – allegorisch zu pointieren. Drei Freunde füttern einen italienischen Tänzerjungen, des Gauklers Sohn, mit Wurst, und einer der Freunde kommentiert zum Schluß die reizende Szene mit den Worten: »O Charis! o Penia! Wie seid ihr einzig, wenn ihr euch umarmt«. Charis und Penia geben dem Genrebild auch seinen Titel. Eine heutige Mörike-Ausgabe erklärt die beiden Begriffe. Dessen bedurfte es im Biedermeier nicht; denn die alten Abstraktionen durchdrangen die ganze Kultur. Sogar in Romanen und Theaterstücken findet man sie. In F.G.Wetzels *Jeanne d'Arc* (Leipzig und Altenburg: Brockhaus 1817) fragt der böswillige Bischof, der den Prozeß gegen die Heilige leitet: »Und niemand fehlt mehr?« Ein Mönch antwortet: »Frau Justitia bloß« [111]. Ernst Willkomms Roman *Weisse Sclaven* (Leipzig: Ch.G.Kollmann 1845), genau besehen nur ein Trivialroman, schätzt sein Publikum ähnlich wie Wetzel ein. Bianca hat einen Grafen, den Verführer ihrer Schwester, »magnetisch« gequält, indem sie ihm nachts als Geist erschien. Zum Schluß des Kapitels heißt es von ihr: »Langsamer ging die verkörperte Nemesis nach ihrem Zimmer, wo sie sich ruhig entkleidete« [112]. Es sind neben punktuellen Allegorien größere Allegoriengeflechte, die man findet: So erscheinen im *Geistlichen Jahr* der Droste etwa Sünde, Zweifel, Wahrheit, Tod, Gerechtigkeit, Ewigkeit, Alter, Trauer, Leben, Liebe in persönlichen Gestalten [113]. Allegorische Partien können auch Interpretationshilfen für ganze Dichtungen sein. Wenn z.B. Immermann im Eingang seines *Tulifäntchen* (Hamburg 1830) die »Vergänglichkeit« apostrophiert, so ist damit schon gesagt, daß wir trotz der tendenziösen Stellen keine Parteidichtung, sondern eine universaler satirische, humoristisch-märchenhafte Dichtung zu erwarten haben, ein kleines Epos, das näher bei Wieland als bei den Achtundvierzigern steht. Der Zwerg Tulifäntchen ist zwar die Personifizierung der kleinen Zeit, die auf die große Napoleonische folgte (»Jetzo ist die Zeit der Kleinen«); aber hinter diesem zeitgemäß Kleinen, erscheint die alte Erkenntnis, daß der Mensch überhaupt klein und vergänglich ist.

Alte und neue Begriffsallegorien darf man schon deshalb nicht gegeneinander ausspielen, weil sie sich ständig mischen. Bezeichnend ist die folgende Stelle aus einem andern komischen Epos (Weisflog, *Die Fahrt nach Mäuseborn*):

> Juchhe! es flogen die Röcke rund um in bachantischem Taumel!
> Juchhe! Der Fuselgeist krähte zum Fenster heraus!
> Luna stand leuchtend am Himmel. Noch mocht' ich nach Hause nicht gehen [114].

Die alte Luna kommt neben die Neubildung Fuselgeist zu stehen, wodurch ihr Leben verlängert wird. In Immermanns Drama *Die Nachbarn* (späterer Titel *Die Brüder*) sagt Martin zu seinem grimmigen Nachbarn Ehrenfried am Grabe seiner Frau: »Wäret ihr der Krieg und brächtet Schlachtgetöse mit, glühende Lohe, Mord und Qualm, hier, Nachbar Ehrenfried, hier müßt ihr sanft sein, denn hier ist Friede«. Der Nachbar gehorcht nicht eben dem alten Mars; aber er hat einen bürgerlichen Begriff, der ihm helfen soll: »Nur keine Rührung, keine Erweichung, sie käme ungelegen. Groll, mein alter Freund, verlaß mich nicht in diesem Augenblicke, wo ich deiner bedarf« [115].

Lenau hatte keinen Grund die nichtsymbolischen Dichter zu verachten (s. o.), denn auch er steckte noch tief in der allegorischen Dichtweise. Aber er bildet sie überzeugend weiter. So nimmt er etwa die alte Ruhmesallegorie in der folgenden treffenden Weise satirisch auf (2. Strophe von *An einen Dichter*):

> Düngst du deinen Ruhm in Scherben [Töpfen]
> Mit dem Mist der Schmeicheleien
> Wird er über Nacht dir sterben;
> Laß ihn wachsen wild im Freien [116].

Auch das nächste kleine Gedicht verrät das Bestreben, über die klassizistische Idealisierung (Allegorie vom Schlaf und seinem Bruder Tod) durch Einführung eines neuen, dem Weltschmerzler besonders naheliegenden Begriffes hinauszuführen:

Am Bette eines Kindes

> Wiege sie sanft, o Schlaf, die holde Kleine!
> Durch die zarte Verhüllung deines Schleiers
> Lächelt sie; so lächelt die Rose still durch
>   Abendgedüfte.

> Wiege sie sanft und lege deinem Bruder
> Sie, dem ernsteren, leise in die Arme,
> Ihm, durch dessen dichteren Schleier uns kein
>   Lächeln mehr schimmert!

> Denn mit gezücktem Dolche harrt der Kummer [!]
> An der seligen Kindheit Pforte meines
> Lieblings, wo der Friede sie scheidend küßt, und
>   Schwindet auf immer [117].

Man weiß nicht immer sicher, woher die Begriffsallegorien kommen, ob aus alten Quellen oder aus einer alltäglichen Redensart. So folgt z. B. in Alfred v. Meissners *Ziska* (Leipzig 1846) dem Hussitenheere ein altes Weiblein, das zwar Sancta Simplicitas genannt wird, aber in Wirklichkeit einen negativen Begriff, nämlich das verhetzte Volk, meint. Stark säkularisiert sind auch Glaube, Liebe, Hoffnung, obwohl sie öfters zusammen auftreten und in einer spätchristlichen Kultur gerne etwas wie einen abstrakten Dreieinigkeitsersatz bilden. Bezeichnenderweise erscheinen sie auch mit der Liebe an erster Stelle [118]. Man findet diese Begriffe auch in der Prosa, besonders in den Romanen, häufig. Man darf annehmen, daß sie das biedermeierliche Leben ganz durchdrangen, gerade da, *wo nur noch eine verallgemeinernde Interpretation das Christentum zu retten vermochte.*

Auch das Wiener Volkstheater ist ja nicht einfach durch die »Barocktradition«, sondern durch die Säkularisation, durch die humoristische *Neuinterpretation* der Tradition eine lebendige Erscheinung geblieben. Da gibt es nicht nur das Glück, sondern auch das Verdienst, mit dem es sich vereinigen soll. Hymen, der im Rokoko mit Amor nicht viel zu tun hatte, wird ihm zugeordnet. Die Tugend ist nicht eine holde Jungfrau, sondern ein altes Mütterchen, und das Laster ist nicht von Würmern zerfressen, sondern ein hübsches Mädchen. Die zeitgemäße Bescheidenheit spielt im Volkstheater eine große Rolle; aber auch den barocken Ruhm oder wenigstens den bürgerlichen »Beifall« hat man gern zum Freunde. Die Liebe ist nicht immer eine plötzlich überwältigende, unwiderstehliche Macht. Amor kann sich auch hübsch langsam entwickeln, wird also psychologisiert und gezähmt. Besonders schön kann man Tradition und Originalität vielleicht in Raimunds Besserungsstück *Das Mädchen aus der Feenwelt oder Der Bauer als Millionär* zusammensehen. In diesem Stück hat die Allegorie der Lebensalter (Abschied der Jugend, Ankunft des Alters) durchaus noch die Funktion, zur Buße zu führen. Aber über die Buße geht es weiter zum mittleren Zustand der Zufriedenheit. Schon diese große und sehr würdige Rolle der nicht unbedingt nur »bürgerlichen«, aber aufgeklärten oder biedermeierlichen Zufriedenheit verrät, daß die Vanitas-Idee und die ihr zugeordnete Reue nicht mehr mit dem tödlichen Ernst erscheinen wie in der Barockdichtung. Die vielen Variationen, die das Lied vom Aschenmann erfahren hat [119], verraten, daß das Volkstheater nur noch sehr begrenzt Bußpredigt sein will. Besonders wenn Gastspielorte wie München oder Hamburg erwähnt werden, tritt an die Stelle der Vanitas die Rühmung: »Kein Aschen«. Auch den Damen zuliebe lehnt Raimund die Asche ab. Auf diesem Hintergrund wird dann verständlich, daß selbst das Auftreten des Alters, einer Naturgewalt also, verspielt oder doch zweideutig ist. Zwar bleibt seine Macht unangetastet – in diesem Sinn ist es noch eine echte Allegorie! –; Wurzel erschrickt und muß sich fügen. Aber schon als *komisches* Alter hat es nicht die absolute Strenge und die Schockwirkung, die von dem Gerippe in *Cardenio und Celinde* ausgeht. Von diesem Absinken der Allegorie zu literarischen Formen mit geringerer Stilhöhe wird noch zu sprechen sein.

Um eine Vorstellung von der produktiven Ausdehnung der Allegorie zu geben, seien einige Begriffe ohne scharfe Trennung von der Metapher und ohne ständige Berücksichtigung des Kontexts zusammengestellt. Ein für die Zeit typischer Titel heißt: *Antithesen oder Herrn Humors Wanderungen durch Wien und Berlin* (Wien 1834, von K.J.Braun von Braunthal). S.Brunner kennt in *Der Nebeljungen Lied* (Regensburg: G.J.Manz 1845) nicht nur den Begriff »Allvergötterei« (für Pantheismus), sondern auch »das Mädchen Allgöttelei«, dem die Nebeljungen huldigen [120]. Es gibt nicht nur den »Vater Rhein«, sondern auch andere Flüsse in Menschengestalt, z.B. die Prinzessin Ilse (Marie Petersen, *Prinzessin Ilse,* Berlin 1852), die eine ausführlich geschilderte Harzreise vom Brocken herunter macht. Berlin ist die »Residenz der ewig nichtssagenden Höflichkeit und des impertinent guten Tons« [121].

Ein Bürschlein aus der Residenz ist »sechs Fuß Arroganz und Albernheit in ein königliches Patent gewickelt und irrtümlicherweise für ein Menschenkind gehalten« [122]. Ein Mädchen kann man nicht nur »meine Liebe«, sondern auch »Eigensinn« nennen [123]. Wenn das Mädchen den Reithandschuh des Liebhabers findet, so rafft ihn »die Liebe als eine teure Beute, als eine köstliche Reliquie scheu und hastig an sich« [124]. Die Kirchhofmauer scheidet die Lebendigen von den Toten, »das heißt die Hast und die Leidenschaft und den Irrtum und die Sünde und die Lüge und den Schmerz von der ewigen, seligen Ruhe« [125]. »O Abgrund aller Gottseligkeit und Liebe, in welcher der Egoismus versinkt wie ein Gespenst des Nebels« [126]. »Nun lieg' ich nah' und fest am Herzen meiner Göttin – Natur; diese Hände wühlen in ihren geheimsten Reizen, dieses Auge schwelgt sich satt im Allerheiligsten« usw. Die letzten fünf Beispiele stammen aus Dingelstedts Bergwerksroman *Unter der Erde* (Leipzig 1840); man könnte sie ähnlich in vielen andern Romanen finden.

Der nachwirkende empfindsame Idealismus macht die Begriffe noch immer unentbehrlich und zu einer Sache des Gefühls, nicht nur wenn Christoph August Tiedge *Die Geburt der Freude* in 6 Liedern darstellt [127] oder wenn Ernst Houwald in seinem *Buch für Kinder* die *Begeisterung* (Titel des Gedichts) durch sechzehn Strophen als immer verläßliche Mutter eines armen Waisenknaben feiert [128], sondern auch im Zusammenhang nicht didaktischer Werke. Immer wird der Begriff mit Hilfe der Personifikation zu einer Sache der noch ganz unentbehrlichen »Empfindung« erhoben. Durchaus typisch sind folgende Verse aus Lenaus *Albigensern:*

> Als ich den schlimmen Mord durch dich vernommen,
> Stand mein Entschluß geharnischt und in Waffen
> Zur That bereit, ganz fertig und vollkommen:
> Die Ketzer von der Erde fortzuschaffen [129].

Ausführlicher noch wird die Inquisition [130] zur Person gestaltet; das Stilmittel hat hier die Funktion, das Grauen zu verstärken. Auch der Gedanke verkörpert sich bei Lenau [131] und bei andern Dichtern mit suggestiver Wirkung. *Diese Spannung zwischen dem Abstrakten und dem Emotionalen wird noch nicht als störend, sondern als hochpoetisch empfunden.* »Der Geist der Erde trat zu der einsamen Nonne und flüsterte ihr zu« [132]. Auch das später so beliebte »Leben« (Vitalismus) bekundet seinen Zauber vorläufig noch nicht in kosmischer, sondern in personaler Gestalt.

> Es küsste mir in Jugendfülle
> Das Leben den erglühten Mund [133].

In Immermanns *Prinzen von Syrakus* erscheinen zwei Brüder, der Narr und der Dichter, als Laune und Phantasie. Sie stehen im Gegensatz zum regierenden Bruder Fernando, der den Verstand verkörpert. An das 18. Jahrhundert erinnert es auch, wenn der Wielandianer A. v. Ungern-Sternberg ein Märchen mit dem Titel *Die Fee Langeweile* (*Morgenblatt* 1841) schreibt. Es gibt kaum etwas, was zu jener Zeit nicht personifiziert wurde, selbst das Entsetzen oder der Nutzen oder das sinnliche Ergötzen erscheinen als Personen [134]. Man versteht durchaus Tiecks Wort von dem *Götzendienst, der mit Begriffen getrieben wird. Die Begriffe scheinen in der stilistischen*

Gestalt der Allegorie, Personifikation oder Metapher die Biedermeierzeit ebenso beherrscht zu haben wie in der nicht absolut davon zu trennenden Gestalt der immer neuen philosophischen und politischen Ideologien!

Zusammenfassend vergegenwärtige ich den Reichtum dieser abstrakten Art von Bildlichkeit am Beispiel des repräsentativen Österreichers A. Grün (Graf Auersperg), wobei ich allerdings vorgreifend die Naturpersonifikation und die Mythologie mit einbeziehe [135]. Der »treue Gefährte«, ja der »treuste Genoß« dieses Biedermeierdichters war natürlich der »Herr Hypochonder«; später ist er an frischer Bergesluft und Lerchenschlag gestorben. Die Natur träufelt Balsam des Trostes ins Herz, die Wellen umfangen liebend den Menschen, Mutter Austria umfängt ihn auch, Österreichs Volk steht im schlichten Kleide dabei. Er spricht mit der Donau, ohne Vater Rhein zu vergessen. Auch mit der Milde, dem Vertrauen, der Stärke, Weisheit und ganz besonders mit dem »Lied«, d.h. mit der Dichtung, ist er persönlich befreundet. Und der Sommer kommt zu ihm als »Maid, umflort vom leichten Sommerkleid«. Weniger sympathisch ist freilich der Winter, der Bursche, der »ein zottig Wolfsfell auf dem Nacken« trägt. Auch das Alpenhaupt blickt mit strengem Angesicht, und der Tod hat sogar ein »starres Eisgewand«. Ähnlich unangenehm ist, im Unterschied zum österreichischen Volk, das österreichische Staatsschiff; denn es birgt in seinem Innern viel »Sklavenballast«. Aber der Gedanke oder das freie Wort läßt sich in solcher Weise nicht versklaven; denn es ist ein freier Hirsch, ein reiner Kristall, Licht, ja manchmal ein Blitz. Es ist mit der Zeit, unserer Zeit, unserem Jahrhundert, unserer Gegenwart verbündet. Das freie Wort siegt ohne Schwert über die Tyrannei, wie Pallas Athene kriegerisch und zugleich weise ist, wie der Frühling ganz von selbst über den Winter und die Auferstehung über den starren Tod siegt. Der Freiheit gleichen die Morgenröte, die Sonne, die Lerche, der Regenbogen, die Rose, das Blut. Nichts ist so heilig wie die Freiheit, sie ist eine Hostie wie die Liebe und wird bald als Messias erscheinen.

Die beliebtesten Allegorien der Zeit

Fragt man nach den beliebtesten Begriffsallegorien der Biedermeierzeit, so ist wohl in erster Linie die Freiheit zu nennen. Sie wird ständig mit dem Frühling identifiziert, sie ist die Quelle des zu erwartenden Volks- und Völkerfrühlings. Herwegh und Hoffmann von Fallersleben erinnern ständig an den Frühling der Freiheit. Sie fordern etwa die Regierungen auf, endlich doch auch den Frühling zu verbieten; oder sie vergleichen die Restauration mit dem Eispalast auf der Newa, der im Frühling, wenn es taut, spurlos verschwindet. Die Freiheit erscheint wie von jeher auch als weibliche Gestalt. Sie hat aber bei fast allen liberalen Dichtern absolute, religiöse Bedeutung. Die Einkleidung als Pallas Athene (s. o.) oder Madonna genügt dabei noch nicht. Auch Messias (s. o.) ist noch nicht absolut genug. Bei Freiligrath wird sie zum »Christ der neuen Zeit«, zum »Heiland Geist«. Das ist wie Hoffmann von Fallerslebens sonst reichlich abstraktes *Deutschland, Deutschland über alles* zunächst *stilistische*

Hyperbolik; aber der Umschlag zu einem religiösen Freiheits- oder Deutschlandkult liegt nahe, sobald solche Rhetorik den Kreis der Literaten verläßt und vom Volke wörtlich verstanden wird.

Die Allegorie der Germania haben wir schon kennengelernt. Diese Gestalt steht nicht nur auf dem Denkmal, sondern geistert auch durch die Literatur. Bei Prutz *(Politische Wochenstube)* soll sie gebären. In Moritz Hartmanns postrevolutionärer *Reimchronik des Pfaffen Maurizius* (Frankfurt/M. 1849) kann sie nicht gebären, obwohl einige Professoren wie Waitz und Dahlmann schwanger sind; denn das Frankfurter Parlament als Ganzes ist eine Versammlung von Leichen. In einem mehr klassizistischen Bereich ist die trauernde Germania zu Hause. Nach dem nationalen Rückschlag in Schleswig-Holstein (1850) läßt sie Gustav Schwab vor dem Throne des olympischen Zeus erscheinen und Schutz für Schleswig-Holstein erflehen [136]. Eine weniger würdige Rolle spielt der deutsche Michel in der Biedermeierzeit. Für die Konservativen ist er der dumme Deutsche, der sich von verkrachten Studenten, hungernden, unfähigen Literaten und bedenkenlosen Verbrechern aufs Eis führen läßt. Für die Liberalen ist Michel der biedermeierliche Deutsche. So tritt er z. B. in der *Monatsschrift für den deutschen Michel* (Halle 1843) als der Vetter des Herausgebers und mit einer Nachtmütze auf. Er scheint immer zu Hause zu schlafen und zu verdummen, obwohl er Tee aus China, Butter aus Holland und Brot aus Paris haben möchte [137].

Besonders beliebt bei Freund und Feind ist der Zeitgeist. Solger spricht in einem Brief an Tieck (12.5.1819) von »dem berühmten Herrn Zeitgeist« [138]. Die jungdeutsche Ideologie kreist nicht zuletzt um die mythische Vorstellung von einem Zeitgeist, der mächtiger als die restaurierten Mächte des »Mittelalters« ist und diese unfehlbar besiegen wird. Auch der Linguist, der »Schlagworte«, die mit Zeit zusammengesetzt sind, aufzählt, kann die bedeutende Funktion, welche die Personifikation in diesem Schlagwortwesen ausübt, nicht verkennen [139]. Gotthilf August von Maltitz nennt sich in seinen *Pfefferkörnern* (1831) »Frei-herr v. Zeitgeist« [140]. Dies spielt auf eine Stelle in seinem *Gelasius* (Leipzig: Industrie-Comptoir 1826) an, da ein Tollhauswärter seinen Patienten Zeitgeist ausführlich vorstellt: Der volle Bauch sei sein Gott, der Geldsack seine Religion, ein Tintenfaß trage er auf dem Kopf, eine Feder hinter dem Ohr. Er sei zierlich gekleidet, aber habe keinen Charakter. Dafür trinke er Weißbier.

> Vereh'licht ist er nie gewesen,
> Doch zeugt er Kinder täglich neu;
> Sie kommen all' aus einem Ei
> Und sind zu hohen Stell'n erlesen.
> Man nennt sie *Trägheit, Schurkerei,*
> *Philisterstolz* und *Pietismus,*
> Humanplattierter *Barbarismus,*
> *Mißtrauen* und *Empfindelei,*
> *Verschrobenheit* und *Titelwut,*
> *Erbärmlichkeit* und dennoch *Übermut.*
> Von Stande ist er auch, er trägt gar viele Orden,
> Doch Freiherr – grade nicht, dies ist bekannt geworden [141].

Die Kinder des Zeitgeistes belegen noch einmal die Erweiterung der Begriffsallegorien. Höchstens die Hälfte gehört zu den traditionellen zeitlosen Begriffen der Satire. »Humanplattierter Barbarismus« oder »Philisterstolz« oder »Pietismus« oder »Empfindelei« meint Erscheinungen, die in dieser Zeit tatsächlich besonders widerlich waren, wenigstens für die Vertreter der Aufklärungstradition. Die Satire geht, der Herausbildung der pluralistischen Gesellschaft entsprechend, in Tendenzdichtung über, die aber wegen der traditionellen Stilmittel auf uns noch reichlich altväterisch, will sagen biedermeierlich wirkt.

Wenn der adelige Verfasser behauptet, der Zeitgeist, der sich so frei gebärdet, sei kein Freiherr, so erhebt er sich bewußt über ihn. Er versucht, sich zwischen dem Philisterstolz (der Bürger) und dem Zeitgeist mit Orden (Hof) eine eigene Position zu schaffen. Man erkennt das Selbstbewußtsein des Landadels, das im Biedermeier noch recht stark war, da der Geistesadel um 1800, ob nun selbst nobilitiert oder nicht, sich ihm eng verbunden gefühlt hatte (Wieland, Goethe, Schiller, Tieck usw.). Wenn Immermann seinen schwindelhaften Münchhausen zum Landadeligen macht, so liegt darin ein Abrücken von einer Tradition, der er noch in den *Epigonen,* wie immer zwiespältig, gehuldigt hatte. Vor den Landedelmann schiebt sich in der überlegenen Gestalt des Hofschulzen der Landmann. Der Bauer repräsentiert deutlich das »ewige Volk«. Wieder dürfen wir an Solgers Deutung der Idylle als einer allegorischen Darstellungsform denken (vgl. o. S. 306). Umgekehrt ist Münchhausen eine wenig versteckte Allegorie des Zeitgeistes. Der Dichter selbst sagt von dem Baron: »dieser geistreiche Satirikus, Lügenhans und humoristisch-komplizierte Allerweltshaselant ist der Zeitgeist in persona« [142]. Dem Münchhausen-Teil ist ein (manchmal nicht ganz gelungener) ironischer und satirischer Stil zugeordnet. Auch bei Gotthelf erscheint die Allegorie meist im Umkreis der Satire, der völlig vernichtenden grotesken Satire. In Gotthelfs Roman *Zeitgeist und Bernergeist* (Berlin 1852) tritt die berühmte Allegorie in den Titel. Es heißt jetzt nicht mehr altväterisch Herr Zeitgeist oder Freiherr von Zeitgeist; aber von einem inneren Abbau des allegorischen Gestaltens kann keine Rede sein. Heimatliche Tradition und fremdes Gedankengut, Zeitgeist und Raumgeist, will sagen Böses und Gutes werden einander noch abstrakter (begriffsrealistischer) gegenübergestellt als in den *Uli-*Romanen, obwohl auch sie von realistischer Toleranz und psychologischem »Humor« noch weit entfernt waren.

Allegorie und psychologische Analyse

Natürlich muß der sich anbahnende psychologische Realismus mit der überlieferten allegorischen Darstellungsweise in eine Art Koexistenz treten. Das verrät vor allem die jungdeutsche Prosa. Stilistisch braucht diese Kombination nicht reizlos zu sein. Man erinnere sich, mit welchem Geschick Heine den alten Tieck auf eine Zwangsehe von Verstand und Phantasie festlegt. Aber grob muß die allegorische Psychologie natürlich sein, mehr effektvoll als wirklichkeitserhellend. In F. Gustav Kühnes Roman *Eine Quarantäne im Irrenhause* (Leipzig: Brockhaus 1835) findet sich manches Beispiel. So wird z.B. der »Seelenstaat« mit einem Ständestaat, der aus drei Kammern besteht, verglichen: »In der einen Herzenskammer sitzen meine Leidenschaften samt allen Neigungen und Begierden, die der Blutumlauf erzeugt. In der zweiten sitzt die Phantasie nebst allen geistigen Gelüsten, die meine Seele in sich verspürt. Treten diese beiden Kammern zusammen und erheben sie gemeinsam ihre Stimme, so gibt es einen harten Strauß, der innere Mensch brennt dann lichterloh in lustigem Liebesfeuer. Dieser Favoritstand macht meine Adelskammer aus« [143]. Auch in Theodor Mundts *Modernen Lebenswirren* ließe sich die Koexistenz von Allegorie und realistischer Analyse studieren. Oft wird sich diese Art von Allegorie den Jungdeutschen deshalb empfehlen, weil der witzige, »geistreiche« Stil irgendeine Schematisierung dieser Art fordert. Wir werden damit erneut auf die Frage geführt, ob nicht die Allegorie zum niederen Stil abgesunken ist und nur dort noch Berechtigung genießt, ähnlich wie, nach der Meinung mancher Theoretiker, das Wunderbare nur noch im komischen Epos sinnvoll ist. Auch die Allegorie galt ja als etwas Wunderbares und war noch von Bodmer ausdrücklich aus dieser Perspektive empfohlen, ja geradezu gefeiert worden.

Sinkt die Allegorie zum niederen Stil ab?

Einer solchen Interpretation widerspricht das quantitative Moment. Die Allegorie kommt sehr häufig in ernsten Dichtungen vor. Auch wenn wir den im Mischstil geschriebenen *Faust II* vorläufig beiseite lassen, bleibt die Tatsache, daß die allegorische Einkleidung oft mit großem Anspruch verwendet wird. Aber wie sieht sie aus? Wir begnügen uns mit drei todernsten Proben und versuchen dann zu einem Urteil zu kommen. Gustav Kühne verwendet in dem erwähnten Roman die Allegorie nicht nur humoristisch, sondern auch spürbar mit der Absicht, poetische Höhepunkte anzubringen, z.B.: »Der Tag, das spielende, hüpfende Kind, klettert noch auf die Gipfel der Berge und möchte in den Himmel springen und in die rosigen Wolken, die mit der Sonne ziehen. Aber die Nacht, die dunkelbraune Amme, die zärtlich sorgsame Mutter, macht sich in der Tiefe auf und eilt dem fröhlichen Kindlein nach von Spitze zu Spitze; sie will es heimtragen in die Hütte, es soll sich nicht verirren, nicht immer spielen, auch schlafen« [144]. Die Stelle ist typisch biedermeierlich. Die sinnige Umsetzung einer alpinistischen Naturbeobachtung in gemütvolle Allegorie entsprach vielleicht dem Geschmack; aber ist die Spannung zwischen der differenzierten, in zeitliche Bezüge aufgelösten Naturerscheinung und der personalen, ja deutlich familiären Einkleidung nicht objektiv zu groß geworden? Auf eine andere Weise trivialbiedermeierlich, nämlich pseudopathetisch, mutet die folgende Stelle aus Max Waldaus *Elfenmärchen* (1846) an: »Das hohe Weib aber ließ langsam die Silberlocken zur Erde gleiten, stolz aufgerichtet stand es da, die Augen funkelten, eine Krone von Blitzen zackte um ihren Scheitel, zum Schwure deuteten die Finger nach oben, ihr Hauch glitt noch einmal über die Lippen des Toten –, das war Polonia!« [145] Ein sterbender Freiheitsheld wird, wie immer distanziert, von seinem idealen freien Vaterlande geküßt. Bei Egmont war es anders! Zerstört die Intimität nicht die zuvor so majestätisch aufgebaute Allegorie? Vielleicht ist das altehrwürdige Darstellungsmittel der »Poesie« eher angemessen als der Erzählprosa:

Zwei Wandrer.

> Ein Stummer zieht durch die Lande,
> Gott hat ihm ein Wort vertraut,
> Das kann er nicht ergründen,
> Nur einem darf er's verkünden,
> Den er noch nie geschaut.
>
> Ein Tauber zieht durch die Lande,
> Gott selber hieß ihn geh'n,
> Dem hat er das Ohr verriegelt
> Und Jenem die Lippen versiegelt,
> Bis sie einander seh'n.
>
> Dann wird der Stumme reden,
> Der Taube vernimmt das Wort,
> Er wird sie gleich entziffern
> Die dunkeln göttlichen Chiffern,
> Dann zieh'n sie gen Morgen fort.
>
> Daß sich die Beiden finden,
> Ihr Menschen, betet viel.
> Wenn, die jetzt einsam wandern,
> Treffen, Einer den Andern,
> Ist alle Welt am Ziel.

Der anspruchsvolle Verfasser vermeidet die übliche naive Erklärung. Wir erkennen, wenn wir den Dichter und die Zeit kennen, die Bedeutung: es geht um die berühmte Synthese von Natur und Geist. Das Gedicht ist ein Beleg für die schon erwähnte anhaltende Kraft der Allegorie im Zeitalter des Idealismus. Bezeichnend, daß sich in diesem geistesaristokratischen Bereich sogar die Rätselhaftigkeit der älteren Emblematik und Hieroglyphik wiederherstellt; denn man kann nicht annehmen, daß der gewöhnliche Gedichteleser die dunkeln Verse verstand. Sie sind ein bewußtes Spiel mit der Dunkelheit, das dem rationalen Charakter des jungen Dichters, Hebbel, freilich kaum entspricht. Kein Wunder, daß er die Allegorie später so ingrimmig bekämpfte. Alles in allem scheint die ernste Allegorie äußerst problematisch geworden zu sein, jedenfalls für die Dichter, welche sie religiös nicht mehr stützen können. Die drei Texte, die wir zuletzt zitierten, stammen aus einem Dichtbereich, den noch in der mythischsten Epoche niemand mythisch genannt hat. Sogar die Gestalt Gottes in dem Gedicht Hebbels ist eine kahle philosophische Konstruktion und hat nicht einmal so viel mythische Existenz wie der Zeitgeist der Jungdeutschen*.

Man wird also trotz der konservativen Ausnahmen, von denen noch zu sprechen ist, davon ausgehen dürfen, daß die Allegorie in der Biedermeierzeit absinkt: zur

---

* Größere mythologisch-allegorische Experimente hegelianischer Provenienz – immer problematisch – werden wir im Kap. Versepik (Band II) kennenlernen.

Gelegenheitsdichtung, zur Trivialliteratur, zur Tendenzdichtung, zur Didaktik, zur komischen und satirischen Literatur, d. h. nach damaligen Begriffen zur Literatur niederen Stils. Je höher sie strebt, um so weniger wahrscheinlich ist es, daß es dem Dichter gelingt, sie wirklich am Leben zu erhalten. Bezeichnend ist z. B., daß der anspruchslose Saphir die Allegorie liebt. In einem *Allegorischen Prolog zu der Benefizvorstellung für einen alten, unglücklichen Volksdichter* läßt er »die Muse der Volksbühne« auftreten [146]. Überall wo die Gelegenheit oder der Zweck hervortritt, ist auch die Allegorie. In den höfischen Festspielen hat sie noch allenthalben ihren festen Platz. Was von Goethe allein bekannt ist, gilt für die ganze Zeit mehr oder weniger. So hat z. B. Eduard von Schenk für den Münchner Hof Festspiele gedichtet [147]. Eines davon *(Alte und neue Kunst)* wurde 1832 als Vorspiel zur *Iphigenie* anläßlich von Goethes Tod aufgeführt. Melpomene, die Muse der klassischen Dichtung, und Romantia streiten miteinander, bis ihnen Apollo die Versöhnung in der Gestalt Goethes auf die Erde schickt.

Wegen falscher Vorstellungen von »süddeutscher Barocktradition« sei ausdrücklich hervorgehoben, daß man auch im biedermeierlichen Norddeutschland die Allegorie liebt. Für das Königstädtische Theater in Berlin schrieb der gewandte Holtei *Göthe's Todtenfeier* (Berlin 1832). Er mildert die pathetische Huldigung, indem er u. a. auch »Frau Prosa« und die Figur »Kalt« auf der Bühne erscheinen und den großen Dichter kritisieren läßt [148]. Das war bei einem umstrittenen Dichter der am wenigsten riskante Weg. Der Berliner Satiriker A. Glassbrenner versteht es ebensogut, die Allegorie mit Hilfe der Komik wirksam zu erhalten. *Meine Reise nach dem Harz* (*Aus den Papieren eines Hingerichteten*, Leipzig: Vetter und Rostosky 1834) zeigt Madame Cholera, Frau Crudelitas und Madame la Revolution als Bundesgenossen des Teufels auf dem Brocken, während die Freiheit gefesselt werden soll. Diese spricht aber berlinerisch und gibt dem Teufel, mit durchschlagendem Erfolg, eine Ohrfeige [149]. Die Freiheit wird auf Kosten der Revolution herausgestrichen! Selbstverständlich konnte auch sonst das taktische Spiel, das die Schriftsteller mit der Zensur zu spielen genötigt waren, oft am besten mit Hilfe der Allegorie gewonnen werden. Fallmerayer spricht in der Vorrede zu seinen *Fragmenten aus dem Orient* (Stuttgart und Tübingen 1845) seitenweise von einem gewissen Vibius Egnatius Tartuffius. Wenn er die Jesuiten und Pietisten direkt angegriffen hätte, wäre er nicht durchgekommen; denn die Zensoren fürchteten altgewohnte Einkleidungen lange nicht so sehr wie die direkte Aussage, die das Volk erreichte. Der Sozialist Weerth arbeitet noch in der radikalrevolutionären *Neuen Rheinischen Zeitung* mit allegorischen und mythischen Figuren. Zwischen der politischen Revolution und der Revolution der Literatur besteht ein *großer* Unterschied; denn welcher politische Revolutionär findet einen neuen literarischen Weg? Dies ist die Paradoxie, welche die amusischen Verteidiger der Vormärzliteraten nicht einzusehen pflegen. Selbstverständlich ist es, daß im *Deutschen Hausbuch* (hg. v. Guido Görres, Bd. 2, München: Literarisch-artistische Anstalt 1847) immer noch Späßchen mit der »Prinzessin Eitelkeit« und »Dame Gefallsucht«, mit »Fräulein Zepherine Eierschmalz« und »Fräulein Desdemona Hutzelleder« getrieben werden [150]. Die große Macht, welche die Allegorie im Trivialroman besitzt, haben wir schon angedeutet. Carl Spindler und besonders Ernst Willkomm, der Verfasser von stofflich interessanten Sozialromanen, wären schöne, ergiebige, wenn auch ein wenig komische Studienobjekte in dieser Hinsicht. Doch es sei genug: »indem ich dies schreibe, wütet noch die Erinnerung daran, wie ein Tiger, in allen meinen Nerven« (E.Willkomm, *Die Europamüden*, Leipzig: J.Wunder 1838) [151].

In der Zweckdichtung haben auch bedeutende Schriftsteller keinerlei Bedenken, sich der Allegorie zu bedienen. In Epigrammen benützt Hebbel das Darstellungsmittel noch zu einer Zeit, da er sonst auf das »belebte Symbol« schwört. Ein Aphorismus von Börne kleidet die alte Schiffahrtsallegorie in seinem bekannten Lapidarstil zeitgemäß um: »Regierungen sind Segel, das Volk ist Wind, der Staat ist Schiff, die Zeit ist See« [152]. Wenn es um eine praktische Frage, die Verlegung der Universität von Tübingen nach Stuttgart, geht, bedient sich der junge Mörike gleich der allegorischen Methode *(Spillner, Die umworbene Musa)* [153]; ja, er spielt ein wenig mit der obscuritas, die er offenbar nicht als Romantik- oder Barockepigonentum, sondern als höchst modern empfindet, – vielleicht, wie der junge Hebbel, im Gedanken an die auch dunkle Philosophie des Idealismus. Ironisch meint er nämlich: »Ich kann mit dem Werk doch nicht so gerade in medias res eingehen. Man ... muß in diesem wissenschaftlichen Zeitalter vor allen Dingen einige Sachen, die sich von selbst verstehen, dadurch neu und interessant machen, daß man sie von einer ganz entlegenen Seite her einfädelt und überhaupt etwas verdüstert und verdunkelt, diffizil macht usw.« [154]. Glücklicherweise griff Mörike während seiner späteren Schaffenszeit nur einmal zum gleichen, ihm wenig gemäßen Trick, nämlich in dem Märchen *Die Hand der Jezerte*. Goethe dagegen hat mit erstaunlicher Hartnäckigkeit versucht, die im Festspiel noch lebendige Allegorie für die große Dichtung zu gewinnen. Der Versuch in der *Pandora* befriedigte ihn kaum – sonst hätte er ihn nicht abgebrochen –, vielleicht wegen des Enthusiasmus, in den er hier geraten war und der in einem ganzen Drama zu Beginn des 19.Jahrhunderts schon hätte übertrieben erscheinen können. Jedenfalls hat er in den allegorischen Szenen des *Faust II* den Stil, im Vergleich zur *Pandora*, spürbar gesenkt und der Komik vorsichtig Einlaß gewährt. Angesichts des erstaunlichen ästhetischen Taktes, den Goethe gerade bei den schwierigsten Fragen der klassizistischen Poetik immer wieder bewies (Roman, idyllisches Epos usw.), dürfte dies Verhalten dafür sprechen, *daß für säkularisierte Dichter die Allegorie im erhabenen Stil, strenggenommen, kaum mehr zu gebrauchen war*. Freilich beweist *Faust II* gleichzeitig, wieviel mit der Allegorie noch zu leisten war, wenn sie eine mythologische Basis erhielt. Die *religiöse* Problematik dieser Faust-Mythologie haben im 19.Jahrhundert Katholiken wie Eichendorff und Freidenker wie F.Th.Vischer in ähnlicher Weise empfunden. Aber vielleicht kann eben dieses Faustproblem zu der Einsicht verhelfen, daß die Allegorie bei *der* Gruppe, für die Gott und der Teufel mehr als philosophische oder ästhetische Einkleidungen blieben, noch immer ernsthafte Möglichkeiten hatte (vgl. u. S. 365 ff.).

Die Naturpersonifikation

Die Begriffsallegorie bedient sich gewöhnlich der Personifikation; aber sie muß es nicht, da die Versinnlichung auch auf anderem Wege geleistet werden kann. Der Geist, der Gedanke erscheint, wie wir sahen, in jener Zeit nicht nur als Heiland, sondern auch als Hirsch oder Blitz. Denkt man an die große Bedeutung, welche gerade diese Blitzmetaphorik später für den Lyriker Nietzsche gewonnen hat, so mag man vermuten, daß der kosmischen Versinnlichung der Begriffe eine große Zukunft beschieden war. Dem Biedermeier steht auf Grund seines theistischen, monarchischen, patriarchalischen, familiären Denkens der Personalismus und damit auch die Personifikation noch im Vordergrund. Selbst Jungdeutsche wie Heine und Gutzkow sind im Personalismus befangen, lassen jedenfalls keine Abneigung gegen das zur Satire geeignete Stilmittel der Personifikation erkennen. Auch eine sachliche, »realistische« Aneignung der Natur liegt ihnen noch fern, ferner fast als dem ehrfürchtigen Biedermeierdichter, der die Naturerscheinung nicht nur mit seiner trüben oder heiteren »Laune« umspielt, sondern, auch wenn sie nicht das Letzte ist, als eine übermenschliche Macht erfährt. Während die Allegorie im Sinne der ernsten oder gar erhabenen Begriffspersonifikation für dieses Zeitalter immer ein Stück Problematik enthält, *ist die Naturpersonifikation etwas Selbstverständliches und absolut Unentbehrliches,* ein Bindeglied zwischen den weltanschaulichen und politischen Parteien. Die neue, wie immer begrenzte (oder allzu bewußte!) Naivität, welche die junge Generation im Gegensatz zur philosophischen Generation der Schiller, Hölderlin, Novalis, Friedrich Schlegel usw. besitzt, läßt sich literar-historisch vielleicht am überzeugendsten in diesem gemeinsamen, teils verspielten, teils sehr ernsten, aber immer eifrigen Kult der Naturpersonifikation greifen. Wie man der Natur schon ein Stück weit entgegengeht und doch gleich wieder zurückschreckt, wenn sie mehr als Garten, »Naturpark« und idyllische Landschaft ist, so hat man in der Naturpersonifikation ein Mittel, die Landschaftsschilderung oder -lyrik vor allzuviel »Prosa« zu schützen. Wenn es klassische Zeiten der Naturpersonifikation gibt, so gehört die Biedermeierzeit gewiß zu ihnen; denn ihre Schriftsteller haben in diesem Bereich Unvergängliches geschaffen*.

Im Bereich der Zweckliteratur – auch dort ist die Personifikation unentbehrlich – wird sie der heutige Betrachter gewiß oft verwunderlich finden. Georg Chr. Brauns *Die Rheinfahrt, Ein Natur- und Sittengemälde in drei Gesängen* (Mainz 1824) ist eine ziemlich didaktische Einführung in eine deutsche Landschaft, die damals, gerade als ausgesprochene Kulturlandschaft, im Mittelpunkt des Interesses stand (Rheinromantik). Selbstverständlich wird der personifizierte Rhein im Prolog angeredet und ausführlich gefeiert. Der Verfasser findet zwischen dieser poetischen Einführung

---

* Den Begriff Personifikation brauche ich, nach meinem Hinweis auf F. Th. Vischer (s. o. S. 308), wohl nicht eigens zu rechtfertigen. Selbst Walter *Killy* erwägt eine Wiederaufnahme des »wenig glücklichen Worts« im Widerspruch zur »romantischen Ästhetik« (Winterkälte und Liebesfrühling, Bemerkungen über Parallelismus und Personifikation in der Lyrik, Festschrift für Richard Alewyn, hg. v. Herbert *Singer* und Benno v. *Wiese*, 1967, S. 46 ff.).

und den fast hundert Seiten Anmerkungen historischer oder geographischer Art keinen Widerspruch; denn es lag ja im Sinn des Zeitalters, Poesie und Wissenschaft zusammenzuführen. Wenn Heine eine Reise beschreibt, so gibt es diesen Zwiespalt zwischen der wissenschaftlichen und der poetischen Aufgabe nicht. In der *Harzreise* wischt er die sachliche Seite der Sache, für die es schon andere Bücher gibt, vom Tisch, um die Landschaft ganz poetisch, und das heißt für ihn ganz persönlich, neuschaffen zu können. Die Prinzessin Ilse gibt es schon in Heines *Harzreise,* nicht erst im Spät-biedermeier (s. o.): »Es ist unbeschreibbar, mit welcher Fröhlichkeit, Naivität und Anmut die Ilse sich hinunterstürzt über die abenteuerlich gebildeten Felsstücke, die sie in ihrem Lauf findet, so daß das Wasser hier wild emporzischt oder schäumend überläuft, dort aus allerlei Steinspalten wie aus tollen Gießkannen in reinen Bögen sich ergießt und unten wieder über die kleinen Steine hintrippelt, wie ein munteres Mädchen. Ja, die Sage ist wahr, die Ilse ist eine Prinzessin, die lachend und blühend den Berg hinabläuft. Wie blinkt im Sonnenschein ihr weißes Schaumgewand! Wie flattern im Wind ihre silbernen Busenbänder! Wie funkeln und blitzen ihre Diamanten! Die hohen Buchen stehen dabei gleich ernsten Vätern, die verstohlen lächelnd dem Mutwillen des lieblichen Kindes zusehen; die weißen Birken bewegen sich tantenhaft vergnügt und doch zugleich ängstlich über die gewagten Sprünge; der stolze Eichbaum schaut drein wie ein verdrießlicher Oheim, der das schöne Wetter bezahlen soll; die Vögelein in den Lüften jubeln ihren Beifall, die Blumen am Ufer flüstern zärtlich: ›O, nimm uns mit, nimm uns mit, lieb Schwesterchen!‹« [155]. Die Personifikation geht nicht so weit, daß keinerlei Vorstellung vom Natur-gegenstand vermittelt würde. Zunächst werden dem Flüßchen die ersten mensch-lichen Eigenschaften, die den Ton der ganzen Stelle bestimmen (»Fröhlichkeit, Naivität und Anmut«), zugeschrieben, dann folgt eine detailrealistische Partie, die trotz zahlreicher Personifikationen, ja mit ihrer Hilfe, das stürzende Bergwasser zur Anschauung bringt. Erst dann kommt der Übergang in die vollkommen menschliche Vergleichssphäre: »Ja, die Sage ist wahr, die Ilse ist eine Prinzessin«. Das Bild der Prinzessin selbst bleibt trotz der »silbernen Busenbänder« dezent. Die Naturszenerie (Buchen, Birken, Eichbaum) verwandelt sich in ein mäßig komisches ifflandisches Familiengenre, und schließlich, mit Hilfe der flüsternden Blumen, kommt auch noch das Sentiment zu seinem Recht. Man könnte aus diesem Text den ganzen Begriff des Biedermeiers, zu dem auch die Schalkhaftigkeit und Anmut gehört, herausholen. Kein Wunder, daß Heines Jugendwerke so beliebt waren!

Näher als die komische Familie liegt der Naturpersonifikation natürlich jede Art von Liebe; denn die Liebe ist für dies Zeitalter die zentrale Eigenschaft Gottes und der Natur. Wir sahen schon in anderm Zusammenhang wie die Nacht, die Mutter, ihrem Kind, dem Tag, auf die Bergspitzen nachsteigt, um es in ihrer Hütte schlafen zu legen. Beliebt ist auch die Vorstellung, daß der Himmel die Erde liebt:

> Es war als hätt der Himmel
> Die Erde still geküßt,
> Daß sie im Blütenschimmer
> Von ihm nun träumen müßt.

Am Ende der Biedermeierzeit, im *Jankó* (Leipzig: L. H. Bösenberg 1841) des Deutsch-Ungarn Karl Beck sieht diese Liebschaft zwischen Himmel und Erde sehr viel temperamentvoller und derber aus:

> Und in die volle Mannheit tritt
> Der Mond, der bleiche Waisenknabe,
> Beschaut mit lüsternen Blicken
> Das braune Zauberweib: die Haide,
> Die unter des Himmels keuschem Blau
> Die nackten Glieder dehnt,
> Ins wehende Haar
> Den Farrenkräuterkranz gewunden [156].

Der Detailrealismus ist gewachsen. Statt Himmel und Erde: Mond und Heide, statt des traditionelleren Blütenschimmers: der grob-originelle Farrenkräuterkranz, statt zarter Erotik: Sexualmotive; aber ist damit die Gesamtvorstellung realistischer geworden? Die Naturvergegenwärtigung scheint durch den zeitgemäßen kühneren Gebrauch der Personifikation noch indirekter geworden zu sein.

Ungefähr um die gleiche Zeit dichtete die Droste das Gedicht *Mondesaufgang,* das von Personifikationen wimmelt und vielleicht deutlich machen kann, daß der reichliche oder kühne Gebrauch dieses Stilmittels allein noch kein negatives Wertkriterium ergibt. Ich zitiere nur die fünfte Strophe, welche die Verbindung zu der uns bekannten Lichtsymbolik herstellt:

> Da auf die Wellen sank ein Silberflor,
> Und langsam stiegst du, frommes Licht, empor;
> Der Alpen finstre Stirnen strichst du leise,
> Und aus den Richtern wurden sanfte Greise;
> Der Wellen Zucken ward ein lächelnd Winken,
> An jedem Zweige sah ich Tropfen blinken,
> Und jeder Tropfen schien ein Kämmerlein
> Drin flimmerte der Heimatlampe Schein.

Da wir schon wissen, daß die Heimatlampe bei der Droste nicht nur ein häusliches, sondern auch ein religiöses Symbol (vgl. o. S. 313) ist, verstehen wir auch, wie die Dichterin dazu kommt, sie auf diese unerwartete Weise mit dem »frommen Licht« des Mondes zu verbinden. Der Vergleich eines blinkenden Tropfens mit einem erleuchteten Kämmerlein kann nur im Umkreis einer klassizistischen bzw. realistischen Maßhalte-Stilistik (M. Windfuhr) befremden. In der Biedermeierzeit erschienen gerade solche Bildsprünge, ob sie nun mystisch begründet oder auf eine groteske Wirkung berechnet waren, tief und geistreich.

In Friedrich Försters Märchen *Hertha oder die Elementargeister (Taschenbuch auserlesener Mährchen,* hg. v. Friedrich Förster, 1. Jg., Berlin 1838) gibt es neben Himmel (Aetheria) und Erde (Hertha) auch noch Meer (Thalatta) und Feuer (Fiamma). Das Denken in den naiven alten »Elementen«, das von der modernen Naturwissenschaft noch kaum berührt war, hat die Konservierung der Personifikation sicherlich stark begünstigt. Der Held des erwähnten allegorischen Märchens verschmäht die hochmütige Aetheria, die brünstige Fiamma und die unsichere Tha-

latta, obwohl sie so mächtig sind, und vermählt sich mit Hertha, zu der ihn kein
Zauber, nur das Herz zieht. Das Elementare hat die Zeit, wie wir immer wieder sehen
werden, tief beschäftigt; aber es wird, auch mit Hilfe solcher »Elementarmärchen«,
trotzdem in seine Schranken gewiesen; ja, es wird in diesem Fall sogar wie Heines
Naturszenerie satirisch gesehen und gefoppt. Mythischer geht es bei Mörikes Feuer-
reiter und Nixen oder beim Wasser- und Heidemann der Droste zu. Doch auch hier
ist gelegentlich Vorsicht am Platze. So ist Annettes kleines Gedicht *Kinder am
Ufer,* ohne verfälschende Interpretation gesehen, nichts weiter als das übliche, aus
der bildenden Kunst bekannte naiv-humoristische Genrebild, – obwohl der Wasser-
mann darin vorkommt.

Trotzdem wird man nach der Lektüre der beliebten Beschreibungen von Überschwemmungen, Sturmfluten, Feuersbrünsten u. dgl. nicht daran zweifeln, daß diese
naturkundige, aber immer noch vortechnische Kultur *von der Macht der Naturkräfte
tief beeindruckt war und daß das stilistische Mittel der Personifikation in dieser
Ehrfurcht wurzelt,* was nicht ausschließt, daß man sich gleichzeitig durch Parodie
von der Angst zu befreien versuchte. Typisch ist die folgende Schilderung einer
Feuersbrunst: »Wie rasch es um sich griff! Wie die Flammen, als wären sie die Zungen höllischer Mächte, mit heißhungriger Wut an allem leckten, was sie erreichen
konnten, und wie sie alles im ganzen Gehöfte bald erreicht hatten! Wie Gebäude,
Dächer, Schuppen, Holzstöße, Reisewagen, ja selbst die halb schon herbstlich ent-
blätterten Bäume sich in ein Feuermeer vereiniget, bevor Anton für Laura und sich
durch die Hinterwand des leicht gefügten Bretterbaues einen Rettungsweg erzwun-
gen; – das wird nur der glauben und möglich finden, der ähnliche Wirkungen der
Feuersgewalt miterlebte und sah. Es ist wirklich, als ob das Feuer einen Geist der
Vernichtung, einen Willen, als ob es zu Zeiten selbständige Absichten besäße! Bemüht man sich nicht oft, im eigenen Ofen, mit trockenstem Holze, beim besten Luftzuge ein tröstliches Feuerchen aufzubringen, und will nicht geraten, trotz jeder Förderung? Und dann wieder, wenn das Element bei Laune scheint, und wo man es
eben am wenigsten wünschte, brennt ein dicker Balken wie zu seinem eigenen Vergnügen hell empor, etwa nur durch Berührung eines glimmenden Fünkchens; so daß
es förmlich rätselhaft bleibt« [157]. Der Erzähler, Holtei, ist ein ziemlich nüchterner
Schriftsteller, wie der Stil verrät. Das Kausalitätsdenken liegt ihm nicht fern. Der
Roman *Die Vagabunden* (1852), aus dem zitiert wurde, gehört in die Zeit des frühen
Realismus. Und doch ist das Feuer noch ebenso »rätselhaft« wie der Mensch. Es hat
Geist, Willen und Laune und »brennt wie zu seinem eigenen Vergnügen«.

Interessant ist G. Kellers *Feuer-Idylle,* die noch in den Vormärz gehört. Der Titel
ist wohl ironisch gemeint; denn das Feuer steht eindeutig für die Zerstörung des
Alten. Der Dichter verleiht sogar, wie dies zur Gattung der Allegorie gehört, einzelnen Teilen des Gesamtbildes eine besondere Bedeutung. Wenn der Apfelbaum gleichzeitig mit dem alten Bauernhaus abbrennt, so heißt dies, daß die Revolution auch
vor der Kunst nicht haltmacht. Wenn der Meergott, eine Brunnenfigur, verbrennt,
während der Bergquell weiterfließt, so ist damit der Unterschied zwischen den
historischen Religionen und der Naturreligion gemeint usw. Trotz dieser Durch-

sichtigkeit des Bildes ärgerte sich Keller, als die *Feuer-Idylle* in einem Taschenbuch mit dem Untertitel »Allegorie« veröffentlicht wurde. Vielleicht dachte er an die lebendige, stark mit Personifikationen arbeitende Beschreibung des Feuers, die auch für sich selbst etwas bedeutet und insofern in den Übergangsbereich zwischen Symbol und Allegorie führen mag. Die Feuersbrunst, die bei Gotthelf stets von Gottes Macht zeugt, wird absolut. Die Macht der Naturerscheinung wird durch die Übertragung auf die geschichtlichen Verhältnisse nicht eingeschränkt; denn auch der Untergang des Alten wird von dem jungen Revolutionär als elementar und unausweichlich, als ein naturgesetzlicher Vorgang betrachtet [158].

Die Personifikationen konzentrieren sich auf einen bestimmten Kreis von Naturerscheinungen: Himmel, Erde, Elemente, Tages- und Jahreszeiten (s. u.). Aber grundsätzlich kann jede Naturerscheinung personifiziert werden. Wenn das Licht so wichtig ist, interessiert natürlich, im Zug der Erweiterung der Personifikationen, auch das Irrlicht, das die ältere Naturkunde stark beschäftigt hat. Es erscheint häufig, z.B. bei der Droste; und zwar, ebenso wie das Licht, nicht nur in den *Heidebildern,* sondern auch im *Geistlichen Jahr.* Der Blitz braucht nicht immer etwas zu bedeuten, er kann auch rein als Naturerscheinung dramatisiert werden. So schreibt Hermann Kurz in einer der beliebten Gewitterbeschreibungen an Mörike (2.9.1837): »aus dem grauen Nebel brachen die Blitze vor, daß man ihnen in den Rachen sehen konnte« [159]. Wieder fällt das Weithergeholte des Vergleichsgegenstandes auf, gleichgültig ob man an mythische Wesen oder Tiere denken mag. Die Biedermeierzeit scheut, wie man sieht, nicht einmal im Brief vor kühnen Bildern zurück. Ein etwas läppischer Beleg für die unbegrenzte Ausdehnung der Personifikation ist *Waldmeisters Brautfahrt* (Stuttgart und Augsburg 1851) von Otto Roquette, eine der beliebtesten, meistgedruckten Versdichtungen der Biedermeiertradition. Der Wein ist König Feuerwein, die Rebenblüte seine Tochter. Die verschiedenen Weinsorten erscheinen in seinem Gefolge oder als Festgäste anläßlich der Hochzeit seiner Tochter mit dem Prinzen Waldmeister. Es gibt eine eigene Gattung des »Blumenepos«, welche zwar auf der Liebe zur Naturpersonifikation beruht, diese aber auch zur trivialen Mode macht, zu Tode hetzt und daher von den realistischen Programmatikern mit Recht kritisch vernichtet wird. Immer noch besser als die höfischen Blumen Roquettes sind Saphirs humoristische Personifikationen, wenn sie auch oft gesucht erscheinen. So findet man z.B. in der satirischen Szene *Wehe dem Publikum, das richtet* (*Der Humorist* 19.3.1838) die folgende spaßige Schlußpointe: »Das Achselzucken wird herausgerufen, verbeugt sich und zuckt die Achsel«.

Die besten dichterischen Beispiele für die Personifikation findet man nicht in diesem fragwürdig-originellen Bereich, sondern in der traditionellen Tages- und Jahresdichtung. Mörikes bekanntes Jugendgedicht *An einem Wintermorgen, vor Sonnenaufgang* schließt mit einer großartigen Personifikation und Apotheose des Tages. Ebenso mythisch gestaltet Heine nicht. Aber die Macht des Tages darzustellen, ist auch ihm ein Bedürfnis. In *Atta Troll* (Kaput XX) findet man eine Naturszenerie, in welcher der Sonnenaufgang knapper als bei Mörike, aber auch kraftvoll dargestellt wird:

Sonnenaufgang. Goldne Pfeile
Schießen nach den weißen Nebeln,
Die sich röten, wie verwundet,
Und in Glanz und Licht zerrinnen.

Endlich ist der Sieg erfochten
Und der Tag, der Triumphator,
Tritt, in strahlend voller Glorie,
Auf den Nacken des Gebirges.

Man sieht, daß dem Dichter auch eine stärker empirische Naturdarstellung möglich wäre; denn die erste Strophe verrät differenzierte Naturbeobachtung. Aber das poetische Erhöhen und Feiern des Tages erscheint nur durch Personifikation möglich; sie setzt in der ersten Strophe an durch die Pfeile, die den Tag ankündigen, und vollendet sich in einer gigantischen Geste des persönlich erscheinenden Triumphators Tag.

Auch in diesem Gegenstandsbereich bemerkt man, daß die Personifikation als Aufgabe allen Dichtern der Zeit selbstverständlich und angemessen ist. Dafür wieder ein Beispiel aus dem inhaltlich höchst revolutionären *Jankó* (1841) Karl Becks:

Schaut auf,
Schaut um und um!
Sie ist so schön
Mit ihren langen, schwarzen Haaren
Die scheidende Sommernacht!
Und bleicher
Und immer bleicher wird
Des Mondes still leidendes Antlitz;
Schaut auf,
Schaut um und um!
Süß haucht der Morgen
Die Erde an,
Und legt
In die Wälder
Die rauschende Seele,
Ein geheiligt Vater Unser
Auf die Lippen
Der wirbelnden Lerche;
Und doppelt freudig klatscht
In die kleinen Hände
Des Baches kindische Welle [usw.] [160].

Diese Sprache ist nach den Begriffen des Realismus unmöglich, weil sie die Naturerfahrung, die uns geläufig ist, außer acht läßt und nicht den geringsten Widerstand gegen die anthropomorphe Überformung des frühen Morgens leistet. Man vergleiche damit die stilistisch maßvollere, insofern freilich auch – nach damaligen Begriffen – prosaischere Vergegenwärtigung der Nacht in der folgenden Stelle aus Tiecks Roman *Der Tod des Dichters:* »Es war eine stille Nacht herabgesunken und hatte sich auf der kühlen Erde gelagert. Die Luft war abgekühlt, ein linder Tau hatte die Bäume und Gesträuche erfrischt. Kein Wind regte sich, das Meer lag still und leise flüsterte die Woge, anmutig am Ufer spielend« [161]. Nur am Anfang und am Ende der Stelle tritt die Personifikation deutlicher hervor. Dazwischen begnügt sich der Erzähler mit Exmetaphern (»das Meer lag still« u. a.) oder sogar mit einer meteorologischen Feststellung (»Die Luft war abgekühlt«).

Die Personifikation ist im Gegensatz zur realistischen Sachlichkeit zu sehen, aber keineswegs im Gegensatz zu der »Objektivität«, die im Biedermeier gilt und die z. B. von dem Literarhistoriker Eichendorff geradezu zu einem Gegen-Begriff gegen den an der Wissenschaft bzw. am gesunden Menschenverstand orientierten Objektivitätsbegriff der realistischen Programmatiker gemacht wird. *Objektivität im Sinne der Biedermeierkultur heißt überzeugende Manifestation der übermenschlichen Mächte,* wo immer sie erscheinen mögen: in der Religion, im monarchischen Staat oder in der Natur als Gottes Schöpfung. Die konsequent durchgeführte Personifikation ist nach solchen Vorstellungen wie kein anderes Stilmittel geeignet, Naturerscheinungen objektiv, nämlich als Gegenstand der Verehrung, Demut, Andacht, zu vergegenwärtigen. Mörike übertrifft in dieser Hinsicht sogar Eichendorff. Dieser beginnt zwar sein Gedicht *Der Einsiedler* ähnlich wie Mörike das berühmte *Um Mitternacht.*

Eichendorff: Komm Trost der Welt, du stille Nacht!
                              Wie steigst du von den Bergen sacht.

Mörike: Gelassen stieg die Nacht ans Land
                              Lehnt träumend an der Berge Wand.

Diese Verse sind vergleichbar. Aber Eichendorff hält die Personifikation, im Gegensatz zu Mörike, nicht durch. Schon in der zweiten Strophe meldet sich das Subjekt des Dichters, wenn es auch das weniger individuelle geistliche Subjekt ist:

          Die Jahre wie die Wolken gehn
          Und lassen mich hier einsam stehn,
          Die Welt hat mich vergessen,
          Da tratst du wunderbar zu mir,
          Wenn ich beim Waldesrauschen hier
          Gedankenvoll gesessen.

Auch der Unterschied zwischen Mörikes Gedicht und der empfindsamen Tradition ist vollkommen deutlich. Obwohl Lenau die Personifikation nicht weniger als seine Zeitgenossen liebt, so behauptet sich doch fast immer das Ich daneben. Das folgende Gedicht aus den *Waldliedern* berührt sich wieder, diesmal durch die Personifikation der in der Nacht besonders gut hörbaren Quellen, mit *Um Mitternacht;* aber wieder fehlt die *konsequente Durchführung* der Personifikation, ohne welche die Art von Mörikes besten Gedichten nicht denkbar ist:

          Der Nachtwind hat in den Bäumen
          Sein Rauschen eingestellt;
          Die Vögel sitzen und träumen
          Am Aste, traut gesellt.

Die ferne, schmächtige Quelle,
Weil alles andre ruht,
Läßt hörbar nun Welle auf Welle
Hinflüstern ihre Fluth.

Und wenn die Nähe verklungen
Dann kommen an die Reih'
Die leisen Erinnerungen,
Und weinen fern vorbei.

Daß alles vorübersterbe,
Ist alt und allbekannt;
Doch diese Wehmut, die herbe,
Hat niemand noch gebannt [162].

Selbst wenn man nur die Personifikation der Quelle ins Auge faßt (2.Strophe), zeigt sich Lenaus Vorsicht in der Anwendung des Stilmittels. Die Angabe der näheren Umstände beim Lauterwerden der Quelle beeinträchtigt die Eigenbedeutung der Naturerscheinung (vgl. Nebensatz: »Weil ...«). Die anthropomorphe Gestalt der Quellen ist bei Mörike geschlossener. Man erkennt, daß die Kühnheit der Personifikation keine Garantie, aber eine Möglichkeit des Gelingens ist:

Doch immer behalten die Quellen das Wort,
Es singen die Wasser im Schlafe noch fort
Vom Tage,
Vom heute gewesenen Tage.

Mörike bringt es sogar im Dialoggedicht *(Gesang zu zweien in der Nacht)* fertig, die Nacht nicht zu erotisieren oder sonst sich direkt anzueignen, sondern in ihrer eigenen personalen Größe als Teil der ebenso personalen Schöpfung zu feiern: »Du schwärmst, es schwärmt der Schöpfung Seele mit!« Angeredet ist die Nacht!

Für den Biedermeierkenner versteht es sich von selbst, daß ein Abschnitt über die Personifikation sich beim Thema des Frühlings am besten zusammenfassen läßt; denn viele Tausende von Frühlingsgedichten sind in den Lyriksammlungen der Zeit zu finden, und auch der einzelne Dichter kann nicht aufhören, vom Frühling zu dichten. Man denke an Rückert. Gemeint ist in unserm Zusammenhang nicht mehr der Volks- oder Völkerfrühling, obwohl es viele hintergründige Zusammenhänge zwischen dem Mai und dem 1.Mai gibt, sondern die Naturerscheinung. Wenn sich der Mai allzu schlecht benimmt, kann man ihn mit Marschall Ney vergleichen (Rückert, *Marschall Mai*); aber im allgemeinen liebt man ihn fast noch so heiß wie im Mittelalter; denn die Technik macht die Jahreszeit noch nicht zur Nebensache. Erscheint der Frühling in Immermanns *Tristan-und-Isolde*-Fragment neben König Marke, so muß er ihm natürlich gleichrangig sein:

Der schöne König blüthenweiß,
Der König Lenz, der zaubergroße
In seinem Kleid von Lilj' und Rose [163].

Die Gräfin Ida Hahn-Hahn macht den Frühling in einem sehr ernsten, fast hymnischen Gedicht *(Frühling)* zum »Priester«. Die Natur ist in diesem Fall der Tempel, das Herz des Menschen der Hochaltar usw. [164] Man sieht, daß die Personifikation ihre Formelhaftigkeit verloren hat und beweglicher geworden ist. Aber meistens ist der biedermeierliche Lenz noch der muntere, wenn auch jetzt mehr oder weniger gesittete Junge aus dem Rokoko, so wie in Wilhelm Müllers *Frühlingsgruß*:

> Thut auf, thut auf die Fensterlein,
> Ihr Mägdlein, laßt den Frühling ein!
> Dürft euch vor ihm nicht scheuen.
>
> Er ist ein wohlgezogner Gast
> Ein Knäblein jung und blöde fast,
> Auch etwas unerfahren:
> Nehmt Amorn ihm als Lehrer an [165].

Lenaus »schöner Junge« in dem Gedicht *Der Lenz* hat den Lehrer nicht nötig. Er kommt mit einem Freudensprunge herein und ist zu allen Streichen aufgelegt. Sogar mit »seiner Mutter Erde« treibt er sein Spiel:

> In ihren Busen greift der Lose
> Und zieht ihr schmeichelnd keck
> Das sanfte Veilchen und die Rose
> Hervor aus dem Versteck.

Ob Veilchen und Rose gleichzeitig blühen, ist dem vorrealistischen Lyriker völlig gleichgültig, jedenfalls in Österreich. Am Ende des Gedichts kommt sich Lenau gewiß sehr erfinderisch vor. Die Kühnheit, mit der er die Schlußpointe setzt, ist diesmal groß. Doch mußte sie jedem realistischen Kritiker der folgenden Zeit als Greuel erscheinen; denn das Fest des Frühlings mit dem Feuerwerk zusammenzubringen, ist ganz im Geist des Barock gedacht und widerspricht allen Prinzipien der Goethetradition:

> Er zieht das Herz an Liebesketten
> Rasch über manche Kluft
> Und schleudert seine Singraketen,
> Die Lerchen, in die Luft [166].

Lenau bewunderte man ob seiner Virtuosität, Glassbrenner wegen seiner verschmitzten Behaglichkeit. In der Genreszene *Eine Werkstatt* (*Berlin wie es ist und – trinkt*, 25. Heft, Leipzig: J. Jachowitz 1846) biedert sich der revolutionäre Schuhmachermeister bei seinen Lesern oder Hörern u. a. dadurch an, daß er sagt: »Nu kommt bald der flotte Junge, der Frühling, mit de jrüne Hosen un des Rosenbouquet vor de Brust« [167]. Das ist ganz anders stilisiert als bei Lenau, und doch liegt die gleiche Vorstellung zugrunde.

Der Frühlingsknabe treibt überall in der Literatur der Biedermeierzeit sein Wesen. Man erkennt ihn bei näherer Kenntnis der Epoche auch, wenn er nicht ausdrücklich genannt, sondern nur angedeutet wird, z. B. in der Prosa eines Briefromans: »Wenn du wissen willst, wie der Frühling aussieht, der freie, ländliche Frühling mit den lachenden Augen und weithinfliegenden Locken, dann komm zu mir, hinter meine Berge« [168]. Nachher wird von dem »warmen, duftenden Atem« des Frühlings gesprochen. Die feste Person des Lenzknaben gewinnt also halbwegs *kosmische* Züge,

– was dem neuen irrationalen Geschmack entspricht. Wie der Dichter diesem durch Goethe und die Romantik veränderten Geschmack entspreche, das war die Frage der Zeit. Dagegen hielt man die Personifikation als solche noch keineswegs für altmodisch! Am besten hat Mörike das Problem gelöst:

Er ists

Frühling läßt sein blaues Band
Wieder flattern durch die Lüfte;
Süße, wohlbekannte Düfte
Streifen ahnungsvoll das Land.
Veilchen träumen schon,
Wollen balde kommen
– Horch, von fern ein leiser Harfenton!
Frühling, ja du bists!
Dich hab ich vernommen.

Schon der Titel gibt dem Gedicht etwas Unbestimmtes, das später durch Worte wie »ahnungsvoll«, »träumen«, »leise« weitergeführt wird. Wir erkennen zwar den Lenzknaben. Aber das Bänderspiel, das er mit dem blauen Himmel treibt, hat nicht die konkrete Gestalt, welche die Spiele von Lenaus schönem Jungen zeigten; es ist unbegrenzt, übermenschlich. An die Stelle der barocken »Singraketen« (Lerchen) ist getreten: »von fern ein leiser Harfenton«. Eine Entsprechung in der Natur wird für das anthropomorphe Zeichen nicht gegeben, wodurch das Geheimnis des Frühlings noch verstärkt wird. Bei Heine kündigte sich an der zitierten Stelle aus *Atta Troll* der Tag auch an; doch dann erschien er selbst, um den Fuß auf den Nacken des Gebirges zu setzen. Mörikes Frühling erscheint nicht, er wird nur von fern vernommen. Und die Veilchen träumen von ihm. Lenaus Rosen fehlen ganz; denn sie passen nicht zu den träumenden Veilchen. Mörikes Frühling ist wirklicher, aber nicht nur als Naturerscheinung, sondern als eine Manifestation des Unsichtbaren, das wir zwar »vernehmen«, aber nicht erfassen können. Das Frühlingsgedicht ist nicht so objektiv wie die erwähnten Nachtgedichte Mörikes. Das »ich« des Dichters erscheint; ja, das Gedicht hat Intimität. Es feiert nicht mit Worten die göttliche Majestät des Frühlings, so wie das Gedicht *An einem Wintermorgen vor Sonnenaufgang* den Tag feierte – »und, wie ein Gott, der Tag / Beginnt im Sprung die königlichen Flüge« –; aber vielleicht offenbart sich eben in dieser leisen, nicht nur mythischen, sondern auch mystischen Vergegenwärtigung der Naturerscheinung ihre Wahrheit. Daß Objektivität mythischer Art ohne Subjektivität nicht mehr möglich ist, wird in ihm offenkundig. Mörikes kleines Frühlingsgedicht braucht nicht besser zu sein als *Um Mitternacht;* aber es ist moderner.

Der Personifikation bedient sich der Mythos – nicht nur der falsche – ebenso wie die Kunst. Es war nicht nur Marotte, wenn die Mörikeforschung immer wieder Gedichte dieses Dichters mythisch fand. Doch liegt der Vorteil des nüchternen Begriffs Personifikation wohl eben darin, daß die schwierige Frage, ob mythisch, ob ästhetisch, nicht bei jedem Text entschieden werden muß.

Mythologie

Wenn ich in einem letzten Abschnitt über die Anwendung der Mythologie berichte, so verzeihe man, wenn ich diesem Begriff *jede* ursprünglich religiöse Gestaltenbildung unterordne, nicht nur die antike, sondern auch die christliche. Ich berufe mich dabei nicht auf die modernen Versuche zur Entmythologisierung der Religion, sondern auf einen Zeitgenossen, Landsmann und Freund Mörikes, D.F.Strauss. Der christliche Mythos begann (spätestens) in dieser Zeit zur Mythologie, d.h. zu einer mehr gewußten als geglaubten und vor allem ästhetisch ergiebigen Größe zu werden, – was freilich nicht ausschloß, daß daneben, in den konservativen Kreisen, der Mythos in seiner (fast) ursprünglichen Kraft weiterlebte. Die Schwierigkeit bei jeder Beschäftigung mit der biedermeierlichen Mythologie liegt darin, daß man, bis tief in den Bereich der sog. Volksliteratur hinein, grundsätzlich von der Möglichkeit einer bloß artistischen Verwendung der gesamten mythologischen Tradition ausgehen muß, daß aber trotz dieses sehr bewußten literarischen Arbeitens mit dem Mythos – man könnte von einem M-Effekt sprechen – der Mythos in überzeugender Gestalt erscheinen kann.

Mit und infolge der Restauration hatte sich nach der Romantik die Religion von der Kunst wieder einigermaßen getrennt. Man wußte zwar von neuem, daß zur Religion die christlichen Symbole gehörten, daß es mit dem »Anschauen des Universums« noch nicht getan war. Aber selbst bei Hegel, der in den Vorlesungen über Ästhetik die Kunst von der Religion zu trennen versucht, gibt es nach René Welleks Beobachtung [169] noch manche romantische Vermittlung zwischen den beiden Sphären. Das gleiche gilt für Solger, obwohl er den frühromantischen Begriff der Mythologie kritisiert, und es gilt erst recht für religiöse Dichter wie die Droste oder den späten Eichendorff. Man muß wohl davon ausgehen, daß die von der Romantik ins Werk gesetzte Erneuerung des Mythos *bei der jüngeren, naiveren Generation auf eine manchmal noch lebendige mythische Substanz stieß*. Selbst Mörike, dem es an artistischer Raffinesse gewiß nicht fehlt, läßt sich ohne die Annahme eines solchen Hintergrunds kaum verstehen, und schließlich läßt sich sogar bei Heine noch darüber streiten, ob ihm der Mythos nicht wenigstens in parodistischer und blasphemischer Gestalt unentbehrlich war. Kann man ihn ohne seine mehr oder weniger humoristische »Bekehrung« in seiner geheimsten Gestalt erkennen? Ein Zeitalter, das in so absoluter Weise, restaurativ oder revolutionär, nach der Wahrheit strebte, hatte wohl in allen Gruppen, Kulturformen und Personen einen mythischen Kern.

Hegel und die Hegelianer, die schon an den rechten und linken Mythen des 20. Jahrhunderts bauten, sind gewiß nicht auszunehmen. Die mythologische Mode, die im Vordergrund stand, ist nicht alles! Dafür spricht auch die Tatsache, daß Dichter, die stilistisch dem Klassizismus zuneigten, wie Goethe in der *Pandora,* Hebel in den *Allemannischen Gedichten* und Grillparzer in der *Libussa* sich – wie unter innerem Zwang! – dem Mythischen öffneten. Berthold Auerbach polemisiert zwar in *Schrift und Volk* (Leipzig: Brockhaus 1846) [170] gegen die romantische Erneuerung von Märchen und Mythos; sie führe, sagt er, zur Verlogenheit, sogar das Volk empfinde nur noch bedingt mythisch! Hebel sei, was die Mythologie betrifft, den falschen Weg gegangen, der »rationalistisch symbolisierende Standpunkt« [171] führe nicht viel weiter, »als daß eine rhetorische Figur für den allgemeinen Gebrauch erobert« werde [172]. Diese Kritik trifft das Mythologisieren als literarische Mode recht gut. Liest man jedoch in Auerbachs Erzählungen selbst, so findet man immer wieder mythisierende Stellen wie z.B. die folgende aus *Lucifer* (1847): »Die mächtigen Schatten legten sich über Wald und Wiese, durch die ein Mensch hinschritt, hellflammend und in sich leuchtend« [173]. Gefeiert wird mit diesen Worten die weltfromme Selbstfindung des Schreitenden. Man erkennt das Nachwirken der religiösen Lichtsymbolik und Engelsvorstellung; der Vorgang findet, damit er ganz transparent wird, auf der »Engelsmatte« statt. *Das Mythische drängt sich offenbar auch wider Willen auf!* Stellen dieser Art gibt es so häufig, daß wir im Kapitel »Erzählprosa« (Bd. II) der »mythischen Beschreibung« einen besonderen Abschnitt widmen müssen. Auch die Vision ist nicht nur christlichen Schriftstellern unentbehrlich; man denke an Heine.

Mythologie mit komischer Funktion

Nicht zu leugnen ist natürlich, daß die Mythologie häufig komischen Zwecken dient. Aus Heine ließe sich eine hübsche Anthologie zu diesem Thema zusammenstellen. Auf dem Wiener Volkstheater gibt es die mythologische Karikatur; ihr Meister – durchaus mit Heine vergleichbar – ist Josef Alois Gleich. In Holteis *Beschuhter Katze* (Berlin: Duncker 1843) sagt ein Gauner: »bald wird Luna erscheinen«. Wenig später singt ein Hirsch:

> Du keusche Göttin, kannst Du mir wohl sagen,
> Du Diana, die-du-der-die-das – ...
> O Du, die Du die Deinen, Du Diana – [174].

Auch Wilhelm Müllers Respekt vor der Göttin ist nicht sehr groß:

> Dianen seh' ich wandeln
> Wohl über das tiefe Meer.
> Was schleichst du, keusche Göttin,
> So traurig hin und her? [175]

In Menzels *Narcissus* (Tübingen und Stuttgart: Cotta 1830) sagen Schiffbrüchige: »Die ganze Menagerie des Neptun war ja auf uns losgelassen« [176]. In einer Prügelszene der *Epigonen,* die »niederländisch« gehalten ist, heißt es: »Aber Eris schlief nicht« [177]. Man muß annehmen, daß die griechischen Begriffe in der gebildeten Leserschaft vorausgesetzt werden konnten. Besonders nahe lag es natürlich im *satirischen* Zusammenhang, sich der komischen Mythologie zu bedienen. Wenn der genial tuende Gutzkow auf die Schwaben oder das *Morgenblatt* herabzusehen beliebt, so sagt er: »Prometheus ist nicht in Stuttgart« (an Gustav Schlesier 18.7.1835) [178]. Tieck macht den Demokraten Börne zu »einem unterirdischen, bucklichten, krummbeinichten, stotternden Gnom« [179]. Selbst Eichendorff hat kein Bedenken, den Engelmythus, der allzusehr strapaziert wurde, in einem behaglichen Ton und mit gedämpftem Humor zu verwenden *(Von Engeln und von Bengeln)*. Freilich kann uns eben dieses Beispiel auch darüber belehren, daß eine komische Verwendung der Mythologie nicht unbedingt ihre Ungültigkeit beweist.

In Heinels idyllischem Hexameterepos *Das Pfingstfest* (1833) gibt ein einfacher Spaziergang und ein Picknick hoch über der Ostsee Anlaß zur Verwendung der Mythologie. Nachdem der Pfarrer die Schöpfung gebührend gepriesen hat, darf es der Weltmann Arnold mit den Mitteln der antiken Mythologie tun. Der Hügel, auf dem man sitzt, sind »die Höhn des Olympos«. »Föbus Apollo« zaudert, den Blick von den Höhn, von dem »heiligen Meer« zu wenden (Sonnenuntergang). Die Picknick-Speisen sind Nektar, die Damen, die sie reichen, sind Huld-Göttinnen [180], auch Waldnymphen gibt es später. Wenn das Meer rauscht, so läßt sich »Poseidaon, der Erderschütterer« vernehmen [181]. Das sind, oberflächlich gesehen, nichts weiter als humanistische Scherze. Wenn man aber weiß, wie in dieser Zeit das Alltägliche geheiligt wird und wie mächtig in dieser Dichtung das Meer als übermenschliche Naturerscheinung vergegenwärtigt wird, erkennt man selbst an solchen Stellen Reste mythischer Erfahrungen.

Die Übergangszone zwischen Allegorie und Mythologie

Selbstverständlich gibt es eine weite Übergangszone zwischen Allegorie und Mythologie; denn der Begriff oder die »Prinzipien« haben in der Biedermeierzeit noch weit mehr Realität als im Zeitalter des Positivismus. Es ist allgemein üblich, Begriffe mythisch zu überhöhen oder die Gestalten des Mythos begrifflich zu interpretieren. So macht Kühne Faust zum deutschen Geist, Christus zu einer Synthese jenseits von Paradies und Sündenfall, und von Don Juan sagt er: Mozart »hat diesen Sünder so reich ausgestattet, daß kein Zweifel bleibt, er habe ihm das Prinzip des Lebens, den personifizierten Lebenstrieb, nicht anders feiern können, als wenn er den Vertreter desselben bis an die Grenze führte, wo dies Prinzip selbst zum leibhaften Dämon wird« [182]. In Raupachs Posse *Der Zeitgeist* (Hamburg 1835) versucht ein Junker die Bauern davon zu überzeugen, daß dieser unheimlich starke Geist ein böser Dämon ist. Gotthelf war der gleichen Meinung. Auch dem alten Tieck erscheinen Begriffe öfters in mythischer Gestalt. Von Camoens heißt es: »So hatte er denn auch mit Tod und Leben gespielt; er hatte sich selbst ganz vergessen und nur der Kampf, als ein Ganzes, als ein lebendes Wesen, war ihm gegenwärtig gewesen, gleichsam wie ein großes brüllendes Ungetüm, von welchem er nur ein kleines Glied ausmachte« [183].

Besonders gerne bemüht man die »Geister«. Ihre noch nicht ganz vergangene Größe erscheint eben darin, daß sie nicht nur die Gespenster meinen, sondern zugleich Begriffen zur Überhöhung dienen. Typisch ist es z.B., wenn Tieck in der Novelle *Klausenburg* erzählend meint, daß sich »Geister des Glückes und der Lust vor den

Lebenswagen unseres Freundes spannen« [184]. Man darf sich das Wort noch nicht so verbraucht wie heute vorstellen. Es könnte dafür auch »die Götter des Glückes und der Lust« heißen. Von der Erhöhung der Freiheit oder des freien Geistes mit Hilfe christlicher oder jüdischer Mythologie war schon in anderem Zusammenhang die Rede. Hier nur noch ein junghegelianisches Beispiel. Arnold Ruge preist in der Zeitung *Charivari* (Leipzig 18.3.1848) die »Juden, die dem Erlöser des 19. Jahrhunderts, dem edelmütigen, allmächtigen Gedanken des freien Menschen und der Republik ihr Herz und ihren Verstand widmen« [185], und ein zeitgenössischer Kritiker der französischen Revolution ist ihm, obwohl christlich, »ein Judas an dem neuen Messias der Welt« [186]. Daß diese Mythologie, wie schon Berthold Auerbach bemerkte (s.o. S. 349), in vielen Fällen nichts als rhetorischer Schmuck ist, versteht sich. Wenn Lenau, den wir als reichlich traditionellen Personifikationsdichter kennengelernt haben, ausdrücklich ein Gedicht mit dem Titel »Sturmmythe« schreibt, so mißtrauen wir mit Recht. Wenn Rückert in den *Geharnischten Sonetten* den russischen Kampf gegen Napoleon dadurch feiert, daß er traditionsgemäß die russische Landschaft dämonisiert, so ist es nicht anders:

> Sprengt eure Pforten auf, ihr Kaukasusse,
> Und speiet Waffen! brecht durch eure Dämme,
> Ihr Wolgaströme [187].

Die Liebe zum Gigantischen verrät die Barock- und Rhetoriktradition besonders deutlich. Worte wie »Ungetüm«, »Ungeheuer«, »Riese« gebraucht man gerne, um dem Natürlichen übernatürliche Dimensionen zu geben. Sogar der alte Goethe hat eine zeitgemäße Schwäche für das »Ungeheure« und »Inkommensurable«. In der *Marienbader Elegie* beschwört er das immer gleiche »überweltlich Große, Gestaltenreiche, bald Gestaltenlose« gegen seinen augenblicklichen Schmerz (6.Str.). Wie phantasievoll der junge Büchner seine negative Metaphysik personifiziert und mythisiert, ist bekannt und sei nur durch *ein* Beispiel ins Gedächtnis zurückgerufen. Danton sagt: »Das Nichts hat sich ermordet, die Schöpfung ist seine Wunde, wir sind seine Blutstropfen, die Welt ist das Grab, worin es fault« [188]. Bei den Trivialschriftstellern führt der neue Sinn für das Orientalische und den barocken Bombast zu Aufhöhungen, die wohl schon damals komisch wirkten und zu den Klagen gegen den Bilderunfug führten. Den Vogel schießt auch hierin wieder der stofflich so moderne Ernst Willkomm ab, in den *Europamüden* (1838). Einige kostbare Beispiele: »Jedes seiner Worte war ein geborner Gedankenriese, oft wunderlich verwachsen, die ungeheuern Glieder noch wild durcheinander geschlungen« [189]. »Und davor behüte uns Gott und die Heiligkeit unseres eigenen Geistes« [190]. »Ich wußte wohl, daß ein Hausschlüssel in ihrer Hand zum Dietrich für Himmel und Hölle sich gestalten würde« [191]. »Nur kleine Seelen erschrecken vor dem Furchtbaren, die großen Geister zünden sich an den glühenden Nüstern der Hölle ihre Zigarren an« [192].

Verwendung des Volksaberglaubens

Unter den verschiedenen Herkunftsbereichen der Mythologie war der Volksaberglauben einer Trivialisierung wohl am meisten ausgesetzt; denn er vertrug sich kaum mit der Abstraktion, welche die Neuinterpretation des Christentums, die idealistische Philosophie und die revolutionäre Ideologie miteinander verband. Heines *Lorelei* wurde populär; heute wird man sich kaum auf sie berufen, wenn man einen musischen Menschen von der Größe des Autors überzeugen will. Auch Mörikes Versuche mit dem Nixenmotiv stehen nicht im Mittelpunkt seines Schaffens und werden erst da überzeugend, wo sie ins Humoristische übergehen wie in der *Historie von der schönen Lau*. Sogar die Droste hat den Volksaberglauben viel häufiger zu komischen Genrebildern verwendet, als die Legende von der westfälischen Seherin vermuten läßt. Natürlich teilt sie die mythischen Vorstellungen des Volkes nicht in jeder Weise, obwohl sie dichterischen Gebrauch von ihnen macht. Auch sonst ist die Wassermann- und Nixenromantik öfter ein folkloristisches als ein genuin mythisches Thema. Typisch für die Trivialisierung des »feuchten Weibs« sind etwa folgende Verse aus *Der Weidmann und die Nixe* des Freiherrn von Maltitz (*Balladen und Romanzen,* Paris 1832):

> Und sieh! aus grün verwachs'nem Uferschlamme
> Enttaucht ein grinsend, feuchtes Weibsgesicht,
> Und scheußlich fletscht die froschgeformte Lippe
> Das Ungetüm, und Well' an Welle bricht
> Sich hin und her dem grünen Wasserweib
> Am Schuppenleib.

Die Nixe, scheint mir, ist wenig verführerisch! Was man im Biedermeier dem »heidnischen Goethe« vorwirft, das ist ja eben die verführerische Darstellung des Sinnlichen und Bösen; hier soll das feuchte Weib wohl so drastisch wie möglich und volkstümlich-grotesk erscheinen.

Die Erzählprosa arbeitet, auch da, wo sie nicht gerade Gespenster auftreten läßt, gerne mit dem Wort gespenstisch, um die klaren Konturen der Gestalten zu zerstören und ihnen ein surreales Aussehen zu geben. Selbst kultivierte Schriftsteller wie Julius Mosen scheuen vor solchen M-Effekten nicht zurück. Wenn Graf Joseph sein verlassenes Mädchen krank im Bett wiedersieht, so heißt es: »es schien ihm, als zucke die Finsternis wie lebendig in sich selber und als müsse sich daraus ein gespenstiges Ungeheuer gebären«. Auch die Schönheit des kranken Klärchens ist »gespenstig« [193]. Selbst Mörikes *Maler Nolten* ist nicht frei von einer solchen Art der mythischen Überhöhung. Ein wenig erfreuliches Kapitel bilden auch die Versuche, sich die nordisch-germanische Mythologie dichterisch anzueignen. Kaum ein moderner Leser, der an seine Fouqué- oder an seine Simrock-Lektüre zurückdenkt, weiß von einer überzeugenden Leistung zu berichten. Ist eine Mythologie außerhalb des Traditionszusammenhangs unfruchtbar oder hinderte die besondere Gestalt der nordischen Mythologie das Gelingen? Jedenfalls haben diese Dichtungen in der späteren Germanistik keine Freunde gewonnen, nicht einmal im Hitler-Reich, soviel ich mich erinnere. Zunächst aber, in diesem mythenfreudigen Zeitalter, müssen sie eine gewisse Faszination ausgeübt haben. Die Rahel gesteht mitten in der Romantik, daß sie grundsätzlich gegen nordische Sagen und gegen »die neue Hoffnung auf die alten Nebelgötter« ist, und doch lobt sie Fouqués *Sigurd, der Schlangentödter* (Berlin 1808) voller Begeisterung [194]. Eine Zwiespältigkeit ähnlicher Art dürfte es in der Biedermeierzeit öfters gegeben haben; denn das Ansehen der jungen Germanistik war sehr groß.

Weiterleben der antiken Mythologie

Die beherrschende literarische Mythologie war freilich immer noch die antike. Wenn Grillparzer das Gespensterstück (*Die Ahnfrau,* Wien 1817) hinter sich zurückläßt und nach höherem Erfolg strebt, wendet er sich der Antike wieder zu (*Das goldene Vlieβ,* Wien 1822). Auch bei Mörike und Hebbel, welche der Schauerdichtung zunächst nicht aus dem Wege gingen, erkennt man die Rückkehr zu klassizistischen Stoffen und Formen. Mit großer Selbstverständlichkeit wird von Gutzkow noch in den dreißiger Jahren »Moritzens Götterlehre« erwähnt [195]. Die Abwendung von der Romantik bringt die klassizistische Mythologie zu neuen Ehren. Überdies hatte mancher Romantiker diese eher neu interpretiert als mit christlichem Eifer abgelehnt [196], so daß *allerlei Verflechtungen von klassischer und christlicher oder jüdischer Mythologie* entstanden. Louise Brachmanns, der Novalis-Freundin, frommes Rittergedicht *Das Gottesurtheil* (Leipzig: J. C. Hinrichs 1818), das mit einer wunderbaren Errettung endet, wird von A. Müllner in einem gereimten Nachwort gerechtfertigt; denn es ist trotz der Restauration nicht klar, ob so grobe christliche Motive erlaubt sind:

> Der alte Wahn, daß Gott durch Wunder richte,
> Lebt auf in neuer, freundlicher Gestalt [197].

Gemeint ist, daß der *Dichtung* das Wunderbare erlaubt ist, womit man wieder, trotz der romantischen Stiltönung, näher bei der epischen »Göttermaschinerie« der Aufklärung als bei Novalis ist. Dem entspricht der klassizistische Redeschmuck in der erwähnten Rechtfertigung:

> Des Herzens Kraft quillt aus Apollos Saiten,
> Des Tones Fittich trägt den Muth empor,
> Und Wahrheit werden fabelhafte Sagen,
> Wenn mit dem Lied wir in der Brust sie tragen [198].

Auch die Hinweise, die Müllner auf die Venus Urania gibt, entsprechen der traditionellen (empfindsamen) Vermittlung von antiker und christlicher Mythologie.

Blickt man in die Erzählprosa, so findet man ständig die Vermischung der Mythologien. Wenn z. B. die Tochter eines wenig begüterten Ministers einen Bankiersohn heiraten soll, so verlockt das gleich zu antikem und biblischem Redeschmuck: »Von Jephta und Agamemnon an hat mancher Papa sein Kind dargebracht« [199]. Man darf annehmen, daß diese mythologische Redeweise bis tief in den Alltag drang; sie hat sich ja bis heute in konservativen Häusern erhalten (der Jüngste als Benjamin usw.). In Mosens Roman *Der Congress von Verona* (1842) gibt es nicht nur ein Mädchen in gespenstischer Gestalt, sondern auch die klassizistische und christliche Überhöhung. Man ist etwa während des Oktobers in Italien, »wo der Genius des Landes wie ein junger Dionysos ... das Tamburin schlägt, und rings um ihn her die tanzenden Winzerinnen« [200]. Es könnte auch heißen »Geist des Landes«, wie wir schon sahen; aber der Genius klingt noch ein wenig voller und liegt stilistisch höher, weshalb er ständig bemüht wird. Ironisch ist die folgende Bemerkung über Chateaubriand: »Sieht er nicht aus wie das Genie des Christentums, wie ein loyaler Engel, vom heiligen Ludwig herabgesandt zur Erlösung der verdammten Welt von der Revolution?« [201] Aber solche Ironie schließt nicht aus, daß die christliche Mythologie an anderen Stellen, da nämlich, wo es um die Freiheit geht, zum Träger einer hochpathetischen Aussage gemacht wird: »Hellas ist wie der Heiland vom Grabe auferstanden, und die Nägelwunden an Händen und Füßen bluten von neuem, und das Herzblut sprüht auf die Erde« [202].

Will man dem von der liberalen Kritik so übel zugerichteten Goethe vorsichtig zu Hilfe eilen und ein Urteil auf höherer Ebene sprechen, so empfiehlt sich die mythologische Einkleidung. Man mag darin eine differenziertere Form der mythologischen Fürstenehrung erblicken. In der Einleitung zu den *Gesammelten Schriften* von J.M. R.Lenz, hg. v. Tieck, Berlin: G.Reimer 1828, findet man eine knappe mythologische *Schicksalsnovelle vom jungen Wolfgang und der alten Philistria* [203]. Wolfgang, von Apollo berufen, besiegt Philistria, gerät aber in Konflikt mit den »Vorurteilen«, die auch etwas sind. In einem großen Prozeß bleibt die Sache unentschieden (Stimmengleichheit), obwohl Apollo der Verteidiger war. Aber die weise Pallas spricht ihn frei. Man wird zugeben müssen, daß das Goetheproblem, das diese Zeit zutiefst beschäftigen mußte, nicht leicht mit größerer Diskretion – der Dichter lebte ja noch – behandelt werden konnte. Der alte mythologisch-indirekte, höf-liche Weg und die überaus brutal verfahrende journalistische Goethekritik treten hier schroff auseinander. Damit soll nicht gesagt sein, daß sich die Mythologie nicht auch zur Verwendung in der eigentlichen Zweckliteratur eignete. Wir hörten ja schon die lapidare Briefäußerung: »Prometheus ist nicht in Stuttgart« u. dgl. Die Mythologie hatte überall gesellschaftliche Bedeutung; nur wies sie immer noch den gesellschaftlich vornehmeren und der Sache nach objektiveren Weg.

Hier liegt wohl auch der eigentliche Grund für die Symbiose von antiker und christlicher Mythologie. Wenn der Frankfurter Pfarrer Gerhard Friederich seine bescheidenen *Wanderungen in die Bergstraße, den Odenwald und die Rheingegenden während des Sommers 1819* (Wiesbaden: L.Schellenberg 1820) biedermeierlich verewigen will, so sagt er nicht bloß, daß er im Jägerhause auf dem Felsberg freundliche Gastgeber fand, sondern es heißt: »Philemon und Baucis bewirteten uns in den Gestalten des Försterpaares« [204]. Er sieht die Menschen und die Dinge fortgesetzt in mythologischer Verkleidung. Will Johanna Schopenhauer die englische Gartenkunst rühmen, so sagt sie: »Florens Schätze werden aus allen Ländern der Welt hierher gezaubert«. Wenn eine frühe Besteigung der Zugspitze gut verlaufen ist, so ist natürlich »der Genius des Zugspitzes« gnädig gewesen [205]. Auch der Fürst Pückler-

Muskau beschreibt auf diese Weise seine Reisen. Im Klostergarten bei Avignon waren Büsche, »die mit Pomenens reichsten Schätzen prangten«; »ein heiliges Schweigen ... umgibt die Nymphen der Quelle« in Vancluse. Und in Montpellier sind die Buden und Bäume so glänzend mit bunten Lampen illuminiert, daß vor diesem hellen Schein die keusche Cynthia, die in der Ferne im Meere badet, sichtbar erblaßt [206]. Menschen ohne Heimatgefühl sind für die Westfalen Freiligrath und Schücking »arme Kosmopoliten mit einem armen Surrogatgotte, dem Pan!« [207] Das ist nicht nur eine Absage an den polizeiwidrigen Pantheismus (s. o.), sondern entspricht der Heiligung der Heimat, um die sich die Biedermeierkultur in allen deutschen Landschaften bemüht. Sogar den »Garten« – ein großer Begriff, den man sich oft mit »Hofgarten« und »Englischem Garten« übersetzen muß – kann sich der österreichische Priester und Dichtervater Michael Enk nur als Götterhain vorstellen. In seinem Lehrgedicht *Die Blumen* (Wien: C. Gerold 1822) lesen wir:

> Noch Vieles fehlt, mein Freund, wofern dein Garten
> Verdienen soll des schönen Thales Namen,
> Worin Latonens goldgelockter Sohn
> Der flücht'gen Spur der scheuen Daphne folgte.
> Dort schmückten Blumen – doch nicht Blumen nur –
> Den Wiesenteppich; blühende Gebüsche,
> In lieblicher Verwirrung hingestreut,
> Und Schattengänge, kühle Grotten luden,
> Beym Frühlingslied der Nachtigall, die Liebe
> Zur süßen Schwärmerey, zu heiterm Sinnen
> Die Weisheit ein. Mit sanftem Murmeln floß
> Ein klarer Bach hier über Kiesel hin,
> Entsprudelte dort frisch bemoosten Felsen
> Die Silberquelle. Hier winkt' unter Pappeln
> Ein Rasensitz dem Wandelnden, dort luden
> Platanen gästlich ihn zum Laubdach ein;
> Und blüh'nde Lorbeerbüsche zogen sich
> In sanften Windungen an Hügeln fort,
> Auf welchen, frisch begränzt, die hohen Tempel
> Der Götter schimmerten, die liebend einst
> In dieser Haine Schatten Hand in Hand
> Mit Pyrrhas Töchtern wandelten [208].

Die klassizistische Mythologie war nicht untergegangen. Sie hatte im Gegenteil ihre Reichweite verbreitert. Wir finden sie jetzt auch in Alltagsstücken auf der Bühne, etwa in Holteis *Lorbeerbaum und Bettelstab* (Schleusingen 1840). Sie erscheint in der Satire und im komischen Epos. Wenn z. B. der weltschmerzliche Dichter Wandelow einschläft, so helfen ihm dabei Morpheus, Hypnos und dessen Blumenmohn, »getaucht in Lethes Flutenglanz« [209]. Will Wilhelm Müller Byron in seinen Griechenliedern besingen, so geht dies unmöglich ohne mythische Überhöhung: Hellas, vom Dichter umarmt, erkennt in ihm den auferstandenen Tyrtäus und hofft auf ihn, auch wenn die Könige und die Priester sich erhaben über ihn dünken [210]. Durch die Vertonungen von Schubert kennt jeder nicht den Namen, aber die Texte von Johann Mayrhofer, etwa *Schiffers Nachtlied* (»Dioskuren, Zwillingssterne ...« [211]). Er hat viele Verse dieser Art geschrieben. In eigentümlicher Weise gehen auch andere Gedichte Mayrhofers plötzlich ins Mythologische über; so erscheint in dem sonst verhältnismäßig realistischen Gedicht *Der Insulaner* [212] plötzlich der Glaube an Neptun, und man kann nicht einmal sagen, daß es ein Stilbruch wäre; denn die Haltung dieses Dichters ist, so unbedeutend er sein mag, dem Mythischen geneigt. Feuchtersleben, der, wie wir wissen, der dichterischen Tradition sonst wenig hold war, hat Mayrhofers Werke herausgegeben und mit Nachdruck auf seine »mythischen Dichtungen« hingewiesen; er sah in ihnen sogar das »Ideal der künftigen Lyrik« [213]. Die klassizistische Mythologie durchdrang alles in allem das gesellschaftliche und literarische Leben der Biedermeierzeit innig. Sie war nicht nur Mode. Die Dichtung, selbst die Prosa der Meister beweist es. Wenn in Goethes Novelle *Der Mann von fünfzig Jahren (Wanderjahre)* der durch eine Liebesenttäuschung verwilderte Flavio in die behagliche Welt der Frauen getreten und wieder verschwunden ist, heißt es nur: »Sie hatten Orest gesehen«. Wenn in Tiecks Novelle *Des Lebens Überfluß* Heinrichs junge Frau singt und die Scheiben aufzutauen beginnen, so heißt die vertiefende Pointe: »Immer kehrt die alte Wundergeschichte vom Orpheus wieder« [214].

Als Schwerpunkt der klassizistischen Mythologie dürfen im Biedermeier wohl die Gestalten betrachtet werden, welche die Liebe verkörpern. Daß Mars seit der Aufklärung nicht mehr die gleichen dichterischen Möglichkeiten wie im Barockzeitalter hat, versteht man leicht. Er fristet als Haupt der aktiven Militärs ein etwas komisches Dasein. So heißt es von einer Schauspielerin: Sie lebte »ganz wie eine Venus, und natürlich liefen nach althergebrachter Weise, die sich schon aus der Mythenzeit datiert, besonders die Jünger des Mars in ihr aufgestelltes Liebesnetz« [215]. Apollo wird häufiger beschworen; aber der Streit um Goethe verriet uns schon, daß seine Autorität nicht unbedingt ist. Für Jupiter ist man nicht mehr monarchisch genug, und auch allzu moralisch. Die Nymphen und Grazien des Rokoko gibt es noch; doch sind sie durch die Säkularisation des Christentums und durch die Vermischung von christlicher und antiker Mythologie häufig zu anmutigen weiblichen »Engeln« (s.u.) geworden. Eine Ausdehnung ihres Einflusses haben wohl die kleinen Naturgottheiten wie Flora, Pomona, Luna usw. erfahren; aber mit den Liebesgottheiten können sie selbst im Biedermeier kaum konkurrieren. Bei Amor freilich könnte man behaupten, er sei noch weiter als im Rokoko, nämlich bis zum Taschenbuch abgesunken. Auffallend ist jedoch, daß auch der fähige Wilhelm Müller, ein literarischer Lehrer Heines, eine ganze Reihe von Amor-Gedichten geschrieben hat. Manche sind konventionell. In andern versucht der Dichter der Amor-Mythologie ein größeres und zwar kosmisches Gewicht zu geben. So wird die alte Formel von der weltbeherrschenden Macht der Liebe in folgender Weise erneuert:

Amors Fangeball

Amor wollte Fangebällchen
Neulich mit den Nymphen spielen.
Diese ließen Knabenherzen,
Die in Träumen sie gestohlen
Durch die Lüft', als Bälle, fliegen.

Amor hatte nichts zu werfen;
Alsobald sandt' er die Blicke
Durch die weiten Himmelsräume,
Und das Erste, was er sahe,
War der Weltkreis, welcher ruhte
In des Götterkönigs Rechten.
Amor zielt' und traf die Kugel
Grade durch die beiden Pole,
Daß sie flugs vom hohen Äther
Niederfiel zu seinen Füßen.
Jetzt, ihr Nymphen, kann er spielen [216].

Man darf sich bei diesem Gedicht etwas Tiefsinniges denken, etwa daß Amor immer
mächtiger geworden ist, während der Höchste dem bösen Spiel nur noch zusehen
kann; der anakreontische Leichtsinn, den der Vers bewahrt, würde dieser Deutung
nicht widersprechen. Auch sonst ist W. Müller gerade als Meister des »Scherz-
gedichts« (vgl. Bd. II, Kap. Lyrik) ein Vorläufer Heines. Aber durch die Mythologie
macht er seinen Leichtsinn noch unverfänglich, vieldeutig, so daß er im tonangebenden klassizistischen Württemberg, sehr im Unterschied zu Heine, hohes Ansehen
genoß. In das schalkhaft-volkstümliche und familiäre Diminutiv-Gewand, das dem
engeren, »bürgerlichen« Biedermeier so lieb war, schlüpft Amor geschickt hinein,
z. B. in einem angeblich aus Venedig stammenden Gedicht des Heinzelmännchen-
Dichters Kopisch:

Warnung vor Amor.

Läßt sich Amor bei euch schauen,
  Liebe Kinder, flieht den Dieb!
Nur aus Mitleid ihm nicht trauen!
  Tut ihm nimmer was zu lieb!
Auf den Lippen zeigt er Lachen,
Sanfte Mienen kann er machen,
Und mit Lachen auf den Lippen
Wird er necken, zupfen, tippen;
Aber in den Scherz in Eile
Menget viele tausend Pfeile
  Jener kleine Herzensdieb.

Wollt ihr wissen, liebe Schätzchen,
  Wie der Schelm gefangen mich?
Er versteckte, wie ein Kätzchen,
  Duck, duck, in den Winkel sich;
Wartet da bis Nachbars Nichtchen
Mir erzählet ein Geschichtchen:
Ich gedacht', im Hafen wär' ich,
Dachte mir ihn nicht gefährlich:
Husch, kommt er aus dem Gehege,
Faßt und führt mich seine Wege –
  Und – kein Sträuben rettet mich! [217]

Man wird zugeben müssen, daß die Anakreontik durch Schein-Didaktik und häusliche Motive dem Zeitstil völlig assimiliert ist. An der fehlenden historischen Origi-

nalität, am »Epigonentum« liegt es nicht, wenn das Gedicht schlechter ist als ähnliche Sachen von Mörike. Es liegt nur daran, daß Mörike sein Handwerk besser versteht.

Erfolgreicher als Amor war Venus, und es wäre reizvoll, ihren verschiedenen Erscheinungsformen und Vermummungen in der Literatur der Biedermeierzeit nachzugehen. Gerade der Abbau des von Goethe vorgelebten und vorgedichteten Individualismus, *der neue Sinn für das Kollektive, Generelle und Metaphysische* machte die alte Göttin oder Unholdin für die Dichtung wieder empfehlenswert. In Fouqués Rittergedicht *Corona* (Stuttgart und Tübingen 1814) erscheint sie als eine mächtige Zauberin, in seiner besonders erfolgreichen Märchennovelle *Undine* (Berlin 1811) als Nixe, in Friedrich Krug von Niddas *Waldina* (*Erzählungen und Romanzen*, Leipzig 1821/22) als eine »Unsterbliche«, die im Wald eine Liebschaft mit einem Jäger unterhält und sich fürchterlich rächt, als er seine geliebte Cidli, eine literarische Enkelin Klopstocks, heiraten will. Ist der Stoff griechisch wie in dem historischen Drama *Alexander und Darius* (Berlin 1827) von Uechtritz, so ist sie die griechische Liebesgöttin. Der berauschte Alexander, der sich selbst als Dionysos fühlt, redet Thais allen Ernstes als Aphrodite an. Die Mythologie wird durch diesen Rausch irrational aufgeladen, wie in der *Waldina* durch das romantische Motiv des Waldes. Erst als Alexander durch Parmenio aufgeklärt wird, begnügt er sich mit der traditionellen Redensart, man vergesse im Arm der Thais selbst die Reize Aphroditens. Bekannt ist die suggestiv erneuerte Venus-Mythologie in Eichendorffs Novelle *Das Marmorbild* (*Frauentaschenbuch* für 1819). Die Entwicklung der nächsten Jahrzehnte konnte, mindestens bei Eichendorff, der Mythologie nichts anhaben. In der Versepik, die dieser Dichter in den fünfziger Jahren meisterhaft erneuerte, gibt es neben der christlichen Mythologie noch die antike: Helios, Apollo, Zeus, Aphrodite. Im *Julian* (Leipzig 1853) erscheint die heidnische Roma zugleich als Venus und verführt mit ihrer übernatürlichen Macht nicht nur den Kaiser. Venus als heidnische Liebe verwirrt die Sinne, zur wahren Liebe führt nur Urania. In Adolph Müllners Trauerspiel *Die Albaneserin* erkennt Albana in dem wahnsinnigen Prinzen Enrico die falsche Liebe; denn die Norm ist nun nicht mehr die Liebesraserei, will sagen, die sinnliche Liebe:

> Ich ihn *geliebt?* Den überraschten Sinn
> Bethörte seiner Jugend reges Leben,
> Des Blickes Feuer, und die Kraft der Sehnen,
> Das wilde Roß zu bänd'gen und den Speer
> Im Kampfspiel auf des Gegners Brust zu brechen.
> Welch anderes Verdienst hat er bewährt?
> Was hat er Liebenswürdiges entfaltet?
> In welcher Eigenschaft, in welcher Tugend
> Des Geistes und Gemüthes durft' er sich
> Mit dem Geliebten meiner Seele messen?
> Und *seine* Liebe! – Liebe? Darf sich so
> Der Schwindel Traumberauschter Phantasie,
> Die Wuth der niedrigen Begierde nennen,
> Die Neid auf fremdes Sinnenglück entflammte?

Wahnsinn und Liebe? Das ist Unsinn! Nimmer
Kann sich Uraniens Göttliche Gestalt
Im Spiegel einer unbefleckten Seele
Verwandeln in der Furie scheußlich Bild.
Nur vor dem Thier in uns entflieht der Gott;
Nur Sinnentrieb kann den Verstand zerrütten [218].

Man versteht, daß diese frostige Venus Urania sich im Biedermeier nicht mehr viele Dichter gewann. Man kleidete sie lieber in das Engel- und Madonnenbild oder noch lieber ganz schlicht in die Legende von der absolut selbstlosen Mutterliebe im Hause. Auch im *Faust*-Schluß hat die Urania teils durch Begriffsallegorie (»das Ewig-Weibliche«), teils durch Anleihen bei der christlichen Mythologie (Jungfrau, Mutter, Königin) die rein antikische Gestalt verloren.

Trotzdem sind die »Göttinnen« in der Biedermeierdichtung immer noch beliebt oder gefürchtet. In Lenaus *Albigensern* wird eine indische Göttin Amadurga beschworen, die als Pest, Hungersnot, Krieg und Pfaffentrug die Erde verheert. Zweideutiger ist die Hamburger Göttin Hammonia, die dem durch Deutschland reisenden Heine Vanitas predigt, indem sie von seinen ehemaligen Liebschaften erzählt, selbst aber doch ganz galant ist. Verrät schon bei dieser relativ würdigen Göttin »das übermenschliche Hinterteil« ihr »höheres Wesen« [219], so versteht sich, daß bei völlig humoristischem Gebrauch die Göttinnen immer anspruchsloser werden. Die Zeitung *Der Gesellige* begrüßt 1826 bei ihrer Gründung in Graudenz die Geselligkeit als Göttin [220]. Bei Levin Schücking erscheinen gar die »Göttinnen Anatomie, Osteologie und Physiologie« einem Studenten, der sie zugunsten seines Mädchens vernachlässigt hat, »in langen, schleppenden Gewändern und mit tragischen Mienen im Traum« [221]. In solchen Fällen ist die Mythologie tatsächlich wieder zur rhetorischen Figur geworden.

Blasphemie und Erneuerung der christlichen Mythologie

Sogar mit den heiligen Gestalten des Christentums wird in dieser Zeit gelegentlich schon gespielt. Selten; denn der *Mythen-Säkularisation, die seit der Empfindsamkeit vorherrscht, ist das Pathos oder doch der Enthusiasmus zugeordnet.* Wer die Freiheit oder den freien Geist als Heiland und Erlöser feiert, wird den Heiland nicht verspotten, sondern nur humanisieren und abstrahieren. Einem D.F.Strauss z.B. liegt es ganz fern, ein humoristisches Spiel mit Christus zu treiben; denn er will ihn ja zu einem vorbildlichen Menschen machen. Auch wenn die Liberalen auf die gängige Verteufelung durch die Konservativen mit einer Gegen-Verteufelung antworten, ist diese – der Säkularisationsmethode entsprechend – ernsthaft. So entfaltet z.B. Eduard Duller in der Novelle *Der Antichrist* (Frankfurt/M. 1836) eine unheimliche Vision von einer Zukunft, in der die absolute Kirche und der absolute Staat eine totale Unterdrückung des Geistes erreicht haben. Der Pessimismus der christlichen Barocktradition hat sich bei diesem Österreicher auf die Stützen des Christentums ausgedehnt.

Wenn man zum andern Antichrist sagt, will man selbst, auf wie immer abstrakte Weise, noch Christ sein. Daß Heine für diese »Pietät« der gesamten Biedermeierkultur keinen Sinn hatte, ist eine der tiefsten Ursachen seiner damaligen Entfremdung von Deutschland, auch von dessen progressiven Geistern. Man kann z.B. sicher sagen, daß Männer wie Strauss und Vischer Kaput XIII in *Deutschland, ein Wintermärchen* nicht akzeptierten. Der Reisende sieht da bei Paderborn im Frührotschein das Bild des Gekreuzigten und biedert sich humoristisch mit ihm an:

Mit Wehmut erfüllt mich jedesmal
Dein Anblick, mein armer Vetter,
Der du die Welt erlösen gewollt,
Du Narr, du Menschheitsretter!

Sie haben dir übel mitgespielt,
Die Herren vom hohen Rate.
Wer hieß dich auch reden so rücksichtslos
Von der Kirche und vom Staate!

Zu deinem Malheur war die Buchdruckerei
Noch nicht in jenen Tagen
Erfunden; du hättest geschrieben ein Buch
Über die Himmelsfragen.

Der Zensor hätte gestrichen darin,
Was etwa anzüglich auf Erden,
Und liebend bewahrte dich die Zensur
Vor dem Gekreuzigtwerden.

Ach! hättest du nur einen andern Text
Zu deiner Bergpredigt genommen,
Besaßest ja Geist und Talent genug,
Und konntest schonen die Frommen!

Geldwechsler, Bankiers hast du sogar
Mit der Peitsche gejagt aus dem Tempel –
Unglücklicher Schwärmer, jetzt hängst du am Kreuz
Als warnendes Exempel!

Wir können heute in dieser Blasphemie die rhetorische Figur und den gekonnten gesellschaftskritischen Witz sehen und wissen auch etwas über den religiösen Hintergrund der Blasphemie – sie verrät Abhängigkeit von dem Verspotteten –; den mythischen Sinn des Biedermeiers jedoch mußte schon der respektlose Ton, die humoristische Herablassung zu dem »Schwärmer« verletzen. Noch in Barlachs Drama *Der arme Vetter* wird das Heilige, wiewohl verspottet, nicht in diesem »vertraulichen Stil« behandelt. Die monströseste pathetische Säkularisation des Heilands erschien erträglicher, weil sie die mythische Ehrfurcht, gleichgültig in welchem Sinne, übernahm. Unerträglich war gewiß auch die respektlose Stelle über den Kölner Dom in *Deutschland;* denn die Romantik hatte eine beiden Konfessionen gemeinsame Ehrfurcht vor »Christenheit oder Europa« hinterlassen.

Die Vermischung der klassizistischen und christlichen Mythologie führte in der restaurierten christlichen Atmosphäre der Zeit – man kann es auch am *Faust*-Schluß beobachten – leicht zu einem Übergewicht des Christlichen. Über die damalige Christianisierung des Klassizismus wäre viel zu sagen. Das Epos-Kapitel (Bd II) wird einen Einblick an interessanter Stelle gewähren. Hier nur ein Beispiel, wie die Distichendichtung des protestantischen Klassizisten Conz (Jahrgang 1762!) zu Beginn der Biedermeierzeit (*Cottas Taschenbuch für Damen*, Tübingen 1815) aussieht:

Der Marienbrunnen.

Segnet den felsigen Quell! Zweifach erfrischt er den Wandrer,
Wenn er die Strasse daher nahet in lechzendem Durst.
Klares Wasser dem Durstenden beut er und über der Quelle
Hebt sich dein heiliges Bild, Mutter der Gnaden, empor.
Wie den Schmachtenden stärket der Quell, so labet mit Andacht
Auch das gläubige Herz, heilende Mutter, dein Bild.
Und an den Wänden der Grotte, bewegt von den Fluten, wie spielen
Sonnige Stralen in schönfarbigen Schatten umher!
Ja, sie huldigen dir, wie die Herzen dir huldigen, Heilge!
Eine Glorie dir webend von lebendem Licht [222].

Die Möglichkeit zur Aneignung des katholischen Mythus gibt in diesem Gedicht die Naturverbundenheit und Volksverbundenheit Marias. Sie spendet *jedem* Wandrer frisches Wasser und »Andacht«. Zur alten Wassersymbolik tritt die Lichtsymbolik; aber beide Naturerscheinungen werden zunächst ganz in dem begrenzten Raum der Grotte mit Quell und Marienbild vergegenwärtigt, und noch das letzte enthusiastische Distichon transzendiert nur leicht das in der Erscheinungswelt gegebene Bild. Wenn die Muttergottes bei Eichendorff durch den Wald geht, so fehlt dem Bild diese klassizistische Abgeschlossenheit; aber die Verbindung von Naturverehrung und katholischer Mythologie ist auch dort das Wesentliche und durchaus ein gemeinsamer Besitz der Konfessionen. Noch beliebter als der Madonnenkult war der Engelmythos der Empfindsamkeitstradition. Wenn wir das Wort Engel oder Engelchen im Alltag hören, stehen wir bis zum heutigen Tage in dieser Tradition; denn der Humor widerspricht der Empfindsamkeit niemals völlig. Der biedermeierliche Engel ist normalerweise weiblich. »Engel des Vaterlands« (Hölderlin) als Bezeichnung für die Fürsten wäre kaum mehr möglich, weil der Engel nicht mehr erhaben ist. Mit dem Wort Engel werden Kinder, unschuldige Mädchen und vor allem die Biedermeiermutter, der nichts Individuelles, d.h. »Egoistisches« anhaften darf, ins Mythische erhöht. Auch die Muttergottes ist eine »heilende Mutter« (Conz) und damit den Menschen ein wenig angenähert; aber sie steht dieser Zeit im allgemeinen zu hoch für die vollkommene Säkularisation. Bei Heine ist es anders; aber selbst bei ihm bleibt der Ton in diesem Fall relativ würdig und respektvoll:

Im Rhein, im schönen Strome,
Da spiegelt sich in den Well'n,
Mit seinem großen Dome,
Das große, heilige Köln.

> Im Dom, da steht ein Bildnis
> Auf goldenem Leder gemalt;
> In meines Lebens Wildnis
> Hat's freundlich hineingestrahlt.
>
> Es schweben Blumen und Englein
> Um Unsre liebe Frau;
> Die Augen, die Lippen, die Wänglein
> Die gleichen der Liebsten genau [223].

Die zur Mythisierung notwendige Beseitigung des Menschlichen und Individuellen bewerkstelligt Heine nicht ganz ohne Ironie. Das hyperbolische Schlußwort »genau« macht in Wirklichkeit auf den Unterschied zwischen der Madonna und der Liebsten aufmerksam, und nur so kann Heine die Mythologie brauchen.

Wer die Madonna wirklich ernst nahm, begnügte sich mit dem »Engel«. Auf diesem Gebiet florierte die Säkularisation in Biedermeierdeutschland ungeheuerlich. Die Kirche arbeitet noch immer an der Wiedererhöhung der im Rokoko zu Putten, im Biedermeier zu Familienschutzgeistern degradierten Engel. Viel Mißbrauch ist da getrieben worden, nicht nur in der bildenden Kunst, sondern auch in der Literatur. Bei Rückert wäre manches Mißratene zu finden. Man muß aber zum Verständnis des biedermeierlichen Engelskultes wissen, daß die Empfindsamkeit noch immer eine gewisse Lebendigkeit besaß, bekanntlich gerade auch in Heine. Wenn Mörike seine Geliebte mit einem Engel vergleicht, so ist der Stil höher als in dem erwähnten Madonnengedicht Heines; denn sein mythischer Sinn möchte gar zu gern in dem Mädchen den Engel erblicken, – was im Leben natürlich zu ständigen Enttäuschungen führte.

An die Geliebte

> Wenn ich, von deinem Anschaun tief gestillt,
> Mich stumm an deinem heilgen Wert vergnüge,
> Dann hör ich recht die leisen Atemzüge
> Des Engels, welcher sich in dir verhüllt,
>
> Und ein erstaunt, ein fragend Lächeln quillt
> Auf meinem Mund, ob mich kein Traum betrüge,
> Daß nun in dir, zu ewiger Genüge,
> Mein kühnster Wunsch, mein einzger, sich erfüllt?
>
> Von Tiefe dann zu Tiefen stürzt mein Sinn,
> Ich höre aus der Gottheit nächtger Ferne
> Die Quellen des Geschicks melodisch rauschen.
>
> Betäubt kehr ich den Blick nach oben hin,
> Zum Himmel auf – da lächeln alle Sterne;
> Ich kniee, ihrem Lichtgesang zu lauschen.

Wenn wir von Heine herkommen, so hören wir zuerst die in einem Liebesgedicht nicht übliche Frage, »ob mich kein Traum betrüge«. Skeptische Anwandlungen sind auch diesem keineswegs so naiven Dichter wohlbekannt (»ein fragend Lächeln«). *Aber der Wille zur Mythisierung ist beherrschend.* So wird im Sextett der Zweifel mit großartiger, etwas rhetorisch bleibender Wasser- und Lichtsymbolik samt Synästhesie überdeckt oder, wie es wörtlich heißt, »betäubt«. Auch wenn wir von dem religiösen Gedicht *Neue Liebe,* in dem sich der Dichter ausdrücklich vom Menschen auf Gott zurückzieht, absehen, werden wir erkennen, daß bei Mörike die Mythisierung der Naturerscheinungen legitimer war.

Hohen mythischen Rang gewinnt der biedermeierliche Engelsmythus, wenn er sich mit der Allegorie verbindet und ihrer Überhöhung dient, etwa bei der Droste:

Der Todesengel

's gibt eine Sage, daß wenn plötzlich matt
Unheimlich Schaudern einen übergleite,
Daß dann ob seiner künft'gen Grabesstatt
Der Todesengel schreite.

Ich hörte sie und malte mir ein Bild
Mit Trauerlocken, mondbeglänzter Stirne,
So schaurig schön, wie's wohl zuweilen quillt
Im schwimmenden Gehirne.

In seiner Hand sah ich den Ebenstab
Mit leisem Strich des Bettes Lage messen,
– So weit das Haupt – so weit der Fuß – hinab!
Verschüttet und vergessen!

Mich graute, doch ich sprach dem Grauen Hohn,
Ich hielt das Bild in Reimes Netz gefangen,
Und frevelnd wagt ich aus der Totenkron
Ein Lorbeerblatt zu langen.

O, manche Stunde denk ich jetzt daran,
Fühl ich mein Blut so matt und stockend schleichen,
Schaut aus dem Spiegel mich ein Antlitz an –
Ich mag es nicht vergleichen; –

Als ich zuerst dich auf dem Friedhof fand,
Tiefsinnig um die Monumente streifend,
Den schwarzen Ebenstab in meiner Hand
Entlang die Hügel schleifend;

Als du das Auge hobst, so scharf und nah,
Ein leises Schaudern plötzlich mich befangen
O wohl, wohl ist der Todesengel da
Über mein Grab gegangen!

Das Gedicht ist in unserem Problemzusammenhang besonders interessant; denn es spricht in der zweiten und vierten Strophe von einer früheren ungenügenden Beschäftigung mit dem Todesengel. Wir haben dabei an die weithin noch im Trivial-

biedermeier steckenden Anfänge der Dichterin zu denken (»Trauerlocken«, »mond-
beglänzte Stirne«, »schaurig schön«). Diese schauer-empfindsame, bloß literarische
Todesmythisierung wird durch die Worte »frevelnd« und »Reimes Netz« abgewertet.
Das schaurig schön gereimte Engelsbild hatte noch sehr wenig von dem zu einem
tieferen Erschauern führenden Todesantlitz, das die Dichterin jetzt im eigenen Spie-
gelbild anschaut. Auf erlebnispoetischem Wege wird der Tod also aus einer zeitlosen
Allegorie zur Todesdrohung, ja zu einem Sterben, das sich schon am lebendigen
Menschen vollzieht. Moderner und doch zugleich christlicher Naturalismus! Der
christliche Trost erscheint nicht ausdrücklich, ist aber indirekt in dem Boten Gottes
enthalten, so daß dieser gewiß nicht überflüssig erscheint. Das Gleichgewicht und
die Rundung des Gedichts, sein relativ objektiver, keineswegs weltschmerzlicher
Charakter wäre ohne den Ehrfurcht gebietenden Engelsmythus kaum möglich gewesen. Man vergleiche mit Lenaus mythenferner Vanitas-Klage!

Die Auswirkungen der mystischen Trinitätsspekulationen, die seit der Romantik
im Schwange waren, wären vielleicht einer eigenen Untersuchung ohne Mystik wert.
Von der Glaube-Liebe-Hoffnung-Trinität, die der Zeit so teuer war, wurde schon
gesprochen. Besonders tief in die Hintergründe der vormärzlichen Mythologie läßt
das Beispiel des antichristlichen Ludwig Feuerbach blicken. Er tritt bekanntlich dafür ein, daß wir statt der Taufe das Wasser, statt des Abendmahls den Wein heilig
finden. Er stellt sich bewußt der *Trivialität* dieser Entmythologisierung. Aber wenn
er den von ihm betonten menschlichen Grundfunktionen die nötige Weihe geben
will, so kommt er doch wieder ohne eine Erneuerung des Trinitätsmythos nicht aus:
»Wahr, vollkommen, göttlich ist nur, was um sein selbst willen ist. Aber so ist die
Liebe, so die Vernunft, so der Wille. Die göttliche Dreieinigkeit im Menschen, über
dem individuellen Menschen ist die Einheit von Vernunft, Liebe, Wille« [224]. Die
Dreieinigkeit prägt sogar den Rhythmus der Sätze! Daß das *literarische* Trinitäts-
dogma weitergeführt wird, versteht sich, auch abgesehen davon, daß es das dialektische Denken notwendig macht. Bei Hegel werden alle Gattungen zugunsten von
Epos, Drama und Lyrik sekundär. Auch Religion, Philosophie und Kunst bilden
für den spekulativen Philosophen eine Art Dreieinigkeit. Die modernere Dreieinigkeit Ernst Willkomms Eisen, Gold, Geist, ist bei einem Liberalen nicht weiter erstaunlich (Romantitel). Es klingt uns aber seltsam, wenn der konservative Gustav Schwab
in dem recht prosaischen Vorwort zu seiner Edition *Die deutsche Prosa von Mosheim
bis auf unsere Tage, Eine Mustersammlung* (Stuttgart: G. Liesching 1843) sagt: »Das
große göttliche Gesetz der Dreifaltigkeit des Wissens, Wollens und Könnens spiegelt
sich auch in allen Menschenwerken ab« [225]. Offenbar fühlte man sich immer
mythisch gestimmt, wenn man Dreiergruppen bildete, und es ist ja tatsächlich unbestreitbar, daß diese mit der empirischen Wirklichkeit, die vielfältig ist, kaum etwas
zu tun haben. Auch der alttestamentarischen Mythologie bedient sich der biedere
Schwab ungeniert: Hegel ist, meint er im Blick auf die Hegelianer, »ein wahrer
Abraham, der ein ganzes Volk in seinen Lenden trägt« [226]. Der kreatürliche
Mensch empfindet nicht nur in Mörikes *Fußreise* die Paradieseswonnen Adams, die
ihm die freie Natur schenkt. Auch bei Rückert lesen wir:

Jeder Mensch kann sich als ganzen
Einz'gen, Adam gleich, empfinden;
Unter Blumen, unter Pflanzen
Muß er nur allein sich finden [227].

Es mag eine Redensart wie die vom Engel oder von Benjamin – schon im Alltag – gewesen sein. Doch betätigt sich Rückert auch gerne als selbständiger Mythologe. So spinnt er in *Rabe und Taube* aus der Sintflutgeschichte den Mythos vom Raben, der, im Gegensatz zur heiligen Taube, schwarz und böse ist.

Die Macht Satans

Die Teufelsmythologie lag überall nahe, ja sie darf in dieser Zeit wohl als der Schwerpunkt der christlichen Mythologie betrachtet werden. Dem Christen der Weltschmerzperiode erscheint die Macht Satans fast noch deutlicher als Gottes Allmacht. Satan darf natürlich nicht siegen; aber seine Überwindung ist nicht so real wie sein Wirken und hat eher etwas von ideologischem oder artistischem Überbau. Dies gilt schon für *Die Elixiere des Teufels* (Berlin 1815/16). Der spaßhafte Rokoko-Teufel aus dem Puppenspiel, der ja auch auf Goethes *Faust* gewirkt hat, treibt gelegentlich noch sein Wesen, etwa in Hauffs *Mittheilungen aus den Memoiren des Satans* (2 Bde., Stuttgart 1826/27), die aus Quellen des 18. Jahrhunderts gespeist sind. Doch würde wohl ein Vergleich selbst hier die Restauration Satans erkennen lassen. Man begann ihn seit der Revolution und den Revolutionskriegen wieder ernst zu nehmen, und der erneute Kampf gegen die Revolution (1830, 1848) erschien dem Biedermeier wieder als ein Kampf gegen Satan. Natürlich bedienten sich auch aufgeklärte Geister des Teufelsmythos. So ruft in der Satire des Freiherrn von Maltitz *Gelasius* (Leipzig 1826) der Teufel die bösen Geister herbei, um sie für die größte Schandtat zu belohnen: Krieg, Wollust, Eitelkeit, Aberglaube und Priestertrug. Den Preis erhalten die beiden letzten. Diese liberalistische Anti-Verteufelung ist literarisch gut gedacht; aber sie hat nicht die mythische Kraft des ursprünglichen, christlichen Teufels. Deshalb akzeptieren die Liberalen die Dämonisierung oft für ihre eigenen Gesinnungsgenossen. G. Kühne findet Hegel, überhaupt die deutsche Philosophie, und die modernen Jakobiner in der Lage von Faust, der sich dem Teufel ergeben hat;

Faust schreit auch aus Börne heraus;
hier ist er zum Satan geworden [228].

Eine typisch konservative Verlautbarung ist Justinus Kerners Gedicht *In das Album eines jungen Roten* (1848). Ich zitiere nur die erste Strophe:

Verloren ist das Paradies!
Der Teufel streicht den Bart der Welt,
Und wie der Einz'lne sich auch stellt,
Der Menge ist sein Streicheln süß [229].

Eben die Selbstverständlichkeit, mit der hier der Teufel erscheint, macht seine Existenz glaubhaft. Die Trivialliteratur donnert ihn auf. Ernst Willkomm benützt den Satan zur Stützung seiner Allegorien. So läßt er etwa in dem Roman *Weisse Sclaven oder die Leiden des Volkes* (Leipzig 1845) eine Person anläßlich einer »verzweifelten Klemme« sagen: »Es ist gewiß und wahrhaftig der leibhaftige Satan! ... Hier gähnte in furchtbarer Nähe das dunkle Grab mit all seinen geheimnisvollen Schauern ihn an und dort drohte das ebenso entsetzliche Gespenst der Armut, des Elendes, der schauerlichsten Verzweiflung! Er wußte nicht, wem er die Hand reichen sollte« [230]. An solchen Stellen ist der Satan nur eine mißratene rhetorische Figur; aber das ist er nicht immer. Schon in biedermeierlichen Teufelsgeschichten von bescheidenem Rang, z.B. in der anonymen Erzählung *Das wilde Gespann* [231], herrscht eine andere Sprache. Da wird mit relativ kleinem stilistischem Aufwand, fast im Legendenton erzählt, wie ein Fürstensohn in der »Barbarey«, wo Islam und christliche Religion sich streiten, vom Christentum abfällt und als Pferdeliebhaber ein tolles Leben führt, bis er schließlich Satan zum Kutscher gewinnt. Der führt ihn mit wilden Pferden, welche die sieben Laster sind, gegen ein Kreuz, an dem er sich zu Tode stürzt. Der Kutscher bleibt eine geheimnisvolle Gestalt, so daß dem neuen irrationalistischen Bedürfnis durchaus Rechnung getragen wird.

Es fällt auf, daß der Teufelsmythus nach »Goethes Tod« keineswegs verschwindet, sondern eher an Überzeugungskraft gewinnt, wenn er sich auch in allerlei Gestalten vermummt. An der satirischen Peripherie des Biedermeiers können natürlich Menschen mit Pferdefüßen erscheinen, so (bei Gotthelf) die Städter, die ja eigentlich gar keine Menschen, sondern nur Allegorien des entwurzelten Daseins sind [232]. Im ernsten Kern der Biedermeierliteratur verrät eben die *unauffällige* Erscheinung des Teufels seine Realität, – wie übrigens auch heiligenmäßige Gestalten unauffällig eingekleidet werden, z.B. Stifters *Armer Wohltäter* und Grillparzers *Armer Spielmann*. Man versteht *Die Judenbuche* schlecht, wenn man nur das elende Milieu sieht, in dem der künftige Mörder aufwächst, und nicht bemerkt, daß hinter dem Ohm Simon der leibhaftige Böse steht; doch ist der Teufelsmythos dort mit Zurückhaltung verwendet. Daß darüber hinaus, bei kunstvoller Einkleidung, in jener Zeit noch eine richtige Teufelsgeschichte möglich war, beweist Gotthelfs Meisterstück *Die schwarze Spinne*. Wer zuerst die Taschenbucherzählung des beliebten und gewandten A.F.E.Langbein liest (*Die schwarze Spinne*, in: *Minerva*, Leipzig 1819), bemerkt deutlicher, was von Gotthelf geleistet wurde, wobei sich die mythische und dichterische Kraft kaum voneinander trennen lassen. Es gibt bei Langbein schon den Zapfen, mit dessen Hilfe man die schwarze Spinne, alias den Mann mit Federhut und feuerrotem Mantel, aus dem Holzloch lassen und wieder einsperren kann. Aber einmal gehört das Holz zu einer Königstanne im Walde, nicht zu einem schützenden Biedermeier-Hause, und dann ist der böse Geist der dumme komische Teufel, den man leicht überlisten und wieder einsperren kann. Bei Gotthelf ist er nicht zu überlisten. Dort hat er die unerhörte List und Macht des alten Satans, obwohl er auch hier in einnehmender Menschengestalt erscheint und als »der Grüne« seine Schwärze zunächst verbirgt. Die schwarze Spinne wird erst bei Gotthelf zu einem suggestiven

Symbol des allgegenwärtigen, schrecklichen, alles bedrohenden Satans. Dieser mächtige Geist kann zwar durch die heroische Selbstaufopferung des Priesters, der Mutter, des Vaters gebannt werden. Doch er ist unsterblich wie Gott und erscheint sogleich wieder, wenn die strenge Ordnung im Hause und in der Gesellschaft sich lockert*.

Man kann in dieser Novelle gewiß auch die Kunst Gotthelfs studieren, wie er etwa das Gewittersymbol verwendet, um dem entscheidenden Kampf zwischen Priester und Teufel größere Wucht zu geben, oder wie er die krasse Spinnengeschichte in einen balancierenden harmonisch-biedermeierlichen Rahmen steckt. Aber ohne die »gläubige Personifikation«, die nach Vischer der Mythos ist, gäbe es die kraftvolle Teufelsgeschichte nicht. Man kann natürlich auch zeigen, daß es gesellschaftliche Bezüge in der Novelle gibt. Die Bauern rufen den Teufel zu Hilfe, weil die Herren ihre Macht mißbrauchten und ihr Priester versagte. Aber die Frage, ob die schwarze Spinne die Revolution meint, geht am Zentrum der Novelle vorbei. Die schwarze Spinne meint den Teufel, der für Gotthelf nach alter Sitte *in allerlei Gestalten erscheint*. Wenn auch eine dieser Gestalten die Revolution ist, verfehlt derjenige die Meinung des Dichters, der das ewige übernatürliche Wesen auf eine historische oder gesellschaftliche Größe reduziert. Eher wäre es statthaft, die schwarze Spinne auf das überzeitliche Prinzip des Bösen zurückzuführen; denn vieles an der schwarzen Spinne, gerade auch das Titelsymbol, ist natürlich »Einkleidung«. Gotthelfs Kalendergeschichten beweisen, wieviel ihm die Begriffe bedeuteten, wie leibhaft sie für ihn waren. *Am besten ist es wohl, sich hier, wie in der gesamten Biedermeierkultur, Mythologie und Begriffsrealismus als einander zugeordnet und einander stützend vorzustellen.*

In der folgenden Zeit entstand die unüberbrückbare Kluft zwischen dem überkommenen »anschaulichen« Mythos und der bildlosen Abstraktion. Der religiöse Gebrauch der Symbolik, der nicht immer so ehrlich wie bei Gotthelf war, sondern bei Friedrich Schlegel und andern schwindelhaft wirkte, veranlaßte den realistischen Programmatiker Julian Schmidt zu einem prinzipiellen Mißtrauen gegenüber jeder Art von Symbolik**. Erst im Laufe der realistischen Epoche kam es zu einer Ästhetisierung der Symbolik und zu einem Siegeszug des so isolierten ästhetischen Symbols.

---

* Das doppelte Erscheinen der Spinne bezieht sich m. E. auf die Tatsache, daß der Mensch nach christlicher Lehre den Teufel niemals vollständig besiegen kann. Jost *Hermand* bezieht es auf die zweimalige Niederwerfung Napoleons (Napoleon im Biedermeier, in: *Hermand*, Von Mainz nach Weimar, 1969, S. 125). Eher würde ich (im politischen Bereich) an die zweite französische Revolution und ihre Folgen in Mitteleuropa (1830) denken. Daß die Revolution schon nach 15 Jahren wieder erschien, war für Konservative unerwartet und erschreckend!
** Der Realismus steht also auch in diesem Punkt ursprünglich in der Tradition der Aufklärung, bzw. Hegels. Daß dies Mißtrauen gegenüber der Symbolik nicht von vornherein der Kunst widerspricht (vgl. o. S. 298 f.), verrät auch Flauberts Entwicklung. Nach A. *Thibaudet* (Gustave Flaubert, Paris 1922, S. 476) nimmt die Häufigkeit der Bildlichkeit in Flauberts Romanen nach der »Madame Bovary« deutlich ab. Vgl. auch Manfred *Hardt*, Das Bild in der Dichtung, 1966, S. 183 ff.

5. KAPITEL

DIE LITERATURSPRACHE

Das unumgängliche und damit allgemeinste Darstellungsmittel ist für jede Art von Literatur die Sprache. Wenn ich im Titel des Kapitels den Begriff der Literatursprache gewählt habe, so sollen damit Mißverständnisse vermieden, jedoch nicht grundsätzlich alle linguistischen Gesichtspunkte ausgeschieden werden. Die Literatursprache bezieht sich stets auf den allgemeinen Sprachzustand und kann gerade im Zeitalter einer blühenden Theaterkultur, einer programmatischen »Volksliteratur«, einer höchst aktiven Publizistik und eines bewußt gepflegten literarischen »Konversationstons« nicht vollkommen von der gesprochenen Sprache abgetrennt werden*. Die Sprachmoden der gesellschaftlichen Unterhaltung, die Bedeutungsveränderungen von Schlagwörtern, die Abnutzungserscheinungen bei manchen Wortprägungen, die Liebe zu den verschiedenen Dialekten, zur Anschauungskraft der Volkssprache und das hohe Ansehen der Predigt machen sich auch in der Literatur der Biedermeierzeit bemerkbar. Trotzdem ist es selbstverständlich, daß den Literarhistoriker nicht so sehr die Herkunft als die stilistische Funktion der sprachlichen Mittel interessieren muß. Wichtiger als die den Linguisten angehenden Dialektunterschiede z.B. ist ihm die Tatsache, daß der Dialekt zu jener Zeit überhaupt und überall so vielen Schriftstellern unentbehrlich wird, und er fragt sich, über die einzelnen Landschaften hinausblickend, warum das so ist, was der Dialekt für den Stil der Literatur zu leisten vermag. Mit der Literatursprache der Biedermeierzeit ist ihr Sprachstil gemeint, nur daß dabei alle Assoziationen ausgeschlossen werden sollen, die mit der einmaligen, genialen Diktion eines Dichters zu tun haben. In unserm Abschnitt geht es nicht um die Autonomie des Sprachkünstlers, sondern um die Bedingungen, denen er, er mag so genial sein, wie er will, gerade auch nach den Vorstellungen der Biedermeierzeit unterworfen ist.

Zu diesen Bedingungen gehören zunächst alle die Gattungsunterschiede, die uns im II. Bande (»Formenwelt«) beschäftigen werden, z.B. der verschiedene Stil, der durch die Erzählung oder durch die dramatische Vergegenwärtigung eines Vorgangs entsteht, der Unterschied von prosaischer und versifizierter Diktion, die gänzlich verschiedenen Voraussetzungen, die im Komödiendialog und in der Elegie bestehen.

---

* Als der Verfasser in den fünfziger Jahren mit den Vorarbeiten für dieses Kapitel begann, stieß er meist auf Verwunderung und Skepsis. Inzwischen dürfte wohl fast allen klargeworden sein, daß sich die Literatur- und die Sprachwissenschaft wieder einander nähern und gerade in dem Grenzgebiet zwischen den Fächern neue Entdeckungen möglich und sicher zu erwarten sind. Natürlich liegt im Überschreiten von Fachgrenzen immer ein Wagnis.

Auch der »Geschäftsstil«, der »Lehrstil«, der »Briefstil«, der Stil der »Beschreibung«, der »Charakteristik«, der Idylle, der Satire, des Epigramms usw. werden in den Lehrbüchern des damaligen »Sprachunterrichts«, der traditionsgemäß immer zugleich Schreibunterricht sein will, sorgfältig voneinander getrennt. Selbst solche Theoretiker, welche die Originalität kennen und achten, halten meist an den übergeordneten Bedingungen fest; denn, so wird argumentiert, das eine sind die »Normen«, das andere ist das, was »bloß« individuell ist (s. u. S. 599). Im Zeitalter eines neuen Rechts- und Staatsdenkens, gleichgültig ob es revolutionär oder restaurativ orientiert war, konnte der individuelle Stil nicht mit dem absoluten Anspruch und mit dem Selbstbewußtsein auftreten, wie dies in früheren und späteren Zeiträumen der Fall gewesen ist. Der Sprachstil der Gattungen, der von der heutigen Literaturgeschichte nicht ausreichend beachtet wird und dessen bessere Berücksichtigung zu einer erheblichen Differenzierung unseres literarhistorischen Wissens führen wird, war damals noch eine Selbstverständlichkeit. *Erst der Historismus der zweiten Jahrhunderthälfte scheint die Beseitigung dieses unangenehmen, überzeitlichen, bzw. systematischen Widerstands durchgesetzt zu haben und zu dem vereinfachenden chronologischen Geschichtsdenken gelangt zu sein,* das heute noch herrschend ist und einem ebenso halbwahren Antihistorismus immer neuen Auftrieb gibt. Daß ein Sprachkapitel, mehr noch als andere Teile dieses Buchs, nur eine fragmentarische Bestandsaufnahme und Durchdringung der unübersehbaren Materialmengen bieten kann, sei ausdrücklich hervorgehoben. Doch soll auch auf diesem Gebiet wenigstens ein Anfang gemacht werden*.

---

* August *Langens* »Deutsche Sprachgeschichte vom Barock bis zur Gegenwart« (Dt. Phil. Aufr., Bd. 1, ²1957, Sp. 931–1396) ist eine Pionierleistung, die im Zeitalter der einseitigen Werkinterpretation zu wenig gewürdigt wurde, beachtet aber im 19. Jahrhundert die überindividuellen Spracherscheinungen nicht so gründlich wie in der Epoche der Empfindsamkeit und Romantik, so daß eine Ergänzung nötig ist. Langen tadelte während unserer gemeinsamen Kölner Zeit die unzureichende Beachtung der Sprache in meinem »Wieland« und gab so die Anregung zu dem nachstehenden Kapitel.

Alte Rhetorik, Sprachskepsis und neue Sprachwissenschaft

Wir müßten uns zu weit von der bewußt begrenzten stilgeschichtlichen Aufgabe dieses Kapitels entfernen, wenn wir über die ungewöhnlich lebendige Sprachtheorie oder -spekulation der ausgehenden Romantik und über die zwischen Empirismus und Spekulation schwankenden Anfänge der modernen Sprachwissenschaft, die in die Biedermeierzeit gehören und zu ihr passen, ausführlich referieren wollten. Doch ist es wohl nicht möglich, das überaus wache Sprachbewußtsein der Schriftsteller um 1820 und 1830 ohne diesen mächtigen theoretischen und weltanschaulichen Hintergrund richtig einzuschätzen*. So mißtrauisch man gegenüber den Vorstellungen von einer selbstherrlichen, vermeintlich genialen Weltschöpfung durch den Dichter geworden war, so gleichgültig man die vorher und nachher so stark betonte »Einheit« der einzelnen Werke betrachtete, so tief war man von der Sprache als der überpersönlichen Sphäre, die nicht nur jede Art von Literatur, sondern alles menschliche Leben durchdringt und leitet, überzeugt. Die Sprache kam wie die Religion, die Kirche, das Königtum und der Adel aus heiliger Frühzeit. Sie erinnerte den Menschen, der sich vermessen hatte, eine neue Welt eigenmächtig zu schaffen, an seine fundamentale Abhängigkeit von dem, was ihm Gott in seiner Gnade geschenkt hat. Die Sprache ist, im Unterschied zur Philosophie und Dichtkunst, überhaupt zu all dem, was dem verflossenen Jahrhundert so wichtig erschien, kein »Erzeugnis der Reflexion und der Übereinkunft oder überhaupt das Werk der Menschen... Als ein wahres, unerklärliches Wunder bricht sie aus dem Munde einer Nation und als ein nicht minder staunenswertes, wenngleich täglich unter uns wiederholtes und mit Gleichgültigkeit übersehenes aus dem Lallen jedes Kindes hervor und ist (um jetzt nicht der überirdischen Verwandtschaft des Menschen zu gedenken) die leuchtendste Spur und der sicherste Beweis, daß der Mensch nicht eine an sich abgesonderte Individualität besitzt, daß Ich und Du nicht bloß sich wechselseitig fordernde, sondern, wenn man bis zu dem Punkte der Trennung zurückgehen könnte, wahrhaft identische Begriffe sind« [1]. Diese begeisterten Worte stammen weder von einem Romantiker noch von einem Frühsozialisten, sondern von Wilhelm von Humboldt, der ein Dutzend Jahre früher, um 1800, sich als Freund der Klassiker noch mit Ästhetik und Gattungspoetik abgegeben hatte, nun aber entschlossen den Weg zur Sprachwissen-

---

* Hugo *Moser* hat auf diesen Zusammenhang zwischen Sprachwissenschaft und Steigerung des allgemeinen Sprachbewußtseins hingewiesen (Deutsche Sprachgeschichte, ⁶1969, S. 165). Der Zusammenhang war, wie ich zu zeigen versuche, in der Frühzeit der Sprachwissenschaft besonders eng.

schaft betrat. Man sagt, Humboldts Sprachtheorie sei von den Vertretern der Sprachwissenschaft seiner Zeit zu wenig beachtet worden. Bei dem Ruhm, den beide Brüder von Humboldt genossen, ist es unwahrscheinlich, daß dies auch für die allgemeine literarische Welt der Biedermeierzeit gilt. In diesem Geiste, ja in diesem Stile wird in den folgenden Jahrzehnten immer erneut die Sprache verherrlicht.

Man mag zunächst vermuten, daß der romantische und biedermeierliche Sprachenthusiasmus, der auch bei dem scheinbar so trockenen Sammler *Jacob Grimm* festzustellen ist, zu einer vollkommenen Ablehnung der Rhetoriktradition führte. Richtig ist, daß das Korrektheitsprinzip, die beständige Orientierung an bestimmten Sprachnormen zweifelhaft wurde, sobald man die Sprache historisch und – für das Biedermeier besonders wichtig – geographisch zu betrachten und damit in ihrem unübersehbaren Reichtum zu erkennen begann. Zwar widersprach es ganz dem Geiste des Biedermeiers, die Grammatik, will sagen die Ordnung der Sprache, der Poesie entgegenzusetzen, wie dies A. W. Schlegel getan hatte [2]. Die *Deutsche Grammatik* Jacob Grimms (seit 1819) ist ganz und gar nicht mehr im frühromantisch »geistreichen« und »interessanten« Stil geschrieben. Der Germanist ist fleißiger noch als die Rhetoriker, häuft eine unglaubliche Menge von Stoff; er schwört ganz im Sinne des gleichzeitigen Detailrealismus auf die »Beobachtung«, das »Faktische« und weiß, wie die Vorrede verrät, daß es ihm schlecht gelingt, die Einzelheiten in einen Zusammenhang mit seinen Ideen zu bringen. Er läßt sein Buch wachsen und wuchern. Aber eben diese Hinwendung zur lebendigen Fülle, diese organologische Einstellung bringt auch ihn in einen Gegensatz zur Rhetoriktradition; die in den Schulen benützten Lehrbücher der Grammatik findet er ganz unbrauchbar (Vorrede).

Jeder Lehrer der Poesie und Beredsamkeit konnte freilich die Frage stellen, was Jacob Grimms historische deutsche Grammatik für die Pflege des Stils, die man noch immer für notwendig hielt, anzubieten hatte. In der vielzitierten Vorrede des gelehrten Werks spielt Grimm die mittelhochdeutsche Poesie nicht nur gegen die Italiener und Spanier, mit denen viele ihre Zeit »vertun«, sondern auch gegen die Schlesier des 17. Jahrhunderts aus. Ein Lied von Walther wiegt ihm einen ganzen Band von Opitz und Fleming auf. Er begründete die Germanistik als Altgermanistik. Er entwickelte ein Programm für die kritischen Ausgaben mittelhochdeutscher Dichter, für die deutsche Dialektforschung und wies den damals neuentstehenden Sprachgesellschaften linguistische Aufgaben zu, warnte sie davor, »ins allgemeine [zu] schweifen«. Er hatte mit Recht das Bewußtsein, am Anfang einer sprachwissenschaftlichen Epoche zu stehen; aber hinsichtlich der Anwendung seiner Wissenschaft wußte er als Historiker nicht viel zu sagen: »Gleich aller geschichte warnt die historische grammatik vor freventlichem reformieren, macht uns aber tugenden der vergangenheit offenbar, durch deren betrachtung wir den dünkel der gegenwart mäßigen können. An rechter stelle wird sich dann manches wünschenswerte und lang gemißte immer anwendbar zeigen« [3]. Die einzige Reform, die er praktisch anzubieten hat, ist die Rückkehr zur vorbarocken Kleinschreibung. Was soll auch die mit historischer Notwendigkeit immer abstrakter und unreiner gewordene Sprache, die der Spätromantiker zu erkennen glaubte, heute noch in der Dichtung leisten? Der Stabreim läßt sich nicht restaurieren; das zu bemerken, ist Grimm genug Historiker. Ja, er meint, die unreinen Reime der besten modernen Dichter kündigen den allmählichen Tod des Reimes überhaupt an. »Mit welcher reinheit, fertigkeit und natur reimten die dichter des dreizehnten jahrhunderts!« [4] In der Tat, die Demut war das Beste, was eine von der Vergangenheit überwältigte Wissenschaft lehren konnte.

Die starre Historikerhaltung J. Grimms bezeugen auch seine harten Urteile über die romantische Modernisierung älterer Dichtungen (z. B. in *Des Knaben Wunderhorn*). Trotzdem ist anzunehmen, daß Jacob Grimms *Deutsche Grammatik,* überhaupt die junge Sprachwissenschaft, indirekt auf die Literatur der Zeit gewirkt hat. Denn diese selbst empfand sich ja als bedenklich »modern«, d. h. »subjektiv« (Hegel), als epigonenhaft in einem Sinne, der über Immermanns konkrete Zeitanalyse weit hinausging und sich zu einer Geschichtsmetaphysik auswuchs. Die neue Linguistik lechzte nach dem Antiken, Naiven, Unverkünstelten und Archaischen in jeder Form. Wenn von diesen Sprachforschern, nicht nur von Grimm, die Wortstämme so stark betont und die indogermanische Flexion und Wortbildung als ein besonderes Zeichen der Erwähltheit auf Kosten anderer Sprachfamilien betrachtet wurde, so lag es für den Schriftsteller nahe, auch in der eigenen Sprache die Stämme für das Wesentliche und Feste, die Flexion und Wortbildung dagegen möglichst *beweglich* zu halten, – im Gegensatz zu den »Adelungen«, die versucht hatten und immer noch versuchten, die Wortgestalt genau festzulegen. Wer die unerhört aktive Wortbildung mit Hilfe von Suffixen in der Literatur der Biedermeierzeit beobachtet hat (vgl. u. S. 467 ff.), wird nachdenklich, wenn er auf die folgende Stelle in Grimms *Deutscher Grammatik* stößt: »es ist unverkennbare richtung der späteren sprache, die ableitungen aufzugeben und durch kompositionen zu ersetzen... Die zusammensetzung sagt der schärferen bestimmung der begriffe zu, die ableitung, solange der alte volle akzent ihre silben noch begleitete, war ein poetischeres prinzip« [5]. Die historische Einschränkung Grimms scheinen die jungen Schriftsteller so wenig ernst genommen zu haben wie diejenige Hegels. *Warum sollte die Poesie nicht immer noch möglich sein und warum sollte man nicht auch in der Wortbildung archaisieren?*

Zu einer prinzipiellen Trennung von Grammatik und Stilistik ist es in der ganzen Biedermeierzeit nicht gekommen. Man muß bedenken, daß die Prosasprache, welche die frühen Romantiker, im Gegensatz zu den »äußeren«, metrischen Formen der Universalpoesie so nahe wußten, auch der erste Gegenstand der Rhetorik war. Gewiß, die Rhetorik konzentrierte sich nicht auf den Roman und die Novelle, sondern versuchte, die »Kunst der Prose« in allen Formen zu lehren. Aber war es in der romantischen Praxis anders? Im übrigen nahm Jacob Grimm wegen der geliebten mittelhochdeutschen Dichter so eifrig für die Verssprache Partei wie nur je ein Klassizist. Die Fronten zwischen der klassizistischen Tradition und der Romantik verwischten sich; das lehrte uns auch das Beispiel W. v. Humboldts. *So kam es zu allerlei Übergängen zwischen der romantischen Sprachtheorie und der traditionellen Sprachlehre.* Die Rhetoriker resignierten nicht, sondern versuchten die neuen Ideen in das alte System aufzunehmen. Karl Ferdinand Becker z. B., der bedeutende Linguist, der sich gerade auch mit der Wortbildung besonders früh und intensiv beschäftigt hatte, ließ seinen sprachwissenschaftlichen Werken eine Stilistik folgen (*Der deutsche Stil*, Frankfurt/M.: Kettembeil 1848). In der Einleitung dieses Buches betont er immer noch traditionsgemäß, daß die Grammatik als »natürliche Grundlage« der Stilistik anzusehen ist [6].

Die alte Vorstellung einer alles umfassenden Sprachlehre war demnach bis zum Positivismus lebendig. Trotzdem ist es selbstverständlich, daß die Sprachspekulation und die historische Beschäftigung mit der Sprache die Naivität, die der Rhetorik zugrunde lag, zerstörte oder doch stark gefährdete. Wir glauben, es gebe nur eine moderne Sprachkrise. Aber ist es keine Sprachkrise, wenn man, wie mancher Romantiker, glaubt, die Sprache durch Musik oder durch Sprachmusik ersetzen zu müssen? Die Krise der Rhetorik ist Sprachkrise. Sie beginnt im 18. Jahrhundert und verstärkt sich im 19., als deutlich wird, daß die romantische Sprachmusik keinen Ausweg bietet. Merkwürdig unempfindlich scheint *Hegel* gegenüber dieser Erscheinung zu sein. In seiner *Ästhetik* gibt es zwar einen Abschnitt, welcher »Der sprachliche Ausdruck« überschrieben ist [7]. Der Philosoph weiß auch, daß die »sprachliche Seite der Dichtkunst« ihm »Stoff zu unendlich weitschichtigen und verwickelten Erörterungen darbieten« könnte [8]. Aber wie er im Kapitel über das Epos sich ganz auf das Versepos konzentriert und über den Roman nur beiläufig spricht, so schiebt er auch in diesem Abschnitt das aktuelle Problem beiseite, »um noch für die wichtigeren Gegenstände, die vor uns liegen, Raum zu gewinnen« [9]. Er meint die »Versifikation«, mit der er sich gründlicher als mit der Sprache beschäftigt, und vor allem die Konstruktion einer Gattungspoetik im dialektischen Dreischritt. Hegels Bemerkungen über die dichterische Sprache bleiben konventionell. Wenn er z.B. feststellt, es gäbe »einzelne, der Poesie vorzugsweise eigentümliche *Wörter* und Bezeichnungen sowohl nach seiten der Veredlung als auch der komischen Erniedrigung und Übertreibung« [10], so erinnert man sich an Adelungs Wörterbuch, das noch immer das Standardwerk der offiziellen Sprachbildung war und das Ludwig Aurbacher, der angesehene Rhetoriker und Erzähler im Bayern Ludwigs I., sogar als Taschenbuch herausgegeben hatte (*Kleines Wörterbuch der deutschen Sprache nach Joh. Christ. Adelung's größerem Wörterbuche...*, Sulzbach 1828). Wellek macht darauf aufmerksam, daß Hegel die Sprache in einem solchen Maße zur Nebensache macht, daß er glaubt, man könne ein »Dichtwerk ... ohne wesentliche Verkümmerung seines Wertes in eine andere Sprache« und »aus gebundener in ungebundene Rede übertragen und somit in ganz andere Verhältnisse des Tönens« bringen [11]. Auch diese Feststellung erinnert an die Aufklärung, etwa an den Prosa-Shakespeare Wielands. Aber Wellek ist im Unrecht, wenn er meint, Hegel habe die Bedeutung des Klanges in der Dichtung unterschätzt. Das war nach Herder und der Romantik für einen so gebildeten Gelehrten nicht mehr möglich. An anderen Stellen weist Hegel mit großer Deutlichkeit auf die Bedeutung des dichterischen Wortklanges hin, ja er sagt einmal sogar: »die Poesie ist ihrem Begriffe nach wesentlich tönend« [12]. Wie erklärt sich dieser Widerspruch? Daraus, daß Hegel »das sprachliche Element nur als Mittel« benutzt wissen will [13] und damit jede dichterische Sprache, die sich verselbständigt, mehr als »Zeichen«

sein will, *ablehnt,* gleichgültig ob es sich um romantische Sprachmusik oder um Rhetorik in einem traditionelleren Sinne handelt. Ich verwende den Komparativ, weil ja auch die Sprachmusik schon ihre barocken Vorläufer hatte (Zesen, die Nürnberger usw.) und sich damals eindeutig aus der Rhetorik heraus entfaltet hatte. Genau besehen gibt es also auch für Hegel die Sprachkrise. Obwohl die Poesie »wesentlich tönend« ist, kann die dichterische Versinnlichung übertrieben werden. Er kritisiert diejenigen, welche die Sprachkrise ignorieren und überspielen, insofern, als er in dem erwähnten Abschnitt über den »sprachlichen Ausdruck« ausdrücklich sagt: »die Diktion darf sich nicht für sich verselbständigen und zu dem Teile der Poesie machen wollen, auf den es eigentlich und ausschließlich ankomme« [14]. Wenn der Philosoph, im Gegensatz zum historischen Geist seines Jahrhunderts, ganze Literaturen ablehnt, die der Lateiner, der Franzosen, überhaupt der »südlichen Nationen«, so begründet er auch dies Werturteil durch den Hinweis auf deren übertriebenen, rhetorischen Charakter.

Man darf demnach das gesteigerte Sprachbewußtsein nicht nur im Umkreis der Romantiktradition suchen. Wenn Immermann an der berühmten Stelle seiner *Epigonen* nicht nur von »geborgten Ideen«, sondern auch von »einer ganz eigentümlichen Verderbnis des Worts« spricht, so meint er damit alle Arten der Sprachverfälschung: »Man hat dieses Palladium der Menschheit, dieses Taufzeugnis unseres göttlichen Ursprungs, zur Lüge gemacht, man hat seine Jungfräulichkeit entehrt. Für den windigsten Schein, für die hohlsten Meinungen, für das leerste Herz findet man überall die geistreichsten, gehaltvollsten, kräftigsten Redensarten«. Die Kritik Immermanns geht außerordentlich weit; denn mit den »kräftigsten Redensarten« können wohl nur die Lakonismen in der Tradition des Sturm und Drang, etwa die seines Freundes Grabbe, gemeint sein. Richtig ist, daß die als Originalgenies sich gebärdenden Dichter von der Sprachkrise, die *alle* bedrohte, nicht ablenken dürfen. Mir scheint, daß es die Sprachkrise sogar innerhalb der klassizistischen Tradition gab. Schon die kühne Nachbildung des Griechischen, die Voss in seiner Homerübersetzung versucht hatte, war ein Signal dafür gewesen, daß die traditionelle klassizistische Diktion nicht mehr ausreichte. Nicht nur die Schulrhetorik (Adelung und sein Gefolge), sondern auch der tolerante Wieland hatte dies »griechenzende Deutsch« abgelehnt, und doch war es eine Bereicherung der Sprache gewesen. Als Solger den Sophokles übersetzt (*Die Tragödien des Sophokles,* 2 Bde., Berlin 1808), ist Voss sein Vorbild; aber er bemüht sich um »neue Kühnheiten«, er schreckt vor der »dreisten Nachbildung freier und kühner Wendungen« nicht zurück [15]. Von Platens Experimenten, die auch in der Voss-Tradition stehen, soll noch nicht die Rede sein; denn sie könnten wie die Grabbes von der Sprachkrise, die alle bedeutenden Dichter zu bestehen hatten, ablenken. Wichtiger ist, daß ein so bewußt in den Bahnen der klassizistischen Ästhetik sich bewegender, urban-bescheidener, ganz und gar nicht deutsch-provinzieller Dichter wie Grillparzer Sprachschwierigkeiten hatte. Er wurde darob von der Literaturgeschichte öfters verständnislos getadelt, obwohl es doch klar sein sollte, daß es nicht zuletzt die richtig erfaßte Sprachkrisis war, welche die Überlegenheit des Kaiserstädters über tragische Rhetoriker wie Raupach bewirkte.

Grillparzer hat über die Sprache viel nachgedacht, und man vermutet wohl mit Recht, daß das starke Hervortreten des Mimischen, das fast alle seine akademischen und schauspielerischen Interpreten betonen, Folge seiner Sprachskepsis war [16]. Das romantische Experiment der Wortmusik erkannte er als Irrweg; ja, er plante ein Gegenstück zu Lessings *Laokoon* unter dem Titel: *Rossini oder über die Grenzen zwischen Poesie und Musik* [17]. Sein asketisches Beharren auf der Dichtung als einer Kunst, die »zuerst den Begriff erweckt und nur durch ihn auf das Gefühl wirkt« [18], ist fast noch strenger als Hegels Forderung, und die historische Übereinstimmung ist um so überzeugender, als der Österreicher Hegel und die hegelianische Sekte ingrimmig befehdete. Man wird Grillparzers wie auch Stifters sprödes Spätwerk nicht verstehen, wenn man die zeitgemäße Gefahr einer sich verselbständigenden Diktion nicht im Auge behält. Fritz Martini hat durch seine Interpretation von *Weh dem der lügt* darauf aufmerksam gemacht, daß Grillparzer in diesem Drama die Wahrheit und Lüge der Rede, »die Vieldeutigkeit der Sprache zwischen Wahrheit und Schein zum dramatischen Thema machte« [19]. Es war zugleich das Werk, durch das er sich zuerst vom Theaterpublikum entfernte. Schon als tiefsinniges Lustspiel widersprach *Weh dem der lügt* der von Hegel erwähnten »Veredlung« oder »komischen Erniedrigung« der Sprache, welche die Theatertradition, zumal die österreichische, forderte. Er überließ den Halms und Bauernfelds die Bühne, womit freilich schon gesagt ist, daß die tragische oder komische »Übertreibung« (Hegel s. o.) das Theater der Biedermeierzeit noch beherrschte. Die Problematik der Grillparzerschen Position verdeutlicht ein Vers aus seinem Lustspiel: »So laß uns schweigen, dann sind wir am wahrsten«. Er selbst verfuhr im Alter so ziemlich nach diesem Rezept, auch Mörike, der öfters seine Abneigung gegen die pathetische und witzige Übertreibung bekundete; *aber eine Lösung für die Dichtung selber war dies Schweigen nicht.*

Das gesteigerte Sprachbewußtsein ist nicht auf die bedeutenden Schriftsteller beschränkt. Die vielen Neubildungen der Zeit (s. u.) forderten auch die konventionellen Schriftsteller zur Kritik heraus, besonders die Erzähler. So macht sich z. B. Heinrich Koenig in seiner Novelle *Regina* über das Modewort »*Aufschluß*« lustig, das Julius, eine wichtige Person des Werks, neben andern »gesuchten Redensarten« allzuoft benutzt [20]. Erst recht reflektieren die Jungdeutschen über die Sprache. Gustav Kühne etwa stellt fest, daß »das anfänglich schöne Wort: *Rührung* eine gemeine Metze geworden«. Wiederum also geht es um den Verlust der »Jungfräulichkeit« der Sprache, den Immermann beklagt (s. o.). Kühne macht sich Gedanken darüber, wie man solche Worte vernichten, hegelianisch »aufheben« und so wieder adeln könne [21]. In einem andern Zusammenhang meint der gleiche Schriftsteller: »Wenn nun die Donna [eine wahnsinnige Sängerin] die ganze Außenwelt hier auf dem vertrackten Mondstein [Irrenanstalt] zu trivial findet, um auch nur ein *Ach!* ein *O!* ein *Hm!* über ihre Lippen zu hauchen? Solche Hauche aus tiefstem Gemüte sind keine Kleinigkeiten, in ihnen liegt schon verhüllt das ganze Verständnis der Welt. Manche dickleibige Buchwerke, über die man tausendfach *Ach* und *Weh!* schreien möchte, sind nicht so viel wert als das schmelzende *Ach!* eines wunden Herzens oder das kostbare *Hm!* einer satirischen Lippe«. Die Mimik erscheint wie bei Grillparzer als Ausweg aus der Sprachnot; aber *dieses Dada der Interjektionen ist natürlich noch komisch gemeint,* ähnlich wie Galomir in *Weh dem der lügt,* den der Dichter im 4. Akt etwa so sprechen läßt: »*Da, da! – Eh, eh!* die Kleine! *Oh! –* Nach dort! (Die Spur mit dem Finger verfolgend.) Wart! wart! – Verirrt. Kein Mann da! – Wo? *Ah,* weit. – *Uf!* – heiß!« [22] usw. Das Primitive faszinierte die Dichter dieser Zeit in den verschiedensten Gestalten. Hier war die pure »Empfindung«, die von Herder und Grimm verherrlichte »Sinnlichkeit«, der Urlaut, welcher die Sprache von der Überbildung zu befreien schien; aber dieser vielgestaltige Primitivismus war keine gültige Lösung, am wenigsten für die Jungdeutschen, die geistreich sein wollten, *und so war eben doch die Rhetorik, ob nun witzig oder enthusiastisch, schließlich wieder der Rettungsanker.*

Schiller und Jean Paul hatten die Redekunst, nachdem sie Theoretiker wie Lessing, Herder oder Moritz und die Praxis des Sturm und Drangs ernstlich in Frage gestellt hatten, mächtig erneuert. An Schiller orientierten sich die Hoftheaterpoeten, die sich kaum Unkorrektheiten erlauben durften. Jean Paul dagegen war das Vorbild derer, die Lust hatten, frei, ja übermütig über die Sprache zu verfügen. Bei solchen Schriftstellern kann man in Anlehnung an Humboldts Energeia-Begriff von einem energetischen Sprachbewußtsein sprechen. Auch wenn ein so kühler, eher der Rokoko- als der Empfindsamkeitstradition zuneigender Dichter wie Wilhelm Müller auf Jean Paul zu sprechen kommt, wird stark geblümte Rhetorik gleich zur Pflicht: »Einen Berg der Flora sollte man über ihn aufhäufen, den Blumenhold! Hat er doch über das Grab der Erde einen Himalaja von Blumen aufgeworfen, deren Spitzen in den Himmel der Ewigkeit hineinblühen« [23]. Jean Paul ist nicht nur ein gewaltiger Metaphoriker, er ist auch ein Liebhaber der Neubildungen und ein Dichter, der manchmal so gewaltsam mit der Sprache umgeht, daß sie fehlerhaft erscheinen kann [24]. Eine Zeit, in der Schriftsteller wie W. Müller, Börne, Heine diesem Sprachriesen nacheiferten, muß trotz der Skepsis, die sie gegenüber der Rhetorik empfand, eine Schwäche für sie gehabt haben, – zum mindesten dann, wenn sie sich mächtig, unbekümmert um die Regeln der Schule, entfaltete. Es gibt auch im Biedermeier so auffallende Sprachmeister. Rückerts Ansehen, das heute oft unverständlich ist, beruhte nicht zuletzt auf seinem hochgezüchteten philologischen Bewußtsein und auf seinem vielbewunderten Umgang mit der Sprache, der – das verraten schon die allzu breiten Gedichtmassen – eher in einem freien Sinne rhetorisch als lyrisch nach unserer strengeren Auffassung war. Wilhelm Müller bewundert auch Rückerts Dichtung; denn er findet in ihr »ein Verachten gebräuchlicher Formen, Redensarten und Bilder, ein Ringen, aus dem deutschen Sprachschatz eine neue, ungleich schwierigere poetische Phraseologie hervorzurufen und sie den alltäglichen abgesungenen Weisen entgegenzustellen«. Der Hegelianer Ruge tadelt, ganz im Geiste seines Lehrers, Rückerts »rand- und bandlose Wortmacherei«, und er lobt an Heine, dem er sonst nicht unkritisch gegenübersteht, daß er »nie in einer selbstgemachten Sprache« schreibt [25]. Die Spannung zwischen sprachberauschten, abseitigen Poeten und urbanen Gesellschaftsdichtern wird durch solche Urteile deutlicher; doch auch Heine war kein Sprachasket, sondern auf weiten Strecken ein souveräner Sprachkünstler, der vor der rhetorischen »Übertreibung« keine Angst hatte. Das gesteigerte Sprachbewußtsein der Biedermeierzeit bildet den Grund für die reichen und überreichen *Experimente, die sich um 1830 und 1840 beobachten lassen, die der Epoche ihren besonderen Reiz geben, aber auch vor immer neue, schwierige Aufgaben der Wertung stellen.* Es soll freilich nicht geleugnet werden, daß es konservative Dichter gab, die von der Skepsis gegenüber der Rhetorik, von der Sprachkrise überhaupt noch nicht befallen waren. Ob Gotthelf zu ihnen gehört, läßt die selbst für den Predigerdichter allzu rhetorische Hyperbolik in dem folgenden Ausspruch aus *Uli der Pächter* zweifelhaft erscheinen: »Es ist eine wunderbare Sache um die Macht des Wortes... Das Wort ist unendlich mächtiger als das Schwert, und wer es zu führen weiß in starker, weiser Hand, ist viel mächtiger als der mächtigste der Könige«.

In den sprachwissenschaftlichen Lehrbüchern unserer Zeit liest man manches Fehlurteil über die erste Hälfte des 19. Jahrhunderts. Der Mythos vom alles verändernden Tode Goethes und Hegels wirft auch in dieser Richtung seine Schatten. Manche wissen nicht, daß die sprachstärksten Jungdeutschen, nämlich Börne und Heine, schon in den zwanziger Jahren zu schreiben und zu wirken begannen, daß also die liberalistische Bewegung durch die Julirevolution nicht begründet, sondern nur verstärkt wurde. Von der konservativen Gegen- oder vielmehr Hauptrichtung der Biedermeierzeit pflegt die Sprachwissenschaft überhaupt keine Kenntnis zu nehmen. In Adolf Bachs *Geschichte der deutschen Sprache* lesen wir: »Eine ungleich größere Bedeutung als vorher gewann seit dem 2. Viertel des 19. Jh.'s *das gesprochene Wort* durch die *polit.* Rede inner- und außerhalb der Parlamente« [26]. Im nächsten Satz erscheint schon der Rundfunk. Solche Datierungen stellen eine *irreführende Modernisierung der Biedermeierzeit* dar. Die Vorlesungen an der Berliner Universität und die Gottesdienste, z. B. die Konvertiten-Predigten in Wien, wirkten stärker auf die Sprache der Vormärz-Kultur als die Reden in den einflußlosen Landtagen der süddeutschen Kleinstaaten. Sogar die Salons einzelner Damen in Berlin und Wien konnten deren Wirkung übertreffen. Ohne Rahel und die Vorlesungen Hegels ist der publizistische Stil eines Heine, Gutzkow, Ruge kaum zu verstehen. Dagegen wirkte Uhland nur als Poet, nicht als Landtagsredner auf die Literatur der Zeit.

Zu wenig wird auch beachtet, daß man wegen des Partikularismus, der in der Restaurationsepoche bewußt gepflegt wird, mit erheblichen räumlichen Phasenverschiebungen rechnen muß. Der Wortschatz des 18. Jahrhunderts erhält sich länger, als man zu wissen pflegt (s. u.), jedenfalls in einzelnen Landschaften. Selbst die Vorstellung, im Gegensatz zu früher hätten nun »in erster Linie überpersönliche Mächte und Verhältnisse der Entwicklung der Sprache den Weg« gewiesen [27], wird zweifelhaft, wenn man weiß, wie ansteckend z. B. der sogenannte »Hegelsche Jargon« und der publizistische Stil Heines waren. Schon die realistischen Kritiker und Nietzsche in den *Unzeitgemäßen Betrachtungen* polemisierten gegen diese machtvollen Stiltraditionen; aber noch heute wirkt Hegels logisches Maschinendeutsch in der marxistischen Phraseologie nach, und Heines publizistischer Stil hat nicht aufgehört, als Vorbild zu gelten.

Richtig ist, daß die »systemat. Regelungsversuche« auf sprachlichem Gebiet erst seit »den 1850er Jahren beginnen« [28]. Man könnte zunächst geneigt sein, auf die schon bestehenden Sprachgesellschaften hinzuweisen. Jacob Grimm spricht in der Vorrede zur *Deutschen Grammatik* von »gesellschaften, die für deutsche sprache an verschiedenen orten zusammengetreten sind, oder gern zusammentreten«. Aus der Formulierung geht hervor, daß an eine *neue* Bewegung im Rahmen des aufblühenden biedermeierlichen Vereinslebens, nicht an irgendwelche Traditionen des 18. oder gar 17. Jahrhunderts zu denken ist. Tatsächlich ist die Berliner »Gesellschaft für deutsche Sprache« erst im Jahre 1815, der »Frankfurtische Gelehrtenverein für deutsche Sprache« anläßlich des großen Reformationsfestes von 1817 gegründet worden. Das bedeutet, daß sie in der Hauptsache Kinder der neuen Sprachwissenschaft, eher *wissenschaftliche Akademien als Vereine im Sinne des heutigen Sprachvereins* waren. Es erschien durchaus sinnvoll, wenn ihnen Jacob Grimm sehr spezielle wissenschaftliche Aufgaben zuwies.

Allzu spezialistisch darf man sich freilich auch die gelehrteste Gesellschaft der immer auf Geselligkeit bedachten Biedermeierkultur nicht vorstellen. Die Berliner Gesellschaft hatte hohe Ziele (Wörterbuch, Sprachlehre, Geschichte der deutschen Sprache); aber zuerst (1820) scheinen die *Lieder für die deutsche Sprachgesellschaft* fertig geworden zu sein. Die eigentliche Aktivität ging in dieser durchaus personalistisch eingestellten Zeit noch vom einzelnen repräsentativen Gelehrten aus. So war in Frankfurt der schon genannte K. F. Becker dominierend. Organisation im Stile der zweiten Jahrhunderthälfte war nicht die Sache dieser Sprachwissenschaftler. Das verbot schon das organologische Denken; denn wo alles organisch wachsen soll, darf man nicht führen. Man darf auch die Behörden nicht zu sprachlichen Verordnungen ermuntern, wie dies später der Sprachverein getan hat. Wissenschaftliche und persönliche Fühlungnahme mit anderen Gelehrten, sprachwissenschaftliche Belehrung interessierter Laien, das ist das eigentliche Ziel dieser Honoratiorenvereine. *Die Schriftsteller werden in solchen Gesellschaften unmittelbar durch die Germanisten beeinflußt*; so war z.B. der Lyriker Wilhelm Müller Mitglied der Berliner Gesellschaft und betrieb nach dem Bericht seines Biographen Gustav Schwab »mit Eifer das Studium der altdeutschen Literatur« [29]. Solche Berührungen zwischen Gelehrten und Dichtern wirkten sich von selbst auf die Literatur aus. Dagegen hatten diese Vereine kein Interesse an der Ausübung von Macht. Man kann sich nicht vorstellen, daß Jacob Grimm mit Hilfe der Berliner Sprachgesellschaft die Einführung der Kleinschreibung von Substantiven in Preußen erzwingen will. Solche Aktionen entsprachen nicht dem Stil der Epoche. Auch die Regierungen hatten wesentlichere Sorgen. *So ergibt sich für diese absolutistische Zeit paradoxerweise das Bild einer vollkommen freien, ja geradezu anarchischen Literatursprache.*

Die Sprachregelung der Aufklärung (Adelung) war, von tieferen Gründen abgesehen, schon einfach deshalb in Verfall geraten, weil die Vorherrschaft des Sächsischen nicht mehr anerkannt, vielmehr ganz bewußt nach den verschiedenen »Volkssprachen« gestrebt wurde. Der Standpunkt Bodmers und Breitingers siegte auf der ganzen Linie. Die erwähnte Taschenbuchfassung von Adelungs Wörterbuch (1828) hat den Untertitel »mit besonderer Rücksicht auf die oberdeutsche Mundart«. Der *Schreiner* ist jetzt ebenso fein wie der *Tischler*. Ja, es wird auf verhältnismäßig entlegene Dialektwörter aufmerksam gemacht. Wer sie für poetisch hält, kann sie verwenden, ohne den Dialekt selbst zu sprechen: »Das *Nägelein,* oberd. für das niederd. *Nelke*«, liest man etwa in Aurbachers Wörterbuch. Forscher, welche die unglaubliche Sprachfreiheit der Biedermeierzeit, übrigens auch hinsichtlich der Grammatik (s. u.), nicht kennen, werden allzu rasch bei den einzelnen Schriftstellern »Verwahrlosung« der Sprache feststellen. Man muß von einem *Interregnum zwischen der aufgeklärten und der modernen Sprachregelung ausgehen,* wenn man die Sprachphänomene jener Zeit richtig sehen und bewerten will.

Das Fremdwort

In einem Punkte war man sich nach den Freiheitskriegen auch ohne Vereinspropaganda und amtliche Regelung einig: in dem Bestreben, den Gebrauch der Fremdwörter einzuschränken, um so zu einem »reineren« Deutsch zu gelangen. Auch diejenigen Schriftsteller, welche dies Ziel zunächst ablehnten, beugten sich allmählich dem Publikumsgeschmack und entfernten in den späteren Auflagen ihrer Werke Fremdwörter, für die sich deutsche Wörter eingebürgert hatten. Wenn diese Fremdwortjagd erfolgreicher als im 17. Jahrhundert war, so lag dies wohl nicht nur an dem sich verstärkenden allgemeinen Nationalismus, sondern auch speziell an der Nationalisierung der Sprachwissenschaft und Sprachtheorie. Daß Jacob Grimm für die Sprache der internationalen Bildung, für alles, was mit Differenzierung und Abstrahierung zu tun hat, wenig Verständnis besaß, wird niemand verwunderlich erscheinen. Dieser Germanist spielt die Bauern des 13. Jahrhunderts gegen die »besten heutigen Sprachlehrer« und die noch ungebildeten Frauen gegen die verbildeten Männer aus [30]; ja er behauptet geradezu: »mit dem, was wir Bildung des menschlichen Geschlechts nennen, geht und steht diese Urvollendung der Sprache gar nicht zusammen, ja sie ist ihr reiner Gegensatz« [31]. Bei solchen Voraussetzungen wundert man sich eher, daß Grimm in der Fremdwortfrage nicht zu den Radikalen wie Arndt und Jahn gehörte. Um Wiederholungen deutscher Wörter zu vermeiden, schon aus stilistischen Gründen also, verwendet der Obergermanist häufig Fremdwörter [32].

Nachdenklich stimmt jedoch die Feststellung, daß auch der bildungsfreudige W. v. Humboldt den Zusammenhang, den eine Sprache bildet, außerordentlich stark betonte und sich gegen die *Trennung von Sprache und Begrifflichkeit,* welche die Aufklärung annahm, mit großer Entschiedenheit wandte. Heidegger und die ganze Neuromantik spukt schon in ihm, wenn er sagt: »Durch die gegenseitige Abhängigkeit des Gedankens und des Wortes voneinander leuchtet es klar ein, daß die Sprachen nicht eigentlich Mittel sind, die schon erkannte Wahrheit darzustellen, sondern weit mehr, die vorher unerkannte zu entdecken. Ihre Verschiedenheit ist nicht eine von Schällen und Zeichen, sondern eine Verschiedenheit der Weltansichten selbst« [33]. Humboldt erkennt zwar, daß das menschliche Abstraktionsvermögen die Sprache auch zum bloßen Zeichen machen kann. Im Gebrauch unterscheidet er die »wissenschaftliche« und die »rednerische« Sprache. *Aber er entscheidet sich – mit anhaltenden Folgen für die deutsche Bildung – für die rednerische und warnt vor einer Überschätzung der »Erfahrungswissenschaften«.* Nicht diese, sondern Poesie, Philosophie und Geschichte müssen im Mittelpunkt der Erkenntnis stehen, wenn eine Nation nicht ihre »Jugend und Kraft« verlieren soll [34]. Man sieht, wie die richtige Erkenntnis vom organischen Zusammenhang einer Sprache, welche für die Sprachwissenschaft so förderlich war, sogleich überbetont und zu außersprachlichen Spekulationen wie auch zu einseitigen kulturellen Zielsetzungen mißbraucht wurde. Dazu paßt auch, daß Humboldt, wie Arens feststellt, der Sprachwissenschaft »keine praktisch verwendbare Terminologie« geliefert hat [35].

Wenn die Sprache eine alles umfassende einheitliche »Erkenntnis«, eine »Weltansicht« in sich enthielt, so war das Bedürfnis, sie rein zu erhalten selbstverständlich. Besonders die Deutschen hatten allen Grund, ihre Sprache vor Befleckung zu schützen; denn sie besaßen ja im Gegensatz zu den Franzosen und Engländern, die ihre angestammte Sprache ganz oder teilweise aufgegeben hatten, noch ihre »ursprüngliche« Sprache. Dieses von Fichte so stark hervorgehobene Argument wurde in der Biedermeierzeit ein Allgemeingut und gab dem deutschen Sprachstolz ständigen Auftrieb. Man darf annehmen, daß die von mir beschriebene Freiheit oder Anarchie der damaligen Literatursprache auch damit zusammenhängt, daß die Deutschen nach der Niederwerfung Napoleons nicht nur die Aufklärung, *sondern auch die ihr eng verbundene literarische Schule der Franzosen endgültig hinter sich zurückzulassen versuchten.* Bouterwek, ein Mann der alten Schule, gibt dem Niedergang der Geschmackskultur jedenfalls diese Begründung: »der Franzosenhaß, der seit dieser Zeit [den Freiheitskriegen] in einem großen Teile von Deutschland fast allgemein geworden ist, will auch in Geschmackssachen es nicht dahin kommen lassen, daß die deutsche Literatur in irgendeiner Hinsicht nach der französischen sich zu bilden scheine. Auch das Widersinnige und Geschmacklose findet seitdem in Deutschland beredte Verteidiger, wenn es sich nur die Miene der *Deutschheit* zu geben weiß und den französischen Geschmacksnormen widerstreitet« [36]. Der Göttinger Gelehrte denkt wohl vor allem an die Turner- und Burschenschaft, an die unglaublichen Neubildungen, mit denen man die Sprache zu reinigen gedachte (s. u.). Das Fremdwort, gegen das man sich richtete, war eigentlich nur das französische. Die lateinische Sprachkultur bekämpfte man gelegentlich auch, vor allem hinsichtlich der ciceronianischen Syntax (s. u.).

Dagegen hatte man gegen das Englische keine Abneigung, nicht nur weil die Engländer Bundesgenossen im Freiheitskriege gewesen waren, sondern vor allem weil das Englische stammverwandt war, ja oft geradezu dem Begriff des »Teutschen« untergeordnet wurde. Auch die Anglomanie jener Zeit muß zum Teil als Produkt der jungen popularisierten Sprachwissenschaft betrachtet werden. Es gibt ein interessantes, ja ich meine ein bedeutendes Denkmal dieser linguistischen Schwärmerei für die

Angelsachsen: die Romane Sealsfields. Man verstand diese von Anglizismen bzw. Amerikanismen strotzende und auch sonst im schulmäßigen Sinn verwahrloste Erzählprosa zunächst als den Jargon eines »Deutschamerikaners«, der seine Sprache halb vergessen und die amerikanische noch nicht richtig erlernt hatte, bis Otto Heller auf den kaum fünfjährigen Amerikaaufenthalt des ehemaligen österreichischen Klerikers aufmerksam machte und seiner Interpretation einen von der zeitgenössischen Germanistik eingegebenen Ausspruch Sealsfields zugrunde legte: »Das literarische Deutsch seit wenigstens zwei Jahrhunderten ging aus latinistischer Bildung hervor, ahmte des Römischen, oder gar des Küchenlateins, dann des Französischen Beugungen nach. Ich dagegen ging aus dem Englischen zurück ins Deutsche. Das Englische aber, trotz seiner Vermischung mit gallischen Worten, ist in seinem Grundbau angelsächsisch, dänisch oder weiß Gott was sonst, aber jedenfalls reiner germanisch erhalten. Ich machte daher nichts, als ich schrieb mit deutschen Worten englisch, nach englischen Konstruktionsbedingnissen, und siehe da, das war denn deutscher als das latinisierte Gelehrtendeutsch« [37]. Sealsfield blieb auch in späteren Jahren, da er längst wieder im deutschen Sprachgebiet lebte, bei seiner merkwürdigen Diktion. Diese ist also, trotz mancher Nachlässigkeit, die unterlief, ein großartiger, diesen Erzähler überhaupt charakterisierender Versuch, »a bold and persevering experiment in narrative prose« [38]. Sealsfields Erzählstil ist, das füge ich hinzu, eines der *vielen* Sprachexperimente einer Zeit, der die energeia der Sprache (nach dem Begriff Humboldts) wichtiger war als das Sprachkunstwerk, das ergon. Der Fall Sealsfields ist in unserem Zusammenhang vor allem deshalb aufschlußreich, weil er zeigt, daß eine so gebildete, wenn auch der Bildung überdrüssige, eine literarisch und sprachlich so bewegliche Zeit in der Praxis wenig in Gefahr war, das Fremde und die Fremdwörter ganz zu vertreiben.

Zwar machte man, vor allem im Bereich der konservativen Biedermeierliteratur, manchen Fortschritt. Das Streben nach Lauterkeit, Schlichtheit, Ernst und Kindlichkeit oder Volkstümlichkeit vertrug sich mit dem Fremdwortstil nicht gut (s. u.). Wo aber der liberale französische Geist in Deutschland eindrang und die Ironie im Gefolge des Rokoko und der Romantik sich erhielt oder erneuerte, da war auch der Fremdwortstil wieder Bedürfnis. Wenn »es sich um *Pecuniaires* oder derlei *ordinaire* Bedenklichkeiten handelt« [39], ist das Französische unentbehrlich. Geistreiche Leute wie die Jungdeutschen halten nichts von einem Sieg des konsequenten Realismus; denn dann wäre das »ganze Leben ... ein *Ragout* von Sodom und Gomorrha« [40]. Nein, die »dumpfen *Souterrain*-Menschen« [41] kann man in dieser Zeit so wenig brauchen wie im Rokoko.

Daß sich der Hochadel die Fremdwortsprache nicht nehmen ließ, weiß jeder, der eine Vorstellung von der Sozialstruktur Biedermeierdeutschlands hat. Die Julirevolution bringt in dieser Hinsicht eher einen Rückschritt als einen Fortschritt. Noch Eduard Engel überschreibt das 8. Kapitel seiner erfolgreichen *Deutschen Stilkunst* (22.–24. Aufl., Wien und Leipzig 1914) »nach dem lächerlichsten Sprachgecken unserer älteren Literatur«, dem Fürsten Pückler-Muskau, »Die Pücklerei«. Dieser begann just im berühmten Jahr 1830 zu publizieren und galt nicht als lächerlich, sondern wurde im Gegenteil seines geistreichen und farbigen Stils wegen bewundert. Die Gräfin Ida Hahn-Hahn, die Adolf Bach als zweites abschreckendes Exempel neben Pückler-Muskau nennt [42], erschien zuerst mit *Gedichten* (Leipzig: Brockhaus 1835). Sogar in diesen erlaubt sie sich das Fremdwort. Die folgenden Verse, in denen die Wellen eines Baches angeredet werden, wird man leicht für ironisch halten:

> Ihr plaudert so traulich zusammen
> In Sprachen, vom Herz zu versteh'n,
> Die nicht der *Grammatik* entstammen
> Und doch durch die Seele mir geh'n [43].

Das Gedicht ist aber ein herzlicher Liebesgruß. Es muß überhaupt so gewesen sein, daß das Fremdwort im lyrischen Stil noch nicht störte. Rückert singt: »Laß das Lied elektrisch funken, daß die Nerven Wollust schwellt«. Geschmacklos? »*Elektrisch*« ist noch kein technischer, sondern ein magischer und »*Nerven*« noch kein medizinischer, sondern ein empfindsamer Ausdruck. Daß die Fachsprachen der Wissenschaft in der Dichtung des *späteren* 19. Jahrhunderts nicht mehr verwendbar waren und in einem besonderen revolutionären Akt, mit neuer Funktion wieder für die Lyrik gewonnen werden mußten (Benn u. a.), versteht man wohl. Es ist normale, etwas theatralische Romansprache, wenn es heißt: »Er wurde *elektrisiert,* wenn man seine Gedanken auf die kommenden Geschicke seines Vaterlandes richtete« [44]. In ähnlicher Funktion erscheint in Vers und Prosa das noch immer ein wenig geheimnisvolle Wort *magnetisch*. Auch das Wort *rhythmisch* ist noch kein Fachausdruck, so daß es etwa Feuchtersleben in der lyrischen Sprache verwenden kann. Die Quellen rauschen oder flüstern nicht nur beim großen Mörike, sondern auch beim kleinen Sternberg *melodisch* (Zitat s. u. S. 502). Eichendorff dichtet: »Was sprichst du wirr in Träumen / Zu mir, *phantastische* Nacht?« – *(Schöne Fremde)* –, weil das Fremdwort durch alltägliche Benutzung noch nicht abgegriffen, sondern ein lebendiges Kernwort des romantischen Irrationalismus war. Eine Taschenbuchdichterin reimt: »So, tief ergriffen von der Ahnung Schauern, / Umfangen sie die *gothisch* düstern Mauern« [45]. Auch in diesem Fall dürfte ein allgemein bekannter poetischer Ausdruck vorliegen; gotisch (vgl. gothic novel) ist ja ein Synonym für schauerlich.

Freiligrath verwendete die Fremdwörter sogar zur Bereicherung seiner Reime; so heißt es z. B. in dem Gedicht *Venedig:*

> Mit langen *Hellebarden*
> Sieht man nur noch die Garden
> Es blitzt der Schwerter Stahl
> Vorm *Arsenal* [46].

Heine hat diese Fremdwortreime in *Atta Troll* parodiert. Dagegen verteidigte sie der alte, konservative August Stöber und bedauerte nur die abgeschmackte Nachahmung dieses Stilmittels [47]. Die zitierten Verse belegen, daß die Fremdwortreime nicht so sehr um eines realen Bildes willen als wegen ihrer Klangfülle und rhetorischen Majestät gewählt werden [48]. Um zu belegen, daß das Fremdwort, im Unterschied zu den folgenden Epochen, praktisch noch ganz naiv, d. h. auch in nicht ironischen, womöglich enthusiastischen Werken Verwendung findet, seien einige typische Beispiele aus der Versdichtung und gehobenen Erzählprosa ohne den Vers- und Satzzusammenhang kurz aufgeführt: »*pulsierend* Jünglingsherz«, »*dämonisches* Wasserroß« (Rheindampfer), »*kolossale* Gedanken«, »*romantische* Täler«, »*graziöse* Blicke«, »diese *poetisch* gehandhabte Eifersucht«, »*Poesie* der Sinnlichkeit«, der »*plastische* Ausdruck ihrer Empfindung«, »in *elektrisierter* Stimmung«. »Die Steine unter seinen Füßen erschienen ihm so *elastisch*«; »Und den *Takt,* in welchem sie stets das Rechte vollbrachte«.

In einer Auseinandersetzung, die man in der *Zeitung für die elegante Welt* (Leipzig 1814) nachlesen kann, findet sich freilich schon das Argument, Fremdwörter könnten »in den edelsten Vortrag, den poetischen, nicht eingehen« [49]. Die Behauptung des Fremdwortfreundes, man brauche die Fremdwörter vor allem im »spaßhaften«, also niederen Stil, wird nicht widerlegt. Dieser aber läßt in seiner Antikritik nicht einmal die Vorstellung gelten, der hohe Stil schließe das Fremdwort aus: »Daß fremde Worte, auch wenn sie schön sind und man sie ohne Lexikon sogleich versteht, wie: naiv, Ideal, Melos, Harmonie, die deutsche Poesie verschmähe ... ist unwahr«. Dazu die Anmerkung: »gleich die ersten Zeilen des Oberon enthalten drei« [50].

Jahn hat den Fremdwörtern vorgeworfen, sie lähmten die »Zeugungskraft« der Sprache. Man braucht aber nur in Jahns Schriften hineinzusehen, um die neologistische Manieriertheit, die durch die Jagd nach dem »Urwort« entstand, zu erkennen: »Wälschen ist Fälschen, Entmannen der Urkraft, Vergiften des Sprachquells, Hemmen der Weiterbildsamkeit und gänzliche Sprachsinnlosigkeit« [51]. Wortungeheuer dieser Art waren nicht uninteressant, aber eben damit alles andere als volkstümlich. Den Büchern Jahns mußten oft Worterklärungen beigegeben werden. So war es nicht schwer, den »Superpurismus«, den Bouterwek beklagte [52], erfolgreich abzuwehren. In die Geschichte der deutschen Sprache ist Jahn nicht als Urtöner, sondern als Schöpfer des Wortschatzes für das Turnwesen eingegangen [53]. Er wirkte, ähnlich wie der Grammatiker Grimm (*Ablaut, Umlaut, Inlaut* usw.), als spezialistischer Sprachschöpfer, was ihm gewiß ein Greuel gewesen wäre. Die Wirksamkeit der extremen, dilettantischen Altdeutschen – ich benütze dieses Wort in Analogie zu der vergleichbaren Opposition gegen die romanische Barockkultur – hält sich in Grenzen und darf mit dem tiefergreifenden Einfluß der philologischen Germanisten nicht verwechselt werden. Diese Ur-, Ur-, Urdeutschen wurden nicht erst durch die Demagogenverfolgung, sondern durch ihre eigene groteske Geistes- und Sprachgestalt ausgeschaltet. Es ist bezeichnend, daß Heine sie mit einer gewissen Gutmütigkeit als komische Statisten mitlaufen läßt und sie nicht für seine gefährlichsten Gegner hält. (So weit war der Primitivismus noch lange nicht gediehen.) Man stelle sich die Szene vor, wie Blücher, das Idol aller Nationalisten, die angetretenen Turnerkompanien mit »Messieurs« begrüßt und überhaupt im Gesellschaftsjargon anspricht [54]! (Man sagte bei solchen Gelegenheiten erst sehr viel später: »Männer«.) *Die Biedermeierzeit blieb trotz barbarischer Ansätze mit einer gewissen Selbstverständlichkeit noch der allgemein-europäischen Zivilisation verpflichtet.* Auch ein spezieller »Verein für deutsche Reinsprache«, eine propagandistische Sprachgesellschaft also, scheint erst 1846 entstanden zu sein [55].

Die Wiederherstellung des europäischen Gleichgewichts in diesem sprachlichen Sinne dürfte auch die Basis für den neuen Einbruch von Fremdwörtern nach 1830 gebildet haben. Die jüngeren Jungdeutschen, Heines und Börnes publizistisches Gefolge, regen sich über die Fremdwortjäger nicht mehr so auf wie die aus dem 18. Jahrhundert kommende Generation einschließlich Goethe. Heinrich Laube sagt in der Mitte der dreißiger Jahre ganz gelassen: »Der Purismus ist ein Unglück. Die Worte ›amüsieren‹, ›charmant‹, ›Ennui‹, ›komfortable‹, ›fashionable‹ sind nicht allein zu uns gekommen, sondern in Begleitung ihrer Begriffe. Unser Leben hat sich nicht allein und unabhängig entwickelt, eine solche Entwickelung gibt es in Europa nicht mehr« [56]. Sehr richtig; aber – das hätten die maßvollen Fremdwortgegner erwidert – wo liegt die Grenze in der Überfremdung des Wortschatzes? Ist das Fremdwort in allen Sprachbereichen gleichermaßen am Platze? Wenn ich recht sehe, betrifft die neue Liebe zum Fremdwort – von dem englisch-»germanischen« Sprachkult Sealsfields einmal abgesehen – vor allem die Salon- oder Konversationssprache und die ihr noch eng verbundene, weil *vor*demokratische Publizistik. Pückler-Muskau begründet seine Fremdwortsprache mit dem schlichten Argument, er wolle keine »deutschen Stilübungen« drechseln, sondern nur ausdrücken, was er fühle und denke [57]. Damit läßt er die Fremdwortfrage in Sprachbereichen, die dem Alltag und der momentanen Beobachtung (Reiseliteratur) ferner liegen, auf sich beruhen.

Zu bedenken ist auch, daß dem bürgerlichen Schriftsteller die Fremdwortsprache nicht so nahe lag wie dem adeligen. In Kotzebues Lustspiel *Der Rehbock* (Leipzig: P. G. Kummer 1815), das völlig in der Rokokotradition steht, erklärt zwar eine Gräfin: »die Zeiten sind vorbei, wo der deutsche Adel sich seiner Muttersprache schämte. Auch diese Fesseln – vielleicht die gefährlichsten – sind zerbrochen« [58]. Die Feststellung der Gräfin mag, obwohl im Jahr des Siegesrausches gesprochen, einigermaßen stimmen; aber deshalb schämte sich der mit Europa so eng verbundene Adel noch lange nicht des Französischen. Es blieb nicht nur diplomatische Sprache, sondern in vielen Fällen noch Sprache der höheren Gesellschaft, und so war dem Fürsten Pückler-Muskau der französische Ausdruck einfach oft bequemer.

Wenn dagegen E. T. A. Hoffmann in der zweiten Auflage seiner *Phantasiestücke* (1819) viele französische Ausdrücke durch deutsche ersetzte, so darf man annehmen, daß er, der durchaus europäische Erzähler, diese Änderung als eine Verbesserung oder jedenfalls als eine natürliche Entwicklung in der deutschen Erzählprosa empfand. Auch Immermann benützt in seinem ersten Roman (*Die Papierfenster eines Eremiten* 1822) mehr Fremdwörter als in den *Epigonen* (1836) und im *Münchhausen* (1838/39) [59]. Dieser besonnene Kulturkritiker schloß sich also dem neuen Fremdwörtertrend nicht an, jedenfalls nicht in der Erzählprosa, die auf dem Weg zum bürgerlichen Realismus immer bedeutender den dritten Stand repräsentierte. Auch Stifter, wieder ein guter Europäer, distanzierte sich klar vom Fremdwort, und zwar noch ehe er es als Erzähler ausdrücklich vermied. In den *Feldblumen* empfindet er, daß sich das Fremdwort nicht mit der erstrebten Naivität und Volkstümlichkeit des Erzählens verträgt, und so läßt er ein Mädchen sagen: »Wir müssen noch mehr solches humoristisches (oder wie das Wort heißt) Zeugs herbeischaffen«. Ideale Biedermeiermädchen reden, ganz wie es Grimm von dem weiblichen Geschlechte erwartet, normalerweise einfach und rein. Sogar in seiner Skizze *Wiener Salonszenen* distanziert sich der Österreicher von der Salonsprache: »Wenn eine solche Familie, die Spiel gibt, ihren Jour hat (Tag darf man nicht sagen, weil Jour vornehmer ist)« [60].

Um dieses maßvolle, nicht gleich erfolgreiche, aber beharrliche bürgerlich-deutsche Streben nach der reinen Erzählsprache, überhaupt nach der reinen Dichtungssprache richtiger würdigen zu können, wollen wir noch in einem Fremdwörterbuch aus dem Beginn der Biedermeierzeit blättern (G.P. von Gemünden, *Der deutsche Sprachreiniger*, München 1815). Der Verfasser beruft sich im Vorwort auf Wieland, Goethe und Schiller, schließt manche Sachbezeichnungen und Sachbereiche von der Verdeutschung ausdrücklich aus und führt als Grund seines Tuns ein im Geiste jener Zeit sehr ernstzunehmendes Argument an: *Die Sprache muß auch »für den gemeinsten Mann verständlich«* werden. Man wird nach der Prüfung dieses Wörterbuches zugeben, daß es in allen Wortarten um 1815 viele überflüssige Fremdwörter gab und daß ihre Beseitigung für ein selbstbewußter *und* demokratischer werdendes Volk nahelag. Sehr viele Verdeutschungsvorschläge, die in unserem *Sprachreiniger* gemacht werden, sind inzwischen selbstverständlich geworden, z.B. *pöbelhaft* für *kanaillos, verleumden* für *kalumnieren, besänftigen* für *kalmieren, genießbar* für *komestibel, tröstlich* für *konsolant; Ansteckung* für *Kontagion, Verbrauch* für *Konsumo, Gegenteil* für *Kontrarium, Gegenlicht* für *Kontrejour, Übertretung* für *Kontravention; Gegenbefehl geben* für *kontremandieren, stürzen* für *külbütieren, tadeln* für *karpieren, züchtigen* für *kastigieren, äffen* für *kavillieren; durch Zufall* für *casu, vergleichsweise* für *komparative, durch Gegenrechnung* für *kompensando, zur Ergänzung* für *in komplementum, auf der Stelle* für *in kontinenti.* Wie wir der lateinischen Gelehrtensprache, die es im Schrifttum der Biedermeierzeit noch gelegentlich gab, nicht nachtrauern und wie wir es als selbstverständlich empfinden, daß die Oberschicht in Deutschland deutsch spricht, so sollten wir auch die Eindämmung des übertriebenen Fremdwortgebrauchs in und nach der Biedermeierzeit als eine Leistung anerkennen. Wie unsicher man um 1815 noch war, verrät z.B. der hübsche Umstand, daß unser *Sprachreiniger* glaubt, *Orange* durch das vermutlich noch gebräuchlichere *Pomeranze* (vgl. *Mozart auf der Reise nach Prag!*) verdeutschen zu können.

In Reaktion auf die dreißiger Jahre verschärft sich in den vierziger Jahren die Kritik an einem überflüssigen Fremdwortgebrauch erneut. Besonders in der Erzählprosa kennen auch ausgesprochen fortschrittliche Kritiker keine Gnade mehr, ein Beweis dafür, daß das Fremdwortproblem auch politische und gesellschaftsgeschichtliche Aspekte hat. Der Erzähljargon des Salons wird, wie es scheint, dem Bürger unausstehlich. H. Marggraff, der, wie sein Publizistendeutsch belegt, alles andere als Anhänger des »Superpurismus« (s.o. Bouterwek) ist, streicht in der *Cecil* (Berlin 1844) der Hahn-Hahn u.a. folgende Ausdrücke rot an: »in der Intimität leben«, »à la hauteur aller Dinge sein«, »eine vocation für etwas haben«, »von foudroyanter Entschiedenheit«, »einen brillantierten Verstand besitzen«. Fanny Lewald, die sich in einem interessanten satirischen Roman (unter dem Pseudonym Iduna, Gräfin H.H.: *Diogena*, 1. Aufl. Leipzig 1846, 2. Aufl. 1847) nicht nur mit der romanschreibenden Gräfin, sondern mit dem pervertierten Adel überhaupt auseinandersetzt, parodiert auch die Sprache der Hahn-Hahn. Besonders an empfindsamen Stellen scheint sie das Fremdwort der Salonsprache zu stören, woraus man wohl folgern darf, daß sie es in der rationalen, besonders ironischen Diktion gelten läßt. Als eine Art komisches Leitwort für Diogena begegnet immer wieder das Oxymoron »*immense* Seele«, so in dem folgenden Stoßgebet: »O! Du mein Gott! ... Du wirst ihr geben, was sie bedarf, ein immenses, nie dagewesenes Glück für ihre immense Seele!« Die Eindeutschungstendenz dürfte, ähnlich wie die republikanische, in der Mitte des 19. Jahrhunderts einen Höhepunkt erreicht haben und in der neoaristokratischen Zeit um 1900 wieder einer Vorliebe für den Fremdwortstil gewichen sein. In einer Übersetzung der *Eugénie Grandet* von 1845 begegnen die Worte *schwermutsvoll, Beileidsmahl, Schmeicheleien*. 1905 gebraucht ein Übersetzer dafür die Worte *melancholieumwoben, Kondolenzdiner, Insinuation* [61].

Archaismen

In einen für die Literatur hochinteressanten, schwierigen, noch lange nicht genug erforschten und durchdachten Stilbereich treten wir mit der archaisierenden Sprache. Die Schwierigkeit liegt darin, daß die stilistische Funktion der Archaismen ursprünglich völlig anders war als die der zahlreichen inzwischen verschwundenen, aber in ununterbrochener Folge bis in die Biedermeierzeit hinein lebenden Wörter und Wortbedeutungen, daß aber im konkreten Fall die Unterscheidung zwischen den echten alten Wörtern und dem bewußt gewählten alten Wortgut und damit die Feststellung der stilistischen Absicht oft schwer fällt. Dazu kommt, daß infolge der ständigen Verquickung von Archaismus und Dialektwort auch die landschaftlichen Voraussetzungen des Schriftstellers eigentlich stets berücksichtigt werden müßten und daß dabei die heutigen Dialekte in die Irre führen können. Schließlich hat die zeitliche Tiefe des gewählten alten Wortes verschiedene stilistische Konsequenzen. Ob der Schriftsteller auf das 13. oder 16. Jahrhundert, und dort womöglich auf die vertraute Lutherbibel, zurückgreift, macht einen großen Unterschied; denn die stilistischen Sprachspannungen, die jeweils im Kontext entstehen, sind völlig verschieden.

Wir schließen diesen Abschnitt an den über das Fremdwort an, weil radikale Archaismen, ohne germanistische Sentimentalität betrachtet, stilistische Fremdwörter sind und oft noch einen stärkeren Verfremdungseffekt bewirken als diese; denn während das Fremdwort oft nur ein wenig großartig klingt – man denke an die Verse aus Freiligraths Venedig-Gedicht –, mag aus dem mittelhochdeutschen Wort der Schauer einer fernen Frühzeit wehen. So empfand man das Altdeutsche jedenfalls, als es noch kein Schulstoff war. Es klang »romantisch«, und dies Wort verdeutscht der erwähnte *Sprachreiniger,* treffend für 1815, mit »schauerlich, wild schön«. In Levin Schückings Gedicht *Jugend-Erinnerungen* träumt der Dichter von dem alten Schloß, vor dem ein Wappen-Löwe liegt, auf dem er als Junge ritt und sich als Ritter fühlte. In so gotischer Umgebung muß natürlich altdeutscher Wortschatz erscheinen; die 8. Strophe lautet:

> Hinaus, hinaus auf meinen Leun empor,
> Den Wappenhalter auf dem alten Thor,
> Noch weist er grimm die trotzgen, festen Krallen!
> Und weist die dräuend jetzt, das kluge Tier,
> Es ließ hinab längst Schild ja und Zimier,
> Die ganze Herrlichkeit in Trümmer fallen! [62]

Wie in andern Fällen die lebendige Suffixbildung der alten Sprache nachgeahmt wird, so wird hier das fehlende Suffix in mhd. *grim* (neben grimmec) zu einem archaisierenden Spracheffekt ausgenutzt. Noch auffallender ist das mhd. *Zimier* (Helmschmuck) als Reimwort. Es hat eine ähnliche Funktion wie die Fremdwortreime, die Schücking in diesem Gedicht, nach dem Vorbild seines Landsmannes Freiligrath, ebenfalls verwendet (Wald / *Basalt, Paladin* / glühn, wehen / *Ideen*). In Westfalen jagte man besonders eifrig nach dem körnigen Ausdruck; Schücking wollte hinter Freiligrath und seiner Freundin Annette nicht zurückbleiben. Auffallender ist es, wenn ein Wielandianer wie E. Schulze singt: »So gatten sich die *minnigen* Gestalten« [63]. *Minne* war schon im Göttinger Hain (Hölty) wieder aufgenommen worden und für den Göttinger Dichter offenbar unvermeidlich. Merkwürdig ist auch, daß der kritische Immermann, der ausdrücklich eine »zeitgemäße Reproduktion« von *Tristan und Isolde* geben will, dem Zeitgeschmack und seiner westfälischen Verpflichtung anheimfällt und älteres Sprachgut wie *Fraue, Königinne, entbrann, Kemenate, Gereide* (Geräte) usw. benützt [64]. Übrigens sagt auch der Österreicher A. Grün: »Die *Fraue* sprach« [65]. Sogar in die Publizistik dringt das Mittelhochdeutsche ab und zu ein. Wilhelm v. Schütz sieht in Pyrkers Karl V. »eine Kraft, *Maße* [!] und Persönlichkeit von historischer Existenz« vorgeführt [66]. Man bemerkt an diesem Beispiel wieder die Beweglichkeit der damaligen Sprache; denn der Grund für die Wahl der mittelhochdeutschen Form liegt hier wohl nur in der Flüssigkeit der Rede (Koordination der drei Femina). Auch klangliche Gründe können zum Abweichen vom normalen Deutsch führen. So vermutet man an einigen Stellen von Karl Stahls *König Kodrus* (Leipzig 1839), der den Brüdern Grimm gewidmet ist, daß möglichst volltönig gedichtet wurde, da Jacob Grimm die Abschwächung der vollen Vokale als Verfall betrachtete. Selbst die Spondäen-Wut Platens, die zu Wortbildungen wie *trugvoll, glanzhell* oder *bestandfroh* führte, ist vielleicht nicht nur unter metrischen Gesichtspunkten zu sehen. Das Verlangen nach uriger Diktion ergriff, wie wir schon wissen, auch die Klassizisten.

Wir können uns nicht recht vorstellen, daß ein Dichter vom Range Mörikes Wörter wie *Ferge, freudentlich, anfahen, Brünne, Ger, Gauch* benützt. Das blieb dem Germanisten Uhland und vor allem drittrangigen Dichtern wie Fouqué vorbehalten [67]. Noch schlimmer war es, wenn die Poeten falsche Archaismen bildeten wie selbst Tieck: »An dem Kreuz die Mutter *stande*«, Reim: »überwande«. Mit Recht spottete Jean Paul über die »minnesängerischen Flicklaute der Neuern« wie *»sehre, deme, Zoren«* usw. [68]. Wahrscheinlich müssen wir mit blutenden Germanistenherzen doch ganz schlicht feststellen, daß der Rückgriff auf das höfische Mittelhochdeutsch ein Holzweg war. Um so selbstverständlicher war es, daß die aufsteigende bürgerlich-deutsche Volkskultur auf die deutsche Bürgerzeit des 16. Jahrhunderts zurückgriff. Besonders die protestantischen Geistlichen der Restaurationsepoche fanden in der Sprache Luthers eine verläßliche Basis ihres literarischen Kampfes. Einer von ihnen, Abraham Emanuel Fröhlich, bot in seiner Satire *Der junge Deutsch-Michel* (Zürich: Meyer und Zeller 1843) die Bibelsprache programmatisch gegen den »Schulgott« (die Philosophie) und die Witzlinge (die Jungdeutschen) auf:

> Soll dich dein Volk verstehn, so sprich in seiner Sprache;
> Der Deutschen Sprache ist, Gott Lob, die Bibelsprache.
> Wer sie versteht, der ist's, der es dem Volke trifft,
> Die rechte Schriftsprach' ist die Sprache nur der Schrift [69].

Fröhlich versucht seinem Epos *Ulrich Zwingli* (1840) etwas von der Kraft der alten Sprache mitzugeben, etwa in der altmodischen Handhabung der Flexionen (»Und daß solch Bündnis habe so *breit- als festen Grund*«) [70] und im fleißigen Gebrauch des Genitivs (»Doch reich uns *etwas Weines*«, »*kein Stücklein Brotes*«) [71]. Freilich, die Dichterkraft reichte nicht aus. Zschokke hatte zu dieser Zeit die Bibelsprache längst in die Erzählprosa eingeführt, z.B. in seinem *Goldmacherdorf* (1817); so wird etwa am Ende des dritten Kapitels mit Hilfe der Bibelsprache ein knapper, aber kräftiger Schlußakzent gesetzt: »Als Oswald diese Dinge vom Müller hörte, schüttelte er den Kopf und *ging in seiner Seele betrübt von dannen*«. [72]. Ähnlich verfährt Zschokke in der Erzählung *Die Branntweinpest*. Der mächtigste Meister dieses Tons ist Gotthelf. Die Bibelsprache war so erfolgreich, daß sogar Büchner im *Hessischen Landboten* sie benützte. Er wußte, daß die Salonsprache der Jungdeutschen das Volk nicht erreichte. Nimmt man zur Wirkung der Bibelsprache Luthers noch den starken Einfluß der Volksliedsprache auf die Lyriker der Zeit hinzu, so kommt man zu dem Ergebnis, daß der Rückgriff auf die Sprache der ersten Bürgerzeit höchst sinnvoll war und zu bedeutenden Leistungen führte. Es war natürlich gewagt, wenn Rückert eine ausgestorbene Wortbildung wie *Veil* für Veilchen (Trübner) wieder aufnahm; doch war der historische Abstand geringer, so daß der Leser auf ein »gemütliches« Dialektwort tippen konnte. Auch beim Volkslied war die kräftige, gedrungene Sprache das Vorbildliche. In einem Aphorismus der *Wanderjahre* sieht Goethe den Vorzug der alten Volkslieddichter darin, »daß natürliche Menschen sich besser auf den Lakonismus verstehen als eigentlich Gebildete« [73]. Der gebildete Dichter, sagt Goethe, könnte auch so natürlich dichten, »wenn er es verstünde«. Das war in der Tat die Goldmacherkunst, um die sich so viele bemühten und die zu jener Zeit, strenggenommen, nur wenigen gelang.

In der Biedermeierzeit hatte das Archaisieren schon eine längere Tradition; denn es begann ja im Sturm und Drang. Das bedeutet, daß es seinen modischen Reiz schon ein wenig eingebüßt hatte und nicht überall gern gesehen wurde. Die Dichter in der Tradition des Rokoko, die bewußt modern sein wollten und durch die Entdeckung des notwendig »Subjektiven« und »Sentimentalischen« (Schiller, Romantik, Hegel) darin bestärkt wurden, pflegten über den Archaismus zu spotten. Wir sahen schon, daß sich selbst Jean Paul so verhielt. Einer der bedeutenden Repräsentanten der Rokokotradition ist Wilhelm Müller. Er kritisierte sowohl den Archaismus der Homerübersetzungen, »jenes Vermannigfachen des Einfachen, jenes Verzierlichen und Vervornehmen des Schlichten und Gemeinen« [74] wie das Altertümeln in den Balladen der Romantiker (J. Kerners); denn wenn auch »der Geist derselben ebenfalls in dieser Altertümlichkeit schwebt«, so »bleibt das Nachspielen einer toten Sprache stets etwas Gemachtes und schließt mehr oder minder den Ton der Natur und des Lebens aus« [75]. Man ersieht aus dem Vergleich mit Goethes Äußerung über das Volkslied das gesteigerte Sprachbewußtsein der Jüngeren. Der Historismus kann das Alte verständlicher machen; aber er kann immer auch zu einer schärferen Abgrenzung von der »toten« Vergangenheit führen. Heine hat in der *Romantischen Schule* Wilhelm Müller gegen den archaisierenden Uhland ausgespielt. Müller gelingt die »Nachbildung des deutschen Volkslieds« besser: »Er erkannte tiefer den Geist der alten Liedesformen und brauchte sie daher nicht äußerlich nachzuahmen; wir finden daher bei ihm ein freieres Handhaben der Übergänge und ein verständiges Vermeiden aller veralteten Wendungen und Ausdrücke«. Eine Fußnote tadelt bei Uhland vor allem mittelhochdeutsche Wörter wie *was* für war und *wat* für Kleid [76].

Es gab noch eine dritte Möglichkeit, nämlich die mehr oder minder ironische Einbeziehung des Alten, in der auch Heine ein Meister war. Das folgende Gedicht Louise Brachmanns gibt ein Beispiel für die rokokohafte Überformung der Volksballade. Durch eine kräftige erotische Schlußpointe wird das archaisierende Sprachgut gesellschaftlich aktualisiert und aus dem Volkslied eine Art Kavalleristenpoesie für den modernen Gebrauch herausgeholt:

> Die gekränkte Liebe
> Weint im Kämmerlein
> Sich die Augen trübe,
> Schluchzt in sich hinein.
>
> Und der wilde *Knappe*
> Pocht an ihre Tür:
> »Draußen steht mein Rappe,
> Reich die Handschuh mir!«
>
> Zaudernd mit dem Schritte
> Reicht sie abgewandt
> Handschuh ihm zum Ritte;
> Doch er faßt die Hand.
>
> Zieht die Heißgeliebte
> An die Lippen schnell,
> Küßt ihr das getrübte
> Auge wieder hell. – –

Und sein Rappe stampfet
Wohl die ganze Nacht,
Bis der Morgen dampfet
Und die Aue lacht.

Man bemerkt leicht, daß dies Gedicht trotz der balladesken Sprache mit Mörikes *Ein Stündlein wohl vor Tag* und ähnlichen stimmungsvollen Gedichten im Volkston nichts zu tun hat. Doch gibt es auch bei dem Schwaben, der so gut auf der Geige der Naivität zu spielen versteht, die rokokohafte Modernisierung der Volksballade (vgl. z.B. *Jedem das Seine)*; nur ist eben seine Anmut virtuoser. Noch näher liegt das Spiel mit dem Archaismus beim Märchenepos. Wenn in dem beliebten *Waldfräulein* (1843) des Freiherrn von Zedlitz »der *edle Degen*« erwähnt wird, wenn es heißt »*viel starke, stolze Burgen*« oder wenn gar das höfisch-mittelhochdeutsche Wort *Tjost* erscheint, so ist das nicht ärgerlich; denn das ganze Epyllion ist so leicht und flott, so rheinromantisch gehalten, daß das alte Wort den Leser so wenig stört wie den Zecher am Rhein die Kulisse mittelalterlicher Burgen. Die Entwicklung bewegt sich auf den *Trompeter von Säckingen* und *Alt Heidelberg du feine* zu.

Wie eng in der Frage des Archaisierens die verschiedenen literarischen Richtungen ineinandergriffen, sei abschließend noch kurz an dem berühmten Beispiel des alten nichtattributiven Genitivs, der uns bereits begegnete, nachgewiesen. Da der Genitiv im Neuhochdeutschen längst im Abbau begriffen ist, muß er nach dem Mythos der Archaisten besonders poetisch sein. Diese Vorstellung finden wir schon 1811 bei Heinrich Bauer, und er beruft sich noch auf einen früheren Gewährsmann. Die Tendenz dieses Grammatikers ist es, das vielumstrittene »griechenzende Deutsch« des Klassizisten Voss mit Hilfe der jungen Indogermanistik und Germanistik zu rechtfertigen: »Die deutsche Sprache, sagt übrigens Radlof, besaß von den frühesten Zeiten an bis ins sechzehnte Jahrhundert, in allen ihren Mundarten, ein weit umfassendes System von *Genetivfügungen,* von denen die unsrigen nur unbedeutende Trümmer sind. Nach diesem System wurden, wenn nicht vielleicht mehr, doch gewiß ebenso viele Verhältnisse wie in der griechischen Sprache, vorzüglich nach Verben, durch den Genetiv bezeichnet. Bei Nachahmung dieser Sprache ist es daher auch unmöglich, der unsrigen irgend etwas einzufremden; folglich sind auch Bürgers, Vossens und andrer Fügungen dieser Art völlig deutsch und richtig, und diese Dichter haben hier nichts getan, als gleichsam aus den Schätzen der Vorzeit einige wenige Goldkörner genommen, welche die Unwissenheit voriger Zeiten, Bedürfnismangel und Sucherei nach begreiflicher Faßlichkeit verschmähete und welche die vormals so häufigen Nachsklavungen des Lateinischen und Französischen aus dem Gebrauch setzen halfen. Die Verdrängung dieser Fügungen ist aber für unsre Sprache der größte Verlust, welchen sie je erlitt; denn diese kann sie auf keine Weise, wachse sie auch noch so sehr an Vollkommenheit, wieder ersetzen« [77]. Die Genitivfügungen, die der Verfasser anschließend aus Voss, Klopstock, Schiller und dem Oberdeutschen zustimmend zitiert, sind z.T. ziemlich kühn: »*des sorgen die Obern* wohl«, »*sich des Kampfes erholen*«, »*des Freundes trauern*«, »*angefüllt der Männer*«, »*einer Sache unsorgsam*«, »ich hab euch *des Lebens gesichert*«, »*des Weines trinken*«, »ich *lud der Brüder ein«,* »es *erschallt noch seines Gesanges«* usw. In ähnlicher Weise werden ungewöhnliche Wortversetzungen (s. u.) und nachgestellte Adjektiva gerechtfertigt – und alles das in einem angesehenen *Lehrbuch der deutschen Sprache.* Wieder erkennt man, daß die unerhörte Beweglichkeit der damaligen Sprache nicht nur die Leistung einzelner Schriftsteller war, sondern durch das gesteigerte Sprachwissen und -bewußtsein sozusagen obligatorisch gemacht wurde.

Literatur und Volkssprache

Der Dialekt, der ganze Bereich der Volkssprache scheint ein einfaches Phänomen zu sein; aber die volkssprachliche Literatur, ob nun reine Dialektdichtung oder Literatur mit volkstümlicher Färbung, ist ein schwieriges Problem [78]. Wie eng die volkstümliche Literatur um und nach 1800 mit der Erweiterung und Vertiefung des Sprachbewußtseins zusammenhängt, ist wiederum daraus zu entnehmen, *daß klassizistisch orientierte Philologen Pioniere der Dialektdichtung gewesen sind.* Voss, der durch seine Homerübersetzung, wie wir schon gesehen haben, die Diskussion um die deutsche Literatursprache so stark in Bewegung gebracht hat, gab auch für die Dialektliteratur in einigen seiner Idyllen das wirksamste Vorbild. In beiden Fällen bildet eine hochkultivierte Bemühung um das Einfache und Elementare, die bewußte Konstruktion einer »naiven«, »anschaulichen«, von »Reflexion« und »Bildung« möglichst wenig berührten Diktion den Hintergrund. Für die Restaurationszeit war Hebel, der bedeutendste Nachahmer des Niederdeutschen Voss, noch wichtiger, weil der badische Professor die Sozialkritik so ziemlich vermied und weil das Alemannische, das er zur Literatursprache machte, die Verbindung zu dem immer wichtiger werdenden germanistischen Ideenbereich herstellte. Man erkannte die Verwandtschaft mit dem Althochdeutschen. Alemannische Hexametersprache – das widerspricht allen naiven Vorstellungen von der Dialektliteratur, bestätigt aber die literarische Retorte, womit nicht gesagt sein soll, daß die Goldmacherkunst mißlang. Bach spricht in der *Geschichte der deutschen Sprache* von der »bewußten Kunstsprache«, die Hebel im *Schatzkästlein* (Tübingen 1811) ähnlich wie die Brüder Grimm in ihren *Märchen* (1812/15) verwendete [79]. Nun, die *Allemannischen Gedichte* (Karlsruhe 1803) sind mit einem noch höheren Kunstbewußtsein geschrieben. Deshalb interessierte man sich in Weimar für Hebel ebenso wie für Voss. Urtümliche und doch literarisch gepflegte homerisch-klassische Sprache – das war etwas für die Feinschmecker, nicht für das Volk, das man besser in einem volkstümlich und biblisch gefärbten Schriftdeutsch ansprach. Ich zitiere einige Hexameter über die im Feldberggebiet entspringende Wiese:

> Im verschwiegene Schoß der Felse heimli gibohre,
> vo de Wulke gsäugt, mit Duft und himmlischem Rege,
> schlofsch e Bütscheli=Chind in di'm verborgene Stübli
> heimli, wohlverwahrt. No ni hen menschligi Auge

güggelet und gseh, wie schön mi Meiddeli do lit
im christalene Ghalt und in der silberne Wagle;
und kei menschlig Ohr het no si Othmen erlustert,
oder sie Stimmli ghört, si heimli Lächlen und Briegge [80].

Was diese Dialektsprache von der traditionellen, wie sie etwa im Lustspiel zu Hause war, unterscheidet, ist ihre Stilhöhe: homerisches Gleichnis, gewählte Beiworte, intensivierende Synonyme und Ausdrücke, die das Geheimnis so hoher Herkunft umschreiben. Der mythische Effekt, der seit der Frühromantik ein so wichtiger Programmpunkt war, wurde durch den Dialekt erhöht: »Und d'Mitternacht schnuuft vo de Berge her«. Das ist noch kräftiger und in diesem Sinne wirksamer als Mörikes »Gelassen stieg die Nacht ans Land«. Hier war die Klassik und Romantik eins geworden, und eben deshalb wurde Hebel zu einem wichtigen Vorbild des Biedermeiers.

Man wird trotz der Heimatkunst um 1900 vielleicht behaupten dürfen, daß die *Dialektpoesie* in der Biedermeierkultur ihren Höhepunkt erreichte, eben deshalb, weil sie mit der aufsteigenden Germanistik eng verbunden und etwas bedingt Substantielles, kein verzweifeltes Gegenbild gegen die moderne Zivilisation war. Die einzelnen Territorien galten noch als »Vaterland«. Die Mundarten, die sich in ihnen gebildet hatten, löste die Industrialisierung erst »um 1850« auf [81]. Man mag sagen, daß eine Tradition, die nicht gefährdet ist, kaum so geliebt wird wie der Dialekt im Biedermeier und an die Parallelerscheinung des Bauernkultes in der Dorfgeschichte erinnern. Aber das Verhältnis zur Mundartdichtung ist damals zu nüchtern, als daß sie schon als Schwanengesang gelten könnte. Die Dialektgedichte haben meist einen Anhang mit Worterklärungen und stehen manchmal in einem direkten Zusammenhang mit der Entstehung von Dialektwörterbüchern. Der Dialektdichter versteht sich nicht nur als Landschaftsangehöriger, sondern – man muß den damaligen (hohen) Klang des Wortes mithören – als germanistischer Dichter. Besonders einprägsam ist der Umstand, daß der Verfasser des *Deutschlandliedes,* Hoffmann von Fallersleben, Germanist und Norddeutscher, gleichzeitig mit althochdeutschen Studien innige *Allemannische Lieder* (Fallersleben 1826) veröffentlicht hat. Kobell, der wissenschaftlicher, bildkünstlerischer, literarischer und geselliger Virtuose war, veröffentlichte *Gedichte in hochdeutscher, oberbayrischer und pfälzischer Mundart* (2 Bände, München 1839 und 1841). Die Vorstellung dumpfer Kreatürlichkeit, welche der Naturalismus in die Dialektliteratur hineinbrachte, muß man hier vergessen. Sogar der Österreicher Franz Stelzhamer (*Lieder in obderennsischer Volksmundart,* Wien 1837) insistiert nicht etwa auf seiner österreichischen Sonderart, sondern auf dem »altgermanischen Urklang« seines Heimatdialekts. So hat z. B., sagt er, das österreichische *Vadá* »eine bewundernswürdige Euphonie«, »*won i*« die beliebte, vorbildliche brevitas. »Endlich das Metaphorische vorzüglich in den Verben und Adjektiven« (Vorrede). Ähnlich schwärmt der Schweizer Karl Steiger von seinem Dialekt: »Das Wort Ahne für Großmutter hat einen guten Klang, es ist ein adeliges, ahnungsvolles Wort« [82]. Überall die philologische Retorte humanistischer und germanistischer Art! Die Frage ist immer nur, wie der einzelne Dialektdichter sein Handwerk meistert. Man wundert sich, wenn man diese Zeit kennt, nicht, bei einem Elsässer das Dialektlustspiel in Alexandrinern zu finden (Georg Daniel Arnold, *Der Pfingstmontag*, Straßburg 1816) und festzustellen, daß Goethe dies Werk, ebenso wie die *Allemannischen Gedichte*, mit großem Respekt um seiner Anschaulichkeit willen begrüßt hat. Karl Moritz Rapp, der Tübinger Germanist und Dialektdichter – es ist die typische, legitime Verbindung –, warnt in seinem *Versuch einer Physiologie der Sprache* (Stuttgart und Tübingen 1841) ausdrücklich vor der Vorstellung, Mundartdichter sei der, welcher singe, wie ihm sein Volksstamm den Schnabel habe wachsen lassen. Die Mundart ist nicht nur eine Spielart des Hochdeutschen, sondern eine literarische Gattung, der man sich mit Überlegung zu bedienen hat. So ist nach Rapp z.B. die Verwendung in Lyrik und Drama verschieden. In der Lyrik genügt *ein* Dialekt, dagegen empfiehlt es sich im Drama, verschiedene Sprechweisen einander entgegenzusetzen.

Zusammenfassend läßt sich zu diesem Problemkreis sagen, daß man die verschiedenen Dialektliteraturen noch nicht naiv-realistisch als Ausdruck individueller Stammeswirklichkeiten verstand und mißverstand, sondern daß man sich der literarischen Funktion *aller* Dialekte voll bewußt war und insofern noch keinem absoluten Provinzialismus verfiel. Die Volkssprache ist nur eines der verschiedenen Mittel, mit deren Hilfe man die begehrte Primitiv- und Ursprache realisiert. Stelzhamer findet keinen Widerspruch zwischen dem »altgermanischen Urklang« des Österreichischen und der Verwendung des Hexameters; denn auch dieser ist ja uralt. In Tiecks großer Novelle *Der Tod des Dichters* spricht der Neger Jao einmal ein gebrochenes ekstatisches Deutsch [83]. Die Neger-Figur lag in portugiesischer Umwelt, am Rande Europas, nahe; bei einem deutschen Stoff hätte gewiß ein stammelnder Bauer die Urlaut-Rolle gespielt.

Ludwig Aurbacher, Rhetorikprofessor und einer der besten volkstümlichen Erzähler im Biedermeierdeutschland, macht in der Vorrede seines schon erwähnten *Kleinen Wörterbuchs der deutschen Sprache* (Sulzbach: J.E.v.Seidel 1828) folgende Feststellung: »Daß dialektische Wörter in ein Wörterbuch der hochdeutschen Sprache aufgenommen werden können, darüber kann wohl in unsern Tagen kein Streit mehr stattfinden« [84]. Alexis scheint also kaum im Recht zu sein, wenn er im 37. Kapitel seines Romans *Der Roland von Berlin* (Leipzig 1840) der Benützung des niederdeutschen Wortes *Tanger* einen Ausfall auf die »Grammatici« folgen läßt, die für ein so »gutes Wort« vielleicht kein Verständnis haben. Indes scheint die Partei derer, die dem Dialekt mißtrauisch gegenüberstanden, damals noch nicht ganz ausgestorben zu sein. Der einflußreiche A.W.Schlegel hatte sich ausdrücklich gegen Voss und sein Gefolge gewandt. Die »Spracherweiterungen« und »Provinzialismen« erschienen ihm als »eine umgekehrte Poetik«. Er wollte den niederen Wortschatz traditionsgemäß auf die ironische und komische Dichtung beschränken [85], schlug sich also auf die Seite der sogenannten Sachsen, Gottscheds, Adelungs usw. Aurbacher (s.o.) ließ sich vielleicht durch seinen süddeutschen Standort irreführen. Saphir beklagt sich, von Wien kommend, bitter darüber, daß Bildungsschicht und Pöbel in Norddeutschland scharf getrennt sind, daß es keine gemeinsame Volkssprache gibt [86]. Dazu paßt, daß sich der Nord- und Jungdeutsche Wienbarg für die Ausrottung des Niederdeutschen einsetzte (*Soll die plattdeutsche Sprache gepflegt oder ausgerottet werden? Gegen ersteres und für letzteres beantwortet,* Hamburg 1834). Er sieht im Gebrauch des Dialekts eine feinere Art bäuerlicher Leibeigenschaft, kann sich also den »freien gebildeten Landsmann« nur als hochsprachliches Wesen denken [87]. Vielleicht muß diese radikale Einstellung schon als Reaktion auf die biedermeierliche Dialektliteratur interpretiert werden. Sozial gesehen waren die Dialektdichtungen selbstverständlich patriarchalisch. Die Verbrüderung von Bildungshonoratioren und »Pöbel« fand auf Volksfesten und im Volkstheater, nicht im gesellschaftlichen Alltagsleben statt. Noch G. Hauptmann hat die Biedermeiertradition im Auge, wenn er sich von einer Heimatkunst distanziert, »die den Dialekt als Kuriosum benützt und meistens von oben herab als humoristisch auswertet«. Freilich, kann der Dialekt eine »dem Hochdeutschen ebenbürtige Ausdrucksform« sein, wie es der Naturalist fordert?

Eindrucksvoll ist die Stellung, die der liberale Berthold Auerbach in seinem programmatischen Buch *Schrift und Volk* (Leipzig: Brockhaus 1846) zwischen den Jungdeutschen und den biedermeierlichen Dialektdichtern bezog. Scharf wendet er sich gegen jene Art von »Nützlichkeitspoesie«, welche sich auf Grund der traurigen politischen Lage berechtigt glaubt, die künstlerischen Errungenschaften der Klassik preiszugeben und »die Dichtung [zu] feuilletonisieren« [88]. Andrerseits ist es nach Auerbach auch ein Irrtum zu glauben, die Dialektpoesie sei volkstümlich. Die *Allemannischen Gedichte* waren etwas für »Leser von höherer Bildung« [89]. Erst später im schriftdeutsch geschriebenen *Schatzkästlein* hat sich Hebel zum Volkstümlichen erhoben [90]. Das Experiment der Dialektliteratur bildet im derzeitigen partikularistischen Zustand Deutschlands sogar eine Gefahr. Es ist, sagt Auerbach, eine »Verletzung des geschichtlich Gewordenen, wenn man die Schriftsprache in die Mundart zurückschraubt… Die Sprache ist der letzte Hort der Einheit. Bei aller Rücksicht für die Wahrung der Besonderheiten müssen wir daher die allgemeine Volkssprache zu erhalten und auszubilden trachten« [91]. Dazu kann uns der Dialekt mehr Anregungen geben als das Mittelhochdeutsche der Romantiker. Auerbach beruft sich auf Sprachforscher wie Moritz Rapp und Johann Schmeller. Er möchte zwar verhindern, daß das Volkstum nur ein »neues Gericht auf der Genußtafel« ist [92]; aber hinsichtlich der *allgemeinen* Volkssprache (s. o.) ist er durchaus bereit, aus den Dialekten zu lernen: »Die Schriftsprache kann sich nicht nur mit forschen Worten aus der Volkssprache rekrutieren und sie nach und nach grammatikalisch einexerzieren…, sondern auch grammatikalisch ließe sich wohl manches herübernehmen« [93].

Zwischen der reinen Dialektpoesie und der in einem ganz allgemeinen Sinne volkstümlichen Literatur (Beispiel: *Schatzkästlein*) gibt es während der Biedermeierzeit den älteren Literaturtypus, in dem der Dialekt nur eine kontrastierende Stilschicht bildet, vorwiegend komischer Art*. Wenn Gotthelf ernst wird, spricht er Hoch-

---

* Der Streit um die Frage, ob die Dialektliteratur komisch oder ernst sein soll, scheint erst in den 1850er Jahren heftig geworden zu sein (Groth gegen Reuter). Vgl. *Jaeger,* Theorien, S. 51 ff.

deutsch, an Höhepunkten sogar die Bibelsprache. Er scheint also mit seinem Schweizer Kollegen Fröhlich der Meinung zu sein, daß die Sprache des Volks die Bibelsprache ist. Nun ist freilich Gotthelf nicht nur Volks-, sondern auch Honoratiorenschriftsteller. Sobald er seinem vorwiegend bürgerlich-deutschen Publikum die Bauern des Berner Oberlandes in allerlei Beschreibungen, Genrebildern und Gesprächsszenen nahebringen will, bedient er sich gerne des berühmten »altdeutschen« Schweizerdialektes. Es sind nicht nur spaßige Genrebilder, wie z.B. die Magd-Partien in *Anne Bäbi Jowäger*. Die traditionellen komischen Dienerszenen erschöpfen die Funktion des Dialektes bei ihm nicht. Auch Gotthelf gehört zu den Schülern Hebels, und so werden die Dialektpartien oft zu behaglichen, womöglich gemütvollen Genrebildern angehoben. Man nehme folgende treuherzige Begegnung aus der Erzählung *Wie Christen eine Frau gewinnt:* »›Doch was ich habe sagen wollen: manglest etwas, Anni? Schwamm oder Seife oder Schmöckwasser?‹ ›Muß luege, Grit‹, sagte die Wirtin, ›wird aber nicht so pressieren; komm, sitz ab, wirst doch wollen hier über Nacht bleiben?‹ ›Gern‹, sagte Grit, ›aber bei Anni, nicht bei der Wirtin; einen Batzen Schlafgeld vermag ich nicht.‹ ›Hab dir auch noch nie einen gefordert, oder?‹ ›Nein, nein‹, sagte Grit, ›wenn alle Weiber so wären wie du, es wäre noch dabeizusein‹« [94]. Die grammatische Anlehnung an den Dialekt ist selten; dagegen kommen eine Reihe von Anleihen beim Schweizer Wortschatz vor. Doch wird das Verständnis des Textes dadurch nicht gefährdet. Es ist eine durch den Dialekt aufgefrischte allgemeine Volks- oder Umgangssprache; auch das Fremdwort pressieren verstärkt den volkstümlichen Ton!

In *verschiedenen* Stilschichten ist vor allem die Wiener Volkskomödie gearbeitet. Wiederum beweist sie, daß sich das Fremd- und das Dialektsprachen-Problem in der Literatur nahe berühren; denn neben der Wiener Volkssprache stehen breite Partien in den verschiedenen Nationalsprachen Österreich-Ungarns. Die Hebung des Heimatdialektes ist auch hier zu erkennen. Zwar behält das Hochdeutsche, wie bei Gotthelf, normalerweise die Führung. Die erhabene Sprache von Raimunds Feen läßt sich nicht in den Wiener Dialekt übersetzen. Es kann aber auch vorkommen, daß ein gespreiztes Bildungsdeutsch die komische Stilschicht und der Wiener Dialekt die wahre und ernste Sprache ist, so in Nestroys *Talisman*. Nestroys unerhörte komische Sprachbeweglichkeit – bekannt sind seine aristophanischen Wortungetüme (s.u.) – findet meistens im Hochdeutschen statt. Es muß in Wien geradezu ein Sport gewesen sein, das Hochdeutsche zu parodieren oder es wenigstens als Parodie zu hören; denn wir lesen bei Stifter: »Besonders amüsant sind bei manchen Harfenistengesellschaften die Darstellungen ernsterer Szenen, wobei *sogenanntes Hochdeutsch* gesprochen wird. Betonung und Aussprache, Mimik und Plastik bieten da unerschöpflichen Stoff zur Heiterkeit« [95]. Bemerkenswert ist aber, daß sich diese volkstümlichen Sänger bemühten, hochdeutsch zu sprechen!

Die Rokokotradition, die zu einer spielerischen oder gar ironischen Verwendung der Archaismen führte (s.o.), bemächtigt sich gelegentlich auch des Volkstümlichen. Und gerade Wilhelm Müller, der sich gegen die Archaismen wendet, ist darin produktiv gewesen. In seinem durch Schubert vertonten Zyklus *Die schöne Müllerin* hat er die Verbindung von Volkstümlichkeit und beschwingter Heiterkeit geschaffen, die über das Rokoko hinausführt und doch seiner Anmut verpflichtet bleibt. Indem der Dichter eine Handwerkerrolle, die des jungen Müllers, annimmt, kann er jede erlebnispoetische Schwere oder Individualisierung ablegen und eine ganz einfache, naive, allgemeinmenschliche Sprache sich zu eigen machen. Auch die für die Familie bestimmte Biedermeierdichtung konstruiert die Naivität aus der Retorte. Wie der Vertraute des Müllerburschen das *»Bächlein«* ist, so werden in den folgenden Versen die Erscheinungen der Natur spielerisch vermenschlicht:

> Das *Häslein* springt im Morgentau
> Die Sonne macht es nießen,
> Und ›prosit!‹ ruft das *Füchschen* schlau,
> Komm *Närrchen!* laß dich grüßen   [usw.] [96].

Trivialbiedermeier! Doch brauchte diese spielerische Volkstümlichkeit nur einem Dichter in die Hände zu geraten, so wurde etwas Überzeugendes daraus; man studiere unter diesem Gesichtspunkt Mörikes *Liebesvorzeichen, Erstes Liebeslied eines Mädchens, Nimmersatte Liebe* usw. Es ist ein sehr bezeichnender, von der älteren Biedermeierforschung kaum beachteter Stilbereich.

Manchmal ist es schwer, beabsichtigte und unbeabsichtigte Dialektfärbung voneinander zu trennen. Wenn Gotthelf in der *Schwarzen Spinne »Pacht«* statt Pakt und Fröhlich *»ab der Kanzel«* (von der Kanzel weg) sagt, wenn der Niederdeutsche Smidt *»Spare uns Gott gesund!«* ausruft, so ist in jener verkehrsarmen partikularistischen Zeit nicht sicher, daß die Schriftsteller Dialektfärbung anbringen wollten. Schon durch die einfache Tatsache der fehlenden Sprachregelung (s. o.) ist die Literatursprache der Biedermeierzeit sehr viel bunter als die heutige. Es lag im Stil der Zeit, sich sprachlich gehenzulassen, um möglichst locker und natürlich zu erscheinen, so daß auch Übergänge zwischen beabsichtigten und unbeabsichtigten Dialekteinsprengsel möglich sind. Aber im ganzen kann man schon für die Zeit vor Auerbachs Programm annehmen, daß die meisten Schriftsteller nach einer allgemeinen, durch den Dialekt angereicherten Volkssprache strebten und daß sich diese einfache Sprache immer lebendiger entfaltete. Vielleicht darf man in dieser Sprache sogar die größte literarische Kollektivleistung der Biedermeierkultur sehen. Verschollene Erzähler wie Carl Spindler hatten hinsichtlich der Integrierung volkstümlicher Redensarten und erfrischender Dialekteinsprengsel ein beträchtliches Verdienst [97]. Der Ruhm Wilhelm Hauffs beruht wohl zu einem guten Teil darauf, daß er während der zwanziger Jahre in seinen Märchen an der Bereicherung der volkstümlichen Sprache erfolgreich mitgearbeitet hat. Die Sprache seiner Novellen bleibt öfters in der empfindsamen Tradition stecken [98]. Bei E. T. A. Hoffmann bewegen sich auch die Märchen noch in dem Spannungsfeld von Enthusiasmus und Groteske und erreichen dadurch noch nicht die biedermeierlich-volkstümliche Ausgeglichenheit von Hauffs Märchen [99]. Hauff steht seiner persönlichen Art nach den Salondichtern nahe; doch erreicht er die Gemächlichkeit seines Erzählens ohne die am Französischen orientierte Fremdwortsprache. Wenn er sich trotzdem durch bilderreiche orientalische

Wendungen aus Tausendundeiner Nacht anregen läßt, so beweist dies wieder nur, daß man die Literatursprache nicht germanistisch, sondern eben literaturwissenschaftlich betrachten muß. Auch diese orientalischen Anleihen erhöhen die Frische der Erzählsprache, da sie maßvoll bleiben und wie die mundartlichen oder umgangssprachlichen Wendungen in stetiger Erzählung gut integriert werden. Auch andere »Unterhaltungsschriftsteller« haben in der frühen Biedermeierzeit an der Herausbildung einer »allgemeinen Volkssprache« (B. Auerbach s. o.) mitgearbeitet. Von Zschokke, einem Vorbild Gotthelfs, war schon die Rede. Auf dieser Basis bauten dann die bedeutenderen Erzähler der späten Biedermeierzeit weiter. Besonders innerhalb von Mörikes Erzähldichtung ist der Fortschritt in dieser Richtung gut zu beobachten. Während *Maler Nolten* noch an Hoffmann und Goethe orientiert ist, nimmt *Das Stuttgarter Hutzelmännlein* die allgemeine Volkssprache Hauffs auf und führt sie zur Vollendung. Mörikes Werk verrät freilich auch, daß der Volkston in der Biedermeierzeit immer nur einer von mehreren Tönen war (s. u.)

Traditionelle Sprachbestände

Unbeabsichtigte ältere Bestände der Laut- und Formenlehre, des Wortschatzes und der Wortbedeutung innerhalb unseres Zeitraums festzustellen, ist Sache der Linguisten. Hier kann ich nur einer differenzierteren sprachgeschichtlichen Forschung, die z. B. den Einschnitt um 1848 kennt, ein wenig vorarbeiten und den Literarhistorikern durch einige Beispiele beweisen, daß man auch in der Biedermeierzeit mit einem anderen Stand der Sprache, besonders in semantischer Hinsicht, rechnen und daher bei der Interpretation vorsichtig verfahren muß. Die Bereiche des engeren Biedermeierwortschatzes und der Wortbildung klammere ich dabei aus, da ihnen zwei besondere Abschnitte gewidmet werden sollen*.

---

* Fritz *Tschirch* hat im Widerspruch zu der allgemein kulturgeschichtlichen Wortforschung, die man z. B. aus Kurt *Wagners* Darstellung des 19. Jahrhunderts in der Deutschen Wortgeschichte von Friedrich *Maurer* und Friedrich *Stroh*, Bd. 2, ²1959, S. 409–44 kennenlernen kann, die bedeutungsgeschichtliche Forschung betont (Bedeutungswandel im Deutsch des 19. Jahrhunderts, in: Zs. f. dt. Wortforschung, Bd. 16 (1960), S. 7 ff.). Ich unterstütze seine programmatische Forderung aus literarhistorischen Gründen, glaube aber, daß er aus seinem kleinen Material zu weitgehende Folgerungen gezogen hat. So glaube ich vor allem an den »unwiderstehlichen pejorativen Strudel«, in den der Wortschatz des 19. Jahrhunderts geraten sein soll (ebd., S. 22), nicht. Es gibt – wahrscheinlich zu jeder Zeit – auch die Bewegung nach oben (vgl. u. Weltanschauung, zeitgemäß und den ganzen jungdeutschen Wortschatz). Auch mein Material ist nicht systematisch gesammelt, sondern entstammt, soweit es neu ist, meiner literarhistorischen Lektüre. Daher will ich Forschungen auf breiterer Basis durch vorschnelle sprachgeschichtliche Fixierungen (des letzten Vorkommens usw.) nicht vorgreifen und gehe nur in der Begründung (z. B. des noch weiteren Bedeutungsumfangs mancher Wörter) eigene Wege. In seiner Geschichte der deutschen Sprache, Bd. 2, 1969, hält Fritz *Tschirch* so ziemlich an seiner alten Auffassung fest. S. 217 hält er die Pejoration während des 19. Jahrhunderts für einen »nicht nur typischen, sondern geradezu gesetzmäßigen Vorgang«. S. 221 wird das Gesetz ein wenig eingeschränkt: »Nur ganz gelegentlich

In diesem Buche wird sich immer wieder der biedermeierliche Traditionalismus zeigen. Auch die alten Wortbedeutungen leben bis zu hundert Jahren länger als unsere Nachschlagewerke angaben. »Wenn« und »wann« konkurrieren als Fragewort nach Trübner »bis in die Mitte des 18. Jahrhunderts«. Man liest aber noch in Julius Mosens *Der Congress von Verona* (Berlin: Duncker und Humblot 1842), einem Roman aus der jüngsten Vergangenheit, dem das Archaisieren und die Dialektfärbung ganz fern liegen: »seit wenn ist der Türke eingetreten in die Gemeinschaft christlicher Völker?« [100] Noch findet sich »als« in der Bedeutung von wie. F. Beck hält den Tendenzdichtern des Vormärz 1844 vor, daß Goethe nicht »zeitungstoll«, sondern »als ein Veilchen auf der Wiese« war [101]. Der Umlaut, der heute vor dem Suffix -lich manchmal verschwunden ist, scheint da und dort noch streng gehandhabt zu werden *(sächlich, behäglich)*. Die Pluralbildungen auf -er haben sich noch nicht ganz so weit ausgedehnt *(Tale* neben *Täler)*. Präpositionen sind noch nicht so häufig, weil der Genitiv und der Dativ noch aktiver als heute sind: »Mein Vater war *jener Zeit* einer der ersten« *(Wanderjahre)*. »Wer zu sehr eilt, eilt auch oft *dem Ziel* vorbei« (1846) [102].

Auch die Verwendung der Präpositionen selbst ist oft noch anders: »Ich scheue nicht gerade *an* dem Stoff« [103]; »wo das reizende Italien *mit* dem erhabenen Schweizerlande grenzt« [104]. Man spielt unverschämterweise noch »*unter* der Predigt in der Karte« (1819). »Längst dem Mainstrom« (1827) steht eine Reihe von Ställen. Das alte »*für*« (vor) lebt in der Schriftsprache noch: »Diese Sachen gehören für den Bundestag« [105]. Auch Präpositionen, die als Verbalpräfixe dienen, haben sich inzwischen manchmal verändert oder treten zu andern Verben: es ist nicht gut, in unziemliche Worte »*hinaus zu brechen*« (1853); »*überreichen*« kann (vgl. erreichen) übertreffen bedeuten (1815). Recht häufig erscheint *aufregen, Aufregung, aufgeregt* noch in der Bedeutung von wecken, Anregung, erregt, sogar über die Bieder-

---

erfährt ein Wort mit dem sozialen Aufstieg seines Trägers eine inhaltliche Aufwertung«. Der Grund für das Überwiegen der Pejoration soll die »Fortschrittsgläubigkeit« des 19. Jahrhunderts sein. So enge Schemata verstellen den Fortschritt der Sprachgeschichte eher als daß sie ihn fördern.

Vor der Vorstellung eines einheitlichen 19. Jahrhunderts ist zu warnen. Wenn Werner *Betz*, Spätzeiten in der Geschichte der deutschen Sprache (in: Spätzeiten und Spätzeitlichkeit, hg. v. Werner *Kohlschmidt*, 1962, S. 147–67) diese Einheitlichkeit aus der 2. (1819) und 15. Auflage (1896) von Joh. Aug. *Eberhards* Synonymischem Handwörterbuch erkennen will, so unterlaufen ihm dabei mehrere Versehen: 1) verkennt er den dogmatischen Hintergrund von Eberhards Wörterbuch (vgl. die Vorberichte zu den ersten Auflagen). Eberhard steht in der Aufklärungstradition und will *aktiv* jedem Wort einen bestimmten Begriff zuweisen. Er beschreibt nicht einfach den Sprachstand. 2) Auch die Auflage von 1896 ist eine ungenügende Grundlage für den Sprachstand der Zeit. Der Herausgeber kann alt oder auch einfach nachlässig gewesen sein, so daß viel überholtes Sprachgut mitgeschleppt wurde. 3) Der Verfasser verschweigt die bekannte Tatsache, daß schon seit 1850 energische Sprachregelungsversuche einsetzen und daß überhaupt seit 1848 (erste Gründerzeit 1850er Jahre!) sich die moderne Zivilisation, Sprache und Dichtung allmählich herausbildete. Betz dramatisiert den Vorgang durch Verlegung ins 20. Jahrhundert. Beispiele, welche die aktive Arbeit an der Sprache in Eberhards Synonymischem Handwörterbuch verdeutlichen, findet man auf S. 406 f.; ebd. Belege für sein Programm.

meierzeit hinaus: »Und sie versteht in jeder Brust / Die besten Funken aufzuregen«
[106]. Auch bei den Konjunktionen und adverbialen Bestimmungen hat sich inzwischen manches geändert: *weil* erscheint noch in der Bedeutung von während (1826);
das temporale *da* gibt es noch gelegentlich [107], desgleichen *ob* in der Bedeutung
von obwohl.

Neben *öfters* erscheint »*zu öftern*«. »*Sämtliche*« findet man nicht nur als Adjektiv,
sondern auch als Pronomen, obwohl sich das plump anhören kann: »Sämtliche der
weisen Glieder des hohen Ratskörpers« (1826). Ableitungen von Adjektiva sind noch
häufiger als heute: bei Immermann gibt es wie bei Klopstock, und zwar nicht nur im
hohen Stile, wiederholt »*die Heitre*« für Heiterkeit, z.B. »die bescheidene Heitre
der Formenwelt«. Die *Kläre* oder *Himmelkläre* entzückt die Poeten; ja, man beobachtet einen »Geistlichen, der in der *Fette* seines Leibes« glänzt (1842). Da an ironischen Stellen die Beweglichkeit der Sprache sich zu jener Zeit besonders lebhaft bemerkbar macht, möchte ich freilich im letzten Fall die Möglichkeit einer Neubildung
nicht ausschließen. Die Synkope bei der Formen- und Wortbildung ist freier und
konzentriert sich auf andre Stellen. Man kann zwischen *Verzweifelung* und *Verzweiflung, gehet* und *geht* wählen, was rhythmisch den Schriftsteller sehr begünstigt. Dagegen scheint »in einer *schönern* und *freundlichern* Gegend« *(Wanderjahre)* die vorherrschende Flexion zu sein.

Ich gebe, um abzukürzen, ohne besondere Erörterung nun eine Liste von Wörtern
mit inzwischen veralteter Bedeutung. Sie ist aus den Kontexten so ausgewählt, daß
beabsichtigte Archaisierung kaum zu vermuten ist. Dagegen kann die unwillkürliche
Beeinflussung durch einen Dialekt in dieser partikularistischen Zeit nie ausgeschlossen werden. *Erklügeln* mit positiver Bedeutung (genau erforschen); *kosen* für
plaudern (mehrmals); *spreiten* für ausbreiten (oft); *anmuten* für erfreuen (oft);
überall für überhaupt; *zeitig* für derzeitig; *umständlich* ohne pejorative Bedeutung (ausführlich, genau); *schiedlich* für analytisch; *begnügt* (1846) für zufrieden, dgl. »Ich bin *vergnügt,* daß beides / Aus deinen Händen quillt« (Mörike); *glüh*
für glühend (mehrmals); *blutrünstig* für blutig, blutend (mehrmals); *schlecht*
für schlicht; *blöde* für schüchtern, unschuldig: »blöde noch und fromm« (Mörike); *gemein* ohne pejorative Bedeutung für allgemein, normal, volkstümlich:
»seine volkstümliche Natur ... seine poetische Gemeinheit«; *danklos* für undank-
bar; *erhaben* für hochgestellt, vornehm; *gluten* für glühen (oft); *einig* für einzig, eigentlich; *tränen* für weinen; *Duft* für Dunst (mehrmals): »Lichtweißer,
flock'ger Wolkenduft«; *entschütteln* für abschütteln; *das Gebreit* für das Gefilde.
Schauer, schauerlich in dem erhabenen, unsensationellen Sinne des 18. Jahrhunderts
(»ein Schauer des Gewissens«, »aus diesem heil'gen, schauerlichen Haine«), *Witz* für
Scharfsinn, *Spielwerk* für Spielzeug (häufig), *Kunstrichter* für Kritiker, *Gewehr*
für Waffen überhaupt. Es gibt »*tiefdenkendste* wissenschaftliche Untersuchungen«,
und das Gemüt fungiert als »*Entscheiderin*«. Die von Tschirch aufgestellte Hypothese, daß die Bedeutungen sich noch näher an den ursprünglichen Wortsinn anschließen, läßt sich durch einige Stellen unserer Liste stützen. Dazu noch einige andere Beispiele: *schwärmen* läßt öfters noch die Grundbedeutung von Schwarm

(Menge) durchfühlen: »So schwärmen die Gedanken, wie dort durchs Tal die Herbstesnebel schwanken« (Lenau, *Ein Herbstabend*). *Mitteilen* hat noch häufig eine ganz konkrete Bedeutung (geben); man teilt z.B. seinem Bruder ein Buch mit. *Weltanschauung* ist schon in der Frühromantik (Schelling) als metaphysischer Begriff gebraucht worden [108], und das Wort wird von den Jungdeutschen bestätigt. So sagt Wienbarg in der 6. Vorlesung der *Ästhetischen Feldzüge* (1834), die Ästhetik in höchster Potenz entspreche dem, »was man in neuerer Zeit so passend Weltanschauung genannt hat« [109]. Doch diese Ausdrucksweise verrät auch, daß der neue Sinn des Wortes noch nicht selbstverständlich ist. Tatsächlich gibt es daneben noch die ältere Bedeutung (Beobachtung der gegebenen Welt). Wenn Hegel meint, die Philosophie lasse es sich nicht nehmen, »von und aus der empirischen Weltanschauung sich zu Gott zu erheben« [110], so verdeutlicht er zwar das zweideutig gewordene Wort; aber er trennt es noch von der Metaphysik. Dies war nach dem Auftreten Feuerbachs kaum mehr möglich. Trotzdem nennt der realistische Programmatiker Julian Schmidt in den *Grenzboten* (1850) Weltanschauung ein »leidiges Wort« [111], und der angegriffene Hebbel stimmt ihm, was das Wort selbst betrifft, zu. Das Wort hat für die realistischen Poetiker wahrscheinlich noch einen zu romantischen Klang.

Wichtiger als die Entwicklung zur metaphysischen Weltanschauung scheint mir am weiteren Schicksal des Begriffs die schlagwortartige *Fixierung* zu sein. In der Biedermeierzeit ist er zweideutig. Außerdem muß der Metaphysiker nicht gerade Weltanschauung sagen. Es kann auch *Weltsicht* heißen – sehr beliebt! – oder man kann, was man sagen will, mit Hilfe von Wörtern wie *Weltgeist, Weltseele, Welträtsel* zum Ausdruck bringen. Die neuen Komposita mit *-welt*, welche die Säkularisation des Denkens nahelegt, sind damit noch lange nicht erschöpft. Die Rhetorik lehrt die »Mannigfaltigkeit« des Ausdrucks noch immer und damit den Gebrauch von Synonymen. Der Sprachgeist der Zeit liebt nicht die Fixierung, sondern die Beweglichkeit. Der universale Geist des 18. Jahrhunderts ist noch nicht ausgestorben, während die Spezialisierung in der zweiten Jahrhunderthälfte mit der rückhaltlosen Hinwendung zur empirischen Welt immer unausweichlicher wird. Das hat zur Folge, daß viele Worte eine *Bedeutungsverengung* erfahren, und darin liegt ja eher eine Konkretion als die von Herder, Grimm und von so manchem späteren Linguisten beklagte Abstraktion. Wir wollen diese Entwicklungstendenz aus prinzipiellen Erwägungen etwas genauer betrachten. Liegt nicht in der Vorstellung, das Neuere müsse stets abstrakter sein – bis in die modernen Kunsttheorien hinein – noch ein romantisches Erbe, eine romantische Halbwahrheit?

Wortgut vor der modernen Spezialisierung (Bedeutungsverengung)

Wir hörten schon, daß *elektrisch* ein hochpoetisches Wort, eine besonders beliebte Metapher war, ehe es die banale Elektrische gab. Das Phänomen der Elektrizität bestätigte zunächst die geheimnisvolle Abhängigkeit von kosmischen und metaphysischen Mächten und verlor seinen Zauber, wenn man es technisch beherrschte. Man wird heute nicht mehr sagen, das moderne Leben zerstöre »das Familienglück und den *Verkehr*« (das gesellige Leben) [112], wenn der Verkehr zu einem Fachausdruck und zum Inbegriff dieses modernen Lebens geworden ist. Wenn die Verordnungen, die den Verkehr regeln, das Wort *Beförderungsmittel* auf ein technisches Mittel festgelegt haben, ist der folgende Titel eines Buches von I. H. v. Wessenberg für jeden Verlag unannehmbar: *Die christlichen Bilder, Ein Beförderungsmittel des christlichen Sinnes* (2 Bde., St. Gallen 1845). Wenn der Frankfurter Pfarrer Gerhard Friedrich zum Melibocus im Odenwald fährt, so ist das nicht sein Reiseweg, sondern seine »*Reisebahn*«, »wohl die mühsamste« seines Lebens [113], also gar nichts Poetisches. *Railway* wird dementsprechend mit *Eisenbahn* oder auch *Bahn* allein übersetzt, womit dies Wort fixiert und für den privaten Weg nicht mehr brauchbar ist. Ähnlich wird man nicht mehr sagen können: »Nur wenige holländische Schiffe blieben als *Kreuzer* an der portugiesischen Küste zurück« [114], wenn das Wort, statt der Funktion, einen festen Schiffstyp bezeichnet.

Sobald die *Technik* zum Inbegriff des modernen Lebens wird, findet man sie auch in der Kunst, natürlich nicht bei Mörike, aber bei einem um Modernität bemühten Literaten wie R. Prutz. Er bedauert in bezug auf den ob seiner Unsittlichkeit diffamierten Komödienschreiber Kotzebue, »daß selbst seine unverkennbaren (ich weiß keinen anderen Ausdruck) *technischen* Talente darüber aus dem Gedächtnis der Menschen entschwunden sind«. Die weniger moderne Louise Brachmann läßt die Maler in Rom über »Gegenstände ihrer *Wissenschaft*« sprechen [115]; denn noch ist das Wort Wissenschaft für jede Art des Wissens und Könnens verwendbar. Ähnlich das Wort *Kunst*. Wenn von der »homöopathischen *Heilkunst*« gesprochen wird [116], so liegt darin noch nichts von dem irrationalistischen Affekt des modischen Arztkünstlers, sondern meint einfach die damals sich einbürgernde neue Therapie. »*Kunstsprache*« meint jede Fach- oder Sondersprache; so bezeichnet z. B. Dingelstedt durch dies Wort die Sprache des Bergwerkwesens [117]. Den Hintergrund dieser *Bedeutungsweite* – sie erscheint heute leicht als Begriffsverwirrung – bildet die Tatsache, daß noch ein innerer Zusammenhang zwischen Wissenschaft, Kunst und Handwerk besteht. Wenn J. Grimm das Wort »*Kompositionen*« für Komposita verwendet (s. o. Zitat S. 372), so erhebt er damit gewiß keinen künstlerischen Anspruch für das Zusammensetzen von Wörtern; denn dieses ist nach seiner Meinung spät und daher wenig poetisch. Trotzdem ist es bezeichnend, daß man noch kein Bedürfnis nach einer Abgrenzung von der dichterischen und musikalischen Komposition spürt. Ähnlich ungeniert spricht Friedrich Creuzer in einem wissenschaftlichen Text und ohne jede Ironie von »gottesdienstlicher *Mimik*« [118]. Zwar ist das Wort schon speziell für das Theater in Anspruch genommen worden (J. J. Engel); aber die Grundbedeutung des Wortes ist noch lebendig. Ähnlich meint die *Physik* noch die Naturwissenschaft, nicht nur eine ihrer Disziplinen. Carl Ritter spricht in dem langen Titel seines berühmten Werkes über die Erdkunde (2 Bde., Berlin 1817/18) von seinem Fach als der Grundlage der »*physikalischen* und *historischen* Wissenschaften«. Die Verdeutschungstendenz, die das Wort Naturwissenschaft zum Bedürfnis machte, dürfte öfters zu einer Bereicherung und Spezialisierung des Wortschatzes geführt haben. Das Wort *Philosoph* meint im publizistischen und volkstümlichen Gebrauch oft noch den praktisch sich bewährenden Weisen, den die Aufklärung konzipiert hatte (*philosophischer* Bauer usw.) [119]; um so mehr fiel Schriftstellern wie Grillparzer, die noch etwas von diesem alten bescheidenen Philosophen hatten, die Arroganz der rücksichtslos spekulierenden Hegelianer auf. »*Mischung*« kann nicht mehr das hohe, die Universalpoesie und das höchst produktive, alles miteinander vereinigende »*chemische* Zeitalter« der Romantik symbolisieren [120], wenn sich in der Chemie für die entsprechende Erscheinung der Begriff der Verbindung fest einbürgert, wenn die Mischung etwas minder Synthetisches und damit weniger Vorbildliches bedeutet. *Residenz* ist noch nicht durch Institutionen wie das Residenztheater zum Privileg der Hauptstadt geworden, sondern bedeutet, wie es der amtliche Begriff »Residenzpflicht« erhalten hat, ganz allgemein Wohnsitz [121]. *Kultur* ist wie Wissenschaft und Kunst ein sehr weiter Begriff, meint allgemein, im Gegensatz zu dem Naturgegebenen, die menschliche Tätigkeit, so daß man sagen kann: ein »Landstrich, welcher sehr fruchtbar und von emsiger Kultur fast überall dem Ackerbau dienstbar gemacht ist« [122]. Die weitere Bedeutung hat sich auch hier in speziellen Bereichen erhalten (Kulturen der Forstwirtschaft); aber der umfassende Begriff ist verlorengegangen, so daß, um ihn zu bezeichnen, Wörter wie Kulturstaat gebildet werden, die sich noch am Ende der Biedermeierzeit tautologisch angehört hätten. Für das heutige Modewort kultiviert gibt es einen Ausdruck, der damals auch schon modisch geworden war: *gebildet*. So spricht Bouterwek von einer »gebildeten Verstandessprache« und von einer »gebildeten Darstellungskunst« [123]. Eine soziale Abstufung bedeutet das Wort gebildet noch kaum. Auch die »*industriellen*« Kreise brauchen keineswegs hochgestellt zu sein. Noch 1853 wird das Wort auf die Besitzer von Jahrmarktbuden angewandt: »die possierlichen Ideen dieser industriellen kleinen Leute« [124]; denn erst mit den fünfziger Jahren (erste Gründerzeit) trennt sich in Deutschland die Industrie im Sinne der modernen kapitalistischen Gesellschaft vom Handwerk und vom Handel. Der Kapitalismus und der ihm historisch zuzuordnende Marxismus haben überhaupt zu mannigfachen Verschiebungen im sozialen Wortfeld geführt. 1842, in dem erwähnten Roman Julius Mosens, wird eine Gruppe von drei Personen schon als »*Gesellschaft*« bezeichnet [125]. Wenn sich eine Gesellschaft bei Tieck »*verständigt*«, so ist dabei weder an den Verständigungsfrieden noch an die Verständigungsbereitschaft irgendwelcher sozialer oder politischer Partner, sondern an die Unterhaltung zu denken; der Dichter fügt das Synonym »sich erfreuen« hinzu [126]. Bei dem Wort *Genossen* denkt man noch nicht an die Arbeiterbewegung. Laube verwendet es zur Bezeichnung des Zusammenhangs, der zwischen den Adeligen besteht [127]. Wenn von »festlichen Anlässen in kleineren und größeren *Gemeinden* und *Genossenschaften*« gesprochen wird [128], so darf man die Begriffe auch noch nicht im Sinne der modernen Amtssprache verstehen; das wäre eine Verengung. In einem höchst stimmungsvollen idyllischen Epos wird 1854 der Zug zur neuerbauten Kirche beschrieben; aber dieser Poet weiß noch nichts von der prosaischen modernen Gewerkschaft; denn sonst würde er das stammgleiche

Wort vermeiden: »Und die *Gewerken* sodann, die fleißig am Baue geschaffet« [129]. Ein Vertreter braucht in der vormarxistischen Gesellschaft noch nicht mit Vorsicht benannt zu werden; das, was er ist, kann genau gesagt werden: »*Reisediener*« [130]. Wenn die »dienstliche« Pflicht Soldaten und Beamte im Munde führen, kann man von niemand mehr sagen, er werde allgemein »geliebt, da er immer freundlich und *dienstlich*« (dienstbereit) sei [131]. Heute heißt dienstlich oft unfreundlich: »Sonst werde ich dienstlich«. Man wird auch kaum mehr von »einem Blumenstrauß aller häuslichen und *bürgerlichen* Tugenden« reden [132], wenn bürgerlich ein Schimpf-wort des Klassenkampfes wird und damit fast die entgegengesetzte Bedeutung zur früheren (spießbürgerlich und egoistisch statt staatsbürgerlich und opferbereit) gewinnt. Hegel benutzt in seinen Briefen häufig das Wort »*ersuchen*«, wo wir ein-fach bitten sagen würden, woraus man mit Sicherheit schließen kann, daß es im damaligen Amtsdeutsch noch nicht gebräuchlich war. Es ist auch selbstverständlich, daß die alte Bedeutung von »*einsetzen*« (in Haft nehmen) [133] verblaßt sein mußte, ehe man sich selbst einsetzte.

Der wachsende Einfluß der Naturwissenschaft nach 1848 führt zur Usurpierung und Fixierung von ursprünglich allgemeineren Worten. »*Lebewesen*« erscheint in Hegels Briefen öfters in der Bedeutung von Lebensumständen, ist also nicht nur ein Begriff der Biologie. Wenn so viel von natürlichen Größen wie Erholung, Be-gabung und Entstehung gesprochen wird, wird man nicht mehr so leicht *begaben* für beschenken, *erholen* für erlangen [134] sagen, und auch die folgende Ausdrucks-weise ist dann etwas merkwürdig: »De Ruiter, aus dem Volk *entstanden*« [135]. Besonders dürfte der Aufstieg der Psychologie zu Bedeutungsverschiebungen geführt haben. *Assoziation* ist noch ein soziologischer Begriff (Vereinigung), ein Lieblings-wort der frühsozialistischen Programmatiker. *Humor* ist für den alten Tieck noch ein neutrales Wort der Anthropologie, es bedeutet ungefähr soviel wie Stimmung, so daß attributive Erweiterungen (übler, heiterer Humor) nötig sind [136]. Sogar für Gervinus ist die Bedeutung des Wortes noch nicht im Sinne der realistischen Poetik festgelegt: »Tiecks weit mehr wielandische Natur, die ein heiterer Humor am schön-sten kleidete« [137]. *Unbewußt* ist noch kein psychologischer Fachausdruck, son-dern meint unwissend; *sinnlos* kann wie bei Schiller oder Kleist bewußtlos be-deuten (1829). Tieck wünscht im Alter, daß die Gattungen der Kunst »sich *bewußt-voll* scheiden« (1826). Das Wortfeld ist also noch sehr in Bewegung. Für heutiges absichtslos findet man auch *bedachtlos* (1838). *Nervös* (nervig, kräftig) ist ein lobendes Wort, z.B. ein Beiwort der beliebten brevitas: »eine Darstellung, die, in nervöser Kürze zusammengefaßt, noch bis heute vermißt wird« [138].

Es gibt keinen allgemeinen »pejorativen Strudel«, sondern die einen Wörter wer-den eben *verbraucht,* während die andern an Kraft und Wert gewinnen. Das Wort *Humanität* z.B. ist damals schon so abgenutzt, daß Alexander von Humboldt es »auf jeden Fall« aufgeben will [139]. Dagegen ist das Wort *Literat* (Literatur) noch ein neutraler Begriff, etwa wie heute Schriftsteller. Erst der Mißbrauch der Presse-freiheit scheint zu der pejorativen Bedeutung (gewissenloser, schmieriger usw. Lite-rat) geführt zu haben. Die Zeitung *Charivari* vom 22.I.1848 sagt noch ohne Scheu oder Ironie: »Unser hiesiger Literaten-Verein«. Zu den heute aufgestiegenen Wörtern gehört *barock*. Mörike nennt in *Mozart auf der Reise nach Prag* die rokoko-hafte Schlußpointe eines Gelegenheitsgedichtes eine »barocke Wendung, durch welche der Eindruck des wirklich gefühlvollen Ganzen so völlig aufgehoben wurde« [140]. Er benutzt das Wort noch im normativen Sinne der Aufklärung (seltsam, verschroben), während die historische Rehabilitation des Barocken zu seiner Auf- und Überbewertung führte. Einen rascheren Aufstieg erlebte das Wort *Zeit* mit seinen zahlreichen Komposita (s. u. jungdeutscher Wortschatz). Adolf Wagner glaubt 1819 als Herausgeber der *Auserlesenen Werke* seines Freundes Johannes Falk (Leipzig: Brockhaus 1819) »eine schöne, stete Folge und einen zeitgemäßen Wechsel von Keim, Blüte und Frucht, somit aber ein Naturgewächs zu sehen« [141]. »*Zeitgemäß*« ist hier noch ein Wort der organologischen Weltauffassung, hat mit Fortschritt, Modernität, Gegenwart, Journalismus usw. nichts zu tun. Durch die Jungdeutschen wird es revolutionär aufgeladen, aktualisiert, zum Schlagwort gemacht und so verbraucht, daß J. Radike in seinem *Lehrbuch der Demagogie* (1849) schon vor der Benutzung des Wortes warnt [142]. Mehr schadete dem Wort gewiß Nietzsches Hohn: *Unzeitgemäße Betrachtungen;* trotzdem ist es durch die aufsteigenden Schichten immer wieder gebraucht und gehoben worden.

Die Erweiterung des Wortschatzes in stilgeschichtlicher Sicht

Die Ausweitung des Wortschatzes, welche die deutsche Sprachgeschichte traditionellerweise im 19. Jahrhundert am stärksten interessiert, betrifft, wie sich aus dem Vorstehenden ergibt, die zweite Hälfte des 19. Jahrhunderts stärker als die erste. In den sprachgeschichtlichen Forschungen, besonders in den Spezialarbeiten, die zu der immer irreführenden, mathematischen Rechnung nach Jahrhunderten nicht verpflichtet sind, fiel mir fortwährend die Einschränkung »nach 1850« auf. Trotzdem setzt die Vergrößerung des Wortschatzes natürlich nicht plötzlich, sondern allmählich ein. Man müßte vor allem die Literatur des ausgehenden 18. Jahrhunderts in ihrer schon sehr großen, durch unseren traditionellen Kanon verstellten Breite untersuchen, wenn man zu einer genaueren Anschauung vom Anschwellen des Wortschatzes gelangen wollte.

Den Literarhistoriker interessiert in erster Linie die Funktion des vergrößerten Wortschatzes und die Frage, ob und wieweit er in die Literatur, in die eigentliche Dichtung eindringt. Die übliche Erklärung, daß die Erweiterung des Wortschatzes etwas mit der sich verstärkenden realistischen oder naturalistischen Stiltendenz zu tun hat, ist gewiß nicht ganz falsch; aber es sind manche chronologische und formengeschichtliche Einschränkungen zu machen. Der Empirismus – dies Wort ist am wenigsten mit literarhistorischen Vorurteilen belastet – entstand nicht im 19., sondern im 18. Jahrhundert. Er dringt nicht nur im Sturm und Drang, sondern vor allem auch in der wenig bekannten Spätaufklärung kräftig in die Literatur ein. Der Sprachidealismus der Klassik und Romantik hat diesen Sprachempirismus nur verdeckt, nicht verdrängt, und so taucht er in dem Augenblick wieder auf, als die »Kunstperiode« in ihrer Problematik durchschaut und bekämpft wird. Die Jungdeutschen orientieren sich stilistisch an Voltaire und Lessing, Grabbe und Büchner am Sturm und Drang, die Biedermeierdichter im engeren Sinn an Hölty, Gessner, Voss, Claudius usw., Gotthelf an Luther und Pestalozzi. Das letzte Beispiel verrät, daß in der Restaurationsepoche auch auf christlicher Grundlage empiristisch gedichtet werden kann, worin eine starke Begrenzung des Realismus liegt. Schriftsteller wie Gutzkow, Laube oder Hebbel, die noch von Hegel beeinflußt sind, distanzieren sich ebenso von dem sogenannten »platten« oder »geistlosen« Empirismus. Zu beachten ist ferner, *daß der empiristische Wortschatz im niederen Stil und in den ihm zugeordneten Gattungen von jeher erlaubt war,* daß also auch die traditionelle, in der Restaurationsepoche erneuerte Stillehre nur einen partiellen Sprachidealismus lehrte. Die Wörterbücher von Adelung und Campe, die man in der ganzen Biedermeierzeit mehr oder weniger gehorsam benutzt, teilen den Wortschatz nach der Stilhöhe ein. Wenn also z. B. der junge Immermann, der einer der schlimmsten Epigonen war, Oberon in einem Lustspiel davon sprechen läßt, daß Alidor »dem süßen Mädchenfleische« nachjagt, so ist das der obligate niedere Stil und sollte nicht mit dem historischen Realismus-Problem verquickt werden.

Fraglich ist es auch, ob man die Neigung zum Dialekt, zur Dialektfärbung der Schriftsprache und die übermäßige Verwendung des Fremdworts der empiristischen Stiltendenz zuordnen darf. Der Dialekt wird, wie von alters her (vgl. z. B. die komische Einlage bei Shakespeare), vorwiegend in komischer oder humoristischer Funktion verwendet. Die Dialektfärbung bezweckt meistens noch keinen naturalistischen Effekt, sondern pflegt der idyllischen Verklärung des angeblich naturgemäßer, sittlicher oder frömmer lebenden Landvolkes zu dienen, und die Fremdwortfärbung hat sehr häufig ironische Funktion, gehört also wieder oft in den Bereich des niederen Stils.

Etwas anderes ist es, wenn Goethe in den *Wanderjahren* das Handwerk der Weber ausführlich beschreibt, wenn Gotthelf in einer besonderen Einlage des Romans *Käserei in der Vehfreude* über die Käsezubereitung des Berner Oberlandes berichtet oder wenn Smidt in seinen Seeromanen sichtlich bemüht ist, sich seine Kenntnis der Seemannssprache literarisch zunutze zu machen. *Die von der Sprachgeschichte so stark betonten Fachsprachen des 19. Jahrhunderts dringen also in die Literatur ein.* Einschränkungen sind freilich auch in dieser Beziehung zu machen. Gibt es während des Mittelalters keine Fachsprache in der Dichtung (Turnier, Jagd usw.)? Der Unterschied liegt darin, daß der Turnierwortschatz in der Gesellschaftssprache des höfischen Epos selbstverständlich und in diesem Sinne naiv ist. Den gleichen Anspruch kann in der Literatur der Biedermeierzeit höchstens die Fremdwortsprache des Salonromans, der Memoiren, der Reiseberichte, der Briefe usw. erheben; eine Äußerung Pückler-Muskaus wies uns bereits in diese Richtung. Die eigentlichen Spracherweiterungen dagegen sollen die gewohnte Schriftsprache durch Elemente bereichern, die außerhalb des Standes oder der Zeit des Lesers liegen. *Sie ergeben sich vor allem dann, wenn das neugierige Publikum in eine fremde Sphäre eingeführt werden soll* (historische Vergangenheit, Landbevölkerung und andere soziale Lebensbereiche, Ausland, Überseeländer usw.). Diese ausgreifende Weltaneignung des Lesers – Vorspiel des aktiven »Imperialismus« und Sozialismus – kann gewiß mit der empiristischen Strömung in einen engeren Zusammenhang gebracht werden. Zu beachten ist aber, daß unsere Beispiele aus der Erzählprosa stammen, die in der Restaurationsepoche noch halb und halb als *Zweckliteratur* galt und auch tatsächlich noch nicht den gleichen Rang wie in der Zeit Kellers und Storms erreichte. Es ist nicht vorstellbar, daß ein Dichter der Biedermeierzeit innerhalb des Bereichs, den er als wirkliche Dichtung betrachtet und entsprechend sorgfältig behandelt, 22000 Wörter benutzt wie Storm, bei dem die Novellistik schon eindeutig zur Dichtung gehört; bei ihm gibt es u. a. etwa 460 Bezeichnungen aus der Tier- und Pflanzenwelt [143]. Schon wenn man die Novellen Storms, die in die naturalistische Zeit hineinreichen, ausschließen wollte, wäre die Rechnung wahrscheinlich anders. In der Biedermeierzeit jedenfalls herrscht stets die Vorstellung, daß die Dichtung im eigentlichen Sinn, besonders die höhere, eine gewisse, beim einzelnen Dichter freilich verschiedene Grenze der Idealisierung oder wenigstens der Typisierung (niederer Stil) nicht überschreiten darf. So erklärt es sich, daß Stifters Sprache in dem Augenblick, da er eindeutig ein »Epos«, d. h. eine Dichtung, schreiben will *(Witiko),* ärmer und abstrakter wird und das realistische Prinzip der »Farbigkeit«, d. h. eines reichen, differenzierten Wortschatzes, bei der Interpretation und Bewertung solcher Dichtungen völlig in die Irre führt. Auch die Grillparzerkritik muß, falls sie den Anspruch der historischen Gerechtigkeit erhebt, diese Neigung zur poetischen Verallgemeinerung beachten. Da, wo man in dieser Zeit eine vollkommene »realistische« oder gar »impressionistische« Farbigkeit feststellen zu können glaubte, z. B. bei Mörike, bestätigt eine genauere Untersuchung die Behauptung keineswegs.

Zu übersehen ist freilich nicht, daß man in der ganzen Biedermeierzeit einen *Zwiespalt zwischen treffender und (komisch oder pathetisch) steigernder Sprache antrifft.* Das ergibt sich aus dem Ineinander von empiristischen und idealistischen Traditionen wie auch aus dem Gegensatz von Rhetorik und Originalitätsprinzip. Es wäre interessant unter diesem Gesichtspunkt die Synonymik-Theorien und Synonymik-Wörterbücher der Biedermeierzeit zu betrachten; denn es gibt kaum etwas, das diese sprachbewußte Zeit nicht bedenkt und diskutiert. Der Spätaufklärung entspricht die Vorstellung, daß jedes Wort die Wirklichkeit erschließt, daß daher auch scheinbare Synonyme nicht der poetischen und rhetorischen Steigerung dienen, sondern in ihrer speziellen Bedeutung erfaßt und verwendet werden müssen. Johann August Eberhards erfolgreiches *Synonymisches Handwörterbuch* (4. Aufl. 1819) repräsentiert diese Tradition. Unter Nr. 816 (»Leblos. Tot«) liest man z. B.: »*Leblos* heißt alles, was ohne Leben ist, es mag irgendeinmal gelebt haben oder nicht; *tot* hingegen das, was gelebt hat und jetzt des Lebens beraubt ist. Man sagt von einem Menschen, er ist *tot,* wenn er zu leben aufgehört hat. Man nennt hingegen ein gehauenes Bild, einen Klotz, einen Stein leblos, weil diese Dinge nie gelebt haben« [144]. Ähnlich werden auch in den großen Artikeln Nr. 142 (»Artig. Niedlich. Hübsch«) oder Nr. 103 (»Anmutig. Hold. Holdselig. Reizend. Holdseligkeit. Reiz. Grazie«) die Begriffe genau, mit komischer Pedanterie auseinandergenommen. In der ausführlichen Gebrauchsanweisung, welche das Wörterbuch einleitet [145], betont der Verfasser programmatisch, daß die Synonymik der »sorgfältigen Zergliederung« dient; sie enthält einen »Schatz deutlicher und bestimmter Begriffe, welche die wahre Philosophie des gesunden Menschenverstandes sind«. Daher ist sie der »Maßstab des Verstandes einer ganzen Nation«. Es ist ganz falsch, wenn man meint, »daß man bisweilen ohne Gefahr einen Ausdruck für den anderen setzen darf«. Eberhard erklärt der Rhetorik den Krieg; denn diese lebte schon immer von der bewußt abwechselnden und intensivierenden Synonymik. Ausdrücklich wendet er sich gegen »die bekannten Sammlungen von sinnverwandten Wörtern und Redensarten«, mit deren Hilfe man seit Erasmus die Jugend in die Poesie und Beredsamkeit einführen wollte. Die Abwendung von der Tradition scheint vollständig zu sein. Aber der eigentliche Sinn des Eberhardschen Synonymikkultes wird deutlich, wenn der Philosophieprofessor gegen die Pädagogen wettert, die den Verstand des Schülers mit »lauter Realien« anfüllen wollen. Das lernt der Jüngling von selbst! »Weit schwerer macht er sich deutliche Begriffe von den Gegenständen der Moral, der Rechtswissenschaft, der Religion und der Kunstphilosophie. Diese sind wahre Realkenntnisse, er kann sie aber nicht anders als mit der Sprache, ... durch die Synonymik kennenlernen«. Es ist der philosophische Sprachfanatismus, den wir schon bei Humboldt kennengelernt haben, eine Art von nationalem Begriffsrealismus, der die verachteten »Realien« verfehlte und die Dichter somit doch wieder einer in sich selbst kreisenden Sprache überließ. Die Unentrinnbarkeit der Rhetorik für dies im Banne der Tradition stehende Geschlecht läßt sich immer wieder beobachten, und zwar bei den Jungdeutschen noch mehr als bei den bescheideneren, daher eher die »Realien« bemerkenden Biedermeierdichtern. In einer Besprechung der deutschen Musenalmanache, in denen sich die Tradition naturgemäß besonders bemerkbar machte – man brauchte auch die poëtae minores, um sie zu füllen –, wendet sich Gutzkow heftig gegen Anaphern und Paraphrasen, gegen die »pomphafte«, »sentimentale«, »breit auseinandergelegte«, »zu lang ausgesponnene«, »flimmernde«, »musikalische« Sprache der Poeten. Von den Formen der Poesie ist in Gutzkows Rezension nie die Rede, immer nur vom Stil, woran man das gesteigerte Sprachbewußtsein auch bei dem Jungdeutschen erkennen kann. Der Hauptvorwurf ist, daß ein derartiger Stil »der Rhetorik, nicht mehr der Poesie« angehört [146]. Fragt man bei dieser Polemik, wie weit Gutzkow hinsichtlich des Empirismus zu gehen bereit ist, so stößt man auf die Äußerungen über ein Gedicht von Schücking. Hier rühmt er zunächst die »klare Anschauung«; doch folgt sofort die Warnung vor allzuviel Konkretion: »Nur muß grade bei diesem Streben, aus dem Gegebenen das Poetische zu entlocken, nach einer möglichst allgemein zu fassenden Staffage gesehen werden«. So ist z.B. der allgemeine Begriff »altes Mauerwerk ... anschaulicher als die noch so sinnigste ausführliche Beschreibung« [147]. Auf der Grundlage dieses Verallgemeinerungsprinzips hat Gutzkow den aufsteigenden bürgerlichen Realismus später erbittert bekämpft (vgl. o. S. 290 f.).

Es ist merkwürdig, daß während der Biedermeierzeit oft gerade die besseren Dichter einer Ausweitung des Wortschatzes widerstreben. Die Grundlage dafür dürfte das Euphonieprinzip bilden. Wenn z.B. der unbekannte Karl Schimper in seinem Sonett *Tod des Todes* Wörter wie »*Jurakamm*«, »*Mauerschollen*«, »*Gußbäche*«, »*Grabzerhauer*« benützt, so entsteht kein Klinggedicht. Viel weicher und klangvoller wirkt Dingelstedts Sonett *Sympathie*, in dem man traditionelle poetische Wörter wie »*sehnsuchtsvoll*«, »*Strahlenauge*«, »*fieberheiß*«, »*zephirlind*«, »*Atemzüge*« und »*der stillen Liebe treu verschlungene Ketten*« findet. Das Schauspiel Ifflandischer Art, das eine der wirksamsten Traditionen der Spätaufklärung war, mißfällt dem Dramaturgen Tieck, weil die »Begeisterung des Lächerlichen oder Erhabenen« fehlt [148]. »Begeisterung des Lächerlichen« – erscheint paradox, ist aber inhaltlich vollkommen korrekt im Sinne einer Poetik und Rhetorik, für welche die Übertreibung nach oben und unten als gleich unentbehrlich galt. Noch weniger freilich wollten dem Alten die unpersönlich werdenden Jungen gefallen, von denen »fast jeder« sich »in den sonderbarsten Krümmungen dehnt und windet« und statt des unmittelbaren Ichs »ein weitschweifiges, aufgedunsenes Ich« konstruiert, »welches uns wieder einem steifen, ungelenken Kanzleistil zuführt, dem wir doch mit Glück entronnen waren« [149]. Es ist die wieder moderne Neigung zur rhetorischen Verallgemeinerung, die neue Distanz zum Individuellen und Empirischen, die Tieck beobachtet und die dem alten Romantiker doch zu weit geht. Man hat in unserer Zeit zur Verteidigung Rückerts gefragt, »ob eine Sprachform, die aus der Haltung betrachtender Distanz entspringt, notwendig undichterisch ist« [150]. Man darf diese Frage für den ganzen Zeitraum stellen; denn Rückert repräsentiert ihn in einem historischen Sinne durchaus, gerade auch durch sein philologisch gesteigertes Sprachbewußtsein.

Man denke nicht, daß der Stil sachlicher wird, wenn von Dampfschiffen erzählt wird. Gerade bei solchen Begegnungen mit der aufregenden Gegenwart reagiert der Stil jener Zeit durch besonders starke Überhöhung. Oder man höre die folgenden Verse, in denen der damalige Freiheitskampf der Griechen nahegebracht werden soll. Ein Mann, der im Kriege alles verloren hat, sagt:

> Bald hab' ich alles wieder
> Wann um mich weit und breit zerstückte Türkenglieder,
> Zu Bergen aufgehäuft, als Rachemahle prangen.
> Dann ist es satt getränkt, das brünstige Verlangen
> Nach meinem edlen Gut, und über meinen Schätzen
> Lieg' ich dahin gestreckt, mich todt daran zu letzen [151].

Der Verfasser ist Wilhelm Müller, der uns vor kurzem als biedermeierlicher Erneuerer der Rokokotradition begegnete. Er ist nicht wiederzuerkennen. Aber es ist nur ein anderer Ton, den er wählt, diesmal ein schauriger, keine sachliche Hinwendung zum Kriegsgeschehen. Deshalb kann auch von einer Erweiterung des Wortschatzes kaum gesprochen werden. Noch in der folgenden Strophe von Freiligraths *Schiffbruch* sind es nur wenige Worte, die der Wirklichkeit entnommen sind, und diese werden so entschieden in der metaphorisch-gesteigerten Diktion integriert, daß von einem Abbau der lyrischen Rhetorik kaum gesprochen werden kann:

> Des Meeres Arme sind die zackigen Korallen;
> Aus seiner Tiefe streckt es sie, wie blut'ge Krallen,

Nach den belasteten Ostindienfahrern aus;
Und hat es sie gefaßt, dann hält es sie den Schlägen
Der Stürzfluth und dem Zorn des Tropensturms entgegen
Und reißt sie jauchzend in sein wunderbares Haus [152].

Die Rhythmusstörung im dritten Vers verrät, daß schon ein begrenzter Empirismus in dieser angehobenen Diktion kaum unterzubringen war. Ähnlich bemerkt man Stilspannungen in dem Bild eines Backfisches, das Sealsfield in einem Romane gibt: »Sie war zum Malen schön. Schlank wie ein Rohr und nicht viel dicker, konnte man sie mit seinen zehn Fingern umspannen; jedes Gliedchen zuckte wie Quecksilber. Händchen und Füßchen im niedlichsten Ebenmaße und ein Gesicht so zart, von Lilien und Rosen angehaucht, und das lichtblonde Köpfchen und die hellblauen, runden, klaren Schelmenaugen voll reiner Klarheit! Man hätte sie fressen mögen«. Die Sätze erstreben ein Wirklichkeitsbild mit Hilfe von Vergleichen und Gesten, die das Mädchen zunächst absichtlich ein wenig komisch stilisieren. Es folgt mit einer Fülle von idealisierenden Worten eine etwas ernsthaftere Überhöhung *(niedlichstes Ebenmaß, Lilien und Rosen, zart, klar, rein)*. Eigenschaftswörter wie *lichtblond* oder *hellblau* differenzieren das schöne Bild kaum. Doch verwischt der Erzähler durch eine volkstümliche Pointe, durch das Zurücklenken zum Humor den Eindruck allzu idealistischer Gestaltung. Für diese sehr begrenzte Dämpfung der Rhetorik waren ihm die avantgardistischen Kritiker um 1840 schon dankbar. Vor dem realistischen Kahlschlag bestand er nicht, und noch die moderne Sealsfield-Forschung, die realistische Maßstäbe anwendet, kann dem entlaufenen Kleriker nicht gerecht werden. Das folgende Urteil eines Spezialisten trifft nicht nur Sealsfields Sprache, sondern den Stil der Biedermeierzeit in weiten Bereichen sehr genau. Die Frage ist nur, ob man mit den Maßstäben der Präzision und der feinen Schattierungen an eine in ihrem Kern noch rhetorische Literaturperiode überhaupt herangehen darf: »Though broad and colorful, his style is lacking in grace, warmth and denotative precision; well adapted to the panoramic engrossment of reality, it is ill suited to the nice contrasts and delicate shadings in the figure work« [153].

Findet man einmal eine sehr energische Kritik an Adelung, der in seinem Wörterbuch die Stilhöhe der Wörter bezeichnete – »Dieses Wörterbuch hat sich sehr überlebt« –, so bemerkt man nach genauerer Prüfung, daß der jüngere Sprachlehrer nur erkannt hat, daß die Sprachen »in steter Umbildung begriffen« sind, »am allermeisten die deutsche«, daß man also die Stilhöhe eines Wortes nicht für alle Zeiten bestimmen kann. Aber das Festhalten am Prinzip der Stilebenen wird durch die historische Adelung-Kritik nicht verhindert. So ist diesem Kritiker »*Ochs* freilich ganz prosaisch«. Er unterscheidet traditionsgemäß den »vertraulichen« (niederen) Stil vom »ganz gemeinen«, und verurteilt daher in der Dichtung Wörter wie *Galgenvogel* und *Pudel* [154]. Alle halben Versuche, der Rhetorik und Poetik zu entrinnen, lassen nur erkennen, daß diese innerhalb der Restaurationsepoche noch stärker waren als der andrängende Sprachempirismus. Vielleicht gibt es einen einheitlichen oder wenigstens dominierenden Stil des bürgerlichen Realismus; in der Biedermeierzeit ist schon die Frage nach einem solchen irreführend. Wir müssen in dieser Zeit nicht nur die Gruppensprachen, sondern auch noch die Gattungssprachen zu unterscheiden versuchen – wenigstens in ihren Grundzügen –; und die wichtigste Unterscheidung, die sich dabei nach der Auffassung der Zeit aufdrängt, ist die von Vers- und Prosasprache.

Naive Behandlung der Verssprache

Die Verssprache* ist um 1830 nicht nur wegen des überwiegend allgemeinsprachlichen Interesses, sondern auch infolge des Abrückens von der klassisch-romantischen »Kunstperiode« umstritten; so sagt z. B. A. Ruge über Platen und einen gewissen C. Kirchner: »Beide sind Restauratoren der neuesten Poesie vom Verse aus« [155]. Über diesen Grundsatzstreit um Vers und Prosa soll im zweiten Bande berichtet werden. Hier interessieren uns die spezielleren Fragen nach dem Verhältnis von Sprache, Vers, Reim, Rhythmus usw. In der Vorrede zur *Deutschen Grammatik* setzt sich Grimm mit sprachlicher Begründung für den Reim ein: »Das band der poesie soll nicht allein die hörer und sänger des lieds erfreuen, es soll auch die kraft der sprache zügeln, ihre reinheit sichern und kunde davon auf kommende geschlechter bringen« [156]. Dreißig Jahre später, da der Münchner Dichterkreis dem sich verstärkenden Sprachrealismus widerstand, wird von einem Philologen die Zügelung der Sprache durch das Metrum bezeichnenderweise noch stärker betont: Das Versmaß ist »der Geist, welcher über dem Chaos der Materie schwebt, die Naturkraft der Sprache gleichsam regelt, belebt und zur rechten Gestaltung befähigt« [157]. Man erinnert sich bei solchen Äußerungen an die gewaltsamen Verse, die man vor allem am Ende der Biedermeierzeit findet (s. u.); sie bekunden den Abbau der organischen Sprachauffassung, die zum Mißtrauen gegenüber dem Vers geführt hatte. Schelling war der Meinung gewesen, die Stanze sei eine künstliche Form, Novalis hatte die Poesie ausdrücklich von der Rede- und Dichtkunst geschieden. Jetzt ist man, wie wir schon gesehen haben, wieder ganz gerne mittelbar und ein wenig umständlich. Im Vorwort zum *Allgemeinen deutschen Reimlexikon* (hg. v. Peregrinus Syntax, 2 Bde., Leipzig: Brockhaus 1826) wird ausdrücklich an Johannes Hübners *Poetisches Handbuch* angeknüpft, das 1696 erschien und mehrere Auflagen erlebt hatte. Das neue Reimlexikon wird als »Hübner redivivus« empfohlen, woraus man wohl schließen darf, daß der alte Hübner noch bekannt war. Die Reimwörter sind gegenüber Hübner verfünffacht: auf 300 000. Der Herausgeber darf mit Fug und Recht feststellen, daß »der Reim neuerdings wieder [!] in den vollen Besitzstand seiner Kräfte und Reize getreten« ist. Interessant erscheint, daß der Reim für die »komischen und humoristischen Poeten« noch unentbehrlicher sein soll als für die Dichter hohen Stils. Der Lexikonmacher verteidigt das Fremdwort im Reim; ja, er sorgt für die »Scherzdichter« sogar »durch Aufnahme einiger Mißklänge«. Im übrigen hofft er, daß der »lexi-

---

* Auf den folgenden Seiten werden einige Fragen berührt, welche nicht immer streng die Sprache betreffen. Ein knapper Exkurs erschien mir nötig, da ich nach längerem Schwanken davon absah, das geplante Kapitel »Vers und Reim« zu schreiben. Der Polyperspektivismus und damit der Umfang meines Buches sollte nicht übertrieben werden.

kalische Geschmack unserer Tage« dem Lexikon zum Erfolg helfen wird [158]. Er möchte also so unentbehrlich wie der beliebte Brockhaus sein. Man darf 1826 wieder ganz offen, nicht nur verschämt und heimlich, im Reimlexikon nachschlagen, wenn man dichtet!

Jacob Grimm meint, der Vers dürfe »nicht allein ... erfreuen«. Damit distanziert er sich wohl von der lukullischen Klingklang-Poesie des späten Rokoko und der Romantik, A.W.Schlegels, Brentanos, des Wielandianers E.Schulze u.a. In den zwanziger Jahren konnte man, wie es scheint, die poetische Nachahmung der Musik nicht mehr hören. Das Pendel der Entwicklung schlug im Laufe der Biedermeierzeit sogar in die entgegengesetzte Richtung aus. Die Begründung für das Sprödigkeitsideal, das der berühmte Philologe G.F.Grotefend gab, wird nicht allgemein anerkannt worden sein; aber es ist bezeichnend, daß sie gerade 1815 (wieder) auftaucht. »Da die Verstandessprache der Deutschen nicht die Worte mißt, sondern die Ideen wägt, so hängt ihre Zeitmessung nicht von dem Wohllaut, sondern bloß von der logischen Betonung ab« [159]. Typisch für die Zeit der Turner und Burschenschaften ist auch seine Behauptung, in der deutschen Verstandessprache gebiete »männliche Kraft über weiblichen Wohllaut« [160]. Selbstverständlich waren, mit der Tradition, die üblichen Vorstellungen von Euphonie und Eurhythmie zu gut etabliert, als daß sie überall hätten in Vergessenheit geraten können. Grotefend selbst sagt weiter unten, wie er sich im Deutschen den Wohllaut vorstellt [161]; aber er sieht immer wieder die alte Idee von der kraftvollen und nüchternen Sprache der Deutschen bestätigt. Man findet sie ähnlich bei W.Müller, der sagt, weibliche Terzinen seien »in der deutschen Sprache *weiblich* in jedem Sinne bis zum Weibischen und Weichlichen« [162]. Caspar Poggel ging in seinen *Grundzügen einer Theorie des Reimes und der Gleichklänge* (Hamm: Schulz 1834) noch ganz anders ins Detail als Grotefend; er lehrte z.B., daß es »durchaus leer« wirkt, wenn man wie Hölty sich und mich reimt. Die Reimwörter müssen bedeutende Wörter sein, sie müssen »sinnliche, nachahmende Fülle haben«. Dunkle Vokale bezeichnen gewichtige Gefühle, helle frohe und die Umlaute dunkler Vokale gemischte Gefühle [163]. »Prosodie von Moritz, – dito von Grotefend, – Zeitmessung der deutschen Sprache von Voss; prr; prr, prr! – nennen Sie das Poesie, Professor?«, so wird in Holteis kleinem Drama *Das Liederspiel* gespottet. Doch bestätigt dieser Ausfall auch, daß nicht nur gelehrte Kreise, sondern die ganze Honoratioren-Gesellschaft wenigstens die Namen der Metriker kannte.

Nach unserer heutigen Erkenntnis liegt der Fehler des damaligen Nachdenkens über die Verssprache darin, daß man die metrischen Schemata, die Reimvokale usw. als feste Größen behandelte und ihre jeweils verschiedene Funktion nicht bedachte. Zwar hörte man nicht auf, Johann Heinrich Voss (1751–1826), welcher der Wiederaufnahme des Sonetts entgegentrat und am klassizistischen Privileg der antiken Formen festhielt, zu bekämpfen. Schon der schwäbische Philologe Karl Philipp Conz (1762–1827), der zunächst dem Klassizismus zuneigte, benützte in seinem späteren Leben so gut wie alle Versmaße. Das ergab sich aus dem *Standpunkt jenseits von Klassik und Romantik* von selbst. Auf diese Weise steht der Mörike-Generation, die um 1800 geboren ist, der ganze Schatz der überlieferten Metrik zur Verfügung. Ausgerechnet nach »Goethes Tod«, in der Mitte der dreißiger Jahre, haben schwäbische Dichter plötzlich wieder Lust, Distichen zu schreiben, wenn auch nicht im Gefolge von Voss, sondern »bloß in der ›ungestiefelten‹ Form, wie auch Goethe und Schiller schreiben« (H. Kurz an Mörike 23. 6. 1837) [164]. *Die Versmaße sind, äußerlich gesehen, so beweglich geworden wie die Sprache.* Trotzdem nimmt man die Metren allzu ernst. Man erfaßt sie nicht als bloßes Gerüst für den Rhythmus, sondern verwechselt sie oft mit der wesentlichen Struktur der Versdichtung. So steht einer schon sehr beweglich gewordenen Sprache manchmal ein ziemlich steifes Metrum gegenüber, selbst bei bedeutenderen Dichtern wie Annette von Droste-Hülshoff und Freiligrath. Auch die Tatsache, daß der späte Platen, im Gefolge von Voss, rhythmisch völlig verunglückte, wird nur verständlich, wenn man die diesbezügliche Unwissenheit und Unsicherheit der Biedermeierzeit bedenkt. Man mag das rhythmische Versagen vieler Poeten mit der Restauration der Rhetorik parallelisieren und überhaupt symbolisch für die Unfreiheit der Restaurationsepoche nehmen. Wo ein freier Rhythmus versucht wird, gelingt er meistens nicht, weil man keine Vorstellung von der Strenge des freien, überhaupt des inneren Rhythmus besitzt. Man höre folgende Verse Wilhelm Müllers, der sonst so elegante Gedichte schreiben kann:

> Ich hörte blutende Säuglinge winseln
> An gemordeter Mutter Brüsten,
> Sah aus den Klausen heilige Jungfraun
> Schleifen zur Schlachtbank rasender Lust,
> Sahe die Tempel des Kreuzes
> Niedergerissen in Trümmern liegen,
> Und die zerstückten Gebeine
> Ihrer Priester dazwischen
> Über die Steine gestreut [165].

Der freie Rhythmus wurde hier wohl gewählt, um eine dem Inhalt entsprechende Anhebung des Stiles zu erreichen. Aber die Sprache ist nicht fähig, sich selbst rhythmisch zu tragen. Ist es bei Heine *(Nordseezyklus)* anders? Es will uns nicht gefallen, wenn die Droste von Freiligraths »Gereimter Prosa« spricht, – zu der sie selbst auch neige [166]. Gemeint ist wohl die Anreicherung des Wortschatzes, die den Traditionen der sorgfältig ausgewählten und idealisierten Verssprache widerspricht. Aber welche Vorstellung vom Vers steht hinter diesem Begriff, offenbar doch eine sehr naive?

Im Hinblick auf die Modernisierungssucht der heutigen Spezialforschung muß die *handwerkliche* Einstellung der meisten vorrealistischen Poeten ausdrücklich betont werden. Man will anständige, nicht unbedingt einmalige Gedichte herstellen. In diesem Zusammenhang ist es zu verstehen, wenn damals die meisten Dichter meinen, eine möglichst große Abwechslung in der Strophenform bedeute dichterischen Reichtum. In keinem der zwölf Gedichte von Annettes *Heidebildern* »wiederholt sich die gleiche metrische Form« [167]. Man wird sich hinter solchen Bemühungen das variatio-Prinzip der Rhetorik denken müssen. Die äußere Anregung zur Bildung komplizierter Strophen – denn auch dies ist bezeichnend – mag die Canzone gegeben haben. Ein Chamisso-Forscher meint: »Man merkt, daß der Dichter allein durch seine *Verskunst* die deutsche Sprache, die nicht seine Muttersprache ist, deren grammatikalische und stilistische Formen ihm daher zeitlebens Schwierigkeiten bereiten, bezwungen hat« [168]. Die nationale Interpretation ist übertrieben. Jedenfalls wäre Chamisso nicht auf die Idee gekommen, die deutsche Sprache mit Hilfe der Verskunst zu »bezwingen«, äußerlich zu beherrschen, wenn dies nicht dem Geist seiner Zeit entsprochen hätte. Auch er wendet eine besonders große Zahl von Vers- und Strophenformen an. Ähnlich Rückert und Mörike [169]. Als eine besonders freie und produktive Form darf unter diesen Umständen das nichtstrophische Reimgedicht betrachtet werden. Die Droste und besonders Mörike haben es geliebt. Hervorzuheben ist auch Heine, der sich von der Mode des äußeren Strophenreichtums völlig freimachte und in 90% seiner Gedichte den Vierzeiler benutzte, allerdings einen rhythmisch stark variierten [170]. Zwar bestätigt das metrische Bild von Heines Lyrik die zeittypische Abhängigkeit von festen, äußeren Stützen. Aber durch die Bevorzugung *einer* metrischen Form gelangt er zu einer vollkommenen Einheit von Metrum und Sprache, zu einer überzeugenden rhythmischen Aneignung des Lieblingsversmaßes. Bei direkter Tendenz wird übrigens selbst Heines Vers stabiler [171], will sagen konstruktiver, rhetorischer.

Ein äußerliches Verhältnis zu den Fragen der Versifizierung verrät auch die beliebte onomatopoetische Verwendung der Versmaße. So versucht z.B. August Kopisch in seinem kleinen Gedicht *Walzer* mit Hilfe von Trochäen den Dreivierteltakt nachzubilden. In den Versen mit dem Titel *Wandre – Andre* bringt Gustav Schwab durch ein Reimspiel mit den beiden Worten einen sinnig naiven Ton für die Christenlehre zustande. Immer wieder bemerkt man, daß sich das Verhältnis zu Vers und Reim nicht auf der Höhe des zeitgenössischen Sprachbewußtseins befindet, insofern als die Versdichtung allzu direkt auf die Beherrschung der Sprache ausgeht. Das Mißtrauen gegen den Klingklang und Wohlklang führt gelegentlich zu Warnungen der Literaturkritik. So lobt Gutzkow in der Rezension von Dingelstedts Gedichten zunächst eine Sprache, die »in so grazienhafter Schönheit von den Lippen« fließt. Dann aber meint er: »Dingelstedt gebietet zu leicht über die Sprache«. Wenn der Stoff die Form gebiert, wird das Gedicht »vielleicht ein wenig schwerer, beinahe massiver…, aber es steht auch sicherer« [172]. Diese Inhaltsästhetik war gewiß ein gutes Gegengewicht gegen die gewissenlose, äußerliche Reimerei; aber sie führte höchstens zu den »markigen« Gedichten der Westfalen. Und selbst dort bemerkt man einen merkwürdigen Traditionalismus hinsichtlich der Metrik. Freiligrath will den Alexandriner erneuern. Nicht den Boileaus. Der neue Alexandriner soll ein »flammendes Tier« sein, ein »Wüstenroß aus Alexandria« (vgl. Gedicht *Der Alexandriner*). Der spätere Sozialist erneuert zunächst ein Versmaß, das schon im rousseauistischen Jahrhundert problematisch war! Dennoch will uns die Wiederaufnahme oder Konservierung des barocken Metrums, die in dieser Zeit öfters zu beobachten ist (Rückert, Bauernfeld, Fröhlich u. a.), nicht zufällig erscheinen. Die neue Rhetorik ist es wohl, die zu ihm zurückführt. Die Exotik in den Alexandrinergedichten Freiligraths widerspricht dem kaum; denn sie weist nicht auf die empiristische Strömung der Weltaneignung, sondern dient, wie schon im Barock, der Überhöhung des eigenen Standpunkts, der großartigen Diktion. Man höre die erste Strophe der *Afrikanischen Huldigung*:

> Ich lege meine Stirn auf deines Thrones Stufen;
> Ich führe dieses Heer von hunderttausend Hufen,
> Ich führe diesen Raub und diesen Sklaventroß,
> Ich führe diese Schaar von Ringern und von Schützen,
> Die mit dem Dolch gewandt den Bauch der Feinde schlitzen,
> Zurück, o König, vor dein Schloß! [173]

Der feudale Rahmen, der Macht- und Zahlenrausch, die primitive Anaphorik, der Effekt des Grausamen – alles das verrät die Barock- und Rhetoriktradition. Freiligrath schreibt nur gelegentlich Alexandriner; auch in seiner Dichtung gibt es die Versmaße in reicher Variation. Aber fast überall findet die Spezialforschung Unkorrektheit, Zwangsbehandlung der Sprache, allzu spürbaren Reimzwang [174].

Wenig Respekt vor dem reinen Reim

Aus dem Ideal unbegrenzter sprachlicher Beweglichkeit und aus dem Mißtrauen, das die Mehrzahl der damaligen Dichter gegen jede Art von übertriebener Artistik hatte, ergab sich eine überwiegende Gleichgültigkeit gegenüber den Tendenzen, die im Laufe des 19. Jahrhunderts zur Durchsetzung des reinen Reimes geführt haben. Den Anfang bei der Einführung des reinen Reimes machten bekanntlich nicht die sonst so kunstbewußten Klassiker von Weimar, sondern die Gebrüder Schlegel und eine Gruppe von Dichtern, die ebenso zweitrangig waren (Chamisso, Fouqué, Z. Werner, Rückert)*. Man muß in diesem Zusammenhang bedenken, daß die Frühromantiker nicht nur als Historiker und Programmatiker, sondern auch als anspruchsvolle Dichter gegen Klopstock, Wieland und Schiller konkurrierten. Besonders mit der Wiedererweckung des Sonetts steht das Bestreben nach dem reinen Reim in einem engen Zusammenhang. Gerade zu Beginn der Biedermeierzeit, mitten in den Freiheitskriegen, setzte dann Rückert ein von unreinen Reimen beinahe ganz freies Vorbild (*Geharnischte Sonette* 1814), und Platen lehnte nach der Beschäftigung mit Schlegel und Rückert den unreinen Reim schon prinzipiell ab (Gespräch vom 10. 4. 1817). Diese Ansätze wurden jedoch von den großen Dichtern der Biedermeierzeit, einschließlich Eichendorff (38% unreine Reime), nicht weitergeführt. Erst von Geibel, d. h. wieder von einem zweitrangigen Dichter, wurden sie erneut kultiviert.

Goethe war wieder einmal vollkommen zeitgemäß, wenn er zu Eckermann (9. 2.

---

* Alexander Rudolph *Hohlfeld*, Umlaut und Reim, Ein Beitrag zur Geschichte und Theorie des deutschen Reims, mit besonderer Berücksichtigung von Goethe und der Goethezeit, in: *Hohlfeld*, Fifty Years with Goethe, Madison 1953, S. 202 ff. Auch die folgenden Zahlen usw. stützen sich auf diese Untersuchung. Als selbstlose Pionierleistung bildet sie in der heutigen deutschen Literaturgeschichte eine Ausnahme und ein Vorbild.

1831) sagte: »Wäre ich noch jung und verwegen genug, so würde ich absichtlich gegen alle solche technischen Grillen verstoßen, ich würde Alliterationen, Assonanzen und falsche Reime, alles gebrauchen, wie es mir käme und bequem wäre; aber ich würde auf die Hauptsachen losgehen und so gute Dinge zu sagen suchen, daß jeder gereizt werden sollte, es zu lesen und auswendig zu lernen« [175]. Goethe reimt tatsächlich in den letzten Szenen des Faust *verschlingen/Büßerinnen; Boden/Odem; erbötig/gnädig* usw.; aber besonders »verwegen« war das bei der allgemeinen lässigen Haltung der damaligen Dichter noch nicht. Mörike verwendete zur gleichen Zeit (in der ersten Fassung des *Maler Nolten*, 1832) Mundart-Reime, und zwar nicht nur schwäbische, wie man sich das meistens – Mörikes artistische Naivität überschätzend – vorstellt:

> – Frau Echo, sprich,
> Noch weiß ich nicht:
> Was herzet denn das Liebchen,
> Ein Mädchen oder Bübchen?‹
> ›Büb – chen!‹

Im Schwäbischen gibt es kein »*nich*«; aber auch dieser unreine Reim kommt dem Dichter gerade recht, um einen ungehobelten, volkstümlichen Ton hineinzubringen. Mörike hat den reinen Reim wie Goethe grundsätzlich abgelehnt. Hohlfeld findet bei ihm 71% unreine Reime [176]. In dieser Statistik mag der Begriff des reinen Reims sehr streng genommen worden sein; denn man findet genug Mörike-Gedichte ohne auffallende Verstöße gegen das Prinzip des reinen Reims. Wichtiger als diese Frage erscheint mir das Zahlenverhältnis zwischen einzelnen Dichtern. Man weiß, daß Mörike sich gehen ließ oder wenigstens die irrationalistische Vorstellung der dichterischen Begnadung bewußt kultivierte. Auch seine Neigung zu Archaismen und zur Dialektfärbung wird man anführen, um die genannte Zahl verständlich zu machen. Dagegen pflegt die Heineforschung ihren Dichter zu einem modernen Artisten umzustilisieren. Aber es gibt nach Hohlfeld in seiner Dichtung ebenso viele unreine Reime (70%). *Beide Dichter verhalten sich so »jung und verwegen«, so unbekümmert gegenüber »technischen Grillen«, wie es der alte Goethe wünscht.* Sie gleichen sich, so verschieden sie dichten, in diesem Punkt durch ihre Zeitgenossenschaft und vielleicht auch durch ihren Rang. Zu beachten ist zwar, daß die ironische und satirische Stilhaltung die nachlässige Reimbildung fördert; so reimt Heine etwa *verehren / Likören; heil'ge Allianz / sich ganz; Gott sei Dank heut / Lügenkrankheit; Punsch ein / Mondschein; Romantik / Tieck; belehn' ich / König; Well'n / Köln*. Aber schon in den Sonetten reimt der Schüler A. W. Schlegels *zerfleischen / täuschen; entschuldig'es / vielgeduldiges*. Offenbar ist er von vornherein selbst als Reimer freiheitsdurstig. Andrerseits läßt sich auch Mörike ohne die nachlässigen humoristischen und gelegentlichen Reime nicht denken. Interessant ist, daß sogar Rückert in der späteren, biedermeierlichen Epoche das Prinzip des reinen Reims nicht mehr so ernst genommen hat; er reimt z.B. *sieht / bist; nützen / spritzen; Kamines / schien es; Behaglichkeit / Geleit; Bekränktheit / Unbeschränktheit; Gemisch / wählerisch*. Ich lasse einige Reime anderer Dichter folgen, um dem Leser noch ein anschaulicheres

Bild von der Reimfreiheit dieser Zeit zu geben: *Lücken sich / jüngferlich; Friseur / Ehr; langsam / bangsam; preist er / Geister; bieten / sprühten; angeht / Hahn kräht; Jagd / Macht; Hölle / Schwelle; bitten / Blüten; untertänig / König; Freier / teuer; Fakultäten / retten.*

Wir haben schon bisher Reimwörter, die auffallende Neubildungen sind, zu den unreinen Reimen gerechnet; denn der seltsame oder komische Effekt, der durch sie entsteht, ist ähnlich. Die enge Verbindung, die damals zwischen Reimfreiheit und Neubildung besteht, ist einer der besten Beweise dafür, daß nicht immer nur Nachlässigkeit oder das biedermeierliche Bedürfnis nach einer ungezwungenen, improvisierten oder naiven Form, sondern auch die uns bekannte aktive Sprachbeweglichkeit dieser Zeit der Erscheinung zugrunde liegt. Auf der unteren, didaktischen Stilebene sieht die Reim-Neubildung etwa so aus (aus Friedrich v. Sallets *Auslegung:* des Traums des Kurfürsten Friedrich von Sachsen):

> Dann will das Traumbild rathen
> Mir selbst zu allerletzt:
> »Nicht *rathen,* sondern *thaten*
> Sollst du!« drum schweig' ich jetzt [177].

Oft sind die Neubildungen metaphorisch: »Es wiegte sich im leichten Kahn / Dort Otto auf der *Spiegelbahn*« [178]. Des Rheins ist gemeint. Der »schmucke Reim« ist dem Dichter ein Ideal. »Spielt die Sonne mit Gezitter / Durch der Zweige *Flechtenhaus*« [179]. Das seltsame Wort ist durch den Reim »aus« evoziert. Rückert wird durch seine mystische Neigung zu manchmal recht seltsamen Reim-Neubildungen veranlaßt: frostig / *freudenmostig; Sich-Erhebung / Ineinanderlebung* usw. Auf höchster Ebene wird man an Goethes bekanntes Divan-Gedicht *Selige Sehnsucht* erinnern:

> In der Liebesnächte *Kühlung,*
> Die dich zeugte, wo du zeugtest,
> Überfällt dich fremde *Fühlung,*
> Wenn die stille Kerze leuchtet.

Die *-ung*-Bildungen sind, wie wir noch sehen werden, sehr beliebte Neologismen der Zeit.

Seltene Reime – mit Maß

Die Neubildungen verraten, daß die Vorliebe für seltsame Reime in den gleichen Zusammenhang gehört. »Im allgemeinen glaube ich Dir noch bemerken zu müssen, daß Du Dich etwas seltnerer Reime befleißen solltest«; diesen Rat gibt der virtuose Lenau dem allzu biederen Karl Mayer (5. 2. 1832) [180]. Lenau reimt denn auch nicht *Liebe* auf *Triebe*, sondern etwa *zerstiebt / geliebt; Unkel / trunken; Stoppeln / verdoppelt; scharfe / Larve; treten / Propheten; verwickeln / Partikeln; Notar / unsichtbar.* Die üppigen Fremdwortreime Freiligraths haben wir bereits kennengelernt. Der junge Fontane ahmt sie in einem humoristischen Revolutionsgedicht (*Liebchen kommt* 1848) nach:

Komm, o komm! Den heimatlichen Bettel
Werfen wir vom *Popokatepetel*
Und dem Kreischen nur des *Kakadu*
Hören wir am Titicaca zu.

Heine hat Freiligraths Fremdwortreime getadelt, aber nur als »Mißbrauch der fremd-
klingenden Reime«, nicht diese selbst. Es ist die uns schon bekannte Gewaltsamkeit
beim Umgang mit der Sprache, die er tadelt: »Er gebraucht Hammer und Meißel
und verarbeitet die Sprache wie einen Stein«. Heine kennt ein besseres Vorbild:
»Seltsame, fremdgrelle Reime sind gleichsam eine reichere Instrumentation, die aus
der wiegenden Weise ein Gefühl besonders hervortreten lassen soll, wie sanfte Wald-
hornlaute durch plötzliche Trompetentöne unterbrochen werden. So weiß Goethe
die ungewöhnlichen Reime zu benützen zu grell barocken Effekten« [181]. Auch
wenn wir das Wort barock, das nicht historisch zu verstehen ist, beiseite lassen, ergibt sich ein vorrealistisches Stilideal; denn »fremdgrelle« Effekte waren den realistischen Programmatikern ein Greuel, ein Zeichen dafür, daß die Vormärzgeneration
sich trotz ihres guten Willens von der alten Effektsprache noch nicht befreit hatte.

Man darf sich nun allerdings – abgesehen von komischen Verzerrungen – die
Reimwörter jener Zeit nicht übertrieben seltsam, etwa impressionistisch, vorstellen.
Der durch die folgende kleine Zusammenstellung bezeichnete Spielraum wird selten
überschritten: *Vigilien / Liljen; Flöten / röten; Gilde / Schilde; raunend / posaunend;
dröhnen / Söhnen; wettern / schmettern; gellt / fällt; Felsenkegel / weiße Segel;
Ritzen / spitzen; fühlst / kühlst; Rüstern / düstern; Flüstern / lüstern; weckend /
neckend; Rasen / verglasen.* Man muß sich diese Reime immer noch mit konventio-
nelleren wie *Luft / Duft* oder *Brust / Lust* untermischt vorstellen. *Eine snobistische
Verfemung traditioneller Reime im Stil der heutigen Kritik ist in dieser handwerklich eingestellten Zeit auch bei den Avantgardisten noch undenkbar.* Die inhaltliche
Funktion der seltsamen Reime ist oft noch sehr deutlich: sie überraschen und pointieren oder wirken in dem naiven onomatopoetischen Sinn. In einem Kampfgedicht
muß es *wettern* und *schmettern,* in einem Liebesgedicht *biegen* und *sich schmiegen,*
in einem Frühlingsgedicht *sehnen* und *sich dehnen.* Wenn bei Arndt das Reimwort
schnauben erscheint, dann wird einem gleich ganz deutsch zumute.

Sprache der Lyrik

Bei den eigentlichen Gattungssprachen und Tönen (Stillagen), soweit ich sie hier
überhaupt behandle, muß ich mich besonders kurz fassen; denn sie werden in anderen Zusammenhängen immer wieder berührt. Hinsichtlich der *lyrischen Sprache**
werden unsere bisherigen Beobachtungen insofern bestätigt, als bei Christian Crons

---

* Ich gebrauche in diesem und in den folgenden Gattungsabschnitten das Wort Sprache,
weil in den Kurzinterpretationen schon Fragen berührt werden, die erst später in den Vordergrund treten (Anaphorik, Metaphorik, Syntax usw.). Doch wird in der Hauptsache
immer noch nach den Beständen und Funktionen des Wortschatzes gefragt.

Vergleichung der Redegattungen mit den Dichtungsarten [182], will sagen der wichtigsten Prosa- und Versgattungen, die Geschichtsschreibung der Epik, die Philosophie der Dramatik und die Lyrik der *Beredsamkeit* zugeordnet wird. »Erweckung des Gefühles ist mithin die Sache sowohl des Redners als die des Lyrikers«, – das lesen wir in Wilhelm Wackernagels erfolgreichem Lehrbuch [183]. Die Subjektivität, die der Lyrik zugesprochen wird, darf nicht mit der Individualität im Sinne eines einmaligen Stiles verwechselt werden. Selbst wenn von einem Dichter einmal gesagt wird, der lyrischen Poesie entspreche die »einseitigste Individualität« [184], so bemerkt man bei näherem Zusehen, daß es um das Mannigfaltigkeitsprinzip, nicht um die Erlebnislyrik geht: die Lyrik darf sich wegen ihrer »subjektiven Natur« der sonst verbotenen »Eintönigkeit« und Einseitigkeit hingeben, d.h. sie darf die Stilmittel beliebig stark steigern. Von einem »Sturze des lyrischen Gedichts« [185] wird in A.F.Bernhardis *Anfangsgründen der Sprachwissenschaft* (Berlin: Duncker 1805) gesprochen: »Sieht man auf die einzelnen Dichtungsarten, so steht das lyrische Gedicht..., welches das reine Innre, die bloße Empfindung abgesondert von der erregenden Substanz darstellt, als das kühnste in der Sprachdarstellung obenan. Hier sind die dreistesten Bilder, die seltensten, ältesten und kühnsten Wortfügungen, die gewagtesten Lizenzen« [186]. Nach der Wiener *Theorie der Beredsamkeit* (1825) soll die »einseitige«, »feurige Einbildungskraft«, welche »gewaltig an allem – nur berührend« – vorüberströmt und »alles in großen Umrissen und ergreifenden Verhältnissen« darstellt, »mehr das Eigentum des lyrischen Dichters als des Redners sein« [187]. Das Emotionale wird hervorgehoben. Aber auch in diesen Formulierungen ist die Intensivierung stärker betont als die Individualisierung der Sprache. Tatsächlich wird die »individuelle Bestimmtheit« der Einbildungskraft zugeordnet, die nur lebhaft, nicht feurig ist. »Jene [die lebhafte] führt ins Leben herab, diese [die feurige] über das Leben hinauf« [188]. »Lyrischer Schwung«, »höherer Schwung« heißt es in den Lehrbüchern oft, und auch darin liegt wieder die Überwindung des Kreatürlichen und Natürlichen. Platen formuliert: »Alles Stümperhafte ist individuell, und bei jeder Stümperhaftigkeit im Einzelnen eines Kunstwerks tritt das Individuum hervor. Die Vollendung der Form hingegen ist die höchste Selbstverleugnung des Künstlers« [189].

Beispiele aus der geistlichen und politisch-tendenziösen Lyrik wollen wir nicht zitieren, weil wohl ohnedies klar ist, daß beide rhetorischen Charakter haben und, trotz ihrer entgegengesetzten Inhaltlichkeit, literarhistorisch zusammengesehen werden müssen. Bei den konservativen Lyrikern, z.B. bei der Droste, berühren sich diese beiden Dichtungsbereiche auch inhaltlich, einfach durch den alles beherrschenden christlichen Wortschatz. Die revolutionären Lyriker gebrauchen Wörter wie *Heiland, Gott, Messias, Auferstehung, Ostern, Kreuz, Pfingsten, Himmelfahrt, Himmelslicht* in säkularisierter, d.h. metaphorischer Form. Noch in der Blasphemie besteht die Verbindung zum christlichen Wortschatz, der damals zugleich der allgemeingültige, volkstümliche ist (vgl. o. S. 388). Die Sprachausweitung macht sich in diesem Bereich infolge des Anschlusses an die Rhetorik, wegen der fortwährenden Anaphern und traditionellen Metaphern, – mit der Ausnahme von Freiligrath – wenig bemerkbar. Schon deshalb erscheint die politische Lyrik heute literarisch uninteressant, und es bedarf des großen Liberalismus von Theodor Heuss, um einem Herwegh eine gute Seite abzugewinnen: »das muß doch auch eine schöne Zeit gewesen sein, als ein solcher Anruf, naiv, derb, selbstsicher, nicht vor seinem eigenen Wortgepräge [sic!] selber erschrak, sondern weiterhallte und tausendfältiges Echo weckte« [190].

Auch in der Liebeslyrik verhindern Anaphern und traditionelle Vergleiche oft eine Auswirkung der Wortschatzerweiterung, so in den folgenden, durchaus zeittypischen Versen aus Rückerts *Liebesfrühling* (3. Strauß, Nr. 65):

> Ich liebe dich, weil ich dich lieben muß;
> Ich liebe dich, weil ich nichts anders kann;
> Ich liebe dich nach einem Himmelschluß;
> Ich liebe dich durch einen Zauberbann.
>
> Dich lieb' ich, wie die Rose ihren Strauch;
> Dich lieb' ich, wie die Sonne ihren Schein;
> Dich lieb' ich, weil du bist mein Lebenshauch;
> Dich lieb' ich, weil dich lieben ist mein Sein [191].

Wenn man weiß, wieviel schon im 18. Jahrhundert über die Inversion gesprochen wurde, so mutet die Umstellung der Worte in der zweiten Strophe wie eine Stilübung in der Schulstunde für Poesie und Beredsamkeit an. Es ist aber klar, daß der rhetorische Effekt in solchen Gedichten nur durch diese variierte Wortgleichheit und -armut zu erreichen war. Nimmt man den Wortschatz des ganzen *Liebesfrühlings* [192], so wird das Sprachbild bunter; aber es bleibt die vertikale Richtung, welche die Theorie für die Lyrik betonte, erkennbar. Die Geliebte ist ein *Engel.* Sie gibt *Himmelsruh, Himmelsschein, Himmelsglanz, Himmelssegen.* »Du *Himmelsträn* in meiner Brust«, »du *Himmelsabgesandte*«. »Wo zwei in Liebe weiden / Ein *Paradies* ist das«. Die Schäferwonnen sind also himmlisch. »Reicht eine *Engelshand* / Herab mir eine Zither« ... »Auf *Liebesflügeln* aufzuschweben frommt«. »Ich seh' auf *der Begeist'-rung Flügel* / Dich schweben über Tod und Grab«. Auch die alten empfindsamen Zusammensetzungen mit *entgegen* und *empor* gibt es noch (*entgegenschwellen, -eilen, -schwören, emporflügeln*). Der Dichter *vergeht, zerschmilzt* oder *schmilzt* auch bloß, er *zerstiebt, zerrinnt, zerfließt, verfließt.* Die Lichtmetaphorik (z.B. *Strahl, Glanz, Schimmer*) hat ein weites Wortfeld; aber nichtmetaphorische, direkte, begriffliche Bezeichnungen wie *Gemüt, Seele, Geist, Gram, Wehmut, Herz, Freude, Wonne* werden ganz und gar nicht vermieden. Schöner, kunstgreifter im Sinne der Rhetorik ist *Freudenschauer, Frühlingswonne, Himmelswonnen. Königin, Göttin* ist die Geliebte selten, das wäre nicht christlich; aber *Freundin* darf sie immer wieder sein. Dadurch ergibt sich eine gewisse Dämpfung des Aufschwungs. Rhetorischer ist die Häufung: »Meine *Taube, Freundin, Schwester, Braut*«. Unter den Adjektiven begegnet das schlichte *schön* am häufigsten; aber man muß es zusammenhören mit *ewig* und *still,* die ebenfalls oft vorkommen. *Süß* ist sehr beliebt; aber *fern, leise* und *rein* folgen diesem Wort auf dem Fuß. Übrigens sind schön und süß auch bei Mörike, Heine und Lenau oft zu finden. *Still* lieben Heine und Lenau. Daneben gibt es Komposita wie *morgenfrüh* (Lenau), *glutenwild* (Heine), *nimmersatt* (Mörike), *lustberauscht* (Rückert). Doch hat auch die häufige Bildung von Zusammensetzungen (s. u.) meistens den Sinn, die Vertikale zu verstärken, für Intensivierung zu sorgen.

Man darf wohl behaupten, daß der erwähnte lyrische Wortschatz bei allen Poeten der Biedermeierzeit zu finden ist und daß er im quantitativen Sinne mit der und jener Ergänzung, die aber die Gesamtrichtung nicht verändern würde, das Bild der damaligen Lyrik bestimmt. Die enthusiastische Tradition ist sehr stark. Interessanter ist freilich die Frage, was diesem Enthusiasmus bei den besseren Dichtern entgegenwirkt, welche Gegengewichte angebracht werden, um den »Schwung« zu hemmen, welches Wasser in den Wein gegossen wird, um ihn einem schon etwas ernüchterten (sprachskeptischen) Geschlecht erträglicher zu machen. Fragen wir so, dann finden wir selbst bei Rückert manches Wort, das eine Dämpfung der Empfindsamkeit bewirkt und eine Auseinandersetzung mit der rhetorischen Tradition verrät. In diesem Zusammenhang ist zuerst des Haus- und Familienwortschatzes zu gedenken, der im Biedermeier in die Lyrik einzieht, etwa in Rückerts *Haus und Jahr*. Wenn aus dem Liebes- und Naturfrühling ein *Zimmerfrühling* wird (Gedichttitel), werden Konkreta im Gedicht notwendig:

> Meine Liebste wollt' im Zimmer
> Hyazinthen ziehn,
> Daß dir was vom Frühlingsschimmer,
> Winter, sei verliehn;
> Und in meinen Schachteln liegen stille Gruppen
> Puppen,
> Denen sollen Schmetterling' entfliehn [193].

Neben dem personifizierten, d. h. hochpoetischen *Winter* gibt es den apokopierten Plural *(Schmetterling')* und vor allem Sachwörter. In den nächsten Strophen folgen noch: *Ofen, Glocken* (der Hyazinthe), *Glöckchen, Garten, Hag, Döckchen, Strauß, Röckchen* und das ganz prosaische Wort »*Notbehelf*« zur schließlichen, pointierten Entwertung des Zimmerfrühlings. Dazwischen wird durch traditionelle poetische Wörter wie *Sylphe, Sommervogel, Blumenwangen, träumen, hauchen* dafür gesorgt, daß der Stil nicht allzu weit absinkt. Selbst bei Heine wird die Ironie oder Gesellschaftskritik nicht immer so weit getrieben, daß ein »fremdgreller« Einbruch (s. o.) in die Waldhornsphäre erfolgt. Die Satire kann auch in die lyrische Sprache integriert werden. Ich zitiere den Schluß des Einleitungsgedichts zur *Harzreise* (1824):

> Auf die Berge will ich steigen,
> Wo die dunkeln Tannen ragen,
> Bäche rauschen, Vögel singen,
> Und die stolzen Wolken jagen.
>
> Lebet wohl, ihr glatten Säle,
> Glatte Herren, glatte Frauen!
> Auf die Berge will ich steigen,
> Lachend auf euch niederschauen.

In den vorangehenden Strophen entsprach dem dreifachen »*glatt*« dieser Verse »*höf-liche Manschetten*«, »*Embrassieren*«, »*erlogne Liebesschmerzen*«, womit die Satire einen etwas bunteren Wortschatz gewonnen hatte. Aber auch dort wurde eine ge-wisse Stilhöhe gesichert durch Wörter wie *Herz, Liebe, warme Liebe, Berge, fromme Hüttchen, freie Lüfte*. Rückerts und Heines Gedichte kehren auf verschiedene Weise in die Gesellschaft zurück; aber jedesmal bewirkt dieser Vorgang eine Senkung der lyrischen Stilebene durch Hereinnahme von Wörtern, die der enthusiastischen Lyrik-tradition empfindsamer oder romantischer Art nicht entsprachen. Auch wenn man gegen diese Rückkehr zur Gesellschaft polemisierte, blieb man ihrem Wortschatz (*Grazie, Anstand* usw.) verpflichtet:

> Ich, ich sollt' armselig singen,
> Wie's behagt der armen Welt,
> Sollte den Ton lassen klingen,
> Der ins Ohr ihr schmeichelnd fällt? –
> Sollte meinen Jammer schmücken,
> Daß er ja voll Grazie sei,
> Sollt' mit Anstand unterdrücken
> Meines Busens Schmerzensschrei? [194]

Die Gräfin Hahn-Hahn, die Verfasserin der Verse, bringt dies durchaus fertig. Sonst wäre sie nicht Romanautorin geworden. Es fällt überhaupt auf, daß es oft die unzu-ständigen Schriftsteller sind, die den Abbau der Erlebnis- oder Gefühlslyrik tadeln. So wirft ausgerechnet der witzige Gutzkow dem Freiherrn von Gaudy eine »Leich-tigkeit« vor, »die seine Gedichte fast vaudevilleartig macht« [195]. Es war eine dem 19. Jahrhundert nicht mehr angemessene Vorstellung von Lyrik, wenn Gutzkow meinte: »Ich werde 30 Jahre, Ihr lieben Sänger; ich will Euch nicht mehr beurtei-len« [196].

In anderer Weise unzuständig für die Beurteilung der Gegenwartslyrik war der schwäbische Vollakademiker Gustav Pfizer. In einem Aufsatz, der den durchschnitt-lichen Maßstab repräsentiert, spielt er Anakreon und Béranger gegen Heine aus, der einen gottlosen, »die echte Poesie tötenden Witz« in die Lyrik hineinbringt und durch »kokette Kürze« oder »durch gemachte kindische Einfachheit Effekt machen will«. Vor allem stört diesen angestrengt arbeitenden Perfektionisten Heines offene und bewegliche Sprechweise, daß er nämlich »mit vornehmer Gleichgültigkeit, wie ein Dilettant, seine Poesien, kunstlose Erzeugnisse des Augenblicks, hinzuwerfen schien«. Auch hier geht es offensichtlich gegen eine dem (von Pfizer so genannten) »künstleri-schen Ernst« widersprechende Leichtigkeit [197]. Mörike hatte gegen Heine allerlei einzuwenden; aber noch mehr gegen den Lyriker Pfizer. Mörikes Übersetzungen der antiken Lyriker verraten, daß es auch ihm darauf ankam, durch Dämpfung des Vos-sischen Pathos die Lesbarkeit zu erhöhen. Ungewöhnliche Wortstellungen, antikisie-render Wortschatz, überhaupt das ganze Humanistendeutsch wird von ihm abge-lehnt. Nachlässigkeit, die beliebte, von Gutzkow einmal richtig »anspruchsvoll« genannte Nonchalance ist ihm lieber als Steifheit [198]. Dieser im besten Sinne bie-dermeierliche Ansatz läßt sich früh bei Mörike erkennen. In der folgenden Kritik an

Gustav Pfizer (Mörikes Brief an F. Th. Vischer vom 23.5.1832) trifft er zugleich die gesamte lyrische Rhetoriktradition: »Wer wollte seinen Geist, sein Talent und [sic!] Verstand nicht hoch achten? Dennoch les ich ihn nicht mit rechter Lust. Es blitzen einem, schlägt man sein Buch nur auf, allenthalben Rubinen und Perlen entgegen, aber leider bemerkt man auch überall die Kunst des Juweliers. Das innige Erquicken ... geht hier ab«.

Ein begrenzter Abbau des rhetorischen ornatus wird von den bedeutenderen Lyrikern schon zu Beginn der Biedermeierzeit als Bedürfnis empfunden. So griff Wilhelm Müller auf Georg Philipp Schmidt v. Lübeck zurück, um an seinem Beispiel zu zeigen, daß in der Lyrik auch die »Mittelsphäre«, »eine durch heitere Ironie gemilderte Schwermut« möglich ist, etwa im Sinne von Schmidts Einleitungsgedicht: »Wir sind gemacht aus Einer Scholle, / Auch *drückt uns alle gleich der Schuh*« [199]. Der unwiderstehliche Drang, Brocken der Alltagssprache (Fremdwörter, Dialekt usw.) in die Lyrik aufzunehmen, wird durch dies Streben nach der »Mittelsphäre« verständlicher. Auch Platen hat sich sichtlich darum bemüht, alltägliche Wörter in seine die »schnöde Mittelmäßigkeit« [200] programmatisch verschmähende Lyrik aufzunehmen, – damit sie nicht hohl wirke. Schon die begehrten Spondäen (s.u. *Weinglas*) sorgen bei ihm oft für die Wortschatzerweiterung in der Lyrik:

> Mitternacht ankünden die Glocken, ziehn euch
> Rasch vom Mund weg Küsse zugleich und Weinglas:
> Spiel und Ernst trennt stets ein gewagter, kurzer,
> Fester Entschluß nur [201].

Die Zeitgenossen hatten hinsichtlich der neuen lyrischen Stilsenkung ein feines Gehör. Sogar in Platens berühmtestem Gedicht wurde sie bemerkt:

> Wer die Schönheit angeschaut mit Augen
> Ist dem Tode schon anheimgegeben
> Wird für kein Geschäft der Erde taugen.

Fugger, ein Freund Platens, der das Gedicht komponieren soll, findet *Geschäft* »vielleicht ein wenig prosaisch« (Brief vom 20.1.1825), und Platen ändert gehorsam: »Wird für keinen *Dienst* auf Erden taugen« [202].

Am leichtesten ließe sich die Wortschatzerweiterung in der Naturlyrik verfolgen. Sie lag in der Zeit einer immer beliebter werdenden Laien-Naturkunde und der Wanderführer für alle Landschaften besonders nahe. Aber sie schloß manches stilistische Problem in sich. So fehlt den manchmal schon recht mikroskopisch verfahrenden Naturgedichten Karl Mayers, die hohe Achtung am Neckar genossen, der Schwung und Rhythmus oft in bedenklicher Weise. Auch die Allegorie und das Detail vereinigen sich oft wenig glücklich:

> Ein Rosenstamm noch grün beblättert
> Und purpurroth von Früchten klettert
> Hier aus des Wintertages Schnee,
> Wie ein lebendiger Humor
> Noch immer grünend rankt empor
> Und lächelnd aus des Lebens Weh [203].

Bei derartigen Vorläufern wurde Annette von Droste-Hülshoff leicht die anerkannte Meisterin so gewagter Spracherweiterung. Der mundartliche und der naturkundliche Wortschatz verbinden sich bei ihr eng. Wörter wie *Kolk, Kanker, Meltau, Merle, Schmerle, Soldanella, Schröter, Hamer* finden sich in so reicher Zahl, daß sogar die Droste-Ausgabe des Hanser-Verlags, die nicht in erster Linie gelehrten Zwecken dient, einen Anhang mit Worterklärungen enthält. Wie stark bei all dem die Neigung zur traditionellen rhetorischen Steigerung bleibt, können dem Kundigen nicht erst die geistlichen Gedichte, sondern schon zwei einander folgende, hinsichtlich der »lyrischen Subjektivität« jedoch verschiedene Strophen aus *Der Hünenstein (Heidebilder)* verraten:

> Seltsames Lager, das ich mir erkor!
> Zur Rechten, Linken schwoll Gestein empor,
> Gewalt'ge Blöcke, rohe Porphyrbrode;
> Mir überm Haupte reckte sich der Bau,
> Langhaar'ge Flechten rührten meine Brau',
> Und mir zu Füßen schwankt' die Ginsterlode.

> Ich wußte gleich, es war ein Hünengrab,
> Und fester drückt' ich meine Stirn hinab,
> Wollüstig saugend an des Grauens Süße,
> Bis es mit eis'gen Krallen mich gepackt,
> Bis wie ein Gletscher-Bronn des Blutes Takt
> Aufquoll und hämmert' unterm Mantelvließe.

Die Schauer-Stimmung steigert sich in den folgenden Strophen noch, und die Sprachskepsis der Droste ist wach genug, um sie am Ende zu entlarven: »Und – ›Herr, es regnet‹ – sagte mein Lakai« –; aber die ironische Auflösung des Schauer-Tones ist nur die andere Seite der Rhetorik und bestätigt die vorrealistischen Spannungen in der lyrischen Sprache der Droste.

Sprache der Versepik

Die Versepik wird im II. Bande nach Stilstufen geordnet und beschrieben, so daß hier wenige Bemerkungen zur epischen Sprache genügen müssen und der Stil des komischen Epos vorläufig ganz außer acht bleiben kann. Der Theorie nach besteht ein großer Unterschied zwischen Lyrik und Versepik. Dem »Sturze« des lyrischen Gedichts wird von Bernhardi traditionsgemäß die »Ruhe des Epos« entgegengehalten. »Im Epos liegt mehr wie in jeder andern Dichtart das prosaische Bestreben der Mitteilung«, es nähert sich der »historischen Gattung« (Geschichtsschreibung) [204]. Auch Heinsius wählt in seinem *Teut* (Berlin: Duncker und Humblot ⁶1839) Formulierungen, die in die gleiche Richtung weisen: »der Ton [ist] ernst, der Ausdruck edel und gewählt, doch einfach und natürlich. Die Sprache verstattet den Gebrauch aller Figuren und Bilder; vorzüglich liebt sie die Gleichnisse, ausführliche Schilderungen und Beschreibungen« [205]. Äußerungen dieser Art beherrschen die Poetik; doch die ruhige, würdevolle, homerische, am Hexameterepos orientierte, meistens jedoch historische Stoffe verarbeitende Epik ist mehr eine Sache der Theologen (Pyrker, Wessenberg, Fröhlich usw.) als der eigentlichen Dichter. Man mag sie mit der monumentalen, aber etwas leeren Historien- und Sagenmalerei der Restaurationsepoche vergleichen. Auch für die Sprache bedeutet dies einen überwiegend akademischen Charakter (»prosaisches Bestreben« s. o.). Freilich, selbst in diesem Bereich der Theologenepik muß die Objektivität der Gattung ausdrücklich betont werden; denn die Klopstocktradition und damit die hymnische Epik wird in den katholischen Landschaften erst recht lebendig.

Sogar die idyllische Hexameterepik, die durch Vossens pfarrtöchterliche *Luise* zu einem Liebling der dichtenden Pastoren geworden war, ist den Anfechtungen der lyrischen Subjektivität ausgesetzt. Wenn schon das persönliche Leben in seiner schicksalslosen Zuständlichkeit dargestellt wird, liegt auch die Verinnerlichung nahe. Die Einweihung einer idyllischen Dorfkirche kann zu frommen lyrischen Betrachtungen und ein Picknick in den Dünen zu einem fast hymnischen Preis des poetisch neuentdeckten Meeres führen. Selbst Mörike, der die *Idylle vom Bodensee* durch eine spaßige Fabel und humoristisch-volkstümliche Diktion sehr bewußt der Gessnerschen Empfindsamkeit und aller pfarrherrlichen Rhetorik entrückt, bringt im »gemütlichen« Kern der Dichtung, dem Liebesbekenntnis des Schiffers Tone, ganz im Biedermeiergeschmack noch ein wenig Schäferlyrik an:

> Alle wir sahen dir nach mit wohlgefälligen Blicken.
> Sieh, und im Hinschaun kam mir ein Wort des herzlichen Lobes
> Und dein Name mir über den Mund – so rührte dein Bild mich
> In der Seele! so schön warst du! ja recht wie der Friede
> Selber erschienest du mir! – Ich war wohl etwan ein wenig
> Stille geworden; da blickten die zwei sich mit heimlichem Lachen
> An, doch taten sie nicht so fort, noch sagten sie etwas,
> Und bald ging ich hinweg. Von Stund' an aber, o Schäf'rin,
> Kamst du mir nicht aus dem Sinn und war mein erstes Gedenken
> Früh im Erwachen an dich und mein letztes an dich, wenn ich einschlief,
> Müd' von saurer Tagsarbeit. Schau, jegliche Nacht fast
> Leert' ich im Traum vor dir mit tausend Tränen mein Herz aus!

Ein Meister wie Mörike integriert die subjektive Episode sorgfältiger, als dies damals üblich war, durch die Erinnerung etwa an die mehr zum Lachen als zur Empfindsamkeit geneigte Dorfgemeinschaft und an die »*saure Tagsarbeit*« des Fischers; aber Wörter wie *herzlich, rührte, Seele, Herz, Friede,* superlative Wendungen wie *erstes, letztes,* »*tausend Tränen*« und das uns schon als lyrisches Kernwort der Zeit bekannte einfache »*schön*« – »so schön warst du« – bestimmen doch das Stilbild.

Fast jeder Versepiker der Zeit, auch wenn er nüchterner als Mörike ist, trägt dicker auf, wozu gewiß die Vorstellung vom hohen und höchsten Gattungsrang des Versepos beitrug. So gibt es z.B. in fast allen Epen die auch sonst (s. u.) für besonders poetisch gehaltenen dreigliedrigen Komposita. Sogar in Ludwig Bechsteins *Faustus* (Leipzig 1833), einem recht sachlichen, zur mittleren Stilebene neigenden Epos, findet man sie: *Donnersturmgebraus, Abendsonnenstrahl, Zaubertrugbild, Zauberruten-schlag* usw. Bei Pyrker, einem Epiker, der sich eher Goethe als Klopstock verpflichtet weiß, findet man auf jeder Seite stilerhöhende Wörter wie *Strahlengestirn, furchtbar-brüllend, flammenschnaubend, weitumkreisend, liebvollsorgend, herzblutdürstend, weitnachfolgend, wahnsinngenähret, schreckengerüstet, schwarzumhüllend, geist-verzückend, wildumwütend.* Obwohl dieser Wortschatz mehr der Steigerung des Stils als seiner Anschaulichkeit dient, darf man annehmen, daß die epische Hexa-metersprache der Biedermeierzeit sich, unter dem Einfluß der volkstümlichen Diktion oder vielmehr des ihr zugrunde liegenden Lässigkeitsideals, fast überall von den Ver-renkungen des »griechenzenden« Vossischen Deutsch freigemacht hat. Diese Frei-heit geht sicherlich nicht immer so weit wie bei Mörike; aber ein vorsichtiger Abbau der durch die antikisierende Verfremdung erreichten Dunkelheit und Würde dürfte allgemeines Bedürfnis gewesen sein. Daher genügten auch die Übersetzungen von Voss nicht mehr. Man vergleiche unter diesem Gesichtspunkt die folgenden Verse (4. Gesang, 474 ff.) aus der *Aeneis* von Voss (Braunschweig: Vieweg 1799) und Neuf-fer (Stuttgart: Metzler ²1830):

Voss: Als sie nunmehr ganz faßte, die Abgehärmte, den Wahnsinn,
        Und zu sterben beschloß; nun Zeit mit sich selber und Weise
        Ordnet sie an, und nahet der traurenden Schwester mit Worten,
        Deckt den Entschluß mit der Mien', und klärt die Stirne mit Hoffnung [206].

Neuffer: Jetzo, nachdem voll Furienwuth vom Schmerze bezwungen
        Sie zu sterben beschloß, da bedachte sie Zeit und Weise
        Bei sich selber, und trat mit Worten zur traurenden Schwester,
        Hoffnung auf heiterer Stirn, den Beschluß mit der Miene verbergend [207].

Merkwürdige dunkle Ausdrücke wie: *den Wahnsinn fassen, den Entschluß mit der Miene decken, die Stirne mit Hoffnung klären* sind verschwunden. Auch die Inver-sion wird im epischen Stil nicht mehr unbedingt für erforderlich gehalten (Vers 2/3 des Zitats).

Das Prinzip der Gesellschaftsunmittelbarkeit, der besseren Lesbarkeit setzte sich durch. Aber warum dann nicht gleich Erzählprosa statt Versepik? Mörike hat sich, mit der einen Ausnahme der *Idylle vom Bodensee*, so entschieden. Wir werden je-doch sehen, daß die Versepik der Biedermeierzeit – immer abgesehen vom komischen Epos – nur durch die Vermählung mit der Lyrik so beliebt und lebendig bleiben konnte. Das bedeutete, daß die besseren Dichter, wenn sie überhaupt auf diesem Felde arbeiteten (Lenau, die Droste, Ernst Schulze, Julius Mosen usw.), sich zur Reim-dichtung hingezogen fühlten; denn diese lyrisch zu überformen, war natürlicher; ja, das Episch-Lyrische ergab sich bei dem Mischen der Gattungen, dem die Zeit zu-neigte, ganz von selbst. In der frühen Biedermeierzeit war es vor allem die Ottave-rime, die man gerne wählte. Im Anschluß an Wieland; doch entlockte man ihr lieber lyrische Rhetorik als Ironie und Satire. Typisch ist diese der Rose gewidmete Stro-phe des brockhauspreisgekrönten Ernst Schulze:

Doch wenn der Lenz mit seinem Wehn und Wallen,
Mit seiner Lust durch Erd' und Himmel dringt,
Wenn weit umher das Lied der Nachtigallen,
Der Biene Flug, der Quelle Rieseln klingt,
Wenn Blüthen rings entkeimen, blühn und fallen,
Und jede Nacht den reichen Schmuck verjüngt,
Dann fühlt auch sie in ihrer dichten Hülle
Der Hoffnung Lust, des Lebens sel'ge Fülle [208].

Man erkennt die Wenn-Konstruktion der empfindsamen Sprache (Werther, Jean
Paul). Die Naturbeschreibung wird gelegentlich sachlicher (5. Vers); aber diese
Differenzierung wird im Schwung des Satzes, der Reime, der Alliterationen und an-
derer Klangmittel kaum wahrgenommen. Der Dichter überhöht die Rose zu einer
Verkörperung des Frühlingsgefühls, er will sie nicht als Gestalt und damit episch zur
Anschauung bringen. August Hagen sagt in seinem von Goethe gelobten Epos *Ol-
fried und Lisena* (Königsberg: Universitäts-Buchhandlung 1820) selbst, daß er die
Prinzessin Lisena nicht malen (d.h. im damaligen Sprachgebrauch sinnlich darstel-
len), sondern nur singen (d.h. ob ihrer Schönheit preisen) kann:

Es scheinen Veilchen ihre Augensterne,
Ein Rosenknospenpaar ihr kleiner Mund;
Den Silberschein des Nackens säng' ich gerne,
Das Frühroth auf der Wange Sammetrund;
Doch bleibt vom Maler hier der Sänger ferne,
Die Rose stralt so auf des Schnees Grund;
Hoch wallen auf des Schwanenbusens Fülle
Schwarzbraune Locken aus des Schleiers Hülle [209].

Man erkennt das beliebte dreigliedrige Kompositum und die traditionellen Metaphern des Schönheitspreises *(Augensterne, Sammetwange, Schwanenbusen),* wenn
sie auch ein wenig durch sinnige Einfälle (Augensterne als Veilchen) und die uns
schon bekannte biedermeierliche Rose im Schnee modernisiert erscheinen. Moderne
brevitas ist freilich in der Stanzendichtung am wenigsten zu erreichen! Gehn wir
zehn Jahre weiter zu Julius Mosens *Ritter Wahn* (1831), so hat sich die lyrische Rhetorik eher noch gesteigert:

O heil'ger Glut allsel'ge Herzdurchzückung!
Helene! ja, du bist Helene selbst,
Ruft Wahn; o überschwängliche Beglückung! [210]

Noch Karl Becks Epos *Jankó, der ungarische Roßhirt* (Leipzig 1841) lebt, trotz des
urwüchsigen Titels, von der intensiven Lyrisierung der Liebesszenen oder der ungarischen Heidebilder und mündet in die politische Rhetorik.
    Ich will nicht Zitate häufen, für die der Leser traditionsgemäß das »Epigonentum«
verantwortlich machen muß, sondern durch zwei vergleichbare Stellen aus der *Judenbuche* und dem *Spiritus familiaris* (1842) vergegenwärtigen, daß auch eine originale
Dichterin wie die Droste der obligaten Stilüberhöhung der Versepik entspricht und
diese vor allem mit Hilfe lyrischer Mittel bewirkt:

426

Es war am Vorabende des Weihnachtsfestes, den 24. Dezember 1788. Tiefer Schnee lag in den Hohlwegen, wohl an zwölf Fuß hoch, und eine durchdringende Frostluft machte die Fensterscheiben in der geheizten Stube gefrieren. Mitternacht war nahe, dennoch flimmerten überall matte Lichtchen aus den Schneehügeln, und in jedem Hause lagen die Einwohner auf den Knien, um den Eintritt des heiligen Christfestes mit Gebet zu erwarten, wie dies in katholischen Ländern Sitte ist oder wenigstens damals allgemein war.

> Das nenn ich eine Winternacht!
> Das eine Jahresleiche! Gnade
> Der Himmel jedem, den die Not
>   treibt über diese blanken Pfade!
> Sie glitzern auf, der Schlange gleich
>   im weißen Pyramidensande,
> Und drüber hängt, ein Totenlicht,
>   der Mond an unsichtbarem Bande,
> Mit Fünkchen ist die Luft gefüllt,
> Die Sterbeseufzer zieht und quillt [211].

Die Sprache der *Judenbuche* ist sachlich genau (Datum, *zwölf Fuß hoch*). Noch mehr gewinnt der Erzählton durch die folkloristische Beschreibung »Ruhe«, wobei die historische Korrektur *(»wenigstens damals«)* besonders bezeichnend ist*. Bei dem zweiten Text erinnert man sich sogleich an die von uns zitierte Theorie: »Die [epische] Sprache verstattet den Gebrauch aller Figuren und Bilder«. *»Jahresleiche«* mutet barock an (für ›Sylvesternacht‹, in der nächsten Strophe genannt). Weithergeholt ist auch der Vergleich der Schneepfade mit der Schlange im Pyramidensande; doch ist damit zugleich der Übergang zu der lyrischen Dämonisierung erreicht, für welche die Droste bekannt ist. Was diesen Stil von jedem realistischen unterscheidet, ist nicht nur das große Aufgebot der Stilmittel, *sondern auch der vollkommen unbefangene Umgang mit ihnen,* – Folge der noch ungebrochenen Rhetoriktradition. Und alle diese intensivierenden »amplificationes« bei einer Dichterin, die grundsätzlich zur Kürze neigt und diese Neigung mannigfach bewährt hat!

Tragödiensprache

Wie das Prinzip der Klangfülle in der Lyrik eine gewisse amplificatio konservierte, so hat zu jener Zeit auch die Versepik eine wie immer reduzierte Breite des Stils durchgesetzt – noch bei dem preußisch-lakonischen Schlachtenepiker Scherenberg, worüber im II. Bande zu sprechen ist. Dagegen scheint die brevitas, die selbst eine rhetorische Möglichkeit war, in der Sprache der Tragödie das kräftigste Gegenmittel gegen die verbrauchte, falsch gewordene Rhetorik und so die beste Lösung gewesen zu sein, in der Verstragödie so gut wie in der Prosatragödie. In einem quantitativen Sinne beherrscht selbstverständlich gerade auch auf dem Gebiet der Tragö-

---

* Der direkte Verweis auf die Vergangenheit verrät die Nähe zur »historischen Schreibart« und kann belegen, daß die moderne Gleichung Erzählprosa = Fiktion damals noch nicht immer zutrifft.

diensprache die Restauration der Rhetorik, die Rebarockisierung, das Feld, will sagen das Hoftheater. Nicht die Existenz Raupachs, aber der große Erfolg seiner Tragödien ist dafür schon Beweis genug. Für diesen Problemkreis muß auf das Drama-Kapitel verwiesen werden (II. Band). Eines der Symptome für den Abbau des empiristisch beeinflußten, individualisierenden Dramas war die grob konstruierende Schauertragödie, und gerade an diesem Punkt begann, wie bekannt ist, Grillparzers erfolgreiche Theaterlaufbahn *(Die Ahnfrau)*. Bis dahin hatte er sich denkend und schaffend mit Schiller, Goethe, Shakespeare und Calderon auseinandergesetzt, – wenig erfolgreich [212], so daß sein Experiment mit der neuen Erfolgsgattung verständlich wird. Es blieb rein rhetorisch. Der Vers (vier Trochäen), sagen die Grillparzerforscher verschämt, hatte die Schuld; aber er wählte den Vers des spanischen Barockdramas, um so üppig wie möglich, mit allen rhetorischen Mitteln auftrumpfen und das erneut pathossüchtige Publikum berauschen zu können. Nach diesem Sündenfall mit lebenslänglichen Folgen – er blieb als Ahnfrau-Dichter abgestempelt – begann die beharrliche künstlerische Buße des Tragikers. Sie ist um so überzeugender, als sie sich auf dem Hintergrund einer ungebrochenen klassizistischen Tradition und Ideologie vollzog. Zunächst ist die Auseinandersetzung mit Goethes Enthusiasmus *(Sappho)* und Schillers Pathos *(Ottokars Glück und Ende)* noch vorsichtig. Sie bleibt auf dem Boden des Wiener Theaters, das eine mimische Sprache und, wo dies möglich war, sogar den stilsenkenden Konversationsstil zur Pflicht machte, grundsätzlich aber der Rhetorik nicht feindlich gesinnt war, – was Friedrich Halm wenig später bewies. Ende der zwanziger Jahre *(Ein treuer Diener seines Herrn, Des Meeres und der Liebe Wellen)* war Grillparzer schon so weit, daß er den heimatlichen Theaterboden unter den Füßen zu verlieren begann. Besonders in der *Hero*-Tragödie wurde der Stil konsequent auf eine »mittlere Lage« gesenkt, die Verhaltenheit zum bestimmenden Sprachprinzip [213]. Man höre nur den Schluß der Tragödie, an dem die Wortkunst traditionsgemäß Orgien feierte:

> Janthe.
> Heißt nur die Männer, die den Jüngling tragen,
> Drauß harren, es bedarf noch ihres Amts.
> Zwei Leichen und ein Grab. O, gönnt es ihnen!
> *(Zum Priester, der die Stufen herabkommt.)*
> Nun, Mann, du gehst? So gibst du sie denn auf?
> Bleib! Eine Dienerin begehrt der Freiheit,
> Ich kehre heim zu meiner Eltern Herd.
> *(Der Priester geht, sich verhüllend, ab.)*
> Du gehst und schweigst? Sei Strafe dir dies Schweigen!
>
> Ihr sorgt für sie, wie sonst ich selbst getan;
> Mich duldets länger nicht in eurem Hause.
> *(Sie nimmt den Kranz von Amors Bildsäule.)*
> Hier diesen Kranz tragt mit der Bleichen fort.
> *(Den Kranz nach der um Hero beschäftigten
> Gruppe hinwerfend, gegen die Bildsäule sprechend.)*
> Versprichst du viel, und hältst du also Wort?

Die einfache Sprache der Dienerin wird durch die symbolische Geste mit Amors Kranz bereichert und mag schon durch den sozialen Stand der Sprecherin gerechtfertigt sein; aber eben diese, eine *allgemeine* hohe Stilebene nicht mehr anerkennende, Rollensprache und die Zuweisung der Schlußworte an die schlichte Sprecherin ist die Leistung des Dichters. Die Sprache mag karg und, wo sie sich etwas erhebt, traditionell, womöglich »kanzleimäßig« erscheinen (»*die Bleiche*« für die Tote, »*meiner Eltern Herd*«, »*es bedarf noch ihres Amts*« usw.). Über diesen Punkt wird es in der Grillparzerforschung ähnlich wie in der Witikoforschung immer Meinungsverschiedenheiten geben. Historisch muß diese Verhaltenheit, dieses Innigerwerden der Sprache jedenfalls als entscheidender Neuansatz bezeichnet werden. Im Spätwerk, besonders im *Bruderzwist,* versucht der Dichter diesen Sprachempirismus wieder mit Rhetorik zu durchsetzen, die aber jetzt – man denke an Kaiser Rudolf II. – aus dem Schweigen hervorgeht und dadurch zum Werkzeug der Weisheit, ja der Prophetie geworden ist [214]. Die Abstraktion dieser Sprache, die der Grillparzerforschung von jeher aufgefallen ist (logische Nebensätze, Hervortreten des Pronomens, formelhafte Doppelung, Metonymien, Abstrakta und unbestimmte Begriffe wie *Tand* oder *Gerümpel*) [215], ist wohl die notwendige Folge der neuen, tieferen Rhetorik. Man darf jedoch nicht vergessen, daß Grillparzer diese im *Bruderzwist* durch komische Einsprengsel mildert und so die »mittlere Lage« mit feiner Kunst aufrechterhält. Max sagt z.B. im II. Aufzug zu Leopold neckend:

> Ich weiß, ich weiß! In Gräz vorm Bäckerladen
> Hast du gestanden, eisern, stundenlang,
> Bis sich die holde Mehlverwandlerin
> Am Fenster, günstig, eine *Venus,* zeigte [216].

Die großartige, wiewohl ironische Umschreibung und die Mythologie erinnern an die Tradition und sorgen dafür, daß der Stil nicht allzusehr absinkt; aber die Integrierung so prosaischer Wörter wie *Bäckerladen* und der gesamten komischen Sprachschicht in einer so tiefen Tragödie bedeutete einen Fortschritt und ist ein Hinweis darauf, daß die geschichtliche Tendenz zur Stilmischung durch den Vers und die übrigen klassizistischen Prinzipien bei den berufenen Dichtern nicht aufzuhalten war.

Wie stark die Tradition der hohen Tragödiensprache, trotz dieser realistischen Entwicklungsrichtung, um 1850 noch war, verrät nicht nur die große Masse der Schillerepigonen, sondern auch Hebbel. Dieser Tragiker setzt ungefähr bei Grabbes wuchtiger Tragödiensprache in Prosa an – »und alles, was Damm und Grenze heißt, überflutet«. *(Judith)* –, experimentiert auch im Stil des bürgerlichen Trauerspiels *(Maria Magdalene),* läßt sich dann aber von der neuen klassizistischen Welle ins Lager der Verstragiker zurücktragen, mit dem Erfolg, daß man in *der* Tragödie, die gleichzeitig mit dem Durchbruch des realistischen Romans erschien (*Gyges und sein Ring* 1856), nur mit Mühe ein wenig Sprachrealismus entdecken kann [217]. Die noch nicht überall anerkannte Tatsache, daß eine Stilgeschichte ohne Berücksichtigung der Gattungssprache nicht möglich ist, kann dies Beispiel besonders eindrucksvoll lehren. Soll man etwa die Sprache von *Gyges und sein Ring* mit der des *Grünen Heinrich* zusammensehen?

Eine mühselige Auseinandersetzung mit der Tradition des tragischen Stils ist auch bei Grabbe festzustellen. Offensichtlich fällt es ihm schwer, sich von der Verssprache ganz zu lösen. Noch in dem Aufsatz *Über die Shakspearo-Manie* (1827) bekennt sich der Stilrevolutionär zu dem Vorbilde Schillers. Das führt, wie so oft in der Biedermeierzeit, zu dem »Haar in der Suppe« (F. Th. Vischer), in diesem Fall zu schlechten Versen. Das Pathos in der Tragödie bleibt einem Grabbe freilich auch in *der* Zeit selbstverständlich, da er nicht nur die komischen Episoden, sondern das ganze Drama in Prosa schreibt. Grabbe begründet die Wahl der Prosa realistisch – man könne den Militärwortschatz der Napoleonischen Zeit nicht in Verse bringen –; aber die Stilspannungen in dieser Prosa weisen eher auf den Sturm und Drang zurück. Das stilgeschichtliche Neue in den »Komödien« eines Lenz hatte ja darin bestanden, daß über die barocke Stilmischung hinaus (komische Einlagen) durch Orientierung an der Alltagssprache ein Stil jenseits von Tragödie und Komödie, d. h. jenseits von hohem und niederem Stil, vorgebildet wurde, freilich so, daß der alte Stilebenengegensatz nicht eigentlich überwunden wurde (= Realismus), sondern daß er sich jetzt nur an jeder Stelle des Dramas bemerkbar machen konnte. Für die geschichtliche Situation der Biedermeierzeit ist es charakteristisch, daß die Stilrevolution, die den mittleren, realistischen Stil vorbereitet, bereits als eine der Stiltraditionen gegeben war. Doch gehörte, angesichts der rhetorischen und klassizistischen Restauration, viel Mut dazu, um in der *Tragödie* beim Sturm-und-Drang-Stil wieder anzuknüpfen. Sucht man nach den Unterschieden, so wird man bemerken, daß durch die sorgfältigere Satzfügung und die vorsichtigere Bildersprache Lenz noch eher im Banne der Aufklärung stand als Grabbe und Büchner. Die hochgesteigerte Metaphorik, welche der Biedermeierzeit eigen ist (s. u.), ermöglicht eine gewisse Aufrechterhaltung des Tragödienpathos. In die gleiche Richtung wirkt die Steigerung des brevitas-Prinzips. Typisch ist etwa die folgende Stelle aus einer Schlachtszene des Napoleondramas (V, 3): »Es ist als rasselten alle Heerscharen der Hölle in eisernen Harnischen über unsre Häupter – Ha, und jetzt wettert ihnen die Artillerie der Franzosen entgegen – Ohne feige zu sein, bückt man sich unwillkürlich. – – Wahrlich, ich habe noch keine Schlacht gekannt – Vitoria, wo man sich besinnen und atmen konnte, war Kinderspiel – – Hier jedoch: meilenweit die Luft nichts als zermalmender Donnerschlag und erstickender Rauch – darin Blitze der Kanonen, flammende Dörfer, wie Irrlichter, immer verschwunden, immer wieder da – der Boden bebend unter den Sturmschritten der Heere, wie ein blutiges, ein zertretenes Herz –«. Ein Oberst hält diese großartige Rede, ausgerechnet ehe er türmt! Freilich, *es soll ja Rhetorik sein, und die Aufmerksamkeit des Dichters konzentriert sich nur darauf, diese möglichst »markig«, »kurz« und dicht zu halten*. Dazu gehört die Unterbrechung des Redestroms. Die Geste des Deckungnehmens wirkt bei einem hohen Offizier etwas komisch und deutet auf die Flucht voraus. Die Rhetorik erhöht nicht mehr den Menschen, sondern die Schlacht. Diese wird durch physische und metaphysische Metaphorik wie auch durch die Zersplitterung der Sätze zu einer übermenschlichen, kosmischen Größe übersteigert. Doch geht es nur noch wenige Sätze in diesem Stil weiter. Den Schluß der Szene bildet ein knappes Familien- und Soldatengenrebild komischer Art. Fritz sagt: »Vater, hier geht es ja gar nicht so her wie auf dem Exerzierplatz«. Die Spannung zwischen Pathos und Komik hat nicht aufgehört; aber sie erscheint nicht mehr in sorgfältig voneinander abgetrennten Stilschichten oder gar Dichtungsgattungen, sondern kann sich an jeder beliebigen Stelle bemerkbar machen. Das Neue in unserem Beispiel ist nicht so sehr die populärkomische Schlußpointe (nach dem Abgang des hohen Offiziers) als die komische Unterbrechung der pathetischen Rede selbst, die Verbeugung, die der Kommandeur »unwillkürlich« – als Kreatur wie alle andern – vor der übermenschlichen Schlacht macht.

Grabbes Leistung ließe sich durch den Vergleich mit Gutzkow verdeutlichen. Dieser hat zwar mehr Geschmack und gerät daher in seiner Bildlichkeit nicht so leicht ins Puerile und Bombastische. Aber seine Bildkraft ist schwächer. Er muß immer wieder Zuflucht bei dem Modewortschatz des Salonstils nehmen, ohne ihn so bildkräftig zu steigern wie Heine und Büchner. Um Kürze bemüht sich auch Gutzkow; aber er hält den kurzen Stil nicht durch und verfällt daher immer erneut der von Grabbe so verachteten Phrasenmacherei. Das Beste ist die Leichtigkeit seines Stils; so bewährt er sich im Lustspiel.

Auch Büchner hat mehr Geschmack als Grabbe, zugleich aber viel mehr Erfindungsgabe und stilistische Konsequenz als Gutzkow. So kulminiert bei ihm die prosaische Tragödiensprache des Vormärz. Die Rhetorik in der Form einer Spannung zwischen pathetischem und ironischem oder komischem Stil ist allerdings auch für seine Tragödie noch bezeichnend. Revolutionärer Enthusiasmus und geistreicher Salonstil erzeugen in *Dantons Tod* einen so deutlichen Stilgegensatz, daß die ausgeglichenere Sprache des Realismus und Naturalismus noch in weiter Ferne zu liegen scheint. Selbst das *Woyzeck*-Fragment, das mit Recht als ein genialer Schritt in dieser Richtung gilt, hat mindestens noch doppelt so viel »Extremwortschatz« pathetischer und ironischer Art wie *Rose Bernd**. *»Meine Seele stinkt nach Branndewein«* [218] *(Woyzeck)* – das war, vom Biedermeier aus betrachtet, gewiß ein unerhörter Satz; denn dem Wort Seele entsprach traditionellerweise ein anderer Kontext. Trotzdem ist die *Sprachspannung*, die durch die Zusammenstellung des niedrigen und des höchsten Wortes entsteht, im Zeitalter Nestroys und Heines nicht so ungewöhnlich wie in dem Fontanes und Hauptmanns. Eben die Blasphemie stellt den Satz in den Zusammenhang einer noch keineswegs emanzipierten, christlichen Epoche!

---

* Nach einer ungedruckten Arbeit von Rainer *Wettengel*. »Extremwortschatz« nach Marie-Luise *Gansberg,* Der Prosa-Wortschatz des deutschen Realismus unter besonderer Berücksichtigung des vorausgehenden Sprachwandels 1835–1855, 1964. Für eine gesicherte Abgrenzung von vorrealistischem und realistischem Wortschatz ist diese Untersuchung von größter Wichtigkeit, da sie Interpretation und Statistik glücklich miteinander verbindet.

Sprache der Erzählprosa

In der Biedermeierzeit wird der Unterschied zwischen Vers- und Prosasprache noch sehr ernst genommen. Dies versuchten wir bereits durch zwei Zitate aus Annettes Werk zu verdeutlichen. Doch bedeutet dies nicht, daß die Tradition und Restauration der Rhetorik auf die Prosa keinen Einfluß hatte; denn Rhetorik ist ja ursprünglich der zielbewußte Umgang mit der Prosasprache (»Kunst der Prose«) und wird nur deshalb auch von der Poetik in Anspruch genommen, weil diese ursprünglich Gattungstheorie gewesen war und sich mit den unausweichlichen Fragen des Sprachstils kaum beschäftigt hatte.

Kunst der Prose – man denkt dabei nicht nur an die *Erzählprosa;* aber es ist klar, daß sie dort durch die tatsächliche, wiewohl noch nicht allgemein anerkannte Verwandtschaft von Vers- und Prosaepik praktisch besonders überzeugend verwirklicht worden war. Dabei ist für die Biedermeierzeit nicht in erster Linie an das Roman-Vorbild der Romantik und des Realismus, nämlich an die *Lehrjahre,* zu denken. Diese im mittleren Stil gehaltene Art von Erzählprosa enthielt eher eine Warnung vor dem extremen Wortschatz und den extremen Stilebenen der Rhetorik. Das anerkannte, von der stilistischen Restauration erneut bestätigte Vorbild eines mit allen Segnungen der »Sprachkunst« ausgestatteten Romans bot Jean Paul. Unter Goethes Romanen blieben im Zeichen der Rhetoriktradition *Werthers Leiden* am beliebtesten. Immermann gibt in seinem ersten Roman *Papierfenster eines Eremiten* eine zeitgemäße Variation des ersten Weltschmerzromans. In den *Epigonen* experimentiert er auf der Linie der *Lehrjahre;* aber sind schon in diesem Roman die Stilgegensätze viel größer als in den *Lehrjahren,* so brechen sie im *Münchhausen* in der Form eines Romans auseinander, der ernste und humoristische Bücher voneinander trennt, der sich also vom Vorbild der *Lehrjahre* wieder ganz offen abwendet.

E.T.A.Hoffmann unterscheidet sich erzähltechnisch stark von Jean Paul. Sein Stileinfluß wirkt aber in der gleichen Richtung und kommt dem rhetorischen Zeitgeschmack ebenso entgegen, insofern als nicht die Stilindividualisierung, sondern die Stilintensivierung für ihn bezeichnend ist. Die Schauerromantik ist mit der Empfindsamkeit im 18. Jahrhundert entstanden und bleibt ihr eng verwandt, auch wenn die beiden Richtungen von uns nicht ohne weiteres als süßer und saurer Kitsch verurteilt, sondern als eine stilistische Erscheinungsform des europäischen Irrationalismus verstanden werden sollten. Klar ist aber, daß in einer immer noch zur Empfindsamkeit und zur Schauerempfindsamkeit neigenden Literaturperiode die höhere Erzählprosa nicht überall deutlich von der Trivialliteratur abgegrenzt werden kann. Sogar der kultivierte Tieck bemüht sich in der Randschicht seines Werks, durch grelle Effekte dem Lesergeschmack zu entsprechen. Über den Todesritt Wassermanns (*Der junge Tischlermeister,* Berlin: Reimer 1836) läßt er z.B. in ziemlich derber Sprachform berichten: »Er hat richtig den Hals gebrochen, der tolle Bösewicht; den Abhang dort hinunter, wo er im Karriere nieder sprengte, ist er mit dem Pferde auf dem glatten Pflaster schrecklich hingestürzt, den Kopf gegen die Mauer geschmettert, und ist gleich tot geblieben; das sind die Folgen vom Saufen« [219]. Was hier mit leichter Ironie geboten wird, spielen andere Erzähler dramatisierend aus. Besonders eindrucksvoll ist die Tatsache, daß ein so feiner Künstler wie Mörike in seiner Jugend zu ihnen gehört; man denke an den Schluß des *Maler Nolten*. Da die Vorschriften der Rhetorik durch und durch inhaltsästhetischer Art sind, muß sich der Erzählstil dem jeweiligen Verlauf der Handlung mit großer Beweglichkeit anpassen. *Die Rhetorik bewirkt das Gegenteil von »epischer Stetigkeit«.* Wenn z.B. Chamissos Schlemihl verzweifelt ist, so muß mit einer besonderen Anstrengung das Pedal getreten werden; es heißt dann etwa – das Beispiel kann für hundert ähnliche stehn –: »Allein zurückgeblieben auf der öden Heide, ließ ich unendlichen Tränen freien Lauf, mein armes Herz von namenloser, banger Last erleichternd. Aber ich sah meinem überschwenglichen Elend keine Grenzen, keinen Ausgang, kein Ziel, und ich sog besonders mit grimmigem Durst an dem neuen Gifte, das der Unbekannte in meine Wunden gegossen. Als ich Minas Bild vor meine Seele rief und die geliebte, süße Gestalt bleich und in Tränen mir erschien, wie ich sie zuletzt in meiner Schmach gesehen, da trat frech und höhnend Rascals Schemen zwischen sie und mich; ich verhüllte mein Gesicht und floh durch die Einöde, aber die scheußliche Erscheinung gab mich nicht frei, sondern verfolgte mich im Laufe, bis ich atemlos an den Boden sank und die Erde mit erneuertem Tränenquell befeuchtete« [220]. Wenn man von der Synonymik, Anaphorik und ähnlichen stilsteigernden Mitteln absieht, sind es vor allem Wörter wie *namenlos, überschwenglich, grimmig, frech, höhnend, scheußlich, atemlos, unendliche Tränen* und *erneuerter Tränenquell,* welche die Stilintensität bewirken. Auch wenn der Anlaß harmloser ist, wenn etwa ein wilder Junge beschrieben werden soll, erscheint schon eine kräftige Synonymik mit allerlei Extremwörtern angebracht: »*Wild, wie ein junges Füllen, starrköpfig, hitzig* und *auffahrend,* voll arger Anschläge und *halsbrechender Streiche,* war er ein wahres kleines *Ungetüm* für das Haus und die Nachbarschaft« [221]. So zu Beginn der Biedermeierzeit, und die Tendenz zu extremer Stilisierung ändert sich in der Breite der Erzählprosa nicht, obwohl Stifter, die große Ausnahme, schon viel leiser beginnt und in der Folge die Reste von Jean Pauls Rhetorik entschlossen beseitigt, ja der entgegengesetzten Tendenz, nämlich der Stilkargheit und -sprödigkeit verfällt. Ganz macht sich kein Erzähler, der um 1820 in die Schule ging, von der Rhetorik los. *Kellers und Fontanes Ungezwungenheit erreicht keiner.* Wir nennen im folgenden eine Reihe von Wörtern, die für Levin Schücking (*Die Ritterbürtigen,* Leipzig 1846) und Ernst Willkomm (*Weiße Sclaven,* Leipzig 1845) noch unmittelbar vor der Märzrevolution stilbestimmend sind: *marmorne Blässe, kalte Starrheit, eisige Blicke, tiefe Stirnfalte, hinstieren, unheimlich, schrecklich, wie eine Medea, Folterqualen, traumdurchraster Schlaf, furchtbarster Seelenschmerz, höllischer Zauber, süße Peinigerin, grollend unheimliche Glutblicke, fieberhaft exaltierter Zustand, stürmisch klopfendes Herz, nie endende Folter, diabolische Zauberfäden.* Noch eine Probe im Kontext aus dem Jahre 1838: »die Violine *jammerte, johlte, sprang* und *raste* in allen Tonnuancen, wie der *tollgewordene* Genius der Musik, durch den *hundertstimmigen* Lärm« [222].

Selbstverständlich liegt der Klassizismus während der ganzen Restaurationsepoche zu nahe, als daß von anspruchsvolleren Künstlern nicht die Pflicht zur Milderung gespürt würde. So sagt im *Maler Nolten* der Erzähler an einer Stelle, da man nach den üblichen Gepflogenheiten die Schilderung von Agnes' Wahnsinn erwarten könnte: »Nunmehr aber würden wir es unter der Würde des Gegenstands halten und das Gefühl des Lesers zu verletzen glauben, wenn wir ihn mit den Leiden des Mädchens ausführlicher als nötig, auf eine peinliche Art unterhalten wollten«. Man wird feststellen können, daß Mörike, der künftige Biedermeierklassizist, sogar die Katastrophe im *Maler Nolten* nach Möglichkeit mildert. Bezeichnender ist, daß er den Schauerroman zu Ende führt und sogar bei der Arbeit an einer Neuauflage die schauerromantische Grundkonzeption festhält. Ähnlich ließe sich zunächst in Gotthelfs und Sealsfields Romanen an vielen Stellen eine bewußte Stilmilderung feststellen, z.B. durch Sachbeschreibungen, Genrebilder, nüchterne Reflexionen und humoristische Einlagen. Als Mitarbeiter am *Berner Volksfreund* bekommt Gotthelf sogar Schwierigkeiten wegen seiner Neigung zur ganz gemeinen Prosa [223] – es ist einer der vielen Berührungspunkte zwischen dem Schweizer und Heine, seinem Antipoden. Aber wenn es darauf ankommt – an den Höhepunkten der Erzählung oder bei der Erhellung ihres Gehalts –, wird das rhetorische Pedal mit großer Selbstverständlichkeit gedrückt. Erinnern wir uns daran, daß alle drei Erzähler, Mörike, Sealsfield, Gotthelf, ursprünglich Theologen waren, so wird dieses Insistieren auf dem überwältigenden rhetorischen Effekt verständlicher; denn diese Überwältigung ist ja, wenn man sie im Sinne der Restaurationsepoche interpretiert, letzten Endes keine Gewalttat, sondern nur ein Ausdruck der Abhängigkeit, in die der Mensch nach christlicher und säkularisiert christlicher Auffassung verwiesen erscheint. Noch der gesteigerte, indirekt-christliche (blasphemische) Stil von Büchners *Lenz*-Novelle dient dem Aufweis der schlechthinnigen Abhängigkeit des Menschen. Die Blasphemie ist, auf sehr viel tieferer Stufe, auch in E. Willkomms Roman *Die Europamüden* (Leipzig 1838) eine wesentliche Quelle der Rhetorik. Wo die alles durchdringende Religiosität der Restaurationsepoche mit positivem Anspruch auftritt, nimmt sie meist empfindsame Sprachgestalt an. So *segnet* der unglücklich verheiratete Bankierssohn Felix in Dingelstedts Roman *Unter der Erde* (1840) seine künftige Geliebte, die einfache Tochter des Obersteigers, wie wenn er ihr sentimentaler Vater wäre. Auch diese Stelle kann für hundert andere stehen: »Mit einer unendlichen Rührung betrachtete ich die kleine, fast zerbrechlich anzusehende Gestalt und legte, wahrlich! mit dem innigsten Vatergefühle, meine Finger segnend auf die blonden Lichter ihrer Locken, worin sie einen kunstlosen Kranz blauer Zyanen gewunden hatte. Langsam hob sie die langen Wimper [sic!] auf zu mir, ihr Auge tauchte wie ein Stern in den Fluten meiner Blicke unter, und, ehe ich es hindern oder nur gewahren konnte, drückte sie die bebenden Lippen, wie zwei Rosenblätter weich und zart, auf meine zurückziehende Hand« [224]. »*Das heilige Liebesbewußtsein*«, »*Besitzesfreude der Seligen*«, »*ein Myster der Natur*«, »*ein wahrhaftiges Madonnenbild*« – mit diesen und vielen anderen Wörtern der empfindsam-religiösen Sprache wird die Vertikale auch in solchen Romanen der Biedermeierzeit aufrechterhalten, die dem Empirismus weit geöffnet sind (hier: Fachwortschatz der Bergleute).

In unserm Zusammenhang geht es nicht um die Frage Kitsch oder Kunst, sondern um die Relation, in der die Restauration der Rhetorik und die Restauration der heteronomen Religion zu stehen scheinen. Kein Realismus, so scheint es, ohne die Mündigkeit des Menschen! Gerade auch die Erzählprosa, welche durch die damalige Theorie, im Unterschied zum »heidnischen« Epos, einen christlichen Glanz gewonnen hatte (Bd. II, Kap. Erzählprosa), schien dazu berufen, nicht bloß die Wirklichkeit darzustellen, sondern diese für das Heilige transparent zu erhalten. Eine statistische Untersuchung zu den Novellen Tiecks, der besonders zeitempfindlich war, hat nach der Romantik eine gewaltige Vermehrung des Sakralwortschatzes ergeben [225]. Sogar Grillparzers *Armer Spielmann,* scheinbar ein Schulbeispiel des Realismus, ist von einem überhöhenden, die menschliche Misere transparent machenden religiösen Wortschatz diskret, aber beharrlich durchwachsen: »Sie spielen den Wolfgang Amadeus Mozart und den Sebastian Bach, aber *den lieben Gott spielt keiner«.* »Und nun hob sie die Hand auf, machte *wie ein Kreuzeszeichen* in die Luft und rief: ›*Gott mit dir,* Jakob! – *In alle Ewigkeit, Amen!*‹ setzte sie leiser hinzu und ging«. »Das legte sich wie ein lindernder Balsam auf meine Brust, und ich *segnete sie und ihre Wege«.* »Ja, unser armer Alter! Der musiziert jetzt mit den *lieben Engeln,* die auch nicht viel besser sein können, als er es war«. Folkloristik? Wahrscheinlich erfaßt der Interpret, der diese religiöse Stilschicht nicht mitinterpretiert, nur die Peripherie der Novelle.

Gibt es die »rein ästhetische« Zweckprosa?

Der Stil der damaligen Erzählprosa ist sehr mannigfaltig und enthält noch viele Probleme. Da jedoch das Kapitel über diese Gattung besonders ausführlich und vielschichtig sein wird (Bd. II), möge unsere knappe und etwas vereinfachende Darstellung vorläufig genügen: sie ist in der Hauptsache als Abgrenzung von der realistischen Erzählsprache gedacht. Auch die Frage nach der Zweckprosa der Biedermeierzeit enthält zu viele Aspekte, als daß sie in der Kürze, die unser Zusammenhang gebietet, gründlich beantwortet werden könnte. Das Wichtigste ist vielleicht, die moderne Literaturwissenschaft, welche lange Zeit diese Sphäre vollkommen ignorierte, vor den ästhetischen Verrenkungen zu warnen, mit denen sie sich jetzt der Zweckprosa wieder zu nähern scheint. Ein besonders anspruchsvoller Heineforscher bemerkt richtig den Gegensatz zwischen unserer bisherigen Verachtung des »Feuilletonismus« und der Hochachtung, mit der Heines Zeitgenossen seine sprachliche Prosakunst behandelten, und meint, die geschichtliche Lage nach dem »Aufkommen der Ästhetik« gestattete gegenüber Heines Prosaschriften »nur zwei Einstellungen«: »Entweder den Verzicht, darin nach Dichtung zu suchen; der schon den Zeitgenossen sich aufdrängende Kunstcharakter muß dann als rein vehikulär angesehen werden. Oder die Unterstellung, daß selbst die publizistische Intention zum Medium eines eigenwertigen, mit rein ästhetischen [!] Kategorien zu erfassenden Ausdrucks- und Darstellungswillens werden könne« [226]. Die Zeitgenossen Heines, unter Einschluß des alten Goethe, kannten dies tödliche Gegenüber von »rein vehikulären« und »rein ästhetischen« Kunstformen nicht, schon deshalb, weil das Wort Kunst, wie wir bereits wissen, ein viel weiterer Begriff war. *Was man an Heines blitzenden Prosaschriften bewunderte, war nichts anderes als die »Kunst der Prosa«, die wir kennengelernt haben.*

Es dürfte auch unmöglich sein, diese außerordentlich verschiedenen Gebilde mit »rein ästhetischen Kategorien« ohne gleichzeitige Berücksichtigung der von der Rhetorik so genannten »Zwecke« zu interpretieren. Übrigens ist die »Einheit«, die man später in Heines Feuilletons vermißte, nicht, wie dieser Heineforscher glaubt, von Hegel erfunden, sondern ein älterer Begriff der klassizistischen Poetik, zumal der Tragödien- und Epentheorie. Die »Kunst der Prosa« wurde noch nicht einmal auf dem Gebiet der Erzählprosa pedantisch unter dem Gesichtspunkt der Einheit bewertet, so daß Heine sich seiner einfallsreichen Sprachkunst unbehindert überlassen konnte. Zeugt diese alte Systematik nicht von einem gesünderen Menschenverstand und sollte man sie nicht wenigstens als Historiker respektieren? Zwar widerspricht es völlig dem Geist der Biedermeierzeit, irgendeine literarische Grenze ängstlich einzuhalten. Das romantische Prinzip der Universalpoesie wirkt nach. Gerade Heine befördert die Gattungsmischung ganz bewußt; so gehört er zu den wenigen Theoretikern der Zeit, welche die Lyrisierung der Versepik, im Widerspruch zur herrschenden Theorie, von einer günstigen Seite sehen und anerkennen. Der Heineforschung ist es auch längst aufgefallen, daß einzelne Teile seiner Prosaschriften (*Die Harzreise, Aus den Memoiren des Herrn Schnabelewopski*) stärker abgerundet sind und sich der dichterischen Erzählprosa nähern. Aber wenn man schon, wie jener Heineforscher, von »Publizistik« spricht, dann darf man nicht nur die Übergänge zwischen Dichtung und Zweckprosa im Auge haben. Man muß dann auch Texten wie z.B. der *Romantischen Schule* gerecht werden.

Ich zitiere, um Heines publizistische Kunst der Prosa zu verdeutlichen, einen Abschnitt aus der Verteidigung des Aufklärers und Klassizisten J.H.Voss, dem die Romantiker und andere Dunkelmänner seine Verdienste um die deutsche Literatur absprachen, ähnlich wie sie es bei Wieland taten: »Herr Wolfgang Menzel, ein deutscher Schriftsteller, welcher als einer der bittersten Gegner von Voss bekannt ist, nennt ihn einen niedersächsischen Bauern. Trotz der schmähenden Absicht ist doch diese Benennung sehr treffend. In der Tat, Voss ist ein niedersächsischer Bauer, so wie Luther es war; es fehlte ihm alles Chevalereske, alle Kourtoisie, alle Graziösität; er gehörte ganz zu jenem derbkräftigen, starkmännlichen Volksstamme, dem das Christentum mit Feuer und Schwert gepredigt werden mußte, der sich erst nach drei verlorenen Schlachten dieser Religion unterwarf, der aber immer noch in seinen Sitten und Weisen viel nordisch-heidnische Starrheit behalten und in seinen materiellen und geistigen Kämpfen so tapfer und hartnäckig sich zeigt wie seine alten Götter. Ja, wenn ich mir den Johann Heinrich Voss in seiner Polemik und in seinem ganzen Wesen betrachte, so ist mir, als sähe ich den alten, einäugigen Odin selbst, der seine Asenburg verlassen, um Schulmeister zu werden zu Otterndorf im Lande Hadeln, und der da den blonden Holsteinern die lateinischen Deklinationen und den christlichen Katechismus einstudiert und der in seinen Nebenstunden die griechischen

Dichter ins Deutsche übersetzt und von Thor den Hammer borgt, um die Verse damit zurecht zu klopfen, und der endlich, des mühsamen Geschäftes überdrüssig, den armen Fritz Stolberg mit dem Hammer auf den Kopf schlägt« [227]. Was sollen bei der Interpretation eines derartigen Textes »rein ästhetische Kategorien«? Sie wären – wie bei jeder publizistischen Leistung! – so wenig angebracht wie rein theoretische Kategorien. Zwar ist das zweifellos »Kunst der Prosa«; aber versteht man sie richtig, wenn man sich nicht Gedanken darüber macht, welchen Zweck Heine mit solchen Sätzen verfolgte und welchen ideologischen Aufhänger er fand, um ihn bei einem möglichst breiten Teil der deutschen Intelligenz zu erreichen? Heine macht keinen Versuch, den Dichter Voss zu retten. Wir wissen schon, wie entschieden er den gewaltsamen Umgang mit der Sprache ablehnte, und dem Eingeweihten sagt er es auch in diesem Text: Voss machte Verse mit Thors Hammer; jede Grazie fehlt ihm. Das muß man zugeben. Nur sind dem Publizisten die »rein ästhetischen Kategorien« nicht die letzten. Wichtiger ist es ihm in diesem Fall, die christlich-teutschen Feinde des Aufklärers Voss vernichtend zu treffen, so wie dies die Schlußpointe symbolisch zum Ausdruck bringt. Zu diesem Zweck nimmt er dem Burschenschaftler Menzel das Wort vom niedersächsischen Bauern Voss aus dem Mund. Das ist zunächst ein rein diplomatischer Akt; denn indem er sich eines modischen, germanistischen Aufhängers bedient, versucht er das christlich-teutsche Lager zu spalten und die Teutonen auf seine Seite zu bringen. Ein schwächerer Rhetoriker hätte sich vielleicht mit dem Preis der heidnischen Niedersachsen begnügt. Dem Künstler Heine wäre dies zu gründlich und zu ernsthaft. So steigert er Voss in einer glänzenden »ciceronianischen Phrase« (s. u.) zum Gotte Odin und läßt ihn seinen publizistischen Feind mit Thors Hammer erschlagen. Die Mythologie ist, wie wir wissen, noch ein allgemein gebräuchliches Überhöhungsmittel der Zeit (vgl. o. S. 348 ff.); doch Heine gebraucht sie mit so viel Zweideutigkeit, daß sich die dummen Teutonen möglicherweise über die Aufnordung des Homerübersetzers freuen und gleichwohl die Kunstverständigen, die Wissenden ihren Spaß an der grotesken mythologischen Erfindung haben.

Gustav Pfizer, den wir schon als Heinekritiker kennen, legt seiner Beurteilung der Zweckprosa eine Norm zugrunde, welche die großzügige Behandlung der literarischen Grenzfragen in der Biedermeierzeit belegt: »Die Schönheit der Prosa, soweit diese einen didaktischen Zweck hat, was fast immer der Fall ist oder wenigstens sein soll (Bücher wie Bettinas Briefe rechnen wir, trotz des Mangels der metrischen Formen, unbedenklich zur Poesie, und manche Reden sollen oder dürfen poetische Elemente in sich haben), besteht in der Angemessenheit und Schicklichkeit, in der besonnenen Kürze des Ausdrucks, in dem engen Anschmiegen der Sprache an den Gedanken« [228]. Pfizer verfängt sich demnach nicht grundsätzlich in den Kategorien der Rhetorik; aber wer eine so verblasene Schriftstellerin wie Bettina zur Poetin erhebt, wird dies bei Heine kaum tun können. Abgesehen von Heines »Autoregoismus«, dem schrankenlosen Subjektivismus, ist Pfizers Hauptvorwurf, dieser Prosaschreiber treibe die »bildliche Ausdrucksweise, diese Metamorphose des abstrakten Gedankens, bis zum krassesten, widerlichsten Materialismus«; er sage z.B. »*feiste*

Ironie«, »behagliche Weltverdauung«, »schmierige Heuchelei«, »klebrigte Beharrlichkeit«. Die Einbeziehung des niedrigsten Wortschatzes war demnach auch in der Zweckprosa riskant. Wir kennen schon den Grund: niedriger Stil und »ganz gemeine Prosa« sind voneinander zu trennen; nur überhöht eben Heines schwäbischer Kritiker das, was üblicherweise ein Geschmacksfehler gewesen wäre, zum Vorwurf eines weltanschaulichen Materialismus, – der im christlichen Biedermeier Heine zum Teufel machte und bewies, wie weise das Verbot der jungdeutschen Literatur gewesen war.

Grundsätzlich lehnt Pfizer die lebhafte Bildlichkeit in der Zweckprosa nicht ab; dies entspricht durchaus der herrschenden Theorie und Praxis. In unserem Kapitel über die Zweckformen (II. Bd.) findet man an einer ganzen Reihe von Textbeispielen und Kurzinterpretationen die außergewöhnliche sprachliche Kraft der Zweckprosa während der Biedermeierzeit belegt. Man darf behaupten, daß dies ohne die Stilpflege, welche der Unterricht in der Beredsamkeit gerade auch der Zweckprosa noch immer angedeihen ließ, kaum möglich gewesen wäre. Zur stilistischen Leistung gehören stilistische Ansprüche der Umwelt. Daß der Verfall dieser rhetorischen Maßstäbe kein bloßer Zufall und auch kein bloßes Verschulden war, sei abschließend am Beispiel der Geschichtsschreibung wenigstens noch angedeutet.

Wieder liegt der Einschnitt um 1850. Das kann man sogar Adolf Bachs *Geschichte der deutschen Sprache* entnehmen [229], obwohl diese die antirhetorischen Maßstäbe der realistischen Kritik naiv übernimmt. Die Schule des Historikers F.Chr. Schlosser, zu der auch Gervinus gehört, wird von K.Hillebrand in den siebziger Jahren wegen der »amplifikatorischen Verschwommenheit« ihrer Sprache scharf getadelt, während die großen Geschichtsschreiber *nach* 1850, Ranke, Treitschke, Burckhardt Anerkennung finden. Die Grenze zwischen rhetorischer und realistischer Geschichtsschreibung läßt sich noch überzeugender und schärfer ziehen; denn Ranke ist 1795, zwei Jahre vor Heine geboren, und begann schon in den zwanziger Jahren zu publizieren. Die Herausforderung für die damalige Zeit war Niebuhrs *Römische Geschichte* (1812), welche, im Unterschied etwa zur *Schweizergeschichte* Johannes von Müllers, die von F.Schlegel so genannte historische »Schönschreiberei« durch eine ganz an den Quellen orientierte Darstellung ersetzen wollte. Aber damit war die Macht der historischen Rhetorik noch lange nicht gebrochen. Niebuhr selbst verfaßte noch die traditionellen fingierten Reden für die historischen Personen. Auch in Friedrich von Raumers *Geschichte der Hohenstaufen* (1824) findet man sie [230]. Ranke tadelte im Anhang zur *Geschichte der germanischen und romanischen Völkerschaften* (1824) die oratorischen Historiker des 16. und 17. Jahrhunderts; doch ist ihm, trotz seines Respekts vor dem Detail, auch das »anatomische Präparieren« Leos zuwider. Er geht also zunächst den für die Restaurationsepoche bezeichnenden Mittelweg zwischen Naturalismus und rhetorischer Überhöhung. Älter geworden vermißte er in seinen früheren Schriften die einheitliche Stillage (Ideal des Realismus), und er beschloß, die Stellen seines Erstlings, die auf dem Kothurn gehen, zu ändern. *Die deutsche Geschichte im Zeitalter der Reformation* (1839ff.) hat er von der dritten Auflage (1852) an sorgfältig dem realistischen Geschmack angepaßt. Er beseitigt Amplifikationen und Stilsteigerungen aller Art, z.B. den empfindsam-religiösen Wortschatz (statt »ewig«: immer), die übertriebene Bildlichkeit, klangliche Elemente, die dem strengen Prosabegriff des Realismus widersprechen. Das praesens historicum wird eingeschränkt, die umständlichen Satzanfänge mit »Es...« werden getilgt. Archaismen und Fremdwörter verschwinden. Umgangssprachlicher Lakonismus und volkstümliche Drastik weichen einem einheitlichen, schlichteren Stil. An Originalität haben die neuen Auflagen verloren, an Deutlichkeit und Klassizität gewonnen. Das alles entspricht der allgemeinen Stilentwicklung nach 1848.

Stilistische Kennzeichen der einzelnen Jahrzehnte

Wenn man versuchen wollte, *die einzelnen Jahrzehnte* der Biedermeierzeit stilgeschichtlich zu unterscheiden – etwa nach der Methode Jost Hermands (vgl. o. S. 198 ff.) –, so müßte man in erster Linie darauf achten, welche Töne und Gattungen dominieren. So könnte man in den zwanziger Jahren wohl von einer Vorherrschaft des Dramatischen und Empfindsamen sprechen. Heine ist schon aufgetreten, aber er selbst hat mit der Empfindsamkeit zu ringen. Es gibt das Wiener Volkstheater schon in Possendichtern, auf die Österreich mit Recht aufmerksam macht (Gleich, Meisl, Bäuerle). Aber eine so überwältigend produktive Komikergestalt wie Nestroy gibt es noch nicht. Vergleicht man zwei Übersetzungen von Rousseaus *Neuer Heloise* aus den Jahren 1823 und 1844, so fällt bei der ersten auf, daß manche naturalistischen Stellen abgemildert werden und das Idyllische sich verstärkt, daß aber die Empfindsamkeit selbst ungeniert übernommen wird. Der Übersetzer von 1844 betrachtet die Gefühlskultur schon als einen Ausdruck des zu überwindenden Christentums (Nachwort), er läßt sie in der Übersetzung nur historisch gelten. Sein Herz ist bei den gesellschaftskritischen Partien; diese verschärft er, so daß nun, wie bei den Tendenzdichtern des Vormärz, eine starke Spannung von Enthusiasmus und satirischer Ironie festzustellen ist [231].

Vergleicht man die Übersetzungen von Scotts *Waverley* [232], so findet man zunächst eine der Empfindsamkeit benachbarte Stilströmung, die auch in den zwanziger Jahren kulminiert, nämlich die mittelalterlich-archaisierende und deutschtümelnde Ausdrucksweise (1823). Der Übersetzer von 1831 hat die umgekehrte Neigung, den Text durch Fremdwörter an die Salonsprache anzupassen. Der empfindsame Wortschatz wird trotz einer spürbaren Freude an detailrealistischen Wörtern noch nicht beseitigt. Erst in der Übersetzung von 1840 besteht die Tendenz, die Empfindsamkeit wie auch den Spaß abzudämpfen und dafür Scotts Realismus, besonders in der Differenzierung der Figurensprache, nachzuahmen, ja zu übertreffen.

Der empfindsame Lenau gerät in den frühen dreißiger Jahren in eine Sprachkrise, die der Krisis des empfindsamen Stils entspricht. Plötzlich möchte er durch ein »betontes Originalitätsstreben«, durch »Gesuchtheit und Übersteigerung der Metapher« [233] aus der Empfindsamkeitstradition ausbrechen. Die Krise führt zu einer gewissen Erneuerung seines Stils; aber der melancholisch-empfindsame Lenau-Ton ist auch in den vierziger Jahren noch zu hören. *Es ist also ein Irrtum, wenn man glaubt, der Vorstoß des ironischen Stils in den frühen dreißiger Jahren leite eine neue Epoche ein.* Börnes und Heines Stil, der schon in den zwanziger Jahren entwickelt wurde, hat durch die Auflockerung, welche die Julirevolution auch in Deutschland für kurze Zeit bewirkte, unter der Jugend (Gutzkow, Laube usw.) eine starke Resonanz gefunden. Aber das Verbot der Jungdeutschen (1835) beendet diese Vorherrschaft des ironisch-satirischen Stils schon wieder. Die Jungdeutschen selbst versuchen objektiver oder wenigstens mit »objektivem Humor« (Hegel) zu schreiben, und im Lager der Konservativen machen sich nun lang gestaute, weniger empfindsame Kräfte, vor allem Gotthelf – der Jahrgangsgenosse Heines! – und Stifter geltend. Dadurch gewinnen auch die alten Romantiker (Tieck, Eichendorff) neue Wirkung. Freilich hat diese verstärkte Restauration romantischer und biedermeierlicher Art die natürliche Folge, daß durch die pathetisch-satirischen Tendenzlyriker der vierziger Jahre (z.B. Herwegh) und durch die oft pathetischen Junghegelianer die scheinbar gefestigte, meist episch sich manifestierende Objektivität der späten Restaurationskultur von neuem angefochten und verworfen wird. Das Bild der Stiltendenzen und der Gattungsdominanten *ändert sich oft sehr rasch,* je nach den politischen Eingriffen und Publikumsreaktionen, so daß äußerste Vorsicht bei chronologischen Fixierungen der Stil- und Gattungsgeschichte angebracht ist.

Eher mag es möglich sein, die *Gruppensprache* der konservativen und revolutionären Schriftsteller zu beschreiben. Außerordentlich bunt ist das Stilbild auch in dieser Beziehung; denn in allen Richtungen der Biedermeierzeit laufen irgendwelche Traditionen aus. Originalität, Genialität bedeutet so gut wie immer: Erneuerung einer Stilrichtung, die aus dem 18. Jahrhundert oder aus der Goethezeit stammt. Besonders schwierig ist es, die Stilrichtungen der Biedermeierzeit von der Sprache der Romantik abzugrenzen. Infolge der konservativen Wende der Romantik in Deutschland läuft die Romantiktradition ohne wesentliche Einschnitte in der Biedermeierzeit weiter. Zwar wird die Frühromantik von allen Seiten bekämpft, auch von den Romantikern selbst (Eichendorff!); keiner will mehr so recht Romantiker gewesen sein, es sei denn in dem ganz allgemeinen Sinne »poetischer« Stimmung und Gesinnung. *Aber einen Kahlschlag, welcher dem der Grenzbotenkritik nach 1848 zu vergleichen wäre, gibt es nicht.* Man darf ruhig mit der Romantik ein wenig liebäugeln, ohne dafür vernichtend kritisiert zu werden; denn genau besehen stehen alle noch in ihrem Bann, der Biedermeierdichter Mörike so gut wie der Jungdeutsche Heine. Der eine steigert die Naivität, der andere die Ironie des romantischen Programms; aber ein wirklichkeitsgebundener, mittlerer, objektiver Stil reizt den einen so wenig wie den andern. Man ist noch mit Betonung Poet oder jedenfalls Redekünstler. Man dichtet nach wie vor volksliedhaft, man archaisiert, mythisiert und ist überhaupt auf Bildlichkeit eingeschworen, auch wenn man sie scherzhaft oder satirisch verwendet.

Für den romantischen Wortschatz bedeutet dies, daß er bei den Schriftstellern fröhlich weitergedeiht und daß sich nur die Funktionen der Wörter mehr oder weniger verändern. Man muß bedenken, daß schon im 18. Jahrhundert, das durch die Metternichsche Restauration erneuert werden sollte, Wörter wie *romanenhaft, sonderbar, wunderlich, seltsam, abenteuerlich, bizarr, grotesk* Modewörter gewesen waren [234]. Gewiß, das Wortfeld war inzwischen in dem moderneren Sinne romantisch aufgeladen, womöglich ins Absolute gesteigert worden; aber das breitere Publikum hatte daran nur bedingt teilgenommen, und *eben dieses gewann in der lesegierigen Biedermeierzeit großen Einfluß auf die Leihbibliotheken, Verlage und Schriftsteller.* Die romantischen Schriftsteller selbst widerstanden dem neuen empfindsamen und schauerromantischen Einfluß nicht immer (Tieck, Hoffmann, Z. Werner). Das bedeutet, daß der Wortschatz der Romantiker selbst in den Sog der neuen Rhetorik geriet, daß die Wörter, die einst in sich selbst so viel enthielten, zum bloßen Mittel der stilistischen Intensivierung gemacht und damit veräußerlicht wurden. Vorläufig ist die stilgeschichtliche Statistik zu wenig entwickelt, als daß man zu gesicherten Ergebnissen käme. Wahrscheinlich ist es aber, daß sich Hoffmann schon im *Goldenen Topf* (1814) durch die rhetorische Häufung romantischer Stimmungswörter von der ursprünglichen Romantik entfernt (31mal *wunderbar* oder *wunderlich*, 20mal *seltsam*, 18mal *sonderbar* usw.) [235]. »*Wahnsinn des Entzückens*« ist nach den antirhetorischen Prinzipien des Novalis nicht mehr, sondern weniger als Wahnsinn oder Entzücken. »*Kreischte mit wilder gräßlicher Gebärde ... und rief mit entsetzlicher Stimme*« ist schauerromantisch; desgleichen »*das Entsetzen, das seinen Eisstrom darüber goß*«. Die Wörter *Angst, tödlich, wahnsinnig, entsetzlich, grausam, gräßlich* liebt der frühe Hoffmann überhaupt, auf der anderen Seite Superlative und Extremwörter in der entgegengesetzten Richtung: »*in dem feenhaften Reiche voll herrlicher Wunder,* die die *höchste Wonne* sowie das *tiefste Entsetzen* in *gewaltigen Schlägen* hervorrufen«. In dem Märchen *Die Königsbraut* (1821) verflüchtigt sich die romantische Stimmungseinheit noch stärker; zu rühmen ist aber, wie es im Rahmen sehr genau und treffend heißt, daß das Märchen »im Drolligen sich rein erhalte ohne fremde Beimischung und eben daher ergötzlich zu nennen sei«. *Die rhetorischen Stilebenen treten, im Widerspruch zur Romantik, wieder stärker auseinander.* So auch im *Kater Murr*, dessen Stildualismus offensichtlich näher beim *Münchhausen* als bei den Romanen von Hardenbergs oder Brentanos steht. Tiecks Entwicklung geht in ähnlicher Richtung. Ein Vergleich der beiden Fassungen von *Sternbalds Wanderungen* (1798 und 1828) zeigt nicht nur eine »Aktivierung des Gegenständlichen«, des Detailrealismus, sondern auch eine »Aufhöhung durch Stimmungsstaffage«, beides auf Kosten der romantischen Unmittelbarkeit und Innerlichkeit [236]. Der Vorwurf der »Geschwätzigkeit«, den die folgende Epoche gegen den alten Tieck erhob und der seine große Sprachkunst bis in die Zeit des alten Thomas Mann der Vergessenheit überlieferte, meint seine meist »ciceronianische« Rhetorik. Ein Beispiel vergegenwärtige, wie er das romantische Wort »*wundersam*«

in seiner neuen Erzählweise integriert: »Sidonie war eben beschäftigt, auf dem kleinen Platze vor ihrem Hause die Blumen zu begießen, als Simon die Tür des Gatters öffnete. Geblendet fuhr er vor der hohen Gestalt in Ehrfurcht zurück, die im hellblauen Gewande, im Strohhut, mit den leuchtenden großen Augen und den purpurnen feinen Lippen im bleichen Antlitz, ihm wie eine wundersame fremde Königin entgegentrat« [237]. Das wundersame Weib des Runenbergs gibt es nicht mehr. Es ist in die Gesellschaft zurückgekehrt. Sidonie erscheint ganz in der Gestalt der biedermeierlichen Dame, und Tieck gibt sich sogar Mühe, sie mit vielen Beiwörtern einigermaßen konkret zu vergegenwärtigen. Aber zur Steigerung, zur Pointierung seiner Beschreibung benötigt er noch den romantischen Wortschatz (»wundersame fremde Königin«). Den inneren Grund dafür mag das Wort Ehrfurcht andeuten. Auch die Biedermeierzeit fühlt sich noch abhängig von Mächten, die »fremd« und übermenschlich sind. Man darf sich also nicht darüber wundern, wenn bei Mörike Wörter wie *einsam, düster, wehmütig, geheimnisvoll, wunderlich, heimlich, schauerlich* öfters erscheinen [238] und wenn auch Stifter *einsam, öde, sonderbar, unendlich, unsäglich* usw. gerne benützt [239]. Man wird nur immer die veränderte Funktion erwägen müssen. Wenn bei der Louise Brachmann Paola angesichts einer Mondlandschaft zu sagen »pflegte«: »Ach, so unendlich dämmernd liegt auch das zauberische Land meiner Vergangenheit« [240], so sind *unendlich* und *zauberisch* gewiß schon Wörter, die zur gehobenen Salonsprache der Zeit gehören und daher im epischen Dialog rein mimetisch verwendet werden können. Die so oft besungene »*Wunderblume*« ist jetzt keine blaue Blume mehr, sondern prachtvoll, exotisch, daneben auch ein christliches Jenseitssymbol. Varnhagen hat keine *unendliche Sehnsucht* wie Werther und sein Gefolge, aber einen »*unendlichen Vorrat* von Briefen, Tagebüchern, Denkblättern und Aufzeichnungen« Rahels. Auch im scherzhaften Zusammenhang erscheint das einst so hohe Wort: Kinder und Mägde horchen vor der guten Stube »mit ganz unendlicher Vorsicht« (1835). *Kleine Wochenpredigten über des Christen Stimmung und der Welt Ton* (von Karl Steiger) sind in der Romantik noch kaum denkbar. »*Irr*« bedeutet bei E. Schulze nicht mehr wahnsinnig, sondern allenfalls leidenschaftlich. *Geistreich* ist ursprünglich ein religiöses Wort [241]. Lessing nennt Klopstock geistreich, und noch in der Romantik erhält sich der alte Wortsinn. Erst bei Börne und Heine wird geistreich zu einem Kernwort der neuen Witzkultur, dementsprechend beim späten Immermann *(Münchhausen)* und bei den realistischen Programmatikern ein Schimpfwort. Tieck muß in einem Brief an Raumer (17.12.1838) versichern, daß er den Ausdruck »*unbeschreiblich* betrüben« nicht als »gewöhnliche Freundschaftsphrase« verwendet. Unmißverständlicher verfahren die Wiener, wenn sie den Augenschlitz der Maske eine »*mystische* Öffnung« nennen [242]. Daß trotz parodistischer Verwendung in der Biedermeierzeit eine innere Beziehung zum romantischen Wortschatz weiterbesteht, vermutet man, wenn man bemerkt, daß G. Keller das irrationalistische Lieblingswort *ahnungsvoll,* das seit der Romantik von dem wahrhaften Gläubig-Sein entband, immer noch verwendet, – solange er nämlich einen vagen Gottes- und Unsterblichkeitsglauben sich bewahren zu können glaubte. Eben das »Sinnlich-Übersinnliche«, Unbestimmte, Unentschiedene der deutsch-irrationalistischen Tradition macht der Biedermeierzeit den romantischen Wortschatz unentbehrlich. Nach 1848 weht ein anderer Wind. Nun hört die Toleranz auf für das, was »vorvorurweltdunkelmythisch« ist [243].

Der Biedermeier-Wortschatz

Der Biedermeier-Wortschatz wäre verhältnismäßig leicht zu erforschen; denn er ist noch weithin formelhaft – entsprechend dem normativen Charakter der Restaurationskultur*. In Analogie zum ritterlichen Tugendwortschatz könnte man den biedermeierlichen bestimmen und interpretieren, entsprechend natürlich auch den Lasterwortschatz. Hier mögen vorläufige Beobachtungen und Reflexionen genügen.

Der Biedermeierwortschatz ist konservativ. Zwar wird ein ironisches, ein »interessantes« Wort wie *Aufkläricht* (1844), das Heines *Gemüts-Kehricht* entsprechen mag, gelegentlich verwendet; aber es ist nicht stilbestimmend. Vergleicht man die 2. Auflage von Chr. F. Weisses *Kinderfreund* (1. Teil, Prag 1780) mit der Bearbeitung von 1849, so macht man die Beobachtung, daß nicht nur Fremdwörter, sondern auch ironische Wendungen und mimische Verlebendigungen – z. B. »da solls gehen, *Ritz Ratz!*« – verschwinden. Die Sprache wird deutlicher, umständlicher, so daß man sich oft an Stifters Zweitfassungen erinnert fühlt. Sie erscheint auch sanfter, familiärer; so wird z. B. aus »großem Grimm« »großer Unwillen«. Die Empfindsamkeit steht bei den anerkannten Biedermeiermeistern, die sie durch Verhaltenheit, Detailrealismus, Volkstümlichkeit oder »gutmütigen Scherz« scheinbar verschwinden lassen, spürbar im Hintergrund. Der empfindsame Wortschatz darf sich, richtig dosiert, sehr wohl bemerkbar machen. Das *Weinen* und sein ganzes Wortfeld ist noch erlaubt. Der letzte Satz von Grillparzers spröder Erzählung *Der arme Spielmann* ist gewiß kein Stilbruch; er lautet: »Sie [die Frau] hatte sich umgewendet und *die Tränen liefen* ihr *stromweise* über die Backen«. Die normative Einstellung führt gleichzeitig zu einer gewissen Vorliebe für die einfachen klassizistischen Beiwörter wie *schön, edel, klar, rein, still*. Man wird von Biedermeierklassizismus, schon mit Rücksicht auf die bildende Kunst, eher sprechen als von jungdeutschem Klassizismus. Das Zusammenwirken von Empfindsamkeit und Klassizismus entspricht der Tradition (Winckelmann [244], *Alceste, Iphigenie* usw.); doch wird die »gemütliche« Komponente gesteigert. Wilamowitz-Moellendorff findet, daß Mörike in seinen Übersetzungen den griechischen Wein mit seinem »Zuckerwasser« mischt. Dies Urteil entspricht der allgemeinen realistischen Kritik am Biedermeier. Hinzuzufügen wäre höchstens,

---

* Man müßte dann allerdings idealtypisch verfahren und nicht vom ganzen Lebenswerk einzelner Dichter (z. B. Mörikes einschließlich »Maler Nolten«), sondern von einzelnen Werken, Taschenbüchern, Musenalmanachen und Gattungsanthologien ausgehen, über deren biedermeierlichen Charakter man sich leichter einigen kann. So könnte man Gotthelf durch wenig bekannte Almanacherzählungen repräsentieren, obwohl es in der »Schwarzen Spinne« auch Biedermeierwortschatz gibt.

daß die Versüßung vor allem ein Kennzeichen des Trivialbiedermeiers ist. Auf die Neigung zur Diminutivbildung sind wir wiederholt gestoßen. Man kann sie freilich wiederum bei Mörike und selbst beim alten Goethe finden: »Auch, auf heilen Vorderpfoten, / Schläft das *Hündlein* süßen Schlummer« *(Westöstlicher Divan, Siebenschläfer)*. Die Neigung zum Lieben, Traulichen, Genrebildhaften, Zierlichen ist, wie man sieht, eine Quelle der Verkleinerungen; sie hat mit der Anmut zu tun und, im Gegensatz zum Rokoko, auch mit der Demut, mit der Ehrfurcht vor dem, was unter uns ist (Goethe). Die Jungdeutschen parodieren entsprechend die Diminutivbildung: »*Publikumchen* war entzückt über diese Elvira. *Publikumchen* ließ sich soviel Aufgebot der ganzen Seele gefallen« [245].

Der realistische Maler Haeseler in Raabes *Dräumling* (verf. 1870/71) fordert einen Münchner Kritiker zum Duell, der ihn »in seinem Journal einen *sinnigen* Menschen genannt hatte«. Der Münchner wollte den Maler loben, benutzte aber noch den Biedermeier-Wortschatz. Dieser war schon von den Jungdeutschen, dann von der realistischen Kritik pejorativ verwendet worden. Trotzdem erhielt er sich mit den Lesebüchern bis in unsere Zeit; denn den modernen Literaturströmungen war es nicht gelungen, die pädagogische Jugend- und Volkskultur des Biedermeiers zu verdrängen und zu ersetzen. *Aus dieser verspäteten Aktualität der Biedermeiertradition erklärt sich die Unterentwicklung des historischen Abstandsgefühls, – das eigentlich nötig wäre,* um einer Sprache gerecht zu werden, die, ohne konservative und revolutionäre Vorurteile gesehen, durch Abgründe der religiösen und gesellschaftlichen Entwicklung von uns getrennt ist. Wir wollen wenigstens an einigen Kernwörtern der Biedermeiersprache diese Behauptung beweisen.

Der Bedeutungsumkreis von *sinnig* wird von einem Philologen 1831 richtig umschrieben, wenn man sein Schulmeistern – er beurteilt den beliebten Schriftsteller F. Kind – übersieht: »Dieses sinnig liebt der Dichter hier sehr, braucht es aber ganz falsch; es ist das Gegenteil von unsinnig und ungefähr so viel wie sinnreich. Der Dichter versteht aber immer darunter nachdenklich, sorglich« [246]. Beide Bedeutungen können in der gleichen Dichtung erscheinen: »Denn gar sinnig hat hier der gräfliche Gärtner gewaltet«. »Darum beschatten Cypressen das Haupt der sinnigen Jungfrau« [247]. Die Hexameter erinnern daran, daß Voss das alte Wort wieder erneuert hat (Grimm, *Deutsches Wörterbuch*). Es ist, wie besonders das zweite Beispiel zeigen kann, ein Wort der hohen Stilebene, das Gegenteil eines ironischen Ausdrucks. Doch ist eine Versüßung in der Reimdichtung naheliegend, denn es reimt auf *innig;* auch Zusammensetzungen wie *sinnigmild* legt die Lautgestalt des Wortes nahe [248]. Mit dieser biedermeierpoetischen Funktion dürfte es sich schon in den zwanziger Jahren zum Modewort entwickelt haben. Doch hält sich sinnig daneben auch im prosaischen Kontext, ohne pejorative Bedeutung, und darf vielleicht als Gegenwort zu dem jungdeutschen *geistreich* angesprochen werden, insofern bei einem sinnigen Denkmal oder bei einem sinnigen Gespräch die Gemütskräfte beteiligt sind: »Goethe in sinniger Betrachtung unter römischen Antiquitäten« heißt der Titel eines Stahlstichs [249]. Eben durch diese irrationale Komponente ist es ein biedermeierliches Kernwort. Einem Heine würde niemand die »Tiefe« eines sinnigen

Menschen und Künstlers zuerkennen. Heine und Grabbe verwenden das Wort ironisch [250].

Das Wort *gemütlich,* das pietistischen Ursprungs zu sein scheint (Grimm), wird heute immer noch ernsthaft gebraucht; aber sein Bedeutungsumkreis hat sich ebenso verengt wie das ganze Biedermeier in der landläufigen, von der Forschung noch nicht überwundenen Vorstellung. Der modernen Wortbedeutung entspricht das biedermeierliche *traulich* eher. Die Herkunft des Wortes gemütlich aus der religiösen Sphäre ist noch daran zu erkennen, daß es gern zur Kennzeichnung einer Predigt verwendet wird. Die Predigten Richard Rothes sind »tief gemütlich und wahrhaft erbauend« [251]. Der Zusatz tief mag verdächtig erscheinen. Tatsächlich meldet sich früh die Kritik an dem Modewort (Goethe, Immermann). Gutzkow spricht von Franz Horns »Anlage zur gemütlichen Faselei«. Doch meint hier das Wort nur den Mißbrauch des Gemüts; denn grundsätzlich kennt auch Gutzkow eine »gemütliche Wahrheit« [252]. Es gibt nichts, von dem nach 1815 nicht verlangt würde, daß es im Gemüt begründet ist. Das Modewort ist stärkster Ausdruck der biedermeierlich-konservativen Verstandesfeindschaft und zugleich der Versuch, die »falsche Sentimentalität« (Tieck) [253] zu korrigieren. Gemüt meint die echte, wiederhergestellte, ganz deutsch und volkstümlich gewordene Empfindsamkeit. Typisch sind daher Ausdrücke wie: »das gemütliche Naturgefühl der Deutschen« (1858), »gemütliche Lieder für die Jugend und das Volk« (1841), »jeder teutsche gemütliche Staat« (1819, im Jahr der Karlsbader Beschlüsse!), »eine gemütliche Aussicht nach der Höhe« (1830), »ewige Dankbarkeit der ganzen geistigen und gemütlichen Welt« (1848). Der letzte Kontext belegt, daß das Wort sogar als eine Art Fachausdruck fungieren kann, etwa wie das heutige seelisch. Auerbach stellt in einem rein theoretischen Zusammenhang Komik und »gemütliche Rührung« einander gegenüber (1846). Doch verhindert die alltägliche Benützung den Gebrauch in der hohen Stilebene, etwa bei der epischen Feier einer Taufe, nicht:

> Heißet das Kind willkommen im Namen des Herrn und verkündet
> Dann in gemütlicher Rede den herrlichen Spruch aus dem Psalter:
> ›*Kinder sind Gaben des Herrn!*‹ – So kann nur ein glücklicher Vater,
> So nur ein gläubiges Herz auffassen die Tiefe des Wortes [254].

Das Wort *gemütreich* ist mir nur als Gegensatz zu *geistreich,* als Wortspiel also, begegnet [255].

Wir werden sehen, daß in der Sprache der Biedermeierzeit die Suffixbildung freier als heute ist. Das bedeutet, daß *herzig* noch synonym mit *herzlich* verwendet werden kann und keine verniedlichende Funktion hat. Dementsprechend begegnet auch dies Wort in der epischen Hexametersprache: »Und er umfaßte die Liebliche warm mit herziger Sehnsucht« [256]. Auch in der theoretischen Sprache erscheint das Wort ohne verniedlichende Bedeutung. Die Lieder der Nürnberger Meistersänger sind »weniger herzig« als die der alten Minnesänger. Es gibt sogar »mein herzig' Vaterland« [257]. Selbst wenn das Wort die Eigenschaft eines Mädchens oder einer Frau bezeichnet, verrät der Kontext, daß das Wort ein vollwertiger Bestandteil der biedermeierlichen Gemütssprache ist: »Neigete jene das Haupt an den Busen der herzigen Freundin / Fest sie umschlingend und bang' aufseufzend aus innerstem Herzen« [258]. Der rauhe Marineoffizier Michael Ruiter meint kein niedliches, sondern einfach ein liebes Weib, wenn er zu seiner Frau sagt: »Gutes, herziges Weib« (1846). Es ist wahrscheinlich, daß wir sogar Goethes »Es war ein herzig's Veilchen« falsch hören! Doch macht die Anwendung des Worts auf so kleine Dinge verständlich, daß in einer späteren Zeit, der die »Andacht zum Unbedeutenden« abhanden gekommen war, das Wort im Unterschied zu herzlich eine verniedlichende und schließlich komische Bedeutung gewann*. Übrigens scheint auch *niedlich* selbst noch etwas von seiner älteren allgemeineren Bedeutung (wünschenswert, ansprechend) bewahrt zu haben. Wie bei *sinnig* könnte man wohl öfters ein *mild* hinzufügen; man reimt gerne niedlich auf *friedlich*.

Wie sehr die gesellschaftsgeschichtliche Entwicklung den Biedermeier-Wortschatz veränderte, belegen wir an dem Wort *Verein*. Das moderne Vereinsrecht scheint nach dem uns schon bekannten Entwicklungsmodell zu einer speziellen Bedeutung geführt zu haben [259], und schließlich ist dem Wort, durch den Niedergang des biedermeierlichen Vereinswesens, noch ein komischer Wortsinn zugewachsen. Im Biedermeierwortschatz ist Verein ein allumfassender und hoher Begriff; man mag ihn mit der Gemeinschaft im dritten Reich, mit der Gesellschaft in der DDR vergleichen. Die Anwendungsmöglichkeiten auf verschiedene soziale Bereiche werden deutlich, wenn Alexis im *Berliner Konversationsblatt* 1829 »*die* Poesie« fordert, »welche das gesellige Leben der größeren und kleineren Vereine auffaßt, wie es die Wirklichkeit gibt«. Diese Bedeutungsbreite entspricht etwa unserem heutigen Wort Bund (vom Herzens- bis zum Völkerbund). Zwei Mägdlein leben »im schwesterlichen Vereine« (1829). Ein Liebespaar begehrt »noch eines innigern Vereins« (1821). Eine abendliche Geselligkeit ist ein »Abendverein« (1826). In Fröhlichs Epos *Ulrich Zwingli* (1840) empfiehlt Philipp von Hessen einen allgemeinen Bund der Protestanten: »Jetzt woll'n wir rastlos fördern und mehren den Verein!« Baden und sein Großherzog ist ein »Staatsverein und sein Haupt« (1824). Das Femegericht ist ein »Verein von deutschen Männern« (1827). Dahlmann faßt in seiner Kieler Waterloo-Rede (1815) schon einen »dauernden deutschen Verein« ins Auge. Der Geograph Carl Ritter spricht von der »Geschichte ... des einen Volkes oder der Völkervereine« (1822). Es gibt schließlich einen »Verein der für die Ewigkeit geknüpft [!]« ist (1851). Kein Wunder also, daß das Wort sogar in Pyrkers Heldengedicht *Rudolf von Habsburg* zu finden ist: »Aber es sollte der Helden Verein, was er in dem Busen / Heimlich beschloß, nun künden mit lautentscheidendem Ausspruch« [260].

Tief gesunken ist auch der biedermeierliche Tugendwortschatz von *gesinnungstüchtig* (mit positiver Bedeutung) über *ehrbar, keusch* und *tugendhaft* bis zu *bieder*. Das nachträgliche Spottwort Biedermeier (vgl. o. S. 121 f.) ist gut erfunden; denn das

---

* Der häufige Gebrauch des Wortes macht es unwahrscheinlich, daß Goethe das Wort in die Schriftsprache eingeführt hat (vgl. *Grimm*, Dt. Wörterbuch und *Fischer*, Goethe-Wortschatz). Auch sonst dürften die Wörterbücher die Wirkung des damals noch umstrittenen Dichters in sprachlicher Hinsicht bedeutend überschätzt haben.

Wort bieder mit seinen Zusammensetzungen war so beliebt, daß man es nach 1848 kaum mehr ohne Ironie verwenden konnte. Bei Trübner (Artikel bieder) steht der Satz: »Im 19. Jahrhundert wird ... Biedermann überhaupt nur noch spöttisch im Sinne von ›Spießbürger, Philister‹ gebraucht«. Doch zeigt sich hier wieder nur die Irreführung durch arithmetische Begriffe. *In der Biedermeierzeit nämlich wird bieder und Biedermann fast immer positiv verwendet.* Bei Fouqué ficht der Ritter »keck und bieder, / Voran den Helden« (1816). »*Biedermann*« nennt sich der furchtbare dänische Recke Palnatoke, Titelheld in einem Trauerspiel Oehlenschlägers (1829), nachdem er König Harald getötet hat. Wenn ein Herzog sich einen wackeren Kämpfer verpflichten will, so sagt er: »Ihr habt Anlagen genug zum biedersten Rittersmann« [261]. Die Haupteigenschaft des Biedermanns ist die offene Tapferkeit, die ihn vom Höfling unterscheidet. Am Ende seines Nachrufs auf den Freiherrn vom Stein ist das Höchste, was E. M. Arndt sagen kann: »Ewig daure das Gedächtnis des deutschen Biedermanns!« Als Synonyme zu bieder erscheinen meistens *edel, treu* und *mutig*. Bieder ist zunächst vor allem die Tat. Da jedoch der Biedermann wahrheitsliebend ist, kann das Wort auch einen Gelehrten schmücken (1827), vor allem, wenn er mehr als Gelehrter ist wie die Göttinger Sieben [262]. Von dem Wiener Feuchtersleben, einem Goetheverehrer wird Knebel als ein Mann charakterisiert, »in welchem sich der fröhliche Welt- und der herzliche Biedermann ... durchdringen« [263]. Mit dem Attribut *herzlich* verliert der Biedermann das heroische Format, wird individueller und im Sinne des Klassenkampfwortes bürgerlicher. Doch hält sich in der hohen Stilebene auch nach 1830 das Wort bieder noch in der Bedeutung von edel, tapfer:

> Wahrlich, du kennest ihn schlecht, den mutigen, biederen Arnold!
> Keine Bedenklichkeit hält, kein feiges Erwägen des eignen
> Nutzens ihn je zurück, für Recht zu streiten und Wahrheit! [264]

Bieder ist in der gleichen epischen Dichtung auch ein Attribut des adeligen Patronatsherrn. Es wird im Sinne der patriarchalischen Biedermeierkultur sogar einem Herzog beigegeben (1827). Bieder ist die sittliche Eigenschaft, die den »menschlichen Verein« (Rückert) am sichersten zusammenhält. So gibt es auch die »*Biederfrau*« ohne entwertende Ironie (1820).

Heimlichkeit (›Häuslichkeit‹) ist noch eine hohe Tugend der deutschen Frau (1843). Die *Unschuld* halten selbst Revolutionäre wie Karl Beck für Gottes liebstes Kind und verehren sie fast so hoch wie die heilige Freiheit. »*Sinnenliebe*« (1821) gehört zum Lasterwortschatz. Ein hochgestellter Diplomat kann 1842, wenn er jung ist, ohne Ironie *Jüngling* genannt werden. Die Jungfrau ist »*scheu und schämig*«, noch besser »*holdschämig*« (1841). Daß selbst Mörike »lyrische Formeln« kennt, verrät die Bevorzugung des Wortes *hold* bei seiner redigierenden Tätigkeit; erst in der 4. Ausgabe der Gedichte (1867) wird es manchmal durch differenziertere Wörter ersetzt [265]. Hold ist überhaupt ein sehr beliebtes Wort, auch bei Heine; nur gibt es dort auch »holde Bosheit« und »holde Hindernisse«. Nicht nur der »*süße* Mund«, sondern auch die »süße Maid« (1852) ist noch literaturfähig. *Golden* erscheint oft bei der Beschreibung von Jungfrauen, und wie bei *herzig* entstehen für den Interpreten falsche Töne, wenn er die Freiheit der damaligen Suffixbildung nicht kennt. *Goldig* und *golden* sind Synonyme. Es gibt auch »die goldenen Jünglinge beherzt und stark« (1851) und den »holden Jäger« (1821). *Rosig* ist noch nicht der Säugling, sondern die anmutige Jungfrau; man denkt noch an die Rose, nicht nur an die Farbe. »*Reizend*«, »*gefällig*« darf die Unschuld sehr wohl sein. Auch *Anmut* und *anmutig* haben eine aktivere Bedeutung als heute, da noch das Verb *anmuten* (im Sinne von gefallen, erfreuen) und das Partizip *anmutend* den Wortsinn lebendig erhalten. Das Lieblingswort *Duft*, das nicht nur den Nasenreiz, sondern zugleich die nebelig verschleiernde Atmosphäre meint, gehört zur Anmut und Unschuld; denn klare und kalte Schönheit liebt das Biedermeier nicht:

> Rosig und golden umwallt *Gedüft* die ambrosischen Glieder
> Schönheit stehet gepaart mit Lieb' und gefälliger Anmut [266].

Wonnig, wonniglich ist wie *rosig* noch ein Wort des gehobenen Stils. Das empfindsame Wort *rührend* kann man ebenso ungeniert verwenden wie die unsentimentalen Wörter, die sich fast unbeschädigt in unsere kältere Zeit hinübergerettet haben (*neckisch, schelmisch, schalkhaft, munter, zärtlich* usw.).

Da wir wiederholt in anderen Zusammenhängen auf die Wichtigkeit des religiösen Biedermeier-Wortschatzes gestoßen sind, seien in dieser Hinsicht nur noch einige Ergänzungen gegeben. Das rhetorische Wort »*Salbung*« (1846) stört W. Meinhold, den man als Realisten anzusprechen pflegt, in der Hexameterdichtung noch nicht. Der Begriff *Resignation,* den die ältere Biedermeierforschung so stark betonte, gewinnt aus der Religion noch seine positive Bedeutung: Ein fromm empfangenes Abendmahl ist Ausdruck »der tiefsten Resignation und des höchsten Gottvertrauens« (1820). *Pietät* wird durch ein Zeugnis des alten Tieck als ein neues und gutes Wort der »bessern Denker und Schriftsteller« bezeugt (1853). »*Tröstende Sprüche*« verachtet man noch nicht. Sie fügen sich in einen Kontext, dessen Stilhöhe durch Ausdrücke wie *Allerbarmer, Engelgefieder, Wunder der Allmacht, heiliges Haus* (Kirche), *Fessel des Staubes* bestimmt wird (1833). Nur ein kalter Aufklärer wie der Oberamtmann in Auerbachs *Lucifer* (1849) bekämpft »alle die Gemütlichkeiten und anmutenden Gewöhnungen« der Biedermeierkultur.

Wir gaben nur einige Beobachtungen zum üblichen Biedermeier-Wortschatz, wie er in jedem Musenalmanach zu finden ist. Die Meister des Biedermeiers, die sich vor allem im Kontext, zum Teil aber auch in der Bereicherung und Vertiefung des Wortschatzes bewähren, ließen wir beiseite, da in unserem Zusammenhang nur überindividuelle Erscheinungen interessieren. Trotzdem wundert man sich über die schnell fertigen Urteile, mit denen die Sprachgeschichte die nachklassische Zeit erledigt: »Die Kunstsprache der Zeit leidet an einem Überwiegen des Vernünftig-Begrifflichen, das ihr nicht selten das Elementare raubt, die Kraft des Instinkts und die Beziehungsträchtigkeit« [267]. Man versuche einmal, mit dieser Formulierung den Weg von Hölderlin zu Mörike, von Schiller zu Annette Droste-Hülshoff, von Jean Paul zu Gotthelf oder Stifter zu verstehen! Der Grund für solche Fehlurteile liegt nicht nur in der Unterentwicklung der neueren deutschen Sprachgeschichte, sondern auch im unreflektierten Festhalten am Epigonenschema. Es *muß* so sein, daß man nach 1830 »die Sprach- und Stilmittel der Klassik und Romantik ohne Bereicherung weiter« führt [268] und daß die »Beziehungsträchtigkeit« fehlt. Es sind aber Feststellungen, die völlige Ahnungslosigkeit hinsichtlich der Sprachaktivität der Biedermeierzeit, etwa auf dem Gebiet der Metaphorik und der Neubildungen (s. u.), verraten.

Die jungdeutsche Sprache

Durch dieses Schema wird auch die Konzentration auf die jungdeutsche Sprache verständlicher: Sie läßt sich leicht als Abfall von der Goethezeit interpretieren, als »Journalistenstil« [269]. Dabei ist es sonst gerade der Vorzug der Sprachgeschichte gegenüber der traditionellen Literaturgeschichte, daß sie die Abstufung der Sprache nach Gattungen, Stilebenen und gesellschaftlichen Bedingungen unmöglich übersehen kann. Wenn die Sprachgeschichte die lebhaften publizistischen Reaktionen auf die französische Revolution von 1789 – es gibt sie gerade auch in Deutschland! – hinter der »Goethezeit« respektvoll verschwinden läßt und dann nach der Julirevolution plötzlich den Akzent vom Poeten- oder Erzählerdeutsch auf das Journalistendeutsch verlegt, so ist das ein altbewährter, arbeitsparender Trick im diplomatischen Geheimratsstil Wilhelm Scherers, aber keine moderne historische Methode.

Der Vorstellung einer immer abstrakter werdenden Sprache, der wir schon in einem anderen Zusammenhang begegnet sind (J. Grimm), entspricht es, daß wir über die jungdeutschen Schlagwörter am besten unterrichtet sind. Wulf Wülfing hat eine so gründliche, leicht benützbare Zusammenstellung gegeben, daß wir von vornherein darauf verzichten müssen, so reiche Ergebnisse zusammenzufassen und zu ergänzen [270]. Der Mythus des Jahres 1830 erscheint in dieser Arbeit allerdings noch radikaler als bisher; denn der Verfasser, der weiß, wieviel Gutzkow, Laube, Wienbarg usw. den schon in den zwanziger Jahren schreibenden Schriftstellern Börne und Heine verdanken, zählt diese Pioniere nicht mehr zu den »Jungdeutschen« [271]. Das widerspricht im Falle Heines ganz schlicht dem Bundestagsverbot, durch das der Begriff Junges Deutschland konstituiert und überhaupt erst zum Allgemeingut gemacht wurde. Man könnte mit dem gleichen Recht Novalis nicht mehr zu den Romantikern rechnen. Dem beliebten »Einschnitt um 1830« ist, wie wir schon oft bemerkt haben und noch oft bemerken werden, kein Ding unmöglich.

Wülfing betont Hegels Einfluß stark, und es ist auch richtig, daß der Philosoph auf die jüngeren Jungdeutschen zu wirken beginnt. Diese könnten aber mit den witzigen Jungdeutschen Börne und Heine nicht wetteifern, wenn sie konsequente Hegelianer wären; denn der Philosoph ist ein Gegner der Salon- und Witzkultur (vgl. u. S. 633 f.). Die von uns durchgeführte Unterscheidung zwischen *Jungdeutschen und Junghegelianern* (vgl. o. S. 209 ff.) gilt trotz mancher gegenseitiger Beeinflussung auch in sprachlicher Hinsicht. Wir können die beiden Gruppensprachen in diesem Abschnitt nicht mehr ausführlich berücksichtigen, da hier der »Journalistenstil« nur vorläufig interessiert, kommen aber in dem Abschnitt über die Publizistik (Bd. II) auf diesen Unterschied zurück. Für die Sprachwissenschaft ist die heftig umkämpfte Sprache der Hegelianer ein interessantes Forschungsfeld; denn der Hegelsche Jargon, auf den die Vorstellung einer rücksichtslosen Abstraktion eher zutrifft als auf die Sprache der Jungdeutschen, beherrscht die marxistische Welt – jedenfalls in Deutschland – noch immer. Die leidenschaftlichen Angriffe auf dieses »Papierdeutsch« in der realistischen und naturalistischen Zeit konnten es nicht vertreiben; denn diese Sprache ist ja nur die Funktion eines konstruktiv-gewaltsamen, wirklichkeitsfremden Denkens.

Börne und Heine sind, im Vergleich zu den Hegelianern, durch den »Witz«, zu dem Phantasie, ein besonders starkes Assoziationsvermögen, eine sehr lebendige Sprachkraft gehören, viel konkreter, wenigstens im Sinne einer treffenden Metaphorik und neuer, überraschender Wortbildungen. Trotz solcher unbestreitbarer Sprachsinnlichkeit hat man sich frühzeitig über die jungdeutschen Schlagwörter lustig gemacht. Für den Freiherrn von Maltitz (*Gelasius* 1826) ist *Zeitgeist* eine ganz unmögliche Bildung, eine Majestätsbeleidigung des Geistes, jedenfalls ein Oxymoron. Er kann sich gar nicht beruhigen über dies Wort. Er bildet das ironische Adjektiv *zeitgeistig* (z.B. »zeitgeistiger Geschmack« und ein anderes satirisches Kompositum mit Zeit, »ein schlaues *Zeitmännlein*«) [272]. Wülfing weist etwa hundert Zusammensetzungen mit Zeit nach [273]. Das ist nur ein Beispiel für den außerordentlich lebendigen Neologismus der Restaurationsepoche. Manche Komposita sind »geistreiche« Neubildungen und wohl von vornherein nur für den Augenblick gedacht: *Zeitinvalide, Zeitteufel, Zeitgott, Zeit-Duell, Zeitablehnungsgenie, Zeitpips, Zeitschlange, Zeitteufelsbraten, Zeitpolyp;* andere ergaben sich durch die Aktualisierung des historischen Denkens, das die Wurzel dieser »Zeitliteratur-Richtung« war, fast von selbst und waren daher auch der Geisteswissenschaft und der Publizistik der folgenden Epochen unentbehrlich: *Zeitbestrebungen, Zeitbewegungen, Zeitbewußtsein, Zeitcharakter, Zeitkonflikte, Zeitentwicklung, Zeitfarbe, Zeitfrage, Zeitgenosse, Zeitgeschichte, Zeitideen, Zeitinteresse, Zeitphänomene, Zeitrichtung, Zeitverhältnisse, Zeitzusammenhänge* usw. Man kann nicht immer sagen, daß diese Wortbildungen die »inhaltliche Unbestimmtheit des Schlagworts« haben [274]. *Ein nicht unbeträchtlicher Teil entspricht der Erweiterung des Horizontes, die der Historismus bewirkte, ist also als legitime Sprachbereicherung anzusprechen.* Das Wort *Zeitgeschichte* oder *Zeitrichtung* ist ebenso unentbehrlich geworden wie die neuen Ausdrücke, welche die kulturgeschichtlich orientierte Wortgeschichte hervorhebt (*Berichterstatter, Feuilleton, Presse* usw.) [275]; denn so gut wie die technischen Erfindungen (Schnellpresse 1812) [276] bewirkten *die Entdeckungen, die sich auf das Weltganze und den Menschen bezogen, Veränderungen in der Sprache.* Daß schon im Bereich dieser abstrakten Bildungen die Tradition des ausgehenden 18. Jahrhunderts stärker zu beachten wäre, sei hier nur angedeutet.

Die rhetorische Tradition der Aufklärung im engeren Sinn widersprach allerdings den Neologismen der Jungdeutschen. Joh. Chr. Aug. Heyse (Adelung-Schule) zitiert in der 11. Auflage seiner weitverbreiteten Schulgrammatik (Hannover 1839) ein Gedicht von Stiegler mit dem satirischen Titel *Der Neudeutsche,* in dem das Wort »*Jetztwelt*« parodistisch verwendet wird. Noch vierzig Jahre später, in der unzeitgemäßen Betrachtung gegen D.F.Strauss benützt Nietzsche eine verwandte, ähnlich anstößige Neubildung, um das Publizistendeutsch zu kennzeichnen: »Lumpenjargon der *Jetztzeit*« [277]. Die Verengung des allgemeingültigen Begriffes *Zeit* zu dem nur punktuellen und aktuellen Wort *Jetzt* bezeichnet die journalistische Komponente der jungdeutschen Sprache gut und macht verständlich, daß die Zusammensetzungen mit *Jetzt-* nur als vorübergehende Modewörter zu verzeichnen sind [278]. Eher erhielten sich die Zusammensetzungen mit *Tag* (z.B. *Tagesnöte, Tagesbedürfnisse*), die man im Stil der damaligen Rhetorik als bildkräftige Überhöhungen der Zeit-Komposita, als Synekdochen, auffassen darf. Wülfing kennt über zwanzig und bestätigt den metaphorischen Charakter des Wortes durch den Nachweis, daß dieser jungdeutsche Tag im Gegensatz zur Nacht der Obskurantisten (z.B. Görres') steht und somit die erneuerte Aufklärung meint.

Man wird dann allerdings auch bei der Bewertung eines Schlagwortes wie »*mittelalterlich*«, mit dem die Jungdeutschen den Adel, das Königtum und die katholische Kirche zu entwerten versuchten, kaum den Standpunkt des modernen Historismus einnehmen dürfen; denn mit Hilfe der Mittelalter-Romantik, und z.T. auch der Germanistik, waren diese Einrichtungen, deren mittelalterlicher Ursprung unbestritten ist, in einem solchen Grade reaktiviert worden, daß dies Schlagwort das Kernproblem der Restauration recht genau traf und, solange diese dauerte, richtig verstanden wurde, während es der historische Relativismus unsinnig erscheinen ließ. Daß man *große* Worte liebte, verrät das Beispiel auch. Doch ergibt sich dieser Stilcharakter nicht erst aus der liberalen Zwecksetzung, sondern schon aus dem rhetorischen Gesamtcharakter der Zeit. Ein überaus großzügiger Schimpfwortschatz ließe sich auch bei der reaktionären Presse finden; denn sie blieb, nicht selten im religiösen Tone, die Antwort nicht schuldig. In der Schlagwörterliste eines Ultrareaktionärs finde ich die Verspottung von Ausdrücken, die ebenso zum Biedermeier- wie zum jungdeutschen Wortschatz gehören. Der Satiriker denkt sich einen Aufzug von »Studenten im altdeutschen Kostüm und mit jungdeutscher Gesinnung« [279], eine Universitätsfeier, auf der langweilige Reden gehalten und immer wieder dieselben Wörter gebraucht werden: »*Biedersinn, Selbstachtung, Entwicklung, Jetztzeit, Licht, Freiheit, gemeinsames Vaterland, edles Streben, neue Generation, Finsternis des Mittelalters, Durchbruch des Lichtes,* noch einige *Biedersinne, Gemeinsinn, Freisinn, Edelsinn, Einheit, freie Forschung, Zusammenhalten, Ausrottung alter Vorurteile und Herkömmlichkeiten, Tugend, Selbsterhaltung, höchste Pflicht, von innen heraus, von außen hinein, Hochgefühl, neue Ära, Tiefgefühl, deutsches Herz, wesentliche Momente, geistiges Übergewicht, Verjüngung, Veredlung, Humanität, politisches Streben, deutsche Einheit*« [280]. Die Liste ist wohl nicht ganz zuverlässig, da sie stellenweise mit Hilfe der rhetorischen Antithese übertrieben wird; aber daß die »inhaltliche Unbestimmtheit« nicht nur ein Kennzeichen jungdeutscher Schlagwörter, sondern manchmal auch der empfindsamen und idealistischen Rhetorik war, belegt sie eindeutig.

Zum Wortschatz der Hegelianer

Der hegelianische Wortschatz ist von diesem rückständigen Satiriker noch kaum erfaßt. Wir nehmen uns drei beliebige Seiten aus den *Hallischen Jahrbüchern* vor [281] und finden da, wie überall bei den Hegelianern: *Autonomie des Geistes, allgemeine Form des Selbstbewußtseins, Prozeß des denkenden Subjekts, Bewegung der Vernunft, die Welt der Vernunft selbst, die prozessierende Existenz unseres Selbstbewußtseins, Prozeß des Absoluten selbst, Selbstbestimmung, Öffentlichkeit, Geschichte, Reich des Geistes, Freiheit, Reich der Freiheit, öffentlich und objektiv realisierte Vernunft des Volks, ethische Autonomie der Wahrheit, Polizeistaat, Abstraktionen des Republikanismus, Herz der Welt, bewußte Selbstbewegung, Formen der Vertretung der Öffentlichkeit, Weltzustand, Geschichte des Geistes, politische Geschichte. Dieser Prozeß ist das Leben Gottes selbst. Die weitere Geschichte, alle geschichtlichen Völker, gründliche Prinzipienkriege, das Weltalter.* Man beachte, wie die Zentralwörter (*Geist, Welt, Selbst-, Geschichte, öffentlich* usw.) immer neu kombiniert werden. Die Bildlichkeit ist im Unterschied zur jungdeutschen Sprache (s. u.) schwach geworden und beschränkt sich in der Hauptsache auf Exmetaphern (*Herz, Prozeß, Reich, Bewegung*). Auch hier die »inhaltliche Unbestimmtheit«, mit der man, ganz im Sinne der alten Rhetorik, den Hörer oder Leser überwältigt. Wie sich zu diesem hegelianischen Jargon die Witzkultur verhielt, verrät Adolf Glassbrenners (Pseud.: Adolf Brennglas) kleine Posse *Ein Sonntag in Tempelhof*. Ein Friseur wirbt um die Tochter eines literarisch interessierten Vaters, und um sich bei ihm ein Ansehen zu geben, krönt er seine Werbung mit Hilfe eines neumodischen Globalwortes: »Ich frage Sie also: wollen Sie mir diesen Schmuck, dieses Ihr Eigentum zur weitern *weltgeschichtlichen* Ausbildung übergeben?« [282]

Es läßt sich nicht leugnen, daß schon im Vormärz auf der Grundlage dieser »umfassenden« Rhetorik – *umfassend* ist ein Modewort der Revolutionäre – der bisherige Lasterwortschatz in eine sprachliche Aufwärtsbewegung gerät. Zusammensetzungen mit *Selbst-* hatte man früher nicht so geliebt; denn alles »Selbstische« rangierte in der Nähe des Teuflischen, und Napoleon hatte den Konservativen diese Vorstellung bestätigt. Auch »*parteiisch*« durfte man nicht sein, und wenn man schon Parteigegner hatte, durfte man diese Partei nicht »*hassen*«. Im Vormärz beginnt die Aufwertung solcher Wörter, worin man zunächst nur das Bedürfnis nach rhetorischer Steigerung erblicken darf, ähnlich wie in dem Lied *Deutschland, Deutschland über alles*. Eine andere Frage ist natürlich, wie die »umfassende« Rhetorik, wenn sie erst in die Sprache geraten ist, *weiterwirkt*. In einem Roman des Hegelianers Julius Mosen (1842) finde ich schon die Aufwertung des Wortes *fanatisch*, die man Hitler zuzuschreiben pflegt: Der spanische Nationalcharakter gefällt; denn »es ist ein schöner fanatischer Ernst« in ihm. Auch der Hofrat Gentz, der literarische Chef der Metternichschen Restauration, zwingt einer Person des Romans Achtung ab, und zwar »der ruhige *Fanatismus* für seine Sache«, der ihn kennzeichnet.

Wie sehr diese Rhetorik vorläufig noch ein Deutsch für Gebildete ist, erkennt man an der Beliebtheit der philologischen Metaphorik. Wenn die Biedermeierhaltung bekämpft wird, erscheint gerne die *Idylle. Dramatisch* ist jede aufregende Begebenheit, wie heute noch. *Epos, Epopoe,* ist ein Wort, das man damals gerne zur Überhöhung verwendet; denn sein Begriff ist eng mit dem der Totalität verbunden (Hegel). Fallmerayer findet die Gewalt des Epos im Orient, Freiligrath und Schücking im urweltlichen Westfalen (1842). Börne verwendet den Begriff für ein literarisches Werk; aber auch da verrät der Kontext die rhetorische Unbestimmtheit des Worts: Hoffmanns *Serapionsbrüder* sollen mehr ein wissenschaftliches als ein dichterisches Werk sein, »ein *Lehrbuch*« und die »*Epopoe* des Wahnsinns« [283]. Bei Grillparzer oder Stifter könnte man sich eine so »umfassende«, unexakte Verwendung der Begriffe nicht vorstellen. Der hegelianische »Dünkel« ist denn auch ein Lieblingsthema des weitblickenden Grillparzer. Stifter scheint schon die Wortneubildungen der Jungdeutschen tief verdächtig gefunden zu haben: »Selbst neue Wörter machte man sich, um mit ihnen das durchzusetzen, wozu man eigentlich Vernunftgründe gebraucht hätte«. Als Beispiel nennt er den heute selbstverständlichen Satz: »Jeder muß im Staate vertreten sein« [284]. Aus der konservativen Sicht erkannte man besonders klar, daß die Bereicherung der Sprache durch die Jungdeutschen nicht nur groß, sondern auch wirksam war.

Indes wird man den Umfang dieser Leistung erst dann genauer bestimmen können, wenn man die Jungdeutschen in der Tradition der aufgeklärten Witzkultur sieht und sie mit ihren Vorläufern vergleicht. Gerade an die größeren Leistungen der Jungdeutschen, z. B. an Heines *Reisebilder* oder *Romanzero,* an Laubes *Junges Europa,* an Gutzkows Lustspiele usw. kommt man nicht heran, wenn man nur nach dem »Journalistenstil« und den Schlagwörtern sucht. Wie lebendig die Witzkultur und wie breit die Bedeutung des Wortes Witz noch war, ersieht man etwa daraus, daß Franz Horn 1819 eine ganze Reihe von Witzarten unterscheidet. Der »polemische und parodische Witz« ist nur eine von mehreren Möglichkeiten. Es gibt auch den »Ideenwitz«, »Charakterwitz«, »poetischen Witz« usw. [285]. In diesem großen Spielraum geistreichen Wesens ist die jungdeutsche Sprache zu sehen. Man darf aber hinzufügen, daß sie in der Hauptsache von der neuerwachten Lust am niederen Stil getragen wird, von der auch das blühende Biedermeierlustspiel, die Posse, die Scherzlyrik, die komische Epik, die humoristische Novelle usw. leben. Wie das Biedermeier die Empfindsamkeit weiterführt und im günstigen Fall produktiv fortbildet, so lebt die komische und ironische Tradition der Aufklärung in den Jungdeutschen wieder auf, wobei freilich eine Potenzierung der stilistischen Mittel und der Publikumswirkung erstrebt wird. Das hohe Ansehen, das Heine als Spitzenkünstler dieser Tradition genießt, verstehen wir erst ganz, wenn wir bedenken, daß man die Witzkultur auch außerhalb des jungdeutschen Lagers, z. B. bei dem ziemlich konformistischen Saphir findet, in der ungefährlichen Form der Berliner Droschkenwitze und der Weiberwitze: »Der Versuch, eine treue Geliebte zu finden, ist die *Nordpolexpedition,* aus der nie etwas wird« [286]. Typisch die weithergeholte, Sprachspannung bewirkende Metapher! Saphir teilt mit den Jungdeutschen auch die Vorliebe für Neubildungen (z.B. *Kopfursache, entköpfen, häupten, Gedanken-Invalidenhaus*), für Antithesen, Parallelismen, Reihung und Steigerung [287], kurz für alle bewährten Mittel geistreicher Rhetorik. Der witzige Stil ist in der ganzen Biedermeierzeit durch sprachliche Rücksichtslosigkeit gekennzeichnet. Die von uns oft berufene Sprachbeweglichkeit feiert gerade auf der niederen Stilebene Triumphe. Man denke an Nestroys Wortungetüme (s.u.). Wie wenig diese Unbefangenheit auf die engere jungdeutsche Gruppe mit Gutzkow und Heinrich Laube beschränkt war, kann etwa folgende »Mitteilung« in *Charivari* (8.I.1848) vergegenwärtigen: »Wir haben als Seitenstück zu dem von uns erfundenen und seitdem überall gang und gäbe gewordenen Zeitwort ›ich gustavkühne mich‹ ein neues Verbum erfunden, das folgendermaßen abgewandelt wird: ›Ich heinrichlobe mich, du heinrichlobest dich‹ usw.« [288] *Allzu anspruchsvoll war man nicht;* denn diese Späßchen waren noch Teil einer in sich abgeschlossenen Bildungs- und Gesellschaftskultur. Man muß sich vorstellen, daß es ein außerordentlich breites Mittelfeld zwischen der jungdeutschen Witzkultur und der biedermeierlichen Spaßkultur gab. Das Bindeglied war der Rhetorikunterricht. In Gutzkows Roman *Blasedow und seine Söhne* (Stuttgart: Verlag der Classiker 1838) versucht der Titelheld, dem Sohn, den er zum Satiriker bestimmt hat, das Witzige satirischer Schriften »in die einzelnen Faktoren zu zerlegen und ihm zu zeigen, wie hier der Kontrast oder der Nonsens [!] oder sonst eine rhetorische Figur dem Lesenden wie ein Flaum in die Nase kitzelte« [289]. Es ist eine erlernbare, offen zur Schau getragene und daher naive Rhetorik. Man kann, um ganz deutlich zu werden, von einer *philologischen Handfestigkeit* der Witzsprache reden. Diese hinderte natürlich nicht die überragende Meisterschaft einzelner Schriftsteller; aber sie wurde zur Hauptursache für den Untergang der Witzkultur nach 1848. Wenn Heine *Ponce de Leon* charakterisiert, *rennen die verrücktesten Wortspiele wie Harlekine herum, eine Phrase schlendert wie ein weißer Pierrot* und *bucklichte Witze springen mit kurzen Beinchen*. Heine ist in der Benützung des literarischen Bildungsguts so ungeniert wie Wieland, zu dem er sich nur vor dem französischen Publikum bekennt, und wie W. Müller, wenn dieser etwa von einem reichen Oheim erzählt, der so sehr auf Abstand hielt, »daß er auch die schönste Spitzenklöpplerin nie anders als mit einem Sie im *Singularis* anredete« [290]. *Man bewegt sich, auch wenn man noch so leidenschaftlich nach der Revolution lechzt, ganz naiv unter lauter gebildeten Leuten, die wie Blasedows Sohn ihren Rhetorikunterricht genossen haben.* Das ist bei Büchner nicht anders, sobald er in der Witzkultur seinen Mann stellen will (*Leonce und Lena*). »Mensch, du bist nichts als ein schlechtes *Wortspiel*«, sagt Leonce zu Valerio [291], und es entspricht ja der Wahrheit, daß dies traditionelle Stilmittel eine große Rolle in Büchners Komödie spielt. Auch Jean Pauls Vorbild hilft der literarischen Salonkultur zum guten Gewissen, wobei wiederum zuerst an die Jungdeutschen zu denken ist. So liest man etwa bei Heine: »mach dich darauf gefaßt, lieber Leser, daß ich jetzt etwas in Pathos gerate und schauerlich werde« [292]. Man muß das Pathos, ja, genaugenommen, schon seine Problematik kennen, um einen solchen

Satz goutieren zu können. Sogar dann, wenn Heine den Entschluß faßt, sich ganz von der literarischen Kultur des 18. Jahrhunderts zu lösen, setzt er voraus, daß man *Werthers Leiden* gelesen hat:

> Girre nicht mehr *wie ein Werther,*
> Welcher nur für Lotten glüht –
> Was die Glocke hat geschlagen
> Sollst du deinem Volke sagen,
> Rede Dolche, rede Schwerter! [293]

Die bewundernswerten Metaphern verraten wieder, daß die Volkstümlichkeit nicht gar so ernst gemeint ist.

Solche Belege, die nur als Indizien verstanden sein wollen, entheben den Philologen nicht der Pflicht, den historischen Ort der jungdeutschen Sprache *zwischen* dem ironischen Stil des aufgeklärten Rokoko und der ironischen Kultur des 20. Jahrhunderts zu bestimmen. Doch wäre, um diese Aufgabe zu erfüllen, noch allerlei Vorarbeit zu leisten. Ein Vergleich von Lessings und Gutzkows Sprachprinzipien hat ergeben, daß der Jungdeutsche die Sprache nicht so streng an die Wahrheit bindet wie der Aufklärer, sondern die Sprachmittel stärker verselbständigt, um einen brillanten Effekt zu erreichen [294]. Schwer zu entscheiden ist die Frage, ob der Rang- oder der Epochenunterschied zu diesem Ergebnis führte. Nicht alle Dichter der Aufklärung sind so spröde wie Lessing. Was bei einem Vergleich Wielands und Heines sogleich auffällt, ist Heines Vorliebe für den kürzeren Satz und für eine dichtere, schlagkräftigere Fügung des Witzstils. Bei Heine ist es leichter, einzelne geistreiche Spracherfindungen herauszulösen. Das verbindet ihn mit Gutzkow und wahrscheinlich auch mit den anderen Jungdeutschen. Die punktuelle Wirkung wird durch Integrierung eines trivialeren Wortschatzes möglich. Dies gilt vor allem für Heine. Wir wissen bereits, daß ihm Mißbrauch des niederen Stils, Annäherung an die ganz gemeine Prosa, womöglich Materialismus vorgeworfen wurde. Doch sind diese Vorwürfe insofern falsch, als es Heine fertig bringt, *die Vermehrung des Trivialen durch Steigerung des Witzes zu balancieren* und dialektisch »aufzuheben«. An einer vielzitierten, also besonders brillanten Stelle der *Harzreise* findet man auf einer einzigen Seite eine ganze Reihe geistreicher Prägungen: »*Rote Kupfernase*«, »*ein rotes Quadratmeilen-Gesicht mit Grübchen in den Wangen, die wie Spucknäpfe für Liebesgötter aussahen*«, »*ein langfleischig herabhängendes Unterkinn*«, »*ein hochaufgestapelter Busen, der mit steifen Spitzen und vielzackig festonierten Krägen, wie mit Türmchen und Bastionen umbaut war und einer Festung glich*«, »*die Brust trostlos öde wie die Lüneburger Heide*«. »*Die ganze ausgekochte Gestalt glich einem Freitisch für arme Theologen*«. Dieser Stil hat, wie man sogleich sieht, mit dem Begriffsstil der Junghegelianer nicht das geringste zu tun; aber auch von Wielands ironischem Stil ist er leicht zu unterscheiden, denn er lebt von der üppigen Bildlichkeit, welche die Aufklärung ausdrücklich verbannt hatte. Die Vergleiche stammen zum Teil aus der äußersten Trivialsphäre (Spucknäpfe, hochaufgestapelter Busen), was sich ein Rokokodichter nie hätte leisten können. Wieland ist manchmal sehr respektlos gegenüber den Priestern; man denke an die *Geschichte der Abderiten*. Trotzdem nimmt er allerlei syntaktische, epische, historische Umwege und macht die »armen Theologen« nicht so direkt lächerlich. Die Jungdeutschen holen in mancher Beziehung die westeuropäische Aufklärung nach.

Oder machen auch sie an der deutsch-idealistischen Grenze halt? Selbst Heine stößt sich noch an der kalten Spottlust der Briten und an der »temporären« Haltung Voltaires. Der Schatten der deutschen Humorkultur, die Wieland und Jean Paul fest begründet hatten, gibt sogar seiner Satire eine weichere, »poetischere« Tönung. So tritt der allen Restaurationszeiten so teure blasphemische Effekt in der folgenden Stelle nicht so kraß hervor, wie man es von Heine erwarten könnte: »Wie man im Himmel lebt, Madame, können Sie sich wohl vorstellen, um so eher, da Sie verheuratet sind. Dort amüsiert man sich ganz süperbe, man hat alle mögliche Vergnügungen, man lebt in lauter Lust und Pläsier, so recht wie Gott in Frankreich ... und man speist und wischt sich den Mund und speist wieder, ohne sich den Magen zu verderben, man singt Psalmen, oder man tändelt und schäkert mit den lieben, zärtlichen Engelein, oder man geht spazieren auf der grünen Hallelujah-Wiese, und die weißwallenden Kleider sitzen sehr bequem, und nichts stört da das Gefühl der Seligkeit, kein Schmerz, kein Mißbehagen, ja sogar, wenn einer dem anderen zufällig auf die Hühneraugen tritt und excusez! ausruft, so lächelt dieser wie verklärt und versichert: dein Tritt, Bruder, schmerzt nicht, sondern au contraire, mein Herz fühlt dadurch nur desto süßere Himmelswonne« [295]. Man hat ein falsches Bild von der Restaurationskultur, wenn man meint, eine derartige blasphemische Humoreske sei gewagt gewesen. Ja, wenn die »armen Theologen« in der Dorfkirche so gesprochen hätten! Aber wer nach der Romantik etwas auf sich hielt, war sowieso ein mystischer Christ und glaubte nicht naiv an den Himmel. Diese gesellschaftliche Höhenlage wird von Anfang bis zu Ende des Zitats durch französische Einsprengsel sorgfältig aufrechterhalten. Sie sind zunächst mimetische Elemente des herrschenden Salonstils, ergeben aber in der Verbindung mit dem empfindsam-religiösen Wortschatz *(liebe, zärtliche Engelein, Gefühl der Seligkeit, Bruder, süßere Himmelswonne)* bereits eine komische Sprachbasis. Jungdeutsch, Kunst der Prosa in einem offen zur Schau getragenen Sinn ist das Zitat auch durch eine einfallsreiche Wortbildung *(grüne Hallelujah-Wiese)* und dadurch, daß die trivialste Sprachsphäre an einer Stelle erscheint, die durch rhetorische Steigerung besonders gut vorbereitet ist; das Wort *Hühneraugen* vertritt sozusagen den höchsten Punkt einer Klimax. Nach der langweiligen Lektüre Saphirs u.a. versteht man, daß die rhetorisch gebildeten jüngeren Jungdeutschen – wie unsere Jugend wieder – Heines Sprachkunst hingerissen bewunderten. Diese Dichte der Witzfügung, auch die Börnes, erreichten sie nicht; doch erkennt man leicht die Ähnlichkeit des Stils, etwa in der Art, wie Gutzkow den liberalen, gleichwohl hoch über den bürgerlichen Jungdeutschen thronenden Fürsten Pückler-Muskau charakterisiert: »In den Briefen eines Verstorbenen lernten wir einen barocken Charakter kennen, in welchem sich der Dandy mit dem Fuchsjäger vermählte. – Immer mehr aber tritt das Alter und die gute niederschlesische Natur in dem Fürsten hervor; die Tumulte seiner Seele sind beschwichtigt und noch mehr, es ist nicht nur aus jener gesellschaftlichen Anomalie, jenem originellen Anakoluth, das sich Fürst Pückler nannte, ein besonnener Mann, sondern sogar ein bloßer Schriftsteller geworden. – Ich kann nicht leugnen, daß mich weit mehr als die Anekdoten und der Esprit des Fürsten, sein hübscher Anstand, seine Achtung vor dem Publikum, seine Empfänglichkeit für Tages- und Jahrhundertsfragen interessieren. Welches ist die höchste Auszeichnung der Großen? Wenn sie eine Bildung verraten, deren *Mangel* doch niemanden bestimmen dürfte, ihnen anders zu begegnen, als sie es gewohnt sind. Ja die Nation war überrascht, daß sie bei einem nicht einmal mediatisierten Fürsten für das Schöne und Wahre so viel Empfänglichkeit fand. Das spricht von der Theologie, Philosophie, Jurisprudenz, von der inneren Verwaltung, Forst- und Jagdwissenschaft, vom Somnambulismus, von der Literatur und den schönen Künsten, und wir freuen uns, daß das Solide und Bürgerliche, daß alles, was wir nur mit unserm tabackräucherichen Munde und ahnenlosen Zähnen besprochen haben, doch bei so vornehmen Herren und Grundherren sich recht gediegen und grobkörnig hat aussprechen dürfen« [296]. Der Text steht ungefähr in der Mitte zwischen dem junghegelianischen Stil Ruges und dem Heines. Eine gewisse Neigung zum »umfassenden« Wortschatz ist auch hier zu spüren: *Tages- und Jahrhundertsfragen, Bildung, das Schöne und Wahre;* schließlich *die Nation,* – wo man auch einfach »der Leser« oder »man« sagen könnte. Das universale Wissen des Fürsten wird durch rhetorische Häufung mehrerer wissenschaftlicher Gebiete hervorgehoben. Die Frage und die devote Antwort, die Synonyme oder Zwillingsbildungen *(Anekdoten und Esprit, das Solide und Bürgerliche, Herren und Grundherren, gediegen und grobkörnig),* die Ausdehnung des letzten Satzes, der noch weiter geht, – alles dies erinnert daran, *daß die jungdeutsche Rhetorik nach 1830 nicht abgebaut, sondern durch den Einfluß der Junghegelianer und die politische Dynamik eher wieder traditioneller, »ciceronianischer« wurde.* Auf witzige Pointierung muß man oft lange warten. Immerhin findet sie sich auch in Gutzkows Text. Die »gesellschaftliche Anomalie« des jugendlichen Fürsten wird durch die beliebte Metapher aus dem grammatikalischen Wortschatz (originelles *Anakoluth*) versinnlicht, verstärkt, und die ironische Vergegenwärtigung der eigenen bürgerlichen Gewöhnlichkeit regt zu den üblichen Neubildungen an *(»mit unserm tabackräucherichen Munde und ahnenlosen Zähnen«).* Der realistischen Kritik waren so »originalitätssüchtige«, »effekthascherische« Ausdrücke ein Greuel, und sie sind auch wirklich nicht realistisch, sondern entstammen der altbewährten Übung, durch überraschende triviale Worterfindung einen witzigen Stilkontrast zu bewirken.

Das Verhalten der realistischen Meister entspricht der Forderung der Programmatiker. G. Keller, der ja vom jungdeutsch-liberalen Schrifttum herkam, bemüht sich in den fünfziger Jahren intensiv, »keine ungehobelten Ausdrücke mehr [zu] bringen« (vgl. z. B. Brief vom 12. 8. 56) [297]. Trotzdem ist manches jungdeutsche Stilelement in die erste Fassung des *Grünen Heinrich* geraten, so daß in der zweiten Fassung viele Änderungen nötig waren. Aus *»weichlicher Schwarzrock«* wird ein bildloser *»geistlicher Minister«,* aus dem *»Haß«* gegen das Christentum die maßvolle, realistische *»Abneigung«.* Anna und Heinrich küssen sich in der ersten Fassung *»eine Stunde lang unaufhörlich«,* in der zweiten *»ebenso heimlich als ungeschickt«;* die übertriebene, komische Ausdrucksweise »unaufhörlich« wird also durch eine humoristisch-differenzierte, d.h. realistische ersetzt. Ähnlich kann dem Realisten Raabe schon bei dem Worte *Haupt* das Bedenken kommen, ob es nicht zu pathetisch ist. Jener Maler, der nicht sinnig sein wollte, war gleichwohl einmal »nachdenklich ... und wiegte sinnend das Haupt oder, einfacher, den Kopf« [298]. Ein so schlichtes, volkstümlich-humoristisches Herabsteigen zum mittleren Stil wäre den Jungdeutschen »salzlos« erschienen. Man kann sicher sagen, daß sie mit Hilfe eines »ungehobelten«, trivialeren Ausdrucks einen stärkeren Stilkontrast erzeugt hätten, – wenn ihnen überhaupt an dem Worte Haupt etwas aufgefallen wäre; denn in der vorrealistischen Zeit war man noch ganz anders gewohnt, das Maul vollzunehmen.

WORTBILDUNG

Der Widerstand gegen Jacob Grimms falschen Historismus

Als Kurt Baldinger, der heute einer der führenden Sprachwissenschaftler im roma-
nistischen Bereich ist, 1952 Vorschläge für ein neues linguistisches Begriffssystem
machte und in diesem Zusammenhang auch die Wichtigkeit der Wortbildung hervorhob, konnte er sich auf einen der kühnsten Sprachwissenschaftler der Biedermeierzeit berufen [299]. Karl Ferdinand Becker (*Organism der Sprache*, 1. Aufl.
Frankfurt/M. 1827, 2. neubearbeitete Auflage 1841) darf als eine Art Anti-Grimm
charakterisiert werden. Während J. Grimm den biedermeierlichen Detailrealismus
repräsentiert und oft im Sammeln des Materials steckenbleibt, gehört Becker eher
zum spekulationsfreudigen, philosophischen Flügel unseres Zeitraums. Die erste
Auflage des *Organism der Sprache* ist »Seiner Exzellenz, dem Freiherrn von Humboldt ..., ehrfurchtsvoll gewidmet« und trägt den Untertitel: »als Einleitung zur
deutschen Grammatik«. Da Jacob Grimms *Deutsche Grammatik* schon 1822 in
2. Auflage zu erscheinen begann, konnte der von Becker erhobene Anspruch über-
heblich erscheinen. Der Untertitel wurde 1841 weggelassen. Es ist aber kein Zweifel,
daß die Germanistik von manchen Naivitäten frei geblieben wäre, wenn sie Jacob
Grimm weniger und K. F. Becker stärker beachtet hätte.

Becker ist so stolz auf die deutsche Sprache wie Grimm, auch er bringt aus der
Romantik eine Menge National- und Sprachmystik mit. Auch für ihn haben die Stäm-
me ursprünglich eine »magische Gewalt«; *aber er steht dem Differenzierungs- und
Rationalisierungsprozeß der späteren deutschen Sprachgeschichte nicht so feind-
selig gegenüber wie Grimm.* Er spricht nicht fortwährend von »Mißbildung«. Er
sieht die »Abstraktion« und die »Sinnlichkeit«, die logische und poetische Kraft des
Deutschen nicht immer nur als Gegensatz. Er ist davon überzeugt, daß die deutsche
Sprache – nicht zuletzt durch ihre Fähigkeit zur Wortbildung – bis zum heutigen
Tage stark und produktiv geblieben ist. Einer der wichtigsten programmatischen
Sätze im *Organism der Sprache* hat den folgenden wohlausgewogenen Wortlaut:
»Die deutsche Sprache steht noch in der glücklichen Mitte, wo die Fülle des Begriffes
mit individualisierter Bestimmtheit Hand in Hand geht. Daß uns die meisten Wurzeln
und Stämme nicht verloren sind und daß die Tiefe und Fülle ihrer Bedeutung noch
vor uns offen liegt, macht unsere Sprache vorzugsweise zu einer poetischen: daß die
besondern Differenzen der Wurzelbegriffe nach allen Richtungen in Sproßformen
ausgeprägt werden, macht sie vorzüglich bildsam und brauchbar für die Wissenschaft
und das gesellige Leben; daß der Wurzelbegriff ungetrübt in der letzten Sproßform
lebt und verstanden wird, macht sie zu einer eigentlich lebendigen Sprache« [300].

Wir haben Becker schon als führende Kraft in der Frankfurter Gesellschaft für deutsche Sprache kennengelernt. Man muß sich vorstellen, daß seine Bücher von den Schriftstellern eher gelesen wurden als Jacob Grimms *Deutsche Grammatik*, die im Zusammenhang kaum lesbar und wegen des fehlenden Inhaltsverzeichnisses zum Nachschlagen schlecht geeignet war. Man respektierte zwar das »Hegen und Sammeln« als Anfang der Wissenschaft, ja Weisheit; aber vor dem prinzipiellen Positivismus konnte ein gelehrter Bibliothekar, dem alles Geistreiche fehlte, nicht zur ersten Autorität aufsteigen. Mit Recht ist 1967 Heinrich Bauers *Vollständige Grammatik der neuhochdeutschen Sprache* (5 Bände, Berlin 1827–1833) neu gedruckt worden; denn auch in diesem Werk wurde das neuere Deutsch mit der gebührenden Achtung behandelt und das Sprachmaterial mit größerer Denkkraft durchdrungen. Ja, man darf vielleicht behaupten, daß von Bauer eine gewisse Mittellinie zwischen dem spekulativen Becker und dem Sammler Grimm durchgehalten und insofern der modernen Sprachwissenschaft am besten vorgearbeitet worden ist. Zugespitzt könnte man sagen, daß J. Grimm deshalb eine extrem antiquarische Position bezog, weil er ein flacher historischer Denker war. Es fällt auf, daß selbst Bopp, der in mancher Beziehung ebenso schroff, nur anders als J. Grimm wertet, mehr Verständnis für die moderne Sprache hat, – für die kühnere sprachliche Tätigkeit des »gereifteren« Geistes, für die »neuen Lebensprinzipe und neu gelingenden Umgestaltungen der Sprache« [301].

Die Wortbildung als solche haben alle Linguisten der Zeit, auch Jacob Grimm, stark betont. Während heute die Wortbildung, ebenso wie die Semantik, die Syntax usw., häufig auf Kosten der Etymologie hervorgehoben werden muß, hatte damals die Entdeckung des Sanskrit und die ihr folgende etymologische Richtung gerade auf die große Bedeutung der Ableitungen aufmerksam gemacht. Zwar gilt die Wurzel oder der Stamm als das eigentlich Wertvolle. Wir hörten schon, daß der Rang der deutschen Sprache für das Bewußtsein jener Zeit auf der Erhaltung der »meisten Wurzeln und Stämme« beruht (K. F. Becker, s. o.). *Indem aber überhaupt so stark zwischen den Wurzeln und deren Ableitungen unterschieden wird, tritt auch die Wortbildung in ein helles Licht.* Jacob Grimm begrüßt die »Aufregung«, die in der deutschen Grammatik durch die Entdeckung des Sanskrit entstanden ist. In der lateinischen und griechischen Grammatik, an welche sich die deutsche bis dahin angeschlossen hatte, war »die wortbildungslehre ungebührlich verabsäumt worden« [302].

Man darf nicht vergessen, daß alle diese Gelehrten mitten im literarischen Leben standen und vor allem durch die Sprachgesellschaften mit den Schriftstellern gut verbunden waren. Jean Paul, der um 1820 wohl das größte Ansehen als Dichter hatte, war 1816 und 1818 Mitglied der Berliner und Frankfurter Sprachgesellschaft geworden. Er führt diese Mitgliedschaften wie seinen Legationsrat und den Dr. phil. der Heidelberger Fakultät als »Titel« auf, ob mit vollem Ernst ist schwer zu sagen, da er sich über alle Titel lustig macht [303]. Er ist Jean Paul, der große Name, der keinen Titel braucht. Trotzdem fühlt sich der große Dichter dazu verpflichtet, seinen Beitrag zur Sprachwissenschaft zu leisten, und er wählt bezeichnenderweise das Thema, das innerhalb der Wortbildungslehre als das wichtigste galt: *Ueber die deutschen Doppelwörter, eine grammatische Untersuchung in 12 alten Briefen und zwölf neuen Postskripten* (vollendet im November 1819). Doppelwörter meint die Komposita oder, wie man damals meist noch sagte, die Kompositionen. Da die Stämme so überaus edel sind, benützt Jean Paul für Doppelwort auch den wuchtigeren Ausdruck *Sammwort*, womit wir schon mitten in der Fülle der damaligen Wortbildungen stehen. Doch interessieren uns vorläufig noch nicht Jean Pauls Vorschläge für die Bildung von Zusammensetzungen (s. u.), sondern die engen Verbindungen zwischen Literatur und Sprachwissenschaft.

Der erste Teil der *Untersuchung* (die Briefe) war 1818 im beliebten *Morgenblatt* erschienen. Der Dichter kleidete seine Weisheit in humoristisch-galante Briefe an eine verehrte Gönnerin ein. Seine Bemerkungen über diese »Einkleidung« verraten, daß er selbst sehr wohl wußte, wo die Stärke dieser anmutigen Untersuchung lag und wo ihre Schwäche. Trotzdem darf man den theoretischen Anspruch dieser Schrift nicht ganz übersehen. Auch große Gelehrte (z. B. Liebig) bedienten sich noch des Briefes, um ihre wissenschaftlichen Erkenntnisse in die Öffentlichkeit zu bringen (vgl. Bd. II, Kap. Zweckformen), und Jean Paul forderte sie ausdrücklich dazu auf. Die sprachwissenschaftlichen Briefe Jean Pauls fanden mehr Kritik als Zustimmung. Wichtig in unserm Zusammenhang ist nur, *daß sie reichen Widerhall fanden.* Auch Jacob Grimm antwortete, wieder in einer Zeitschrift *(Hermes)*, und Jean Paul versuchte im Buch über die Doppelwörter seine verschiedenen Kritiker in Postskripten mehr oder weniger ernsthaft zu widerlegen. Seine Antwort an Grimm leitet er mit Lobsprüchen ein. Er weiß natürlich, daß er einem überlegenen Kenner gegenübersteht; aber den schwachen Punkt in Grimms Position bezeichnet der von der deutschen Sprache so reich gesegnete Dichter mit großer Schärfe: »was gehen an sich das 19te Jahrhundert Sprachjahrhunderte an, die schon von ihm und voneinander selber überwältigt und überschichtet worden, ein Jahrhundert, das schon auf der dritten Sprachschicht, wie Modena auf drei Erdoberflächen wohnt!« [304] In dieser Weise kritisiert der Dichter wiederholt Jacob Grimms falschen Historismus. Er bewahrt die Gegenwart mit dem ganzen Gewicht seines großen Namens davor, von der Vergangenheit erdrückt zu werden. In seiner Peripherie ist auch Jean Paul von der jungen Germanistik beeinflußt; so bejaht er, mit einigem Humor, den »deutschen Groll gegen das e« [305], der mit dem romantischen Vergangenheitskult zusammenhängt. Aber im Kern widersetzt sich gerade dieser große Poet der Verabsolutierung des »Poetischen«. Der Dichter bleibt ihm, sprachlich gesehen, die Ausnahme, – wie dies dem Geist der Rhetoriktradition entspricht. Die Verwirklichung seiner sprachlichen Reformvorschläge (s. u.) erhofft er von den Journalisten, von »Wochenblättern«, »Literaturzeitungen« und »historischen Werken«, ja schließlich von dem Einfluß der Verhandlungssprache im Frankfurter Bundestag. *Er besaß noch den Sinn für die Sprachwirklichkeit in ihrem gesamten Umfange,* und so hat er auch auf die gesamte Literatur des Zeitalters stark gewirkt. Dabei war freilich die Untersuchung *Ueber die deutschen Doppelwörter* nicht so wichtig wie das praktische Vorbild.

Zahlreiche Neubildungen

Es gibt wohl kein Gebiet, auf dem sich die Sprachbeweglichkeit der nachklassischen Zeit deutlicher manifestiert, als das der Wortbildung. Dem Literarhistoriker am vertrautesten ist das Problem der Wortneubildung; denn die Dichtersprachen unterscheiden sich nicht zuletzt durch die größere oder kleinere Neigung zum Neologismus. Der Aufklärungstradition, die naturgemäß in der Schule und Wissenschaft großen Einfluß behielt, entsprach die Abneigung gegen die Neubildung, das Bestreben, den vorhandenen Wortschatz, der schon als überreich empfunden wurde, zur sprachlichen Differenzierung zu verwenden und also begrifflich festzulegen (vgl. o. Eberhards *Synonymisches Handwörterbuch*, 4. Aufl. 1819). Mit diesem rationalistischen Programm setzte sich die Schule der Biedermeierzeit nicht durch, nicht einmal bei den Jungdeutschen, die inhaltlich die Aufklärungstradition weitertrugen. Gerade sie beteiligten sich mit großer Lust an dem Feuerwerk, das die Literatur der Biedermeierzeit mit Hilfe von Neubildungen veranstaltete. Adolf Bach tadelt, ganz im Geist der aufgeklärten Schule, »die Sucht, Neubildungen zu gewinnen« [306]. Er erklärt sich diese aus dem individualistischen Geist der Neuzeit, was nicht falsch ist, aber doch der Differenzierung bedarf. Merkwürdig ist nämlich, daß die Freude an den Neubildungen in dem Augenblick nachläßt, da auf anderen Gebieten (Wirtschaft, Religion, z.T. auch Politik) der Individualismus seine stärksten Durchbrüche erzielt. Das große Zeitalter der Neubildungen ist, wenn man vom Sachwortschatz absieht und die stilistische Funktion des Neologismus im Auge hat, nicht die zweite, sondern die erste Hälfte des 19. Jahrhunderts. Es handelt sich in vielen Fällen um einmalige oder wenigstens vorübergehende Neubildungen, die den Sprachhistoriker wenig interessieren, die aber für den Literarhistoriker bei der Interpretation des Einzelwerks von großer Bedeutung sind. Man wird, um den Geist der Neubildungen zu verstehen, oft eher an *die alte Kombinatorik* als an den Individualismus der späteren, etwa impressionistischen Zeit denken müssen, obwohl natürlich auch der barocke Neologismus schon ein Werk der »Neuzeit« war.

In Immermanns Frühwerk gibt es mehr Neubildungen als in den *Epigonen;* denn diese bemühen sich um eine Annäherung an die Alltagssprache. Auch der junge Mörike neigt mehr zu Neubildungen als der späte. Dem entspricht chronologisch, daß die aktivste Wortbildung Goethes beim alten, nachklassizistischen Dichter beobachtet worden ist [307]. Er mag darin von Jean Paul bestärkt worden sein, der 1819 gesagt hatte, die deutsche Sprache sei für »dichterisch fliegende Vogler gemacht« [308]; fühlte Goethe sich doch wie sein Proteus als »alter Fabler« (*Faust* Vers 8225). Bildungen mit Präfix wie *begrinsen, berasen* und Komposita wie *Gipfelhügel* oder *klugerfahren* sind freilich zu jener Zeit nicht nur eine Stileigentümlichkeit Goethes, sondern fast aller Dichter und Literaten (s. u.). Weder das Alter noch die Qualität Goethes ist damals zum »geballten Ausdruck« nötig. Heines Ruhm begründete sich ganz wesentlich auf seiner bewundernswerten Kunst der Wortbildung, vor allem komischer und satirischer Art. Sogar Gustav Pfizer, den wir als grimmigen Kritiker des eleganten Dichters kennengelernt haben, kann seinen Respekt in dieser Hinsicht nicht ganz verschweigen: »Oft anmutig und höchst anschaulich sind seine originellen Wortbildungen, seine seltsamen, aber nicht selten treffenden Prädikate, seine hastigen Übergänge und Sprünge« [309]. Der »geballte Ausdruck« und die Neigung zu Sprüngen entsprach dem Ideal der Kürze, das seit Klopstock und Herder in der Literaturkritik fest verankert war (s. u.). Auch Mörike und Büchner sind Meister der ballenden Neubildung. Für den Germanisten ist es besonders interessant, wenn die Neubildung als solche gekennzeichnet wird, wenn also der Zusammenhang zwischen dem damaligen linguistischen Interesse für die Wortbildung und der sprachlichen Formulierung unmittelbar erscheint. In einem durchschnittlichen Roman aus dem Jahre 1819 lesen wir: »Ich wurde mein eigner *Tröstling*. (Dies Wort ist, im Vorübergehen sei es bemerkt, so vollbürtig gezeugt als eines und muß dafür gelten, solange *Täufling*, *Lehrling*, *Häuptling* und *Dümmling* nicht für illegitim erklärt werden. Wer aber könnte dieses Vierergespann entbehren?)« [310]. Die Analogie ist in der Tat eine der wichtigsten Methoden der Wortneubildung und jedermann glaubte, auf diese Weise die Sprache bereichern zu müssen. Es ist also keine besondere Genieleistung, wenn Goethe die alte Baucis im *Faust* (Vers 11059) flüstern läßt: »Lieber *Kömmling*, leise! leise!«.

Die Neubildung entwickelte sich zu einer Mode und wurde schließlich als Landplage erlebt. Sicher gab A. Ruge dem Mißbehagen vieler Leser und Kritiker Ausdruck, wenn er den Stil der Aufklärung gegen den Neologismus ausspielte: »Die Vossisch-Rückertsche und die ganze sogenannte ›sprachbildnerische‹ Manier findet faktisch ihre Widerlegung in der Bildung und dem richtigen Gefühl, den der ungezwungene und korrekte Usus unserer ersten Dichter begründet hat; kaum ist die Theorie noch nötig« [311]. Historisch vereinfachte der Junghegelianer stark; denn auch Klopstock gehörte zu »unseren ersten Dichtern« und hatte den Hainbündler Voss erheblich beeinflußt. Aber die hinter Ruges Kritik stehende Theorie, daß nämlich die Neubildungen nicht den Rang des Dichters ausmachen, ist richtig. Sie setzte sich im Realismus wieder durch; denn dieser knüpfte nicht nur gedanklich, sondern auch stilistisch an die Aufklärung und an die ihr verpflichteten *Lehrjahre* an. »Neue Worte«, meint Gottfried Keller, »müssen den Dichtern, wie von selbst, fast unbemerkt wie Früchte vom Baume fallen und nicht in einem Kesseltreiben zusammengejagt werden« [312]. Kesseltreiben meint ungefähr die literarische Methode, die ich durch die Erinnerung an die barocke Kombinatorik anzudeuten versuchte. Keller selbst spricht von »Manieristen«. Karl Ferdinand Becker, der von der Grammatik zur Stilistik weiterschritt (*Der deutsche Stil*, 1848), warnte auch vor unnötigen Neubildungen: »Wörter, die ganz neu geschaffen oder in einer neuen Bedeutung gebraucht werden, sind uns fremd und darum mißfällig. Anders verhält es sich mit Ausdrücken, welche *ungewöhnlich*, aber nicht ganz fremd sind« [313]. Die Kritik, die Wissenschaft und die realistische Dichtung selbst vereinigten sich also in der Jahrhundertmitte, um der neologistischen Mode den Garaus zu machen, und dies gelang so gut, daß noch der junge Nietzsche, später einer der ärgsten Neologisten, das Neuern in der Sprache, wie das Altertümeln, für das Zeichen eines »verderbten Geschmacks« hielt [314]. Schopenhauer kritisierte nicht nur, sondern er beschimpfte die neuerungssüchtigen

»Tintenkleckser« [315]. Aber der Wissenschaft ist längst bekannt, daß heute die von ihm beanstandeten Neubildungen zu einem guten Teil fester Besitz unserer Sprache geworden sind. *Man wird also gut daran tun, die Wortbildungsfreudigkeit der Biedermeierzeit weder zu verurteilen noch zu verherrlichen, sondern als eine immer wiederkehrende Möglichkeit der Sprach- und Stilgeschichte zur Kenntnis zu nehmen.* Bewerten kann man, wie zu allen Zeiten, nur den einzelnen Schriftsteller und die einzelne Neubildung.

Auffallende Neubildungen pflegen vor allem dann beanstandet zu werden, wenn sie metrisch bedingt erscheinen. »*Ungefraut*« im Reim konnte als allzu kühne Neubildung erscheinen. Hörte man sie im kombinatorischen Kontext Rückerts, als Teil eines philologischen Wortspiels, so fand sie der Biedermeiergeschmack »sinnig« und erlaubt:

> *Kleines Frauenlob.*
>
> Frauen sind genannt vom Freuen,
> Weil sich freuen kann kein Mann
> Ohn' ein Weib, die stets vom neuen
> Seel' und Leib erfreuen kann.
>
> Wohlgefraut ist wohlgefreuet,
> Ungefreut ist ungefraut;
> Wer der Frauen Auge scheuet,
> Hat die Freude nie geschaut.
>
> Wie erfreulich, wo so fraulich
> Eine Frau gebärdet sich,
> So getreulich und so traulich,
> Wie sich eine schmiegt an mich [316].

An solche Gedichte dachte Ruge bei seinem Ausfall auf die »Vossisch-Rückertsche« Sprachbildnerei. Heute mag man sagen, daß die Grenze des Möglichen überschritten wird, wenn außer der sprachspielerischen Wortbildung *(wohlgefraut, ungefraut, ungefreut)* auch noch die adverbiale Bestimmung von neuem gewaltsam auf Freuen gereimt wird *(vom neuen)*. Wir werden freilich noch sehen, daß auch der grammatische Spielraum in der damaligen Sprache außerordentlich groß war (vgl. u. S. 532 ff.). Rückerts Verse nähern sich schon dem komischen Stil, der besonders viel Freiheit in der Wortbildung und -stellung gestattet. Läßt es sich aber noch rechtfertigen, wenn Immermann in seinem Jugendlustspiel *Die Prinzen von Syrakus* (1821) das Wort übergeschnappter durch »*geschnappter über*« ersetzt? Ich gebe die Stelle in einem Kontext, der auch sonst die Neubildungslust der Zeit in einer wenig überzeugenden Form erscheinen läßt:

> O ich gesuchter, *aufgesuchter* Mensch!
> Ich *ernstgesuchter,* heißersehnter Mensch!
> Ich *Kronenmensch, Reichsmensch,* ich *Zeptermensch!*
> Ich *Thronenmensch,* ich *halbbetrunkner* Mensch!
> Ich gänzlich schon *geschnappter über* – Mensch!
> Ich *Odenmensch,* ich lyr'scher *Taumelmensch* [317].

Man wird beim Hören solcher Fehlleistungen wie Ruge dazu neigen, die »Neubildungssucht« selbst für das Versagen verantwortlich zu machen. Doch braucht das Instrument der Wortbildung nur von einem Könner in die Hand genommen zu werden, und gleich überzeugt jedes neue Wort und jede grammatische Nachlässigkeit:

> Zigarren tragen sie im Maul
> Und in der Hosentasch' die Händ';
> Auch die Verdauungskraft ist gut, –
> Wer sie nur selbst verdauen könnt'!

> Sie handeln mit den Spezerei'n
> Der ganzen Welt, doch in der Luft,
> Trotz allen Würzen, riecht man stets
> Den faulen Schellfischseelenduft.

> O, daß ich große Laster säh',
> Verbrechen blutig, kolossal, –
> Nur diese satte Tugend nicht
> Und zahlungsfähige Moral! [318]

Eine gewisse Freude an der naiven Sprachspielerei der Biedermeierzeit gehört auch zum Verständnis solcher Verse! Ohne Reimzwang bildet sogar der seriöse alte Tieck, der kein Freund der Jungdeutschen war, Kontrastwörter durch Analogie: »Er hat statt eines Ideals ein *Schmierial* hervorgebracht«. K. F. Becker verwirft, wie wir hörten, sogar Wörter, die »in einer neuen Bedeutung gebraucht« werden. Wir wissen heute jedoch, daß auch die semantische Neubildung ein Zeichen der Sprachproduktivität sein kann. In dem Abschnitt über den jungdeutschen Wortschatz hörten wir, daß »*zeitgemäß*« erst mit der Aufwertung der »*Jetztzeit*« die heutige Bedeutung erhält. Holtei nennt in einem Stück (*Die beschuhte Katze,* Berlin 1843) »*Junker*« ein neues Wort, »ein sogenanntes liberales Wort«. Gemeint ist natürlich nur das politische Schimpfwort*.

Das stilistische Intensivierungsbedürfnis, auf das wir so oft gestoßen sind, die erneuerte, ein wenig wild gewordene Rhetorik ist natürlich eine zentrale Quelle der Neubildungen. Der Dichter sagt nicht: ich gehe über zur Erzählung der schrecklichen Katastrophe, sondern »ich *eile ... über*« [319]. Man steht nicht schwach, sondern »*schwachselig*« auf den Füßen, wenn man ein miserabler Bursche ist, und da der Erzähler meist zur Dramatisierung neigt, kann man nicht nur aus allen Wolken fallen, sondern auch *aus dem »dumpfigen Bettungeheuer« springen* (1846). In den Sprach- bzw. Stillehrbüchern liest man, jedes Wort müsse notwendig sein und seinen eigenen Sinn haben. Aber dies Differenzierungsbedürfnis der Aufklärung wird durch die neue Rhetorik zerstört. Wendungen wie »*schlaugefügte Tücke*«, »*trutzige Erstürmwut*«, »*männlich trutzige Absagung*«, »*wonneschwelgend*«, »*törichte Liebesvergaffung*«, »*gemütselige Eintracht*«, »*des heldigsten Helden Erzeugeter*« sind

---

* Da sich bei *Grimm* ältere Belege für »*Krautjunker*« finden, handelt es sich wohl nur um einen häufigeren Gebrauch des klassenkämpferischen Worts.

in der ganzen Biedermeierzeit beliebt. Auch 1852 meint man noch da und dort, zur Poesie gehöre die Neubildung: »Weit werfen ihre *Schattenschleppe* / Die Berge schon«. »Wenn fern die Töne *hingewittern*« [320]. In einer anderen Verserzählung findet man »*Bejochungsgeist*«, »*Volksergüsse*« (1837 für feindliche Einfälle). »*Rasch hebt er sich*« (1837 für erhebt er sich). Ein wesentlicher Unterschied zwischen Vers und Prosa besteht bezüglich der Neubildungen nicht. In einer ganz prosaischen Romanreflexion kann es heißen: »Nichts *tieft* innerlich mehr die Charaktere *aus* ... als die Einsamkeit« [321]. Stillung des Hungers umschreibt ein noch prosaischeres Buch mit »*Abfertigung des Magenschreis*« (1824). Jedermann will sinnig sein.

Gelegentlich gibt es auch differenzierende Neubildungen, z.B. bei der Rahel, die einmal das Wort »*Tiefherz*« in Analogie zu Tiefsinn bildet [322]. Häufiger sind die intensivierenden Bildungen etwa in Anschluß an Jean Paul, der zum Übermenschen Goethes einen »*Über-Greis*« hinzuerfindet, in der Bedeutung eines sehr alten Manns, und der wenige Seiten später einen anhänglichen Hund ein »*Superlativ-Vieh*« nennt [323]. Hyperbolische Neubildungen gibt es auch nach 1830 sehr häufig, z.B. in E. Willkomms Roman *Die Europamüden* (1838): »Nur die Liebe kann uns herausheben aus dem Strudel moderner *Lebensverschlammung*«. Der »*wonnedurchflüsterte Traum*« des reinsten, glückseligsten Lebens«. »Heiligt die *Weltheiligkeit* mit dem Kusse der Liebe, so wird sich die alte Europa wieder erheben« [324]. Die zynische Seite der Säkularisation, die »Emanzipation des Fleisches«, führt ebenso zu neuen Wortverbindungen und -bildungen: »*Restauration der gesunden fünf Sinne*«. »Ich habe große Lust, den Sigismund einmal *von ganzem Leibe zu lieben*« [325]. »Wir von der Gelehrtenprofession sind zumal samt und sonders *klägliche Unterleibnizianer, daß Gott erbarm*'«. Im »Schoße des Wohllebens verzärtelt, verweichlicht und *vereigensinnt*« [326]. Es gibt nicht nur die *Weltheiligkeit,* sondern auch die »*Weltheiligung*«, nicht nur die »*Psalmensängermiene*«, sondern auch die »*Seelenmundharmonika*« (1838). Jeder Einfall, der zu einer Über- oder Untertreibung führt, ist willkommen.

Es liegt in der Natur der deutschen Sprache, daß Neubildungen aufgrund von Präfigierung, Suffigierung oder Zusammensetzung besonders oft vorkommen. Man konnte es in jeder Grammatik lesen, und die Schriftsteller befolgten das Rezept mit Eifer. Es gibt einen »*aristokrätelnden* Gesellschaftston«. Man klagt über »augenverdrehende, händedrückende *Betbrüderei*«. Neben der *Zärtlichkeit* steht die »*Zartlosigkeit*«, neben der *Befriedigung* die »*Unbefriedigkeit*«. Im Gästebuch der Grimsel bemühen sich fast alle um »*Geistreichkeit*« und »*Interessantität*«. Wenn sich das letzte Wort nicht ebenso durchgesetzt hat wie Originalität, so liegt dies kaum an den Erfindern dieser Wörter. Wir lachen über Jahns *Rückwärtser* (Reaktionär); doch seine Verdeutschung von *Rezension (Besprechung)* haben wir längst akzeptiert [327]. Es gibt *Verschlafung* so gut wie *Aufschreibung* und *Vergleichung*. Verben wie *enthusiasmussen, bedämmern* oder *bepestallozieren* fallen nicht weiter auf. Die Dörfer können sich noch wie im empfindsamen Zeitalter an den waldbekränzten Höhen »*hinauflagern*«. »*Aufhorchsame* Bäume« sind für Lenau nichts Besonderes. Die Präfixe können sich häufen wie in dem folgenden kleinen Porträt, das Sealsfield von dem Hinterwäldler Nathan gibt: »Der Mann hatte etwas so *un*heimlich zäh *Hin-, Hinternach*haltendes, etwas so starr allen Widerstand *Nieder*beugendes, das gewissermaßen *er*drückte« [328]. Man hört bei den Stilkritikern jener Zeit manchmal die Klage, die Euphonie gehe durch die moderne Sprachproduktivität zugrunde. An Stellen dieser Art mögen sie gedacht haben.

Bei den eigentlichen Zusammensetzungen findet sich die gleiche, ein wenig spielerische Beweglichkeit: »die Mutter wird fortan ein mildes, nicht mehr *hoch-*, sondern *tiefmütiges* oder *gleichmütiges* Weib sein, nach der ausgestandenen Angst« [329]. Es gibt selbstverständlich notwendige Zusammensetzungen. Aus Westeuropa kommende technische Neuerungen müssen übersetzt werden (*Eisenbahn, Dampfschiff* u. dgl.). Oder man denke an die Verbindungen mit *Zeit-* im jungdeutschen Wortschatz (s. o.). Viele haben sich erhalten. Zu diesen unentbehrlichen Komposita gehört auch der neue »*Geschichtssinn*«; Mundt soll das Wort geprägt haben [330]. Aber poetische Ausdrücke wie *ohnmachtsüß, sehnsuchtumrauscht, blaudüftige* Abendluft, *Rosenlicht* der Sonne, *perlgefüllte* Waldglocken sind willkürlich, austauschbar, routinemäßige Kombinatorik und finden sich gerade auch bei den Trivialerzählern. Selbst wissenschaftliche Texte verzichten nicht auf die verkürzende Neubildung: Schiller hielt nach einer Erklärung von 1819 bei seiner Egmontbearbeitung die Erscheinung Klärchens für unstatthaft, »obwohl *vielgeltige* Gründe dafür angeführt« werden [331]. Besonders beliebt und ergiebig ist in der Biedermeierzeit die komische oder satirische Neubildung durch Zusammensetzung: »*Gymnasiums-Feierlichkeit*«, »*Geduldige Assessorseele*«, »*Ölersparliche Absichten*«, »*Großschwätzer*«, »*Gemütsschwindel*«, »die Fürsten, *prachtgemästet*«. »Das eben ist der Fluch unserer Zeit, daß sie zu karikiert, zu *spirituell-besoffen* und *materiell-dickwanstig* geworden ist« [332]. »Am allerwenigsten ist die bürgerlich geschlossene Ehe ein *Takthalter der Pulse*« [333]. »Der Pastor aber wird bloß toll, wenn sein *Gedankentier* sich in ihm bäumt« [334]. Mörike scheint die Figur des *Sehrmanns* aus dem Norddeutschen übernommen zu haben (Grimms *Deutsches Wörterbuch*); aber er eignet sich dieses Wort nicht nur bedeutungsmäßig an, sondern er bildet auch gleich eine ganze Wortfamilie zu dem satirischen Begriff: *Sehrkompliment, Sehrbillet, Sehr-Sehrmann, Sehrleute, Sehrheit, sehrhaft* [335].

Daß der Neologismus nicht nur die Eigenart einzelner Dichter, sondern eine generelle Leidenschaft des Zeitalters war, dürfte trotz der relativ geringen Zahl der Belege, die ich auswählte, einigermaßen deutlich geworden sein. Im folgenden soll die Frage nach der Neubildung zurückgestellt und dafür die damalige Wortbildung durch Präfixe bzw. Suffixe und durch »Komposition« noch etwas direkter angegangen werden.

Die Wortbildung durch Suffixe und Präfixe

Die Sprachwissenschaft der Biedermeierzeit stand der überaus lebendigen Wortbildung mit Hilfe von Suffixen und Präfixen nicht immer aufgeschlossen gegenüber. Jacob Grimm faßt den Begriff der Ableitung auffallend eng. In der Einleitung zum

3. Buch seiner Grammatik (»Von der Wortbildung«) lesen wir: »Zusammensetzung kann vornen oder hinten an der wurzel eintreten, ableitung nur hinten« [336]. Er sieht, daß das neuere Deutsch danach strebt, »durch förderung der ableitungen und zusammensetzungen beweglichkeit und deutlichkeit des ganzen zu vervollkommnen« [337]. Aber da er an die Produktivität dieser Spätstufe nicht recht glaubt, betont er die wurzelfernen Bildungen des heutigen Deutsch stärker: »um den gedanken überall zu lösen, pflegt die jüngere sprache sogar lieber zu umschreiben, als ableitungen und bildungen beizubehalten, mit denen sie nicht mehr ausreicht« [338]. Sein Augenmerk liegt also mehr auf dem Verlust der Sprache (des Genitivs, der Flexionen überhaupt) als auf dem Gewinn. Mehr Verständnis für die neuere Sprachentwicklung hat, wie wir wissen, K.F.Becker. Wie er davor warnt, die Wörter nach ihrer Abstammung statt nach dem Sprachgebrauch zu verwenden [339], so betrachtet er es auch als eine große Leistung, mit Hilfe der Ableitung »Wortformen zu bilden, die ungewöhnlich und doch nicht fremd sind« [340]. Diese Grundanschauung vertritt er noch 1848. Freilich kann er es von Anfang an nicht lassen, im Geiste der alten »Sprachlehre« zu schulmeistern. Schon im *Organism der Sprache* von 1827 nennt er doppelte Suffixbildungen vom Typus *Gemächlichkeit, Wichtigkeit, Traurigkeit* in etwas verächtlichem Tone »Afterformen«. Er erkennt zwar, daß die Ergänzung von *Trauer* durch *Traurigkeit*, von *Schick* durch *Schicklichkeit* usw. »feine Unterscheidungen abstrakter Begriffe« ergibt; aber »künstliche Nebenbegriffe« dieser Art liebt er nicht [341]. Mißtrauisch stimmt ihn auch, daß die »Festigkeit« der Ableitungen durch »mundartischen Wandel« eingeschränkt erscheint [342]. Er gibt traditionellerweise der Wortbildung durch Zusammensetzung den Vorzug und unterscheidet auch da noch die mehr oder weniger zufällige »Zusammenfügung« von der »Verschmelzung«, die häufig älteren Ursprungs ist. Auf diese Weise gelangt er in seinem Lehrbuch *Der deutsche Stil* (1848) zu einer ziemlich rigorosen Anwendung des Wertkriteriums »Volkssprache«. Dies Wort hört sich zwar im Zeitalter der Märzrevolution modern an; denn auch die realistischen Programmatiker bekennen sich zur Volkssprache und zur Überwindung der Salonsprache. Beckers Schulmeisterei gründet aber noch ganz wesentlich auf dem Euphonieprinzip der älteren Literarästhetik: »Die Schönheit des Stiles fordert endlich auch, daß die Wortformen nach den Gesetzen des deutschen *Wohlklanges* und des *Wohllautes* gebildet werden. Eine auffallende Vernachlässigung des Wohlklanges und Wohllautes gehört insbesondere zu denjenigen Erscheinungen, welche in der neuern Zeit die zunehmende Vergeistigung der Sprache und des Stiles begleiten. Gegen die Gesetze des Wohlklanges verstoßen nicht nur die eben bezeichneten Afterformen zusammengesetzter Wörter, sondern auch die durch angehäufte Ableitungsendungen gebildeten Sproßformen. Nun sind zwar sehr viele Sproßformen der Art, wie ›*Mühseligkeit‹, ›Vertraulichkeit‹, ›Zulässigkeit‹* in den Wortvorrat aufgenommen; und wir können den Gebrauch derselben, insofern sie besondere Unterschiede der Begriffe bezeichnen, nicht ganz vermeiden; aber sie gehören nicht zu den *schönen* Wörtern; und man hat sie darum als *unpoetische* Wörter bezeichnet« [343].

Der Sprachkonservatismus Beckers verrät sich auch durch häufigen Tadel am

Sprachstand der großen Schriftsteller der Goethezeit. »*Väterliche* Leiche« (Kleist) oder »*frauenzimmerliches* Gedicht« (Goethe) ist ihm anstößig. *Schäferlich* ist so wenig erlaubt wie *jägerlich*. Mit der Vermutung, gewisse Wortbildungen auf *-lich* und *-isch* seien »fremden Sprachen nachgebildet«, wird die konservative Abneigung gegen die neueste Sprachentwicklung im Geiste des heraufkommenden Nationalismus begründet [344]. Er beobachtet, daß »durch die Zusammensetzung mit Vorsilben« oft Verben gebildet werden, »die nicht sehr gewöhnlich sind«, die also eigentlich seinem stilistischen Ideal (ungewöhnlich, aber nicht fremd) entsprechen: »*befreunden, befehden, beschirmen, ereilen, ergründen, erzwingen, erstehen, erschleichen, erblühen, erstarken, verwerfen, verschallen, verscherzen, verkennen*« [345]. Sind dies keine wohlgelungenen Wortbildungen? Nein, Becker hat Bedenken: »diese und viele andere Verben derselben Formen und mehr noch die mit *ent-* zusammengesetzten Verben wie *entbinden, entlassen, entfalten, entdecken* sind der Volkssprache eigentlich fremd« [346]. Auch *Vergnügungen* statt *Vergnügen, Verhinderungen* statt *Hindernisse*, die Aktivität der *-ung-* Bildungen also (s. u.) mißfällt Becker. Wenn man zusammenstellt, was dieser geistreiche Linguist alles beanstandet, erhält man einen Eindruck von der *Gewalt der Sprachentwicklung vor 1848*, freilich auch von dem sich verstärkenden Bedürfnis nach Sprachregelung. Man darf annehmen, daß K. F. Becker repräsentativ für die Schule und Universität des 19. Jahrhunderts, jedenfalls für die des Vormärz, gewesen ist. Der Einzelgänger Schopenhauer befindet sich in einem Irrtum, wenn er glaubt, der neue Sprachgebrauch werde »von allen, ohne irgendeine Opposition« akzeptiert [347], und dabei den Germanisten noch besondere Vorwürfe macht. Die Sprachlehrer aller Art schulmeisterten so gut sie konnten; aber schon die Verschiedenheit ihrer Lehren und das Fehlen eines staatlich gestützten Sprachvereins verhinderten vorläufig – glücklicherweise! – die erwünschte Sprachregelung.

In der weitverbreiteten *Kurzen deutschen Wortgeschichte* von Ernst Schwarz kann man lesen, Schopenhauer trete »für einfache Wörter statt der Ableitungen« ein [348]; aber das Gegenteil ist der Fall. Schopenhauer wendet sich gegen die »falsche Kürze«, in der er die Grundtendenz der damaligen Sprachentwicklung zu erkennen glaubt. Wir wissen bereits, wieviel die Kürze der Biedermeierzeit bedeutet, und Schopenhauer bietet ein großes Material auf, um seine These zu beweisen. Seine Kritik trifft dabei nicht zuletzt die Beweglichkeit damaliger Wortbildung, das Wegfallen (s. u.) oder das Vordringen der Suffixe und Präfixe. *Billig* (für *wohlfeil*), *bedauerlich* (für *bedauernswert*), *verläßlich* (für *zuverlässig*), *gedanklich, selbstverständlich, vereinnahmen, beglücken*, aber auch *meiden* (für *vermeiden*), *ständig* (für *beständig*), *vorgängig* (für *vorhergängig*) – alle diese Sprachveränderungen erregen seinen Groll, und auch er ruft nach einer strammen nationalen Sprachregelung unter Hinweis auf Frankreich, England und Italien: »jeder deutsche Schmierer setzt ohne Scheu irgendein unerhörtes Wort zusammen, und statt in den Journalen Spießruten laufen zu müssen, findet er Beifall und Nachahmer« [349]. Schopenhauers Theorie von einer allgemeinen Verkürzungstendenz mag stilgeschichtlich für die erste Jahrhunderthälfte richtig sein, sprachgeschichtlich ist sie falsch, einmal wegen der zunehmenden

Neigung zu Wortbildungen mit doppeltem oder dreifachem Suffix, die Becker »unpoetisch« findet, dann aber auch wegen der großen Beliebtheit der Wortbildung durch Komposita*. Die Verlängerung der Wörter widerspricht dem Streben nach einem geballten Ausdruck nicht unbedingt. Der zuletzt zitierte Satz Schopenhauers beweist ganz klar, daß ihn im Grunde nicht nur die »falsche Kürze«, sondern überhaupt die Freiheit der Wortbildung, die sich seit dem Autoritätsverlust der »Adelunge« durchgesetzt hat, ärgert.

Wie tief diese Sprachfreiheit in den Kritikern selbst saß, beweisen die Worte, mit denen Ruge Rückerts »selbstgemachte Sprache« tadelt; er wirft ihm »rand- und bandlose Wortmacherei« vor. Auch der Junghegelianer bedient sich hier einer ungewöhnlichen Ausdrucksweise, die von zwei oder eigentlich drei Suffixen bewirkt wird. Wenn Adjektiva mit gleichen Endungen (in *gut- und bösen* Tagen) im 17. und z.T. auch noch im 18. Jahrhundert wie die heutige Zusammensetzung behandelt werden *(Wander- und Reisefreuden),* so ist dies in der Biedermeierzeit zum mindesten bei Suffixen noch gebräuchlich: »mehrere Wagen vollgepackt mit *Freund- und Verwandtschaft*« [350]. Die Präfixe und Suffixe sind freibeweglich und noch nicht so fest mit dem Stamm verwachsen – »hinzuhören und *antzuworten*« heißt es in einem Briefe Tiecks an Solger (5.5.1818) –; daher können sie auch leichter ausgetauscht werden. Das Vordringen der Diminutiva auf *-lein,* das besonders den lyrischen Stil spürbar verändert, darf sekundär gewiß mit der biedermeierlichen Verniedlichungstendenz in Verbindung gebracht werden; zunächst aber ergibt es sich einfach aus der freien Wortbildung. Man kann *-lein* so gut wie *-chen* verwenden, da ja der Stamm als die Hauptsache gilt. Man entscheidet – besonders im poetischen Stil – nicht so sehr nach dem Sprachgebrauch als nach den stilistischen Bedürfnissen des Tons und des Wohlklangs.

Wir hörten schon, daß Grimm das *Präfix* beiseiteschiebt (»ableitung nur hinten« s.o.). Bopp sagt ausdrücklich, das Präfix sei keine reine organische »Anbildung« [351]. Wichtiger erscheint dem heutigen Historiker, daß sich der Sprachwissenschaftler genötigt sieht, ein Wort wie *Anbildung* zu gebrauchen. Grimm selbst bildet oder benutzt Wörter wie »*unursprünglichkeit*«, »*unzusammengesetzt*«, er spricht sogar von der »*unbetonung* der ableitungssilben« [352]. Auch Wörter wie »*gefach*« (für Fach) [353] oder »*erbietung*« (im Sinne des heutigen Anerbietens) vermeidet er nicht. Den Präfixen schadet die Verachtung durch die Linguistik nichts; sie schleichen sich, schon durch das Intensivierungsbedürfnis der Epoche, überall ein. Für den späten W.v.Humboldt ist die Sprache nicht einfach Ausdruck des nationalen Lebens, sondern »immer ein geistiger Aushauch eines nationell individuellen Lebens« [354]. A.v.Humboldt spricht in der Einleitung zu einer von ihm empfohlenen Reisebeschreibung von den bisherigen »*Erforschungsreisen*«. Auch die Poeten lieben Wörter wie *Geklippe, Gewild, Gescharr, Gerolle, Gebrülle, Gekrächze, Gesumse, Geächze, Ge-*

---

* In diesem Punkt – anders als bei der Frage der Pejoration – erkennt Fritz *Tschirch* die Dialektik, die aller Art von Geschichte eigen zu sein pflegt: »Die gesunde Kraft der Sprache aber hat diese Gefahr andauernden Längenwachstums der Wörter durch eine wirksame *Gegenbewegung* zu bannen gewußt«. (Geschichte der deutschen Sprache, Bd. 2, 1969, S. 201)

heule, Gebelle, Gewinsel. Im *Deutschen Musenalmanach* auf das Jahr 1838 findet sich ein Gedicht von Rückert mit dem Titel *Als sich der Tod meiner Kinder bejährte* [355]. Die als Prosaerzähler höher strebenden Dichter wie Sealsfield verhalten sich nicht anders. Der Österreicher ist überhaupt in die Wortbildung mit Präfixen vernarrt; denn die Tradition der Empfindsamkeit wirkt bei ihm, wie bei so manchem Zeitgenossen, kräftig nach: *entgegenschimmern, entgegenschütteln, angeflogen kommen, zusammensinken, vollpfropfen, aufraffen, verwittern, entschütten, entmosten, durchbohren, ermannen, veröden, umgreifen, erstarren* usw. [356]. *Erstumpfen* ist poetischer als *stumpf werden.* »Der Küche Lärmen ist *verrasselt*«, »Ein tolles *Hin- und Hergewander*« ist zu bemerken und »als das Paar *vorbeigebrüllt*«, bekommt man wieder Mut, man »*erschwingt*« ein Lied [357]. Es gibt nicht nur das Schauspiel der Sonne und des Mondes, sondern auch das »des *Entgrünens* der Erde und ihrer Vergelbung« [358]. »Ich wurde mit dem *ersinnbarsten* Luxus bedient« [359]. Für *desgleichen* liest man manchmal *imgleichen;* offenbar steht der Sprachgebrauch noch nicht fest. Daß die politischen Schriftsteller nicht ruhen, bis der heilige Boden Deutschlands »*entfürstet* und *entpfafft*« ist, versteht man leicht; denn wir wissen bereits: die Wortbildung ist im komischen und satirischen Stil besonders aktiv. Sogar der alte, prosaischer werdende Tieck zieht Verba mit Präfixen den einfachen Formen vor: »Dein Busen ist allem Edlen *entgegen gepanzert*«, heißt es noch in der *Vittoria Accorombona* [360]. »Die ganze Gegend hat sich schnell *vernachtet*«, liest man im *Maler Nolten* [361]. Daß Jean Paul, der Erzfeind der Adelunge und der Hauptanstifter zur Wortbildungslust mit Präfixen spielt, sogar in theoretischer Rede (1819), ist klar: »Das an den alten Übelklang *verwöhnte* Ohr« [362]. Erstaunlicher ist, wenn Berthold Auerbach, der sich an der volkstümlichen Sprache orientiert, die neue Aktivität der Präfixe in *Schrift und Volk* (1846) ausdrücklich gelten läßt: »Ich *beanspruche, beantrage, verausgabe, beanstande, bevorworte* u.dgl. fällt schon nicht mehr auf«. Im Vorziehen der Präpositionen, die wir bisher »mühselig nachschleppen mußten« *(ich anerkenne* für *ich erkenne an),* erblickt er sogar eine »Erhöhung« der »Sprachschönheit« [363]. Er glaubt wie Jean Paul an die gegenwärtige Kraft und das gegenwärtige Recht der deutschen Sprache, im Gegensatz zu manchem Linguisten von damals. Der Sieg der Präfixbildungen erscheint durch die Parteinahme des angesehenen Erzählers besonders eindrucksvoll. Man darf aber bei solchen Feststellungen nicht vergessen, daß in vielen Fällen die verschiedenen Wortbildungen nebeneinanderhergingen. So findet man in Mosens *Congress von Verona* (1842) noch die Aufforderung, ein Quartier zu beziehen, welches »*räumlicher*« ist, d.h. geräumiger. Man kann zwischen dem älteren *räumlich* und *geräumig,* das es auch schon gibt, wählen. Herbart bezieht »*kürzlich*« noch auf den Raum [364]; er will auf Rezensionen kurz oder in Kürze antworten, ist gemeint.

Der Frage, ob auch die Versdichtung der Biedermeierzeit die von Becker beanstandeten Wortbildungen mit doppeltem und dreifachem *Suffix* benützt, bin ich nicht nachgegangen: Sicher ist, daß der poetischen Vorliebe für dreigliedrige Komposita (s.u.) keine solche für lange Suffixbildungen entspricht. Sie erscheinen wohl auch den Zeitgenossen Beckers wenig poetisch, finden sich aber öfters in der Prosa. Ich begnüge mich damit, die von Becker bedauerte Wortbildungsart durch eine kleine Liste zu veranschaulichen und zu versichern, daß die bedeutenden Schriftsteller auch in dieser Hinsicht dem Zug der Zeit folgen: *Aprilhaftigkeit, Wahrhaftigkeitsliebe, Wässerigkeit, Herzempfindlichkeit, Gedankentätigkeit, Leidsamkeit, Liebestätigkeit, Vertausendfältigung, Selbsttümlichkeit, Lebenstrunkenheit, Befriedigungslosigkeit, Geistesniedrigkeit, Geistreichigkeit, Unbehaglichkeit, Ungeheuerlichkeit,* holde *Weiblichkeit* usw. Mehrere der genannten Wörter erscheinen heute selbstverständlich. Andererseits läßt sich mit Sicherheit sagen, daß man noch viele einmalige oder doch ausgefallene Wortbildungen des Typs Aprilhaftigkeit zusammenstellen könnte.

In der Verbalbildung fallen neben den Wörtern auf *-isieren (dogmatisieren, didaktisieren, theatrisieren* usw.) vor allem die *l*-Suffixe auf. Beide Formen der Wortbildung haben satirischen oder doch ironischen Sinn und können daher leicht vom gleichen problematisch werdenden Begriff abgeleitet werden. Nach W. Stammler kommt sowohl *geistreicheln* wie *geistreichisieren* vor [365]. Ludwig Feuerbach stützt sich »auf den Verstand des – freilich nicht verspekulierten und verchristelten – Menschen« [366]. Wer *höhnelt* oder *spöttelt* oder *klügelt* oder *lüstelt* oder *verliebelt* ist oder in engelhafter Gestalt *teufelt,* wer sich eines »*höfelnden* Geredes«, eines »*demütelnden* Stolzes« befleißigt, ist kein Biedermann. Substantivierung ist häufig: »allem *Deuteln* ... auszuweichen«, »Laßt das Seufzen und *Grämeln*« [367]. Daß die l-Bildungen vor allem im konservativen, biedermeierlichen Lager zu Hause sind, läßt das häufige Vorkommen in der Trivialliteratur und in den Taschenbüchern vermuten. Durchaus charakteristisch ist die folgende Rechtfertigung der Heiligen Allianz: »Sie ist heilig, mag auch der *klügelnde* Weltsinn noch so sehr *lächeln* und *spötteln*« [368].

Über die häufigen Adjektivbildungen mit *-ig (herzig, goldig, schämig)* haben wir schon in dem Abschnitt über den Biedermeierwortschatz gesprochen. Hinzuzufügen sind einige Belege für unsere Feststellung, daß die Suffixe leicht austauschbar sind. Ob *grün goldenes* oder *goldig grünes* Licht gesagt wird, ist eine stilistisch, zum Teil vielleicht auch landschaftlich bedingte Frage. *Goldig* und *golden, herzig* und *herzlich* sind Synonyme, die vielleicht in den Wörterbüchern, jedoch nicht in den Texten differenziert werden. In Fouqués Ballade *Der Abschied* findet ein junger Held nach der Schlacht seinen gefallenen Vater:

> ›Daß Gott, wie *goldig* und wie groß!
> Ach, wenn es nur nicht Vaters Schildrand ist!‹ –
> Er springt vom Rosse, fleugt hinzu –
> Im hohen Grase liegt der alte Held,
> Sein *gold'nes* Schild weit über sich gedeckt [369].

Daß diese -ig-Bildungen nicht die geringste verniedlichende Funktion haben, bezeugt das Wort *heldig.* Man kann sagen: »Leb wohl, *herzlicher* Bub'!« [370]. In den Idyllen von J. R. Wyss gehen *herzig* und *herzlich* ständig durcheinander, ohne daß ein Bedeutungsunterschied zu erkennen ist: mit »herzigem Gruß«, »mein herzlicher Kuß«, »das herzige Kind«, »herzlich willkommen« (1815). *Launisch* und *launig, empfindlich* und *empfindsam* haben keinen klaren Bedeutungsunterschied. Man findet nicht nur *anhänglich,* sondern auch noch *Unabhänglichkeit.* Sehr häufig gibt es noch Adjektivbildungen auf *-icht: bergichte* Riesen, *felsichte* Grate, *flammicht, lappicht, fleischicht, tranicht.* Aurbacher unterscheidet in seinem *Kleinen Wörterbuch der deutschen Sprache* (1828), das den Wortschatz im Geiste Adelungs differenzieren möchte: »*tönern,* aus Ton bereitet; *tonicht,* ihm ähnlich; *tonig,* ihn enthaltend, *tonartig,* die Art des Tones habend«. Aber oft verzichtet er auch auf Bedeutungsdifferenzierung, weil er ganz offensichtlich dabei kein gutes Gewissen hat. Es gibt *glitscherig* neben *schlüpfrig, laß* (altes Wort) neben *lässig, allmählig* neben *allmählich, unablässlich* neben *unablässig, zacken* (wie golden gebildet) neben *zackig, fräßig* (altes Wort) neben *gefräßig,* aber auch *fleischfressig, grasfressig. Heimlich* erscheint oft in der Bedeutung von heimelig, doch das Wort *heimelig* gibt es auch. Bekannt ist, daß Goethe *kindisch* in *Faust II* im Sinne des heutigen kindlich verwendet [371]; aber Aurbacher kennt schon die pejorative Bedeutung von kindisch, auch *kinderhaft* empfindet er als pejorativ. Becker leitet, wenn ich recht sehe, von Mundart stets das Adjektiv *mundartisch* ab: »mundartischer Wandel«, »mundartische Abänderungen«; auch *frankfurtisch, mainzisch* ist noch ganz gebräuchlich. Doch findet man 1819 bei Jean Paul auf der gleichen Seite »*Frankfurter* Gelehrtenverein« und »*Berlinische* Gesellschaft der deutschen Sprache« nebeneinander [372]. Die Suffixe *-ig, -isch* und *-lich* sind heute öfters durch klangvollere Formen wie *-voll, -bar* und *-haft* verdrängt worden, zum Teil aber auch abgefallen. In Biedermeierdichtungen findet man oft das Wort *kühlig:* »kühlige Fluten«, »im abendlich kühligen Freien«. Becker spricht von *autonomisch,* wo wir autonom sagen. Daß *gemütlich* heute meist durch gemütvoll zu übersetzen wäre, wissen wir bereits. Man sagt auch noch *künstlich* für kunstreich oder kunstvoll. Andrerseits nennt Hegel das Epos eine »*einheitvolle* Totalität«. Neben *flatterhaft* und *grillenhaft* erscheint in Aurbachers *Kleinem Wörterbuch der deutschen Sprache* noch *flatterig* und *grillig;* andrerseits bildet man neben *wackelig* noch *wackelhaft.* »*Schälkische* Redensarten« (1835) hört man noch und den »*greisigen* Sänger« (1846). »*Frevle* Minn' erzeugt den Tod!« – so heißt die Moral am Ende einer Verserzählung [373]. »Fromme sind *unangreifliche* Naturen« [374]. Ein Türmer hat ein »klares *durchschauliches* Auge« (1830). Weitere Bildungen dieser Art sind nicht nur *denkbar,* sondern auch »*denklich*«.

Wir hörten, daß Becker hinter den *-lich-* und *-isch-* Wendungen den Einfluß fremder Sprachen vermutet. Heine grenzt sich von Byron mit den Worten ab: »mein Blut ist nicht so *spleenisch* schwarz« [375]. An der Vorstellung, *-lich* sei eine altdeutsche Adverbialbildung, wie englisch *-ly,* ist die Sprachwissenschaft selbst beteiligt. Bei Grimm heißt es noch, englisch *-ly* sei »zur ausschließlichen adverbialform geworden« [376], womit gesagt ist, daß *-lich* nicht in jedem deutschen Adverb stehen muß. Aber Dilettanten wie Schopenhauer machen eine Regel daraus, oder sie versuchen mit Hilfe der *-lich*-Bildungen einen altertümlichen Klang in ihren Text hineinzubringen [377]. Man schreibt also gerne *freudiglich* für *freudig, andächtiglich* für *andächtig, höchlich* für *hoch, weislich* für *weise* und sogar *unweislich* für *unweise;* »nicht jeder von uns hat sich wirklich und *wahrhaftiglich* emanzipiert« [378]. »*Ein-*

samlich hier ließ Lied und Tränen rinnen« [379]. *Es darf von einer -lich-Mode, nicht nur beim Adverb, gesprochen werden. Ihre Grundlage ist die große Freiheit der Wortbildung mit Suffixen.*

G. P. v. Gemündens *Deutscher Sprachreiniger,* München 1815, unterscheidet klar zwischen *romanhaft* (abenteuerlich, unnatürlich, übertrieben) und *romantisch* (schauerlich, wildschön). Ob man zwischen *ehrbar* und *ehrenreich* oder *ehrenhaft* Unterschiede annehmen darf, erscheint mir zweifelhaft. In Aurbachers *Kleinem Wörterbuch der deutschen Sprache* erscheinen ohne Differenzierung *ehrbar, ehrlich, ehrenreich, ehrsam.* Fouqué bemüht sich um hohen Stil, wenn er schreibt: »Ihr seid und bleibt die alten, / Ehrbaren lusitan'schen Heldensöhne« [380]. Neben *friedlich* erscheint *friedsam* und *friedselig,* neben *bedenklich bedenksam.* »›Und führe uns nicht in Versuchung‹. Das ist ein wohl zu bedenkendes, *inhaltsames* Wort«. Heute würde in diesem Kontext das Suffix *-sam* kaum mehr ausreichen (dafür inhaltsreich, ja inhaltsschwer). Die Suffixe *-bar* und *-sam* haben in der Biedermeierzeit noch mehr Kraft. *Wahrscheinlich gilt dies für alle Suffixe;* dafür spricht das spätere Vorrücken der Zusammensetzungen mit *-voll, -reich* und *-schwer.*

Bei den Substantiven ist neben den Doppelsuffixen *-lichkeit, -igkeit,* die wir kennengelernt haben, *-heit* die Allerweltsbildung. An der gleichen Stelle, da H. Marggraff sich über den Fremdwortstil der Gräfin Hahn-Hahn lustig macht, bildet er das Wort *»Übergeschnapptheit«,* das gewiß fremder klang als manches Fremdwort, aber ein Beweis für die vielgerühmte Bildungskraft der deutschen Sprache war. Rückert, immer besonders wortbildungsfreudig, reimt *Deinheit* auf *Meinheit (Liebe und Entsagung).* Die übliche Warnung vor der *»Selbstheit«* heißt bei ihm: »Und deine *Ichheit* wirf ins Meer« *(Liebesandacht).* Die Aktivität der Endungen *-heit* und *-keit* verrät sich auch darin, daß man sie gern im Plural verwendet. Fremdwörter sind »auszuscheidende *Fremdheiten«* (1815). Müllners Kritik wurde »allzuoft durch *Persönlichkeiten* gehässig« [381], d. h. durch persönliche Ausfälle. »Ist das deine *Treu heit?«* heißt es in Meisls *Gespenst auf der Bastei* (II, 10); gleich darauf begegnet das Wort Treue. Man darf annehmen, daß die Bildungen mit -heit noch nichts Emphatisches hatten. Wenn Goethe von *Großheit* oder *Volkheit* spricht, bedient er sich allgemein gebrauchter Wörter, jedenfalls einer herrschenden Bildungsweise. *Deutschheit* war schon im späten 18. Jahrhundert ein Modewort. In Aurbachers *Kleinem Wörterbuch der deutschen Sprache* sind *Geradheit* und *Gerade* Synonyme. Allerdings beobachteten wir schon in einem anderen Zusammenhang eine gewisse Vorliebe für die kürzere Form. *Kläre, Reine, Schöne* erschienen wohl weniger abgegriffen als *Klarheit, Reinheit, Schönheit.* Demselben Mißvergnügen an den Allerweltsbildungen -heit -und -keit entspricht das Vordringen der Substantiva auf *-tum.* Der »volle Vokal« galt den Germanisten mehr als die dünne Form mit e und i. Jahn bildet *Urtum* aus dem ebenfalls noch nicht alten *urtümlich* [382]. *Tierheit* ist ein gebräuchliches Wort. Will man sich gewählter ausdrücken, so überlegt man, »was die Sterblichen über das *Tiertum* zu ihrer eigentlichen Würde emporhebt« [383]. Das abstrakte *»Christentum«,* mit dem heute gewisse Theologen nicht mehr zufrieden sind, gibt es schon lange; aber es wird ebenso zum Modewort wie Jahns *Volkstum.* Für Kühne ist Jahn sogar »der getreue Eckart des deutschen *Freitums*« (1835). 1831 verwendet Gutzkow das Wort »*Doktor-Fausttum*« als Synonym zu Zweifel [384]. Man spricht vom »Tieckschen *Theatertum*« oder von der Bibel als dem »Codex des neuen *Schriftentums*«. Die Verknüpfung von Stamm und Suffix ist, wie man sieht, recht verschieden. Die Substantiva auf *-nis* scheinen noch in reicherer Zahl vorhanden gewesen zu sein. Heine spricht von seiner eigenen »satirischen *Begabnis*« und von Laubes »ästhetischen *Begabnissen*«. 1815 hatte er ein *Begegnis* mit Börne. J. Mosen reimt auf Wildnis »*Gebildnis*« im Sinne von Gebilde. Sogar *Fragnis* für Frage oder Problem ist zu finden (1841).

Bildungen auf *-ität* können ironische Bedeutung haben, z. B. *Interessantität, Miserabilität;* sie können aber auch synonym mit dem Grundwort sein. Der Verteidiger der Heiligen Allianz, den wir kennenlernten, sagt im gleichen Aufsatz: »Hört die *Religiosität* auf, so ist auch die herrlichste aller Tugenden, die Gerechtigkeit, verachtet« [385]. Er meint kaum die eingeschränkte, unkirchliche Form der Religion; das Wort ist höchstens ein wenig feiner. Die schon im 18. Jahrhundert auffallenden Bildungen auf *-ismus* werden munter fortgesetzt. Es gibt nicht nur die heute bekannten Begriffe *Historismus, Liberalismus, Pauperismus, Sozialismus,* sondern man liest auch Wörter wie *Demokratismus* oder *Aristokratismus,* – meist ironisch gemeint. B. Auerbach bildet sogar ohne jede Rücksicht auf Wohlklang das Wort *Patriarchalismus* [386]. Wortbildungen vom Typus *Humoreske* gibt es über den heute bekannten Bereich hinaus: *Romaneske, Soldateske* [387]. Neben *Dörfler* findet man noch »die schlichten *Dörfner*« (1820). Die Bildungen auf *-ei* sind häufig, sie können satirische Bedeutung haben wie *Sudelei, Zierhöfelei, Münchhauserei, Sucherei, Empfindelei.* Doch dienen sie auch der Anmut wie Heines *Liebesneckerei;* noch O. Ludwigs Titel *Die Heiterethei* ist ganz im Geiste der Biedermeierzeit gebildet.

Die Bildungen auf *-ung* sind noch in voller Kraft, oft in Verbindung mit Wörtern, die ein Präfix haben. Es heißt noch durchweg *Vergleichung,* nicht *Vergleich.* Es gibt nicht nur die *Entlassung,* sondern auch die *Verlassung. Teilnehmung* ist wohl noch häufiger als *Teilnahme. Abschreibung* meint noch das Abschreiben eines Textes, *Abnehmung* die Abnahme, *Anbietung* das Anerbieten oder Angebot. Gegen das Weglassen der *-ung*-Suffixe richtet sich nicht zuletzt Schopenhauers Vorwurf, man huldige einer »falschen Kürze«: »Mit dieser täppischen Art, nur überall Silben abzuschneiden, *verhunzen* heutzutage alle schlechten Skribenten die deutsche Sprache« [388]. Schopenhauer argumentiert ganz im Geist der Aufklärungslinguistik, wenn er sagt, durch diese Verkürzungen verliere die Sprache viele Begriffe: *Abnahme* eines Bildes ist falsch, es muß *Abnehmung* heißen; denn Abnahme hat die Bedeutung von Verringerung. Man hätte sich zur Widerlegung dieser dilettantischen Argumentation auf Becker berufen können, der den alten Kampf gegen die verschiedenen Bedeutungen des gleichen Wortes (Homonyme) schon kritisiert hatte, unter Hinweis auf den Kontext, der zweideutige Wörter eindeutig macht [389].

Wenn die Linguisten den Wert der Stämme so stark betonten und langen Suffixen so mißtrauisch gegenüberstanden, lagen Verkürzungen vom Typus *Vergleich* sehr nahe. Ein direktes Vorbild scheint Jean Paul gegeben zu haben. In der Untersuchung

Ueber die deutschen Doppelwörter (1819) finde ich außer dem erwähnten *Samm-Wort* Bildungen wie *Bestimmwörter, Verkleinerwörter, Ergänzlevana* [390]. Einen andern Weg der Verkürzung, wahrscheinlich im Anschluß an Klopstock, wählte Jens Baggesen: *Verwildung* für Verwilderung, *Verkleinung* für Verkleinerung [391]. Er steht mit solchen Formen keineswegs allein! Es ist gut zu verstehen, *daß die Sprachbeweglichkeit der Biedermeierzeit die Suffixbildung ebensogut beeinträchtigen wie begünstigen konnte.* Man findet die Verkürzungstendenz gelegentlich auch bei Adjektiven, besonders in der Verssprache: »Die *salze* Flut, die den Gemahl verschlang« [392]. Das Festhalten an alten Verbalformen scheint im gleichen stilgeschichtlichen Zusammenhang zu stehen: »Ein deutsches Herz von frischem zu *ermuten*« [393]. »Wenn er sein Erbgut stolz *durchschreitet*, / Das er durch Fleiß rastlos *erweitet*« [394]. Man darf diese Freiheit der Wortbildung auch mit den unreinen Reimen (s. o.) und mit dem großen grammatischen Spielraum (s. u.) der Epoche zusammensehen. Man hatte sehr verschiedene Auffassungen von der Literatur; aber »pedantisch« wollte keiner sein.

Die Wortbildung durch Komposita

Die Wortbildung durch Komposita wird von der Wortbildung durch Suffixe nicht streng geschieden. Da nach Jacob Grimm die Ableitung »höchstens eine silbe« bildet und »wesentlich nur vokalisch beginnen kann«, sind -*leik*, -*sam* usw. bereits »zusammensetzend, nicht ableitend« [395]. Der »unorganische Mißbrauch« der Ableitung beginnt schon bei -*ling, -lin, -nissi, -sal,* da hier »zusammenfluß mehrerer ableitungen« vorliegt [396]. Geistreicher als der Obergermanist – der Linguist Jean Paul nennt ihn ironisch seinen »Präsidenten« – überbrückt K. F. Becker den Unterschied zwischen Ableitung und Zusammensetzung, indem er etwa darauf aufmerksam macht, daß bei gewissen Zusammensetzungen – z. B. *Forstmann, Bettelmann* und *Waschfrau* – das differenzierende Wort, »das Bestimmungswort ... gewissermaßen zum Stamm ... und das Grundwort ... zur Endung« wird. Wenn man für die genannten Wörter *Förster, Bettler, Wäscherin* sagt, entsteht kein großer Unterschied, obwohl ein antretendes ganzes Wort natürlich immer seine Bedeutung behält [397]. Die besonders innige und meistens auch ältere Zusammensetzung, »die Verschmelzung« – Becker rechnet zu ihr auch präfigierte Verben wie *abreisen, umbringen* – [398], steht der Ableitung besonders nahe. Einig ist man sich darin, daß die Zusammensetzung notwendig und dem deutschen Sprachgeist besonders angemessen ist. Sogar Grimm sieht ein Merkmal der Zusammensetzung darin, daß sie »unbeschränkter ins mehrfache steigen kann« [399]. Natürlich läßt auch er es sich nicht entgehen, eine eigentliche, ältere und eine uneigentliche, modernere zu unterscheiden; aber er sagt: »Mischungen und unorganische verwechselungen beider arten müssen gleichwohl zugegeben werden« [400]. In dieser Hinsicht bemüht er sich um ein gewisses Verständnis für die moderne Entwicklung.

Die scharfsinnigste Analyse der neudeutschen Zusammensetzung hat damals wohl

Heinrich Bauer gegeben [401]. Wir können aus seinem Kapitel »Bildung der Wörter durch die Zusammensetzung« nur einige Gedanken, die den Literarhistoriker angehen, erwähnen. Bauer wiederholt die alte These, daß das Deutsche ungewöhnlich reich an Komposita ist, und er geht bei der Begründung dieser Tatsache nicht vom Volk der Dichter, sondern vom Volk der Denker aus. Die Zusammensetzung erleichtert das Denken, nämlich das Bilden neuer, bestimmter Begriffe. Daher »hat der Deutsche, für dessen denkenden Geist diese Verknüpfung der Begriffe Bedürfnis war, mehrere solcher Zusammensetzungen als irgendein anderes Volk aufzuweisen, und er kann ihre fast unzählige Menge, sobald er es nötig oder nur zweckmäßig findet, noch immer ins Unbestimmbare vermehren« [402]. Es ist anzunehmen, daß solche Feststellungen als Aufforderung verstanden wurden, – auch von solchen, die Jean Pauls spielerische Einstellung zur Zusammensetzung nicht billigten (s. u.). *Man hatte jedenfalls bei der Vermehrung der Zusammensetzungen kein schlechtes Gewissen, fühlte sich vielmehr als besonders guter Deutscher.* Wortbildungen wie *Nichtbezahlung, Nichtgewährung, Gesundaussehen, Wohlaussehen* sind, nach der Meinung von Bauer, korrekt. Manche Komposita wie *Habenichts* weist er »dem niederen Sprachgebrauch« zu, edler sind schon Wörter wie das *Miteinandergehen,* das *Dasein,* das *Bewußtsein.* Poetische Ausdrücke wie *staubgeboren, schiffbefahren, fluchbeladen* verteidigt er mit Grimm gegen Adelung, obwohl sie Luther noch kaum kannte. Es müssen dann allerdings auch wirklich poetische Prägungen sein und keine nüchternen Erfindungen [403]. Eine weitere Einschränkung der Bildungsfreiheit liegt für Bauer in der Häßlichkeit der Wortungeheuer. Der Linguist denkt dabei nicht an die sogenannten aristophanischen Komposita (s. u.), sondern an das Juristen-, Militär- und Verwaltungsdeutsch. Auch die umständliche Eindeutschung bekannter Fremdwörter (z. B. *Luftschweremessungs-werkzeug* für Barometer) lehnt er ab. Zusammensetzungen, die über drei Glieder hinausgehen, sind bedenklich, »weil sich so viele einzelnen Vorstellungen schwer in einem einzigen Begriffe zusammen denken lassen« [404]. Synonyme Zusammensetzungen will er nur in den Fachsprachen, z. B. *Tathandlung* in der juristischen, gelten lassen. Bauer wendet sich schon sehr häufig gegen die »Regeln« der traditionellen Sprachlehre; aber in Einschränkungen dieser Art ist der Geist der Adelunge noch nicht tot. Überzeugend erscheint Bauer vor allem da, wo er die logische Notwendigkeit der Zusammensetzung nachweist oder ihre Form phonetisch begründet. Man kann *Gottesacker* nicht in *Acker Gottes* auflösen, weil die Zusammensetzung einen räumlichen, die Genitivverbindung einen metaphorischen Sinn hat: die Geistlichen etwa arbeiten auf dem Acker Gottes. Die Dreiteiligkeit empfiehlt er vor allem zur Ergänzung von Doppelwörtern, die schon zu einem eigenen Wort verschmolzen sind, z. B. *Hochaltargemälde. Wildschwein-Jagd* ist »deutlicher« als *wilde Schweinsjagd* [405]. Freilich ist die Zusammensetzung nicht immer die bessere Lösung; *Religionstrost* ist prosaischer als *Trost der Religion* [406]. Bei der *Form* der Zusammensetzung darf nach Bauer die Bedeutungsdifferenzierung nicht übersehen werden: *Landsmann* und *Landmann* bedeuten etwas Verschiedenes. Bauer möchte sogar *Reizmittel* (medizinisch) von *Reizungsmittel* (z. B. zur Wollust), *Denkart* (logisch) und *Denkungsart* (weiterer Begriff: Gesinnung usw.) unterschieden wissen. Man bemerkt sogar bei diesem Linguisten, wie teuer der Biedermeiergeneration die Differenzierung durch -*ung*-Bildungen war (vgl. o. die Klage des alten Schopenhauer). Aber ein großer Fortschritt liegt darin, daß er Achtung vor dem »Sprachgebrauch« hat, immer wieder auf ihn zurückkommt und die »Unregelmäßigkeiten«, die selbst Jean Paul stören, angemessener interpretiert. Er erkennt, »daß wir des Wohlklangs wegen viele Wörter absichtlich regelwidrig zusammensetzen«: Man kann nicht *Schiffs-baus-kosten* sagen, auch wenn die Genitivbildung korrekt erscheint [407]. Man sagt *Stadtrat,* aber *Staatsrat,* weil sich die Komposita, so gebildet, am besten aussprechen lassen. *Freundschaftsdienst* klingt besser als *Freundschaftdienst.* So ergeben sich dann auch Kompositabildungen wie *Sonnenschein* oder *Frauenkirche* oder *Kirchentag,* die der Korrektheit zu widersprechen scheinen. Ganz freilich möchte sich der Grammatiker der Euphonie nicht ausliefern. So verteidigt er die Form *lebenvoll* gegen *lebensvoll* unter Berufung auf den Erzähler Blumenhagen [408]. Man bemerkt an dieser Stelle, *daß die Bindelaute in den Zusammensetzungen, ähnlich wie die Suffixbildungen, noch nicht so stark fixiert waren.* Ein kurzer Blick in die Texte läßt die verhältnismäßig große Verknüpfungsfreiheit noch deutlicher erkennen. J. Grimm bildet *formlehre* (1826), A. E. Fröhlich *Lebensirrefahrt* (1853), Goethe im *West-östlichen Divan Mondeschein, Erdeschranken.* Besonders überzeugend ist der Spielraum des Bindelauts *s* im Taschenbuch *Minerva* für das Jahr 1819; denn ihm lag gewiß jedes Sprachexperiment fern. In der erwähnten Verteidigung der Heiligen Allianz finden wir russische *Sicherungsarmee* in Frankreich, *Glaubenszwang, Freiheitsbrief,* dagegen *Geschichtschreiber, menscheitbeglückende* Entwürfe.

Durch unsern kurzen Blick auf Theorie und Praxis der Verknüpfung wird Jean Pauls dilettantischer Kampf gegen die üblichen Formen der deutschen Zusammensetzung verständlicher. Das ursprüngliche Hauptziel der erwähnten Untersuchung *Ueber die deutschen Doppelwörter* (1819) liegt in dieser Richtung. Besonders die *s*-Zusammensetzungen erregten Jean Pauls Zorn; sie taten es so sehr, daß er sie in Neuauflagen der Romane beseitigte. In seiner gewohnten Art erfindet er allerlei Metaphern gegen das Zischen des »Raketen-s«. Die s-Verbindung ist eine »wilde Ehe« und das s eine böse Schlange, ein falscher »Schlangen- und Zischton« [409]. Daß die germanistische Berufung auf das Englische den Laien noch mehr verwirrt als den Fachmann, ist verständlich. Weil es *loveletter* heißt, erscheint ihm »*Liebebrief*« korrekt [410]. Einen besonderen Zorn hat er auf die »Sprach-Unken« oder vielmehr -Unxen, gegen Bildungen wie *verfassungswidrig.* Hier liegt der eigentliche Grund für die Verkürzung der -*ung*-Bildungen, die, wie wir sahen, Jean Paul einführt. Törichte Gründe machen überall, auch in der Sprache, Geschichte! Er beruft sich auf Formen wie *Ziehseil, Merkwort, Zeichenschule* und verlangt die entsprechenden Analogiebildungen. Sein Hinweis auf die barocke Sprachübung verrät die »mechanische« (vororganologische) Tradition, in der Jean Pauls Reformversuch steht: »warum wollen wir nicht ähnliche Abkürzungen auch Zeitwörtern mit Vorsilben erlauben und so nach *Ziehbrunnen* uns *Erziehlehre* und *Entziehlehre* bilden, so wie Harsdörffer [!] *Erquickstunden...* Warum statt *Regierungsräte* und *Regierungsblätter* nicht lieber *Regierräte* und *Regierblätter,* nach Analogie von *Purgier-, Laxier-*

mitteln, Vexierschlössern?« [411] Die respektlosen Beispiele verraten den spieleri-schen, humoristischen Geist, in dem Jean Paul seine linguistische Aufgabe anpackt. Wenn es um die -*en*-Verbindungen geht, entscheidet er plötzlich anders als sein lin-guistischer Gewährsmann (Wolke): »ich flehe hier Wolken ... zu bedenken an, zu welcher Disharmonika sich unsere Sprache verstimmen würde, wenn man ... ein-führte: der *Katz- Ratt- oder Ratzschwanz*, der *Roswangreiz* (statt *Rosenwangen-reiz)*« [412]. Das Euphonie-Prinzip siegt in diesem Fall, und so mußte er sich auch sonst in den *Postskripten* mit matter, possenhafter Verteidigung auf den Rückzug begeben. Die Germanisten hatten leichtes Spiel mit ihm. Was sie nicht verhindern konnten, war die Begeisterung für die Zusammensetzungen, die sich durch Jean Pauls Vorbild und Programm ausbreitete: »Nur dreißigtausend nahm ich mit Wolke an; aber jede Messe kann sie vervielfachen; ja die schon vorhandenen will ich auf der Stelle verdoppeln durch bloßes Umkehren, z.B. *Landtrauer* in *Trauerland*, *Prie-sterrock* in *Rockpriester, Staatsdiener* in *Dienerstaat, Bundestag* in *Tagesbund*«[413]. Er schreibt dies in der Zeit der Karlsbader Beschlüsse, die grammatische »Unter-suchung« zur politischen Polemik nützend. Wie sehr es ihm aber darum geht, auch die sprachliche Freiheit der Deutschen zu erhalten und zu steigern, wie sehr ihm die Zusammensetzung zum Inbegriff dieser Sprachfreiheit geworden ist, verrät eine andere Stelle noch deutlicher. Man denke beim Lesen daran, daß eine Autorität sprach, die um 1820 höher geachtet wurde als Goethe, die auch religiöse Schwärmer wie Schefer und grimmige Demokraten wie Börne verehrten: »An der deutschen Sprache ... sollten wir die europäische Seltenheit, daß einem Vielworte durch bloßes Versetzen der Wortglieder, wie einer Zahlreihe, neue Bedeutungen zu erteilen sind, als eine grammatische Buchstabenrechnung wärmer schätzen und heiliger bewahren. Ich wähle aus der Nähe das Drilling-Wort *Mondscheinlust*. Dieses gibt durch ein Wörter-Anagramm immer einen neuen Sinn in sechs neuen Wortbildungen: *Mond-scheinlust, Lustmondschein, Scheinmondlust* (durch sogenannte Transparents), *Lustscheinmond, Scheinlustmond, Mondlustschein*. Mischt der geduldige Leser die Quadrupelalliance eines vierwörtlichen Worts, z.B. *Maulbeerbaumfrucht,* so erhält er nach der mathematischen Kombinierregel (das Urwort mit eingeschlossen) vier-undzwanzig Wörter; und versetzt er gar, so oft als es mathematisch möglich ist, wie südliche Staaten ihre Diener, ein fünf Mann hohes Wort, wie z.B. *Haushofmeister-amtsachen* oder *Regenbogenhauteiterbeule*, so gewinnt er hundertundzwanzig gute und elende Wörter, womit ich jedoch das Morgenblatt nicht schmücken will« [414]. Er bricht das Spielchen rasch ab, um zu seinen »beiden Hauptzwecken« zu kommen, von denen der eine darin bestehen soll, »so bald wie möglich ... widerlegt zu wer-den«. In Wirklichkeit war der Hauptzweck seine Mahnung, *die kombinatorischen Möglichkeiten der deutschen Sprache* »wärmer [zu] schätzen und heiliger [zu] be-wahren«. Diesen Zweck hat er für die nächsten Jahrzehnte erreicht, zumal da hin-sichtlich der Zusammensetzung seine Propaganda der germanistischen kaum wider-sprach. Noch in dem Lehrbuch *Der deutsche Stil* (1848) warnt K.F.Becker nur vor den technischen Wortungeheuern, vor dem Amtsschimmel-Deutsch u. dgl. [415], ähnlich wie dies H.Bauer vorher getan hatte; *der poetische »Wortbandwurm« (Jean*

Paul) stand, wie es scheint, besonders lange unter dem Schutze Jean Pauls und der dichterischen Freiheit.

Unsere Sprachwissenschaft kümmert sich noch immer wenig um die Zusammensetzungen extremer Art – ob nun hohen oder niederen Stils. In der *Deutschen Wortgeschichte* von Maurer-Stroh (Bd. 2, ²1959) erfahren wir viel über die Komposita, die durch die Eindeutschung technischer Fremdwörter, überhaupt durch die Zivilisation des frühen 19. Jahrhunderts notwendig wurden: *Dampfschiff* 1816, *Dampfmaschine* 1819, *Waschmaschine* 1831, *Eisenbahn* 1835, *Eisenbahnnetz* nach 1860, *Gummischuhe* 1842, *Briefmarke* 1849, *Massenartikel, Photographie, Konsumverein, Schaufenster* nach 1850 usw. [416] Natürlich werden auch Wortbildungen wie *geistreich, Volkskunde, Weltschmerz, Weltanschauung* von unserer Sprachgeschichte verfolgt; aber selbst da handelt es sich ganz im Geist der alten Linguistik meist um »Unterbegriffe«: Von dem Hauptbegriff Schmerz oder Kunde werden *differenzierende Zusammensetzungen* wie *Zahnschmerz, Weltschmerz* oder *Erdkunde, Volkskunde* gebildet. Gewiß, es läßt sich nicht bestreiten, daß das Kompositum häufig einer Differenzierung dient, doch interessiert dabei den Literarhistoriker das emotionale, den Stil nach oben oder unten drückende Element mehr als den Linguisten. Wenn ein Wortbildner (Jean Paul) *Schmerz* mit einem so umfassenden Begriff wie *Welt* verbindet, so entsteht etwas anderes, als wenn man sachlich von *Zahnschmerz* oder *Dampfschiff* spricht. Den Vorwurf der Zerrissenheit und der boshaften Ironie wehrt Heine mit den Zusammensetzungen »*Weltriß*« und »*Gottesironie*« ab. Er setzt an die Stelle der charakterologischen die metaphysische Interpretation, was ohne eine gewisse Stilerhöhung kaum möglich ist. Weltriß, Gottesironie klingt anspruchsvoller als *Grundriß* oder *Selbstironie*. Auch ohne Metaphysik können die differenzierenden Komposita eine ganz andere Stilqualität haben. Wir sagen: »Den *Steuerschwindel* nimmt nicht jeder so leicht wie…«. Anders hört es sich an, wenn ein damaliger Erzähler sagt: »*Gemütsschwindel* bläst sich an wie der Wind so geschwind« [417]. Das ohnehin auffallende (satirische) Kompositum wird im Kontext durch das assonierende Reimpaar klanglich unterstützt und so hervorgehoben. Beim Oxymoron denken wir normalerweise an eine Kontrastbildung durch das Adjektiv; aber Substantiva werden häufig nach dem gleichen stilistischen Prinzip zusammengesetzt. Auch in dieser Richtung wirkte Jean Pauls Vorbild, der etwa »reine *Spaß-Mysterien*« (1806) zu feiern beabsichtigte.

Goethe zeigt auf seinem Weg zur Klassik ein Bedürfnis nach abstufenden und abwägenden Komposita [418]. *Diese Freude an der Differenzierung dürfte für die Spätaufklärung, zu der die Klassik ideengeschichtlich gehört, überhaupt bezeichnend sein;* wir beobachteten sie bereits in den Wörterbüchern. Auch in der Biedermeierzeit läßt sich diese Art der Zusammensetzung hie und da beobachten, etwa in den Romanen Immermanns: *ängstlich-ernst, freundlich-schlau, kindlich-schwesterlich, mitleidig-freundlich, friedlich-traurig* usw. [419]. Allgemein beliebt wird diese Art zu »charakterisieren« erst bei den realistischen Erzählern, die Jean Pauls Vorbild durch das Goethes oder englischer Romanciers ersetzen. Selbst wenn die *Lehrjahre* gerühmt werden – »überall *Muskelfülle* eines Laokoon und süßer *Aphroditenreiz*« [420] –, finden wir die dabei verwendeten Komposita nicht ernstlich charakterisierend, sondern übertreibend, synonymisch steigernd. Goethe wird zu einer Art Rubens gemacht, also ins Barocke zurückübersetzt.

Die starke Aktivität des *-ig*-Suffixes führt zu manchem Adjektiv-Kompositum, das zu differenzieren sucht. Ein Bonmot wird »*mundgeläufig*« (1830) oder ein erotisches Verhältnis soll nicht »*leutsprächig*« werden [421]. In der Erzählprosa erscheint derartiges, vielleicht der Umgangssprache entnommenes Sprachgut öfters, und die Zweckprosa, die am stärksten in der Aufklärungstradition steht, muß sich erst recht um charakteristische »Unterbegriffe« durch Zusammensetzung bemühen, – soweit sie zu diesem Zweck nicht lieber Fremdwörter benützt. *In der Verssprache dagegen überwiegt das intensivierende Kompositum das differenzierende noch bei weitem.* Ein Vers, der einen klaren Unterbegriff schafft (»Er weiß, der Weg ist *räuberfrei*«), ist einem Rückert normalerweise zu prosaisch [422]. Mit Erstaunen liest man in der brünstigfrommen *Amaranth* (Mainz 1849) des Freiherrn Oscar v. Redwitz folgende Verse: »So zittert licht im Morgentau / Die *halmenjunge* Waldeswiese«. Die Komposita, die sonst den Stil dieses christlich-teutschen Erfolgsepos bestimmen, sind noch: *Herzensgrund, seelenspiegelnd* Auge, in des *Vaterherzens* Mitte, *Sängerzier, Engelsangesicht, traumeslächelnd,* ein *tiefbeseligt* Blicken. Im Kontext klingen die emotionalen Komposita etwa so: »Was stehst du wie in *Geisterruh'* / Du blasses *Engelsangesicht*«.

Gewiß, auch die Erfahrung, das konkrete Leben spiegelt sich in der Sprache wider. So bringt die beginnende Alpinistik viele Komposita mit den Stämmen *wander* oder *berg* in die Biedermeiertexte. Ein Wort wie *Gebirgssteiger* (1834) wird in der Prosa unentbehrlich. Auch Lenaus Vers »Ich ging *fußwandernd* im Gebirg allein« hört sich heute prosaisch an [423]. Stärker wirkt ein Wander-Kompositum mit metaphorischem Glied: »Salzburger *Wandervögel,* aus Alpenschlüften ziehend«. Eine zweite Verwendung des Wortes im gleichen Epos beweist, daß das inzwischen harmlos gewordene Wort ursprünglich eher eine Intensivbildung war: »Für spätre *Wandervögel,* die schlimmen Hunnenhorden« [424], übt Heinrich der Finkler, am Vogelherde mordend, die Hand. Von dieser metaphorischen Aufladung der Komposita wird noch in einem besonderen Abschnitt zu sprechen sein.

Der intensivierende Stil, den wir an den verschiedensten Stellen der Biedermeierzeit kennengelernt haben und noch kennenlernen werden, führt zu immer wieder gleichen oder ähnlichen Ausformungen der Sprache. Die folgenden Komposita hat jeder Kenner des Zeitraums so oder ähnlich hundertmal gehört: *weltengroß, gedankendüsteres, gramumflortes* Angesicht, *schmerzdurchaderte* Herzen, *trotzigwild, seelenöde, gemütselig, holdschämig.* Die Stärke der Suffixe *-ig, -lich, -isch* macht die Verbindungen mit *-voll* keineswegs entbehrlich: *seelenvoll, anmutvoll, unschuldsvoll, früchtevoll, wonnevoll* oder gar *seelenwonnevoll* (s. u.). *Glutempfindung* reimt sich auf: *Herzverbindung, Herzenswonne* auf: *Lenzessonne,* sanftes Lächeln auf: *niederfächeln. Kastanienbraune* Wimpern, der *Lichtblitz* seiner Augen, *herzdurchdringende* Innigkeit. »*Herztief* beweget war er«, »Blickt *zärtlichstumm* und *sehnsuchtsweich* ihn an«. *Weichmütige* Gefühle und jene zarte *Wehmütigkeit. Stillhäusliches* Idyllenleben und so *himmelvolle* Tage. Jene *herzberauschende* Weise und Heines *tiefinniges* Loreleilied. Fülle und Kraft der *Lebensempfindung,* seine in das Leben *hineinlachende* Keckheit. »Ein junger *neidblasser* Mensch mit *gelddummem* Gesicht« [425]. Das nebelige *Mondgedämmer,* die liebliche, von einem *zartgrünen* duftigen Schleier überzogene Landschaft, umwallt von des rosigen Abends goldenem *Duftgeweb,* anmut'ger Wiesen *buntgestickte* Decken, *weithintönender* Sang durch die duftige Stille des Abends. Liest man einmal am Anfang eines Gedichts von einem See »hart am *hochbealpten* Strand«, so kann man sicher sein, daß diese prosaische Genauigkeit im Verlauf des Gedichts wiedergutgemacht wird:

> Erscholl von hochgeleg'ner Alpe
> Des Reigens *wehmutsvoller* Klang,
> Der Sennin *unschuldsfrohe* Lieder [426].

Die vielen Zusammensetzungen mit *Rosen-* (*Rosenfunken, Rosengekose, Rosentraum, Rosenkerze* usw.) stehen, wie bekannt, in der Rokokotradition und erreichen ihren Kulminationspunkt, wenn ich recht sehe, bei Rückert; sie verraten, wie gerne die schlichten Zusammensetz-Ratschläge Jean Pauls befolgt werden. Man liebte das Zusammensetzspiel. Typisch erscheint es etwa, wenn Lenau in einer Strophe der *Albigenser* ganz konventionell von »*Rosenwangen*« spricht, in der nächsten Strophe aber der Zusammensetzung durch Umkehrung ihrer Bestandteile eine gewisse »Neuheit« oder Intensität verleiht:

> So sang er dort im Hauch der Lindenbäume,
> Und auf die *Wangenrosen* holder Frauen
> Sah man die Thränen leise niederthauen
> Vom dunkeln Himmel ihrer Liebesträume [427].

Es wäre also ganz falsch, in der Vorliebe für Neubildungen einen Gegensatz zur Tradition der Rhetorik und Kombinatorik erblicken zu wollen. Wenn Rückerts Dichtung sehr verschieden bewertet wird und auch tatsächlich verschiedenwertig ist, so scheint dies nicht zuletzt daran zu liegen, daß er glaubt, mit Hilfe einzelner Stilmittel, wie es das metaphorisch verstärkte Kompositum ist, Poesie machen zu können. So sagt er etwa in den »*Östlichen Rosen*« (1822) ohne Bedenken: »Ich zanke mit *Thränenbächen* / Des Auges Tag und Nacht« oder: »Ich schaudre hinfort vor dem Tode nicht, da des Lebens Fluth / Ich deinem *labespendenden* Brunnquell abgewann«. Gelingt der Rhythmus besser, wie in der folgenden Strophe, so kann auch das Kompositum die ihm zugedachte Funktion gewinnen; aber dieser Ganzheitsbegriff scheint dem weltanschaulichen Mystiker beim Gedichtganzen oft zu fehlen:

> Komm heraus,
> Tritt aus dem Haus!
> Wie der *Vollmond* aus der Nacht,
> Wie *Rubinenglanz* vom Schacht,
> Wie der Kerze stille Macht,
> *Liebentfacht*
> O tritt heraus!

Komm heraus,
Tritt aus dem Haus!
Wie ein Hauch aus Edens Thor,
Wie ein Duft aus *Blumenflor*,
Wie ein *Freundesgruß* zum Ohr,
Komm hervor!
O tritt heraus! [428]

Blumenflor ist ein besonders deutliches Beispiel für das bloß intensivierende, synony-
mische Kompositum; aber eben deshalb ist es auch eine besonders beliebte Prägung.
Zusammensetzungen so rhetorischer Natur finden sich auch in der Prosa oft: Der
Schirokko »fing an zu blasen in *hirnverwirrenden* Melodien so *schwermutschaurig*
und dann wieder so schneidend hell, wie im *Höllentriumphe*« [429]. Man spielt fast
immer mit Pedal. Dem Taschenbuch *Minerva* auf das Jahr 1819 verwandeln sich
Bibelanstalten in »*Druckereipaläste*«, die zahlreichen Personen in Schillers *Demetrius*-
Fragment in ein »*Figurengewimmel*«, der Tag der Freiheit erhält die Apposition »das
schöne Fest des *Kettenfalls*«, wichtig wird durch »*vollwichtig*« ersetzt usw. [430]
Vischer, der spätere Ästhetiker, sagt wie die andern auch »das *hochaufhüpfende*
Herz« (um 1830). Besonders beliebt sind Komposita zum Zwecke der amplificatio.
Das konnten schon einige der eben zitierten Beispiele lehren. B. Auerbach beklagt
in seinem Buch über *Schrift und Volk* (1846), daß »der Stamm des Volkslebens
herzspältig wurde und in sich zerfiel« [431]. Die Klimax bildet man gerne mit Hilfe
der Komposita:

Bei jedem Händedruck, bei jedem Kuß
Bei jedem heißen *Herzensüberfluß* [432].

Auch den Tendenzdichtern ist das Kompositum unentbehrlich. In Alfred Meissners
Ziska (Leipzig 1846) erscheinen fortwährend Wortbildungen wie *Gramesumnach-
tung, Sturmeswinde, martyrheilig*. Bei Herwegh gibt es den »Jubel *millionentönig*«,
»des Lebens *banggeschäftig* Rauschen«, und Georg Büchner war ihm »ein Herz, so
gottesdurstig«. Wenn die üblichen Komposita parodistisch verwendet werden, wie
in Gisekes *Modernen Titanen* (Leipzig: Brockhaus 1850), so ist dies ein Markierungs-
zeichen für das Ende der Biedermeierzeit: »Ihre *Innigkeitsbezeugungen* bestanden
nicht mehr wie sonst allein in jenem tiefen *Seelenblicke,* jenem endlosen *Glutkusse;*
sie hatte gelernt, zärtlich [zu] sein und auch in der Liebe auf das Detail einzugehen« [433].

In der vorrealistischen Zeit bedienen sich auch die bedeutenderen Dichter mit besonderer Liebe der Zusammensetzung. Die Spondäenwut Platens darf man wohl mit
der Freude am Kompositum zusammensehen: »*raschlauniger* Wandel des Tags«,
»*Stillschweigend* und ernst das Geschick«, »*blitzartig* aufzuckenden Glanz«, »*halb-
dunkler* Gruftlampe vergleichbar«, »es schwellt Wohllaut die *klangreiche* Brust«,
»anfüllt das silberne *gefäßtiefe* Kunstwerk«, »*stahlglatte* Salzflut«, »*bestandfrohe*
Dichtkunst«, »*schönbusiges* Weib«, »an *gleichwarmer* Brust«, »*schwermütige*
Wucht«, »verklärt voll Ruhe, *schönabendlich,* des Bergs Schneerücken dastehn in
Rauch«. Wie leicht die Metaphorik sich mit der Zusammensetzung verbindet, be-

weist schon diese kleine Auswahl aus einem überreichen Material. Wir fügen vorausdeutend noch einige Beispiele dafür an, wie von Platen das Kompositum satirisch verwendet wird: »*schulstaubige* Dünste«, »frohlocke nicht *irrsinniger* Pöbel«, »*geistarme* Gleichgültigkeit«, »In dem Rausch / *Neuduftigen* Sieges«. Wieder ist es ein einzelnes, jetzt vor allem metrisch verstandenes Stilmittel, mit dessen Hilfe ein Dichter poetisch sein will und das ihn nach unserem heutigen Urteil zu Fehlgriffen verleitet.

Stärker an der Tradition orientiert sich die Droste. Doch verrät selbst *Das geistliche Jahr* die zeitgemäße Vorliebe für das Kompositum; fast in jeder zweiten Strophe findet sich eines, z.B. *Nebeltraum, Freudenschauer, Leidensflamme, Hochmutsspiel, Dämmertau, Liebesquellen, Liebesblick, Gnadenhauch, Glaubenssegel, Sterbemelodie, schmerzgedämpft, hellbetaut, modermorsch* [434]. Auch diese Dichterin gipfelt ihre Verse gern mit Hilfe von Metapher und Kompositum:

> So ist aus deines heil'gen Buches Schein
> Gefallen denn ein Strahl in meine Nacht,
> In meines Herzens modergrauen Schacht.

Wortbildungen wie *modermorsch* oder *modergrau* belegen wieder gut, daß es den Dichtern nicht nur um die Bildung von »Unterbegriffen« geht. Auch Wörter wie *Nebel* und *Traum* oder *Dämmer* und *Tau* werden wegen ihrer Ähnlichkeit, zur Verstärkung *eines* Begriffes, *eines* Gefühls zusammengesetzt. Mörike, der in mancher Beziehung eine Sonderstellung hat, macht hinsichtlich der Zusammensetzungen keine Ausnahme. In den Eröffnungsversen seiner Gedichtsammlung *(An einem Wintermorgen vor Sonnenaufgang)* findet man eine ganze Reihe von Zusammensetzungen, die teils allgemein gebräuchlich, teils neu gebildet sind: *Wollust, Wunderkräfte, Wundernacht,* lichte *Feenreiche, Hirtenflöte,* »O *flaumenleichte* Zeit der dunkeln Frühe«; »*Goldfarbgen* Fischlein gleich im Gartenteiche«; »Bald *weinbekränzter* Jugend Lustgesänge«; »Die *Purpurlippe,* die geschlossen lag, / Haucht, *halbgeöffnet,* süße Atemzüge«. Es ist nicht die Form, sondern die größere Kraft der Wortbildung und ihre bessere rhythmische Integrierung, was den guten und schlechten Dichter, das weniger und besser gelungene Gedicht in der Biedermeierzeit unterscheidet.

Drei- und mehrgliedrige Zusammensetzungen

Dem kunstsinnigen Theodor Heuss ist Mörikes Wort »*Sternenlüfteschwall*« aus der Idylle *Der alte Turmhahn* aufgefallen: »kaum ein anderer, vielleicht noch Jean Paul, konnte ein so wundersames Wort finden und binden« [435]. Die Feststellung ist, schon durch die Nennung des Wortbandwurmpapstes, auf der richtigen Spur. Trotzdem wird der heutige Literaturwissenschaftler, in Erinnerung an den Aufsatz *Ueber die deutschen Doppelwörter,* diese Wortbildung nicht »wundersam« nennen, sondern zunächst ganz nüchtern darauf aufmerksam machen, daß drei- und mehrgliedrige Zusammensetzungen in der Biedermeierzeit an der Tagesordnung, ja geradezu Mode waren. Theodor Storm steht, schon durch seinen Anteil an der Emp-findsamkeitstradition, in einem engeren Zusammenhang mit dem Vormärz als andere Realisten. Er liebt die zusammengesetzten Substantiva, die seit Klopstock und dem jungen Goethe ein Kennzeichen der deutschen Gefühlskultur sind, sehr. Doch zeigt der Dichter in »Bezug auf den Umfang der Zusammensetzungen ... bemerkenswerte Vorsicht; schon fünfsilbige sind nicht allzuhäufig, längere selten und meistens der Umgangssprache entnommen« [436]. *In diesem Abrücken von dem vermeintlich hochpoetischen, ungewöhnlichen Kompositum darf ein Merkmal des »bürgerlichen Realismus« gesehen werden**. Am ehesten scheint sich im humoristischen oder komi-schen Stil die dreigliedrige Zusammensetzung erhalten zu haben, z.B. *Pfropfenzie-herlöckchen* [437]. Busch ist daher wohl der kühnste Wortbildner in der realistischen Zeit; aber auch er schließt sich stärker als sein Lehrer Heine an die Umgangssprache an.

Bei Rückert, der auch auf diesem Gebiet repräsentativ ist, gibt es nicht nur komi-sche Zusammensetzungen wie *Gnadenrechtserteiler* oder *Nachtdurchschwärmer*, sondern auch tiefernste, – sofern man bei der gefährlichen Menschengattung, die zu-gleich Poet und Philologe sein will, überhaupt von Ernst sprechen darf. *Rosenlippen-rubine* oder *Rosenfeuerherd* sind noch poetischer, denkt Rückert, als die einfachen Zusammensetzungen mit *Rosen-*, obwohl er damit ja noch offensichtlicher in die verdunkelnde Kombinatorik des Barock zurückfällt. Die schlicht biedermeierliche *Veilchenscheue* »vertieft« dieser mystische Wortgaukler in der gleichen Strophe zu dem Reim »*Veilchenschwermutsbläue*«. In dem reichlich »bürgerlichen« Gedicht-zyklus *Haus und Jahr* finden sich Komposita, die mit dem Stil des späteren bürger-lichen Realismus herzlich wenig zu tun haben; z.B. *Nachtviolendolde, Lenztau-blinken, Phosphormeerglanz, Freudenfrohburg, Silbermondglanz.* Der alte Goethe ist nicht besonders originell, wenn er in *Faust II* Wörter wie *Pappelzitterzweige, Vaterfreudenstunde, Feuerwirbelsturm* bildet oder wenn er die Phorkyaden *Fleder-mausvampyre* nennt. Daß in der humoristischen Prosa Wortbildungen wie *Himmel-donnerhetzjagd* unentbehrlich sind, werden wir noch sehen. Gelegentlich erscheinen sie auch in der ernsten Prosa. So spricht z.B. der ziemlich nüchterne Feuchtersleben vom »Mitgenusse des *Weltbildungs-Kapitales*« [438]. Wir wissen schon, daß auch die Zweckprosa den Mund gerne voll nimmt. In der eigentlichen Dichtung sind dieser Zeit die drei- und mehrgliedrigen Zusammensetzungen völlig unentbehrlich. Selbst spröde Poeten wie Wessenberg, A.E.Fröhlich, Pyrker, Bechstein, A.Grün, H.Stieglitz verwenden sie, z.B.: *Wonneträn-Ergüsse, Heldensiegsgewalt;* Basel liegt am *Weltheerweg,* der Krieg ist ein *Weltverlosungsspiel; Lebensirrefahrt.* »Schreib' ich mit *Lichtbuchstaben* ihn, den ich nicht kann fassen?« Noch 1854 findet man Synästhesien wie »*Farbenglutgetön*« (für Alpenglühen). Der unglückselige Poet

---

* Religionsgeschichtlich entspricht dem intensivierenden Kompositum eine mystische Strömung. Die dreigliedrigen Komposita wurden durch die Herrnhuter Mode (*Tschirch*, Geschichte, Bd. 2, S. 198). Sie erhalten sich mit der Pietismustradition in der Biedermeier-zeit und verlieren erst für die ernüchterte, überwiegend freigeistige Generation Gottfried Kellers ihren Reiz.

Heinrich Stieglitz, mit seiner »tiefen Rätselbrust«, sagt von Alexis, daß er »fest und stark / *Novellenbaustoff* sammelt im Gefild der Mark«, in »dieser *Dampfschiff-Eisenbahn-durchkreuzten* Zeit«. Stieglitz singt auch von seiner »*schmerzgeliebten* Stadt« (Berlin) und von dem »*Lebensrätselball*«, der zum Weltgerichte rollt [439]. Bei Mörike gibt es die *Erstlingsparadieseswonne (Fußreise)*, bei dem Rhetoriker Herwegh den *Paradieses-Heil'genschein (Béranger)*. Immermann glaubt noch in seiner spätesten Zeit die Erhöhung der Zauberin Isolde nur mit Hilfe von Komposita wie »*Mistelkrautgewind*« oder »*Faltenschwarzgewand*« bewerkstelligen zu können. Auch sonst meint er, dem epischen Stil allerlei poetische Zusammensetzungen zu schulden, wie »*Mittagsbrüteschwül*«, »*Mittagswunderzeiten*« oder gar typisch pleonastische wie »*Blitzdonnerhagel*« (1841). In Mosens Epos *Ritter Wahn* gibt es »des schlichten Bartes *Silberglanzgelocke*«, »umflossen ganz vom *Sternensilberglanze*« (1831). Der Wald erscheint als »*Laubsäulenprachtbau*« (1831). Hart an der Grenze des Realismus, da man schon »der Drescher scharfe *Dreitaktschläge*« hört, wehn die »*Abendglockenlieder*« hin und auch den traditionellen »*Purpurrosenflor*« gibt es noch (1852). Zum Schluß einige Zusammensetzungen aus der Lyrik verschiedener kleiner Biedermeierpoeten: *Äolsharfenlieder, Rebenblütenduft, Abendsonnengold, Sabbats-Glockenklang, Menschenkinderschar, Frühlingsmorgenduft, Tränenabschiedsküsse, Lerchenwirbelschall, Zauberwogenwelt, Freiheitsmorgenrot, Adlerflügelschlag,* Gottes ewge *Vater-Mutterliebe.*

Wenn in unserer total abgekühlten Zeit die mehrgliedrigen Komposita satirischer oder komischer Art erträglicher erscheinen, so sollte man daraus kein Werturteil ableiten*. Die Technik ist die gleiche, und es kommt auch auf dieser Stilebene nur darauf an, wie die Kunstmittel gehandhabt werden. Es braucht keine große Kunst, um Zusammensetzungen wie *Ordenssternenhimmel, Gassenjungentiraden, Gassenjungenstreiche, Krankheitsbeuleneiter* (gegen Heine), *Blaustrumpffraubasen, Wortschwallfloskelreicher* (gegen den Ästhetiker M. Carriere) zu bilden. Der konservative Satiriker braucht auch nicht viel Geist, um zu sagen: *Menschen-Veredlungs-Dampf-Fabrik, Stallaternenaufklärung, Hochmutskropf, Rezensentenregimenter, Geistesselbstmord, Lügenlehrstuhl;* »weg mit den *Armensündertheorien* «. »So schaut auch ihr mit euern blöden Augen / Auf's *Weltenuhrwerk,* das ihr nicht erkannt« [440]. Die Liberalen antworten: »Wir gründen, welche Spekulation, / Hier eine *Weltallrestauration*«, oder sie verspotten die Fee Bärobimboline, die Gönnerin von Teuts Urenkeln, die nur das »*Außerirdischferne*« liebt und literarhistorisch von Atta Troll abstammt [441]. Moritz Hartmann, ganz links stehend, läßt Heinrich von Gagern, den prominenten Achtundvierziger sagen: »Ich mit der *Persönlichkeitsgewichtsbewußtseinaufgeblasenheit* / Ich bin ich«; er hat keinen Sinn für »*Literatenlobgehudel*« und für »*Einzelstaateninteressenwahrung*« [442]. Die aristophanischen Wortprägungen, deren größter Meister in der Biedermeierzeit Nestroy gewesen sein dürfte, sind von sprachwissenschaftlicher Seite bereits untersucht und in einer alpha-

---

* Richtig ist allerdings, daß die *Länge* der Komposita, für welche die Sprachlehre immer wieder Grenzen zu setzen versuchte (vgl. noch *Tschirch*, Geschichte, Bd. 2, S. 199) im komischen oder parodistischen Tone *anders* beurteilt werden muß als im ernsten.

betischen Liste erfaßt worden [443], so daß ich mich mit wenigen Beispielen begnügen darf: *Aufdringlichkeitsungeheuer, Befehlerfüllungsmaschine* (Diener), *herrschaftsbusengenährt, Konvenienzüberhupfer, Lebensverbitterungsanstalt* (Ehe), *Vergißmeinnichtkatzenazurblau.* Auch Platen und Immermann haben sich als Aristophaniden versucht, z.B. *Froschmolluskenbreinatur, Demagogenriechernashornsangesicht, Hühneraugenessenzbereitungsversuche, Menschenrasseveredelungsinstitut.* Noch die kleinsten Aristophaniden des Vormärz fühlen sich zu derartigen Wortungeheuern verpflichtet. Weniger ein Aristophanide als ein Aristophanes in neuen Gattungen und in einem neuen Stil mit knapperer, härterer Prägung war Heine. Da er schon so oft zitiert wurde und in unserem Kapitel pflichtgemäß über das historisch Gemeinsame, nicht über die Einzelleistung berichtet werden soll, schließe ich den Abschnitt mit einigen Versen, die Mörike als Meister der satirischen Wortbildung und so als Zeitgenossen Heines erkennen lassen:

> Zur Kurzweil gestern in der alten Handelsstadt,
> Die mich herbergend einen Tag langweilete,
> Ging ich vor Tisch, der Schiffe Ankunft mit zu sehn,
> Nach dem Kanal, wo im Getümmel und Geschrei
> Von tausendhändig aufgeregter Packmannschaft,
> Faßwälzender, um Kist und Ballen fluchender,
> Der tätige Faktor sich zeigt und, Gaffens halb,
> Der Straßenjunge, beide Händ im Latze, steht.
> Doch auf dem reinen Quaderdamme ab und zu
> Spaziert ein Pärchen; dieses faßt ich mir ins Aug.
> Im grünen, goldbeknöpften Frack ein junger Herr
> Mit einer hübschen Dame, modisch aufgepauscht.
> *Schnurrbartsbewußtsein* trug und hob den ganzen Mann
> Und *glattgespannter Hosen Sicherheitsgefühl,*
> Kurz, von dem Hütchen bis hinab zum kleinen Sporn
> Belebet' ihn vollendete Persönlichkeit [444].

SPRACHBILDLICHKEIT

»Schnurrbartsbewußtsein«! Wortbildung und Sprachbildlichkeit stehen in einem engen Zusammenhang. Wiederholt stießen wir auf metaphorisch verstärkte Zusammensetzungen. Auch da, wo wir nicht auf sie aufmerksam machten, überschritten wir oft die Grenze zur Bildlichkeit. Wörter wie Schnurrbartsbewußtsein werden mit voller Absicht gebildet. Man unterhält sich über sie und ist auf jede wohlgelungene Wortprägung stolz. Noch der alte Mörike freut sich einer »Jugend-Reliquie«, die »ganz Vischerisch« ist und von dem Wort »Salatkopfs-Frömmigkeit« (1825) lebt. In Adolf Böttgers *Till Eulenspiegel* (geschrieben 1846/7) findet man Wörter wie *Phrasenklauber, Maulfuchtler, Theaterstückgekoche.* Solche Zusammensetzungen haben ihren eigentlichen Grund in der Bildlichkeit. Manchmal sind es Namen aus dem Mythos oder aus der Geschichte, die das metaphorische Grundwort stellen: *Dorf-Siegfried* (1852), *Hanswurst-Homer* (1826). Jean Paul unterscheidet 1819 den

Riesendavid (= J.Grimm) vom *Zwerggoliath* (= Jean Paul); die Hilflosigkeit des großen Dichters gegenüber dem Gelehrten auf *wissenschaftlichem* Gebiet wird damit ausgedrückt. Jean Paul sagt für Zusammensetzung nicht nur *Wortbandwurm*, sondern auch *Wörter-Ehe* und *Wortverein* (1819), für Wörtersammlungen: *Wörtervolkzählungen* (1819). In allen diesen Wortbildungen ist das Grundwort metaphorisch und muß es geradezu sein, wenn eine humoristische Wirkung erreicht werden soll. Das metaphorische Kompositum wird auch als ein Stilmittel der brevitas rücksichtslos von den Schriftstellern der Biedermeierzeit eingesetzt. Man versuche die folgende Beschreibung kürzer zu fassen: »Unweit der Mühle zieht sich der Weg einen *dachjähen* Hügel hinab« [445].

In die Mitte der Bildlichkeitsproblematik der Biedermeierzeit führt das folgende Sonett *An Schelling*. Platen schrieb es in das erste Widmungsexemplar seiner *Ghaselen* 1821 und markierte damit treffend den Abstand, in den die Jugend der Nachkriegszeit zur ganzheitlicher orientierten, romantischen Generation ihrer Lehrer geraten war.

> Gebeut nicht auch im Königreich des Schönen,
> Wer immer König ist im Reich des Wahren?
> Du siehst sie beide sich im Höchsten paaren,
> Gleich in einander wie verlornen Tönen.
>
> Du wirst die kleine Gabe nicht verhöhnen,
> Wirst diese morgenländisch bunten Scharen
> In ihrer Bilderfülle gern gewahren
> Und gerne dich an ihren Klang gewöhnen.
>
> Zwar auf den Blüten eines fernen Landes
> Schweb' ich nur flüchtig, gleich dem Schmetterlinge,
> Vielleicht genießend eines eitlen Tandes.
>
> Du aber tauchst die heil'ge Bienenschwinge
> Herab vom Saum des Weltenblumenrandes
> In das geheimnisvolle Wie der Dinge.

Die Frage der ersten beiden Verse ist nach der Romantik nicht mehr ohne weiteres mit Ja zu beantworten. Das Schöne hat sich wieder vom Wahren entfernt und zu einer eigenen Größe emanzipiert; ja, der Dichter fühlt sich wieder als Schmetterling, der einzelnen Blüten, einzelnen Redeblumen, einzelnen Schönheiten nachjagt, obwohl er weiß, daß er sich damit vom Ganzen, das nur mystisch zu erkennen und zu dichten ist, in bedenklicher Weise entfernt. Den tieferen Meister, den Identitätsphilosophen, kann er in den letzten Versen des Gedichts nur mit Hilfe gewählter, kunstreich gearbeiteter Metaphern feiern.

Platens Sonett entspricht nicht mehr dem, was der junge Schelling und Novalis von der Poesie erträumten. Wenn die ganze Welt zur Metapher werden soll, kann dem, was die Redekunst unter Metapher versteht, keine so große Bedeutung zugemessen werden. Noch die jüngeren Romantiker hatten, schon mit Rücksicht auf das Ideal der Volkspoesie, eine Abneigung gegen die kunstreiche Sprachbildlichkeit.

Man weiß, daß in Grimms Märchen die gesuchten Gleichnisse Basiles ebenso beseitigt wurden wie die sexuellen Anspielungen und ironischen Lichter [446]. Der naive Ton verträgt sich mit der kultivierten Metaphorik nicht. Man braucht freilich nur an Brentanos Märchen zu denken, um zu wissen, daß die Romantik in dieser Frage keine einheitliche Haltung besaß. Wie sollte dies auch möglich gewesen sein bei einer Bewegung, die dem Orient, dem Barock und der gesamten christlichen Tradition alle Tore öffnete? Wenn man Calderon, Abraham a Santa Clara, Gryphius, Angelus Silesius liest und Shakespeare mit allen Redeblumen, jedenfalls viel treuer als Wieland, übersetzt, kann man nicht erwarten, daß die rhetorische Metapher ausstirbt. Im Gegenteil, man hätte den Barock und den Orient nicht so innig aufnehmen können, wenn nicht eine neue Lust an der Metapher erwacht wäre. Daß Eichendorff der neuen Künstlichkeit leichter widersteht als Brentano, ist klar. Aber Brentano bildet keine Ausnahme. Bei Görres, der als der erfolgreichste journalistische Feind des großen Napoleon für die Publizisten der Biedermeierzeit nicht unwichtig war, bemerkt Wellek »Kaskaden von Metaphern« [447].

E.T.A.Hoffmann, eines der wichtigsten Stilvorbilder zwischen Romantik und Realismus, ist zwar kein besonders erfindungsreicher Sprachbildner; aber er benützt die überlieferte Metaphorik (z.B. *Licht, Feuer, Fieber, Eis, Schneiden, Stechen*) mit großer Intensität und zwar gerade auch in der am strengsten romantischen Frühzeit *(Der goldene Topf)*. Im Spätwerk bedient sich Hoffmann der von Clauren u.a. erneuerten barocken Schönheitsbeschreibung, wenn auch nicht ohne Ironie, z.B.: »›Hm‹, murmelte die Alte, ›dieser sanft gewölbte Nacken, dieser *Lilienbusen,* diese *Alabasterärme,* die Mediceerin hat sie nicht schöner geformt, Giulio Romano sie nicht herrlicher gemalt‹« [448]. Die Tradition wird in den historischen Anspielungen besonders greifbar. Hauff ist, um der Naivität willen, maßvoller im Gebrauch der Metaphern; er verwendet sie in seinen orientalisch gefärbten Märchen mehr charakterisierend als intensivierend. Man darf sich also auch auf dem Gebiet der Bildlichkeit den Abstand zwischen der Romantik und dem folgenden Zeitraum nicht so groß vorstellen, wie man dies meistens tut. Es kommt mehr auf den Ton an, den man wählt, als auf die Zugehörigkeit zur einen oder andern Gruppe von Dichtern. *Sicher ist aber, daß die Metaphernwut in der Biedermeierzeit einen neuen Höhepunkt erreicht. Man darf von einer Restauration der Bildlichkeit sprechen.* Sie scheint, wie die politische Restauration und die orientalische Mode, nicht auf Deutschland begrenzt gewesen zu sein. Man fühlt sich ganz an die deutsche Literatur erinnert, wenn Hugo Friedrich von der »Hemmungslosigkeit der Balzacschen Metaphorik« spricht, glaubt aber auch gern die Feststellung, daß bei dem Franzosen die sachliche Vergleichbarkeit der Dinge große Bedeutung hatte [449]. Im deutschen Sprachgebiet hatte die Bildlichkeit eine ungewöhnlich starke Tradition, dadurch vor allem, daß die Schweizer Poetiker und Klopstock schon zu einem Zeitpunkt gegen den Abbau der Metaphorik protestiert hatten, da es der Aufklärungspoetik noch nicht ganz gelungen war, das Ansehen der barocken Poeten beim Lesepublikum zu vernichten. Heinz Otto Burger findet schon in dieser Zeit einen deutschen Neubarock [450]. Der Bildlichkeit der Sprache erging es ähnlich wie dem Hanswurst, der nicht nur in Österreich ein gewisses Ansehen bewahrte. So kam es, daß schon in der deutschen Spätaufklärung die Bildlichkeit wieder mit großer Achtung behandelt und praktiziert wurde (Lessing, Lichtenberg, Bürger).

Zum Streit um die Bildersprache

Die akademische Rhetorik und Poetik warnte traditionsgemäß vor Übertreibungen, und sie erhielt von den Klassikern wirksame Schützenhilfe. Wenn z.B. Schiller den begabten und interessanten Bürger der Bilderhäufung anklagte, so bewegte er sich auf dem Boden der Schulpoetik. Selbstverständlich war der hohe Stil ohne die Bildlichkeit nicht zu denken. So lehrt z.B. Th. Heinsius im *Teut* (2. Kap. »von der erzählenden Poesie« § 78), die epische Sprache gestatte »den Gebrauch aller Figuren und Bilder«; aber ebenso beharrlich wird von der klassizistisch orientierten Sprachlehre die Zurückhaltung beim Umgang mit den Tropen gepredigt. So sagt z.B. Kuffner in seiner (anonymen) *Theorie der Beredsamkeit* (Wien 1825), man dürfe »ja nicht glauben, daß alle Schönheit auf ihnen [den Figuren] allein oder auch nur vorzüglich beruhe«. »Wir finden daher in prosaischen und poetischen Meisterwerken eine Menge ergreifender und allgemein bewunderter Stellen, welche in einer ganz einfachen und kunstlosen Sprache geschrieben sind. Figuren und figürliche Ausdrücke sind also nur dann passende Verschönerungsmittel des Ausdrucks, wenn sie sich auf echte Empfindung und Wahrheit des Gedankens gründen, am schicklichsten Orte stehen, und, ohne gesucht zu sein, gleichsam von selbst durch den Gegenstand herbeigeführt zu sein scheinen« [451]. Ein anderer Theoretiker geht so weit, die »Bilder« überhaupt nicht zur Dichtersprache zu rechnen; denn »die ganze Sprache strebt ohnedies darnach hin, das Sinnliche zu bezeichnen; der Dichter braucht bloß ihrer natürlichen Anlage zu folgen, und es wird ihm nicht fehlen. Die Hauptsache ist immer, daß er mit wenig Worten das erstrebte Bild gibt« [452].

Wir müssen an dieser Stelle daran erinnern, daß unsere Frage in dem größeren Zusammenhange zu sehen ist, der in dem Kapitel über Symbol, Allegorie usw. entwickelt wurde. Die Rhetorik trennte, im Unterschied zu dieser Epochendarstellung, zwischen den großen und kleinen Formen der Bildlichkeit *nicht*. Die Metapher und die Allegorie stehen in den Lehrbüchern dicht nebeneinander. Dementsprechend finden wir in *Hegels* Ästhetik das allgemeine Mißtrauen gegen die Symbolik, das ihn beherrschte, auf dem Gebiete der Sprachbildlichkeit wieder. Er unterscheidet die »eigentliche Verbildlichung« von der »uneigentlichen« durch Metaphern, Bilder, Gleichnisse usw.: »Hier wird dem Inhalte, um den es zu tun ist, noch eine davon verschiedene Hülle hinzugefügt«. Er rühmt Homer und Sophokles, weil diese im allgemeinen bei »eigentlichen Ausdrücken« stehenblieben. Dagegen neigt die orientalische Poesie zur uneigentlichen Verbildlichung. Die Schwierigkeit, in welche die romantische, d.h. moderne Dichtung geraten ist – durch die allgemeinere Annäherung unserer Kultur an das Prosaische, – führt nach Hegel leicht dazu, daß »mit der eigentlichen Vorstellungsweise überhaupt die metaphorische vertauscht wird, welche sich sodann genötigt sieht, die Prosa zu überbieten und, um ungewöhnlich zu sein, allzu schnell ins Raffinieren und Haschen nach Wirkungen kommt, die noch nicht verbraucht sind« [453]. Hegel unterstützt also mit Hilfe der geschichtsphilosophischen Argumentation und mit dem ganzen Gewicht seiner Autorität die akademische Abneigung gegen jede Art von übertriebener Bildlichkeit. Kein Wunder also, daß wir sogar bei den Bilderjägern selbst ein schlechtes Gewissen finden, so bei Lenau in seinem Aufsatz über die Naturpoesie und bei Immermann an verschiedenen Stellen. Hebbel kontrolliert, wie das Tagebuch zeigt, seine Bildlichkeit immer genauer. »Gesuchte Originalität« hinsichtlich der Metaphorik wird ein Topos in der Literaturkritik. Der junge Heine klagt: »Die vermaledeite Bildersprache, in welcher ich den Almansor und seine orientalischen Konsorten sprechen lassen mußte, zog mich in die Breite« [454]. »Energische Kürze« verlangt man von den Tropen, sogar von der Allegorie, – erst recht natürlich von der Metapher [455]. Auch Solger bekennt sich in der Vorrede zu seinen *Sophokles-Übersetzungen* (Leipzig 1826) zu diesem Stilideal einer »kurzen«, bilderarmen »Einfalt«.

Der Hauptangeklagte bei allen diesen Überlegungen der kleinen und großen Theoretiker war natürlich *Jean Paul*, auch wenn er nicht genannt wurde. Dieser war nicht nur ein großer Metaphoriker, sondern auch ein grundsätzlich subjektiver Idealist. Bezeichnend für seinen geradezu fanatischen Glauben an die in der Bildlichkeit sich erschließende höhere Welt ist etwa die folgende Briefäußerung: »Wie, existiert die idealische – gleichsam die 2te Welt über der ersten – darum weniger, weil sie nur im Ich und nicht zum 2ten mal existiert? – Ist nicht ein Gedanke eine Existenz, die höher als jeder Körper und die wir durch die Täuschung der Personifikation jedem Körper unterschieben müssen?« [456] Die heutige Sprache ist für Jean Paul nur ein »Wörterbuch erblaßter Metaphern«. Man muß sie durch die Bildlichkeit wieder zu dem machen, was sie ursprünglich war. Auf der Grundlage der absoluten poetischen Freiheit gewinnt, nach der Formulierung von Wolfdietrich Rasch, die Metapher bei Jean Paul »einen Selbstwert als das poetisierende Prinzip« [457]. Wichtig ist im Hinblick auf unsere großen und kleinen Denker der Wahrheitsanspruch, den dieser Dichter für die metaphorische Darstellungsweise erhob. Bei Jean Paul gebietet nicht der König im Reich des Wahren zugleich im Reich des Schönen (vgl. o. Platen *An Schelling*), sondern der Dichter ist umgekehrt eine Art von Philosoph. »Unsere innern Zustände können wir nicht philosophischer und klarer [!] nachzeichnen als durch Metaphern, d.h. durch die Farben verwandter Zustände«. Mit diesem dichterischen *Glauben an die Metapher* verbindet sich Polemik gegen die wissenschaftliche Philosophie. Der Unsinn, meint Jean Paul, versteckt sich leichter in den »Kunstwörtern der Philosophen« »als in den engen grünen Hülsen der Dichter« [458]. Eine Vermittlung zwischen diesem Metaphernglauben und der akademischen Poetik war kaum zu erwarten.

Um so bemerkenswerter ist, daß *Goethe* in den *Noten und Abhandlungen* zum *Westöstlichen Divan* (1819) eine Art Versöhnung mit Jean Paul und seinen zahlreichen Verehrern anstrebte. Sie lag insofern nahe, als Goethe selbst sich anschickte, den Absolutheitsanspruch der klassizistischen Poetik aufzugeben und dem völlig anders gearteten Stil der orientalischen Dichtung gerecht zu werden. Die folgende Bemerkung enthielt eine deutliche Ablehnung der akademisch-klassizistischen Poetik in bezug auf die Metapher: »Wer nun also, von den ersten notwendigen Urtropen ausgehend, die freieren und kühneren bezeichnete, bis er endlich zu den gewagtesten, willkürlichsten, ja zuletzt ungeschickten, konventionellen und abgeschmackten, gelangte, der hätte sich von den Hauptmomenten der orientalischen Dichtkunst eine freie Übersicht verschafft. Er würde aber dabei sich leicht überzeugen, daß von dem, was wir Geschmack nennen, von der Sonderung nämlich des Schicklichen vom Unschicklichen, in jener Literatur gar nicht die Rede sein könne« [459]. Im folgenden stellt er zwei Orientalisten an den Pranger, die durch das Festhalten am traditionellen Schicklichkeitsprinzip zu einer unmöglichen, völlig zwiespältigen Bewertung der orientalischen Dichtung sich verleiten ließen. Goethe erfaßt das Phänomen der orientalischen Dichtung, indem er vom Vorbild der Griechen Abstand gewinnt. Er geht aber weiter; denn er sucht ja nicht nach den wechselnden geschichtlichen Erscheinungen, sondern nach den *Urphänomenen*. In diesem Zusammenhang ist ihm Jean Paul willkommen: »Ein so begabter Geist blickt, nach eigentlichst orientalischer Weise, munter und kühn in seiner Welt umher, erschafft die seltsamsten Bezüge, verknüpft das Unverträgliche« [460]. Will er den Dichter in dieser Weise als Orientalen rechtfertigen, so muß er das Argument Herders und des ganzen Historismus ausschalten, daß nämlich in unserer »ausgebildeten, überbildeten, verbildeten, vertrackten Welt« das nicht mehr möglich ist, was im Orient, d.h. in der Kindheit der Menschheit (Herder), selbstverständlich war. Goethe gibt »aus einigen Blättern« Jean Pauls eine längere Wörterliste, die den modernen Charakter des Dichters vergegenwärtigen soll: *Szepter-Queue, Pfingstprogramm, Bijouteriebude, Manualpantomime* usw. [461] Der Dichter, sagt Goethe, muß, »um in seiner Epoche geistreich zu sein«, auf unsern »zersplitterten Zustand mannigfaltigst anspielen«. Das widerspricht seiner »Orientalität« nicht [462]. Auf den andern Einwand der Theoretiker, daß nämlich der Versdichter die größere Freiheit habe, – »die kühnste Metapher verzeihen wir wegen eines unerwarteten Reims« –, geht Goethe nur flüchtig ein. Zwar ist der Prosaist »für jede Verwegenheit verantwortlich«; da »nun aber, wie wir umständlich nachgewiesen, in einer solchen Dicht- und Schreibart das Schickliche vom Unschicklichen abzusondern unmöglich ist, so kommt hier alles auf das Individuum an, das ein solches Wagstück unternimmt. Ist es ein Mann, wie Jean Paul, als Talent von Wert, als Mensch von Würde, so befreundet sich der angezogene Leser sogleich; alles ist erlaubt und willkommen« [463].

Wir wollen nicht behaupten, daß diese Rehabilitation Jean Pauls und der kühnen Metapher stark gewirkt hat. Aber sie paßt genau in eine literarhistorische Landschaft, die durch den Abbau des Gegensatzes von Klassik und Romantik, durch ein Wiedererstarken der Barocktradition, durch die orientalische Mode, durch den neuen Sinn für »Metaphernspiele« (W. Rasch) und auch ganz speziell durch ein wachsendes Ansehen Jean Pauls gekennzeichnet ist. Die *Vorschule der Ästhetik* war schon 1813 neu gedruckt worden, – und zwar jetzt im klassizistischen Cotta-Verlag! 1826 begannen Jean Pauls *Sämtliche Werke* zu erscheinen und fanden reichen Widerhall, nicht nur bei der unmittelbaren Nachkriegsjugend, sondern auch noch bei den besten Erzählern der realistischen Generation – bis sie den neuen Stil erkannt und verwirklicht hatten. So bewundert der junge G. Keller den Dichter als Blumengarten und Fruchtfeld zugleich, und der Hauptgrund dafür ist natürlich »die unerschöpfliche Quelle seiner trefflichen Gleichnisse aus allen Zweigen des Wissens«.

Dies Urteil ist für die zweite Hälfte der Biedermeierzeit durchaus symptomatisch. Unter diesen Umständen hatten es die verständnisvolleren Vertreter der akademischen Poetik und Ästhetik schwer, den richtigen Standpunkt zwischen absoluter Freiheit und schulmeisterlicher Pedanterie zu finden. Noch K. F. Beckers Lehrbuch *Der deutsche Stil* (1848) ist dadurch gekennzeichnet, daß es nach jedem Lehrsatz die Hälfte der Lehre wieder zurücknimmt. Hat Becker traditionsgemäß die Synekdoche und die Metonymie erläutert, so fügt er hinzu, es seien eigentlich Stilmittel der klassischen Antike und deutsche Dichter wie Klopstock hätten sich die Alten »mehr als billig« zum Muster genommen [464]. Andrerseits weiß er, gerade als Linguist, daß ein Unterschied zwischen den gebräuchlichen Tropen der Sprache und den Erfindungen der Rede- oder Dichtkunst besteht. Exmetaphern (z.B. *der Sturm geht vorüber*) betrachtet er nicht als Redefiguren, »weil sie allgemein gebräuchlich sind« [465]. Der Wert, den er der Metapher verleiht, ist, im Unterschied zur Tradition der Schulpoetik, sehr hoch. Obwohl die durch »*wie*« u. dgl. gekennzeichneten Tropen klarer sind, bevorzugt er sie nicht, sondern er zieht daraus den Schluß, daß das »Gleichnis« – er scheidet es nicht vom Vergleich – »mehr der Prosa«, die Metapher »mehr der Poesie« zugehört [466]. Er ist der Meinung, daß die deutsche Sprache wie für die Wortbildung so auch für die Metaphorik besonders geeignet ist, warnt aber auch traditionsgemäß vor dem Mißbrauch der Freiheit, vor »harten« (schwer verständlichen), »sentimentalen«, »unwahren« (auf falschen Kenntnissen beruhenden), »unreinen« und »unedlen« Bildern. Aber er schwächt seine Regeln immer wieder ab, weil er bemerkt, daß sich die produktivsten Dichter nicht nach ihnen richten. Als solche erscheinen neben Goethe besonders Shakespeare und Jean Paul, d.h. besonders metaphernreiche Dichter. *Die Schulpoetik scheint sich also schließlich zur Anerkennung einer kühneren Bildlichkeit durchgerungen zu haben,* – in dem Augenblick, da ein neuer Sturm gegen »gesuchte Metaphern« losbrach. Aber die in der Biedermeierzeit gewonnene Erkenntnis ging nicht mehr verloren. Vischer erhebt in seiner *Ästhetik* wie Becker die Metapher über den Vergleich. Sie fällt »in ihrer höchsten Lebendigkeit mit der Personifikation« zusammen, die, wie wir schon wissen, den »Gipfel der belebenden Veranschaulichung« in seinen Augen bildet (§ 852, § 851). Der Hegelianer stellte sich mit dieser Lehre in Widerspruch zu seinem Meister und zur gesamten klassizistischen Tradition.

Fortbildung der »ersten notwendigen Urtropen«

Die »Neuheit« war schon lange vor dem Originalitätskult eine der wichtigsten Forderungen, welche die Literarästhetik an die Bildlichkeit richtete (Bodmer und Breitinger). Die Frage war immer nur, was man unter dieser Neuheit verstand, die

Erneuerung der »ersten notwendigen Urtropen« (Goethe) oder die absolute Originalität. Die Abneigung gegen die konventionelle Metaphorik findet man auch im Lager der Klassizisten, sie erklärt zum Teil sogar das Mißtrauen gegen die »uneigentliche Verbildlichung« (Hegel). »Eine *verbrauchte* Metapher«, lehrt Bouterwek, »macht den Ausdruck sogar kälter als die gewöhnliche Bezeichnung der Vorstellungen ohne Bild« [467]. Wenn Heine in einer Besprechung (W. Smets, *Tassos Tod* 1819) die »gebräuchlichen Konvenienzmetaphern« verwirft, so wendet er sich damit bestimmt nicht gegen die Erneuerung der Urtropen; denn sie sind ihm selbst unentbehrlich. Der von Grund auf prosaische Gutzkow klagt in seiner Rezension des *Deutschen Musenalmanachs* auf das Jahr 1841: »Eure Bilder sind mir nicht neu«. Hier geht die Kritik schon weiter; denn er verwirft gleichzeitig das Singen vom Ganges und Euphrat und damit die ganze metaphernfreudige orientalistische oder exotische Richtung [468]; er hätte gewiß den *West-östlichen Divan* einschließen können. Man weiß heute, daß die Gültigkeit von Goethes Lyrik mit seinem lebendigen Verhältnis zu den Urtropen zusammenhängt [469]. *Es ist also sinnlos, in der traditionellen Bildlichkeit als solcher, ohne Berücksichtigung der einzelnen Prägung, ein negatives Wertkriterium erkennen zu wollen. Auch hier kommt »alles auf das Individuum an«* (Goethe s.o.).

Grillparzer, Mörike, Lenau, Platen, die Droste, Stifter und andere Dichter der Biedermeierzeit – auch Heine – hatten unter der summarischen Ablehnung der »konventionellen Bildersprache« seit der realistischen Programmatik schwer zu leiden. Heute ist es nicht schwer, die dogmatischen Bilderstürmer zu widerlegen. Hauffs Titel *Das kalte Herz* und die naive Verwendung des Motivs in der Märchenerzählung selbst wird nicht dadurch entwertet, daß es »daß *Hertz von steinen*« schon in der Barockdichtung gibt [470]. Wenn in einer deutschen Balzacübersetzung des Jahres 1841 die Wassermetaphorik, die ja zu den »Urtropen« gehört, noch gesteigert wird, so mag dies typisch für das deutsche Biedermeier sein [471]; doch liebt auch der größte deutschsprachige Erzähler dieser Zeit, Stifter, diesen alten Vergleichsbereich. In der Vorrede zu den *Bunten Steinen* etwa liest man: »Wenn wir die Menschheit in der Geschichte wie einen ruhigen *Silberstrom* einem großen, ewigen Ziele entgegengehen sehen, so empfinden wir das Erhabene, das vorzugsweise Epische« [472]. Versucht sich der als realistisch etikettierte Meinhold in der Hexametererzählung *(Der Schiffbruch)*, so erscheint sogleich die empfindsame Strommetaphorik: »Ach, da hielt sich der Greis nicht länger; *Ströme von Tränen* / Überstürzten ihm gleich die altergefurcheten Wangen«. Die Lichtmetaphorik ist dem jungen revolutionären Keller so teuer wie dem alten Goethe, wenn er auch den Morgen oder die Sonne mehr liebt als den Mond und darunter die Freiheit versteht. Anders mag man die alte Feuermetaphorik in der Prägung Kinkels bewerten, wenn er in dem Gedicht *Einmal und ewig* von der Liebe trällert:

> Du hast geruht in diesem Arme,
> Auf diesen Lippen *flammt* dein Kuß;
> Das schwebt ob jedem künft'gen Harme
> Als nie vergeßlicher Genuß! [473]

Auch wenn wir die Verse ins heutige Deutsch übersetzen (unvergeßlicher Genuß) werden sie nicht besser. Der *Ätna*, den Goethe im *Buch Suleika* für sich in Anspruch nimmt, ist ein alter Topos [474]; er erscheint auch sonst: »Du *Menschenätna*« wird Alexander in einem Trauerspiel (1827) angeredet. Der Weltschmerz der Biedermeierzeit konserviert die Metaphern vom *Irrenhause,* vom »großen *Narrenhause*« oder »*Theater*«, das die Welt ist. Den lieben Gott als Direktor eines bankrotten Theaters vorzustellen, blieb Heine allein vorbehalten, wie er überhaupt das, was der Slawist Dimitrij Tschižewskij die »Umkehrung« der Topoi genannt hat [475], besonders liebt.

Die Schiffahrtsmetapher erscheint häufig, manchmal so launig erneuert, daß man sie kaum erkennt. In einem Schwank E. v. Houwalds stellt sich der Führer einer Theatertruppe so vor:

> Sirius, so ist mein Name,
> Und ich selbst bin Dirigent
> Einer großen Künstler-Truppe,
> Die *auf flüchtiger Schaluppe*
> *Durch das Meer des Lebens rennt* [476].

Schaluppe für Schiff, rennen für fahren, und schon ist die alte Metapher wieder möglich. Typisch ist das folgende Gedicht Rückerts, weil es durch die Summierung alter Metaphern ihre Intensität zu erhöhen versucht.

> *Reiseziel.*
>
> Nun ist das Leben an seinem Ziel,
> Und ohne Zweck war die *Reise.*
> O Jüngling, rühre das *Saitenspiel,*
> Schon morgen wirst du zum Greise.
>
> Das lecke *Schiff* und der morsche *Kiel*
> In *Meeren* ohne Geleise,
> Der *Winde Ball* und der *Wellen Spiel,*
> Unnütz gewirbelt im Kreise.
>
> So viel gehofft und gewünscht so viel,
> Getäuscht in jeglicher Weise,
> Hindurch durchs ewige Widerspiel,
> Gequält von *Glut* und von *Eise.*
>
> Nun sinkt die *Rose* auf mattem Stiel,
> Die *Blätter fallen* vom Reise,
> Nun ist das Leben an seinem Ziel,
> Und ohne Zweck war die *Reise* [477].

In dem minneliedartigen Gedicht *Die Ungnädige,* das in Rückerts Lyrik-Abteilung *Fremde Dichtungsformen* folgt, findet man die alten Metaphern vom *Staub* (Nichtigkeit), vom *Steg* (Verbindung), von *Paradies* und *Hölle,* von *Knecht* und *Herrin* und natürlich wieder von der *Rose;* diesmal meint die Rose das lächelnde Angesicht der Geliebten. Die Blume ist in der Biedermeierzeit die beliebteste aller Redeblumen. Es gab sogar ein *Wörterbuch der Blumensprache* [478]. In Platens Gedichten wimmelt es von *Rosen* und *Tulpen,* das *Veilchen* kommt auch vor, der ganze Garten: »Dein *Garten-Antlitz*«. Wenn der württembergische Hofrat und Professor von Reinbeck, der sich als Theoretiker der Novelle zu seiner Zeit einen Namen machte, 1841 dem Hof ein Werk widmen will, so *muß* er immer noch sehr geblümt reden: »Ihre Königlichen Hoheiten erlauben mir huldreichst, Ihnen diesen *Kranz von späten Blüten eines ersterbenden Herbstes* zu Füßen zu legen. Diese hohe Gnade ist ein Sonnenblick, der eine *Fülle reicher Frühlingsblüten* hervorzuzaubern vermöchte und in welchem das *Farbenspiel dieser Spätlinge* erbleichen müßte, wenn nicht diesen *Kranz,* wohl die letzte Spende der Muse, die innigste Verehrung gewunden hätte« [479]. Wenn Theodor Mommsen Mörike feiert, gibt die Pflanzenmetaphorik dem Sonett seinen intensiven Schluß:

> Da fand ich in dem eignen Bett von Moose
> Erblühend im geheimsten Thal von Schwaben
> Des reichen Liedersommers *letzte Rose* [480].

Knapper drückt sich D. F. Strauss aus: »Die schwäbische *Dichterstaude treibt gern dreiblätterig*« [481]; aber es ist die gleiche Methode einer sinnigen Umbildung der traditionellen Metaphorik.

Will der Literarhistoriker August Stöber vom Sturm und Drang sprechen, so macht er daraus, mit Hilfe der Feuermetaphorik, »jene *Sprüh- und Glühperiode* der deutschen Literatur«; und Tieck, der Lenz, Novalis, Kleist ausgegraben hat, ist natürlich »der Lebenserwecker so vieler *herrlicher Blüten*« [482]. Wie das organologische Denken zur Erneuerung der Pflanzenmetaphorik beitragen kann, läßt sich aus J. Grimms Vorrede zur 2. Auflage seiner *Deutschen Grammatik,* 1822, ersehen: »Es hat kein langes besinnen gekostet, den ersten *aufschuß* meiner grammatik *mit stumpf und stiel,* wie man sagt, *niederzumähen; ein zweites kraut,* dichter und feiner, ist schnell *nachgewachsen, blüten und reifende früchte* läßt es vielleicht hoffen« [483]. Liest man diese üppige Germanistensprache im Eingang einer langweiligen Grammatik, so wundert man sich nicht, in der Erzählprosa ständig Sätze wie den folgenden zu finden: »Wie könnt ihr nur zwischen der Frische dieser *üppigen Rose* und dem Schnee jener *kalten Lilie* wählen?« [484] *Schnee* bedeutet in diesem Fall nicht die Haut, die sinnliche Schönheit, sondern die Unschuld; Schnee ist ja der Lilie zugeordnet. Die alten Metaphern werden also durchaus in neuer Weise kombiniert. Alte Embleme wie die Lilie selbst kann man freilich in dieser konservativen Epoche kaum verändern. In *Waterloo* (Berlin: A. W. Hayn [5]1856), einem Schlachtenepos Scherenbergs, den man gerne zu den Realisten rechnete, der sich aber höchstens durch seine brevitas von früheren Epikern unterscheidet, erscheint die grande armée fortgesetzt als ein *Adler,* dem Napoleon seine Befehle gibt. Durch diese Metonymie entsteht eine durchaus altertümliche Ausdrucksweise, die mit dem Erzählstil Kellers oder Fontanes nichts zu tun hat. Zum Beispiel:

> ›Theile sie und siege!‹
> Zu seinem Adler spricht's der Kaiser. – Und
> Hoch über seinem Haupt, gespreizten Fittichs,

Fest auseinanderhaltend Preuß und Britten,
Zur Linken den, zur Rechten denen, schwebt
Sein Aar [485].

»Albions kühler *Leu*«, d.h. das ruhige Brittannien, erwartet stoisch »Frankreichs –
des *Adlers* Stoß«. Wir hörten schon, daß besonders das Epos stilistische Erhöhungen
dieser Art erforderlich macht. Heine ist nicht so modern, daß er vor dieser alten naiven Tiermetapher zurückschreckt: »Atta Troll, *Tendenzbär*, sittlich«. Im Gefolge
von Heines Dichtung findet man die täppischen deutschen Revolutionäre immer
wieder in der Gestalt von Bären; es gibt Söhne und Enkel Atta Trolls. Glassbrenner
erneuert die alte Fuchsmetaphorik in zeitgemäßer Gestalt (*Neuer Reineke Fuchs*,
Leipzig 1846). Auch die Erzählprosa, besonders die Sealsfields, bedient sich des Tier-
vergleichs, sobald es darauf ankommt, einen rhetorischen Akzent zu setzen: »die sie
von Hunger verzehrten *Raubtieren* ähnlicher als Menschen darstellte«, »mehr *Orang-
Utangs* in ihrem höchsten Schmerze als Menschen ähnlich« [486]. Der Gleichlauf
der Satzteile verrät, daß der Tiervergleich sich fast automatisch einstellt, wenn ein
extremes Verhalten effektvoll inszeniert werden soll. W.Müllers *Griechenlieder* erheben sich »auf des Liedes *Adlerschwingen*«, erschauern vor »der Heiden *Tiger-
zähnen*« usw.

Auch die alte Edelsteinmetaphorik ist noch sehr beliebt. »Als noch dein *Saphir-
auge* weinte« [487]. Der Wind »Haucht' ihr die Locken zurück aus dem *alabasternen
Nacken*« [488]. Sealsfield liebt auch die *Alabasterhände* und die *Alabasternacken*.
»Gleich einer *Alabasterstatue*...lag sie hingegossen«. »Ein Busen wie aus *cararischem
Marmor* gemeißelt« [489]. *Perlenzähne* gibt es, und ganz gewöhnlich ist die Ausdrucksweise: »Eine Träne *perlte* ihr in den Augen« (1842). Die *Korallenlippen* findet
man noch und die *Silberstimme*. Gold und Silber liebt der bescheidene Mörike in
seiner Lyrik sehr: *Schön prangt im Silbertau die junge Rose*...

Der Spiegel dieser treuen, braunen Augen
Ist wie von innerm *Gold* ein Widerschein;
Tief aus dem Busen scheint ers anzusaugen,
Dort mag solch *Gold* in heilgem Gram gedeihn.

Windfuhr findet in Heines Liebeslyrik wiederholt den *Rubinenmund* und die *Gold-
locken;* es gibt auch die *Purpurrose des Mundes*, die *Perlenreihe der Zähne*, die
Alabasterbrüste u. dgl. [490] Bei Platen begegnen *goldene* Wangen, *Liederperlen*,
des Weins *Karfunkel* usw. Wenn sogar diese Kostbarkeitsmetaphern, die man doch
als Inbegriff barocker Künstlichkeit zu betrachten pflegt, noch so häufig sind, wird
man gerne glauben, daß die alten kosmischen und überkosmischen Vergleichsbereiche fortwährend vorkommen: *Licht, Sonne, Nacht, Mond, Gestirne, Sturm,
Wolke, Gewitter, Frühling, Herbst, Morgen, Abend, Woge, Welle, Strom, Feuer,
Glut, Flammen, Himmel, Hölle, Paradies, Engel, Satan* usw. »Holde Augen, *Gnaden-
lichter*« (Heine), »Dein Antlitz scheint mir wie *der Sonne Licht*« (W.Müller), »*Nacht*
des Wahnsinns«, »*Grabesnacht*«, »Deines Gottes *Sternenheer*« (W.Müller), »*Blitz-
geschosse*«, »Des Meeres und der Liebe *Wellen*« (Grillparzer), »*Meer* von Glanz«
(Rückert), »des Sehnens *Meer*« (Platen), »der *Strom* der Schönheit« (Lenau), »*Flam-*

menschwert«, *»Donnerpfeile«* (W. Müller), *»Glutenkuß«* (Rückert), *»Glutenmeer«*, *»Sehnsuchtsglut«* (Heine), *»des Stolzes zürnend Feuer«* (Lenau), *»teuflisches Feuer«*, *»Satanslächeln«* (Sealsfield). Ein Wörterbuch zur Bildlichkeit der Biedermeierzeit würde gewiß immer wieder diese alten Vergleichsbereiche, zugleich aber auch die reichsten Abwandlungen innerhalb der einzelnen Bildfelder feststellen lassen.

Formen der Sprachbildlichkeit

Es wäre für unsere heutige Betrachtungsweise wenig ergiebig, wenn wir die einzelnen Formen der Sprachbildlichkeit, so detailliert, wie sie in den Rhetoriklehrbüchern erscheinen, auseinandernehmen wollten. Wir hörten, daß schon bei Becker ein gewisses Mißtrauen gegenüber den selteneren Formen der Bildlichkeit, wie Synekdoche und Metonymie, festzustellen ist. Ohne viele Belege sei festgestellt, daß es in der Biedermeierzeit durchaus noch üblich ist, einen Teil statt des Ganzen zu nennen, die Bezeichnungen zu vertauschen oder eine Sache umständlich zu umschreiben. Man sagt: »So sprach die *güt'ge Lippe*« (Immermann) [491] oder: »Dies Wort besänftigt schnell die *Brust der Menge*« [492] oder: »Alfreds *gewerbfleißige Inseln*« (für England) [493]. Die mittelbare Ausdrucksweise dieser Art ist noch typisch, ja beliebt und beginnt wohl erst im Laufe der Biedermeierzeit altmodisch zu erscheinen. *Busen* benützt man wohl nicht mehr ganz so häufig, wenn nicht der Alabasterbusen, sondern die Seele, der ganze Mensch gemeint ist. Aber die Synekdochen mit *Herz* werden durch die Gemütskultur der Biedermeierzeit wahrscheinlich noch häufiger und ziehen andere Vergleichsbereiche nach sich, so daß es nicht nur den bekannten *»Herzensgrund«* Eichendorffs, sondern auch das *zerfleischte, zerkratzte, zerschnittene, zerstochene, zerrissene Herz* gibt. Neben dem *kalten Herzen* Hauffs erscheint das *volle, glühende, leere* und *kranke Herz*. Auch Heine ist in dieser Beziehung wieder einmal gar nicht so modern; er arbeitet eifrig an der Erhaltung und Erneuerung der Herz-Bildlichkeit mit. *Dach* oder *Herd* werden noch sehr gerne für *Haus* gesagt, *Lorbeer* für Sieg, *Zepter* und *Krone* für Herrschaft. Was man Schillerepigonentum zu nennen pflegt, ist oft nichts weiter als das allgemeine Weiterleben dieser antikisierenden Ausdrucksweise, zumal in der Dichtung hohen Stils.

Wir hörten, daß Becker auch dem Gleichnis oder Vergleich schon mißtrauisch gegenübersteht, obwohl diese Form der Bildlichkeit durch die antiken Dichter Weihe erhalten hatte und von klassizistischen Poetikern, aus Abneigung gegen das »Shakespearisieren« oder »Jeanpaulisieren«, oft ausdrücklich gegen die Metapher ausgespielt worden war. Nun ist allerdings zu beachten, daß der *Vergleich* von Becker und Vischer als ein Werkzeug der Verstandessprache ausdrücklich festgehalten wird – nicht zu Unrecht – und daß im 19. Jahrhundert die Verstandes- und die Gemüts- oder Phantasiesprache ständig miteinander ringen. Im Realismus, dem die Verständlichkeit und Volkstümlichkeit wichtig ist, wird der Vergleich die herrschende Form der Bildlichkeit. In der Biedermeierzeit, die von Jean Paul überschattet wird, dürfte die Metaphorik vorherrschen, ohne daß deshalb der Vergleich ausgeschlossen ist. Man darf vielleicht sogar von einer Konkurrenz der beiden Bildlichkeitsformen sprechen.

Sicherlich ist dies der Fall bei den Jungdeutschen. Heines *Du bist wie eine Blume* wurde berühmt, hätte aber auch von irgendeinem andern Poeten dieser Zeit geschrieben werden können. Die jungdeutsche Neigung zum klaren, wirksamen Vergleich blieb nicht immer in der traditionellen Ausdrucksweise stecken. Man verschmähte die üblichen »Redeblumen« nicht, suchte aber auch fortwährend nach neuen, um die Schlagkraft der Sprache zu erhöhen. Die Zensur fürchtete gewiß Sätze wie den folgenden von Laube; denn er war so klar, daß ihn auch der Kleinbürger verstehen konnte: »statt die im Zimmer verkümmernden deutschen Bürger allsonntäglich *wie die Herde* zum nutzlosen Geschwätz eines Pfaffen zu schicken, würd' ich sie ins Wasser jagen« [494]. »Wie die Herde« ist deutlich. »*Wie leuchtende Johanniskäfer* schienen vor den Seitenaltären Messe lesende Priester aus der Menge heraus«; so respektlos läßt der Junghegelianer Mosen Georg Venlot die Peterskirche, das Zentrum der katholischen Christenheit, sehen [495]. Als Gutzkows humoristischer Held Blasedow ein Darlehen von zehn Talern bekommt, müssen Vergleiche die Freude, die er empfindet, intensivieren: »In all seinen Adern schoß es *wie siedender und wärmender Wein* hinein, seine Glieder hatten wieder die alte Länge, und ein stilles, seliges Lächeln umspielte *wie die aufgehende Sonne* den kleinen Montblanc seiner Nase« [496]. Das allgegenwärtige Vorbild Jean Pauls bewirkt, daß nicht nur Metaphern, wie hier der »*Montblanc seiner Nase*«, sondern auch Vergleiche kühn genug in den Kontext eingefügt werden können: »So wogten nun beide Frauen, *wie das Meer, das ein Opfer haben will*« [497]. Die Intensität, welche durch diese Technik erreicht werden kann, belegt auch die *Harzreise* auf Schritt und Tritt. Heines Witz wäre ohne die Koordinierung von Metapher und Vergleich nicht so dicht. Menzel, den die Jungdeutschen als Verräter betrachteten, versuchte zunächst, mit ihnen zu wetteifern: »Ein Mohrenweib, das aussieht, *als ob es ein besoffener Teufel mit einem bleiernen Nilpferd gezeugt hätte*, verbuhlt *wie ein Affe* und doch plump *wie ein Walfisch*, fett, kröpfig, ein schwarzer Kretin, eine kannibalische Kalibana, kurz die Amme der Königin Armida will mich heiraten« [498].

Die Form des Vergleichs scheint sich für den komischen und satirischen Stil jener Zeit, mindestens zur Pointierung einer ohnehin bildstarken Sprache (wie bei Heine), besonders geeignet zu haben. Doch erscheint er auch in der theatralischen Affektsprache, welche die Erzähler dieser Zeit so sehr lieben: »ihre Arme lagen um ihn *wie eine kalte, fürchterliche, riesenstarke Schlange*. Die Sinne vergingen ihm« [499]. Diese Stelle ist todernst gemeint. »Euren Offizieren ist die Ehre der Flagge heilig, daran glaubt, *wie an Euer Evangelium*« [500]. Der Theologe A. Knapp wirbt um den Bericht eines frommen Orientreisenden für sein christliches Taschenbuch *Christoterpe* (1838) mit biblischen Vergleichen: »Eine Mitteilung seines Geistes über das alte Gottesland wäre für alle Leser dieses Buchs *wie ein köstlicher Balsam*, der auf den Bart und das Priestergewand Aarons herabfließt, *wie der Tau*, der vom Hermon herabfällt auf die Berge von Zion« [501]. Ein wenig Humor mag hier im Spiele sein. Dies ist auch dann der Fall, wenn orientalische Vergleiche zur mimischen Vergegenwärtigung der orientalischen Figuren verwendet werden, wie von Uechtritz in *Alexander und Darius* (Berlin 1827). Die orientalisierende Dichtung bewirkt überhaupt leicht Vergleiche, die halb ernst, halb ironisch gemeint sind. *Ein üppiger ornatus kann im allgemeinen nicht mehr so ernst genommen werden wie im Barock.* Wer die entsprechenden lyrischen Dichtungen Rückerts und Platens kennt, versteht mich. Selbst der *West-östliche Divan,* der in seinen Vergleichen zurückhaltender ist, könnte manches Beispiel für das Gemeinte hergeben. In der Schwebe zwischen Scherz und Ernst, in einem spielerischen Abstand von der Wirklichkeit der Liebe, hält sich auch der verliebte Schönheitspreis des Persers Ali in Max Waldaus (Pseud. für Richard v. Hauenschild) *Ein Elfenmärchen*: »Du bist schön und frisch *wie der Schaum des Meeres am Felsenufer,* sagte er; der Schmelz deiner Augen übertrifft die Perle, die der Taucher der Tiefe entreißt; deine Wangen sind weich *wie der Flaum des Paradiesvogels,* deine Lippen glühend *wie die Spitzen des Berges am Morgen;* deine Haare sind ein Netz von Goldfäden, in denen du meine Seele gefangen! Welche Lilie ist so weiß *wie deine Arme,* welche Woge so sanft geschwellt *wie dein Busen?*« [502] Es ist also nicht immer die Verstandessprache, der die Form des Vergleichs in der Biedermeierzeit zuzuordnen ist. Es kann auch eine sehr gehobene, womöglich lyrische Sprachebene sein; doch behalten die Vergleiche meist etwas Geistreiches, Ornamentales und verschmelzen den Sinn nicht so dicht mit der Erscheinung wie die Metapher. Büchner kann ganz lapidar sagen: »*Der Himmel war ein dummes blaues Aug*«. Das ist die »Umkehrung« (s.o.) der biedermeierlichen Metaphorik vom blauen Himmelsantlitz, ähnlich der Umkehrung des barocken Welttheaters, die wir bei Heine fanden. »Der Himmel war ein dummes blaues Aug« ist eine Blasphemie, – freilich eine verschwiegene, indirekte, nicht ganz klare. Wenn sich Büchner sehr deutlich ausdrücken will, geistreich und schockierend, so bedient er sich des Vergleichs und der rhetorischen Frage: »Sind wir *wie Ferkel, die man für fürstliche Tafeln mit Ruten totpeitscht, damit ihr Fleisch schmackhafter werde?*« An solche Stellen denkt Gutzkow vermutlich, wenn er Büchner um die Bereitwilligkeit bittet, in *Dantons Tod* die »Quecksilberblumen« seiner Phantasie, die im Gegensatz zu den Gutzkowschen »Zweideutigkeiten« »ganz grell« und eindeutig sind, »halb und halb zu kastrieren« (Brief an Büchner vom 3.3.1835). Die gezielten Vergleiche sollen zu einem weniger gefährlichen ironischen Bilderspiel abgeschwächt werden!

Nicht selten tritt an die Stelle des »*wie*« ein anderes Wort. Die Form der *als-ob*-Bildlichkeit im 19. Jahrhundert ist bereits durch eine sehr genaue und umsichtige Untersuchung bekanntgeworden [503]. In Immermanns *Prinzen von Syrakus* sagt der Dichter zum verliebten Fürsten: »In meinen Reimen sollen deine Freuden / *Gleich* frommen Lämmern auf der Wiese weiden« [504]. Auch in dem folgenden Gedicht Heines wird das »wie« nur einmal verwendet, zur Verstärkung eines Vergleichs, obwohl es vier weitere Vergleiche in dem Gedicht gibt und die Bezüge keineswegs nur verschwiegen, tiefsinnig, sondern in voller Klarheit hervortreten:

In der Frühe.

Auf dem Faubourg Saint-Marceau
Lag der Nebel heute morgen,
Spätherbstnebel, dicht und schwer,
Einer weißen Nacht *vergleichbar.*

Wandelnd durch die weiße Nacht,
Schaut' ich mir vorübergleiten
Eine weibliche Gestalt,
Die dem Mondenlicht *vergleichbar.*

Ja sie war wie Mondenlicht
Leichthinschwebend, zart und zierlich;
Solchen schlanken Gliederbau
Sah ich hier in Frankreich niemals.

War es Luna selbst vielleicht,
Die sich heut' bei einem schönen,
Zärtlichen Endymion
Des Quartier Latin verspätet?

Auf dem Heimweg dacht' ich nach:
Warum floh sie meinen Anblick?
Hielt die Göttin mich vielleicht
Für den Sonnenlenker Phöbus?

Der Dichter scheut nicht davor zurück, die beiden ersten Strophen je mit dem Wort *vergleichbar* zu beschließen und in den beiden letzten Strophen den Vergleich jedesmal durch eine Frage zu ersetzen. Heine bedient sich einer einfachen, mehr rhetorischen als poetischen Methode; aber es ist diese »Kunst der Rede«, durch die er einem Gedicht mit traditionellen Vergleichen »Neuheit« und Reiz verleiht.

Vor allem gesuchte Vergleiche werden durch solche Verkleidungen abgeschwächt und, je nach dem Können des Schriftstellers, »möglich« gemacht. »An diesem Tage, wo der Kaiser von Rußland ankommen sollte, *schien es, als wollte* die Natur wie eine schöne Lombardin mit allen Reizen, welche ihr zu Gebote stehen, sich zieren, um den schönen Kaiser zu empfangen« [505]. »Casimirs Geist – *erlaube den etwas starken Ausdruck* – meckert sich selbst an wie ein brünstiger Bock« [506]. An einer andern Stelle schwächt der gleiche Schriftsteller durch die Parenthese »*offen gesprochen*« sein kühnes Bild ab, ohne mehr zu überzeugen. Dagegen verwendet Tieck die abschwächende Parenthese mit Meisterschaft: »Warum wollt ihr euch spröde und rauh zurückziehn, wenn euer Wesen mich, *möcht' ich doch sagen,* zu euch reißt?« [507] Der Vergleich (oder die Metapher) mit einer Entschuldigung ist der Sprache, die man in der Gesellschaft spricht, abgesehen und fügt sich damit gut in die Biedermeierzeit.

Die Bilderkette

Neben der Bilderhäufung, von der noch zu sprechen ist, gibt es in der Biedermeierzeit auch die Bilderkette, das lange Durchhalten und Ausschmücken eines Bildeinfalls. Sie entsprach den Forderungen der klassizistischen Poetik, welche die barocke Bilderhäufung ablehnte, mag also aus dem homerischen Gleichnis entwickelt sein, erscheint aber besonders oft in einer satirischen, ironischen oder wenigstens spielerischen, »phantastischen« Stilfunktion. »Kommt, ihr gefühlvollen Seelen, …ihr Priesterinnen des Schmerzes, ihr stillen Leidtragenden, ihr Engel mit gebrochenen Fittichen, unfähig, euch zum Himmel, euerm Vaterlande, zu erheben, von der dunkeln Erde festgehalten, hat euch die Frivolität der frühern Kapitel beleidigt, so tut sich euch hier ein stilles Heiligtum auf, in das ihr mit euern Tränen, eurer ewigen Sehnsucht, euern flatternden weißen Nonnenschleiern einziehen mögt in Frieden. Hört ihr die leisen Harfenakkorde, die durch die Nacht zittern? Man läutet euch die Messe der Herzen ein. Kommt, vereinigt eure Klagen mit dem Seufzerhauche der Nachtluft, mit dem melodischen Geflüster der Quellen und dem leisen Gruße der Blüten. O, der Mondscheinpalast der Fee Jonquille ist ein Himmel für euch« [508]. Man würde beim ersten Lesen dieses Textes vielleicht auf Heine tippen; aber A. von Sternberg hat nur den gleichen poetischen Vater, – mit dem Unterschied freilich, daß sich der Freiherr offen zu Wieland bekennen kann. Als Erzähler eines kühn erotischen Feenmärchens wendet er sich an die empfindsamen Leserinnen, was auch Wieland so gerne tat, nur daß jetzt, wie in restaurativen Zeiten üblich, der blasphemische Reiz wohldosiert beigemischt wird. Die religiöse Metaphorik wird vom Anfang bis zum Ende des Zitats festgehalten *(Priesterinnen, Engel, Himmel, Nonnenschleier, Messe der Herzen* und noch einmal – gesteigert – *Himmel)*. Dazwischen der typische Wortschatz der Empfindsamkeit *(gefühlvolle Seelen, stilles Heiligtum, Tränen, ewige Sehnsucht, Seufzerhauch, Geflüster, melodisch, zittern)*, in ironischer Form, aber doch so, daß dabei die Empfindsamkeit immer noch nachgekostet und keineswegs realistisch »überwunden« wird – wie ja auch bei Wieland und Heine. In ähnlicher Weise sieht man bei Sternberg die romantische und trivialromantische Literatur mit ihren Dichtern als *Heereszug* vorgeführt und karikiert [509]; auch in den späteren Partien des Feenromans erscheint das *Heer* oder die *Heeresabteilung* [510], so daß sich eine Art Leitmetapher daraus ergibt.

Die folgende Rede ist von dem erzkonservativen S. Brunner einem Dr. Pantscher in den Mund gelegt. Mit Hilfe einer »chemischen Redeweise« soll der populäre Hegelianismus lächerlich gemacht werden. Zwar fehlt das Salz, das metaphorisch so reichlich benutzt wird, doch verrät sich dadurch der Versuch, mit Hilfe eines Bildbereichs eine witzige Bilderkette zu bilden, nur um so deutlicher: »Ich sage Ihnen also, die ganze Welt ist vom Weltgeiste nicht nur erfüllt – ich verachte die philosophischen Floskeln und bediene mich chemischer Redeweisen, und sage Ihnen: die Welt ist mit dem Weltgeiste *gesättiget;* d. h. die Welt hat den Weltgeist satt. Ich sage Ihnen noch mehr: Je mehr die Welt vom Weltgeiste *gesättigt* wird, desto ruhiger wird sie werden… Ich bediene mich eines Bildes, um Ihnen die Sache anschaulich zu machen, ich sage: der Weltgeist ist das *Salz* und die Welt ist das *Wasser;* je mehr *Salz* in das *Wasser* geworfen wird, desto ruhiger, desto träger wird dieses werden. ...Ich war in Syrien und überzeugte mich, ob das, was man bisher vom toten Meer berichtet, wahr sei, und ich fand das Gewässer, beinahe die Hälfte seines Gewichtes *salzhaltig;* und diese *Sättigung* ist Ursache der großen Ruhe, selbst in Stürmen« [511]. Auf ähnliche Weise versucht der Satiriker liberale Schlagworte wie *Freiheit, Fortschritt, Entwicklung* zu Tode zu reiten. Die stilistisch nicht bewältigte Bilderkette führt zu unerträglich langweiligen Texten und ist wohl ein Hauptgrund für den Kampf, den die realistischen Programmatiker gegen die Bildlichkeit überhaupt führten.

Als Beispiel aus der Lyrik könnte man Wilhelm Müllers Gedicht *Der Verbannte von Ithaka* anführen; die Freiheit erscheint hier als »*armes Weib«,* und diese Bildvorstellung wird sechzehn Verse hindurch festgehalten. In der folgenden Stelle aus einem Versepos werden die Klänge der ungarischen Musik beharrlich durch Knaben und Mädchen veranschaulicht:

> Los bricht es jetzt, wie donnerwetternd,
> Und in das Zymbal schlagen ein
> Die losgelassnen Hämmerlein.
> Die Klänge: kecke, leichte *Jungen*
> Hin über Stock und Stein gesprungen,
> Den Kreisel treibend, springend, kletternd,
> Und ringend, raufend, Haar um Haar,
> Und an die Wand die Bälle schlagend:
> Bald eine lose *Mädchenschaar*
> Im weiten Hof mit *Knaben* jagend,
> Sich lockend, neckend und versteckend
> Und kichernd dann, des Jubels satt,
> Aus dem Versteck die Hälschen reckend,
> Sich haschen lassen, todesmatt [512].

Wenn Heine die neue Geliebte im I. Zyklus der *Nordsee (Krönung)* als Königin vergegenwärtigt, so sind die Einfälle etwas reicher; aber altmodisch wirkt die Bilderkette vom literarischen Hofstaat auch da:

> Als *Läufer* diene dir mein Witz,
> Als *Hofnarr* meine Phantasie,
> Als *Herold*, die lachende Thräne *im Wappen,*
> Diene dir mein Humor [usw.]

Die satirische Stelle dagegen, da der Dichter seinen Feind Platen in einer Bilderkette als Zirkusartist vergegenwärtigt, ist lebendig geblieben, obwohl man sofort die gleiche Bildtechnik erkennt: »Die bittere Mühe, die unsägliche Beharrlichkeit, das winternächtliche Zähneklappern, die ingrimmigen Anstrengungen, womit er seine Verse ausgearbeitet, entdeckt unsereiner weit eher als der gewöhnliche Leser, der die Glätte, Zierlichkeit und Politur jener Verse des Grafen für etwas Leichtes hält und sich an der glatten Wortspielerei gedankenlos ergötzt, wie man sich bei *Kunstspringern,* die *auf dem Seile balancieren, über Eier tanzen* und *sich auf den Kopf stellen,* ebenfalls einige Stunden amüsiert, ohne zu bedenken, daß jene armen Wesen nur durch jahrelangen Zwang und grausames Hungerleiden solche *Gelenkigkeitskünste,* solche *Metrik des Leibes* erlernt haben. Ich, der ich mich in der Dichtkunst nicht so sehr geplagt und sie immer in Verbindung mit gutem Essen ausgeübt habe, ich will den Grafen Platen, dem es saurer und nüchterner dabei ergangen, um so mehr preisen, ich will von ihm rühmen, daß kein *Seiltänzer* in Europa so gut wie er auf schlaffen Ghaselen *balanciert,* daß keiner den *Eiertanz* ... so gut exekutiert wie er, daß keiner sich so gut wie er *auf den Kopf stellt*« (*Die Bäder von Lucca* 1829) [513]. Heine bedient sich der Bilderkette sehr häufig; aber man kann hier leicht bemerken, wie sie durch zusätzliche Stilmittel wie Synonymenhäufung (vgl. Anfang), Kompositum *(Gelenkigkeitskünste),* Einzelmetapher *(Metrik des Leibes),* steigernde Anaphorik (vgl. Schluß) u. dgl. intensiviert, gestrafft werden muß, wenn sie nicht schlaff (s. o.) und ärgerlich werden soll.

Begriffsbilder (punktuelle Allegorien)

Der Gedanke, die »Reflexion« war der Literatur der Biedermeierzeit noch nicht verboten. Daher gibt es in der geschriebenen Sprache damals außerordentlich viele Abstrakta. Doch führt bei vielen Schriftstellern, ja man darf sagen bei allen, die Schule der Rhetorik dazu, daß der Begriff auf irgendeine Weise versinnlicht wird. Diese Begriffsbilder können im Zusammenhang einer Bilderkette erscheinen, z.B. der beliebten militärischen: »Daher ließ er seine Gedanken eine kleine *Schwenkung rechts* machen, um dem Mädchen mit den *Plänklern* der Neugierde und mit den schweren *Kavalleriemassen* der Rührung in die *linke Flanke* zu fallen und ihr Herzchen zu nehmen« [514]; sie können aber auch punktuell verwendet werden. F. K. Becker und andere Theoretiker hätten wohl trotzdem von Allegorie gesprochen, da man diese, wie so viele andere Stilmittel der Tradition, durch Kürze neu zu beleben und zu retten versuchte. Ich denke, daß in dem Kapitel über die größeren Formen der Bildlichkeit diese punktuelle Allegorie schon hinreichend verdeutlicht wurde (s. o. S. 323 ff.) und weitere Belege überflüssig erscheinen. Aus einem großen Material gebe ich nur noch wenige Beispiele, die zeigen, daß auch die besseren Dichter Anteil an der Begriffsfreudigkeit der vorrealistischen Sprache hatten. Tieck kann schreiben: »und so wechselnd, spielend und zankend *klappert das Lachen die Stiege der Erbärmlichkeit* mit den *harten Absätzen der irdischen Kraft* hinunter – und der Mensch grinset und ist glücklich« [515]. Oder er beklagt »jene *felseneingerammte trübe Lebenssaumseligkeit*« [516]. Der junge Stifter in den *Feldblumen*: »In mir raffte sich ein *fester, körniger Entschluß* empor«. Stifter in der *Mappe*... (Studienfassung): »der *große goldene Strom der Liebe,* der in den Jahrtausenden bis zu uns herabgeronnen«.

Die Metaphorik als Kernzone

Obwohl die Versinnlichung der ausdrücklich genannten Abstrakta außerordentlich häufig vorkommt*, dürfte die eigentliche Metapher enthusiastischer oder komischer Art in allen Gattungen der Biedermeierzeit doch die Kernzone der Bildlichkeit gewesen sein. Die Stiltheorie der Zeit sieht in der Metaphorik ganz besonders die Phantasie- und Gemütskräfte am Werk, wogegen kaum etwas einzuwenden ist. Es muß aber betont werden, daß seit Jean Pauls enthusiastischen Hinweisen auf die Metapher auch das Bewußtsein an der Bildung und Kontrolle der Metaphorik stark beteiligt war. Es ist damals allgemein bekannt, daß man sich mit dieser Form der Bildlichkeit leicht in Pose setzen und interessant machen kann. Wo das klassizistische Klarheits- und Simplizitätsdenken wieder das Übergewicht bekommt, wie in den Neufassungen von Stifters Novellen, werden die auffallenden, den einfachen »Strom« der Erzählung störenden Metaphern rücksichtslos geopfert. Eine ähnliche Tendenz ist in der Entwicklung Mörikes bemerkbar. Trotzdem rühmt er noch in einem Brief vom 1.7.1839 – wenn auch mit schlechtem Gewissen – die folgende »einzelne« Schönheit in einem Gedicht Vischers: »Wenn sie ins Land des Friedens ... mit tiefem Staunen ihr Gefieder hebt« [517]. Ausschlaggebend dürfte für Mörike in diesem Fall die Euphonie der Stelle, die klangliche Verstärkung einer durchaus konventionellen Metapher gewesen sein. Wir haben bei Heine eine ähnliche Beobachtung gemacht: *daß man nämlich ganz und gar nicht zimperlich hinsichtlich der Verwendung traditioneller Mittel ist und alles Augenmerk nur darauf richtet, diese intensiver zu machen und so zu erneuern.*

Gesuchte oder traditionelle Metaphern?

Wie wenig man, selbst in der Lyrik, die absolut individuelle Stilprägung anstrebte, beweist die bekannte Tatsache, daß sich die Lyriker der Biedermeierzeit ihre Gedichte gegenseitig durchgesehen haben; sie arbeiteten, ähnlich wie die Germanisten jener Zeit, so gut wie immer freundschaftlich zusammen. Bei der siebten Auflage seiner Gedichte kommt Lenau auf den Gedanken, daß man sich diese Art von Freundschaftsdienst vielleicht doch nicht gefallen lassen sollte. In einem Brief an Sophie Löwenthal vom 19.4.1844 beklagt er sich darüber, daß die bisherigen Auflagen eine gesuchte Metapher in den folgenden Versen beibehielten:

> »Und nimm auf deine Reise
> Mit fort zu ihr die Kunde:
> Mein Herz, die arme Waise,
> Verblutet an der Wunde,
> Die mir mit ihrem Trug
> Die Ungetreue schlug

---

* Heinrich *Henel* sieht in den »appositional metaphors« (the ship of state, the light of truth) nur einen besonderen Typus der Metapher, ihren ersten sogar; doch stammen die

Mein Herz eine Waise zu nennen und obendrein eine verblutende, war von mir weichlich und läppisch, und ich schäme mich sechstausendmal beim Wiederlesen dieser verunglückten Zeilen ... Jetzt heißt die Stelle so:

> O nimm auf deine Schwingen
> Und trag zu ihr die Kunde,
> Wie Schmerz und Groll noch ringen
> Und bluten aus der Wunde, usw.« [518]

Die wachsende Kritik an der Bildlichkeit scheint den Dichter erreicht zu haben. Wie wenig er aber selbst der rhetorischen Tradition entwachsen ist, verrät nicht nur die superlativische Ausdrucksweise des Briefs – »Ich schäme mich *sechstausendmal*« –, sondern auch der stilistische Charakter der Änderung. Der Vers »*Mein Herz, die arme Waise*« näherte sich sowieso schon dem Begriffsbild; denn Herz ist so abgegriffen, daß ein Balzacübersetzer von 1845 âme mit diesem bildlichen Ausdruck wiedergibt [519]. *Herz* bedeutet wirklich nichts anderes als Seele und Gemüt. In der neuen Fassung wird das Begriffsbild durch zwei synonyme Begriffe ersetzt (»*Schmerz und Groll*«). Auch die Bildlichkeit des Prädikats (»*verblutet*«) wird durch ein blasseres Synonym abgeschwächt (»*noch ringen / Und bluten*«). Um den so entstandenen Mangel an lyrischer Intensität auszugleichen, wird »*Reise*« durch die traditionell-poetische Metapher »*Schwingen*« und durch die gebräuchlichste Interjektion ersetzt; die Verse sind damit für 1844 weniger gewagt, aber nicht besser geworden.

»Schwächlich« findet jetzt Lenau viele seiner Gedichte [520], und es ist auch wahr, daß schon die typischen Biedermeiergedichte bildkräftiger waren, so wenn etwa W. Müllers *Mainottenwitwe* – Titel eines munter empfindsamen Rollenlieds in den *Griechenliedern* – als »die *Turteltaubenwitwe*« erscheint oder wenn die sympathische Erzählerin Henriette Hanke von einer Ehekrise sagt, diese sei in der »Übersicht« nur »eine *Passionsblume,* wie sie vielleicht in dem *Hausgärtlein* jeder Frau blüht« [521]; oder wenn Mörike in einem Gelegenheitsgedicht *(An Marie Mörike, geb. Seyffer)* die traditionellen Metaphern (»*Himmelstöne*« u. dgl.) gegen Ende durch eine Synästhesie verstärkt: »Doch wie du den Freund entzücket, / Perlend in *der Töne Licht*«; oder wenn Rückert »humoristisch« mit orientalischen Bildern spielt und sie mit rhetorischer Innigkeit an den damaligen Geschmack annähert:

> Du *Duft,* der meine Seele speiset, verlaß mich nicht!
> *Traum,* der mit mir durchs Leben reiset, verlaß mich nicht!
> Du *Paradiesesvogel,* dessen Schwing'[e] ungesehn
> Mit leisem Säuseln mich umkreiset, verlaß mich nicht! [522] usw.

Nicht alle Schriftsteller haben in der späteren Biedermeierzeit die Lust an der Metapher aufgegeben. Man findet sie gerade auch bei den politischen Dichtern des Vor-

---

meisten seiner Beispiele aus der Zeit, da die allegorische Tradition noch lebendig war und die Metapher ausdrücklich als verkürzte Allegorie betrachtet wurde (Metaphor and Meaning, in: The Disciplines of Criticism (Festschrift René Wellek), hg. v. Peter *Demetz u.a.*, New Haven und London 1968, S. 109f.

märz. Bei der späten Bettina scheint sich die Bildlichkeit der Sprache sogar gesteigert zu haben [523]. Ähnliche Beobachtungen ließen sich wohl bei Sealsfield (etwa in dem mit starken obscuritas-Effekten arbeitenden Roman *Süden und Norden* 1842) anstellen. Doch mag man von allen diesen Beispielen noch sagen, daß sie mehr rhetorisch als poetisch sind.

Wie wenig das poetische Gelingen an der absoluten Originalität des metaphorischen Einfalls liegt, kann Mörikes Gedicht *Tag und Nacht* belegen. Hier hat er die sinnige Idee, die Nacht als Negerlein zu personifizieren, und schon vergißt er die majestätische Frauengestalt, welche die Nacht traditionsgemäß und auch bei ihm sonst ist: »Gelassen stieg die Nacht ans Land, / Lehnt träumend an der Berge Wand«. Nein, diesmal anders, und schon fließen die Verse fast so munter und unbeschwert wie bei Rückert dahin:

> Schlank und schön *ein Mohrenknabe*
> Bringt in himmelblauer Schürze
> Manche wundersame Gabe,
> Kühlen Duft und süße Würze.
>
> Wenn die Abendlüfte wehen,
> Naht er sachte, kaum gesehen,
> Hat ein Harfenspiel zur Hand [usw.]

Eine Stufe höher steigen wir gewiß in dem bilderreichen, berühmten Gedicht *An einem Wintermorgen, vor Sonnenaufgang,* das dem jungen H. Kurz so imponierte, daß er es an die Spitze von Mörikes Gedichten setzte. Die theatralisch-mythische Erneuerung der Lichtmetaphorik, die Mörikes Sonnenaufgang so eindrucksvoll macht, ist auch sonst zu finden; z.B. in Annettes Gedicht *Der Heidemann*. Aber beide gehorchen dem Stilwillen der Zeit in originaler Weise. Die folgende Strophe aus Annettes Gedicht *Der Dichter – Dichters Glück* enthält nur traditionelle Metaphern und ist doch bildstark durch die Kürze, die dichte Folge der Metaphern und die sie unterstützende Anaphorik:

> Meint ihr, das *Wetter* zünde nicht?
> Meint ihr, der *Sturm* erschüttre nicht?
> Meint ihr, die *Träne* brenne nicht?
> Meint ihr, die *Dornen* stechen nicht?
> Ja, eine *Lamp* hat er entfacht,
> Die nur das *Mark* ihm sieden macht;
> Ja, *Perlen* fischt er und *Juwele,*
> Die kosten nichts – als seine Seele.

Metaphorische Prägnanz

Die metaphorische Prägnanz war allen Gattungen der Biedermeierzeit erstrebenswert. So wird man z.B. den folgenden Versen aus den *Sprüchen* des spröden A. Grün zubilligen dürfen, daß sie die alte Metaphorik sinnreich erneuern:

Poesie, wo ist sie? und wo nicht?
Wenn sich *Perl'* und *Demant* sonnt im *Licht,*
Denke, wie viel ihresgleichen ruht
Ungehoben noch in *Schacht* und *Flut* [524].

Man könnte hier frei nach Jean Paul behaupten, daß die Metapher mehr Wahrheit erschloß als die Ästhetik Hegels, welche der modernen Dichtung so mißtrauisch begegnete. Auch Platens spröde Metaphorik wird überzeugender, wenn sie sich mit der Kürze vermählt. In dem Epigramm *Lage von Urbino* (1829) spielt er darauf an, daß Raffaels Geburtsort hoch oben auf den Apenninen liegt:

Auf daß Sanzio bald den befreundeten Himmel erreiche,
Wurde die Wieg' ihm schon *über den Wolken* erbaut.

Mörike, der Mozartverehrer, versucht die Grenze von *Joseph Haydn* (Titel) durch Erneuerung einer traditionellen Metapher möglichst genau zu treffen:

Manchmal ist sein Humor altfränkisch, ein zierliches *Zöpflein,*
Das, wie der Zauberer spielt, schalkhaft im Rücken ihm tanzt.

Der Relativsatz mit Vergleich und treffender Metaphorik läßt vergessen, daß das Zöpflein Humor eigentlich nur ein Begriffsbild ist. Die wahrheitserschließende Kraft der Bilder ist dieser Zeit bewußt. Becker verlangt von der Metapher, mit einigen Einschränkungen, historische und naturkundliche Wahrheit. In einem Gedicht W. Müllers redet ein Fluß den Ozean »du *Weltumarmer*« an [525]. Auf solche Metaphern war man stolz. Grabbe zitiert in einem Brief an seinen Verleger (12.7.1827) voller Genugtuung aus seinem Sulla-und-Marius-Fragment: »Wenn meine Wangen glüh'n,/ so *geh'n* davor *die Städte in Asche auf*« [526]. Es ist bekannt, daß sich Grabbes Dramen nicht zuletzt durch die Kraft ihrer Metaphorik über die der Epigonen erheben. Auch in den Briefen bemüht er sich um die Ausdrucksstärke der lakonischen Metaphorik: »Die Theaterabhandlung *geht reißend vorwärts*«, »Die Hermannschlacht ist in und über mir, *wie ein Sternenmeer*« [527]. In dem letzten Zitat wirkt der Vergleich wieder einmal nur als Verstärker der Metaphorik.

Einflüsse der Bildung und Rhetorik

Man setzt Kenntnisse voraus, wenn man die Metaphern wählt. Büchner *(Dantons Tod)*: »Aber ich denke, sie wird die *Klytemnästra* gegen ihn spielen«. »Nichts beweist mehr, daß Robespierre ein *Nero* ist«. Man scheut die Fremdwörter in der Metaphorik nicht: »Morgen bist du eine zerbrochne Fiedel, die Melodie darauf ist ausgespielt. Morgen bist du eine leere *Bouteille,* der Wein ist ausgetrunken... Morgen bist du eine durchgerutschte Hose, du wirst in die Garderobe geworfen und die Motten werden dich fressen, du magst stinken, wie du willst« [528]. Die Auslassungszeichen verraten, daß sich die Anaphorik nicht so regelmäßig mit der Metaphorik verbindet wie in den Versen der Droste über den Dichter. Aber die Intensität entsteht auch hier durch eine relativ rhetorische (theatralische) Verstärkung der Metapher. Wie man den Wortschatz des gesellschaftlichen Lebens und der Bildung nicht scheut, um die Metapher »wahrer« zu machen, so benutzt man auch minutiöse Naturbeobachtungen zu diesem Zweck:

> Mein mußt du sein,
> In einem einz'gen Kuß, der nimmer endet,
> Mit mir verrinnen, *wie zwei Tropfen Tau*
> *Auf einem Rosenblatt zusammenrinnen!* [529]

Die Kuß-Hyperbolik und die allgemeinere Wassermetaphorik (*»mit mir verrinnen«*) integrieren den detailrealistischen Vergleichssatz in einem enthusiastischen Ganzen, während sich in Hebbels Gedicht *Ich und Du* das Bild von den beiden zusammenfließenden Tropfen schon zum selbständigen Symbol isoliert und seinen rhetorischen Charakter verliert:

> Auf einer Lilie zittern
> Zwei Tropfen, rein und rund,
> Zerfließen in Eins und rollen
> Hinab in des Kelches Grund.

Für den Geschmack der Biedermeierzeit ist die von Hebbel geübte objektivere Gestaltungsweise zu leise, zu kühl, – so wie man selbst Goethe »kalt« findet. Das Naturbild und das Subjekt treten in dem ersten Zitat (1830) noch nicht auseinander wie in Hebbels *Ich und Du*. Es fällt schon ein wenig auf, wenn das leise Wort *Atmosphäre* von Gotthelf ganz im modernen Sinne metaphorisch gebraucht wird [530]. Viel weniger befremden Verstöße gegen die Naturwahrheit, vom damaligen Geschmack her beurteilt: »Und ich sänk' aus meinem Himmel in das *schwarze Meer der Qualen*« [531]. Das Gedicht hat den Titel *Der neue Dädalus,* so daß man zunächst an das moderne Ikarus-Motiv und an den freien expressionistischen Gebrauch der Farbe denkt. Aber der Dichter denkt an das Schwarze Meer der Landkarte und ordnet dieses Bild den Qualen zu, weil im Zusammenhang mit ihnen immer etwas Dunkles oder Schwarzes erscheint (*dunkles Tal, Gewittermacht, finsterer Abgrund, tiefer Schacht* usw.). Es sind keine raffinierten Intensivierungen. Deshalb ist auch die Militärmetaphorik dieser Nachkriegsgeneration so teuer. Gotthelf handhabt sie fortwährend als miles christianus, Heine als miles politicus, z.B.: »Es ist die Zeit des *Ideenkampfes* und Journale sind unsre *Festungen*« (Heines Brief an Kolb vom 11.11. 1828) [532]. Noch stärker wird Müllners, des Schauerdramatikers, Vokabular durch die Militärmetaphorik beherrscht. Rezensionen heißen ihm »*24-Pfünder*«; es ist geradezu ein Fachausdruck [533]. *Die Kraft des Ausdrucks gilt mehr als seine Feinheit.* Heine und Rückert handhaben die Metaphern mit Keckheit, Rücksichtslosigkeit, ja manchmal geradezu mit Derbheit, und eben deshalb waren sie bekannter als der sensible Dichter des *Septembermorgen.* Wenn Mörike in seiner bekannten kleinen Landschaft »herbstkräftig die gedämpfte Welt / In warmem Gold fließen« sieht, so imponiert uns die Differenzierung der Metaphorik (*gedämpft*) und die Aufrauhung der euphonischen Metapher vom *warmen fließenden Gold* durch das stark konsonantische, aber bestimmte, ja einmalige Kompositum *herbstkräftig.* Uns fällt auf, daß in diesem Kontext, im Unterschied zu anderen Stellen der Mörikegedichte, die alte Metapher *Gold* ihren traditionellen Charakter ganz verliert. Aber für solche Nuancen hatten damals nur außergewöhnliche Kenner wie etwa Vischer und der junge Storm Verständnis. »Er *beleckt* nicht erst lange, was er geboren hat« – mit diesen Worten rühmt selbst der geistvolle G. Th. Fechner (Pseud.: Dr. Mises) Rükkerts Dichtweise [534]. Die Tiermetapher »belecken« beleuchtet erneut, was man unter einem kraftvollen Ausdruck verstand. Sie ist naturalistisch oder besser drastisch; sie erinnert schon an die ironische Metapher. Man kann so naturalistisch sein, weil man sich über die Natur noch erhaben fühlt.

Mythologische oder mythische Metaphorik?

Nur noch wenige Hinweise auf die mythologische Metapher. Wir bemerken, daß Becker (*Der deutsche Stil* 1848) die Mythologie von der Metaphorik nicht unterscheidet, und es ist auch richtig, daß der antike Mythos durch die Restauration wieder zur Metaphorik wurde und insgeheim schon der christliche da und dort den gleichen Weg zu gehen begann. *Aurora* kennen wir, besonders durch Eichendorffs Lyrik, als erhabenes, göttliches Wesen. Beim alten Tieck erscheint sie in recht prosaischer Gestalt: »Aurora führte nun auch diesen wichtigen Tag herauf, und wenn man die Künstler beobachtete, so war es nicht zu verkennen, daß die meisten in einer großen Aufregung sich befanden« [535]. Ich »würde gern ein Los genommen haben, aber ich ahnte, daß *Fortuna* Ihnen nichts abschlagen würde« (Gutzkow) [536]. Das ist die übliche Ausdrucksweise! »Des Herzens Kraft quillt aus *Apollo's* Saiten, / Des Tones Fittich trägt den Muth empor« [537]. Etwas anspruchsvoller gibt sich Scherenberg, doch ist die Rhetorik nur noch bombastischer:

> Und furchtbar schön, mit Göttergrazie,
> Entfaltet klingend ihren Eisenfächer
> Die fränkische *Bellona* [538].

Daß auch der christliche Mythos bereits zur reinen Metaphorik werden kann, verrät etwa die folgende Stelle; denn sie bezieht sich ausgerechnet auf einen Juden: »Alles bringt ihm Gold – Gold, den *Christus* aller Welt!« [539] Selbst der spätere Freigeist G. Keller bedient sich 1844 noch rücksichtslos christlich-religiöser Metaphern, z. B.:

> *Gott* schlägt den *Tabernakel* auf
> In allen jungen Wäldern,
> Der *Weihrauch* steigt zum Himmel auf
> Rings aus Gebirg und Feldern [540].

Auch der Gott der *Totenkränze* des Freiherrn J. Chr. v. Zedlitz hört sich wie eine Metapher an: »Es waren *Gottes Stimmen,* welche riefen, / Sein sel'ger Athem, der in dir gesprühet!« [541] Graf Strachwitz: »Es küßt der *Herr* aufs Lockenhaupt / Die schlummernde See gelind« [542].

Man darf bei solchen Beobachtungen freilich nicht vergessen, daß die Heteronomie religiöser oder politischer Art, das Zurückschrecken vor einem entschiedenen
Individualismus, der Hauptgrund für die Konservierung der rhetorischen Ausdrucksweise war. Der christliche Dichter selbst wird nicht so schnell Christus oder Gott
sagen; man bemerkt an vielen Stellen, daß der alte Mythos noch lebt und den Aussagen eine mehr als metaphorische Transparenz verleiht. So wäre z.B. eine Untersuchung über den (zunächst) metaphorischen Gebrauch der christlichen Feste ergiebig. Das alte Wort *Sonntagskind* (nach Paul – Betz seit Fischart 1574) wird im
Biedermeier eine sehr beliebte Metapher und trägt noch etwas Sakrales in sich.
Ostern und besonders *Pfingsten* haben oft metaphorische Bedeutung. In einer Idylle
sagt der Pater zu dem Vater eines totgeglaubten Kindes:

> Ich wünsche dir viel Glück zu deiner *Weihnacht,*
> Zu deinem Freudenfeste! Daß es spät erst
> In heiteren *Charfreitag* sich verwandle [543].

So geheimnisvoll drückt man sich aus. Die *Karwoche* (Titel eines Gedichts von Mörike) wird ganz in den Frühling hineingestellt, so daß sakrale Metaphorik (»*des
Kreuzes Schatten*«, »*zum Muttergotteshause*« usw.) und Frühlingsmetaphorik (»*ihr
Vöglein hoch im Himmelblauen*«, »*im verjüngten Strahl der Sonne*« usw.) unauflös-
lich miteinander verschmelzen. Solche höhere Metaphorik ist der Zeit noch allgemein und ungezwungen eigen und kann von der »mythischen« Naturmetaphorik
kaum getrennt werden. Bei der katholischen Dichterin Annette ist der Zusammenhang besonders klar. Wie die christliche Metaphorik in die *Heidebilder* dringt und
sie auflichtet, so dringt die Naturmetaphorik verdumpfend in das *Geistliche Jahr,*
die religiöse Sprachtradition erneuernd [544]. Nur *eine* Strophe:

> Du Milder weißt aus allem Erdendunst
> Den warmen Lebensodem wohl zu scheiden,
> Gerechter du und doch die höchste Gunst,
> Des Sonne raget über *Moor* und *Heiden,*
> O kräft'ge deinen Strahl, daß er entglüht
> Die langverjährte *Rinde* mag durchdringen;
> Mach des erstarrten Blutes Quellen springen,
> Auftauen das erfrorne Augenlid [545].

Nicht die Anschaulichkeit der irdischen Realität, sondern die engste Verschmelzung
des Irdischen mit dem Überirdischen ist das Ziel dieser Ausdrucksweise. Daher die
Bilderhäufung*.

---

* Im größeren Zusammenhang behandelt das 4. Kap. (s. o. S. 348 ff.) das in dieser Zeit besonders komplizierte Problem der Mythologie.

Ironische Anspielungen auf die metaphorische Technik

Die ständige Gegenwart der Rhetorik und der besonders bewußte Umgang mit der Bildlichkeit führt häufig zur direkten Anspielung auf die entsprechenden literarischen Begriffe, wodurch die Metaphern oder Vergleiche natürlich ihren Ernst verlieren. In Immermanns *Tristan und Isolde* – der alte Stoff sollte durch Umsetzung in eine Art komisches Epos modernisiert werden – unterbricht sich der Erzähler nach einer Reihe großartiger Vergleiche (»*Nachtviole*« usw.) mit den Worten:

> Nun ende,
> Lied, solche *Gleichnißschwindelei'n*,
> Fall in gesetzten Gang und wende
> *Metapherlos* zu Menschen Dich!
> Der Mensch sich stets nur selber glich [546].

Mit der letzten Behauptung wäre weder Heine noch die Droste einverstanden gewesen. Hier spricht der nüchterne Immermann. Die Satiriker sind von alters her davon überzeugt, daß der Mensch den Tieren gleicht. Maltitz, einer von ihnen, entschuldigt sich einmal wegen seiner »*bestialischen Vergleiche*«; aber gleich ist er wieder bei seinem Thema vom »*säuischen Menschen*« [547]. Typisch für den Mörike-freund H. Kurz, der freilich ein geborener Realist war, ist die Entzauberung seines *Bergmärchens,* in dem die Rede vom Rücken eines Berges zunächst ernst genommen wird (Riese), durch die Bemerkung des Dicken: »Ei, das sind *bloße Metaphern*«. Der literarische Begriff dient hier einer komischen Schlußpointierung. Besonders im Lustspiel erscheint die Metapher gern in dieser Form. Benedix läßt einen Sprecher den Dr. Wespe so karikieren: »der Mensch ist ein *personifizierter* Glacéehand-schuh!« [548] In Deinhardsteins *Fürst und Dichter* sagt der Schriftsteller Kaufmann zum Herzog: »Gezwungen, Durchlaucht, gezwungen, meine Vorgesetzten setzen mir den Dolch auf die Brust, das heißt, wie wir Literaten uns ausdrücken – *figürlich*« [549]. Der erfahrene Theaterdichter könnte diese Pointe nicht benützen, wenn er nicht wüßte, daß die meisten Zuschauer in der Schule etwas über die Figuren der Sprache gelernt haben!

Auch im »Volkstheater« sitzt nicht nur das Volk. Nachdem in Meisls *Gespenst auf der Bastei* eine alte Jungfer die Stadien der Ehe nach dem alten Bild der Lebens-schiffahrt beschrieben hat *(Vorgebirge der Hoffnung, Bucht der Beschwerden, Anker der Festigkeit, Klippe des Überdrusses, Sandbank des Alters),* nennt ihr Partner die-sen Stil: »gouvernantische *hohe Redensarten*« [550]. Der Abstand dieser Art von Barocktradition zu Heine ist nicht so groß, wie die österreichische Forschung glau-ben machte. Dieser sagt nämlich einmal im gleichen parodistischen Geist nach Be-nützung der Schiffahrtsmetapher: »Doch ich will mich aus der *Metapher* wieder herausziehn und auf ein wirkliches Schiff setzen, welches von Hamburg nach Amster-dam fährt« [551]. Die Erwähnung des literarischen Begriffs kann bei Heine auch zur Unterstützung des Unsagbarkeitstopos dienen: »Vergebens siehst du mich nach *Bil-dern* schweifen / Und siehst mich mit Gefühl und *Reimen* ringen« [552]. Kühnes Bildlichkeit in der *Quarantäne im Irrenhause* (1835) leidet unter der Schizophrenie.

Auf der einen Seite häufen sich die Metaphern und Vergleiche in ungewöhnlicher Weise, auf der andern macht er immer wieder auf die Unzulänglichkeit des »Gleichniskrams« aufmerksam [553]. Der Hinweis kann sich mit einer Metapher verbinden und diese verstärken. Das Junge Deutschland, sagt er etwa, ist früh gealtert, ein steinerner Gast: Und wenn dieser »sich Calderons Blumenschmelz um die Finger wickelt, es wird dem Manne alles unter den Händen zu Stein, – ein steinern Grab« [554]. Kühne lobt die Interjektionen, weil diese die Sprache sozusagen ersetzen. Aber auch dieser Zweifel an der Sprache und Bildlichkeit ist im Grunde wieder nur eine Figur, ein Ausdruck der politischen und weltschmerzlichen Klage: »Es nutzt nicht viel, mit einem *Gleichnis* sich eine Anschauung von den Irrsalen des deutschen Lebens zu machen... Es nutzt nicht viel, sich mit *verblümten Redensarten* das weinende Herz zu trösten, und doch will man nicht verwunden mit spitzen Dolchen«.

Komische und satirische Metaphern

Die unmittelbar komische oder satirische Metapher läßt sich in ihrer Funktion nicht immer mit Sicherheit feststellen. Wenn in Immermanns Lustspiel *Die Prinzen von Syracus* eine Naturschilderung gegeben wird, in welcher der Morgen als *Jüngling,* die Sonne als *Braut* und *Fürstin,* die Blumen, Berge usw. als *Diener* erscheinen [555], so ist dies nicht unmittelbar komisch gemeint; aber es ist selbstverständlich, daß die Leichtigkeit des Komödienstils den Gebrauch kühner Metaphern weniger gefährlich erscheinen läßt und damit fördert. Altmodisch hörte es sich 1826 wohl schon an, wenn bei Maltitz »der Feind von dem hartnäckigen *Feldherrn Hunger* kommandiert, nicht aufhörte, solche entsetzliche Breschen in die *Bauchzitadelle* unseres Helden zu schießen«; denn sowohl Rückert wie Heine hatten schon eine weniger naive Form der komischen Bildlichkeit aufgebracht. Es entsprach ganz dem Geschmack der respektlosen Nachkriegsgeneration, wenn aus dem Feld der Ehre bei Rückert die Schenke wird und sich der Dichter wünscht, in ihrem Keller begraben zu sein *(Grabbestellung),* wenn entsprechend der Wirt als »*unser Herr auf Erden*« angeredet wird oder wenn bei Heine der ehrwürdige Thomas von Aquin grotesk als »*Ochse der Gelehrsamkeit*« erscheint. Die beliebte Personifikation der Nacht wird von Glassbrenner im Berliner Stil parodiert. Gegen Ende von *Ein Sonntag in Tempelhof* sagt der glückliche Bräutigam: »Und nun – Sie sehen, der Himmel hat bereits seine *jestirnte Nachtjacke* anjezogen – ist es bald Zeit, den Verlobungsschmaus zu begehen« [556]. Der Literarhistoriker Bouterwek parodiert in seiner gelehrten *Geschichte der Poesie und Beredsamkeit* bereits 1819 die Symbolik und Metaphorik des »Schellingianismus«: »Philosophisch sein sollende und alt-romantische Mystik durchdrangen oder, wie die neue Schule sich ausdrückt, *vermählten* sich und *schlangen sich in dieser Vermählung* so lange *umeinander,* bis die philosophierenden und dichtenden Mystiker sich in der Meinung vereinigten, nur im katholischen Kirchenglauben wohne die Wahrheit« [557]. Graf Benzel Sternau bedient sich weniger fein der alten Tiermetaphorik gegen die Kirche:

Ihr aber! *Natter in der Kutte!*
Ihr giftig Ungetüm in Gottes Kleid
Packt Euch zurück in Eures Klosters Mauern (1828).

Sinniger ist die Metapher, derer sich Schücking gegen den westfälischen Adel bedient: »hier, wo ihr im Unmut gegen die Welt *unter dem Schatten eurer heiligen Stammbäume zusammenhockt* und nichts lernt und nichts vergeßt« [558]. Auch die Historiker müssen dran glauben: »den Geist der Vergangenheit, nicht seinen *Leichnam* will die neue Welt«, meint Laube; die Geschichte ist ihm »traurige *Leichnamsgelehrsamkeit*« [559]. Immer wieder wird die Metapher des *Todes* oder, der hyperbolischen Neigung der Zeit gemäß, des *Leichnams*, des *Aases*, der *Verwesung* usw. auf die Vergangenheit und auf die ihr durch Tradition oder Historie verhafteten Stände angewandt. Auch die Metapher von der *Zeitkrankheit* ist beliebt und kann noch weiter versinnlicht werden; Mundt spricht von den »*Unterleibsbeschwerden* der Zeit« (1835). Die Gräfin Faustine schätzt die Poesie wenig; denn diese ist zum *Bücherwurm*, zum *Stubenhocker* geworden. Die *Firma* Familie haßt sie sogar. Doch will sie auch keine »*Amüsementmaschine*« werden (1841). Selbst die ironische Metapher kann sich ins Metaphysische steigern, dann nämlich, wenn sich die Satire nicht nur gegen einzelne Stände oder Lebensbereiche, sondern gegen die Welt und das Leben überhaupt richtet wie bei Büchner. Es wimmelt bei diesem Dichter von Weltschmerzmetaphern; ich zitiere zur Erinnerung nur einen Satz aus *Leonce und Lena* (I, 3): »Mein Kopf ist ein *leerer Tanzsaal,* einige *verwelkte Rosen* und *zerknitterte Bänder* auf dem Boden, *geborstene Violinen* in der Ecke, die letzten Tänzer haben die Masken abgenommen und sehen mit *todmüden Augen* einander an«. Diese Bilderkette wird von Vergleichen eingerahmt; im Satz davor vergleicht sich Leonce mit einem Bogen Papier, auf den er nichts zu schreiben weiß, im Satz danach mit einem Handschuh, den er ständig herumstülpt. Die Bildfolgen Büchners nähern sich also, wie die der Droste, durch die Absolutheit der Aussage der Bilderhäufung.

Der größte Meister der Witzmetaphorik ist, wie wir in anderen Zusammenhängen bereits gesehen haben, Heinrich Heine. Man kann dabei das Wort Witz sowohl im Sinne des ancien régime wie im modernen, punktuelleren Sinne des Worts verstehen; Heine brilliert in beiden Arten des Witzes. Er holt seine Metaphern nicht aus so entlegenen Bereichen wie Jean Paul, da er weniger verrätseln als treffen will [560]. Andrerseits sind seine Bildbereiche nicht so alltäglich wie die Wilhelm Buschs; er rechnet mit einem gebildeten Leser. Über Maßmann: »Die ganze Gestalt war eine katzenjämmerliche *Parodie des Apoll von Belvedere*«. Intolerante Atheisten sind »*Großinquisitoren des Unglaubens*«, Thiers ist ein Indifferentist, ein »*Goethe der Politik*«, die Académie royale de musique ein »*Invalidenhaus der Tonkunst*«, der Staatspapierkurs der »*Thermometer des Volksglücks*«, Chateaubriand der »*Don Quichotte der Legitimität*«. Heine selbst hält sich für einen »*Geistesbankier*«. Bei Goethe findet er statt der »höchsten Menschheitsinteressen« zu viel »*Kunstspielsachen*«. Der Berliner Komponist Kalkbrenner ist eine »ganz *marzipanene Erscheinung*« und Clauren ein »*Taschenbordellchen*«. Die Göttinger Professoren erscheinen als »*Universitätspyramiden*«, das so beliebte deutsche Gemüt ist eine »*Runkelrüben-*

514

vernunft« und die britische Bibelgesellschaft gar eine »*Christentums-Speditions-Sozietät*«. Es gibt den »*quecksilbergefüllten Jüngling*«, der Schillers Tugend preist, »*baufällige Hosen*« und »*jungfräuliche Seelen..., die nach grüner Seife riechen*«. Verbrauchte Metaphern werden öfters durch Antithesen erneuert: »Für euch den *Lorbeer,* für uns den *Braten*«. »Wir leben nicht mehr im *eisernen Zeitalter,* sondern im *flanellenen*«. Luthers »Gedanken hatten nicht bloß *Flügel,* sondern auch *Hände*«. Wir wissen bereits, daß Heine nicht davor zurückschreckt, den von der Rhetorik verbotenen »ganz gemeinen« Wortschatz zu benützen: »Als der Atheismus anfing, sehr stark nach *Käse, Branntwein* und *Taback* zu *stinken*«. Es gibt nicht nur den »*Glaubensstall*«, sondern auch den »*Freiheitsstall*«. Die letzten Beispiele verrieten Heines Neigung zum Begriffsbild. Auch die Vergleiche sind sehr häufig, vielleicht noch häufiger als die Metaphern; das ergibt sich aus Heines Streben nach möglichst großer Deutlichkeit.

Das Klarheits- und Flüssigkeitsideal, das man aus Heines Lyrik kennt, führt dazu, daß sich die einzelnen Metaphern und Vergleiche nicht so stark verselbständigen wie bei Jean Paul, sondern sich besser in den Kontext einfügen. Man soll sie sofort verstehen und lachen, nicht über sie nachdenken und staunen. Die Witzmetaphorik wird im Kontext oft durch eine pathetische Stelle vorbereitet, die metaphernarm ist. Heine denkt wie ein Lustspieldichter, der weiß, daß es nicht auf das ständige Lachen, sondern auf Lachsalven ankommt. Um sie zu bewirken, greift Heine immer wieder zu dem Mittel der *Metaphernkonzentration,* die aber nicht immer der uns schon bekannten Bilderkette entsprechen muß. Auch innerhalb des Satzes bildet die Metapher oft nur die verstärkende Schlußpointe; denn Heine fürchtet, wie alle seine Zeitgenossen, die Begriffssprache nicht grundsätzlich. Sie darf nach seinem Geschmack nur nicht matt, langgezogen und langweilig werden. Typisch ist die folgende Anklage, die ganz konventionell rhetorisch beginnt: »Widerwärtig, tief widerwärtig war mir dieses Preußen, dieses steife, heuchlerische, scheinheilige Preußen, dieser *Tartuffe unter den Staaten*« [561]. Man findet einen neuen Absatz nach dieser Stelle, der, wie beim Sprechen die Pause, den metaphorischen Dolchstoß noch verstärkt! Heine träumte davon, der Aristophanes seiner Zeit zu sein. Mit dem Blick auf die witzige Bildlichkeit, gerade auch die Sprachbildlichkeit, die als eines der wichtigsten Wertungskriterien gilt, muß man sagen: Er ist es. Nach diesem Maßstab erklärt Gottfried Keller zu Recht: »er hat alle Erfordernisse eines sogenannten Klassikers« [562].

Neigung zur Bilderhäufung

Am 13.2.1823 schreibt der junge Waiblinger in sein Tagebuch: »Die Bilder im Phaëthon sind viel zu gehäuft, und besonders das ewige ›wie‹ kehrt zu oft« [563]. Er hatte in der Schule gelernt, der gute Schriftsteller habe sich vor der *Bilderhäufung* zu hüten; aber eine ganze Reihe von Beispielen verriet uns bereits, daß der Biedermeierzeit die Verwirklichung dieses Ideals schwer fiel. Die gesteigerte Sprachbeweglichkeit, das Bedürfnis, mit der Sprache zu spielen und sie zu verschwenden, die irrationalistische Grundhaltung, die auch bei den Jungdeutschen insgeheim vorhanden war, die orientalische Mode und das Zurückgreifen auf den Barock, die Neigung zum Theatralischen und Hyperbolischen, womöglich zum Bombastischen, – alles das führte oft zur Überschreitung der Grenze, welche die klassizistische Rhetorik errichtet hatte. Ein besonders starkes historisches Gewicht gewinnt dieser Stilzug, wenn er bei klassizistisch orientierten Dichtern erscheint. Man prüfe die folgende Ode Platens unter diesem Gesichtspunkt:

Kassandra. (1832)

Deinem Los sei'n Klagen geweiht, Europa!
Aus dem Unheil schleudert in neues Schrecknis
Dich ein Gott stets; ewig umsonst erflehst du
    Frieden und Freiheit!

Kaum versank allmählig, im trägen Zeitlauf,
Jener Zwingburg südlicher Bau zu Trümmern,
Wo des Weltherrn Zepter dem Inquisitor
    Schürte den Holzstoß:

Sieh, da keimt schon, unter dem Hauch des Nordpols,
Frischen Unheils wuchernder Same leis auf:
Hoch als Giftbaum ragt in die Luft bereits dies
    Riesige Scheusal!

Selbst dem Beil fruchtloser Begeisterung trotzt
Dieser Stamm, der Alles erdrückt, und keiner
Wolke, weh uns, rettender Blitz zerschmettert
    Wipfel und Ast ihm!

Ketten dräu'n, wie nie sie geklirrt, der Menschheit
Bangen Hals zuschnürend, und parrizidisch
Reiht im Wettlauf mächtiger Ungeheur sich
    Frevler an Frevler!

Noch einmal, wie's kündet die alte Fabel
Über'm Haus blutgieriger Tantaliden
Sein Gespann rückwärts mit Entsetzen lenkend,
    Schaudert Apollo!

Zwar der Hahn kräht; aber er weckt die Welt nicht!
Selbst des Einhorns Stachel vielleicht zersplittert:
Adler Deutschlands, doppelter, kreise wachsam,
    Schärfe die Klau'n dir! [564]

Die Zensoren konnten zufrieden sein; denn die Anspielungen auf die unter dem »*Hauch des Nordpols*« (Rußlands) zustandegekommene und nach 1830 neubewährte Heilige Allianz waren durch Bilder so verschlüsselt, daß keine diplomatische Verwicklung und keine Wirkung auf den deutschen Nichtakademiker zu befürchten war. Man darf aber nicht glauben, daß die Tarnung Platens Hauptabsicht war. Für

Polen ist er in einer klareren Sprache eingetreten. Nur hier in der Ode galt es höchstes Stilniveau zu halten, und dazu gehörte für das Stilgefühl der Zeit die Bilderfülle. Man trotzt den Professoren, indem man stolz seine überreiche metaphorische Produktivität vorweist. Wenn Feuchtersleben in seinem Sonett *An den Grafen Platen-Hallermünde* (*Deutscher Musenalmanach* auf das Jahr 1834) den Dichter gebührend rühmen will, genügt es nicht, ihn im Stile des 18. Jahrhunderts mit Petrarca oder gar mit Pindar gleichzustellen, sondern es werden, neben den bekannten Vergleichen aus der natürlichen und übernatürlichen Welt, sechs Poeten aufgeboten, um die Dichterpracht des Grafen zu erhöhen:

> jetzt wie Stromes-rhythmus mächtig,
> Jetzt wie ein Honigfluß in Paradisen,
> Klagt's mit *Petrarca*, mit *Horazen* schmiegt sich's,
> Mit *Pindar* schwillt's, mit dir, mein *Tejer!* wiegt sich's,
> Lehrt mild mit *Goethe's* Ernst, buhlt mit *Hafisen*
> Bald leuchtend, bald verzehrend, immer prächtig [565].

Während die realistische Erzählprosa die Bildlichkeit gerne in den Dienst der Anschaulichkeit stellt, läßt sich am Beispiel der Biedermeierdichtung leicht nachweisen, daß die Konzentration des Ausdrucks der ursprünglichere Zweck der Metapher ist [566]. Ein wichtiger Teil der üblichen Grillparzerkritik beruhte darauf, daß der »Zusammenhang«, d. h. die einheitliche Gestaltung der von ihm verwendeten Bilder vermißt und so das in seinem Stil nachwirkende Erbe barocker »Verunklärung« nicht richtig erfaßt wurde. Dem Erzähler des *Armen Spielmann* war »der rückhaltlose Ausbruch eines überfüllten Schauspielhauses immer zehnmal interessanter, ja belehrender... als das zusammengeklügelte Urteil eines *an Leib und Seele verkrüppelten, von dem Blut ausgesogener Autoren spinnenartig aufgeschwollenen literarischen Matadors*« [567]. Wer in einer derartigen Bildkombination die Metaphern *verkrüppelt* und *aufgeschwollen* als Widerspruch sieht, statt sie einfach als Extremwörter und damit als eine Art *stilistischer* Synonyme zu interpretieren, wird dem Stil Grillparzers und seiner Zeit nicht gerecht. Besonders in den Dramen Grillparzers, und zwar noch in den späten, drängen sich die Metaphern und Personifikationen an den Höhepunkten so stark, daß es wenig Sinn hat, über ihre konzentrierende oder intensivierende Funktion hinaus, nach Zusammenhang oder Anschaulichkeit zu fragen [568]. Mörike war in Cottas Stuttgart der klassizistischen Kritik stark ausgesetzt und überprüfte seine Metaphorik immer sorgfältiger, aber noch auf den Höhepunkten der *Mozart*-Novelle gibt es vielzitierte Stellen, die von kühnen, ausschließlich intensivierenden Metaphernkonzentrationen leben: »Wie von entlegenen *Sternenkreisen* fallen die Töne aus *silbernen Posaunen, eiskalt, Mark und Seele durchschneidend,* herunter durch die *blaue Nacht*«. Der Anfang und das Ende des Vergleiches sind aufeinander bezogen; aber ohne die Metaphern in der Mitte fehlte dem Bild, mindestens nach den Begriffen dieser Zeit, die eigentliche poetische Fülle.

In der frühen Biedermeierzeit häuft man die Bilder noch ganz naiv und handwerksmäßig. Der »Bilderschmuck« ist ja wieder modern! Vergleicht man die folgende typische Schönheitsbeschreibung mit der barocken, so fällt auf, daß vollkommen neue, freilich z. T. sehr gesuchte Bilder (»*so schlank wie des Insectes Mitte*«) mit den traditionellen in friedlicher Koexistenz leben. Alte und neue Bilder vertrugen sich für das damalige Stilgefühl offenbar so gut, wie für viele Theoretiker die Monarchie und der Republikanismus:

> Zwei Augen aber, heller als *Krystall*, –
> Die Stimme – süßer als der *Silberklang* –
> Der Wuchs – noch grader als der *Blumenstengel*
> Die *Rosenwang'* – der *Lilienkelch* des Busens –
> Der Leib, so schlank wie des Insectes Mitte –
> Die *Alabasterglieder,* und das Haar
> So dunkelblühend wie die *schwarze Buche!* [569]

Die Bilderhäufung mag in der Zeit der orientalischen Mode ihren Kulminationspunkt erreichen; aber noch in der späten Biedermeierzeit gibt es sie oft in aufdringlicher Form, nicht nur unter dem Einfluß der Exotik (Freiligrath), sondern auch bei den Jungdeutschen, die sie in der Theorie als Verkleidung der nackten Wahrheit oder der politischen Tendenz ablehnen; und es gibt sie nicht nur in der Versdichtung, sondern auch in der Prosa. Die Bilderkette, das längere Festhalten an ein- und demselben Vergleichsbereich also, mag nun beliebter geworden sein; aber genauere Untersuchungen könnten wohl beweisen, daß diese ausgedehnten Metaphern oft unrein sind, sich also der Bilderhäufung nähern, oder daß sie bald abgebrochen und durch weniger traditionelle Vergleiche intensiviert werden. Sogar nach 1848, da die realistischen Programmatiker schon daran gegangen sind, diesem »genialen Unfug« Einhalt zu gebieten, findet man noch die überschäumende Lust an der Sprachbildlichkeit wie in der folgenden Metaphern-Klimax: »Jawohl, meine Herren, die *bescheidenen Veilchen,* die *Jungfern in grün,* sie sollen leben und wenn sie auch – *Astern* sind! Aber auch den stolzen *Kaiserkronen,* den wiegenden *Lilien* und den glühenden *Centifolien* ihre Ehre! Die genialen Mädchen sollen leben, die sich emanzipiert haben vom Philistertum, die, ich möchte sagen, echt *burschenschaftliche* [!] *Mädchen,* die *Trikolore der Freiheit, Gleichheit und Brüderlichkeit* aufgezogen haben« [570].

Mißlungene metaphorische Experimente

Die moderne Literaturwissenschaft wird die einzelnen Dichter nicht mehr nach ihrem Bilderreichtum oder ihrer Bildarmut bewerten, sondern immer nur nach dem Gelingen des einzelnen Textes fragen. Trotzdem läßt sich nicht leugnen, *daß eine Zeit, welche die Bildlichkeit so hoch schätzt, mehr riskiert und daß damit auch die Gefahr mißlungener Texte besonders groß ist.* Zunächst wird man vermuten, daß die Trivialschriftsteller allein dazu neigten, ein Stilmittel, das Mode war, zu mißbrauchen. Wir wundern uns nicht, wenn wir bei Epikern wie Fouqué oder Karl Beck lesen: »Zwei *Leichen* sind ihm Rest des Eigenthumes: / Die seines Vaters, und die seines Ruhmes« [571]. »Erschrick nicht, Kind, dein Vater hört / Die Mähr *aus meines Briefleins Munde*« [572]. Wir verstehen auch, daß gängige Hoftheaterdramatiker wie Müllner oder Raupach sich vergriffen: »Und klar ist: wenn der Prinz den Kopf verlor, / So *sank er in dem See des Busens unter*« [573]. Das bedeutet: verrückt wurde er durch seine Liebe. »*Das Wort ist rund, viereckig war die Tat*« [574]. A. Grüns »Poesie des Dampfes« fällt uns vielleicht im Österreich der Barocktradition nicht weiter auf: »Ich will indes hinab die Bahn des Rheines / Auf schwarzem Schwan, dem *Dampfschiff*, singend schwimmen«. Am wenigsten wundern wir uns im Trivialroman: Mimili »umschlang mich mit ihren *Schwanenhänden* ... sie warf mir mit ihren *Rosenfingern* die freundlichsten Küsse noch zu« [575]. »Was Eure *Kirschenlippen* verkünden, muß der Himmel verwirklichen, wie eines Engels Ausspruch« [576]. In der späten Biedermeierzeit gibt es fast noch schönere Stilblüten. Die Geliebte auf dem Sofa mit Kissen: »Eine *unschuldige Venus* lag sie in der Fülle jugendlicher Schönheit *wie unter Rosen begraben*« [577]. »Mein frommer Vater hatte, unbeschadet seiner Frömmigkeit, *der Liebesgöttin zu tief in die feuchten Augen gesehen*« [578]. Die Nacht in katholischer Mythisierung: »Das erste Mondviertel lag, *wie eine zerbrochene Hostie, im Heiligtum der sterngestickten Weltmonstranz*« [579]. So Ernst Willkomm, ehe die realistischen Programmatiker einen bilderarmen Stil vorschrieben. Doch läßt sich auch bei Levin Schücking und andern Erzählern um 1840 manches dieser Art finden. Einer merkwürdig altmodischen Bildlichkeit bedient sich oft der revolutionäre Arnold Ruge. Den folgenden Satz schrieb er am 13.9.1847: »Möge auch dieses Vorwort seinen Zweck erreichen und der rote Faden, das *Herzblut der Freiheit*, welches das einzige unzweifelhafte Verdienst dieser Schriften ist und sich durch alle hindurchzieht, dem Publikum einleuchten«. Bei Gutzkow, der die Bilder seiner Zeitgenossen gern kritisiert hat, lasen die Realisten mit Abscheu solche Sätze: »Die Zukunft ist eine *alte, zahnlückige Matrone, die mir den Schlafrock und die Pantoffeln bringt*« [580]. War dies besser als die Sprache der Romantiker? Arnim im *Landhausleben* (Leipzig: Hartmann 1826): »Indem sie die Wangen in die Höhe zog, um die Tränen entweder rein auszudrücken oder zu verstecken, traten die *Perlenbänke und Korallenriffe ihrer Zähne* deutlich hervor« [581]. Waren schließlich alle geistlichen Verse der Droste zu verteidigen?

> Deine Gnad ist weich und warm,
> Mag der Sorgfalt nicht entbehren,
> Und mein Herz war kalt und arm
> Solchen zarten Gast zu nähren;
> Aber wie die Quellen springen
> Losgerissen von dem Weh,
> Taucht sie sich mit milden Schwingen
> In den heißen roten See.

Wer die übergroße Beliebtheit der Herzmetaphorik in der Biedermeierzeit kennt, wird sie auch im »*heißen roten See*« erkennen. Vielleicht hätte sich etwas daraus machen lassen; aber ist das Bild in diesem Kontext *(Schwingen!)* möglich?

Meine Beispiele sollten beweisen, daß die Vorstellung von den Trivialschriftstellern nicht ausreicht, um alle mißlungenen Bildlichkeitsexperimente zwischen Romantik und Realismus zu erklären. *Man war sich der Größe des sprachlichen Wag-*

nisses fast nirgends hinreichend bewußt, und so ließen es die Dichter immer wieder an der nötigen Vorsicht fehlen. F. Th. Vischers »Haar in der Suppe« findet man gerade an dieser Stelle allzu leicht, – auch bei Heine, Mörike und Grillparzer. Die Folge war, daß man gegen die ganze Zeit, die Jean Paul verehrt hatte, und gegen die gesamte Bildlichkeit mißtrauisch wurde oder sie sogar schroff verurteilte.

Die Ablehnung des »Geblümsels« in der realistischen Kritik

Eduard Engels *Deutsche Stilkunst,* die verspätet, gerade in der Zeit, da die moderne Literaturrevolution stattfand (1. Aufl. 1911, 31. Aufl. 1931), das Erbe des Realismus für die Schule kodifizierte, stellt die Dichter der Biedermeierzeit in dem Abschnitt »Bild« neben Hofmannswaldau: *Die geistreichelnde »Bilderei« ist das gemeinsame Laster der barocken und der jungdeutschen Poeten.* Engel nennt Mundt, Börne, Saphir, Lenau, Grün, Laube, Heine und findet »die wildeste Bilderei« bei Redwitz [582]. Die Liste ist ganz zufällig. Selbstverständlich hätte Eduard Engel bei größerem Wissen Mörike, die Droste und vor allem Rückert, den Hofmannswaldau oder Lohenstein der Biedermeierzeit, ebenso verurteilt. Es geht hier nur um das Prinzip der wilden Bilderei, nicht um das Können des einzelnen Dichters: »Jean Paul, der ewig Bildernde, bildert unvermeidlich auf zwei Seiten mindestens dreimal schief und krumm« [583].

Wir lehnen heute diese generelle Verurteilung ab; aber im historischen Sinne wird man zugeben, daß die *realistische Kritik* in den *Grenzboten* (seit 1848) nach so viel Bilderspiel an der Zeit war. Hebbel schreibt schon am 4.9.1846 in sein Tagebuch: »Gleichnisse, die nichts tun, als daß sie das schon einmal Gesagte in der Bildersprache wiederholen, ohne ihm etwas Ersprießliches hinzuzusetzen, sind völlig unfruchtbar und darum durchaus verwerflich« [584]. Der Dichter scheint das Begriffsbild, überhaupt die metaphorische Umschreibung, die so bezeichnend für die Biedermeierzeit ist, zu meinen. Der Weg, den er ging, nämlich von der Metapher zu dem in sich abgeschlossenen symbolischen Gegenstand, wurde uns bereits durch die letzte Strophe des Gedichtes *Ich und Du* deutlich (vgl. o. S. 509). Mörike scheint in einem Brief an Stahr (14.11.47) eine ähnliche Entwicklung zu empfehlen, wenn er rät: »Ein bei Gelegenheit eines Liebeslieds von Ihnen gebrauchtes Gleichnis (von dem zusammengebogenen Rosenzweig) ist, nebenbei gesagt, eines eigenen Gedichtes wert« [585]. Vergleicht man Mörike mit seinem norddeutschen Freund und Schüler Storm, so bemerkt man ganz deutlich eine Verminderung der Metaphorik; ein Zuwachs an Symbolik mag diese kompensieren. Man denke an die Monatsgedichte Storms; z. B.

Juli

Klingt im Wind ein Wiegenlied
Sonne warm herniedersieht,
Seine Ähren senkt das Korn,
Rote Beere schwillt am Dorn,
Schwer von Segen ist die Flur –
Junge Frau, was sinnst du nur? [586]

Der Biedermeierdichter hätte es kaum fertiggebracht, den Begriff, der hinter den einzelnen Bildern steht (fruchtbare Zeit), nicht auszusprechen. Andrerseits hätte er versucht, ihm mit Hilfe von Metaphern mehr dunkles Geheimnis, mehr Mythos mitzugeben (Typus: Mörikes *Um Mitternacht*). Dem realistischen Prinzip entspricht auch C. F. Meyers Bemerkung gegenüber Lingg: »Was will ein Metaphorchen heißen gegen den Eindruck des Ganzen, auf welchen allein alles ankommt«. Solche Äußerungen findet man während der Biedermeierzeit kaum; denn ihre Dichter sind Okkasionalisten, Dualisten oder Partikularisten, welche den verschiedenen Formen irdischer Ganzheit und Einheit prinzipiell mißtrauen. Übrigens hat sich bei C. F. Meyer von der traditionellen Metaphorik, die wir im Biedermeier fanden, genug erhalten: »*eine Flamme zittert mir im Busen*«, *lodernde Augen, glühende Blicke, Farbenglut, Wipfelmeer* u. dgl. Seine Erscheinung weist voraus und zurück; Realist, nach dem Programm des bürgerlichen Realismus, ist er niemals ganz.

Der Abbau der Metaphorik setzt vor 1848 ein. So wird z. B. Scotts »welleducated« in einer *Waverley*-Übersetzung von 1831 noch ganz blumenreich übersetzt: »Die Natur hatte ihr Füllhorn reichlich über sie ausgeschüttet«. 1840 heißt es ganz knapp: »sie hatte eine gute Erziehung« [587]. Gutzkow sieht die stilgeschichtliche Entwicklung überraschend scharf, wenn er um 1840 feststellt, daß der weitschweifige Ausdruck »der Rhetorik nicht mehr der Poesie« angehört [588]. Er steckt als Schriftsteller selbst noch tief in der Rhetorik; aber als Kritiker kennt er schon die Aufgabe, die der Zeit gestellt ist. Andrerseits setzen sich die Wertungskriterien der Grenzboten-Kritiker nach 1848 nicht sogleich durch, so daß es eine breite Übergangszone gibt. Der Referent, der im 8. Band des großen Sammelwerks *Die Gegenwart* (Leipzig: Brockhaus 1853) auf »die neue deutsche Lyrik« der vergangenen Jahrzehnte zurückblickt, ist mit dem Geleisteten noch ganz zufrieden: »Im allgemeinen hielt sich die überwiegende Bildlichkeit des Ausdrucks doch von Schwulst frei, indem die Bilder nicht wie leere Anhängsel um die Gedanken herumhingen, sondern sie präzis und kernhaft ausdrückten« [589]. Man muß bedenken, daß die Biedermeiertradition stark und expansiv war *(Gartenlaube)* und die großen Realisten erst durch den Naturalismus die ihnen gebührende Stellung in der Literatur erhielten. In unserer Zeit (1960) erschien eine Stilblütensammlung aus der sechzehnbändigen Gesamtausgabe Julius Stettenheims, geb. 1831, genannt Wippchen, der noch die Kriege, die zum Bismarck-Reiche führten, ganz im Stile Claurens und Willkomms beschrieben hat: »Sie wissen, wie viele Kriege ich seit mehr als sieben Jahren unter der Feder hatte, wie manchen Feind ich aufs Papier warf. Manchen Bogen Papier bedeckte ich mit Leichen« [590]. So etwas genießt man heute als gute alte Zeit. Aber eben die Mächtigkeit der Biedermeiertradition ist es, die ein unbefangenes, historisches Verständnis der Biedermeierzeit so lange verhindert hat.

Stifter strich schon in den Studienfassungen seiner Novellen eine Menge allegorischer und metaphorischer Ausdrücke, so in der *Narrenburg:* »Die beiden Männer sahen, gegeneinander gehalten, aus *wie der Nutzen und wie die Dichtung*«. Oder: »Auf seinem Herzen lag es *wie alle Erze und Berge der Welt*«. Oder: »Diese Züge waren so furchtbar verwittert *als hätten Jahrhunderte des Elendes und des Ent-*

zückens hineingeschnitten«. Solche großartigen Vergleiche erscheinen dem neuen, realistischen Geschmack unbrauchbar. Wenig verändert ist die folgende Stelle der Studienfassung: »*Der Geier, der an seinem Gehirne fraß*, das Mißtrauen an sich selbst, stand auf und *schlug ihm die düstern Flügel um das Haupt*«. So schöne Bilder (mit metaphysischem Hintergrund!) konnte Stifter, ein Jahr nach Mörike geboren, doch nicht opfern! Ganz im Stile des Grenzboten-Realismus gehalten ist dagegen die Entmythisierung der folgenden Stelle. Erstfassung: »O, wie war ich erleichtert, als ich den *furchtbaren Alp von mir geschleudert*«. Studienfassung: »Und nun erst *war mir leichter*«.

Die Wandlung Gottfried Kellers zu einem realistischen Dichter ist begleitet von dem Entschluß, das »subjektive und eitle Geblümsel« zu überwinden (Brief an Freiligrath 22.9.1850) [591]. Leichter als die beiden Fassungen des *Grünen Heinrich*, deren erste ja schon von diesem Entschluß profitierte, lassen die Gedichtsammlungen von 1846 und 1883 den uns interessierenden Schritt von der Biedermeierzeit zum Realismus erkennen. 1883 »*wimmelt*« die Ernte nicht mehr auf der Flur, sondern sie »*lagert*« (*Wochenpredigt*). Die jungen Leute »*trinken*« nicht mehr froh das Morgenwehn, sondern sie »*atmen*« es ganz schlicht *(Die fahrenden Schüler)*. Aus »*klingenden* Speichen« werden nüchterne »*drehende* Speichen« *(Sonnenaufgang)*. Daß die Ernüchterung nicht nur ein Stilwechsel, sondern tiefer begründet ist, läßt die Änderung von zwei Versen in dem Gedicht *Auf der Landstraße* ahnen.

> 1846: Ich weiß gewiß, es hat mein Lieben
> Der wahre Gott in seiner Huld
> 1883: Ich weiß gewiß, es steht mein Lieben
> Im goldnen Buch der höchsten Huld.

Unmöglich wäre die Umschreibung von 1883 auch in der Biedermeierzeit nicht gewesen. Keller redigiert mehr, als daß er neudichtet; aber der unverbindlich aufgeputzte abstrakte Begriff »der *höchsten Huld*« erscheint dem alten Freidenker doch ehrlicher als das schon in der Urfassung eingeschränkte, zur Metapher abgesunkene Wort *Gott*.

SONSTIGE MITTEL SPRACHLICHER INTENSIVIERUNG.
DER GROSSE SPIELRAUM GRAMMATISCHER UND KLANGLICHER ART
(DIE FEHLENDE »KORREKTHEIT«). THEORIE UND PRAXIS DER SYNTAX

Typische Mittel der rhetorischen Intensivierung

Wenn wir im letzten Abschnitt der Wortbildlichkeit besondere Bedeutung gaben, so mag darin, trotz des weithin anerkannten Stilvorbilds von Jean Paul, schon eine gewisse Modernisierung der vorrealistischen Literatursprache liegen; denn die immer noch herrschende Rhetoriktradition bewirkte, daß man noch kaum Akzente solcher Art setzte. Wer irgendein Lehrbuch der Zeit, z.B. Philipp Mayers *Theorie und Literatur der deutschen Dichtungsarten, Ein Handbuch zur Bildung des Styls und des Geschmacks, Nach den besten Hülfsquellen bearbeitet* (3 Bde., Wien 1824), aufschlägt, bemerkt, daß zwar der Versuch gemacht wird, die Stilistik in die Poetik zu integrieren, daß aber in dem entsprechenden Einführungsteil (»Vorstudien«) die traditionellen Begriffe der Rhetorik noch immer so vollständig wie möglich aufgeführt und erläutert werden. Mayer unterscheidet Tropen (Metapher, Prosopopöie, Allegorie, Metonymie, Synekdoche), Wortfiguren (Asyndeton, Polysyndeton, Coacervation, Epitheton, Inversion, Repetition), Redefiguren (Apostrophe, Exclamation, Antithese, Gradation, Interrogation, das Gespräch, Comparation, Gleichnis). Abgesehen von der mangelhaften Systematik, die sich in solchen Einteilungen der Schule bemerkbar macht, ist zu fragen, ob alle diese Stilbegriffe den Autoren tatsächlich noch gegenwärtig waren. Im Falle von Heine, Sealsfield, Gotthelf, Gutzkow, Stifter u.a. wäre bei näherer Untersuchung die Frage mit ziemlicher Sicherheit zu bejahen. Bei weniger gebildeten oder bewußt naiven Dichtern wie Raimund, Grabbe und Mörike ist die Erwerbung oder Bewahrung stilistischer Schulkenntnisse schon zweifelhaft, und bei dem großen Heer der schriftstellernden Frauen, zum Teil auch der Junker, dürften die geschulten Stilisten von den reinen Praktikern an Zahl weit übertroffen worden sein. Trotzdem darf man davon ausgehen, daß der stilistische Irrationalismus noch nicht so weit entwickelt war wie in der zweiten Hälfte des 19. Jahrhunderts und daß auch der durchschnittliche Praktiker danach strebte, der Rhetoriktradition durch möglichst vielseitige Verwendung der überkommenen stilistischen Mittel zu entsprechen.

Wenn Helmina von Chezy in ihrem Rittergedicht *Die drei weißen Rosen* (*Urania* für 1821) Metaphern verwendet, so achtet sie darauf, daß der hohe Stil durch die üblichen, *vor das Beziehungswort gestellten Genitive* unterstützt wird. Nicht *Licht der Wahrheit*, sondern »*der Wahrheit Licht*«; es scheucht »*des Irrtums bangen Traum*«. Fällt das Wort Provenzalen, so denkt man gleich an »*Der Dichtung Palm' in Heldenkranzes Strahlen*« [592]. Auch wenn der Genitiv ein Attribut hat, wird er gerne vorangestellt, weil auf diese Weise die Stilspannung noch gesteigert wird:

»Da zeiget sich in *edlen Waltens Triebe* / Im Werk von Menschenhänden Gottes Liebe«. Lenau: »Wie einst *in schöner Augen milden Strahlen*«. Erweiterungen des Nominativs verhindern die Genitivkonstruktion nicht: Lenau: »*Des Papstes jede Miene, jedes Wort*« [593]. Goethe *(Es ist gut)*: »Da lagen nun, in Erdeschranken, / *Gottes zwei lieblichste Gedanken*«. Der junge Büchner, der seinen Eltern ein Gedicht zu Weihnachten 1828 schenkt *(Die Nacht)*, spürt, daß es mit der Verwendung der antiken Mythologie nicht getan ist. Der vorgestellte Genitiv und die rhetorische Frage müssen das beliebte Stilmittel unterstützen:

> Doch was dämmert durch *der Tannen Dunkel,*
> Blinkend in *Selenens Silberschein?* [594]

»*Feiger Schutzwehr*« statt *Schutzwehr von Feigen* sagt Grillparzer im *Bruderzwist*. Die vorgestellten Genitive sind auch in der späten Biedermeierzeit sehr beliebt. So verwendet sie die Droste bis zuletzt besonders gerne, in enger Verbindung mit anderen Intensivierungsmitteln wie z. B. in den folgenden Versen aus dem Gedicht *Das Liebhabertheater*:

> Und denkst du wohl, wir hätten finstre Nacht?
> *Des Morgens Gluten* wallten eben noch,
> Rotglühend, wie *des Lavastromes Macht*
> Hernieder knistert von *Vesuves Joch*;
> Nie sah so prächtig man Auroren ziehen!

Die Genitive haben die gleiche intensivierende Wirkung wie der großartige Vergleich und die mythologische Überhöhung der Morgenröte. In den *Heidebildern* ist es manchmal anders. Da geht es oft um das konkretisierende Wort, und doch wird auch dieser scheinbar realistische Stil noch von dem Verlangen nach *großem Wort und Bild* überformt:

> Die Waldung drüben – und das Quellgewässer –
> Hier möcht ich Heidebilder schreiben, zum Exempel:
> ›*Die Vogelhütte*‹, nein – ›*der Herd*‹, nein besser:
> ›*Der Kniende in Gottes weitem Tempel*‹ [595].

In den Balladen der Droste ist eine intensivierende Wortwahl vollends an der Tagesordnung. Ich gebe eine kleine Auswahl aus *Der Tod des Erzbischofs Engelbert von Köln*: »Und *wo sich wüst das Dickicht ballt*«; »*wie gepeitschte Hunde*«, »*Pfaffenknecht*«, »*alte Vetteln*«; »*Wie dämmerschaurig ist der Wald*«; »*Von Sturmesflügeln hergetragen*«, »*Windesodem*«; »*Hussa, hussa, erschlagt den Hund* / *Den stolzen Hund!*«; »Sein Streich war eine *Flammenschwinge*«; »*Blutrote Rinnen tröpfeln, schleichen*«; »*Ach, Wund an Wund und blut'ge Zacken!*«; »Und *Hagel peitscht der Rippen Höhlen*«.

Seit der realistischen Poetik gilt die Neigung zur rhetorischen Übertreibung als Kennzeichen der Trivialliteratur. *Bei der Bewertung der vorrealistischen Literatur muß man, strenggenommen, zwischen guter und schlechter Rhetorik unterscheiden;* aber das fällt uns schwer. »Judiths Haar sträubte sich, und die Mutter rief mit frostig klappernden Zähnen: ›Horch! Horch! O mein Herrgott! Judith! das ist der Tote aus dem Sumpfe, und verlangt nach seiner Habe‹«. Die Stelle stammt aus Carl

Spindlers Roman *Der Jude* [596], dem wir gerne einen trivialliterarischen Charakter zuschreiben. Ob freilich die folgende schaurige Stelle aus einer Novelle des verdienten Wilhelm Müller besser ist? »Die schwere Bibel, mit scharfem Silberblech beschlagen, hatte getroffen, aber nicht ihr Ziel. Albert lag am Boden und das Blut quoll unaufhaltsam aus seiner Stirn und aus einer Augenhöhle hervor, und Bernhard wälzte sich wie ein Rasender über ihn her und bedeckte seine Wunden mit Küssen und Tränen« [597]. Wir stellen ohne Verwunderung fest, daß in L. Schückings Roman *Die Ritterbürtigen* das Wortfeld des Dämonischen fast noch stärker ausgeprägt ist als bei der Droste: »ihr Gesicht hat eine *gelblich marmorne Blässe und kalte Starrheit*«; »*tiefe Stirnfalte*«, »*eisige Blicke*«, »*hinstieren*«, »*unheimlich*«, »*schrecklich*«, »*wie eine Medea*« [598]. Aber wir beobachten, daß der urwüchsige Sealsfield den verliebten Oberst Morse im *Kajütenbuch* kaum origineller beschreibt: »Sein Herz pochte, sein Gehirn brannte, sein Blut kochte fieberisch in den Adern, aber die Zunge klebte ihm wie am Gaumen, die Glieder schienen ihm ihren Dienst zu versagen« [599]. Der feingebildete Hegelianer Julius Mosen gibt noch 1842 einem erotischen Höhepunkt die folgende Gestalt: »Ihre Lippen glühten zusammen, bis Isabella in sich zusammensank und ohnmächtig in seinen Armen lag. In diesem Augenblicke war es ihm, als wäre die Erde unter seinen Füßen entwichen und er flöge mit ihr empor dem ewigen Frühling und der himmlischen Freiheit entgegen« [600]. *Die irdische Wirklichkeit zwischen Himmel und Hölle hat es ganz offensichtlich noch schwer, sich in ihrer differenzierten Eigenart ruhig zu entfalten.* Der folgende Höhepunkt aus Gotthelfs *Schwarzer Spinne* steht wie die bereits zitierten Stellen unter dem Gesetz der rhetorischen Intensivierung: »Da berührte der spitzige Mund Christines Gesicht, und ihr war, als ob von spitzigem Eisen aus Feuer durch Mark und Bein fahre, durch Leib und Seele; und ein gelber Blitz fuhr zwischen ihnen durch und zeigte Christine freudig verzerrt des Grünen teuflisch Gesicht, und ein Donner fuhr über sie, als ob der Himmel zersprungen wäre« [601]. Wie in diesem Zitat das Wort *spitzig* zweimal erscheint, so scheuen auch gemächliche Erzähler wie der alte Tieck nicht davor zurück, durch Wiederholung von Wörtern wie *wild, glühend, brennend, dunkel, irr* dem Text an passender Stelle einen gesteigerten Effekt zu verleihen.

Eine ähnliche Funktion hat der *Superlativ*, vor allem dann, wenn er mehrmals erscheint und die Wortwiederholung verstärkt. Die Vereinigung des Paars am Ende des erwähnten Rittergedichts *Die drei weißen Rosen* feiert eine Ottaverima mit vier Superlativen, von denen die beiden letzten identisch und im Sinne des Biedermeiers die eigentlichen Sinnträger sind; denn auf die absolute Reinheit der Lust und Liebe kommt es an:

> O *schönstes* Glück, *holdseligstes* Entzücken,
> Als nun der Jüngling, seiner kaum bewußt,
> Die schlanke Palma sieht, mit sanften Blicken,
> Die weißen Rosen an der keuschen Brust.
> Als Ernst nun eilt, ihn an sein Herz zu drücken,
> Aus Gerhards Thränen glänzt die *reinste* Lust,
> Und Carl und Hildegard mit feuchten Augen
> Den Wonneglanz der *reinsten* Liebe saugen! [602]

Zschokke bevorzugt in seiner Erzählprosa Intensivierungen mit Hilfe von *sehr, ganz, ungemein, vollkommen, unendlich, höchst, unaussprechlich.* Aber die Freiheit in diesem Bereich ist sehr groß. Mit »*blutbegierigstem* Geschrei« (1840) drängen die katholischen Eidgenossen während der Schlacht bei Kappel zur Zürcher Fahne, vor der Zwingli steht. Doppelsteigerung ist beliebt. Jean Paul spricht von »den *urältesten* Bauernregeln«. Bei dem superlativischen Sealsfield tobt das herrliche Geschöpf nicht nur, es tobt »in seiner *lieblich wilden Raserei*« (1845). Sogar bei Heine stören den modernen Betrachter übertreibende Ausdrücke wie »*heutigst*« oder »*einzigst*« [603]. Daß im komischen Ton die Übertreibung ganz unentbehrlich ist, versteht sich: »er durfte seinen jungen Schnurrbart auf die *kußlichsten* Lippen ganz Schlesiens drük-ken« (Georg Weerth) [604]. Die Neubildung, der Superlativ und die geographische Hyperbolik stützen sich in diesem Satz gegenseitig.

Was der Biedermeierzeit, auch ihren revolutionären Schriftstellern, »Redekunst« war, erscheint uns heute oft als Naivität, als ein unglaublich handfester Umgang mit der Sprache. Besonders der ungenierte Einsatz klanglicher Mittel verrät einen großen Abstand von der Sprachsituation des 18. Jahrhunderts, die zur Einführung der anti-ken Metren führte, – von der stilistischen Empfindlichkeit heutiger Dichter gar nicht zu reden. Der einfache Reim genügt vielen Poeten nicht. Der intensivierende *Refrain* ist überaus beliebt, auch bei Dichtern wie Herwegh und Kinkel, die dem weltanschau-lichen und politischen Fortschritt huldigen. Der *Binnenreim* ist wieder ein selbstver-ständliches Intensivierungsmittel. So scheut etwa der Fürstbischof Melchior Diepen-brock nicht davor zurück, einen andern geistlichen Würdenträger durch ein Festlied zu ehren, das mit folgenden Versen beginnt:

> Ihn *beschweren* alle *Ehren*
>   Aller Feier ist er feind,
> Denn die *Demuth* sieht mit *Wehmuth,*
>   Was nicht Gottes Ehre meint.
>
> Doch gibt's *Feste,* wo als *Gäste*
>   Engel selbst mit uns sich freu'n,
> Wo sie *kommen,* um den *Frommen*
>   Gnaden auf den Weg zu streu'n [605].

Die *Düfte* pflegen im gleichen Vers die *Lüfte* nach sich zu ziehen (1821), das *Blut* muß *fluten* (1821). Eine Mädchenschar ist »*lockend, neckend* und *versteckend*« (1841). Läßt sich eine Antithese hinzufügen, so ist der Poet noch zufriedener: »So *wild,* so *mild,* / Bei Gott es ist ein herrlich Bild«. Einen Ehebruch markiert der revo-lutionäre Karl Beck durch einen jähen Wechsel des Metrums; aber vollkommen effektvoll wird dieser Höhepunkt für das Sprachgefühl des Poeten erst durch den gleichzeitigen Binnenreim:

> An seinem Halse hangt sie immer noch, –
> Schaut wechselnd bald zum Himmel bang empor,
> Bald ins geliebte Antlitz, – lehnt ihr Haupt
> An seine Wangen, – dreht es immer mehr –
> Und mehr, – ihr Mund bewegt sich immer näher

Dem seinen zu, – es fallen ihr die Haare
Ins Angesicht – die Augen sind gebrochen, –
Die Lippen saugen sich mit süßer Wuth
Fest an die seinen, fest, bewußtlos nippend,
Es perlt ein warmer Schaum darüber hin, –
Sie ruht besinnungslos in seinen Armen, –
Trunken, – versunken! verloren! verloren! [606]

Bei einem so naiven Verhältnis zu den klanglichen Mitteln der Sprache versteht es sich, daß die *Onomatopöie* noch oder wieder volles Ansehen genießt, und zwar keineswegs nur im Kinder- oder Volkslied. Sogar in den raffinierten Novellen des alten Tieck gibt es auffallend häufig lautnachahmende Wörter wie *Gerassel* und *Getrappel.* Auch das Spielen mit einzelnen Wortstämmen, das in der Lyrik der Zeit so beliebt ist, findet man an Höhepunkten seiner späten Novellen: »O mein *liebstes, liebstes* Kind, sagte sie dann schluchzend, wie unendlich *liebe* ich Dich!« [607] Die Innigkeit des Gefühls wird durch eine scheinbare Spracharmut zum Ausdruck gebracht. Jean Paul sagt in seiner Abhandlung von den Doppelwörtern, trotz seiner Abneigung gegen den Bindevokal s, mit Rücksicht auf den einleuchtenden Unterschied von Landsmann und Landmann, »daß man in der Sprache nicht genug Schattierungen von Schatten, Halbschatten, Viertelschatten haben kann«; aber die Sprachform, vor allem die Neubildung *Viertelschatten,* deutet an, daß ihm auch bei dieser Aussage das *Wortspiel* die Hauptsache ist. Sein Schüler Rückert hat ganze Gedichte aus einzelnen Wortstämmen herauspräpariert (z. B. *Kleines Frauenlob, Die geschossenen Böcke*). Das literarische Kunstgewerbe, das er auf diese Weise betrieb, wurde selbst seinen Zeitgenossen oft zu viel. Doch verteidigte er unentwegt das Wortspiel als Anfang und Ende sprachlicher Betätigung.

Daß die *Anaphorik* so wichtig wie die Metaphorik ist, lehrt jeder Blick in das Schrifttum der Biedermeierzeit. Noch heute erscheint es uns ganz legitim, wenn der Satiriker auf den Begriffen, die er verabscheut, mit der Hilfe derber Wiederholungen herumhackt:

Geld ist Liebe, *Geld* ist Tugend,
Geld ist Unschuld, *Geld* ist Jugend.
Wer kann da den Männern trauen,
Das ist *Zeitgeist,* würd'ge Frauen.
Schöne Zeit! schöne Zeit!
Wo die Ehr' auf Pfänder leih't [608].

Die Hervorhebungen stammen vom Autor, unterstützen also naiv die sprachliche Gestalt; sie ersetzen in vielen Texten dieser Zeit den dozierenden Rezitator. Jedes Kind soll bemerken, daß der vielgerühmte Zeitgeist und das schnöde Geld der gleichen geistigen Wurzel entstammen. Wenn der Höfling Eduard von Schenk ein *Gelübde* (Titel) für die alte Ordnung ablegt, so muß er seine Wiederholungen schon ein wenig variieren, damit sie nicht unfein wirken: »Der Kirche *treu*«, »*Treu* meinem König«, »Dem Alten *treu*« usw. [609]; aber die rhetorische Grundstruktur ist dieselbe. Gutzkow tadelt die »lyrische Zerflossenheit« seiner Zeitgenossen. Er fordert von den Poeten »Abgrenzung, Fixierung der Eindrücke, mehr Epigrammatik« [610]. Dieses brevitas-Ideal vereinigt die Jungdeutschen mit den besten konservativen Dichtern. Heine und die Droste sind sich im Streben nach einer gedrängteren Rhetorik einig. Auch jüngere Dichter wie Freiligrath entwickeln ihre Diktion in dieser Richtung. Die Masse der Dichter frönt aber bis in die vierziger Jahre der »lyrischen Zerflossenheit«, und noch bei den Besten bleibt ein rhetorischer Rest.

In der Tragödie ist die Anaphorik nach wie vor ein unentbehrliches Mittel des hohen Stils:

> Hier, wo der Jugend träumende Entwürfe,
> Wo des Beginnens schwankendes Bestreben,
> Wo des Vollbringens Wahnsinn-glühnde Lust
> Mit eins vor meine trunkne Seele treten,
> Hier, wo Zypressen von der Eltern Grab
> Mir leisen Geistergruß herüberlispeln;
> Hier, wo so mancher Frühverblichne ruht,
> Der meines Strebens, meines Wirkens sich erfreut,
> In eurem Kreis, in meiner Lieben Mitte,
> Hier dünkt mir dieser Kranz erst kein Verbrechen,
> Hier wird die frevle Zier mir erst zum Schmuck.

Unser Beispiel – es stammt aus Grillparzers *Sappho* (Vers 48–58) – ist nicht extrem. Die Abwechslung zwischen zwei Anaphern (*hier* und *wo*) und die Unterbrechung der sieben anaphorischen Verse durch vier nichtanaphorische mildern die rhetorische Mechanik, geben in Verbindung mit der Geste (*»dieser Kranz«*) der Sprache eine Offenheit, die nach der neubarocken Schicksalstragödie gewiß als stilistischer Fortschritt erlebt wurde. Das gleiche Ideal einer schmiegsamen Rhetorik kennen Theaterdichter wie Raupach nicht, verstehen jedenfalls nicht so gut, es zu verwirklichen. Dem späteren Grillparzer gelingt es noch besser, die Rhetorik gedrängter zu machen. *Aber diese selbst bleibt unentbehrlich.* Die großen prophetischen Reden Rudolfs II. wären ohne Anaphorik nicht das, was sie sind.

Daß die Anaphorik in komischen Dichtungen aller Art sehr beliebt ist, darf als bekannt vorausgesetzt werden. Da die Mechanisierung zur Grundstruktur des Komischen gehört, konnte eine mechanische Form der Anaphorik innerhalb der komischen oder satirischen Stilsphäre auch in den Zeiten einer organischen Dichtungstheorie kaum als störend empfunden werden. Fünf Verse aus Heines *Deutschland,* der Anfang von Kaput IV, mögen diese literaturwissenschaftliche Grundwahrheit belegen:

> Zu Köllen kam ich spät abends an,
> *Da* hörte ich rauschen den Rheinfluß,
> *Da* fächelte mich schon deutsche Luft,
> *Da* fühlt' ich ihren Einfluß –
> Auf meinen Appetit. Ich aß

Anders liegen die Dinge bei der ernsten Prosa; denn seit die realistische Poetik in der Schule herrscht, wird es schon dem Sextaner übelgenommen, wenn er jeden Satz seines Berichtes mit »*da*« beginnt. In der Biedermeierzeit gibt es solche Bedenken kaum; denn die Erzählprosa gehört noch zur Rhetorik. Tausend Doktoranden haben sich inzwischen darüber aufgeregt, daß Biedermeierjungfrauen etwa so emp-fohlen zu werden pflegen: »*diese* frische Farbe, *diese* heitere Stirne, *diese* kindlich reinen, milden Augen, *dieser* holde Mund war zur Liebe, nicht zur Verehrung aus der Ferne geschaffen« [611]. Der Erzähler will keine Individualität, sondern eine Ver-körperung der idealen Jungfrau geben, ganz ähnlich wie Rudolf I. für Grillparzer in erster Linie der Kaiser von Gottes Gnaden ist. Es ist leicht, in der Erzählprosa der Biedermeierzeit Stellen zu finden, welche den tieferen Hintergrund der Anaphorik, nämlich die Unterwerfung unter einen höheren Wert, durchscheinen lassen. Wir wählen drei Erzählpassagen aus der Zeit nach »Goethes Tod«. Sealsfield: »in diesem Wechsel liegt *etwas* Großes, *etwas* Erhabenes, *etwas,* das die Geschichtsblätter der Menschheit nicht zweimal aufweisen können!« [612] H. Smidt (nach der Predigt während einer Seeschlacht): »›*Amen!*‹ wiederholte de Ruiter, ›*Amen!*‹ sprachen die Offiziere ihm nach; ›*Amen!*‹ betete gläubig das gesamte Volk. Und lauter donnerten die Geschütze, näher brauste der Feind heran« [613]. R. Giseke: »Ich bin plötzlich *so* ernst geworden, in dieser Stunde *so* versöhnt, *so* entsagend, *so* gottergeben« [614]. Auch kollektive Aktionen und Situationen begünstigen die Anaphorik oder Epana-lepse: »›*Wollen mit gehen! Wollen mit gehen!*‹ riefen die Arbeiter« [615]. »›Ja! *macht Feuer! Macht Feuer!*‹ brüllte der Haufe« [616]. »*Einem* Strudel von Menschen und Tieren, Wagen und Pferden..., *einem* Chaos von Licht und Finsternis, *einem* Brausen und Brüllen, Heulen und Wimmern« [617]. Erst das, als Realismus sich ver-stehende, konsequent individualisierende Denken und Erzählen macht die Anapho-rik entbehrlich und verdächtig.

Das letzte Zitat verrät, wie leicht beim rhetorischen Erzählen Anaphern und *Anti-thesen* ineinander übergehen. Ein Sealsfield-Forscher findet auf elf Seiten vierzehn-mal die Gegensatzpaare *Gelächter* und *Geheule, Töne* und *Mißtöne* [618]. An leb-haften Stellen der Gotthelfschen Romane ließen sich gewiß ähnliche Zählungen vor-nehmen. Auf die tiefere Bedeutung dieser Antithesen weisen schon die Titel der Romane: *Süden und Norden, Der Legitime und die Republikaner, Geld und Geist, Zeitgeist und Bernergeist.* Die Antithese steckt nicht nur den Theologen, sondern dem ganzen, zum mindesten »polar« oder »dialektisch« denkenden Zeitalter in den Knochen. Wenn Heinz das traurige Gustchen vor einer Beerdigung küßt, bemerkt er: es ist eine »seltsam *harmonische Dissonanz* der Gefühle« [619]. Wenn sich der gleiche Erzähler satirisch äußert, nehmen wir ihm seine »harmonische Dissonanz« immer noch ab: »Nun, immerhin! *Eisenbahnaktien* und *Frömmigkeit* sind im Stei-gen« [620]. Was wäre Heine ohne die Antithese? Ein vergessener Vertreter der Emp-findsamkeitstradition! Selbst Rückert versucht öfters seinen Gedichten mit Hilfe der Antithese eine geistreichere Form zu geben. Ein Liebesgedicht z. B., aus dem Zyklus *Amaryllis,* das um das Wort *bitter* kreist, mündet in die Antithese: »im innern Kern *so süße*« [621]. Die Trivialliteratur läßt sich das beliebte Stilmittel nicht entgehen. Raupach gibt einer seiner Erzählungen diese Krönung: »Ein gellender Schrei erscholl von beiden Ufern; alles eilte herbei, um sie dem Strome zu entreißen; aber die mit-leidige Woge hatte sie verschlungen auf immerdar. Die *heilige Liebe* hat sie geführt an die Pforte des Todes, die *irdische Liebe* hat sie hinabgetragen in ihr kristallenes

Grab, die *ewige Liebe,* hoffen wir, hat sie dort empfangen und ihnen den Kranz gereicht« [622]. Noch schöner setzt Carl Spindler die obligate Antithese:»Esther könnte
jahrelang für Euch *sterben*... Ihr wagt es nicht, nur einen *Augenblick* für sie zu
leben!« [623]

Wir wollen nicht damit fortfahren, die Allgegenwart der vorrealistischen Rhetorik
am Beispiel einzelner Stilmittel und Gattungen nachzuweisen; denn dem aufmerksamen Leser verrieten schon die bisherigen Zitate die strukturelle Einheit der *verschiedensten* rhetorischen Elemente zur Genüge. Nur *ein* Punkt, der für die Frage
Differenzierung oder Intensivierung von besonderer Bedeutung ist, muß noch etwas
näher untersucht werden: der *Pleonasmus,* bzw. die Synonymik. Da das Problem in
dem Abschnitt über den Wortschatz schon berührt wurde, soll uns jetzt vor allem
die Kritik und die mehr oder weniger gelungene Einschränkung der intensivierenden
Worthäufung beschäftigen.

In der frühen Biedermeierzeit werden die idealisierenden Beiwörter vom durchschnittlichen Poeten ohne jede Hemmung gehäuft. Im Rittergedicht *Die drei weißen
Rosen* sind die Obotriten»Den Eichen gleich in ihrem schönen Lande / *Treu, stolz*
und *edel, ruhig, ernst* und *klar*« [624]. Ein wenig genauer sind die heidnischen Sachsen in der gleichen Dichtung dargestellt:

> Blauäugig, goldgelockt, schlank, frisch wie Blüten
> Sind diese freien Söhne der Natur,
> Die Stirn wie Schnee, der Rose gleich die Wange,
> Schnell wie das Reh und vor dem Tod nicht bange.

Der Vergleich mit dem *Reh* und das Adjektiv *schlank* sind einigermaßen neu; aber
die traditionellen Beiwörter und die Vergleiche verdecken diese schüchternen Ansätze zur Stildifferenzierung.

Bei Immermann treten die dreigliedrigen Formen gegenüber den zweigliedrigen
zurück. Zwar findet man noch Häufungen wie »*Überrascht, ergriffen, entzückt*«
oder »*sichtlich, körperlich, greifbar*« [625]; aber bezeichnender für Immermanns
Erzählstil sind Sätze wie der folgende: Der Herzog »war ein ganz guter, regelrechter
Katholik; doch betrachtete er, wie die meisten vornehmen Männer seines Glaubens,
diesen mehr als eine Sache für sich, von der nicht viel Wesens gemacht werden müsse,
und alles, was von fern nach Fanatismus oder Verbreitungssucht schmeckte, war
ihm im Grunde der Seele zuwider« [626]. Synonyme sind in diesem Text selten und
wo sie erscheinen, verdeutlichen sie den Sinn:»*regelrecht*« ist genauer als »*ganz gut*«,
die Neubildung »*Verbreitungssucht*« gibt dem Begriff *Fanatismus* einen bestimmten,
aktuellen Sinn; denn der Erzähler distanziert sich von den bekannten Konvertiten-
machern. In seinem Stilbewußtsein war Immermann, wie es scheint, noch radikaler
als in seiner Erzählpraxis; denn Grabbe schreibt ihm am 4.1.1835:»Mein Aschen-
br[ödel] ist Ihrem Wunsch gemäß nun erlöst von unnützen doppelten Worten, wo
und wie es ging« [627]. Nach dieser Briefstelle war Immermann ein grundsätzlicher
Feind der intensivierenden Synonymik. Allerdings muß man bedenken, daß diese
eine besondere Gefahr der vom Hoftheater beeinflußten Dramensprache war. In der
Erzählung gibt sogar der lakonische Büchner dem Pleonasmus einen begrenzten

Spielraum, z.B. »Lenz rannte durch den Hof, rief mit *hohler, harter* Stimme den Namen Friederike, mit äußerster *Schnelle, Verwirrung und Verzweiflung* ausgesprochen« [628]. Wie man sieht, verabscheut der als Realist gerühmte Dichter die Klimax nicht.

Der üppigere Rhetoriker ist natürlich wieder Sealsfield. Der folgende Satz stellt eine verführerisch tanzende Südländerin dar: »die Gliederchen, die elastischen Formen des Körperchens, die schwellenden Hüften *zuckten, schwollen, schwebten und bebten* unter den leichten, durchsichtigen Fädchen des Battistmantels« [629]. Der Erzähler will ein Wirklichkeitsbild geben; aber die Wirklichkeit selbst ist rauschhaft und läßt sich nur durch eine Häufung verwandter Verben vergegenwärtigen. Wie wenig differenziert die Wortwahl ist, wird deutlich, wenn man den Satz verkürzt: »Die *schwellenden* Hüften ... *schwollen*«. *Vor aufdringlicher Deutlichkeit scheut man auch am Ende der Biedermeierzeit nicht zurück.* So wird im folgenden Satz das einleitende »*herkulisch*« gegen Ende durch das Wort »*übermenschlich*« eigens übersetzt: »Es war eine herkulische Gestalt mit gebräuntem Gesicht, keckem, trotzigem Wesen, voll Verwegenheit und von fast übermenschlicher Stärke« [630]. Vielleicht nimmt der Erzähler auf den ungebildeten Romanleser Rücksicht. Freilich zeigt auch die Versepik der vierziger Jahre wenig Neigung zur differenzierenden Synonymik. Lenau, der Weltschmerzler, gibt in seinen *Albigensern* (1842) Lehren, die den Idealismus differenzieren; aber die rhetorische Synonymik ist noch fast die gleiche wie in der *Urania* auf das Jahr 1821:

> Liebe die Natur, die *treu und wahr*
> Ringt nach *Licht und Freiheit* immerdar,
> Wenn auch unter ihren heil'gen Füßen
> *Grau'n und Schmerz und Tod* aufwirbeln müssen [631].

Etwas genauer trifft die Worthäufung, wenn (ohne gute Lehren!) ein Eindruck von der Leiche der schönen Adelheid vermittelt werden soll:

> Das *schöne, starre, kalte* Nichts
> Das *grause* Nichts, das *taub und still*
> Noch immer das Verlorne scheinen will [632].

Das klingt einigermaßen originell. Doch versteht man Hebbel, der sich in seinen Tagebüchern und Rezensionen wiederholt darüber lustig macht, daß seine Zeitgenossen, besonders die Österreicher, einfache Sachverhalte möglichst ausführlich umschreiben. In seiner Tragödie freilich hat sich auch der norddeutsche Dramatiker von der Rhetoriktradition noch nicht gänzlich frei gemacht.

Berthold Auerbach lehnt in seinem Buche *Schrift und Volk* (1846) sogar für den Volksschriftsteller die Anpassung an die Volkssprache ausdrücklich ab; allerdings mit einer wichtigen Einschränkung. Kunstsprache, bemerkt er, bedeutet nicht, daß »man, wie namentlich häufig die Herren Pfarrer tun, auf jedes Hauptwort eine ganze Meute von Beiwörtern hetzt; die Bezeichnung der Spur genügt« [633]. Besonders die »zentnergewichtigen Beiwörter«, denen wir so oft begegneten, sind dem Erzähler zuwider [634].

Diese leichte, »mittlere«, verhältnismäßig unrhetorische Kunstsprache setzte der bürgerliche Realismus auf breiter Front durch. Doch fanden manche Schriftsteller schon früher einen Weg zur ironischen Relativierung der intensivierenden Stilmittel. Alexis meint in einer Rezension von Pyrkers *Rudolph von Habsburg,* daß die Teilnahme am Epos »trotz der hyperaußerordentlichen Anstrengung der idealischen Helden immer mehr abnehmen« muß [635]. Die unmögliche superlativische Wortbildung parodiert im Berliner Stil alle Superlative der Zeit. In dem Roman *Cabanis* neutralisiert der gleiche Autor die empfindsame Worthäufung und Naturschilderung dadurch, daß sie ironisch empfindsam *genannt* wird: »Reden Sie, mäuschenstill will ich sitzen, zuhören, mitreden und mitseufzen, wie Sie befehlen. Da steigt der Mond blutrot in den gelben Herbstwipfel der Ulme, über die Wiese steigen die Wassernebel, und ängstlich schlagen die Hufe der Streitrosse im Husarenstall. Aber Sie lassen mich ja allein *empfindsam* reden«. Auch ironische Neubildungen können der Worthäufung eine höhere Legitimität verschaffen: »eine ganz *altväterliche, armselige, gewürzkrammäßige* Einrichtung« [636]. Heine macht das »zentnergewichtige« (s. o.) Wort *Liebeswahnsinn* möglich, indem er darüber reflektiert und sogar einen Fachausdruck der Rhetorik auf das Wort anwendet. Von der Herodias heißt es in *Atta Troll* (Caput XIX):

> In den Händen trägt sie immer
> Jene Schüssel mit dem Haupte
> Des Johannes, und sie küßt es;
> Ja, sie küßt das Haupt mit Inbrunst.

> Denn sie liebte einst Johannem –
> In der Bibel steht es nicht,
> Doch im Volke lebt die Sage
> Von Herodias' blut'ger Liebe –

> Anders wär' ja unerklärlich
> Das Gelüste jener Dame –
> Wird ein Weib das Haupt begehren
> Eines Manns, den sie nicht liebt?

> War vielleicht ein bißchen böse
> Auf den Liebsten, ließ ihn köpfen;
> Aber als sie auf der Schüssel
> Das geliebte Haupt erblickte,

> Weinte sie und ward verrückt,
> Und sie starb in Liebeswahnsinn.
> (*Liebeswahnsinn! Pleonasmus!*
> Liebe ist ja schon ein Wahnsinn!).

Die abnehmende »Sprachrichtigkeit« und ihre Kritiker

Wir stoßen um 1830 und 1840 immer wieder auf die seltsamen Verbindungen, welche die Rhetoriktradition mit dem, was man »genialische Laune« oder, ganz schulgerecht, »idiotische Schreibart« nennt, eingeht. Sogar die recht konventionelle

Wiener *Theorie der Beredsamkeit* (1825) zitiert Herder, welcher die »idiotistischen Schriftsteller« als die wahren Beherrscher der lebendigen und volkstümlichen Nationalsprache gefeiert hat [637]. Diesem Zugeständnis folgen freilich gleich die in einem Lehrbuch notwendigen Vorschriften über die »Sprachrichtigkeit« grammatikalischer und logischer Art. Auch Karl Ferdinand Becker, den wir als eine der ersten linguistischen Autoritäten kennengelernt haben, verhält sich zwiespältig. Die äußerliche Sprachregelung der Adelung-Schule lehnt er ab; aber auf einem Umwege, über den Begriff des »Organism der Sprache«, kommt der alte Gedanke der sprachlichen Korrektheit doch wieder in sein System hinein. »Die Grammatik der deutschen Sprache ist mehr als die der meisten andern Sprachen einer Begründung auf die physiologischen Verhältnisse der Sprache fähig, weil in ihr selbst und in den mit ihr verwandten Sprachen der Odem des organischen Lebens sich noch frischer und freier bewegt. Ohne diesen lebendigen Odem würde unsere Sprache längst, wie die unserer Nachbarn, eine von der Autorität ausgehende Gesetzgebung haben. Wir dürfen uns Glück wünschen, daß unsere Sprache jede äußere Gesetzgebung abweiset: allein es tut um so mehr Not, daß die innere Gesetzgebung der Sprache in ihrem ganzen Umfange und in ihrer Einfachheit vollkommen erkannt werde« [638]. Man ist stolz auf die deutsche, von zentralen Instanzen der Nation nicht überwachte Sprachfreiheit; aber was dabei herauskommt, ist natürlich keine organische Einheit, sondern ein Sprachchaos, dem die einzelnen Sprachlehrer machtlos gegenüberstehen. Wenn z.B. Becker an dem schon gebräuchlichen »fremden Sprachen nachgebildeten« Ausdruck *königliche Rede* Anstoß nahm und ihn durch *»des Königes Rede«* ersetzt haben wollte [639], so machte er mit derartigen Vorschlägen wohl sogleich einen schulmeisterlichen Eindruck.

Trotzdem darf die Frage der sprachlichen *Unkorrektheit* in der Biedermeierzeit nicht einfach übergangen werden. *Es gibt wohl kaum eine moderne Untersuchung über die einzelnen Schriftsteller dieser Epoche, in der nicht über grammatikalische Verstöße und über willkürlichen oder gewaltsamen Umgang mit der Sprache Beschwerde geführt würde.* Typisch ist die folgende Klage über Bettinas Sprache: »Sie kannte keine Interpunktion und Orthographie, sie machte grammatische Schnitzer und sündigte gegen allgemein bewährte Regeln der Stilistik« [640]. Noch schwerer wiegt es, daß die Zeitgenossen selbst über den Zustand der Dichtersprache klagten. Jacob Grimm freut sich, in Platens Dichtung endlich wieder reine Reime zu finden; aber er entsinnt sich auch »einzelner grammatischer Verstöße bei ihm, die er absichtlich begangen haben muß« [641]. Wilhelm Müller meint in einer Kernerezension: »es ist schwer begreiflich, wie ein Dichter, welcher einen so schönen Naturklang des Verses hat, wie Kerner, zuweilen so ganz ohne Ohr für Hiate und auf der andern Seite für die Kakophonie gewisser Abkürzungen und Zusammenziehungen sein kann wie eben derselbe« [642]. Arnold Ruge schließt seine fast durchweg begeisterte Herwegh-Rezension mit einer Warnung vor der grammatikalischen Sprachverwilderung: »Die sonst schöne Sprache leidet an vielen Unkorrektheiten, ›den Held‹, ›den Fürst‹ u. dgl., vor deren Fixierung man ernstlich warnen muß, in einer Zeit, wo es, neben der Erwerbung der bürgerlichen Freiheit, nicht nur die großen Gedanken unserer großen Vorfahren, sondern auch ihre vollendeten Formen vor einer barbarischen Reaktion zu retten gilt« [643]. Verschuldet hatte den Rückfall ins Barbarentum natürlich die Romantik, der Fragmentarismus und das aus ihm abgeleitete Improvisationsprinzip. Der alte Tieck macht noch 1834 aus der Not eine Tugend, wenn er im Hinblick auf das Unfertige seiner Reiselyrik erklärt: »Die Freunde erhalten ... diese Lieder oder kleine Begebenheiten ganz so, wie ich sie damals in ungleicher Laune aufschrieb, und vielleicht ist der Ausdruck des Momentes frischer und lebhafter, als es bei mehr Fleiß die Ausbildung des Verses oder der hinzugefügte Reim und die geordnete Strophe zugelassen hätten« [644]. In einer Novelle meint er, das Wort Tulpe eigne sich nicht zur Reimlyrik, »wenn man vielleicht nicht nach neuester Mode Tulpe schuld-be-wußte geniemäßig sagen und trennen wollte« [645]. Der Ausdruck *geniemäßig* bedeutet in einem solchen Zusammenhang kaum mehr als ›willkürlich‹ und wird von dem alten Romantiker selbst nicht mehr ernst genommen. Wenn man Waiblingers antikisierende Gedichte mit denen Goethes und Hölderlins vergleicht, so wird offenkundig, daß diese Art geniemäßigen Dichtens die klassizistische Tradition nicht verschonte. Noch betrüblicher erschien den Sprachlehrern, daß der Überlebende unter den »großen Vorfahren«, nämlich Goethe selbst, sich gehen ließ und an der »barbarischen Reaktion« (s. o.) offensichtlich ganz behaglich Anteil nahm. Besonders den *Wanderjahren* wurde von der Kritik Unkorrektheit der Sprache und damit »Undeutlichkeit« vorgeworfen.

Unbedingt verbindlich ist es für uns nicht, wenn Nietzsche behauptet, man könne Auerbach und Gutzkow »einfach vor Ekel nicht mehr lesen« [646], wenn er dafür die schon etwas filtrierte Prosa des späten Stifter zum Ideal erhebt; und etwas komisch wirkt der schulmeisterliche Fehlerkatalog Schopenhauers, den wir schon kennen (vgl. o. S. 469 f.). Aber alle diese Klagen zusammengenommen stimmen doch nachdenklich. Im Vorwort zum 11. Band seiner *Werke* (1847) bekennt Alexis, er habe sich seit 25 Jahren nicht um die Grammatik bekümmert. Daran erinnert man sich, wenn man bei ihm »improvisierte« Sätze wie etwa den folgenden liest: »Seine Gedanken erhielten ihn zwischen Schlaf und Wachen, *um doppelt den Frost zu empfinden*« [647]. Auerbach rechtfertigt den »Rückgang auf Jugendeindrücke, in *der* noch die naivste ... Hingebung war« [648]. Er bezieht, wie man sieht, das Relativpronomen ungeniert auf den ersten Teil des Kompositums! Man ist nicht so pedantisch, daß man, um der grammatischen Eindeutigkeit willen, Adjektiva und Pronomina, die zu Substantiven verschiedenen Geschlechts gehören, in der korrekten Form wiederholt. »wenn man zu Felde reitet wie wir, da hat ein solches Lied *große* Gewalt und Trost« [649]. Goethe findet im Hinblick auf Niebuhrs *Römische Geschichte,* daß durch »die Sonderung von Dichtung und Geschichte ... jede erst recht in *ihrem* Wert und Würde bestätigt« wird. Es ist wenig sinnvoll, derartige Sprachgewohnheiten mit Lob oder mit Tadel zu bedenken; aber sie machen es uns zur Pflicht, den damaligen *Spielraum grammatischer und klanglicher Art* doch noch etwas näher zu bestimmen.

Schopenhauer sieht den Untergang der deutschen Kultur herannahen, wenn attributive Genitive mit Hilfe der Präposition *von* unterdrückt werden *(das Leben von Leibniz)*, wenn der Konjunktiv durch eine Umschreibung mit *würde* ersetzt oder das Adverb *sicherlich* nicht vom Adjektiv *sicher* unterschieden wird. Die »Tintenkleckser«, welche Silben ohne Berücksichtigung ihres logischen, grammatischen oder euphonischen Werts beseitigen (z.B. *Verband* statt *Verbindung*), trifft sein ganzer Zorn. Mit ihm verglichen sind die Rhetoriker und Philologen doch etwas großzügiger. Aurbacher läßt in seinem (anonymen) *Kleinen Wörterbuch der deutschen Sprache* (1828) häufig verschiedene Wortformen gelten, obwohl er sich an Adelung anschließt: *gerade* neben *gerad, Prüfestein* neben *Prüfstein, feuerig* neben *feurig, Hafer* neben *Haber, Pappe* neben *Papp, Prahlhaftigkeit* neben *Prahlsucht, Reiger* neben *Reiher, schiefericht* neben *schieferig, Schlucht* neben *Schluft, Wahnglaube* neben *Wahnsinn* usw. *Schon die Anerkennung der verschiedenen Mundarten bewahrt den süddeutschen Sprachlehrer vor einer gewaltsamen Uniformierung.* Ähnlich läßt H. Bauer in seiner *Vollständigen Grammatik der neuhochdeutschen Sprache* (5 Bände, 1827–33) einen beträchtlichen Spielraum gelten. Man darf *derselbe* oder *derselbige* sagen, während allerdings *selbiger* fast ganz veraltet ist. *Allerweges* gilt neben *allerwegens, größtenteils* neben *größestenteils, Dritteil* neben *Drittel* usw. »Lederner Handschuhmacher« oder »toller Hundsbiß« wird als »gewöhnliche« Ausdrucksweise anerkannt, obwohl sie wenig logisch ist. Schon in einem früheren *Lehrbuch der deutschen Sprache* (2. Band, Potsdam 1811) war Bauer pedantischen Anordnungen Adelungs entgegengetreten. So hatte er z.B. die Dative *vornehmem, bequemem* trotz des »vermeinten Übellauts« (zweimal m) für richtig befunden (§ 143) und somit der grammatischen Korrektheit vor der Euphonie den Vorzug gegeben. Andrerseits durfte man »des Wohllauts wegen« zwischen *eiteler* und *eitler, ebenes* und *ebnes, sichres* und *sichers* wählen (§ 144, 145). Bei den unflektierten Formen, die seit dem Sturm und Drang wieder Mode geworden waren, hörte freilich auch die Toleranz dieses Sprachlehrers auf: »Nie darf man von einem bestimmt zu deklinierenden Worte die charakteristischen Geschlechts- und Biegungslaute fortlassen, weil es dadurch die Gestalt eines Adverbiums bekäme und doch nie ein Adverbium vor einem Hauptwort stehn darf. Man sage also nie: all mein Geld statt *alles,* manch Kind statt *manches,* ein schön Pferd statt *schönes,* heiter Wetter statt *heitres,* täglich Brot statt *tägliches,* sein allmächtig Werde statt *allmächtiges*« (§ 147). Die letzten Beispiele sind besonders interessant, weil sie beweisen, daß der Grammatiker vor einer Kritik des Lutherdeutsch nicht zurückscheut. Doch ist auch selbstverständlich, daß dieser Kampf gegen das Archaisieren in der nachromantischen Zeit aussichtslos war.

Im Einzelfall wird es oft schwierig sein festzustellen, ob die alte Form noch üblich war oder schon aus Vorliebe für das Alte bevorzugt wurde. Die Flexion *du willt* taucht bei dem Schweizer J.R. Wyss (1815) ebenso auf wie in dem bekannten Gedichte Mörikes (»Herr! schicke, was du willt«). Die Autorität des Dialekts braucht nicht unbedingt die alten korrekten Formen zu restaurieren, sie kann auch zu modernisierenden Analogiebildungen führen. So ersetzt Albert Knapp in dem Kirchenlied O *du allersüßte Freude* Paul Gerhardts »*drumb gib* Weisheit« durch ein schwäbisches »*drum geb* Weisheit«. Die allgemeingültige Regelung fehlte eben! Hauff verwendet in seinem *Lichtenstein* das regelmäßige Praeteritum *sah*. Gutzkow beliebt, in seinem späteren und modern sein wollenden Roman *Seraphine* (1837), das biblische *sahe* zu gebrauchen. Einfache Tradition mag es sein, wenn A. E. Fröhlich von »so *breit – als festem* Grund« (1840) spricht und Mörike die Augen der Geliebten »in *lieb- und guter* Ruh« leuchten läßt [650]. Wie ist es aber zu beurteilen, wenn Goethe in einem Reim seines *Divans* von »menschlichen *Geschlechten*« singt? Allgemein gebräuchlich ist noch das Relativpronomen *so* (z. B. »In Bannesblitzen, so die Welt verheeren« [651]. Nachdenklich dagegen stimmt die folgende Ottaverima:

> Unweit davon, aus dunkler Kluft entsprungen
> Mit Gold und Blau umkränzt von Lenzes Hand,
> Quillt noch ein Bach, fern durch das Thal geschwungen,
> Der streut voll Perlen seinen Blumenrand;
> Die Vöglein ihre muntern Lieder sungen,
> Allwo die Kühlung holde Freistatt fand,
> Und spiegelnd schwankten in der Fluthen Scheine
> Der Granushalle moosbedeckte Steine [652].

Abgesehen von der kühnen Wortwahl im Reim *(»geschwungen«),* von der in anderem Zusammenhang noch zu reden sein wird, fällt hier die mittelhochdeutsche Form *sungen* auf, die nach den Begriffen der Zeit einem Rittergedicht wohl angemessen war, aber für den heutigen Leser doch überraschend ist. Sie beweist, daß der damalige Dichter jederzeit bereit war, entschieden von dem üblichen Sprachgebrauch abzuweichen. Oder besser gesagt: *Der Sprachgebrauch war durch das ständige Antikisieren, durch die neu entstandene Germanistik und durch die modischen Anleihen beim Dialekt derart in Bewegung geraten, daß auch den anspruchsvollen Dichtern kaum etwas unerlaubt erschien.* Gegen Ende des *Faust,* in der höchsten Stilebene also, stoßen wir wieder auf einen Vers, der uns stutzen läßt (11910f): »Das sind Bäume, das sind Felsen, / Wasserstrom, der abestürzt«. Ist es ein Archaismus oder eine Anleihe beim süddeutschen Dialekt? Jedenfalls erscheint die Form *abestürzen* befremdlich für einen Leser, der den großen sprachlichen Spielraum der Zeit nicht kennt. Das Antikisieren führt bei Platen zu Versen wie: »Und unsre Seelen grüßten sich *verwandte*«. Das Vermeiden des Hiatus empfinden viele Schriftsteller als Pflicht, sogar in der Prosa, so daß für unsere Begriffe manchmal ein seltsames, funktionsloses Stammeln in die Sprache hineinkommt: »empfing ihn gewöhnlich jede mit dem *Lob'* ihrer Schwester, wie sie den ganzen Morgen beschäftigt gewesen, um irgendeine *Freud'* ihm zu bereiten; und nicht selten stritten sie freundlich miteinander, und *jed'* erhob das Tun der andern... Dann zog sie Lazarus *beid'* an seine Brust, *küßt'* ihre Häupter und sprach« [653]. Es ist unwahrscheinlich, daß Raupach an dieser Stelle durch den reichlichen Gebrauch der Apokope zu einem volkstümlichen Ton gelangen wollte. Doch kann selbstverständlich nicht nur das Antikisieren, sondern auch der Gebrauch der Mundart die Flexionsbildung beeinflussen. Der Österreicher Karl

Meisl läßt das *Gespenst auf der Bastei* (I. Akt, 13. Szene) singen: »Man legt seine Schwachheit auch *toter* nicht ab«.

Es ist nicht unsere Aufgabe, ein vollständiges Bild von den Flexionsmöglichkeiten der deutschen Sprache um 1820, 1830 oder 1840 zu vermitteln. Doch seien einige Beobachtungen mitgeteilt, die bei der Interpretation der damaligen Literatur nützlich sein können. Es gibt Beweise dafür, daß die Endung *-et* im part. perf., und im Präsens (3. pers. sing. und 2. pers. plur.) noch als normal empfunden wird. Man sagt: »Ihr *besuchet* sie wohl recht oft?« »Ja *lachet* nur« [654]. Kerner hat in seinen Gedichten die »Feile *gescheuet*« (1830). Besonders das part. perf. auf *-et* wird noch nicht als altmodisch empfunden. Dies beweisen die zahlreichen Auslassungszeichen bei den synkopierten Formen: z.B. *gelös't* (1820). Für K.F. Becker ist das Partizip »*geliebet*« 1827 selbstverständlich. Der Linguist schreibt auch 1841 noch *angeschauet*, nicht angeschaut. *Daneben* gibt es die verkürzten Formen. Das bedeutet, daß der Schriftsteller in diesem Bereich eine besonders große Variationsmöglichkeit hat. Er sagt etwa: »*Seht* ihn euch einmal recht an«, und einige Seiten später: »Doch *sehet* nicht so düster aus« [655]. Schon der Prosarhythmus zieht aus der Doppelform manche Möglichkeit. »warum *singet* Ihr so traurige Lieder?« [656] klingt weicher, als wenn in diesem Fragesatz singet synkopiert wird. Im geistlichen Stil bevorzugt man die volle Flexion selbst dann, wenn die sonst gefürchtete Eintönigkeit zu entstehen droht:

> Nur durch dich wird diese Welt *verkläret,*
> Urquell aller Kraft und Herrlichkeit
> Nur was deinem Bilde *gleichet, währet,*
> Wie du selbst in alle Ewigkeit [657].

In einem muntern weltlichen Text wird man mit den kürzeren Versen zugleich die Kurzformen der Grammatik benützen:

> Denn nie *gewinnt* ein Sklavenblut
> Des Freigebornen kühnen Muth,
> Der *hingeht* stolz auf eignen Pfaden
> Und nimmer *sinnt* auf Andrer Schaden.
> Lang lebte Ebbo so, und oft
> Hatt' er auf Schützenpreis *gehofft* [658].

Nur vermerkt sei, daß man gerade in der 3. pers. sing. Präsens und im Perfektpartizip häufig Abweichungen vom heutigen Wortgebrauch begegnet: »Wenn er in Zorn *geratet*«. *Verdrungen* für verdrängt, *geruft* für gerufen, *gefalten* für gefaltet. Zum Teil mögen es schon die poetischen Lizenzen sein, von denen noch zu sprechen ist.

Unsicherheit hinsichtlich des Sprachgebrauchs zeigt sich auf allen möglichen Gebieten. Stifter ersetzt erst in der Studienfassung des *Beschriebenen Tännling* »*schleifte*« (das Beil) durch *schliff*. Sehr gebräuchlich sind Schwankungen hinsichtlich des Umlauts: *kömmt* neben *kommt, Plane* neben *Pläne, großaugig, blutdurstig.* Unflektierte Formen findet man nicht nur beim Adjektiv (s.u.), sondern auch beim Substantiv; vermutlich aus Gründen der Euphonie: »Eine längliche Form *des Antlitz*« (1846).

Andrerseits stößt man auf Flexionen, denen wir in der Schriftsprache nicht mehr begegnen: *die Möbeln, die Trümmern*. Nach Adolf Bach werden Eigennamen »Noch im 18. Jahrhundert« im Dativ und Akkusativ flektiert [659]; richtig muß es heißen: »noch in der Biedermeierzeit«. Nach J. Grimm verdanken wir die Verjüngung der deutschen Sprache und die »blüten neuer poesie ... keinem mehr als *Luthern*« [660]. In Hauffs *Lichtenstein* wird durchweg der Akkusativ *Marien* verwendet, und Gutzkow läßt 1845 den Satz drucken: »Dieser war noch immer bei *Julien*« [661]. Auch die altmodische Flexion lateinischer Wörter ist noch nicht verschwunden: »unbezweifelt von einem *Verbo* gebildet«, schreibt ein Philologe 1820 [662] und Heine sagt 1844 in *Deutschland, ein Wintermärchen* (Kaput XXIV) von seiner Vaterlandsliebe: »Verschämten Gemütes, verberge ich stets / Dem *Publiko* meine Wunde«.

Besondere Unsicherheit herrscht – wie, genau besehen, noch heute – bei der Flexion des Adjektivs. Tieck nimmt keinen Anstoß an Sätzen wie: »Das hört unser *geniale, liebenswürdige* Bösewicht« [663]. Man weiß nie so recht, ob man das Adjektiv schwach oder pronominal flektieren soll. Vielleicht ist diese Unklarheit ein Grund für den unerhörten Erfolg des archaisierenden *unflektierten Adjektivs*. Es begegnet nach dem Substantiv so gut wie vor dem Substantiv und scheint im Laufe der Biedermeierzeit kaum an Beliebtheit verloren zu haben. Zunächst einige Beispiele aus dem Taschenbuch *Urania* 1821: »Du *himmlisch* Sehnen, *ahnungsvoll* Verlangen« [664]. »Aus alter Zeit manch *herrlich* Kunstgebilde« [665]. »O nein, *gut* Streben wird *gut* Ende krönen« [666]. Neben »*manch*« wird vor allem »*viel*« häufig unreflektiert verwendet: »Der Gnadenbilder viel« [667], »Durch Wald und Thal viel rege Quellen fließen« [668]. »*Sinnig* Weib«, »*sinnig* Bild«, »gar *lustig* Ding« haben die Funktion poetischer Formeln. Auf einer Seite von Kinkels berühmter Verserzählung *Otto der Schütz* (16. Aufl. 1855) findet man diese unflektierten Adjektiva: »ein *lustig* Reden«, »unter Blättern herbstlich *roth*«, »*kühn* Vertrauen« [669]. In Lenaus *Albigensern* (1842) bietet sich das gleiche Bild: »Im Wald ist eine Höhle *tief* und *still*«. »Ein tiefes Athmen und ein *selig* Lauschen«. »Nun aber ist dein Lenz ein *tödtlich* Pochen«. »O Fürsten *übermüthig, wahnverloren*«. »Verachte *jeglich* Bild, zumeist das Kreuzeszeichen« [670]. Für den heutigen Sprachgebrauch noch auffallender ist der unflektierte Komparativ: »noch *schlimmer* Nacht« [671]. Aber eben diesen findet man auch in der Prosa häufig, z.B. in den *Wanderjahren*: »kaum ein *trauriger* Leiden«. Dies mag unsere Vermutung bestätigen, daß die unflektierten Formen nicht nur archaisierende Funktionen ausübten, sondern noch einem allgemeineren Bedürfnis dienten, nämlich dem nach Einfachheit und Kürze. In Gaudys Prosa *(Tagebuch eines Schneidergesellen)* erscheint »ein *sonderbar klein* Männlein«. Der so entstehende Stil ist wenig »flüssig«; aber er ist volkstümlich, »markig«, und damit entsprach er einem Ideal der Zeit.

Die *Substantiva* haben noch nicht immer das Geschlecht, das die Schriftsprache inzwischen fixiert hat. Heine spricht von einem Freunde Börnes, der »*in getreuer Beharrnis* an jüdischen Gebräuchen« lebte [672]. Hegel schreibt an seine Frau (19.8. 1827): »Dies ist *meine ganze Erlebnis*« [673]. Aurbacher gibt in der Vorrede zum *Kleinen Wörterbuch der deutschen Sprache* Hinweise »*zur Verständnis* der ange-

führten Bezeichnungen«. Im Wörterbuch selbst (unter dem Stamme Stand) steht
»*das Verständnis*«. Das Neutrum scheint also *neben* dem Femininum gebräuchlich
gewesen zu sein. Bei Mörike gibt es statt des Pfostens *die Pfoste*, statt des Werkzeugs
den Werkzeug, bei Hauff wird das Essen »*aufs Teller*« gelegt. Hinweise auf Mund-
artunterschiede dürften nicht immer genügen. Es scheint manchen Geschlechts-
wechsel im Laufe des 19. Jahrhunderts gegeben zu haben*.

Allgemeiner bekannt ist das Zurücktreten des Genitivs. Die Versuche, ihn als kost-
bares Gut der poetischeren Vergangenheit zu retten, wurden bereits erwähnt (vgl. o.
S. 523 f.). In der frühen Biedermeierzeit findet man sogar in der Trivialprosa öfters
Genitivkonstruktionen, die heute veraltet anmuten; sie mögen zu dieser Zeit noch
lebendig gewesen sein, z.B. bei Spindler: »Ich will Euch *dessen* haarklein *berichten*«
[674]. Oder: »Reginas Scharfblick *gewahrte* unter diesem Pöbeltroß *des Wahr-
sagers*« [675]. Oder: »ohne nur einmal *seines Ziels zu verfehlen*« [676]. Ähnlich bei
Zschokke. Mit dem archaisierenden, poetischen Genitiv haben wir es wohl schon
zu tun, wenn es heißt: »Die Ritter *lauschten ihres Blicks*« [677] oder: »daß du so
vermessen / *Des Amts* mich *mahnst*, als hätt' ich *sein vergessen*« [678] oder: »*vergessen* soll er *seiner Schmach und Leiden!*« [679] Poetische Dativformen findet man
bei Lenau; doch ist zu vermuten, daß nichts weiter als das Auslassen einer Präposition (nach Klopstocks Vorbild) zugrunde liegt: »Er soll, wie er *der Kirche abgefallen,/
*Verlassen sein von Freunden und Vasallen« [680]. »Die Häresie mit immer kühnern
Sätzen / Springt durch die Welt; erwache *deinen Pflichten!*« [681] Allgemein üblich,
auch in der Prosa, ist noch die Vermeidung einer Präposition durch den accusativus
temporis: »Er schrieb noch *den nämlichen Abend* eine Ausforderung an Arthur«
[682]. Andrerseits haben die Präpositionen manchmal andere Bedeutungen: »*ob*« in
der Bedeutung von über (ob dem Lande) findet sich in der ganzen Biedermeierzeit,
»*für*« hat einen weiten Spielraum (z.B. *Liebe für das Schöne*), was Schopenhauer auf
den Einfluß des Französischen (*pour*) zurückführt. In dem folgenden Satz Gutzkows,
der durchaus typisch ist, vertritt die Präposition mit ungefähr ein heutiges wie:
»Weiblichen Gemütern liegt ein gewisser Egoismus, der dieselben Äußerungen *mit*
dem Egoismus des Dichters hat, immer nahe« [683]. Das sollen nur einige Hinweise
auf die beträchtliche Sprachentwicklung sein, die inzwischen im Bereich des Kasus
und der Präposition stattgefunden hat.

Allgemein bekannt ist die Tatsache, daß wir *Pronomina* und pronominale Wendungen nicht mehr so gerne verwenden, sondern die Substantive und die Namen,
um der Klarheit willen, lieber wiederholen. In der Biedermeierzeit wird fortwährend
der erstere und *der letztere* verwendet, besonders in der Erzählprosa. Das ist umständlich und mutet heute mit Recht altväterisch an. Wir würden heute auch kaum
sagen: »Der Empfänger dieses Briefes drückte ihn zusammen« [684]. Die Sätze mit
dieser und *jener*, die sich auf das Vorhergehende beziehen, sind unbeliebt geworden.

---

* Die nationale Norm ist also um 1800 noch lange nicht erreicht, wie Dieter *Nerius,* gerade
im Hinblick auf die Geschlechtskonkurrenz der Substantiva, meint (Untersuchungen zur
Herausbildung einer nationalen Norm der deutschen Literatursprache im 18. Jahrhundert,
1967).

Man darf aber nicht vergessen, daß der reichliche Gebrauch der Pronomina auch manche Verbindung herstellte, die den Sätzen Leichtigkeit gab. So wäre, um nur ein Beispiel zu geben, der folgende poetische Satz ohne das verbindende Pronomen kaum zu bilden: »Ein starker Windhauch hob die Herbstblätter von der Erde auf und trug *ihrer* eine raschelnde Wolke dem Davonziehenden nach« [685]. Bei Tieck gibt es eine Dame, die sich bemüht, »denen Menschen, welche sie ihre Freunde nennt, das Leben sauer zu machen« [686]. *Denen* ist deutlicher als *den* und kürzer als *denjenigen*. In den rein linguistischen Bereich führt die Feststellung, daß das alte Reflexivpronomen nicht nur an der bekannten Mörikestelle (»selig scheint es in *ihm selbst*«), sondern auch sonst noch anzutreffen ist, jedenfalls in Süddeutschland. Sebastian Brunner: »Es muß dem Schlechten vor *ihm selber* grauen« [687]. Gotthelf: »Und liegt vier Tage im Bett, ehe sie wieder bei *ihr selber* ist« [688].

»Sie hatte zum ersten Male in ihrem Leben dem Schrecken ins *rollende* Auge geblickt« [689]. Solche Sätze erscheinen uns heute komisch und entlarven den Partizipialmechanismus, der in der Biedermeierzeit herrscht. Man kann kaum sagen: hohe Stirn; das Adjektiv muß durch ein *Partizip* verstärkt werden: »Ein sanfter Ernst lag auf der hohen, *glänzenden* Stirn« [690]. Die Brust ist nicht nur sanft, sondern *wogend,* der Ofen nicht nur groß, sondern weit *vorspringend,* das Herz nicht nur freudig, sondern freudig *pochend;* Georg von Frondsberg ist ein »*glänzendes, ruhmbekränztes* Vorbild« und der »Gründer eines *geordneten,* in Reihen und Gliedern *fechtenden* Fußvolkes« [691]. Dieser Hinweis auf die große Aktivität des Partizipiums mag vorläufig genügen; denn wir müssen in dem Abschnitt über die Syntax auf diesen Punkt zurückkommen. Der Vorliebe für das Partizip und den Partizipialsatz entspricht die *Abneigung gegen das Hilfsverb.* Auch dieser Punkt berührt syntaktische Fragen, soll aber in unserm Zusammenhang schon verdeutlicht werden, weil er ein besonders gutes Beispiel für das Streben nach einem *großen* grammatischen Spielraum darstellt. Zwei Sätze aus der Urfassung des *Maler Nolten* (1832) mögen zur Anschauung bringen, was in der Biedermeierzeit, auch in der Prosa, erlaubt, ja wünschenswert erscheint: »Fast glaub' ich wieder der Knabe zu sein, der auf des Vaters Bühne vor jenem wunderbaren Gemälde wie vor dem Genius der Kunst *gekniet,* so jung und fromm und ungeteilt ist jetzt meine Inbrunst für diesen göttlichen Beruf. Es bleibt mir nichts zu wünschen übrig, da ich das Allgenügende der Kunst und jene hohe Einsamkeit *empfunden,* worin ihr Jünger sich für immerdar versenken muß« [692]. In jedem der beiden Sätze fehlt das Hilfsverb nach einem Perfektpartizip; auch Klaiber hat sie in seiner Bearbeitung nicht ergänzt. Wir befinden uns an dieser Stelle des *Malter Nolten* in einer erheblichen Stilhöhe, kurz nach der Gedichteinlage *Frühling läßt sein blaues Band.* Der Kritiker und kritische Leser jener Zeit hätte es geradezu als Profanierung aufgefaßt, wenn beim Vorlesen die kurze Pause nach den emotionalen Partizipien gekniet und empfunden durch das grammatisch dazugehörige Hilfsverb ersetzt worden wäre. Wenn man weiß, daß das Hilfsverb tatsächlich ein stilistisches Problem ist, das mit billigen Rezepten (Wechsel von haben und sein oder dgl.) nicht gelöst werden kann, wird man der damaligen Kritik recht geben. Für viele Schriftsteller der Zeit ist dieser stilistische Kunstgriff selbstverständlich nichts weiter als eine modische Masche; er wird durch allzu häufige Verwendung bisweilen zum Ärgernis. Dagegen kann man beobachten, daß ihn kunstvolle Erzähler wie der alte Tieck mit Maß und Verstand anwenden. Die höchsten Stilautoritäten der Zeit, die sich sonst nicht immer einig waren, hatten den Kampf gegen die Hilfsverben aufgenommen oder untersützt. Jean Paul hatte sie »abscheuliche Rattenschwänze der Sprache« genannt [693] und auch den alten Goethe verdrossen »die unglücklichen Auxiliarien aller Art«. Der Erfolg, den die Jagd auf unnötige Hilfsverben hatte, bezeugt erneut das hohe Sprachbewußtsein, das die erste Hälfte des 19. Jahrhunderts besaß.

In der Versdichtung, zumal in der Versepik, ist das Weglassen der Hilfsverben eine besonders beliebte dichterische Freiheit, und der Zusammenhang, in dem der Kunstgriff mit der Vorliebe für Partizipien steht, läßt sich hier gut beobachten:

> Doch eh mit Lust die tapfern Streiter tranken,
> Dem süßen Labungsbronnen *zugewandt,*
> Ermahnte sie der König, Gott zu danken,
> Der Rettung noch in höchster Noth *gesandt* [694].

Diese Art zu dichten wäre ohne die Partizipia und den Verzicht auf das Hilfsverb kaum denkbar. Zum Beweis zitiere ich zwei Strophenteile, die sich auf der nächsten Seite derselben Verserzählung finden:

> Und als er nun nach Schwabenland *gegangen,*
> Um selbst zu werben um die süße Braut,
> Da traf er sie mit hoch *erglühnden* Wangen,
> Die eben auf ihr Werk *vollendend* schaut,
> Das stille Herz vom stillen Weh *befangen,*
> Das sie den Blumen ihrer Hand *vertraut.*

> Als Carl darauf in Welschland *eingedrungen,*
> Um Rom von Desiderius zu befrein,
> War auch dies Werk dem kühnen Muth *gelungen,*
> Denn durch der hohen Alpen Wüstenei'n,
> Als wie auf Engelflügeln *hingeschwungen*
> Zog Carl [695].

Man mag angesichts solcher Verse vermuten, daß sich die erwähnten Stilmittel mit der Dilettantenpoesie besonders gut vertrugen; aber Lenau, der auf seine Weise ein Meister war, geht im Abbau der Hilfsverben eher noch weiter. Papst Innozenz spricht nach der Austilgung der Ketzer zu seinem ihm lebendig erscheinenden Christusbild:

> Herr! sieh mich hold und gnädig an,
> Laß meiner Brust den Muth nicht weichen,
> Gib deines Beifalls mir ein Zeichen,
> Daß ich der Welt so weh *gethan!*
> O, nicke, daß du mir's *geboten,*
> Daß dir *willkommen* meine Todten! [696]

In den drei letzten Versen fehlen die Hilfsverben! Und in dem »Schlußgesang« der *Albigenser,* der diesem »Gesicht« des Papstes folgt, erscheint Innozenz als der große

Tote, »Der doch der Menschheit Herz nicht still *gezwungen,* / Und den Gedanken nicht *hinabgerungen*« [697]. Mit dem Ideal der »Kürze«, dem Lenau immer entschiedener nacheifert, vertrüge sich eine pedantische Korrektheit nicht. Bei manchen Sätzen dieses Dichters bleibt unklar, welches Verb zu ergänzen ist, so daß eine Art Stammeln in die Diktion kommt. Von einem Mönch, den die Grausamkeit der Ketzerkriege am Menschen irre werden ließ, heißt es:

> Die Sünde tobt in jauchzenden Gewittern,
> Und vor sich selbst muß dieser Fromme zittern;
> Der Name Mensch, aus welchem kein *Erlösen,*
> Scheint ihm ein tiefer Abgrund alles Bösen [698].

Verstechnisch begründete Unkorrektheiten

Nicht alle poetischen Lizenzen, die sich diese Zeit erlaubt, überzeugen so wie die Zurückhaltung beim Gebrauch der Hilfsverben. Platen scheut vor einem unmöglichen Plural nicht zurück, wenn er ein Reimwort auf *Standarten* braucht: »Wenn ich Vergangenheiten überdenke, / Wer schützt indes mir meine *Gegenwarten?*« [699] Möglicherweise war Klopstocks gewaltsamer Umgang mit der Sprache das Vorbild Platens. Konjunktive um des Reimes willen sind an der Tagesordnung: »Nichts thut der Mensch, was seiner Seele *schade,* / Legt er sich kindlich an das Herz der Gnade« [700]. Was heute am meisten Anstoß erregt und ohne die unerhörte Beweglichkeit der damaligen Wortbildung völlig unverständlich bleiben muß, sind die rücksichtslosen *Verlängerungen und Verkürzungen* der Wörter aus rein metrischen Gründen: »des hohen *Donnstags* Morgen«, »Mit solchen *Schwärmergeistern*«, »die Gott nur untertänig in *Frommkeit* und Verstand«. »Sieh jenes graue *Mönchenkloster* ragen« [701]; »Spricht unser *Schulenmeisterlein*« [702]. »Er [der Zweifel] macht sich selbst zu Gott und nimmermehr / Erkennt er in der Schöpfung ein *Myster*«. »Er nennt sich Cäsar, sein das *Weltgebiete*«, – denn es ist ja ein schöner Reim auf »*Mythe*«. »Das ist die Komik im *Naturenleben*«. »Und tragen's Kreuz voran bei der *Beerdung*« [703]. »Das weiße Kreuz glänzt' in des Mondes Helle / Und spiegelt' sich als *Lilj'* im reinen Quelle«. »Die Unschuld wandelt unter *Gott's* Panier«, »Die Sonne *brannt'*, es rann kein *Bächelein*«, »Im Friesenland empfing die *Martyrkrone*«, »Denn Gerhard ist mein *Aug'*, und *Ott'* mein *Herze*« [704]. Es heißt auch Ott' aus Bern; aber die Kürzungen beschränken sich keineswegs auf den Hiatus, wo er, wie wir schon sahen, so ziemlich obligatorisch ist, sondern die Apokope und die Synkope werden bei jeder Gelegenheit angebracht. *Treu, Leu, Fraun, befrein, freun, blut'ger* Stahl, *eh', Irmensäul', lust'ger* Streit, da *betet'* Carl, *ew'ger* Schnee, *Ehgelag*, des Haines *Kühl', zusammgeschroben,* ihr *Freund'* (plur.), die *Hehr'* (hehre Frau). *Willkomm* klingt markiger, biederer als die entsprechende Vollform. Da die Stämme nach der Lehre der Indogermanisten und Germanisten das Wichtigste sind, ist es erlaubt die Präfixe wegzulassen: »Schon *blaßt* das Licht« [705] (für ›verblaßt‹); »Doch *läßt* er den Forst mit geheimem Grau'n« [706] (für verläßt); »Dorinens Wangen, Zähn' und Haare /

Sind *zaubernd* schön!« [707] (für bezaubernd); »Er *fernte* schnell sich aus dem Garten schweigend« [708] (für entfernte). »So fernen wir unser Gemüth, die Natur fromm liebend, vom Stolze / Des in sich gekehreten Geists« [709]. Der Satiriker Maltitz vergleicht 1826 das »Silbenkastrieren« der neuesten Dichter den Amputationen der modernen Chirurgie [710]. *Es gab aber, wie wir gesehen haben, nicht nur Amputationen, sondern auch Prothesen in Hülle und Fülle.* Fortwährend begegnen wir in der Versdichtung Wortbildungen wie *Giftesbecher, Sterngebilder, Weltenbild, Naturenleib, Bürschelein, Hemdesärmeln, Herbsteswinde, Kreuzeszug, Kreuzesheer, Eidebrecher, Steinehaufen.* Wie immer der Poet die Abweichungen vom üblichen Sprachgebrauch, im Zusammenhang des Textes oder grundsätzlich, vor andern oder vor sich selbst, begründet haben mag, der eigentliche Grund für die Unkorrektheiten war die rücksichtslose Freiheit, die man für die Sprache auch und gerade in der Versdichtung forderte.

Die Dissertationsliteratur verhielt sich gegenüber diesem unbestreitbaren sprachhistorischen Phänomen gewöhnlich so, daß sie bei schlechten Dichtern von Sprachverhunzung, bei guten Dichtern von bewundernswerter Originalität, bei Heine je nach dem Lager, aus dem man stammte, von Pfuscherei oder von Kongenialität mit dem einzigen Goethe sprach. Gewiß, es kommt immer darauf an, was einer aus der Anarchie macht; aber die Kenntnis des Ausnahmezustands wird doch vor mancher falschen Folgerung und Wertung bewahren. So wird man z.B., im Gegensatz zu Ingerid Dal [711] keinen ernsthaften *linguistischen* Befund darin erkennen, wenn Platen anstelle von »*anstatt daß*« nur »*anstatt*« dichtet, sondern man wird sich an die schon erwähnte poetische Amputiermode erinnern: »So will in Scherz ich mich ergehn, in Possen, anstatt ich jetzt mich bloß an Tränen labe«. Man kann auch nicht so leicht darauf verfallen, Goethe als Vorkämpfer des Expressionismus zu feiern, wenn man beobachtet, daß Lenau sich ähnliche Freiheiten erlaubt und z.B. ebenso großzügig die Artikel wegläßt. Einige Strophen, nachdem der Dichter dem unvermeidlichen Wort »*verdammt*« den Reim »*zusammt*« beigegeben hat, berichtet er über das Aussehen des vom Papst verdammten Savonarola:

> Dies Antlitz auf dem Sterbensgange
> Ist nicht des Sünders Angesicht,
> Der an dem steilen Todeshange
> Voll Schwindelangst zusammenbricht;
>
> Auch ist es nicht das eh'rne Trotzen
> *Fanatikers,* voll Gluth und Kraft [712].

Eine Seite später wird ein alter Jude durch den Anblick des Märtyrers zum Christentum bekehrt:

> Der Alte ruft: ›Laß dich umfassen!
> Ich glaube dir! mit dir ist Gott!
> Man geht so selig und gelassen
> Nur *für Messias* in den Tod!‹ [713]

Auf der nächsten Seite, als Savonarola auf dem Scheiterhaufen steht, stört eine Sprachamputation anderer Art, nämlich eine Verkürzung der Konjunktion *als ob,*

womit wir uns sprachlich wieder in der Nähe des von I. Dal überbewerteten Platen-
zitats befinden:

> Doch plötzlich hat, die Flammen trennend,
> Der Wind den Rauch zurückgerollt,
> Die rechte Hand erhebt sich brennend,
> *Ob* sie das Volk noch segnen wollt' [714].

In dem gleichen Schlußgesang des *Savonarola* gibt es mindestens drei weitere grobe
Verstöße gegen den korrekten Ausdruck. Sprachkühnheiten treten also nicht nur
vereinzelt auf, sondern bestimmen zu einem beträchtlichen Teil den Stil Lenaus,
Platens und vieler anderer Dichter der Zeit (Grabbe, Kopisch, Heine, Droste-Hülshoff, Mörike, Grün, Nestroy, Freiligrath usw.).

Kopisch, dem schon von dem zeitgenössischen Literarhistoriker A.F.C. Vilmar der
Ehrentitel »eines launigen, humoristischen und gleichsam improvisierenden Lyrikers« verliehen wurde [715], darf, ohne daß irgendjemand Anstoß nimmt, reimen:
»Ich gedacht', im Hafen *wär' ich* / Dachte mir ihn nicht gefährlich«. Das Gedicht
heißt *Warnung vor Amor,* und bewirkt schon durch den Titel, daß sich jeder Leser
auf anakreontische Leichtigkeit und Nachlässigkeit einstellt. Dies Wertungskriterium
ist heute noch gültig. Jeder läßt Goethes »*herzig's* Veilchen« gelten, ja er freut sich
über die noch kühnere Verkürzung in Mörikes unvergleichlichem Gedicht *Der
Gärtner:*

> Du *rosenfarbs* Hütlein
> Wohl auf und wohl ab,
> O wirf eine Feder
> Verstohlen herab!

Man braucht nur einen Blick in Heines Epen und Gedichte zu werfen, um zu wissen,
wie weit die sprachlichen Lizenzen im komischen, humoristischen oder satirischen
Stil gehen durften. Man versteht leicht die Funktion der falschen Verbalflexion in
der folgenden Strophe (*Neuer Frühling* 35):

> Sorge nie, daß ich verrate
> Meine Liebe vor der Welt,
> Wenn mein Mund ob deiner Schönheit
> Von Metaphern *überquellt.*

Verständnisschwierigkeiten ergeben sich heutzutage da, wo der Dichter der Biedermeierzeit verkürzende Formen der Alltagssprache in Dichtungen hohen Stils verwendet. So gibt es z.B. eine weitverbreitete Vorliebe für das Alltagswort *g'nug* in der
Versdichtung, die uns ärgerlich erscheint. Auch der unbestimmte Artikel wird von
vielen Dichtern nach dem Muster der Umgangssprache verkürzt, z.B. von Heine in
seiner Tragödie *Almansor:*

> O weine nicht! Wie glühnde Naphtatropfen,
> So fallen deine Tränen auf mein Herz.
> Mein Wort soll dich jetzt nimmermehr verletzen!
> Verehren will ich dich *wie'n* Heiligtum [716].

Man wird wohl auch aus derartigen Sprachgewohnheiten keinen Fehler machen dürfen; denn das Bedürfnis nach Kürze war legitim und führte von Mimili mit ihrem *»süßesten* Verlangen der *keuschesten* Liebe« (1816) weg und zu redlicheren Formen der Sprache weiter. Strenger wird man die ebenfalls üblichen metrischen Verstöße gegen die Wortbetonung beurteilen. Sie machen die Dichtungen der Droste, Lenaus, A. Grüns u. a. an vielen Stellen rauh und manches von Platen, wie wir sehen werden, geradezu ungenießbar. An dieser Stelle begnügen wir uns damit, die letzten Verse des *Lieds der Deutschen* in der Urfassung (1841) zu zitieren: »Stoßet an und ruft einstimmig: / Hoch das deutsche Vaterland«. Hoffmann von Fallersleben war bekanntlich Germanist; aber die Begeisterung war zunächst größer als die Verskunst, und so erging es vielen Poeten dieser Zeit.

Selbstverständlich wird man die grammatikalischen oder metrisch bedingten Kühnheiten je nach dem Kontext immer wieder anders interpretieren und bewerten müssen. Kein Kenner wird z. B., denke ich, bestreiten, daß Rückert den großen sprachlichen Spielraum, den die Zeit gewährt, in vielen, womöglich in den meisten Fällen, die zur Debatte stehen, mißbraucht. Ebenso sicher aber ist es, daß man ohne Kenntnis der *sprach- und stilgeschichtlichen Grundsituation* die literarischen Extravaganzen der Biedermeierzeit nicht angemessen beurteilen kann.

PROBLEME DER SYNTAX

Die Probleme der Syntax haben in der modernen Linguistik große Bedeutung gewonnen. Dem Literarhistoriker wird man es nicht verargen, wenn er diesen Bereich zögernd betritt; denn obwohl eine so vieltönige Epoche, wie es die Biedermeierzeit ist, reichliche Gelegenheit zu syntaktischen Einzelbeobachtungen bietet, ist es doch besonders schwierig, etwas Zusammenfassendes zur Syntax der damaligen deutschen Literatursprache zu sagen. Die Gefahr der Simplifizierung, etwa eine Überbetonung des brevitas-Ideals in der Syntax um 1830 und 1840, liegt nahe. Die Schwierigkeit der Aufgabe macht es empfehlenswert, an dieser Stelle noch einmal die besonders lebendige Sprachlehre der Zeit ins Auge zu fassen. Den Kirchenvater der Germanistik können wir dabei außer acht lassen. In der Vorrede zum IV. Teil von Jacob Grimms *Deutscher Grammatik* (Göttingen: Dieterich 1837), welche bekanntlich nur den einfachen Satz der »alten Syntax« behandelt, findet sich eine Stelle, welche einer Provokation gewisser Kollegen, die wir schon kennen und weiter kennenlernen werden, gleichkam, obwohl Grimm in Anschluß an diesen Satz gut biedermeierlich seine Bescheidenheit beteuerte: »Zur lesung nhd. grammatiker, welche, wie man weiß, ihr talent vorzugsweise auf die syntax wenden, bin ich wieder nicht gelangt, und selbst Adelung ist nur sparsam nachgesehn worden« [717].

Die Bevorzugung der altdeutschen Laut- und Formenlehre durch Jacob Grimm und sein Gefolge wird heute viel getadelt, mit Recht; denn unsere Wissenschaft litt bis vor kurzem unter der Weichenstellung der frühen Germanisten. Die Literatursprache der Biedermeierzeit wurde durch Grimms naiven Historismus weniger beeinflußt, da die geflissentlich von ihm übersehenen, heute vergessenen oder erst neu in Erinnerung gerufenen Rhetoriker und Sprachwissenschaftler zu Grimms Lebzeiten beträchtliches Ansehen genossen. Wir wissen noch zu wenig über den Einfluß, den der neuentdeckte, von W. v. Humboldt herkommende, vorwiegend syntaktisch orientierte K. F. Becker ausübte. Es gibt aber Hinweise darauf, daß der zur Spekulation, zur idealistischen »Tiefe« neigende Sprachtheoretiker zugleich ein guter Popularisator und energischer Pädagoge war. Man muß annehmen, daß Jacob Grimm ihn in der erwähnten Vorrede absichtlich ignorierte. Mit der Erwähnung Adelungs gab er wohl zu verstehen, er rechne auch seinen Konkurrenten Becker zur Rhetorik, nicht zur genuinen Sprachwissenschaft; und er hatte damit nach strengen historischen Maßstäben nicht ganz Unrecht (s. u.).

Durch die Geschichte der Zeichensetzung, die neuerdings in Zusammenhang mit den großen Klassiker-Editionen neu erforscht worden ist, wissen wir wieder, daß es die Syntax moderner Art in der Antike und in der älteren Rhetorik noch nicht gab, weil mit der »Periode« nicht der Satz im modernen Sinne, sondern eine Sprecheinheit gemeint war*. Zur Herausbildung des modernen Satzbegriffes waren Anleihen bei der Logik nötig; da aber die Sprache nur bedingt eine Analogie zur Logik bildet, ging diese Entwicklung außerordentlich langsam vor sich. Erst im Laufe des 19. Jahrhunderts setzte sich das logisch-syntaktische System der »Satzzeichen« gegenüber der rhetorischen Zeichensetzung, die an der schön (euphonisch) gesprochenen Sprache orientiert war, durch, und heute wird sie durch die erneut Anspruch erhebende »Sprechkunde« schon wieder bedroht.

Daß der Aufklärung auch bei der Entwicklung zur logischen Syntax besondere Bedeutung zukam, versteht man leicht. Bei Adelung findet sich eine programmatische Stelle, an die sich J. Grimm erinnert haben mag: »Es ist unstreitig, daß jede Sprachlehre ihre Sprache wenigstens bis zur richtigen Bildung der Sätze verfolgen sollte; denn diese kann doch nirgends anders als in der Sprachlehre vorgetragen werden, zu geschweigen, daß die so wichtige [!] Lehre von der sogenannten Partizipial-Konstruktion ihre Begreiflichkeit nur allein aus dem Baue der Sätze erhalten kann. Es ist daher unverantwortlich, daß alle unsere Sprachlehrer diese so wichtigen Lehren völlig übergangen haben, ohne Zweifel wiederum aus der Ursache, weil sie in den lateinischen Sprachlehren hier nichts vorgearbeitet fanden. Überhaupt macht der [sic!] Syntax bei ihnen allemal die traurigste Figur, weil er hier am wenigsten mit dem Gange der lateinischen Sprache übereinkommt und sie zu bequem waren, das Eigene in der Sprache selbst aufzusuchen, oder auch von dem ganzen Gange der Sprache zu dunkele und verworrene Begriffe hatten, als daß sie sich an diese Aufsuchung hätten wagen können« [718]. Seinem Vorgänger Gottsched (*Grundlegung einer Deutschen Sprachkunst*, Leipzig 1748; *Vollständigere und neuerläuterte deutsche Sprachkunst*, Leipzig 1757) macht der Rhetoriker der Spätaufklärung den Vorwurf, er habe die

---

* Rudolf Wolfgang *Müller*, Rhetorische und syntaktische Interpunktion, Diss. Tübingen 1964; Jürgen *Stenzel*, Zeichensetzung, 1966. Die literarhistorischen Konsequenzen, die sich aus solchen Untersuchungen ergeben, sind m. E. noch nicht deutlich genug gezogen worden.

Syntax nicht ausführlich genug behandelt. Adelung widmet ihr fast 300 Seiten; aber seine Ausführungen stehen noch unter der Voraussetzung, der »künstlich verbundene« Satz gehöre »mehr zum Schmucke als zum Bedürfnisse, folglich mehr in die Wohlredenheit als in die Sprachlehre« [719]. Diese Voraussetzung bedeutet bei einem Sohn der Aufklärung nicht, daß jede syntaktische Lizenz erlaubt ist. Adelung kämpft wie seine Vorgänger wacker gegen den »Reichs- und Kanzeleistil«. Dazu gehört etwa der allzu weite Abstand des Prädikats oder eines Teils des Prädikats vom Subjekt, das Nachhinken der Verba, das Einschieben von Nebensätzen. Die syntaktische Inversion, die im 18. Jahrhundert unter dem Schutze der Ästhetik (Batteux usw.) mächtiges Ansehen erlangt hatte*, wird grundsätzlich gebilligt. Aber jede Veränderung der normalen Wortfolge, die keine bestimmte rhetorische Funktion hat, die nicht um des »Nachdrucks«, sondern z. B. um der aparten Dunkelheit willen gewählt wird, verurteilt Adelung. Klopstock kommt auf dieser Wertungsgrundlage dicht neben die Kanzleisprache zu stehen. Wie schulmeisterlich Adelung war, wie wenig er der freien poetischen Satzstellung gerecht werden konnte, die Klopstock, der Sturm und Drang, der Göttinger Hain und nicht zuletzt auch der ehemalige Hainbündler Voss schufen (*Homer-Übersetzung* 1781), verrät vor allem der folgende Satz aus der erwähnten, 1782 erschienenen »umständlichen« Syntaxlehre: »Nichts ist bei ältern und neuern Dichtern gewöhnlicher als Versetzungen dieser Art**; allein sie werden um deswillen keine Schönheiten« [720]. Ein Nachsatz schränkt die Verurteilung der kühnen Wortfolge etwas ein; aber eine Seite später formuliert er das Prinzip, das seiner Warnung vor der Inversion zugrundeliegt, mit vollkommener Klarheit. Was »Dunkel und Zweideutigkeit« verursacht, ist falsch, »weil die höchste mögliche Verständlichkeit das erste Grundgesetz in allen Sprachen ist, welchem Schönheit, Kürze und nicht selten selbst die grammatische Richtigkeit untergeordnet sind« [721]. Der Satz ergibt folgende Rangordnung der Werte: 1) Verständlichkeit, 2) grammatische Richtigkeit, 3) Schönheit. Es ist also nicht ganz richtig, wenn Adelung später von K. F. Becker mit der Begründung getadelt wird, er habe sich noch allzusehr an dem rhetorischen Prinzip der Euphonie orientiert. Adelung ist auf dem Wege zur Logik Beckers. Richtig mag es sein, daß Becker *der* Sprachwissenschaftler war, der »als erster in der Grammatik grundsätzlich vom Satz« ausging [722]. Schon 1827 wendet er sich gegen Bopp und Grimm, wenn er darüber klagt, »daß die vergleichende Sprachforschung sich bisher fast nur mit Etymologie beschäftigt und die syntaktischen Verhältnisse fast ganz unbeachtet gelassen hat; da doch gerade diese uns die wichtigsten Aufschlüsse über den Organismus der Sprache geben werden« [723]. Beckers Verdienst in Deutschland ist es auch, daß er im Zeitalter der heraufkommenden nationalistischen Germanistik an dem Gedanken einer allgemeinen Sprachwissenschaft festgehalten hat [724]. Er polemisiert auf der neuen linguistischen Basis ähnlich wie Grimm gegen die »ältere Rhetorik«. Freilich, ist es denkbar, daß ein in

---

* Zu allen diesen Problemen vgl. die zusammenfassende Darstellung Eric A. *Blackalls*, Die Entwicklung des Deutschen zur Literatursprache 1700–1775, 1966.
** »bloß um des Reimes und Silbenmaßes willen«.

der Aufklärungstradition stehender, entschieden universalistischer Denker den Hauptpunkt der Rhetoriktradition, nämlich die *normative* Stilistik, hinter sich zurückläßt?

Ehe wir diese Frage beantworten, werfen wir einen Blick auf die Sprachlehren, in denen unbestreitbar die Rhetoriktradition weiterlebte. Welche Rolle spielt da die Syntax in der ersten Hälfte des 19. Jahrhunderts?

Syntax-Theorie in der Schulrhetorik

Besonders interessant, wenn auch sicher nicht besonders originell, sind die Syntax-Paragraphen (§ 272 ff.) in Joseph Hillebrands *Lehrbuch der Literar-Aesthetik* (2. Bd., Mainz: F. Kupferberg 1827). Sie gehen den Ausführungen über die drei genera dicendi unmittelbar voran. Die »Beschaffenheit der Sätze« bietet nämlich nach Hillebrand, ähnlich wie die Stilhöhe, einen »Gesichtspunkt der Unterscheidung«: »Es kann ... ein stilistisches Ganze entweder vorzugsweise aus einfachen oder aus zusammengesetzten Sätzen (Perioden) bestehen oder ohne entschiedenes Vorwalten der einen und andern aus beiden gleichmäßig. Im ersteren Falle entsteht der *zerschnittene* (incise), im andern der *periodische,* im dritten der *gemischte* Stil« [725]. Kurze Sätze geben »augenblickliche Eindringlichkeit der Darstellung«, können aber auch nur »gefälliges Spiel« sein. Deshalb paßt der kurze Satz »für Darstellungen von Gemütsbewegungen« und »für konversatorische Prosa«. Im Gespräch, im Brief, aber auch in kleineren Erzählungen und Anreden wird man sich dieses Stilmittels bedienen. Lange Sätze, lehrt Hillebrand, verwendet man bei Gegenständen, »welche ein ruhiges, zusammenhängendes und fortschreitendes Denken erfordern«, z.B. für »philosophische Abhandlungen« und »die eigentlichen Reden«. Beim gemischten Stil ist darauf zu achten, daß »keine unorganische Mengerei« stattfindet, sondern daß »ein gewisses Gleichgewicht« von kurzen und langen Sätzen erreicht wird. Der »gemischte Stil« eignet sich besonders für »geschichtliche Werke«, für »populare Vorträge«, »Reisebeschreibungen« usw. Die erwähnten Gattungen verraten, daß diese sogenannte *Literar-Aesthetik* noch mehr Rhetorik als Poetik ist. Was in unserem Zusammenhang interessiert, ist nur *die Tatsache, daß keine bestimmte Vorliebe für kurze oder lange oder gemischte Sätze besteht,* sondern daß man den Satz traditionellerweise (und richtig!) als eine Funktion des jeweiligen Zwecks, des Gegenstands, der Gattung usw. betrachtet. Wir werden sehen, daß diese dem Geist der Rhetorik entsprechende *Toleranz gegenüber den verschiedenen Satzarten* in den dreißiger und vierziger Jahren nicht mehr selbstverständlich ist.

In Friedrich Schmitthenners *Teutonia* (2. Buch, Frankfurt/M: Kettenbeil 1828) stehen die »euphonischen Verhältnisse der Satzgefüge« im Vordergrund der Betrachtung. Der Wohlklang hängt, rationalistischer und klassizistischer Tradition entsprechend, ganz wesentlich von der richtigen »Proportion« der Sätze ab. Bezeichnend ist eine Aussage wie die folgende: »Zur Symmetrie eines Gesätzes wird erfordert, teils daß der Hauptsatz zu seinen Nebensätzen in einem ebenmäßigen Verhältnis stehe, teils daß die Glieder des durch Zwischensätze getrennten Satzes sich proportional bleiben. Nicht zu übersehen ist übrigens bei dem Urteil über die Symmetrie eines Gesätzes, daß es vorzüglich auf die Schwere des Sinnes ankömmt, der in einem Worte oder Satze liegt. Ein vorhandenes Mißverhältnis läßt sich durch Erweiterung, Abkürzung und veränderte Stellung der Sätze beseitigen« [726]. In dem Wort von der »Schwere des Sinns« erkennen wir wieder die Forderung, daß die Abweichung von der normalen Wortstellung nur erlaubt ist, wenn damit einem Teil des Satzes besonderer Nachdruck verliehen werden soll. Richtig ist: »Lockt mit Silbergetön ihn die Unsterblichkeit« (Klopstock) [727]; denn auf dem letzten Wort soll ein besonderer Nachdruck liegen. Falsch ist es dagegen, wenn das Verb ohne besonderen Grund seine Normalstellung verläßt: »Er kömmt, um froh zu sein, mit guten Bürgern« (Iffland) [728]. Da auf »Bürgern« kein Nachdruck liegt, wird der Satz »schleppend«. In dieser Weise werden Zensuren erteilt. Es fällt aber auf, daß auch Schmitthenner die Satzlänge als solche nicht bewertet, *sondern drei- und viergliedrige Perioden ausdrücklich anerkennt.* Unter den Musterbeispielen erscheint eine viergliedrige Periode F. Schlegels, die eine halbe Seite füllt [729]. In Johann Christian August Heyses *Theoretisch-praktischer deutscher Schulgrammatik* (Hannover: Hahn [11]1834) unterliegt die Lehre vom Satz keiner Julirevolution. In traditioneller Weise wird die normale Wortfolge von der Inversion unterschieden und diese nur erlaubt, wenn sie einen bestimmten Zweck verfolgt und nicht zu häufig erscheint. Die Umstellung der Satzteile ist verkehrt, wenn dadurch Dunkelheit oder auch nur Zweideutigkeit entsteht. »Sokrates hat vorzüglich die Mäßigung empfohlen«, ist kein guter Satz; denn es bleibt unklar, ob sich vorzüglich auf Sokrates oder auf die Mäßigung bezieht. Ein grundsätzlicher Angriff auf die Syntax der Goethezeit liegt dem Verfasser fern; ja, er zitiert Stieglers Spottgedicht *Der Neudeutsche,* das die »Adelunge« gegen die Ablehnung jeder Autorität verteidigt [730]. Auf der gleichen Seite gibt er eine Übung, in welcher der Schüler lernen soll, »schleppende und weitschweifige Sätze«, vor allem mit Hilfe des später so verfemten Partizips, »gefälliger zu machen«. Gegen Relativsätze besteht noch eine spürbare Abneigung. Der folgende Satz z.B. soll durch eine Partizipialkonstruktion verbessert werden: »Nichts ist so entzückend, als der Anblick der Natur, welche im Frühling wieder auflebt und alles verjüngt«. Dem alten Goethe wäre der Satz gewiß zu weitschweifig gewesen. Aber in einer beliebten Schulgrammatik ist eine so große Vorliebe für das humanistische Partizip heute überraschend!

Theodor Mundts zwiespältiges Syntaxprogramm

Theodor Mundts jungdeutsche Programmschrift *Die Kunst der deutschen Prosa* (Berlin: Veit 1837) hat in mancher Beziehung, z.B. hinsichtlich der Prosa*gattungen,* die Rhetoriktradition nicht so weit hinter sich gelassen, wie man vermuten könnte. Auch die Fußnoten mit den zahlreichen Hinweisen auf die Fachliteratur belegen, daß Mundt nicht einsam in seiner Zeit steht; aber die überlieferte Syntax wird in diesem Buche scharf angegriffen. Unter Berufung auf Börne, den Meister des kurzen Satzes, versucht Mundt die Julirevolution in die Schule zu tragen. Cicero und die Rhetorik sind die Angeklagten: »Cicero, der Talleyrand der alten Beredsamkeit, mag von den lateinischen Grammatikern mit Recht als Muster des reinsten Schullatein aufgestellt werden, mit Unrecht und zum Schaden wird er es damit zugleich als einziges Vorbild guter und kunstvoller Prosa. Diese Zungendrescherei der langen und atemlosen Perioden, die aufgeblasene Eitelkeit der Rednerbühne, das Marktgeräusch stolzierender und die Zuhörer übertäubender Sätze können, bei aller Eleganz der Wendungen, bei allem rhythmischen Prunk und Fluß, bei aller meisterhaften Berechnung des Durcheinanderschlingens und Abschließens, niemals für etwas Nachahmenswertes, für eine allgemeine Norm betrachtet werden. Ciceros Stil ist der Stil der Gesinnungslosigkeit, der Stil der Ostentation« [731]. Die Parallelisierung des Diplomaten Talleyrand mit der Rhetoriktradition ist ein typisches Beispiel für die jungdeutsche Gesinnungstüchtigkeit, für die in ihrer Weise großartige Fähigkeit der Frühliberalen, alle Kulturgebiete der Revolution zu unterwerfen. Aber die syntaktische Gestalt des Zitats beweist besser als jede inhaltliche Interpretation, daß das Wollen dieser Gruppe besser ist als das Vollbringen. Die stilistischen Intensivierungsmittel, die wir als typisch für die Biedermeierzeit kennengelernt haben, finden wir auch hier, besonders in dem mittleren Satz: sehr bewußte Metaphorik *(atemlose Perioden, Marktgeräusch stolzierender und die Zuhörer übertäubender Sätze),* üppiger Pleonasmus, aufdringliche Anaphorik usw. Am bezeichnendsten ist, daß nicht einmal die Verkürzung im letzten Satz zu einer klaren Pointe führt *(Stil der Gesinnungslosigkeit),* sondern daß dem redseligen Programmatiker wieder eine anaphorische amplificatio Bedürfnis ist. Im gleichen Stil geht es weiter: *Advokatenmoral, landstraßenmäßige Regelmäßigkeit, gesuchte Unregelmäßigkeit und Abwechslung, Eindruck eines Marionettentheaters, wie an einer wohlbesetzten Tafel, diese eitele, weitschweifige, rhetorisch fabrizierte Prosa, das lange bedenkliche Gesicht der von Zwischensätzen überfüllten Periodenbildung.* Der Tradition entspricht es wohl auch, wenn als Stilvorbild der lateinische Gegenpol Ciceros, Tacitus, rhetorisch gefeiert wird: »Im Tacitus erzeugt und beherrscht das Gemüt die Periode, und die kurzen, schlagfertigen Reihen derselben sind abgebrochene Laute einer großen Weltanschauung, die sich auf die bestehende Wirklichkeit nicht vollständig anzuwenden, sondern nur zuckend anzudeuten wagt. Es ist das stilldüstre Flackern eines verzehrenden Feuers, verhaltener Zorn und prophetische Wehmut, was in dem Bau dieser Sätze sprüht und dunkelt und auch grammatisch in eigentümlichen Worten und Wendungen ausschlägt. Diese grollende Kürze, diese raschen Schlagschatten des Gedankens und der Ironie, diese vulkanischen Erzitterungen der Rede, gleichen den Symbolen einer Kassandra, die am Rande des Unterganges der alten Welt sinnend stillsteht. Dieser moralisch erhabene Stil, charakterschildernd für eine ganze Zeit, wird von manchen, besonders von Schulmännern, häufig [!] als eine Stufe des Verfalls, des Sprach- und Schreibverderbens angesehen« [732]. In der Fußnote findet sich zu dieser Behauptung ein einziger Beleg [733]. Bemerkenswert ist, daß die syntaktische brevitas nicht rationalistisch und realistisch, sondern eher irrationalistisch und idealistisch begründet wird *(»beherrscht das Gemüt die Periode«, »dieser moralisch erhabene Stil«).* Diese

Interpretation trifft im wesentlichen die Funktion, welche der kurze Satz in der Biedermeierzeit hat (s.u.). Ob die Schulrhetorik den kurzen Satz »häufig« verurteilte,
lassen wir dahingestellt. Für die Goethezeit mag es mehr Belege für eine derartige
Parteilichkeit geben, als Mundt nennt oder kennt. Sicher ist aber, daß solche Intoleranz dem Geiste der Rhetoriktradition widersprach; denn wie wir bereits wissen, ist
der lange Satz nach den Prinzipien der Rhetorik grundsätzlich nicht besser als der
kurze Satz. Es kommt auf den jeweiligen »Zweck« an. Cicero fungiert keineswegs,
wie Mundt behauptet, als »einziges Vorbild«. Andrerseits war es unvermeidlich, wenn
nicht ein Beweis für die Elastizität des rhetorischen Systems, daß die einzelnen Epochen und Autoren Tacitus oder Cicero als Stilvorbild bevorzugen konnten. Mundt
nennt selbst einen Anhänger des kurzen Satzes im 18. Jahrhundert: Hippel [734].
Auch Lessing kannte gewiß seinen Tacitus, während Wieland eher der ciceronianischen Periode zuneigte und seine Abneigung gegen Napoleon noch im höchsten Alter
durch die Arbeit an einer Cicero-Übersetzung kundtat. Literarisch mag man in Wielands Verhalten wieder ein Zeichen erblicken für den Anteil, den die Goethezeit am
ciceronianischen Stil nahm. Nach alter humanistischer Lehre war ja vor allem die
deutsche Sprache und Literatur dazu berufen, den Alten nachzueifern. Fichte hatte
diesen alten Kohl von der deutschen Ursprache mit einigen zeitgemäßen Gewürzen
wieder serviert. Dagegen wirkt sich bei Mundt schon die germanistische Kritik an der
humanistischen Grammatik aus. Er meint nämlich, der lange Satz entspreche dem
Italienischen besser als dem Deutschen [735]. Der schon erwähnte vierte Band der
Grimmschen Grammatik, der nur den *einfachen Satz* behandelte, erschien im gleichen Jahr wie *Die Kunst der deutschen Prosa*. Der aufsteigende Nationalismus der
Deutschen begann sich auf die syntaktischen Ideale auszuwirken!

Wir werden der Programmschrift Mundts am ehesten gerecht, wenn wir sie als
Ausdruck der damaligen Willensbildung, nicht als Theorie betrachten. Wie der Jungdeutsche die »bodenlose deutsche Höflichkeit« bekämpft, so ist ihm auch die »deutsche Gesellschaftssprache«, die ihm als »Höflichkeitssprache« gilt, zuwider [736].
Wir dürfen in diesem Zusammenhang ruhig an die Grundbedeutung des Wortes
Höflichkeit denken; denn Mundt träumt schon von unserm Neoprimitivismus,
von künftigen Menschen nämlich, welche »die höchste Kultur zur höchsten Natur
in sich zurückgebildet haben! Was werden diese kräftigen Naturmenschen künftiger
kultivierter Staaten dazu sagen, wenn sie Nachgrabungen auf unserer verschütteten
Zeit anstellen, wie wir heute Mammutsgerippe aus urweltlichen Schichten hervor-
ziehen und sie dann, vor Schreck, den grammatischen und logischen Spaten, mit dem
sie uns durchgruben, sinken« lassen [737]. Es folgt das fingierte Beispiel einer »Ge-
sellschaftsunterhaltung«, die vor allem den preziösen, zweideutigen Salonstil parodiert. Schon die Idee einer solchen Einlage entspricht genau der jungdeutschen Salonliteratur. Wir wundern uns daher nicht, wenn im weiteren Verlauf der Abhandlung
die Sprache des vornehmsten und berühmtesten Salonlöwen, nämlich des Fürsten
Pückler-Muskau, ausdrücklich *gerechtfertigt* [738], wenn die »Geistreichigkeit« der
Zeit als »Übergangsstufe zur Flüssigmachung des geistigen Fonds in der Nation«
historisch gewürdigt und die komplizierte Syntax doch wieder als Nationalmerkmal

verstanden wird: »Der Franzose fordert Klarheit. Da sich ihm ein größeres Ganzes nicht überschaulich darbietet, ein zu mächtiger Bissen seine Ungeduld reizt, hilft ihm die Sprache und gibt ihm die Sache teelöffelweis. Die längern deutschen Perioden fügen sich der Wißbegier des Hörers nicht so gefällig; aber sie haben den Vorteil, indem sie die Aufmerksamkeit festhalten, das Nachdenken zu vergrößern und im gleichzeitigen Zusammenprall mehrer Gedanken einen Gesamtgedanken zu erzeugen, dessen der Franzose entbehrt. Ich möchte sagen, im Genius der deutschen Sprache waltet [sic], um ein Bild von der Musik zu entlehnen, mehr die Harmonie vorwaltend; im Genius der französischen die Melodie« [739]. Dem Franzosen fehlt der »Gesamtgedanke« und die »Harmonie«! Trotz solcher Anspielungen auf die philosophische und musikalische Kultur der Deutschen, die hinreichend Nationalbewußtsein verraten und das Syntaxproblem mindestens neutralisieren, erneuert Mundt immer wieder seinen Angriff auf den langen Satz. Er macht sogar direkte Anleihen bei der Germanistik, um die Rhetorik der Goethezeit schlecht zu machen: »Wie große und imposante Wirkungen auch in manchen Tonarten der Darstellung durch weitumfassende Satzgebilde erreicht werden können, so hat doch unsere Sprache in ihren grammatischen Formen die Fähigkeit eingebüßt, etwas Vollendetes und Kunstgemäßes darin zu leisten« [740]. Der Vordersatz verrät Mundts rhetorische Bildung und damit sein schlechtes Gewissen. Er weiß im Grunde sehr wohl, daß die Syntax von den »Tonarten« abhängt. Aber Revolution muß sein! Nein, dieser Jungdeutsche war nicht zur Überwindung der Rhetoriktradition berufen. Dazu fehlte ihm die Logik, die Konsequenz und, wie sein späteres Leben verrät, schon der Charakter. Um seine Theorie vom kurzen Satz zu widerlegen, braucht man nur seine eigenen Worte gegen die tacitusfeindlichen Schulmeister zu zitieren. Man erinnert sich dabei vor allem an die Verurteilung des alten Goethe, an der sich freilich nicht nur Schulmeister, sondern auch außerordentlich progressive Journalisten beteiligten: »Die Formen aber, die ein gewaltiger Geist seinem Standpunkt gemäß und zum Ausdruck seiner Gesinnung notwendig findet, von einem grammatischen Kanon aus als Verfall und Verderben zu bezeichnen, ist eine Schulmeisterlichkeit, wie es überhaupt eine Widersinnigkeit ist, an dem geschichtlichen Gang der Sprachen kritisch korrigieren, abändern, einhalten und meistern zu wollen« [741].

Theorie und Norm der Syntax bei K. F. Becker

Ein unvergleich besserer und charaktervollerer Denker als Mundt war Karl Ferdinand Becker. Man darf ihn vielleicht den Hegel der Sprachtheorie nennen, worin nicht nur ein Lob, sondern schon eine Warnung enthalten sein soll. Die Systematiker können der Entfaltung des freien Geistes noch viel gefährlicher werden als faselnde Journalisten! Becker hat die neuhochdeutsche Sprache mit großartiger Entschiedenheit gegen das germanistische Antiquitätenwesen verteidigt; aber er war zu sehr Systematiker, als daß er der Sprache seiner eigenen Epoche in ihrer historischen Mannigfaltigkeit hätte gerecht werden können. Er bekämpfte die Rhetorik nur, um auf der Grundlage seiner logischen Sprachkonzeption ein neues System an ihre Stelle zu setzen. Man könnte fast von einer neuen Rhetorik sprechen; denn er übernahm Teile der alten, um sie in sein Gedankengebäude einzufügen. Aber *ein* Unterschied fällt sogleich in die Augen. Beckers System ist nicht so locker und anpassungsfähig, wie es die Rhetorik, zum mindesten in dieser ihrer Spätzeit, war, sondern durch und durch normativ, und eben mit dieser Eigenschaft dürfte sein Werk dem Bedürfnis der Schule besonders angemessen gewesen sein. Wir übergehen hier seine linguistische Forschung und halten uns an seine Stilistik (*Der deutsche Stil,* Frankfurt/M. 1848); denn in ihr zog er aus seinem sprachwissenschaftlichen System die praktischen Folgerungen, die für die Literaturgeschichte am wichtigsten sind. Ich bin der Meinung, daß Beckers Stilistik zu den wichtigsten Programmschriften des 19. Jahrhunderts gehört. Sie verrät unmißverständlich, was 1848 in stilgeschichtlicher Hinsicht an der Zeit war und welche Traditionselemente nicht mehr lebendig oder, um Bekkers Sprache zu benützen, nicht mehr im »Organism der deutschen Sprache begründet« erschienen*.

Bei oberflächlicher Betrachtung könnte Becker konservativ erscheinen; doch entsteht dieser Eindruck vor allem dadurch, daß seine Stilistik von dem vor- oder hypermodernen Prinzip ausgeht, nach dem sich Sprach- und Stiltheorie, strenggenommen, nicht voneinander trennen lassen. Die rhetorische Lehre von der Euphonie und Symmetrie der Satzbildung vor allem nimmt er mit so großer Beflissenheit auf, daß ein Linguist nach der Lektüre seiner Stilistik vielleicht von einem Ästheten sprechen könnte. Dafür einige Belege. »Man muß endlich nicht übersehen, daß in der deutschen Sprache die Tonverhältnisse überhaupt eine höhere Bedeutung und darum überhaupt einen höhern Anteil an der Schönheit der Rede haben als in den andern Sprachen. Auch hat sich das natürliche Gefühl für die Schönheit der Tonverhältnisse bei den Deutschen lebendiger und zugleich zarter ausgebildet als z.B. bei den romanischen Völkern. Die deutsche Stilistik darf sich darum nicht darauf beschränken, die Wortstellung und Betonung nur in ihrer Beziehung auf die logische Form des Gedankens zu betrachten. Die Schönheit des Stils fordert, daß die Tonverhältnisse auch durch einen phonetischen Rhythmus auf das Gefühl einen wohlgefälligen Eindruck machen; wir haben daher die Tonverhältnisse des einfachen und zusammengesetzten Satzes, abgesehen von ihrer logischen Bedeutung, auch in ihrer Beziehung auf den *phonetischen* Rhythmus näher zu betrachten« [742]. In der Praxis führt die Kombination der logischen und klanglichen Gesichtspunkte zu sehr genauen Vorstellungen über den guten Stil. Ganz »unleidlich« sind z.B. Sätze, in denen »halbtonige Formwörter« (Pronomina, Hilfsverben, Zeitadverbien, Präpositionen, Konjunktionen usw.), dem invertierten Prädikat nachfolgend, den Satz schließen,

---

* Den Sprachhistorikern ist K.F.Beckers Bedeutung bereits bekannt (vgl. Gerhard *Haselbach,* Grammatik und Sprachstruktur, Karl Ferdinand Beckers Beitrag zur allgemeinen Sprachwissenschaft in historischer und systematischer Sicht, 1966). Es empfiehlt sich nun, Beckers stilgeschichtliche Bedeutung und Wirkung näher zu untersuchen. Schon durch die *Verbindung von Linguistik und Stilistik* ist er heute interessant.

z.B.: »Angebetet, abgeschrieben, nachgeahmt, übertrieben *wurde nun wieder* (Tieck)«. Der Satz enthält den Pleonasmus, den wir als epochentypisch kennen; er ist aber auch insofern bezeichnend, als die guten Schriftsteller der Zeit sich bemühen, der Rhetorik eine lässige Note zu geben und sie auf diese Weise abzuschwächen. Beim alten Goethe vollends, welcher der Tassoeloquenz [743] abgeschworen hat, finden sich häufig Sätze mit fallendem Ton: »Ich fing, allein auftretend, einige Verse aus dem Heldengedichte herzusagen an«. Dieser Satz hat nach Becker, zusammen mit drei ähnlichen Sätzen Goethes, ein »fehlerhaftes« Tonverhältnis [744]; denn dieser Sprachtheoretiker ist mit Quintilian (!) noch der Meinung, daß der Satz einen »aufsteigenden« Ton haben muß [745]. Für Schiller findet Becker fast nur Lob. »Den schönsten Rhythmus« hat z.B. der folgende Satz: »Daß Ihr sie haßt, das macht sie mir nicht schlechter«. Auch der klassische Goethe befriedigt sein Stilgefühl: »Was man Verruchten tut, wird nicht gesegnet« [746].

Das Symmetrie-Ideal verbindet Beckers Stilistik noch enger mit dem Klassizismus und führt zu sehr genauen syntaktischen Rezepten, z.B.: »Die Schönheit der rhythmischen Form fordert ein gewisses Ebenmaß hochtoniger und tieftoniger Silben« [747] oder: »der einfache Satz hat nur dann ein vollkommen schönes Tonverhältnis, wenn der Umfang des Prädikates mit dem Umfange des Subjektes in einem gewissen *Ebenmaße* steht, z.B.... ›Der Fleiß des Hausvaters blieb nicht ohne Glück‹ (J.v. Müller)« [748]. *Beim zusammengesetzten Satz führt das Symmetrieideal zu einem rigorosen Kampf gegen den Schachtelsatz.* Diese Forderung läßt sich durch Beispiele der Goethezeit nicht mehr so leicht belegen; sie entspricht der realistisch und »populär« (bürgerlich) gewordenen Klassizismustradition, die für die Zeit nach 1848 charakteristisch sein wird: »Jeder zusammengesetzte Satz wird überhaupt aufgefaßt als eine Verbindung von nicht mehr als *zwei Gliedern,* welche sich entweder noch, wie in dem einfachen Satze, als Ausdruck des *Subjektes* und Ausdruck des *Prädikates* scheiden oder als *Vordersatz* und *Nachsatz* auseinandertreten. Der zusammengesetzte Satz wird auch nur dann leicht verstanden, wenn diese Scheidung in zwei Glieder sich in der rhythmischen Form des ganzen Satzes darstellt. Wenn aber die Anzahl der Nebensätze so groß ist oder die Nebensätze mit dem Hauptsatze und miteinander in einer solchen Weise verbunden sind, daß die Scheidung des Ganzen in zwei Glieder nicht mehr erkannt wird, so wird die rhythmische Form des ganzen Satzes fehlerhaft, die grammatischen Beziehungen der einzelnen Nebensätze und besonders die Verhältnisse der logischen Form werden nicht leicht unterschieden, und der ganze Satz wird eine schwer verständliche *Afterform*« [749]. Ob der letzte Satz mit der doppelten Hypotaxe Beckers Regeln noch entspricht, lasse ich dahingestellt. Er würde wohl sagen, er habe den Hauptsatz so beschwert, damit er dem komplizierten Nebensatz das Gleichgewicht halte. Jedenfalls lassen solche Sätze inhaltlich und formal den eisernen Logiker spüren, der Becker in Wirklichkeit ist.

Der alte Goethe erscheint ihm als ein so großes Ärgernis, daß er an einer Stelle der Stilistik gleich drei Schachtelsätze des Dichters nicht nur, wie sonst, kritisiert, sondern verbessert, z.B. Goethe (nach Becker): Es war »uns nur allzu deutlich geworden, *daß* es sehr viele Fälle gebe, *in welchen* die Gesetze schweigen, und dem einzelnen nicht zu Hülfe kommen, *der* dann sehen mag, *wie* er sich aus der Sache zieht«.Becker verbessert die hoffnungslose Afterform »einigermaßen«, indem er das Satzende etwas übersichtlicher macht: »Es war uns allzu deutlich geworden, daß es viele Fälle gibt, in welchen die Gesetze schweigen, und der einzelne, dem sie nicht zu Hülfe kommen, sehen mag, wie er sich aus der Sache zieht« [750]. Bezeichnend für Beckers logisches Stilideal ist nicht nur die syntaktische Änderung, sondern auch die Beseitigung der »Formwörter« *nur* und *sehr,* die nicht unbedingt nötig sind. Dies Bedürfnis nach einem gedrängten Stil scheint ihn in die Nähe Börnes und Mundts zu führen. Doch dieser Eindruck ist, strenggenommen, nicht richtig. Beckers Stilideal erweist sich dadurch als von Grund auf antibarock, daß er jede Art von »Häufung« ablehnt, nicht nur die Häufung von Nebensätzen oder Partizipien [751] oder tieftonigen Wörtern oder die Häufung von Objekten und Attributen [752], sondern auch die »Aufeinanderfolge zahlreicher abgeschnittener [kurzer] Hauptsätze« [753]. Kleist verachtet er ingrimmig wegen seiner Schachtelsätze und Partizipialkonstruktionen (viele Beispiele); er hätte aber auch Büchner mit seinen intensiv kurzen Sätzen getadelt, wenn dieser Dichter überhaupt in seinem Gesichtskreise gestanden wäre. Becker denkt beim kurzen Satz an die Syntax in Kinder- und Volksschriften, er läßt diese Sprache des »geistig unentwickelten« Menschen gelten, fügt aber gleich hinzu: »man fühlt leicht, daß sie an sich nicht eine *schöne* Form der Darstellung ist« [754]. Wir erinnern uns in diesem Zusammenhang daran, daß Mundt vor allem im Namen des »Gemüts« den kurzen Satz fordert. Auch Becker formuliert: »Das Gemüt ist die eigentliche Geburtsstätte der Poesie« [755]; aber solche Aussagen sind in dieser Zeit obligatorisch und widersprechen dem Primat der Logik in Beckers Stiltheorie nicht.

Insgeheim glaubt Becker, daß sich die Schönheit der »logischen Form« ganz von selbst unterordnet oder wenigstens eine prästabilierte Harmonie von Logik und Euphonie in der Syntax waltet. Er macht den antiken Schriftstellern und der »Stilistik der neuern Sprachen« den Vorwurf, sie hätten die Logik über dem »phonetischen Rhythmus der Sätze« halb oder sogar ganz mißachtet. Im Lande Kants und Hegels besteht eine andere Rangfolge: »Die deutsche Stilistik richtet zunächst und vorzüglich ihre Aufmerksamkeit auf die Betonung als den Ausdruck der *logischen Form;* und wir haben gesehen, daß die Betonung, wenn die Wortstellung der logischen Form der Gedanken vollkommen entspricht, insgemein [!] auch unser Gefühl für die phonetische Schönheit der Tonverhältnisse befriediget« [756]. »Im besondern« kommt es öfters vor, daß eine Spannung zwischen der Logik und der »Eurythmie« entsteht [757]. Aber grundsätzlich gibt es doch diese wunderbare Übereinstimmung zwischen Wahrheit und Schönheit im Organism der deutschen Sprache. In immer neuen Formulierungen wiederholt er den Grundgedanken, daß der klare Satz und der schöne Satz, genau besehen, ein- und dasselbe sind.

Die Praxis der Syntax

Das Eingehen auf die Syntaxprobleme der Sprachtheoretiker war nötig, um das Feld abzustecken, auf dem sich die stilgeschichtliche Syntaxinterpretation der vorrealistischen Literatur sinnvollerweise bewegt. Zwar ist anzunehmen, daß andere Teile der damaligen Sprachproblematik, etwa die Purismus- oder Archaismusdiskussion die literarische Praxis stärker beeinflußten; es ist aber unwahrscheinlich, daß der Kampf um die Rhetoriktradition als solche, der Zweifel an der ciceronianischen Periode, der germanistische Angriff auf die bestehende Sprachkultur u. dgl. der Mehrzahl der Schriftsteller ganz verborgen blieb. Wir wollen im folgenden, der Syntax-Praxis gewidmeten Abschnitt versuchen, uns auf die Fragen zu konzentrieren, die wir im theoretischen Teil bereits kennengelernt haben.

Man versteht leicht, daß die Syntaxprobleme in den verschiedenen Perioden und Gruppen der Biedermeierzeit verschieden liegen. Mit einer gewissen Naivität bedient man sich *zwischen 1815 und 1830* der restaurierten Rhetoriktradition. Wenn 1819 in einem Taschenbuch der verbündete Zar Alexander, das Haupt der Heiligen Allianz, gefeiert werden soll, so ist dies ohne ciceronianische Rhetorik nicht möglich: »Wer vermag nun die menschheitsbeglückenden Entwürfe zu ermessen, wer wagt es, den Grundriß des *neuen Jerusalems* zu erraten, dem Kaiser Alexander, doch auch nur symbolisch, die Siegeskirche in Moskau geweiht hat?« [758] Dem Gottesgnadentum ist eine demütige rhetorische Frage – natürlich anaphorisch aufgeschwellt – angemessen. Man pflegt heute das Pathos, was semantisch kaum zu rechtfertigen ist, mit der ursprünglichen Wortbedeutung des Leidens in Verbindung zu bringen. In der Neuzeit bedienen sich auch die Sieger gerne des Pathos. Der frühe Grillparzer läßt in *Ottokars Glück und Ende* (1825) seinen Kaiser ganz unproblematisch das deutsche Reich und das Haus Habsburg in allerlei »Prunkreden« (H. Seidler) vertreten. Später wird das Kaisertum, auch hinsichtlich der Syntax, zu einer schwierigeren Frage für den großen Österreicher. Der durchschnittliche Schriftsteller freilich liebt auch nach 1840 noch den ciceronianischen Stil. Dr. Le Petit, der 1845 die *Eugénie Grandet* übersetzt, bildet kompliziertere Sätze als Balzac [759]!

Während Becker die Parenthese, sofern sie nicht ganz kurz ist, ebenso wie den Schachtelsatz für unklar und unschön hält, schiebt man in der frühen Biedermeierzeit noch mit dem besten Gewissen längere Sätze ein, z. B.: »Bernhard, diesen Namen empfing mein Zwillingsbruder in der Taufe von unserem mütterlichen Oheim, einem reichen Spitzenhändler in Marienberg, Bernhard wuchs mir bald über den Kopf« [760]. Der Schreiber dieses Satzes, Wilhelm Müller, ist kein Dunkelmann. Um der Klarheit willen wiederholt er das Subjekt; doch wäre dies, nach den Gepflogenheiten der Zeit, nicht unbedingt nötig gewesen. Ein großer Feind des Papierdeutsch, ein Verfechter der mündlichen Rede ist Carl Gustav Jochmann in seinem vor einiger Zeit neu herausgegebenen Buch *Über die Sprache* (Heidelberg 1828). Wenn man deshalb glaubt, er eifere der alten »Volkspoesie« oder wenigstens dem publizistischen Stil Börnes nach, so täuscht man sich. Das verbietet schon die irrationalistische Tiefe dieses Sprachtheoretikers; z. B.: »Wir mögen Silben messen, obgleich auch das nur unzuverlässig [!], da eben die feineren und zahlreicheren Abteilungen des Zeitmaßes, nach dem es geschehen soll, nicht einmal im Bereiche der Sprache liegen und nur dem Ohr bemerkbar sind, und verständen wir es auch besser, wir würden darum nicht weiter kommen, solange außer dem Maße auch das Gewicht einer Silbe zu berücksichtigen steht und ihr Gewicht auf etwas ganz anderem als äußern Eigenschaften beruht« [761]. Der nächste Punkt ist erst nach einer halben Seite zu finden. Bis dahin benützt Jochmann sechs Nebensätze und mehrere Einschübe, – wie dies eben üblich ist.

Der syntaktische Spielraum bei den Jungdeutschen

Das ist der Ciceronianismus, den der Jungdeutsche Mundt mehr heftig als entschieden bekämpft. Er kann sich dabei auf das praktische Vorbild Börnes berufen. Auch Laube bekämpft den langen Satz, vor allem dann, wenn ein politisch-religiöser Gegner getroffen werden soll: »dies störsame [!] Schlegelsche Satzgerüst mit seinen ekelhaften Dehnungen« [762]. Seinem jungdeutschen Genossen Gutzkow ist der lange Satz besonders in der Lyrik zuwider, – mit der er praktisch weniger zu tun hat. In der Erzählprosa sind ihm längere Sätze und rhetorisch dichtgefügte Satzgruppen unentbehrlich. Stellenweise, etwa in der Diskussion eines kantianischen Ministers mit einem jungen, nachkantianischen (idealistischen) Offizier, mag die rhetorische Syntax wie bei Raimund oder Nestroy (s. u.) parodistische Funktion haben. Der »philosophische Hauptmann« tröstet sich in dem folgenden Zitat mit Hilfe der Dialektik über den Verlust seiner Eulalia: »Sie wurde mir untreu! Das mußte sie, wenn sie mich liebte, denn sie gab mir Leben, sie schuf mich, den noch nicht Geborenen, sie riß mich aus dem Chaos der unbestimmten Abstraktion heraus und beseelte mich durch ihr Umschlagen, wie weh es auch anfangs tat! Ich habe mich damit getröstet, daß ja alle Dinge im ewigen Fluße sind, weshalb auch, wie Sie wissen, das Wasser ehmals als ihr Prinzip angenommen wurde« [763]. Die meisten Hörer dieser komischen Selbsttröstung lachen. Nicht so der Minister: »Über eine Abgeschmacktheit mit kurzen Worten den Stab zu brechen, war er nicht imstande«. Er muß gleich eine Rede über die staatsgefährdende neumodische Philosophie halten und soll damit natürlich ebenso komisch wirken wie der Offizier: »»Mein Herr‹, begann er, ›ich weiß nicht, welche Stellung Sie zum Zeitgeiste haben, welches Phantom Sie, ja Sie, für die Bestimmung unseres Jahrhunderts ausgeben. Allein gestehen muß ich, daß mir die Verbindung des Säbels mit einer so abweichenden, unlogischen Philosophie außerordentlich auffallend ist. Meine Kantische praktische Vernunft, sehen Sie, die kann ich rechts und links, hinten und vornen schleifen wie ein zweischneidiges Schwert; ich kann sogar die Klinge der reinen Vernunft in die Scheide der praktischen stoßen; allein wenn die Sekte, welcher sie angehören, in der Armee unseres gnädigen Landesvaters auch nur noch einen Schritt weiter, über einige wenige Unteroffiziere oder Gefreite sich verbreiten sollte: ja dann gute Nacht – wie gesagt – dann, Herr Hauptmann, dann könnten wir nur sehen, wie weit wir mit dem Pariser Frieden gekommen sind!« Der Satz erweist sich hier wirklich als das zentrale Prinzip der

Sprache; denn in enger Verbindung mit der umständlichen Syntax wird auch die willkürliche Bildlichkeit und die aufdringliche Anaphorik der Rhetoriktradition parodiert. Gutzkow vermeidet das »Jeanpaulisieren« nicht überall. Deshalb hat seine ciceronianische Periode nicht immer eine so einleuchtende Funktion wie in diesem Zitat. Doch darf im Blick auf die kritische Prosa und die Lustspiele des Berliners Gutzkow festgestellt werden, daß er das jungdeutsche Ideal des kurzen Satzes einigermaßen verwirklicht hat. Es ist daher auch kein Zufall, daß gerade er für den Gipfel der vormärzlichen brevitas, Büchner, Verständnis bewies.

Schwieriger liegen die syntaktischen Verhältnisse bei dem Jungdeutschen Heine. Windfuhr beobachtet gewiß ganz richtig die »Verknappungsvorgänge«, welche die Selbstfindung des Lyrikers Heine begleiteten [764]. Er weist aber auch nach, daß für den Verfasser der *Reisebilder* Cervantes eines der wenigen großen Vorbilder war und daß er »auf die geniale Sprachschichtung im Roman des Spaniers, den Kontrast von Sprichwortstil bei Sancho Pansa und Periodenstil bei Don Quichotte« aufmerksam wurde [765]. Ein so differenzierter Sprachkünstler, wie es Heine war, ließ sich selbstverständlich die rhetorische Möglichkeit, zwischen kurzen und langen Sätzen zu wechseln, nicht entgehen. Wir wissen, daß ihm Börnes kurzer Stil genauso wie Börnes ultrademokratische Politik und Goethekritik allzu primitiv erschien. Im Eingang zu seinem *Ludwig Börne* (1840) gibt Heine einen hochinteressanten Bericht über seine Gespräche mit der Rahel, welche die »Kunst des Periodenbaus« bei Goethe und ihrem Gatten »enthusiastisch bewunderte« und daher meinte, Börne und sie selbst könnten nicht schreiben. Heine gelangt in diesem Zusammenhang zu einer Verallgemeinerung, die der Historiker nur bestätigen kann: »Die heutige Prosa ... ist nicht ohne viel Versuch, Beratung, Widerspruch und Mühe geschaffen worden« [766].

Heine ist nicht nur ein Meister der Pointe und des Witzes, sondern auch der syntaktischen Kettenbildung und der ciceronianischen Periode. Man erinnere sich an die in anderem Zusammenhang zitierte gewaltige Passage, in der Heine den Klassizisten Voss als Odin dem erstaunten Publikum vorstellt (vgl. o. S. 436 f.). Der germanistische Enthusiasmus ist nicht ganz ernst, denn er ist diplomatisch einem bestimmten Teil der deutschen Öffentlichkeit zugedacht; aber er ist auch nicht ganz parodistisch, da Heine die Energie, mit welcher der Niedersachse die Romantik bekämpfte, wirklich ein wenig bewundert und wenn nicht den Stil, den er schreibt, so doch das Ziel seiner Polemik gutheißt. Ironische Zweideutigkeit kann leicht zum Ciceronianismus führen. Ich zitiere zur Ergänzung aus der berühmten Stelle im *Buch Le Grand (Reisebilder),* da der Dichter vom zukünftigen Heine-Haus in Düsseldorf, seinem Geburtshaus in der Bolkerstraße, träumt: Er habe, schreibt er da, der Besitzerin dieses Hauses sagen lassen, sie solle es ja nicht verkaufen. »Für das ganze Haus bekäme sie jetzt doch kaum so viel, wie schon allein das Trinkgeld betragen wird, das einst die grünverschleierten, vornehmen Engländerinnen dem Dienstmädchen geben, wenn es ihnen die Stube zeigt, worin ich das Licht der Welt erblickt, und den Hühnerwinkel, worin mich Vater gewöhnlich einsperrte, wenn ich Trauben genascht, und auch die braune Türe, worauf Mutter mich die Buchstaben mit Kreide schreiben lehrte – ach Gott! Madame, wenn ich ein berühmter Schriftsteller werde, so hat das meiner armen

Mutter genug Mühe gekostet« [767]. Im nächsten Abschnitt spricht er von seinem »Makulatur-Lorbeer«, um klarzustellen, daß Parodie im Spiele ist. Trotzdem hätte der Satz ohne die Beimischung empfindsamer Jugenderinnerungen und ohne die erste Sehnsucht nach Ruhm eine ganz andere Gestalt bekommen. Der Spott soll ebenso abgeschwächt werden wie der Ernst, und das läßt sich offenbar am besten mit Hilfe einer komplizierten Syntax bewerkstelligen. Wenn Laube Heines »abgehackten Jargon« rühmt und seine Sprache eben mit dieser Eigenschaft zum Vorbild des modernen Schriftstellers macht, so ist dies im Vergleich zu Wieland und wahrscheinlich auch im Vergleich zu Sterne, Wielands und Heines gemeinsamem Vorbild, richtig; aber die Stilunterschiede innerhalb des jungdeutschen Lagers dürfen nicht übersehen werden. Auch in syntaktischer Hinsicht steht der Düsseldorfer zwischen Goethe und dessen Verächter Börne. Heine bemüht sich so gut wie nie um dunkle Tiefe. Der zuletzt zitierte Satz hat viele Nebensätze; aber er ist kein eigentlicher Schachtelsatz, so daß ihn wahrscheinlich selbst K. F. Becker wegen seiner Klarheit hätte gelten lassen. Ein Satzglied ergibt sich zwanglos aus dem andern; es geht nicht um die Erschließung eines geheimnisvollen Hintergrunds. Außerdem wird die Kette durch eine Interjektion (»ach Gott«) nicht eben abgehackt (Laube s. o.), aber doch entschieden abgeschlossen; und der nächste Satz, der zugleich das Ende des Abschnittes bildet, hat eine einfachere Gestalt und einen schlichteren Ton. Der Affekt, der nach der Lehre der Rhetorik den Ton bestimmt, ist in diesem Schlußsatz ganz einfach die Liebe zur eigenen Mutter.

Neue Freunde des Periodenstils

Der Einfluß des jungdeutschen brevitas-Ideals darf auch deshalb nicht überschätzt werden, weil seit dem Ende der dreißiger Jahre die ciceronianische Syntax unter dem Einfluß der *Junghegelianer* neuen Auftrieb gewinnt. Nichts verachtete diese anspruchsvolle »Sekte« so sehr wie die »Oberflächlichkeit«. Hier ging es erneut um die Erschließung der tiefsten, »dialektischen« Hintergründe mit Hilfe eines komplizierten Satz- und Gedankenbaus. Bei Ruge etwa herrschen lange Perioden vor, wenn sie auch durch rhetorische Fragen und knappe Worthäufungen gelegentlich aufgelockert werden. Die Schule der Jungdeutschen ist zwar an den Linkshegelianern nicht spurlos vorübergegangen. Aber das Bedürfnis nach einer neuen Rhetorik mit antithetisch gebauten und anaphorisch geschwellten Sätzen ist wirksamer [768]. Selbst da, wo vom einzelnen Satz her gesehen, die Kürze erstrebt wird, entstehen, durch hemmungslose Anwendung der uns bekannten Intensivierungsmittel, dichtgefügte *Satzgruppen,* wie etwa in Ruges Verriß der zeitgenössischen Salon- und Konversationsliteratur. »Da wird sich gegenseitig gehegt und getragen, da wird den persönlichsten Antipathien und Sympathien der freieste Spielraum gelassen, da werden die Porträts der Freunde und Feinde ausgehängt, da zieht man sich aus und an vor dem Publikum und macht vor ihm Toilette wie angesichts des Spiegels« [769]. Man mag sich darüber wundern, daß einer, der so schreibt, den Jungdeutschen Subjektivität vorwirft. Aber Ruge hat schon recht. Was hinter dieser groben Art von Rhetorik steht, ist nicht Subjektivität im Sinne der ironischen Tradition, sondern Parteilichkeit. Für Heines Geschmack war die zitierte Gruppe von Sätzen mit den hämmernden Anaphern gewiß zu primitiv. Hebbel, der den Hegelianern nahesteht, hat in seinem Aufsatz über den dramatischen Stil neben den knappen Sätzen die »phrasenhaften« Wendungen ausdrücklich verteidigt. Nietzsche kritisierte D. F. Strauss *(Unzeitgemäße Betrachtungen)* ganz nach den Prinzipien der Realisten, wenn er den Junghegelianer wegen seines rhetorischen Stils tadelte; aber er verfiel in *Also sprach Zarathustra* selbst wieder der Rhetorik! Besonders auf Schopenhauer konnten sich Freunde der ciceronianischen Syntax in der zweiten Hälfte des 19. Jahrhunderts berufen; denn die moderne Sprachwissenschaft hat ihn nicht daran gehindert, die alte humanistische Weisheit von den drei ursprünglichen Sprachen (Deutsch, Griechisch und Latein), welche »künstlichere Perioden« gestatten, aufzuwärmen. Nur ein Adjektiv verrät, daß er sich der Problematik seiner Lehre bewußt ist: es sind »relative Ursprachen« [770]. Wir kennen schon aus einem andern Zusammenhang den Vorwurf der »falschen Kürze«, den Schopenhauer gegen das moderne Deutsch erhebt. Der Vorwurf trifft auch den kurzen Satz. Die ciceronianische Rhetoriktradition wurde demnach im 19. Jahrhundert nicht »überwunden«, und schon gar nicht während der Biedermeierzeit. Aber daß die »Phrase« ihre Problematik hat, erkennt man im Laufe der Zeit. Das Wort gewinnt eine pejorative Bedeutung. Benedix (geb. 1811), einer der beliebtesten Lustspieldichter (vgl. Bd. II), läßt eine seiner Figuren sagen: »Die Phrase war gut, kann auch hier wirken« [771]. Naiv war das Verhältnis zur Syntax um 1850 bestimmt nicht mehr. Das gesteigerte Sprachbewußtsein, das wir schon kennen, hatte sich auch in dieser Hinsicht bei allen Gebildeten durchgesetzt.

Syntax im Drama

Auch beim Problem der Syntax muß der Einfluß, den die *Geschichte der literarischen Gattungen* ausübt, erwähnt werden. Besonders leicht ist dieser Zusammenhang beim Drama zu erkennen. Daß ein überwiegend mimisches und komisches Drama, wie es das Wiener Vorstadttheater hervorgebracht hat, unter völlig anderen Bedingungen als die Tragödie der Hoftheater steht, sieht jedermann ein. Mimik bedeutet in der Sprache zunächst eine Anpassung an die Alltagssprache mit ihren kurzen Sätzen. Doch ist bekanntlich die Wiener Volkskomödie kein naturalistisches Drama, sondern ein Theater, das in der Barocktradition steht und das diese – das darf man nicht vergessen – zugleich parodiert. Barocktradition heißt zugleich Rhetoriktradition, und ein wesentliches Element der Wiener Posse ist die Parodie der Rhetorik:

Strick: Man laßt uns allein!

Theres: Und was folgt da draus?

Strick: Daraus könnte sehr viel folgen. Dieser Moment könnte die Grundsteinlegung sein zu einem Liebestempel, welcher für die Ewigkeit gebaut wär' [772].

Es leuchtet ein, daß bei derartigen Dialogen nicht die Alltagssprache oder der Dialekt, sondern der Umschlag in die parodierte Rhetorik strukturbildend ist. Im Vordergrund steht an dieser Stelle die komische Wirkung der traditionellen Metaphorik. Doch wäre der Effekt kaum halb so stark, wenn nicht auch der Satz durch einen Relativsatz mit entsprechendem Wortschatz geschwellt und parodiert würde. Der *Talisman* verdankt seine Beliebtheit nicht zuletzt der falschen, grotesk wirkenden Rhetorik (II, 17):

Titus (für sich): Ich stehe jetzt einer Schriftstellerin gegenüber, da tun's die Alletagsworte nicht, da heißt's jeder Red' ein Feiertagsg'wandel anziehn.

Frau von Cypressenburg: Also jetzt zu Ihm, mein Freund!

Titus (sich tief verbeugend): Das ist der Augenblick, den ich im gleichen Grade gewünscht und gefürchtet habe, dem ich sozusagen mit zaghafter Kühnheit, mit mutvollem Zittern entgegengesehen.

Frau von Cypressenburg: Er hat keine Ursache, sich zu fürchten, Er hat eine gute Tournüre, eine agreable Fasson, und wenn Er sich gut anläßt – wo hat Er denn früher gedient?

Titus. Nirgends. Es ist die erste Blüte meiner Jägerschaft, die ich zu Ihren Füßen niederlege, und die Livree, die ich jetzt bewohne, umschließt eine zwar dienstergebene, aber bis jetzt noch ungediente Individualität.

Solange Titus im Dialekt »für sich« spricht, herrscht die Parataxe. Frau von Cypressenburg spricht zwar hochdeutsch, aber keineswegs schriftdeutsch, sondern im Konversationston des Salons (zwanglose Hypotaxe, Fremdwörter, abgebrochener Satz, Fragesatz). Die Komik entsteht nur durch das nicht gekonnte Schriftdeutsch, das Titus zu Ehren der Schriftstellerin spricht. Auch hier werden verschiedene Stilmittel der Rhetorik benützt (Metaphorik, Oxymoron, Antithese, Wortspiel). Doch ist in diesem Zitat die Bedeutung, die der parodistischen Satzerweiterung durch vier, teils anaphorisch gereihte, teils eingeschobene Relativsätze zukommt, nicht zu übersehen. Die andern Stilmittel haben, vor allem zu Beginn von Titus' rhetorischem Versuch, die Funktion, den Relativsätzen den nötigen Schwulst zu geben. Weniger raffiniert wäre es, der Frau von Cypressenburg ein gestelztes Schriftdeutsch in den Mund zu legen. Titus hätte dann die Aufgabe, mit einfachen, groben Dialektsätzen die so aufgebaute Stilstufe zu nivellieren. Möglich wäre dies Verfahren auch; denn unentbehrlich ist bei dieser Stilstruktur nur die *syntaktische Spannung*. Man vergleiche das folgende Szenenbruchstück aus Raimunds *Mädchen aus der Feenwelt oder Der Bauer als Millionär* (I, 5):

Lorenz. Was sind Sie? ein armes Landmädchen? das bringt ja einen Tannenbaum um. Sie sind ja eine Millionistin.

Lottchen. Ich will aber keine sein, denn der Schatz, den der Vater gefunden, hat Unglück über unser ganzes Haus gebracht. Ach, wo ist die schöne Zeit, wo der Vater so gut mit mir war, wo ich täglich meinen Karl sehen durfte, wo noch Schwalben unter unserm Dache nisteten, und keine so hungrigen Raben wie jetzt die falschen Freunde meines Vaters! Ach, wo bist du, glückliche Zeit?

Lorenz. Ja, es kann halt nicht immer so bleiben hier unter dem wächsernen Mond!

561

Der Diener gebraucht zunächst die nüchterne Alltagssprache (Parataxe). Dann versucht er mit Hilfe eines bekannten gemütvollen Lieds auf den empfindsamen Ton des Mädchens einzugehen. Aber das Zitat hat die gleiche desillusionierende Wirkung wie die Alltagssprache, da es verballhornt ist. Raimund ist kein konsequenter Antirhetoriker. Die überirdischen Mächte, die sich dazu entschlossen haben, Lottchen glücklich zu machen, sind mit dem Mädchen auch sprachlich verbunden. Sie dürfen oder müssen ein Schriftdeutsch höheren Stils sprechen. So bedient sich die allegorische Zufriedenheit, die in dem Stück und überall in dieser Zeit so wichtig ist, einer schriftdeutschen Rhetorik, in der lange und kurze Sätze ein ausgeglichenes Sprachgebilde bewirken. Eben dieses Ineinander von Rhetorik und Humor machte den Dichter beim biedermeierlichen Publikum so beliebt. Nestroy, der die Kürze kultiviert und die Länge vom einzelnen Wortungeheuer bis zum ciceronianischen Satz meistens parodiert, steht den Jungdeutschen näher, – wie ja auch seine satirische Schärfe einiges mit den Jungdeutschen gemeinsam hat.

Grabbe, der sich im Laufe seiner Schaffenszeit genötigt sieht, trotz seiner Schillerverehrung die Tradition der rhetorischen Verstragödie zu verwerfen, entfernt sich damit zugleich von der ciceronianischen Syntax. Er gleicht insofern Raimund, als dieser Weg zur brevitas nicht konsequent beschritten wird. Wer die Sieger, auch wenn sie dies nur vorübergehend sind, verherrlicht, wer der Macht und Größe huldigt, wird vom pathetischen Stil nicht ganz loskommen. Typisch für diese Zwiespältigkeit Grabbes ist die Art, wie er seinen Napoleon reden läßt, z.B. (I, 4): »Die Toren! Sie sehnen sich noch einst nach dieser kleinen Hand, wenn sie längst Asche ist, denn *ich, ich* bin es, der sie gerettet hat. – Ließ ich den empörten Wogen der Revolution ihren Lauf, dämmt' ich sie nicht in ihre Ufer zurück, – schwang ich nicht Schwert und Zepter, statt das Beil der Guillotine immer weiter stürzen zu lassen, – wahrhaftig, wie dort am Strande die Muscheln wären all die morschen Throne, samt den Amphibien, die darin vegetieren, hinweggeschwemmt, und schöner als jenes Abendrot begrüßten wir vielleicht die Aurora einer jungen Zeit. – Ich hielt mich zu stark und hoffte, sie selbst schaffen zu können. – O ich muß sprechen, denn ich vermag ja jetzt nicht anders. Die Scholle Elba kenn' ich nun auch und habe sie satt. Ein bißchen Dreck! – Wie jämmerlich ein kleiner Fürst, der nicht drein schlagen kann –«. Napoleon schämt sich seiner langatmigen Rhetorik ein wenig. Er nimmt sie durch die Verkürzung seiner Sätze sozusagen wieder zurück. Die knappen Sätze erinnern bereits an den Feldherrn, der in der Schlacht nur Befehle kennt. Auch Blücher spricht diese militärische Sprache und erweist sich damit als der Mann der Tat, den Grabbe allein bewundert. Gneisenau, der stärker reflektierende Soldat, wird von Blücher manchmal dadurch abgehoben, daß er längere und differenziertere Sätze gebraucht (IV, 4), das verachtete Papierdeutsch.

Den inneren Zusammenhang zwischen dem Abbau des Idealismus und dem Abbau der ciceronianischen Syntax erkennen wir am besten bei Büchner. Auch dieser Dichter geht in seiner kurzen Schaffenszeit den Weg zum kurzen Satz, aber er geht ihn konsequenter. In *Dantons Tod* steckt noch ein wenig Heldenverehrung und mit ihr ein Rest Rhetorik. Die Reden, die Danton hält, bestehen freilich häufiger aus dichtgedrängten Gruppen einfacher Sätze als aus ciceronianischen Perioden (Das Revolutionstribunal): »Die Republik ist in Gefahr, und er hat keine Instruktion! Wir appellieren an das Volk; meine Stimme ist noch stark genug, um den Decemvirn die Leichenrede zu halten. – Ich wiederhole es, wir verlangen eine Kommission; wir haben wichtige Entdeckungen zu machen. Ich werde mich in die Zitadelle der Vernunft zurückziehen, ich werde mit der Kanone der Wahrheit hervorbrechen und meine Feinde zermalmen«. Die sich verdichtende Syntax verrät so gut wie die Steigerung der Metaphorik, daß dieser Stil nicht naturalistisch ist. In Büchners Lustspiel gibt es eine Menge längerer Sätze. Doch dienen sie fast immer der Parodie der Rhetoriktradition. Auch im *Woyzeck* gibt es die karikierte geschwollene Sprache, besonders zur Kennzeichnung des Pseudoidealismus (Hauptmann). Davon abgesehen triumphiert in dieser Tragödie die brevitas (s. u.).

Für die klassizistische Tragödientradition ist eine ausgewogene Rhetorik, die zwischen langen und kurzen Sätzen kunstvoll wechselt, unentbehrlich. Der kurze Satz ergibt sich aus der Umschläglichkeit und Spannung des Dramas überhaupt, der lange Satz aus der Reflexion über Situationen und Vorgänge. Die Gemächlichkeit, die sich aus der einseitigen Bevorzugung des Periodenstils ergibt, ist dem Drama nicht angemessen. Die Biedermeierzeit bevorzugt den kurzen Satz in der speziellen Form der Stichomythie nicht mehr; denn diese »mechanische« Übereinstimmung von Metrik und Syntax widerspricht dem Bedürfnis nach mimischer Lebendigkeit. Trotzdem ist auch Grillparzer, der in seinem Bewußtsein den Klassizismus nie abgeworfen hat, auf dem Weg zur brevitas. Mit Rudolf II. *(Bruderzwist im Hause Habsburg)* wählt sich der österreichische Dichter einen Kaiser, der sparsamer mit den Worten umgeht als Rudolf I. Er ist kein Sieger, sondern, so scheint es zunächst, nur ein Mensch. Gegen Ende des I. Aufzugs wird Rudolf II. durch folgende kurze Sätze in seinem Wesen dargestellt:

> Sie jubeln? Tummelt? Ein verzogener Fant,
> Hübsch wild und rasch, bei Wein und Spiel und Schmaus.
> Wohl selbst bei Weibern auch; man spricht davon.
> Allein er ist ein Mensch. Ich will ihn sehn.
> Den Leupold sehn! Wo ist er? Bringt ihn her! [773]

Rudolfs Neffe, Ferdinand, der den Kreuzzug gegen die Ketzer vorbereitet, ist kein Mensch [774]. Wie der Dichter aus Rudolf II., der wortkarg ist, weil er Bescheid weiß, den Kaiser herausholt, ein Kaisertum, das höher ist als das Rudolfs I., wird als eine seiner größten Leistungen anerkannt! Aber dieses prophetische Kaisertum wäre ohne Rhetorik nicht darzustellen. Zwar verraten auch die vielzitierten umfangreichen Lehren und Prophezeiungen dieses Kaisers den Willen zur gedrängten Sprache. Aber ohne einen erheblichen Gebrauch der Hypotaxe könnte der konservative Dichter die tiefe Gedankenwelt Rudolfs II. nicht darstellen. Die vielgerühmte Mimik Grillparzers tritt besonders im vierten Aufzug dieser Tragödie zurück.

Syntax in der Lyrik

Daß die hochpoetische Sprache der Lyrik besonders große syntaktische Freiheiten erlaubt, daß sie durch Schachtelsätze und allzu reichliche Konjunktionen logischer Art gefährdet wird, ist uns nach dem Expressionismus sehr bewußt und war auch schon nach der »musikalischen Lyrik« der Romantik einigermaßen bekannt. Es muß daher betont werden, daß es bei allen Lyrikern der Biedermeierzeit den langen Satz gibt. Seine Funktion ist nicht immer pathetisch. In Mörikes Epistel *An Karl Mayer,* deren erste Hälfte aus einem riesigen Satze (19 Verse) besteht, dient die Hypotaxe eher der Beschleunigung des Tempos, der Herstellung eines leichten Sprechtons. Ähnlich liegen die Dinge in Mörikes berühmter *Fußreise.* Der erste Abschnitt besteht wieder aus einem großen Satz (14 Verse) mit verhältnismäßig raschem Tempo. Der mittlere, räsonnierende Abschnitt ist schon etwas kürzer und dichter, am kürzesten (4 Verse) ist der letzte Abschnitt, der aus einem frommen Anruf Gottes, einer Art Gebet besteht:

> Möcht es dieser geben,
> Und mein ganzes Leben
> Wär im leichten Wanderschweiße
> Eine solche Morgenreise!

Auf dem Weg zur Kürze intensiviert sich die Aussage. Auch der umgekehrte syntaktische Weg wird manchmal beschritten, da ein solcher Schlußgipfel allzu naiv erscheinen könnte und manche Dichter, wie wir schon wissen, den fallenden Rhythmus bevorzugen. Man prüfe unter diesem Gesichtspunkt Heines *Abenddämmerung* (*Die Nordsee* I, 2):

> Am blassen Meeresstrande
> Saß ich gedankenbekümmert und einsam.
> Die Sonne neigte sich tiefer und warf
> Glührote Streifen auf das Wasser,
> Und die weißen, weiten Wellen
> Von der Flut gedrängt,
> Schäumten und rauschten näher und näher –
> Ein seltsam Geräusch, ein Flüstern und Pfeifen,
> Ein Lachen und Murmeln, Seufzen und Sausen,
> Dazwischen ein wiegenliedheimliches Singen –
> Mir war, als hört' ich verschollne Sagen,
> Uralte, liebliche Märchen,
> Die ich einst als Knabe
> Von Nachbarskindern vernahm,
> Wenn wir am Sommerabend
> Auf den Treppensteinen der Hausthür
> Zum stillen Erzählen niederkauerten
> Mit kleinen, horchenden Herzen
> Und neugierklugen Augen;
> Während die großen Mädchen
> Neben duftenden Blumentöpfen
> Gegenüber am Fenster saßen,
> Rosengesichter,
> Lächelnd und mondbeglänzt.

Der erste Teil ist stark beschwert, durch die einfachen Sätze und, an seinem Ende, durch die acht Subjekte ohne Prädikat, von denen das letzte durch eine kühne Wortbildung *(wiegenliedheimliches Singen)* noch besonders hervorgehoben wird. Der zweite Teil bildet einen einzigen Satz, der aber trotz vierfacher Unterordnung kein Schachtelsatz ist, sondern eine Reihung von Nebensätzen und damit übersichtlich bleibt. Die Erinnerung wird fast zur Erzählung: stimmungsvolle Vergangenheit, in den letzten Satzgliedern durch Verskürzung und Metaphorik etwas beschwert, – ohne freilich zur überwältigenden Wirklichkeit wie die Einsamkeit des Dichters und der Andrang der Wellen zu werden. Die Hypotaxe bewirkt wie in den erwähnten Gedichten Mörikes eine gewisse Leichtigkeit des Affekts und des Tons.

Wir werden sehen, daß in der Biedermeierzeit die Lyrik überhaupt leicht in das Erzählen übergeht. Sogar in Mörikes Gedicht *Die schöne Buche,* das durch seinen numinosen Schluß bezeichnenderweise die Aufmerksamkeit des Theologen Guardini erregt hat, gibt es Erzählelemente. In einem ersten beschreibenden Teil decken sich die Distichen mit den Sätzen. Der relativ kurze Satz paßt zu dem Detailrealismus, um den sich der Dichter bemüht. Die Kürze hat hier, im Gegensatz zu der Lehre Mundts, noch nicht viel mit dem Gemüt zu tun. Im zweiten Teil erzählt der Dichter, wie er »unlängst« durch einen »freundlichen Geist« vom Pfade gelockt und zu der schönen Buche geführt wurde. Es sind sechs Distichen, von denen die ersten und die letzten zwei einen einzigen Satz bilden und zwar in der Weise, daß der Hauptsatz und der Nebensatz jeweils ein Distichon einnehmen. Klassisches Gleichgewicht von Metrik und Syntax! Aber die Verlängerung des Satzes bewirkt doch auch hier, daß eine stärkere Bewegung in das Gedicht kommt, daß der Ton leichter und anmutiger wird. Um so stärker wirkt der Schluß, in dem die Sätze wieder mit den Distichen übereinstimmen. Auf diesem Schlußgipfel hat die Kürze, wie am Ende der *Fußreise,* mit dem Gemüt und mit dem Überirdischen zu tun:

> Aber ich stand und rührte mich nicht; dämonischer Stille,
> Unergründlicher Ruh lauschte mein innerer Sinn.
> Eingeschlossen mit dir in diesem sonnigen Zauber-
> Gürtel, o Einsamkeit, fühlt ich und dachte nur dich!

In Mörikes Gedicht *Götterwink* wird nach dreizehn Distichen, die mit dem Satz übereinstimmen und mehr vorbereitende Funktion haben, der doppelte Distichensprung (zwei Sätze in vier Distichen) zu einer hocherotischen Schlußgipfelung benützt. Auch hier wird die Gangart der Verse schneller; aber dies Ungestüm symbolisiert nun die Leidenschaft.

Der Strophensprung

Der eigentliche Strophensprung wird in der Biedermeierzeit mit Maß benützt; aber er ist erlaubt. Fast alle Dichter machen von ihm Gebrauch. In dieser metrisch-syntaktischen Beziehung besteht kaum ein Unterschied zwischen Heine und der Droste. In Annettes dreiteiligem Zyklus *Das Bild* springt schon die dritte Strophe:

O wüßten sie es, wie ein treues
Gemüt die kleinsten Züge hegt,
Ein Zucken nur, ein flüchtig scheues,
Als Kleinod in die Seele legt;
Wie nur ein Wort, mit gleichem Klange
Gehaucht, dem Feinde selbst das bange,
Bewegte Herz entgegen trägt –

Sie würden besser mich begreifen,
Sehn deiner Locken dunkeln Hag
Sie mich mit leisem Finger streifen,
Als lüft ich sie dem jungen Tag;
Den Flor mich breiten dicht und dichter,
Daß deiner Augen zarte Lichter
Kein Sonnenstaub verletzen mag.

Die Dichterin leidet unter den Menschen und benötigt, wie man sieht, einen langen Satz, um ihrer Not Ausdruck zu geben. Das so entstehende Pathos entspricht in diesem Falle dem ursprünglichen Sinn des Wortes. Die Spannung zwischen dem langen Satz und den Versen, die, auch abgesehen von dem Strophensprung, zu erkennen ist, mag sich zum Teil, wie öfters bei der Droste, aus technischer Unbekümmertheit ergeben haben; sie entspricht aber auch dem Druck, dem sie sich ausgesetzt fühlt. Die begrenzte obscuritas, die unter anderm durch die Vermeidung der Konjunktion wenn entsteht, ist der Dichterin willkommen, da sie der Vernunft, der oberflächlichen Verständlichkeit mißtraut. Das merkwürdige Ineinander von rhetorischem Aufwand und verdunkelnder Kürze ist für die Droste bezeichnend. Konditionalkonstruktionen, wie in diesem Gedicht, gibt es in der Biedermeierzeit häufiger, als man von der Lyrik erwartet. Auch Platen liebt sie.

Besonders beliebt ist der Strophensprung in den beiden letzten Strophen, will sagen zur Intensivierung des Schlusses. Wir geben zwei Beispiele. Annette von Droste-Hülshoff erzählt in ihrem Gedicht *Meister Gerhard von Köln* (1841), wie ihr »der Geist vergangner Jahre« im nächtlichen Dome erscheint. Dieser fürchtet, daß die Deutschen weiterschlafen, wie sie bisher geschlafen haben; aber er gibt es nicht auf, sie zu mahnen:

›Und kann nicht ruhn, ich sehe dann
Zuvor den alten Kran sich regen,
Daß ich mein treues Richtmaß kann
In eine treue Rechte legen!
Wenn durch das Land ein Handschlag schallt,
Wie einer alle Pulse klopfen,
Ein Strom die Millionen Tropfen –‹
Da silbern wallt

Im Osten auf des Morgens Fahne,
Und, ein zerfloßner Nebelstreif,
Der Meister fährt empor am Krane. –
Mit Räderknarren und Gepfeif,

> Ein rauchend Ungeheuer, schäumt
> Das Dampfboot durch den Rhein, den blauen –
> O deutsche Männer! deutsche Frauen!
> Hab ich geträumt? –

Sie träumt von der Restauration; aber die Sonne und das *Dampfboot,* die auch den Liberalen Symbole für die Revolution sind, wecken sie aus ihrem Traum. Dies schreckhafte Erwachen der konservativen Dichterin versinnlicht der Strophensprung in diesem Fall. In dem Erzählgedicht *Der Fundator* hat das gleiche Stilmittel eine komische Funktion. Eine solche erwartet man bei Heine zuerst. *Pomare* (Titel), der er einen Zyklus gewidmet hat, ist eine Halbweltdame; aber der Strophensprung in den folgenden Versen scheint eher der Verherrlichung als der Verspottung der Tänzerin zu dienen:

> Majestät in jedem Schritte,
> Jede Beugung Huld und Gnade,
> Eine Fürstin jeder Zoll
> Von der Hüfte bis zur Wade –
>
> Also tanzt sie – und es blasen
> Liebesgötter die Fanfare
> Mir im Herzen, rufen: ›Heil!
> Heil der Königin Pomare!‹

Die erste Strophe hat kein Prädikat, es wird an den Anfang der zweiten geschoben und so verstärkt. Der Strophensprung symbolisiert, wie die Zeilensprünge der letzten Strophe, die erotische Verwirrung oder Erregung, welche diese Pariser Venus bewirkt.

Die Hypotaxe in Sonett und Ottaverime

Es gibt Gattungen und Versmaße, welche die Hypotaxe begünstigen. Wenn das *Sonett* in der ganzen Biedermeierzeit beliebt ist und noch in Herweghs Aufmachung das Publikum bezaubert, so steht dies mit der Fortdauer der ciceronianischen Rhetorik in engem Zusammenhang. Für einen Dichter, der einigermaßen zur Kürze drängt wie Heine, wird es frühzeitig unbrauchbar. Aber die jüngeren Dichter, von denen sich Heine in *Atta Troll* distanziert, können es zur Verkörperung der neuerstehenden Rhetorik wieder gebrauchen; denn ob man »*geharnischte*« (tendenziöse) oder erotische oder panegyrische Sonette schreibt, hängt in der ganzen Biedermeierzeit nur von der Entscheidung des einzelnen Dichters ab. Die metrische Gliederung dieser so vielseitig verwendbaren Form fordert eine verhältnismäßig reiche Entfaltung der Syntax geradezu heraus. Es lag sehr nahe, das Sonett zu rhetorisieren oder, nach den mehr musikalischen Sonettexperimenten der Romantiker, von neuem rhetorisch zu überformen. Die Erotik und die Politik sind in dieser Zeit gleich kompliziert. In beiden Sphären findet der Geist genug Anlaß zu einer differenzierteren Entfaltung sprachlicher und metrischer Art. Bei einer genaueren Untersuchung der schon erwähnten Konditionalkonstruktionen Platens würde sich gewiß ergeben, daß sie in den Sonetten besonders oft zu finden sind. Da Sonette, die mit einem Konditionalsatz beginnen, seit Shakespeare häufig sind, erübrigen sich in einem so klaren, sozusagen systematischen Fall historische Beispiele.

Nötiger ist der Nachweis, daß die *Ottaverime* in der Lyrik und der Versepik der Biedermeierzeit auf einen ähnlichen Zusammenhang hinweist. Ich zitiere eine Strophe aus Mörikes *Besuch in Urach,* welche die typischen syntaktischen Konsequenzen dieses Versmaßes veranschaulichen kann:

> Hier wird ein Strauch, ein jeder Halm zur Schlinge,
> Die mich in liebliche Betrachtung fängt;
> Kein Mäuerchen, kein Holz ist so geringe,
> Daß nicht mein Blick voll Wehmut an ihm hängt:
> Ein jedes spricht mir halbvergeßne Dinge;
> Ich fühle, wie von Schmerz und Lust gedrängt
> Die Träne stockt, indes ich ohne Weile,
> Unschlüssig, satt und durstig, weiter eile.

Mörikes Psyche ist schon in der Frühzeit kompliziert. Sie kann sich in diesem Versmaß unmittelbar verkörpern. Ohne die Hypotaxe wäre dies bei dem humanistischen Dichter kaum möglich (...*daß* nicht mein Blick voll Wehmut...; ich fühle, *wie*...; die Träne stockt, *indes*...). Sie paßt zu anderen rhetorischen Indizien (Anapher, Antithese, Adjektivhäufung). Es gibt Ottaverime, in denen die Hypotaxe durch Frage- und Ausrufesätze abgelöst wird, besonders auffällig in den letzten Versen des Gedichts. Aber die Diktion wird dadurch erst recht rhetorisch (s. u.)! Man kann verstehen, daß der spätere, auf Naivität erpichte Dichter das Versmaß nicht mehr schätzte. Das ist noch nicht Mörike in seiner Einmaligkeit!

Wir beschränken uns auf dies eine lyrische Beispiel; denn die Ottaverime lebte ja seit Wieland vor allem als ein episches Versmaß in der deutschen Dichtung. Auch in der *Versepik* freilich erinnert man sich zuerst an Beispiele der frühen Biedermeierzeit. Das größte ist der frühgestorbene, zu Unrecht vergessene Ernst Schulze (1789 bis 1817), der in einem andern Zusammenhang ausführlich zu würdigen ist (II. Bd., Kapitel Versepik). Da Taschenbücher zur Bestimmung der allgemeinen literarhistorischen Situation besonders geeignet sind, wählen wir ein Beispiel aus der *Urania* für 1821. Die angesehene Agnes Franz beginnt ihren *Sonnenhold* (romantisches Gedicht in vier Gesängen) mit dem folgenden Satz:

> Wie in des Lenzes sonnenhellen Tagen
> Sich die Natur aus langem Schlummer hebt,
> Wie sich die Blumen zitternd höher wagen
> Und Blatt und Blüthe schüchtern aufwärts strebt,
> Bis sie die Augen freudig aufgeschlagen,
> Vom warmen milden Sonnenlicht belebt,
> Und frei empor aus dichter Knospen Hülle
> Zum Lichte wallt die jugendliche Fülle:
>
> So regt sichs dunkel in der Seele Tiefen
> Und still gehorcht sie der geheimen Macht, –
> Ihr scheint's, als wenn auch ihr die Stimmen riefen,
> Auf deren Ruf das All entzückt erwacht –

Und alle Kräfte, die verborgen schliefen,
Entfalten sich in neuer Frühlingspracht,
Und regen sich, und treten frei in's Leben,
In Wort und Lied sich freudig kund zu geben [775].

Der Strophensprung erklärt sich aus dem Willen, die Dichtung machtvoll zu beginnen. Im allgemeinen teilen die *Wie-so*-Konstruktionen die einzelne Ottaverime in zwei Hälften. In diesem Epyllion wiederholt sich der Strophensprung schon nach sechs Seiten. In beiden Fällen wird die Syntax durch das Metrum mitbestimmt. Es liegt nahe, die von der Schule geforderte syntaktische »Symmetrie« (s. o.) dadurch zu erreichen, daß man dem sogenannten homerischen Gleichnis genau eine Ottaverime oder die Hälfte einer Ottaverime zuweist. Faßt man einmal diesen Entschluß, so ergeben sich daraus von selbst syntaktische Konsequenzen. Man muß den Satz mit Hilfe rhetorischer Mittel dehnen, damit er die Ottaverime oder zwei Ottaverime füllt, wobei es sich empfiehlt, auch die Untergliederung des Satzes dem Versmaß anzupassen. Die erste Hälfte der ersten Strophe unseres Beispiels wird anaphorisch gefüllt. Zu Beginn des fünften Verses, also in der Mitte der ersten Strophe, ordnet sich dem Nebensatz, den die erste Ottaverime bildet, ein zweiter durch die Konjunktion »bis« unter. Mit Hilfe eines Parallelismus, der sich wiederum genau an das Versmaß hält und der nur eine stilistische Funktion hat, wird dieser doppelt untergeordnete Satz bis zum Ende der Strophe geführt. In der zweiten Strophe, die mit dem Hauptsatz identisch ist, fällt zuerst die Dehnung durch eine Parenthese auf. Die Parenthese ist ein vollkommen legitimes Mittel, solange die Rhetoriktradition besteht, – auch die große Parenthese. Wieland, der in unserem Zusammenhang aus gattungs- und versgeschichtlichen Gründen naheliegt, bedient sich dieses Stilmittels mit besonderer Meisterschaft. Becker fordert kurze Parenthesen, was bei einem logisch orientierten Sprachtheoretiker selbstverständlich ist; aber er lehnt diesen Kunstgriff, der, syntaktisch gesehen, in jeder Form kühn ist, nicht grundsätzlich ab. In unserem Beispiel füllt die Parenthese genau zwei Verse und endet in der Mitte der zweiten Ottaverime. Die zweite Hälfte der Strophe wird wiederum mit Hilfe eines dem Inhalt nach überflüssigen Parallelismus ausgefüllt. Zusammengenommen bilden die beiden Ottaverime die erste Hälfte eines lyrischen Prologs, welcher als solcher durch einen Strich ausdrücklich abgehoben wird. In der vierten Ottaverime beruft sich die Dichterin traditionsgemäß auf die Muse, welche ihr die zu erzählende Geschichte »enthüllt« hat. Der Frühling, die Muse, die Phantasie schenken oder schenkten ihr das Werk.

Es gibt keinen Poeten in der Biedermeierzeit, der nicht den Frühling besingt. Aus einer individuellen Stimmungskunst ist rhetorische Lyrik geworden, und eben deshalb sind die Ottaverime so beliebt. Im Laufe der Biedermeierzeit tritt das Versmaß, soviel ich sehe, in den Hintergrund. Wer »gedrängt« schreiben will wie die Droste oder der späte Platen und Heine, »schwelgt nicht in Ottaverime« (feststehender Ausdruck). Auch für das idyllische Epos, das gegenständlich sein muß, eignet sich das musikalische oder rhetorische Versmaß kaum. Sogar der empfindsame Lenau, von dem man nach 1830 am ehesten ein Ottaverime-Epos erwarten könnte, verwendet das Versmaß nur unter andern härteren (in den *Albigensern*). Die streitbare Vormärzrhetorik scheint der Ottaverime nicht so gut bekommen zu sein wie dem Sonett; dagegen lebt das Ottaverime-Epos im Klassizismus der Jahrhundertmitte, so im Münchner Kreis mit seiner Renaissanceverehrung, wieder auf.

Satzgruppe und Vers

Wie der Satz so steht auch die Satzgruppe in einem engen Zusammenhang mit der metrischen Form. Wenn ein rhetorischer Dichter wie Lenau ohne die Ottaverime auskommen kann, so erklärt sich dies daraus, daß er es besonders gut versteht, längere Satzgruppen zusammenzuballen, vor allem mit Hilfe von Frage- und Ausrufesätzen. *Die Albigenser* werden in ihrer Diktion nicht zuletzt durch diese Form der Syntax geprägt. Sie paßt sich ebenso eng an den Vers an wie der Satz der Ottaverime oder des Sonetts. Man prüfe in dieser Hinsicht die folgende Stelle aus dem Abschnitt »Der Besuch«, die auch inhaltlich die in der Biedermeierzeit und in Lenau selbst waltende Spannung treffend zum Ausdruck bringt:

> Lang saß er schweigend so, in sich versunken;
> Da plötzlich greift er in die Brust und nimmt
> Das Buch und wirft es in die Gluth ergrimmt,
> Daß in die Stube spritzen helle Funken,
> Und ruft: ›Unselig Buch! du magst verbrennen!
> Aus dir die Menschen eine Bosheit holen,
> Wie nicht die Tiger in der Wüste kennen;
> Sammt meinem Glauben magst du hier verkohlen!
> 's ist aus! nie ist ein Gott gewallt auf Erden,
> Der Mensch im Zorn muß selbst Messias werden!‹
>
> Er schweigt und starrt; der Ahn, der greise, frägt:
> ›Was wirfst du, Thor, die Bibel in die Gluth,
> Die du so oft, so gern uns ausgelegt?
> Was hat so schlimm verwandelt deinen Muth?‹ [776]

Mit Ausnahme des absichtlich kurzen »*'s ist aus!*«, das eine Atempause bewirkt und so den folgenden blasphemischen Satz vorbereitet, fällt der Schluß aller Ausrufe- und Fragesätze mit einem Versende zusammen. *Es wäre nach den Vorstellungen dieser Zeit töricht, die Syntax der Metrik nicht unterzuordnen und damit den »Nachdruck« der Aussage zu schwächen.* Die drei Nebensätze, die das Zitat enthält, sind jeweils mit einem Vers identisch. Nur im zweiten Vers entsteht ein Enjambement durch die Trennung von Prädikat und Objekt (»und *nimmt / Das Buch*«); aber die rhetorische Funktion ist wieder klar zu erkennen; denn das Buch ist ja das Buch der Bücher und wird gleich darauf »Bibel« genannt. Es gibt Dichter, bei denen das Verhältnis zwischen Syntax und Metrik etwas gespannter ist als bei dem österreichisch-ungarischen Dichter; denn er gehört, literarhistorisch gesehen, zu den Konservativen. Aber *die Übereinstimmung des Satzes und des Verses ist noch die Norm, die man nur verletzt, wenn man besonders kühn (dunkel) sein will.*

Keine der großen Autoritäten der Goethezeit, auf die der Blick der nachnapoleonischen Generation gerichtet war, verschmäht im Roman und in der Novelle den langen Satz. Betrachtet man z.B. in Goethes Lustspielnovelle *Der Mann von fünfzig Jahren* die Funktionen der Syntax, so fällt auf, daß sie in einem leicht erkennbaren Sinne zweckgerichtet sind. Dem alten Mann ist der lange Satz, dem jungen der kurze zugeordnet, woraus man schließen kann, daß Goethe die Kürze, ähnlich wie Mundt, mit dem Emotionalen verbunden weiß. Bei Jean Paul denkt man zuerst an den langen Satz, etwa an die nach empfindsamem Vorbild parallel geführten Wenn-Sätze. Er hat in der *Vorschule der Ästhetik* den Periodenstil ausdrücklich verteidigt. Doch bedeutet dies keineswegs, daß er nicht auch kurze Sätze verwendet. So gebraucht z.B. Christus in dem berühmten, hochstilisierten ersten Blumenstück des *Siebenkäs* kurze Sätze. Zu humoristischen Zwecken verwendet er gern die Reihung anaphorischer kurzer Sätze (komische Mechanisierung). Umgekehrt wäre es eine naive Vorstellung, wenn man glauben wollte, der spannende E.Th.A.Hoffmann verschmähe den langen Satz. In einer Doktorarbeit über diesen Erzähler liest man: »Eine sehr wenig erfreuliche Folge der langen Perioden sind die Konstruktionen mit dem Partizip Präsens und teilweise auch die mit dem Partizip Perfekt. Diese ... lassen sich nur auf die damalige Juristenschreibart zurückführen« [777]. Dies Werturteil leidet nicht nur unter dem realistischen Maßstab, sondern verrät auch, daß der Verfasser die sprachliche Umgebung seines Autors nicht kennt. Es wäre leicht nachzuweisen, daß die bisherige Unterschätzung des »Schauerromantikers« in Deutschland darauf beruht, daß der Abbruch der Rhetoriktradition in unserem Lande gewaltsamer, ideologischer als etwa in Frankreich war.

Hoffmanns Ruhm steht und fällt mit dem Verständnis für die Restauration der Rhetorik, die sich um 1815 vollzog. Auch der Unterschied zwischen dem mittleren (frühromantischen) und späten Tieck beruht wesentlich darauf, daß der immer zeitgemäße Erzähler an dieser Hinwendung zur Rhetorik teilnimmt. Wenn man diese überaus wichtige Produktionsphase des Dichters bisher wegen der »Langatmigkeit« des Novellenwerks ablehnte, so wurde man bei diesem Urteil nicht nur durch die Erzählstruktur (dialogische Erzählung, Reflexionen usw.), sondern auch durch die Syntax bestimmt. *Der Runenberg* hat mehr von der Kürze, die man für vorbildlich hielt. Der alte Tieck ist kein extremer Vertreter der Hypotaxe, er begnügt sich auf langen Strecken seiner Erzählungen mit der Parataxe. Sobald aber seine Figuren oder der Erzähler selbst ruhige Überlegungen anstellen – und das ist bekanntlich oft der Fall –, oder wenn sonst ein Ruhepunkt gesetzt werden soll [778], so benötigt dieser Meister der Prosa den längeren Satz. Seine Unbekümmertheit hinsichtlich der logischen Struktur der Syntax konnten wir schon Beckers Tieck-Kritik entnehmen. Ich zitiere daher nur einen einzigen, relativ kurzen, aber durchaus typischen Satz: »Wie erfreut war er daher, als er beide noch wachend auf ihren Posten fand und den Fremden schon aufgestanden und angekleidet, der aus dem Fenster sah, und den frischen Morgen genoß« [779]. Tieck war ein großer Vorleser. Wenn man die rhetorischen Satzzeichen in diesem Text beachtet, bemerkt man, daß ihm zwar nicht die Logik, aber der anmutige Ton der Sätze, eine rhythmisch angenehme, nicht zu spannungsreiche Fügung wichtig erschien.

In die Schule von Goethe, Jean Paul, Hoffmann und Tieck sind fast alle Erzähler der jüngeren Generation gegangen. Manche von ihnen befinden sich leicht erkennbar auf dem Wege zu größerer Kürze und vor allem zu größerer *Übersichtlichkeit*, z.B. Immermann und Mörike. Die späten Werke Stifters, an die man vielleicht zuerst denkt, muß man in unserem Zusammenhang ausklammern; denn sie liegen jenseits der Biedermeierzeit. Die rationalen Stiltendenzen, die wir bei K.F. Becker 1848 fanden, scheinen sich bei dem Schulmann stärker als bei andern ausgewirkt zu haben. Stifters Landsmann Sealsfield kennen wir schon als Rhetoriker. Er verschmäht nicht einmal die Epanalepse. Typisch für diesen sogenannten Realisten ist etwa der folgende Satz aus dem *Kajütenbuch*: »Endlich waren die Gäste gegangen und er [Oberst Morse] *allein mit Alexandrinen! Allein mit Alexandrinen!*« Es ist anzunehmen, daß Stifter auch manche Stellen von Grillparzers *Armem Spielmann* mit Rotstift angestrichen hätte. Schon die persönliche Einleitung zu dieser Erzählung verrät, daß Grillparzer sein Werk nicht unter das Gesetz der »epischen Objektivität«, sondern der Rhetorik stellte. Da liest man z.B.: »Ich versäume nicht leicht, diesem Feste beizuwohnen. Als ein leidenschaftlicher Liebhaber der Menschen, vorzüglich des Volkes, so daß mir selbst als dramatischem Dichter der rückhaltlose Ausbruch eines überfüllten Schauspielhauses immer zehnmal interessanter, ja belehrender war als das zusammengeklügelte Urteil eines an Leib und Seele verkrüppelten, von dem Blut ausgesogener Autoren spinnenartig aufgeschwollenen literarischen Matadors; – als ein Liebhaber der Menschen sage ich, besonders wenn sie in Massen für einige Zeit der einzelnen Zwecke vergessen und sich als Teile des Ganzen fühlen, in dem denn doch zuletzt das Göttliche liegt – als einem solchen ist mir jedes Volksfest ein eigentliches Seelenfest, eine Wallfahrt, eine Andacht« [780]. Schon der Schluß des Satzes mit seinen Synonymen verrät unmißverständlich, daß der Dichter keine Scheu gegenüber der Rhetorik hat. Die Wut auf die Rezensenten hat gewiß schon manchen Dichter vom geraden Wege abgeführt; daß aber Grillparzer nach der Wiederaufnahme des Satzanfangs den Satz nicht beendet, sondern den Satzanfang in der Form eines Anakoluths noch einmal aufnimmt, bezeugt besonders eindeutig, wie gut sein Gewissen hinsichtlich der später so verspotteten Satzungeheuer war. Grillparzers Erzählung gehört in die späte Biedermeierzeit, wenn auch nach Österreich.

Um 1820 darf man nicht nur breite Perioden schreiben, sondern man *muß* es sozusagen, wenn man als Autor ernst genommen werden will. Wir wählen wieder einen typischen Text aus der *Urania* für 1821, deren Verleger der moderne Brockhaus im modernen Leipzig war: »Hermine S... lebte in B., bei der dortigen Kapelle als Sängerin angestellt. Unter den Augen sorgsamer Eltern liebevoll erzogen, von ihrem Vater – einem trefflichen Künstler – für die Tonkunst gebildet, vereinte sie mit einem lieblichen, anspruchlosen Äußern, welches ganz der Abdruck ihres Gemütes war, ein ausgezeichnetes Talent für den Gesang, welches sie, bei feuriger Liebe zur Kunst und bei ausdauernd regem Fleiße, in zarter Jugend schon, auf jene

Stufe als Künstlerin stellte, die sie würdig und bescheiden, geliebt von dem Kreise, dem sie angehörte, bewundert, ja oft vergöttert von ihren Zuhörern, selten nur von Neid und Kabale angefeindet, einnahm« [781]. Wir haben, wie bei der letzten Probe aus der *Urania* für 1821, den Anfang des Werkes und die Arbeit eines weiblichen Autors (Elise Ehrhardt) zitiert, um zu beweisen, daß die ausgewählten Beispiele keine Ausnahme bilden und daß kein Juristendeutsch oder – wichtiger! – kein Schuldeutsch den Hintergrund des Textes bildet. Die Frauen hatten ja mit der höheren Schulbildung noch nicht viel zu tun. Es handelt sich wirklich um die allgemeine Sprachkultur zu Beginn der Restaurationszeit. Frauen, die mit Vergnügen Jean Paul an der Stelle Ciceros lasen, konnten und wollten solche Sätze bilden und damit zeigen, daß sie nicht nur elegant, sondern auch differenziert schreiben konnten. Der Stil ist glatter als bei Tieck, das Streben nach der Ausgewogenheit der komplizierten Syntax und nach einem schönen Klang tritt noch deutlicher hervor.

Gutzkow gehört, wie wir schon wissen, zu den Programmatikern der brevitas. In der Erzählprosa kann auch dieser Jungdeutsche auf die Spannung zwischen kurzen und langen Sätzen nicht verzichten, wobei zu beobachten ist, daß gerade moderne Tendenzen, *etwa das Bedürfnis nach psychologischer Differenzierung und Entlarvung*, zu den nunmehr umstrittenen »Perioden« führen konnten. Der folgende Text enthüllt den Widerspruch zwischen dem Sprechen und dem Denken einer Pensionatsmutter anläßlich der bevorstehenden Ankunft einer neuen Schülerin: »Henriette, ein etwas altkluges Mädchen von fünfzehn Jahren, bemerkte: ›Sehen Sie nur, Madame Lardy, wie neugierig alle sind!‹ Aber Madame Lardy, weit entfernt in diesen Pedantismus einzustimmen, versetzte: ›Ich liebe diese natürliche Empfindung der Neugier, die andere Erziehungen zu unterdrücken pflegen. Ich bin gewohnt, in den Seelen der Jugend die Rückhalte zu zerstören, jene Reste gehemmter Eigenwilligkeiten, die nur die Veranlassungen zu versteckten Charakteren sind‹. Während Madame Lardy dies sprach, rechnete sie im Stillen nach, wohin sie das Bett des neuen Ankömmlings stellen sollte, ob er ein silbernes oder goldenes Besteck mitbringen würde, wieviel sie gewinnen könnte, falls der neue Zögling die Englische Stunde mitnähme, diese Englische Stunde, für welche sich bis jetzt erst zwei ihrer Schülerinnen entschlossen hatten und die ihr so viel Honorar kostete! Dabei saß Madame Lardy auf dem Sopha, ein Bild der Resignation, frei von allem Eigennutz« [782]. Man wird dieser Art von Syntax in der Zeit, da der Empirismus emporstieg, eine gewisse Berechtigung zubilligen müssen. Ein Vergleich von Alexis und Fontane, die beide repräsentative Erzähler ihres Zeitalters waren, kommt denn auch zu dem Ergebnis, daß lange Sätze für Fontane fast ebenso unentbehrlich sind wie für Alexis. Aber der ältere märkische Erzähler überhöht seine Perioden mit Hilfe reichlicher rhetorischer Mittel wie Anapher, Antithese, Klimax usw. und fügt ohne Sorgfalt große Parenthesen ein. Bei Fontane hat Beckers Stiltendenz insofern gesiegt, als er lange Sätze durch klare Gliederung übersichtlich und leicht verständlich macht [783]. Ein Alexis-Forscher, der besonders zuständig ist, vertritt sogar die Meinung, der ältere Erzähler (geb. 1798) habe mit Absicht schwierig und umständlich geschrieben [784]. Er verweist auf eine Äußerung, in der sich Alexis ausdrücklich von »einer glatten deutschen

Prosa« distanziert [785]. Einen ähnlichen Widerwillen empfanden gewiß viele Schriftsteller, als das Gottschedianische Ideal der Klarheit und Verständlichkeit sich in einer neuen Gestalt gegen die Rhetoriktradition wieder durchsetzte. Männer wie Becker und Julian Schmidt erinnern durchaus an Gottsched!

In unserm summarischen Überblick über die einzelnen Gruppen der Biedermeierzeit und über die Gattungssprachen konnten wir den Gesamtzusammenhang, in dem die Syntax zu sehen ist, noch einigermaßen festhalten. Bei den einzelnen Elementen der Syntax besteht die Gefahr, daß wir uns allzuweit von der Literaturwissenschaft entfernen. Es sollen daher nur noch einige spezielle Aspekte des Satzes hervorgehoben und fragmentarische Hinweise auf ihre Erscheinungsform in der Biedermeierzeit gegeben werden.

Das Ansehen der Satzinversion

Da in diesem Zeitraum das Gedankengut des 18. Jahrhunderts stark nachwirkt, ist die Tatsache, *daß die Inversion des Satzes wichtige stilistische Funktionen ausübt, allgemein bekannt.* Selbst in der Ästhetik Hegels, welche die sprachlichen Probleme nur flüchtig streift, wird die Wortstellung nach einer Warnung vor der »nach Regeln gemachten Ausdrucksweise« als »eines der reichhaltigsten äußeren Mittel der Poesie« anerkannt [786]. Nachdem selbst die Franzosen (Batteux, Diderot) vom Dogma des »ordre naturel« in der Syntax mit Rücksicht auf die Metaphysik und »Empfindung« halbwegs abgerückt waren [787] und unter ihrem Einfluß in Deutschland (Klopstock, Herder, Sturm und Drang, Voss) die Inversion zum Inbegriff der Poesie geworden war, hatten die Verfechter der natürlichen Wortstellung einen schweren Stand. Man muß sich in diesem Zusammenhang wieder daran erinnern, daß das antikisierende und das germanistische Archaisieren hinsichtlich der Sprachbeweglichkeit eine ähnliche Wirkung hatten. Bouterwek kann sich, wenn auch grollend, mit Anleihen bei der altdeutschen Syntax abfinden, weil der aufgeklärte, klassizistische Gelehrte sehr wohl weiß, daß das Abweichen von der alltäglichen und modernen Wortstellung eine poetische Funktion haben kann. Die Art, wie er sich über diesen Punkt äußert, verrät, daß zu Beginn der Biedermeierzeit das klassizistische und das romantische Lager sich miteinander vertrugen und ein allgemeines Gefühl der Unsicherheit bezüglich der syntaktischen Regeln bestand: »In Sonetten vorzüglich suchten Dichter und Reimer von der Partei, die man die romantische nennt, einen Teil der Sprache der alten Minnesänger wiederherzustellen und deswegen auch, nicht ganz ohne Gewinn für den poetischen Ausdruck, eine Wortstellung einzuführen, die in der deutschen Prosa schon lange nicht mehr üblich ist und der neueren deutschen Poesie bis dahin nur unter größeren Beschränkungen zugestanden war« [788]. »Bis dahin«! Er denkt nicht an die Sprache des Irrationalismus von Klopstock bis zum jungen Goethe, sondern an die Sprachpflege der Spätaufklärung, welche von der Romantik auf breiter Front bedroht wurde. Den Jungdeutschen, denen das Ideengut der Aufklärung teuer ist, liegt es fern, die Sprachnormen Adelungs zu restaurieren. Gutzkow denkt gewiß an die mehr als ungezwungene Wortstellung Bettinas, wenn er mit großem Respekt von ihr sagt: »Der geistvollste Mann ist ihr gegenüber immer ein Pedant«. Wir kennen bereits den Ehrgeiz der »poetischen Weiber«. Sogar eine Wiener *Theorie der Beredsamkeit* (1825), die sonst sehr schulgerecht ist, zeigt in ihrem Paragraphen über die Inversionen (1. Teil, § 36) keine feste Haltung; sie beginnt zwar mit Adelung, endet aber mit Herder, von dem sie ein reichlich revolutionäres Wort zitiert: »So wenig unser Deutsch an Inversionen leidet, so wenig sind noch alle in Gang gebracht, die in den Formen desselben liegen. Wenn die Geschichte, der Dialog, die Prose des Umgangs und die Poesie, jedes seine eigensinnigsten Wendungen nutzen und ganz zwanglos brauchen wird: Wie manches wird alsdann ans Tageslicht kommen, das jetzt im Schoß der Nacht begraben liegt?« Dem entspricht, daß gerade auch österreichische Dichter wie Grillparzer, Sealsfield und Lenau reichlichen Gebrauch von der Inversion machten.

Jeder Poet weiß zu dieser Zeit, daß man ein Wort an den *Satzanfang* vorziehen muß, wenn man es betonen will. Zunächst einige Beispiele von Lenau: »*Durch Blüthen* winket der Abendstern« [789]. »*Heute* bin ich zum Exempel / Ganz ein Metaphysikus« [790]. »*Gastlich* bot dir auf der Reise / Die Natur ihr Heiligthum« [791]. »*Schon* weht auf neuen Welten seine Fahne« [792]. »*Empört* verschleudern ihn die deutschen Lüfte« [793]. »*Unnahbar* sind die Mächte, unbezwingbar« [794]. »*Zum Traume* sprach der Vögel Sang« [795]. Verse dieser Art finden sich auf jeder Seite der damaligen Poeten. Jede Wortart kann an die Spitze des Satzes treten. Das Subjekt gerät dadurch, wie man sieht, leicht an den Schluß des Verses. Mörike gewinnt manchmal der normalen Wortstellung seine Frische, seine Naivität ab: »Ein Tännlein grünet wo«. »Frühling läßt sein blaues Band«. Doch auch ihm ist die Beschwerung des Satzanfangs oft unentbehrlich: »*Gelassen* stieg die Nacht ans Land«. »*Schön* war ihr Wahnsinn, ihrer Wange Glut«. »*Die Wolke* seh ich wandeln und den Fluß«. In der Prosa ist die Inversion kaum weniger beliebt; besonders der Dramatiker schätzt sie hoch. Grabbes Napoleon mißachtet die normale Umstellung im Fragesatz: »*Das Haus Belle Alliance vor uns – Hat es* Gehöfte und Hecken um sich?« (V, 5). Im Aussagesatz pflegt Napoleon umgekehrt das Subjekt nachzustellen. In der gleichen Szene sagt er: »*Den Kaiser werf' ich* weg von mir –«. Im Volkstheater führt der Anschluß an die Volkssprache und die komische Absicht womöglich noch häufiger zu dieser Art von Umstellung. In einem Monolog von Raimunds Wurzel findet man: »*Eine Freud' hab ich* manchmal in mir... / Und *Geld hab ich,* daß mir Angst und bang dabei wird« [796]. In der Erzählprosa der bedeutenderen Dichter ist die Beschwerung des Satzanfangs nicht mehr so beliebt. Vorgezogene Zeit- oder Ortsbestimmungen u. dgl. bleiben zwar unentbehrlich, z.B. in Stifters *Mappe meines Urgroßvaters* (Letzte Fassung): »*Bei uns in dem schönen Walde* gehen die Menschen weit auseinander«. Sonst aber wächst in der höheren Erzählkunst eine Abneigung gegen das Aufdonnern der Sprache. Viele Sätze der erwähnten Dichtung fangen mit einem schlichten »ich« an. Auch Grillparzer, dessen Wortstellung im Drama außerordentlich beweglich ist, verwendet im *Armen Spielmann* die Inversion kaum [797]. Um so mehr liebt man es im Trivialroman, den Satzanfang zu beschweren: »*Und nicht beschlich sie* die Trauer, wie wohl am Morgen geschah«. »*Und frei aus geht* der Gute unter'm fürchterlichen Wirrsal« [798]. Wenn der besonders rhetorische Sealsfield zu solchen Umstellungen greift, kann er uns leicht an den Trivialroman erinnern; doch steht seine Sprache unter einem besonderen Gesetz.

Wenn er z.B. dazu neigt, das *Verb* an die Spitze des Satzes zu stellen, so denkt er wohl, das sei markiges Germanisch (vgl. o. S. 381): »*Sind* v – te Burschen, diese Bären«. »*Kam* mir vor diese Freiheit wie eure Sümpfe«. »*Ist* sehr stürmisch die See um das Kap«. »*War* Washington auch ein solcher Aristokrat« [799]. Verben mit Hilfe des Pronomens »es« an den Satzanfang zu stellen, war allgemein üblich. Becker führt diese Sprachgewohnheit auf französischen Einfluß zurück *(c'est)* und tadelt sie [800]. Bei Gotthelf ist sie mir besonders aufgefallen. Aber auch im jungdeutschen Lager gibt es sie: »*Es war* am frühsten Morgen, als«; »*Es pfiff* jemand darauf stark«. »*Es war* derselbe Hund, den«. Diese drei Beispiele findet man auf einer Seite von Gutzkows Roman *Seraphine* [801]. In einem Roman Gisekes fangen zwei Kapitel hintereinander in dieser Weise an: »*Es waren* das an diesem Weihnachtsfeste Tage mannigfacher Ereignisse«; »*Es war* in diesem Jahre gerade zwischen dem Weihnachtsfeste und dem Neujahrstage ein Sonntag, und an diesem Sonntag war es, als« [802]. Offenbar verbindet sich mit diesen Es-Konstruktionen die Vorstellung von epischer Ruhe oder auch Feierlichkeit. »*Es seufzt* keiner mehr nach der gehäbigen Ruhe des Hauses als der Deutsche; *es ist* keiner mit größerer Mühe herauszuhetzen aus seiner Friedenshütte als abermals der Deutsche« [803]. »*Es bettet sich* auf dieser sanften Stirn die Anmut des Weibes mit allen verwandten Tugenden in die Kissen der Versöhnung« [804]. Auch eine Liebesnacht kann so, ausreichend abstrakt, umschrieben werden: »*Es verschwindet* die hemmende Sitte und nur die Natur waltet frei« [805].

Wir finden beim jungen Goethe die »Endstellung des Zeitworts im Hauptsatz und Nichtendstellung im Nebensatz« [806]. Von solchen Freiheiten hat sich in der Biedermeierzeit viel erhalten, und zwar nicht nur bei Poeten. Droysen spricht in seinem Vortrag zur Tausendjahrfeier des Vertrags zu Verdun von der »Grundschwäche der Zeit, die es *galt zu überwinden*«. K.F.Becker lehrt: »Ist die Sprache der organische Leib des Gedankens, so müssen sich in ihr auch *wiederfinden lassen* die Gesetze des Denkens« [807]. In diesem Beispiel ist sowohl der Nebensatz wie der Hauptsatz typisch für diese Zeit. Die Vermeidung der Konjunktion »wenn« im Konditionalsatz, die in Prosa und Poesie üblich, ja fast obligatorisch ist und zusammen mit der Auslassung des Hilfsverbs die Diktion mancher Dichter (z.B. der Droste) für uns dunkler als für die Zeitgenossen macht, erklärt sich wohl aus der generellen Abneigung gegen die Endstellung des Verbs. Auerbach führt dieses Vorziehen des Verbs auf den Einfluß der Predigt zurück: die mündliche Rede bedinge es [808]. Er freut sich über diese Entwicklung und geht selbst mit gutem Beispiel voran. Die folgenden Beispiele finden wir auf einer einzigen Seite der Dorfgeschichte *Die Sträflinge*: »wir können nicht *fassen* das volle Licht«. »Es ist kein Mensch auf Erden, der das Heiligtum seines Wesens rein und frei und ganz *hinwegtrüge* über diese kurze Spanne Zeit«. »Sollen wir nicht auf den lichten Höhen der Freude und des Einklangs *eingehen* in die Ewigkeit« [809]. Bei Gotthelf liest man: »*als wären sie gemacht* aus Haferstroh«, »wenn er es *gewüßt hätte anzustellen*« [810]. Nicht nur die Volksschriftsteller verachten die Endstellung des Verbs im Nebensatz. In diesem Punkt stimmen die Antipoden Gotthelf und Heine überein! Besonders die nachhinkenden Hilfsverben mag man nicht. Bettina: »obschon es nur der Anfang *war* von der ganzen vier Wochen langen Reise«. Becker warnt vor der im Deutschen üblichen Häufung der Hilfsverben überhaupt; vor allem aber am Schluß des Satzes seien sie zu vermeiden, denn sonst entstehe ein fallender Ton. Offenbar war es nicht nur der direkte Einfluß der mündlichen Rede, sondern auch die Rhetoriktradition, welche zur Diffamierung der Hilfsverben am Ende des Satzes führte. Diese Interpretation könnte auch am besten erklären, warum diese stilistische Gewohnheit sich in der späteren Zeit nicht behauptete.

Wesentlich anders liegen die Dinge in der Versdichtung. Hier ist aus technischen Gründen das Verb häufig im Reim zu finden, auch dann, wenn es dadurch, im Widerspruch zur natürlichen Wortstellung, nachhinkt. Die Droste macht von dieser traditionellen poetischen Lizenz gerne Gebrauch: »Schwertlilienkranz am Ufer *steht*« *(Der Weiher)* »Am Dach die Schwalben zwitschernd *fahren*« *(Der Heidemann).* Die nachhinkenden Verben können sich in den Versen der Droste häufen, z.B. in *Das Hirtenfeuer:*

> Nur das rieselnde Rohr
> Neben der Mühle *wacht,*
> Und an des Rades Speichen
> Schwellende Tropfen *schleichen.*
>
> Unke kauert im Sumpf
> Igel im Grase *duckt,*
> In dem modernden Stumpf
> Schlafend die Kröte *zuckt.*

Von vier Prädikaten steht nur eines an der natürlichen Stelle. Ähnlich ist es bei Lenau: »Und auch die Geier keine Kunde *bringen*« [811]. »Gemähtes Gras auf allen Hügeln *lag*« [812]. Mörike *(Rat einer Alten):* »Schön reife Beeren / Am Bäumchen *hangen*«. Heine: »Und durch die Himmelsbläue / Die rosigen Wolken *ziehn*«. Die beiden letzten Stellen haben Volksliedton. Mörike und Heine arbeiten weniger handwerklich als Lenau und die Droste und finden manches technische Mittel, um das nachhinkende Verbum im Reim zu umgehen. Offenbar wirkt diese Lizenz doch schon ein wenig plump. Bei Platen jedenfalls verschwinden die nachgestellten Zeitwörter seit 1814 »fast völlig« [813]. Zu beachten ist allerdings, daß sich die anspruchsvolleren Dichter dafür andere Freiheiten erlauben. »Im Silbertau die Rose *prangt*« würde einem Mörike wohl nicht anmutig genug erscheinen. Aber er trennt ganz unbekümmert einen Relativsatz von dem Substantiv, auf das er sich bezieht. In *Nur zu!* liest man: »Schön prangt im *Silbertau* die junge Rose, / *Den* ihr der Morgen in den Busen rollte«. Lenau nimmt sich traditionelle und untraditionelle Freiheiten und

läßt etwa eine Beziehung, die vor einem substantivierten Partizip Perfekt stehen
müßte, komisch nachhinken, – komisch für unsere Ohren; damals ist das alles erlaubt: »O flieht keinen Wildumdrohten / *Von Orkan und Wetterschein!*« [814]

Die Partizipialmode

Bei einem Partizip fiel eine Kühnheit schon deshalb nicht so auf, weil man diese
Wortart liebte. Man hat oft den Eindruck, als ob in dieser Zeit ein durch Substantivierung entstandenes Substantiv mehr angesehen gewesen sei als ein gewöhnliches.
Unter die intensivierenden pleonastischen Adjektiva (s. o. S. 530 f.) mischt man gerne
Perfektpartizipien. Die Partizipialkonstruktion ersetzt häufig den Relativsatz. Man
mag darin die Tendenz sehen, den Periodenstil gedrängter zu machen. Daher benützen die jungen Programmatiker der Kürze den Partizipialstil so gerne wie der alte
Goethe oder Tieck! Ich gebe einige Belege aus Gutzkow, die zugleich veranschaulichen sollen, daß eine häufige und möglichst vielseitige Anwendung des Partizips
auch nach »Goethes Tod« noch beliebt, ja geradezu Mode war. »Der herbstlich *ent-
blätterte* Baum, hie und da noch Frucht *tragend,* lag weithin *ausgestreckt*« [815].
»Der Herbst, einem regnerischen Vorwinter *folgend,* brachte noch einmal wieder
die Täuschung des Sommers« [816]. »Da er zögerte, so klammerte sie sich an seinen
Körper und zog ihn zurück, bei ihr, der alles Grause und Entsetzliche *Fürchtenden,*
dazubleiben« [817]. »Aber der zwischen Tod und Leben *Schwankende* rief« [818].
»Ihre Gleichmut gegen das Unglück ihres Mannes, ihre Angst, sich aus der Sphäre des
Todes entfernt zu halten, schrecklich genug schon bei dem Hingang ihres Kindes
bewiesen, machte sie ihm grauenhaft« [819]. »Oft konnte man beide an öffentlichen
Orten, auf Promenaden sehen, wo sie aus dem Wagen stiegen und die gebückte Gestalt des unglücklichen, jetzt aber der Welt, ihren Tendenzen und Systemen gänzlich
abgewendeten Mannes sich in den Arm seiner fröhlich *blickenden* und in die Fügung
still *ergebenen* Gattin hing« [820]. Mancher kritische Leser wird sagen, daß diese
Schreibart ganz einfach schlecht ist. Dieser Meinung stimme ich zu. Hinzuzufügen
ist nur, daß es immer die schlechten Schriftsteller sind, welche die gerade beliebten
Paradegäule zu Tode reiten.

Bezeichnend für die damaligen Partizipialkonstruktionen ist nicht nur ihre Länge,
sondern auch die Tatsache, daß sie, nach lateinischem und französischem Vorbild,
dem Subjekt unmittelbar folgen können (2. Beispiel). Erleichtert wurde diese Form
des Partizipialsatzes wohl durch den Gebrauch der nachgestellten unflektierten Adjektiva (s. o. S. 538). Diese hatte man dem älteren Deutsch abgesehen, woraus wieder
hervorgeht, daß das germanistische und das klassizistische Archaisieren durch die
gleiche Stiltendenz gefördert wurde. Dem entspricht, daß auch die alten Romantiker
Tieck und v. Arnim, ja sogar die um Volkstümlichkeit bemühten Erzähler die Partizipialkonstruktionen schätzten. Ich begnüge mich mit einem Beispiel aus Hauffs
Lichtenstein: »Man hatte bis jetzt noch auf den Herzog von Bayern gewartet, der,
einige Tage vorher eingetroffen, zu dem glänzenden Mittagsmahl zugesagt hatte«

[821]. Die Partizipialkonstruktionen sind bei Hauff auch sonst kürzer, was von großer stilistischer Bedeutung ist und den Übergang zu den späteren Stilgepflogenheiten
bewirkt haben mag. Bei der Parenthese, die eine verwandte stilistische Funktion hat,
notierten wir bereits die entsprechende Kürze-Vorschrift Beckers. Doch haben
selbst diese kurzen Partizipialsätze heute nicht selten einen fremden Klang, weil sie,
wie schon erwähnt, dem Subjekt unmittelbar folgen; auch an ihr Nachhinken sind
wir nicht mehr so gewöhnt. Ich gebe zwei Beispiele aus den Jahren, die dem Sieg des
realistischen Romans (1855 ff.) unmittelbar vorangingen: »eine gemeinsame Geselligkeit, in einem Feste *bestehend,* das alle Jahre gefeiert wurde« [822]. »Mir wird jetzt
alles klar, unsere Neigung fiel als ein Opfer unserer Verhältnisse, *besiegt* durch eine
Intrige« [823]. Der Jurist Immermann schreibt sehr viel weniger »Juristendeutsch«
als Hoffmann, weil er zu den Erzählern gehörte, welche die Tendenz zum Realismus
– d. h. in unserem Zusammenhang zur Orientierung an der Alltagssprache – begün-
stigten. Aber Partizipialkonstruktionen ersetzen auch bei ihm oft den Nebensatz.
Ein besonders guter Beweis für die *allgemeine* Partizipialmode ist die Tatsache, daß
sich sogar Trivialerzähler an sie anpassen: »Regina, *zweifelnd, zögernd, nachgebend*
und dennoch *widerstrebend,* ließ sich in abgebrochenen Worten vernehmen« [824].
»Hast du nicht den Heiland wiedergefunden, du nach seiner Mutter *genannte?*«
[825]. Ein Vergleich der Vergil-Übersetzungen von Schiller bis R. A. Schröder hat
ergeben, daß bei Neuffer (1830), im Vergleich zu Voss, eigentlich nur die übertrieben
kühne Inversion etwas eingeschränkt wird, daß Binder (1857) diese Normalisierung
der Syntax fortsetzt und im Wortschatz die Stilhöhe (realistisch!) senkt, daß R. A.
Schröder wieder monumental übersetzt, die Partizipialkonstruktionen jedoch in
Nebensätze verwandelt [826]. In dieser Hinsicht scheint der Abbau der klassizistischen Tradition am unwiderruflichsten zu sein. *Dies bedeutet, daß wir bei der Interpretation und Bewertung der älteren Partizipialkonstruktionen ein besonders großes
historisches Verständnis aufbringen müssen.*

Wir schließen hier einige Bemerkungen über *Wortarten* an; denn das Hervortreten oder Zurücktreten von Verb, Substantiv und Adjektiv beeinflußt den Satz ebenso
stark wie die Häufigkeit der Partizipialkonstruktion. Da wir an dieser Stelle nicht
noch einmal ausführlich auf die Gattungssprache zurückkommen wollen, was eigentlich nötig wäre, müssen unsere Hinweise besonders fragmentarisch sein.

Zur Begründung der Nominalisierung

Bei Jacob Grimm liest man: »Die wärme der rede beruht auf der aussage, wie
verba aller wörter wurzel sind. Wir würden schweigen, wenn wir nichts von den
gegenständen auszusagen, wir würden sie nicht benennen, wenn wir ihre eigenschaften nicht zu melden hätten« [827]. K. F. Becker, Grimms feindlicher Bruder, schließt
sich in diesem Punkt dem Historiker an. Aus lateinisch amat – es kann allein existieren – folgert er, daß das Prädikat der wichtigste Teil des Satzes ist usw. Man sollte
also meinen, daß, im Zuge des allgemeinen Archaisierens, in der Literatursprache

der Biedermeierzeit das *Verbum* vordringt. Die Sprachhistoriker lehren, daß im neueren Deutsch das Substantiv im Vordringen ist. Behaghel führt diese Erscheinung auf das journalistische Bedürfnis nach Schlagzeilen zurück und Bach schließt sich ihm an [828]. Eine so vordergründige Erklärung kommt kaum an den Kern der Erscheinung heran. Wichtiger ist wohl die fortschreitende Auflösung der naiven Einheit von Objekt und Subjekt, die sowohl den Empirismus wie die moderne Abstraktion begründet hat.

Der Staat des Vormärz versucht, das Auseinanderfallen von Subjekt und Objekt, z.B. von König und Staat zu verhindern (Landesvater usw.); aber er bedient sich dabei, im Gegensatz zur modernen Diktatur, noch kaum der ideologischen Sprachregelung. Eher gilt dies für die Opposition (Schlagwörter s.o.). Man kann die unglaubliche Sprachwillkür, auf die wir immer wieder gestoßen sind, gewiß auch als die Flucht in eine der wenigen Freiheiten, die es im Zeitalter Metternichs gab, verstehen. Die Opposition bediente sich der Schlagwörter, um die alte Ordnung zu zerstören. Es sind meistens Abstrakta (*Freiheit, Zeitgeist* usw., s.o.), wie ja überhaupt der moderne Revolutionsgedanke dem Denken der Aufklärung entsprungen war und damit der Abstraktionstendenz zuzuordnen ist. Die konservativen Biedermeierpoeten hatten auch ihre Wertbegriffe (*Recht, Sitte* usw.), konnten sich aber leichter des Empirismus bedienen, dessen Beobachtungen *vieldeutig* und dessen Ergebnisse auch der Biedermeierkultur unentbehrlich waren. Deshalb neigen sie zu den »Dingen« und sprachlich zu den sie benennenden Konkreta. Nur sind eben diese Dinge nicht autonom.

Annettes kleines Gedicht *Der Weiher* (12 Verse) enthält mehr als ein Dutzend Konkreta, aber alle diese Naturerscheinungen werden zum Schluß gut biedermeierlich einem Abstraktum untergeordnet werden und diese Idee (*Friede*) wird dreimal wiederholt. Der Ruhm der *Heidebilder,* überhaupt die Bevorzugung von Annettes Naturlyrik beruht auf den Konkreta, – weil man nämlich die aufdringliche (rhetorische) Sinndeutung übersah. Für die weltanschauliche Lyrik der Droste (*Das geistliche Jahr*) hatte noch der junge Staiger kein Verständnis, weil die Dichterin hier die Reflexion unmöglich vermeiden konnte und in das (benachbarte!) Lager einer völlig rhetorischen Abstraktion geriet. *Diese Zweiteilung bedeutete aber in Wirklichkeit, daß man die Struktur Annettes und ihrer Zeit (oder Gruppe) überhaupt nicht verstand.* In manchen Versen der Heidebilder gibt es kein Prädikat mehr: »Dunkel, Dunkel, im Moor, / Über der Heide Nacht«. Oder: »Dunkel! All Dunkel schwer!« Oder: »Seitab ein Gärtchen, dornumhegt, / Mit reinlichem Gelände«. Oder: »Regen, Regen, immer Regen!« Oder:

> Dir genüber und zur Seite
> Hier Christinos, dort Carlisten,
> Lauter ordinäre Leute
> Deutsche Michel, gute Christen!

Wir sind immer noch nicht bei Heine, sondern bei der Droste. Sie ist schließlich nicht umsonst im gleichen Jahrgang geboren. Heine teilt mit Annette in einem Teil seines

Werkes die rhetorische Abstraktion. Er hat keine Angst vor der Reflexion, vor den Ideen, vor den Abstrakta. Das ist erst der Tick der Realisten.

Heine: *Der Wechselbalg*

> Ein *Kind* mit großem *Kürbiskopf,*
> Hellblondem *Schnurrbart,* greisem *Zopf,*
> Mit spinnig langen, doch starken *Ärmchen,*
> Mit *Riesenmagen,* doch kurzen *Gedärmchen* –
> Ein *Wechselbalg,* den ein *Korporal,*
> Anstatt des *Säuglings,* den er stahl,
> Heimlich gelegt in unsre *Wiege* –
> Die *Mißgeburt,* die mit der *Lüge,*
> Mit seinem geliebten *Windspiel* vielleicht,
> Der alte *Sodomiter* gezeugt –
> Nicht brauch ich das *Ungetüm* zu nennen –
> Ihr sollt es *ersäufen oder verbrennen!*

Das Rätsel ist ein Beispiel für Heines »Redekunst«. Er erreicht durch die Häufung der Nomina einen überaus gedrängten Stil, die vielgeliebte Kürze. Sobald es aber darauf ankommt, eine derbe Pointe zu setzen, zur Aktion aufzurufen, geht der Nominalstil in einen intensiven Verbalstil über. Die Verben des letzten Verses sind stilistische (rhetorische) Synonyme; denn sie meinen nichts Bestimmteres als eben die Vernichtung, welche die Metternichsche Restauration verdient.

Wie diese Bevorzugung des Substantivs bei einem Erzähler, der die Mode mißbraucht, aussieht, soll ein Satz aus E. Willkomms Roman *Die Europamüden* (1838) veranschaulichen: »Während dieses allmähligen *Übertretens* zum *Pietismus* von seiten Friedrichs ward *Gleichmut* durch ein *Hineinstürzen* und leidenschaftliches *Durchtoben* seiner *Lebensphasen* der *Vollendung entgegengerissen*« [829]. Willkomm braucht zum Schluß ein intensives Verbum wie Heine; aber er geht mit dem Verbum so ungeschickt um wie mit dem Nomen. Bemerkenswert an diesem Zitat ist sonst vor allem die Substantivierung von Verben (dreimal). Man findet sie an vielen Stellen des Romans: »ein ruhiges *Überlegen*«, »ein halbjähriges *Zwingen* der europäischen Menschheit zum Tode oder zum Handeln«. Auch Adjektiva werden oft substantiviert: »das *Gewaltsame* der Natürlichkeit«, »das *Monströse* der Karikatur« u. dgl. Schließlich fallen Wörter wie »*Nichterreichung*« auf. Da die ungewöhnlich aktive Wortbildung der Zeit sehr häufig mit Suffixen wie in dem zuletzt zitierten Wort arbeitet (s. o. S. 471 ff.), dürfte sie dem Nomen mehr als dem Verbum zugutegekommen sein.

Es gibt Dichter, die, um der Kürze willen, die *Adjektiva* soweit wie möglich vermeiden, besonders Büchner in seinen Dramen (s. u.). Sonst sind die Adjektiva im ganzen 19. Jahrhundert sehr beliebt, nach 1848 meist mit charakterisierender, vor 1848 meist mit intensivierender Funktion, wie wir gesehen haben. Die beiden Formen lassen sich nicht streng trennen und gehen in der Biedermeierzeit oft ineinander über. Ein Quartett aus Platens Sonettenzyklus *Venedig* (XX) lautet:

Wie *lieblich* ist's, wenn sich der Tag verkühlet,
Hinaus zu sehn, wo Schiff und Gondel schweben,
Wenn die Lagune, *ruhig, spiegeleben,*
In sich verfließt, Venedig *sanft* umspület!

Der Dichter will ein Bild von Venedig geben, aber noch mehr von der Stimmung, welche die Lagune in ihm erregt. Daher weisen die Adjektiva alle in die gleiche Richtung. Bei dem Klassizisten gibt es keine so starke Spannung zwischen Idee und Wirklichkeit wie bei der Droste. Er braucht nicht ausdrücklich »Friede« zu sagen; er deutet ihn nur an. Es ist selbstverständlich, daß in der Erzählkunst, die ohnehin das Adjektiv liebt, die doppelte Neigung zum Charakterisieren und zum Intensivieren zu einem besonders reichen Gebrauch der Adjektiva führen kann. Nach einer Zählung gibt es im *Armen Spielmann* viel mehr Adjektiva als im *Bruderzwist;* dabei überwiegen in der Erzählung die charakterisierenden, im Drama die pathetischen Beiwörter [830]. Allein das Vorrücken der Erzählprosa dürfte demnach zu einer größeren Zahl und zu einer häufigeren Verwendung der Adjektiva geführt haben! Weitere Belege wollen wir sparen; denn linguistisch ist es ohnehin klar, daß sich Substantiv und Adjektiv nicht voneinander trennen lassen. Möglicherweise gibt es Perioden, in denen dem häufigeren Gebrauch des Substantivs keine Vermehrung der Adjektiva entspricht. In der Biedermeierzeit jedoch darf angenommen werden, *daß auch das Adjektiv an der Zurückdrängung des Verbs stark beteiligt war.* Wir haben schon gesehen, daß die beliebten Partizipien oft adjektivisch verwendet werden. Die Vorliebe für das Partizip, das Bedürfnis Nebensätze einzusparen, belegt überhaupt die Tendenz zur Nominalisierung. Doch darf diese angesichts des Periodenstils auch nicht überbetont werden. Die Rhetorik lehrt, wie wir bei Becker gesehen haben, eine Ausgewogenheit des Subjekt- und Prädikatteils in jedem Satz. Klopstocks Versuch, die Nominalisierung der Sprache durch neue dynamische Verbalbildungen aufzuhalten, dürfte wohl selbst bei Platen, der sonst in seiner Tradition steht, eher abschreckend gewirkt haben. Vor allem auf dem Gebiete des Epos waren, von wenigen Ausnahmen abgesehen, Wieland, Voss und Goethe mit ihrem statischeren Stil die Vorbilder der Biedermeierzeit. Dagegen ließe sich wohl in der direkten Sturm- und Drang-Tradition, die man im Drama findet, etwa bei Grabbe, eine stärkere Freude am *Verbum* beobachten. Auch bei Büchner mag die Abwendung von dem üblichen Adjektivstil bedeuten, daß er Nomen und Verbum wenigstens im Gleichgewicht halten will. Als typisch für diesen Dichter empfinden wir die folgende, ziemlich ausgewogene Stelle aus *Dantons Tod* (Szene *Freies Feld*): »Eigentlich muß ich über die ganze Geschichte lachen. Es ist ein Gefühl des Bleibens in mir, was mir sagt, es wird morgen sein wie heute, und übermorgen und weiter hinaus ist alles wie eben. Das ist leerer Lärm, man will mich schrecken; sie werden's nicht wagen«.

Am beliebtesten unter den Wortarten ist die *Interjektion.* Bis in die höheren Sphären der literarischen Biedermeierzeit (Droste-Hülshoff, Heine, Grillparzer, Raimund, Stifter) wimmelt es von *o, ach, ei ei, nun denn, hei, heissa, eiapopeia, Himmel, o Gott, sapperment, i bewahr, freilich, hosianna, na, nu, uije, so, ah so, je nun* usw., meistens mit komischer Funktion, öfters aber auch zur Verstärkung des schaurig- oder süßempfindsamen Tons. *O und ach konnten im höchsten Stil gebraucht werden, ohne daß man in die Gefahr geriet, lächerlich zu wirken.* Bei der naiven oder raffinierten Freude an der Rhetorik, der wir so oft begegnet sind, versteht sich auch dieses Stilmerkmal von selbst, so daß wir auf Beispiele verzichten können.

Anakoluth, Aposiopese, Ellipse

Die ungewöhnliche sprachliche Beweglichkeit der Biedermeierzeit führte in der Syntax, auch abgesehen von der Wortstellung (s. o. S. 574 ff.), zu allerlei Unregelmäßigkeiten, zumal da die antike Rhetorik diese Verstöße gegen die Logik bereits als Stilmittel erkannt und anerkannt hatte*. Ein Beispiel für das *Anakoluth,* das besonders im Periodenstil nahelag, haben wir oben (S. 572) aus dem persönlich gehaltenen Eingang des *Armen Spielmann* zitiert. Es fiel dadurch besonders auf, daß es einer andern syntaktischen Unregelmäßigkeit folgte und dadurch schon ein Zeichen für die syntaktische Großzügigkeit dieser Zeit war. *Originalität durch Übertreibung altbewährter rhetorischer Mittel zu beweisen, entspricht völlig dem Geist dieser Zeit.* In einem früher zitierten Ausspruch Gutzkows (vgl. o. S. 456) wird der junge Pückler-Muskau, im Gegensatz zu dem gereiften, ein »originelles Anakoluth« genannt. Dieser bildliche Ausdruck allein schon beweist, daß der damaligen literarischen Welt das Stilmittel allgemein bekannt war und daß man sich seiner zu bedienen pflegte. Auch Heine macht ja gerne witzige Anspielungen auf stilistische Begriffe. Sie gehörten noch zur elementarsten Schicht der Bildung (Rhetorikunterricht).

Im komischen Theater ergibt sich das Anakoluth schon aus dem »niederen Stil«, durch den Anschluß an die Alltagssprache. Wiederholungen der Anrede, des Objekts, oder Wiederaufnahme eines Subjektsatzes durch das Pronomen findet man bei Nestroy fortwährend. »Jetzt denken Sie, Herr Vetter, das, wozu ein römischer Feldherr drei Täg' hat braucht, das hab' ich über Nacht geleistet, und Sie, Herr Vetter, sind der Grund dieser welthistorischen Begebenheit« [831]. Parodie der hegelianischen Überheblichkeit! »Ob Sie mich Gehilfe nennen oder Gärtner oder –, das ist alles eins«. Das Anakoluth hat oft einfach die Funktion, die Rede lebendiger zu machen wie im zweiten Zitat. Zugleich ist es aber in diesem Fall der Anlauf zu einer längeren komischen Periode; denn der Satz geht folgendermaßen weiter: »selbst – ich setz' nur den Fall – wenn es mir als Gärtner gelingen sollte, Gefühle in Ihr Herz zu pflanzen – ich setz' nur den Fall – und Sie mich zum unbeschränkten Besitzer dieser Plantage ernennen sollten – ich setz' nur den Fall –, selbst dann würde ich immer nur Ihr Knecht sein« [832]. Das Beispiel beweist besonders schön, wie dicht Nestroys Stil ist, wie viele Stilmittel zusammenkommen müssen, um einen so intensiven komi-

---

* Es ist zu beachten, daß sich die logisch interpretierte Syntax, unter dem Einfluß von Herbart und Becker, vor allem im *Deutschland* der folgenden Zeit durchgesetzt hat (Karl *v. Ettmayer,* Zu den Grundlinien der Entwicklungsgeschichte der Syntax, in: GRM, Bd. 20 (1932), S. 212 f.). *Die irrationale Sprachauffassung widerspricht der Rhetoriktradition nicht,* obwohl sie natürlich unter dem Einfluß der Romantik gesteigert und übersteigert wurde.

schen Höhepunkt zu setzen. Der eigentliche Träger des Satzes ist das parodierte Gleichnis; es käme aber nicht so zur Wirkung ohne die parodierte Periode. Das Wort »*selbst*« wird zunächst nur gesetzt, um möglichst frühzeitig mit der Parenthese beginnen zu können; denn auf die Übertreibung dieses Stilmittels kommt es syntaktisch vor allem an. Durch den langen Satz geht die Verbindung mit dem ersten Wort sozusagen verloren; jedenfalls muß »selbst« zur Verstärkung des Hauptsatzes wiederholt werden.

Ein toller Kerl wie Grabbes Blücher darf natürlich keine geordnete Sprache haben; das paßt nur zum Strategen Gneisenau. Wenn Blücher mit Wellington zusammenkommt, benützt er vor lauter Begeisterung Ellipsen »Wo mein großer Waffenbruder von Saint Jean?« oder er bildet möglichst unpedantische Sätze: »Wird die Zukunft eurer würdig – Heil dann!« [833] Die Verkürzungen haben den Zweck, die Art von Heroentum oder Monumentalität, die Grabbe liebt, in der Sprache zu realisieren. Ähnliche Folgen ergeben sich bei den Amerikanern Sealsfields aus dem Größe- und Markigkeitsideal. Wir bemerkten schon, daß dieser Erzähler gerne mit dem Verbum anfängt, das Personalpronomen einfach wegläßt; und so scheut er sich auch nicht zu sagen: »*an den Marmorbalken gelehnt,* drohte es ihm die Brust zu zersprengen«. Der schlechte Anschluß des Relativsatzes im folgenden Beispiel soll wohl den barschen Ton des Sprechers symbolisieren, macht aber auch verständlich, warum Bekker am Ende der Biedermeierzeit die Häufung der Hilfsverben bekämpfte: »›Und das Dampfschiff?‹ bemerkte ich in einem Tone, so gedehnt, *der* einen nur mittelmäßig in der Physiognomik oder Psychologie Bewanderten belehrt haben müßte, daß er wahrlich überflüssig sei« [834]. Der ehemalige Theologe bemüht sich um Mimik, kommt aber von der Rhetorik nicht los.

Sehr viel eleganter stört Mörike die logische Ordnung des Satzes, etwa in den galanten Distichen, die er *Einer geistreichen Frau* (Titel) gewidmet hat:

> Wem in das rein empfindende Herz holdselige Musen
> Anmut hauchten und *ihm liehn* das bezaubernde Wort, –
> Alles glauben wir ihm; doch diesen schmeichelnden Lippen
> Glaubt ich alles, bevor ich nur ein Wörtchen vernahm.

Hier erkennen wir wieder den Meister, der spielend die verschiedenen Stilmittel kombiniert; denn das Anakoluth ist ja nur der Auftakt für die hyperbolische Pointe. Wenn die Tragik der Geschichte unser Herz berühren soll, verdreifacht der Dichter den Nebensatz, der dem Hauptsatz mit Anakoluth vorangeht *(Johann Kepler)*:

> Gestern, als ich vom nächtlichen Lager den Stern mir im Osten
> Lang betrachtete, den dort mit dem rötlichen Licht,
> Und des Mannes gedachte, der seine Bahnen zu messen,
> Von dem Gotte gereizt, himmlischer Pflicht sich ergab,
> Durch beharrlichen Fleiß der Armut grimmigen Stachel
> Zu versöhnen, umsonst, und zu verachten bemüht:
> *Mir entbrannte mein Herz von Wehmut bitter;* ach! dacht ich,
> Wußten die Himmlischen dir, Meister, kein besseres Los?

In der für Mörikes kompliziertes Wesen besonders bezeichnenden Epistel *An Karl Mayer* gibt es keine klassizistische Glättung der unlogischen Stellung der Satzglieder.

Ein vorangestellter Dativ, der durch die beliebten Partizipien erweitert ist, wird nicht erst im Hauptsatz, sondern schon im Nebensatz durch das Pronomen wieder aufgenommen, wodurch sich der »Nachdruck« verdoppelt. Die Technik erinnert an das Anakoluth im Eingang des *Armen Spielmann*:

> Dem gefangenen, betrübten Manne
> Hinter seinen dichten Eisenstäben,
> Wenn *ihm* jemand deine holden Lieder
> Aufs Gesimse seines Fensters legte,
> Wo die liebe Sonne sich ein Stündlein
> Täglich einstellt, handbreit nur ein Streifchen:
> O wie schimmerten ihm Wald und Auen
> Sommerlich, die stillen Wiesengründe!

Mörikes Gedicht endet harmlos, biedermeierlich; aber allein die Syntax, die auch im weiteren Verlauf des Gedichtes kompliziert ist, läßt ahnen, auf welchen Umwegen die scheinbar so einfachen biedermeierlichen Lösungen erreicht wurden. Galant ist übrigens auch dieses Gedicht: Karl Mayer brauchte das Lob nötig!

Die *Aposiopese* (das Abbrechen von Sätzen) ist leichter zu handhaben als das Anakoluth und daher noch beliebter. Schon in der Trivialliteratur begegnet dieses Stilmittel fortwährend:

> Mein Jesus und mein Hort, in deine Hände!
> Rief Otto, schwingend den gewalt'gen Speer;
> Getroffen sank zu Boden hin der Wende [835].

Im Drama ist, wie schon von alters her, die Technik beliebt, daß der Dialogpartner die Rede abschneidet oder in einem andern Sinne fortsetzt. In der Biedermeierzeit setzt man, wie schon im eben zitierten Beispiel, das Mittel vor allem mit emotionaler Funktion ein: »Bruder, wenn du das imstande wärst –« [836]. Grabbes etwas primitiver Stil verwendet die Aposiopese noch häufiger als das Anakoluth. Blücher gibt am Schluß einer Szene (*Napoleon* V, 2) einem Adjutanten den Befehl in folgender Form: »Nur nicht allzu bestürzt, – sie können uns ja desto eher in – Melden Sie so etwas der Arrieregarde. Der Sieg liegt vor uns – dorthin!« So irrational stellte sich die Nachkriegsjugend den modernen Krieg vor! Wellington, der auf Blücher wartet, darf seine Befürchtung nicht aussprechen (*Napoleon* V, 4): »Himmel, wenn er nun nicht – Ordonnanzen nach dem Forst, ob sie nicht endlich eine preußische Landwehrkappe erblicken!« Auch Napoleon spricht in diesem Stil. Oft dient das Stilmittel zur Unterstützung einer Geste. Auch in Raimunds Komödie kann ein abgebrochener Satz zur Verstärkung einer Geste dienen. Das Alter verwandelt den Bauern Wurzel (*Das Mädchen aus der Feenwelt* II, 7): »Nicht unterstehn und schlagen. Die Pferd schlagen aus, nicht die Leut. Damit sie aber nimmer ausschlagen (berührt sein Haupt, und Wurzel bekommt ganz weißes Haar) – So, jetzt ist aus dem Bräunl ein Schimmel worden. So! hato! mein Schimmerl!« Den Jungdeutschen dient der abgebrochene Satz oft zu harmloseren Scherzen: Gutzkow: »Die rebellischen Schauspieler, hieß es, hätten sich der gesamten Garderobe – Thespis wartete jedoch die Periode nicht ab«

[837]. Doch beweist gerade dieses Zitat, daß das Stilmittel der Aposiopese sehr bewußt verwendet wird.

Der große grammatische Spielraum erlaubt der *Ellipse* in dieser Zeit eine besonders weite Verbreitung. Schon in der Erzählprosa sind lückenhafte Sätze häufig: »Reiter hinter mir drein ... Steine durch die Luft ... ich voran wie die Windsbraut« [838]. »Denn die Portugiesen, zur Schlacht nicht zu bewegen, wußten den Holländern stets in Masse auszuweichen« [839]. Das Weglassen der Hilfsverba, das fast die Regel in Nebensätzen war (s. o.), förderte wohl die Unterschlagung des Relativpronomens. Einem Sealsfield wäre es pure Pedanterie, wenn er ein Prädikat, das zwei Subjekten im Singular und im Plural zugeordnet ist, in veränderter Form wiederholen müßte: »doch *das Lächeln* desselben *schien* gut gemeint und *alle übrigen* einverstanden«; »*er schien* die Sprechenden gar nicht gehört zu haben – *seine Gedanken* weit weg zu sein«; »*ihre Miene wurde* wieder so zuversichtlich, *ihre Schritte* so tanzend!« [840] Der Gedankenstrich pflegt beim Anakoluth verwendet zu werden. Indem der Erzähler dies Zeichen im mittleren Zitat benützt, rechtfertigt er seine Unkorrektheit. Sie ist also absichtlich, erscheint so gerechtfertigt wie ein Anakoluth! Die Anstandsauslassungen, die keine echten Ellipsen sind, verbinden sich gern mit einem Scherz in Parenthese: »›ich werde kein‹ – *er brauchte hier eine tierische Metapher* – ›sein und die Waffen aus den Händen geben!‹« [841]

In der Komödie ergibt sich die Ellipse einfach durch die Anpassung an die Alltagssprache. Man wird aber, nach den früheren Nachweisen, ohne Belege glauben, daß Nestroy auch dies Stilmittel kunstvoll anwendet. Grabbe braucht es, um seinen geliebten militärischen Ton zu produzieren. Beim späten Grillparzer führt die Skepsis gegenüber großen Wort *und* Taten zu einer lückenhaften und abgebrochenen Sprache *(Bruderzwist)*. Das Hauptanwendungsfeld der Ellipse war wohl das Drama und der Roman, der in der Biedermeierzeit ja meistens dem Theatralischen zuneigte. Doch erlaubten sich auch die Lyriker, die nach Kürze strebten (besonders die Droste und Platen) kühne Ellipsen. Wir begnügen uns damit, aus Platens *Sonetten* (Zweite Reihe, 72) ein Terzett zu zitieren, in dessen dritter Zeile das Demonstrativpronomen fehlt:

> Sie küßt der Bäume Wipfel sie zu röten,
> Und was die Nacht ließ unvollbracht veröden
> Drückt sie das Siegel der Vollendung auf.

Wir stehen damit wieder bei den Auswirkungen des brevitas-Ideals, das wir in der Theorie so stark ausgeprägt fanden. Zunächst mußte vor einer Simplifizierung gewarnt werden: der kurze Satz kann in einer Zeit mit starker Rhetoriktradition nicht »vorherrschend« sein. Bei den meisten Schriftstellern wechseln schulgerecht kurze und lange Sätze. Trotzdem ist der öfters vorkommende *kurze Satz* ein wichtiges Stilmerkmal der Biedermeierzeit; *es hebt diese nicht nur von der klassischen, sondern auch von der nachfolgenden realistischen Periode ab.* Es wird sich also empfehlen, noch etwas genauer diese syntaktische Spezialität zu belegen und zu interpretieren.

Der beliebte kurze Satz und seine Funktionen

Bei oberflächlicher Kenntnis der Zeit würde man wahrscheinlich die Meinung vertreten, der kurze Satz entspreche in erster Linie der satirischen Tendenz des Zeitalters – auf beiden Seiten! –; es handle sich im wesentlichen um die sogenannte *vernichtende Kürze*. Wir beobachten im nächsten Zitat die Form, in der Börne den alten Meister von Weimar fertigmacht: »Goethe war glücklich auf dieser Erde, und er erkennt sich selbst dafür. Er wird hundert Jahre erreichen; aber auch ein Jahrhundert geht vorüber, und ewig sitzt die Nachwelt. Sie, die furchtlose, unbestechliche Richterin, wird Goethe fragen: Dir ward ein hoher Geist, hast du je die Niedrigkeit beschämt? Der Himmel gab dir eine Feuerzunge, hast du je das Recht verteidigt? Du hattest ein gutes Schwert, aber du warst nur immer dein eigner Wächter! Glücklich hast du gelebt, aber du *hast* gelebt« [842]. Über den typisch jugendlichen und fanatisch-demokratischen Kurzschluß, der in dieser Argumentation liegt, soll nicht gesprochen werden. Genug, Börne verlangt von Goethe, der sich damals (in *Wilhelm Meisters Wanderjahren*), mühsam genug, an die moderne Spezialisierung anpaßte, alles. Wie tut er das? Er säkularisiert das jüngste Gericht wie Schiller zum Weltgericht der Geschichte und läßt diese höchste Instanz Fragen an Goethe stellen. Die Fragen gehen in Aussagen über, welche sehr geschickt die Behauptungen des Kritikers im Eingang des Zitats aufnehmen und bestätigen: Das Verdammnisurteil ist fertig. Die Mittel sind trotz der kurzen Sätze rhetorisch. Mit Hilfe einer Mythologie, die an das volkstümliche Christentum anzuknüpfen scheint, wird eine eisern konstruierte Satzgruppe aufgetürmt und mit einer effektvollen Spitze versehen. Börne sagt nicht: Da Goethe nur genossen und nichts für die Unsterblichkeit getan hat, wird er sehr schnell vergessen sein – er war es seit 1820 halb und halb (für einige Zeit: Mißerfolg des *West-östlichen Divan* usw.) –; sondern er sagt, durch metaphorische Überhöhung des einfachen Wortes leben: »glücklich hast du gelebt, aber du *hast* gelebt«. Ohne die rhetorische Betonung sitzt das sprachliche »Schwert« des Kritikers nicht in der Brust des Verdammten. Andere weniger gelungene Beispiele, die mit plumperen Rückgriffen (z.B. bloßen Wiederholungen) arbeiten, würden Börnes rhetorische Stilmittel noch klarer belegen.

Wir haben bereits nachgewiesen, daß Heine außerordentlich kunstvolle Perioden bauen kann. Aber im Vergleich mit Jean Paul müssen wir nun feststellen, daß der kurze Satz auch bei ihm einen sehr viel breiteren Raum einnimmt. Literarhistorisch bedeutet dies mehr als bei Börne, da er als Dichter, jedenfalls als Ironiker und Humorist, einen Jean Paul vergleichbaren Rang besitzt. Die Vorliebe Heines für kurze Sätze ist schon in seinen Sonetten zu erkennen. Er kann diese Form syntaktisch nicht füllen und beweist, wie Goethe an manchen Stellen seines Weges (*Der ewige Jude, Achilleis),* seinen Rang dadurch, daß er eine ihm unzugängliche Gattung aufgibt. Die Vierzeiler (mit gelegentlichen Strophensprüngen s.o.) waren der syntaktischen Struktur seiner Sprache am besten angemessen. Wie die vernichtende Schärfe bei *ihm* aussieht, sollen einige Strophen aus *Karl I.* – er war der erste hingerichtete Monarch der Neuzeit – veranschaulichen. Der König spricht selbst:

Der alte Köhlerglaube verschwand,
Es glauben die Köhlerkinder –
Eiapopeia – nicht mehr an Gott
Und an den König noch minder.

Das Kätzchen ist tot, die Mäuschen sind froh –
Wir müssen zu schanden werden –
Eiapopeia – im Himmel der Gott
Und ich, der König auf Erden.

Mein Mut erlischt, mein Herz ist krank,
Und täglich wird es kränker –
Eiapopeia – du Köhlerkind
Ich weiß es, du bist mein Henker [843].

Auch dieses Zitat ist im zeitlichen und überzeitlichen Sinne typisch. Restaurationen machen der Jugend die an sich törichte Blasphemie jeweils wieder interessant; nur daß sich in der monarchischen, zugleich systematischer denkenden Biedermeierzeit die Religion und der Staat noch ganz anders als Einheit verstanden. Schon Heine bedient sich der Blasphemie mit einem gewissen artistischen Behagen: Sie ersetzt das säkularisierte jüngste Gericht Börnes und beeindruckt die Kinder der Restauration noch stärker. Aber nicht nur durch die Würze des antichristlichen Hohnes, sondern auch durch die Parodie eines Kinderliedes kommt die vernichtende Satire an dem herrschenden Altar-und-Thron-System zustande. Die Wiederholung der naiven Interjektion in der Mitte jeder Strophe bezeugt wieder den alle Mittel kombinierenden großen Autor. Die Syntax des Zitats ist auch insofern für Heine charakteristisch, als sie den Spielraum des Dichters veranschaulicht. Die dritte, zugleich schärfste Strophe *(»Henker«)* enthält fünf Sätze in Parataxe, wobei besonders bezeichnend ist, daß die eigentlich fällige Hypotaxe im letzten Vers durch eine Ellipse vermieden wird. Daß diese gebräuchlich, nicht »kühn« und daher dunkel ist, verrät Heines Bedürfnis nach Klarheit, – der Voraussetzung einer *allgemeinverständlichen* Wirkung. Auch durch die Anrede des Köhlerkinds wird die dritte Strophe intensiviert. Die erste besteht aus zwei Sätzen und bereitet vor allem, wie die mittlere, durch Zusammenstellen der ohnmächtigen Größen Gott und König auf den vernichtenden Schlag der dritten vor. Jede Strophe hat in diesem Gedicht mindestens zwei Sätze. Die parodierte Kindersprache des Wiegenlieds legt kurze Sätze besonders nahe. In anderen Gedichten ist die Spannung zwischen kurzen und langen Sätzen größer. Doch belegt schon dies eine Gedicht, daß Heine den ganz kurzen Satz nicht so aufdringlich wie Börne, sondern mit großer Delikatesse und Wendigkeit gebraucht.

Wie sich weniger revolutionäre Dichter der vernichtenden Kürze bedienen, sei durch Beispiele aus Lenau und Raimund belegt. Die erste Stelle aus den *Albigensern* verdeutlicht den unheimlichen Eindruck, den das Aussetzen der kirchlichen Funktionen auf mittelalterliche Menschen ausüben mußte; sie ist schon eine Vorausdeutung auf die Vernichtung der Ketzer:

Die Kerzen, die am Hochaltare brannten,
Sie werden ausgelöscht mit Klaggeberden;
Die Bilder, die dem Herzen Tröstung sandten,
Sind schwarz verschleiert hingelegt zur Erden;

Die Trauer theilend, jedem Blick verschlossen
Sind die Reliquien in ihren Särgen,
Als möchten sie sich vor dem Volke bergen,
Das Gott aus seinem Angesicht verstoßen;
Das Bild des Herrn umhüllt der tiefste Schleier,
Erschüttert schaut das Volk des Fluches Feier;
Hinausgetrieben wird's mit grausen Worten
Und donnernd schließen hinter ihm die Pforten [844].

Auch diese Strophe beugt sich dem rhetorischen Gesetz der Steigerung und Schluß-gipfelung. Sie ist eine strenge Konstruktion. Zuerst zwei kurze Sätze mit jeweils zwei Versen. Die Mitte: ein zweiter ausholender Satz mit vier Versen, dessen erste Hälfte von einem Hauptsatz gebildet wird, dessen zweite Hälfte aus zwei Nebensätzen be-steht und dem ersten Höhepunkt zueilt (»das Gott aus seinem Angesicht verstoßen«). Zum Schluß, wie am Anfang, zwei Sätze zu je zwei Versen mit dem höchsten, für *unseren* Geschmack etwas lauten Punkt der Klimax. Die Sätze und Satzteile fügen sich mit großer Genauigkeit dem Versmaß. Auch die Reime spiegeln den syntakti-schen Aufbau wider. Erster Teil: verhältnismäßig gemächliche Kreuzreime, zwei-ter Teil: die größere, dem vierzeiligen Satz und dem ersten Höhepunkt angemessene Spannung des abba-Schemas. Zum Schluß zwei wuchtige Reimpaare. Wolfgang Kayser hat ähnlich gebaute Verse aus Lenaus *Faust* »an Monotonie sterben« las-sen [845]; doch wissen wir bereits, daß in der rhetorischen Versdichtung Reim und Vers die Syntax nicht umspielen, sondern unterstützen. Mit organologischen Wert-maßstäben kann man auch Racine und Schiller verurteilen.

Bei Raimund bedient sich der Diener Lorenz der vernichtenden Kürze gegenüber dem Bauern Wurzel, als dieser wieder arm geworden ist: »Was wär das? Kein Geld mehr haben und grob auch noch sein? Ah, jetzt muß ich andre Saiten aufziehen. Was glaubst denn du, grober Mensch? Du hast ja nichts mehr, schau s'an, dein verfallne Hütten. Da steht s' jetzt, dein Palast, wo die Mäus Frau Gvatterin leih mir d' Scher spielen. Z'gut ists ihm gangen, z'übermütig ist er worden, und jetzt ist alles hin, aber alles, sein Sach und mein Sach. (Weinerlich) Ich bin nur ein armer Dienstbot, und er bringt mich um das Meinige. Ist denn das eine Herrschaft? Jetzt hab ich ihn drei Jahr lang betrogen, und jetzt hab ich nicht einmal was davon« [846]. Das Zitat ist besonders aufschlußreich. Der Anfang hat vernichtende Kürze. Wie kommt es aber, daß die Syntax sich nicht verändert, als der Ton weinerlich und schließlich komisch wird? Ist einfach die volkstümliche Sprache der Grund? Die Hypothese von einer demokratischen Kürze hat schon Laube 1833 aufgestellt; aber die jungdeutschen Einfälle sind meistens nur Halbwahrheiten: »Die kleinen Gedanken haben sich emanzipiert und sind selbständige Sätze geworden... Der alte Stil mit seinen seiten-langen Sätzen ist den alten Staaten mit der verworrenen Administration zu verglei-chen... Es war der aristokratische Stil, den nur die Genossen verstanden, vor denen die Masse erbleichte und respektvoll zurücktrat. Sie verstand ihn nicht, wenn er die einfältigsten Dinge enthielt, den demokratischen Stil ... versteht sie aber..., er be-nützt keine Formeln, setzt nichts voraus, macht keine Ansprüche, ist artig. Er gruppiert die Gedanken einzeln, wirft sie nicht zu einer chaotischen Masse zusammen« [847].

Richtig ist natürlich, daß ein komplizierteres Denken als das Laubes oder Börnes *ohne* den langen oder wenigstens längeren Satz schwerlich auskommt! Der kurze Satz wird vor allem von Autoren, die zum Irrationalismus und zur »Laune« neigen, die »Gemüt« haben (Mundt s. o.), einseitig kultiviert werden. Richtiger wäre das in den Rhetoriklehrbüchern übliche Wort Affekt. Der kurze Satz eignet sich hervorragend zur Darstellung von Affekten aller Art, gleichgültig, ob es gehässige, revolutionäre, idyllische, pathetische, kindliche oder mystische Affekte sind. Schon die Empfindsamkeit bedient sich des kurzen Satzes, desgleichen bekanntlich der Sturm und Drang. Von dort wird er direkt zu Grabbe und Büchner weitergereicht. Der Weg kann aber auch über die Romantik führen, sowohl über die »transzendentale« wie über die volkstümliche. Novalis und die Gebrüder Grimm sind sich in der Liebe zum kurzen Satz einig. Die Jungdeutschen brauchen diese bereits bestehende irrationalistische Tradition nur umzufunktionieren, woraus wiederum hervorgeht, daß man diese Gruppe eher an die empfindsame und romantische Tradition anschließen, als mit den Realisten zusammenwerfen kann. Übrigens hat schon die »Witzkultur« des Rokoko (Böckmann) auf der Grundlage noch älterer Traditionen den kurzen Satz mit satirischer Funktion gebraucht, was unsere Hypothese weiter differenziert, aber nicht aufhebt; denn der Schritt von der Frühaufklärung zur Witzkultur setzt eine Abwendung vom »pedantischen«, systematischen Denken voraus. Man denke nur an Lichtenbergs Aphorismen und Ähnliches. Der Witz ist punktuell, von der Begnadung durch einen »Einfall« abhängig. Wie sich in der Struktur der Jungdeutschen Empfindsamkeit und aggressiver Witz miteinander verbinden konnten, macht diese Ahnenreihe verständlicher!

Da meine Hypothese von der Kürze im letzten Abschnitt des Sprachkapitels über die spezielle Frage nach der Syntax hinausgeführt werden muß (s. u. S. 619 ff.), wollen wir im folgenden den politischen und vor allem den sozialgeschichtlichen Aspekt (Volkstümlichkeit) des emotionalen kurzen Satzes in den Vordergrund rücken. Eine Untersuchung der pathetischen Tendenzlyrik, welche die Märzrevolution präludiert, würde ergeben, daß diese, ähnlich wie Börne, öfters mit einfachen volkstümlichen Sätzen arbeitet, besonders mit schlagwortreichen Frage- und Antwortsätzen, mit aggressiven Refrains, Imperativen usw. Wenn Heine diese Tendenzpoeten ähnlich wie seinen Schicksalsgenossen Börne ablehnt, so liegt dies auch an der primitiven Verwendung der erwähnten Mittel. Die letzte Strophe von Herweghs folgenschwerem *Lied vom Hasse,* das den höchsten ethischen Wert des Biedermeiers (Liebe in allen Stufen) ebenso auf den Kopf stellte wie Marx den höchsten metaphysischen Begriff des Idealismus (Geist), lautet:

> Bekämpfet sie ohn' Unterlaß,
> Die Tyrannei auf Erden,
> Und *heiliger wird unser Haß,*
> Als unsre Liebe, werden.
> Bis unsre Hand in Asche stiebt,
> Soll sie vom Schwert nicht lassen;
> Wir haben lang genug geliebt
> Und wollen endlich hassen! [848]

Die beiden letzten Verse werden mit einigen Variationen in allen Strophen wiederholt. Die Vorliebe für den Refrain ist die metrische Entsprechung zu der anaphorischen Tendenz, die wir bereits als zeitgemäß kennen. Den rhetorischen Höhepunkt seiner vernichtenden kurzen Sätze hebt der Autor selbst hervor, wie dies auch in der Stelle aus Börne geschah. Daß diese Vormärzlyrik den aus Börne und Heine zitierten Beispielen strukturell ähnelt, daß die Frage mit dem Ausruf eine dialektische Einheit bildet und ebenso der rhetorischen Tendenz entstammt, vergegenwärtigt Georg Weerths besonders volkstümliches, sozialistisches Kampfgedicht *Das Hungerlied*:

> Verehrter Herr und König,
> Weißt du die schlimme Geschicht?
> Am Montag aßen wir wenig,
> Und am Dienstag aßen wir nicht.
>
> Und am Mittwoch mußten wir darben,
> Und am Donnerstag litten wir Not;
> Und ach, am Freitag starben
> Wir fast den Hungertod!
>
> Drum laß am Samstag backen
> Das Brot, fein säuberlich –
> Sonst werden wir sonntags packen
> Und fressen, o König, dich! [849]

Der Dichter hat seine Aufgabe, Hunger und Revolution miteinander zu verbinden, gut gelöst durch die derbe Schlußmetapher vom Auffressen des Königs, der im Eingang mit einer rhetorischen Frage höhnisch angesprochen worden war. Die kurzen Sätze ermöglichen es, die Klimax an dem jedermann bekannten Gerüst der Wochentage emporzuführen. Dabei erinnert es an Heine, daß der Satz nicht immer nur einen einzigen Vers füllt – wie z.B. in Freiligraths Gedicht *Die Republik!* –, sondern geschickt von einem zweizeiligen Satz ausgeht, vier einzeilige Sätze anschließt und schließlich wieder in (drei) zweizeilige übergeht, welche die Tendenz steigern.

Mit den gleichen volkstümlichen Frage- und Antwortsätzen kann man freilich auch *pathetische* Gedichte, z.B. solche religiösen Inhalts, schreiben. Annettes Gedicht *Am vierzehnten Sonntag nach Pfingsten (Geistliches Jahr)* beginnt so:

> Wer ist es, der mir nahe steht?
> Wen muß ich meinen Bruder nennen?
> Wem meine liebste Gabe gönnen
> Und reichen, eh er noch gefleht?
> O laß auf meine Stirne träufen,
> Du Starker, deiner Weisheit Tau!
> Laß mich den rechten Stein ergreifen
> Zu deines Tempels ew'gen Bau!

Mit monumentalen kurzen Sätzen feiert noch in den Jahren nach 1849 Scherenberg, der nur ein Jahr jünger als die Droste ist (geb. 1798), das wieder einmal (nach innen) siegreiche preußische Heer: in seinen Heldengedichten, die von Preußens Schlachten

591

lapidar und begeistert erzählen. Genau betrachtet ist seine Sprache, trotz vieler Details, nicht realistisch, sondern durch und durch pathetisch. Deshalb benötigt er den kurzen Satz; zur Dramatisierung des Erzählens, auf die sich Scherenberg versteht, ist er besonders geeignet. Das wissen auch die Trivialschriftsteller, die den Geschmack des Volkes kennen. Noch Levin Schücking (geb. 1814) – 17 Jahre jünger als seine Freundin Annette – erzählt manchmal in diesem Ton: »Theo hatte einen Schrei ausgestoßen. Halb ohnmächtig, blaß wie eine im Sturmesschaukeln ermüdete Lilie, hing sie jetzt in Valerians Arm« [850]. So etwas mögen die Realisten nicht. Sie lehnen den Schauerton ab. Wenn aber der zwischen den Epochen stehende Hebbel ein »Nachtstück« schreiben will, so erscheint es ihm rätlich, sich des emotionalen kurzen Satzes zu bedienen *(Die Kuh)*.

Für die pädagogische Erzählprosa war Zschokke, wie schon Hebel, mit seiner Vorliebe für klare kurze Sätze ein wichtiges Vorbild. Er hat auch Schauer- und Räuberliteratur geschrieben; aber seine moralische, an der Bibelsprache orientierte Prosa (*Goldmacherdorf* usw.) wirkte am stärksten weiter. Von ihm hat Gotthelf gelernt. Die sterbende Mutter Änneli (Vorbildfigur aus Gotthelfs *Geld und Geist*) spricht in kurzen Sätzen, nicht weil naturalistisch die Sprache der Sterbenden abgebildet werden, sondern weil der Affekt, – die Rührung erregt werden soll: »›O Mutter, o Mutter, Ihr seid kein Mensch, ein Engel seid Ihr; o, wenn ich sein könnte wie Ihr!‹ ›Nein, kein Engel, e schwache Mönsch‹, sagte Änneli, ›aber üse Herrgott macht mi viellicht drzu. Wenn d' dr Wille hest u nit vo üsem Heiland lahst, du wirst o eine, wirst besser als ih, du hest e herteri Schuel gha als ih. – Lieb mir ne geng u bis ufrichtig, er ist mr o grusam lieb gsi, ume z'lieb, aber er ist o ne guete; e bessere Bueb gits nit uf dr Welt. – Gäll, du hest mr ne lieb, u schickist di i ne! – Glaub mr, es geit dr guet, du weißt no nit, wie guet er ist, u wie er es Herz het‹« usw. [851] Holtei, ein Jahr nach Gotthelf geboren (1798), läßt eine Oma noch 1852 ähnlich sprechend sterben: »Nicht wahr, das tust du? Und noch einen Kuß gib mir, Anton, einen herzlichen Kuß, wie du mir jeden Abend gegeben, bevor du in deine Schlummerstätte gingst. Du wirst noch viele Küsse geben und empfangen; ...aber kein Kuß wird so redlich gemeint sein wie dieser letzte Kuß, den deine alte Großmutter gibt und empfängt in ihrem Todesstündlein! – – – So, so, mein armer Junge! – Laß mir die Hand. – Und grüße Tieletunke, wenn du sie siehst. – Und grüße den Herrn Pastor. Ich wollt' ihn nicht zu mir bemühen. Denn erstlich werden sie ihn auf dem Schlosse brauchen, und dann – ehrlich zu reden – ich brauch' ihn nicht« [852]. Die Respektlosigkeit gegenüber der Kirche, die 1848 sich verstärkte, ist zu spüren. Auch etwas Humor ist beigemischt. Die Lücke hinter dem Satz mit den vielen Küssen enthält eine Anspielung auf die gewöhnliche Untreue der Männer. Das Hochdeutsche führt gelegentlich zu etwas längeren Sätzen; aber die Vorliebe für den affektsteigernden kurzen Satz herrscht in beiden Sterbereden. Der naive Interpret wird im »Bärndütsch« Gotthelfs »Realismus« finden wollen; aber wie der Dialekt zu komischen Zwecken sich eignet, so eignet er sich auch zu empfindsamen. Das fromme Bauernweiblein soll dem (städtischen) Leser vormachen, wie eine Christin stirbt, nachdem sie im eigenen Hause siegreich den modernen Ungeist des Geldes bekämpft hat. Und Stifter? Noch mehr *verhaltene*

Empfindsamkeit; aber diese selbst ist nicht verschwunden und benötigt dringend den kurzen Satz: »Am zweiten Morgen wurde sie begraben. Es kamen die Träger, und ich ging mit ihnen. Auf dem Kirchhofe standen viele Leute, und der Pfarrer hielt eine Rede. Dann taten sie sie in die Erde und warfen die Schollen auf sie« [853].

Ich will den kurzen Satz nicht mehr in der Ballade aufweisen, da er sich dort von selbst versteht, sondern nur die Hypothese aufstellen, daß die allgemeine Vorliebe für die Balladen in dieser Zeit mit der Tendenz zum gefühlsstarken, pathetischen und lapidaren Satz zusammenhängt. Es erscheint heute nicht selbstverständlich, daß ein Gesellschaftsschriftsteller wie Heine Balladen und Romanzen dichtet, und doch ist der *Romanzero* wahrscheinlich sein bedeutendstes dichterisches Werk. Heine verspottet die biederen Schwaben; aber Uhland hat dieser ganzen Generation ein Vorbild in diesem schlichten Balladenstil gegeben (vgl. z. B. schon Heines *Belsazar*). Die Balladen waren noch eine Modegattung. Auch das rein lyrische Volkslied gewann über die noch nicht snobistisch verachteten Gesangvereine eine starke Ausstrahlung in das Volk. *Es ist also in einem überpolitischen und überklassenmäßigen Sinne richtig, daß der kurze Satz besonders leicht eine volkstümliche Literatur ermöglichte.* Aber deshalb ist diese Literatur nicht schon realistisch.

Ich warne in diesem Buch wiederholt vor einer Modernisierung Büchners. Man unterschätzt sein »Gemüt«. Büchner fühlt sich dem pathologischen Lenz verwandt. Er ist nicht der moderne naturwissenschaftliche Analytiker und Experimentator, sondern hat seinen Anteil am Affektstil, wie auch der Witzstil in ihm nachwirkt. Anstelle der Texte, die immer so oder so interpretiert werden können, will ich hier ausnahmsweise einige Zahlen geben. Sie müssen zwar auch interpretiert werden; aber im Falle Büchners sprechen sie, meine ich, für sich selbst. Arens zählt bei Kleist (Extremfall) durchschnittlich 41 Wörter pro Satz, im *Maler Nolten* 28, in *Des Lebens Überfluß* 23, bei Stifter durchschnittlich 23, in der *Judenbuche* 20, im *Armen Spielmann* 16. Im Realismus (Humor, Gemächlichkeit, Wendung nach außen, Bürgerlichkeit) steigt mit der Ausnahme Fontanes (etwa 20) die Zahl der Wörter im Satz wieder an: *Soll und Haben* 31, *Abu Telfan* 39, *Grüner Heinrich* 43 (Extremfall) [854]. Büchners *Woyzeck* hat nur etwas über 6 Wörter im Satzdurchschnitt [855]. Dieser Extremwert ist auch gattungsmäßig bedingt, übertrifft aber selbst das Sturm- und Drang-Drama weit (gleichmäßig etwa 11). Mag sein, daß beim *Woyzeck* der fragmentarische Charakter des Werks zu bedenken ist. Vollkommen unzweideutig bleibt die Tatsache, daß die Erzählung *Lenz,* deren linguistische Zahlen ohne Einschränkung mit den oben genannten Werten verglichen werden können, durchschnittlich nur 11 Wörter im Satz enthält [856]. Auch das ist freilich ein Extremfall, *der* Extremfall in einer Zeit, in der viele Schriftsteller eine Tendenz zum emotionalen oder (auch subjektiven!) satirischen Kurzsatz hatten.

Am Übergang zwischen dem Kapitel über die Literatursprache und dem II. Bande
(»Formenwelt«) stehe ein Abschnitt, der sich mit den Stilebenen der literarischen
Biedermeierzeit befaßt; denn diese prägen die Dichtung so gut wie die Gattungen
der traditionellen Poetik. Das Epos und die Tragödie unterscheiden sich zwar sehr
stark voneinander, wenn man an die Strukturgegensätze denkt, die durch das Erzählen und durch den dramatischen Dialog gegeben sind. Die »epische Ruhe« und
die »dramatische Spannung« führen zu ganz verschiedenen Aufbauformen. Hinsichtlich des Sprachstils dagegen kann man sich fragen, ob nicht ein »hohes Epos« und
eine »hohe Tragödie«, ein »komisches Epos« und eine Komödie einander näher stehen als die Tragödie und die Komödie. Der pathetische oder komische »Ton« ist eine
außerordentlich wichtige, die Sprache ganz entschieden beeinflussende Bedingung.
So dachte man von alters her im Banne der Rhetorik, und die heutige Literaturwissenschaft ist geneigt, dies Denken wegen seiner Sprachnähe wieder zu bestätigen.
Die dem Kenner der Rhetorik sich aufdrängende spezielle Frage, ob die drei alten
genera dicendi, der hohe, mittlere und niedere Stil, damals noch anerkannt wurden,
lassen wir vorläufig beiseite, nicht nur weil sie für die Zeit »zwischen Romantik und
Realismus« schwer zu beantworten ist, sondern weil sie vom Wesentlichen, nämlich
von der *allgemein* anerkannten Tönepoetik ablenken könnte. Wir sprechen also wie
heute üblich zunächst vom Pathos, von der Empfindsamkeit, von der Komik, der
Ironie und vom Humor. Wir fügen Töne hinzu, an die man heute weniger denkt, die
damals jedoch im allgemeinen Bewußtsein waren. Man muß daran erinnern, daß
diese Stilhaltungen noch nicht isoliert erscheinen, sondern im Gegensatz zu heute,
als Töne ein eigenes Gattungs- oder Formensystem bilden. Einzelne Töne mögen,
auch abgesehen von der Frage »nieder« und »hoch«, bereits schlecht bewertet werden, z.B. das Pathos, das manchmal schon »hohl« genannt wird, oder die Ironie, die
eine traditionelle »Figur« ist, nun aber manchem Kritiker als negativ oder boshaft
erscheint (s.u.). *Im allgemeinen jedoch rechnet die Biedermeierzeit noch mit einer
großen Zahl von Tönen.* Sie ist in diesem Punkte konservativer und das bedeutet
hier toleranter als der Realismus, der den Humor einseitig bevorzugt*.

---

* Wie in der Geschichte stets der Fortschritt bestimmten Traditionen zugutekommt, so
scheint in der nachromantischen Zeit die junge Wissenschaft der Psychologie die Rhetoriktradition begünstigt zu haben. Die Tönerhetorik, deren Basis von alters her die Affektenlehre war, leuchtete der psychologisch orientierten Ästhetik ein, während ihr die scheinbar
moderne idealistische Ästhetik nichts mehr sagte. Als Beispiel nenne ich die »Freien Vorträge
über Ästhetik« (Zürich 1834) des Herbartianers Eduard *Bobrik*.

Die wichtigste Grundlage für die Tönerhetorik bildet eine Stelle aus dem dritten Buch von Ciceros *De oratore*. Auf sie wird so häufig angespielt, daß es nützlich sein dürfte, sie zu zitieren, wobei wir uns einer gängigen Übersetzung aus dem Jahre 1801 bedienen. Die starke Übersetzertätigkeit der Goethezeit hatte auch *die* Folge, daß die antiken Autoritäten, die durch die einseitige, vorrealistische »Lateinschule« ohnehin viel bekannter waren, als wir uns heute vorstellen, allgegenwärtig und fast populär wurden. Und dort bei Cicero konnte also jedermann folgendes lesen: »jede Gemüts-bewegung äußert sich durch eigene Töne, Mienen und Gebärden, und der ganze Körper des Menschen, sein Gesicht und Stimme sind in ihrem Tone, wie die Saiten der Harfe von dem Anschlagen, so auch von der Berührung der Leidenschaften ab-hängig. Die Töne zum Beispiel sind wie ausgespannte Saiten, die nach dem Grade der jedesmaligen Berührung anklingen, bald hoch, bald tief, bald schnell, bald lang-sam, bald stark, bald schwach. Doch gibt es auch wieder bei allen Gattungen von Tönen einen gewissen Mittelton. Aus diesen sind nun wieder mehrere andre Gattun-gen von Tönen entstanden, sanfte und rauhe, abgekürzte und gedehnte, mit ange-haltenem und nachgelassenem Atem hervorgebrachte Töne, weiche und lispelnde, klagende und zärtliche, heftige und stürmische. Denn alle ähnlichen Töne lassen sich doch durch die Kunst mannigfaltig abändern [!]. Diese Töne muß der Redner, wie der Maler die Farben, nach dem jedesmaligen Bedürfnis, auswählen und abändern können« [857]. Die Lehre von den drei genera dicendi klingt an; aber die Stelle be-weist, daß man sich schon die antike Rhetorik nicht allzu einförmig vorstellen darf. Diese selbst konnte Anregungen zu einer freieren Töne-Rhetorik geben. Aufschluß-reich ist die Äußerung Ciceros auch insofern, als sie den anthropologischen Grund der Töne klar bezeichnet: die Gemütsbewegungen, die Leidenschaften. Es war kei-neswegs unmöglich, den Begriff der Stimmung, welcher der Romantik so teuer war, mit dem Gleichnis von den Saiten der Harfe zu verbinden. Auch da, wo man die Ton-Messerei und Ton-Kritik der Spätaufklärung ablehnte, verließ man die Töne-Rhetorik nicht. So setzt sich z.B. Johann Heinrich Voss in sehr scharfer Form mit Adelung auseinander. Er habe, sagt Voss, Lessing, Wieland, Klopstock, Gessner nach der »Tonart« der »sächsischen feinen Gesellschaft« beurteilt und sei so zu Fehl-urteilen gekommen. Aus diesem Versagen erkennt Voss nur, wie weit wir, »bei aller Auslegung und Nachahmung der alten Dichter und Redner, noch davon entfernt [sind], den eigenen Ton jeder Schreibart ... mit der Schärfe der griechischen und römischen Kunstverständigen zu unterscheiden« [858].

Auch die Romantik ist nicht nur in einem allgemeinen, universalpoetischen, die Literatursprache transzendierenden Sinn an den Tönen interessiert. Friedrich Schle-gel z.B. benutzt um 1800 fortgesetzt das Wort Ton zur Charakterisierung literari-scher Werke, und er reflektiert häufig über den Begriff, so wenn er etwa sagt: »Ton ist äußrer Geist« [859] oder »Ton ist geistiger Stoff. – Der Ton ist die Äußerung der Tendenz *en gros*« [860]. Das stimmt überein mit der 2. Auflage von Sulzers *All-gemeiner Theorie der Schönen Künste,* wo es hieß: »Man kann aber nach dem

Beispiel der griechischen Kunstrichter den ganzen Charakter der Rede ... den Ton der Rede nennen« [861]. Wenn schon die romantischen Revolutionäre der Poesie sich von der Töne-Rhetorik nicht ganz frei machen konnten, so versteht sich ihre Erneuerung im Zeitalter der Restauration von selbst. Johann Andreas Wendel lehnt in seinem *Lehrbuch des deutschen Styls* (Coburg und Leipzig 1816) die traditionelle Lehre von den drei genera dicendi energisch ab. Er will die Begriffe hoch und tief durch den Unterschied von Poesie und Prosa ersetzen. Da er aber innerhalb dieses Gegensatzes von einer »Stufenleiter des Stils« spricht und die Begriffe trocken, gemütlich, phantasiereich, erhaben, humoristisch, witzig, komisch, rührend, leidenschaftlich, begeistert, sowie das Naive und die Ironie unterscheidet [862], erkennt man den Geist der Rhetorik selbst bei diesem vermeintlich modernen Theoretiker leicht. *Das generalisierende Denken ist bei weitem stärker als die Rücksicht auf Individualität und Originalität.* Auch Wilhelm Meyers *Praktisches Handbuch des Styls der deutschen Prosa* (Eisenach 1826) bleibt trotz Ablehnung der drei genera im Bann der Rhetorik. Nicht anders ist es bei Gustav Theodor Fechner (Pseudonym: Dr. Mises), wenn er Rückert wegen seiner »Universalität in der Kunst des poetischen Ausdrucks« – womit seine Vieltönigkeit gemeint ist – rühmt [863] oder wenn Mundt in der *Kunst der deutschen Prosa* (1837) Goethe mit Thümmel wie auch mit dem geistreichen Fürsten Pückler-Muskau vergleicht und in der »größeren Gleichförmigkeit« von Goethes Stil und Gesinnung »etwas von feiner Kanzlei« wittert [864]. Hinter Mundts Kritik steht das rhetorische Prinzip der Abwechslung; trotz der geforderten Einheit des Tons darf ja keine Monotonie herrschen. Besonders deutlich ist die Rhetoriktradition bei Hebbel, der noch im Jahre 1850 seine 1837 geschriebene Genreerzählung *Schnock* im Vorwort durch den Hinweis auf ihren niederländischen Ton zu rechtfertigen versucht. Er macht dabei einen Vorschlag, der heute erstaunlich erscheint, damals aber gewiß nicht besonders überraschend war: »Der Komponist pflegt seinem Musikstück den Schlüssel vorzusetzen, damit ein jeder auf den ersten Blick erkenne, aus welcher Tonart es geht. Das ist eine Gewohnheit, die vielleicht von anderen Künstlern nachgeahmt zu werden verdient, wenn auch nur, weil sie alle ungehörigen Erwartungen im voraus abschneiden würde« [865].

Der Versuch der Poetiker, der Musik die Genauigkeit der Bezeichnungen abzusehen, geht tief ins 18. Jahrhundert zurück. Sie hängt mit den praktischen Bedürfnissen der Deklamationskunst zusammen, die seit Klopstock und der Empfindsamkeit erblühte und in der Biedermeierkultur wahrscheinlich das höchste Ansehen erlangte*. Schon F. J. W. Schroeder (*Lyrische, Elegische und Epische Poesien...*, Halle 1759) will »*die Regeln der Tonkunst ... auf die Dichtkunst anwenden*« [866], was z. B. zur Folge hat, daß der Reim ganz im Sinn der Bodmerschule als »künstliches

---

* Aus diesem Grund hat sich die Sprechkunde bisher viel sorgfältiger mit der Rhetoriktradition befaßt als die Literaturgeschichte, wenn auch Wertungen oft den unbefangenen historischen Zugang zur älteren Rhetorik behinderten: Irmgard *Weithase*, Anschauungen über das Wesen der Sprechkunst von 1775–1825, 1930; I. *Weithase*, Die Geschichte der deutschen Vortragskunst im 19. Jahrhundert, Anschauungen über das Wesen der Sprechkunst vom Ausgang der deutschen Klassik bis zur Jahrhundertwende, 1940; Walter *Witt-*

Spiel mit den Buchstaben« [867] abgelehnt wird. Um und nach 1800 erlangte besonders die merkwürdige Theorie Christian Gotthold Schochers Ansehen. Der programmatische Titel dieses berühmten Buches ist eine rhetorische Frage, deren zweiter Teil natürlich zu bejahen ist: *Soll die Rede auf immer ein dunkler Gesang bleiben, oder können ihre Arten, Gänge und Bewegungen nicht anschaulich gemacht, und nach Art der Tonkunst gezeichnet werden* (Leipzig 1792). Jeitteles' *Ästhetisches Lexikon* akzeptiert in dem Artikel »Ton« (Bd. 2, Wien: C. Gerold 1837) Schochers Lehre noch mit großer Selbstverständlichkeit und begnügt sich damit, sie zu erweitern: »Schocher klassifiziert alle Stimmtöne in deklamatorischer Hinsicht 1) in die bekannten einfachen Grundtöne unserer Stimme a, e, o, u; 2) in die einfachen Nebentöne ae, i, ö, ü; 3) in die zusammengezogenen Töne ou, äu, ai (ay), ei (ey), eu, oi, ui (oy, uy) und bezeichnet dann einen Rede-, Sprach-, Erzählungs-, Schrei-, Frage-, Ausrufungs-, Befehls- und Kommando-, sogar etwas bizarr einen Götterton. Dies könnte man ins Unendliche fortsetzen, denn *jede Gemütslage, jede Leidenschaft* hat wieder *ihre eigene Sprache,* auch ihren eigenen Vortrag, folglich ihre eigene Modulation der Stimme«. Schochers Absurditäten finden Anerkennung, weil man mit ihm davon überzeugt ist, daß »*die Deklamation* sich *nach Art der Tonkunst zeichnen* und mithin *zu einer regelmäßigen Kunst erheben*« läßt [868]. Man darf annehmen, daß F. Schlegel mit Schochers Theorie nicht ganz zufrieden war; denn er meint 1797: »Zur richtigen Ansicht mancher Schriften fehlt es noch an einer *Theorie der grammatischen Tonkunst*« [869]. Wesentlicher ist, daß er sich überhaupt noch in solchen Gedankenbahnen bewegte und damit grundsätzlich die Bemühungen der Tontheoretiker anerkannte*.

In der Praxis zeigte es sich natürlich, daß mit literarischen Tonzeichen nicht allzuviel anzufangen war. Das »Heer Deklamatoren«, welches im Gefolge Ifflands »alle Gebirge und Ebenen, in denen die teutsche Sprache landesüblich ist, zu allen Jahreszeiten« durchzog und »klingende Münze« einsammelte [870], sprach oder sang gewiß nicht immer nach einer Theorie. J. G. E. Maass (*Grundriß der allgemeinen, reinen und besonderen Rhetorik,* 4. Auflage, hg. von Karl Rosenkranz, Halle und Leipzig: Reinicke 1829) glaubt nicht, daß ein »deklamatorisches Zeichensystem ... für den ausübenden Künstler von sonderlichem Gebrauche sein« wird; aber er gibt zu, daß die wissenschaftliche Aufstellung eines Systems, »wodurch alle Bestimmungen des Tones und der Stimme *durchgängig bestimmt* bezeichnet werden könnten, ... vollständig möglich ist«. So stark wird der Klangcharakter der Rede, ihre »Ähnlichkeit mit der Tonkunst« noch um 1830 hervorgehoben [871]! Es klingt wie eine ausdrückliche Ablehnung der individualistischen Rhetorikkritik (K. Ph. Moritz s. u.), wenn Maass die organische Beziehung zwischen Ausdruck und Geist wieder leugnet

---

sack, Studien zur Sprechkultur der Goethezeit, 1932. Christian *Winkler,* Elemente der Rede, Zur Geschichte ihrer Theorie in Deutschland von 1750 bis 1850, 1931. Die letzte Schrift enthält ein Verzeichnis der Buch- und Aufsatztitel zu allen Fragen der Deklamation 1653 bis 1859.

* Dazu paßt, daß sich *Novalis* auf die merkwürdige Theorie Schochers *ohne Kritik* bezieht: Schriften, hg. v. Paul *Kluckhohn,* Bd. 3, Leipzig o. J., S. 115.

und auf dem Ton als solchem insistiert: »Die Ausdrücke einer Rede können also an sich selbst, bloß als Laute betrachtet und ganz abgesehen von den ausgedrückten Vorstellungen unser Gemüt zu einer Leidenschaft und zu einem Gefühle stimmen. Hierin besteht die *bewegende und rührende Kraft des Ausdruckes an sich selbst*« [872]. Man wird die Empfindsamkeitstradition, die Redseligkeit und den großen Aufwand von Versen, die »bloß als Laute« zu betrachten sind, innerhalb der Biedermeierkultur besser verstehen, wenn man sich dieser Theorie erinnert.

Rede kann Musik sein, kann durch ihren bloßen Klang, durch ihren schönen Klang die Menschen beeinflussen. Zu solcher Euphonie, zu solchem »Wohllaut« tritt die »Wohlbewegung«, die »Eurythmie« [873]. Es sei hier nur angedeutet, daß die Tönepoetik auch den Sinn für den Rhythmus in einem über- oder sogar antimetrischen Sinn sehr gefördert hat. Von den Tönen her gesehen kann nicht nur der Reim, sondern auch das regelmäßige Versmaß als künstliches Spiel erscheinen und der Prosarhythmus, der allerdings immer noch Numerus heißt, besondere Bedeutung gewinnen. Was uns Heutigen geschwätzige Empfindsamkeit, schlechte Rhetorik heißt, das erschien der vorrealistischen Zeit oft als eine ganz natürliche Musik. Sie konnte sich bei dieser Skepsis gegenüber einer rationalen, jedenfalls inhaltsbestimmten Sprache auf eine ihrer höchsten Autoritäten berufen. Herder hatte ja die Zeit verhimmelt, da man »noch *nicht sprach, sondern tönete;* da man noch wenig dachte, aber desto mehr fühlte; und also nichts weniger als schrieb« [874]. In der Biedermeierzeit schrieb man – was sollte man anderes tun? –; aber man bemühte sich, nach Herders Vorschrift, gerne darum, wenig zu denken und desto mehr zu fühlen. Lehrte nicht auch Schleiermacher, eine andere berühmte Autorität, der »reine, nicht der Rede verbundene Ton« schließe sich an »gewisse Naturbewegungen« an [875], betonte er nicht »*die Übergänge zwischen Gesang und Sprache, ...*um auf *das Kunstlose* zurückzuweisen, woran sich die Kunst knüpft« [876]. Die ursprünglich sehr nüchterne Töne-Rhetorik kann also durchaus auch mit irrationalistischen und naturalistischen Argumenten gestützt werden, so daß sie den Eindruck des »Künstlichen« verliert, und *eben diese modernisierende Interpretation der Rhetorik dürfte ein Hauptgrund für ihr langes Weiterleben gewesen sein.*

Auseinandersetzung mit der Rhetorikkritik

Der repräsentativste Kritiker der Rhetorik – bedeutend auch durch seinen Einfluß auf Goethe – war in der vorangehenden Epoche wahrscheinlich K. Ph. Moritz gewesen. Sein großer Einfluß ist uns bereits bei der Betrachtung der Symboltheorie deutlich geworden. In seinen *Vorlesungen über den Styl* (2 Teile, Berlin: Vieweg 1793 und 94) zeigt er sich als energischer Feind des »*leeren Bombasts und Wortgeklingels*« [877]. Er vertritt die inzwischen geläufig gewordene Lehre, daß »doch im Grunde jedes Produkt des Geistes für sich eine ganz eigene individuelle Erfindung ist, deren Individualität gerade ihren eigentlichen Wert ausmacht [!], und bei der die Klasse, worunter man sie bringt, immer nur das Zufällige ist«. Durch die Ordnung in Klassen zieht man, nach der Meinung von Moritz, die Werke »zu dem Mechanischen herab und richtet seine Aufmerksamkeit von dem Wesentlichen auf das Zufällige« [878]. Er wendet sich heftig gegen die Vorstellung, man könne Stil lehren. Der Irrationalismus scheint hier so entschieden als möglich zu sein. Schon das gebräuchliche Wort »Schreibart« findet Moritz »unschicklich«, denn nicht der Ausdruck ist witzig oder pathetisch, sondern der Gedanke: »Witz und Pathos bezeichnen die tiefste Grundlage, Schreibart nur die Oberfläche« [879]. Freilich verraten schon solche Äußerungen, daß es ihm nicht um die Abschaffung der traditionellen »Klassen«, sondern nur um ihre anthropologische Fundierung geht. Er ist sogar bereit, die drei genera dicendi anzuerkennen – als eine Sache der Erfahrung; sie dürfen nur nicht gelehrt werden: »Freilich findet, nach Beschaffenheit der Gegenstände, eine höhere, mittlere und niedere oder vertrauliche Schreibart statt; aber diese ist nur ein Gegenstand der Beobachtung, und es lassen sich schlechterdings keine Vorschriften darüber geben« [880].

Mit einer halben Kritik ließ sich die ehrwürdige Tönerhetorik nicht beiseite schieben. Zwar war auch die Romantik in ihrem ursprünglichen Ansatz rhetorikfeindlich. Die Fragmente des Novalis z.B. verraten einen starken Affekt gegen alles, was »mechanisch« und bloße »Sprachkunst« ist. Die romantische Ironie verstand sich *so* wenig als bloße Form, als sogenannte »Figur«, daß bis zum heutigen Tage manche Literarhistoriker noch nicht wissen, daß es schon vor der Romantik den bewußt ironischen Ton gegeben hat. Gustav Schwab (geb. 1792) gesteht, daß es die Romantik war, die ihn in seiner Jugend vor den »damals verführerischen Verlockungen der Rhetorik« bewahrte [881]. Uhland wurde vor allem wegen seiner unrhetorischen Art so geschätzt, bei Goethe war es ähnlich. Sogar auf der Bühne blieb das Stilebenenprinzip nicht unbestritten; so versuchte z.B. die Bethmann-Unzelmann, Ifflands »künstlerische Ehehälfte« in Berlin, sich davon freizumachen [882]. *Aber die Rhetoriktradition, die ja nicht nur von der Schule, sondern auch von beliebten Dichtern wie Matthisson, Schiller und Zacharias Werner getragen war, erwies sich als stärker.*

In dem Rhetoriklehrbuch des Theodor Heinsius *(Teut)* gibt es nur noch Reste des Individualitätsprinzips. Im dritten Teil (1810) findet man zwar einen Abschnitt über den »besonderen Charakter des Stils«; aber dieser wird nach Heinsius ganz traditionell durch den Stoff, durch den zu erreichenden Zweck und durch den Leser oder Hörer bestimmt. Nur in einer Anmerkung erscheint der Gesichtspunkt der Originalisten: »Der Charakter der Schreibart, insofern er bloß [!] aus der Individualität des Schreibenden selbst hervorgeht, gehört nicht hieher. Denn diese Individualität des Darstellers ist unendlich mannigfaltig und kann nicht als eine gültige Norm der Schreibart betrachtet werden« [883]. Johann Karl Friedrich Rinnes Rhetorik, die sich anspruchsvoller gibt (*Die Lehre vom deutschen Stile, philosophisch und sprachlich neu entwickelt,* 1. Teil, 1. Buch, Stuttgart: Becher 1840, 1. Teil, 2. Buch, Stuttgart 1845), verdeutlicht den Begriff der Schreibarten oder Töne durch das moderner klingende Wort »subjektive Gattungen«; aber auch er grenzt diese deutlich genug vom Individualitätsprinzip ab: Der subjektiven Gattungen gibt es »eigentlich so viele, als es empfindende und ihrer Empfindung bewußte Subjekte gibt. Allein, teils weil die wirkenden Gegenstände eben so wohl als die sinnlichen Einrichtungen des Menschen, auf denen die Empfindung beruht, im allgemeinen dieselben sind [!]; teils weil die Verschiedenheit immer nur eine relative ist und also auf ein gewisses Verhältnis und Maß zurückkommt, läßt sich doch nicht ganz unpassend eine Feststellung und Bestimmung derselben nach gewissen Hauptgruppen geben« [884]. Nicht nur die Terminologie, auch die inhaltliche Bestimmung von Rinnes Hauptgruppen (ernst und scherzhaft, naiv und reflexiv) verrät den Einfluß der Goethezeit. Wesentlicher ist, daß sich selbst bei diesem »philosophischen« Rhetoriker – er lehnt die drei genera dicendi ausdrücklich ab – die Unterscheidung von Schreibarten erhalten hat.

Bei Karl Ferdinand Becker (*Der deutsche Stil*, 1848), hören wir einen andern Ton. Er erneuert das Originalitätsprinzip. Jetzt kommt es wieder allein auf die »*neugeborne individuelle* Form der Darstellung« an [885]. Jetzt »ist die Schönheit der Darstellung mehr eine Naturgabe als das Werk einer Kunst, die erlernt wird« [886]. Das Wort »Stilgefühl« taucht auf, es läßt sich im Kontext als neu erkennen*. Zum individuellen Stil tritt der nationale, den in Deutschland nach Beckers Meinung eigentlich erst Goethe ausgebildet hat. Nun wird der Rhetoriker, der nach überindividuellen und übernationalen Maßstäben lehrte und urteilte, zum Prügelknaben; denn er hat »die Befreiung mehr gehemmt als gefördert« [887]. Dieser Grammatiker und Stilistiker befürchtet sogar, daß man sich durch Philologie und Fremdsprachen den Stil verdirbt. Aber selbst er ist noch der Meinung, daß sich die stilistische Schönheit »vorzüglich in den *Tonverhältnissen* der Rede darstellt« [888]; ja, er gibt, z.B. hinsichtlich der Satzgestaltung, sehr präzise Vorschriften (s.o. S. 552 ff.).

Gründe für die Restauration der Tönerhetorik

Der ständige Vorwurf der »Subjektivität«, der von den realistischen Programmatikern gegen die Dichter der Biedermeierzeit und gegen ihr größtes Vorbild, Jean Paul, gerichtet wird, ist wohl so zu erklären, daß der Unterschied der »subjektiven Gattungen«, der »Töne«, wie ihn die Rhetorik lehrte, nach 1848 in Mißkredit und schließlich in Vergessenheit geriet. Die in der Restaurationsepoche erneuerte Stilvielfalt der älteren Zeit wurde mit der romantischen »Willkür« zusammengeworfen. Zuzugeben ist zwar, daß nicht nur Jean Paul, sondern auch die Romantiker von den traditionellen Tönen noch genug wußten und daß die moderne Subjektivität, welche die Romantiker förderten, das Festhalten an verschiedenen Stilebenen durch Neuinterpretation begünstigte. *So war z.B. die romantische Ironie eine Erneuerung und Modernisierung des beliebtesten Rokokotons!* Aber die antiromantische Restauration handfester rhetorischer Theorien und Praktiken in der Biedermeierzeit darf über diesem Gesichtspunkt nicht übersehen werden. Heine mag zwar vom Humor Jean Pauls und von der Ironie F. Schlegels oder Tiecks in mancher Beziehung beeinflußt

---

* S. 84. Der älteste Beleg in *Grimms* Deutschem Wörterbuch stammt aus dem Jahre 1834.

worden sein; aber in der Klarheit seiner Haltung und seines Stils, in der unbekümmerten satirischen Verwendung der Ironie, in der kraftvollen Gesellschaftlichkeit seines literarischen Wirkens stand er näher bei Wieland als bei den Romantikern. Er erlitt denn auch, wie er selbst erkannte [889], beim deutschen Publikum das gleiche Schicksal eines Ausgestoßenen und Mißachteten. Daß die Wiedergeburt einer kämpferischen und insofern rhetorischen Ironie am Ausgang der Romantik nicht selbstverständlich war, kann man der folgenden triumphierenden Feststellung des romantischen Literarhistorikers Franz Horn aus dem Jahre 1819 entnehmen: »Mit irreligiösen Frechheiten, zuchtlos-sinnlichen Üppigkeiten, hoffärtig witzelnden Anfeindungen des Christentums wagen doch jetzt nur sehr wenige aufzutreten, die man entweder mit schweigender Verachtung oder raschem offenem Tadel abfertigt, und wir dürfen mit gerechtem Stolz sagen, daß, wenn Lamettrie und Voltaire *jetzt* ihre Anfeindungen des Heiligen vorbrächten, ein fast allgemeines verwerfendes Mißfallen ihr Lohn sein würde« [890]. Daß in diesem Zusammenhang auch Wieland mit wenig Respekt erwähnt wird, versteht sich. In der Tat, es war für Heine wenig erfolgversprechend, als Voltaire und Wieland redivivus »aufzutreten«. In Frankreich beherrschten zu dieser Zeit keine neuen Lamettries und Voltaires, sondern Hugo und Chateaubriand mit ihrem emphatischen und blumenreichen Stil das Feld. Die französische Akademie war infolge der Restauration weit stärker als die französische Publizistik, und das bedeutet in unserem Zusammenhang: Die Rhetorik erstarkte auch in Frankreich; ja, die französische Literatur geriet unter den Einfluß der deutschen Rhetorik. Das gilt nicht nur für Victor Hugo, der von Schiller lernte.

Ungefähr zur gleichen Zeit mit der zitierten Feststellung Franz Horns erklärt Ludwig Aurbacher, Rhetoriker in München, der witzige Vortrag müsse ein Spiel sein, daher dürfe er ehrwürdige Gegenstände wie Religion und Tugend nicht berühren [891]. Es mag sein, daß diese Lehre, wie der gesamte Spielbegriff, schon im Rokoko entwickelt worden war; trotzdem widersprach er dem Geist der Rhetorik, für die eine gewichtige Inhaltlichkeit, ein bestimmter »Zweck« von jeher wesentlich gewesen war. Derselbe Rhetoriker lehrt denn auch an anderer Stelle ganz traditionsgemäß die »ästhetische Prosa« müsse »das Herz in einen Zustand der Teilnahme, der Liebe und des Hasses [!], jeder edlen Leidenschaft« versetzen [892]. Die Spielposition war in einem Zeitalter, da es um die Grundfrage von Tradition und Freiheit ging, höchst problematisch geworden. Hebbel ist nicht ganz im Unrecht, wenn er meint: »wer es Deutschland begreiflich machen soll, daß Saphir und Bäuerle in Wien eine Rolle spielen konnten, wie Goethe und Schiller in Weimar, der muß zuvor die Mysterien Metternichs und seiner Staatskanzlei lösen« [893]. Die gesellschaftliche Funktion Saphirs und Bäuerles unterschied sich natürlich stark von der Goethes und Schillers. Hebbel übertreibt. Er, der Möchte-gern-Komiker, ist stets bitter gegen die österreichischen Spieler und Spaßmacher; so spricht er einmal von Nestroys »Plumpuddingsgenius«. Richtig ist jedoch, daß man bei der Teilnahme am »humoristischen« Volkssport und sogar bei der Verwendung des damals so beliebten »Versteckstils«, welcher dem Zeitungswissenschaftler d'Ester aufgefallen ist [894], am wenigsten riskierte.

Typisch für die Ablösung der Restaurationsepoche vom vorangehenden Zeitalter des deutschen Idealismus ist die neue Lust an nicht zu feiner Parodie, die aber, im Unterschied zum 18. Jahrhundert, schon etwas von programmatischer Spaßmacherei erhält. Die Einleitung zu dem *Almanach der Parodien und Travestien* (hg. von C.F. Solbrig, Leipzig: Taubert ²1826) stellt mit Stolz fest, daß es bisher einen Almanach dieser Art nicht gab. Der Herausgeber sieht sich genötigt, sein Unternehmen zu verteidigen, gegen die Meinung nämlich, Parodien seinen »eine Versündigung ... an dem, was die Musen uns Großes, Edles und rein Schönes verleihen« [895]. Diesem Vorurteil werden die Begriffe der Rokokokultur entgegengesetzt: Die »Laune«, so heißt es traditionsgemäß, ist nichts weiter als eine »gaukelnde liebenswürdige Törin«, sie gehört in die Verwandtschaft der völlig legitimen »komischen Muse«. Mit dieser harmlosen komischen Muse begnügten sich die publizistischen und dichterischen Freiheitskämpfer nach 1815 und erst recht im eigentlichen Vormärz nicht. Sie begehrten – das entsprach der beliebten Klopstock- und Schillertradition! – pathetisch auf oder machten – wie Voltaire, Lessing, Wieland – den Witz zur Waffe. *Die Spannung der Zeit bewirkte mit Notwendigkeit eine Neigung zu den extremeren Tönen.* Ein guter Kenner des politischen Vormärz interpretiert so: »Aus dem Gegensatz der idealen Forderungen mit der Beschränktheit des politischen Zustandes ergaben sich zwei geistige Merkmale dieser unruhigen Zeit, Merkmale, wie sie Deutschland in dieser eigentümlich gegensätzlichen Mischung weder früher noch später kennengelernt hat: das *Pathos* und die *Ironie*« [896].

In der Tat, dieser Gegensatz war fundamental, möglicherweise wirklich fundamentaler als im Zeitalter Klopstocks und Wielands, in dem die beiden Stilebenen, trotz der Aufklärung, vielleicht doch noch nicht den gleichen Kampfcharakter gewonnen hatten. Eine Zeit wie die Metternichs war wenig günstig zur Kultivierung eines mittleren und individuellen Stils, etwa nach Goethes Vorbild. Trotzdem läßt sich das Interesse an gegensätzlichen Stiltönen allein unter politischen Gesichtspunkten noch nicht ganz verstehen. Haben den jungen F.Th.Vischer politische Gründe geleitet, als er seine Tübinger Habilitationsschrift *Über das Erhabene und Komische* (Stuttgart 1837) schreibt? Läßt sich Immermanns, Sealsfields, Gotthelfs, Heines Schwanken zwischen Empfindsamkeit und Komik politisch und soziologisch ganz erklären? Offenbar förderte auch die Psyche des nachromantischen Menschen, seine »Zerrissenheit« (s. o. S. 2 ff.), seine ungewöhnliche Abhängigkeit von Stimmung und »Empfindung«, die Restauration gegensätzlicher, ja unbegrenzt verschiedener Stilebenen. Vielleicht ging es den Schriftstellern dieser Zeit öfters so wie der Gräfin Sidonie in Gutzkows *Blasedow und seine Söhne* (Stuttgart 1838). Sie wußte, erzählt Gutzkow, bei der Annäherung Blasedows nicht, »ob sie aus der Orgel ihrer Empfindungen dieses oder ein anderes Register anziehen sollte«. »Ach«, klagt der Erzähler, der eben auch eine erhebliche Umstimmung zum »Humoristen« erlebt hat, »so steht der Mensch oft wie eine Windharfe dem sanften und stürmischen Luftzuge gleich offen«.

Die Äolsharfe liebte nicht nur Mörike. Sie erinnert in unserem Zusammenhang an die rhetorische Harfe Ciceros (s. o.). Der anthropologische Okkasionalismus der

Barocktradition war noch keineswegs überwunden. Beim Rückblick auf die Jugend erinnert sich Alexis, wie dem »fatalistischen Fieber« auf dem Theater (»Schicksalstragödie« = Schauertragödie) »ganz natürlich« das »ironische« Fieber folgte. Beides lehnt er von seinem späteren realistischen Standpunkt aus ab [897]. Die Mittellage Goethes war für die Schriftsteller der Biedermeierzeit im allgemeinen noch nicht erreichbar oder auch nur wünschenswert. Der alte Tieck macht zu dieser anthropologischen Frage ein Geständnis, das fast für alle seine Zeitgenossen gilt: »Der Gegensatz des Scherzes und des Ernstes ist für mein Wesen durchaus notwendig. Bei der tiefen Schwermut, bei dem Trübsinn, der mich oft angefallen hat, ist er ein Glück für mich gewesen« [898]. Immer noch vanitas-Stimmung und Enthebung aus der unbewältigten Wirklichkeit, keine wie immer entsagungsvolle und begrenzte Weltgestaltung im Sinne Goethes und der Realisten! Nicht einfach »Verstellung«, wie Goethe einmal meinte, aber *die von der fortuna abhängige, durch keine »Persönlichkeit« gehaltene Variabilität der »Laune«, ihre Umschläglichkeit, ist die Basis der Töne-Rhetorik,* und sie erhält sich, wie so manches andere Barock- und Rokokoerbe, bis in die Biedermeierzeit.

Der hohe Ton

Wenn wir nun noch etwas eingehender von den Tönen »an sich selbst« (s. o.), von ihrer speziellen Theorie und von ihrem geschichtlichen Leben in der Biedermeierzeit sprechen sollen, so müssen wir selbstverständlich mit dem pathetischen, erhabenen und empfindsamen Ton beginnen; denn es wäre ganz ungeschichtlich, wenn einer annehmen wollte, durch die romantische Ironie und durch das ihr folgende Wiederaufleben der »Witzkultur« (Böckmann) oder durch die Verstärkung der empirischen Tendenzen sei ein entschiedenes Pathos von vornherein unmöglich gemacht worden. Wie Klopstock und Schiller bei der Jugend der Biedermeierzeit, bei den zahlreichen Burschenschaftlern und Turnern, mehr Ansehen genossen als Wieland und Goethe, so war auch der hohe Ton in seinen verschiedenen Gestalten dem mittleren und niederen Ton grundsätzlich noch übergeordnet. Blicken wir in die repräsentative Rhetorik des Karl Heinz Ludwig Pölitz *(Das Gesammtgebiet der teutschen Sprache),* so finden wir zwar den 1. Band (Leipzig: J. C. Hinrichs 1825) *Philosophie der Sprache* tituliert; aber schon nach dem ersten Drittel des Bandes konnte sich der Leser wieder zu Hause fühlen auf dem altvertrauten Boden der Rhetorik. In einem umfangreichen Kapitel mit der Überschrift »Die untergeordneten Eigenschaften der Schönheit der Form« werden eine ganze Reihe von Stilhaltungen abgehandelt, wobei auffällt, daß gerade auch die hohen mit Sorgfalt beschrieben und voneinander unterschieden werden. Es gibt für diesen Theoretiker im Stil nicht nur »das Erhabene und Feierliche«, »das Pathetische« oder »das Rührende«, sondern weitere verwandte Stilarten: »Die Kraft«, »das Kühne«, »das Edle, Würdevolle und Majestätische«, »das Große« [899]. Sicherlich wäre es kaum empfehlenswert, bei der Interpretation von Dichtungen jener Zeit sich ängstlich an diese rhetorischen Begriffe zu halten.

Doch muß man wissen, daß noch die Schriftsteller, die um 1800 geboren sind, in ihrer Schul- und Studienzeit von einer reichen stilistischen Tonskala Kenntnis erhielten, auch auf dem Gebiet der hohen Stilebene.

Unter den neuen Anwendungsmöglichkeiten des hohen Tons wollen wir die liberalen Reden in den süddeutschen Landtagen nicht überschätzen, aber doch erwähnen. Man litt unter dem Mangel an Freiheit und, da man zu wenig parlamentarische Erfahrung hatte, begnügte man sich meistens damit, diesem Leiden rhetorischen Ausdruck zu geben. Anläßlich der schwungvollen Reden des badischen Abgeordneten Ludwig von Liebenstein sprach schon Franz Schnabel, der politische Historiker, von »dem rauschenden Pathos, das der Zeit eigen war« [900].

Man mag die beträchtliche Nachwirkung Klopstocks, etwa im geistlichen Epos, nun auch des Katholizismus (vgl. Bd. II, Kap. Versepik), oder in der Ode (Platen) als bloßes Epigonentum beiseite schieben; doch läßt sich kaum leugnen, daß in der deutschen Dichtung der hohe Ton und ein religiöser oder pietistischer Ernst noch immer möglich sind und die aufsteigende katholische Literatur mitbestimmen. *Das geistliche Jahr* der Droste läßt sich nicht verstehen, wenn man von dieser Möglichkeit des hohen Stils keine Kenntnis nimmt. Die unerhörte Beliebtheit Jean Pauls begründete sich gewiß auch darin, daß er den hohen Stil nicht preisgab, sondern, zum mindesten für die Romane der »italienischen Schule«, entschieden festhielt und neu begründete. In der *Vorschule der Ästhetik* (§ 72) las man: »In diesen Romanen [der italienischen Schule] fordert und wählt der höhere Ton ein Erhöhen über die gemeinen Lebens-Tiefen – die größere Freiheit und Allgemeinheit der höhern Stände – weniger Individualisierung [!] – unbestimmtere oder italienische oder natur- oder historisch-ideale Gegenden – hohe Frauen – große Leidenschaften etc. etc.« Der junge Dichter um 1820, der sich mit seinem Roman in einer höheren Stilsphäre ansiedeln wollte, erhielt also von einer großen Autorität der Erzählkunst die ausdrückliche Weisung, »unbestimmt« und nicht etwa individuell, d.h. realistisch zu gestalten.

Zum mindesten an den Höhepunkten seiner Dichtung empfindet fast jeder Schriftsteller dieser Zeit das Bedürfnis, dem einfachen Gesetz der Rhetorik (wichtiger Gegenstand = hoher Ton) zu entsprechen. Die »Sterbereden«, die im elisabethanischen Drama aufgefallen und untersucht worden sind [901], haben in der Biedermeierdichtung immer noch große Bedeutung; wir gaben in einem andern Zusammenhang bereits Proben ihres Stils (s.o. S. 592). Selbstverständlich werden sie in einem erhabenen oder wenigstens empfindsamen Ton gehalten. In einem Roman, der kurz vor der Märzrevolution erschien (L. Mühlbach, *Ein Roman in Berlin,* 3 Bände, Berlin: Mylius 1846), wird immer noch im hohen Tone gestorben, geliebt und zur höheren Liebe ermahnt. Sterben: »Und jetzt sprach sie von einem himmlischen Glanze, der sich ausbreite vor ihr, liebliche Engel mit wallenden Silberflügeln kamen zu ihr und nannten sie ihre Schwester; ein himmlisches Lächeln verklärte ihre Züge« [902]. Liebe: »Sie war noch immer in ihren Mantel gehüllt und tief verschleiert. Fürst Alex konnte ihr Antlitz nicht sehen, denn sie stand von ihm abgewandt und blickte zu dem schönen Frauenbilde empor, das in goldenem Rahmen über dem Diwan hing. Aber das war nicht der Gräfin Gestalt, diese Fremde hier war größer, voller, imposanter sogar, es lag etwas Eigentümliches in der Art, wie sie langsam den Kopf nach dem Fürsten hinwandte und ihn unter dem schwarzen Schleier hervor zu betrachten schien« [903]. Mahnung zur Karitas: »Ich sage Euch, ihr Reichen, der Zorn des Himmels wird über Euch hereinbrechen, und wenn Ihr dereinst vor dem Throne Gottes stehet, so werden die Armen wider Euch aufstehen« [904]. Ein Schriftsteller, dem diese Stillage jederzeit zur Verfügung steht, hat kein Bedenken, in seine Romane ganze Gebete einzulegen wie Heinrich Smidt – er neigt in seinen Seeromanen sonst eher zum Lakonismus. Man kann auch ganze Predigtteile einfügen wie Gotthelf und Biernatzki. Die Predigten sind keine überflüssigen und lästigen »Episoden«, wie später die Kritik der Realisten behauptet, sondern *die Kraftzentren des ganzen Romans* (vgl. z.B. *Geld und Geist*). Noch Stifters *Nachsommer* kennt den hohen Ton. Dieser ist, wie etwa das Kapitel »Der Einblick« belegen kann, darin begründet, daß dem Biedermeier die Dinge nicht nur faktisch sind, sondern einen höheren Wert durchscheinen lassen. Heinrichs Vater glaubt, daß die Gemälde aus dem 16. Jahrhundert und die antiken Gemmen Spiegelbilder einer Zeit sind, in der die Menschen besser, größer und schöner waren. Die Besichtigung der Kunstgegenstände in Gegenwart des Sohnes gewinnt den Charakter eines gemeinsamen Gottesdienstes. Auch bei der Beschreibung der Einzelheiten herrscht der hohe Ton; denn er ist von diesen weltanschaulichen und zwischenmenschlichen Idealen getragen. Man mag von einer Fortdauer des Winckelmann-Tones sprechen. Selbst Goethe ist diesem Kunstpietismus verbunden und läßt sich daher nicht als Meister des Lustspiels oder des satirischen Feuilletons vorstellen. In den *Maximen und Reflexionen* lesen wir dieser Tradition entsprechend: »Die Kunst ruht auf einer Art religiosem Sinn, auf einem tiefen, unerschütterlichen Ernst; deswegen sie sich auch so gern mit der Religion vereinigt« [905]. Man braucht noch nicht an den Faustschluß zu denken; schon in den *Wanderjahren,* die der modernen Empirie scheinbar so entschieden zugewandt sind, ist der hohe Ton an zentralen Stellen unentbehrlich, so im Makariebereich. Goethe liebt die »Scherze«; aber – das ist heute zu betonen! – der Vorrang des Ernstes wird durch sie nicht angetastet.

Der Detailrealismus kann den hohen Ton bei der Droste so wenig zum Verstummen bringen wie bei Stifter und Goethe. Die Dämonisierung der Landschaft ist in den *Heidebildern* nur mit Hilfe des gehobenen Tons, einiger Anleihen beim Wortschatz der Schauerdichtung und durch Verwendung starker Stilmittel wie Anapher und Metapher möglich. Gewagte Vergleiche und mimische Verlebendigung müssen der Szene das Aussehen geben, das man später abschätzig »theatralisch« nannte. Ein Beispiel wurde schon an anderer Stelle zitiert (s.o. S. 423). Nicht nur Österreicher wie Sealsfield und Lenau, sondern die meisten Schriftsteller der Zeit erstreben die theatralische Überhöhung. Kulissen, die den Hintergrund des Redenden bilden und die rhetorische Wirkung noch verstärken, sind beliebt. Nicht nur Landschaften (Alpen, Heide, Moor, exotische Motive), sondern auch historische Denkmäler haben oft Kulissenfunktion, so die Kirchen Nürnbergs oder, in der folgenden Stelle aus Dingelstedts Roman *Unter der Erde,* das Heidelberger Schloß; denn auch die romantischen Motive werden in den Sog der neuen Rhetorik gezogen: »Bei dem Schwure, den Du mir einst in den Ruinen des Heidelberger Schlosses gabst – Weißt Du noch, Du lagst blutend in meinen Armen, Dein Feind stürzte mit den anderen hastig die Terrassen hinab, und wir Zwei saßen hilflos und verlassen unter den roten Schwibbogen, in die Abendröte, über die Neckarberge hinausblickend? – bei jenem Schwure und bei dem Gedächtnis an unsere gemeinsame Jugend fordere ich von Dir, mich niemals, mit keinem Worte und zu keiner Stunde an das zu erinnern, was hinter mir liegt« [906].

Wir zitieren nicht aus den Tragödien oder aus den zahlreichen »begeisterten« Epen der Zeit; denn bei diesen Gattungen war der hohe Ton fast unausweichlich. Das Pathetische, lehrt Pölitz, ist »eine ästhetische Eigenschaft, die hauptsächlich im Epos sowie im Trauerspiele vorherrscht« [907]. Noch in den späten Dramen Hebbels klingt der pathetische Ton so stark nach, daß sich der sprachliche Realismus nur spurenweise durchsetzen kann. Es ist, ohne historischen Dogmatismus, leicht zu verstehen, *daß die Gattungssprachen der Tragödie und des ernsten Epos sich nicht so leicht veränderten!* Wichtiger erscheint die Tatsache, daß der hohe Ton noch immer beinahe allgegenwärtig war und sogar in das Werk eines Heine hundertfach hineinklang. Wenn der Hegelianer Ruge sich in den *Deutschen Jahrbüchern* Anfang der vierziger Jahre gegen den Ungeist der Witzbolde wendet und das »Pathos für die ewige Idee« fordert, so folgt er damit Schillers und Hegels Beispiel, – im Widerspruch zu den Jungdeutschen, deren witziger Ton die dreißiger Jahre stark beeinflußt hatte. Man scheint überhaupt um 1840 des ironischen Tons wieder überdrüssig geworden zu sein. Er war nicht so modern, wie die modernisierenden Interpreten annehmen. Gutzkow hat als Dresdner Dramaturg (seit 1846) im Unterschied zu Tieck den Deklamationsstil begünstigt [908]. Das bezeugt seinen Abstand vom Realismus; doch mag man dafür die Gattung der Tragödie und vielleicht auch die Abhängigkeit von einem konservativen Hoftheater-Publikum verantwortlich machen. Merkwürdig berührt es aber, wenn man ausgerechnet in dem Roman *Blasedow und seine Söhne* (1838), der gerne humoristisch sein möchte, ein Gutzkowsches Bekenntnis zum alten Affekttheater liest: »Wie ist schon so manches in den menschlichen Gefühlen, die das vorige Jahrhundert durchzitterten, eine Fabel geworden! Das Theater aber hat die lebendige Anschauung jener Empfindsamkeitsperiode und jenes Ifflandschen Familienjammers, in dem wahrlich eine große Wahrheit trotz der Karikatur liegt, erhalten, das Theater, wo diese uns schon im Herbarium aufgetrocknet bedünkenden Affekte frisch aufblühen und einen Duft verbreiten, der unsere starren und kälteren Empfindungen betäubt und überwindet« [909]. Diese Worte stammen von einem der kältesten und witzigsten Schriftsteller der Zeit! Sie lassen in die Tiefenschicht der »Weltschmerzperiode« blicken. Man sieht die »Karikatur« der Empfindsamkeit, das *falsche* Pathos sehr wohl; die »große Wahrheit« jedoch, die sich in den warmen Empfindungen äußert, will man nicht preisgeben. Ähnlich wendet sich Hegel gegen die leere Rhetorik und betont doch zugleich, daß es »ein gültiges substantielles Pathos« gibt [910]. Auch das *Damen-Conversations-Lexicon* (Adorf: Verlags-Bureau 1834–38) unterscheidet falsches und echtes Pathos. Das wahre Pathos »ist der Zweck aller Kunst, denn Erregung und Läuterung des Gefühls macht ihr Wesen aus« [911]. Grillparzer muß das Problem ähnlich gesehen haben; denn sonst hätte er nicht ständig das Erkalten seiner »Empfindungen« beklagt und den Niedergang seiner Dichtungen daraus abgeleitet.

Die prinzipielle moderne Abneigung gegen jede Art von Gemütskultur hat uns darüber belehrt, daß der Begriff des Sentimentalen nach Zeit und Generation überaus verschieden und *als Kategorie der ästhetischen Bewertung wenig brauchbar ist.* Die Literaturgeschichte hat sich häufig mit dem Wort »sentimental« über ihre mangelhafte Kenntnis der Biedermeierzeit hinweggeholfen. Gegenüber dieser summarischen Verurteilung des empfindsamen Tons muß festgestellt werden, daß er in der gesamten Großepoche zwischen der Frühaufklärung und der im »bürgerlichen Realismus« wiedererstehenden Neuaufklärung (1750–1850) ein Grundton ist, den man sich, wie schon angedeutet, mit dem irrationalistischen oder auch religiösen Hintergrund der großen Zeit des deutschen Geistes eng verbunden denken muß. Der »heiligen Rührung« fühlen sich in diesem Jahrhundert auch weltmännische Schriftsteller verpflichtet. Tieck vertritt zwar als Dramaturg das Ironieprinzip und verurteilt überhaupt Dichtungen, denen die Ironie gänzlich fehlt. Im *Jungen Tischlermeister* (Berlin: G. Reimer 1836) findet man gleichwohl bei der Aufführung von *Was ihr wollt* Professor Emmrich, den Regisseur, »in der tiefsten Rührung und in Tränen«, weil er die Poesie des Lustspiels (!) noch nie so erlebt hat [912]. Später, nach einem Besuch der alten Kirchen Nürnbergs, weint der Titelheld; denn auch er soll beweisen, daß er zum Orden der Edeln gehört: »Wer diese Tempel-Empfindung niemals gefühlt und erlebt hat, der wird es schwerlich begreifen, daß Leonhard sich in einen Winkel verbarg, *um seine Tränen unbemerkt strömen zu lassen*« [913]. *Es ist noch vornehm, gerührt zu sein!*

Man vergleiche damit, wie Gottfried Keller im *Grünen Heinrich* (7. Kap.) seine Personen auf Annas Tod reagieren läßt. Dem Helden entfallen nur *»einige Tränen«* der Trauer; ihn nimmt der Erzähler ernst. Annas Vater dagegen, der seinen Tränen freien Lauf läßt, wird humoristisch entmündigt: »der Schulmeister, welcher dicht hinter dem Sarge ging, *schluchzte fortwährend wie ein Kind*«. Eine so differenzierte und in diesem Sinn realistische Behandlung des Tränenmotivs verbietet im Biedermeier die prinzipielle Trennung der Affekte und Töne; sie gilt als kunstgemäß, als meisterhaft, nicht als künstlich. Wenn Mörike statt eines volkstümlichen und spaßhaften Märchens ein tiefes, edles, heiliges dichten will, bedient er sich ohne Skrupel noch des empfindsamen Tons *(Die Hand der Jezerte);* wer ihm dies nicht verzeiht, ist ein Epigone der realistischen Kritik. Auch die Heineforschung ist gewiß auf dem rechten Wege, wenn sie seit einiger Zeit nicht immer nur den Ironiker, sondern die Balance von Empfindsamkeit und Witz hervorhebt. Sogar F. Th. Vischer kennt Gedichte (von Herwegh), »wo wir den Dichter so weich, so im besseren Sinne sentimental finden« [914]. Das Wort sentimental ist also noch nicht eindeutig abwertend, sondern man unterscheidet, wie es echtes und falsches Pathos gibt, damals noch falsche und echte Sentimentalität. Sealsfield verdammt die sentimentalen Moderomane, und doch ist er – wie der ebenso kräftige Gotthelf – ganz und gar nicht frei von heiliger Rührung. Raimund wird im *Damen-Conversations-Lexicon* gerühmt, weil bei ihm durch den Humor sein Ernst und sein »Herz« nicht verdrängt werden. Dagegen wird der heute so beliebte, unsentimentale Nestroy nicht erwähnt. Noch in der revolutionären Zeitung *Charivari* gibt es ganz sentimentale Sachen, z. B. die Dichtung *Wenn ich tot bin* (29.1.1848).

Gewiß, die teutschen Kraftmeier waren schon frühzeitig gegen die Empfindsamen angetreten, um einen männlicheren Ton durchzusetzen. Jean Paul jedoch, das große Vorbild, hatte Arndts Angriffe überlegen zurückgewiesen: »Es tat sich ... eine Gesellschaft schwächlicher Egoisten oder guter Maul-Riesen (nach Art der Maul-Christen) auf dem Druckpapier zusammen, welche die Tränen der Empfindsamkeit auszurotten suchte und welche sagte, man solle mehr von Kraft reden... Freilich sieht sich zuletzt mancher für ein Donnerpferd an, der nur ein Donneresel ist« [915]. Er verteidigt die Empfindsamkeit, die auf die Liebe schwört, gegen die »Egoisten«! Man darf annehmen, daß dieser Kampf gegen die »Donneresel« – man denkt auch an Grabbe – während der ganzen Biedermeierzeit mit Erfolg geführt wurde. Stifters Bekenntnis zum sanften Gesetz gehört in diesen Zusammenhang. Die richtige Empfindung ist nicht nur von der falschen, sondern auch von der oft als genial bezeichneten »ungemäßigten Empfindung« scharf zu trennen, lehren die *Blätter für literarische Unterhaltung* (Leipzig 1839): »Die Empfindung ist der Erzeuger, das Maß ist das zeitigende Element des Schönen; wo beide nicht zusammenwirken, wird unser voller Beifall nicht gewonnen werden« [916]. Solche Maßhalte-Appelle entsprachen dem Geist der Restauration. Die Empfindsamkeitstradition widerspricht also dem Biedermeierklassizismus nicht. Das ließe sich an den zahlreichen idyllischen und religiösen Hexameterepen der Zeit, etwa an denen des begabten und hochgestellten Theologen Pyrker, leicht nachweisen. Dagegen zeigen sich Keller und Hettner, die Realisten, in ihrem Briefwechsel als heftige Feinde des »Spiritualismus«, der »sentimental-rationellen Religiosität« (Keller an Hettner 4.3.1851) und der ihr zugeordneten »schwächlichen« Dichtung [917].

Begrenzte Dämpfung des hohen Stils

Innerhalb der Biedermeierzeit sind vor allem die heute unterschätzten Unterschiede der Rhetoriktradition selbst zu bedenken. Da es verschiedene antike Stimmen hinsichtlich des Pathos gab, war eine begrenzte Dämpfung des hohen Stils auch ohne realistische Revolution, d. h. ohne Abschaffung der Rhetorik, möglich. Schon die Hellenisten hatten sich unter Berufung auf das Klarheitsprinzip des Aristoteles gegen den Asianismus gewandt. Berühmt wurde vor allem das Gleichnis des Kallimachos, der die reine Quelle gegen den zwar mächtigen, aber auch schmutzigen assyrischen Strom ausgespielt hatte und dann vom Anonymus der Schrift über das Erhabene (Pseudo-Longin) angegriffen worden war, mit der Behauptung, man bewundere nicht die kleinen und reinen Gewässer, sondern Ströme wie Nil, Ister und Rhein [918]. Differenzierte Bemerkungen über das Pathos, die an diese den hohen Stil nicht grundsätzlich antastende Auseinandersetzung erinnern, gibt es in der Restaurationsepoche oft. So finden sich z.B. in der Rückert-Rezension Friedrich von Sallets, der zu den rhetorischen Lyrikern bzw. Didaktikern der Zeit gehört, sehr fein abgestufte Urteile über die pathetische Tradition in Deutschland. Klopstock, heißt es da, wurde durch die antikisierende Metrik »hier und da [!] ... gezwungen, von der natürlichen und schlichten Ausdrucksweise abzugehen« [919]. Das wäre für die Realisten ein merkwürdiges Urteil gewesen. Schiller gefiel sich, fährt der Kritiker fort, vor der Zeit seiner klassischen Abklärung in einem »rhetorischen Rauschen und Brausen« und eben wegen dieses Fehlers fand er mehr Anklang »beim Volke« als Goethe [920]. Die Romantiker, meint Sallet, haschten umgekehrt zu sehr nach »Natürlichkeit« und »Mittelalterkindlichkeit«. Das Ideal liegt nach Sallet bei dem maßvoll gehobenen Stil Goethes, Uhlands und Rückerts. Das hohe Ansehen Uhlands erstreckt sich in dieser Zeit sogar auf seine Dramen und begründet sich nicht zuletzt darin, daß er von einem erhabenen Pathos abrückt und doch voller »Empfindung« bleibt. Wienbarg schätzt den Dramatiker Uhland nicht, verteidigt aber den Dichter gegen Goethe. Uhland sei persönlich kein Genie, aber »gleichsam der geschichtliche Genius deutscher Poesie« [921], – der Genius der Biedermeierpoesie, werden wir einschränkend hinzufügen; denn diese *verhaltene Art von Romantik* war ganz nach dem Geschmack der Jüngeren.

Ein anderer Kritiker wundert sich darüber, daß Schiller den allzusanften Idylliker Geßner ablehnte und den ebenfalls empfindsamen Matthisson so sehr rühmte: »Jeder Tadel, welcher Geßnern trifft, trifft auch Matthisson« [922]. Die Bemerkung (1831) beweist, daß sich der Sinn für die Stilebenen erneut geschärft hat. Aber eben deshalb kommt der rhetorisch geschulte Professor, der so kritisiert, nicht darauf, Schiller mit Geßner und Matthisson in den allgemeinen Topf lebensfremder Pathetiker zu werfen, wie dies dann so mancher realistische Dogmatiker tut. Nach der Meinung der damaligen Kritik hat der Dichter nur die Aufgabe, die Auswüchse des Pathos und der Empfindsamkeit zu vermeiden und im Zweifelsfall den Stil eher ein wenig zu senken als noch weiter zu erhöhen. Wenn man Grillparzer mit Schiller und mit dem Goethe der *Iphigenie,* Platen und die Droste des *Geistlichen Jahrs* mit Klopstock, Mörikes Lyrik mit der Hölderlins und *Die Idylle vom Bodensee* mit *Hermann und Dorothea* vergleicht, wird man *nirgends eine radikale, aber immer eine vorsichtige Senkung der Stilebenen feststellen.* Wahrscheinlich ließe sich diese sogar bei Grabbe im Vergleich zu den Stürmern und Drängern feststellen, sicher bei einem Vergleich von Lenz und Büchner, – ohne daß Büchner deshalb schon als Naturalist anzusprechen ist; denn gerade die *Lenz*-Novelle ist hinsichtlich der Stilebene noch weit vom *Bahnwärter Thiel* entfernt. Der Ornatus, die Metaphorik z.B., ist bei Büchner viel reicher als bei den Naturalisten.

Besonders nahe liegt, dem Geist der Zeit entsprechend, die idyllische oder elegische Dämpfung, die ja schon im Göttinger Hain, in Hölderlins mittlerer Lyrik, in Goethes klassischer Dichtung (*Hermann und Dorothea,* Elegien), bei Claudius, Hebel und wieder bei Uhland vorgeformt war. Die Elegik bewirkte stärkere Verhaltenheit, die Idyllik vermehrte die Einbeziehung des Alltäglichen und Konkreten, ohne daß deshalb die grundlegende Idealität, das »Sentimentalische« des Tons gefährdet war. Auch die dritte sentimentalische »Empfindungsweise« Schillers, die satirische, kann maßvoll angehoben werden, wenn, wie in der Vormärzlyrik, nicht die Ironie, sondern ein polemisches Pathos in den Dienst der Satire tritt. Wir ersahen bereits aus der Verwendung der christlichen Mythologie (vgl. o. S. 359 ff.), wie stark die Stillage dieser Tendenzdichtung erhöht werden kann. Der Detailrealismus, wenn es ihn überhaupt gibt, geht bei derartigen Gedichten im Strom der Rhetorik unter. Eben dadurch werden häßliche Ausfälle – z.B. Herweghs *Reißt die Kreuze aus der Erden* – oder sinnlose Übertreibungen wie *Deutschland, Deutschland über alles* für den Geschmack einigermaßen möglich. Herwegh liebt die unrealistische Form des Sonetts wahrscheinlich deshalb, weil sie diese Stilanhebung ins quasi Klassische ermöglicht. Die *Jugenderinnerungen* des Malers Wilhelm v. Kügelgen (geb. 1802) lassen an vielen Stellen erkennen, daß unter den jungen Künstlern dieser Zeit Detailrealismus und Klassizismus durcheinander gingen, ja daß durch die Wahl häßlicher Gegenstände sogar eine entschiedene Spannung zum klassizistischen Stilideal entstand. Ähnlich muß man sich die merkwürdige Tatsache erklären, daß Grabbe in dem Aufsatz *Über die Shakspearo-Manie* für Schiller schwärmt und trotzdem ganz anders als dieser schreibt. Das Ideal der heroischen, hochstilisierten, wenn auch mannigfach durch Massenszenen gedämpften Geschichtstragödie verband ihn stärker mit dem Klassiker als eine nur auf Komposition achtende Interpretation wahrnehmen kann.

Ein stärkerer Ausgleich von Detailrealismus und Klassizismus, als diesem frühgestorbenen Dramatiker gelang, wurde von Grillparzer, später auch von dem freilich abstrakteren Hebbel halbwegs erreicht. Doch ist klar, daß die Dämpfung des Pathos und der Empfindsamkeit in der Erzählprosa leichter als in der Tragödie zu bewerkstelligen war. Durch die schlichte Tatsache, daß das Biedermeier hingebender, naiver, gegenständlicher erzählte als die Empfindsamkeit oder die anspruchsvolle Frühromantik, naiver wohl auch als das geistreiche Spätrokoko, das bei Heine und den Jungdeutschen weiterlebt, ergab sich mit Notwendigkeit eine gewisse Stilsenkung. Man beachte bei der folgenden Landschaftsbeschreibung aus dem *Kajütenbuch* (1841) Sealsfields, wie die Begeisterung des Erzählers, die allerlei superlativischen Ausdrücke (»kolossal«, »unabsehbar«, mehrmals »unendlich« usw.) verraten, einfach dadurch gedämpft wird, daß der Erzähler etwas zu sagen, einen bestimmten Naturgegenstand zu beschreiben und nicht nur in Rhetorik zu machen hat: »das Haus, in jenem Hinterwäldlerstile angelegt, der in unserm Südwesten so gang und gäbe geworden, war geräumig und selbst bequem, von rohen Baumstämmen aufgeführt. Es lag am Saume einer Insel- oder Baumgruppe mitten zwischen zwei kolossalen Sykamores, die es vor Sonne und Wind schützten. Im Vordergrunde floß die endlose Prärie mit ihren wogenden Gräsern und Blumen in die unabsehbare Ferne hin, im Hintergrunde erhob sich die hehre Majestät eines texasischen Urwaldes, über und über mit Weinreben durchwunden, die, hundert und mehr Fuß an den Bäumen hinaufrankend, ihre Ausläufer so über die ganze Insel hingesendet hatten. Diese Inseln sind nun einer der reizendsten Züge in dem texasischen Landschaftsgemälde und so unendlich mannigfaltig in ihren Formen und der Pracht ihrer Baumschläge, daß man jahrelang im Lande sein und doch immer neue Schönheiten an ihnen auffinden wird. Sie erscheinen zirkelförmig, in Parallelogrammen, als Sexagone, Oktagone, wieder wie Schlangen aufgerollt; die raffinierteste Parkkunst müßte verzweifeln, diese unendlich mannigfaltig reizenden Formen zu erreichen. Des Morgens oder Abends, wenn umwoben von leichten blauseidenen Dunstsäumen und durchzittert von den ersten oder letzten Strahlen der Sonne, gewähren sie einen Anblick, der auch das unpoetischste Gemüt in Verzückung bringen könnte« [923]. Der Erzähler verhält sich rhetorisch; denn er will das Staunen des Lesers hervorrufen. Aber sein Enthusiasmus wird durch die Gegenstände, die er beschreibt, ein wenig konkretisiert und gedämpft.

Der Lieblingsdichter Zschokkes, den das Publikum so sehr liebte und der ein Vorbild Gotthelfs war, ist Klopstock. Aber davon merkt man im Stil seiner Geschichten und Romane nicht viel, weil er ein zügiger Erzähler ist. Nur in Liebes- und Freundschaftsszenen, auf besonderen Gipfelpunkten der Erzählung, befinden wir uns immer noch auf den Spuren Klopstocks und Jean Pauls. Von *integrierter Empfindsamkeit* mag man auch im *Maler Nolten* sprechen. Der Erzähler sagt von Larkens, er vermeide alle Rührung, und das scheint sein eigenes Ideal zu sein. Es ist zwar unvermeidlich in dieser Zeit, an bestimmten Höhepunkten ein wenig Pedal zu geben. Aber Mörike tut es mit Zurückhaltung. So heißt es bei Noltens Ankunft im Forsthaus, will sagen bei seiner geliebten Agnes, nur: »Wir sagen nichts vom hellen Tränenjubel dieses Empfangs«. Noch häufiger liest man in solchen Fällen, es sei unmöglich, die Empfindungen der Beteiligten zu beschreiben. Die Unsagbarkeitsformel ist ein überaus beliebtes Stilmittel der Zeit, weil sie die stärksten Affekte berührt aber nicht pedantisch zur Darstellung bringt.

Punktuelle Empfindsamkeit und Kritik der restaurierten Rhetorik

In Johann Joachim Eschenburgs vielgelesenem *Entwurf einer Theorie und Literatur der schönen Redekünste* (in der 4. Auflage, Berlin und Stettin: Nicolai 1817) findet man eine Bemerkung über die »höhere Schreibart«, die in unserm Zusammenhang erhellend sein dürfte: »Übrigens wird diese Schreibart nie *der durchgängige Ton* eines noch so rednerischen Vortrages, sondern nur einzelner Stellen desselben, sein dürfen, weil sowohl die Neuheit und Überraschung erhabener Gegenstände als eine höchst lebhafte Rührung des Herzens und der Phantasie nicht anhaltend, sondern vorübergehend ist« [924]. »Nur einzelne Stellen«! Die punktuelle Rührung findet man sehr häufig in dieser Zeit. Damit hat man Klopstock weit hinter sich zurückgelassen; aber auch von der neueren empfindsamen Dichtung gewinnt man Abstand. Während sich Jean Pauls erhabener oder humoristischer Stil in großen Spannungsbögen entfaltete, liebt man nun, vor allem in der Erzählprosa, den kleinteiligen Rhythmus. Der kräftige Erzähler Heinrich Smidt integriert z.B. in seinem *Michael de Ruiter* (1846) die obligate Empfindsamkeit auf folgende Weise im Schluß eines Kapitels: »Sie sank weinend an seine Brust; der Seemann schloß sie fest in seine Arme. Und hätten in diesem Augenblick die englischen Geschütze gedonnert, er hätte sie nicht vernommen« [925]. Ein bißchen Rührung und ein bißchen Komik. So entsteht allmählich das Gleichgewicht, das zum mittleren, ausgeglichen humoristischen Stil der Realisten führt. Größer war die Spannung von Enthusiasmus und Entzauberung noch, wenn in Wilhelm Blumenhagens Novelle *Der Hagestolz* (*Urania* für 1829) der nüchterne Titelheld eine hochrhetorische Rühmung der heilig-unschuldigen Emma mit barschen Worten unterbricht: »laßt den langweiligen poetischen Krimskrams; kommt auf den Grund, und erzählt mir, was Ihr mit dem Weibsvolke getrieben und *wie weit die Laufgräben Eurer Liebe vorgerückt*« [926]. Für den Gesprächspartner des Hagestolzen ist Emma »*eine Perle in verschlossener Muschel*«, »*ein mächtiger verschleierter Himmel*«, dem Hagestolzen selbst ist sie nur ein militärisches Objekt, das man fachmännisch angehen muß!

Es waren vor allem die aus dem 18. Jahrhundert herkommenden Angehörigen der älteren Generation, welche die feinere Mischung der Stilelemente noch zu schätzen wußten. Goethe distanziert sich in seinen Altersdichtungen oft von der Rhetorik. Diese liegt ihm nicht mehr so fern wie im nachitalienischen »plastischen« Jahrzehnt; aber es ist ihm ein Bedürfnis, durch ironische Ingredienzien Gegengewichte gegen die rhetorische Schwere zu schaffen. Die Ironie, sagt Kierkegaard richtig, war »ein dem Dichter [Goethe] dienstbarer Geist« [927]. »*Scherze*« *ermöglichten die immer gewichtiger werdende Aussage Goethes.*

Tieck fordert als Dramaturg und Theaterkritiker, auch für das Trauerspiel, hartnäckig den Konversationston, und er interpretiert ihn in Shakespeares Lustspiel *Was ihr wollt* hinein: »So schön dieses Gedicht in sanften Reden von Liebe, Sehnsucht und poetischen Träumen duftet, so weht doch durch den ganzen Blumenstrauß ein leiser Zephyr ebenso anmutiger feiner Ironie, und er ist es eben, der, die Blütenkränze anregend, ihnen diesen süßen Atem entlockt. Es scheint, in unserer Zeit wenigstens [Mitte der dreißiger Jahre], den meisten Poesiefreunden zu schwer, zum Teil unmöglich, sich diese Lieblichkeit und Fülle im Vortrage dieses leichten und doch bedeutsamen Scherzes anzueignen. Unsere Bildung hat etwas Prunkendes, Schwerfälliges, und die sich für leichtfertig oder für geistige Libertins geben, hantieren in ihrem traurigen Gewerbe ebenso steif und altklug, indem sie alles Ernste und Poetische mit grobem Hohn von sich abweisen« [928]. Die Stelle bezeugt mit großer Klarheit die Wiedergeburt der Rhetorik, teils in pathetischer, teils in satirisch-ironischer Form. Der Vorwurf des Alten gegen die Jüngeren ist, wie immer in solchen Fällen, stark verallgemeinert. Mörike, der freilich ein Sonderfall ist, findet um die gleiche Zeit in Johann Arndts *Himmlischem Echo,* einem Gedicht aus dem *Wahren Christentum,* den »Beweis, wie das Erhabene sich nicht nur mit dem Naiven, sondern sogar mit dem Spielenden verbinden läßt« (an F. Th. Vischer 13.12.1837) [929]. Er denkt also ähnlich wie Tieck, den er eben damals nachzuahmen versuchte (*Der Schatz* 1836). Trotz solcher Ausnahmen trifft Tiecks Abstraktion den Stil der Restaurationsepoche ziemlich genau; die Worte »grob«, »steif«, »prunkend«, »schwerfällig«, »altklug« meinen die neue Rhetorik.

»Griesgrämigkeit«, »didaktischer Ernst«, »Kleindenkerei, die sich in erhabene Worte hüllt«, – mit solchen Worten charakterisiert auch der kluge Marggraff 1844 die deutsche Literatur der Restaurationsepoche. »In dieser Hinsicht stehen wir so ziemlich auf der Stufe der Lohensteinschen Periode; man bewegt sich mühsam fort auf den Stelzen des Pathos; man greift in den Gedichten wieder in die Wolken nach pomphaften Bildern und Gleichnissen; man sucht mit langen Perioden voll Terminologien und philosophischen Schulausdrücken, welche der gesunde Hausverstand sich nicht erklären kann, das Unterste zu oberst zu kehren; und auf der andern Seite wieder, wie damals, die nackte Trivialität, die Nüchternheit, die Wäßrigkeit, das Rokoko, der vornehme Puder, die Schönheitspflästerchen ausländischer Redensarten!« Auch bei dem Jungdeutschen Wienbarg gibt es die Toleranz für die Rhetoriktradition, die wir bei andern Kritikern kennenlernten, nicht mehr: »Das Genialtun und die Empfindungslügen und die Affektation des Poetischen als eines Überschwenglichen sind die Sünden unserer in der Luft schwebenden Literatur von Klopstock her« [930]. Die historische Analyse ist nicht falsch; aber ist es wirklich so, daß es den Tüchtigeren, wie er weiter unten behauptet, zu tagen beginnt? Er meint wohl die Jungdeutschen. Sind sie Revolutionäre des Stils? 1852 feiert *Die Gegenwart* im Rückblick Gutzkow als den »modernen Dichter kat' exochen«: »Der Schneefall des einförmigen Pathos hatte die Bühne verschneit: nur die muntere, bewegliche Pointe konnte sie aufräumen und reinkehren. Das Pathos hatte die Diktion auf Stelzen geschraubt, die Charaktere monoton und ungenießbar, die Situationen breit und ermüdend gemacht. Die Pointe gibt der Diktion Geist und Wahrheit, den Charakteren den Reichtum individueller Züge, den Situationen den Bühneneffekt. Die Pointe reformierte das Drama« [931]. Die Pointe erscheint hier als Rettungsanker! Kann sie den Charakteren wirklich individuelle Züge verleihen? Der Schreiber denkt wohl an Gutzkows wohlgelungene Pointenlustspiele. Ob sie nach Kotzebue und Bauernfeld so neu sind? Im übrigen wissen wir bereits, daß sich Gutzkow, anders als Tieck, an der Restauration des Pathos in den vierziger Jahren beteiligte (vgl. o. S. 606). Das widerspricht seinen spielstarken, satirischen Pointenlustspielen ganz und gar nicht; denn Witz und Pathos waren schon in der »Lohensteinschen Periode« und ganz besonders im Zeitalter des Rokoko einander zugeordnet. *Beides sind rhetorische Formen.*

Der Mischstil wird anerkannt

Wie dennoch insgeheim die Neigung zum mittleren, realistischen Stil wächst, haben wir an einigen Beispielen aus der Erzählprosa beobachtet. Darüber wird später weiterberichtet werden, wenn es um die Frage nach dem Fortleben der drei genera dicendi geht. An dieser Stelle ist nur noch eine Bemerkung über den Mischstil am Platze; denn er ist ja von einem vollintegrierten mittleren Stil zu unterscheiden. Der Stil, welcher Erhabenes und Niedriges im gleichen Werke mischt, stammt aus dem Mittelalter, aus dem Geiste des Christentums, das den niederen Menschen erhöht und den erhabenen Gott in Liebe zum Menschen sich neigen läßt: »peraltissima humilitas« [932]. Die romantischen Poetiker hatten den Mischstil, der ihnen besonders bei Shakespeare und Calderon entgegentrat, ausdrücklich und grundsätzlich gerechtfertigt, während ihn die klassizistisch orientierte Kritik höchstens mit schlechtem Gewissen geduldet hatte, da er der Lehre von der Trennung der drei genera dicendi eigentlich widersprach. Schelling hatte »in der Vermischung des Ernstes und des Scherzes« – als Beispiel diente ihm Ariost – sogar den »Hauptcharakter des Romantischen überhaupt« gesehen [933]. Im Biedermeier empfand man durchaus noch den ursprünglichen christlichen Sinn der Stilmischung; denn er erschien ja beispielhaft in Jean Paul, den nicht nur Börne leidenschaftlich liebte und gegen Goethe ausspielte. Jean Paul kennt die drei Stilschichten noch; aber er hat auch die Stilmischung anerkannt und praktiziert. Er gab damit ein Beispiel, das für die ganze Biedermeierzeit gültig war. Dem entspricht, daß Heine zunächst sehr angesehen war (*Buch der Lieder,* Hamburg 1827, *Reisebilder,* Hamburg 1826–1831). Seine ironischen Pointen verstand man bei seinem Auftreten weit besser als später, da sich das realistische Einheits- und Mitte-Ideal auch im Stil durchsetzte. Nicht die Stilmischung, nicht die Ironie, sondern den »groben Hohn« nahm man ihm übel. Tieck dachte gewiß auch an ihn, als er seinen Shakespeare, einen Shakespeare mit »anmutiger, feiner Ironie« gegen die »geistigen Libertins« der dreißiger Jahre ausspielte (s. o. S. 612). *Die* Dramatiker der Biedermeierzeit, die man von jeher für besonders original hielt, basieren zunächst einfach auf dieser alten Tradition des Mischstils und müssen daher genauso wie die Klassizisten oder die Dramatiker niederen Stils innerhalb ihrer Stilgattung individuell bewertet werden. Die Zwillingsformel Grabbe und Büchner kann die Kritik ebenso in die Irre führen, wie wenn man H. v. Collin und Grillparzer zusammenstellen wollte, weil sie beide für das hohe Burgtheater geschrieben haben. Legitimerweise kann die Kritik nur fragen, welcher Dichter die gewählte Stilform mit größerer Meisterschaft handhabte. Die Österreicher jener Zeit, die den Unterschied eines hohen und niederen Theaters vor Augen hatten, scheinen dieser Forderung entsprochen zu haben; denn sie schätzten gerade auch Nestroy sehr, der in der norddeutschen Kritik wegen seiner Niedrigkeit unterschätzt wurde.

In der Erzählprosa war der Mischstil seit Jean Paul besonders beliebt. Wenn sich auch die Spannung zwischen Empfindsamkeit und Humor etwas abgeflacht hat, so muß man noch um 1830 und 1840 stets mit überraschenden Umschlägen rechnen. Das Kriterium epischer Stetigkeit hat viele Kritiker in die Irre geführt. Julius Mosens Novelle *Heimweh* (*Urania* für 1844) beginnt mit satirischen Ausfällen gegen Adelskult, Modetorheit usw. und schlägt dann in empfindsames Heimweh um. So glaubt der Erzähler wohl dem Bedürfnis des Publikums zu entsprechen. Ähnlich operiert Gutzkow in der Novelle *Imagina* (*Urania* für 1847). Es gibt den Mischstil in allen Annäherungen an den ausgeglichenen mittleren Stil. Das ließe sich bei Gotthelf und bei Stifter zeigen. *Aber noch gilt er nicht als minderwertiger Stil.* Dies beweist ein Werk des ehrgeizigen und repräsentativen Immermann. Man hat in letzter Zeit erkannt, daß Immermanns *Münchhausen* (1838/39) trotz der Aufspaltung in einen satirisch-ironischen und in einen idyllisch-ernsten Teil *ein* Werk ist; aber man muß dann auch den Unterschied der beiden Stilebenen voll anerkennen und darf nicht vom realistischen Einheitsprinzip her interpretieren [934]. *Jeder unbefangene Kritiker wird zugeben, daß die Struktur dieses Romans herzlich wenig mit der Struktur*

*eines ausgeglichenen humoristischen Romans, wie er im Realismus das Ideal wurde,
zu tun hat.* Deshalb verschwand er auch in der Versenkung, und nur als Oberhof,
in verstümmelter Form also, war er bis vor kurzem im Bewußtsein der Literaturkritik. Der Grund dafür liegt in dem Umstand, daß die Töne-Rhetorik in Vergessenheit geraten war.

Das »Nachtstück« (der schaurige Ton)

In dem *Mittelfeld zwischen dem erhabenen und dem komischen Stil* kennt die
Theorie der Biedermeierzeit eine große, aber in den einzelnen Lehrbüchern sehr verschiedene Zahl mehr oder weniger ernster Töne. Komisch wirken heute meistens die
damaligen Dichtungen, die im schaurigen Tone gehalten sind. Auch der Leser oder
Hörer jener Zeit erlebte den Schauer nicht so absolut, wie dies vielleicht im 18. Jahrhundert, zu Beginn der Schauerliteratur (z.B. beim Erfolg von Bürgers *Lenore*) tatsächlich der Fall war. Indem der »schwarze« Stil zu einem unter vielen wird, relativiert er sich bis zu einem gewissen Grade. Man muß sich aber vorstellen, daß diese
Stilgattung bis zur realistischen Kritik, welche die Schauerliteratur grundsätzlich
verdammte, ein gewisses Ansehen bewahrte.

Zum Verständnis der Gattung muß man berücksichtigen, daß das Wort *Schauer*
zunächst eine höchst positive Bedeutung besitzt im Sinne des bekannten Goethe-
wortes: »Das *Schaudern* ist der Menschheit bester Teil«. Es hat mit dem Erhabenen
zu tun. Infolgedessen sind *die* Denker des 18. Jahrhunderts, welche sich am Erhabenen orientieren (z.B. Burke und Schiller) zugleich die Theoretiker des Schauerlichen
[935]. Wenn man den Romanisten, die uns wegen unseres Klassikers Schiller hänseln,
die *Braut von Messina* als littérature noire präsentieren wollte, könnten sie die Tragödie eher anerkennen. In Adelungs *Wörterbuch* (1777) liest man: »Oft ist der Schauer
eine Wirkung des höchsten Grades der Ehrfurcht, der mit einer Art von Furcht und
Schrecken verknüpften Empfindung der Größe, der Majestät ... gebraucht wird«.
Der Aufklärer mag an stoische Helden wie Cato denken, die menschlichen Gefühlen
unzugänglich sind und erschreckend erhaben dem Gedanken der Freiheit gehorchen.
In der Romantik, etwa bei Tieck und Hoffmann, verbindet sich das Schauerliche mit
dem Wunderbaren und wird zum Hinweis auf eine Welt, die für die Vernunft absolut undurchdringlich ist. Damit wird das Schauerliche atmosphärisch, zu einer un-
heilvollen Stimmung oder, noch weiter abrückend vom Erhabenen, zu einer grotesken Erscheinung des Unsinns, der in den Schicksalen der Menschen waltet. Schließlich gibt es sogar Nachtstücke im niederländischen (niederen) Stil! [936]

Den Entdämonisierungstendenzen des Biedermeiers scheint die Tradition des
Schauerlichen zu widersprechen. Wie manche Romantiker die *Braut von Messina*
wegen ihres heidnischen Fatalismus befehdeten, so wird auch die modisch gewordene
Schicksalstragödie um 1815 angegriffen, nicht selten mit christlichen Argumenten.
Der Verfasser der *Ahnfrau* hatte sein ganzes Leben lang an den Folgen seiner Jugend-
sünde zu tragen; er blieb für viele der Verfasser der *Ahnfrau*. Man muß aber beden-

ken, daß es gerade auch im restaurativen Österreich mehr um eine Frage des Stils und der Gattung als um eine solche der Religion ging. Die christlich-antike Mischgattung der Schicksalstragödie, so wie sie sich im Barock entwickelt hatte, war nicht umstritten. Die Josephinischen Österreicher wünschten nur keine Anleihen beim volkstümlichen Aberglauben, jedenfalls auf ihrem klassizistischen Burgtheater. Dementsprechend verfuhr Grillparzer. Die *Hero*-Tragödie z. B. läßt sich, trotz ihrer Stärke im Atmosphärischen, nicht als Schicksalstragödie in dem speziellen Sinne des Wortes vorstellen. Sie gehört durchaus einer anderen stilistischen Gattung an. Doch bedeutet dies ganz und gar nicht, daß die Abhängigkeit von »den unsichtbaren Mächten«, von dem »geheimnisvollen Zusammenhang der Dinge«, daß die Vorsehung und das Wunderbare geleugnet würden. Im Gegenteil, die Heteronomie des Menschen wird nach den Erfahrungen des Napoleonischen Zeitalters auf allen Gebieten neu betont. Wenn der schaurige Ton in den Hoftheatern tunlichst vermieden wurde, so war damit nicht gesagt, daß er auch aus dem Volkstheater und aus den andern Gattungen verschwinden mußte. Zur Ballade z. B. gehörte er seit der Zeit ihrer Erneuerung, und nicht nur die Trivialschriftsteller, sondern *auch Dichter wie Hebbel und die Droste denken nicht daran, auf den altbewährten balladesken Schauerton zu verzichten.* Daß die christliche Restauration, die Vorstellung des göttlichen Gerichtes, überhaupt das »Gefühl schlechthinniger Abhängigkeit« (Schleiermacher) die eigentliche Basis des Schauertones ist, ließe sich bei der Droste gut nachweisen.

Der bereitwilligste Träger schauerlicher Stimmungen und Vorgänge ist natürlich, wie schon im 18. Jahrhundert (Gothic novel), die Erzählprosa. Daß die idyllische Neigung des Biedermeiers zwar in Kontrast zu den Schauermotiven tritt, diese aber, weil selbst auf Passivität und Abhängigkeit begründet, nicht zu vertreiben vermag, kann beispielhaft C. Weisflogs Erzählung *Die Adepten, Ein Nachtstück (Phantasiestücke und Historien* 11. Bd., Dresden 1829) belegen. In einem stillen, von Kindern eifrig bespielten Garten und Haus tötet plötzlich der Sohn den Vater; beide haben in Italien die Goldmacherkunst erlernt, und solche Leute töten sich, ob sie wollen oder nicht. Sehr bezeichnend der Mißbrauch der Wissenschaft, – die superbia, die im Goldmachen liegt, und ihre Sühne fordert. Dagegen schützt die Idylle, die sonst so heilige Familie, nicht. Man vergleiche damit, wie der Erzähler des *Schimmelreiter* die »Geschichte von dem Teufelspferd des Deichgrafen« folkloristisch abwertet (»geistesstumpfer Vater«, »dicke Frau Vollina«), ironisch vernichtet und für den stolzen Helden Partei ergreift. Der Schauerton ist weniger Romantik als ein Stück Barocktradition. Das ersieht man aus Weisflogs Phantasiestück, wie übrigens auch aus E. T. A. Hoffmanns überlegener, effektvoller, ganz und gar nicht »organischer« Erzählweise.

Vergleicht man *Die Elixiere des Teufels* (1815/16) mit Mörikes *Maler Nolten* (1832), so bemerkt man bei dem späteren Werk eher eine Steigerung als eine Abschwächung des Schauerlichen*. Zwar gibt es in Mörikes Roman breit ausgeführte

---

* Ich stütze mich hier auf eine ungedruckte Magister-Arbeit von R. *v. Funcke.* Jacob *Bräuchli,* Der englische Schauerroman um 1800, Diss. Zürich 1928, S. 117f., stellt, damit

idyllische Motive und Gestalten (Försterhaus, Agnes), der Schauerton wird im Unterschied zu Hoffmanns Teufelsroman nicht durchgehalten. Mörike spielt, wie dies der Zeit entspricht, mit verschiedenen Tönen, er huldigt dem rhetorischen Prinzip der Mannigfaltigkeit. Aber, genau besehen, wird das Schauerliche höchst kunstvoll verstärkt; denn es tritt mit Agnes' Wahnsinn in die Idylle selbst. Auch fehlt der gnadenhafte Schluß, der in den *Elixieren des Teufels* alle Schauer verschwinden läßt. Daß Mörike der Schauerromantik zuneigte, versteht man leicht aus der labilen und heteronomen Geistesart dieses Dichters. So sympathisierte er z.B. mit J.Kerners Geisterseherei! Seine spätere Hinwendung zum Heiteren und Naiven, besonders die klassizistische Wende bedeutet nur die Verdrängung der Ängste. Sie liegt auf der Linie von Grillparzers Entwicklung, mit dem er schließlich auch das Verstummen angesichts einer Geistesrichtung teilte, die unbefangen, autonom und damit realistisch der Welt gegenübertrat und allen Biedermeierdichtern (vgl. z.B. Stifters Urteile) ehrfurchtslos erschien. Erst durch den Realismus entstand die heute geläufige Identität von Schauer- und Trivialliteratur. Sie scheint in der jüngsten Zeit durch die Mode der »Horror-Literatur« wieder in Frage gestellt zu sein. Auch vornehme Verleger wie Hanser beteiligen sich am Vertrieb der Horror-Romane. Dabei greift man auf die Schauerliteratur der spätromantischen Zeit zurück, z.B. auf Mary W.Shelleys Roman *Frankenstein*, London 1818. Ein neues Wort, und schon geht die Sache wieder! Man könnte darin eine Bestätigung der Tönepoetik erblicken.

Der grelle Ton

Vom Schauerstil darf man vielleicht den grellen Ton unterscheiden. Er wurzelt auch im christlichen Naturalismus, ist aber nicht ebenso atmosphärisch. Wenn Zschokke im *Goldmacherdorf* (1817) die ärmlichen Verhältnisse in Goldental schildert oder Gotthelf von den Branntweinmädchen erzählt, so fehlt das realistische Verklärungsprinzip vollkommen, weil ja ein abschreckender Effekt von der Erzählung ausgehen soll. Auch von Romeo und Julia auf dem Dorfe müßte Gotthelf in diesem grellen Bußpredigerton erzählen, – wenn er sich überhaupt auf so viel sündige Erotik einlassen könnte. Feuersbrünste, Gewitter, Überschwemmungen, Kriege u. dgl. sind – nicht nur bei Gotthelf – die Kulissen dieses grellen Stils. In C.Spindlers Roman *Der Jude* (1827) wird das erste Liebesverständnis zwischen dem zum geistlichen Stand bestimmten Dagobert und der ihm doppelt verbotenen Jüdin Esther durch einen großen Brand in Frankfurt ermöglicht. Auch das kriegerische Blutvergießen ist zur Erzielung dieses grellen Tons sehr beliebt. Das ließe sich z.B. aus den Romanen Sealsfields und aus den Epen Meissners oder Scherenbergs leicht belegen. Sogar Wilhelm Müller, der ja in den *Müllerliedern* einen leichten anakreontischen Ton anschlägt, hält sich in den heroischen *Griechenliedern* für verpflichtet, gelegentlich zum

übereinstimmend, fest, daß die englischen Schloß- und Geistergeschichten schon 1796–1810, die deutschen dagegen erst 1815–1840 ihren Höhepunkt erreichten.

grellen Stil zu greifen. So ist der Mainottenknabe in dem Gedicht dieses Titels ein Kind, das unbedingt einen abgeschnittenen Türkenkopf braucht, um darauf mit Pfeil und Bogen Zielübungen veranstalten zu können [937]. Die unerhörte Intensität des Freiheitskampfes muß ihre Entsprechung in intensiven Motiven und in einer intensiven Sprache finden. Nur Stifter, soviel ich sehe, hat am Ende der Biedermeierzeit mit diesem rhetorischen Prinzip gebrochen und zu einer moderneren, leiseren Darstellung des Elementaren und Ungeheuren gefunden.

Das Phantastische

Wir müssen an anderen Stellen unserer Darstellung, besonders in dem Kapitel Erzählprosa (Bd. II), auf die hier berührten Fragen zurückkommen. Deshalb sei hier nur noch kurz vermerkt, daß auch das Phantastische, das in der Frühromantik als »produktive Einbildungskraft« zu einem alles verwandelnden Prinzip gemacht worden war, in der Biedermeierzeit nur eine spezielle Stilform ist, ähnlich wie dies schon im Rokoko der Fall gewesen war (Wielands Feenepik neben der *Geschichte Agathons*)*. Man *kann* phantastisch dichten, man *muß* es aber nicht, während die Frühromantiker meinten, Goethe hätte seine Lehrjahre phantastischer halten *müssen,* um ebenso bedeutend wie sie selber zu sein. Einem Mörike liegt solcher Anspruch ganz fern, und eben damit ist er im Sinne der Zeit ein Meister: einmal ein raffiniertes Spiel mit dem Wunderbaren, Tieck übertreffend *(Der Schatz),* dann ein naives volkstümliches Märchen, kunstvoller naiv als Goethe und Tieck es vermochten *(Stuttgarter Hutzelmännlein),* dann überhaupt kein Märchen, sondern eine Novelle, die weithin im Konversationston (s. u.) gehalten ist *(Mozart auf der Reise nach Prag)* oder ein humoristisch-idyllisches Epos *(Idylle vom Bodensee).* Maler Nolten regt sich zu Beginn des Romans darüber auf, daß man ihm den »Vorwurf des Phantastischen ... zu machen scheint«; denn er träfe nur den kleinsten Teil seiner Erfindungen, – »wenn es je ein Vorwurf heißen soll. Die meisten meiner Arbeiten bezeichnen in der Tat eine ganz andere Gattung«. *Das Phantastische ist eine* »*Gattung*«. Sie wird gegen Vorwürfe verteidigt. Aber beleidigend ist es, wenn einer sagt, der Künstler verstehe sich nur auf diesen einen, phantastischen Ton. Die Beliebtheit des Phantastischen wurde offenbar in ganz Europa durch die Julirevolution nicht eingeschränkt. In einer wortgeschichtlichen Studie des Romanisten Fritz Schalk *(Das Wort bizarr im Romantischen)* lesen wir sogar: »Das Wort phantastique wird seit 1830 [!] zum Zauberwort, das in Verbindung mit bizarre, grotesque, burlesque, capricieux immer wieder begegnet. Zahlreich sind die Schriftsteller, die die Regionen des Phantastischen, Halbdunklen aufsuchen« [938].

---

* Vielleicht darf man das Phantasiestück mit dem »Capriccio« in Verbindung bringen, auf dessen antiklassische (manieristische) Tradition Reinhold *Grimm* aufmerksam gemacht hat (Die Formbezeichnung »Capriccio« in der deutschen Literatur des 19. Jahrhunderts, in: Studien zur Trivialliteratur, hg. v. Heinz Otto *Burger,* 1968, S. 103).

Unser Beispiel lehrt, daß das rhetorische System nicht etwa starr und steif, sondern *unerhört anpassungsfähig an die jeweiligen Zeitmoden* ist. Der immer größer werdende Stilpluralismus bestätigt den Rhetorikern nur die alte Lehre, daß es viele, womöglich zahllose Töne gibt. Mitten in der traditionellen Rhetorik befinden wir uns, wenn im folgenden von der Kürze (brevitas) noch einmal unter dem Gesichtspunkt des Tons die Rede ist. Diese erscheint stets in den Lehrbüchern der Rhetorik; denn sie bestimmt den Stil ganz wesentlich. Man braucht nur an die jungdeutschen Verehrer Jean Pauls zu denken, um zu wissen, daß der kurz angebundene Ton dem Geschmack der Jüngeren entspricht und vielleicht gerade den besseren Schriftstellern dieser Generation zum Stilideal wird. Bei der Übersendung seiner Selbstrezensionen an den Verleger Kettembeil pflegt Grabbe zu bemerken: »Mach' sie größer« [939]. Es ist ihm unmöglich, in dem umständlichen, langatmigen Stil zu schreiben, mit dem der Durchschnittsjournalist »zeilenschindend« die zahllosen Journale füllte und noch immer füllt. Auch gegenüber dem weitschweifigen Stil der Schillerepigonen hat Grabbes Stil etwas Abruptes; seine Helden sind manchmal verletzend wortkarg. Aber eben diese Dichte des Ausdrucks wurde bewundert.

Christoph B. Schlüter, der langjährige Freund der Droste, entwickelt in einem Brief an Luise Hensel das Ideal stilistischer »Magerkeit oder Hagerkeit« [940]. Er beruft sich auf die Antike und auf die Gotik; doch auch die Droste hätte ihm, im Gegensatz etwa zu Jean Paul und Schiller, als Beispiel dienen können. Vergleicht man Büchner mit seinen Quellen, etwa *Dantons Tod* mit Thiers oder die *Lenz*-Novelle mit Oberlins Bericht, so ist sein Drängen nach Kürze leicht zu erkennen. Innerhalb seiner stilistischen Entwicklung – sogar in den Briefen – setzt sich der Lakonismus immer stärker durch [941]. Die gleiche stilgeschichtliche Richtung ist zu erkennen, wenn man die Sprache der beiden Kaiser in Grillparzers *Ottokar*-Tragödie und in *Ein Bruderzwist in Habsburg* vergleicht. Zuerst ausgreifende, mächtige, noch ein wenig an Schiller erinnernde Rhetorik, dann eine stockende Sprache, die nicht nur historisch ist, sondern dem neuen Stilideal entspricht. Ob die Gedanken Jouberts, der Dichtung und Rhetorik als Kürze und Gedehntheit unterschied [942], nach Deutschland hinüberwirkten, kann ich nicht sagen. Jedenfalls bestand auch in Deutschland Anlaß genug, der Weitschweifigkeit entgegenzutreten; denn noch beherrschte sie die Literatur, wobei nicht nur an das Journal-Geschwätz, sondern an sehr erfolgreiche Dichter in allen Gattungen, z.B. an den Epiker E. Schulze, den Lyriker Rückert, den Dramatiker Raupach und an den Novellisten Tieck, zu denken ist. Zu den vielen vorbildlichen Eigenschaften Uhlands gehörte auch seine Kürze. »Man nennt seinen poetischen Stil mit Recht im höhern Sinn epigrammatisch«, sagt H. Kurz in der Erzählung *Das Wirtshaus gegenüber* [943]. Ob die Feststellung richtig ist, erscheint in unserem Zusammenhang nicht so wichtig wie die Tatsache, daß »man« auf diese Weise Uhland charakterisiert und rühmt.

Das Lob der Kürze beschränkt sich nicht auf die Poesie, sondern erstreckt sich auch auf die Zweckformen. Bouterwek findet trotz »einer gewissen Barbarei des

Stils« den »derben Lakonismus« des Göttinger Historikers Schlözer anziehend [944]. Den »Hundetrabstil« Börnes (Heine) fanden mehr Kritiker imponierend als lächerlich, und Heines eigener Witz ist, etwa im Gegensatz zu Wielands geistreicher Umständlichkeit, ohne Kürze ganz undenkbar. In der *Kunst der deutschen Prosa* (1837) will Theodor Mundt, wie wir schon wissen (s. o. S. 549 ff.), den weitschweifigen Periodenstil Ciceros durch die lakonische Schreibart des Tacitus ersetzen. Sogar dem Kanzelredner gestattet Mundt, im Anschluß an Herder, »die unnatürliche und unabsehbare Periodenverwicklung« [945] nicht mehr. Es gibt einige Hinweise darauf, daß im Laufe der Biedermeierzeit die brevitas geradezu zur Mode wurde. In des allzu gewandten Deinhardstein Drama *Fürst und Dichter* beantwortet Franziska, Mercks Geliebte, die Frage Goethes, ob sie Merck liebe, mit den Worten »Ich kann's nicht sagen«. Darauf der große Dichter: »Das ist die wahre Liebe, der die Worte ausgehen« [946]. Wenn König Ludwig I. von Bayern so abgebrochen sprach – Heine parodiert es bekanntlich in *Atta Troll* –, so war es eine Ehrensache für die Junker und Militärs, auch so schlicht und männlich zu sprechen. Ein Theoretiker ordnet die Breviloquenz den »Großen und Mächtigen«, die Multiloquenz den Kleinen zu: »Kürze ist nachdrücklicher, geeignet zum Gebieten, nur dem Flehen und Bitten kann man Weitläufigkeit verzeihen« [947]. Der Admiral van Tromp in Heinrich Smidts *Michael de Ruiter* (1846) spricht nur in Satzbrocken [948]. Diese Figur soll ein wenig komisch erscheinen; doch gibt es die brevitas auch an den feierlichen Stellen des Romans. So wird z. B. der fromme Ausklang der Schlacht von Plymouth durch ein Naturbild im kurzen Stil unterstützt: »Die Luft war still und ruhig, einzelne Sterne blinkten, am westlichen Horizont verschwamm der letzte Schimmer des Tages, das Meer rauschte leise auf, und die schweigende Nacht umhüllte das All mit ihrem undurchdringlichen Schleier« [949].

Der kurze Stil ist nicht locker – auf der Grundlage einer unbefangenen Hinwendung des Subjekts zur Welt! –, sondern geballt, wuchtig, »lapidar«. Schon beim witzigen Stil ist die Konzentration, die »Schlag-Kraft« sehr viel größer als beim humoristisch-behaglichen. Durch den Realismus werden die Sätze wieder länger (s. o. S. 593). Noch wichtiger ist die Funktion, welche die Kürze in der ernsten Literatur der Epoche zu haben pflegt. Gerade auch von den hohen Formen des Epos und der Ode verlangte die Theorie die Kürze. Scherenberg, der preußische Schlachtenepiker, ist kein Realist, sondern wie der Platen der Oden und Hymnen ein Dichter im *kurzen hohen Stil*. Ein Vorbild der lakonisch-empfindsamen Erzählprosa waren *Werthers Leiden*. Noch leichter war die geballte Empfindsamkeitssprache in ganz kleinen Formen überzeugend zu verwirklichen. Die Idyllen Gessners und seines biedermeierlichen Gefolges, die Parabeln Krummachers, des Herderianers, boten in dieser Hinsicht glückliche Lösungen und waren berühmt. In den dreißiger Jahren dürfte Büchners *Lenz* die schönsten Beispiele des kurzen empfindsamen Stils bieten. Der Rückgriff auf die Werther-Zeit ist kein Zufall: »Wolken zogen rasch über den Mond; bald alles im Finstern, bald zeigten sie die nebelhaft verschwindende Landschaft im Mondschein. Er rannte auf und ab. In seiner Brust war ein Triumphgesang der Hölle. Der Wind klang wie ein Titanenlied, es war ihm, als könnte er eine ungeheure Faust hinauf in den Himmel ballen und Gott herbeireißen« [950]. Das Beispiel zeigt, *wie leicht sich die Metaphorik und Mythologie mit der Kürze verbinden.* Hat dieser Stil irgend etwas mit dem Realismus Kellers zu tun? Und fehlt nicht auch im *Nachsommer* und im *Witiko* die Lockerung, die sich bei Keller oder Raabe vollzieht? Man stelle zwei Liebesszenen von Stifter und Keller nebeneinander (Wortlaut in Bd. III, Kap. Stifter), und man wird bemerken, daß der alte Österreicher immer noch im Banne jener verhaltenen, an der brevitas orientierten Empfindsamkeit steht. Stifter verstummt im Unterschied zu Grillparzer und Mörike nicht; aber er stellt in die behagliche literarische Landschaft des bürgerlichen Realismus einen wuchtigen erratischen Block, der noch etwas von der Unbedingtheit Klopstocks und der ganzen vorrealistischen Zeit erhalten und in sich konzentriert hat.

In einer österreichischen Rhetorik der frühen Biedermeierzeit (*Theorie der Beredsamkeit,* 2 Teile, Wien 1825, anonym von Christoph Kuffner) [951] wird von der »gedrängten, kräftigen, starken Schreibart« die »bündigste Kürze« und Weglassung der Verbindungswörter und Artikel gefordert: »Vorzüglich bedient sie sich gern kurzer Sätze und wirkt durch Schläge«. Der *expressive* Charakter dieses Stils ist damit angedeutet. Zu ihm paßt auch die Warnung vor dem »gefährlichen Fehler der Dunkelheit«, der diesem Stil naheliegt. Besonders die Droste hatte mit ihm zu kämpfen. In der gleichen Rhetorik ist von der »ausführlichen und schwachen Schreibart« die Rede. Als Muster werden u.a. Cicero und Wieland genannt. Das Beiwort »schwach« verrät Mißtrauen gegen diese ausführliche Art von Rhetorik; hier wird vor »Wortschwall« und »Mangel an Kraft« gewarnt. Dem Verfasser erschiene es aber gewiß absurd, wenn man unter Rhetorik *nur* die ausführliche, »wässerige« Schreibart verstehen wollte. *Das ist ein Mißverständnis der folgenden Epoche.*

Der Volkston

Bei weniger systematischen Professoren der Beredsamkeit verschwimmt der Unterschied zwischen dem durch die Form bewirkten Gattungsstil und den Tönen, die sich eigentlich aller Formen bemächtigen können. So kennt Ludwig Wachler in seinen *Vorlesungen über die Geschichte der teutschen Nationalliteratur* (1. u. 2. Teil, Frankfurt/M. 1818/19) nicht nur den »Erzählungston«, sondern auch den »Ton der poetischen Epistel«, den »Idyllenton«, »Romanzenton« usw. Bezeichnender für die Biedermeierzeit ist es, wenn dieser Literarhistoriker seinen Tonbegriff sehr stark an den gesellschaftlichen Funktionen der Literatur orientiert und einen »Bardenton« für vaterländische Zwecke, einen »Gesprächston«, »Predigtton«, »Lehrton«, »Volkston«, »Weltton« unterscheidet. Von großer Bedeutung war im Zeitalter einer patriarchalischen Volkskultur natürlich der Volkston. Wachler denkt dabei nicht nur an das Vorbild von Claudius, sondern auch an Möser und Voss, ja sogar an Gleim und Miller. Rokoko-Naivität, antikisierende Einfalt, schlichte sittliche Belehrung, mittelalterliche und biblische Sprache können mit dem Wort Volkston gemeint sein. Wenn lyrische Gedichte den Titel oder Untertitel »im Volkston« haben, so ist natürlich an das Vorbild des Volksliedes zu denken. Man bemüht sich um »die einfache und kunstlose Schreibart«; aber man weiß sehr wohl, daß sie »gerade die schwierigste von allen« ist [952]. Die neueren Mörikeinterpretationen, welche die Nachahmungen des Volkstons scharf vom älteren Volkslied trennen, werden durch die Rhetoriklehrbücher bestätigt. Beim »Volkstheater« ist mit dem Volkston meist der niedere Stil gemeint, wenn er auch von einzelnen vielbewunderten Dramatikern wie Raimund etwas angehoben wird. Der naiv-archaisierende Ton findet sich in der Versepik, z.B. in dem erfolgreichen *Waldfräulein* (1843) des Freiherrn von Zedlitz, desgleichen in historischen Romanen und Erzählungen, besonders in solchen, die als Chronik eingekleidet sind. Der Bibelton wird auch von revolutionären Schriftstellern angeschlagen (vgl. z.B. Büchners *Hessischen Landboten*); doch findet man ihn natürlicherweise vor allem bei den christlichen Volkserzählern und -erziehern. Für den *Erzähler* – das ist der Versepiker, wie gesagt, nur bedingt – ist der Volkston so wichtig, daß wir ihm im Kapitel »Erzählprosa« (Bd II) noch einen besonderen Abschnitt widmen müssen.

Der Salonton

Der Volkston gewinnt im Laufe des Biedermeiers immer größere Bedeutung. Was zunächst ein stilistisches Experiment auf rokokohafter, klassizistischer oder romantischer Basis war, wird durch die christlichen oder wenigstens nichtrevolutionären Schriftsteller vor 1848 zu einer mächtigen literarischen Bewegung. Diese wird von den realistischen Programmatikern wegen ihrer christlichen oder provinziellen Tendenzen vorsichtig kritisiert und in weltliche, vor allem nationale Bahnen umgelenkt. Von dieser Einschränkung abgesehen besteht bei den Grenzbotenkritikern die Neigung, den Volkston besonders hoch zu bewerten und über alles, was im Stil nach der höheren Gesellschaft schmeckt, die Nase zu rümpfen. Die Intoleranz gegenüber dem »Salonton« – man sagt dafür auch »Konversationston« – ist nicht direkt mit der Demokratisierung nach 1848 zu verbinden – diese ist ja wenig durchschlagend –, sondern zunächst einmal eine Seite des auf »Anschaulichkeit« und »Objektivität« eingeschworenen realistischen Stilprogramms, das sich bis zur Blut-und-Boden-Literatur in allerlei Abwandlungen behauptete. Erzähler, die sich der realistischen Programmatik nur bedingt beugten (z.B. Fontane, Thomas Mann), wurden bis vor kurzem unterschätzt. Für die Dichter der Biedermeierzeit gilt dies erst recht; denn die realistischen Kämpen neigten sehr dazu, Kahlschlag an ihren Vorgängern zu üben*.

Für den Literarhistoriker kann die Ablehnung des Salontons im realistischen Programm nicht mehr verbindlich sein. Wenn wir uns mit der höfischen Literatur des Mittelalters beschäftigen und mit dem heroisch-galanten Barockroman, ist es nicht

---

* Zum Verständnis dieses wichtigen Sozial- und Stilphänomens vgl. demnächst die Münchner Dissertation von Herbert *Neumaier,* Der Konversationston in der deutschen Literatur von 1810 bis 1830.

recht einzusehen, warum wir uns nicht auch mit der vordemokratischen Salonliteratur des 18. und 19. Jahrhunderts beschäftigen sollen, *wenn sie gut ist.* Der Konversationston scheint in den Moralischen Wochenschriften und auf den Theatern
des 18. Jahrhunderts entstanden und mit der sozialen Ausweitung, der (begrenzten)
Verbürgerung der höheren Gesellschaft eng verbunden zu sein. Sozial wie literarisch
ist es kaum zu rechtfertigen, daß Meister des Salonlustspiels wie Kotzebue und
Bauernfeld in den Schatten des Volkstheaters gerieten, das doch auch nur eine Spezialität des halb feudalen, halb bürgerlichen Theaterlebens war. Die Biedermeierzeit
ehrte die Meister des Konversationstons so gut wie die des naiven oder possenhaften
Stils. Volkstümlich war noch kein *ästhetischer* Wertbegriff. Überdies ergab sich in
der Biedermeierzeit die paradoxe Situation, daß die konservativen Schriftsteller eher
den Volkston meisterten als die revolutionären. Die Jungdeutschen gelangen nur
ausnahmsweise zum Volkston. Trotz der bekannten Volksliederfolge Heines gibt es
keinen jungdeutschen Mörike oder Keller! Wer mit den Realisten den Salonton
grundsätzlich ablehnt, kann den Jungdeutschen nicht gerecht werden. *Sie selbst
brauchten kein schlechtes Gewissen zu haben, denn fast überall wird damals in den
Lehrbüchern des Konversations- oder Salontons ausdrücklich gedacht.* In den
Deklamationslehren, welche auf den Vokalen basiert sind, wird der Konversationston mit anderen *nicht*extremen Tönen dem mittleren Vokal zugeordnet: »Der hier-
auf folgende Ton E, der Ton der mittleren Stimme, als der Ton des *Verstandes,* liegt
zwischen den sämtlichen Tönen der Tonleiter mitten inne und bezeichnet denjenigen
Ton der Stimme, aus welchem jeder Mensch, nach Beschaffenheit seines Organs gewohnt ist, in dem täglichen Leben in dem Zustande innerer Ruhe zu sprechen, und
worin, eben wegen des häufigen Gebrauches der Stimme, die meiste Gewandtheit
derselben und eine völlig gleichmäßige Aufschwingung und Abschwingung des Tones
stattfindet. Dieser Ton wird unter der Benennung Konversations-, Lehr-, Lese- und
Erzählungston aufgeführt« [953]. Man bemerkt die absolute Objektivität, mit der
diese alten Theorien die einzelnen Töne behandeln!

Noch *Die Gegenwart, Eine encyclopädische Darstellung der neuesten Zeitgeschichte für alle Stände* (Beitrag *Der neue deutsche Roman* im 9. Bd., 1854) spricht
von dem Konversationston ohne die Abwertung, die seit 1848 herrschend wurde.
Ich zitiere aus dieser Bestandsaufnahme des damaligen Romans eine Charakterisierung Levin Schückings, weil sie Begriffe enthält, die zum Konversationston fast überall gehören *(elegant, Harmonie, Anmut, Geschmack* und *Maß):* »Der Stil Schückings
ist glatt, elegant, gediegen, ohne Manier, ohne Überladung. Sein Lebenselement ist
die allgemeine Harmonie der Bildung. Er setzt keine zu schroffen Lichter auf, läßt
die Pointen des Charakters im Dialog nicht zu scharf hervortreten, sondern die Charaktere sich in gleichmäßigem Konversationston entwickeln, durch welchen die individuelle Eigentümlichkeit nur durchschimmert. Ebenso liebt er in der Schilderung
keine blendende Farbenpracht, sondern mehr eine durch Anmut gemilderte Bestimmtheit. Das Krasse, Gewaltige, Dämonische liegt ihm fern – selbst die Gestalten
der Französischen Revolution faßt er mit Glacéhandschuhen an. Geschmack und
Maß herrschen in seinen Werken im Verein mit einer gediegenen, den Extremen

abgewandten Lebensauffassung« [954]. Man darf behaupten, daß in dieser Äußerung der Konversationston besser beschrieben wird als die besondere Art Schückings. Der Kenner der Zeit würde ohne Nennung des Namens zuerst an Tieck, den angesehensten Salonerzähler, denken. Allerdings gehört es zum Konversationston – wie nach den Vorstellungen der Rhetoriker zu jedem Ton – daß »die individuelle Eigentümlichkeit nur durchschimmert« (s.o.). *Die Erzähler so gut wie ihre Figuren sind noch von dem überpersönlichen Tone, der in der höheren Gesellschaft herrscht, bestimmt und gehalten.* Auch bei den Jungdeutschen ist es fast unmöglich, die individuelle Eigentümlichkeit der Figuren oder der Erzähler genauer zu bestimmen; denn es gehört von alters her zum Wesen des elegantia-Ideals, daß es die schärferen individuellen Züge, die moralisch als egoistisch, ästhetisch als harmoniestörend, theoretisch als »Eigensinn« empfunden werden, abschleift oder gar tilgt. Man ist in *Gesellschaft* elegant und geistreich. Besonders interessant an obenstehender Äußerung (vgl. Beginn des Zitats) ist die Tatsache, daß die Eigenschaften »glatt« und »gediegen« noch nicht als Gegensätze empfunden werden. Hier ist der Unterschied zu Raabes völlig uneleganten, »kauzigen« Helden und Romanen offensichtlich. Selbst Fontane, der im Gefolge adeliger Erzähler, z.B. A.v.Ungern-Sternbergs, dem elegantia-Ideal und dem Konversationsstil stärker verhaftet bleibt, bemüht sich, die »individuelle Eigentümlichkeit« der Figuren nach Stand, Besitz, Bildung und Charakter sehr viel sorgfältiger herauszuarbeiten, als dies die Salonerzähler vor 1848 getan hatten.

Gelegentlich gibt es schon im Vormärz Kritik am Konversationston. So sagt Mundt in der *Kunst der deutschen Prosa* (1837), die Prosa der deutschen Konversation sei französierend und bisweilen lakaienhaft, sie biete schöne geistreiche Floskeln, aber in der Wirklichkeitsdarstellung sei die deutsche Prosa noch unerprobt [955]. Das Abrücken von Frankreich, die nationale Erhebung und Einigung ist, wie Mundts Stellungnahme verrät, einer der Gründe für das Versinken der Salonliteratur, – der revolutionären so gut wie der konservativen. *Doch bereitet sich diese Zerstörung der alten europäischen Gesellschaft und der ihr zugeordneten Töne-Rhetorik während der Biedermeierzeit nur in Ansätzen vor.* Es gibt zu denken, daß selbst Büchner, einer der wenigen progressiven Dichter, die vom Konversationston später entschiedenen Abstand gewannen *(Woyzeck)*, ihm zunächst reichlichen Tribut entrichtete, nicht nur im Lustspiel, wo der Konversationston damals fast unentbehrlich war, sondern auch in vielen Szenen von *Dantons Tod*.

Wir hörten, daß der Konversationston der mittleren Stilebene zugeordnet wird. Gemeint ist ja das Gespräch in *den* Kreisen der Gesellschaft, in denen der erste Stand zum mindesten verkehren darf. Der feine Ton ist hier garantiert. Das bekannte derbe Wort aus dem *Götz von Berlichingen* löst in Tiecks *Jungem Tischlermeister* eine tiefe Entrüstung aus, als es in solcher Gesellschaft ausgesprochen wird. Die Szene ist satirisch gemeint; aber die Treue des Abbilds braucht nicht bezweifelt zu werden. *Nach unten bestehen strenge Grenzen des Tons.* Die »Würde« des Gesprächs darf nicht beliebig außer acht gelassen werden. Die Konversationen in Tiecks Novellen sind oft sehr ernst und abstrakt. Die Vorstellung, die Konversation *müsse* geistreich, im Sinne von ironisch, sein, gehört wohl der niedergehenden Gesellschaft des Wilhelminischen Zeitalters an. Der Ernst, der würdige Ton war der hohen Gesellschaft von jeher zugeordnet; aber selbstverständlich *kann* seit dem Rokoko und seit dem Abbau der Ständeklausel in Tragödie und Epos der Konversationston der höheren Gesellschaft auch ironisch sein, – in der Wirklichkeit und in der dichterischen Abbildung.

Die umstrittene Ironie

Die Frage nach der Ironie, nach dem ironischen Ton in der Biedermeierzeit ist nicht einfach zu beantworten. Es gibt ein riesiges Material zu diesem Problem, das hier nur zu einem kleinen Teil verwertet werden kann. *Man darf von einem Kampf um die Ironie sprechen.* Die verschiedenen Literaturrichtungen stritten sich darüber, ob die Ironie berechtigt sei oder nicht; doch gab es auch innerhalb der ironiefreundlichen Spätromantiker und Jungdeutschen widersprüchliche Meinungen. Dazu kam, daß der Begriff der Ironie wegen der sehr verschiedenen Anwendung und Ausdeutung um 1820 und 1830 überaus verschieden war. Rabener hatte im Vorbericht zur ersten Ausgabe seiner *Satiren* (Leipzig: J. G. Dyck 1751–55) seinen Landsleuten vorgeworfen, sie wüßten nicht, was Ironie ist und sollten wieder in die Schule gehen, um ihre Wissenslücken auszufüllen: »Da mögen sie den Vossius lernen und sich erklären lassen, was die Figur der Ironie heiße« [956]. Die Empfindsamkeit hatte in den 1750er Jahren den ironischen Ton schon ein wenig verdrängt. Aber die Lehrbücher hatten noch genau gewußt, was Ironie war: eine »Figur«, ein rhetorisches Mittel, – nichts weiter. Diese Zeit war vorbei. Nach der Romantik wußte fast niemand mehr, was unter Ironie genau zu verstehen sei, obwohl oder weil sie nun als Modewort fungierte.

In erster Linie wird sie dem »Humor« entgegengesetzt, der immer mehr im heutigen Sinne, als Gegensatz zum »negativen Humor« (Goethe), definiert wird und dessen Ansehen in der naivitätsfreudigen Biedermeierzeit stetig wächst. Es empfiehlt sich also, den durch Spätrokoko und Romantik ausgeweiteten Ironiebegriff auch in unserm Zusammenhang weit zu fassen. Für eine ängstliche Sonderung der Töne im Geiste der traditionellen Rhetorik eignet er sich nicht mehr. Unser trefflicher Gewährsmann Pölitz, der eine ganze Reihe ernster und hoher Töne kennt, vernachlässigt die nichternsten Schreibarten keineswegs, aber dem vieldeutig gewordenen Begriff der Ironie widmet er keinen Abschnitt seiner Rhetorik [957]. Für ihn gibt es 1) »Das Witzige und Scharfsinnige«, wobei er allerdings im Widerspruch zur Tradition das Scharfsinnige in der eigentlichen Dichtkunst »im ganzen« gemieden haben will und den falschen vom »echten Witz« unterscheidet; denn dieser wirkt »wie ein Instinkt der Natur«. Die Punktualität des modernen Witz-Begriffes deutet sich bei Pölitz an, wenn der Witz, abgesehen von den kleinen Formen (Epigramm), »gewöhnlich nur einzelne Teile und Gegenstände in einer stilistischen Form, nicht aber das Ganze derselben« prägen kann. Immerhin bleibt die poetische Würde des geistreichen Stils, wenn er »leicht, gewandt, ungesucht, vielseitig treffend, kurz und kräftig ist«, unangetastet. Nach den Lehren, die sie in der Schule mitbekamen, konnten die Zeitgenossen Heines kaum leugnen, daß er ein Meister ist; denn sein Stil entsprach den genannten Eigenschaften vollkommen und wird durch sie geradezu charakterisiert. Pölitz kennt 2) »das Humoristische«, das vom Lächerlichen stark abgerückt wird (s. u.), 3) »das Scherzhafte«, das dem vertraulichen Stile zugerechnet wird, aber nicht nur im Briefe, nicht nur im Lustspiel, sondern auch »in den kleinen lyrischen Formen (z.B. im Madrigal, Triolett usw.)« zu Hause ist. Es gibt noch scherzhafte Lyrik wie es scherzhafte Dramatik gibt. »Der Scherz beruht an sich auf einer absichtlichen Verstellung«, berührt sich also mit der »Figur« der Ironie. Er darf »an der Grenze des Schicklichen hinstreifen«, »schalkhaft und voller persönlicher Anspielungen, aber nicht unsittlich..., nicht egoistisch« sein. Es gibt Verhältnisse, »wo der Scherz durchaus am unrechten Orte sein würde«. Diesem zwischen Humor und Ironie schwebenden Scherzideal entsprach Mörike oft, Heine seltener, da er auch »am unrechten Orte« zu scherzen liebte, z.B. bei religiösen Fragen. Getrennt vom Scherzhaften gibt es bei Pölitz 4) »Das Lächerliche und Komische«, das bloß die »Verirrungen« des menschlichen Verstandes und Geschmackes darstellen darf, »Unreife«, »Einseitigkeit«, »Beschränktheit« usw., während die »sittlichen Verirrungen«, mit denen das spätere Lustspiel so gerne arbeitet, noch 5) »dem Satirischen« vorbehalten sind. Auch dieses freilich stößt an die alte moralische Grenze, die es vom Pasquill trennt und welche die Jungdeutschen im Gegensatz zu dem, was sie in der Schule lernten, *nicht* zu beachten gewillt sind: »Der wahre Satiriker enthält sich daher aller Persönlichkeit, wenn er gleich auf wirkliche oder erdichtete Tatsachen anspielt; er will das verletzte Ideal an den entarteten Individuen seiner Gattung rächen und erscheint daher als Repräsentant der Menschheit, als Repräsentant des bedrohten oder verletzten *Wahren, Schönen und Guten*«. Man muß diese altüberkommene, wiewohl ein wenig modern verbrämte moralische Eingrenzung von Ironie, Komik und Satire ständig im Auge haben, wenn man das Schicksal dieser Stilarten und derer, die sich ihrer bedienten, im Biedermeierdeutschland geschichtlich verstehen will.

Die »höhere Ironie« der Romantik, die nicht gesellschaftskritisch, sondern transzendental gemeint ist – Vernichtung des Endlichen aus dem Gesichtspunkte des Unendlichen –, stimmt insofern mit den traditionellen Vorstellungen überein, als auch sie in einer unfreien Gesellschaft entstanden und damit zum Ausweichen ins Allgemeine und Ideale gezwungen ist. Die Dichter Wieland, Kotzebue, Schiller, Klopstock konnten von den Romantikern ironisch »hingerichtet« werden; aber die Machthaber und die von ihnen bewirkten Zustände blieben aus dem Spiel. Dementsprechend wirkt die romantische Ironie in der Restaurationsepoche mannigfach nach; ja man kann wohl, entsprechend der zunehmenden Unfreiheit, von einer weiteren Steigerung der Ironie-Höhe bei den Spätromantikern sprechen. Solger tadelt A.W. Schlegel, weil er eine Einmischung der Ironie in die Tragödie ablehnte. Die »wahre Ironie ... fängt erst recht an bei der Betrachtung des Weltgeschicks im Großen«. Von der Lukianischen und Wielandischen muß diese wahre Ironie streng abgegrenzt werden; denn solche Spötter greifen selbstverständlich nicht hoch genug.

»Die Ironie ist keine einzelne, zufällige Stimmung des Künstlers« – natürlich auch keine einzelne Stilhaltung –, »sondern der innerste Lebenskeim der ganzen Kunst« [958]. Indem Solger von der vollendeten Kunst das Zusammenwirken von Ironie und Begeisterung fordert, trennt er sich klar von der Schulrhetorik. Zu der »Mutter der Ironie« wird, im schroffen Widerspruch zum 18. Jahrhundert, die Mystik gemacht, soweit diese »nach der Wirklichkeit hinschaut« [959]. Die Lehre Solgers führt bei Tieck zu einem Abrücken von der »direkten« Ironie, deren er sich im *Gestiefelten Kater* bedient hatte. Er bemüht sich, aus seinem Spätwerk »Spott, Hohn, Persiflage« zu verbannen, dafür den Scherz und die wahre Heiterkeit auf der Grundlage tiefsten Ernstes zu kultivieren [960]. Abgesehen von den bekannten Ausfällen gegen die Jungdeutschen ist Tieck diesem Programm treu geblieben. Er gab damit den Jüngeren ein Vorbild.

Franz Horn argumentiert auffallend ähnlich. Er erkennt zwar, daß er damit nicht unbedingt zeitgemäß ist, weil »das Zeitalter … mehr bei Mephistopheles in die Schule gegangen [ist] als bei dem Apostel Johannes« [961] und nach den Gebrüdern Schlegel zahlreiche »kleine kritische Hanswürstelchen« [962] das Feld beherrschen; aber tapfer hält er die Fahne der höheren Ironie empor und verbannt, sobald er an Ironie denkt, »jeden Gedanken an Persiflage, Hohn, Spott, Bitterkeit in Beziehung auf das Leben«; denn »das alles ist nicht bloß unmoralisch, sondern auch unästhetisch« [963] und irreligiös. Wer jenseitsgläubig ist, versteht sich nach Franz Horn auf eine Ironie, die nicht nur ein Kunstmittel ist, sondern »Lebens-Ironie« [964]. Dieses »unauslöschliche Lächeln bei dem tiefsten Ernste und der innigsten Menschenliebe nenne ich christliche Ironie, in welcher das Leben des modernen Dichters seine Heimat finden soll «[965]. Das war an vielen Stellen das Ende der deutschen Romantik: ihre unverblümte Christianisierung. *Diese* Ironie ist kaum mehr zu unterscheiden vom Humor, den F. Horn früher gepriesen und als eine ganz besonders deutsche Eigenschaft nachgewiesen hatte – unter Hinweis auf die Literatur von Luther bis Abraham a Santa Clara. Auch hier, wie bei Solger, ergibt sich eine klare Abgrenzung von der aufgeklärten »französischen« Ironie und Komik [966].

Die Jugend, die von der Freiheit geträumt hatte, vor allem die jüdische, die ins Ghetto zurückkehren sollte, war nicht durchweg bereit, sich der letzten Waffe, nämlich der »niederen«, satirischen Ironie berauben zu lassen. Im Gegenteil. Der neu erstarkende Absolutismus legte ihr nahe, die Freiheit nicht mehr von der Romantik zu erwarten – diese hatte sie ja verraten –, sondern wie Voltaire, Lessing und Wieland von der Aufklärung. Diese Rückkehr der aufgeklärten »Witzkultur« (Böckmann) – auch eine Restauration, wenn man will – ist noch nicht genügend erforscht. Ihr Schwerpunkt scheint das friderizianische Berlin mit seinen jüdischen Salons und mit seiner ungebrochenen Rokokotradition gewesen zu sein. Schon innerhalb der Berliner Romantik bemerkt man, wenn man etwa E.T.A.Hoffmanns Weg vom *Goldenen Topf* zu *Klein-Zaches* oder *Kater Murr* überdenkt, eine spürbare Zunahme der satirischen Ironie. Das ergab sich aus der Situation des Rückzuggefechtes: Auch Franz Horns Wort von den »kleinen kritischen Hanswürstelchen« – vielleicht zuerst gegen Saphir und Börne gerichtet – war ja nicht gerade ein Ausfluß christlicher Ironie.

Ein sehr guter Kenner der Berliner Kulturgeschichte, L. Geiger, hält Saphir nicht nur für den Begründer des Berliner Journalismus, sondern geradezu für den Schöpfer des berühmten und berüchtigten Berliner Witzes. Die zahlreichen und heftigen Angriffe auf den witzigen Journalisten hatten wohl nicht nur politische Gründe [967]; denn Saphir war in dieser Hinsicht sehr vorsichtig. Sie entsprachen auch den moralischen Vorschriften der Rhetoriktradition, die wir kennengelernt haben und die hier – zuerst in Deutschland – nicht mehr respektiert wurden. Zu dieser Hypothese paßt eine Bemerkung, die Heine in den *Reisebildern (Von München nach Genua)* macht. Die Ironie, meint er, ist eine Erfindung der Berliner; in München hält man sie für eine unbekannte Biersorte [968].

Freiligrath und Schücking beobachten im *Malerischen und romantischen Westphalen* (1842), wie man zu Corvei die »Rokoko-Herrlichkeit, welche man vor fünfzig Jahren rastlos zu vertilgen strebte, ... jetzt wieder so sorglich zusammensucht« [969]. Die Literatur brauchte keine fünfzig Jahre, sie erneuerte die Rokokoironie schon in den zwanziger Jahren mit erheblicher Frechheit und Rücksichtslosigkeit. Und eben diese rücksichtslose Ironie muß eine unerhörte Resonanz in den größeren Städten gehabt und viele noch jüngere Geister stark geprägt haben, nicht nur Gutzkow, den Berliner. Laube, der viel von schlesischer Verträumtheit hat, preist in den *Modernen Charakteristiken* (Bd. 2, 1835) die Ironie mit folgender Begründung: »die höchste Spitze der Subjektivität, welche Heine anfangs repräsentierte, und der Übergang zur Objektivität, wie er ebenfalls bereits in ihm ruht, ist die Ironie – sie ist auch die Spitze der allgemeinen Bildung unserer Tage bis jetzt gewesen, selbst unserer Poesie. Das Ironische ist jenes geistige Element, was ein Höheres bestimmt voraussetzt, ohne sich dessen wirklich bemächtigen zu können, und was nun über diese eigne Kraft und Unkraft zu lachen versucht« [970]. Die Vorstellung des romantischen Idealismus, daß die wahre Ironie auf »ein Höheres« bezogen ist, wirkt nach; aber es zeigt sich schon ein schlechtes Gewissen hinsichtlich einer bloß subjektiven Ironie.

Schärfer trennt sich F. Sallet von der »negativen« Ironie Heines. Er träumt von einer Ironie, »welche mit dem milden Lächeln eines Gottes über eigner Schöpfung schwebt«; aber den in Gang gekommenen Kampf gegen die Reflexionspoesie (biedermeierliches Naivitätsprinzip!) hält er für krankhaft. Wie Laube ist er fest davon überzeugt, daß die Ironie für die moderne Bildung unentbehrlich ist.

Börne meint, die Kritik, die als solche gemein und boshaft sein könne, werde durch den Witz gemildert, ja zum »Kunstwerk« erhoben. Wilhelm Müller, ein Vorbild Heines, versucht die Ironie sogar dadurch zu legitimieren, daß er sie bei Dante, dem »Altvater der neuen Poesie« feststellt; Dante habe erklärt, sein Werk sei im niederen Stil geschrieben und diesen Ton habe die Übersetzung von Karl Streckfuß (Halle 1824) gut getroffen [971]. In E. Willkomms *Europamüden* (1838) hält ein Auswanderer »jenen schneidenden Witz der Ironie« vereinfachend für eine »Geburt unserer Zeit« [972]; aber Heine selbst, obwohl zu einem guten Teil satirischer Ironiker, hält letztlich an einer metaphysischen Deutung fest, wenn er in den *Bädern von Lucca* den »Weltriß« für seine persönliche Zerrissenheit verantwortlich macht und die Vorstellung eines harmonischen Ganzen für Lüge hält. *Der innere Zusammenhang des* *vorrealistischen Zeitalters, die dualistische Grundlage des Ironiekultes, deutet sich in solchen Bekenntnissen der vermeintlichen Revolutionäre an*.*

Anläßlich von Friedrich Sieburgs 70. Geburtstag las man in der *Zeit* (17.5.63), die ironische Stilhaltung sei immer progressiv und also sei Sieburg ein »linksschreibender Rechter«. Diese soziologische Festlegung der Ironie hat es schon im 19. Jahrhundert gegeben. »Ist die Ironie die Muttersprache unterdrückter Nationalitäten?« fragt Ferdinand Kürnberger [973]. Laube erklärt sich die Ernsthaftigkeit der Weimaranischen Klassik aus ihrem feudalen Charakter: »der Witz ist demokratisch, er verschmäht Repräsentation« [974]. Gutzkow verachtet, im Blick auf die lahme russische Satire, »jenen gutmütigen Humor, mit welchem sich der Leibeigene über sein Schicksal tröstet« [975]. Es ist verführerisch, die satirische, aggressive Ironie und den gutmütigen, melancholischen Humor wie Revolution und Restauration oder wie Gesellschaftskritik und Religiosität einander entgegenzusetzen. Wir bemerkten aber schon, daß auch die nichtchristliche Ironie ohne den »Weltriß« nicht zu denken ist. Schon im 18. Jahrhundert begann die Aufklärung, die zunächst so wohlgemut war, in skeptische, pessimistische, womöglich weltschmerzliche, d.h. metaphysische Ironie umzuschlagen, und eben diese Seite der Rokokokultur wurde im Zeitalter eines fragwürdig werdenden Idealismus bestätigt und erneuert. Es ist bekannt, daß nicht nur die Jungdeutschen, sondern auch Metternich und der für literarische Fragen zuständige Hofrat Gentz die Ironie liebten.

Die Hegelianer haben diesen Zusammenhang wohl zuerst erkannt. Einer von ihnen, Julius Mosen, legt dem Hofrat Gentz Worte in den Mund, welche den Geist derer, die für die Restauration verantwortlich waren, nicht übel treffen: »Blasiert, wie man ist, muß man raffinieren, wie man durch die Kunst über die Natur den ironischen Triumph feiern kann. Wenn man der Lüge unserer Existenz satt ist, muß man das Grauen vor sich selbst dazu gebrauchen, um sich wenigstens aus der Lethargie empor zu prickeln« [976]. Man darf annehmen, daß das geistreiche Wesen im Laufe der Biedermeierzeit wieder zur allgemeinen Gesellschaftsmode wurde. Ein Beobachter stellt selbst im Gästebuch auf der Grimsel (Berner Oberland) fest, daß nur wenige das schrieben, »was sie fühlten und dachten, ohne weitern Anspruch weder auf Geistreichigkeit noch auf Interessantität« [977]. Die für die Zeit typischen Wortverunstaltungen beweisen, daß auch der Kritiker selbst zum geistreichen Wesen neigte – noch zu Beginn der vierziger Jahre! Es hört sich hübsch an, wenn Börne sagt: »Der ächte Deutsche wird verlegen, wenn man ihn über einem witzigen Einfall ertappt; keuschen Geistes errötet er bei den buhlerischen Küssen der Phantasie« [978]. Aber ist diese Behauptung für Börnes Zeit richtig? Hinter solchen Äußerungen steht

---

* Wolfgang *Preisendanz* hat diesen Hintergrund von Heines Ironie überzeugend nachgewiesen (Ironie bei Heine, in: Ironie und Dichtung, hg. v. Albert *Schaefer*, 1970, S. 85–112). Gegen Ende des Vortrags wird die »Weltironie« oder »Gottesironie« Heines doch wieder auf die Geschichte bezogen, da Heine auf der *Zerrissenheit seiner Zeit* insistiert (S. 107f.). Ich bin der Meinung, daß die Vorstellung einer zerrissenen Moderne und einer heilen Antike oder eines heilen Mittelalters nichts weiter als Geschichtsmetaphysik ist und den Weg der Menschheit gefährdet.

eine weitverbreitete Vorstellung, die wir schon kennen, daß nämlich die Witzkultur als eine Erscheinungsform der französischen Aufklärung undeutsch ist. Börne pflegt auch sonst »die Deutschen«, nicht nur die Konservativen, zu verspotten. Überblickt man die gesamte Biedermeierzeit, so wird man diese Nationalmythologie zurückweisen. Damals *bemühten sich die Deutschen intensiv, geistreich zu sein. Ein riesiges, interessantes Schrifttum entstand auf dieser Grundlage und hatte auch beträchtliche Wirkung in den verschiedenen Bereichen der Vormärz-Gesellschaft.* Erst die realistische Kritik entzog dem »geistreichelnden Stil« und seinen Produkten jede Anerkennung. Auch in dieser Beziehung gab es nach 1848 einen Kahlschlag. Leugnen läßt sich freilich nicht, daß die restaurierte Witzkultur von Metternich bis Heine auf etwas unsicheren Füßen stand und daß die geistige Vorbereitung ihres Sturzes frühzeitig begann.

Helmut Koopmann hat richtig gesehen, daß die negative Heine-Kritik von Anfang an mit Heines »Witz- und Pointenpoesie« (Ruge) zu tun hat; aber er verquickt damit zu Unrecht das Unheimliche von Heines »ganzer Existenz« [979]. Dunklere Existenzen, wie Grabbe, Lenau oder Raimund, störten die Kritik nicht. Es war wirklich nur der Ton Heines. Wenn man in der *Harzreise* von einer Dame las: »Das Gesicht nur ein Mund zwischen zwei Ohren, die Brust trostlos öde wie die Lüneburger Heide; die ganze ausgekochte Gestalt glich einem Freitisch für arme Theologen« [980], so ärgerten sich darüber nicht nur die Theologen; denn durch solche groteske Übertreibungen war die Linie des »Scherzhaften« überschritten. Und nicht nur Heine, sondern alle, die sich in der neuen Witzliteratur einen Platz erobern wollten, traf das Verdammungsurteil. Die Literaturgeschichte, die von realistischen Maßstäben bestimmt war, wiederholte stereotyp die gleichen Vorwürfe. Hundertfach liest man Urteile wie das folgende über Mundts *Lebensmagie* (1835): »krampfhaftes Bemühen, unter allen Umständen witzig und geistreich zu sein, und bei dem ernsthaften Thema, das er sich gestellt hat, wirkt dieses Bestreben doppelt unangenehm« [981]. Gewiß, es ist kein Zufall, daß heute Heine rehabilitiert wird, nicht Mundt. Die Frage wird immer heißen müssen, wer ein Meister der »Witz- und Pointenpoesie« ist und wer nicht. Doch diese Frage konnte nicht gestellt werden, solange die derb-ironische Literatur *als solche* abgelehnt wurde.

Wir deuteten schon an, daß die neue Witzkultur während der Restaurationsepoche nicht etwa hübsch langsam abgebaut wurde, wie sich dies der naive Literaturhistoriker vorzustellen pflegt, sondern umgekehrt seit »Goethes Tod« eine große Expansion erlebte. Nachdem die jüdischen Avantgardisten die Bresche geschlagen hatten, tummelten sich nicht nur die jüngeren Jungdeutschen, sondern sogar manche Kavaliere wieder auf dem zurückeroberten Terrain. Auch in dieser Beziehung scheint Berlin führend gewesen zu sein. Nach der Julirevolution taucht dort ein Erzähler auf, der, wie im Kapitel Erzählprosa des Näheren zu zeigen sein wird (Bd. II), unmittelbar an Wieland anknüpft, und zwar nicht so sehr an den Dichter der *Abderiten* als an den Dichter erotischer Feenmärchen: A. v. Sternberg. Es muß die durchaus restaurative Rokoko-Erneuerung sein, von der Schücking und Freiligrath sprechen. Der Dialektik der Geschichte widerspricht es nicht, wenn sich gerade am Vorabend des

Realismus ein solches Neurokoko bildet. Vor dem Durchbruch des Expressionismus war es noch einmal so (O. J. Bierbaum, F. Wedekind, G. Falke usw.). Wie um 1905 die Neuromantik zerspielt wurde, so versuchte Sternberg um 1840 aus den Überresten der Empfindsamkeit und der Romantik eine abstoßende Karikatur zu machen. Ich zitiere einen der programmatischen Aussprüche der Fee Kokombre im *Fortunat* (Ein Feenmährchen, 2 Teile, 1838): »Ich werde sehr erfreut sein, wenn es uns gelingt, das Heer der romantischen Gespenster, die sich eingedrängt haben, wieder zu vertreiben. Erinnern Sie sich einer widerwärtigen Person, die sich Frau Minnetrost nennt? Wie abgeschmackt ist dieses empfindsame Weibsen. Nun vollends die altertümliche Veleda? Mir wird übel, wenn ich nur an Hermann und Thusnelda denke. Wie *geistlos* waren diese Kreaturen! *Kein einziger witziger Einfall,* nur immer mit Keulen auf den Kopf geschlagen. Ach, und diesen ahmte man nach. Was soll ich nur mit einer Norne von Titful-Head anfangen, die nichts versteht, als unsinnige Sprüche in den Sturm zu heulen? Und dann die schwarzen und weißen Zwerge, die Kobolde, die Wechselbälge –? Wo steckt in dieser heillosen Sippschaft *Geist,* Amüsement?« [982] Im Anschluß an Wieland, ja sogar an Crébillon sorgt der Erzähler durch viel Erotik für Amüsement, aber den »frivolen« Stil brachte er dadurch erst recht in Mißkredit.

Den schlechten Ruf, in dem die Ironie stand, erkennt man zunächst daran, daß nicht einmal alle ihrer Anhänger sie zu verteidigen wagten. Wir hörten, daß Mundt sich um einen geistreichen Stil bemüht; aber in dem Abschnitt »Ironie und Humor« seiner *Ästhetik* (Berlin: Simion 1845) spielt er den Humor, der »immer aus der Totalität einer ganzen Weltansicht« hervortritt [983], gegen die Ironie aus; denn diese erzeugt sich »wesentlich« nur »aus der kühnen Entgegensetzung des Subjekts gegen eine bestehende Welt« [984]. Die subjektivistische Negation der Wirklichkeit kann um 1845 nicht mehr vorbildlich erscheinen. An die Möglichkeit einer objektiveren Ironie scheint Mundt nicht zu glauben; denn er sagt: »Daher erscheint die Ironie bei aller überlegenen Weisheit, die aus der von ihr behaupteten Stellung hervorleuchtet, doch zugleich mit der Strenge und Schonungslosigkeit, die meistenteils in ihrem Charakter vorherrschend getroffen wird« [985]. Die christliche Versöhnung, die bei Franz Horn die Ironie leistet, ist jetzt dem Humor vorbehalten; doch wird auch dieser im Geiste Hegels nicht ganz ohne Kritik gesehen. Die gesamte »humoristischironische Weltansicht«, selbst bei Shakespeare, ist »ein Symptom der Krankhaftigkeit des modernen«, d. h. nachantiken Lebens, behauptet Mundt. Schon in der *Kunst der deutschen Prosa* (1837) hatte der Jungdeutsche zugegeben, daß er sich frage, »ob das Pikante, Künstliche, Pointierte, Geistvolle, Poetische der heutigen Prosa nicht etwa eine Entartung derselben, ein Verfall unseres Geschmacks sei, statt für eine Erneuerung und Ausbildung gelten zu können?« [986] Gleichzeitig spottet auch Gutzkow über den »modernen Galimathias«: »Man hört nur eine wilde Jagd von Redensarten an sich vorübersausen, Gerippe verfaulter Ideen von ehemals, Embryone von jetzt, die aus dem Mutterleibe zu früh geschnitten« [987].

Gustav Kühne, der den Jungdeutschen nahesteht, huldigt in *Eine Quarantäne im Irrenhause* (Leipzig 1835) ausgiebig dem von Gutzkow gekennzeichneten fragmentarisch-ironischen Stil. Aber er scheint kein gutes Gewissen zu haben; denn ausführlich wird darüber diskutiert, ob Börne im Recht war, wenn er bei Goethe den Humor vermißte, oder ob umgekehrt Hegel recht hatte, wenn er die gesamte Witzkultur eines Saphir, Börne und Heine ablehnte. Gustav Kühne schwankt; aber er ist geneigt, die großen Ironiker, besonders Börne, als Sündenböcke in die Wüste zu schicken. Es gibt Formulierungen bei ihm, die völlig biedermeierlich sind, z.B.: »ein Liebender ist nie witzig« [988]. Wir hörten schon, daß die jungdeutsche Kritik sich sogar an Shakespeare wagt. Laube gesteht ganz offen (in der Einleitung zu seinem Lustspiel *Rokoko*), daß ihm die »Witzreden« Shakespeares gelegentlich zu viel werden, weil sie »völlig ohne Inhalt« sind. Tieck konnte ruhig sagen, sein »Zauberschloß« sei ein »Spaß, wo ich mir den Spaß gemacht, viel Spaß aus einem Nichts zu entwickeln« [989]; denn er wurzelte in der »Kunstperiode« und hatte trotz seiner ironischen »Geschwätzigkeit« noch ein gutes Gewissen. Bei den Jungdeutschen war dies anders, und so findet man gelegentlich sogar direkte, programmatische Absagen an die Ironie. Gutzkow: »Wir wollen eine neue poetische Position, aber weder die blaue Blume noch die Ironie« [990].

Die Zaghaftigkeit der Ironiker ist nicht verwunderlich. Die verschiedensten Gruppen führten einen Koalitionskrieg gegen die »geistreichen armen Teufel«. So nennt sie Arndt in dem stolzen germanischen Bewußtsein, »daß man mit einem tüchtigen Keulenkopf viel wirksamer schlägt und trifft, als wenn man ihn in hundert kleine Speerspitzen ausgeschnitzelt hätte« [991]. Georg Reinbeck sprach für den ganzen klassizistischen Cotta- und schwäbischen Kreis, wenn er meinte: »Persiflage ist der Rechenpfennig, den der Witz ausprägt: der Humor prägt reine gediegene Goldmünze«. Ohne Metapher heißt dies: Eine frivole Lebensansicht ist nie eine dichterische [992]. Berthold Auerbach unterstützt die Idylliker und die vielen »Volksschriftsteller«, wenn er über das gesamte »pikante«, »interessante«, »brillante«, »elegante« Wesen den Stab bricht: »Das Interessante ist der gesellschaftsfähige, modisch aufgestutzte Katzenjammer« [993]. Der Schweizer Pfarrer A.E. Fröhlich spricht für seine Landsleute und die vielen schreibenden Kollegen, wenn er in seinem Epos *Ulrich Zwingli* (1840) den kampfstarken Reformator gegen das Vorbild aller ironischen Humanisten stellt: »Wol ist zu solcher Arbeit Erasmus schon zu alt; / Auch bricht den groben Lastern der feine Spott nicht die Gewalt« [994]. Goethe stimmt in den Chor gegen die Witzigen ein und bedient sich durchaus der üblichen Argumente, wenn er, im Blick auf die dem Witz zuneigenden orientalischen Dichter, den Geist gegen den Esprit ausspielt: »doch steht der Witz nicht so hoch, denn dieser ist selbstsüchtig, selbstgefällig, wovon der Geist ganz frei bleibt« [995]. Das Argument des Subjektivismus, des Egoismus und der Lieblosigkeit begegnet in der Heine-Kritik ständig.

Man versteht, daß hinsichtlich der Witzkultur die Kaiserstadt nicht so viel bieten konnte wie das etwas freiere Berlin. Wohl gibt es im Volkstheater, etwa bei den von Rommel so genannten großen Drei, z.B. bei Meisl, viel Witz und Scharfsinn, und Nestroy führt diese Tradition weiter, – mit dem Erfolg, daß er bei der deutschen Literaturkritik in die Nähe des »gemeinen Heine« geriet. Das eigentliche Lieblingskind des biedermeierlichen Volkstheaters und der nach Wien blickenden Deutschen war eben doch der sentimental-humoristische Raimund. Im restaurativen Wien herrschte keine ironische oder gar aggressive Witzkultur, sondern eine »unschuldige«, »harmlose«, die allerseits beliebte Gemütsharmonie möglichst wenig störende *Spaß-kultur*. I.F. Castelli, einer ihrer Repräsentanten, hat sie programmatisch von der älteren, gescheiteren und daher unbeliebteren Witzkultur abgegrenzt: »*Witz* und *Spaß* sind zweierlei. Der Witz ist das Vermögen der Seele, verborgene Ähnlichkeiten zu entdecken. Der Spaß aber ist das, durch was immer für Mittel hervorgebrachte Lächerliche. Der Witz setzt daher immer – wenigstens eine Art von – Geistesbildung voraus, der Spaß verlangt nicht mehr als die Geschicklichkeit – oder Ungeschicklichkeit –, Lachen zu erregen. Der Witz kann oft erst nach einigem Nachdenken, nach Erklärung oder Auseinandersetzung begriffen und goutiert werden, der Spaß muß in dem Augenblicke wirken, in dem er gemacht wird, sonst ist er kein Spaß. Der Witz liegt nur in der Sache oder in den Worten, der Spaß kann auch in der körperlichen Zutat liegen, der Witz kann öfter wiederholt werden und immer, auch denselben Zuhörern, gefallen, der Spaß verliert bei Wiederholungen seine Kraft, seine Farbe, sein Wesen. Der Witz bewirkt ein Lächeln, der Spaß ein Lachen; daher kommt es auch, daß der Witz nur auf den Geist wirkt, der Spaß aber auch einen wohltätigen Einfluß auf den Körper hat. Der Witz ist oft sehr geziert und spitzig, der Spaß niemals, denn über die [!] Lächerlichkeit verliert sich die Ziererei und bricht sich die Spitze ab. Ein spaßhafter Mensch ist aus dieser Ursache auch fast immer besser gelitten als ein witziger; denn der erstere beleidigt nie, wenigstens durch den Spaß nicht, so lange er nur Spaß bleibt« [996].

Ein Ästhetiker nennt 1847 Hegel den »berühmten Feind der romantischen Ironie« [997]. Man darf also annehmen, daß Hegels Ironie-Kritik innerhalb der akademischen Welt stark gewirkt hat. Aber das bisher Gesagte beweist schon, daß man den Untergang der Witzkultur nicht auf Hegel allein zurückführen kann. Die Festung war schon so ziemlich zur Übergabe bereit, als die Junghegelianer angriffen*. Hegel hatte in jeder Art der nichternsten Dichtung eine Spätstufe, eine Entzweiung von Form und Inhalt, eine Schwächung der »Substantialität« gesehen. Während er aber für Aristophanes noch genug Achtung besaß, hatte er denen, die sich zu seiner Zeit auf dies große klassische Vorbild beriefen, die Anerkennung verweigert. Die Ironie, meint Hegel, vernichtet im Unterschied zum Komischen nicht nur Scheinwerte, son-

---

* Nur nebenbei sei an dieser Stelle bemerkt, daß sich die Hegelianer und manche großen Christen um 1850 im Kampf gegen die transzendentale Ironie einig waren. Bekannt ist Eichendorffs Kritik an der hybriden frühromantischen Ironie. Bei Kierkegaard pflegt man den Gegensatz zu Hegel zu betonen. Richtig ist, daß er Hegels prinzipielle Ablehnung der Ironie tadelt. Er unterstützt aber uneingeschränkt seinen Kampf gegen die romantische und jungdeutsche Ironie; ja, er konzentriert seinen Angriff auf Solger, dessen Ironiebegriff Hegel am ehesten respektiert hatte. Gerade den metaphysischen Charakter der romantischen Ironie lehnt Kierkegaard ab. Die begrenzte oder »beherrschte Ironie« Shakespeares und Goethes dagegen bewundert er. Diese untergeordnete Funktion behält die Ironie nach dem Nachweis von Martini (s.o. S. 279 f.) bei den Realisten.

dern die Werte selbst. Die Interesselosigkeit, die das Publikum gegenüber den Produktionen der Ironiker erkennen läßt, wird von Hegel verteidigt. Im Geiste Hegels bedauert D.F. Strauss tief, daß auch gesunde, dem Objektiven zuneigende Erzähler wie Immermann *(Die Epigonen)* und Holtei *(Die Vagabunden)* der ironischen »Selbstzerstörungslust« frönen, um ihre »höhere poetische Schule« zu beweisen. In scharfer Wendung gegen Jean Pauls und Hoffmanns Vorbild betont der revolutionäre Hegelianer, daß die höhere poetische Weihe nicht in irgendwelchen »Kapriolen« liegen kann [998]. Ruge, der radikale Junghegelianer, der mit Börne und Heine aus politischen Gründen aufrichtig sympathisiert, kann doch ihren indirekten und indezenten Stil nicht bejahen; *denn er erkennt die geschichtliche Verwandtschaft mit dem Rokoko:* »die Puder- und Frivolitätsexzesse scheinen mir ... legitimistische Opposition zu sein« [999]. Er ermahnt Heine, der »nach Goethe der freiste Deutsche« ist, gerade »die übermütige Satire ... mit Anstand« auszuüben [1000]; denn nur dann verzeiht man sie. Er redet die »Verehrer des Witzes« – offensichtlich gibt es deren viele – ausdrücklich an und erinnert sie daran, daß »der Schönheit ... das grelle Schlaglicht des Witzes leicht Abbruch« tut [1001]. Interessant ist eine Bemerkung, die sich wohl auf die Jungdeutschen und auf das Neu-Rokoko um 1840 bezieht: »auch will das Rokokounwesen nicht recht fassen, es verschwindet schon wieder« [1002]. Er entwickelt das Ideal einer deutschen Literatur jenseits von allzu bemühter Witz- und Geniekultur: »es ist für Deutschland nichts nötiger, als den Gegensatz von Geist und Pedanterie in einer Literatur aufzuheben, die weder pedantisch geistreich, noch geniale oder liederliche Pedanterie ist« [1003].

Auch von der schulmäßigen Stilistik beginnt der geistreiche Stil um 1848 entschieden abgelehnt zu werden. So wendet sich Karl Ferdinand Becker in dem repräsentativen Buch *Der deutsche Stil* (1848) auf organologischer Grundlage gegen ihn: »es sind nur ungewöhnliche, der natürlichen Auffassung der Dinge fern liegende Zusammenstellungen der Begriffe, mit großem Aufwande von Witz herbeigezogene Gleichnisse und Gegensätze und neu geschaffene Ausdrücke, was den oft sehr alltäglichen Gedanken in der Darstellung den Schein des Geistreichen gibt« [1004]. Becker verkennt also nicht die Kunst des geistreichen Stils; aber er entlarvt sie als Formalismus. Die Kritik an Heines Ironie ist oft mit einem sehr großen Respekt vor seinem literarischen Können verbunden, ähnlich wie die an Kotzebue: »Heine ist mit der Gabe des Wortes ausgestattet in dem Grade, daß *an sich* viele seiner Worte als gewaltige Funken hätten Flammen in den Herzen entzünden können; aber so, wie er seine Gabe mißbraucht, gleichen sie nur neckenden Fröschen der Feuerwerker, die, von einem schadenfrohen Herbstgast unter die Menge geworfen, einen augenblicklichen Schrecken, einen kleinen Verdruß und ein kurzes Gelächter erzeugen« [1005]. Man sieht: *das geistreiche Spiel als solches ist der Hauptgrund der Kritik!* Ob Heine auf Grund solcher wohlgemeinten Kritik oder auf Grund der allgemeinen Stilentwicklung seine Ironie im *Romanzero* (1851) milderte, wird schwer festzustellen sein. Jedenfalls entspricht er in seinem Spätwerk eher dem immer mehr sich verfestigenden deutschen Humorideal. Doch da war er für die deutsche Kritik schon abgestempelt. Die große Leistung rettete den »gemeinen Ironiker« nicht vor der Verbannung. In

W. Müllers (von Königswinter) kuriosem Nachruf *Höllenfahrt von Heinrich Heine* (1856) heißt es:

Fort, fort aus Kunst und Poësie
Die Gassenjungentiraden! [1006]

Der Adel des Humors

Der Adel des Humors wurde in der Biedermeierzeit oft übertrieben, wie manche Abgrenzung von der Ironie, z.B. die Mundts, bereits erkennen ließ. Ihm ist der Humor eine Art Philosophie, die es mit der Totalität der Welt zu tun hat. Ein Grund für diese Überforderung des Humors liegt in der überragenden, das ganze Biedermeier überschattenden Erscheinung Jean Pauls*. Wenn von Humor gesprochen wird, kann man sicher sein, daß Jean Paul zitiert wird. Besonders das geistreiche Wort vom Humor als dem umgekehrten Erhabenen hört man allenthalben, sogar in Jeitteles *Ästhetischem Lexikon*, das in Wien erschienen und daher in mancher Beziehung noch mit der Rhetorik verbunden ist. Wir wissen schon: der Laune, dem Spiel des Witzes fehlt die »*höhere moralische Tendenz*«. Der Witz ist originell, aber auch egoistisch beschränkt. Er trifft einzelne Torheiten und Toren, während der Humor »über die Verkehrtheit des ganzen Menschenlebens ... Gericht hält, und daher *eine sehr ernste Beziehung auf das Ideal der Moralität* selbst hat« [1007]. Nach dieser Definition, die eine Verbiedermeierung des Humors erkennen läßt, durfte Gotthelf sich ganz und gar als Humorist fühlen. *Es ist klar, daß in dieser, auch weltanschaulich gesehen, absolutistischen Epoche die Grenze zwischen Satire und Humor noch nicht zu ziehen war.* Fremd hört sich in der Zeit der beginnenden Restauration ein Goethesches Bekenntnis zum Relativismus an (an Adolph Müllner 6.4.1818): »Und da nun in jeder Welterscheinung von absoluter Billigung die Rede nicht sein kann; so muß man die relative Beachtung in liebevoller Sorgfalt bedächtig pflegen« [1008]. Auf dieser Basis steht der spätere realistische Humor. Auch Hegel trieb die Entwicklung in dieser Richtung weiter, wenn er seine Ablehnung der romantischen Ironie durch den Hinweis auf »*einen gleichsam objektiven Humor*« ergänzte und sich in diesem Zusammenhang ausdrücklich auf Goethes *West-östlichen Divan* berief [1009]. Der Kult dieses großartigen, weltfrommen Humors blieb Zukunftsmusik. Wie die Biedermeierzeit den *West-östlichen Divan* und den Humor in *Faust II* nicht verstand, so war ihr im allgemeinen auch ein so wenig mit dem »Ideal der Moralität« verbundener Humorbegriff fremd. Sie orientierte sich an dem »pathetischen Humor«, mit dem Jean Paul nach dem Urteil von Paul Heyse die Wirklichkeit vergoldete. Selbst Jean Paul ist manchem Kritiker noch zu großzügig. Das Biedermeier duldet »Zynis-

---

* Reinhold *Grimm* führt, wahrscheinlich mit Recht, die Entstehung einer besonderen Gattung »Humoreske« um 1820 auf den Einfluß Jean Pauls zurück (Begriff und Gattung Humoreske, in: Jb. der Jean Paul-Gesellschaft, 3.Jg., 1968, S. 152). Der Gattungsbegriff ist wenig bestimmt (ebd., S. 158). Die stärkste Verbreitung findet die ziemlich triviale bürgerliche Gattung im letzten Drittel des 19. Jahrhunderts (ebd., S. 161).

men« nicht, während dies Jean Paul ausdrücklich bei Swift getan hatte. Die Veredelung oder vielmehr Verdüsterung des Humorbegriffs kann so weit gehen, daß er aufhört, eine nichternste Stilhaltung zu bezeichnen. Pölitz, den wir als besonnenen Lehrmeister des Stils kennengelernt haben, grenzt das Humoristische zunächst von dem »Launenhaften« ab. Der Humorist arbeitet individueller als der launige Dichter; daher berührt er sich auch gerne mit dem Naiven, das nicht an die Gesellschaft gebunden ist. »Der Humorist gibt und äußert sich mit aller Unbefangenheit des Natürlichen und mit Hinwegsetzung über die Formen der Konvenienz, ob er gleich nicht selten dem Ernsthaften und Feierlichen einen Anstrich des Komischen und dem Komischen und Lächerlichen einen Anstrich des Ernsthaften, Wichtigen und Feierlichen erteilt. Man lacht deshalb auch nicht eigentlich über den Humoristen, weil er nicht Lachen erregen will und seine Darstellung durchgehends den Charakter des Ernsthaften trägt« [1010]. Was bei einem so ernsthaften Humor-Ideal herauskommen konnte, war der »Klein-Humor«, der Episoden- und Genrehumor, den Fontane bei Alexis kritisiert und den Keller mit dem gleichen Recht bei Gotthelf hätte beanstanden können. Der »objektive Humor« des Realismus bereitet sich in episodischen Szenen vor – wir werden sie auch im Versepos kennenlernen (vgl. Bd. II, Kap. Versepik) –; aber der Grundton der Werke ist noch pathetisch (bzw. empfindsam) und ironisch (bzw. satirisch) oder eine sehr gespannte Mischung zwischen den entgegengesetzten Tönen.

Der komische Ton

Sehr viel weniger problematisch ist im Vormärz der komische Ton. Es gibt ihn noch in allen Gattungen, nicht nur im Lustspiel und in der Posse, wenn diese auch im Biedermeier einen besonderen Höhepunkt erreichen*. Wir hörten schon, daß nicht sittliche Verirrungen – denn über diese darf man nicht lachen! –, sondern nur harmlose Verkehrtheiten den Stoff des Komischen bilden dürfen. Das Komische gehört zum niederen Stil, während das Ironische öfters und das Humoristische immer zum mittleren Stil tendiert. Das bedeutet freilich nicht, daß der Komik jede Sprachderbheit erlaubt ist. Gutzkow vermeidet im *Blasedow*-Roman bei der Beschreibung eines Essens aus Milch, Zucker und Brot, für das es keinen hochdeutschen Namen gibt, ganz nach der Vorschrift der Rhetorik die derbe niederdeutsche Bezeichnung, »weil es in der Familiarität auch der komischen Romane eine Grenze geben soll« [1011]. Diese Grenze erscheint nötig, obwohl in den Lehrbüchern stets zwischen dem Derb-Komischen und der höheren oder feineren Komik unterschieden wird. Auch die Posse ist also an diese Grenze gegenüber dem »Unflätigen« gebunden. Anspruchsvolle Dichter wie Platen beachten nicht nur solche Dezenz, sondern versuchen, selbst das Lustspiel mit Elementen des höheren Stils zu durchsetzen und so zu heben (vgl.

---

* Wenn man von dem Gelingen ausgeht, ist der komische Roman vielleicht auszuschließen. Im Kapitel Erzählprosa (Bd. II) mustere ich einige Experimente in dieser Gattung und frage nach den Gründen des Mißlingens.

z.B. den *Schatz des Rhampsinit*). Auerbach hat in seinem programmatischen Buch *Schrift und Volk* (1846) nicht nur die Brillanten und Eleganten, sondern auch allzu derbe Dialektdichter wie Weitzmann abgelehnt. Es gibt den »Fehler des Niedrigen« [1012].

In einem Zeitalter, dem die Karitas so hoch steht, kann es nicht fehlen, daß sogar das Komische als die »höchste Betätigung der Liebe« angesprochen wird, weil wir uns nämlich unter seinem Einfluß durch die »Erscheinung des Endlichen nicht mehr zu Zorn und Haß erregen lassen« [1013]. Es fällt auf, daß selbst Solger, der das komische Epos geringschätzt, dem Roman gestattet, entweder komisch oder tragisch zu sein [1014]. Dementsprechend hat sein Freund Tieck eine ganze Reihe von Lustspielgeschichten geschrieben, nicht nur *Des Lebens Überfluß*. Er hat auch über die Funktion des komischen Dichters nachgedacht und ist dabei zu Formulierungen gelangt, die für die Zeit repräsentativ sind: »Das Leben in seinen mannigfaltigen Verhältnissen bietet dem komischen Dichter, wegen seiner vielfachen Verschlingungen, Mißverhältnisse, Widersprüche und der notwendigen Ungeschicklichkeit, mit welcher die subalternen Kräfte so häufig die größten Gedanken in der Ausführung entstellen, immerdar Stoff zu seinen Gemälden. Die Verkehrtheit des Menschen weiß sich allenthalben Bahn zu machen, und das poetische Auge, das durch Unbefangenheit geschärft, von innerer Richtigkeit gelenkt in diese vielfachen Kreise hinein schaut und Bedeutsamkeit und Wahrheit vom Törichten und Zufälligen zu unterscheiden weiß, wird wohl immerdar Gegenstände für den Scherz und das heitere Lachen entdecken; wenn der Dichter sich mit Bitterkeit auch nicht in das Individuelle verliert, um dies, was ihm als Irrtum erscheint, verfolgend zu vernichten« [1015]. Die Ständeklausel klingt an (»subalterne Kräfte«), das Denken in bestimmten Normen, welches die alte Voraussetzung des Komischen ist, kommt klar zum Ausdruck. Die Grenze gegenüber dem »Individuellen« wird entsprechend streng gewahrt. Es versteht sich, *daß man auf dieser Basis die Schematisierung, die das Komische erfordert, noch ungezwungen leisten kann,* in der komischen Novelle, im komischen Epos, im Scherzgedicht, im Lustspiel und in der Posse. Für alle diese Gattungen bietet die Biedermeierzeit hervorragende Leistungen. Höllerer hat m.E. Auerbachs *Mimesis* nicht ganz verstanden, wenn er im Blick auf Niebergalls *Datterich* keinen grundsätzlichen Unterschied zwischen dem komischen und dem realistischen Stil gelten lassen will [1016]. Selbstverständlich kann auch in die komischen Schemata – in diesem Fall ist es der beliebte Lumpazi-Typus – Empirisches eindringen; aber das Stück als komisches entsteht erst durch die energische, stark übertreibende Überformung des wirklichen Lumpen. *Eben die entschiedene Fähigkeit zur Handhabung des niederen Stils, welche die Biedermeierzeit besitzt, verrät ihren Abstand vom Realismus.*

Auch der Bereich der *Groteske, Parodie, Travestie* genießt in der Biedermeierzeit noch große Beliebtheit, nicht nur im Bereich des Volkstheaters, sondern auch in der Erzählprosa (z.B. bei Gotthelf), im komischen Epos (z.B. *Atta Troll*) und in der Verserzählung (z.B. Mörikes *Märchen vom Sicheren Mann*). Man wird aber selten in diesen grotesken oder parodistischen Übertreibungen den Kern des entsprechenden Dichters erblicken wie dies vorher, etwa bei Hoffmann, und in der modernen Literatur öfters der Fall ist. Höchstens einige Dichter des Wiener Volkstheaters mögen die Ausnahme zu dieser Regel bilden.

Man findet häufig Äußerungen gegen die extremen komischen Stilformen. Solger: »Die Travestie bleibt immer etwas Erbärmliches und kann höchstens als ein Spaß betrachtet werden« [1017]. Dingelstedt: »Ich liebe unter allen Kunstformen die Parodie ... am wenigsten, jede Karikatur stößt mich ab, und der Spaß wird mir ekelhaft-unflätig, sobald er mit seinen kecken Beinen den gefährlichen Schritt vom Erhabenen zum Lächerlichen macht und jenes notzüchtigend in seine gemeinen Arme zieht« [1018]. Dieser Schriftsteller leugnet also nicht, daß die Parodie eine »Kunstform« ist – in der Ästhetik ist sie noch allgemein bekannt –; aber die gewaltsame Abstraktion ins Komische, die sie leistet, ist ihm schon zuwider. Auch Pölitz spricht nur flüchtig und reserviert über diejenige Stilart, die »das Lächerliche so ins Übertriebene (Groteske)« zeichnet, »daß durch die Darstellung desselben die Gedenkbarkeit einer solchen Erscheinung von der wirklichen Welt ausgeschlossen« wird [1019]. Auch Berthold Auerbach warnt vor übertriebener Komik und meint: »die niederste Stufe der Dichtung: die Parodie« [1020]. Die Biedermeierzeit wollte sich gewiß nicht einem völlig prosaischen Positivismus ausliefern; aber sie liebte es, empirische Elemente in ihr restaurativ oder revolutionär genormtes Weltbild aufzunehmen. *Die abstrakte Konstruktion, an der man festhielt, sollte hübsch verkleidet werden und ja nicht nackt in die Erscheinung treten.* Mit dieser Kompromißbereitschaft vertrug sich der radikale Charakter der Groteske und Parodie schlecht. Man war, auch wenn man noch so eifrig an einer idealen Ordnung festhielt, auf dem Wege zum Realismus. Da konnte diese »übertriebene« Stilart wirklich nur, wie Solger sagt, ein »Spaß«, eine Ausnahme, ein gelegentliches übermütiges Experiment am Rande des eigentlichen Lebenswerkes sein.

Fortbestehen der Lehre von den drei genera dicendi

Nach der Betrachtung der einzelnen Stilhaltungen, die im 18. Jahrhundert begann und heute allgemein üblich ist, muß mit Rücksicht auf die anhaltende Stärke der Rhetoriktradition, die uns allenthalben entgegentrat, noch die Frage gestellt werden, ob die Lehre von den drei genera dicendi die Kritik Herders und des Sturm und Drangs, K.Ph.Moritzens und der Frühromantik überlebte. Sprach man nur von Pathos, Empfindsamkeit, Ironie, Humor, Komik usw. oder erhielt sich daneben noch die Vorstellung von dem höheren, mittleren und niederen Stil? Es gibt auf diese Frage eine klare Antwort. Die Lehre von den drei Stilen überstand die Kritik der Individualisten, der seltenen echten und der vielen falschen »Genialen« und fand in der Restaurationsepoche erneute Wertschätzung. Von erheblicher Bedeutung dürfte auch in diesem Punkt die Haltung Jean Pauls, dem niemand die Genialität absprechen konnte, gewesen sein. Trotz einiger romantischer Bedenken gegen die stilistische »Stufenwillkür« unterscheidet er noch wie das Barockzeitalter Romane hohen (italienischen), mittleren (deutschen) und niederen (niederländischen) Stils. Als Beispiele nennt er u.a. die allerdings sehr verschieden hoch stilisierten Dichtungen: *Werthers Leiden* (hoch), *Lehrjahre* (mittel), *Quintus Fixlein* (nieder). Wenn man bedenkt, daß der Erzähler Jean Paul selbst die verschiedenen Register sehr bewußt zieht und es weder einen ganz individuellen Jean-Paul-Stil noch einen Personalstil der Figuren gibt, so findet man seine Entscheidung für die traditionellen genera dicendi natürlich. In der *Vorschule der Ästhetik*, welche die Lehre von den drei Romanstilen enthält, läßt sich gelegentlich eine direkte Ablehnung des Individuellen und damit des Realen im Sinne des 19. Jahrhunderts feststellen; z.B.: »Alles sogenannte Edle, der höhere Stil begreift stets das Allgemeine, das Rein-Menschliche und schließt die Zufälligkeiten [!] der Individualität aus, sogar die schönen, ... die ewigen Teile der Natur sind edler als die des Zufalls und des bürgerlichen Verhältnisses«. Jean Paul, der Kritiker des weimaranischen Formkultes, bestätigte also letzten Endes doch den Klassizismus. Auch Goethes unwillkürlicher Vorstoß zugunsten des Individualismus und des individualistischen Stils (Erlebnislyrik, *Lehrjahre* usw.) konnte sich erst im Realismus voll auswirken, da er sich selbst grundsätzlich dem an den Höfen konservierten klassizistischen Prinzip beugte und sozusagen nur in einem dichterischen Doppelleben die Versuche in Richtung auf eine individualistische Stilrevolution stützte. Man sieht an dieser viel zu wenig erforschten Stelle, wie eng stilistische Revolutionen und Restaurationen mit der allgemeinen Geschichte zusammenhängen. Man versteht auch, weshalb die romantischen Bemühungen um einen neuen Stil nach der restaurativen Wende der Romantik erlahmten und verkümmerten.

In den Lehrbüchern der Rhetorik, die zu Beginn der Restaurationsepoche erschienen, wird oft um Kleinigkeiten gestritten. So leuchtet es etwa Heinrich August Schott (*Die Theorie der Beredsamkeit*, 3 Teile, Leipzig: J.A.Barth 1828) nicht ein, daß sein verehrter Freund, Hr. Hofrath Pölitz, bei der Beschreibung des niederen Stils die Verstandestätigkeit so stark betont, die eigentlich der »Sprache der Prosa«, die mit dem niederen Stil nicht identisch ist, vorbehalten bleiben sollte [1021]. Man streitet um Finessen der systematischen Rhetorik, nicht um diese selbst. Sie erscheint von neuem so gesichert wie die gesamte christliche und humanistische Tradition. Ohne jede Diskussion der Tradition lehrt Pölitz ganz schlicht: »Jedes einzelne stilistische Erzeugnis, das die Bezeichnung des *Klassischen* verdient, es gehöre übrigens zur Sprache der Prosa oder der Dichtkunst oder der Beredsamkeit, muß sich durch das eigentümliche Gepräge der Darstellung und durch die Schattierung des darin vorherrschenden Ausdruckes von allen andern stilistischen Erzeugnissen unterscheiden und wird, nach diesen beiden Merkmalen, entweder zur *niedern oder zur mittlern oder zur höhern Schreibart* gerechnet, welche schon die Theoretiker des Altertums, Cicero und Quintilian (als genus tenue, medium et sublime) kannten« [1022]. Pölitz bemerkt richtig, daß die antiken Rhetoriker noch nicht so entschieden systematisierten, wie dies »in einer wissenschaftlich durchgebildeten Philosophie der Sprache möglich« ist [1023]. Er erhebt also den Anspruch, auf der Höhe der Zeit zu stehen.

Dies bedeutet, daß er das Individualitätsprinzip, stark wie es trotz allem ist, in sein System einbeziehen muß. Er hilft sich dadurch, daß er sagt, die Individualität des Schriftstellers bestimme die Wahl der Schreibart und gebe dieser auch ein »eigentümliches Gepräge« [1024]; ja er warnt sogar vor der Nachahmung einer fremden »Manier« (Individualität). Nachdem er auf diese Weise den individuellen Stil in das alte System eingebaut hat, fährt er völlig traditionsgemäß fort: »Nächst diesem *innern,* in der Individualität des Schriftstellers selbst enthaltenen Grunde, kann aber auch die Wahl der einen von den drei Schreibarten in einzelnen Fällen bald von dem darzustellenden *Stoffe,* bald von dem *Zwecke* abhängen, für dessen Erreichung der Schriftsteller seine stilistische Darstellung berechnet« [1025]. Wie sich das alte Stoff- und Zweckprinzip zum neuen Individualitätsprinzip verhält, wird nicht erörtert. Bemerkenswert für diese Rhetorik und für die ganze Biedermeierzeit ist es, daß Goethe und Schiller noch kein Monopol des Klassischen besitzen. Solcher Geniekult widerspräche völlig dem in die Rhetorik integrierten Individualitätsbegriff. Klassiker gibt es grundsätzlich in jeder Epoche der deutschen Literatur, wie natürlich auch auf jeder Stufe des Stils. Als Klassiker des niederen Stils werden genannt: Luther, Gellert, Chr. F. Weisse, Wieland. Klassiker des höheren Stils sind u. a.: Klopstock, Fr. Leopold Graf zu Stolberg, Kosegarten, Jean Paul. »v. Schiller« und »v. Göthe« werden mit vielen andern, z. B. Engel, F. H. Jacobi, Gerstenberg und Thümmel, zu den deutschen Klassikern der mittleren Schreibart gerechnet.

In Christoph Kuffners anonymer *Theorie der Beredsamkeit* (1825) heißt es einfach, der Gebrauch der Schreibarten werde bestimmt »a) durch die individuellen Charaktere und Talente der Schriftsteller; b) durch die Beschaffenheit des zu behandelnden Gegenstandes: c) durch den besonderen Zweck, dessen Erreichung ein Werk durch stilistische Darstellung befördern will« [1026]. Hier kann die Frage, wie sich das Individualitätsprinzip zu dem stoff- und zweckbestimmten Stil der älteren Rhetorik verhält, noch weniger auftauchen. Unter den Klassikern des niederen Stils erscheinen hier neben Gellert und Wieland bemerkenswerterweise Claudius und Lichtenberg. Im mittleren Stil sind Lessing, Kant, Forster u. a. die Vorbilder. Schiller avanciert in Wien zum Klassiker des höheren Stils; aber Goethe wird vollkommen vergessen. Auch ein weniger konservativer Theoretiker der Kaiserstadt, der F. Schlegel zitiert und selbst Einfälle hat, Philipp Mayer, fühlt sich verpflichtet, über die Lehre von den drei Stilarten zu referieren. Die Begründung dafür beweist, wie wenig erschüttert die Rhetorik zu Beginn der Biedermeierzeit ist: »Am häufigsten erscheinet die Einteilung in niederen, mittleren und höheren Stil« [1027].

Wir machen einen Sprung von etwa dreißig Jahren zu dem Hegelianer Karl Rosenkranz (*Aestetik des Häßlichen,* Königsberg: Bornträger 1853), der – so sollte man meinen – viel besser als der Rhetorikprofessor Pölitz geeignet war, sich als philosophischer Ästhetiker mit der Lehre von den drei Schreibarten auseinanderzusetzen. Doch wir bemerken wieder nur die Macht der Rhetorik-Tradition in Deutschland. Rosenkranz vergleicht die Tonart mit der Methode des Wissenschaftlers. Zwar läßt er das bewußte »Herunterfallen aus einer Tonart in die andere« als »ein Hauptmittel der Komik« gelten [1028]. Doch das unwillkürliche, unmethodische Mischen von Tönen – er bringt ein Beispiel aus dem Göttinger Hain – hält er für eine schwere ästhetische Sünde. Sogar im Roman fordert er noch das bewußte Registerziehen, wie es aus Jean Pauls Stilpraxis, aus Hoffmanns *Kater Murr,* Immermanns *Münchhau-*

sen usw. bekannt ist: »Aus der Idee des Schönen selber ergibt sich, daß die Darstellung eines Kunstwerkes entweder im *hohen* und *strengen,* im *mittleren,* oder im *leichten* und *niedern Stil* möglich ist. Für eine dieser Tonarten muß [!] der Künstler sich entschließen. Jede enthält Abstufungen in sich, die Übergänge zu den andern bilden, aber jede hat eine nur ihr zukommende ästhetische Qualität. Die Kunst muß darauf bestehen, daß ihre Produkte entschieden in der einen oder andern dieser Stilarten gehalten seien. Werden dieselben, wie besonders in der Romanform geschieht, *gemischt,* so müssen doch innerhalb der Mischung die Unterschiede in ihrer Reinheit für sich hervortreten« [1029]. Anschließend zeigt der Ästhetiker am Beispiel von Lied und Ode, was mit dem Wesen eines Kunstwerks gemeint ist. Auch hier geht es um *Gattungsunterschiede.* Von der Individualität, welche die erwähnten Rhetoriker in Leipzig und Wien anpassungsfähig in die Rhetorik hineinnahmen, spricht der »methodische«, hegelianische Philosoph nicht mehr.

Daß den weiteren Kreisen der Öffentlichkeit die realistische Programmatik der Publizisten Schmidt, Freytag usw. mehr einleuchtete als die unentwegte akademische Rhetoriktradition, sei nur an Friedrich Becks *Lehrbuch des Deutschen Prosastils für höhere Unterrichts-Anstalten, wie auch zum Privatgebrauche* (München: C.A. Fleischmann 1861) belegt. Hier wird zwischen Geschäftsprosa, reiner Kunstprosa und poetischer oder Gefühlsprosa unterschieden, und nur eine Anmerkung erinnert noch an die drei genera dicendi: »Die alten [!] Rhetoriker unterschieden eine niedere, mittlere und höhere Schreibart« [1030]. Jetzt ist die Rhetorik plötzlich nicht mehr fein. Man verbirgt sie, auch wenn man als Schulmeister noch tief in ihr steckt.

»Übergänge« zwischen den Schreibarten

Rosenkranz spricht von den »Übergängen«, die es zwischen den drei Schreibarten gibt. Auch das ist eine alte Lehre, die man freilich mehr oder weniger revolutionär ins Feld führen konnte. Schon Quintilian hatte davon gesprochen, daß die Zwischenräume zwischen den genera von vielen übergänglichen Stilarten ausgefüllt werden: »prope innumerabiles species reperiuntur« [1031]. Von dieser Lehre Gebrauch zu machen, lag insofern nahe, als im gesamten 18. Jahrhundert ein lebhafter Kampf gegen die Monotonie geführt wurde. So liest man etwa in Gottscheds *Ausführlicher Redekunst* (Leipzig: Breitkopf 1736): »Nichts ist so ekelhaft, als eine beständige Einförmigkeit in der Rede« [1032]. Die Deklamationskunst und die Deklamationslehren, die um 1800 eine gewaltige Verbreitung erlebten, steigerten die Geltung des Mannigfaltigkeitsprinzips so sehr, daß ihm wohl jedes Lehrbuch der Biedermeierzeit Rechnung tragen mußte. So werden z.B. in Kuffners *Theorie der Beredsamkeit* ausdrücklich »Übergänge« gefordert und für diese Technik genaue Ratschläge gegeben: »Nur müssen diese Übergänge, die steigenden wie die fallenden, nie gewaltsam und unvorbereitet, sondern *stufenweise* geschehen und wohl motiviert sein. Gut ist der Übergang von der niedern Schreibart in die mittlere und von dieser in die höhere, oder, im umgekehrten Verhältnisse, von der höhern zur mittlern und von dieser zur niedern herab. Sprünge von der niedern in die höhere oder von der höhern in die niedere sind unerträglich für das Ohr und für den Geist. Auch versteht sich von selbst, daß Übergänge in kürzeren Aufsätzen weniger stattfinden dürfen als in Werken von größerem Umfange« [1033]. Mit dieser klassizistischen Anweisung konnte man kein Heine werden, aber ein Grillparzer und ein Stifter; ja, man darf sagen, daß dieser praktische Wiener, im Unterschied zu dem gelehrten Rosenkranz, den Weg von Jean Paul zu Raabe und Fontane freigab. Mit dem Stetigkeitsprinzip der Erzählkunst harmonierte diese aufgelockerte Schreibartenlehre vollkommen. Schon Wieland konnte in der französischen Enzyklopädie, in dem Artikel *Style,* der auch die von Beissner hervorgehobene »Poesie des Stils« lehrte, lesen: »Ces trois sortes de styles se trouvent souvent dans un même ouvrage, parce que la matière s'élevant et s'abaissant, le style qui est comme porté sur la matière, doit s'élever aussi et s'abaisser avec elle« [1034]. Man glaubt, den Widerhall solcher Lehren schon in Wielands *Agathon* wiederzuerkennen, der nicht nur irgendein Werk, sondern ein Romanmuster und sozusagen der Großvater des Entwicklungsromans im 19. Jahrhundert war.

Eine Lockerung bedeutet auch die beliebte Vorstellung, daß die Lehre von den drei genera nur die Verpflichtung in sich schließt, im Auf und Ab der inhaltsbedingten Stilhöhe einen »Grundton« zu halten. »Einheit in der Mannigfaltigkeit« war die Parole gewesen, mit der Adelung versucht hatte, den Konflikt zwischen den Prinzipien der »Mannigfaltigkeit« und der »Einheit« des Tons zu lösen [1035]. Adelung hatte mit der Mehrzahl der akademischen Rhetoriker die »Einheit des Tons« bei Shakespeare nicht gefunden und ihn entsprechend verurteilt. F.W.Gotter dagegen, Hofdichter in Gotha, fand, daß es der große Dichter und Menschenkenner durchaus verstanden habe, der echt dramatischen Handlung »durch glückliche Einflechtung kleiner, oft unbeträchtlich scheinender oder mit dem Haupttone gewissermaßen kontrastierender Nebenumstände mehr Wärme, Abwechslung und Wahrscheinlichkeit mitzuteilen« [1036]. Der Hof-Poet erfaßt Shakespeares feine Kunstmittel auf der noch immer bestehenden Basis der Rhetorik-Tradition richtiger als die Stürmer und Dränger, und er spielt Shakespeares Kunst mit einem gewissen Recht gegen die Geschmacklosigkeit der vermeintlichen Genies aus. Hatte dieser Klassizist klug und vorsichtig die Einbeziehung des niederen Stils in die Tragödie gerechtfertigt, was Schiller, ganz im Widerspruch zur klassisch-französischen Tragödie, durch eine mutige Erweiterung des klassizistischen Dramas bestätigte (*Wallensteins Lager, Jungfrau von Orleans* u.a.), so wurde auf der Linie von Winckelmanns empfindsamem Klassizismus praktisch *der niedere Stil ausgeschaltet und durch die Zweiheit von »erhaben« und »schön« ersetzt* [1037].

Die Lehre von den drei genera dicendi war also von den Klassizisten selbst modifiziert worden, und darauf kam es bei dem übermächtigen Einfluß, den die klassische Philologie und das Gymnasium in der deutschen Gesellschaft hatten, wesentlich an. Ein kühnes Ergebnis dieser Entwicklung fanden wir schon in Kuffners großzügiger Lehre von den unbegrenzten, wenn auch allmählichen Übergängen in ein und demselben Werk. Typischer für die Biedermeier-Rhetorik ist vielleicht die folgende vorsichtige Formulierung Joseph Hillebrands (*Lehrbuch der Literar-Aesthetik*, Bd. 2,

1827): »Daß diese drei Arten des Stils nicht scharf voneinander geschieden werden können, begreift sich leicht. Vielmehr sind mannichfaltige Übergänge und Abstufungen möglich. Auch werden sie vielfach ineinander übergehen können, je nachdem die Entwicklung eines Gegenstandes es mit sich bringt. Nur eine zufällige, weder vom Inhalte noch Zwecke begründete, geschmacklose und bunte Mischung ist ästhetisch durchaus zu verwerfen. Immer muß ein sprachlicher Vortrag, was er auch betreffen möge, in einer von diesen drei Arten seinen stilistischen Grundton haben« [1038].

Der mittlere Stil gewinnt allmählich Raum

In den Anfängen der Großepoche zwischen Barock und Realismus war der niedere und mittlere Stil von der Aufklärung, der höhere Stil von der Empfindsamkeit forciert worden. Immer wieder wird um 1760 oder 1780 Gellerts unscheinbare, aber bewundernswürdige *Kunst* gegen Klopstocks Gepränge ausgespielt. Die Klopstocktradition (Göttinger Hain, Hölderlin) ist stark; aber in der Breite der Gesellschaft erhält sich die Tendenz zur Stilsenkung. Klopstocks erhabene Gesänge verschwinden aus den Gesangbüchern. Gellerts schlichte Lieder bleiben. Sie waren freilich nicht so »vertraulich« – so nennt Adelung und sein Gefolge den niederen Stil – wie die Verserzählungen, sondern erhoben sich zu einer bescheidenen Höhe, und zu diesem Kompromiß neigt schon das späte 18. Jahrhundert, im Lager der Aufklärer sowohl wie in dem der Empfindsamen. Auch der Sturm und Drang, der zwischen Enthusiasmus und Zynismus schwankt und eher zu einem gespannten Mischstil neigt, ist eine Etappe auf dem Weg zum mittleren Stil; denn jede Spannung trägt insgeheim die Tendenz zum Ausgleich in sich. Schon 1788 lesen wir in einer Rhetorik, daß sich das Gebiet der mittleren Schreibart naturgemäß »sehr weit erstrecken« muß [1039].

Adelung schätzte den mittleren Stil wegen seiner Klarheit und edlen Einfalt besonders, womit er wohl nur dem allgemeinen Geschmack der bürgerlichen Spätaufklärung Ausdruck gab. In einer beliebten Rhetorik der Biedermeierzeit heißt es dann – bezeichnenderweise im Anschluß an die Lehre von den Übergängen – ganz klar: »Am wichtigsten ist und bleibt immer die *mittlere* Schreibart, weil sich in ihr der Charakter des Volks und der Sprache am sichersten abdruckt, weil sie unter allen gebildeten Völkern am meisten angebaut ist, weil in ihr die meisten und vorzüglichsten Schriften geschrieben sind« [1040]. Die Stelle läßt erkennen, daß das von der Aufklärung begünstigte republikanische Mehrheitsprinzip der Schätzung des mittleren Stils zugute kam. Dagegen hört man jetzt vom höheren Stil, der nach wie vor unentbehrlich erscheint, öfters, er dürfe »nicht so wohl in ganzen Schriften, als vielmehr nur in einzelnen Teilen derselben und besonders am Schluß eines Ganzen stattfinden«, weshalb ihm die Dämpfung durch den mittleren Stil notwendig sei [1041]. Das gleiche gilt, wie wir sahen, für den allzu niederen parodistischen oder grotesken Stil. *Der mittlere Stil breitet sich also schon innerhalb der vorrealistischen Zeit langsam nach oben und unten aus und wird nicht gerade zum absoluten, aber zum tonangebenden Zentrum.*

Zum Volke paßt der mittlere Stil, hörten wir, zum deutschen Volke sagt ein revolutionärer Rhetoriker 1848; denn weder die glänzende, aber nicht sehr stichhaltige Rede der Franzosen noch die zu kalte und schmucklose englische Rede entspricht dem deutschen Geschmack [1042]. Ifflands Drama, das durch seine Neigung zum Genrerealismus meist in einem mittleren Stil gehalten und schon aus diesem Grund in den Schatten der weimaranischen Klassik geraten war, wird im Biedermeier neu geschätzt und als dem deutschen Gemüt besonders bekömmlich gepriesen. »Weder nackt noch verschmückt« predigt der ideale Superintendent in Rückerts Idylle *Rodach*. Rückert selbst wird wegen seiner Neigung zum mittleren Stil oft gepriesen und als ein gemütlicherer, humorvoller Goethe gefeiert. Georg Reinbeck, der angesehene Poetiker, liebt das mittlere Drama und findet, daß es dreierlei Arten von Schauspiel gibt a) das höhere, b) das Charakterstück, c) das Familiengemälde. Wenn er außerdem das feine Lustspiel und das bürgerliche Trauerspiel als vollwertige Gattungen anspricht, so bleiben von sieben Dramenarten nur zwei, die mit dem mittleren Stil wenig oder nichts zu tun haben: das »höhere« Trauerspiel und das »niedrig komische« Lustspiel. *Schon die Tatsache, daß man nicht mehr geneigt ist, ganze Gattungen (Trauerspiel, Epos, Lustspiel, Idylle) einem bestimmten Stil zuzuweisen,* wie man dies vor dem 18. Jahrhundert bedenkenlos getan hatte, *kommt vor allem dem mittleren Stil zugute.* J.R. Wyss unterscheidet, obwohl er Professor ist, in der Vorrede zu seinen *Idyllen, Volkssagen, Legenden und Erzählungen aus der Schweiz* (Bd. 1, Berlin und Leipzig 1815) in der Idyllendichtung gegen die Tradition drei Stilarten, die »Karikatur« (z.B. einiges von Maler Müller), »das Idyll des Ideales« (Gessner) und das »Idyll der Wirklichkeit«, das *Luise* und *Hermann und Dorothea* repräsentieren, zu dem seine eigenen Idyllen gehören und das natürlich die beste Idyllenart ist. Obwohl in der Theorie des Epos noch immer die Vorstellung vom erhabenen Heldengedicht herrscht und das idyllische Epos noch keine allgemeine Anerkennung findet, ist der größere Teil der Biedermeierepen im mittleren Stil geschrieben. Dies erklärt sich nicht nur aus der wachsenden Beliebtheit des idyllischen Epos, sondern vor allem auch aus dem stetigen Vorrücken eines relativ objektiven, nach der Geschichtswissenschaft hinüberschielenden historischen Epos.

Noch mehr bedeutete die gewaltig sich erhebende Erzählprosa für die Ausbreitung des mittleren Stils. Wieder sind es vor allem die historischen Dichtungen, die Romane der Scott-Schule, die den mittleren, »bürgerlichen« Stil Englands nach Deutschland hinübertragen und die mit Jean Pauls Vorbild gegebene Stilspannung nicht mehr realisieren. Allerdings findet man den mittleren Romanstil bei bescheidenen Erzählern wie Hauff, Tromlitz oder Koenig eher als bei den anspruchsvollen! Auch die Volksschriftsteller schreiben nicht so anspruchsvoll wie Jean Paul. Die Theorie vom volkstümlichen mittleren Stil bewahrheitet sich. Zwar gibt es auch bei Gotthelf noch viel stärkere Stilspannungen als bei Keller; es gibt komische, ja derbkomische und dann wieder sehr empfindsame Romanpartien. Doch bemüht er sich offensichtlich, Witz und Pathos miteinander zu verbinden [1043]. Daß die Klassik und Romantik auf dem Gebiet des volkstümlichen Schrifttums versagten, gibt sogar Eichendorff zu, dem die »Volksschriftsteller« nicht poetisch genug erscheinen [1044]. Die realistischen Programmatiker lassen Gotthelf aus diesem Grund wenigstens als derben, provinziellen Pionier gelten. Die biedermeierliche Spaßkultur gewinnt bei Erzählern dieser Art eine höhere sittliche Würde. Ihre Auseinandersetzung mit der Erfahrungswelt führt zu keiner stetigen, aber die Rhetorik immer neu korrigierenden Erzählweise. Auch der Konversationston begünstigt die Entwicklung zum mittleren, realistischen Erzählstil. *Mozart auf der Reise nach Prag* (1856) – allerdings ein besonders spätes und kunstreiches Beispiel! – ist heiter und elegisch zugleich, in überzeugender Ausgeglichenheit, obwohl die alten Stilspannungen noch ein wenig nachschwingen.

Zum »guten Novellenton« gehört nach Jeitteles (*Ästhetisches Lexikon*, Bd. 2, 1837, Artikel *Novelle*) »ein Maß des Schönen, welches die rechte Mitte zwischen lyrischem Schwunge und prosaischer Kälte zu halten weiß«. Nach Mundt (*Kunst der deutschen Prosa*, 1837) hat auch Goethe erst in seiner reifen Erzählprosa (*Wilhelm Meister*, *Wahlverwandtschaften*) die rechte Mitte zwischen dem Götz- und dem Iphigenienstil gefunden [1045]. Wo diese Mitte nicht eingehalten wird, wo noch immer die »hastig durcheinandertaumelnde Schreibart« Jean Pauls herrscht, wie bei Leopold Schefer, da vermißt Mundt – das Argument entspricht durchaus der Rhetorik – den richtigen »Bund zwischen Inhalt und Darstellung«. Stifters historische Bedeutung liegt nicht zuletzt darin, daß er diesen Zug zum einheitlichen, mittleren Stil frühzeitig mit Klarheit erfaßt und ihm in seiner Novellistik mit großartiger Konsequenz Rechnung getragen hat. Schon die Konzentrierung auf bescheidene prosaische *Studien* trägt – im Gegensatz etwa zu Immermanns unsicherem, überall hintappendem Literatentum – das schwer zu erkennende Signum der Genialität: »Es dünkt mich, der ›Hochwald‹ ... gehe in mildem Redefluße fort, ein einfach, schön Ergießen, ohne dem [sic] koketten Herumspringen, das mich in den Feldblumen ärgert«, so schreibt er bereits am 6.3.1841 an Heckenast [1046].

Das Ideal der Vieltönigkeit erhält sich bis 1848

Ich hoffe mit diesen Belegen aus dem 18. und 19. Jahrhundert *den großen literarhistorischen Zug zum mittleren Stil, der, trotz vieler Rückschläge, stetig von der Aufklärung zum Realismus führt,* einigermaßen vergegenwärtigt zu haben. Doch sei abschließend noch einmal betont, daß die Kleinepoche »Biedermeierzeit« ohne den hinhaltenden Widerstand, den die Rhetorik mit der Lehre von den drei genera dicendi gegen den Sieg des mittleren, realistischen Stiles leistet, nicht richtig zu verstehen ist. Noch ist nicht der immer gleiche, gemäßigt humoristische, gemäßigt alltägliche, gemäßigt volkstümliche Ton, sondern die Vieltönigkeit das Ideal der meisten Schriftsteller. *Vater Heinz, Eine Sammlung Erzählungen und Märchen,* Wien 1833, wird in der programmatischen Vorrede, die uns noch öfters beschäftigen wird, so angepriesen: »Es werden gar verschiedene Erzählungen, mitunter Märchen und auch Schwänke sein, wie's eben kommt; von ernster und von heiterer Art, gemütlich, rührend und erbaulich, possierlich auch und schauerlich«. So dachte man sich, im Geist der Töne-Rhetorik, die Wünsche des Publikums. Wenn man in die Erzählprosa der Biedermeierzeit eingelesen ist, ertappt man sogar den alten Goethe beim mehr oder weniger ironischen Registerziehen. Daraus erklärt sich die »vielgestaltige Sprache« der *Wanderjahre*, die Hans Reiss aufgefallen ist *und die so in der ersten Fassung des Romans noch nicht zu finden war:* »jene intensivierte Dichte der Makarie-Kapitel«, die Sturm-und-Drang-Sprache (mit Ironie) bei Flavio, »zarteste Poesie«, »lakonisch abrupt konzentrierter Stil«, schließlich die prägnante Sprache der Sprüche und die wieder andere der weltanschaulichen Gedichte [1047]. Wie vieltönig sind auch die Großdramen der Zeit von Auffenbergs *Alhambra* über Immermanns *Alexis* und *Merlin* bis zum *Faust, II. Teil.* »Goethes Tod« wirft dies Prinzip der Vieltönigkeit so wenig um wie die Julirevolution. Man betrachte z.B. die Novellen des Taschenbuchs *Urania* in der neuen Folge 1839–48. Auch achtenswerte Erzähler wie Sternberg, Gutzkow, Schücking schwanken in fast allen Beiträgen zwischen aggressivem Witz und Stimmungseffekten. Und gibt es nicht auch in Büchners *Lenz* eine große Skala der Töne zwischen Blasphemie und erhabener Naturstimmung, anders als z.B. in dem stetig durcherzählten, späteren *Schimmelreiter* Storms? Um die Romane des ehemaligen Theologen Postl stilistisch richtig zu interpretieren, wird man gut tun, ein österreichisches Rhetoriklehrbuch zu studieren. Die Stilschwankungen sind enorm. Immermanns *Münchhausen* mit seinem Stildualismus hat im Zeitalter des Realismus keine Parallele. Schließlich sollte man bedenken, daß es auch dem zielbewußten Stifter schwer fiel, sich von Jean Pauls Vorbild völlig zu lösen und die Vieltönigkeit zu überwinden. Man lese unter diesem Gesichtspunkt z.B. die Erstfassungen von *Waldsteig, Narrenburg* und *Abdias* oder gar die *Wirkungen eines weißen Mantels.* Daß die Monotonie des *Witiko* Stifters Ansatz und Wesen *nicht ganz entsprach,* verraten sogar die späten Novellen, die nicht mehr unter dem Gesetz absoluter Stetigkeit stehen.

Realistische Kritik

Die realistische Kritik und die ihr anhaltend verpflichtete Literaturgeschichte hat die *Vielgestaltigkeit* der vorrealistischen Dichtungen, nicht nur die des Aufbaus, sondern auch die des Tons, stets getadelt*. *Cabanis* (1832) von Alexis ist für Korff nur eine »große Rahmenerzählung für Episode und Genrebild« [1048]. Erst mit der Abwendung von solcher Kleinteiligkeit wird Alexis für Korff zum Epiker [1049]. Für den Erzähler der Biedermeierzeit ist es selbstverständlich, daß er ein Genrebild in einem andern Tone bringen muß als eine Landschaftsbeschreibung oder gar eine Schauerszene. Wo die Einheit des mittleren Tones fehlt, gefällt dem realistischen Kritiker die schönste Dichtung nicht. Über Brentanos vortreffliche *Geschichte vom braven Kasperl und dem schönen Annerl* (1817) lesen wir im *Deutschen Novellenschatz:* »Der Volkston zeigt mitunter etwas Gemachtes und wird gelegentlich von

---

* Ich begnüge mich mit wenigen Belegen, weil das realistische Einheitsprinzip in dem Kap. Richtungen (s.o. S. 275 f.) ausführlich nachgewiesen wurde.

einer nicht sehr volksmäßigen Sprache unterbrochen« [1050]. In ähnlicher Weise vertreten Heyse und Kurz fortwährend das Prinzip der Einheit gegen die Vieltönigkeit und oft auch gegen die Poesie.

Die positive Seite des mittleren Stils, nämlich seine unbestreitbare Fähigkeit, leichter als der erhabene oder witzige, dem *Individuellen Ausdruck zu geben,* macht Keller in einer programmatischen Äußerung des *Fähnleins der sieben Aufrechten* geltend. Es ist aber bezeichnend, daß es auch da noch um die falsche und richtige Rhetorik geht. Der ideale Schweizer mit dem symbolischen Namen Frymann gibt dem jungen Redner Karl einen Ratschlag, der schlicht und klar die alte Rhetorik außer Kraft setzt: »Wenn du sprichst, so sprich weder wie ein witziger Hausknecht noch wie ein tragischer Schauspieler, sondern halte dein gutes natürliches Wesen rein und dann sprich immer aus diesem heraus« [1051].

ANMERKUNGEN

Orthographie und Zeichensetzung wurden in Verszitaten original belassen, in Prosazitaten dagegen modernisiert. Kurztitel sind nur innerhalb der einzelnen Kapitel verwendet, je Kapitel wird einmal der vollständige Titel angeführt.

1. Kapitel
Grundstimmung. Fundamentalgeschichtliche Situation. Die Form der Weltdeutung

1 S. 1 ff.
2 Ebd., S. 9 ff.
3 Lehrbuch der Geschichte der Philosophie, hg. v. Heinz *Heimsoeth,* [14]1948, S. 526.
4 Sämtliche Werke, hg. v. Rudolf *Hunziker* und Hans *Bloesch,* Bd. 6, Erlenbach–Zürich 1921, S. 280.
5 Werke, hg. v. Harry *Maync,* Bd. 3, Leipzig und Wien o. J., S. 135.
6 Werke, hg. v. Robert *Boxberger,* Bd. 18, Berlin o. J., S. 83.
7 Deutsche Abende, Neue Folge, Stuttgart 1867, S. 205–34.
8 Ebd., S. 205.
9 Ebd., S. 214.
10 Rezension der 2. Auflage von Dingelstedts Gedichten, Sämtliche Werke, hg. v. Richard Maria *Werner,* Bd. 12, Berlin o. J., S. 178 f.
11 Bd. 1, Berlin 1855, S. 67.
12 Enttäuschter Pantheismus, 1962, S. 63 und 65.
13 Heinz *Liebing,* Die Erzählungen H. Claurens (Carl Heuns) als Ausdruck der bürgerlichen Welt- und Lebensanschauung in der beginnenden Biedermeierzeit, Diss. Halle (F. J. Schneider) 1931, S. 63 ff.
14 Das Biedermeier im Spiegel seiner Zeit, hg. v. Georg *Hermann,* Berlin u. a. 1913, S. 268 f.
15 Ebd., S. 267 f.
16 Lee B. *Jennings,* Probleme um Kerners »Seherin von Prevost«, in: Antaios, Bd. 10 (1968), S. 135.
17 Neudruck der 1. Auflage (1814), Deutsche Neudrucke, Reihe Goethezeit, 1968, S. 187.
18 Ebd.
19 Werke, hg. v. *Boxberger,* Bd. 18, S. 87.
20 Robert *Mühlher,* Dichtung der Krise, Mythos und Psychologie in der Dichtung des 19. und 20. Jahrhunderts, Wien 1951, S. 135 f.
21 Werke, hg. v. *Boxberger,* Bd. 18, S. 160.
22 Ebd., S. 83.
23 Ebd., S. 84.
24 Ebd., Bd. 13, S. 8.
25 *Beurmann,* Vertraute Briefe über Preußens Hauptstadt, Stuttgart 1837.
26 Literaturgeschichte des deutschen Volkes, Bd. 3, [4]1938, S. 338.
27 Ebd., S. 38.
28 Heinrich *Ritter von Srbik,* Metternich, Bd. 3, 1954, S. 205.
29 Zur Entwicklung des modernen, nachchristlichen Antisemitismus vgl.: Eleonore *Sterling,* Jewish Reaction to Jew-Hatred in the First Half of the Nineteenth Century, in: Leo Baeck Institute Year Book, Bd. 3, 1958, S. 103–21.

30 Zwei Jahre in Paris, Bd. 2, Leipzig 1846, S. 319.
31 Hans *Maier,* Revolution und Kirche, Studien zur Frühgeschichte der christlichen Demokratie, 1789–1850, 1959.
32 Werner *Sombart,* Die deutsche Volkswirtschaft im 19. Jahrhundert und im Anfang des 20. Jahrhunderts, ⁸1954, S. 445 ff. Auch die folgenden Ausführungen stützen sich zum Teil auf Sombarts unbefangene Darstellung oder auf das im Anhang gegebene statistische Material.
33 Friedrich *Lütge,* Deutsche Sozial- und Wirtschaftsgeschichte, ²1960, S. 435.
34 Ebd.
35 Fintan Michael *Phayer,* Religion und das gewöhnliche Volk in Bayern von 1750–1850, 1970, S. 111 ff. Besonders der Kleiderluxus wurde als Problem empfunden.
36 *Sombart,* Volkswirtschaft, S. 57 ff.
37 *Srbik,* Metternich, Bd. 3, S. 108.
38 Lenau und die Familie Löwenthal, hg. v. Eduard *Castle,* Bd. 1, Leipzig 1906, bes. S. 296 ff.
39 Ebd., S. 169.
40 Die Bäder von Lucca, Sämtliche Werke, hg. v. Ernst *Elster,* Bd. 3, Leipzig und Wien o. J., S. 350.
41 Werner *Conze,* in: Vormärz, S. 226.
42 Werke, hg. v. *Boxberger,* Bd. 18, S. 72 f.
43 Ebd., S. 81 f.
44 Ebd., S. 85–87.
45 Hans *Freyer,* Die weltgeschichtliche Bedeutung des 19. Jahrhunderts, 1951, S. 26.
46 Werke, hg. v. *Boxberger,* Bd. 18, S. 87–89.
47 Ebd., S. 89–91.
48 Ebd., S. 91–95.
49 Ebd., S. 96 f.
50 An Sophie Löwenthal 17.7.43, Familie Löwenthal, hg. v. *Castle,* Bd. 1, S. 259.
51 Franz *Schnabel,* Deutsche Geschichte im 19. Jahrhundert, Die vormärzliche Zeit, Herderbücherei 1964, S. 11.
52 *Sombart,* Volkswirtschaft, S. 110.
53 Von Hegel zu Nietzsche, ³1953, S. 179.
54 Abende, N.F., S. 207 f.
55 Werke, hg. v. *Boxberger,* Bd. 9, S. 20.
56 Sämtliche Werke, hg. v. Clemens *Heselhaus,* München ²1955, S. 590.
57 Ebd., S. 585.
58 Jakobs des Handwerksgesellen Wanderungen durch die Schweiz, Sämtl. Werke, hg. v. *Hunziker* u. *Bloesch,* Bd. 9, S. 480.
59 Jahrbücher für wissenschaftliche Kritik, Stuttgart und Tübingen 1828, Bd. 1, Sp. 864.
60 Walter *Weiß,* Heines, Lenaus und Immermanns Kritik am Pantheismus, in: Germanistische Abhandlungen, hg. v. Karl Kurt *Klein* und Eugen *Thurnher,* Bd. 6, 1959, S. 191 bis 221. Zu ergänzen ist allerdings, daß mindestens Heines Haltung auch in diesem Punkte zwiespältig erscheint.
61 Sämtl. Werke, hg. v. *Hunziker* u. *Bloesch,* Bd. 9, S. 468.
62 Werke, hg. v. *Boxberger,* Bd. 18, S. 201.
63 *Raimund,* Der Barometermacher auf der Zauberinsel, I, 2.
64 Das Lebensgefühl des »Biedermeier« in der österreichischen Dichtung, Wien 1931.
65 Karl *Viëtor,* Georg Büchner, Bern 1949, S. 202 f.
66 Vgl. A. W. *Schlegels* Rezension in der Jenaischen Literaturzeitung 1797.
67 *Laube,* Gesammelte Werke, hg. v. Heinrich Hubert *Houben,* Bd. 6, Leipzig 1908, S. 175 ff.
68 Adolf *Streckfuß,* 500 Jahre Berliner Geschichte, zit. in: Biedermeier, hg. v. *Hermann,* S. 281 ff.

69 Rahel, Ein Buch des Andenkens für ihre Freunde, Berlin 1834, zit. in: Biedermeier, hg. v. *Hermann*, S. 285.

70 Ludolf *Wienbarg*, Aesthetische Feldzüge, Hamburg 1834, S. 71.

71 Johann Friedrich *Herbart*, Lehrbuch zur Einleitung in die Philosophie, Königsberg ²1821, Vorrede S. IV.

72 Ebd.

73 Der deutsche Roman des achtzehnten Jahrhunderts in seinem Verhältniß zum Christenthum (1851), Sämtliche Werke, hg. v. Hermann *Kunisch*, Bd. 8, 2 (bearbeitet von Wolfram *Mauser*), Regensburg 1965, S. 66.

74 Werner *Richter*, August Wilhelm Schlegel, 1954.

75 z.B. in: Mensch und Geschichte, Studien zur Anthropologie und Wissenschaftsgeschichte, ²1950.

76 Die Entstehung des Historismus, ²1946, S. 629.

77 Vgl. z.B. Karl *Hinrichs*, Ranke und die Geschichtstheologie der Goethezeit, 1954.

78 Tübingen ⁴1840, S. V.

79 Feldzüge, Vorwort S. VIII.

80 Handbuch der Geschichte der poetischen National-Literatur der Deutschen, Leipzig ²1842, S. VI. Der Bezugspunkt ist wohl die weltgeschichtliche Spekulation der Hegelianer, ihre Geschichtsphilosophie oder vielmehr Geschichtsmetaphysik.

81 1955, S. 263.

82 1952, ²1969.

83 Die deutsche Malerei im 19. Jahrhundert, 1914, S. 59.

84 Sämmtliche Werke, hg. v. August *Sauer*, Bd. 18 (bearbeitet von Gustav *Wilhelm*), Prag 1918, S. 107.

85 Familie Löwenthal, hg. v. *Castle*, Bd. 1, S. 208 (20.1.42).

86 Malerei, besonders Kap. IV und V.

87 Sämtl. Werke, hg. v. *Elster*, Bd. 5, S. 510.

88 *Srbik*, Metternich, Bd. 3, S. 136.

89 Ernst *Troeltsch*, Die Restaurationsepoche am Anfang des 19. Jahrhunderts (1913), in: *Troeltsch*, Aufsätze zur Geistesgeschichte und Religionssoziologie, hg. v. Hans *Baron*, 1925, S. 602.

90 Karl *Barth*, Die protestantische Theologie im 19. Jahrhundert, 1947, S. 401.

91 Die Übereinstimmung von Hegel und Eichendorff hinsichtlich des Objektivitätsideals betont Alexander *v. Bormann*, Natura loquitur, 1968.

92 Christentum, Bd. 2, S. 3.

93 Evangelische Kirchen-Zeitung, Bd. 22, Berlin 1838, Vorwort S. 1f.

94 Heinrich *Schrörs*, Die Kölner Wirren, 1927.

95 *Troeltsch*, Aufsätze, S. 601.

96 Georg *Franz*, Kulturkampf, 1954.

97 An Gottfried Kinkel 1846.

98 Die Welt als Wille und Vorstellung, Bd. 2, Leipzig ²1844, Kap. 44.

99 Sämmtliche Werke, hg. v. G. Emil *Barthel*, Leipzig ²o. J. [1883], S. 700.

100 Geld und Geist, Volksausgabe, [Bd. 7], Erlenbach-Zürich u.a. o. J., S. 207.

101 Vgl. *Gotthelfs* Kritik in »Leiden und Freuden eines Schulmeisters«, 2 Bde., Bern 1838/39.

102 Feldblumen, Erzählungen in der Urfassung, hg. v. Max *Stefl*, Bd. 1, Augsburg 1950, S. 98.

103 Ebd., S. 89.

104 Werke, hg. v. *Boxberger*, Bd. 9, S. 105.

105 Metternich, Bd. 3, S. 43.

106 Sämmtliche Werke, Bd. 3, Mannheim ²1847, S. 371.

107 »Die Mutter«, Hausreden, Dessau 1855, S. 19; vgl. auch ebd., »Das Weib«, S. 13ff.

108 *Stifter*, Feldblumen, Erzählungen, hg. v. *Stefl*, Bd. 1, S. 83.

109 Ebd., S. 84.

110 »Das Haus«, S. 12.
111 Volksausgabe, [Bd. 7], S. 366f.
112 Walter *Bröker*, Nietzsche und der europäische Nihilismus, in: Zs. für philosoph. Forschung, Bd. 3 (1948), S. 161.
113 Vgl. *Löwith*, Hegel, S. 354f.
114 Das Wesen des Christenthums, Leipzig 1841.
115 Das entdeckte Christentum, Eine Erinnerung an das 18. Jahrhundert und ein Beitrag zur Krise des 19., Zürich und Winterthur 1843.
116 Jahre, Bd. 2, S. 50.
117 Schelling, Größe und Verhängnis, 1955.
118 Geist der Goethezeit, Bd. 4, 1953, S. 533.
119 Der erste Satz seiner Einleitung zur Kritik der Rechtsphilosophie.
120 Unsre letzten 10 Jahre (1845), Jahre, Bd. 2, S. 17.
121 Vorlesungen über Ästhetik, hg. v. Karl Wilhelm Ludwig *Heyse*, Darmstadt ²1962, S. 47.
122 S. 283.
123 Jahre, Bd. 2, S. 95.
124 *Wienbarg*, Feldzüge, S. 68ff.
125 Sämtl. Werke, hg. v. *Elster*, Bd. 5, S. 133.
126 An Laube 23.11.35, Briefwechsel, hg. v. Friedrich *Hirth*, Bd. 2, München und Berlin 1917, S. 86f.
127 Hg. v. Hermann *Mulert*, Gießen 1908, S. 40.
128 Schelling, S. 256.
129 Hegel, Auswahl, hg. v. Friedrich *Heer*, 1958, S. 38.
130 Sämtliche Werke und Briefe, hg. v. Werner R. *Lehmann*, Bd. 1, Hamburg o.J., S. 87.
131 Familie Löwenthal, hg. v. *Castle*, Bd. 1, S. 260 (17.7.1843).
132 An Moses Moser 1.7.1825, Briefwechsel, hg. v. *Hirth*, Bd. 1, S. 155.
133 Sämtl. Werke, hg. v. *Elster*, Bd. 6, S. 316.
134 Gesammelte Werke, übers. v. Hans Martin *Junghans*, Bd. 16 (1), Düsseldorf und Köln 1957, S. 195.
135 Jahre, Bd. 2, S. 125.
136 Wolfgang *v. Groote*, Die Entstehung des Nationalbewußtseins in Nordwestdeutschland 1790–1830, 1955.
137 Jakob, Sämtl. Werke, hg. v. *Hunziker* u. *Bloesch*, Bd. 9, S. 478.
138 Werke, hg. v. *Boxberger*, Bd. 18, S. 24.
139 Ebd., S. 31f.
140 Familie Löwenthal, hg. v. *Castle*, Bd. 2, S. 335 (22.10.1836).
141 *Korff*, Goethezeit, Bd. 2, 1930, S. 68.
142 Sämmtl. Werke, hg. v. *Barthel*, S. 711.
143 Werke, hg. v. *Boxberger*, Bd. 9, S. 125.
144 Athanasia, 1827, S. 1.
145 Ebd., S. 2.
146 Weltgeschichte und Heilsgeschehen, ²1953.
147 Jahre, Bd. 2, S. 92.
148 Rudolf *Haym*, Hegel und seine Zeit, Berlin 1857, S. 377.
149 Die Restaurationsepoche am Anfang des 19. Jahrhunderts, in: Aufsätze zur Geistesgeschichte und Religionssoziologie, 1925, S. 587ff.
150 Zit. in: Biedermeier, hg. v. *Hermann*, S. 306ff.
151 Jahre, Bd. 2, S. 20.
152 *Jaspers*, Schelling, S. 255.
153 Mainz ²⁸1872, S. 92.
154 Ruhe ist die erste Bürgerpflicht, Vaterländische Romane, Bd. 7, Berlin ⁴o.J., S. 6.
155 Brief an die Fürstin Lieven vom 28.11.24; nach: *Srbik*, Metternich, Bd. 3, S. 128f.

Anmerkungen

2. Kapitel
Auffassung und Gebrauch der Dichtung

1 Geist der Goethezeit, Bd. 4, 1953, S. 703f.
2 Aesthetische Feldzüge, Hamburg 1834, S. 87f.
3 Tagebuch (1845/46?), Sämtliche Werke, hg. v. Peter *Frank* und Karl *Pörnbacher,* Bd. 3, München 1964, S. 214.
4 Ebd., Bd. 1, S. 588 (1869).
5 Dt. Neudrucke, Reihe 19. Jahrhundert, 1966, S. 263.
6 Ebd., S. 143.
7 Ebd.
8 Ebd., S. 267.
9 Ebd., S. 390.
10 Aesthetik, S. 27f.
11 Feldzüge, S. 146.
12 Ebd., S. 147.
13 Lehrbuch zur Einleitung in die Philosophie, Königsberg ²1821, S. 96f.
14 Ebd., S. 99.
15 Ebd., S. 102f. Anmuten wäre wohl mit nahelegen zu übersetzen, zumuten ist zu stark, da anmuten gewöhnlich erfreuen heißt.
16 Ebd., S. 104.
17 Ebd., S. 105.
18 Ebd., S. 105f.; *kursiv* von mir.
19 Literatur-Blatt zum Morgenblatt 1831, Nr. 2, S. 7.
20 Ebd., Nr. 1, S. 2.
21 Ebd., Nr. 2, S. 7.
22 Ebd.
23 Ästhetik, hg. v. Friedrich *Bassenge,* Bd. 1, Frankfurt ²o.J., S. 20.
24 Danzig 1842, S. 64.
25 Vorrede zur 2. Auflage des Buchs der Lieder (1837), das so großen Erfolg gehabt hatte; Sämtliche Werke, hg. v. Ernst *Elster,* Bd. 1, Leipzig und Wien o.J , S. 497f.
26 Briefwechsel, hg. v. Friedrich *Hirth,* Bd. 1, München und Berlin 1914, S. 190.
27 Der deutsche Roman des achtzehnten Jahrhunderts in seinem Verhältniß zum Christenthum (1851), Sämtliche Werke, hg. v. Hermann *Kunisch,* Bd. 8, 2 (bearbeitet von Wolfram *Mauser*), Regensburg 1965, S. 244.
28 Werke, hg. v. Conrad *Beyer,* Bd. 4, Leipzig o.J., S. 171.
29 z.B. Isegrimm, Bd. 3, Historische Romane, Bd. 23, Berlin o.J., S. 200.
30 Friedrich *Sengle,* Das historische Drama in Deutschland, Stuttgart ²1969, S. 211 ff. u. S. 227f.
31 Josefine *Nettesheim,* Die geistige Welt der Dichterin Annette Droste zu Hülshoff, 1967, S. 16.
32 Zit. bei Wilhelm *Kosch,* Geschichte der deutschen Literatur im Spiegel der nationalen Entwicklung, Bd. 2, 1928, S. 694.
33 Verlust der Mitte, Salzburg 1948.
34 Feldzüge, S. 133.
35 Ebd., S. 138.
36 Stephan *Born,* Die Romantische Schule in Deutschland und Frankreich, Heidelberg 1879, S. 107.
37 Bd. 2, Paderborn 1857, S. 194.
38 Sämtliche Werke, hg. v. *Preußische Akademie der Wissenschaften,* 1. Abt., Bd. 16, Weimar 1938, S. 207f.
39 Gesprächsäußerung vom 21.11.42, Lenau und die Familie Löwenthal, hg. v. Eduard *Castle,* Bd. 1, Leipzig 1906, S. 237.

40 Zwei Jahre in Paris, Bd. 2, Leipzig 1846, S. 97.
41 Feldzüge, S. 115 f.
42 Österreich wie es ist, hg. v. Victor *Klarwill*, Wien 1918, S. 149.
43 Vorwort zu den Memorabilien (1840), Werke, hg. v. Robert *Boxberger*, Bd. 18, Berlin o. J., S. 19.
44 Lebenserinnerungen, Bd. 2, Breslau 1886, S. 341.
45 Werke, hg. v. Erich *Trunz*, Bd. 8, Hamburg ³1957, S. 78.
46 Familie Löwenthal, hg. v. *Castle*, Bd. 1, S. 266 f.
47 Ebd., S. 162.
48 Helmut *Koopmann*, Dilettantismus, Bemerkungen zu einem Phänomen der Goethezeit, in: Studien zur Goethezeit, Festschrift für Lieselotte Blumenthal, hg. v. Helmut *Holtzhauer* und Bernhard *Zeller*, 1968, S. 178–208.
49 Die Ritterbürtigen, hg. v. Julius Lothar *Schücking*, Münster o. J., S. 385.
50 Rückblick auf die Restaurationsperiode, Nr. 1, S. 1.
51 Vermischte Schriften, hg. v. Gustav *Schwab*, Bd. 4, Leipzig 1830, S. 74.
52 Ebd., Bd. 2, S. 365.
53 Gedichte, Bd. 2, Leipzig 1826, S. 371, nach einer Dissertation von Redžep *Jahović*, Wilhelm Gerhard, ein Zeitgenosse Goethes, Diss. München 1970 [Masch.].
54 Zu Eckermann (11.2.1831), Gespräche, hg. v. Woldemar *v. Biedermann*, Bd. 8, Leipzig 1890, S. 7.
55 Schriften, Bd. 19, Berlin 1845, S. 267.
56 Ästhetik, hg. v. *Bassenge*, Bd. 1, S. 25 f.
57 Sämtliche Werke, hg. v. Max *Koch* und Erich *Petzet*, Bd. 3, Leipzig o. J., S. 21.
58 Vaterländische Romane, Bd. 7, Berlin ⁴o. J., S. 106.
59 Carl Wilhelm Otto August *v. Schindel*, Die deutschen Schriftstellerinnen des neunzehnten Jahrhunderts, 3 Bde., Leipzig 1822–1825.
60 Werke, hg. v. Werner *Deetjen*, Bd. 1, Berlin u. a. o. J., Einleitung S. LXXI.
61 Georg Gottfried *Gervinus*, Leben, Von ihm selbst. Leipzig 1893, S. 40.
62 29.5.44, Familie Löwenthal, hg. v. *Castle*, Bd. 1, S. 279.
63 Ueber Bedingungen der Kunstschönheit, Göttingen 1847, S. 20.
64 Heinrich *Laube*, Ausgewählte Werke, hg. v. Heinrich Hubert *Houben*, Bd. 2, o. J., S. 61; vollständiges Zitat bei *Koopmann*, Dilettantismus, S. 207.
65 Zitate bei: *Koopmann*, Dilettantismus, S. 206 ff.
66 Ebd., S. 206.
67 Ebd., S. 207.
68 Sämmtliche Werke, Bd. 3, Mannheim ²1847, S. 278 f.
69 Ruhe ist die erste Bürgerpflicht, Vaterländische Romane, Bd. 7, S. 505.
70 Familie Löwenthal, hg. v. *Castle*, Bd. 1, S. 218.

3. Kapitel
Die literarischen Richtungen

1 Paul *Kluckhohn*, Biedermeier als literarische Epochenbezeichnung, in: DVjs, Bd. 13 (1935), S. 3.
2 Rudolf *Majut*, Das literarische Biedermeier, Aufriß und Probleme, in: GRM, Bd. 20 (1932), S. 401–24.
3 Ein gutes Bild vom Berlin Friedrich Wilhelms III. gibt Jost *Hermand*, Heines »Briefe aus Berlin«, in: Gestaltungsgeschichte und Gesellschaftsgeschichte, Festschrift für Fritz Martini, hg. v. Helmut *Kreuzer*, 1969, S. 284–305.
4 Literatur-Blatt zum Morgenblatt, 1831, Nr. 1, S. 3.
5 Der Idealismus und seine Gegner in Österreich, 1966, S. 9.

6 Literatur-Blatt zum Morgenblatt, 1831, Nr. 1, S. 2.
7 Kurt *Vancsa,* Die Grillparzerzeit, in: Österreich in Geschichte und Literatur, Bd. 7 (1963), S. 25–32.
8 Ich denke vor allem an Otto *Rommels* Ausgabe und Erläuterung der »Barocktradition im österreichisch-bayrischen Volkstheater«, 6 Bde., 1935–39 (Deutsche Literatur in Entwicklungsreihen).
9 Hans *Tintelnot,* Über den Stand der Forschung zur Kunstgeschichte des Barock, in: DVjs, Bd. 40 (1966), S. 116–58.
10 Percy Ernst *Schramm,* Hamburger Biedermeier, 1962, S. 123.
11 Der Beginn der bürgerlichen Zeit, Biedermeier-Schicksale, 1924.
12 Literatur-Blatt zum Morgenblatt, 1831, Nr. 2, S. 5.
13 Ebd.
14 Erinnerungsblätter, Bd. 1, Berlin 1855, S. 54.
15 Hallische Jahrbücher, Jg. 1, Leipzig 1838, S. 391.
16 Adalbert Stifters Studienjahre (1818–30), 1950.
17 Eine Reihe von Titeln findet man im 7. Abschnitt der Bibliographie, die Georg *Jäger* im Anhang zu seiner Abhandlung über »Empfindsamkeit und Roman«, 1969, S. 141 ff. gibt.
18 Biedermeier, S. 2 f. Willi *Flemming,* Die Problematik der Bezeichnung »Biedermeier« (in: GRM, N.F. Bd. 8 (1958), S. 379–88) fällt durch Erneuerung dieser Tradition, aber auch ganz schlicht durch die lückenhafte Kenntnis der Restaurationsepoche weit hinter Kluckhohn und die ältere Biedermeierforschung zurück.
19 Besonders Wilhelm *Bietak,* Das Lebensgefühl des »Biedermeier« in der österreichischen Dichtung, 1931.
20 Arthur *Henkel,* Entsagung, Eine Studie zu Goethes Altersroman, 1954.
21 Zit. nach *Pauls,* Beginn, S. 239.
22 Ähnlich Günther *Weydt,* Biedermeier und Junges Deutschland, Forschungsbericht, in: DVjs, Bd. 25 (1951), S. 506–21.
23 Georg *Lukács,* Der historische Roman, 1955, S. 267.
24 Friedrich *Sengle,* Voraussetzungen und Erscheinungsformen der deutschen Restaurationsliteratur, in: DVjs, Bd. 30 (1956), S. 268–94.
25 Diese Priorität hat Charles A. *Williams* nachgewiesen: Notes on the Origin and History of the Earlier »Biedermaier«, in: Journal of English and Germanic Philology, Bd. 57 (1958), S. 403–415.
26 Nr. 47, S. 1116 f. Ich verdanke die Stelle Sabine *Peek,* die bei A. Henkel (Heidelberg) über Cottas Morgenblatt für gebildete Stände … 1827–65 promovierte. Die Dissertation erschien im »Archiv für Geschichte des Buchwesens«, Bd. 44, o. J., S. 947–1063.
27 Zit. nach: *Williams,* Notes, S. 409.
28 Das ganze Zitat: Ebd., S. 404, Anm. 6.
29 Biedermeier, S. 410.
30 Victorian Literature, Modern Essays in Criticism, hg. v. Austin *Wright,* New York 1961, Vorwort.
31 Die Fortwirkung der deutschen Romantik in der Kultur des 19. und 20. Jahrhunderts, in: ZfdB, Bd. 4 (1928), S. 57–69.
32 Bd. 1, ²1958, S. 173.
33 Walther *Rehm,* Prinz Rokoko im alten Garten, in: Jb. des freien deutschen Hochstifts, 1962, S. 99.
34 E. Allen *Mc Cormick,* The Case against Provincialism in German Biedermeier, in: Proceedings of the IVth Congress of the International Comparative Literature Association, [Bd. 1], hg. v. François *Jost,* The Hague und Paris 1966, S. 292–97.
35 Richard *Alewyn* und Karl *Sälzle,* Das große Welttheater, 1959.
36 Ludwig *Schrott,* Biedermeier in München, 1963, Abbildung zwischen S. 16 und 17.

37 Werke, hg. v. Conrad *Beyer*, Bd. 3, Leipzig o. J., S. 305 f.
38 Idylle, 1967, S. 97.
39 Vgl. Ulrich *Eisenbeiß*, Das Idyllische in der Novelle und die Idyllnovelle in Biedermeier und Biedermeiertradition, Diss. München, 1971.
40 Eine noch weitergehende Rehabilitation der Idylle versucht Ernst Theodor *Voss* in seinem Nachwort zu J. H. *Voss*, Idyllen (1801), Deutsche Neudrucke, Reihe 18. Jahrhundert, 1968.
41 Peter *Hacks*, Das Theaterstück des Biedermeier, Diss. [Masch.] München 1951, S. 7.
42 Nach *Heselhaus*, Diepenbrock, S. 86.
43 Psalter und Harfe, Leipzig ⁴1836, S. 31.
44 Ebd., S. 155 f.
45 Bd. 23, Berlin 1838, Nr. 76–80.
46 EKZ, Bd. 15, 1834, Nr. 70.
47 Christliche Gedichte, Bd. 1, Basel 1829, S. 178 f.
48 Ebd., S. 162.
49 *Heselhaus*, Diepenbrock, S. 83.
50 S. 57.
51 Briefwechsel Hensel/Schlüter, hg. v. *Nettesheim*, S. 70.
52 Briefe, hg. v. Karl *Schulte Kemminghausen*, Bd 2, Jena 1944, S. 400 f.
53 Briefwechsel Hensel/Schlüter, hg. v. *Nettesheim*, S. 66.
54 An L. Hensel 28. 12. 38, ebd., S. 73; S. 94 verständnisvoller.
55 Ebd., S. 81.
56 Emil *Jenal*, Wolfgang Menzel als Dichter, Literarhistoriker und Kritiker, 1937.
57 EKZ, Bd. 18, 1836, Nr. 4, Sp. 25.
58 Rolf *Schröder*, Novelle und Novellentheorie in der frühen Biedermeierzeit, 1970.
59 EKZ, Bd. 21, 1837, Nr. 93, Sp. 737.
60 Ebd., Sp. 738.
61 Herbert R. *Liedke*, The German Romanticists and Karl Ludwig von Haller's Doctrines of European Restoration, in: Journal of English and Germanic Philology, Bd. 57 (1958), S. 371–393.
62 K. L. *Biernatzki*, Biographie von Johann Christoph Biernatzki, Leipzig ²1852, S. 151.
63 EKZ, Bd. 20, 1837, Nr. 1, Sp. 1.
64 Eleonore *Martin*, Die Bemühungen um das ›Gute Buch‹ im katholischen Deutschland der Restaurationszeit, Diss. Mainz [Masch.] 1950.
65 Briefwechsel Hensel/Schlüter, hg. v. *Nettesheim*, S. 82.
66 Katholische Literaturblätter zu Sion, 12. Jg., Augsburg 1843, Nr. 3, Sp. 24.
67 Christoterpe auf das Jahr 1834, hg. v. Albert *Knapp*, Tübingen, Einleitung S. VIII f.
68 S. 39.
69 Ebd., S. 53.
70 Ebd., S. 68.
71 Ebd., S. 75.
72 Ebd.
73 *Jenal*, Menzel, S. 141 f., S. 143.
74 31. 3. 31, Briefe an E. W Hengstenberg, hg. v. G. Nathanael *Bonwetsch*, Gütersloh 1917 (= Beiträge zur Förderung christlicher Theologie, Bd. 22), S. 88.
75 Literatur-Blatt zum Morgenblatt, 1831, Nr. 1, S. 4.
76 EKZ, Bd. 18, 1836, Vorwort, Nr. 3, Sp. 17 f.
77 Ebd., Nr. 5, Sp. 34.
78 Ebd., Nr. 36, Sp. 284 und Nr. 37, Sp. 291.
79 Ebd., Bd. 23, 1838, Nr. 103.
80 Ebd., Nr. 91, Sp. 728.
81 Ebd., Bd. 18, 1836, Nr. 35, Sp. 275.

82 Ebd., Nr. 51, Sp. 402.
83 Ebd., Nr. 1, Sp. 1.
84 Ebd., Bd. 23, 1838, Nr. 91, Sp. 728.
85 Ebd., Bd. 22, 1838, Nr. 27, Sp. 213.
86 Ebd., Bd. 23, 1838, Nr. 73/74.
87 Ebd., Bd. 22, 1838, Nr. 29, Sp. 229.
88 Ebd., Bd. 17, 1835, Nr. 92, Sp. 729 f.
89 Ebd., Nr. 84, Sp. 669.
90 Ebd., Nr. 63, Sp. 499 und Nr. 64, Sp. 512.
91 Ebd., Nr. 85, Sp. 674.
92 Sainte-René *Taillander,* Romanciers contemporains de l'Allemagne, in: Revue des deux mondes, T. 3 von Jg. 1845, S. 454.
93 Karl Immermann, Sein Leben und seine Werke, aus Tagebüchern und Briefen an seine Familie zusammengestellt, hg. v. Gustav *v. Putlitz,* Bd. 2, Berlin 1870, S. 234 f.
94 Nach *Gutzkow,* Wally, die Zweiflerin, Deutsche Neudrucke, Reihe 19. Jahrhundert, 1965, Nachwort von Jost *Schillemeit.* Menzels Vorwurf ist im Hinblick auf Gutzkows Zeitschriftenplan nicht unberechtigt.
95 Ludwig *Geiger,* Das junge Deutschland, 1907, S. 150.
96 Beiträge zur Geschichte der neuesten Literatur, Bd. 1, Stuttgart ²1839, S. 64.
97 Sämtliche Werke, hg. v. Ernst *Elster,* Bd. 5, Leipzig und Wien o. J., S. 356.
98 *Geiger,* Junges Deutschland, S. 167.
99 Ebd., S. 153.
100 Ebd., S. 154.
101 Ebd., S. 152.
102 Jahrbuch der Literatur, Bd. 1, 1839, S. 16 f. Zit. bei Heinrich Hubert *Houben,* Jungdeutscher Sturm und Drang, 1911, S. 100.
103 Fritz *Hinnah,* Ernst Willkomm, Ein Beitrag zur Geschichte des »Jungen Deutschland«, Diss. Münster 1915, S. 56 ff.
104 Vermischte Schriften, Bd. 2, Leipzig 1842, S. 101, nach *Hinnah,* Willkomm, S. 80.
105 Robert *Rodenhauser,* Adolf Glaßbrenner, Ein Beitrag zur Geschichte des »Jungen Deutschland«, 1912.
106 Sämtl. Werke, hg. v. *Elster,* Bd. 4, S. 223 f.
107 Ebd., S. 146.
108 Gesammelte Novellen, Bd. 4, Berlin 1853, S. 148 ff.
109 *Goldfriedrich* hat diesen Kampf in seiner Geschichte des Buchhandels (Bd. 4, 1913) ausführlich dokumentiert.
110 Bd. 1, S. 220; nach: *Hinnah,* Willkomm, S. 101.
111 Eitel Wolf *Dobert,* Karl Gutzkow und seine Zeit, 1968, S. 76 und 81.
112 Klemens *Freiburg-Rüter,* Der literarische Kritiker Karl Gutzkow, 1930, S. 127.
113 Nach: John *Whyte,* Young Germany in its Relations to Britain, Menasha 1917, S. 38; Sämtl. Werke, hg. v. *Elster,* Bd. 6, S. 327.
114 Sämtl. Werke, hg. v. *Elster,* Bd. 4, S. 211.
115 F. Gustav *Kühne,* Eine Quarantäne im Irrenhause, Leipzig 1835, S. 170.
116 C. P. *Magill,* Young Germany: a Revaluation, in: German Studies, Festschrift für Leonard Ashley Willoughby, Oxford 1952, S. 116.
117 *Gutzkow,* Nation und Publikum, neu gedruckt in: Die Deutsche Revue, von Karl Gutzkow und Ludolf Wienbarg (1835), hg. v. J. *Dresch,* Berlin 1904 (= Deutsche Literaturdenkmäler des 18. und 19. Jahrhunderts, Bd. 132), S. 33. Zit. in: German Studies, S. 119.
118 Zit. nach: Manfred *Windfuhr,* Heinrich Heine, 1969, S. 149.
119 *Heine,* Sämtl. Werke, hg. v. *Elster,* Bd. 4, S. 150 f.
120 Heinrich Hubert *Houben,* Verbotene Literatur, Bd. 2, 1928, S. 392.

121 S. XIIIf.
122 Ebd., S. XXXV.
123 Vorrede zu »Franz von Sickingen« (verfaßt 1857/58), Berlin 1859.
124 Die Romantische Schule, Sämtl. Werke, hg. v. *Elster,* Bd. 5, S. 240.
125 Ebd.
126 Arno *Wildhaber,* Das Bild der Reformation in der jungdeutschen Epoche, Diss. Bern 1935, S. 58.
127 *Heine,* Die Romantische Schule, Sämtl. Werke, hg. v. *Elster,* Bd. 5, S. 227.
128 Freihafen, 1843, Bd. 1, S. 175; nach: *Wildhaber,* Bild, S. 40.
129 An Gustav Schlesier 18.5.35.
130 Reisenovellen, Gesammelte Werke, hg. v. Heinrich Hubert *Houben,* Bd. 4, Leipzig 1908, S. 106.
131 Zeitkrisis und Biedermeier in Laubes »Das junge Europa« und Immermanns »Epigonen«, in: Dichtung und Volkstum, Bd. 36 (1935), S. 163-97.
132 S. 246.
133 Ebd., S. 231.
134 Ebd., S. 239.
135 Ebd., S. 244.
136 Ebd., S. 248f.
137 Ebd., S. 253.
138 Ebd., S. 265.
139 Rudolf *Majut,* Geschichte des deutschen Romans vom Biedermeier bis zur Gegenwart, in: Dt. Phil. Aufr., Bd. 2, 1954, Sp. 2262.
140 Vgl. auch: Emil *Jenal,* Der Kampf gegen die jungdeutsche Literatur, in: ZfDPh, Bd. 58 (1933), S. 165-95.
141 Das junge Deutschland, 1892, S. 653ff.
142 Friedrich *Kainz,* Studien über das »Junge Deutschland«, in: Euph., Bd. 26 (1925), S. 407ff.
143 Zit. nach: Ebd., S. 389.
144 *Heine,* Sämtl. Werke, hg. v. *Elster,* Bd. 4, S. 150.
145 C.P. *Magill,* in: German Studies, S. 112.
146 ⁸1900, S. 38.
147 Ebd., S. 371.
148 Deutsche Realisten des 19. Jahrhunderts, 1952, S. 146.
149 *Proelß,* Junges Deutschland, S. 745.
150 6.8.38. Herr Heine und sein Schwabenspiegel, Telegraph für Deutschland, Hamburg 1839, Nr. 75.
151 Telegraph für Deutschland, 1840, Nr. 200; nach: Edmund *Diebold,* Friedrich Hebbel und die zeitgenössische Beurteilung seines Schaffens, Diss. Zürich 1928, S. 93ff.
152 Zit. nach: Bruno *Markwardt,* Geschichte der deutschen Poetik, Bd. 4, 1959, S. 186.
153 Ludolf *Wienbarg,* Tagebuch von Helgoland, Hamburg 1838.
154 Vgl. die Heidelberger Dissertation (1965) von Otto-Reinhard *Dithmar,* Deutsche Dramaturgie zwischen Hegel und Hettner und die Wende von 1840.
155 Zit. nach: *Proelß,* Junges Deutschland, S. 754.
156 Dramatische Werke, Bd. 10, Leipzig ⁴1862, S. 101.
157 Ebd.
158 Ebd.
159 Nach: *Houben,* Jungdeutscher Sturm und Drang, S. 211.
160 S. 298f.
161 Ebd., S. 301.
162 Charles *Andler,* La poésie de Heine, Lyon und Paris 1948, S. 1.
163 S. 307.

164 *Kainz,* Junges Deutschland, S. 405.
165 Heinrich Heine und seine Zeit, in: Sämmtliche Werke, Bd. 3, Mannheim ²1847, S. 5 und 12.
166 Sämtl. Werke, hg. v. *Elster,* Bd. 4, S. 164.
167 Ebd.
168 Das Junge Deutschland, Texte und Dokumente, hg. v. Jost *Hermand,* Stuttgart 1966, S. 366.
169 Sämtl. Werke, hg. v. *Elster,* Bd. 7, S. 81 und 72.
170 Zit. nach: Hubert *Arbogast,* »Ein erblindender Adler«, in: Jb. der deutschen Schillergesellschaft, Bd. 13, 1969, S. 53.
171 Sämtl. Werke, hg. v. *Elster,* Bd. 5, S. 344–353.
172 Zitate bei Otto *Mayrhofer,* Gustav Freytag und das Junge Deutschland, 1907, S. 49 ff.
173 Nach: *Kainz,* Junges Deutschland, S. 409 f.
174 Nach: *Geiger,* Junges Deutschland, S. 183.
175 Ebd., S. 175.
176 Periods, hg. v. *Ritchie,* S. 158.
177 DVjs, Bd. 30 (1956), S. 268–94.
178 Der deutsche Vormärz, Texte und Dokumente, Stuttgart 1967, S. 374.
179 Ebd., S. 359.
180 Ebd.
181 Ebd.
182 Ebd., S. 359, 362, 369.
183 Junges Deutschland, S. 374.
184 Nach: Charlotte *Jolles,* Zu Fontanes literarischer Entwicklung im Vormärz, in: Jb. der deutschen Schillergesellschaft, Bd. 13, 1969, S. 423.
185 Vormärz, hg. v. *Hermand,* S. 50 f.
186 Herwegh, in: Kritische Gänge, hg. v. Robert *Vischer,* Bd. 2, München ²o. J., S. 92–134.
187 Vormärz, hg. v. *Hermand,* S. 49.
188 *Windfuhr,* Heine, S. 212.
189 Ebd.
190 Vormärz, hg. v. *Hermand,* S. 6.
191 Ebd., S. 10.
192 Ebd.
193 E. *Hegemann,* Der literarische Vormärz unter besonderer Berücksichtigung der Lyrik, ungedruckte Prüfungsarbeit.
194 Hans *Kaufmann,* Politisches Gedicht und klassische Dichtung, 1959.
195 Vormärz, hg. v. *Hermand,* S. 70.
196 Ebd., S. 165 f.
197 Ebd., S. 147 f.
198 Ebd., S. 155 f.
199 Horst *Denkler,* Aufbruch der Aristophaniden, in: Der Dichter und seine Zeit, hg. v. Wolfgang *Paulsen,* 1970, S. 157.
200 Sämtliche Werke, hg. v. Richard Maria *Werner,* 3. Abt., Briefe, Bd. 6, Berlin 1906, S. 60.
201 Junges Deutschland, hg. v. *Hermand,* S. 356–368.
202 *Kursiv* von mir.
203 Ebd., S. 355 und 351.
204 Ebd., S. 355.
205 Ebd., S. 356.
206 Gesammelte Werke, Bd. 1, Frankfurt/M. 1845, S. 56.
207 Erich *Thier,* Das Menschenbild des jungen Marx, 1957, Kap. 1.
208 Der Congress von Verona, Bd. 1, Berlin 1842, S. 94 f.
209 Hg. v. *Vischer,* Bd. 4, S. 198.

210 Brief an F. Th. Vischer (3.6.1846), Ausgewählte Briefe, hg. v. Eduard *Zeller*, Bonn 1895, S. 179.
211 20.6.37, Briefwechsel zwischen Eduard Mörike und Friedrich Theodor Vischer, hg. v. Robert *Vischer*, München 1926, S. 134.
212 Ueber das deutsche Theater, Kleine Schriften, Bd. 2, Merseburg 1847, S. 159.
213 Mörike/Vischer-Briefwechsel, hg. v. *Vischer*, S. 148.
214 Zwischen Romantik und Symbolismus, S. 45.
215 Ebd., S. 46.
216 Einleitung zu der Materialsammlung Adalbert Stifter im Urteil seiner Zeit, Wien 1968, S. 14.
217 *Schoenemann*, in: MLN, Bd. 33 (1918), S. 170f.; nach: *Price*, Aufnahme, S. 328.
218 Die Grenzboten, 10. Jg., 2. Semester, Bd. 3, Leipzig 1851, S. 54.
219 Ebd.
220 Bd. 5, Leipzig ³1852, S. 701.
221 Grundzüge der Historik, Leipzig 1837, S. 86.
222 Sämmtliche Werke, hg. v. Friedrich *Hebbel*, Bd. 5, Wien 1852, S. 41.
223 Paul *Requadt*, Hölderlin im Vormärz, Über Ernst Wilhelm Ackermann (1821 bis 1846), in: Hölderlin-Jb., Bd. 12, 1961/62, S. 262.
224 Auserlesene Dichtungen, hg. v. Prof. *Schütz* und K.L.M. *Müller*, Bd. 2, Leipzig 1824, S. XXXIII.
225 Ebd., Bd. 1, S. 38.
226 Ebd., S. XCIf., zit. vom Hg.
227 Ghaselen, 2. Sammlung, XVIII.
228 Telegraph, 1840, Nr. 152/3.
229 Abgedruckt im Anhang zum Mörike/Vischer-Briefwechsel, hg. v. *Vischer*, S. 259–303.
230 Lee B. *Jennings*, Der aufgespießte Schmetterling, Justinus Kerner und die Frage der psychischen Entwicklung, in: Antaios, Bd. 10 (1968), S. 109–131.
231 Die Kunst der Interpretation, Zürich 1955, S. 180–204.
232 Ebd., S. 188.
233 Fr.W. J. *v. Schelling*, Sämmtliche Werke, hg. v. K.F.A. *Schelling*, Bd. 7, Stuttgart u. Augsburg 1860, S. 465; zit. von *Staiger*, Kunst, S. 196.
234 Ebd., S. 189.
235 Arlid *Christensen*, Titanismus bei Grabbe und Kierkegaard, in: Orbis Litterarum, Bd. 14 (1959), S. 184–205.
236 Auserlesene Dichtungen, hg. v. *Schütz* und *Müller*, Bd. 2, S. XX; vom Hg. zitiert.
237 S. 9.
238 S. 284.
239 Bd. 1, S. 168.
240 Ebd., S. 176.
241 Ebd., S. 132f.
242 Ebd., S. 147.
243 Vorlesungen über schöne Litteratur und Kunst, Bd. 2, 1884 (= Deutsche Litteratur-denkmale, Bd. 18), S. 22.
244 S. 366.
245 Deutsche Neudrucke, Reihe 18. Jahrhundert, Nachwort von A. *Faure*.
246 Rückblick auf die Restaurationsperiode und ihre Literatur, in: Literatur-Blatt zum Morgenblatt, 1831, Nr. 2, S. 6.
247 S. 251.
248 Werke, hg. v. *Beyer*, Bd. 4, S. 284.
249 Sämmtliche Werke, hg. v. G. Emil *Barthel*, Leipzig ²o. J., S. 131.
250 Theodore *Ziolkowski*, Das Nachleben der Romantik in der modernen deutschen Literatur, Methodologische Überlegungen, in: Nachleben der Romantik, S. 15–31.

251 Näheres über diese Entwicklung in meiner Schrift »Das historische Drama in Deutschland«, ²1969, S. 153f.
252 Ebd., S. 129.
253 Geschichte der alten und neuen Litteratur, Bd. 2, Wien 1815, S. 324.
254 Ebd., S. 321.
255 Franz *Schnabel*, Deutsche Geschichte im neunzehnten Jahrhundert, Die vormärzliche Zeit, Herder-Bücherei 1964, S. 196ff.
256 Prolog zum satirischen Märchen »Die Vogelscheuche«; zit. nach: *Hienger*, Tieck, S. 163.
257 Umrisse zur Geschichte und Kritik der schönen Literatur Deutschlands während der Jahre 1790 bis 1818, Berlin 1819, S. 268f.
258 Jacob Burckhardt und Eichendorff, 1960.
259 L.*Ryan*, Romanticism, in: Periods, hg. v. *Ritchie*, S. 140.
260 Hans Jürg *Lüthi*, Dichtung und Dichter bei Joseph von Eichendorff, 1966, S. 90.
261 S. 29.
262 Ebd., S. 31ff.
263 Ebd., S. 33.
264 Ebd., S. 34.
265 Ebd., S. 36.
266 *Schrott*, Biedermeier, S. 110f.
267 Geschichte, Bd. 2, S. 322.
268 *Sengle*, Historisches Drama, S. 102f.
269 Zum Nachweis der engen Verbindung von Biedermeier und Klassizismus vgl. Walter *Dietl*, Die Literatur des österreichischen Biedermeiers und die Antike, Diss. Innsbruck 1954 [Masch.].
270 J.L.*Hibberd*, Aesthetic Judgements in Gervinus's History of German Literature, in: Modern Language Review, Bd. 63 (1968), S. 877–85.
271 Vgl. *Goldfriedrich*, Geschichte des Deutschen Buchhandels, Bd. 4.
272 Bilder aus dem Geistigen Leben unserer Zeit, Leipzig 1870, S. 29 und 33.
273 Friedrich *Schulze*, Der deutsche Buchhandel und die geistigen Strömungen der letzten hundert Jahre, 1925, S. 121.
274 Im Scherenberg-Buch (1884), Gesammelte Werke, 2. Serie, Bd. 3, Berlin o.J., S. 466f.
275 *Jolles*, Fontane, S. 424.
276 Wege zu realistischem Lebenserfassen, hg. v. Ernst *Volkmann*, 1943 (= Dt. Literatur in Entwicklungsreihen, Abt. Selbstzeugnisse, Bd. 12), Einleitung S. 14.
277 Romanische Literaturen des 19. und 20. Jahrhunderts, 1923, S. 43.
278 Vorstehendes nach Albert *Junker*, Das französische Schrifttum in der Zeit des Realismus und Naturalismus, in: GRM, N.F. Bd. 4 (1954), S. 312–23.
279 Bibliographie deutscher Übersetzungen aus dem Französischen 1700–1948, hg. v. Hans *Fromm*, 6 Bde., 1950–53.
280 H.H.*Remak*, The German Reception of French Realism, in: PMLA, Bd. 69 (1954), S. 410–31.
281 *Price*, Aufnahme, S. 364.
282 Ebd., S. 357.
283 Nach: ebd., S. 353.
284 Realism, Naturalism, and Symbolism, hg. v. Roland N.*Stromberg*, London und Melbourne 1968, S. IX.
285 Ebd.
286 Bd. 1, biographische Einleitung S. XXI.
287 Erhard *John*, Die Herausbildung des Realismusbegriffs als ästhetische Kategorie in dem Briefwechsel zwischen Goethe und Schiller, in: Weimarer Beiträge, Bd. 5 (1959), S. 467–95.
288 Sämmtl. Werke, Bd. 3, S. 46.

289 An Varnhagen, August 1838.
290 Deutschland's jüngste Literatur- und Culturepoche, Leipzig 1839, S. VII ff.
291 Ebd., S. 16.
292 *Goldfriedrich*, Geschichte, Bd. 4.
293 *Marggraff*, Literatur- und Culturepoche, S. 17.
294 Ebd., S. 18.
295 Deutsche Fahrten, Bd. 1, Wien 1849, S. 118 f.
296 Geschichte der Romantik in dem Zeitalter der Reformation und der Revolution, Bd. 2, Leipzig 1848, S. 413.
297 Ebd., S. 327.
298 Ebd., S. 329.
299 Ebd., S. 349.
300 Ebd., S. 367.
301 Ebd., S. 370.
302 Ebd., S. 372.
303 Ebd., S. 378.
304 Ebd., S. 381 f.
305 Briefe, hg. v. Kurt *Schreinert*, Bd. 1, Berlin 1968, S. 249.
306 *Goldfriedrich*, Geschichte, Bd. 4, S. 457.
307 Historisches Drama, S. 152.
308 *Schulze*, Buchhandel, S. 151.
309 Ebd., S. 156.
310 Brief vom 11.11.1889, nach Eva D. *Becker*, »Zeitungen sind doch das Beste«, Bürgerliche Realisten und der Vorabdruck ihrer Werke in der periodischen Presse, in: Gestaltungsgeschichte und Gesellschaftsgeschichte, S. 403.
311 Ebd.
312 Michael *Kaiser*, Literatursoziologische Studien zu Gottfried Kellers Dichtung, 1965, S. 114 ff.
313 *Becker*, Zeitungen, S. 395.
314 Die europäische Literatur in ihrem gegenwärtigen Standpunkt, in: Bilder, S. 32.
315 Hellmut *Seier*, Sybels Vorlesungen über Politik und die Kontinuität des »staatsbildenden« Liberalismus, in: HZ, Bd. 187 (1959), S. 98.
316 Romantik, Bd. 2, S. 383, anderen ist verbessert aus andere.
317 Realism, Naturalism, and Symbolism, S. XIII.
318 J. *Anissimow*, in: Probleme des Realismus in der Weltliteratur, hg. im Auftrag des *Instituts für Slavistik der deutschen Akademie der Wissenschaften zu Berlin*, 1962, S. 18.
319 Realism, in: Periods, hg. v. *Ritchie*, S. 176.
320 Sämtl. Werke, hg. v. *Elster*, Bd. 3, S. 59.
321 Die Grenzboten, 15. Jg., 2. Semester, Bd. 4, 1856, S. 471.
322 Romantik, Bd. 2, S. 367 und 368.
323 Ich referiere hier summarisch über eine ungedruckte Untersuchung von Erdmute *Bergmann*, J. Schmidts Urteile über die Erzählprosa vor 1848.
324 Ich stütze mich auf eine ungedruckte Arbeit von Bärbel *Zeller*.
325 Briefe, hg. v. Gotthard *Erler*, Bd. 1, Berlin und Weimar 1968, S. 147.
326 ²1969, S. 227 f.
327 Briefe und Tagebücher, hg. v. Emil *Ermatinger*, Bd. 2, Stuttgart und Berlin 1916, S. 128.
328 Aesthetik, Bd. 6, § 849.
329 Realism and Reality, North Carolina 1954, S. 12.
330 Hermann *Oesterley*, Die Dichtkunst und ihre Gattungen, Breslau 1870, S. 200.
331 Gesammelte Schriften, Bd. 4, Leipzig 1891, S. 122.
332 Historischer Roman, S. 255.

333 Schriften, Bd. 17, Berlin 1844, S. 325.
334 An Hitzig im September 1813; zit. von Philipp *Rath,* Bibliotheca Schlemihliana, 1919, S. 8.
335 *Jolles,* Fontane, S. 425.
336 Sämtliche Werke, hg. v. *Preußische Akademie der Wissenschaften,* 1.Abt., Bd. 11, Weimar 1935, S. 237.
337 Theodor Storm–Paul Heyse, Briefwechsel hg. v. Clifford Albrecht *Bernd,* Bd. 1, Berlin 1969, S. 23.
338 Ebd., S. 24.
339 Bd. 1, München o.J., S. 110.
340 Ebd., Bd. 2, S. 305.
341 Eine Äußerung des grünen Heinrich.
342 Ich denke an Bd. 6, Erlenbach–Zürich und München 1926.
343 Aufsätze zur Literatur, hg. v. Kurt *Schreinert,* München 1963, S. 13.
344 Ebd., S. 11.
345 Zit. nach Rudolf *List,* Karl Postl-Sealsfield, St.Pölten 1943, S. 38.
346 Bd. 9, S. 239.
347 Ebd., S. 220.
348 Helmut *Nürnberger,* Der frühe Fontane, 1967, S. 166f. und 195ff.
349 *Oesterley,* Dichtkunst, S. 68.
350 Rolf *Schröder,* Novelle.
351 Winfried *Hellmann,* Objektivität, Subjektivität und Erzählkunst, in: Wesen und Wirklichkeit des Menschen, Festschrift für Helmuth Plessner, hg. v. Klaus *Ziegler,* 1957, S. 340-97.
352 Romantik, Bd. 2, S. 414.
353 Ebd., S. 414f.
354 Deutsche Literatur im bürgerlichen Realismus 1848-1898, 1962.
355 Nach einer ungedruckten Untersuchung von Christa-Ilona *Lacher,* Paul Heyses Dichtungsauffassung.
356 Geschichte der deutschen Nationalliteratur im neunzehnten Jahrhundert, Bd. 2, Leipzig 1853, S. 329.
357 Grenzboten 1858; nach: Stifter im Urteil seiner Zeit, hg. v. *Enzinger,* S. 215.
358 Ebd., S. 205.
359 Brief an Karl Schaller 2.-3.3.1840, Briefe hg. v. Kurt *Vogtherr,* Bd. 1, Weimar 1935, S. 18.
360 Nach einer ungedruckten Arbeit von Kurt *Kölmel,* Gutzkows Beurteilung der programmatischen Realisten.
361 Briefe, hg. v. *Vogtherr,* Bd. 1, S. 18.
362 Wichtig sind besonders die Aufsätze in den »Unterhaltungen am häuslichen Herd«, 1857.
363 Unterhaltungen am häuslichen Herd, N.F. Bd. 4, Leipzig 1859, S. 560; *kursiv* von mir.
364 Ebd., N.F. Bd. 2, 1857, S. 670.
365 Ebd., Bd. 1, 1853.

4. Kapitel
Symbol. Begriffsallegorie. Naturpersonifikation. Mythologie

1 Kritische Ausgabe, hg. v. Ernst *Behler,* 1.Abt., Bd. 10, München u.a. 1969, S. 239.
2 Maximen und Reflexionen, Werke, hg. v. Erich *Trunz,* Bd. 12 (bearbeitet von Herbert *v.Einem* u.a.), Hamburg ³1958, S. 493.
3 Sämtliche Werke, hg. v. Hermann *Kunisch,* Bd. 8, 2 (bearbeitet von Wolfram *Mauser*), Regensburg 1965, S. 364.

4 Nachgelassene Schriften und Briefwechsel, hg. v. Ludwig *Tieck* und Friedrich *v. Raumer*, Bd. 2, Leipzig 1826, S. 683.
5 Sämtl. Werke, hg. v. *Kunisch*, Bd. 8, 2, S. 296.
6 Ebd.
7 Rolf *Bachem*, Dichtung als verborgene Theologie, 1956.
8 Ebd., zit. S. 54; *Herder*, Sämmtliche Werke, hg. v. Bernhard *Suphan*, Bd. 7, Berlin 1884, S. 300.
9 Bd. 1, S. IV f.
10 Harold *Bloom*, Shelley's Mythmaking, New Haven 1959, S. 8 ff.
11 Umrisse zur Geschichte und Kritik der schönen Literatur Deutschlands 1790-1818, Berlin 1819, S. 281.
12 H. U. *Forest*, L'Esthetique du Roman Balzacien, Paris 1950, S. 161 ff.
13 Das alte Buch und die Reise ins Blaue hinein, Gesammelte Novellen, Bd. 8, Berlin 1853, S. 141.
14 Michael *Theunissen* über F. J. Billeskov Jansen, in: Das Kierkegaardbild in der neueren Forschung und Deutung (1945-1957), in: DVjs, Bd. 32 (1958), S. 584.
15 Werke, hg. v. Norbert *Miller*, Bd. 5, München 1963, S. 292 f.
16 Ebd., S. 293, ebenso die folgenden Zitate aus der Vorschule.
17 Martin *Knapp*, Albert Knapp als Dichter und Schriftsteller, 1912, S. 59.
18 Briefe, hg. v. Friedrich *Seebaß*, Tübingen 1939, S. 641.
19 August *Seiffert*, Funktion und Hypertrophie des Sinnbilds, 1957.
20 Ästhetik, hg. v. Friedrich *Bassenge*, Bd. 1, Frankfurt/M. ²o. J. [1965], S. 301.
21 Ebd., S. 304.
22 Ebd., S. 307.
23 Ebd.
24 Ebd., S. 413 f.
25 Ebd., S. 309.
26 Bd. 3, S. 35.
27 Ebd., Bd. 1, S. 312.
28 Ebd., S. 320.
29 Ebd., S. 383.
30 Zit. nach: Karl-Heinz *Wiese*, Robert E. Prutz' Ästhetik und Literaturkritik, Diss. Halle/S. 1934, S. 98.
31 S. 150.
32 Ebd., S. 156.
33 Ebd.
34 Ebd., S. 146.
35 Ebd., S. 144.
36 Ebd.
37 Ebd.
38 Vorschule, Werke, hg. v. *Miller*, Bd. 5, S. 289.
39 Ich denke an: Curt *Müller*, Die geschichtlichen Voraussetzungen des Symbolbegriffs in Goethes Kunstanschauung, 1937, an Bengt Algot *Sørensen*, Symbol und Symbolismus in den ästhetischen Theorien des 18. Jahrhunderts und der deutschen Romantik, Kopenhagen 1963, auch an verschiedene Aufsätze August *Langens* zur Geschichte der symbolischen Dichtung.
40 Kreisleriana, Sämtliche Werke, hg. v. Rudolf *Frank*, Bd. 2, München und Leipzig 1924, S. 418.
41 Briefwechsel zwischen Ludwig I. von Bayern und Eduard v. Schenk, hg. v. Max *Spindler*, 1930, S. 148 (25.7.1830).
42 Robert L. *Montgomery, jr.*, Allegory and the Incredible Fable: the Italian View from Dante to Tasso, in: PMLA, Bd. 81 (1966), S. 45-55.

43 Die Romane, in: Deutsche Vierteljahrsschrift, Stuttgart und Tübingen 1838, H. 2, S. 129.
44 Wolfgang *Menzel*, in: Moderne Charakteristiken, Bd. 2, Mannheim 1835, S. 246 ff.
45 Sämtliche Werke, hg. v. Arthur *Hübscher*, Bd. 2, Wiesbaden 1949, S. 284 und 286–88.
46 S. 156.
47 Ignaz *Jeitteles*, Ästhetisches Lexikon, Bd. 1, Wien 1835, S. 28 f.
48 T. 1, Bd. 1, S. 160.
49 Ebd., S. 155.
50 Ebd., S. 168.
51 Horst *Rüdiger*, Göttin Gelegenheit, in: Arcadia, Bd. 1 (1966), S. 121–66.
52 Sämtliche Werke, Jubiläumsausgabe, hg. v. Eduard *v.d. Hellen*, Bd. 36, 1 (bearbeitet von Oskar *Walzel*), Stuttgart und Berlin o. J., S. 236.
53 Werner *Kohlschmidt*, Winckelmann und der Barock, in: *Kohlschmidt*, Form und Innerlichkeit, 1955, S. 29.
54 Schriften, hg. v. Paul *Kluckhohn*, Bd. 3, Leipzig o. J., S. 370.
55 Ebd., S. 347.
56 Zit. von Wolfram *Mauser* in den Anmerkungen zu *Eichendorffs* Sämtl. Werken, hg. v. *Kunisch*, Bd. 8, 2, S. 535.
57 Ges. Novellen, Bd. 3, S. 381.
58 Ebd., Bd. 8, S. 415.
59 Zit. bei: Hermann *Pongs*, Das Bild in der Dichtung, Bd. 2, 1939, S. 138.
60 Schriften, hg. v. *Tieck* u. *v. Raumer*, Bd. 1, S. 704.
61 Hg. v. Karl Wilhelm Ludwig *Heyse*, Darmstadt ²1962, S. 277.
62 Ebd., S. 287 f.
63 Symposium, Bd. 20 (1966), S. 36.
64 S. 129.
65 1. Semester, S. 402.
66 *Hebbel*, Sämtliche Werke, hg. v. Richard Maria *Werner*, Bd. 11, Berlin o. J., S. 311.
67 Der Symbolbegriff in der neuesten Ästhetik, Jena 1876, S. 1.
68 Hg. v. Robert *Vischer*, Bd. 6, München ²1923, S. 74.
69 S. 108.
70 Gesammelte Schriften, Bd. 2, Augsburg 1841, S. 166 f.
71 Kleinere Erzählungen, Bd. 3, Erlenbach-Zürich, München und Leipzig o. J., S. 73.
72 Cotta'sche Handbibliothek 165, 1911, S. 62.
73 Spaziergänge eines Wiener Poeten, Sämtliche Werke, hg. v. Anton *Schlossar*, Bd. 5, Leipzig o. J., S. 145.
74 Gesammelte Werke, hg. v. Paul *Heyse*, Bd. 1, Stuttgart 1874, S. 40 f.
75 Der letzte Blüthenstrauß, Stuttgart und Tübingen 1852, S. 56 f.
76 Werke, hg. v. Carl *Hepp*, Bd. 1, Leipzig und Wien o. J., S. 309.
77 Gesammelte Werke, hg. v. Ludwig August *Frankl*, Bd. 4, Berlin 1877, S. 273.
78 Sämmtliche Werke, hg. v. G. Emil *Barthel*, Leipzig ²o. J., S. 62.
79 In seinem Beitrag zur Littérature allemande, hg. v. Fernand *Mossé*, Paris 1959, S. 499 ff.
80 Hans *Steffen*, Lichtsymbolik und Figuration in Arnims erzählender Dichtung, in: Die deutsche Romantik, hg. v. *Steffen*, 1967, S. 192.
81 Ges. Werke, Bd. 4, hg. v. *Frankl*, S. 25.
82 Karl *Kirsch*, Glockentöne oder Feierabend eines Greises, Leipzig ²1854, S. 133 f.
83 Sämmtliche Schriften, hg. v. Theodor *Paur*, Bd. 4, Breslau 1847, S. 248 f.
84 Ebd., S. 249.
85 Zu dem gesamten sich hier anschließenden Fragenkreis vgl. die feinsinnige Dissertation von Günter *Häntzschel*, Tradition und Originalität, Allegorische Darstellung im Werk Annette von Droste-Hülshoffs, Diss. München 1968.
86 Zit. nach: Antonia *Scheidgen*, Alban Stolz' Naturerleben, Diss. Münster 1928, S. 19. Auch die folgenden Angaben entstammen dieser Arbeit.

87 Bd. 1, S. 189 ff.
88 Werke, hg. v. *Miller,* Bd. 5, S. 289.
89 Ges. Schriften, Bd. 1, S. 192.
90 Agnes *Franz,* Sonnenhold, in: Urania auf das Jahr 1821, Leipzig S. 220.
91 S. 68.
92 Willibald *Alexis'* historische Romane, Bd. 7, Berlin o. J., S. 18.
93 Sämmtliche Werke, hg. v. Friedrich *Hebbel,* Bd. 5, Wien 1852, S. 38.
94 Ausgabe von 1896, S. 494, ich verdanke das Zitat der Zulassungsarbeit meiner ehemaligen Hörerin Anita *Tolzien.*
95 Nach einer ungedruckten Untersuchung von W. D. *Sikov,* Studien zur Symbolik in den Erzählwerken von Alexis und Fontane: Es gibt bei Alexis auch stark ausgedeutete emblematische Bilder, so die Adlersymbolik in »Cabanis«.
96 Nachgewiesen in einer ungedruckten Untersuchung von Gudrun *Daiber,* geb. Geyer, Beschreibung und Symbolik in der Geschichte von Stifters Novellistik.
97 Deutsche Literatur im bürgerlichen Realismus, ²1964, S. 71.
98 Ebd., S. 613.
99 Sämmtliche Werke, hg. v. Arthur *Mueller,* Bd. 8, Berlin 1844, S. 75 f.
100 Ebd., Bd. 1, S. 98 ff.
101 Vgl. das Nachwort von Ingeborg *Glier* zur Ausgabe der mittelhochdeutschen Minnereden, Bd. 2, hg. v. Gerhard *Thiele,* Deutsche Neudrucke, Reihe des Mittelalters, Dublin und Zürich 1967.
102 S. 176 ff.
103 Urania für 1845, S. 153 ff.
104 Sämtliche Werke, hg. v. Ernst *Elster,* Bd. 5, Leipzig und Wien o. J., S. 289.
105 Regensburg 1847, S. 130 ff.
106 Ebd., S. 146.
107 Ebd., S. 143.
108 Briefwechsel zwischen Eduard Mörike und Friedrich Theodor Vischer, hg. v. Robert *Vischer,* München 1926, S. 296.
109 Gesammelte Schriften, hg. v. Eduard *Zeller,* Bd. 2, Bonn 1876, S. 216.
110 Gedichte, hg. v. Gotthold *Klee,* Gütersloh 1882, S. 171.
111 S. 161.
112 Bd. 5, S. 102.
113 Nach einer ungedruckten Untersuchung von Antonie *Pfahl* über »Das geistliche Jahr«.
114 Taschenbuch für das Jahr 1826 der Liebe und Freundschaft, hg. v. St. *Schütze,* Frankfurt/M., S. 275.
115 Karl *Immermann,* Dramen und Dramaturgisches, Düsseldorf 1843, S. 222.
116 Werke, hg. v. *Hepp,* Bd. 1, S. 310.
117 Ebd., S. 21.
118 Helmina *von Chézy,* Die drei weißen Rosen, in: Urania für 1821, S. 41 f.
119 Siehe: Sämtliche Werke, hg. v. Fritz *Brükner* und Eduard *Castle,* Bd. 1, Wien o. J., S. 270 ff.
120 S. 147 und 36.
121 Robert *Giseke,* Kleine Welt und große Welt, Bd. 1, Leipzig 1853, S. 49 f.
122 Franz *Dingelstedt,* Unter der Erde, Sämtliche Werke, Bd. 4, Berlin 1877, S. 89.
123 Ebd., S. 181.
124 Ebd., S. 227.
125 Ebd., S. 234 f.
126 Ebd., S. 220.
127 Werke, Bd. 5, Halle ³1832, S. 2 ff.
128 Sämmtliche Werke, Bd. 4, Leipzig 1859, S. 109 ff.
129 Sämmtl. Werke, hg. v. *Barthel,* S. 610.

130 Ebd., S. 616.
131 Ebd., S. 660.
132 Alexander *v. Sternberg,* Scholastika, Urania für 1845, S. 371.
133 Gottfried *Kinkel,* Otto der Schütz, hg. v. Wilhelm *Kosch,* Regensburg o. J., S. 87.
134 J. Ch. *Biernatzky,* Der Glaube, Schleswig 1825, S. 16.
135 Nach einer ungedruckten Untersuchung von Anneliese *Böck,* Allegorische Stilmittel in der Dichtung A. Grüns.
136 Karl *Klüpfel,* Gustav Schwab als Dichter und Schriftsteller, 1881, S. 50.
137 Bd. 2, S. 18.
138 Schriften, hg. v. *Tieck* u. *v. Raumer,* Bd. 1, S. 727.
139 Wulf *Wülfing,* Schlagworte des jungen Deutschland, in: Zs. f. dt. Spr., Bd. 21 (1965), S. 42 ff. und 160 ff.; Bd. 22 (1966), S. 36 ff. und 154 ff.
140 Bd. 1, S. 95.
141 S. 145 f.
142 Zit. bei: Einleitung von Max *Koch* zu *Immermanns* Werken, Bd. 2, 1. Abt., Berlin und Stuttgart 1887 (= Dt. Nationalliteratur, Bd. 160), S. XXXIV.
143 S. 24 f.
144 Ebd., S. 51.
145 S. 20.
146 Schriften, Bd. 22, Brünn u. a. o. J., S. 89 ff.
147 Näheres darüber bei Joseph *Weyden,* Eduard von Schenk, Diss. Nymwegen, Graz 1932.
148 Ludwig *Geiger,* Berlin, Bd. 2, 1895, S. 504 f.
149 S. 46 f.
150 S. 73.
151 Bd. 1, S. 333.
152 Gesammelte Schriften, Bd. 7, Abt. Aphorismen und Fragmente, Hamburg 1862, S. 33, Nr. 42.
153 Vgl.: Werner *von Nordheim,* Mörikes dramatische Jugendwerke »Spillner« und »Die umworbene Musa« eine Einheit, in: Euph., 3. F. Bd. 48 (1954), S. 90–94.
154 Zit. ebd., S. 93.
155 Werke und Briefe, hg. v. Hans *Kaufmann,* Bd. 3, Berlin 1961, S. 77.
156 S. 11.
157 Karl *v. Holtei,* Die Vagabunden, Erzählende Schriften, Bd. 10, Breslau 1862, S. 254.
158 Sämtliche Werke, hg. v. Jonas *Fränkel,* Bd. 1, Bern und Leipzig 1931, S. 173 ff.
159 Briefwechsel zwischen Hermann Kurz und Eduard Mörike, hg. v. Jakob *Baechtold,* Stuttgart 1885, S. 45.
160 S. 117 f.
161 Ges. Novellen, Bd. 3, S. 239.
162 Sämtliche Werke, hg. v. Anastasius *Grün,* Bd. 2, Stuttgart o. J., S. 147.
163 Werke, hg. v. Robert *Boxberger,* Bd. 13, Berlin o. J., S. 28.
164 Gedichte, Leipzig 1835, S. 227 f.
165 Vermischte Schriften, hg. v. Gustav *Schwab,* Bd. 1, Leipzig 1830, S. 97.
166 Sämtl. Werke, hg. v. *Grün,* Bd. 1, S. 119.
167 S. 5.
168 *Dingelstedt,* Unter der Erde, Sämtl. Werke, Bd. 4, S. 3.
169 Geschichte der Literaturkritik, 1750–1830, 1959, S. 570.
170 S. 100 ff.
171 Ebd., S. 106.
172 Ebd., S. 103.
173 Sämtliche Schwarzwälder Dorfgeschichten, Bd. 3, Stuttgart 1871, S. 347.
174 S. 51 und 53.

175 »Nachtstück« (»Lieder aus dem Meerbusen von Salerno«), Vermischte Schriften, hg. v. *Schwab,* Bd. 3, S. 125.
176 S. 81.
177 Werke, hg. v. Harry *Maync,* Bd. 3, Leipzig und Wien o. J., S. 47.
178 Zit. nach: Heinrich Hubert *Houben,* Jungdeutscher Sturm und Drang, 1911, S. 39.
179 Ges. Novellen, Bd. 8, S. 141.
180 S. 167.
181 Ebd., S. 136.
182 Quarantäne, S. 238.
183 Tod des Dichters, Ges. Novellen, Bd. 3, S. 333.
184 Ebd., Bd. 9, S. 115.
185 S. 4593.
186 Ebd., S. 4594.
187 Ges. poetische Werke, Bd. 1, S. 10.
188 Sämtliche Werke und Briefe, hg. v. Werner R. *Lehmann,* Bd. 1, Hamburg o. J., S. 61.
189 Bd. 1, S. 161 f.
190 Ebd., S. 322.
191 Ebd., S. 103.
192 Ebd., Bd. 2, S. 230.
193 Der Congress von Verona, Berlin 1842, Bd. 2, S. 83 f.
194 An Varnhagen 18.11.1808, Rahel, Ein Buch des Andenkens für ihre Freunde, Bd. 1, Berlin 1834, S. 369 f.
195 Blasedow, Bd. 2, S. 324. Gemeint ist K. Ph. *Moritz,* Götterlehre, Berlin 1791.
196 Herbert *Anton,* Romantische Deutung griechischer Mythologie, in: Die deutsche Romantik, hg. v. *Steffen,* S. 277 ff.
197 S. 105.
198 Ebd., S. 106.
199 *Dingelstedt,* Unter der Erde, Sämtl. Werke, Bd. 4, S. 134 f.
200 Bd. 1, S. 32.
201 Ebd., S. 37 f.
202 Ebd., S. 138.
203 Bd. 1, S. CV–CXII.
204 Bd. 1, S. 75.
205 Hausbuch, hg. v. *Görres,* Bd. 1, 1846, S. 123.
206 Jugend-Wanderungen, Stuttgart 1835, S. 18, 20, 36.
207 Malerisches und romantisches Westphalen, Münster 1842, S. 357.
208 S. 18.
209 Gotthilf August *v. Maltitz,* Hans Knix, Berlin 1827, S. 25
210 Vermischte Schriften, hg. v. *Schwab,* Bd. 2, S. 286 ff.
211 Gedichte, Wien 1824, S. 183.
212 Ebd., S. 128.
213 *Feuchtersleben,* Sämmtl. Werke, hg. v. *Hebbel,* Bd. 5, S. 43.
214 Ges. Novellen, Bd. 10, S. 32.
215 *Kühne,* Quarantäne, S. 82.
216 Vermischte Schriften, hg. v. *Schwab,* Bd. 1, S. 439.
217 Gesammelte Werke, Bd. 3, Berlin 1856, S. 243.
218 Taschenbuch auf das Jahr 1821, Stuttgart und Tübingen 1820, S. 97 f.
219 Sämtliche Werke, hg. v. Fritz *Strich,* Bd. 7, München 1925, S. 393.
220 Ludwig *Salomon,* Geschichte des deutschen Zeitungswesens, Bd. 3, 1906, S. 274.
221 Levin *Schücking,* Die Marketenderin von Köln, Bd. 3, Leipzig 1861, S. 7.
222 S. 166 f.
223 Lyrisches Intermezzo 11.

224 Das Wesen des Christenthums, Leipzig 1841, S. 4.
225 Bd. 1, S. VIII.
226 Ebd., S. IX.
227 Werke, hg. v. Conrad *Beyer,* Bd. 3, Leipzig o. J., S. 270.
228 Quarantäne, S. 50.
229 Blüthenstrauß, S. 46.
230 Bd. 5, S. 40.
231 In: »Vater Heinz«, eine Sammlung von Erzählungen und Märchen, von einem Erzieher, Wien 1833, Exemplar in der Staatsbibl. Berlin.
232 Walter Heinrich *Strasser,* Jeremias Gotthelf als Satiriker, Diss. Basel, Bern 1960.

5. Kapitel
Die Literatursprache

1 Wilhelm *v. Humboldt,* Ankündigung einer Schrift über die baskische Sprache und Nation ..., 1812, Gesammelte Schriften, hg. v. *Königlich Preußische Akademie der Wissenschaften,* Bd. 3, Berlin 1904, S. 296 f.; zit. nach: Hans *Arens,* Sprachwissenschaft, 1955, S. 152 f.
2 Zit. bei: Adolf *Bach,* Geschichte der deutschen Sprache, [8]1965, S. 386.
3 Deutsche Grammatik, Bd. 1, Göttingen [2]1822, Vorrede S. XVIII.
4 Ebd., S. VIII.
5 Bd. 2, 1826, S. 403 f.
6 S. VIII.
7 Ästhetik, hg. v. Friedrich *Bassenge,* Bd. 2, Frankfurt/M. [2]o. J. [1965], S. 371–375.
8 Ebd., S. 371.
9 Ebd.
10 Ebd., S. 372.
11 Zit. bei: René *Wellek,* Geschichte der Literaturkritik, 1750–1830, 1959, S. 567.
12 Ästhetik, hg. v. *Bassenge,* Berlin 1955, S. 933.
13 Ebd., S. 872.
14 Ästhetik, hg. v. *Bassenge,* Bd. 2, S. 375.
15 Solger's nachgelassene Schriften und Briefwechsel, hg. v. Ludwig *Tieck* und Friedrich *v. Raumer,* Bd. 2, Leipzig 1826, S. 489.
16 Friedrich *Kainz,* Grillparzer als Sprachtheoretiker, in: GRM, Bd. 27 (1939), S. 372.
17 Zit. nach: Ebd., S. 376.
18 Ebd., S. 377.
19 Die Wissenschaft von deutscher Sprache und Dichtung, Festschrift für Friedrich Maurer, hg. v. Siegfried *Gutenbrunner* u. a., 1963, S. 440.
20 Ausgewählte Romane, Bd. 4, Leipzig [3]1875, S. 72. Das ursprünglich pietistische Wort war mit dem ganzen Pietismus zur Mode geworden.
21 Eine Quarantäne im Irrenhause, Leipzig 1835, S. 129.
22 Sämtliche Werke, hg. v. August *Sauer* und Reinhold *Backmann,* Bd. 5, Wien 1936, S. 236.
23 Vermischte Schriften, hg. v. Gustav *Schwab,* Bd. 4, Leipzig 1830, S. 92.
24 Josef *Müller,* Jean Paul als Wortschöpfer und Stilist, in: Zs. f. dt. Wortforschung, Bd. 10 (1908/09), S. 20 ff. und Bd. 11 (1909), S. 235 ff.
25 Arnold *Ruge,* Sämmtliche Werke, Bd. 3, Mannheim [2]1847, S. 36.
26 S. 400.
27 Ebd., S. 459.
28 Ebd., S. 401.
29 *Müller,* Vermischte Schriften, hg. v. *Schwab,* Bd. 1, biographische Einleitung S. XXIII.

30 *Arens,* Sprachwissenschaft, S. 175.
31 Zit. nach: Ebd., S. 178.
32 Heinz *Diewerge,* Jacob Grimm und das Fremdwort, 1935, S. 33f.
33 Zit. nach: *Arens,* Sprachwissenschaft, S. 162.
34 Ebd., S. 164f.
35 Ebd., S. 161.
36 Geschichte der Poesie und Beredsamkeit, Bd. 11, Göttingen 1819, S. 356f.
37 Otto *Heller,* The Language of Charles Sealsfield, St.Louis 1941, S. 7.
38 Ebd., S. 14.
39 *Kühne,* Quarantäne, S. 24.
40 Ebd., S. 60.
41 Ebd., S. 152.
42 Geschichte, S. 421.
43 S. 122.
44 Levin *Schücking,* Die Ritterbürtigen, hg. v. Julius Lothar *Schücking,* Münster o.J., S. 388.
45 Elise *Ehrhard,* Die Wunderblume, Urania für 1820, Leipzig S. 106.
46 Gedichte, Stuttgart und Tübingen 1838, S. 307.
47 Geschichte der schönen Literatur der Deutschen, Straßburg 1843, S. 154.
48 Ähnlich Richard M.*Meyer,* Deutsche Charaktere, 1897; darin Ferd. Freiligrath S. 163 bis 176; gegen Heines Anschauung S. 169.
49 Nr. 150, 30.7.1814, Sp. 1198.
50 Ebd., Nr. 174, 2.9.1814, Sp. 1390.
51 Die Deutsche Turnkunst, Berlin 1816, S. XXII.
52 Geschichte, Bd. 11, S. 371.
53 Ernst *Schwarz,* Kurze deutsche Wortgeschichte, 1967, S. 123.
54 Ludwig *Geiger,* Berlin, 1688–1840, Bd. 2, 1895, S. 390.
55 Ich vermute dies auf Grund einer brieflichen Mitteilung von Herrn Lothar W.Silberhorn.
56 Moderne Charakteristiken, Bd. 2, Mannheim 1835, S. 204.
57 Zit. bei: Irma *Gaab,* Fürst Hermann Ludwig Pückler-Muskau, Diss. München 1922, S. 24.
58 S. 50.
59 Nach einer ungedruckten Untersuchung von Iris *Obier.*
60 Gesammelte Werke, hg. v. Konrad *Steffen,* Bd. 13, Basel und Stuttgart 1969, S. 224.
61 Nach einer ungedruckten Prüfungsarbeit über deutsche Balzacübersetzungen von Angelika *Wedekind.*
62 Deutschlands Dichter von 1813 bis 1843, hg. v. Karl *Gödeke,* Hannover 1844, S. 16.
63 Zit. bei: Hermann *Marggraff,* Ernst Schulze, Leipzig 1855, S. 266.
64 Belege nach: Robert *Boxberger.* Einleitung zu dem Fragment, *Immermann's* Werke, hg. v. *Boxberger,* Bd. 13, Berlin o.J., S. 16, mit weiteren Beispielen.
65 Gesammelte Werke, hg. v. Ludwig August *Frankl,* Bd. 4, Berlin 1877, S. 280.
66 Die Epik der Neuzeit, Altenburg 1844, S. 52.
67 Material nach: *Schwarz,* Wortgeschichte, S. 126.
68 Leben Fibels, Sämtliche Werke, hg. v. *Preußische Akademie der Wissenschaften,* 1.Abt., Bd. 13, Weimar 1935, S. 412.
69 S. 23.
70 Gesammelte Schriften, Bd. 3, Frauenfeld 1853, S. 264.
71 Ebd., S. 336 und 340.
72 Novellen und Dichtungen, Bd. 16, Aarau [10]1865, S. 14.
73 Werke, hg. v. Erich *Trunz,* Bd. 8, Hamburg 1950, S. 295.
74 Vermischte Schriften, hg. v. *Schwab,* Bd. 4, S. 309.

75 Ebd., S. 203.
76 Sämtliche Werke, hg. v. Ernst *Elster,* Bd. 5, Leipzig und Wien o. J., S. 350 f.
77 Heinrich *Bauer,* Lehrbuch der deutschen Sprache, Bd. 3, 2. Abt., Potsdam 1811, S. 194 f.
78 Die beginnende Neuorientierung der Volkskunde auf diesem Gebiet belegt Monika *Jaeger,* Theorien der Mundartdichtung, Studien zu Anspruch und Funktion, 1964.
79 S. 386.
80 Werke, hg. v. Otto *Behagel,* Bd. 1, o. J. (= Dt. National-Litteratur, Bd. 142, 1. Abt.), S. 17.
81 *Bach,* Geschichte, S. 416.
82 Sitten und Sprüche der Heimath, Bd. 2, St. Gallen 1842, S. 171.
83 Schriften, Bd. 19, Berlin 1845, S. 242 ff.
84 S. V.
85 Sämmtliche Werke, hg. v. Eduard *Böcking,* Bd. 12, Leipzig 1847, S. 55 ff.
86 Ausgewählte Schriften, 2. Serie, Bd. 5, Brünn und Wien [8]1876, S. 60.
87 Karl *Gutzkow* und Ludolf *Wienbarg,* Die deutsche Revue, Berlin 1904 (= Dt. Literaturdenkmale des 18. u. 19. Jhs., 3. F., Nr. 12), Einleitung von *J. Dresch* S. XXII.
88 S. 120.
89 Ebd., S. 72.
90 Ebd., S. 126.
91 Ebd., S. 243.
92 Ebd., S. 156.
93 Ebd., S. 145.
94 Kleinere Erzählungen, hg. v. Rudolf *Hunziker,* Bd. 1, Erlenbach-Zürich, München und Leipzig o. J., S. 384 f.
95 Nach: Das Biedermeier im Spiegel seiner Zeit, hg. v. Georg *Hermann,* Berlin u. a. 1913, S. 140.
96 Anonymes Gedicht »Im Wald«, in: Deutsches Hausbuch, hg. v. Guido *Görres,* Bd. 2, München 1847, S. 1.
97 Joseph *König,* Karl Spindler, 1908, S. 144 und 146.
98 Mathilde *Deininger,* Untersuchungen zum Prosastil von Wilhelm Hauff, Diss. Tübingen 1945, S. 22 ff.
99 Nach einer ungedruckten Prüfungsarbeit von Gertrud *Adam,* Studien zur Sprache in den Märchen von Hoffmann und Hauff.
100 Bd. 1, S. 23, dgl. im Taschenbuch zum geselligen Vergnügen, Leipzig 1822: »Wenn soll ich denn wiederkommen?« *Grimms* Wörterbuch wird dem Schwanken zwischen wenn und wann eher gerecht.
101 »Antipolitische Poesie«, in: »Gedichte« 1844, dgl. *Lenau* im »Savonarola«: »als in der Klaus ein Eremit« (Die Pest II), *Conz,* Die Schäferin: »als in einem Blütenregen« (Cottasches Taschenbuch für das Jahr 1815).
102 Heinrich *Smidt,* Michael de Ruiter, Bd. 2, Berlin 1846, S. 199. Ähnlich Ernst *Willkomm,* Die Europamüden, Bd. 2, Leipzig 1838, S. 73: »als wir der Bellevue vorübergingen«.
103 Mörike an Vischer 1. 7. 1839, Briefwechsel zwischen Eduard Mörike und Friedrich Theodor Vischer, hg. v. Robert *Vischer,* München 1926, S. 170.
104 Louise *Brachmann,* Auserlesene Dichtungen, hg. v. Prof. *Schütz* und K. L. M. *Müller,* Bd. 3, Leipzig 1825, S. 169.
105 Ludwig *Tieck,* Das alte Buch, in: Urania für 1835, S. 147.
106 Wolfgang *Müller v. Königswinter,* Die Maikönigin, Stuttgart und Tübingen 1852, S. 47.
107 Erwin *Arndt,* Begründendes *da* neben *weil* im Neuhochdeutschen, in: Beiträge zur Gesch. der dt. Spr. u. Lit. (Halle), Bd. 82 (1960), S. 259.
108 Alfred *Götze,* Weltanschauung, in: Euph., Bd. 25 (1924), S. 42 f.
109 Hg. v. Jürgen *Jahn,* Berlin und Weimar 1964, S. 58.
110 Zit. nach: *Götze,* Weltanschauung, S. 46.

111 Zit. nach: Ebd., S. 48.
112 Jahrbuch für Drama, Dramaturgie und Theater, hg. v. Ernst *Willkomm* und A. *Fischer*, Bd. 1, Leipzig 1837.
113 Meine Wanderungen in die Bergstraße, den Odenwald und die Rheingegenden während des Sommers 1819, Bd. 1, Wiesbaden 1820, S. 66.
114 *Smidt*, Michael de Ruiter, Bd. 2, S. 130.
115 Auserlesene Dichtungen, hg. v. *Schütz* u. *Müller*, Bd. 3, S. 197.
116 Rahel, Ein Buch des Andenkens für ihre Freunde, Bd. 1, Berlin 1834, S. 38.
117 Unter der Erde, Sämmtliche Werke, Bd. 4, Berlin 1877, S. 77.
118 Symbolik und Mythologie der alten Völker, Bd. 1, Leipzig und Darmstadt 1819, S. 134.
119 P. A. *Pfizer*, Briefwechsel zweier Deutscher, Stuttgart und Tübingen 1831, S. 9 ff.
120 Vgl. Peter *Kapitza*, Die frühromantische Theorie der Mischung, 1968.
121 *Schücking*, Ritterbürtige, hg. v. *Schücking*, S. 29.
122 Ebd., S. 120.
123 Geschichte, Bd. 11, S. 513 und 517 f.
124 Robert *Giseke*, Kleine Welt und große Welt, Bd. 1, Leipzig 1853, S. 16.
125 Congress, Bd. 1, S. 13.
126 Schriften, Bd. 19, S. 88.
127 Zeitung für die elegante Welt, 1833, S. 511 f.
128 August *Koberstein*, Vermischte Aufsätze, Leipzig 1858, S. 93.
129 Karl *Kirsch*, Glockentöne, Leipzig ²1854, S. 69.
130 *Müller*, Vermischte Schriften, hg. v. *Schwab*, Bd. 3, S. 25.
131 *Tieck*, Gesammelte Novellen, Bd. 8, Berlin 1853, S. 78.
132 Ebd., S. 101.
133 G. A. *v. Maltitz*, Gelasius, Leipzig 1826, S. 82.
134 *Mörike* im Vorwort zu seinen Theokrit-Übersetzungen, Stuttgart 1855.
135 Michael de Ruiter, Bd. 2, S. 99.
136 z. B. Ges. Novellen, Bd. 9, S. 13, S. 101, vgl. auch Grabbes Brief an Tieck vom 29. 8. 1823.
137 Georg Gottfried *Gervinus*, Geschichte der poetischen National-Literatur der Deutschen, Bd. 5, Leipzig ³1852, S. 631.
138 Albert *Knapp*, Christoterpe, Ein Taschenbuch für christliche Leser auf das Jahr 1838, Tübingen, S. IV.
139 Briefe, New York ²1860, S. 46.
140 Sämtliche Werke, hg. v. Benno *v. Wiese* und Helga *Unger*, Bd. 1, München 1967, S. 598.
141 Bd. 1, Vorrede S. VI f.
142 S. 69, nach Wulf *Wülfing*, Schlagworte des Jungen Deutschland, in: Zs. f. dt. Spr., Bd. 22 (o. J.), S. 159.
143 August *Proksch*, Der Wortschatz Theodor Storms, in: GRM, Bd. 6 (1914), S. 543 f. und 548 f.
144 Berlin ⁴1819, S. 514.
145 Jedenfalls in der 4. Auflage (S. V ff.), nach der zitiert wird.
146 Vermischte Schriften, Bd. 2, Leipzig 1842, S. 191.
147 Ebd., S. 190.
148 Vorrede zu den Dramaturgischen Blättern, Bd. 1, Breslau 1826, S. VII.
149 Ebd., Bd. 1, S. 276.
150 Johannes *Pfeiffer*, Der Lyriker Friedrich Rückert, in: *Pfeiffer*: Zwischen Dichtung und Philosophie, 1947, S. 79.
151 Aus »Der Chier«, Gedicht in Wilhelm *Müllers* Griechenliedern, Vermischte Schriften, hg. v. *Schwab*, Bd. 2, S. 235 f.
152 Gedichte, Stuttgart und Tübingen 1838, S. 149.
153 *Heller*, Sealsfield, S. 15.
154 Johann Andreas *Wendel*, Lehrbuch des deutschen Styls, Coburg und Leipzig 1816, S. 122.

155 Sämmtl. Werke, Bd. 3, S. 89.
156 Bd. 1, S. VII.
157 Johannes *Minckwitz,* Lehrbuch der rhythmischen Malerei der deutschen Sprache, Leipzig 1856, S. 21.
158 Bd. 1, S. XIIIff.
159 Anfangsgründe der deutschen Prosodie, Gießen 1815, S. 63.
160 Ebd., S. 73.
161 Ebd., S. 119.
162 Vermischte Schriften, hg. v. *Schwab,* Bd. 4, S. 331.
163 S. 42–46.
164 Briefwechsel zwischen Hermann Kurz und Eduard Mörike, hg. v. Jakob *Baechtold,* Stuttgart 1885, S. 23.
165 Aus »Die Eule« (»Griechenlieder«), Vermischte Schriften, hg. v. *Schwab,* Bd. 2, S. 222f.
166 Clemens *Heselhaus,* Die Zeitbilder der Droste, in: Jb. der Droste-Gesellschaft, Bd. 4, 1962, S. 97.
167 Clemens *Heselhaus,* Die Heidebilder der Droste, in: Jb. der Droste-Gesellschaft, Bd. 3, 1959, S. 152.
168 Waldemar *Thies,* Adalbert von Chamissos Verskunst, Diss. Frankfurt/M. 1953, Auszug S. 5.
169 Einen Überblick über die Fakten gibt W. *Bennett,* German Verse in Classical Metres, La Haye 1963, vgl. besonders den praktischen Anhang: Metres and their Poets, Poets and their Metres.
170 Nach einer ungedruckten Arbeit von Gerhard *Ruh.*
171 Hans *Kaufmann,* Politisches Gedicht und klassische Dichtung, 1959, S. 97ff.
172 Vermischte Schriften, Bd. 2, S. 142.
173 Gedichte, S. 127.
174 Rudolf *Blodau,* Die Verskunst Ferdinand Freiligraths, Diss. Marburg 1922 [Masch.]: an mehreren Stellen.
175 Gespräche mit Goethe in den letzten Jahren seines Lebens, Von Johann Peter Eckermann, hg. v. Heinrich *Düntzer,* Bd. 2, Leipzig [6]1885, S. 176.
176 Ebd., S. 233ff. Dort finden sich die Zahlen für weitere Dichter.
177 Gedichte, Hamburg [3]1852, S. 271.
178 Gottfried *Kinkel,* Otto der Schütz, Stuttgart und Augsburg [16]1855, S. 37.
179 *Müller,* Kinderfrühling, Vermischte Schriften, hg. v. *Schwab,* Bd. 1, S. 233.
180 Sämtliche Werke und Briefe, hg. v. Eduard *Castle,* Bd. 3, Leipzig 1911, S. 125.
181 Sämtl. Werke, hg. v. *Elster,* Bd. 7, S. 423f.
182 In: Jahresbericht von der Königl. Studienanstalt zu Erlangen ... bei der öffentlichen Preisvertheilung, den 27. August 1846, S. 3ff.
183 Poetik, Rhetorik und Stilistik, hg. v. Ludwig *Sieber,* Halle 1873, S. 320. Das Buch geht zurück auf Vorlesungen der Jahre 1836 und 1837.
184 *Müller,* Vermischte Schriften, hg. v. *Schwab,* Bd. 3, S. 182.
185 S. 368.
186 Ebd., S. 366.
187 Anonym von Christoph Kuffner, Bd. 1, S. 15.
188 Ebd.
189 Aphorismen besonders über die dramatische Kunst (1825), Nr. 13.
190 Vor der Bücherwand, 1961, S. 150.
191 Werke, hg. v. Conrad *Beyer,* Bd. 1, Leipzig o. J., S. 380.
192 Ich stütze mich auf eine ungedruckte Arbeit von Hans *Graef,* Untersuchungen zum Liebeswortschatz in Rückerts Liebesfrühling.
193 Werke, hg. v. *Beyer,* Bd. 3, S. 137.
194 Ida *Gräfin Hahn-Hahn,* »Meine Sprache«, Gedichte, S. 287.

195 Vermischte Schriften, Bd. 2, S. 181.
196 Rezension des Deutschen Musenalmanachs auf das Jahr 1841, ebd., S. 182.
197 Heines Schriften und Tendenz, in: Deutsche Viertel-Jahrsschrift, H. 1, 1838, S. 167 ff.
198 Nach einer ungedruckten Arbeit meines früheren Hörers *Bihrer:* »Mörike und Geibel als Übersetzer lateinischer Lyrik«.
199 Vermischte Schriften, hg. v. *Schwab,* Bd. 4, S. 192 und 187.
200 Sämtliche Werke, hg. v. Max *Koch* und Erich *Petzet,* Bd. 3, Leipzig o.J., S. 159.
201 Ebd., Bd. 4, S. 71: »Aschermittwoch«, Oden XXII, 4.3.1829.
202 Ebd., Bd. 10, S. 381.
203 »Winterbilder« Nr. 7, Gedichte, Stuttgart und Tübingen ²1839, S. 179.
204 Anfangsgründe, S. 368 und 367.
205 Bd. 3, S. 204.
206 Des Publius Virgilius Maro Werke, Bd. 2, S. 242 f.
207 Virgil's Werke, Bd. 1, ⁶1877, S. 111.
208 Die bezauberte Rose, Leipzig ⁴1824, S. 127.
209 S. 451.
210 Sämtliche Werke, Bd. 2, Oldenburg 1863, S. 31.
211 Sämtliche Werke, hg. v. Clemens *Heselhaus,* München ²1955, S. 926 und 422 f.
212 Hermann *Küchling,* Studien zur Sprache des jungen Grillparzer, Diss. Leipzig 1900.
213 Herbert *Seidler,* Zur Sprachkunst in Grillparzers Hero-Tragödie, in: Festschrift für Moriz Enzinger, Innsbruck 1953, S. 182 f.
214 Nach einer ungedruckten Arbeit Iniga *von Pfettens,* Wandlungen des Sprachstils bei Grillparzer.
215 Nach: Heinrich *Walther,* Franz Grillparzers Altersstil, Diss. Hamburg 1951 [Masch.].
216 Sämtl. Werke, hg. v. *Sauer,* Bd. 6, S. 215.
217 Marie Luise *Gansberg,* Zur Sprache in Hebbels Dramen, in: Hebbel in neuer Sicht, hg. v. Helmut *Kreuzer,* 1963, S. 59–79.
218 Sämtliche Werke und Briefe, hg. von Werner R.*Lehmann,* Bd. 1, Hamburg o.J., S. 421.
219 Bd. 2, S. 312 f.
220 Adalbert *v.Chamisso,* Peter Schlemihls wundersame Geschichte, Werke, hg. v. Hermann *Tardel,* Bd. 2, Leipzig und Wien o.J., S. 323.
221 *Müller,* Vermischte Schriften, hg. v. *Schwab,* Bd. 3, S. 19.
222 *Willkomm,* Europamüde, Bd. 1, S. 191.
223 F.*Huber-Renfer,* Jeremias Gotthelf als Mitarbeiter am »Berner Volksfreund«, in: Burgdorfer Jb., Bd. 18, 1951, S. 15.
224 Sämmtl. Werke, Bd. 4, S. 47.
225 Nach der ungedruckten M.A.-Arbeit M.Th.*v.Brücks,* Die Erzählsprache Tiecks im »Phantasus« und in den Novellen der zwanziger Jahre.
226 Wolfgang *Preisendanz,* Der Funktionsübergang von Dichtung und Publizistik bei Heine, in: Die nicht mehr schönen Künste, hg. v. Hans Robert *Jauß,* 1968, S. 349.
227 Sämtl. Werke, hg. v. *Elster,* Bd. 5, S. 242 f.
228 Heines Schriften und Tendenz, S. 188.
229 S. 439.
230 Nach einer ungedruckten Arbeit von W.*Rinner,* »Rankes Auffassung von seiner literarischen Aufgabe als Geschichtsschreiber«. Auch die folgenden Ausführungen stützen sich auf diese Untersuchung.
231 Nach einer ungedruckten Arbeit von Ute *Radlik,* Der Stil in den deutschen Übersetzungen des Romans Julie oder die neue Heloise von J.J.Rousseau.
232 Nach einer ungedruckten Arbeit von Anita *Sauer,* Waverley-Übersetzungen.
233 Auszug aus der Dissertation von Theo *Zindler,* Die Entwicklung im lyrischen Stil Lenaus, Marburg 1959 [Masch.].

234 Fritz *Schalk,* Das Wort bizarr im Romantischen, in: Etymologica, Walter Wartburg zum 70. Geburtstag, hg. v. Hans-Erich *Keller,* 1958, S. 655–79.

235 Nach: Rudolf *Buchmann,* Helden und Mächte des romantischen Kunstmärchens, 1910.

236 Nach einer ungedruckten Arbeit von Helene *Schöning,* Interpretationen zum Prosastil Tiecks.

237 Schriften, Bd. 19, S. 34.

238 Adrianus Pieter *Berkhout,* Biedermeier und poetischer Realismus, Diss. Amsterdam 1942, S. 77 f.

239 Ebd., S. 102 ff.

240 Auserlesene Dichtungen, hg. v. *Schütz* u. *Müller,* Bd. 3, S. 171.

241 Dazu und zum Folgenden: Wolfgang *Stammler,* Geistreich, in: Gedenkschrift für Ferdinand Joseph Schneider, hg. v. Karl *Bischoff,* 1956, S. 350–71.

242 Eduard v. *Bauernfeld,* Gesammelte Schriften, Bd. 2, Wien 1871, S. 38.

243 Karl *Schroeder,* Die Krethiplethiade, Berlin 1855, S. 82.

244 A. *Rendi,* Winckelmann Scrittore della Empfindsamkeit, in: Studi Germanici, N.F. Bd. 7 (1969), S. 5–29.

245 *Kühne,* Quarantäne, S. 326.

246 Deutsche Dichter, erläutert von M. W. *Götzinger,* Bd. 1, Leipzig und Zürich 1831, S. 466 Anm. 1.

247 *Kirsch,* Glockentöne, S. 76 u. 18.

248 Friedrich *Krug v. Nidda,* Erzählungen und Romanzen, Leipzig 1821, S. 245 und 242.

249 Nachträge zu *Goethe's* sämmtlichen Werken, hg. v. Eduard *Boas,* Bd. 1, Leipzig 1841.

250 Belege in *Grimms* Dt. Wörterbuch.

251 Heinrich *Kurz,* Geschichte der neuesten deutschen Literatur, Bd. 4, Leipzig [2]1872, S. 951.

252 Vermischte Schriften, Bd. 2, S. 86 und 91.

253 Vorrede zu den »Dramaturgischen Blättern«, Bd. 1, 1826, S. VIII.

254 *Kirsch,* Glockentöne, S. 97.

255 Dichter, erläutert v. *Götzinger,* Bd. 2, 1832, S. 18.

256 Melchior *Meyr,* Wilhelm und Rosina, München 1835.

257 Julius *Mosen,* Sämmtliche Werke, Bd. 2, Oldenburg 1863, S. 106.

258 Eduard *Heinel,* Das Pfingstfest, Königsberg 1833.

259 Aber nicht schon »seit dem Anfang des 19. Jahrhunderts« *(Trübner).*

260 Sämmtliche Werke, Bd. 2, Stuttgart und Tübingen [2]1855, S. 19.

261 Carl *Spindler,* Der Jude, Bd. 1, Stuttgart 1827, S. 267.

262 Zitat bei Trübner.

263 Sämmtliche Werke, hg. v. Friedrich *Hebbel,* Bd. 6, Wien 1853, S. 80.

264 *Heinel,* Pfingstfest.

265 Hans-Henrik *Krummacher,* Mitteilungen zur Chronologie und Textgeschichte von Mörikes Gedichten, in: Jb. der dt. Schillergesellschaft, Bd. 6, 1962, S. 307 ff.

266 *Heinel,* Pfingstfest, S. 157.

267 *Bach,* Geschichte, S. 433.

268 Ebd.

269 Ebd.

270 Schlagworte des Jungen Deutschland, in: Zs. f. dt. Spr., Bd. 21 (o. J.), S. 42 ff. und S. 160 ff., Bd. 22 (o. J.), S. 36 ff. und S. 154 ff.

271 Vgl. den Sprachgebrauch ebd., Bd. 22, S. 158.

272 S. 93, vgl. auch die Verse über den Zeitgeist, ebd., S. 145 f. Pejorative Verwendung von zeitgeistig auch bei Grabbe und Gotthelf, vgl. *Grimms* Dt. Wörterbuch.

273 Vgl. die Liste, Bd. 22, S. 160 ff.

274 *Wülfing,* Schlagworte, Bd. 21, S. 51.

275 *Wagner* nach W. *Feldmann,* Wortgeschichte, hg. v. *Maurer* u. *Stroh,* S. 411.

276 Ebd.

277 *Bach,* Geschichte, S. 436.
278 Ursprünglich mag das ältere Substantiv Jetzt (Belege bei *Grimm*) der Neubildung größere Gesetzmäßigkeit verliehen haben.
279 Sebastian *Brunner,* Die Prinzenschule zu Möpselglück, Bd. 2, Regensburg 1848, S. 113.
280 Ebd., Bd. 1, S. 39f.
281 1841, S. 2 f., nach: Der deutsche Vormärz, Texte und Dokumente, hg. v. Jost *Hermand,* Stuttgart 1967, S. 56–59.
282 Berlin wie es ist und – trinkt, H. 15, Leipzig ²1847, S. 21f.
283 Gesammelte Schriften, Bd. 6, Hamburg und Frankfurt/M. 1862, S. 107.
284 Die Sprachverwirrung, 1849, Kleine Schriften, Gesammelte Werke, Bd. 6, Leipzig 1940, S. 327.
285 Umrisse zur Geschichte und Kritik der schönen Literatur Deutschlands während der Jahre 1790 bis 1818, Berlin 1819, S. 251.
286 Nach: *Geiger,* Berlin, Bd. 2, S. 523.
287 Siegfried *Kösterich,* Saphirs Prosastil, Diss. Frankfurt/M. 1934; Wiltrud *Hainschink,* Die witzige Kritik, Diss. Wien 1950 [Masch.].
288 S. 4394.
289 Bd. 1, S. 392. Anspielung auf Heinrich Laubes erfolgreiches Publicitystreben.
290 Der Dreizehnte (Novelle), Vermischte Schriften, hg. v. *Schwab,* Bd. 3, S. 26.
291 Sämtl. Werke u. Briefe, hg. v. *Lehmann,* Bd. 1, S. 115.
292 Sämtl. Werke, hg. v. *Elster,* Bd. 3, S. 367.
293 Aus dem Gedicht »Die Tendenz« (»Neue Gedichte«).
294 Der Verfasser dieser ungedruckten Untersuchung ist Ruprecht *Opitz.*
295 Das Buch Le Grand, Sämtl. Werke, hg. v. *Elster,* Bd. 3, S. 131f.
296 Beiträge zur Geschichte der neuesten Literatur, Bd. 1, Stuttgart 1836, S. 52f.
297 Briefe und Tagebücher, hg. v. Emil *Ermatinger,* Bd. 1 (1830–61), Stuttgart und Berlin 1916, S. 418.
298 Der Dräumling, Sämtliche Werke, hg. v. Karl *Hoppe,* Bd. 10 (bearbeitet von Hans-Jürgen *Meinerts*), Freiburg i.Br. und Braunschweig 1953, S. 28.
299 Die Gestaltung des wissenschaftlichen Wörterbuchs, in: Romanist. Jb., Bd. 5, 1952, S. 65–94.
300 1827, S. 100.
301 *Arens,* Sprachwissenschaft, S. 192.
302 *Grimm,* Grammatik, Bd. 2, Vorrede S. VI.
303 Vgl. das 1. Postskript zur Untersuchung »Ueber die deutschen Doppelwörter«, Sämtl. Werke, hg. v. *Preußische Akademie,* 1. Abt., Bd. 16, S. 216.
304 Ebd., S. 236. Obwohl es sich um die ehrwürdige historisch-kritische Ausgabe handelt, wage ich um des besseren Verständnisses willen die Konjektur überschichtet für überschlichtet, weil im Relativsatz das Wort Sprachschicht folgt. Ich gebe aber zu, daß bei Jean Paul kein Reim- und geheimes Gedankenspiel unmöglich ist. Hinweis auf die Vereinfachung der Flexionen?
305 Ebd., S. 194f.
306 Geschichte, S. 460.
307 Friedrich *Maurer,* Die Sprache Goethes im Rahmen seiner menschlichen und künstlerischen Entwicklung. 1932, S. 22ff.
308 Sämtl. Werke, hg. v. *Preußische Akademie,* 1.Abt., Bd. 16, S. 171.
309 Heines Schriften und Tendenz, S. 183.
310 *Benzel-Sternau,* Der alte Adam, Bd. 1, Gotha 1819, S. 18. Ich verdanke das Zitat Herrn Dr. W. Weiland.
311 Sämmtl. Werke, Bd. 3, S. 62f.
312 Briefe und Tagebücher, hg. v. *Ermatinger,* Bd. 2 (1861–90), S. 488f.
313 S. 152.

314 Richard M. *Meyer,* Nietzsches Wortbildungen, in: Zs. f. dt. Wortforschung, Bd. 15 (1914), S. 104.
315 Sämtliche Werke, hg. v. Wolfgang *Frhr. v. Löhneysen,* Bd. 5, Stuttgart und Frankfurt/M. 1965, S. 589 ff.: »Über Schriftstellerei und Stil«, ursprünglich in Parerga und Paralipomena, 2 Bde. 1851.
316 Werke, hg. v. *Beyer,* Bd. 3, S. 318.
317 Dramen und Dramaturgisches, Düsseldorf 1843, S. 147 f.
318 Aus *Heines* Gedicht »Anno 1829«, Neue Gedichte, Romanzen 7.
319 *Müller,* Vermischte Schriften, Bd. 3, hg. v. *Schwab,* S. 33.
320 *Müller v. Königswinter,* Maikönigin, S. 29 und 140.
321 *Schücking,* Ritterbürtige, hg. v. *Schücking,* S. 188.
322 6.1.1818, Buch des Andenkens, Bd. 2, S. 522.
323 Sämtl. Werke, hg. v. *Preußische Akademie,* 1. Abt., Bd. 13, S. 501 und 516.
324 Bd. 1, S. 169, 240, 169.
325 Ebd., Bd. 1, S. 212 und 258.
326 *Kühne,* Quarantäne, S. 92 und 118.
327 *Schwarz,* Wortgeschichte, S. 124.
328 Gesammelte Werke, Bd. 13, Stuttgart 1846, S. 192.
329 Leopold *Schefer,* Neue Novellen, Bd. 1, Leipzig 1831, S. 232.
330 Josef *Nadler,* Literaturgeschichte des deutschen Volkes, Bd. 3, ⁴1938, S. 152.
331 Minerva für 1819, S. LIV.
332 *Willkomm,* Europamüde, Bd. 1, S. 283.
333 *Kühne,* Quarantäne, S. 127.
334 Ebd., S. 107.
335 Nach einem Aufsatz von Lee B. *Jennings,* der mir im Manuskript vorlag: »Longus« and the Wispel Radices: A Mörike Miscellany.
336 Grammatik, Bd. 2, S. 1.
337 Ebd., S. 4.
338 Ebd.
339 Stil, S. 156.
340 Ebd., S. 152.
341 S. 104.
342 Ebd., S. 95.
343 Stil, S. 167.
344 Ebd., S. 158 f.
345 Ebd., S. 153.
346 Ebd.
347 Sämtl. Werke, hg. v. *Löhneysen,* Bd. 5, S. 624.
348 S. 120.
349 Sämtl. Werke, hg. v. *Löhneysen,* Bd. 5, S. 631.
350 *Schücking,* Ritterbürtige, hg. v. *Schücking,* S. 405.
351 Nach: *Arens,* Sprachwissenschaft, S. 190.
352 Grammatik, Bd. 2, S. 2, 700, 92.
353 Ebd., S. IX.
354 Nach: *Arens,* Sprachwissenschaft, S. 186.
355 In *Grimms* Wörterbuch findet sich ein einziger Beleg (von Jean Paul).
356 Nach Helga *Dierichs,* Stilschichten bei Sealsfield, ungedruckte Magisterarbeit.
357 *Müller v. Königswinter,* Maikönigin, S. 82, 84, 176, 83.
358 *Schefer,* Neue Novellen, Bd. 1, S. 243.
359 *Mosen,* Congress, Bd. 1, S. 288.
360 Insel-Ausgabe, Leipzig o. J., S. 264. In einer ungedruckten Arbeit hat Iris *Obier* (s. o.) diese Stiltendenz Tiecks auf breiter Grundlage nachgewiesen.

361 Werke, Atlantis-Ausgabe, Bd. 2, Zürich 1947, S. 427.
362 Sämtl. Werke, hg. v. *Preußische Akademie,* 1. Abt., Bd. 16, S. 197.
363 S. 211f.
364 Vorrede zum »Lehrbuch zur Einleitung in die Philosophie«, Königsberg ²1821.
365 Geistreich, S. 368f.
366 Ludwig *Feuerbach,* Das Wesen der Religion, Ausgewählte Texte, hg. v. Albert *Esser,* Köln 1967, S. 61.
367 *Spindler,* Der Jude, Bd. 3, S. 40 und 63.
368 Minerva für 1819, S. LX.
369 Gedichte, Bd. 3, Wien 1819, S. 203f.
370 Urania für 1820, S. 120.
371 *Tschirch,* Bedeutungswandel, S. 15.
372 Sämtl. Werke, hg. v. *Preußische Akademie,* 1. Abt., Bd. 16, S. 216.
373 *Krug v. Nidda,* Erzählungen und Romanzen, S. 266.
374 *Willkomm,* Europamüde, Bd. 2, S. 218.
375 Nach: Lawrence Marsden *Price,* Die Aufnahme englischer Literatur in Deutschland, 1961, S. 326.
376 Grammatik, Bd. 2, S. 661.
377 Bei *Maurer-Stroh,* Wortgeschichte, S. 310 ist von »Pseudoarchaismen« die Rede.
378 *Kühne,* Quarantäne, S. 285.
379 Friedrich *de la Motte Fouqué,* Corona, Stuttgart und Tübingen 1814, S. 297.
380 Minerva für 1819, S. 394.
381 *Stöber,* Geschichte, S. 165.
382 Nach *Grimm,* Deutsches Wörterbuch.
383 Heinrich *Zschokke,* Eine Selbstschau, Bd. 1, Aarau 1842, S. 236; ebd., S. 208: »im Schlamme ihres Tiertums«.
384 Gesammelte Werke, Bd. 3, Frankfurt/M. 1845, S. 51.
385 Minerva für 1819, S. LIX.
386 Schrift, S. 352.
387 Reinhold *Grimm,* Begriff und Gattung Humoreske, in: Jb. der Jean-Paul-Gesellschaft, 3. Jg., 1968, S. 151.
388 Sämtl. Werke, hg. v. *Löhneysen,* Bd. 5, S. 629.
389 Stil, S. 155.
390 Sämtl. Werke, hg. v. *Preußische Akademie,* 1. Abt., Bd. 16, S. 225, 185, 189, 198.
391 Adam und Eva, Leipzig 1826, S. 102, S. 128. Verwildung ist nach *Grimms* Deutschem Wörterbuch bei Klopstock zu finden.
392 F.G. *Wetzel,* Jeanne d'Arc, Leipzig und Altenburg 1817, S. 40.
393 »Nachbildung«, West-östlicher Divan.
394 *Müller v. Königswinter,* Maikönigin, S. 22.
395 Grammatik, Bd. 2, S. 91.
396 Ebd.
397 Organism, S. 109.
398 Ebd., S. 104.
399 Grammatik, Bd. 2, S. 91.
400 Ebd., S. 409.
401 Vollständige Grammatik der neuhochdeutschen Sprache, Bd. 1, Berlin 1827, S. 442–543.
402 Ebd., S. 444.
403 Ebd., S. 501–511.
404 Ebd., S. 478.
405 Ebd., S. 493.
406 Ebd., S. 464.
407 Ebd., S. 477.

408 Ebd., S. 463.
409 Sämtl. Werke, hg. v. *Preußische Akademie,* 1. Abt., Bd. 16, S. 187 und 189.
410 Ebd., S. 196.
411 Ebd., S. 199.
412 Ebd., S. 194.
413 Ebd., S. 174.
414 Ebd., S. 205.
415 S. 166.
416 S. 412 ff.
417 *Kühne,* Quarantäne, S. 74.
418 *Maurer,* Sprache Goethes, S. 18.
419 Nach der bereits genannten ungedruckten Arbeit von Iris *Obier.*
420 Alexander *v. Sternberg,* Die Zerrissenen, Stuttgart und Tübingen 1832, S. 121.
421 *König,* Ausgewählte Romane, Bd. 4, S. 118.
422 Im Gedicht »Die Vorsicht«, Werke, hg. v. *Beyer,* Bd. 3, S. 376.
423 In dem Gedicht »Weib und Kind«, Sämtliche Werke, hg. v. Anastasius *Grün,* Bd. 2, Stuttgart o. J., S. 29.
424 *Grün,* Nibelungen im Frack, Ges. Werke, hg. v. *Frankl,* Bd. 4, S. 33 und 22.
425 *Willkomm,* Europamüde, Bd. 1, S. 181.
426 »Ein Abend in der Schweiz«, in: G. A. *v. Maltitz,* Streifzüge durch die Felder der Satyre und Romantik, Berlin 1825, S. 45 ff.
427 Sämmtliche Werke, hg. v. G. Emil *Barthel,* Leipzig ²o. J., S. 598.
428 Gesammelte Poetische Werke, Bd. 5, Frankfurt/M. 1868, S. 336.
429 *Mosen,* Georg Venlot, Sämmtl. Werke, Bd. 8, S. 530.
430 S. LX.
431 S. 183.
432 *Müller,* Epilog zum Zyklus »Die schöne Müllerin«, Vermischte Schriften, hg. v. *Schwab,* Bd. 1, S. 56.
433 Bd. 3, S. 341.
434 Nach einer ungedruckten Arbeit von A. *Pfahl,* Das geistliche Jahr, Tradition und Originalität.
435 Bücherwand, S. 118.
436 August *Proksch,* Der Wortschatz Theodor Storms, in: GRM, Bd. 6 (1914), S. 538.
437 Ebd., S. 539.
438 Sämmtl. Werke, hg. v. *Hebbel,* Bd. 6, S. 58.
439 Gruß an Berlin, Leipzig 1838, S. 160, 73, 58, 160.
440 Sebastian *Brunner,* Die Welt ein Epos, Regensburg 1847, S. 45.
441 *Schroeder,* Krethiplethiade, S. 80 und 106.
442 Reimchronik des Pfaffen Maurizius, Frankfurt/M. 1849, S. 117, 51, 58.
443 F. E. *Hirsch,* »Aristophanische« Wortfügungen in der Sprache des 19. Jahrhunderts, in: Zs. f. dt. Wortforschung, Bd. 12 (1910), S. 241–48.
444 »An Longus«.
445 Berthold *Auerbach,* Schwarzwälder Dorfgeschichten, N. F. 2, Mannheim 1849, S. 438.
446 Gunhild *Ginschel,* Der Märchenstil Jacob Grimms, in: Jacob Grimm, Zur 100. Wiederkehr seines Todestages, hg. v. Wilhelm *Fraenger u. a.,* 1963, bes. S. 139.
447 Geschichte, S. 530.
448 Späte Werke, hg. v. Walter *Müller-Seidel* und Wulf *Segebrecht,* München 1965, S. 215.
449 Zit. nach Gerda *Zeltner,* Trivium, Bd. 9 (1951), S. 127.
450 Deutsche Aufklärung im Widerspiel zu Barock und »Neubarock«, in: GRM, Bd. 43 (1962), S. 151 ff.
451 Bd. 1, S. 162 und 163.
452 Dichter, erläutert v. *Götzinger,* Bd. 1, S. 26.

453 Ästhetik, hg. v. *Bassenge*, 1955, S. 905 und 908.
454 Briefwechsel, hg. v. Friedrich *Hirth*, Bd. 1, München 1914, S. 211.
455 Philipp *Mayer*, Theorie und Literatur der deutschen Dichtungsarten, Bd. 1, Wien 1824, S. 8 ff.
456 Sämtl. Werke, hg. v. *Deutsche Akademie*, 3. Abt., Bd. 2, S. 137.
457 Die Erzählweise Jean Pauls, 1961, S. 32.
458 Zit. nach: August *Langen*, Dt. Phil. Aufriß, Bd. 1, 1957, Sp. 1230.
459 Werke, hg. v. *Trunz*, Bd. 2, S. 179.
460 Ebd., S. 184.
461 Ebd.
462 Ebd., S. 185.
463 Ebd.
464 S. 100 f.
465 Ebd., S. 101.
466 Ebd., S. 106.
467 Aesthetik, Bd. 2, Göttingen ²1815, S. 53.
468 Vermischte Schriften, Bd. 2, S. 184 ff.
469 Jörn *Göres*, Goethes Verhältnis zur Topik, in: Goethe, N.F. des Jbs. der Goethegesellschaft, Bd. 26, 1964, S. 180.
470 Friedrich *Spee*, Trutznachtigall, hg. v. Gustave Otto *Arlt*, Halle/S. 1936 (= Neudrucke dt. Lit.werke des XVI. u. XVII. Jhs. 292–301), S. 6.
471 Nach einer ungedruckten Arbeit von Angelika *Wedekind* über deutsche Balzac-Übersetzungen.
472 Ges. Werke, hg. v. *Steffen*, Bd. 4, S. 12 f.
473 Gedichte, Stuttgart und Augsburg ⁶1857, S. 204.
474 Franz Rolf *Schröder*, in: GRM, N.F. Bd. 12 (1962), S. 425 ff.
475 Umkehrung der dichterischen Metaphern, Topoi und anderer Stilmittel, in: Die Welt der Slaven, Bd. 6 (1961), S. 337–54.
476 Taschenbuch zum geselligen Vergnügen, hg. v. Friedrich *Kind*, Leipzig 1822, S. 175.
477 Werke, hg. v. *Beyer*, Bd. 4, S. 287.
478 Von Amalie *v. Voigt* (Pseud.: *Cäcilie*), Leipzig 1822.
479 Situationen, Ein Novellenkranz, Stuttgart, Widmung.
480 Theodor *Mommsen*, Theodor *Storm*, Tycho *Mommsen*, Liederbuch dreier Freunde, Kiel 1843, S. 157: »Eduard Mörike«.
481 Kleine Schriften, Leipzig 1862, S. 246. Er meint: Uhland, Kerner, Schwab u. Mörike, Waiblinger, L. Bauer.
482 Morgenblatt, 19. 10. 1831, Nr. 250, S. 997.
483 Bd. 1, S. V.
484 A. *v. Tromlitz*, Sämmtliche Schriften, Bd. 2, Leipzig ³1860, S. 59.
485 S. 9.
486 Der Virey und die Aristokraten, Bd. 2, Ges. Werke, Bd. 5, 1845, S. 84 und ebd., Bd. 1, Ges. Werke, Bd. 4, S. 78.
487 *Kinkel*, »Mittags«, Gedichte, S. 182.
488 Wilhelm *Meinhold*, Gedichte, Bd. 2, Leipzig ³1846, S. 346.
489 Nach: Helga *Dierichs*, Stilschichten bei Charles Sealsfield (ungedruckt).
490 Heine und der Petrarkismus, in: Jb. der dt. Schillergesellschaft, Bd. 10, 1966, S. 274.
491 Werke, hg. v. *Boxberger*, Bd. 13, S. 219.
492 J. H. *v. Wessenberg*, Sämmtliche Dichtungen, Bd. 5, Stuttgart und Tübingen 1837, S. 127.
493 Adolf *Wagners* Einleitung zu den Auserlesenen Werken von J. *Falk*, Bd. 1, S. XXIX.
494 Das junge Europa, Gesammelte Werke, hg. v. Heinrich Hubert *Houben*, Bd. 1, Leipzig 1908, S. 74.

495 Sämmtl. Werke, Bd. 8, S. 469.
496 Blasedow, Bd. 2, S. 25.
497 Ebd., S. 108.
498 Wolfgang *Menzel*, Narcissus, Stuttgart und Tübingen 1830, S. 100.
499 *Mosen*, Congress, Bd. 2, S. 86.
500 *Smidt*, Michael de Ruiter, Bd. 1, S. 134.
501 S. VI f.
502 Heidelberg o. J. [1846], S. 21.
503 Hans-Henrik *Krummacher*, Das »als ob« in der Lyrik, 1965.
504 Dramen und Dramaturgisches, S. 126.
505 Mosen, Congress, Bd. 1, S. 33.
506 *Willkomm*, Europamüde, Bd. 2, S. 163 f.
507 Ges. Novellen, Bd. 3, S. 425 f.
508 Alexander *v. Sternberg*, Fortunat, Ein Feenmährchen, Bd. 2, Leipzig 1838, S. 252 f.
509 Ebd., Bd. 1, S. 103 ff.
510 Ebd., Bd. 2, S. 275.
511 Prinzenschule, Bd. 1, S. 82 f.
512 Karl *Beck*, Jankó, Leipzig 1841, S. 15 f.
513 Sämtl. Werke, hg. v. *Elster*, Bd. 3, S. 351.
514 Wilhelm *Hauff*, Der Mann im Mond, Werke, hg. v. Max *Mendheim*, Bd. 3, Leipzig und Wien o. J., S. 110.
515 Ges. Novellen, Bd. 8, S. 237.
516 Ebd., Bd. 9, S. 180.
517 Mörike/Vischer-Briefwechsel, hg. v. *Vischer*, S. 171.
518 Lenau und die Familie Löwenthal, hg. v. Eduard *Castle*, Bd. 1, Leipzig 1906, S. 268.
519 Nach einer ungedruckten Untersuchung von Angelika *Wedekind*. Zwei Übersetzungen des Romans Eugénie Grandet (1845 und 1905).
520 Familie Löwenthal, hg. v. *Castle*, Bd. 1, S. 268.
521 Sämmtliche Schriften, Bd. 86, Hannover 1844, S. 96.
522 »Schlußlied«, 2. Bezirk »Östliche Rosen«, Werke, hg. v. Georg *Ellinger*, Bd. 1, Leipzig und Wien o. J., S. 329. Hiat in Klammer wiederhergestellt (Rhythmus!).
523 These von Waldemar *Oehlke*, Bettina von Arnims Briefromane, 1905.
524 Sämtliche Werke, hg. v. Anton *Schlossar*, Bd. 3, Leipzig o. J., S. 94.
525 »Achelous und das Meer«, Vermischte Schriften, hg. v. *Schwab*, Bd. 2, S. 273.
526 Sämtliche Werke, hg. v. Otto *Nieten*, Bd. 6, Leipzig o. J., S. 63.
527 Werke, hg. v. Eduard *Grisebach*, Bd. 4, Berlin 1902, S. 424 und 487.
528 Dantons Tod, IV. Akt, [3. Szene] »Die Conciergerie«.
529 *Menzel*, Narcissus, S. 173.
530 Uli der Pächter, Sämtliche Werke, hg. v. Rudolf *Hunziker* und Hans *Bloesch*, Bd. 11, Erlenbach-Zürich 1921, S. 140.
531 *Müller*, Vermischte Schriften, hg. v. *Schwab*, Bd. 1, S. 337.
532 Briefwechsel, hg. v. *Hirth*, Bd. 1, S. 535.
533 Weitere Beispiele bei: Gustav *Koch*, Adolph Müllner als Theaterkritiker, Journalist und literarischer Organisator, 1939, S. 13 ff.
534 Kleine Schriften, Leipzig 1875, S. 350.
535 Tischlermeister, Bd. 1, S. 329.
536 Blasedow, Bd. 1, S. 120.
537 *Brachmann*, Auserlesene Dichtungen, hg. v. *Schütz* u. *Müller*, Bd. 2, S. 30.
538 Waterloo, S. 39.
539 *Willkomm*, Europamüde, Bd. 1, S. 79.
540 »Frühlingsanfang II«, 1. Strophe.
541 Gedichte, Stuttgart 1859, S. 326.

542 »Meeresabend«, Gedichte, Breslau ⁸1891, S. 234.
543 Adam *Oehlenschläger*, Der Hirtenknabe, in: Urania für 1820, S. 181.
544 Vgl. Günter *Häntzschel*, Tradition und Originalität, Allegorische Darstellung im Werk von Droste-Hülshoffs, 1968, S. 49 ff.
545 »Am siebenundzwanzigsten Sonntag nach Pfingsten«.
546 Werke, hg. v. *Boxberger*, Bd. 13, S. 209.
547 Gelasius, S. 63.
548 Gesammelte Dramatische Werke, Bd. 2, Leipzig 1846, S. 160.
549 Dramatische Werke, Bd. 5, Leipzig 1851, S. 161.
550 I. Akt, 14. Szene.
551 Sämtl. Werke, hg. v. *Elster*, Bd. 4, S. 114.
552 »Friederike Nr. 3«.
553 S. 16.
554 Ebd., S. 235.
555 *Immermann*, Dramen und Dramaturgisches, S. 100.
556 S. 36 f.
557 Bd. 11, S. 359.
558 *Schücking*, Ritterbürtige, hg. v. *Schücking*, S. 245.
559 Beispiele nach: *Wülfing*, Schlagworte, Bd. 22, S. 54 und 55.
560 Dies und die meisten folgenden Beispiele nach einer ungedruckten Magister-Arbeit von Brunhild *Ratzow*, Die Witzmetapher bei Heinrich Heine.
561 Sämtl. Werke, hg. v. *Elster*, Bd. 5, S. 16.
562 Rezension von Heines »Ludwig Börne«, Blätter für literarische Unterhaltung, 14.7.1848, Sämtliche Werke, hg. v. Jonas *Fränkel* und Carl *Helbling*, Bd. 22, Bern 1948, S. 18.
563 Tagebücher, hg. v. Herbert *Meyer*, Stuttgart 1956, S. 266.
564 Nr. XXXV.
565 Dt. Musenalmanach auf d. Jahr 1834, hg. v. Adalbert *v. Chamisso* und Gustav *Schwab*, Leipzig, S. 275.
566 Hans-Peter *Bayerdörfer*, Poetik als sprachtheoretisches Problem, 1967, S. 223 f.
567 Sämtl. Werke, hg. v. *Sauer* u. *Backmann*, Bd. 2, S. 39.
568 Nach einer ungedruckten Magisterarbeit von Michael *Voss*, Grillparzers »Ein Bruderzwist in Habsburg« und »Der arme Spielmann«.
569 *Oehlenschläger*, Hirtenknabe, in: Urania für 1820, S. 116.
570 *Giseke*, Welt, Bd. 1, S. 147.
571 Corona, S. 8.
572 Jankó, S. 296.
573 Adolph *Müllner*, Theater, Bd. 4, 1821, S. 38.
574 Der Vers wird von *Geiger*, Berlin, Bd. 2, S. 486 als Beispiel für Raupachs Geschmacklosigkeit zitiert.
575 Heinrich *Clauren*, (Pseud. für Karl Gottlieb Heun), Mimili, Schriften, Bd. 49, Stuttgart 1828, S. 72.
576 *Spindler*, Der Jude, Bd. 3, S. 271.
577 *Willkomm*, Europamüde, Bd. 1, S. 254.
578 Ebd., S. 149.
579 Ebd., S. 292 f.
580 Blasedow, Bd. 1, S. 20.
581 Bd. 1, S. 55.
582 Deutsche Stilkunst, ²²⁻²⁴1914, S. 396–400.
583 Ebd., S. 399.
584 Tagebücher, hg. v. Felix *Bamberg*, Bd. 2, Berlin 1887, S. 176.
585 Westermanns Monatshefte, Bd. 93 (1902/03), S. 502.
586 Gedichte, München und Barmen 1921, S. 85.

587 Nach einer ungedruckten Arbeit von Anita *Sauer* über Waverley-Übersetzungen.
588 Vermischte Schriften, Bd. 2, S. 191.
589 S. 31.
590 Wippchens charmante Scharmützel, erträumt von Julius Stettenheim, in Erinnerung gebracht von Siegfried *Lenz* und Egon *Schramm*, Hamburg 1960.
591 Briefe u. Tagebücher, hg. v. *Ermatinger,* Bd. 1 (1830–61), S. 247.
592 S. 65 und 62.
593 Sämmtl. Werke, hg. v. *Barthel,* S. 598 und 595.
594 Werke und Briefe, hg. v. Fritz *Bergemann,* Wiesbaden 1958, S. 429.
595 Sämtliche Werke, hg. v. Clemens *Heselhaus,* München ²1955, S. 115.
596 Bd. 2, S. 347.
597 Vermischte Schriften, hg. v. *Schwab,* Bd. 3, S. 37.
598 Hg. v. *Schücking,* S. 394.
599 Ges. Werke, Bd. 15, S. 345.
600 Congress, Bd. 2, S. 178.
601 Sämtl. Werke, hg. v. *Hunziker* u. *Bloesch,* Bd. 17, S. 38f.
602 Urania für 1821, S. 72.
603 Lutz *Mackensen,* Heines Beitrag zur Muttersprache, in: Muttersprache, Jg. 1956, S. 127.
604 Ritter Schnapphanski (1848/49), Sämtliche Werke, hg. v. Bruno *Kaiser,* Bd. 4, Berlin 1957, S. 300.
605 Festlied zur Jubelfeier 21. Dez. 1832 des Bischofs Michael Wittmann in Regensburg, Geistlicher Blumenstrauß, Sulzbach ³1854, S. 296.
606 Jankó, S. 263.
607 Ges. Novellen, Bd. 3, S. 409f.
608 *Maltitz,* Gelasius, S. 149.
609 Poetischer Hausschatz des deutschen Volkes, hg. v. O. L. B. *Wolff,* Leipzig ¹⁶1853, S. 131.
610 Vermischte Schriften, Bd. 2, S. 189.
611 Aus *Hauffs* »Othello«. Nach: Günther *Koch,* Claurens Einfluß auf Hauff, in: Euph., Bd. 4 (1897), S. 809f.
612 Ges. Werke, Bd. 7, S. 130.
613 Michael de Ruiter, Bd. 3, S. 194.
614 Welt, Bd. 3, S. 151.
615 *Smidt,* Michael de Ruiter, Bd. 4, S. 109.
616 Ebd., S. 111.
617 *Sealsfield,* Ges. Werke, Bd. 8, S. 144.
618 Albert B. *Faust,* Charles Sealsfield, Materials for a Biography, 1891, S. 34.
619 *Giseke,* Welt, Bd. 3, S. 26.
620 Ebd., S. 5.
621 Werke, hg. v. *Ellinger,* Bd. 1, S. 105.
622 Erzählende Dichtungen, Leipzig 1821, S. 284.
623 Der Jude, Bd. 1, S. 344.
624 Urania für 1821, S. 63.
625 Werke, hg. v. Harry *Maync,* Bd. 3, Leipzig und Wien o. J., S. 178.
626 Ebd., S. 326.
627 Sämtl. Werke, hg. v. *Grisebach,* Bd. 4, S. 370.
628 Sämtl. Werke u. Briefe, hg. v. *Lehmann,* Bd. 1, S. 465.
629 Ges. Werke, Bd. 12, S. 273.
630 *Smidt,* Michael de Ruiter, Bd. 3, S. 218.
631 Sämmtl. Werke, hg. v. *Barthel,* S. 588.
632 Ebd., S. 604.
633 S. 215.
634 Ebd., S. 216.

635 Hermes, Bd. 26, Leipzig 1826, S. 248.
636 Karl Heinrich *Ritter von Lang,* Memoiren, Bd. 1, Braunschweig 1842, S. 290.
637 Anonym von Christoph *Kuffner,* Bd. 1, S. 59.
638 Organism, ²1841, S. IX.
639 Stil, S. 158f.
640 *Geiger,* Berlin, Bd. 2, S. 564.
641 Zit. nach der Einleitung von »Deutschlands Dichter« [Lyrikanthologie], hg. v. *Gödeke.*
642 Vermischte Schriften, hg. v. *Schwab,* Bd. 4, S. 205.
643 Neue Lyrik, Sämtl. Werke, Bd. 3, S. 273.
644 Vorwort zum 3.Bd. der Gedichte, neue Ausgabe, Dresden 1834.
645 Ges. Novellen, Bd. 4, S. 19.
646 Zit. nach: *Bach,* Geschichte, S. 435.
647 Cabanis, Bd. 2, S. 39. Vaterländische Romane, hg. v. Ludwig *Lorenz* und Adolf *Bartels,* Bd. 7, Leipzig o.J., S. 39.
648 Schrift, S. 30.
649 *Hauff,* Werke, hg. v. *Mendheim,* Bd. 1, S. 85.
650 »Liebesvorzeichen«, 4.Strophe.
651 *Lenau,* Sämmtl. Werke, hg. v. *Barthel,* S. 598.
652 Urania für 1821, S. 22.
653 *Raupach,* Erzählende Dichtungen, S. 132f. Alle Zitate aus Raupachs Erzählungen (s. o) verdanke ich Herrn Dr. Rolf Schröder.
654 *Hauff,* Werke, hg. v. *Mendheim,* Bd. 1, S. 66 und 67.
655 Ebd., S. 70 und 87.
656 Ebd., S. 85.
657 J.C.*Biernatzky,* Der Glaube, Schleswig 1825, S. 27.
658 Gottfried *Kinkel,* Otto der Schütz, Stuttgart und Augsburg ¹⁶1855, S. 41f.
659 Geschichte, S. 403.
660 Grammatik, Bd. 1, S. XII.
661 Gesammelte Werke, Bd. 3, Frankfurt/M. 1845, S. 257.
662 Jahrbuch der Berlinischen Gesellschaft für deutsche Sprache, Bd. 1, Berlin 1820, S.170.
663 Ges. Novellen, Bd. 3, S. 68.
664 S. 28.
665 Ebd., S. 18.
666 Ebd., S. 34.
667 Ebd., S. 19.
668 Ebd., S. 20.
669 S. 70.
670 Sämmtl. Werke, hg. v. *Barthel,* S. 610, 589, 660, 614.
671 Ebd., S. 609.
672 Sämtl. Werke, hg. v. *Elster,* Bd. 7, S. 37.
673 Briefe von und an Hegel, hg. v. Karl *Hegel,* Bd. 2, Leipzig 1887 (= Werke, hg. v. Ph. *Marheineke* u.a., Bd. 19, T. 2), S. 250.
674 Der Jude, Bd. 3, S. 283.
675 Ebd., S. 288.
676 Ebd., S. 105.
677 Urania für 1821, S. 31.
678 Lenau, Sämmtl. Werke, hg. v. *Barthel,* S. 610.
679 Sebastian *Brunner,* Die Welt ein Epos, Regensburg 1847, S. 143.
680 Sämmtl. Werke, hg. v. *Barthel,* S. 595.
681 Ebd., S. 609.
682 *Gutzkow,* Ges. Werke, Bd. 3, S. 258.
683 Ebd., S. 257.

684 Ebd., S. 249.
685 Ebd., S. 261.
686 Ges. Novellen, Bd. 9, S. 78.
687 Die Welt ein Epos, 1847.
688 Die schwarze Spinne.
689 *Gutzkow,* Ges. Werke, Bd. 3, 1845, S. 265.
690 Ebd., S. 70.
691 *Hauff,* Werke, hg. v. *Mendheim,* Bd. 1, S. 69f.
692 Werke, Atlantis-Ausgabe, Bd. 2, S. 255.
693 Werke, hg. v. Norbert *Miller,* Bd. 5, München 1963, S. 328.
694 Urania für 1821, S. 16.
695 Ebd., S. 17.
696 Sämmtl. Werke, hg. v. *Barthel,* S. 667.
697 Ebd., S. 669.
698 Ebd., S. 631.
699 Ghaselen, 2.Sammlung, XVI.
700 Urania für 1821, S. 37.
701 Joseph Christian *v.Zedlitz,* Gedichte, Stuttgart 1859, S. 361.
702 *Beck,* Jankó, S. 68.
703 *Brunner,* Welt, S. 48, 138, 82, 107.
704 Urania für 1821, S. 41, 45, 16, 39, 17.
705 Urania für 1820, S. 374.
706 *Krug v. Nidda,* Erzählungen und Romanzen, S. 250.
707 *v.Wessenberg,* Sämmtl. Dichtungen, Bd. 5, S. 380.
708 *Hagen,* Olfrid und Lisena, S. 513.
709 K.J.*Schuler,* Der Winter, Mannheim 1838, S. 4.
710 Gelasius, Leipzig 1826.
711 Kurze deutsche Syntax, [3]1966, S. 194.
712 Sämmtl. Werke, hg. v. *Barthel,* S. 568.
713 Ebd., S. 569.
714 Ebd., S. 570.
715 Geschichte der Deutschen National-Litteratur, Marburg und Leipzig [22]1886, S. 480.
716 Zit. nach: Manfred *Windfuhr,* Heinrich Heine, 1969, S. 43.
717 S. VIII.
718 Johann Christoph *Adelung,* Umständliches Lehrgebäude der Deutschen Sprache ...,
    Bd. 2, Leipzig 1782, S. 276f.
719 Ebd., S. 277.
720 Ebd., S. 561f.
721 Ebd., S. 563.
722 *Müller,* Interpunktion, S. 110.
723 Organism, [2]1841, S.VII.
724 Ebd., S.VIII.
725 S. 327.
726 2. Buch, S. 184.
727 Ebd., S. 120.
728 Ebd., S. 119.
729 Ebd., S. 190f.
730 S. 301.
731 Deutsche Neudrucke, Reihe 19.Jahrhundert, 1969, S. 54f.
732 Ebd., S. 57f.
733 »Manso, über das rhetorische Gepräge der römischen Literatur, in seinen Vermischten
    Abhandlungen und Aufsätzen (Breslau 1821.) S. 44«.

734 Ebd., S. 56.
735 Ebd., S. 56 f.
736 Ebd., S. 66.
737 Ebd., S. 67.
738 Ebd., S. 80 ff.
739 Ebd., S. 107.
740 Ebd., S. 108.
741 Ebd., S. 60.
742 *Becker,* Stil, S. 263 f.
743 Darüber besonders: Ronald *Peacock,* Goethe's Major Plays, Manchester 1959, S. 95 ff.
744 Stil, S. 261.
745 Ebd., S. 263.
746 Beide Zitate hintereinander ebd., S. 247.
747 Ebd., S. 283.
748 Ebd., S. 265.
749 Ebd., S. 272 f.
750 Ebd., S. 275.
751 Ebd., S. 248.
752 Ebd., S. 265.
753 Ebd., S. 279.
754 Ebd., S. 280.
755 Ebd., S. 286.
756 Ebd., S. 263.
757 Ebd.
758 Minerva für 1819, S. LXII.
759 Nach einer ungedruckten Arbeit von Angelika *Wedekind,* Zwei deutsche Übersetzungen des Romans Eugénie Grandet.
760 *Müller,* Vermischte Schriften, hg. v. *Schwab,* Bd. 3, S. 19.
761 Dt. Neudrucke, Reihe 19. Jahrhundert, 1968, S. 12.
762 Charakteristiken, Bd. 2, S. 237.
763 *Gutzkow,* Ges. Werke, Bd. 3, S. 226; die beiden folgenden Zitate ebd., S. 226 und 226 f.
764 Heine, S. 31.
765 Ebd., S. 170.
766 Sämtl. Werke, hg. v. *Elster,* Bd. 7, S. 17.
767 Ebd., Bd. 3, S. 144.
768 Brigitte *Ziegler* hat in einer ungedruckten Magisterarbeit (»Der publizistische Stil der Jungdeutschen und Junghegelianer, aufgewiesen an Börne und Ruge«) diesen Unterschied zwischen den beiden revolutionären Gruppen klar herausgearbeitet.
769 Hallische Jahrbücher, 2. Jg., Leipzig 1839, S. 2001.
770 Sämtl. Werke, hg. v. *Löhneysen,* Bd. 5, S. 638.
771 Gesammelte dramatische Werke, Bd. 2, Leipzig 1846, S. 252.
772 *Nestroy,* Die beiden Nachtwandler, Gesammelte Werke, hg. v. Otto *Rommel,* Bd. 2, Wien 1962, S. 599.
773 Sämtl. Werke, hg. v. *Sauer* u. *Backmann,* Bd. 6, S. 192.
774 Ebd., S. 191.
775 S. 143.
776 Sämmtl. Werke, hg. v. *Barthel,* S. 640.
777 Hartmut *Schmerbach,* Stilstudien zu E.T.A. Hoffmann, 1929, S. 80.
778 Ich stütze mich hier auf Beobachtungen in einer ungedruckten Prüfungsarbeit von Iris *Obier.*
779 Ges. Novellen, Bd. 3, S. 99.
780 Sämtl. Werke, hg. v. *Sauer* u. *Backmann,* Bd. 13, S. 39.

781 S. 353 f.
782 Ges. Werke, Bd. 3, S. 65.
783 Ungedruckte MA.-Arbeit von B. *v. Malsen,* Studien zum Sprachstil der Erzählprosa von Alexis und Fontane.
784 Lionel *Thomas,* Der neue Pitaval, in: ZfdPh, Bd. 75 (1956), S. 362–74.
785 Zit. ebd., S. 372.
786 Hg. v. *Bassenge,* Bd. 2, S. 372.
787 Ulrich *Ricken,* Rationalismus und Sensualismus in der Diskussion über die Wortstellung; in: Literaturgeschichte als geschichtlicher Auftrag, Werner Krauss zum 60. Geburtstag, hg. v. Werner *Bahner,* 1961, S. 97–122.
788 Geschichte, Bd. 11, S. 435.
789 Sämmtl. Werke, hg. v. *Barthel,* S. 122.
790 Ebd., S. 123.
791 Ebd., S. 124.
792 Ebd., S. 125.
793 Ebd.
794 Ebd., S. 129.
795 Ebd., S. 133.
796 Das Mädchen aus der Feenwelt, I, 7.
797 Nach einer ungedruckten Prüfungsarbeit von M. *Voss.*
798 *Spindler,* Der Jude, Bd. 3, S. 102 und 325.
799 Nach: *Heller,* Sealsfield, S. 70, dort auch die Herkunftstellen.
800 Stil, S. 241.
801 Ges. Werke, Bd. 3, S. 259.
802 Welt, Bd. 3, Kap. X u. XI, S. 102 und 117.
803 *Willkomm,* Europamüde, Bd. 1, S. 32.
804 Ebd., S. 172.
805 Ebd., S. 242.
806 *Maurer,* Sprache Goethes, S. 11.
807 Organism, ²1841, S. XVI.
808 Schrift, S. 208.
809 Dorfgeschichten, N.F., S. 75.
810 »Besenbinder von Rychiswyl«.
811 Sämmtl. Werke, hg. v. *Barthel,* S. 629.
812 Ebd., S. 630.
813 Vojtěch *Jirát,* Platens Stil, Prag 1933, S. 110.
814 Sämmtl. Werke, hg. v. *Barthel,* S. 110.
815 Ges. Werke, Bd. 3, S. 256.
816 Ebd., S. 247.
817 Ebd., S. 256.
818 Ebd., S. 264.
819 Ebd., S. 257.
820 Ebd., S. 265.
821 Werke, hg. v. *Mendheim,* Bd. 1, S. 64.
822 *Giseke,* Welt, Bd. 3, S. 133.
823 Ebd., S. 151.
824 *Spindler,* Der Jude, Bd. 3, S. 110.
825 Ebd., S. 128.
826 Ungedruckte Examensarbeit von Gisela *Uphoff,* Die Virgilübersetzungen von Schiller bis R. A. Schröder, Zum Stilwandel im 19. Jahrhundert.
827 Grammatik, Bd. 4, S. 2.
828 Geschichte, S. 404 f.

829 Bd. 2, S. 46.
830 Ungedruckte Prüfungsarbeit von M. *Voss,* Grillparzers »Ein Bruderzwist in Habsburg« und »Der arme Spielmann«, eine Untersuchung zur Gattungssprache.
831 Talisman III, 18.
832 Ebd., I, 17.
833 Napoleon V, 7.
834 Belege bei: *Heller,* Sealsfield, S. 71.
835 Urania für 1821, S. 57.
836 *Raimund,* Mädchen aus der Feenwelt II, 10.
837 Blasedow, Bd. 3, S. 4f.
838 *Spindler,* Der Jude, Bd. 3, S. 156.
839 *Smidt,* Michael de Ruyter, Bd. 2, S. 130.
840 Belege bei: *Heller,* Sealsfield, S. 71.
841 *Gutzkow,* Blasedow, Bd. 3, S. 1.
842 Zit. nach: Das junge Deutschland, Texte und Dokumente, hg. v. Jost *Hermand,* Stuttgart 1966, S. 23.
843 Sämtl. Werke, hg. v. *Elster,* Bd. 1, S. 343.
844 Sämmtl. Werke, hg. v. *Barthel,* S. 617.
845 Kleine deutsche Versschule, ⁹1962, S. 14.
846 Mädchen aus der Feenwelt II, 8.
847 Ich verdanke das Zitat Dr. W. Hahl. Es stammt aus der Zeitung für die elegante Welt 1833, S. 511f.
848 Werke, hg. v. Hermann *Tardel,* Bd. 1, Berlin u. a. o. J., S. 47f.
849 Sämtl. Werke, hg. v. *Kaiser,* Bd. 1, S. 193.
850 *Schücking,* Ritterbürtige, hg. v. *Schücking,* S. 416.
851 [Volksausgabe, Bd. 7] Erlenbach–Zürich u. a. o. J., S. 393.
852 Die Vagabunden, Bd. 1, Leipzig o. J. (= Reclams Universal-Bibliothek Nr. 5257–5260a), S. 151.
853 Die Mappe meines Urgroßvaters (1841), Sämmtliche Werke, hg. v. August *Sauer* u. a., Bd. 2, Prag 1908, S. 181.
854 Hans *Arens,* Verborgene Ordnung, Die Beziehungen zwischen Satzlänge und Wortlänge in der deutschen Erzählprosa …, 1965.
855 Nach einer ungedruckten Arbeit von Wolfgang *Jeschke.*
856 Wilhelm *Fucks* u. Joseph *Lauter,* Mathematische Analyse des literarischen Stils. In: Mathematik und Dichtung, hg. v. Helmut *Kreuzer,* 1965, S. 107ff.
857 Übersetzung von C. F. *Wolff,* Altona 1801, S. 422f.
858 Über des Virgilschen Landgedichts Ton und Auslegung, Altona 1791, S. 14f.
859 Literary Notebooks, 1797–1801, hg. v. Hans *Eichner,* London 1957, Nr. 515, S. 65.
860 Ebd., Nr. 929, S. 103.
861 Bd. 4, Leipzig ²1794, S. 537.
862 S. 104–53.
863 Kleine Schriften, S. 352; 1. Druck: Blätter für literarische Unterhaltung 1835.
864 S. 376f.
865 Sämtliche Werke, hg. v. Richard Maria *Werner,* Bd. 15 (Anhang III), Berlin o. J., S 37.
866 S. 84.
867 Ebd., S. 89.
868 S. 5.
869 Prosaische Jugendschriften, hg. v. Jacob *Minor,* Bd. 2, Kritische Fragmente, Wien 1906, Nr. 64, S. 192.
870 Gustav *Freiherr v. Seckendorff,* Vorlesungen über Deklamation und Mimik, Bd. 1, Braunschweig 1816, S. 14f.
871 S. 157.

872 Ebd., S. 57.
873 Johann August *Eberhard,* Handbuch der Aesthetik, Bd. 3, Halle 1804, S. 381.
874 Sämmtliche Werke, hg. v. Bernhard *Suphan,* Bd. 1, Berlin 1877, S. 153.
875 Vorlesungen über die Ästhetik, Sämmtliche Werke, 3. Abt., Bd. 7, Berlin 1842, S. 367.
876 Ebd., S. 370.
877 Bd. 1, Vorbericht, S. V; zur genaueren Orientierung vgl.: Reinhard M. G. *Nickisch,* K. Ph. Moritz als Stiltheoretiker, in: GRM, N. F. Bd. 19 (1969), S. 262–69.
878 Ebd., Bd. 1, S. 4.
879 Ebd., S. 22.
880 Ebd., S. 17.
881 Vorwort zur 1. Aufl. (1835) von *Schwabs* lyrischer Mustersammlung »Fünf Bücher deutscher Lieder und Gedichte«, Leipzig ³1848, S. X.
882 Ernst Leopold *Stahl,* Shakespeare und das deutsche Theater, 1947, S. 242.
883 S. 105 f.
884 T. 1, 2. Buch, S. 655.
885 S. 84.
886 Ebd.
887 Ebd., S. 86.
888 Ebd., S. 87.
889 Nach einer ungedruckten Magisterarbeit von Richard *Mellein,* Wieland und Heine.
890 Umrisse, S. 281.
891 Ludwig *Aurbacher,* Grundlinien der Rhetorik nach einem neuen und einfachen Systeme, München 1820, S. 81.
892 Ebd., S. 69.
893 Sämtl. Werke, hg. v. *Werner,* Bd. 10, S. 313.
894 Dt. Phil. Aufr., Bd. 3, ²1962, Sp. 1298.
895 S. III.
896 Eugen *Kalkschmidt,* Deutsche Freiheit und deutscher Witz, Ein Kapitel Revolutions-Satire aus der Zeit von 1830–1850, 1928, S. 54.
897 Erinnerungen, hg. v. Max *Ewert,* Berlin 1900, S. 350.
898 Rudolf *Köpke,* Ludwig Tieck, Erinnerungen aus dem Leben des Dichters, Bd. 2, Leipzig 1855, S. 170.
899 S. 351 ff.
900 Franz *Schnabel,* Deutsche Geschichte im neunzehnten Jahrhundert, Die vormärzliche Zeit, Herderbücherei, 1964, S. 31.
901 Rudolf *Böhm,* Wesen und Funktion der Sterberede im elisabethanischen Drama, 1964.
902 Bd. 3, S. 359.
903 Ebd., Bd. 2, S. 84.
904 Ebd., Bd. 1, S. 209.
905 Werke, hg. v. *Trunz,* Bd. 12, S. 468.
906 Sämmtl. Werke, Bd. 4, S. 4.
907 Gesammtgebiet, Bd. 1, S. 386.
908 *Stahl,* Shakespeare, S. 290.
909 Bd. 3, S. 64.
910 Ästhetik, hg. v. *Bassenge,* Bd. 2, S. 530.
911 Damen-Conversations-Lexicon, hg. v. C. *Herloßsohn,* Bd. 8, S. 122.
912 Bd. 2, S. 132.
913 Ebd., S. 267.
914 Kritische Gänge, Bd. 2, Tübingen 1844, S. 305; zuerst: Jahrbücher der Gegenwart, 1843.
915 Leben Fibels (1812), Sämtl. Werke, hg. v. *Preußische Akademie,* 1. Abt., Bd. 13, S. 476.
916 S. 446.

917 Der Briefwechsel zwischen Gottfried Keller und Hermann Hettner, hg. v. Jürgen *Jahn,* Berlin und Weimar 1964, S. 50.

918 Fritz *Wehrli,* Der erhabene und der schlichte Stil in der poetisch-rhetorischen Theorie der Antike, in: Phyllobolia, Für Peter v. d. Mühll zum 60. Geburtstag, Basel 1946, S. 9–34.

919 Sämmtliche Schriften, hg. v. Theodor *Paur,* Bd. 5, Breslau 1848, S. 434.

920 Ebd.

921 Ludolf *Wienbarg,* Die Dramatiker der Jetztzeit, H. 1, Altona 1839, S. 20.

922 Dichter, erläutert v. *Götzinger,* Bd. 1, S. 462.

923 Leipzig o. J. (= Reclams Universal-Bibliothek 3401–3403), S. 46.

924 S. 339.

925 Bd. 1, S. 137.

926 S. 391.

927 Über den Begriff der Ironie, in: Sören *Kierkegaard,* Gesammelte Werke, 31. Abt., übersetzt von Rose und Emanuel *Hirsch,* Düsseldorf und Köln 1961, S. 330.

928 Tischlermeister, Bd. 2, S. 84f.

929 Mörike/Vischer-Briefwechsel, hg. v. *Vischer,* S. 143.

930 Dramatiker, H. 1, S. 111f.

931 Bd. 7, S. 5.

932 Erich *Auerbach,* Sermo humilis, in: Romanische Forschungen, Bd. 64 (1952), S. 304–364.

933 Philosophie der Kunst, zuerst Jena 1802/03, Werke, hg. v. Manfred *Schröter,* Erg.-Bd. 3, München 1959, S. 321.

934 In diese Gefahr gerät Benno *v. Wiese* in seiner Münchhausen-Interpretation, in: Der deutsche Roman, hg. v. *Wiese,* Bd. 1, 1963, S. 353–406.

935 Hansjörg *Garte,* Kunstform Schauerroman, Diss. Leipzig 1935; Ulrich *Thiergard,* Schicksalstragödie als Schauerliteratur, Diss. Göttingen 1957 [Masch.].

936 Basilius *Falco,* Die Rache des Amor. Eine Gallerie von Nachtstücken in Teniers Manier, 2 Abtt., Gera 1831.

937 Vermischte Schriften, hg. v. *Schwab,* Bd. 2, S. 247f.

938 S. 675.

939 Werke, hg. v. *Grisebach,* Bd. 4, S. 262 und öfter.

940 Zit. bei: Josefine *Nettesheim,* Christoph Bernhard Schlüter, 1960, S. 12.

941 Fritz *Heyn,* Die Sprache Georg Büchners, Diss. Marburg 1955 [Masch.]. Auch einer ungedruckten Arbeit Gudrun *Rachs* verdanke ich gute Beobachtungen zu dieser Frage.

942 *Wellek,* Geschichte, S. 492f.

943 Gesammelte Werke, hg. v. Paul *Heyse,* Bd. 8, Stuttgart 1874, S. 198.

944 Geschichte, Bd. 11, S. 514.

945 S. 392.

946 Dramat. Werke, Bd. 5, S. 128f.

947 [Karl Julius *Weber*], Democritos, Bd. 6, Stuttgart 1836, S. 371.

948 Das direkte Vorbild könnten hier *Smolletts* Seeromane (seit 1748) bilden (Hinweis von Georg Jäger).

949 Bd. 1, S. 163f.

950 Sämtl. Werke und Briefe, hg. v. *Lehmann,* Bd. 1, S. 93.

951 Die folgenden Zitate aus *Kuffner,* Bd. 1, S. 261ff.

952 *Kuffner,* Theorie, Bd. 1, S. 262.

953 H. A. *Kerndörffer,* Anleitung zur gründlichen Bildung der öffentl. Beredsamkeit, Leipzig 1833, S. 153.

954 S. 223f.

955 S. 70ff.

956 ⁵1759, S. 8.

957 Die folgenden Zitate finden sich im »Gesammtgebiet«, Bd. 1, S. 317 ff. und S. 397 ff.
958 Vorlesungen über Ästhetik (1829), hg. v. Karl Wilhelm Ludwig *Heyse,* Darmstadt ²1962, S. 245.
959 Solger an Tieck 22. 11. 1818, Schriften u. Briefwechsel, hg. v. *Tieck* u. *v. Raumer,* Bd. 1, S. 689; *Köpke,* Tieck, Bd. 2, S. 174.
960 Ebd., S. 238 f.
961 Nachträge zu den Umrissen zur Geschichte und Kritik der schönen Literatur Deutschlands während der Jahre 1790 bis 1818, Berlin 1821, S. 322.
962 Ebd., S. 321.
963 Ebd., S. 314.
964 Ebd., S. 316.
965 Ebd.
966 Umrisse, S. 252.
967 *Geiger,* Berlin, Bd. 2, S. 516 ff.
968 Sämtl. Werke, hg. v. *Elster,* Bd. 3, S. 218.
969 Nachdruck, Münster 1962, S. 42.
970 S. 111.
971 Vermischte Schriften, hg. v. *Schwab,* Bd. 4, S. 388 und 339.
972 Bd. 2, S. 114.
973 Der Amerika-Müde, Frankfurt/M. 1855, S. 74.
974 Charakteristiken, Bd. 1, S. 391.
975 Vermischte Schriften, Bd. 2, S. 51.
976 Congress, Bd. 2, S. 17.
977 C. *Vogt,* Im Gebirg und auf den Gletschern, Solothurn 1843, S. 111.
978 Ges. Schriften, Bd. 7, S. 43.
979 Nationalismus in Germanistik und Dichtung, hg. v. Benno *v. Wiese* und Rudolf *Henß,* 1967, S. 330.
980 Sämtl. Werke, hg. v. *Elster,* Bd. 3, S. 20.
981 Otto *Draeger,* Theodor Mundt und seine Beziehungen zum jungen Deutschland, 1909, S. 102.
982 Bd. 2, S. 311 f.
983 Deutsche Neudrucke, Reihe 19. Jahrhundert, 1966, S. 136.
984 Ebd., S. 133.
985 Ebd., S. 134.
986 S. 139.
987 Blasedow, Bd. 1, S. 337.
988 S. 199; Hegel S. 203 f.; Goethe S. 175 f.; Börne S. 174.
989 Letters, hg. v. Edwin H. *Zeydel* u. a., New York 1937, S. 199.
990 Phönix, Literaturblatt 1835; zit. nach: Ludwig *Salomon,* Geschichte des deutschen Zeitungswesens, Bd. 3, 1906, S. 505.
991 Erinnerungen aus dem äußeren Leben (1840), in: Zwischen Romantik und Biedermeier, hg. v. Ernst *Volkmann,* 1938 (= Dt. Lit. in Entwicklungsreihen, Reihe Selbstzeugnisse, Bd. 11), S. 119.
992 »Situationen« 1841, zit. nach Gustav *Schwab,* Die deutsche Prosa von Mosheim bis auf unsere Tage, Eine Mustersammlung, Bd. 1, Stuttgart 1843, S. 612 und 611.
993 Schrift, S. 263; vgl. überhaupt S. 261–65.
994 Ges. Schriften, Bd. 3, S. 271.
995 Noten und Abhandlungen, Werke, hg. v. *Deutsche Akademie der Wissenschaften zu Berlin,* Bd. 5 (2), Berlin 1952, S. 61.
996 Bären, Eine Sammlung von Wiener Anekdoten, H. 1, Wien ⁴1826, Vorwort S. III f.
997 Fr. *Zimmermann,* Über den Begriff des Epos, in: Jahrbücher für speculative Philosophie, hg. v. Ludwig *Noack,* Bd. 2, Darmstadt 1847, S. 515.

998 Kleine Schriften, S. 227 f.
999 Zwei Jahre in Paris, Bd. 1, Leipzig 1846, S. 209.
1000 Ebd., S. 143.
1001 Ebd., S. 385.
1002 Ebd., S. 208.
1003 Ebd., S. 386.
1004 S. 79.
1005 G[ustav] P[fizer], Heines Schriften und Tendenz, S. 238.
1006 Hg. v. Siegfried Aschner, Berlin o.J. (= Neudrucke literarhistorischer Seltenheiten 4), S. 40.
1007 Ästhetisches Lexikon, Bd. 1, S. 367.
1008 Briefe, hg. v. Bodo Morawe, Bd. 3, Hamburg 1965, S. 426.
1009 Ästhetik, hg. v. Bassenge, Bd. 1, S. 582.
1010 Gesammtgebiet, Bd. 1, S. 398.
1011 Blasedow, Bd. 1, S. 75.
1012 S. 342.
1013 Robert Prutz, Kleine Schriften, Bd. 1, Merseburg 1847, S. 265.
1014 Vorlesungen, hg. v. Heyse, S. 296.
1015 Schriften, Bd. 6, S. XXXV.
1016 Zwischen Klassik und Moderne, 1958, S. 188 f.
1017 Vorlesungen, hg. v. Heyse, S. 284.
1018 Sämmtl. Werke, Bd. 4, 1877, S. 51 f.
1019 Gesammtgebiet, Bd. 1, S. 409.
1020 Schrift, S. 154.
1021 Bd. 3, 2. Abt., S. 23 f.
1022 Gesammtgebiet, Bd. 1, S. 474.
1023 Ebd., S. 475.
1024 Ebd., S. 476 f.
1025 Ebd., S. 477.
1026 S. 238.
1027 Theorie, Bd. 1, S. 54.
1028 S. 141.
1029 Ebd., S. 138 f.
1030 S. 64.
1031 Ernst Robert Curtius, Die Lehre von den drei Stilen in Altertum und Mittelalter, Romanische Forschungen, Bd. 64 (1952), S. 60 f.
1032 S. 348.
1033 S. 239 f.
1034 Encyclopédie ou Dictionnaire Raisonné des Sciences, des Arts et des Métiers, Bd. 15, Neufchastel 1755, S. 552.
1035 Über den Deutschen Styl, im Auszuge von Theodor Heinsius, Berlin 1800, S. 13.
1036 Vorrede zu Gedichte, Bd. 2, Gotha 1788, S. XII.
1037 Heinz Weniger, Die drei Stilcharaktere der Antike in ihrer geistesgeschichtlichen Bedeutung, Diss. Göttingen 1932, S. 50.
1038 S. 334.
1039 Christian Wilhelm Snell, Lehrbuch der Deutschen Schreibart, Bd. 1, Frankfurt/M. 1788, S. 44.
1040 Heinsius, Teut, Bd. 2, ⁵1838, S. 253.
1041 Ebd.
1042 Gorgias, Beredsamkeit und Improvisation oder die Redekunst aus dem Stegreif ..., übers. von Fr. Teuscher, Weimar 1848.
1043 Walter H. Strasser, Jeremias Gotthelf als Satiriker, Diss. Basel 1960.

1044 Der deutsche Roman des achtzehnten Jahrhunderts, Sämtliche Werke, hg. v. Hermann
      Kunisch, Bd. 8 (2), Regensburg 1965, S. 187.
1045 S. 350.
1046 Sämmtl. Werke, hg. v. *Sauer,* Bd. 17, S. 74.
1047 Wilhelm Meisters Wanderjahre, Der Weg von der ersten zur zweiten Fassung, in:
      DVjs, Bd. 39 (1965), S. 56f.
1048 Scott und Alexis, Diss. Heidelberg 1907, S. 48.
1049 Ebd., S. 50.
1050 Hg. v. Paul *Heyse* und Hermann *Kurz,* Bd. 1, München o.J., S. 110.
1051 Sämtl. Werke, hg. v. *Fränkel* u. *Helbling,* Bd. 10, S. 75.

REGISTER

von Jutta Bus

Das Register wertet Begriffe, Namen und Ortsnamen des Textteils einschließlich der Fußnoten aus; der Anmerkungsteil wurde nicht berücksichtigt. Um die Benutzung des Registers zu erleichtern, wurden Begriffsfelder gebildet, die entweder als Sammelbegriffe mit wesentlichen Unterstichpunkten erscheinen oder durch Querverweise zwischen einzelnen Begriffen zu erschließen sind. Bei Epochenbegriffen finden sich die einzelnen Phasen der entsprechenden Epoche unter dem Hauptstichwort; z.B. Früh-, Spätromantik unter Romantik. Einzelne Kriege, Revolutionen, Zeitschriften und Zeitungen sind unter den Hauptstichwörtern Krieg, Revolution und Zeitschriften, Zeitungen eingeordnet. Zeitschriften- und Zeitungstitel sind nur dann in die allgemeine alphabetische Reihenfolge aufgenommen, wenn sie im Text einen Verfassernamen ersetzen.

724